Heritage and Innovation:
Proceedings of the International Symposium Celebrating the 40th Anniversary of The Association of Dunhuang and Turfan Studies of China (volume II)

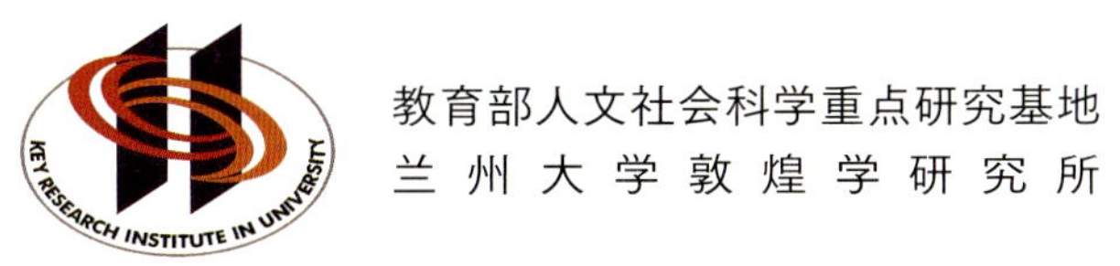

教育部人文社会科学重点研究基地
兰州大学敦煌学研究所

学术顾问　郝春文　荣新江　郑炳林

传承与创新

中国敦煌吐鲁番学会成立四十周年国际学术研讨会论文集（下）

魏迎春　张善庆　主编

蘭州大學出版社
LANZHOU UNIVERSITY PRESS

目　录
（下）

经藏与释道——宗教经典与宗教活动研究

训诂与篇章——敦煌语言文字、文学与写本学等研究

纪念与总结——敦煌学史、总结主题发言与闭幕式

经藏与释道
——宗教经典与宗教活动研究

解经与讲经

——敦煌写本斯2047号《金刚经疏》研究

董大学（上海师范大学人文学院）

【摘要】斯2047号与斯10569号、斯10579号可缀合为一，内容系对鸠摩罗什译《金刚经》的解释。此件经疏是以“举”“看举”“举若为”等为句首而引出《金刚经》经文内容，再以“问”“答”“征”“释”“引证”等语对经文内容功能性质进行判断。文中的“从以下结劝修学”“从此以下第六降伏胜身相”“从以下第七降伏染福相”“从此第三当立名劝学”“上来诸文不同，立名劝学了，明朝领解修行”“此经六义，以如前释，后有一讼（颂），此即当宗”等语乃具体对经文内涵进行的总结之语，也是整部经疏重要的解经结构。经疏通过这些判语和总结之语，对《金刚经》经文的前后关系进行了分判和解构，同时也完成了对《金刚经》经文结构和内容经义的新的建构。解经特色方面，此件经疏除了站在大乘经义的立场引用一些大乘经、论注释《金刚经》之外，其释经结构和内容主旨上，还体现出了较为明显的唯识色彩，与伯2165号背《金刚经疏》的解经特色有很强的相似性。此件经疏还有一个非常鲜明的特色，即利用通俗故事和韵文等文学性质较强的素材来解释经文。综合此件经疏的结构和内容来看，其形成与讲经活动存在密切关系。

【关键词】斯2047号　《金刚经疏》　解经特色　讲经活动

敦煌遗书中佛教文献的大部分是被历代大藏经收录的传世佛教文献，但也有很多传世大藏经中所没有的“逸经”，以及很多早已散失的中国古代僧人撰写的经疏等佛教著作。正如郝春文先生提示：“这些古逸经疏是中国佛教徒对佛教的理解，因此可以真实具体地反映古代中国佛教的特点，为我们研究古代中国佛教提供了丰富的第一手

资料。”①

据初步统计，敦煌遗书所保存的170多件《金刚经》注疏有34种，其中30种是古逸疏。这些在敦煌遗书中重新发现的古逸经疏是研究宋代以前《金刚经》解释史的珍贵宝藏，具有多方面的研究价值，颇受学界关注，成果丰富②。但依然存在不少经疏受到的关注相对不足的问题，斯2047号《金刚经疏》③就是其一。虽然早在20世纪30年代初，矢吹庆辉先生就关注到了此件经疏，其后1934年出版的《大正藏》第85册《古逸部》也收录了此号写本内容④，但此后除了若干种目录学成果收录之外，仅有平井宥庆先生和方广锠先生对此号写本进行过讨论⑤。方广锠先生对斯2047号《金刚经疏》与未刊写本斯10569号、斯10579号可直接缀合的提示，为进一步讨论此件《金刚经疏》写本提供了更多文本和内容的支撑。学界对此件经疏虽已有了初步整理和介绍，但总体上对此号写本的关注相对有限，其内容结构、文本属性和解经特色等具体问题都还有待进一步探讨。

一、敦煌写本斯2047号《金刚经疏》的文献学研究

1907年，斯坦因到达敦煌，通过多重手段从王道士处骗得阅览敦煌遗书的机会。在这过程中，蒋孝琬作为斯坦因聘请的助手，除了帮助斯坦因与王道士进行交流之外，还有一个重要的工作就是帮助斯坦因完成所阅敦煌遗书的编目工作。斯2047号卷背墨笔书写“经义集解一卷”就是蒋孝琬所为，虽然当时蒋孝琬并未能判断出此件写本经疏是对何经的注释，但可视作学界对此件写本内容最早的认知。20世纪30年代初，日本学者矢吹庆辉认为此件写本属于《金刚经》的古逸经疏，其后《大正藏》第85册即以此件写本为底本进行了录文。自此之后，除了方广锠先生对此件经疏略作提要式的介绍之外，学界对此件写本的关注基本集中在目录学领域。为了对此件经疏有一个相对清晰的了解，以下将对此件经疏的缀合工作、内容属性判定和解经特点进行论述。

（一）写本缀合和内容概况

斯2047号《金刚经疏》，首缺尾全，其开头正好可以与未刊写本斯10569号、斯10579号直接缀合。为讨论方便，我们先对本文所涉及的3个卷号写本的基本情况做一下介绍。

---

① 郝春文：《敦煌文献展现的中古宗教史研究新图景》，《中国社会科学》2021年第8期，第140页。

② 董大学：《敦煌本〈金刚经〉注疏研究综述》，载郝春文主编《2010国际敦煌学联络委员会通讯》，上海古籍出版社，2010年，第121-138页。综述性的评论，参见郝春文、宋雪春、武绍卫：《当代中国敦煌学研究：1949—2019》，中国社会科学出版社，2020年，第254-255、432-435页。

③《敦煌遗书总目索引》《敦煌宝藏》《敦煌遗书总目索引新编》皆定名为《金刚般若波罗蜜经疏》，而本文为叙述方便，统一称作《金刚经疏》。

④《大正藏》第85册，经号2737《金刚经疏》即以此件作为底本，参见《大正藏》第85册，第120页上-129页上。最新的录文，参见淑健、黄征：《敦煌本古佚与疑伪经校注——以〈大正藏〉第八十五册为中心》，凤凰出版社，2017年，第346-371页。

⑤［日］平井宥庆：《敦煌文书における金刚经疏》，《新罗佛教研究》，1973年；后收入［日］阿部慈圆编：《金刚般若经の思想的研究》，春秋社，1999年，第267页；方广锠：《佛教大藏经史（八—十世纪）》，中国社会科学出版社，1991年，第138页；方广锠：《敦煌文献中的〈金刚经〉及其注疏》，《世界宗教研究》1995年第1期，第77页；方广锠：《金刚经疏》，载季羡林主编《敦煌学大辞典》，上海辞书出版社，1998年，第683页；方广锠：《中国写本大藏经研究》，上海古籍出版社，2006年，第201页。

斯2047号《金刚经疏》[①]，7—8世纪唐写本，楷书。首缺尾全，1164.5厘米×27.5厘米，30纸，共579行，行28～30字。首起“了，须陀生念无”，尾讫“文相皎然，无劳广说”，内容系对鸠摩罗什译《金刚经》的注释，所疏经文范围：大正235，8/749b29-752c02。此件内容未为历代大藏经所收，后被收入日本《大正藏》第85册。卷背有蒋孝琬朱笔写苏州码子“602”，下有墨笔写“经义集解一卷”。方广锠先生认为此疏结构上的特点与讲经文或许存在一定的关系，值得研究[②]。此件内容与伯2165号背有部分是相同的，表明这两件经疏之间有一定的关联。此件内容中存有不少禅语式的偈颂，其产生年代应晚于伯2165号背。据伯2165号背题记所示，伯2165号背写本的内容可能产生于开元四年（716），所以此件经疏产生的年代应在开元四年之后。行间有校改字和加字，且字体大小不一，表明此件系多次修改而成。文中有“菩提”“菩萨”“涅槃”的合文，其中“涅槃”合文旁注有“涅槃”二字。

斯10569号《金刚经疏》，7—8世纪唐写本，楷书[③]。首尾均缺，34.6厘米×27.7厘米，1纸，共18行，行20余字不等。首起“二为他说，乃至四句者”，尾讫“从此以下，问斯陀含人”，内容系对鸠摩罗什译《金刚经》的解释，所疏经文范围：大正235，8/749b21-b29。写卷中除了有合体字“菩提”和重文符号外，还有一种新类型的删除符号。方广锠先生提示此件第13行倒数第4字，删合体字“菩提”，字的两边各用墨笔标记，属于删除号的新类型[④]。

斯10579号《金刚经疏》，7—8世纪唐写本，楷书[⑤]。首尾均缺，通卷下残，14.2厘米×14.6厘米，1纸，共8行。首起“陀含阿那含”，尾讫“生念”，内容系对鸠摩罗什译《金刚经》的解释，所疏经文范围：大正235，8/749b24-b29。其下部可以与斯10569号缀合，尾部可以与斯2047号缀合。

方广锠先生提示斯10569号、斯10579号和斯2047号3件写本的内容同属《金刚经疏》，且可以直接缀合[⑥]。其中斯2047号的图版已经刊布，斯10569号和斯10579号两号写本图版虽未出版，但国际敦煌项目（IDP）网站已公布了此两号写本的图版。为直观展示缀合情况，兹据图版制作缀合图如下（见图1）：

① 图版参见黄永武主编《敦煌宝藏》第15册，新文丰出版公司，1982年，第498-513页；方广锠、［英］吴芳思主编《英国国家图书馆藏敦煌遗书》第32册，广西师范大学出版社，2014年，第142-173页。

② 方广锠：《敦煌文献中的〈金刚经〉及其注疏》，《世界宗教研究》1995年第1期，第77页。

③ 方广锠先生惠赐目录认为此件系行楷书写。

④ 参见方广锠先生惠赐目录。

⑤ 方广锠先生惠赐目录认为此件系行楷书写。

⑥ 此据方广锠先生惠赐的未刊目录成果而知，谨致谢忱。

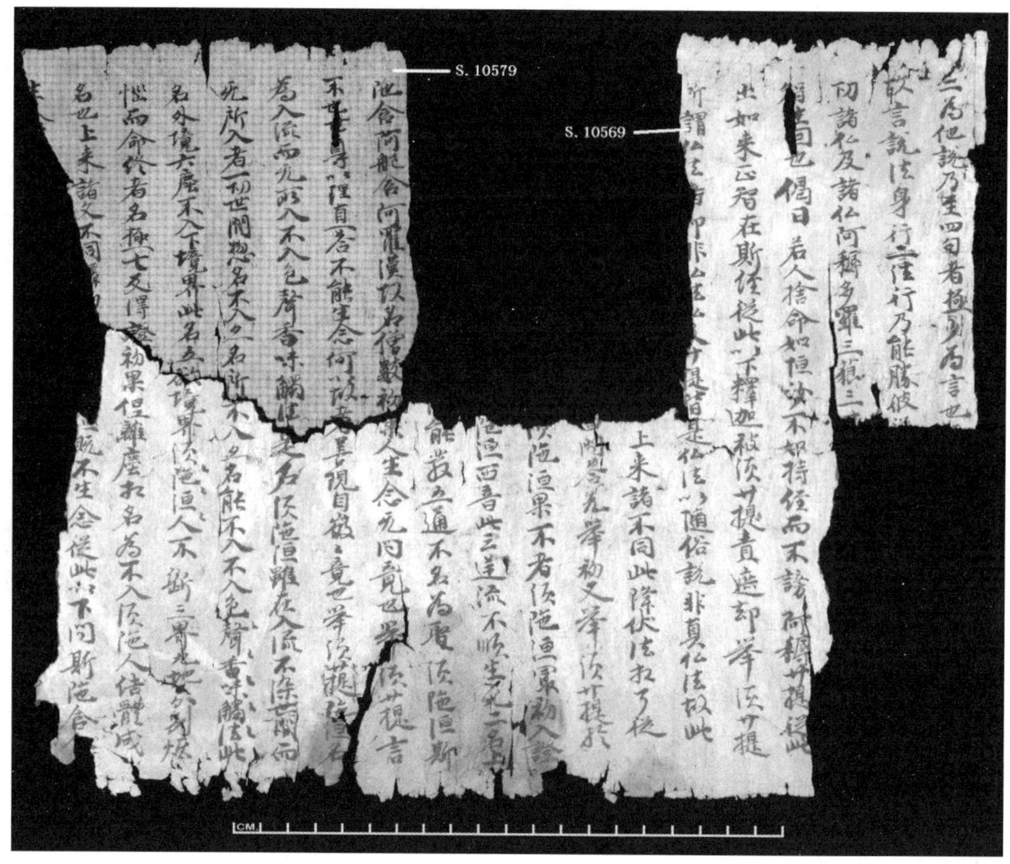

图1 斯10569号+斯10579号《金刚经疏》缀合示意图

如图所示，斯10569号《金刚经疏》尾部7行上方可与斯10579号《金刚经疏》（8行）之前7行下方缀接，缀合后的文本正好可与斯2047号《金刚经疏》缀接。缀合后的文本仍首缺尾全，内容系对鸠摩罗什译《金刚经》的注释，所释经文范围：大正235，8/749b21-752c02，相当于传世三十二分本《金刚经》第九分至第三十二分，但此疏经文未按此分段。

（二）写本内容的结构分析

因斯10569号+斯10579号+斯2047号《金刚经疏》前部残缺而导致我们无法得知其内容之全貌，我们只能看到此件经疏对《金刚经》中“若复有人，于此经中受持乃至四句偈等，为他人说，其福胜彼。何以故？须菩提！一切诸佛及诸佛阿耨多罗三藐三菩提法，皆从此经出”。之后经文的注释。对于《金刚经》全文结构，此件经疏有云：“此经一部，约有三文。一，经前由叙分，二，当根正说分，三，信受流行分。”可以看出，经疏是以三分法来科分《金刚经》的。

此件经疏多以一些总结性的文句，对大段经文进行引领判述。如：

> 上来诸文不同，四沙门果并了。从此以下，降伏正报相、依报相，事在明朝。从此以下，说燃灯佛，以广所闻。于中有二，先举初文。举：“佛告须菩提，如来昔在燃灯佛所，于法有所得不”，问所解也。如来昔在然灯佛所，有法得无法得，仰答也。从此以下，止陈实状，须菩提分疏。举：“世尊。如来在燃灯佛所，于法

实无所得”，以解仰答也。释迦曾供养百万恒沙诸佛，不得佛。何以故？以有所得故，所以不得佛。后于然灯佛，乃蒙受记。何以故？以无所得故，此名真得。

其中“从此以下，降伏正报相、依报相，事在明朝”。“从此以下，说燃灯佛，以广所闻。于中有二，先举初文”。“从此以下，止陈实状，须菩提分疎”。皆属于对经文内容和功能的判断之语。而文中诸如“从以下结劝修学”“从此以下第六降伏胜身相”“从以下第七降伏染福相”“从此第三当立名劝学”“上来诸文不同，立名劝学了，明朝领解修行”“前头六段，总是祇树给孤独园劝当座下徒众，后劝末代。以上六文，教利六道。从此以下，喻劝末代弘经”“此经六义，以如前释，后有一讼（颂），此即当宗”等语也是属于此类功能性的判语。这类判语除了是对所引经文内涵进行的总结之语，同时也成为整部经疏重要的解经结构。在这一过程中，撰疏者一方面解构了《金刚经》经文的原有结构，另一方面又建构起了对《金刚经》新的诠释模式。

除了上述这种对大段经文所作的功能性判语之外，经疏中还有一些结构性词语反映其对某一句具体经文的诠释方式。例如：

从此以下，降伏依报相。于中有三问答，先举初文。举：“须菩提，于意云何？菩萨庄严佛土不？”问所解也。菩萨庄严佛土无？问竟也。答。“不也。世尊。”以意正答也。“何以故”者，自征自释。若也不庄严，如得净土。

从此以下释。看举：“庄严佛土者”，增益心谤。“则非庄严”，损蹈心谤 。“是名庄严”者，离有离无。启会中道，谓取形相，计为清净，则非庄严，取于妄说实严故。此庄严是名庄严，不依形相，但依实体，名真庄严。《维摩经》云：以其心净，佛土净故。此名真庄严，所见有四，各见不同。且如诸天见水，唤作瑠璃。余者三种，以广所闻。

经疏一般以“举”“看举”等语引出所释《金刚经》经文内容，然后再以“问”“答”“征”“释”“引证”诸语对经文内容的功能性质进行判断。

上述经疏中对大段经文内容和功能的判语，加上对某句经文的具体注释，共同构成了此件经疏的整体解经结构。单纯从结构上看，此件经疏与南北朝至唐前中期的佛经义疏体较为接近，重在疏解经文文义，而与唐后期普遍出现的一些经注体存在很大不同。

（三）经疏引述佛典考述

经疏中除利用上述结构性和功能性判语对经文内容进行阐释之外，撰述者还引用了不少佛典对相关经文内容或疏解语进行注解。

1. 经云：“不来相而来，不见相而见。若来以（已）①，更不来，若去以（已），更不去。”

此句引文源自《维摩诘经·文殊师利问疾品》。其云：“文殊师利既入其舍，见其室空，无诸所有，独寝一床。时维摩诘言：‘善来文殊师利！不来相而来，不见相而见。’文殊师利言：‘如是！居士！若来已，更不来；若去已，更不去。所以者何？来者无所从来，去者无

①“以”，当作“已”，据《大正藏》第14册第475号《维摩诘所说经》改，“以”为“已”之借字。以下同，不另出校。

所至，所可见者，更不可见。’”[①] 经疏此处并非严格地引述经文，而是以“经云”为引语，从维摩诘和文殊师利的对话中各取一句，撮成了这句引文，与《维摩诘经》原文已产生差异，可视作经文的改写引用。

经疏中此句对《维摩诘经》经文的改写引文，出现于在解释“阿那含名为不来，而实无来，是名阿那含”处。其云：

> 看举：“阿那含名为不来，而实无来，是名阿那含”者，译语释也。臭身者，漏身也。虫身者，一切虫身也。食身者，阿那含人不食五谷之类也。毒身者，龙蛇蝎等也。更不还来欲界受身，欲界摄不得，故名不来。经云：不来相而来，不见相而见。若来以（已），更不来，若去以（已），更不去。西方名阿那含，此名不来。

经疏在解释“阿那含”时，在解释完“臭身”“虫身”“食身”“毒身”诸义之后，使用了“更不还来欲界受身，欲界摄不得，故名不来”对上述内容进行总结，最后的落脚点是“不来”二字。又因最后的总结语“西方名阿那含，此名不来”也是将阿那含的本土含义归结于“不来”，撰疏者在中间引用了《维摩诘经》中关于“不来”的语句，使得以“不来”对名“阿那含”这一说法有了经典依据。

2.《维摩经》云：“以其心净，佛土净故。”

此句引文源自《维摩诘经·佛国品》。其云：“如是，宝积！……随成就众生，则佛土净；随佛土净，则说法净；随说法净，则智慧净；随智慧净，则其心净；随其心净，则一切功德净。是故，宝积！若菩萨欲得净土，当净其心；随其心净，则佛土净。”[②] 此句“以其心净，佛土净故”的引文并非严格地引自《维摩诘经》，而是对“随其心净，则佛土净”的改写。

经疏中此句对《维摩诘经》经文的改写引文，出现于解释“庄严佛土者，则非庄严，是名庄严”处。其云：

> “是名庄严”者，离有离无。启会中道，谓取形相，计为清净，则非庄严，取于妄说实严故。此庄严是名庄严，不依形相，但依实体，名真庄严。《维摩经》云：以其心净，佛土净故。此名真庄严，所见有四，各见不同。且如诸天见水，唤作瑠璃。余者三种，以广所闻。

经疏在解释“是名庄严”一句时，认为庄严不依形相，应取心净，才是真庄严，故引述“《维摩经》云：以其心净，佛土净故”来证明心净与真庄严之间的关系。

3.《瑜伽论》说：“菩萨有五功德，又五希奇。”

此句引文源自《瑜伽师地论》。关于“五功德”，《瑜伽师地论》有云：

> 复次有四种补特伽罗，应知出家得五种功德。云何四种补特伽罗？一自依者，二依他者，三已熟者，四未熟者。云何应知出家得五种功德？谓自依补特伽罗由出家故，弃舍王等所共财宝，依止不共清净尸罗，是名获得最初功德。依他补特伽罗由出家故，弃舍属他随他而转不自在事，获得自依不随于他自在转事，是名获得第二功德。已熟补特伽罗由出家故，若无余结即便获得一切苦边，是名获得第三功德。若有余结即便获得恶趣苦边，是名获得第四功德。未熟补特伽罗由出家故，于

① ［后秦］鸠摩罗什译《维摩诘所说经》卷2，《大正藏》第14册，第544页。

② ［后秦］鸠摩罗什译《维摩诘所说经》卷1，《大正藏》第14册，第538页。

现法中解脱无量居家迫迮所有忧苦，积集无量顺解脱分广大善根，能令当来相续成熟，是名获得第五功德。[①]

关于“五希奇”，《瑜伽师地论》有云：

谓诸菩萨于其无上正等觉乘勤修学时，应知有五甚希奇法。何等为五？一者于诸有情，非有因缘而生亲爱。二者唯为饶益诸有情故，常处生死忍无量苦。三者于多烦恼难复有情，善能解了调伏方便。四者于极难解真实义理，能随悟入。五者具不思议大威神力。如是五种，菩萨所有甚希奇法，不与一切余有情共。

又诸菩萨成就五种不希奇法，而名成就甚希奇法。何等为五？谓诸菩萨以因利他苦，即为自己乐，是故菩萨恒遍受行因利他苦，是名菩萨成就第一不希奇法，而名成就甚希奇法。又诸菩萨虽善了知生死过失涅槃功德，而乐普令有情清净，即为己乐，是故菩萨为净有情增上力，故誓受生死，是名菩萨成就第二不希奇法，而名成就甚希奇法。又诸菩萨虽善了知默然乐味而乐普令有情清净，即为己乐，是故菩萨为净有情增上力，故恒勤方便为说正法，是名菩萨成就第三不希奇法，而名成就甚希奇法。又诸菩萨虽积集六波罗蜜多所有善根而乐普令有情清净，即为己乐，是故菩萨为净有情增上力，故以净意乐施诸有情，然不希求施果异熟，是名菩萨成就第四不希奇法，而名成就甚希奇法。又诸菩萨以利他事为自利事，是故菩萨恒现受行一切有情利益之事，是名菩萨成就第五不希奇法，而名成就甚希奇法。[②]

《瑜伽师地论》中对于“五功德”“五希奇”皆有详细的阐述，而此件经疏在解释“须菩提，若菩萨通达无我法者，如来说名真是菩萨”一句中“菩萨”一词的时候，便引述了《瑜伽师地论》中关于菩萨有“五功德”和“五希奇”的论断。其云：

看举：“须菩提，若菩萨通达无我法者，如来说名真是菩萨”者，结也。离妄想相，得真知故。《瑜伽论》说，菩萨有五功德，又五希奇。疏文广释。

相较《瑜伽师地论》的论述而言，此件经疏云“菩萨有五功德，又五希奇”的说法可谓是凝练之语，这一佛典援引方式与前两条有一定的差异。

4.《法华经》云：“应以种种身得度者，即现种种身，而为说法。”

此句引文源自《法华经·妙音菩萨品》。其云：

华德！汝但见妙音菩萨其身在此，而是菩萨，现种种身，处处为诸众生说是经典。或现梵王身，或现帝释身，或现自在天身，或现大自在天身，或现天大将军身，或现毗沙门天王身，或现转轮圣王身，或现诸小王身，或现长者身，或现居士身，或现宰官身，或现婆罗门身，或现比丘、比丘尼、优婆塞、优婆夷身，或现长者居士妇女身，或现宰官妇女身，或现婆罗门妇女身，或现童男、童女身，或现天、龙、夜叉、乾闼婆、阿修罗、迦楼罗、紧那罗、摩睺罗伽、人非人等身，而说是经。诸有地狱、饿鬼、畜生，及众难处，皆能救济，乃至于王后宫，变为女身，而说是经。

华德！是妙音菩萨，能救护娑婆世界诸众生者，是妙音菩萨如是种种变化现身，在此娑婆国土，为诸众生说是经典，于神通、变化、智慧无所损减。是菩萨，

① ［唐］玄奘译《瑜伽师地论》卷70，《大正藏》第30册，第688-689页。

② ［唐］玄奘译《瑜伽师地论》卷46，《大正藏》第30册，第545页。

以若干智慧明照娑婆世界，令一切众生各得所知；于十方恒河沙世界中，亦复如是。若应以声闻形得度者，现声闻形而为说法；应以辟支佛形得度者，现辟支佛形而为说法；应以菩萨形得度者，现菩萨形而为说法；应以佛形得度者，即现佛形而为说法。如是种种，随所应度而为现形，乃至应以灭度而得度者，示现灭度。①

此件经疏"应以种种身得度者，即现种种身，而为说法"的说法并非《法华经》的原文，而是对上述《法华经·妙音菩萨品》引文的凝练改写。此件经疏在解释"如来有肉眼"一句时，认为此处是须菩提随俗而答"有"言"见"，但此处之"见"，并非"正见"，是第六意识（心识）生分别而导致的。为补充说明上面对"肉眼见"的问题，此件经疏引述了《法华经》中的说法。其云：

举："如是。世尊。如来有肉眼"者，是菩提随俗答也。如来有肉眼无障隔处见者，是肉眼见。此言见者，非正见也，是第六意识生分别故。第六识者，心是也。《法花经》云：应以种种身得度者，即现种种身，而为说法。

与《法华经》原文相比，此件经疏"应以种种身得度者，即现种种身，而为说法"的说法属于凝练式的改写，与前述《瑜伽师地论》的引文相类。

5.《法华经》云："若能受持读诵，见障外色，此名现世见。"

此句引文源自《法华经·普贤菩萨劝发品》。其云：

普贤！若于后世，受持、读诵是经典者，是人不复贪着衣服、卧具、饮食、资生之物，所愿不虚，亦于现世得其福报。②

此件经疏所引"若能受持读诵，见障外色，此名现世见"并不出自《法华经》原文，而是对上述引文的改写引述。此件经疏在解释"如来有天眼"时，先是引入了第四禅为五净居天的概念，进而说明所谓"天眼"，也是以肉团为体，发光见色。最后为了说明为何能"见"，经疏引述了《法华经》关于"现世见"的论断。其云：

举："如是。世尊。如来有天眼。"是第二答也。第四禅者，五净居天是也。天眼者，亦以肉团为体，发光见色。《法花经》云：若能受持读诵，见障外色，此名现世见。

与《法华经》原文相比，此件经疏"若能受持读诵，见障外色，此名现世见"的说法则属于改写引用。

6.《维摩经》云："佛以一音演说法，众生随类各得解。"

此句引文源自《维摩诘经·佛国品》。其云：

大圣法王众所归，净心观佛靡不欣，
各见世尊在其前，斯则神力不共法；
佛以一音演说法，众生随类各得解，
皆谓世尊同其语，斯则神力不共法；
佛以一音演说法，众生各各随所解，
普得受行获其利，斯则神力不共法；
佛以一音演说法，或有恐畏或欢喜，

① ［后秦］鸠摩罗什译《妙法莲华经》卷7，《大正藏》第9册，第56页。
② ［后秦］鸠摩罗什译《妙法莲华经》卷7，《大正藏》第9册，第62页。

或生厌离或断疑，斯则神力不共法。[①]

此件经疏的引文出自《维摩诘经》中的一段称赞佛陀的偈颂，且是忠实于原文的引用。经疏在解释“如来有惠眼”时，认为惠即观察抉择。那么如何具备观察抉择的条件呢？当然是与众生是否得法开悟有关，因此此件经疏在其前引用了《维摩经》中“佛以一音演说法，众生随类各得解”的论述来引证。其云：

举：“如是。世尊。如来有惠眼。”是第三答也。《维摩经》云：佛以一音演说法，众生随类各得解。观察决择，称之为惠。喻大圆镜智，种种皆见。

此件经疏的引文是对《维摩诘经》原文的忠实引用。

7. 因《地论》说：“一四天下，有一须弥山。须弥山外，有七重金山。金山之中，有七由海水，水皆八得。”

此件经疏此处所言之《地论》当指亲光菩萨等造，玄奘所译的《佛地经论》。然经疏中的引文与《佛地经论》的原文存在很大的差异。为方便比较，兹引亲光菩萨等造，玄奘译《佛地经论》卷六的内容如下：

经曰：又如世界大小轮山之所围绕，如是如来妙观察智不愚，一切自相共相之所围绕。

论曰：此中显示断一切疑因相。如器世界，一妙高山，七大金山，八大海水，四大洲等，总于其外有小轮山周匝围绕。如是为一积数至千，复总于外有次轮山周匝围绕，名小千界。如是为一复数至千，更总于外有次轮山周匝围绕，名中千界。如是为一复数至千，总于其外有大轮山周匝围绕，有大风轮总持其下，名一[②]三千大千世界。[③]

二者在文字上存在不小的差异，但论述的中心同为佛教的世界观念，在主旨上有一定的相似性。由此可以看出，此件经疏的作者在引用《佛地经论》时，对原文进行了很大的调整。此件经疏是在解释“须弥山王”时，引用了《佛地经论》的说法。其云：

举：“须菩提，若三千大千世界中，所有诸须弥山王，如是等七宝聚，有人持用布施。”以俗譬喻方便显多。须弥山王最大，故名山王，其山纵广八万四千由旬 。因《地论》说：一四天下，有一须弥山。须弥山外，有七重金山。金山之中，有七由海水，水皆八得。八得者，一轻，二冷，三软，四美，五清净，六不臭，七饮时条适，八饮已无患。是中轻冷软三种，是触尘。美一种，是味尘。清净一种，是色尘。不臭一种，是香尘。条适无患，是具世力，是八和合。假名为水，故知诸大亦是假名。

在所有7条引文中，这条是最为特殊的，性质上也属于对《佛地经论》原文的改写引用，但与原文相差较大。

综上，斯2047号与斯10569号、斯10579号可缀合为一，缀合后首缺尾全，内容系对鸠摩罗什译《金刚经》的注释，所释经文范围：大正235，8/749b21–752c02，相当于传世三十二分本《金刚经》第九分至第三十二分，但此疏经文未按此分段。对于《金刚经》全文结

① ［后秦］鸠摩罗什译《维摩诘所说经》卷1，《大正藏》第14册，第537–538页。

② “一”，明本作“为”（［唐］玄奘译《佛地经论》（卷6），《大正藏》第26册，第318页）。

③ ［唐］玄奘译《佛地经论》卷6，《大正藏》第26册，第318页。

构，此件经疏有云："此经一部，约有三文。一，经前由叙分，二，当根正说分，三，信受流行分。"可以看出，经疏总体上是以三分法来科分《金刚经》的。而在具体的释经过程中，此件经疏是以"举""看举""举若为"等为句首引出《金刚经》经文内容，再以"问""答""征""释""引证"等语对经文内容的功能性质进行判断。文中的"从以下结劝修学""从此以下第六降伏胜身相""从以下第七降伏染福相""从此第三当立名劝学""上来诸文不同，立名劝学了，明朝领解修行""此经六义，以如前释，后有一讼（颂），此即当宗"等语乃具体对经文内涵进行了总结，也是整部经疏重要的解经结构。经疏通过这些判语和总结之语，对《金刚经》经文的前后关系进行了分判和解构，同时也完成了对《金刚经》经文结构和内容经义的新的建构。

在疏经过程中，除了撰疏者所作的判语和总结之语之外，此件《金刚经疏》还特别引用了一些大乘经、论对《金刚经》经文进行注解，并对相关经义进行了阐发。其援引佛典内容上既有经，亦有论；形式上既有原封不动地直接引用经文，亦有对经文进行改写的间接引用。此件经疏只有7条佛典引文，分别引述了《维摩诘经》《法华经》《瑜伽师地论》和《佛地经论》中的若干条经文内容，其中只有1条是原封不动地忠实于原文的引用，其余6条引述内容都是对经论原文进行的改写或者凝练。

二、敦煌写本斯2047号《金刚经疏》的解经特色

通过对此件经疏所引佛典的情况进行分析，我们不难发现《金刚经疏》共引经论7处，分别引用了《维摩诘经》（3次）、《法华经》（2次）、《瑜伽师地论》（1次）、《佛地论》（1次）。从此件经疏所引佛典的类型和特色来看，其大乘思想的立场是显而易见的。

除此之外，此件注疏在释经方式上还利用了不少唯识思想的概念，只是注疏中并未直接标明这些概念的具体出处。我们可以以"六义"和"一颂"为中心对斯2047号《金刚经疏》的解经特色中包含的唯识因素进行论述。

（一）"不住无为，文有六义"：斯2047号《金刚经疏》中的唯识色彩

以"空"为哲学基础的"无住"思想是《金刚经》的核心思想。相传禅宗六祖惠能因听闻《金刚经》中"应无所住，而生其心"而顿悟。《金刚经》中的"无住"思想在禅宗思想中的重要地位自然是不言而喻。《金刚经》中共有两处内容提到了"无住"的概念。经文中"应无所住"的内容是"无住"概念的集中论述，且历代注释者和研究者也都是据此两段内容对《金刚经》"离相""无住"等思想进行阐释和研究。正是历代注经者对"离相""无住"思想的重视，与其相类的"无相"一语常被用来表述《金刚经》之宗旨。自唐代至清代的诸种《金刚经》注疏多认为《金刚经》"以无相为宗，无住为体"。敦煌文献中所存古逸《金刚经》注疏也同样持这一观点，其中，台中图51号《报思金刚经文》中亦有一段总结与此相关，其云："其经无相为宗，般若是体。此经文悭义广，等量虚空，妙理幽玄，非愚人之可恻。"[①]这段文字位于此件作品的起始之处，乃对《金刚经》的总结和赞叹。其中所言"无相为宗，般若是体"是对《金刚经》"辩经宗体"的总结之语。相较而言，其他诸种《金刚经》

① 潘重规：《国立中央图书馆藏敦煌卷子》第1卷，石门图书公司，1976年，第423页；黄永武主编《敦煌宝藏》第136册，新文丰出版公司，1986年，第571页。

注疏中并没有以“般若是体”来解释该经的用例。由此可知，此件“无相为宗，般若是体”的说法是较为独特的。从出土文献和传世文献中所存的《金刚经》注疏来看，以“无相”为宗旨的立场来总结《金刚经》所体现出的“无住”思想是一致的。那么，本文所讨论的此件经疏在“无住”概念的论述上是采用何种方式呢?

斯2047号《金刚经疏》在解释“无住”之时有如下诸语：

> 次下当释生死涅槃地，降伏有住心，得无住处。相（于）中有二：先说不住无为，后说不住有为。不住有为，文有一讼（颂）。不住染，五欣佛妙智，六炽然精进。

文中“不住染，五欣佛妙智，六炽然精进”的表述显然是不完整的，只有不完整的第四义和完整的第五、第六义，缺失了前面三义。而与此段文字相关，伯2165号背《金刚经疏》有类似表达，其云：

> 次下当释，于生死涅槃，降伏有住心，得无住处。于中有二：先说不住无为，后说不住有为。不住有为，文有一颂；不住无为，文有六义。一、不舍生死，二、了知诸行，三、入佛威仪，四、轮回不染，五、欣佛妙智，六、炽然精进。“以满恒沙七宝施”下，是第二文。“若有人言如来，若来”下，是第三文。“若善男子，以三千世界碎为微尘”下，是第四文。“若有人言，佛说我见人见”下，是第五文。“若人以满无量阿僧祇世界七宝施”下，是第六文。①

相较而言，我们会发现斯2047号《金刚经疏》在“六义”的表述上，底本有脱文，可据伯2165号背《金刚经疏》补齐，但在第四义上两件经疏应存在差异。斯2047号《金刚经疏》的此处表述是“不住染”，而后文是“从此以下，第四轮回不染”，后者与伯2165号背《金刚经疏》中的表达是一致的。从这一点上看，斯2047号《金刚经疏》在“六义”的表述上不仅有脱文，而且还存在前后矛盾的现象。

“六义”概念系唯识思想的重要体现。无论是《瑜伽师地论》的译者玄奘，还是身为玄奘法师高足的窥基，在唐代唯识思想的传播过程中都起到了至关重要的作用。

《瑜伽师地论》卷45有云：

> 云何依内修证一切佛法六种方便善巧？一者菩萨于诸有情，悲心俱行，顾恋不舍。二者菩萨于一切行，如实遍知。三者菩萨恒于无上正等菩提所有妙智，深心欣乐。四者菩萨顾恋有情为依止故，不舍生死。五者菩萨于一切行，如实遍知为依止故，轮转生死而心不染。六者菩萨欣乐佛智为依止故，炽然精进。当知是名菩萨依内修证一切佛法六种方便善巧。②

另，唐代窥基撰《金刚般若论会释》有云：

> 下文由此标云：为离舍众生故经言等。然佛方便善巧，有十二种。一悲心顾恋，二了知诸行，三欣佛妙智，四不舍生死，五轮回不染，六炽然精进，七以少善成无量果，八以少力摄，摄大善根，九增圣教者除其恚恼，十处中住者令其趣入，

① 上海古籍出版社、法国国家图书馆编《法藏敦煌西域文献》第7册，上海古籍出版社，1998年，第313页。

② ［唐］玄奘译《瑜伽师地论》卷45，《大正藏》第30册，第540页。

十一已趣入者令其成就，十二已成熟者令其解脱。[①]

《瑜伽师地论》中的“六义”的概念也被窥基用于其他大乘佛典的注释之中，如《般若波罗蜜多心经幽赞》有云：“方便善巧有十二种，悲心顾恋、了知诸行、欣佛妙智、乐处生死、轮回不然、炽然精进，此六为内。令以少善感无量果，令以少力摄大善根，憎圣教者除其恚恼，处中住者令其趣入，已趣入者令其成熟，已成熟者令得解脱，此六为外。”[②]另，《妙法莲华经玄赞》卷3有云：“三种合是十二种方便善巧波罗蜜多，随应配摄。《瑜伽》四十五说十二种中，初六依内修证，后六依外成熟。内六种者：悲心顾恋，了知诸行，欣佛妙智，不舍生死，轮回不染，炽然精进。外六种者：令以少施等善感无量果，令以少戒等力引大善根，憎圣教者除其恚恼，处中住者令其趣入，已趣入者令其成熟，已成熟者令其解脱。此中接下即外成熟，此中显上即内成熟，此中通彰合是内外一十二种。”[③]《妙法莲华经玄赞》卷10有云：“四德者：一，六度；二，方便善巧，有十二，悲心顾恋、了知诸行、欣佛妙智、长处生死、轮回不染、炽然精进，此六为内，令以少善感无量果、令以小力摄大善根、憎圣教者除其恚恼、处中住者令其趣入、已趣入者令其成熟、已成熟者令其解脱，此六为外。”[④]《说无垢称经疏》卷3有云：“依〈菩萨地〉第三十五卷，菩萨方便善巧有十二种。依内修证一切佛法，有其六种；依外成熟一切有情，亦有六种。依内修证有六种者：一于有情，悲心俱行，顾恋不舍；二于诸行，如实通知；三于无上菩提妙智，深心欣乐；四顾恋有情，不舍生死；五知诸行故轮转生死而心不染；六欣佛智故炽然精进。”[⑤]除窥基之外，诸如澄观、慧沼等人在其撰作的经疏中，在解释“方便善巧”的概念时也引用了“六义”的概念。例如，《大方广佛华严经疏》卷15有云：“三，方便者，谓造修力，依六方便成悲智故，一慈悲顾恋，二了知诸行，三欣佛妙智，四不舍生死，五轮回不染，六炽然精进。”[⑥]《金光明最胜王经疏》卷4有云：“方便善巧当知略说有十二种，依内修证一切佛法有六，依外成就一切有情亦有六种。依内六者，一于有情悲心顾恋，二于诸行如实遍知，三于菩提深心欣乐，四顾恋有情不舍生死，五遍知诸行轮回不染，六欣乐佛智炽然精进，名依内修六种善巧。”[⑦]

由此可以看出，《瑜伽师地论》中所论“善巧方便”有十二种，内外各有六种，而依内修证者即为前六种。“善巧方便”之十二种概念，为唐代诸种经疏中所常用，尤其是以窥基所撰的经疏为突出代表。而由窥基与玄奘之师徒关系及其众多著作的思想特色来看，窥基所撰经疏中的唯识思想是其非常明显的标志。而“善巧方便”之前六种，也就是此件《金刚经疏》在论证“无住”时所使用的“六义”。我们对此件《金刚经疏》的结构稍加分析的话，即可发现：经疏作者是以“六义”为结构主线对《金刚经》的内容进行了疏解，并以“六义”的概念着重讨论了经文中“离相无住”的概念。通过这样的方式，原本属于大乘般若核心思想的“离相无住”概念，便与《瑜伽师地论》中体现的唯识思想有了密切关联，从而实

① ［唐］窥基撰《金刚般若论会释》卷2，《大正藏》第40册，第744页。

② ［唐］窥基撰《般若波罗蜜多心经幽赞》卷1，《大正藏》第33册，第532页。

③ ［唐］窥基撰《妙法莲华经玄赞》卷3，《大正藏》第34册，第695页。

④ ［唐］窥基撰《妙法莲华经玄赞》卷10，《大正藏》第34册，第850页。

⑤ ［唐］窥基撰《说无垢称经疏》卷3，《大正藏》第38册，第1033-1034页。

⑥ ［唐］澄观撰《大方广佛华严经疏》卷15，《大正藏》第35册，第614页。

⑦ ［唐］慧沼撰《金光明最胜王经疏》卷4，《大正藏》第39册，第257页。

现了般若与唯识的会通。

（二）“不住有为，文有一颂”：《金刚经》四句偈之注解

敦煌写本斯2047号《金刚经疏》对四句偈的解释，其云：

> 此经六义，以如前释。后有一讼（颂），此即当宗。举若为：“一切有为法，如梦幻泡影，如露亦如电，应作如是观”。“一切有为法”，是所观境。“如梦亦如电”，喻示境相。“应作如是观”，结劝修学。然依论释，讼（颂）有九喻，如星翳灯幻，露泡梦电云。

相应之处，伯2165号背《金刚经疏》云：

> 以上下六义，合为一文，不住无为也。次下一颂，不住有为。“何以故”者，乘前问起。“一切有为法”，是所观境。“如梦”至“如电”，喻示境相。“应作如是观”，结劝修学。然依论释，颂有九喻，如星翳灯幻，露泡梦电云。

我们在传世文献中也找到了类似的表述。唐代唯识法相的代表人物窥基所著《金刚般若论会释》中亦有类似的表述，其云：“此经偈分为三：初一句总举有为法，为所观境；次两句正以九喻教，观九种有为；下一句结劝修行。”①

兹列表对比如下（见表1）：

表1　四句偈注解对比

斯2047号《金刚经疏》	伯2165号背《金刚经疏》	窥基《金刚般若论会释》
若为：一切有为法，如梦幻泡影，如露亦如电，应作如是观。一切有为法，是所观境。如梦亦如电，喻示境相。应作如是观，结劝修学。然依论释，讼有九喻，如星翳灯幻，露泡梦电云	“一切有为法”，是所观境。“如梦”至“如电”，喻示境相。“应作如是观”，结劝修学	此经偈分为三：初一句总举有为法，为所观境；次两句正以九喻教，观九种有为；下一句结劝修行

此件经疏对四句偈三段式的结构分析，与窥基的解释基本相同。而稍有不同的是，此件经疏是对罗什译《金刚经》的注释，所以此处注文是对“如梦”至“如电”共六种譬喻的解释，然而窥基《金刚般若论会释》亦指出经偈的中间两句“以九喻教，观九种有为”，其他诸种译本和世亲《金刚般若论》也都列出了九种譬喻。如何对这一矛盾进行解释呢？此件经疏接着又谓：“然依论释，颂有九喻，如星翳灯幻，露泡梦电云。”此即对六喻和九喻两种现象矛盾的调和之语。之后此件经疏便用一段韵语诵文结束了对四句偈的解释。其云：

> 诵曰：亲同宿林鸟，晓即随缘去。恩爱当头栖，相看如陌路。合煞父将知，妻奴子非君。已有万货，岂我常珍。自非十善菩提，自外盖非身宝。所恨生生贪悋，不以善善为怀。一旦堕落三涂，临急将何凭托。后悔悔之不及，更求求亦无由。自然甘罗其中，进退欲何游越。

《金刚经》虽系大乘般若系的重要经典，但无着和天亲的论释皆以唯识思想为立场，故两者对经偈中譬喻的解释同样具有较浓的唯识色彩。此件经疏的撰者通过对无着和天亲的论

① ［唐］窥基撰《金刚般若论会释》卷3，《大正藏》第40册，第782页。

释加以阐述和弘扬，一定程度上表明了其解释经偈的立场与无着天亲是相一致的。从对经偈结构的分析和对无着天亲二论的论述来看，此件经疏在经偈解释中对唯识思想因素重视的立场是一致的。

从解经结构和旨趣来看，此件经疏不仅利用了“六义”“一颂”等唯识色彩的概念作为解经的结构，而且其对经文的解释也具有一定的唯识立场。从内容和结构来看，此件经疏与伯2165号《金刚经疏》有很高的相似性。

三、结语

缀合后的文本依然不全，但从目前写本所存的内容来看，此件经疏属于南北朝至唐前期普遍流行的义疏体裁，引用了数种佛经对相关《金刚经》经义进行解释，还利用一些中古时期常见的解经功能性术语对《金刚经》经文进行了判断和总结。从解经的风格来看，此件经疏产生的时代应该在唐代中前期。经疏中出现的“举”“看举”等表达，表明此件经疏的形成似与特定的讲经活动息息相关。而从解经结构和旨趣来看，此件经疏利用了某些具有较显著的唯识色彩的概念作为解经的结构，反映了中古时期《金刚经》诠释领域中般若思想和唯识思想的融合。

敦研361《佛经》考校与研究*

赵家栋（南京师范大学文学院）

【摘要】敦研361《佛经》残卷中“姊妇”“知识妇”“怨家妇”三类妇法与佛经中佛陀向玉耶女所说“七辈妇”妇法相关联。我们通过对敦研361《佛经》残卷的释录与考校推定，今见藏经中涉及“佛向玉耶女说为妇法”的汉译佛经有三个系统。敦研361号残卷中“姊妇”“知识妇”“怨家妇”当属恶妇之法，其具体描写可能杂糅了“七辈妇”妇法中的恶妇法和“五善三恶”妇法之“三恶”妇法而成。敦研361号残卷虽然可以拟题作“佛说玉耶经残卷”，但该经可能不是“佛向玉耶女说为妇法”三类译经系统的异译本之一，也不可能是《劝发菩提心集》卷2《妇行门》引《玉耶经》所据的译本，更不可能是《佛说阿速达经》之异译本，其最大可能性是敦煌地区根据藏经中关于“佛向玉耶女说为妇法”相关文字编造的疑伪经。此经可能是为教导、警示佛教信众中的广大妇女而伪造，体现了世俗佛教的教化作用。

【关键词】敦研361　《玉耶女经》　考校与研究

一、图版与解题

敦研编号为第361号，拟名为《佛经》，《甘肃藏敦煌文献》第2卷对该卷叙录云：“首尾俱缺，起‘壻不可意’，讫‘念治生养’。白麻纸。卷长41.7厘米，卷高12厘米。天头0.8厘米，地脚0.8厘米，乌丝栏，栏宽1.61厘米。行书9～11字，总26行。经墨笔校勘。”① （见图1）。

*本文系国家社科基金一般项目“敦煌西域写本文献疑难字词释证及相关理论研究”（项目编号18BYY157）研究成果。

① 段文杰主编《甘肃藏敦煌文献》第2卷，甘肃人民出版社，1999年，第313页。

图1　敦研361《佛经》

（图版来自《甘肃藏敦煌文献》第二卷，第150页。图片有缩略）

今谓该卷为佛经不错，但为何经？叙录未作具体定名，我们根据其文字内容信息有“姊妇”“知识妇”的描写，推断可能与佛经中佛陀向玉耶女说“七辈妇”之事有关。详见下文第三部分说解。

二、录文与注释

（一）录文

1.聟〔一〕不可意，便瞋呵骂。或时
2.恐嚇〔二〕，欲与棰杖，聟常畏〔三〕难，如
3.弟畏姊〔四〕，有妇如此，名为姊妇也。
4.又复有妇，视聟如知识〔五〕，无有礼
5.节，不相敬难，早卧晚〔六〕起，偃健〔七〕
6.自恣，鵶蹲跂踞〔八〕，无所省录〔九〕。
7.夫聟呵问，便骂夫聟，聟一语亦
8.一语，聟捶一报一，啰咀〔十〕应
9.距〔十一〕，耻〔十二〕先折服。或共斗争，更相
10.罗顿〔十三〕，蹹地〔十四〕喧呼，敬动四邻。或
11.乱〔十五〕头被发，啼呼而走。或咒咀骂
12.詈，言无忌讳。或时憆〔十六〕对，挝
13.打〔十七〕器物。或瞋恚委卧〔十八〕，呼不肯
14.起。欲得夫聟，先呵折服，贡高〔十九〕
15.快意。自谓怺健〔二十〕，欲擅〔二十一〕出入
16.游荡行来，喜闚〔二十二〕门户，登攀
17.墻〔二十三〕（墙）垣，轻易唐突，无有纪
18.剄〔二十四〕。或共调谐〔二十五〕，更相谄毁，不
19.知惭耻，不可前却。有妇如此，名为
20.知识妇也〔二十六〕。又复有妇，状如怨家，
21.常恶〔二十七〕见夫聟，意欲相近，侧目相
22.看，曾无欢心，昼夜思念，欲相
23.害伤〔二十八〕，欲得更嫁，早相解离〔二十九〕。虽

24. 为夫妻，心常如寄〔三十〕，室

25. 家侃侃〔三十一〕，但闻斗争，两〔三十二〕不和合，

26. 不如野人，亦不念治生养〔三十三〕

（二）注释

〔一〕聓：原卷字形作“聓”，“聓”为“壻”之俗。颜元孙《干禄字书》：“聓、𦔺、壻：上俗，中通，下正。”今俗作“婿”。按，本卷“壻”皆俗作“聓”。

〔二〕噷：同“喝”。《玉篇·口部》：“噷，诃也。亦作喝。”《广韵·曷韵》：“噷，诃也。喝，同上。”《龙龛手鉴·口部》：“噷，呼葛反。诃也；怒也；大声也。”字又俗作“嗑”，《集韵·曷韵》：“噷、喝、嗑，许葛切。诃也。或省。亦从盖。”金韩道昭《五音集韵·曷韵》：“噷，诃也。喝、嗑并同上。”

〔三〕畏：原卷字形作“畏”，俗字。敦研219《道行般若经》卷10：“无所畏乐三昧。”其中“畏”字，原卷字形作“畏”。

〔四〕姊：原卷字形作“姊”，俗字。

〔五〕知识：本指相识的人，借指朋友。《墨子·号令》：“其有知识兄弟欲见之，为召，勿令入里巷中。”

〔六〕晚：原卷字形作“晚”。俗字。

〔七〕偃健：当读为“偃蹇”，健、蹇音近。“偃蹇”为“骄傲、傲慢”。《左传·哀公六年》：“彼皆偃蹇，将弃子之命。”杜预注：“偃蹇，骄敖。”《后汉书·文苑传·赵壹》：“偃蹇反俗，立致咎殃。”李贤注：“偃蹇，骄傲也。”

〔八〕鵄蹲跂踞：“鵄”为“鸱”之异体。“跂踞”读为“跂据”，意谓垂足偏倚而坐，为不端肃之姿势。《南齐书·魏虏传》：“虏主及后妃常行，乘银镂羊车，不施帷幔，皆偏坐垂脚辕中；在殿上，亦跂据。”《敦煌俗字典》读“跂踞”为“箕踞”，也备一说。

〔九〕省录：省察。《后汉书·班超传》：“故超万里归诚，自陈苦急，延颈踰望，三年于今，未蒙省录。”

〔十〕啰呾：“呾”原卷字形作“呾”，俗字。“啰呾”当读为“啰嗻”，又作“啰譇”，“呾”与“嗻/譇”音近。《集韵·麻韵》：“啰，啰嗻，多言。”又《集韵·麻韵》：“嗻、譇，啰嗻多言。或从言。”《大词典》未收有“啰嗻”或“啰譇”，而收有“啰唣”，“啰唣”之“唣”或是“呾”之形讹，进而俗读为zào，《大词典》“啰唣”一词书证最早为明代文献，太晚。《敦煌俗字典》释“呾”为“呾”，字形虽是，然句意不洽，当校读为“嗻”或“譇”。

〔十一〕应距：应，原卷字形作“应”，据字形当为“应”，此为“鹰”之音借。

〔十二〕耻：原卷字形作“耻”，俗字。

〔十三〕罗顿：“罗”读为“攞”，拉扯、掣拽。“攞顿”义同“掣顿”，汉桓宽《盐铁论·散不足》：“数幸之郡县，富人以资佐，贫者筑道旁。其后小者亡逃，大者藏匿；吏捕索掣顿，不以道理。”《大词典》未收“罗顿”“攞顿”。

〔十四〕蹹地：蹹，原卷字形作“蹹”，为“蹋”之异写，字亦作“踏”。“敬动”之“敬”当读为“惊”，音借字。

〔十五〕乱：原卷字形作“乱”，俗字。

〔十六〕憆对：憆，原卷字形作“憆”，俗字。“憆”为“瞠”之异体，字又作“瞸”“盯”“瞕”，《集韵·庚韵》：“瞠，抽庚切。直视也。或作瞸、盯、憆、瞕。”《汉书·外戚传》：“武因问客：‘陛下得武书，意何如？’曰：‘憆也。’”颜师古注曰：“憆，音丑庚反。字本作瞠，其音同耳。”《敦煌俗字典》录文作“忄棠”，校改作“撑”，不确。

〔十七〕挝打：挝，原卷字形作“挝”，写体讹变。挝、打同义连文，《大词典》收有“挝打”，释义为“殴打”不够准确。书证最早为明代李时珍《本草纲目》，太晚。

〔十八〕委卧：卧，原卷字形作“卧”，俗写讹变。上文“早卧晚起”之“卧”原卷字行作“卧”，正同。“委”为“懈倦、疲惫”义，《楚辞·严忌〈哀时命〉》：“欿愁悴而委惰兮，老冉冉而逮之。”王逸注：“委惰，懈倦也。”唐元稹《韦氏馆与周隐客杜归和泛舟》诗：“神恬津藏满，气委支节柔。”这里“委卧”指懒惰而卧床不起。

〔十九〕贡高，佛教语。骄傲自大。《百喻经·磨大石喻》：“方求名誉，憍慢贡高，增长过患。”《敦煌变文集·维摩诘经讲经文》：“贡高我慢比天长，折挫应交虚见伤。软弱柔和如似水，此个名为真道场。”

〔二十〕怺健：“怺”，原卷字形作“怺”。录文作“怺”。然《大字典》“怺”字下云：“哀。《改併四声篇海·心部》：‘怺，哀也。’”《龙龛手鉴·心部》：“怺，乌怀反。哀也。”“怺健”词义难解，“怺”字形作“怺”，或是“伉”字写体讹变。

〔二十一〕擅：原卷字形作“擅”，俗字。

〔二十二〕闚：原卷字形作“闚”，当为“闚”字。“闚”为“闚”之俗写讹变。敦研118《大般涅槃经》卷23：“既入聚中闚看，诸舍都不见人。”《说文·门部》：“闚，闪也。”又《方言》卷10：“凡相窃视，南楚谓之闚。”《敦煌俗字典》录作“阅”，误。《龙龛手镜·门部》：“闚，俗；闚，正。犬规反。小视也。”“小视”义的“闚”，本字当为“窥”，《说文·穴部》：“窥，小视也。从穴，规声。”文献字用实际常闚、窥通用。《易·丰》：“闚其户，阒其无人。”陆德明释文引李登曰：“闚，小视。”汉王延寿《鲁灵光殿赋》：“神仙岳岳于栋间，玉女闚窗而下视。”

〔二十三〕墻：原卷字形作“墻”，“墻”之俗字。“墻”为“墙”之异体字。

〔二十四〕纪剛：剛，原卷字形作“剛”，“剛”为“刚”之异体，这里“刚”读为“纲”。“纪纲”意为法度。《书·五子之歌》：“惟彼陶唐，有此冀方。今失厥道，乱其纪纲，乃底灭亡。”又作“纲纪”，《汉书·礼乐志》：“夫立君臣，等上下，使纲纪有序，六亲和睦，此非天之所为，人之所设也。”

〔二十五〕调谐：谐，原卷字形作“谐”。“调谐”为“调笑戏谑”义。《大词典》“调谐”下仅有“调和、协调”义项，例证，《史记·礼书》：“目好五色，为之黼黻文章以表其能；耳乐钟磬，为之调谐八音以荡其心。”汉王充《论衡·诘术》：“匈奴之俗，有名无姓、字，无与相调谐。”当补入“调笑戏谑”义项和书证。

〔二十六〕知识妇：又称“善知识妇”。“知识”，佛教术语，是朋友之异名。“知识妇”指对待夫婿像朋友一样的妇人。东晋竺昙无兰译《玉耶经》：“何等为善知识妇者？侍其夫婿爱念恳至，依依恋恋不能相弃，私密之事常相告示，见过依呵令行无失，善事相敬使益明慧，相爱欲令度世，如善知识，是为善知识妇。”[1]又失译（今附《西晋录》）《玉耶女经》：“何等知识妇？奉事夫婿敬顺恳至，依依恋恋不能相远，私密之事，常相告示，行无违失，善事相教使益明慧，相亲相爱，欲令度世，如善知识，是为知识妇。”[2]

〔二十七〕恶：原卷字形作“恶”，当为“恶”字俗写。敦研108（2-2）《大般涅槃经》：“菩萨摩诃萨，恶贱三觉，不受不味，亦复如是。”其中“恶”字，原卷字形作“恶”。又敦研036（2-1）《金光明经》：“可恶如贼，犹若行厕。”其中“恶”字，原卷字形作“恶”。字形与此相类。详见《敦煌俗字典》“恶”字条。

〔二十八〕害伤：原卷字形作“害伤”，“害”为“害”字俗写，敦煌写卷习见，敦研155《大般涅槃经》：“常为欲觉恚觉害觉之所覆盖。”敦博004《道行般若经》卷5：“若有菩萨多有危害，所以者何？”敦研258《大般涅槃经》卷25：“复害人害己。”又：“方便而得解脱，身心不为五阴所害。”又：“父王无辜，横加逆害。”其中“害”，皆作此形。详见《敦煌俗字典》“害”字条。“伤”为“伤”字俗写讹变，又敦研256《佛经》：“蛇煞牛煞夫，儿狼噉，妇复伤身。”其中“伤”字，原卷字形作“伤”；又敦研257《贤愚经》卷4：“或刀剑为梢，伤克物命。”其中“伤”字，原卷字形作“伤”；又敦研237《太子瑞应本起经》：“伤之而去。”其中“伤”字，原卷字形作“伤”。皆作此相似字形。详见《敦煌俗字典》“伤”字条。

〔二十九〕解离：分离，拆散。《三国志·魏志·张邈传》：“暹、奉与术，卒合之军耳，策谋不素定，不能相维持。子登策之，比之连鸡，势不俱栖，可解离也。”北魏贾思勰《齐民要术·炙法》：“用鹅、鸭、獐、鹿、猪、羊肉，细研，熬，和调如啖炙。若解离不成，与少面。”

〔三十〕寄：原卷字形作“寄”，俗写。“寄”者，寄客也。“寄客”本指寄居他乡之人。五代王定保《唐摭言·会昌五年举格节文》：“公卿百寮子弟及京畿内士人、寄客外州府举士人等，修明经、进士业者，并隶名所在监及官学，仍精加考试。”这里“心常如寄”喻指妇无室家之心。

〔三十一〕侃侃：原卷字形作“諐”，“諐”本为“愆”之籀文。《说文·心部》：“愆，过也。从心，衍声。㥶，或从寒省。諐，籀文。”《汗简·言部》：“諐，愆。见《尚书》。”《龙龛手鉴·人部》：“𠎝、僁、諐，三俗；諐，古；愆，正。去干反。过也。咎也。”《集韵·僊韵》：“愆，丘虔切。《说文》：过也。或从寒省，籀作諐，亦作遃愆。”《大字典》：“諐，同‘愆’。《集韵·僊韵》：“愆，籀作諐。”今谓读“諐”为“侃”，与文句不合，此处当为“愆”之俗写，“愆愆”读为“狺狺”，为“争辩貌”义，其同源词有“訚訚”“訔訔”“䜣䜣”“言言”“龂龂”“龈龈”。详细考辨见下文“相关问题研究”部分。

〔三十二〕两：原卷字形作“两”，俗写。

〔三十三〕治生养：当为“治生养儿”之省。“治生”指经营家业、谋生计。《管子·轻重戊》：“出入者长时，行者疾走，父老归而治生，丁壮者归而薄业。”《史记·淮阴侯列传》：“（韩信）始为布衣时，贫无行，不得推择为吏，又不能治生商贾，常从人寄食饮。”

① ［东晋］竺昙无兰译《玉耶经》卷1，《大正藏》第2册，第866页。

② 《玉耶女经》卷1（失译），《大正藏》第2册，第865页。

三、相关问题研究

（一）残卷内容推定和定名问题

据上文对敦研361号残卷录文及注释可知，该残卷涉及“姊妇”“知识妇”“怨家妇”的描写。藏经中涉及“姊妇”“知识妇”“怨家妇”文字内容的佛经有失译（附《西晋录》）《佛说玉耶女经》、失译（今附《西晋录》）《玉耶经》、东晋竺昙无兰译《玉耶女经》及南朝宋求那跋陀罗译《佛说阿速达经》，经文文字内容皆有不同。

关于《玉耶女经》及其相类译经，今见藏经和经录记载，首先最早的译经当是附于《西晋录》两部失译者名的《佛说玉耶女经》和《玉耶经》。僧祐《出三藏记集》卷3“新集安公失译经录第二”下云：“《玉耶女经》一卷，或云《玉瑘经》。”并云“今并有其经”[①]。其次是东晋竺昙无兰译《玉耶女经》。《历代三宝纪》卷7：“《玉耶经》一卷，或云《玉耶女经》”，并云：“孝武帝世，西域沙门竺昙无兰，晋言法正，于杨都谢镇西寺兰取世要略大部出。唯二经是僧祐录载，自余杂见别录。”[②]以上《佛说玉耶女经》《玉耶女经》及《玉耶经》，文字皆有不同。再次是南朝宋求那跋陀罗译《佛说阿速达经》，《佛说阿速达经》与《玉耶女经》当为本经与析出经的关系，而有一种译本的《玉耶女经》又名《长者诣佛说子妇无敬经》。《开元释教录》卷3：“《玉耶女经》一卷，一名《长者诣佛说子妇无敬经》，或云《玉耶女经》，第二出，与《阿速达经》等同本。”[③]《开元释教录》卷2：“《玉耶女经》一卷，或云《玉耶经》初出，与《阿速达经》等同本。”[④]

通过经录记载可知，在中土译经实践中，关于佛向玉耶女说为妇法，即“说玉耶女嫁给孤独长者子而憍慢无复妇礼，长者请佛为说法教，戒为妇之道”之事，佛经中同本异译的情况有几种。《僧祐录》所附《西晋录》失译经为一类；东晋西域沙门竺昙无兰译一卷本《玉耶经》，即《长者诣佛说子妇无敬经》则为第二类；南朝宋求那跋陀罗译《佛说阿速达经》为第三类。从译出时间上看，《佛说阿速达经》后出，故《开元释教录》卷3云“或云《玉耶女经》第二出与《阿速达经》等同本”可能性不大，只能说明二者是不同时期的异译本，不存在单经析出关系。有一种可能是，在南朝宋求那跋陀罗译出《佛说阿速达经》前，还有一种《佛说阿速达经》译本。《开元释教录》卷13：“《玉耶女经》一卷，或云《玉耶经》。《僧祐录》云‘安公失译经’，拾遗编入。今附《西晋录》，初出。《玉耶经》一卷，一名《长者诣佛说子妇无敬经》，东晋西域沙门竺昙无兰译（第二译）。《阿速达经》一卷，宋天竺三藏求那跋陀罗译（第三译）。右三经同本异译。”[⑤]《大藏圣教法宝标目》卷7：“《玉耶女经》《玉耶经》《阿速达经》。右三经同本异译。说玉耶女嫁给孤独长者子而憍慢无复妇礼，长者

① ［梁］僧祐撰，苏晋仁、萧錬子点校《出三藏记集》卷3，中华书局，1995年，第103–105页。

② ［隋］费长房撰《历代三宝纪》卷7，《大正藏》第49册，第69–70页。

③ ［唐］智昇撰，富世平点校《开元释教录》卷3，中华书局，2018年，第173页。

④ ［唐］智昇撰，富世平点校《开元释教录》卷2，中华书局，2018年，第159页。

⑤ ［唐］智昇撰，富世平点校《开元释教录》卷13，中华书局，2018年，第839页。

请佛为说法教，戒为妇之道。”[①]

此外，还有唐慧沼撰《劝发菩提心集》卷2《妇行门》引《玉耶经》文字，与诸本译本《玉耶经》文字有别。这可能是另一种意译本，是唐慧沼看到的另一个译本。

上揭同本异译三种，据《开元释教录》记载，唐代藏经都有抄本，虽然三类意译本皆为一卷，但抄本所用纸数则不同。《开元释教录》卷20：“《玉耶女经》一卷，或云《玉瑘经》，三纸。《玉耶经》一卷，一名《长者诣佛说子妇无敬经》，或云《玉耶女经》，五纸。《阿速达经》一卷，二纸。”[②]又《大唐开元释教广品历章》卷19云：“《王邪经》一卷，一名《长者诣佛说子姊无敬经》，供城五纸，蒲州五纸。……《玉耶女经》一卷，供城五纸，蒲州三纸。《阿速达经》一卷，供城三纸，蒲州二纸。”[③]

而敦研361《佛经》当为“佛向玉耶女说为妇法”之事的另一个译本，由于敦煌遗书中仅存残卷，涉及“七辈妇”只有“姊妇”“知识妇”“怨家”三类，不能了解全貌，但从残卷的款式来看，卷面工整，书写认真，栏距整饬，杂写杂抄的可能性不大。据此，我们这里将敦研361《佛经》拟名为“佛说玉耶经残卷”。

（二）关于妇法之“七辈妇”

佛告玉耶，世间有七辈妇。“七辈妇”说法见于失译（附《西晋录》）《玉耶经》、东晋竺昙无兰译《玉耶女经》，唐慧沼撰《劝发菩提心集》卷2《妇行门》引《玉耶经》“七辈妇”说法文字与此相同，但具体的妇法说解略有不同。《玉耶经》：“世间有七辈妇：一妇如母，二妇如妹，三妇如善知识，四妇如妇，五妇如婢，六妇如怨家，七妇如夺命，是为七辈妇。”《玉耶女经》：“世间下有七辈妇，为汝说之一心善听。一者母妇，二者妹妇，三者知识妇，四者妇妇，五者婢妇，六者怨家妇，七者夺命妇。”《劝发菩提心集》卷2《妇行门》引《玉耶经》：“世间复七辈妇：一妇如母，二如妹，三如善知识，四如妇，五如婢，六如怨家，七如夺命。”

此外，《佛说玉耶女经》有“五等作妇之法”之说，云：“作妇之法，当有五等。何谓为五？一如母妇，二如臣妇，三如妹妇，四者婢妇，五者夫妇。”《增壹阿含经》卷49《非常品》有“为妇人有四事”之说，云：“长者女当知，夫为妇人有四事。云何为四？有妇如似母，有妇似亲亲，有妇似贼，有妇似婢。”而《佛说阿速达经》则未见“七辈妇”类似说法。

下面我们从作妇之法类别和作妇之法具体表现两方面将敦研361残卷中“姊妇”“知识妇”“怨家妇”文字与《玉耶经》《玉耶女经》《劝发菩提心集》卷2《妇行门》引《玉耶经》“七辈妇”文字及《佛说玉耶女经》中“五等作妇之法”、《增壹阿含经》卷49《非常品》中“为妇人有四事”文字进行比较。具体文字对照表如下（见表1）：

① ［宋］王古撰《大藏圣教法宝标目》卷7，《乾隆大藏经》第143册，传正有限公司乾隆版大藏经刊印处，1997年，第642页。

② ［唐］智昇撰，富世平点校《开元释教录》卷20，第1402-1403页。

③ ［唐］玄逸撰《大唐开元释教广品历章》卷19，《赵城金藏》第98册，北京图书馆出版社，2008年，第403页。

表1　作妇之法类别与作妇之法具体表现文本对照表

经名	作妇之法类别	作妇之法表现
敦研361号残卷	一姊妇，二知识妇，三怨家。	①(前残缺)[夫]聟不可意，便瞋呵骂。或时恐嚇，欲与棰杖，聟常畏难，如弟畏姊，有妇如此，名为姊妇也。 ②又复有妇，视聟如知识，无有礼节，不相敬难，早卧晚起，偃健自恣，踑蹲跂踞，无所省录。夫聟呵问，便骂夫聟，聟一语亦一语，聟捶一报一，啰唣应距，耻先折服。或共斗争，更相罗顿，蹹地喧呼，敬动四邻。或乱头被发，啼呼而走。或呪咀骂詈，言无忌讳。或时憆对，挝打器物。或瞋恚委卧，呼不肯起。欲得夫聟，先呵折服，贡高快意。自谓恼健，欲擅出入游荡行来，喜闚门户，登攀墻(墙)垣，轻易唐突，无有纪剭。或共调谐，更相谄毁，不知惭耻，不可前却。有妇如此，名为知识妇也。 ③又复有妇，状如怨家，常恶见夫聟，意欲相近，侧目相看，曾无欢心，昼夜思念，欲相害伤，欲得更嫁，早相解离。虽为夫妻，心常如寄，室家侃侃，但闻斗争，两不和合，不如野人，亦不念治生养[儿](后残缺)。
《玉耶女经》	世间下有七辈妇，为汝说之一心善听。一者母妇，二者妹妇，三者知识妇，四者妇妇，五者婢妇，六者怨家妇，七者夺命妇。	①何等母妇？爱念夫主，如母爱子，昼夜长养，不失时宜，心常怜念，无有厌患，念夫如子，是为母妇。 ②何等妹妇？承事夫婿，尽其敬诚，如兄如弟，同气分形，骨血至亲，无有二情，尊之重之，如妹事兄，是为妹妇。 ③何等知识妇？奉事夫婿，敬顺恳至，依依恋恋，不能相远，私密之事，常相告示，行无违失，善事相教，使益明慧，相亲相爱，欲令度世，如善知识，是为知识妇。 ④何等妇妇？供养大人，竭情尽行，无有一二，净修妇礼，终不废阙，进不犯义，退不失礼，常和为贵，是名妇妇。 ⑤何等婢妇？心常畏忌，不敢自慢，忠孝尽节，口不粗言，身不放逸，以礼自防，如民奉王，夫婿敬幸，不得憍慢，若得杖捶，敬承奉受，及见骂辱，默然无辞，甘身苦乐，无有二心，募修妇道，不择衣食，事夫如事大家，是名婢妇。 ⑥何等怨家妇？见夫不欢，恒怀瞋恚，昼夜求愿，欲得远离，虽为夫妇，心常如寄，乱头勤卧，无有畏避，不作生活，养育儿子，身行淫荡，不知羞耻，陷入罪法，毁辱亲里，夫婿相憎，咒欲令死，是名怨家妇。 ⑦何等夺命妇？昼夜不眠，毒心伺之，作何方便，得远离之，欲与毒药，恐人觉之，心外情通，雇人害之，复遣傍夫，伺而贼之，夫死更嫁，适我愿之，是名夺命妇。
《玉耶经》	世间有七辈妇： 一妇如母，二妇如妹，三妇如善知识，四妇如妇，五妇如婢，六妇如怨家，七妇如夺命。 是为七辈妇。	①何等为母妇？母妇者，爱念夫婿犹若慈母，侍其晨夜不离左右，供养尽心不失时宜，夫若行来恐人轻易，见则怜念心不疲厌，怜夫如子，是为母妇。 ②何等为妹妇？妹妇者，承事夫婿尽其敬诚，若如兄弟同气分形，骨肉至亲无有二情，尊奉敬之如妹事兄，是为妹妇。 ③何等为善知识妇者？侍其夫婿爱念恳至，依依恋恋不能相弃，私密之事常相告示，见过依呵令行无失，善事相敬使益明慧，相爱欲令度世如善知识，是为善知识妇。 ④何等为妇妇者？供养大人竭诚尽敬，承事夫婿谦逊顺命，夙兴夜寐恭恪言命，口无逸言身无逸行，有善推让过则称己，诲训仁施劝进为道，心端专一无有分邪，精修妇节终无阙废，进不犯仪退不失礼，唯和为贵，是为妇妇。

续表1

经名	作妇之法类别	作妇之法表现
《玉耶经》	世间有七辈妇： 一妇如母，二妇如妹，三妇如善知识，四妇如妇，五妇如婢，六妇如怨家，七妇如夺命。 是为七辈妇。	⑤何等为婢妇者？常怀畏慎，不敢自慢，兢兢趣事，无所避惮，心常恭恪，忠孝尽节，言以柔软，性常和穆，口不犯粗邪之言，身不入放逸之行，贞良纯一，质朴直信，恒自严整，以礼自将，夫婿纳幸，不以憍慢，设不接遇，不以为怨，或得捶杖，分受不恚，及见骂辱，默而不恨，甘心乐受，无有二意，劝进所好，不妒声色，遇己曲薄，不诉求直，务修妇节，不择衣食，专精恭恪，唯恐不及，敬奉夫婿，婢事大家，是为婢妇。 ⑥何等为怨家妇者？见夫不欢，恒怀瞋恚。昼夜思念，欲得解离。无夫妇心，常如寄客。狺狺斗诤，无所畏忌。乱头坠卧，不可作使。不念治家养活儿子，或行淫荡，不知羞耻。状如犬畜，毁辱亲里，譬如怨家，是为怨家妇。 ⑦何等为夺命妇者？昼夜不寐，恚心相向，当何方便，得相远离？欲与毒药，恐人觉知，或至亲里，远近寄之，作是瞋恚，常共贼之，若持宝物雇人害之，或使傍夫伺而杀之，怨枉夫命，是为夺命妇。 是为七辈妇。
《佛说玉耶女经》	作妇之法，当有五等。何谓为五？一如母妇，二如臣妇，三如妹妇，四者婢妇，五者夫妇。	①何谓母妇？爱夫如子故，名母妇。 ②何谓臣妇？事夫如君故，名臣妇。 ③何谓妹妇？事夫如兄故，名妹妇。 ④何谓婢妇？事夫如妾故，名婢妇。 ⑤何谓夫妇？背亲向疏永离所生，恩爱亲昵同心异形，尊奉敬慎无憍慢情，善事内外家殷丰盈，待接宾客称扬善名，是为夫妇之道。
《劝发菩提心集》卷2《妇行门》	世间复七辈妇：一妇如母，二如妹，三如善知识，四如妇，五如婢，六如怨家，七如夺命。	①母妇者，爱念夫婿，犹若慈母。侍其晨夜，不离左右。供养尽心，不失时宜。夫若行来，恐人轻易。见则怜念，心无疲厌，怜夫如子。 ②如妹妇者，承事夫婿，尽其敬诚。若如兄弟，同气分形，骨肉至亲，无有二情。尊奉敬之，如妹事兄。 ③善知识妇者，侍其夫婿，爱念恳至。依依恋恋，不能相弃。私密之事，常相告示。见过依呵，令行无失。善事相教，使益明智。相亲[相]爱，欲令度世，如善知识也。 ④妇妇者，供养大人，竭诚尽敬。承事夫婿，谦逊顺命。夙兴夜寐，恭诸言令。口无逸言，身无逸行。有善推让，过则称己。诲训仁施，劝进为道。心端意一，无有邪瞻。靖修妇节，终无　废。进不犯仪，退不失礼，唯和为贵。 ⑤婢妇者，常怀畏慎，不敢自慢。竞竞趣事，无所避弹。心常谦恭，忠孝尽节。言以柔濡，性常和穆。口不犯乱邪之语，身不人放逸之行。贞良纯一，质朴直信。恒自严整，以礼自将。夫婿纳幸，不以憍慢。设不接遇，不以为怨。或得捶杖，分受不恚，及见骂辱，默而不恨，甘心乐受，无有二意。劝进所好，不妒声色，遇己曲薄，不诉求直，务修妇节，不择衣餐。专精恭敬，唯恐不及，敬奉夫婿，如婢事大家，是为婢妇也。 ⑥怨家妇者，见夫不欢喜，恒怀嗔恚。昼夜思念，欲得解离。为夫妇心，常如寄客。侃侃斗诤，无所畏避。乱头勤[卧]，不肯作使，不念治家养活儿子。或行淫荡，不知羞耻。状如犬畜，毁辱亲里，譬如怨家。 ⑦夺命妇者，昼夜不寝，毒心相向。当何方便，得相远离，欲与毒药，恐人觉知。或至亲里，远近寄之。作便嗔恚，详共贼之。若持宝物，雇人害之，或使傍夫，伺而杀之，怨枉夫命，是夺命妇。

续表1

经名	作妇之法类别	作妇之法表现
《增壹阿含经》卷49《非常品》	长者女当知，夫为妇人有四事。云何为四？有妇如似母，有妇似亲亲，有妇似贼，有妇似婢。	汝今当知， ①妇似母者，随时瞻视夫主，不令有乏，承事供养。尔时，诸天便复将护，若人，非人不得其便，死便生天。是谓，长者！此名妇人似母者也。 ②彼云何有妇似亲亲？于是，长者妇见夫已，无有增减之心，同其苦乐，是谓其人似亲亲者也。 ③彼云何名为妇如似贼？于是，女人若见夫已，便怀瞋恚，憎疾夫主，亦不承事恭敬礼拜，见辄欲害，心在他所。夫不亲妇，妇不亲夫，不为人所爱敬，诸天不拥护，恶鬼侵害，身坏命终，入地狱中，是谓斯人如似贼也。 ④彼云何名妇人如似婢也？于是，贤良之妇见夫主随时瞻视，忍其言语，终不还报；忍其寒苦，恒有慈心，于三尊所，亦生斯念：此存我在，此衰我耗。以此之事，诸天拥护，若人非人，皆悉爱念，身坏命终，生善处天上，是谓，长者女！ 有此四妇，汝今为在何条？

通过以上对照表，我们知道“七辈妇”中“母妇”“妹妇”“知识妇”“妇妇”“婢妇”为善妇之法，“怨家妇”“夺命妇”为恶妇之法。又《佛说玉耶女经》中“五等作妇之法”之“母妇”“臣妇”“妹妇”“婢妇”及“夫妇”为五等善妇之法，该异译本脱译“怨家妇”“夺命妇”两种恶妇之法。《增壹阿含经》卷49《非常品》中“为妇人有四事”之“妇如似母”“妇似亲亲”及“妇似婢”为善妇之法，而“妇似贼”则为恶妇之法。我们通过对敦研361号残卷中“姊妇”“知识妇”“怨家妇”三种妇法的具体表现考察，可知敦研361号残卷中“姊妇”“知识妇”“怨家妇”当属恶妇之法。

我们发现《玉耶经》《玉耶女经》《劝发菩提心集》卷2《妇行门》引《玉耶经》“七辈妇”没有与敦研361号残卷中“姊妇”妇法表现相同或相似文字的描述。“七辈妇”中有“妹妇”一类，妇法表现为“承事夫壻，尽其敬诚，如兄如弟，同气分形，骨血至亲，无有二情，尊之重之，如妹事兄，是为妹妇”（《玉耶女经》）。其他异译经文字虽有略异，但内容意思几乎相同，皆属于“七辈妇”善妇类妇法表现，又《佛说玉耶女经》中“五等作妇之法”也有“妹妇”之法，具体表现为“何谓妹妇？事夫如兄故，名妹妇”。《增壹阿含经》卷49《非常品》中“为妇人有四事”也没有“姊妇”和“妹妇”妇法表现的描述，仅有“有妇似亲亲”之“妇法”，其表现为“长者妇见夫已，无有增减之心，同其苦乐，是谓其人似亲亲者也”。二者也为善妇类妇法表现。然而，敦研361号残卷中“姊妇”妇法的具体表现为：“（前残缺）[夫] 聟不可意，便瞋呵骂。或时恐嚇，欲与棰杖，聟常畏难，如弟畏姊，有妇如此，名为姊妇也。”显然不能归为善妇妇法表现，当属于恶妇之妇法表现。

又敦研361号残卷中“知识妇”之妇法表现描述与《玉耶经》《玉耶女经》《劝发菩提心集》卷2《妇行门》引《玉耶经》“七辈妇”之“知识妇”妇法表现描述迥异，善恶对比明显。这进一步说明敦研361号残卷佛经与《玉耶经》《玉耶女经》不属于同一个梵本系统。敦研361号残卷中“怨家妇”与《玉耶经》《玉耶女经》《劝发菩提心集》卷2《妇行门》引《玉耶经》“七辈妇”之“怨家妇”妇法表现描述比较接近，个别语句字词几乎相同，如“淫荡”“斗诤”“心常如寄”“不念治生养儿”等。这也是我们将敦研361号残卷拟题为“佛说玉耶经残卷”的主要依据。

（三）关于妇法之“三恶”

敦研361号残卷中“姊妇”“知识妇”“怨家妇”当属恶妇之法，其恶妇之法表现的具体描述与《佛说玉耶女经》《玉耶经》《玉耶女经》《佛说阿速达经》及《劝发菩提心集》卷2《妇行门》中妇法之“五善三恶”之“三恶”描述也非常相近。具体描述文字内容比照如下（见表2）：

表2　作妇表现之善与作妇表现之恶文本对照表

经名	作妇表现之善	作妇表现之恶
敦研361号残卷		①(前残缺)[夫]聟不可意,便瞋呵骂。或时恐嚇,欲与棰杖,聟常畏难,如弟畏姊,有妇如此,名为姊妇也。 ②又复有妇,视聟如知识,无有礼节,不相敬难,早卧晚起,偃健自恣,踑蹲跂踞,无所省录。夫聟呵问,便骂夫聟,聟一语亦一语,聟捶一报一,啰唣应距,耻先折服。或共斗争,更相罗顿,蹹地喧呼,敬动四邻。或乱头被发,啼呼而走。或咒咀骂詈,言无忌讳。或时憕对,挝打器物。或瞋恚委卧,呼不肯起。欲得夫聟,先呵折服,贡高快意。自谓恢健,欲擅出入游荡行来,喜阚门户,登攀墉(墙)垣,轻易唐突,无有纪罰。或共调谐,更相谄毁,不知惭耻,不可前却。有妇如此,名为知识妇也。 ③又复有妇,状如怨家,常恶见夫聟,意欲相近,侧目相看,曾无欢心,昼夜思念,欲相害伤,欲得更嫁,早相解离。虽为夫妻,心常如寄,室家侃侃,但闻斗争,两不和合,不如野人,亦不念治生养[儿](后残缺)。
《佛说玉耶女经》	何等五善? 一者,晚眠早起修治家事,所有美膳莫自向口,先进姑嫜、夫主。 二者,看视家物,莫令漏失。 三者,慎其口语忍辱少瞋。 四者,矜庄诫慎,恒恐不及。 五者,一心恭孝姑嫜夫主,使有善名,亲族欢喜为人所誉。 是为五善。	何者三恶? 一者,未冥早眠日出不起,夫主诃瞋反见嫌骂。 二者,好食自噉,恶食便与姑嫜夫主,奸色欺诈妖邪万端。 三者,不念生活,游冶世间,道他好丑求人长短,斗乱口舌,亲族憎嫉,为人所贱。 是为三恶。

续表2

经名	作妇表现之善	作妇表现之恶
《玉耶经》	何等为五善？ 一者，为妇当晚卧早起，栉梳发彩整顿衣服，洗拭面目勿有垢秽，执于作事先启所尊，心常恭顺，设有甘美不得先食。 二者，夫壻呵骂不得瞋恨。 三者，一心守夫婿，不得念邪淫。 四者，常愿夫婿长寿，出行妇当整顿家中。 五者，常念夫善不念夫恶。 是为五善。	何等为三恶？ 一者，不以妇礼承事姑妐夫婿，但欲美食先而噉之，未冥早卧日出不起，夫欲教呵瞋目视夫，应拒犹骂。 二者，不一心向夫婿，但念他男子。 三者，欲令夫死早得更嫁。 是为三恶。
《玉耶女经》	何等五善？ 一者，后卧早起美食先进。 二者，挝骂不得怀恚。 三者，一心向夫不得邪婬。 四者，愿夫长寿以身奉使。 五者，夫婿远行整理家中无有二心。 是为五善。	何等三恶？ 一者，轻慢夫婿不顺大长，美食自噉，未冥早卧日出不起，夫婿教诃瞋目怒应。 二者，见夫不欢心常败坏，念他男子好。 三者，愿夫早死更嫁。 是为三恶。
《佛说阿速达经》	何等为四善？ 一善者，妇见夫从外来，当如母见子，夫有急缓，常欲身代之。 二善者，妇事夫当如弟见兄，上下相承事，夫恶不以为恶，不念淫泆常随夫语。 三善者，妇事夫当如朋友，相见辄相念，夫从他方来，当如见父兄，心中欢喜和颜向之，妇持心当如是。 四善者，妇事夫当如婢，夫大骂亦不以为恶，捶击亦不以为剧，走使亦不以为劳苦，夫虽恶，常念事善，当顾子孙，如是死者常生天上，亦于天上饶侍者，好衣、珍宝常在身上。	何等为三恶？ 一恶者，如与惰人共居不欲作事，骂詈至暮，嗜美好斗。 二恶者，如与怨家共居，不持一心向夫，不愿夫善，不愿夫成就，当愿夫死。 三恶者，如与偷盗共居，不惜夫物，但念欺夫，常欲自好，不顺子孙，但念淫泆。如是死者，展转恶道中无有出时。 是为三恶。
《劝发菩提心集》卷2《妇行门》	何为五善？ 一者，为妇当晚卧早起，栉梳发彩，整顿衣服，洗拭面目，勿有垢秽，执于事作，先启所尊，心常恭顺，设有甘美，不得先食。 二者，夫婿呵骂，不得嗔恨。 三者，一心守夫婿，不得念邪淫。 四者，常愿夫婿长寿。 五者，夫婿出行，妇当整顿家中，常念夫善不念夫恶。 是为五善。	何等三恶？ 一者，不以妇礼承事公姑夫婿，但欲美食，先取噉之，未瞑早卧，日出不起。夫若呵教，嗔目视夫，应拒独骂。 二者，不一心向夫婿，但念他男子。 三者，欲令夫死早得更嫁。 是为三恶。

通过上表文字内容对照比较，我们可以初步推断出敦研361号残卷中“姊妇”“知识妇”“怨家妇”当属恶妇之法，其具体描写可能是杂糅了“七辈妇”妇法中恶妇法表现和“五善三恶”妇法之“三恶”妇法描述文字而成。这里笔者可以做出一个大胆的推测：敦研361号残卷虽然可以拟题作“佛说玉耶经残卷”，但该经可能不是上揭“佛向玉耶女说为妇法”三类译经系统的异译本之一，也不可能是《劝发菩提心集》卷2《妇行门》引《玉耶经》所据的译本，更不可能是《佛说阿速达经》之异译本。其最大可能性是敦煌地区根据藏经诸经中关于“佛向玉耶女说为妇法”相关文字编造的疑伪经，此经可能是为教导、警示佛教信众中的广大妇女而伪造，体现了世俗佛教的教化作用。估计敦研361号疑伪经残卷仅在敦煌地区流传，且传抄范围较小。

（原载于《中国典籍与文化》2025年第3期）

从涅槃思想在唐蕃古道和丝路敦煌的传播看佛教的中国化

张延清（四川大学中国藏学研究所）
张仁增昂姆（西北民族大学美术学院）

【摘要】 墀松德赞之世，吐蕃势力进入西域，将唐蕃古道和丝绸之路连为一体。第158窟举哀图和第159窟等窟维摩诘经变中的问疾图中，吐蕃赞普、中原帝王及丝路沿线各部族共处一堂，这是丝路沿线各个部族和谐共处、团结奋进的历史缩影。以益西央为代表的高僧，在开窟造像的弘佛举措中，虚心学习佛教艺术，创作了既继承前期洞窟的建造传统，又有着时代特色的壁画和雕塑；从《涅槃经》的翻译及其经变在唐蕃古道的传播中，反映出中唐吐蕃时期佛教中国化的历史进程。

【关键词】 吐蕃　敦煌　涅槃经

较之佛经的汉译，佛经的藏译晚了500多年。汉译佛典在时间上远早于现存的大部分梵文和藏文佛教文献写本。特别需要强调的是，源自公元2—4世纪早期的东汉、魏晋汉译佛典是研究大乘佛教形成的最主要的资料[①]。及至唐代，佛教的中国化已基本完成，汉传佛教已自成体系，并全面影响了敦煌佛教。而敦煌佛教对藏传佛教的中国化起到了巨大的推动作用，使佛教中国化[②]、民族化的趋势相互叠加，日臻完善。

吐蕃经营丝绸之路期间，派遣大批有识之士远赴敦煌，将中原及

① Seishi Karashima（辛嶋静志），*A Glossary of Dharmaraka's Translation of the Lotus-Sutra*（《正法华经词典》），Tokyo：The International Research Institute for Advanced Budd hology，Soka University，1998，pp.vii-ix.

② 有关佛教中国化的文章，参见班班多杰：《藏传佛教般若中观中国化的诠释学解读》，《中央民族大学学报（哲学社会科学版）》2021年第5期，第42-73页；张云：《坚持藏传佛教中国化方向的历史基础、主要挑战和实现路径》，《中国藏学》2021年第3期，第5-14页；方立天：《佛教中国化的界说与前提——以汉传佛教为中心》，载方立天主编《宗教研究》，宗教文化出版社，2009年，第3-15页。

西域先进文化和文明成果翻译成藏文，源源不断地输送到吐蕃本土，使封闭的青藏高原，紧跟世界文明的节拍。赞普的王妃和僧相在这里组织和主持了佛经的翻译、抄写工作。除了佛经的翻译，藏传佛教还开窟造像，学习佛教艺术，使敦煌成为藏传佛教中国化早期的主要场域。本文拟从中唐《涅槃经》及其经变在唐蕃古道和丝路敦煌的传播出发，围绕“藏传佛教中国化”这一主题，并就其历史价值与现实意义进行探讨，以就正于方家。

一、《大般涅槃经》的翻译

（一）《大般涅槃经》的汉译

印度佛教从部派佛教发展到大乘佛教阶段，其最重要的经典是佛性如来藏经典，而《大般涅槃经》是此类经典中最具代表性的经典[①]。“涅槃”为梵语“nirvana”的汉文音译，又译作“涅槃那”“泥洹”“泥曰”等，意译作“寂灭”“灭度”等，又称为“般涅槃（parinirvana）”或“大般涅槃（maha-parinirvana）”。此经是佛祖释迦牟尼临终前所宣说、解读生死的核心经典，经中蕴含着超越生死的大智慧，佛教将其列为大乘五大部经之一。

涅槃不仅是佛教修行的最终目的，也是修佛要达到的最高境界。《大般涅槃经》中宣说如来常住、涅槃常乐我净、众生皆有佛性及一阐提成佛等义理，历来为汉传佛教所重视，汉译本据载最早为东汉支楼迦谶所译一卷《胡般涅槃经》[②]，后其再传弟子支谦（190—254）所出《大般泥洹经》二卷[③]，但此两部早期译本已佚。自支楼迦谶、支谦后，出现了西晋僧人竺法护译《方等泥洹经》（已佚）及白法祖译《泥洹经》。及至东晋，法显译出《六卷泥洹》，其后有南宋僧人智猛译《泥洹经》（已佚）、北凉僧人昙无谶译《大般涅槃经》。在这些译本中，昙无谶所译13品40卷的《大般涅槃经》影响较大，传入刘宋建康后，因其品数疏简，流通不便，慧严、慧观、谢灵运等对其改治，使其文笔更趋文雅，语言更加精练[④]，并增加其品目，为36卷25品；后称昙无谶译的《大般涅槃经》为北本，慧严等人改治的《大般涅槃经》为南本。至初唐，智贤、会宁译出《大般涅槃经后分》后，汉传《大般涅槃经》才得以完整。

（二）汉译《大般涅槃经》的完整藏译

藏传佛教在其判教体系中将印度中观派宗见放在了其显宗思想的最高位置，中观思想成为藏传佛教的理论基础，也是藏传佛教密宗的理论依据，因此印度中观学派的创立者龙树大师在藏传佛教中被尊为阐释佛法最精深的“六庄严”之首（六庄严依次为龙树、提婆、无著、世亲、陈那、法称六位著名的佛教思想家）。墀松德赞为了大力弘佛，先后将寂护（静命）及其弟子莲花戒迎请入藏传法，寂护是印度大乘佛教中后期中观派的代表性论师，“曾

① 参见周广荣著，魏道儒主编《世界佛教通史·印度佛教》第1卷，中国社会科学出版社，2015年，第528-532页。

② ［梁］释慧皎撰，汤用彤校注《高僧传》，中华书局，1992年，第10页。

③ ［梁］释慧皎撰，汤用彤校注《高僧传》，中华书局，1992年，第15页。

④ 景盛轩、吴波：《南、北本〈大般涅盘经〉词汇差异》，载四川大学汉语史研究所、四川大学中国俗文化研究所编《汉语史研究集刊》第11辑，巴蜀书社，2008年，第272-296页。

任那烂陀寺的主讲（主持）”[①]，属于以龙树为首的中观学派，寂护和莲花戒在思想上极大地影响了藏传佛教[②]。佛教中观思想在墀松德赞时期以法律的形式被确定下来：

初藏王赤松德赞时，曾首次向全藏宣布法律：凡诸见行，皆应依从静命堪布传规。和尚事后，王又重为宣布，谓今后正见，须依龙树菩萨之教，若有人从和尚之见者，定当惩罚。[③]

寂护进藏之初，墀松德赞就命吐蕃人“依从静命堪布传规”，及至“和尚事”，也即“顿渐僧诤”后，再次宣布“依龙树菩萨之教”，从而奠定了中观学派在藏传佛教中的基础地位。

龙树的《中论》，是大乘佛教的奠基之作，也是印度大乘佛教中观派的根本典籍。而《中论·观涅槃品》对涅槃作了精深的解说，吕澂认为：“龙树的主要思想，集中地表现于其所著《中论》一书中，如果原始要终地讲，就是该《论》所提出的‘八不缘起’和‘实相涅槃’两种理论。前者属于他学说体系中‘境’的部分，后者则与‘行’‘果’部分相联系。从哲学角度看，八不缘起相当于对世界的解释，实相涅槃相当于变革、改造世界。”[④]笔者深以为是。

《大般涅槃经》自始至终都是围绕着疏导信众心理情绪所做的探讨[⑤]。众生皆有佛性的思想，指引众生超越生死。因此，《大般涅槃经》完全可以理解为佛教的死亡教育读本，以消除人们对死亡的恐惧。

奉《中论》为教科书的藏传佛教特别重视《大般涅槃经》的翻译和传播。墀松德赞时期不仅从梵文翻译了此经，也从汉译本藏译了此经。藏文大藏经《甘珠尔》收录有3个版本的《大般涅槃经》[⑥]，依梵文所译两个版本篇幅较小，收录于《甘珠尔》第54册，但依汉文所译版本，体量巨大，占了第52、53两整册。墀松德赞时期编纂的佛经目录《丹噶[⑦]目录》中就收有此经，而且此汉文译本在目录中位居汉籍藏译经典之首位。

theg-pa-chen-povi-mdo-sde-rgya-las-bsgyur-ba-la/vphags-pa-yongs-su-mya-ngan-las-vdas-pa-chen-po/sho-lo-ka-khri-nyis-stong-drug-brgya-ste-bam-po-bzhi-bcu-rtsa-gnyis/……[⑧]

译文：

依汉籍所译大乘经典：大般涅槃经，一万二千六百偈，合四十二卷……

从此译本尾题看出，此藏译本乃藏、汉译师密切合作的成果。

mdo-mya-ngan-las-vdas-pa-chen-po-rgya-nag-nas-bsgyur-ba-vdi/rgya-nag-gi-

① 周广荣著，魏道儒主编《世界佛教通史·印度佛教》第1卷，中国社会科学出版社，2015年，第192页；另见吕澂：《印度佛学源流略论》，上海人民出版社，2021年，第223页。

② 欧东明：《印度中观思想与藏传佛教的判教观》，《南亚研究季刊》2001年第2期，第53-56、72页。

③ 土观·罗桑却季尼玛著，刘立千译《土观宗派源流》，西藏人民出版社，1984年，第28页。

④ 吕澂：《印度佛学源流略讲》，上海人民出版社，2021年，第98页。

⑤ 董家豪：《〈大般涅盘经〉的生死哲学研究》，硕士学位论文，江西师范大学，2011年。

⑥ 三版本分别为中国藏学研究中心《大藏经》对勘局对勘、编辑《中华大藏经·甘珠尔（对勘本）》第52、53两册所收《大般涅盘经（vphags-pa-yongs-su-mya-ngan-las-vdas-pa-chen-po）》、54册第3-376页所收《大般涅盘大乘经（vphags-pa-yongs-su-mya-ngan-las-vdas-pa-theg-pa-chen-povi-mdo）》及54册第377-383页所收《大般涅盘经（vphags-pa-yongs-su-mya-ngan-las-vdas-pa-chen-po）》。

⑦“丹噶（ldan-dkar）”应为“兰噶（lhan-dkar）”之误，今依普遍称谓“丹噶（ldan-dkar）”。

⑧ 中国藏学研究中心《大藏经》对勘局对勘、编辑《中华大藏经·丹珠尔（对勘本）》第116册，中国藏学出版社，2008年，第791、799页。

mkhan-po-wang-hpha-zhwun-dang/dhar-ma-gzhi-vdzin-dge-bvi-blo-gros-dang/lo-tsva-ba-rgya-mtshovi-sde-sbsgyur-cing-zhus-te-gtan-la-phab-pvo/[①]

译文：

依汉籍所译此《大般涅槃经》，由汉族大师王法讯（wang-hpha-zhwun）、经卷总持妙智（dge-bvi-blo-gros）、译师海军（rgya-mtshovi-sde）翻译、校对后审定。

经过仔细比对，法藏P.t.0542为《甘珠尔》第52、53两册所载，依汉籍译出的《大般涅槃经》敦煌抄本，实为昙无谶所译《大般涅槃经》及智贤、会宁译出《大般涅槃经后分》的合体藏文译本[②]。由此可见，藏传佛教前弘期，藏、汉译师通力合作，为藏传佛教的中国化、民族化，进而为形成中国化佛教做出了不懈的努力。

2020—2021年，四川大学中国藏学研究所在西藏自治区阿里地区札达县皮央村进行考古调查工作时，意外发现了一批罕见的珍贵文献。这批文献来自一处古格时期的藏经洞，体量巨大，总数为8万6000多张，计17万多页。经过考察队的前期工作，发现这批文献主要为佛经，还有一批社会文书。佛经几乎涵盖了《甘珠尔》的全部内容，毫不夸张地说，这是一部手写版的《甘珠尔》。根据前期调查中掌握的资料，这批文献年代跨度为10世纪末至16世纪，但大部分文献以古藏文书写且语法特点明显，属于古格时期，即10世纪末至11世纪。

古格藏经洞出土文献收录有依汉译本翻译的《大般涅槃经》，如PYDK139-143号（见图1）为《大般涅槃经》"一切大众所问品"结尾部分，与《甘珠尔》所载[③]完全吻合。可见地处绝域的古格王国，仍然在延续着藏传佛教的传统，传抄、诵读此经。

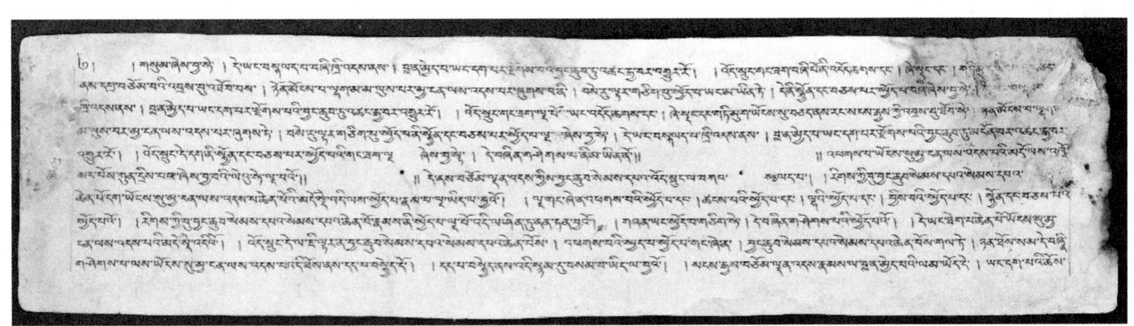

图1　古格藏经洞PYDK139-143《大般涅槃经》

涅槃思想不仅在藏传佛教前弘期大力传播，也对后弘期的各个宗派产生了深远的影响，如萨迦派最具特色的教法"道果法"依据因、道、果三者的互动而展开[④]，最终形成"轮回

① 转写自中国藏学研究中心《大藏经》对勘局对勘、编辑《中华大藏经·甘珠尔（对勘本）》第53册，中国藏学出版社，2008年，第793页。

② 唐露恬：《法藏敦煌藏文P.t.0542〈大般涅盘经〉及其所据汉文母本探究》，载四川大学中国藏学研究所主编《藏学学刊》第25辑，中国藏学出版社，2021年，第73-84、460页；还见周广荣著，魏道儒主编《世界佛教通史·印度佛教》第一卷中有关两种藏译本，"另一转译自汉译本，相当于本经（指昙谶译本）及大般涅盘经后分"，中国社会科学出版社，2015年，第529页。

③ 中国藏学研究中心《大藏经》对勘局对勘、编辑《中华大藏经·甘珠尔（对勘本）》第52册，中国藏学出版社，2008年，第406-407页。

④ 班班多杰：《论藏传佛教萨迦派"轮回涅盘无别"之哲学思想》，《哲学研究》2007年第12期，第110-117页。

涅槃无二”的不共之见：“生死的本性即涅槃，无生死之外的涅槃。”[①]以宗喀巴为宗师的格鲁派在佛教显宗思想上传承的是龙树-月称系的中观应成派宗见，中观思想是宗喀巴大师组织格鲁派教义教规的理论基础和核心方法论。宗喀巴认为：“由自体成立之自性［细如］微尘亦无有，而所生与能生、破灭与成立等［因果］轮回、涅槃一切安立皆可受许。此为中观不共胜法。”[②]这一思想是宗喀巴中观思想的基石。

二、丝路敦煌和唐蕃古道上的涅槃经变

（一）绘塑合璧的涅槃经变第158窟

莫高窟中唐吐蕃洞窟遗存四铺涅槃经变，分别是第44、第92、第158、第185窟。第158窟被称为涅槃窟，俗称卧佛洞。此窟规模宏大，绘塑结合，冠绝一时。此窟甬道北壁画供养比丘三身、吐蕃装供养像一身，其中西向第二身题名：“大番管内三学法师持钵僧宜……”[③]此题记后半部分已漫漶不清，其中的“持钵僧宜”很可能是墀松德赞父子时期活跃于唐蕃古道和丝路敦煌的吐蕃高僧益西央（ye-shes-dbyang），部分文字恢复后题记原来可能是“大番管内三学法师持钵僧宜西央……”理由如下：

第一，墀松德赞获“菩萨赞普”的称谓与第158窟举哀图壁画内容相符。由于墀松德赞统治前期，吐蕃王朝臻于全盛，将唐蕃古道和丝绸之路连为一体，加之他在辖境内大力兴佛，广建寺庙，力度远超父辈，深受全体臣民拥戴，被尊称为“菩萨赞普”，并将此称号刻写于琼结桥头碑文中：

> ……
>
> 赞普心怀无上菩提之觉，传得出世间之教法，恩被四方。于是乎，一切有情，均受赞普之恩泽，由是，全体臣民，上尊号为“圣神菩萨赞普”。[④]

“菩萨赞普”的声名一经产生，便在吐蕃辖下的唐蕃古道和丝绸之路广为流传。四川省石渠县城南约60公里处的洛须镇，有一处墀松德赞时期的摩崖石刻，叫“照阿拉姆”（brag-lha-mo），为藏语音译，意即“岩石上的仙女”，也可译为“神女岩”。石刻造像内容为一佛二菩萨，阴线刻成[⑤]。中间主尊为大日如来，大日如来右侧为观音菩萨，左侧为金刚手菩萨。除造像外，崖面还刻写有一段为墀松德赞纪功的文字题刻，赞文称墀松德赞为“菩萨赞普”：

> 菩萨赞普墀松德赞之世，福泽广布，国力强盛，拓境四方；钦定译制众多大乘佛典。弥药万户王等百千人得入解脱道。……广建寺庙，君臣百姓……供养，圣

① 丁小平、傅映兰：《萨迦派“轮回涅盘无二”思想研究》，《世界宗教研究》2012年第1期，第59-67页。

② 王尧、褚俊杰：《宗喀巴评传》，南京大学出版社，1995年，第133-134页；此段译文藏文参见宗喀巴：《菩提道次第广论》（藏文版），青海民族出版社，1985年，第584页。

③ 樊锦诗、赵青兰：《吐蕃占领时期莫高窟洞窟的分期研究》，《敦煌研究》1994年第4期，第76-94页；谢稚柳：《敦煌艺术叙录》，上海古籍出版社，1996年，第404页。

④ 张延清（华青道尔杰）、张子鹏：《莫高窟第158窟建窟年代新探》，载四川大学中国藏学研究所主编《藏学学刊》第12辑，中国藏学出版社，2015年，第36-48页。

⑤ 于春：《四川石渠县洛须“照阿拉姆”摩崖石刻》，《四川文物》2006年第3期，第26-30、70页。

法……皈依大乘……永固……①

第158窟北壁《各国王子举哀图》（见图2）中的吐蕃赞普有头光，而莫高窟壁画中有头光的赞普仅此一例，与墀松德赞的称谓相符。

图2　第158窟北壁《各国王子举哀图》

（图片采自Mission Pellioten, *Asie CentraleI*: *Les Grottesde Touen-houang*, Paris: Librairie Paul Geuthner, 1914: pl.LXIV.）

第二，益西央的兴佛团队活跃在唐蕃古道和丝绸之路上，在唐蕃古道今青海玉树勒巴沟沟口凿刻了“赞普礼佛图”，并主持开凿了榆林窟第25窟，在窟内绘制“婚嫁图”等兴佛举措来看，第158窟的设计、开凿由益西央参与是极有可能的。

鉴于以上两方面的原因，笔者认为158窟北壁西向第二身比丘题名很可能是：“大番管内三学法师持钵僧宜西央”；再加施萍婷先生认为第158窟金光明最胜王经变是中唐同类经变中最早的经变这一论断，笔者认为第158窟是早期的吐蕃洞窟②，此窟中的赞普很可能是墀松德赞。

① 张延清（华青道尔杰）、张子鹏：《莫高窟第158窟建窟年代新探》，载四川大学中国藏学研究所主编《藏学学刊》第12辑，中国藏学出版社，2015年，第36-48页。

② 有关敦煌莫高窟第158窟建窟年代，贺世哲认为“修建似应在开成四年（839）之前”（贺世哲：《从供养题记看莫高窟部分洞窟的营建年代》，载敦煌研究院编《敦煌研究文集·敦煌石窟考古篇》，甘肃民族出版社，2000年，第386页），受此影响，樊锦诗、赵青兰也将此窟年代定在“公元9世纪初至839年左右”。沙武田赞同此说（沙武田：《敦煌莫高窟第158窟与粟特人关系试考（上）》，《艺术设计研究》2010年第1期，第16-22页；沙武田：《敦煌莫高窟第158窟与粟特人关系试考（下）》，《艺术设计研究》2010年第2期，第29-36页）。而施萍婷认为第158窟金光明经变的结构布局与表现形式等在敦煌莫高窟的出现和其后的流行是以中唐第158窟的金光明最胜王经变为最早样式的（施萍婷：《金光明经变研究》，载《1987年敦煌石窟研究国际讨论会文集·石窟考古编》，辽宁美术出版社，1990年，第414-455页）。依据吐蕃琼结桥头碑中将墀松德赞称为“菩萨赞普”的时间，以及四川石渠照阿拉姆墀松德赞时期摩崖石刻中称墀松德赞为“菩萨赞普”，莫高窟第158窟中赞普有头光，和“菩萨赞普”的称谓相符，结合施萍婷先生对该窟金光明经变时间的判断，笔者将此窟定在吐蕃经营丝绸之路早期783—797年，并认为壁画中的赞普即墀松德赞（张延清（华青道尔杰）、张子鹏：《莫高窟第158窟建窟年代新探》，载四川大学中国藏学研究所主编《藏学学刊》第12辑，中国藏学出版社，2015年，第36-48页）。

第158窟的涅槃经变一改隋代的单幅多情节和初唐、盛唐的多幅多情节，而是以主尊释迦牟尼塑像为中心，在兼容二者特点的基础上，从各个角度重新组合壁画内容，“渲染、烘托主尊塑像所显现的主题思想，浑然天成，相得益彰”[①]。此窟主要依据《大般涅槃经》及《大般涅槃经后分》，是以涅槃为主题雕塑、绘制而成的。洞窟主室为长方形盝形顶，形似一口大棺。窟室后半部设长方形佛涅槃台，上塑大型涅槃佛一尊（见图3）。佛祖释迦右胁而卧，右手支颐，螺髻规整，面相丰腴，双目微合，略带微笑，左手轻轻放在身上，衣纹起伏流畅，整体比例协调，造型优美，神态安详，烘托出“常、乐、我、净”“寂灭为乐”的涅槃境界，是中唐彩塑的杰作。南壁绘十大弟子举哀图，西壁绘天龙八部、梵释天人，北壁绘各国王子举哀图，东壁门上画如意轮观音经变一铺，门南为思益梵天请问经变一铺，门北绘金光明最胜王经变一铺，东壁门南、北经变画下方为屏风画，绘制经变诸品情节。

图3　第158窟涅槃佛像

（图片采自敦煌研究院主编《敦煌石窟全集7》，第126页）

不同于前期洞窟，第158窟中，画师专辟一方空间，在北壁显眼位置集中展示各国王子举哀的场面（见前文图2）[②]。据《大般涅槃经后分》卷下《圣躯廓润品》记载，迦毗罗等八国国王“佛涅槃后经三七已，尔乃方知，即将臣从疾往拘尸”[③]悲恸号哭，闷绝于地。画师将疾往拘尸城凭吊释迦的八国国王中国化为以吐蕃赞普和中原帝王为引领的西域诸王。有头光的赞普由两位侍者搀扶，上身略微前倾，满面愁容，悲不自胜。赞普右侧侍者头顶有一方题记，为藏文“赞普（btsan-po）”二字。排在赞普后方，与赞普并列且也有头光者为中原

① 贺世哲主编《敦煌石窟全集7·法佛经画卷》，上海人民出版社，2000年，第171页。

② ［日］宫治昭：《涅盘和弥勒的图像学》，吉川弘文馆，1992年，第525-553页；［日］宫治昭著，贺小平摘译《关于中亚涅盘图的图象学的考察——围绕哀悼的形象与摩耶夫人的出现》，《敦煌研究》1987年第3期，第94-102页。

③ ［唐］若那跋陀罗译《大般涅盘经后分》卷下，《大正藏》第12册，第911页下栏。

帝王，也由两位侍从扶持，一副哀愁之色。其后的西域诸王以割鼻、削耳、剜心等惨烈的方式以及捶胸顿足等肢体语言表达对释迦的哀思，这也是边疆部族嫠面截耳血祭民俗的真实反映[①]。我们看到，佛经中的南亚诸王变成了吐蕃赞普和中原帝王引领下的丝路诸部族首领[②]，这是佛教艺术中国化、时代化的具体体现。

（二）唐蕃古道上的涅槃经变

为了宣传涅槃思想，益西央团队还将佛涅槃的形象凿刻于唐蕃古道上。勒巴沟（leb-khog）第二个石刻点吾娜桑嘎（dbus-na-sangs-sku，山谷，中段佛像）的图像内容为释迦牟尼佛传故事造像和《般若心经》及《无量寿经》等。此石刻点共有五组阴线刻图像，其中第五组第二块岩面的中央画有一横长的梯形框，框内为释迦涅槃像（见图4）。释迦高肉髻，右胁而卧，右手支颐，左手自然安放于左腿上，双腿交叠自然直伸，面部表情安详、淡然，有莫高窟第158窟涅槃佛的神韵。佛身上的袈裟透明单薄，恍若裸体。梯形的方框象征着佛涅槃后的七宝棺床[③]。

图4 青海玉树勒巴沟佛涅槃像示意图

（图片采自《青海玉树勒巴沟吾娜桑嘎佛教摩崖石刻调查简报》）

棺床上方可辨有至少六身人物形象，其中右起第二身头顶有蛇头盘绕，下半身是蜷曲的龙身，应是龙王。右起第四、第五身形象系光头，似是佛弟子。这是佛弟子和天龙八部的形象。棺床的下方场景大都已残损，可辨出为首者是头戴高桶状帽子的人物形象，其后还有一位人像，其面部清楚可辨，穿着圆领衣，而吐蕃人的传统服饰是翻领，该人像身着圆领衣，

① 蔡鸿生：《唐代九姓胡与突厥文化》，中华书局，1998年，第24-27页；雷闻：《割耳嫠面与刺心剖腹——粟特对唐代社会风俗的影响》，载荣新江、张志清主编《从撒马尔罕到中国——粟特人在中国》，国家图书馆出版社，2004年，第41-48页；雷闻：《割耳嫠面与刺心剖腹——从敦煌158窟北壁涅盘变王子举哀图说起》，《中国典籍与文化》2003年第4期，第95-104页。

② 庄锟：《莫高窟158窟国王举哀图中少数民族冠、帽的研究》，硕士学位论文，东华大学，2005年。

③ 卢素文、张长虹、乔虹等：《青海玉树勒巴沟古秀泽玛佛教摩崖造像调查简报》，载四川大学中国藏学研究所主编《藏学学刊》第16辑，中国藏学出版社，2017年，第63-94、316页。

很可能是一位唐人，这些人物应是前来举哀的。头戴高桶状帽子的人物与勒巴沟沟口的赞普图非常相似，应是赞普的形象。

勒巴沟涅槃佛的整体造型和第158窟涅槃佛高度相似，身后的天龙八部及身前的赞普带领的举哀图等构图，与第158窟的设计构思吻合，两者应该有一定联系，可见涅槃思想及其艺术样式对藏传佛教的影响。

与此造像相应，吾娜桑嘎（dbus-na-sangs-sku）石刻点刻写的《般若心经》与吐蕃高僧法成的译本较为接近，其中就有对涅槃的阐释："是故舍利弗！以无所得故，诸菩萨众依止般若波罗蜜多，心无障碍，无有恐怖，［无有］颠倒，究竟涅槃。"[①]由此可见，此处佛经和造像有密切的对应关系。

《大般涅槃经》对藏传佛教的发展和传播产生了深远的影响。在历史上，由于僧侣和寺院的不懈努力和广泛宣说，涅槃思想深入人心。时至今日，青藏高原各个民族，特别是藏族同胞，面对死亡，显得淡定、从容，这与涅槃思想的浸染是密不可分的。作为唐蕃古道重要节点的四川省石渠县，号称"石刻王国"。全县用石经板垒砌而成的石经墙有600多处，其中松格玛尼石经城、巴格嘛尼石经墙和穆日玛尼石经墙三处为集大成者，最为宏伟，堪称世界奇观。笔者于2022年7月前往考察，石经均为信众自愿出资凿刻、垒砌而成，据称涵盖了藏文大藏经《甘珠尔》《丹珠尔》全部佛经。而《大般涅槃经》就是信众们刻写、供奉的重要经典，如图5所示为其中一块刻写《大般涅槃经》的石经板，其行文方式完全采取了藏文佛典开头的模式，即在"梵语曰"之后为 "藏语曰"：

rgya-gar-skad-du/vphags-pa-yongs-su-mya-ngan-pa-chen-povi-mdo/bam-po-dang-po/——梵语曰（其后未刻写梵文）；藏语曰：圣大般涅槃经，第一卷。

图5　石渠县巴格嘛尼石经墙石经板

（图片采自笔者拍摄）

①卢素文、张长虹、乔虹等：《青海玉树勒巴沟古秀泽玛佛教摩崖造像调查简报》，载四川大学中国藏学研究所主编《藏学学刊》第16辑，中国藏学出版社，2017年，第124页。另，经过与原文仔细核对，略作修改。

三、涅槃思想在维摩诘经及其经变中的体现

（一）《维摩诘经》中的涅槃思想

《维摩诘经》是大乘佛教的重要经典之一，是大乘佛教世俗化的主要经本，约成书于公元1—2世纪。《维摩诘经》是藏经洞出土汉文佛经文献中数量最多的五部佛经之一，现存汉文译本有3种：孙吴支谦译《佛说维摩诘经》，分上、下2卷；姚秦三藏鸠摩罗什译《维摩诘所说经》，分上、中、下3卷；大唐三藏法师玄奘译《说无垢称经》，分6卷。藏经洞出土的900多卷《维摩诘经》中，有770余卷是上述3种经本。其中，最多者当属鸠摩罗什译本，约600卷。敦煌藏经洞出土的古藏文佛经文献法藏P.T.610、611、613、2203及英藏IOL.Tib.J.VOL.12均为《甘珠尔》所收《维摩诘所说经》的敦煌抄本，这些抄本与《甘珠尔》所收《维摩诘所说经》相较，品次一一对应，除古藏文的书写特征及个别语句中语序有所调整外，内容完全重合。

《维摩诘经》主要通过辩才无碍、游戏神通的在家居士维摩诘与文殊师利菩萨的辩论，来阐述大乘般若性空思想，在此基础上宣扬世间与涅槃的统一[①]。《维摩诘经》传入中土后，魏晋时期深受清谈玄理名士的重视，兴起了名士诵《维摩》，高僧读《老》《庄》的风气[②]。

大乘佛教兴起之初，就反对小乘佛教将世间与涅槃对立起来，甚至认为“灰身灭智”才是涅槃的理论，而《维摩诘经》则以“世出世间不二”的涅槃观，阐释了大乘佛教的涅槃思想。因此，“《维摩诘经》不是强调涅槃与世间的区别，而是强调涅槃可以在世间实现以及大乘佛法与世间‘不即不离’的联系”[③]。

《维摩诘所说经·方便品》载：

> 尔时毗耶离大城中有长者，名维摩诘……其以方便，现身有疾。以其疾故，国王大臣、长者居士、婆罗门等，及诸王子并余官属，无数千人，皆往问疾。[④]

维摩诘“现身有疾”，国王、大臣等前往问疾，维摩诘则趁机弘扬佛法，无人出其右，唯独不见佛弟子，于是维摩诘“自念：‘寝疾于床，世尊大慈，宁不垂愍?’”[⑤]佛知其意，最后派智慧第一的文殊师利菩萨前往与其辩法，经文讲的是二大士在辩法过程中出现的种种神异现象。

（二）维摩诘经变中的涅槃思想

《维摩诘经》由“经”入“画”始自南朝。维摩诘经变由南而北，传入敦煌时已至隋朝。

---

① 乔宇：《从〈维摩诘经〉看大乘佛教的涅槃观》，载《青海师范大学学报（哲学社会科学版）》2009年第4期，第71–75页。

② 贺世哲主编《敦煌石窟全集7·法佛经画卷·维摩诘经变》，上海人民出版社，2000年，第183页。

③ 乔宇：《从〈维摩诘经〉看大乘佛教的涅槃观》，《青海师范大学学报（哲学社会科学版）》2009年第4期，第71–75页。

④［姚秦］鸠摩罗什译《维摩诘所说经》卷上，《大正藏》第14册，第539页下栏。

⑤［姚秦］鸠摩罗什译《维摩诘所说经》卷上，《大正藏》第14册，第539页上栏至中栏。

莫高窟初唐第220窟维摩诘经变是学界公认的划时代杰作[①]，其基本结构成为此后敦煌维摩诘经变的基本模式。贺世哲先生对敦煌维摩诘经变有深入研究，他认为："这铺经变画于贞观十六年（642）顷。此后莫高窟的《维摩诘经变》延续了三百多年，尽管小的局部时有损益，但都没有摆脱这个大框框。"[②]

吐蕃时期，维摩诘经变大多沿袭初、盛唐旧制，绘《维摩诘变》中文殊与维摩诘对称分布于东壁门南北两侧。吐蕃洞窟第159窟东壁门南上方画维摩诘手执麈尾，向后斜倚于方丈静室之内，维摩诘下方为吐蕃赞普引领下的西域王子问疾图（见图6）。门北上部画文殊来问疾，下部画中原帝王问疾图。

图6　莫高窟第159窟维摩诘经变之问疾图

（图片采自《中国敦煌壁画全集7》，第117页）

吐蕃时期，维摩诘经变沿袭盛唐传统，又富有时代特征。较之初盛唐重点突出文殊、维摩两大士辩法的精彩场面，贺世哲认为吐蕃时期的维摩诘经变"逐渐失去了唐代前期不断创新、蓬勃向上的气势。"[③]但笔者以为这也是有原因的，吐蕃与唐朝相比，游牧经济与农耕经济下的生产、生活方式有较大差异，同时期的吐蕃缺少文人士大夫这个社会阶层是其主因，加之吐蕃佛教徒具有较高的社会地位，主导着敦煌石窟的修建，对文殊、维摩诘辩法有着自己的看法，所以不注重辩法的场面，而将重点放在了《维摩诘经》所反映的，

① 赵燕林：《莫高窟第220窟维摩诘经变帝王像研究》，《敦煌研究》2018年第6期，第20-31页。沙武田、李国：《由维摩诘经变赞普问疾图看吐蕃之后的敦煌社会》，《中国藏学》2015年第4期，第180-186页。

② 贺世哲：《敦煌莫高窟壁画中的〈维摩诘经变〉》，《敦煌研究》1982年第2期，第62-87页。

③ 贺世哲主编《敦煌石窟全集7·法华经画卷·维摩诘经变》，上海人民出版社，2000年，第226页。

也是藏传佛教大力宣扬的涅槃思想上，这体现在经变下方吐蕃时期流行的屏风画中。

《维摩诘经》主张大乘般若性空思想，而“空”常被区分为“人空”与“法空”。《方便品》突出人空：

> 是身无常、无强、无力、无坚、速朽之法，不可信也！……是身如聚沫，不可撮摩；是身如泡，不得久立……是身无人，为如水；是身不实，四大为家；是身为空，离我、我所。①

而吐蕃第159窟东壁门南屏风画中将“人空”中的“是身无人，为如水”这一抽象的义理绘制在了壁画中（见图7）。画面中一人端坐水边，凝神观水，远处两只野鹿在山野间奔驰，显示出“是身如水”的“人空”意境。

图7　中唐159窟：是身无人如水

（图片采自《敦煌石窟全集7》，第232页）

《弟子品》中突出法空：

> 一切法生灭不住，如电，诸法不相待，乃至一念不住；诸法皆妄见，如梦、如炎、如水中月、如镜中像，以妄想生……②
>
> 尔时毘耶离大城中有长者，名维摩诘……虽为白衣，奉持沙门清净律行；虽处居家，不着三界；示有妻子，常修梵行；现有眷属，常乐远离……若至博弈戏处，辄以度人……游诸四衢，饶益众生；入治政法，救护一切；入讲论处，导以大乘；

① ［姚秦］鸠摩罗什译《维摩诘所说经》卷上，《大正藏》第14册，第539页中栏。

② ［姚秦］鸠摩罗什译《维摩诘所说经》卷上，《大正藏》第14册，第541页中栏。

入诸学堂，诱开童蒙；入诸淫舍，示欲之过；入诸酒肆，能立其志。[①]

为了体现出“如镜中像，以妄想生”中的法空思想，画师画了一个三脚架，上面安放一椭圆形镜子，一人立于镜前，看着镜中人（见图8-1）。

《维摩诘所说经》中“方便品”宣扬“世出世间不二”的涅槃观：

为了显示“若至博弈戏处，辄以度人”的“世出世间不二”法门，画师描绘了一幅博弈图（见图8-2），图中共5人，左侧为维摩诘，其余4人围坐赌博，面色各异，画面中通过面部表情，刻画了赌徒的紧张心理，是一幅珍贵的唐代民俗图像资料。这也是初盛唐以来此经变中文殊师利菩萨的经典“V”字形手势（见图9），即不二法门的艺术表达，与经文内容相符：

世间、出世间为二。世间性空，即是出世间，于其中不入、不出、不溢、不散，是为入不二法门。[②]

图8-1　中唐第159窟：一切法如镜中像

（图片采自《敦煌石窟全集7》，第233页）

图8-2　中唐第159窟：博弈

（图片采自《敦煌石窟全集7》，第233页）

① ［姚秦］鸠摩罗什译《维摩诘所说经》卷中，《大正藏》第14册，第551页上栏。

② ［姚秦］鸠摩罗什译《维摩诘所说经》卷上，《大正藏》第14册，第539页上栏至中栏。

图9　盛唐第103窟：维摩诘辩法图

（图片采自《敦煌石窟全集7》，第219页）

结语

为了彰显吐蕃弘佛的决心，吐蕃进入敦煌之初，开窟造像，将佛教修行要达到的最高境界——涅槃思想作为洞窟主题，开凿了绘塑结合、冠绝一时的大型洞窟第158窟，并在第154窟等窟维摩诘经变下方屏风画中着力刻画“世出世间一如”的涅槃思想，进而将涅槃佛的形象凿刻在了唐蕃古道上。从青藏高原进入丝绸之路，吐蕃在更广袤的地域内与各个部族共处，创建和谐的民族关系就成为时代的需要，在第158窟的举哀图和维摩诘经变中的问疾图中，吐蕃赞普、中原帝王及丝路各部族共处一堂，这是丝路沿线各个部族和谐共处、团结奋进的历史缩影。正如樊锦诗先生所言，“在吐蕃管辖下的敦煌也与吐蕃本土一样，在吐蕃统治者的大力提倡与扶植下，佛教的发展也达到了一个新的顶峰。”[①]这是对藏传佛教在佛教中国化中所作历史性贡献的客观总结。

① 樊锦诗、赵青兰：《吐蕃占领时期莫高窟洞窟的分期研究》，《敦煌研究》1994年第4期，第76–94页。

从敦煌S.6631和P.4597之赞歌抄写样貌看戒、愿相应的实践意义

林仁昱（台湾地区中兴大学中文系）

【摘要】本文针对敦煌S.6631和P.4597大部分作为“赞歌丛抄”的抄写样貌，进行分析与探究，特别是此二卷有大段落赞歌组成近似的部分，可能显示可同样搭配某项特定的仪式进行；而从其所收赞歌的主题、组成与次第来看，又将特别探讨其所展现的戒、愿相应的实践意义。

【关键词】敦煌佛教赞歌　赞歌写卷　戒、愿相应　敦煌出家赞

一、前言

在抄有佛教赞歌的敦煌写卷中，有部分为连续抄写多篇赞歌，却未见冠以统合成集名称的“丛抄”①，在数量上可包含三篇以上至四十余篇赞歌，在写卷类型上则包括卷轴装、册子本。因此，在形成如此聚抄成丛的现象上，自可推敲出许多不同的因缘，而依据所抄赞歌主题内容，分析“丛抄”的抄写思维，可见有各篇赞歌之间联系性不强的“随机抄写”，有部分相近内容赞歌联抄的“分类抄写”，还有隐然透露着行仪实践性的“应用抄写”等类别。不过，这些不同的抄写思维，并非截然划分的界限，也可能并存于特定的写本中，尤其是抄写篇数较多的卷子，其赞歌丛抄方式，很可能在随机抄写中有几篇同类并抄，进而可以推测出联系应用的次第关系。这也就是说，在这些往往具有“随机备用”性质的赞歌“丛抄”之中，也可能找出某些赞歌被联抄在一起的原因，即在某些特定的场合中同样被使用，甚至可依此联系关系，再加上同卷可能存在的其他应用文书（如戒文、启请文、临圹文、印沙佛文等），看出具有特殊意义的整套行仪。即使状况不是这么理想，无法判定赞歌之间的关联，也至少可以解释这些联抄在一

① 林仁昱：《敦煌佛教歌曲之研究》，载佛光山文教基金会主编《中国佛教学术论典》第89册，佛光山文教基金会，2003年，第68-69页。

起的赞歌。对于抄写、使用这个写卷的僧人或信徒来说，虽不见得会在特定的场合中依照联抄的关系来共同运用，却能显示相当程度的灵活、备用价值，可以依据不同的场合、不同的情况需求而选用，并且显示此寺院（僧人、信徒）举办或参与的法事、宣讲或适应大众礼俗活动的取向。而如果有两个写卷（或更多）有组合类似的情况，也就意谓某种赞歌的组合思维，在实际的应用上，可能具有通常联系的惯用性，很可能对应着某个具有普遍性的行仪次第。所以，如S.6631和P.4597两卷从阐述“四威仪”的四篇赞歌到《罗什法师赞》之间，篇目与顺序几近完全相同（只有《九想观诗》《和菩萨戒文》位置有别），可以说这十三至十五篇赞歌已在此二卷形成“赞歌组”（P.4597多出《受吉祥草偈》和《花赞文》）的状况，也就特别值得注意。而探讨这类同的组合面貌，除了理解其行仪运用的关系，更进一步推究如此联系实践的背后，是否可以见到信仰思维层面上的意义。或许是让这表面样貌的具体解释可以更合理，也让组合联系的影响力更显著的方式。因此，本文就在这样的理解之下，以解析敦煌S.6631和P.4597之赞歌抄写样貌为基础，进而探讨其中戒、愿相应的具体实践意义。

二、敦煌S.6631和P.4597之赞歌抄写样貌解析

敦煌S.6631和P.4597皆是卷轴装，然S.6631正面为抄写《金刚般若波罗蜜经》之经卷，背面则为赞偈歌曲丛抄，字迹工整，各篇标题清晰，为经卷再利用抄写赞歌，基本上属性单纯，可见赞歌十七篇；P.4597正面即为歌曲丛抄卷，《伯希和劫经录》著录为“释子歌唱赞文集本”，并以小字注：“所收甚多，几可与法照念佛诵经观行仪相等。背有杂字若干。”[①]已大致指明本卷特色，而实际考察可见赞歌、礼忏文、布萨说偈文及结夏安居说明文等，共计44篇，且卷末有另纸为杂写酒帐，显示供酒应用的时间、用途（如相见奉迎、丧葬祭祀）与数量，背面则有杂写，如“大目干连神通第一”、“我释迦如来趣弥勒卌劫”（仅写二行）、“管内都僧统贤照题名”、“光化三年五月廿日弟子比丘律师念记题记”、“光化四年九月十五日灵图寺法□题记”[②]、“惠水纸间骑缝押记”、“请佛文”（首句“弟子某甲等”，仅写三行）、“咸通九年正月四日□学生德书卷题记”、“和菩萨戒文”（仅写二行）、“致都僧政和尚状”等。可见在丛抄赞歌（歌唱赞文集）的属性之外，本卷更是佛门应用赞偈、礼忏与应用文书汇抄，背面则是佛门习写或抄弃文迹，虽无有具体实际应用的意义，却往往透露抄写的时间、寺院与僧人名称、寺院往来关系与面世、应俗的文化面貌，甚至是写卷抄写应用的期程。例如，咸通九年为唐懿宗时期（868），光化三年为唐昭宗时期（900），可见此卷应用时限超过三十年，亦可得知此卷使用的寺院为灵图寺，且可见其与僧官（都僧统、都僧政）的往来关系（为都僧统贤照时期）；甚至可以通过酒帐的部分，理解供酒在若干应俗事项上的应用，显示当时敦煌当地僧人在戒律实践上的某些松散现象，或者可以说是融入俗情的做法[③]。

① 王重民主编《敦煌遗书总目索引》，商务印书馆，1962年，第304页。

② 此题记见上海古籍出版社、法国国家图书馆编《法国国家图书馆藏敦煌西域文献》第32册，上海古籍出版社，2005年，第140页，写卷照片下未著录。

③ 陈登武：《从内律到王法：唐代僧人的法律规范》，《政大法学评论》第111期，2009年，第24-26页，曾整合郑炳林、李正宇、童丕（Eric Trombert）、刘淑芬、余欣等人对于敦煌僧人不守饮酒戒律的问题进行探讨，并且认为这或许就是寺院与世俗生活互利共生的一种状态，并不能据此表述破酒戒是一种集体现象。

所以，P.4597所存在的内容虽然多样而复杂，却具有呈现特定时空多样信息的价值，也使得丛抄赞歌与相关文书四十余篇的应用方式与意义，有更多可以联系参照的线索。而S.6631可见的赞歌丛抄部分，其实也正好就是大多可见于P.4597，且次序亦几乎完全相同的部分，如此虽无法证明S.6631是否也正好漏失了在P.4597所独见的部分，但仍可理解二卷有几近相同的部分，应该是具有某项行仪的共通性意义，即使是独见于P.4597的部分，仍然具有延伸参考的意义，且能使相近处的应用解释得以更加完整。所以，面对S.6631和P.4597之赞歌抄写样貌，首先即要把握此二卷几近相同的部分，对这部分的组成面貌与安排原理进行解析。而以下列表1是S.6631的全部赞歌丛抄对应P.4597所存相应的部分：

表1　S.6631、P.4597赞歌文本对比

S.6631		P.4597	
归极乐去赞	西方极乐坐莲池，阎浮秽恶何时恋（皈去来皈去来）	（前略）	
兰若赞（兰若空）	花严和尚法先宗，自从敕留童德寺		
四威仪（行威仪）	行步徐徐牛顾视，高观下不移神□	四威仪（行威仪）	行步徐徐牛顾视，高观下□不移神
住威仪	住立端然绝思虑，寂寂不虑亦不缘	住威仪	住立端然绝思虑，寂寂不虑亦□缘
坐威仪	坐等须弥不倾动，事诸纵横心柜生	坐威仪	坐等须弥不倾动，事诸纵横心柜生
卧威仪	高卧清虚住法印，外示乖慵内精进	卧威仪	高卧清虚住法印，外示乖慵内精进
卧轮禅师偈	卧轮无伎量（伎俩），能定百思想	卧轮禅师偈	卧轮无伎量（伎俩），能定百思想
		受吉祥草偈	吉祥童子受佛草，佛坐此草成佛道
		大乘中宗见解要义别行本	言大乘中宗见解者，谓观三界内外诸法
香赞文	昔有仙人名善惠，买得七坐红莲花	香赞文	昔有仙人名善惠，买净七坐佛莲花
		花赞文	大莲花藏大悲光，方莲华藏普满乐
游五台赞文	国里何物最为高，须弥山上最为高（游五台香花供养佛）	游五台赞文	国里何物最为高，须弥山上最为高（游五台）
辞父母赞文一本	夫欲出家，应鲜净庄束（铺衍父母与男女问答）	辞父母出家赞文	愿听我□等出家，坚持斋戒作沙（铺衍父母与男女问答）
义净三藏赞	卓哉大士道迹，随机应物（释门副教授金发）	义净三藏赞	卓或大士道迹，随机应物，怀念济世含悲（释门副教授金发）
唐三藏赞	嵩山秀气，河水英灵，捷特瑰传（释利济）		
九相观诗	婴孩相第一，色醉明神暗		
和菩萨戒文	诸菩萨莫煞生		

续表1

S.6631		P.4597	
罗什法师赞	四果玄记十僻支,吕氏起慢,五凉运衰(释迦发)	罗什法师赞	四果玄记,三十辟交,吕氏起慢,五凉运衰(释金发)
证迹本西	方利化游,东国毗赞士三千	旅迹本西方利化游诗	方利化游,东国毗赞士三千
		唐三藏赞	嵩山秀气,河水英灵(释利浚)
维摩五更转十二时(未抄竟,后留白空缺)	毗耶长者半千人,俱时宝盖来相诣(平旦寅**日出卯)		
	(未抄竟,后留白空缺)	稠禅师解虎赞	禅师道高,德迈将天地而齐恒节(释僧幽)
		菩萨十无尽戒	奉请释迦牟尼佛为和尚
		发四弘誓愿	众生无边誓愿度,烦恼无边誓愿断

承表1，依照此二卷对应的赞歌主题内容，可以整合出如下的群组：僧伽形象与思想启示，含《行威仪》《住威仪》《坐威仪》《卧威仪》《卧轮禅师记》；供佛行仪与庄严道场，含《香赞文》《花赞文》《受吉祥草偈》；赞颂道场与辞亲出家，含《游五台赞文》《辞父母赞文》；赞颂祖师（僧伽模范），含《义净三藏赞》《唐三藏赞》《罗什法师赞》《旅迹本西方利化游诗》。这四个群组的赞歌次第，就意义表现的层面来解析，似乎可建立起威仪要求、供养礼敬、辞亲出家、赞颂典范的结构，而辞亲出家应是整体仪式的核心目标，在其之前的威仪要求与礼敬，都是作为推向这核心的预备历程，之后所安排的赞颂，则是期许与收结。于是，《辞父母出家赞文》正好就是执行这核心的关节，面对这样的位置，此篇从序文到赞歌辞文，形成欲出家的"男女"与"父母"论难的过程：

……次拜辞父母云：父母，愿听我曹等出家，坚持斋戒作沙门，十方诸佛甚难逢，我等誓当随佛学。父母答男女：我久劬劳养男女，为于经嗣答吾恩，汝今舍我欲出家，使我孤独依谁活。男女答父母：我等自从无量劫，流转三界生死中，三相贪染结因缘，恩爱系缚不能脱，假使恩爱久共处，时至命尽会离别，见此无常须臾间，是故我今求解脱。父母云男女：我昔曾闻佛教说，父母于子有重恩，汝等且合报吾恩，背恩出家有何益。男女答父母：我今暂得舍恩爱，愿得成佛入无为，先度父母答慈恩，是名真实故恩者……

透过这恩爱与离别的论难过程，正是确认求道之心是否明确的考验，当然也可以作为日后不断强调、确认时再运用，但如此直接指明在此文化环境中，选择出家修道，最难割舍的是对于父母的"情感"与"责任"两面的问题，以引礼师带领"论难"的方式来进行，是具有某种程度的仪式力量。特别是能直接让发心出家者，在此人生抉择的关卡上，产生深切省思自励，于随赞而唱的历程中，强化暂舍恩爱，且未来先度父母的誓愿，藉以通过舍离俗情的思想试炼，更坚定出家修道的意志。因此，此篇在出家仪式上的重要性自是显著。尤其是

赞文之前有序文一段，说明欲出家者必须确立的思想要求与行事历程，并且强调“身体发肤受之父母，而育养成立实赖王侯”，故不只是要辞父母，还要辞王侯，执行“鲜净装束，经宿沐发，至伽蓝中，先拜佛，次拜帝王，次拜官吏”的行仪历程，以表达不忘忠于国、感念社会的宣示作用。换句话说，这段辞、拜的过程，也就是对于“情感”与“责任”两面的确切安顿，是成就出家成功的关键，故本篇可视为出家仪式之“核心”，而联系着这篇赞歌前后，从要求、礼敬到赞颂，都可以视为搭配出家仪式的历程而来[①]。进一步说，僧伽形象与思想启示诸赞，揭示“四威仪”与卧轮禅师作偈的意涵，可以说是在执行出家法事历程中，对于成为僧伽外显形象的塑造，从行、住、坐、卧等方面的具体要求，再外加修道思想，以“能断百思想”与“对境心不起”得证菩提作为修行目标的提示，这从外而内的赞歌演唱，可以说是出家成为僧伽的重要预备功课。由此作为基础，即导入仪式性相当明确的《香赞文》《花赞文》以适应供佛斋僧、庄严道场行仪，如此方能安定于仪式“核心”部分的展开，而从赞颂道场的《游五台赞文》，以“五台山”为代称，用来揭示与模拟寺院道场的种种殊胜，进而引入辞亲出家关键的《辞父母赞文》也就明确且合宜。然后，以连续的祖师赞颂诗歌，特别是取经、译经僧，一方面揭示并彰显了模范，期勉出家者可学习祖师而求道不懈，甚至可以远涉广漠、重洋，而译经、解经更是弘扬佛法、延续世间慧命的重要立志方向；另一方面也强调诸多经典由祖师自远方取来，费心译解而展现如来教法，故更显尊贵，是为出家修行者所应志心奉持，以得证悟。

但在上述可划分为四个群组，以对应出家仪式赞歌之外的部分，在S.6631和P.4597二卷相近似而可对应的部分中，在S.6631其实还有《归极乐去赞》《兰若空》《九相观诗》《和菩萨戒文》《维摩五更转十二时》等篇。其中，《九相观诗》《和菩萨戒文》也同样出现在P.4597，只是在P.4597抄写的位置，离可对应的赞歌组较远，因而未纳入表1的对照之中；而此二篇在S.6631的抄写位置在《唐三藏赞》与《罗什法师赞》之间。也就是说，若与P.4597相对照，就可发现此二篇在此卷恰好切断了祖师赞颂的赞歌组。若是S.6631将此二篇移出，便是完整的祖师赞颂的赞歌组。然而，在S.6631《唐三藏赞》与《九相观诗》，其实夹有一段文字：“诸杂要颂一本引名知（如）后”换行再书‘金刚经云释’，再换行书写‘九相观序’标目，下始书写《九相观诗》的序文，可见抄写原本可能要抄写‘诸杂要颂’，后改抄《九相观诗》。”[②]这个现象虽然只是抄写上的“插曲”，却意谓在他卷呈现“分类抄写”的若干赞歌，在某卷可能被插进“随机书写”的其他文书，而在隐约可以对应特定场合“应用书写”的赞歌组中，也可能出现随机增删，以适应不同实践情境与现场因缘（如时间长短、参与人物或身份等条件）的情况。换句话说，在S.6631被切断的《义净三藏赞》《唐三藏赞》《罗什法师赞》《旅迹本西方利化游诗》等祖师赞颂诗歌（高僧赞），在面对规模大小不同的法会时，就会随之有所挑选、增减[③]。这使得S.6631与P.4597在共通性之外，亦能透

① 林仁昱：《敦煌佛教赞歌写本之“原生态”与应用研究》，新文丰出版股份有限公司，2021年，第150-156、207页。

② 杨明璋：《敦煌文献中的高僧赞抄及其用途》，《敦煌写本研究年报》第12号，2018年，第31页，认为“诸杂要颂一本”为诸文书的总名，而此卷为佛教赞颂文书，与“诸杂要颂”一名正好相合，只是书手题署错地方。

③ 郑阿财：《写本原生态及文本视野下的敦煌高僧赞》，《敦煌学辑刊》2018年第2期，第23页。

过有所差别的部分，显现个别考虑的痕迹。况且P.4597《唐三藏赞》的位置，反而是在《罗什法师赞》《旅迹本西方利化游诗》二篇之后，且后面还紧接S.6631所未见的《稠禅师解虎赞》，更可以说明此卷有着归类清晰的抄写方式，但若对照他卷，可能因为随机性或实际应用的机缘，打破这似乎完善的分类。然而，这似乎是理想分类的破坏，也可以说是不同写卷的抄写者在抄写时有着不同的机缘与思考态度。于是，就实际面貌来考察，P.4597的抄写者显然较S.6631更着重完整性与次第性。

而这样的抄写态度，不仅显示在抄录祖师赞颂诗歌（高僧赞）的现象上，还有更完整的内容与合理的位置。在前文提及在S.6631位置稍显尴尬的《和菩萨戒文》（与《九相观诗》夹在祖师赞颂诗歌间），若是放在P.4597的位置，似乎也显得较为合理。故观察位于全卷之首P.4597《和菩萨戒文》，似乎与后来“四威仪”的要求相呼应，让宣戒成为稳定场面的开端。卷面上首题“和菩萨戒文惠水文一本”，显示抄写者应该就是在此卷背面不同张纸粘贴处作纸间骑缝押记的惠水，推测是灵图寺僧。此《和菩萨戒文》在本歌曲丛抄中具有起首的地位，或可认定其对于抄写者的实际应用需求来说，具有相当重要的地位。

题名之次行即写“经云 敦心奉请和云 深心渴仰 专注法音 戒师广垂开演 经云 是菩萨波罗灭罪 和 ”这是“戒师”与“戒子”的对应段落，能让具体的“行戒之方”与宣说的“戒经之义”相和。接着是“菩萨十戒赞偈”的段落，自“诸菩萨莫杀生”至“诸菩萨莫谤三宝”联系十段赞偈，每段并有和声“佛子”。之后书“经云 一切皆实”下接“和云 微□□犯累及千生”，即另段“戒师”与“戒子”的对应段落。如果将如此具有“戒师”与“戒子”对应的段落，又有十戒赞偈的行仪，置于前文所指出家仪式的起始之处，使戒法的对应与遵行作为有志出家修行者必须把握的基本准则，则置于所有的行仪之首，自有其宣示与收摄的双重用意。

然《和菩萨戒文》所强调的莫杀生、偷盗、邪淫、妄语、沽酒、自说、毁他、多悭、多嗔、谤三宝等十戒，其实是相当落实于大众生活行为与心态的基础戒法，并非必然仅能用在出家仪式。于敦煌文献目前可考抄有《和菩萨戒文》的写卷至少有五十卷[①]，能显示各有不同的抄录方式与应用意义，甚至可作为经常性戒律重申之用。因此，若如S.6631将此篇抄在祖师赞颂诗歌之间，从经常备用的随机抄写思维来论，这自然是可能的现象；若是将此抄录状况解释为不同抄录者于“试戒”时，确实存在口诵与笔录的实际差异[②]，或许也能够反映这样的现实。不过，P.4597《和菩萨戒文》作为全卷之首，其后尚接《西方乐赞文》《散华乐赞文》《般舟梵赞文》《香汤赞文》等篇，方接“四威仪”与之后诸赞（即与S.6631几近相同的部分），而S.6631则在“四威仪”之前，尚可见《归极乐去赞》《兰若空》等二篇。虽有这样的差异，却有相近的意义，可以显示寺院修行与宣教的取向，即出离凡尘、归向西方净土的祈愿，还有对于无常的感叹，故为二卷所共同容纳的赞歌，只是各有选择而已。至于P.4597尚有《散华乐赞文》《香汤赞文》二篇，则更显示此卷抄写者对于仪式里的供养仪节的重视，于是多抄此二篇或可增加实际运用时的可选择性。

而在S.6631和P.4597二卷相近对应的部分之后，S.6631仅见《维摩五更转十二时》一篇，紧接着“证迹本西”诗而抄，仅抄至“夜半子”段，且该段仅抄有时序标记而未抄尽全

---

① 林仁昱：《敦煌佛教赞歌写本之“原生态”与应用研究》，新文丰出版股份有限公司，2021年，第85页。

② 于淑健：《敦煌本〈和菩萨戒文〉考论》，《敦煌研究》2008年第1期，第95页。

篇，其后余纸留白。但P.4597在《旅迹本西方利化游诗》与《唐三藏赞》之后，不仅还有《稠禅师解虎赞》作为祖师赞颂，更有《菩萨十无尽戒》《发四弘誓愿》《金刚五礼文》《五台山赞文（并序）》《寅招（朝）礼》《九想观诗》《佛母赞》《出家赞文》《菩萨安居解（结）夏自恣法》[①]《辞道场赞》《请十方贤圣赞》《送师赞》《劝善文》《入布萨堂说偈文》《受水说偈文》《声闻布萨文》《受香汤说偈文》《（唱）行香说偈文》《受筹说偈文》《还筹说偈文》《清净妙偈文》《浴筹说偈文》《清净妙偈》《声闻布萨文一本，布萨文》《十二光礼》《法身礼》等二十六篇。其中，《菩萨十无尽戒》《发四弘誓愿》紧接在祖师赞颂诗歌（高僧赞）之后，故其接续着出家仪式所用的赞歌组（即前文所指与S.6631和P.4597二卷相近部分），前者以奉请诸佛菩萨为戒师，后者则具发宏大志愿的用意，故考虑其于应用仪式可能的完整性，宜仍列在前文表1的二卷对照之中。此后P.4597所抄录者，大致上可分为备用赞歌、礼忏文、布萨说偈文、其他文书等四个部分。

首先，在备用赞歌的部分，有对应道场经常性需求，如《辞道场赞》为法会圆满展现对于共修会众的期许；《送师赞》于师父圆寂时感怀其恩；有些赞歌提供仪式与宣唱辅助或置换，如《请十方贤圣赞》迎请诸佛贤圣进入道场，并唱时以香花奉迎，可与《花赞文》辅助或置换；《五台山赞》可与《游五台赞文》置换；《出家赞文》可辅助《辞父母赞文》；《九想观诗》及《佛母赞》显示人生无常与恩爱有别离，也可以和出家修道的志向呼应，故能辅助出家仪式、共修法会。而于此卷所形成的辅助或可置换性亦相当明确，只是相较于彼时流行的弥陀净土赞歌，这几篇赞歌似乎显现了更多的现世性[②]。

其次，礼忏文的部分，有《金刚五礼文》《寅朝礼》《十二光礼》《法身礼》等篇，得在唱赞强调义理（如“无色无形象”）与礼敬诸佛之外，更进行忏悔、劝请、随喜、回向、发愿等“五悔”仪节，从而更可扩大丛抄卷的应用价值，显示寺院从身、口、意三方面合而恭敬、反思的方式，强化僧伽、信众的信仰观念与意识，能与“赞歌组”强调威仪与典范的意涵相合，亦能随机摘选运用。

再次，布萨说偈文的部分，此为组织完整的“布萨说偈文组”（或可视为赞歌组），于首篇《入布萨堂说偈文》下，有题记“京终南山保德寺沙门怀真依律本勘定”，而抄录于此卷，将作为此寺院举办布萨戒会所备用，其各篇说偈乃搭配仪式次序，如入布萨堂、受水、受香汤、唱行香、受筹……环节进行。透过譬喻，特别是满月、净水、香熏所展现的清净意义，展现行戒而净心的思想历程，搭配本卷所抄录赞歌所展现舍弃凡尘、出家修行[③]、愿生净土信仰意义[④]，亦有相辅相成的效果。至于其他文书的部分，有解释夏日安居修行方法与原则的《菩萨安居解夏自恣法》，强调随缘依无相、身心恒清净的概念；有揭示义理“阎浮流转

① 此依尾题而录，首题作“菩萨安居息解夏法”。

② 林仁昱：《敦煌佛教赞歌写本之“原生态”与应用研究》，新文丰出版股份有限公司，2021年，第205页。

③ 王惠民：《莫高窟第276窟〈行香说偈文〉与道安的行香之法》，《敦煌研究》2009年第1期，第16–21页。曾经以敦煌莫高窟隋代第276窟西壁龛外北侧写有《行香说偈文》对照S.440、P.4597等卷写录情形，且由此论述其与“五分法身”思想的联系，探讨此《行香说偈文》的来历，且由《敕修百丈清规》卷5记录本篇，值得注意其除了在布萨（说戒）等法会上吟诵外还在剃度时使用。

④ 湛如：《敦煌布萨文与布萨次第新探》，《敦煌研究》1999年第1期，第131页。指出“布萨”在中国化的历程中和禅、净的信仰行事牵连的现象。例如，将说戒功德回向于往生西方净土，反映布萨内容与净土信仰结合的现象。

蹔时间，何须辛苦求名利”，以感叹世俗苦恼的现实，劝勉修行者的《劝善文》，而后段劝持五戒十善，更具有普及于大众宣说的意义，且逐句附记“叹”字，可见在对比净土殊胜与此间苦恼的唱述过程中，加以感叹的声情表现方式，以强化效果。以上二篇均抄录在多篇可备用的赞歌与布萨说偈文之间，具有应机取用之意。

三、戒、愿相应的实践意义

经过前文对于敦煌S.6631和P.4597之赞歌抄写样貌的解析，可见其中固有丛抄的随机性，但仍有分类、应用思维的考虑在其中，于分类位置展现某些具体应用的关系，故可以将其显现的位置、群组，主要赞歌或文书所构成的应用意义，列于表2，并由此解析应用实践的意义：

表2　主要赞歌或文书的应用意义

位置	群组	主要赞歌或文书	应用意义
P.4597前段	宣戒、赞净土、启奉请供养	和菩萨戒文、西方乐赞文、散华乐赞文	安定场面，出家或共修仪式前导
S.6631与P.4597近似段	僧伽形象与思想启示	四威仪（行住坐卧）、卧轮禅师偈	僧伽外显形象的基本要求与修行思想的导引
	供佛行仪与庄严道场	香赞文、花赞文	迎请诸佛菩萨，并以花、香庄严道场
	赞颂道场与辞亲出家	游五台赞文、辞父母赞文	赞颂道场、进行即将出家者与父母的论对，确认出家决心，为出家仪式核心
	赞颂祖师（僧伽模范）	义净三藏赞、罗什法师赞、唐三藏赞	赞颂祖师（特重取经与译经师）强调传承模范与经籍修持
P.4597后段	奉请与发愿	菩萨十无尽戒、发四弘誓愿	奉请佛、菩萨为戒师，发无边大愿
	道场经常备用赞歌	辞道场赞、送师赞	法事圆满，展现期许、怀想师恩
	仪式置换或辅助备用赞歌	请十方贤圣赞、五台山赞文、出家赞文、佛母赞	可与意义相近的赞歌作置换或辅助
	礼忏文	金刚五礼、寅朝礼、十二光礼、法身礼	强调礼拜、忏悔，与赞歌演唱或布萨仪式搭配，扩大丛抄卷的应用价值
	布萨说偈文	入布萨堂说偈文、受水说偈文、声闻布萨文、受香汤说偈文	作为布萨戒会所备用，显示这项戒会偈赞的常用价值
	其他文书	菩萨安居解夏自恣法、劝善文	解释夏日安居修行方法与原则，揭示义理行戒，勉励修行者

透过前文的探究与表2的解析，可知若以S.6631与P.4597近似段为二卷对照的仪式核心，则“赞颂道场与辞亲出家”的部分，特别是以《辞父母赞文》进行出家者与父母论对的过程，更是当中最关键的部分，其目的在于确认是否具有舍弃凡俗情感、安顿世俗责任的决心，意谓通过此环节而能安住于修行。但安排这个核心环节的进行，绝非遽然而来，实则必须经过一段铺垫的过程，让戒、愿得以相应，接纳“因愿必须行戒”“因戒得以成愿”的寺院修道之途。因此，若单从二卷近似的段落来看“四威仪”，就成为入此过程（踏入此途）的开端，而从行、住、坐、卧等日常的生活面貌，展开具备修行者“威仪”的要求过程，表面上这是外显形象的制约，其实是一种戒律轨范的投射，由遵循如此生活行止的要求，将散逸的俗心，收摄在修行向道的明确路径之上。

然而，这其实也只是一种方便法，借以促成俗人的心境能确实转换，透过接受威仪的要求，不仅是一种行戒于外的表象，更是考验出家之愿是否能克服威仪要求的重要关节，进而能够确立修行者身份自我认同的方式。所以，将“四威仪”作为行事仪节的开端，其实也就展开戒、愿相应第一步的实践。然后，才由此推向更大的志愿与考验，也就是完成断绝世俗亲情牵扯的誓愿，而在如此的文化环境之中，还要完成报答社会与家庭恩情的安顿历程，于是透过答谢、论对的话语往来，也就成为一种安顿身心的方式。至于先前供佛行仪、庄严道场与后续赞颂祖师诸赞，则是在恭敬、庄重的情境中，成为使戒行延伸与立愿坚固的强化剂。毕竟能顺心于赞颂的基础条件，就在于从产生信仰而确立志愿，且由赞叹净土、道场、祖师的过程中，产生钦慕向往之心，进而发愿以往生净土为志，并明了必先安住于道场，得效法于祖师、依教奉行。

而P.4597置于卷首、S.6631置于祖师赞颂诗歌（高僧赞）间的《和菩萨戒文》，则以初步具体的十戒作为修行的基础、成愿的起点。至于P.4597接于祖师赞颂诗歌（高僧赞）后的《菩萨十无尽戒》《发四弘誓愿》，既然将行戒的层次提升为奉请诸佛菩萨为戒师，则学尽无量法门、了断无尽烦恼、普度无边众生、成就无上佛道的大愿，也就必然成为修行者必将致力达成的终极目标，这也是戒、愿相应的必然结果。而P.4597既有仪式置换或辅助备用的赞歌，其放于戒、愿相应的关联上，也得以发挥其效用。再推向礼忏文的安排，其“五悔”法的进行，本从省思（忏悔）、劝请开端，以发愿作结，则依戒忏悔、进以发愿的设计，正是其核心的表现。至于搭配布萨法式的说偈文，就是透过各种戒行的要求，实则达到澄澈心境的修行目标，其中戒、愿相应的关系，亦是布萨诸偈要引导行者必然要把握实践的理路。所以，从S.6631与P.4597的赞歌丛抄，确实可以见到戒、愿相应的具体关系与思想观念，这对于修行者（特别是受戒僧众）而言是非常重要的实践方向，也使此二卷作为经常备用，甚至相应于特定仪式的价值，在戒、愿相应的联系上，愈发明确。

四、结语

敦煌S.6631和P.4597二卷均有相当大的部分，是作为赞歌丛抄卷，并以其拥有大段落赞歌组成相近似而值得特别留意。于是，经由本文针对其抄写样貌的考察、解析与探讨，可以理解此二卷除了丛抄卷本具备用性质而有“随机抄写”的现象外，仍有部分主题、内容相近的赞歌显然是依“分类抄写”的抄写思维而存在，甚至隐然透露着行仪实践性的“应用抄写”关系。特别是这大段落近似的部分，似乎正居于二卷赞歌组合的核心位置，其赞歌组成与次第显然可以推进出家仪式的执行，尤其是推向《辞父母赞文》的出家男女与父母的关键论对上。这也意谓着此二卷抄录的赞歌，在展现发愿出家、遵守戒律，以求安住修行、解脱世俗烦恼的概念上，是显著重要的。或者说，作为戒、愿相应的实践关系与意义，是二卷在抄录赞歌时所重视的思想意涵。展现着出家行戒也就是行愿，行戒其实就是为了实践行愿目标的观念。是故，除了有些赞歌或文书在其名称上就直接表明为“戒”而来（如“四威仪”、包含十戒赞偈的《和菩萨戒文》），也有直接表明发“愿”而唱（如“四弘誓愿”），更可以理解许多赞歌在赞颂净土、寺院（五台山）、祖师高僧的表现中，其实正在确立其“愿”，且因为期许自身（或戒子）成愿而须行戒，即使在揭示世间无常的偈赞中，似乎也强化了以行戒来脱离凡俗牵绊，以行愿终究到达解脱境地的思想主干。所以，此二卷之抄写样貌所呈现的实践性特别明显，不论是推向出家仪式的核心部分，或是多抄备用赞歌，乃至接抄布萨行偈文、礼忏文的部分，都是在强调戒、愿相应的实践意旨，进而以此成为分类、应用与随机抄写以备用的重要因素。

从格义到融和

——论《真言要决》呈现三教和合的发展特色

郑阿财（台湾地区南华大学文学系、四川大学中国俗文化研究所）

【摘要】《真言要决》是一部援引儒释道三教典籍要言，诠释会通，佐证佛教要义，用以回答当时对佛教的质疑，以期助人修习正道的论述。原书散佚，且历来史志目录均未见著录。《大正新修大藏经》卷85《古逸部》中曾根据石山寺藏古写本（卷第一部分）及敦煌写卷英藏S.2695号残卷（卷第三部分）、法藏P.2044号残卷（卷第三部分）加以辑录，因作者、卷帙不明，内容多残，罕有研究。余从事敦煌蒙书文献整理研究时，多有涉及，偶发浅论，近期更广搜敦煌写卷及相关资料，撰写《〈真言要决〉卷次篇第与作者新论》一文，推测此书当为北魏刘仁会编撰的6卷12篇。今更就形式、内容及援引典籍分析此书的性质，论述其在三教和合的独特意涵。

【关键词】《真言要决》　三教和合　敦煌

一、研究旨趣

在中国，作为外来宗教的佛教，从两汉之际传入中土以来，其传布历程由魏晋南北朝时的冲突、比附、调和、会通，逐渐中国化，乃至与中国固有文化融为一体，成为中国文化的主要部分，更使汉传佛教成为世界佛教文化的主体。

佛教传入中土后，汉魏、两晋、南北朝、隋唐五代，三教的关系一直是重要的议题。从抵触碰撞、相互抨击，到相互吸收、彼此调和，终至会通融合。这些所谓“三教交涉”的问题，长期以来深受研究者关注①。学者们论述了魏晋时期儒佛的关系，南北朝三教关系及佛道的争胜，隋唐的三教论衡，及其后佛道乃至三教关系的展开，并论述了“夷夏论”“灵魂存灭论”“因果报应论”“沙门不敬王者论”“沙门袒服论”等论争的重要议题；还有格义佛学、三教论衡、三教同源、三教调和等论题。其中，有关相互调和与会通融合的论述，历来多侧重于宋代及明末清初民间宗教所谓的“三教会通”与“三教合一”的探究②。而学者们的考察研究或从儒佛融合，或从佛道融合的角度出发，考察有关佛道关系发展的一些历史面貌；也有统观儒释道三教，各自从不同的思想立场与对话策略出发，归纳为“三教平等”“三教同归”及“三教同源”等类型的探讨。

有关的研究更在魏晋南北朝时期儒释道发展与论议的基础上，扩展到对隋唐时期三教论衡议题的关注③，更逐渐从宗教立场、宗教态度、宗教政策的历史考察，进而扩及政治史、宗教史、思想史，乃至社会史与文化史的研究。足见研究论题多元，面向广阔。然而，有关汉魏至唐五代时期的基础文献，今多亡佚，主要见于大藏经史传部中，如《弘明集》《广弘明集》《集古今佛道论衡》《续集古今佛道论衡》《破邪论》《辩正论》《甄正论》《三教平心论》及《高僧传》《宋高僧传》《佛祖统纪》等。其他史书载籍涉及的相关文献则较为分散，以相关人士之往返书信为主，且篇幅不多。

今得见日本石山寺藏古写本及敦煌写卷英藏、法藏、俄藏及辽博馆藏等九号残卷，经梳理考定为北魏刘仁会《真言要决》残存，原书6卷12篇。今存卷第一、第二篇的后半部；卷第二，“残存篇第三”10行及“解执篇第四”13行；卷第三，仅篇第五首部残缺；其余完整且有“辩伪篇第六”篇题；卷第四，仅存首部10行，有篇题“决疑篇第七”，及不知卷次篇第的P.2213、辽博馆藏、S.6147等。今所得见约23000字，内容丰富，反映了北魏佛教发展过程中经历崇儒、崇佛、崇道的更迭，乃至废佛、复佛的纷乱论诤之后，北魏后期有识之士以心平气和的态度，论述三教相通之至理，从义理上会通融合三教，不以各教优劣为务，而以弘道化物、兴政安民为归。重新审视这些论议的性质与特色，当有助于考察并评估其在三教会通与佛教中国化发展史上的价值与意涵。

二、《真言要决》卷次篇第的存佚

《真言要决》一书，中国历代史志目录均未见著录。此书在奈良时期前曾流传到日本，唯今已散佚不全。现存日本石山寺藏古写经一件，还有现已公布的敦煌写卷8件，这些写本或有题名、卷次、篇第，或不见题名卷次，或不见篇第。我在《〈真言要决〉卷次篇第与作者新论》一文“知见《真言要决》的写本叙录与考订”一节中曾据写卷复印件逐一叙录，并在校录的基础上梳理写了本系统，考订卷次篇第。兹将现存写本的存佚情形系统表列如下

① ［日］常盘大定：《中国的佛教、儒教与道教》，东洋文库，1930年；［日］保田量远：《中国儒道佛交涉史》，大东出版社，1943年；谷邦夫编《三教交涉论丛》，京都大学人文科学研究所刊，2005年；洪修平：《儒佛道三教关系与中国佛教的发展》，《南京大学学报（哲学·人文科学·社会科学版）》2002年第3期，第81–93页；张祥浩：《魏晋南北朝时期的三教关系》，《宗教》2001年第2期；黄夏年：《北魏儒释道三教关系刍议》，《晋阳学刊》2005年第5期，第46–52页；何剑平：《从佛教论议文献看南北朝的儒释道三教融合》，《四川大学学报（哲学社会科学版）》2018年第3期，第192–195页等。

② 如方以智的三教会通思想、焦竑的三教会通思想；林兆恩与三教合一、民间宗教与三教合一等论题。

③ 刘林魁：《三教论衡与唐代文学》，人民出版社，2021年。

(见表1),以为论述之资。

表1 《真言要决》卷次篇第存佚表

卷次	篇名	写本存佚情形
卷第一	某某篇第一	亡佚
	某某篇第二	石山寺藏本约存220行,5400字,近于全篇 尾题“《真言要决》卷第一”
卷第二	某某篇第三	Дx3127残存11行,为篇第三尾部
	解执篇第四	Дx1282残存13行,为篇第四首部 有篇题“解执篇第四”
卷第三	某某篇第五	S.2695前117行为篇第五后半的残存,缺篇题 P.2044“残存篇第五”尾部169行,几近完整 缺篇题
	辩伪篇第六	S.2695后199行为辩伪篇第六的完整内容 有篇题“辩伪篇第六”尾题“真言要决卷第三” 前117行为篇第五后半的残存,缺篇题 P.2044存篇第六完整170行 有篇题“辩伪篇第六”尾题“真言要决卷第三” P.3571存71行上半截,内容为《真言要决》卷第三“辩伪篇第六”前半部分,缺篇题 P.4790前17行为“辩伪篇第六”尾部的节略
卷第四	决疑篇第七	P.4790的18—27行为《决疑篇第七》首部10行 有“真言卷第四决疑篇第七”卷次题名及篇名

除以上确知卷第篇次的写卷外,另P.2213残卷存172行。此卷为楷书,工整秀丽。有朱点。写卷中“世”“民”“治”字皆缺笔,盖避唐太宗、高宗讳。“正”作“𠙺”,为武后新字。此卷内容多援引内典外书,以证编撰者真俗不异之论述,如儒家经典的《易》《书》《诗》《论语》《礼记》,道教典籍的《老子》《庄子》《西升经》,而以佛教经论为多,如《维摩经》《涅槃经》《楞伽经》《大智度论》《起信论》等,具有三教会通的鲜明特色。王重民《伯希和劫经录》著录作“残佛经”。大渊忍尔著录作“失题道经”。王卡拟为“三教至理相通论(拟)”。辽博馆LD4977a残卷,存34行。郭丹《辽宁省博物馆藏敦煌西域文献简目》拟题作《真言要决》[①]。依形式体例及援引儒家典籍《书》《诗》《论语》《礼记》,道教典籍《老子》《庄子》《西升经》,佛典《大智度论》《涅槃经》《维摩经》《佛藏经》等,当是《真言要决》残卷。又此件1—34行内容与P.2213倒数第34行至最末一行全同。与P.2213当同为《真言要决》,且为同一卷次与篇第的不同抄本。

① 郭丹:《辽宁省博物馆藏敦煌西域文献简目》,《敦煌吐鲁番研究》第19卷,上海古籍出版社,2020年,第301-308页。

S.6147残卷，存24行。此卷虽缺题，然残存引有《维摩经》《大智度论》《老子》《涅槃经》《庄子》等，论证三教义理会通的内容与形式特色，与其他各相关写卷对比，显然是《真言要决》的残本。

我曾据日本正仓院藏天平二十年（748）《写章疏目录》[①]及其他古文书著录"《真言要决》六卷"，推论《真言要决》原书当为六卷一部，在奈良圣武天皇天平二十年（748）以前已从中土传入日本。今残存确知卷次的有：卷第一、卷第二、卷第三、卷第四等残卷。另，法藏P.2213、辽博馆LD4977a及英藏S.6147的3件残卷，均与已知卷次的《真言要决》形式、内容性质相似，应该也是《真言要决》的残卷，只是内容不见于今存卷第一、卷第二、卷第三、卷第四的残卷，当属于目前未知卷次篇第的《真言要决》残卷。

三、《真言要决》的形式与性质

《真言要决》的编纂形式与《九经抄》的书抄式编纂形式有所不同。敦煌写本《新集文词九经抄》是一部辑录文词与九经中有助于进德修身的嘉言粹语，以作为训蒙诫俗的读物，具有抄录编纂典籍要言以编成小类书的性质，是书抄式的编纂。这是中国典籍资料抄写辑录的一种著作形式，其特色是将过去既有的典籍著作、名人言论，加以钞撮、摘录，透过分类、排比而形成书籍，与"著作"明显不同。著作是以呈现著者创造性的理论为主，其内容文辞具有原创性；而书抄式的编纂内容全为前贤的论述，文辞多出自既有的典籍，借由取材与编排，以呈现编者的理念，这是此类书籍的特色。

《新集文词九经抄》一类书抄式的编纂，凡所援引都标明书名、篇名或人名，以说明钞纂来源与根据。全书皆为援引条目内容，其中并无编者的任何论述与文词。除序文为编者撰写的明文外，全篇所见都为"论语曰""尚书曰""孝经曰""礼记曰""孔子曰""老子曰""庄子曰""太公曰"等。援引条目或文献之间均未加入任何编纂者的阐述与议论。

《真言要决》虽然引用儒释道三教的经典内容，也标示援引的经典名，但内容性质则有所不同，实为作者的论述之作。从今残存的篇卷写本看，《真言要决》卷第二"残存篇第三"10行及"解执篇第四"13行，《真言要决》卷第三下半部，保有篇题"辩伪篇第六"，卷第四开头存有篇题"决疑篇第七"。根据存有篇题的体制，可知此书是具有明确论述宗旨的编述之作，"解执""辩伪""决疑"都是作者论述的主题，可见这是一部有组织、有系统的编述。在论述之间每每援引内外典籍的局部内容要语作为论述议题的印证，或加强作者言论的说服力，这些援引文句均与论述文体前后贯穿，结合为一体，以"故××云"为引文之开首。例如，"故孔子云""孔子云""故《论语》云""《论语》云""故《易》云""《易》云""故《礼记》云""《礼记》云""故《大智度论》云""《大智度论》云""故《涅槃经》云""《涅槃经》云""故《老子》云""《老子》云""故《西升经》云""《西升经》云"等，其援引典籍方式与《新集文词九经抄》一类书抄式相近而不同。《九经抄》全书不分类立目，也不分篇、分部，而援引钞纂的每则内容，大抵以书名冠首或人名冠首居多，也有以

---

① 《天平二十年（748）六月十日写章疏目录》存放在正仓院的中仓。此《写章疏目录》前所列为佛教经典，后列有所写外典目录，从最后两行的记录得知，此为写经所僧纲大僧都行信、佐官僧临照两人拟定目录，从僧平摄藏书中，为皇后宫所要抄写的书籍目录。录文收入《正仓院文书续修》第39卷。东京大学史料编纂所编《大日本古文书》编年之3，1982年，第84-90页。

人名篇名冠首及篇名冠首，先后排列，条文与条文间没有任何论述，没有评论或诠释，全然为引书条目类聚式的钞纂而已。《真言要决》所呈现的则明显具有编述的特色，这些引证的内外典籍的词句内容，与书钞式类书、蒙书仅仅止于罗列条目内容，迥然有别。这些引用的典籍，是经过作者的理解、诠释，加以整理、融和，成为内容贯串的论述文体，而发挥“六经皆我脚注”的功能，且兼具印证论述宗旨的作用。

《真言要决》就其命名取义而言，盖指采撷真实不虚妄之佳言警句，以疏释佛菩萨之言教，助人修道学佛。所谓的“真言”，并非指如来三密中之语密，而是有如《安乐集》上所说：“采集真言，助修往益。”故《真言要决》卷第一有云：

> 至理非实语不宣，良媒必不妄其女，实语必不妄出其言；媒而不妄其实德，言而不妄其实理。媒其实德，婚者不惑；言其实理，听者不疑。不疑必受而行用。

据此可知，其所谓“真言”，当即指真实不虚妄之言。至于以“要决”为书名，唐以前已多见，如《隋书·经籍志》《子部》〈兵〉〈天文〉〈五行〉〈医方〉均有著录，最早的为三国管辂撰有《周易通灵要决》一卷，而南朝梁多见，《日本国见在书目录》〈杂家〉著录，除《真言要决论》外，〈五行家〉也著录有东晋陶弘景撰《易髓要决》一卷。两唐书丙部子〈五行类〉〈兵书类〉也多有著录，然多以“要诀”为名。《文选》江文通《别赋》：“沥泣共诀”。李善注：“诀与决音义同。”《说文新附》：“诀，法也。”要诀云者，盖言其为要法也。《日本国见在书目录》〈小学家〉著录有“《文笔要决》一卷，唐杜正伦撰”，空海《文镜秘府论》北卷〈论对属〉之后有“句端”一篇，全用其文。唐代东传日本，中土已佚，今日本有五岛庆太郎藏本。是“要决”通作“要诀”乃一时风尚，而在唐以后尤为多见。可见《真言要决》一书的命名取义，盖指采撷三教经真实不虚之言教，以为修道学佛之要法。

又由其残卷所有之中题“解执篇第四”“辩伪篇第六”“决疑篇第七”来看，并核以今所得见的《真言要决》遗文，即可知此书系采摘佛教各经典之要言，藉以阐述佛教精神的真义，辨明世人对佛理之误解，兼为解答一般信徒心中之疑惑。

在现今所得见的日本石山寺藏古写本、英藏、法藏、辽博馆藏及俄藏等九号残卷中，除《大正藏》卷八十五古逸部辑录石山寺藏本及S.2695号、P.2044号所存卷第一及卷第三部分，原有《真言要决》题名，其他均为缺题的残卷，且内容又不见于已知题名《真言要决》的写卷，以致前贤关注，不免各就重点拟题，或作“残佛经”，或题“失题道经”，或题“道经”，或拟为“释道相通论”，大抵仅能就残存内容进行相关论述。其中，如姜伯勤《道释相激：道教在敦煌》“格义余绪：道释相融”一节中，提及敦煌遗书中S.6147号卷子，以为是一件反映了“格义”余绪的残卷，而说：“S.6147号文书中，以老庄解佛家之‘种智’。‘种智’本是成佛的智慧，但此卷解释为‘无不为者，种智明’，又谓‘积种智于胸怀’，‘故能应万方而无极’。‘无不为’及‘无极’都是典型道教概念。上述解释中，我们看到了‘格义’的余绪，并看到了浓厚的道教气息。”①姜先生指出此残卷呈现格义余绪，与道释相融的时代特色，甚有见地。

今检索确知为《真言要决》的内容，其中有不少提及“种智”，而能显示格义佛学特色

① 姜伯勤：《道释相激：道教在敦煌》，载姜伯勤《敦煌艺术宗教与礼乐文明》，中国社会科学出版社，1996年，第286–288页。

者，如卷第一有："九族安和，则枝叶外茂；百骸静泰，则种智内明。枝叶外茂，名为强族；种智内明，名为达人。""君子上达，小人下达；是以菩萨具善种智，众生具恶种智。习恶智不已，决定入地狱；习善智不已，决定得菩提。故《易》云：'善不积不足以成名，恶不积不足以灭身。'菩萨善种智，名为戒定慧。众生恶种智，名为贪瞋痴。翻破贪瞋痴，即是戒定慧。能决此事者，名为大丈夫。"S.6147残卷："《老子》云：'为学日益，为道日损，损之又损，以至于无为，无为无不为。夫无为者，降魔讫，无不种智明。损益相乖，则是道与俗反。如来号种智，犹帝王号万机。万机者，机应万方；种智者，智周一切。机应万方者，未是积万机于方寸，智周一切者，未是积种智于胸怀，并是无心之慧明。所以能如此故能应万方而无极，照一切而无穷。'"两卷意旨用意相通。据此，可印证S.6147残卷当是《真言要决》，只是卷次篇第未明而已。

另外，王卡在《敦煌道教文献研究》"敦煌道教文献分类叙录"十类中的"其他"类，叙录了P.2213、S.6147及Дx3127、Дx1282等残卷，其中说明P.2213残存内容旨在引述三教经书，论证真俗不异，三教合一；也据S.6147残存内容，略述其论证三教义理相通的旨趣，也提及"如来号种智，犹帝王号万机"云云。故将此类残卷拟题为《三教至理相通论》[①]。刘永明从道教视角拟题为《释道相通论》的S.6147残卷，申论敦煌佛教信仰中的佛道融合[②]。虽然是从敦煌道教文献的观点出发，但也揭示了该写卷释道相通、三教相通的内容特性，其论述具有一定的参考价值。特别是姜伯勤先生提出的有关"格义"的运用，极有启发。

盖佛教在中国的传布，汉季初传时，被视为神仙方术之一支，尚未获得普遍的传布与重视。梁慧皎《高僧传》为汉魏时期的高僧立传，十科之中，只立"译经"而无"义解"，即透露此一时期尚处于翻译介绍的阶段。故《弘明集后序》云："汉魏法微，晋代始盛。"佛教在晋代的兴盛，主要原因之一，乃在于与玄学风潮的结合。佛教徒藉玄学以阐释佛理，遂使当时名士信服，进而获致帝王之崇奉[③]。此一时期佛教的传布大抵以"格义"训释佛经为主要表现。所谓"格义"，即以佛教义理来附会中国传统根深蒂固的思想与文化，尤其是以孔子为主的儒家道德理念，以及魏晋以来的《老子》《庄子》《易经》等玄学思想，使人对佛教能感到亲切，对其教义较易理解而信受。此为六朝期间佛教在弘法上普遍流行的一种方便手段。东晋的竺法雅、康法朗及其门徒，更广泛地运用"格义"[④]来讲说佛经。由于当时佛教的概念术语一般人不易理解，故援引中国原有的思想观念来加以解释，以取得认同。这对当时佛教之推展与传播，确有贡献。尤其在三教交涉过程中议论的表现上，格义佛学可说是三教融和的开始，也是佛教中国化的手段；格义是三教融和的催生，佛教中国化更是格义佛学的完美结局。

---

① 王卡：《敦煌道教文献研究》，中国社会科学出版社，2004年，第250页。

② 刘永明：《论敦煌佛教信仰中的佛道融合》，《敦煌学辑刊》2005年第1期，第45-55页。

③ 汤用彤：《汉魏两晋南北朝佛教史》云："士大夫信教为两晋大法昌明主因之一，而佛理谈玄，二方同趣，则又文人学士崇奉之由。"骆驼出版社，1987年，第416页。

④［梁］释慧皎：《高僧传》卷四云："法雅，河间人，凝正有器度，少善外学，长通佛义，衣冠士子，咸附咨禀。时依雅门徒，并世典有功，未善佛理。雅乃与康法朗等，以经中事数，拟配外书，为生解之例，谓之格义。及毗浮、昙相等，亦辩格义，以训门徒。"《大正藏》第50册，第347页。

四、《真言要决》的引书与条目

从今存《真言要决》残卷来看，此书旨在阐明佛教的精义。书中除引用佛教经典外，也屡屡援引道家的《老子》《庄子》《西升经》，以及儒家的《易经》《书经》《论语》《礼记》等经典中的要语，以解答当时人对于佛教教义的疑问与论难。兹将其援引内外典籍之情形统计如下（见表2）：

表2　《真言要决》残卷各卷引用三教经典统计表

经名	第一卷 〇〇篇第二 约6500字	第二卷 解执篇第四 约330字	第三卷 〇〇篇第五 约5400字	辩伪篇第六 约5300字	第四卷 决疑篇第七 约330字	P.2213 不知篇卷 约4400字	S.6147 不知篇卷 约400字	小计 约23000字
佛教经典								
《遗教经》	2							2
《涅槃经》	2		6	1	1	2	1	13
《大智度论》	3		8	2		8	1	22
《维摩经》	1	1	2	1		5	1	11
《华严经》	1							1
《思益经》	1		3					4
《法华经》			2					2
《奄提遮经》			1					1
《佛藏经》			6	1		1		8
《楞伽经》			2			1		3
《金刚般若经》			4					4
《胜鬘经》			1	1				2
《起信论》						2		2
13种	10	1	41		1	19	3	75
道教经典								
《老子》	7	1	1	6		7	1	23
《庄子》	4					2	1	7
《西升经》			1			5		6
3种	11	1	8			14	2	36

续表2

经名	第一卷 ○○篇第二 约6500字	第二卷 解执篇第四 约330字	第三卷 ○○篇第五 约5400字 辨伪篇第六 约5300字		第四卷 决疑篇第七 约330字	P.2213 不知篇卷 约4400字	S.6147 不知篇卷 约400字	小计 约23000 字
儒家经典								
《易》	8			6		4		18
《书》	2			2		1		5
《诗》	2			1				3
《论语》	9	1	1	2		6		19
《礼记》	5			2		8		15
5种	26	1	14			19		60
总计21种	47	3	63		1	52	5	171

表2列《真言要决》残卷遗文援引的佛教经典13种，75则。其中，《遗教经》2则，内容均出自后秦鸠摩罗什（344—413）译的《佛垂般泥洹略说教戒经》，世称《遗教经》。《涅槃经》13则，除《真言要决》卷第三“故《涅槃经》云：‘比丘不应作治身咒术六十四能、十八或人咒术。’”这一则不见于各本《大般涅槃经》外，其余12则，均出自北凉昙无谶（385—433）译《大般涅槃经》。《大智度论》22则，均出自鸠摩罗什译《大智度论》100卷中。《维摩经》11则，均出自鸠摩罗什译《维摩诘所说经》3卷。《华严经》1则，出自东晋佛驮跋陀罗（359—429）译《大方广佛华严经》。《思益经》4则，出自鸠摩罗什译《思益梵天问经》（略称《思益经》）。《法华经》2则均出自鸠摩罗什译《妙法莲华经》7卷中。《奄提遮经》1则，出自失译人名的《长者女庵提遮师子吼了义经》1卷（略称《奄提遮经》）。《佛藏经》8则，均出自鸠摩罗什译《佛藏经》3卷中。《楞伽经》3则，均出自南朝宋求那跋陀罗（443）译《楞伽阿跋多罗宝经》4卷。《金刚般若经》4则，均出自鸠摩罗什《金刚般若波罗蜜经》。《胜鬘经》2则，均出自求那跋陀罗（394—468）译《胜鬘师子吼一乘大方便方广经》（略称《胜鬘经》）。《起信论》2则，出自南朝梁真谛（499—569）译《大乘起信论》（略称《《起信论》）。

引用的道教经典有3种：《老子》23则，《庄子》7则，《西升经》6则[①]。儒家经典有5种，60则：《易》18则，《书》5则，《诗经》3则，《论语》19则，《礼记》15则。其中，《论语》的内容中引用有作“孔子曰”。

《易》既是儒经，又是魏晋时期三玄《老》《庄》《易》之一，故为儒、道所共治。

①《西升经》的确切著作时间及撰人，均不可详考。南朝梁释僧佑编《弘明集》卷一收《正诬论》引：“故其《经》云‘闻道竺干，有古先生，善入泥恒，不始不终，永存绵绵。’竺干者，天竺也；泥恒者，梵语，晋言无为也。”按：此处所引经，出自老子《西升经》，据《佛祖历代通载》卷五引其经云：“闻道竺干，今改为‘开道道竺’。有古皇，善人无为，不始不终，永存绵绵，是以西行。”其成书当在南朝萧梁之前。

《真言要决》当是一部充满三教融和意味的佛教要义集。引用数论，内典略少于儒道外书，援引典籍的种类，计21种，佛教13种，占62%，儒家典籍种类，占24%，道教典籍3种，占14%。就条目论，计171则，佛教经典75则，占44%，道教经典36则，占21%；儒家经典60则，占35%。明显地呈现儒、释、道三教言论的特色，更彰显以佛教为主的论述主体，这对后世民间普遍流行的善书有着相当程度的影响。

虽佛典引用篇幅较广，然援引内外典之外，更多的篇幅是作者论述之言。换言之，以作者的论述文章为主，援引的内典、外书盖为引证，或发挥论点的点睛之用。可知《真言要决》是一部充满三教融和意味的佛教杂部要义议论集。

除以上各则明引《易》《书》《诗》《礼记》《论语》等儒家经典及《老子》《庄子》《西升经》等道教经典，《遗教经》《涅槃经》等12种佛教经典外，尚有许多没有标举援引书名的言论，其内容同于《九经抄》及《文词教林》所引用“贾谊”“刘会”“刘通”等人的内容。这当是所谓传统论述之中的化引或暗引，其中特别值得注意的是敦煌写卷《新集文词九经抄》中有引“刘会曰”的条目，其内容见于《真言要决》卷第一。

五、《真言要决》的内容特色与北魏三教发展

从上文《真言要决》卷次篇第存佚表，可知现残存《真言要决》有卷第一、卷第二、卷第三、卷第四。其中，以卷第三的写本最多，保存的篇幅最多，内容也最为完整。卷第三前半缺题，当为“某某篇第五”，S.2695前117行为篇第五后半的残存，缺篇题。P.2044残存篇第五尾部169行，缺篇题，约有5400字，内容几近完整。卷第三的后半为“辩伪篇第六”，S.2695后199行存有完整内容，包括篇题“辩伪篇第六”及尾题“真言要决卷第三”。P.2044写卷后半170行也保存有篇第六的完整内容，有篇题“辩伪篇第六”及尾题“真言要决卷第三”。另，P.3571存71行上半截，内容为《真言要决》卷第三“辩伪篇第六”前半部分，缺篇题。经过校录，可得全文约5300字的完整内容，有卷次篇名的《真言要决》卷第三“辩伪篇第六”。P.4970号残卷，虽仅存27行，前17行为“辩伪篇第六”尾部的节略。然第17行有中题：“真言卷第四决疑篇第七。”18—27行存《真言要决》卷第四“决疑篇第七”首部10行。

梁刘彦和《文心雕龙·序志篇》中提出“释名以章义”作为《文心雕龙》一书文体论各篇所论文体的命名旨意。兹据《真言要决》现存各篇的篇名，采“释名以章义”之法，藉以了解其篇章内容意旨，从而探究内容主题特色。

今存《真言要决》篇名“解执”“辨伪”“决疑”均是以“动宾式”复合词的标示来总结全篇的内容，此种以“动宾式”复合词作为篇名的出现较之“并列式”和“主从式”复合词更晚，在西周时尚不多见，但至东周百家争鸣，诸子立论以表达其思想内容，深刻彰显其主题意图时，此种词汇结构在论著篇名中大为发展，如《墨子》〈尚贤〉、〈非攻〉，《庄子》〈刻意〉、〈缮性〉，《韩非子》〈定法〉等，篇名均采“动宾式”复合词来表述，以凸显全文主题思想。在汉魏六朝发展时期，“动宾式”复合词更成为著书立说篇名的风尚。如牟子《理惑论》，《文心雕龙》的〈原道〉〈征圣〉〈宗经〉〈正纬〉〈辨骚〉等等皆是。

《真言要决》卷第二“解执篇第四”，其“解执”一词，解，谓消除、解除；执，指执着的事理。“解执”一词意谓解除心中对事理的执着。佛教法义中的执，指由虚妄分别之心，

对事物或事理固执不舍，又称迷执、执着。不知五蕴假和合产生人等众生，而妄执人我为实我之存在，称为人执、我执或生执（众生执之意）。不知五蕴之法乃虚幻不实之“空”，而妄执法我为实体，称为法执。

Дx1282残存“解执篇第四”首部13行，有篇题“解执篇第四”，残文约200字。开头云：“夫执形拘教求道者□/.□故夫金、石、丝、竹、匏、土、革、木，此乐器之殊□/□之音未有差别。又五音六律固亦是同□/□绰笄，岂得非。诸管弦若有异式，试共□/□韵齐民曲，析雅中心。论解与不解，不得执□/□应人应物设教不同，其于会归至理，实无差别。”

求道者，不宜执形拘教。如古人根据八种材质制造出不同形制的乐器，分为匏、土、革、木、石、金、丝、竹八类，统称“八音”。形制虽有不同，乐音未有差别。各种管弦，体式容有异同，所奏的曲韵同样可收齐民之效。所以应人应物设教有所不同，会归至理，实无差别，当不可偏执。

《真言要决》卷第三“辩伪篇第六”，全篇保存最为完整，有篇题“辩伪篇第六”，全文计5300字左右。篇题“辩伪”一词，辩，通“辨”，意谓判别、分别。伪，指虚假的事物、事理。“辩伪”篇的旨意盖在于辨别事物真假，识别虚假的、无事实依据的理念或学说。

《真言要决》卷第三“辩伪篇第六”开宗明义说：“夫事有真伪，理有正邪，自非慧眼，无容能别。故残贼诳惑愚人以规货财者，必遗假金银；造事诳惑众生以求钱帛者，必称圣功德。然非金银，不动愚人志；非功德，不感痴人心。故造假金者，必用真金为表，铜锡为骨；造诳惑者，必以圣道为语，劫剥为心。愚人所以被残贼诳，止为贪金银；痴人所以被诈伪惑，止为贪功德。若不贪功德者，必不被诈伪人惑；不贪金银者，必不被造事人欺。不被功德惑者，是见理人；不被假金欺者，是别货人。不见理者，必贪善致败；不别货者，必贪金致祸。故物之恒致败丧者，非为贪恶，并为贪善故也。故曰：鱼吞钓者，为贪香饵；人丧命者，为贪善道。何以故？夫奸淫丧命者，止为熏香妖冶，不为腥臊丑陋；盗贼丧身者，止为金银缯绮，不为粪土砂砾。故《老子》云：‘天下皆知美之为美，斯恶已；皆知善之为善，斯不善已。’”

本篇主题旨在强调，“事有真伪，理有正邪，自非慧眼，无容能别”。然后以九节，分别针对现实社会生活中充斥的各种事物、法理，一一解说开示，强调“为道者除伪修真，为政者除恶树善”的必要性。

P.4970《真言卷第四》残卷，存有“决疑篇第七”篇题及残存正文约330字。篇题“决疑”的决，谓疏通；疑，指疑惑的事理。“决疑”一词意指解决疑惑、解决疑难问题。佛教针对教法义理有所存疑或疑惑时，提出决疑，疏通其疑惑，使疑惑得以消释的做法是极为常见的。如唐怀感有《决疑论》七卷，是针对陈隋以来摄论、三阶教、唯识学等对净土往生有所存疑而作的决疑书。

“决疑篇第七”篇题后的正文有言：“夫以佛学，世间一切伎艺，名当种智者，疑网之盛也。种智者，心中具足，外无求，若外得者，即是假物，岂曰真哉？……”其中，特对佛学诸艺术，为降伏应化的疑惑，提出解说：“降伏当以心大慈应化，用法身惠眼，而为艺术。因举《涅槃经》中提婆达多教阿阇世王放护财狂象欲害佛陀，佛陀即入慈定，舒手示之，以五指出五师子，降伏狂象一事。说明佛陀手五指头实无师子，乃是修慈善根力故，令彼调

伏。祛除疑惑。”

审视《真言要决》残存的内容，可知其性质同属议论，但显非朝堂之上、庠序之中，或学人之间的论议，也非官方或民间三教论议，既不是两人或多人参与，通过论辩双方的往返问难以显扬正理的论议，也无“竖义”“论端”与“论难”，也无“讥短”“驳难”，不是对议，而是属于论议中的讲论性质。虽是私人针对佛教义理的讲论，但其确立论题，采取议论风格体式，展现三教融合的见解，具有“品题”“扬确”“诠述”“讲求”等要素，从形式论，当为论议中的讲论。其形式结构具备论议“文质兼备，纲条不紊，遣辞本乎闳达，析理畅乎精微”的特质，合乎论议的要求。

《真言要决》的议论是与佛法“有饶益者”，其论议既讲究逻辑，又以事说理，能近取譬，且论证有据，不出妄语。可说具有中国传统议论榷量学术之求真精神。其论盖以道之至真至善为依归，内容虽多涉诠释会通三教之言说，其立意主在佐证佛教要义，用以回答时人对佛教的质疑，然并非三教合一归佛之立论，实以助人修习正道为宗旨。数百年后南宋刘谧在《三教平心论》中认为儒道佛三教虽然都教人为善，但功能上各有擅场，可共同教化中土民众。并依据儒道佛三教所能达到的最高成就进行优劣评判，对儒者排佛之论进行驳斥，提出儒教相当于佛教人乘教法，道教相当于佛教天乘教法，主张佛教更有超越人天的出世间教法。这虽名为《三教平心论》，然终归为儒释道优劣之议论，显然远不及《真言要决》议论境界开阔。

佛教传入中土，南北朝至隋唐时期佛教盛行论议，也称论义。既延续中国既有的传统，又兼承印度佛教的特色。一般采取两人或多人参与，通过论辩双方的往返问难以显扬正理。魏晋玄学兴起，调合儒学与老庄的清谈之风大盛，清谈论议成为时尚。玄学名士执着义理，循名责实，辩对往复蔚为风气一时。也影响到之后南北朝的学风，论议之风更成为儒释道三教论争的表现形式。北魏鲜卑族拓跋氏建立的王朝，“汉化”历程中以崇尚儒学为其基本政策，之后崇佛、崇道、灭佛、抑道，更迭反复，在此政策变动不居的社会风潮中，三教论议更是频仍。

北魏初期道武帝至献文帝时（386—470）的论议，大抵以时务为主，远离玄思。孝文帝时期受南朝学风的影响，则重在义理辩对。北魏后期，孝昌（525—527）以后，讲风仪，多往复，重激辩。北魏末年朝野论议的内容与形式与三教之间的争胜斗法有区别，主要表现在儒释道优劣废立之议，以及儒道释之间或儒臣之间的义理之辩。

刘仁会署名“草莱臣刘仁会”，草莱指身居乡野未出仕、未任官的布衣。其《真言要决论》既非争胜斗法，也非儒释道优劣废立之议，而是属于儒释之间的义理之辩，是平心静气、以理性追求正道为旨趣的议论。当是经历激烈、喧嚣的宗教争斗后，民间博通六经、深究老庄、潜心佛理的隐士，有见于经教虽多，读经难得深理，乃针对时人于三教法义之误解与疑惑，乃有此理性议论，通过正知正见一一开释，以期“弘道化物，永会真如；兴政安民，永终天禄”。

六、后语

所谓“三教融和”“三教会通”，其立场是采取三教既非势同水火，也非有高下优劣之判，主要是力求彼此间的相互了解、相互补充、相互融会、相互增益。在这种毫无对立，且心平气和的议论态度下，展开儒、释、道三教对道理的追求与深刻的交流，能够促进三教平等和合、理性学术的发展，更是佛教中国化重要的推动力。

北魏刘仁会《真言要决》，6卷1部，凡12篇，旨在阐明佛教精义。书中引用《遗教经》《涅槃经》《大智度论》等13部佛教经典，也屡屡援引《老子》《庄子》《西升经》等3种道教典籍，以及《易》《书》《诗》《论语》《礼记》等5种儒家经典要语，以印证讲论之道理。其性质与援引内容标明书名、篇名或人名等“钞纂”式的类书文献相同。在形式上，虽然有些相似，但是撰述旨趣却有着明显的不同。《真言要决》是编撰论述之作，系依论述篇题申义讲论，援引三教典籍旨意相关的段落，加以阐述评论，揭橥指归，是中古时期三教论述与融和的“论”著；其讨论儒释道三教事理的文体特色与文献性质，对考察三教会通发展史甚有帮助。

详审今残存的篇卷内容，呈现出儒、释、道三教相互会通的言论特色，也彰显以佛教为主的论述主体，而其中如返本修道、修善除恶、主静修身等思想内容，与所引用的三教经典萃语，道理贯通，容易为一般民众熟悉信受而奉行。且此类三教融和、三教会通的思想精华，为大众所熟习，进而积淀成为中古以来的中国文化基底。在历代有益社会教化与世道人心的德行、教诫类蒙书及奖善惩恶的劝善书的编纂中，《真言要决》的内容往往被采择摘录，可见其具有明显的善书意涵。个人以为这种文献盖因佛教东传，在汉地传播发展而趋于流行，是经历与固有儒道传统思想的冲突、碰撞与调和，兴起的一种具有时代特色的编撰论述，除在三教和合发展历程中具有独特意涵外，也开启了后世善书兴起的先河。

伯三一二八号背《解座文二首》内容考释及定名检讨*

何剑平（四川大学中国俗文化研究所）

【摘要】本文在汇集前贤整理校释成果之基础上，藉助相关其他写卷、传世文本及佛典注疏，对伯三一二八号写卷背所抄解座文的属性及内容作了考释。本文认为：伯三一二八号背所书前一首解座文之内容，系隐括后秦鸠摩罗什译《妙法莲华经》前十品（自《序品》至《法师品》）大意，当定名为《法华经解座文》。作为讲唱文学的一体，此《法华经解座文》常被普遍用于《太子成道经》系统的韵文传唱。或全段移抄于文端，成为讲经开题前的押座文；或被裁截首四句（“先开有教益群情，此（次）说空宗令悟解。后向灵山谈妙法，益今利后不思议”）用于文末，成为讲唱者于太子成道故事结束时用以总述释迦牟尼传法次第的套语。此种双重运用，反映了敦煌讲唱文学韵文传唱的口头性和随意性特征。伯三一二八号背所书后一首解座文为敷演《阿弥陀经》的解座文，从信仰的层面看，撰者有以弥勒净土信仰与西方弥陀净土信仰相羼合的特征，表明普通民众佛教信仰的多样性（诸种佛教信仰同时并存）。

【关键词】解座文　法华经　佛经注疏　讲唱文

一、问题的提出

敦煌文献自发现以来，如何为敦煌写卷定名一直是敦煌文献整理的先行工作之一。前贤已为许多写本拟定了适当的名称，为后续研究提供极大的便利。但随着研究的进一步深入，以往拟题存在的不足及

* 本文系教育部人文社会科学重点研究基地重大项目“中国民间佛教信仰及其东传研究”（项目编号16JJD730005）、国家社科基金重大项目“敦煌变文全集”（项目编号14ZDB095）研究成果。

疑问亦渐次显现。例如，“定名过于宽泛”的问题[①]仍有重作研讨的必要。兹拟以《敦煌变文校注》卷七所收《解座文二首》为例来商议定名的情况。作为讨论的底卷编号为伯三一二八，以北敦六七八〇号（北图八四三六号，潜字八十号）、俄Дx一〇七三、Дx五八七七与Дx二一六九为参校本。底卷正面抄《大佛名忏悔文》，由其小注“作礼拜”“作礼一拜 第三礼”“作礼拜”“作礼一拜”等，知其用于仪式。背抄《社（斋）文》（“是日也，开月殿，启金函，转大乘，敫（敷）锦席，厨馔纯陀之供，炉焚净度之香，幡花殷”）、敦煌曲子五种［原题作“《曲子〈菩萨蛮〉》”(3)、“《曲子〈浣溪沙〉》”(3)、“《曲子〈望江南〉》”(4)、“《曲子〈浪淘沙〉》”(3)、“《曲子〈感皇恩〉》”前二首］、本篇以及倒文《太子成道经》。本篇分两首，首尾俱全，无题，起“先开有教益群情”，讫“明日闻钟早听来”，共三十九行，行约二十一字。行楷，字迹普通。本篇前一首《敦煌变文集》（后文简称《变文集》）卷四校录入《太子成道经》一卷内，后一首见录于《变文集》卷六，题作“不知名变文”（自“娑婆世界，高下不平”，讫“合掌阶前领取偈，明日闻钟早听来”），《变文集》校记：“本卷编号为伯三一二八，标题原缺，不知演绎何经，姑拟今题。王重民云：‘疑是押座文的另一种体式。’”[②]《新书》亦将伯三一二八号背所抄本篇分作两首，自“娑婆世界，高下不平”讫“合掌阶前领取偈，明日闻钟早听来”为一首，题作“不知名变文”；自“娑婆世界”之前一首被附录于《八相押座文》之后，题作“伯三一二八押座文”（“卷背书。此文前有一段，似亦一押座文，抄入押座文类。”）[③]。周绍良谓本篇二首皆属散座文，谓“从体制审之，应是讲经完毕所吟唱之一段韵文”，举伯二一九三号《目连缘起》相同之收尾词为其类，认为本篇《不知名变文》应改题作《散座文》为是[④]；又谓《不知名变文》之前尚有另一篇散座文，从结尾二句（“各自念佛归舍去，来迟莫遣阿婆嗔”）可知，亦是讲经散座所吟讽者。周氏考定此乃“散座文”二首[⑤]。周绍良、白化文、李鼎霞编《敦煌变文集补编（第二版）》从之[⑥]。《索引》拟名为“残赞文一节”[⑦]，《索引新编》定名为“残斋文一节、散座文”，谓此“散座文依周绍良定名”[⑧]。《敦煌宝藏》将伯三一二八号背此部分拟名为“倒文 太子成道经”[⑨]。谢和耐、苏远鸣《法藏敦煌文献汉文写本注记目

① 参见张涌泉：《敦煌文献定名研究》，载《敦煌文献整理导论》，浙江大学出版社，2015年，第28-30页。

② 王重民等编《敦煌变文集》，人民文学出版社，1957年，第816页。

③ 潘重规编著《敦煌变文集新书》，文津出版社，1994年，第805页。

④ 周绍良：《〈敦煌变文集〉中几个卷子定名之商榷》，载北京大学中国中古史研究中心编《敦煌吐鲁番文献研究论集》第3辑，北京大学出版社，1986年，第20-27页；收入《敦煌文学刍议及其它》，新文丰出版股份有限公司，1992年，第97-105页；收入《绍良文集》下册“敦煌学刍议”，北京古籍出版社，2006年，第1520-1532页。

⑤ 周绍良：《读变文札记》，载中国敦煌吐鲁番学会语言文学分会编纂《敦煌语言文学研究》，北京大学出版社，1988年，第56-61页。

⑥ 周绍良、白化文、李鼎霞编《敦煌变文集补编（第二版）》，北京大学出版社，1989年，第152页。

⑦ 商务印书馆编《敦煌遗书总目索引》，中华书局，1983年，第280页。

⑧ 敦煌研究院编《敦煌遗书总目索引新编》，中华书局，2000年，第269页。

⑨ 黄永武主编《敦煌宝藏》第126册，新文丰出版公司，1985年，第353页。

录》定名为“通俗文学文本”[①]。《法藏敦煌西域文献》拟题“解座文”[②]。《校注》从周氏说，据以改题，置于解座文一类[③]。是。但本篇为何种解座文？内容为何？以上诸家并未明确这些，这成了本论要解决的第一个问题。

二、写卷内容的撰造依据及定名

要给一个原有篇题缺失的写卷拟定准确的名称，除了根据其内容来确定外，尚需结合其他相关写卷乃至传世文本来比定。伯三一二八号背《解座文二首》亦是如此。以下我们在汇集前贤整理校释成果之基础上，将藉助相关其他写卷、传世经文及佛典注疏来展开研讨。伯三一二八号背所书前一首解座文开首云：

先开有教益群情，此说空宗令悟解。后向雪山谈妙法，益今利后不思议。

按：“此”，《校注》谓当读作“次”，极是。“先开有教益群情”讫“益今利后不思议”四句又见斯二四四〇号《八相押坐文》，“此”正作“次”；“雪山”作“灵山”，北敦六七八〇号（北图八四三六；潜字八十）同。“先”“次”“后”三个时间词构成佛陀说法的三时，此种说法当渊源于中土佛教顿渐五时判教论。据隋慧远所撰《大乘义章》卷一引南齐隐士刘虬说言：“如来一化所说，无出顿渐。《华严》等经，是其顿教，余名为渐，渐中有其五时七阶。”五时即佛陀初从鹿苑传法，终竟双林涅槃，所传为自浅至深之渐教：“一、佛初成道，为提谓等，说五戒十善人天教门。二、佛成道已十二年中，宣说三乘差别教门。求声闻者，为说四谛；求缘觉者，为说因缘；求大乘者，为说六度，及制戒律，未说空理。三、佛成道已三十年中，宣说大品空宗、《般若》、《维摩》、《思益》，三乘同观。未说一乘，破三归一，又未宣说众生有佛性。四、佛成道已四十年后，于八年中说《法华经》，辨明一乘，破三归一，未说众生同有佛性，但彰如来前过恒沙未来倍数。不明佛常，是不了教。五、佛临灭度，一日一夜，说《大涅槃》，明诸众生悉有佛性，法身常住，是其了义，此是五时。”[④]

此种五时判教说自慧观、刘虬之后，一时称盛，在历代佛教注疏中得到继承。如梁沈约《佛记序》：“开宗阐教，致之有渐。标四谛于鹿园，辨百非于双树。廓不二之法门，广一乘之长陌。行迷复路，弱丧知归。”[⑤]唐窥基《妙法莲华经玄赞》卷一（本）论及“五时”教学即说：“古有释言：教有五时。第一时者，佛初成道，为提谓等五百贾人，但说三归五戒十善世间因果教，即《提谓》等五戒本行经是，未有出世善根器故。第二时者，佛成道竟三七日外，十二年中唯说三乘有行之教，未为说空，即《阿含》等小乘经是。第三时者，佛成道竟三十年中，说彼三乘同行空教，即《维摩》《思益》《大品》等是。……依今新经，顿教大乘但唯一时，与一大机，不从小起，教被唯一，故渐次大教，乃有三时。……依此经文（《解深密经》），《阿含经》等为第一时，总密说有，不明有者有其何性。《大般若》等为第二时，总密说空，不明空者亦空何性。《华严经》等为第三时，显了说有，有依他、圆成，

① 谢和耐、苏远鸣：《法藏敦煌文献汉文写本注记目录》卷3，1983年，第101页。

② 上海古籍出版社、法国国家图书馆编《法藏敦煌西域文献》第21册，上海古籍出版社，2002年，第353页。

③ 黄征、张涌泉校注《敦煌变文校注》，中华书局，1997年，第1192页。

④［隋］慧远撰《大乘义章》卷1，《大正藏》第44册，第466页上–中。

⑤［唐］道宣撰《广弘明集》卷15，《大正藏》第52册，第200页下。

亦显了说空，空所执性。……若以偏圆，机宜渐次，教但三时，非一五等，不可难以一雨普润，三草不同，教唯有一；其顿悟之机，一果之证，即依此理，无三时之教。”①

依窥基说，“有教”为佛第二时说，以《阿含》等小乘经为代表；“空宗”或“空教”为佛成道后三十年中所说，以《维摩》《思益》《大品》等为代表。而唐栖复《法华经玄赞要集》卷二所谓：“五显时机者，显时约法。即是十二年前，大根未熟，且说有教。十二年后，多说空宗，未说此经。四十年后，大根方熟，方说此经。昔日不说，说时未至。因灵山会上说《法华经》，今正是其时，故名显时约法也。”②《法华经玄赞释》：“二、时分时宗，如为不定性人，初四谛法轮，《阿含经》等，即有教时；第二为说《般若》等，即空教时；第三说《法花》《涅槃》等，名中道时。此《法花经》即第三中道时也。”③明觉连《销释金刚科仪会要批注序》：“是以释迦睹长庚而见谛，向鹿野苑室罗筏城祇园等处，将以斯道而觉有情。所以初谈小教，次演空宗，八部般若，次第宣说。”④伯二〇四四号载《押座文》：“先向鹿园谈四谛，后到灵山说一乘。”当皆师承此五时判教说而来。据上征引可知，本篇首句“有教”与次句“空宗”对举，加上第三句之“雪（灵）山谈妙法”，乃是言其“五时”渐教说中的前三时。其中，“雪（灵）山谈妙法”对应的经典自然是《法华经》。所谓“益今利后”者，乃言听闻《法华经》的福佑，见于唐栖复《法华经玄赞要集》卷二：“四为利今后者。利今约见，即是灵山现坐一十五类众，闻此经，皆蒙利益，名为约现。利后约当，即是佛涅槃后，受持此经，皆获福利，名为约当也。”⑤

忽然众集雨天花，毫光远照东方界。弥勒共文殊亲问答，因兹众会得闻经。

按此四句，乃概括后秦鸠摩罗什译《妙法莲华经》卷一〈序品第一〉佛欲说大法前所现瑞相，弥勒菩萨有疑以问文殊之事。“忽然众集雨天花”，即出后秦鸠摩罗什译《妙法莲华经》卷一〈序品第一〉：“尔时世尊，四众围绕，供养、恭敬、尊重、赞叹。为诸菩萨说大乘经，名无量义，教菩萨法，佛所护念。佛说此经已，结加（跏）趺坐，入于无量义处三昧，身心不动。是时天雨曼陀罗华、摩诃曼陀罗华、曼殊沙华、摩诃曼殊沙华，而散佛上及诸大众。普佛世界，六种震动。尔时会中，比丘、比丘尼、优婆塞、优婆夷、天龙、夜叉、乾闼婆、阿修罗、迦楼罗、紧那罗、摩睺罗伽、人非人，及诸小王、转轮圣王，是诸大众，得未曾有，欢喜合掌，一心观佛。”⑥“毫光远照东方界”，亦化用后秦鸠摩罗什译《妙法莲华经》卷一〈序品第一〉：“尔时佛放眉间白毫相光，照东方万八千世界，靡不周遍，下至阿鼻地狱，上至阿迦尼吒天。”⑦“弥勒共文殊亲问答，因兹众会得闻经”，此二句化用《序品》中弥勒菩萨与文殊师利之问答。其文云：“尔时弥勒菩萨作是念：‘今者世尊现神变相，以何因缘而有此瑞？今佛世尊入于三昧，是不可思议、现希有事。当以问谁？谁能答者？’复作此念：‘是文殊师利，法王之子，已曾亲近供养过去无量诸佛，必应见此希有之相。我今当问。’尔时比丘、比丘尼、优婆塞、优婆夷，及诸天、龙、鬼神等，咸作此念：‘是佛光明神

① ［唐］窥基撰《妙法莲华经玄赞》卷1，《大正藏》第34册，第655页上–656页上。

② ［唐］栖复集《法华经玄赞要集》卷2，《卍新续藏》第34册，第198页中。

③《法华经玄赞释》，《卍新续藏》第34册，第931页中。

④ ［宋］宗镜述，［明］觉连重集《销释金刚科仪会要注解》，《卍新续藏》第24册，第650页上。

⑤ ［唐］栖复集《法华经玄赞要集》卷2，《卍新续藏》第34册，第198页中。

⑥ ［后秦］鸠摩罗什译《妙法莲华经》卷1，《大正藏》第9册，第2页中。

⑦ ［后秦］鸠摩罗什译《妙法莲华经》卷1，《大正藏》第9册，第2页中。

通之相，今当问谁?’尔时弥勒菩萨，欲自决疑，又观四众比丘、比丘尼、优婆塞、优婆夷，及诸天，龙、鬼神等众会之心，而问文殊师利言：‘以何因缘而有此瑞神通之相，放大光明，照于东方万八千土，悉见彼佛国界庄严?’于是弥勒菩萨欲重宣此义，以偈问曰：‘……尔时文殊师利语弥勒菩萨摩诃萨及诸大士：“善男子等！如我惟忖，今佛世尊欲说大法，雨大法雨，吹大法螺，击大法鼓，演大法义。诸善男子！我于过去诸佛，曾见此瑞，放斯光已，即说大法。是故当知，今佛现光，亦复如是，欲令众生，咸得闻知一切世间难信之法，故现斯瑞。”’”①

二深先昌（唱）敬（警）群情，秋子上群偏领解。扇拂糟糠令避席，开是（示）悟入说真宗。

按此四句乃对后秦鸠摩罗什译《妙法莲华经》卷一《方便品第二》大意的概括。首句“二深先昌敬群情”之“二深”，指诸佛的智慧及其智慧之门皆甚深难解之义。其义源于为《法华经》造疏者对《法华经方便品》经文的概括。按：后秦鸠摩罗什译《妙法莲华经》卷一《方便品第二》云：“尔时，世尊从三昧安详而起，告舍利弗：‘诸佛智慧甚深无量，其智慧门难解难入，一切声闻、辟支佛所不能知。’”②此段经文中之“诸佛智慧”与“智慧门”二者在天竺大乘论师那里被概括为“二种甚深义”。如大乘论师婆薮槃豆释、后魏菩提留支共沙门昙林等译《妙法莲华经忧波提舍》卷上《方便品第二》释曰：“‘诸佛智慧甚深无量’者，为诸大众生尊重心，毕竟欲闻如来说故。言甚深者，显示二种甚深之义，应如是知。何等为二?一者证甚深，谓诸佛智慧甚深无量故；二者《阿含》甚深，谓智慧门甚深无量故。言甚深者，此是总相，余别相。”③元魏勒那摩提共僧朗等译的另一汉译本《妙法莲华经论忧波提舍》之《方便品第二》所论同④。逮至唐代，慈恩寺沙门窥基在阐释《方便品》此段经文时，即征引婆薮槃豆的《妙法莲华经忧波提舍》。如其所撰《妙法莲华经玄赞》卷一（本）之〈方便品〉释“诸佛智慧甚深无量，其智慧门难解难入”，云：“《论》自释言：‘有二甚深：一证甚深，谓佛智慧所证智也。二《阿含》甚深，谓智慧门。’即诠彼教，欲拂二乘，令生惊心故。”⑤又于《妙法莲华经玄赞》卷三（本）之《方便品》谓曰：“一品之中，今科为四：初二深先唱，警察群生之心；次四众惊疑，发扬鹙子之情；三开斯实相，启彼权门；四劝发喜心，令欣作佛。品末三行颂是。……赞曰：二深先唱，警察群生之心。文中有二：初长行、后偈颂。……所叹之法略有二种：一者智慧，二智慧门。故论云：‘有二甚深：一证甚深谓智慧，二《阿含》甚深谓智慧门。’智慧门者即能诠教，智慧甚深，即所诠理。梵云阿笈摩，此名为教，或翻为传，上古诸佛传至今故。此甚深义通教及理，然理正得甚深之

---

① ［后秦］鸠摩罗什译《妙法莲华经》卷1，《大正藏》第9册，第2中–3页下。

② ［后秦］鸠摩罗什译《妙法莲华经》卷1，《大正藏》第9册，第5页中。

③ 婆薮槃豆释，［后魏］菩提留支、昙林译《妙法莲华经忧波提舍》，《大正藏》第26册，第5页上。

④ 元魏勒那摩提共僧朗等译的另一汉译本《妙法莲华经论忧波提舍》之《方便品第二》论曰：“自此已下，示现所说法因果相应知。……甚深者，显示二种甚深义应知。何等为二?一者证甚深，谓诸佛智慧甚深无量故；二者《阿含》甚深，谓智慧门故。甚深者是总，余者是别。证甚深者有五种：一者义甚深，依何等义甚深故；二者实体甚深；三者内证甚深；四者依止甚深；五者无上甚深。甚深者，谓大菩提故。大菩提者，如来所证阿耨多罗三藐三菩提故。又甚深者，一切声闻、辟支佛所不能知故。智慧者，谓一切种一切智智义故。如经‘诸佛智慧甚深无量，其智慧门难见难觉难知难解难入，一切声闻、辟支佛所不能知’故。”

⑤ ［唐］窥基撰《妙法莲华经玄赞》卷1，《大正藏》第34册，第658页下。

名，门深乃称难见觉等。二乘不知亦通此二，自余别属理教二法，论意如此。……佛今所以叹二深者，《论》自解云：'为诸大众生尊重心，毕竟欲闻如来说故，为下将说一乘真实佛所得法甚深难解之由渐故，先叹智深，彰下所叹有所言说意趣难知二乘为权之由渐故，先叹门深，令其发心希所闻也。不尔，唯应叹智慧深，总揽万德以成佛故。'"[①]显然，本篇"二深"之义实源于窥基之概括。此外，由窥基之《玄赞》亦可订正伯三一二八号背"二深先昌敬群情"一句中之两处讹误。一是"昌"通"唱"，二是"敬"当作"警"或"惊"，窥基《妙法莲华经玄赞》卷一〈序品〉"凡欲说法，必先警觉群情"[②]亦可证。"秋子上群偏领解"，"秋子"，《校注》谓即鹙子，梵语舍利弗多罗的意译。是。领，《变集补编》及周绍良一九八八录为"颂"[③]，《变集》《新书》《校注》并作"领"，按作"领"字是。唐栖复《法华经玄赞要集》卷六："言智者因喻以领等者。经云：'诸有智者，以譬喻得解。亦云领慧，亦云领解。二皆得也。……方能领者，因由之因，穷子喻领，即因依之因也。'"[④]同书卷二六："言《譬喻品》后等者，问：'初周法说，何故前鹙子不以喻领？'第二周喻说，何不四大声闻法领？答：顺佛意故。世尊法说，鹙子法领；世尊喻说，四大声闻喻领。前佛意诸有智者，以譬喻得解，故以喻领。若不如此，与佛相违也。"[⑤]皆作"领"字可证。"秋子上群偏领解"之"偏"者，唐栖复《法华经玄赞要集》卷十五："三周逗彼三根者，初世尊法说，欲令一切声闻总解。及至说了，只鹫子一人解。将谓世尊唯为鹙子一人说，余五百千二百人总未解，不可还更法说，遂著喻也。"[⑥]此谓起初佛作法说，唯有舍利弗一人能解，故曰"偏"也。"扇拂糟糠令避席"，指《方便品》中佛说大乘经时，会中有五千人等四众不听而退事。后秦鸠摩罗什译《妙法莲华经》卷一〈方便品第二〉记世尊说偈言："比丘比丘尼，有怀增上慢，优婆塞我慢，优婆夷不信，如是四众等，其数有五千，不自见其过，于戒有缺漏，护惜其瑕疵。是小智已出，众中之糟糠，佛威德故去，斯人鲜福德，不堪受是法。"[⑦]北敦六〇八一号背《法华七礼文》："谤经定坠阿鼻狱，出众比（粃）糠尘□□。""开是悟入说真宗"，"是"，《变集》《变集补编》及周绍良一九八八录作"是"，《新书》录作"示"，《校注》谓读作"示"，乃开、示、悟、入佛之知见之意。按后二说是。"开是悟入说真宗"句化用后秦鸠摩罗什译《妙法莲华经》卷一〈方便品第二〉记佛告舍利弗："诸佛如来但教化菩萨，诸有所作，常为一事，唯以佛之知见示悟众生。舍利弗！如来但以一佛乘故，为众生说法，无有余乘，若二、若三。"[⑧]

至（智）者因喻晓深宗，说彼如来同长者。火宅门前化诸子，引来齐上大牛车。

此四句实隐括后秦鸠摩罗什译《妙法莲华经·譬喻品》的情节。首句"至者因喻晓深

---

①［唐］窥基撰《妙法莲华经玄赞》卷3，《大正藏》第34册，第696页中-下。

②［唐］窥基撰《妙法莲华经玄赞》卷1，《大正藏》第34册，第660页中。

③参见中国敦煌吐鲁番学会语言文字分会编纂《敦煌语言文学研究》，北京大学出版社，1988年，第56-61页，此后不再赘加书名。

④［唐］栖复集《法华经玄赞要集》卷6，《卍新续藏》第34册，第303页上。

⑤［唐］栖复集《法华经玄赞要集》卷26，《卍新续藏》第34册，第735页下。

⑥［唐］栖复集《法华经玄赞要集》卷15，《卍新续藏》第34册，第515页中。

⑦［后秦］鸠摩罗什译《妙法莲华经》卷1，《大正藏》第9册，第7页下。

⑧［后秦］鸠摩罗什译《妙法莲华经》卷1，《大正藏》第9册，第7页中。

宗”中之“至者”当作“智者”。按：后秦鸠摩罗什译《妙法莲华经·譬喻品》云：“诸有智者，以譬喻得解。”“引”，《变集》录为“到”，《新书》《变集补编》《校注》录为“引”。“大”，《变集》《变集补编》及周绍良一九八八录作“天”，《校议》校“天”为“大”，《新书》《校注》录作“大”，按作“大”字是。牛车之喻出自后秦鸠摩罗什译《妙法莲华经·譬喻品》。原文甚长，兹略之。北敦六〇八一号背《法华七礼文》：“至心归命礼本师释迦牟尼佡（佛）。火宅焚烧四面起，长者愁恼三车迎。门外唤子不肯出，宅中是父心不惊。”

四大声闻悟一乘，例皆之心生信解。还似世人无福德，忽因长者付家财。

此四句中首句“四大声闻悟一乘”，据后秦鸠摩罗什译《妙法莲华经·信解品》，四大声闻指须菩提、迦旃延、迦叶、目犍连。例皆，《变文集》《变集补编》《校注》及周绍良一九八八皆录作“例皆”；《新书》校“例”为“倒”，“皆”作“背”。《校注》云：“例皆，同义连文，表示总括。”然“总括”用于此处，语意仍未明了。《敦煌文献语言大词典》上册“例皆”条释作“都，全都”义[①]，当为副词。然本篇“例皆”显非副词。今按：“例”盖为“领”之方音借字，止摄三等与梗摄三等混同；“例皆”也当是“领解”之方音借字，“例”“领”属止摄与梗摄音近通借，“皆”“解”亦音近通借[②]。“领解”即领悟。如隋吉藏《法华义疏》卷三〈方便品第二〉说：“依此意，略说一周正为菩萨，以菩萨利根，闻略说则便领解；声闻根钝，未能了悟，是故三请，闻广说方解。”[③]而北敦六七八〇号（北图八四三六；潜字八十）此句则作“领术之生信解”，按：“领术”当读作“领述”，“术”实有作“述”者，如《三国遗事》卷四《义解第五·圆光西学》引古本《殊异传》所载《圆光法师传》曰：“为人强猛，好修呪述。”[④]《三国遗事》卷四《义解第五·宝壤梨木》：“山贼啸聚于犬城，骄傲不格。太祖至于山下，问师以易制之述。”[⑤]皆其例。“领述”，即“领解”“述成”二者之合称，当是中土诠解《法华经》者对《法华经》自《方便品》以下所形成的特有之章品次第的结构分段名义，可细分为“领解”“述成”及“授记”等三段落[⑥]，贯彻于针对上、中、下三种不同根性之众生所采取的“法说”“譬说”及“宿世因缘说”三周说法中，即每一周的说法中皆可见此分段层次。唐湛然“三周三节说领、述、记”即此之谓[⑦]。此种程序渊源于梁法云《法华义记》，在隋唐中土，《法华经》权威注疏如隋智顗《妙法莲华经文句》、

① 张涌泉、张小艳、郜同麟主编《敦煌文献语言大词典》，四川辞书出版社，2022年，第1236页。

② 此据张小艳教授指正，在此致谢。

③［隋］吉藏撰《法华义疏》卷3，《大正藏》第34册，第488页中。

④ 一然：《三国遗事》卷4，《大正藏》第49册，第1002页中；一然：《三国遗事》，汉城明文堂排印本，1993年，第141页。

⑤ 一然：《三国遗事》卷4，《大正藏》第49册，第1003页下；一然：《三国遗事》，汉城明文堂排印本，1993年，第145页。

⑥ 有学者分为正说、领解、述成及授记等四阶段，参见李幸玲：《中国中古时期〈法华经〉注本研究——以授记主题为中心》，文津出版社，2013年，第202页。

⑦［唐］湛然述：《法华文句记》卷9《释踊出品》：“三周三节说领、述、记。”（《大正藏》第34册，第325页中）。

隋吉藏《法华义疏》及唐窥基《妙法莲华经玄赞》中皆有沿袭[①]。如隋吉藏《法华义疏》卷五〈譬喻品第三〉："所以有四段者，中根之人闻上法说未解，更转势说法，故举譬喻晓之。既闻前法说，复禀后譬喻即得信解，故有第二〈信解品〉。以所解是实，故如来举《药草喻》述成。领解于前，述成于后，心得决了，行与佛相应，则当果可期，故为授记。"[②]唐窥基《妙法莲华经玄赞》卷一〈序品〉："故次有〈方便品〉。上根领悟、佛重述成，方有授记，应有领、述及〈授记品〉，良以鹙子独颖，不可孤明，领述授记，文小略故，〈譬喻品〉初寄其领、述及为授记。中根之类虽闻法说，犹未能解，不因晓喻，无以解生，故有〈譬喻品〉。智者因喻领慧随生，故有〈信解品〉。"[③]"之心"，《校注》谓"之"通"诸"，"之心"即"诸心"。付，《校议》谓"'付'为'得'之误"，《变集》《新书》《变集补编》《校注》及周绍良一九八八录作"付"，按底卷作"付"。自"四大声闻悟一乘"，讫"忽因长者付家财"四句，实化用《妙法莲华经》卷二〈信解品第四〉记慧命须菩提、摩诃迦旃延、摩诃迦叶、摩诃目犍连四大声闻白佛言："世尊！我等今者乐说譬喻，以明斯义。譬若有人，年既幼稚，舍父逃逝，久住他国，或十、二十，至五十岁，年既长大，加复穷困，驰骋四方以求衣食。渐渐游行，遇向本国。其父先来，求子不得，中止一城。其家大富，财宝无量——金、银、琉璃、珊瑚、虎珀、颇梨、珠等，其诸仓库，悉皆盈溢；多有僮、仆、臣佐、吏民；象、马、车乘、牛、羊无数——出入息利，乃遍他国，商估贾客，亦甚众多。时贫穷子游诸聚落，经历国邑，遂到其父所止之城。父母念子，与子离别五十余年，而未曾向人说如此事，但自思惟，心怀悔恨，自念老朽，多有财物，金银珍宝，仓库盈溢；无有子息，一旦终没，财物散失，无所委付。是以殷勤每忆其子，复作是念：我若得子，委付财物，坦然快乐，无复忧虑。"[④]列一四五六号《王梵志诗·若能无著即如来》即化用此意："若能无著即如来，身中宝藏自然开。……悟时刹那不移虑，父子相见付珍财。"

一云使雨闰（润）万苗，三草闲花皆结实。五性三乘闻妙法，随根受道谷（各）修行。

使，《校议》谓应校为"所"，按"使""所"相通，不烦校改。万，底卷作"方"，《变集》录作"方"，《新书》录作"万"，周绍良一九八八及《变集补编》校"方"为"万"，《校议》《校注》并谓"方"为"万"字形讹，已据校改，甚是。"一云使雨闰（润）万苗，三草闲花皆结实"两句化用后秦鸠摩罗什译《妙法莲华经》卷三〈药草喻品第五〉："迦叶！譬如三千大千世界，山川溪谷土地所生卉木、丛林及诸药草，种类若干，名色各异。密云弥布，遍覆三千大千世界，一时等澍，其泽普洽。卉木丛林及诸药草，小根小茎、小枝小叶，中根中茎、中枝中叶，大根大茎、大枝大叶，诸树大小，随上中下，各有所受。一云所雨，称其种性而得生长，华果敷实。虽一地所生，一雨所润，而诸草木，各有差别。……譬如大

①［隋］智顗：《妙法莲华经文句》卷五《释譬喻品》："此领解段，领其所闻、述其所解，长行领与解合说，偈中领与解各陈，故言领解段也。"（《大正藏》第34册，第63页下。）；［隋］智顗：《妙法莲华经文句》卷7《释化城喻品》："此段三品经文，例前应四，但领解、述成皆在授记段中。何者？若不领解，安得授记、述成，故兼得二意。又领解、述成、得记，或前后不定。"（《大正藏》第34册，第98页中。）；［隋］吉藏撰《法华义疏》卷5《譬喻品第三》："明如来述成，述成其领解不谬也。"（《大正藏》第34册，第516页中。）。

②［隋］吉藏撰《法华义疏》卷5，《大正藏》第34册，第519页中。

③［唐］窥基撰《妙法莲华经玄赞》卷1，《大正藏》第34册，第660页中。

④［后秦］鸠摩罗什译《妙法莲华经》卷2，《大正藏》第9册，第16页中–下。

云，以一味雨，润于人华，各得成实。”[①]北敦六〇八一号背《法华七礼文》：“至心归命礼本师释迦牟尼仏（佛）。一云含润遍法界，三草异色澋□空。”伯三九四四号《妙法莲华经讲经文（六）》：“▨（三）草二木，得润皆同，天□（花）人花，各得成实。”谷，底卷作“谷”，《变集》《新书》径录作“各”，《变集补编》及周绍良一九八八校“谷”作“各”，《校注》谓“谷”盖形误字，已从周校录正。唐澄观《大方广佛华严经随疏演义钞》卷六：“一雨即《法华药草喻品》，谓三草二木不同，同承一雨之润。五性三乘不一，法雨一味无差故。”[②]唐栖复《法华经玄赞要集》卷一：“润三草之殊茂者，对上分华，故言殊茂。小草中草大草，故名三草。三草况五乘众生。经云：‘小根小茎，小枝小叶，中根中茎，中枝中叶，大根大茎，大枝大叶，殊者异也。荣茂三草，开华布叶，各各不同。法中论，三乘五性众生，得道克果各异，故名殊茂。’”[③]五性，指众生之根性，差别不同，佛典谓众生有五性差别，见于《楞伽经》《大方广圆觉修多罗了义经》等。如唐佛陀多罗译《大方广圆觉修多罗了义经》卷一：“善男子！一切众生由本贪欲，发挥无明，显出五性，差别不等；依二种障，而现深浅。云何二障？一者理障，碍正知见；二者事障，续诸生死。云何五性？善男子！若此二障未得断灭，名未成佛；若诸众生永舍贪欲，先除事障，未断理障，但能悟入声闻、缘觉，未能显住菩萨境界。善男子！若诸末世一切众生，欲泛如来大圆觉海，先当发愿勤断二障，二障已伏，即能悟入菩萨境界；若事、理障已永断灭，即入如来微妙圆觉，满足菩提及大涅槃。善男子！一切众生皆证圆觉，逢善知识，依彼所作因地法行，尔时修习，便有顿渐；若遇如来无上菩提正修行路，根无大小，皆成佛果；若诸众生虽求善友，遇邪见者，未得正悟，是则名为外道种性，邪师过谬，非众生咎。是名众生五性差别。”[④]见于佛经注疏，如唐窥基《妙法莲华经玄赞》卷一序品引《楞伽经》云：“佛告大慧：有五种种姓证法：一声闻乘姓，二辟支佛乘姓，三如来乘姓，四不定乘姓，五者无姓，谓一阐提。此有二种：一者、焚烧一切善根，即谤菩萨藏；二者、怜愍一切众生，作佛尽一切众生界愿，是菩萨也。若众生不入涅槃，我亦不入。大慧白言：‘此二何者常不入涅槃？’佛言：‘菩萨常不入涅槃，非焚烧一切善根者，以知诸法本来涅槃，不舍一切诸众生故。’”[⑤]唐栖复《法华经玄赞要集》卷一：“一切众生，三乘五性，各自修行得果，大小差别，良由种性大小各别也。”[⑥]亦见于讲唱文的运用。如斯四五七一号《维摩诘经讲经文（一）》：“往日皆于法会中，亲曾听受如来处。三乘五姓（性）远流，八难四生令离苦。”俄罗斯藏符卢格编三六五号背《妙法莲华经讲经文（四）》：“只就三乘求解脱，长于五性悟无生。”

为彼当来付佛时，国土因缘及名字。十号圆明皆具足，庄严世界地瑠璃。

付，《变集》《校议》录为“得”，《新书》《变集补编》《校注》及周绍良一九八八录为“付”。按：北敦六七八〇号（北图八四三六；潜字八十）作“得”，当是。国土，《校议》谓作“国王”，《变集》《新书》《变集补编》《校注》及周绍良一九八八并作“国土”。及，《变

---

① [后秦] 鸠摩罗什译《妙法莲华经》卷2，《大正藏》第9册，第19-20页。

② [唐] 澄观述《大方广佛华严经随疏演义钞》卷6，《大正藏》第36册，第39页中。

③ [唐] 栖复集《法华经玄赞要集》卷1，《卍新续藏》第34册，第188页中。

④ [唐] 佛陀多罗译《大方广圆觉修多罗了义经》卷1，《大正藏》第17册，第916页中-下。

⑤ [唐] 窥基撰《妙法莲华经玄赞》卷1，《大正藏》第34册，第656页下。

⑥ [唐] 栖复集《法华经玄赞要集》卷1《卍新续藏》第34册，第183页中。

集》录为“歺”，校记疑作“多”，《校议》谓当作“及”，《新书》《变集补编》《校注》及周绍良一九八八录为“及”。庄，《变集》录为“庒”，《变集补编》录为“荘”，校为“庄”，《新书》《校注》径录为“庄”。自“为彼当来付佛时”，讫“庄严世界地瑠璃”皆隐括后秦鸠摩罗什译《妙法莲华经》卷三〈授记品第六〉的内容，即〈授记品〉中佛为大迦叶、须菩提、摩诃迦旃延、大目犍连四人授记之事。如迦叶成佛，名曰光明如来，国名光德，劫名大庄严。“国界严饰，无诸秽恶”，“琉璃为地，宝树行列，黄金为绳，以界道侧”云云[①]。

过去东方万八千，久远大通智胜佛。我等须更听法众，早闻如（妙）理结因缘。

“过去东方万八千，久远大通智胜佛”句，典出后秦鸠摩罗什译《妙法莲华经》卷三〈化城喻品第七〉：“乃往过去无量无边不可思议阿僧祇劫，尔时有佛，名大通智胜如来。……大通智胜佛过八万四千劫已，从三昧起，往诣法座安详而坐。……彼佛说经已，静室入禅定，一心一处坐，八万四千劫。”[②]更，《变集》校为“为”，《新书》《变集补编》《校注》及周绍良一九八八录为“更”。按底卷本作“更”，北敦六七八〇号（北图八四三六；潜字八十）作“为”，当以“为”字是。如，《变集》校“如”为“妙”，《新书》《变集补编》及周绍良一九八八录为“如”，《校注》校同《变集》。按：底卷作“如”，北敦六七八〇号（北图八四三六；潜字八十）作“妙”，按：二者皆可。当照录，此其一；其二，“如理”当与“舍权以取实”的“化城譬喻”相关。经文“譬如五百”至“至珍宝处”，即化城喻，指变化之城，喻指二乘所得之涅槃。据经文载，有众人将过五百由旬险难长远之恶道，以达宝所。但中道疲极，意欲懈退，其导师以方便力于险道中过三百由旬以神力化作一城，令彼众人于中止息。既得安隐，无复疲倦，导师即灭化城，最终导引众人趋向宝所。在此，“化城”是权喻，乃佛陀为下根人以方便先说之小乘涅槃，非为真实；“宝所”是实喻，即本篇“如理”，一乘教，乃至极之果。“即灭化城”趋向宝所，“譬上正说《法华》示真实相”[③]。据后秦鸠摩罗什译《妙法莲华经》卷三〈化城喻品第七〉所载，往昔三千尘点劫以前，大通智胜佛出世，宣说《妙法莲华经》。此佛曾为其出家之十六子讲说《法华经》。十六子中之第十六子即为后来之释迦佛。此十六子以听闻大通智胜佛之说法，乃结下听闻一乘法华之缘，称为“大通结缘”。又参与灵山法华会座之听众即为大通结缘众[④]。梁法云《法华经义记》卷七〈化城喻品第七〉：“此〈化城品〉正明宿世因缘说，化下根人，第二余二品为下根人授记。大意正言，我昔日已曾于大通智胜佛所，于时在十六王子数，已为汝覆讲说《法华》，今者复为汝说，云何三闻不解？是故下经文言：‘我在十六数，曾亦为汝说，以是本因缘今说《法华经》’，但下根执之，徒闻此往因缘相与解悟。”[⑤]

三周化利患（悉）周圆，三根惣受如来法。五百高明齐得记，还与亲友示衣珠。

化，《变集》《新书》录作“化”，周绍良一九八八及《变集补编》录作“凡”，《校议》

① ［后秦］鸠摩罗什译《妙法莲华经》卷3，《大正藏》第9册，第20页下。

② ［后秦］鸠摩罗什译《妙法莲华经》卷3，《大正藏》第9册，第22页上–26页下。

③ ［隋］智顗说《妙法莲华经文句》卷7上，《大正藏》第34册，第102页下。

④ ［隋］智顗说《妙法莲华经文句》卷7上，《大正藏》第34册，第99页中。

⑤ ［南朝梁］法雲撰《法华经义记》卷7，《大正藏》第33册，第651页下。

《校注》录作“化”。按当作“化”。化利，《校注》谓“化谓教化，利谓利益”。“三周化利”指佛三周说法度上中下根之声闻。按：《校注》说是。悉，《变集》《新书》录为“患”，周绍良一九八八及《变集补编》录作“悉”，《校议》《校注》校“患”为“悉”，按《校注》云“原卷似本作‘患’，盖形误字”，甚是。周，《校议》校“周”为“润”，《变集》《新书》《变集补编》《校注》及周绍良一九八八并作“周”。按：当以“周”为是。周者，唐栖复《法华经玄赞要集》卷十五谓：“周者，周圆周足，四分皆足，故名周也。”总，《变集》《新书》《校注》录作“总”，《变集补编》录作“揔”，是。“三周”指《法华经》针对上中下三类根机之众生依次开法说、譬说、宿世因缘说而反复说法三回，称为三周说法。隋吉藏《法华玄论》卷五：“次明次第。问：三说有何次第耶？答：‘法说为譬说之本，故在第一；譬还借事以喻前法，故在第二；宿世因缘明法譬始终，故在第三。’”[①]唐窥基《妙法莲华经玄赞》卷三〈方便品〉：“又经下言今此经中唯说一乘，故以破二、会二归于一乘，为法华之正主，故三周说逗彼三根。此品初说一乘，为利鹙子，鹙子上根最初于〈譬喻品〉中领解，佛为述成授记，乃至天子说偈竟，是第一周。〈譬喻品〉中舍利弗请，我今无复疑悔下，佛说譬喻，利彼中根，中根四人信解佛说，〈药草喻品〉为重述成，便为授记，是第二周。〈化城喻品〉说往结缘，化城不实，利彼下根，满慈子领、佛印述讫，便授五百及学无学记，是第三周。”[②]北敦〇七八四九号（北六二〇四，制四九）《维摩诘经　妙法莲华经押座文》：“就此文中又科三段。弟一法说一周，弟二喻说一周，弟三宿世因缘说一周，经说三周。”

“五百高明齐得记，还与亲友示衣珠”二句，齐，《变集》《新书》《校注》录作“齐”，《变集补编》录作“斉”。按底卷作“斉”，为“齐”之省写。“还与”，北敦六七八〇号（北图八四三六；潜字八十）作“还而”。按此二句，典出后秦鸠摩罗什译《妙法莲华经》卷三〈五百弟子授记品第八〉。梁法云《法华经义记》卷七〈五百弟子授记品第八〉：“宿世因缘说，开三显一，化下根人有三品经，即分为两段，第一上段〈化城〉一品，正明宿世因缘，化下根人，自此下有两品，是第二，为下根人授记。此下根人所以不先领解者，解在人后，不敢自定，是故如来知其得解，仍为授记，但自授记中自含有领解之义。此品亦有富楼那授记，有千二百人授记，亦有五百人授记，亦有总为诸声闻授记。何故记上题五百弟子？解释者言：五百人得授记，名号、眷属多少，悉皆是同，复能领解，余者不尔，是故言《五百弟子授记品》也。”[③]唐窥基《妙法莲华经玄赞》卷一〈序品〉：“其〈化城喻品〉、〈五百弟子授记品〉、〈授学无学人记品〉为第三周。〈化城喻品〉初说大通智胜佛事，令其忆念，复云：‘诸比丘！若如来自知涅槃时到，乃至但是如来方便之力，于一佛乘分别说三。’富楼那等闻是说已，于〈五百弟子授记品〉中深生领解，佛述成已，便为五百弟子及学无学人授记，即是利今声闻众也。经出六处示现授记：一者别记，舍利弗及四大声闻，众所知识，名号不同，故与别记。二者同记，富楼那等五百人千二百人，同一名故，俱时与记。三者后记，学、无学等，非众所知识，共同一号，就下根中后时与记。四无怨记，示现如来无怨恶故，与提婆达多记。五通行记，显示女人在家出家，修菩萨行，皆证佛果，故与比丘尼及天女记。此上五记说今时益皆如来记。六具因记，常不轻菩萨礼拜赞叹言‘我不轻汝，汝等皆当

① ［隋］吉藏撰《法华玄论》卷5，《大正藏》第34册，第398–399页上。
② ［唐］窥基撰《妙法莲华经玄赞》卷3，《大正藏》第34册，第694页中–下。
③ ［南朝梁］法雲撰《法华经义记》卷7，《大正藏》第33册，第656页下。

作佛'，示现众生皆有佛性故，此之一种菩萨与记，说往时益。"①

"衣珠"，乃《法华经》"七譬喻"中之"系宝珠喻"：《妙法莲华经》七喻之一，典出卷四《五百弟子受记品》："譬如贫穷人，往至亲友家，其家甚大富，具设诸肴膳，以无价宝珠，系着内衣里，默与而舍去，时卧不觉知。是人既已起，游行诣他国。求衣食自济，资生甚艰难。得少便为足，更不愿好者。不觉内衣里，有无价宝珠。与珠之亲友，后见此贫人，苦切责之已，示以所系珠。贫人见此珠，其心大欢喜，富有诸财物，五欲而自恣。我等亦如是，世尊于长夜，常愍见教化，令种无上愿。我等无智故，不觉亦不知，得少涅槃力，自足不求余。今佛觉悟我，言非实灭度，得佛无上慧，尔乃为真灭。我今从佛闻，授记庄严事，及转次受决，身心遍欢喜。"

受学无学亦同愁，上中下品皆蒙记。正法像法经多劫，地平如掌实庄严。

学，《变集》录为"斈"，《新书》录为"学"，周绍良一九八八录为"学"，《校注》同周绍良校。《变集补编》录为"斈"，《校议》谓"'斈'即'学'之俗字"，甚是。"上中下品皆蒙记"，典出后秦鸠摩罗什译《妙法莲华经》卷四〈授学无学人记品第九〉。学无学，唐窥基《妙法莲华经玄赞》卷八〈授学无学人记品〉谓："趣求进习名学，进习止满名无学。今佛与彼记，名《授学无学人记品》。"②唐栖复《法华经玄赞要集》卷三一："言进习止满者，戒定慧正为学体。进修习解有学义，进习正满，名无学，解无学义。"③此品为学无学人授记，仍为品目也。第一佛先为阿难、罗睺罗受记，第二为二千学无学人受记。学无学人得受记已，欢喜叹佛。"正法像法经多劫"，像法，《变集》录作"像法"，《新书》录作"缘法"，周绍良一九八八及《变集补编》《校注》录作"像法"，按后说是，佛教有正像末三法之说。"地平如掌实庄严"，实，《变集》录为"宝"，《新书》及周绍良一九八八录为"实"，《变集补编》录作"宝"，《校注》同周绍良校，《校议》谓底卷"[illegible]"为"实"之草书。按：当作"宝"。地平如掌宝庄严，当指富楼那弥多罗尼子所成就之佛及佛国。见《妙法莲华经》卷四〈五百弟子受记品第八〉："其佛以恒河沙等三千大千世界为一佛土，七宝为地，地平如掌，无有山陵溪涧沟壑，七宝台观，充满其中，诸天宫殿，近处虚空，人天交接，两得相见。无诸恶道，亦无女人，一切众生，皆以化生，无有淫欲。得大神通，身出光明，飞行自在，志念坚固，精进智慧，普皆金色，三十二相而自庄严。其国众生，常以二食：一者、法喜食，二者、禅悦食。有无量阿僧祇千万亿那由他诸菩萨众，得大神通、四无碍智，善能教化众生之类。其声闻众，算数校计所不能知，皆得具足六通、三明及八解脱。其佛国土有如是等无量功德庄严成就。劫名宝明，国名善净。其佛寿命，无量阿僧祇劫，法住甚久。佛灭度后，起七宝塔，遍满其国。"④

辟奴（如）凿井向高源，见彼土干知水远。湿土如渥知近水，净水持取大乘经。

"辟如"，《变集》、《校议》录作"[illegible]奴"，校为"譬如"，《新书》录作"辟如"，周绍良一九八八及《变集补编》录为"辟奴"，校"奴"为"如"，《校注》录为"辟如"，谓"辟"

① [唐] 窥基撰《妙法莲华经玄赞》卷1，《大正藏》第34册，第654页上。

② [唐] 窥基撰《妙法莲华经玄赞》卷8，《大正藏》第34册，第805页下。

③ [唐] 栖复集《法华经玄赞要集》卷31，《卍新续藏》第34册，第836页上。

④ [后秦] 鸠摩罗什译《妙法莲华经》卷4，《大正藏》第9册，第27-28页上。

同“譬”，“如”底卷误作“奴”，已据文意录正。是。源，《变集》《新书》、周绍良一九八八录作“源”，《变集补编》录误作“深”，《校注》谓“源”当读作“原”，甚是。渥，《变集》《新书》及周绍良一九八八、《变集补编》、《校注》并作“渥”，《校议》校为“逕”，误。近，《变集》录为“游”，《新书》录作“近”，周绍良一九八八及《变集补编》录为“进”，《校议》校作“近”，《校注》录作“近”，谓写本中“进”不作简体“近”。按作“近”字是。“辟奴（如）凿井向高源”以下四句，典出《妙法莲华经》卷四〈法师品第十〉记佛复告药王菩萨：“药王！譬如有人渴乏须水，于彼高原穿凿求之，犹见干土，知水尚远；施功不已，转见湿土，遂渐至泥，其心决定，知水必近。”又记世尊所说偈言：“欲舍诸懈怠，应当听此经，是经难得闻，信受者亦难。如人渴须水，穿凿于高原，犹见干燥土，知去水尚远；渐见湿土泥，决定知近水。”①

适来和尚说其真，修行弟子莫因巡。各自念佛归舍去，来迟莫遣阿婆嗔。

修，《变集》《新书》及周绍良一九八八、《校注》录作“修”，《变集补编》录作“脩”，不妥。“因巡”，底卷作“巡”，《变集》《新书》录作“因巡”，周绍良一九八八及《变集补编》校“巡”为“循”，《校注》录作“因巡”，谓“因巡”同“因循”，马虎、轻率之意。是。此四句为讲经结束时例有的一段“解座文”作为结束之语。

通过以上考释可知，伯三一二八号背所书前一首解座文之内容，系隐括后秦鸠摩罗什译《妙法莲华经》前十品（自《序品》至《法师品》）大意，当定名为《法华经解座文》。前贤拟题皆过于宽泛。

三、与《太子成道经》押座文或解座文的关联

将作品稍作改动或裁截，又用于另外一篇作品，是说唱文学中的常见现象②。伯三一二八号背所抄第一首起“先开有教益群情”，讫“益今利后不思议”四句，又见于多种押座文或解座文。据我们案检，见于押座文的有：

（一）斯二四四〇号正面所载《八相押坐文》

该卷正面从右往左分别抄有《维摩经押座文》《三身押坐文》《八相押坐文》《温室经讲唱押座文》《维摩经押座文》，前四篇字体相同，抄者为同一人，卷末《维摩诘经押座文》似为另一人所抄。本篇位列第三，首尾俱全，首行下有“八相押坐文”的篇题，起“始从兜率降人间，先向王宫示生相”，讫“不似听经求□□”。其内容如下：

始从兜率降人间，先向王宫示生相。
九龙齐嗢香和水，争浴莲花叶上身。
圣主摩耶往后薗，频（嫔）妃彩女走乐喧。
鱼透碧波堪赏玩，无忧花色最宜观。
无忧花树叶敷荣，夫人彼中缓步行。
举手或攀枝余叶，释迦圣主袖中生。
释迦慈父降生来，还从右胁出身胎。

①［后秦］鸠摩罗什译《妙法莲华经》卷4，《大正藏》第9册，第31-32页。
②［日］荒见泰史：《敦煌变文写本的研究》，中华书局，2010年，第253页。

九龙洒水早是衩，千轮足下有瑞莲。
阿斯陀仙启大王，太子瑞应□（极）贞祥。
不是寻常等闲事，必作个菩提大法王。
前生与殿下结良缘，贱妾如今岂敢专。
是日耶输再三请，太子当时脱指环。
长成不恋世荣华，厭（厌）患深宫为太子。
舍却金轮七宝位，夜半逾城愿出家。
六年苦行在山中，鸟兽同屈（居）为伴侣。
长饥不食真修饭，麻麦将来便短终。
得证菩提树下身，降伏众魔成正觉。
鹫领（岭）峯头放毫相，鹿苑初度五俱轮。
先开有教益群情，次说空宗令悟解。
后向灵山谈妙法，益今利后不思议。
今晨拟说此甚深经，唯愿慈悲来至此，
听众闻经愿罪灭消。
不似听经求□[①]

“不似听经求”下有脱文，《校注》谓“求”下原卷空白未书，应补“解脱，学佛修行能不能？能者虔恭合掌着，经题名字唱将来”等二十三字。这些都是押座文中的套语（《维摩经押座文》及俄藏《押座文》都有这几句），故抄手省书之也[②]。所言甚是。如来八相成道的故事，汉译佛经多有记载。所载八相，本篇所唱已备七相（降胎诞生相、皇宫纳妃相、逾城出家相、雪山修道相、宝坐（座）降魔相、成登正觉相、转大法轮相），值得注意的是，“鹿苑初度五俱轮”下四句与上揭伯三一二八号背所抄首四句大同。这是因为鹿野说法度五比丘属第八相（转大法轮相），以下可径接续佛陀传教之历史略说。

（二）斯二四四〇背面所抄《太子成道吟词》

斯二四四〇号，原卷背面写，接在押座文（首句“佛世难遇，如忧潭钵花”）后，首尾无残迹而无篇题，字较小。李正宇拟名为释迦因缘，认为是个剧本[③]。《校注》谓：此篇乃抄撮《太子成道经变文》或《八相变》中吟词而成，是一种节本，旨在供变文演说时配合吟唱者执以吟唱，与后世的独立构思创作的有完整情节的剧本不同。此为与《太子成道经》等在名称上协调，姑拟名为《太子成道吟词》。文中字句据《太子成道经》等校改者不再详考[④]。值得注意的是，自“长成不恋世荣华”下首六句见于《太子成道经》篇首第一段吟词，又全

① 此句《变集》《新书》前有“今晨”二字，其后补有九个空格，《校注》谓“原卷有‘今晨’二字，乃误书而未抹去者，不当录”，甚是。《新书》谓此句后“脱文当与伯二九九九《太子成道经》生相吟词‘不似听经求解脱’下相同”。又《校注》谓“求”字下应补“解脱，学佛修行能不能？能者虔恭合掌着，经题名字唱将来”等二十三字。

② 黄征、张涌泉校注《敦煌变文校注》，中华书局，1997年，第1142页。

③ 李正宇：《晚唐敦煌本〈释迦因缘剧本〉试探》，《敦煌研究》1987年第1期，第64–82页；收入《艺术论文初集》，甘肃省文化艺术研究所编印，1991年，第1–37页。

④ 黄征、张涌泉校注《敦煌变文校注》，中华书局，1997年，第482页。

段十二句中有十一句亦皆见于斯二四四〇号所抄《八相押座文》：

长成不恋世荣华，厌患深宫为太子。
舍却金轮七宝位，夜半逾城愿出家。
六年苦行在山中，鸟兽同居为伴侣。
长饥不食珎（珍）修（羞）饭，麻麦将来便短终。
得证菩提树下身，降伏众魔成正觉。
鹫岭峰头放毫光，说此三乘微妙经。

按，第十二句“说此三乘微妙经”在上揭斯二四四〇号正面所载《八相押座文》原卷被抄手细笔划去，而代以“鹿苑初度五俱轮。先开有教益群情，次说空宗令悟解。后向灵山谈妙法，益今利后不思议”五句。《校注》谓盖“三乘微妙经”即指“有教”“空宗”及“微妙法”等内容（“三乘”为佛教术语，即声闻乘、缘觉乘、菩萨乘，又称大乘、中乘、小乘，皆为乘人而使各到其果地之教法）①。此说不确。我们认为：《八相押座文》的创作者之所以划去“说此三乘微妙经”，乃是因为此句与上句“鹫岭峰头放毫光”组合，表述的是《法华经》的开三显一之教，而创作者或书手则认为不当先说《法华经》的“三乘微妙法”，按传法历史次第，当是先于鹿苑转四谛法轮（《阿含经》等），即“有教”时；第二为说《般若》等，即大乘“空教”时；第三说《法华经》《涅槃经》等，名大乘中道时。

（三）伯二〇九一号《太子成道经押座文（拟）》

正背两书，正面为《胜鬘义记》卷下，题作“释慧远撰之也”。题记三行：“大隋大业九年八月五日。沙门昙皎写之流通后世。校竟也。经疏卷之下。”背面所抄为《无常经疏》（“白崖寺僧正演述”）、《百法手记》、《赞释文》及本篇。本篇共九行，行约二十五字。原题“俞成日文”，《索引》并未著录，《索引新编》拟题：“俞（逾）成日文（首题）”②；曾良录作“俞成日文”，并云：“题名原有，根据内容，当是《太子成道变文》。盖‘俞成日’即指踰城日，这里所谓的‘文’实际是可以演唱的赞文。”③张涌泉《新见敦煌变文写本叙録》谓本卷是在《太子成道经》唱词的基础上，糅合《法华经押座文》《维摩诘经押座文》《八相押座文》等其他押座文而成，或可拟题为“太子成道经押座文”，兹据后者定名。

本卷公布后，张涌泉《新见敦煌变文写本叙录》④最先介绍，并对部分进行校录，可参看。兹依国际敦煌（IDP）彩色图版，重新校录如下：

俞成（逾城）日文：
上从兜率降人间，托在王宫为太子。
舍却一切世间乐，雪山修道证法身。
魔（摩）耶圣主往后园（薗），彩女频（嫔）妃奏乐喧。
鱼透碧波堪上岸，无忧花色寂（最）宜鲜。
无忧花树菜（叶）敷荣，夫人彼中援（缓）步行。
举手或攀枝余菜（叶），释迦圣主袖中生。

① 黄征、张涌泉校注《敦煌变文校注》，中华书局，1997年，第483页。
② 敦煌研究院编《敦煌遗书总目索引新编》，中华书局，2000年，第223页。
③ 曾良：《敦煌佛经字词与校勘研究》，厦门大学出版社，2010年，第95-96页。
④ 张涌泉：《新见敦煌变文写本叙录》，《文学遗产》2015年第5期，第148-149页。

牟尸（尼）世尊降生来，还従（从）左胁出神（身）胎。
九龙吐水沐太子，千轮足下瑞莲开。
阿私陀仙启大王，此今瑞相极祯祥。
不是寻常等闲事，必□（作）菩提大法王。
先开幼（有）教一（益）群迷，住此法空令悟解。
蹔（暂）向雪山谈妙法，利今利后不思议。
今朝希遇大乘经，似现幽谈（昙）花益（一）閞（开）。
暂来聴（听）闻微妙法，李（学）仏（佛）修行能不能？
能者敛心合掌着，清凉高调唱将来。

与伯二〇九一号关系密切的还有羽675R（见图1），《敦煌秘笈》原题名“圣太子歌”，现题名“太子成道经变文”[①]，不确。当拟题为《八相押座文》[②]，兹依原卷行款移录：

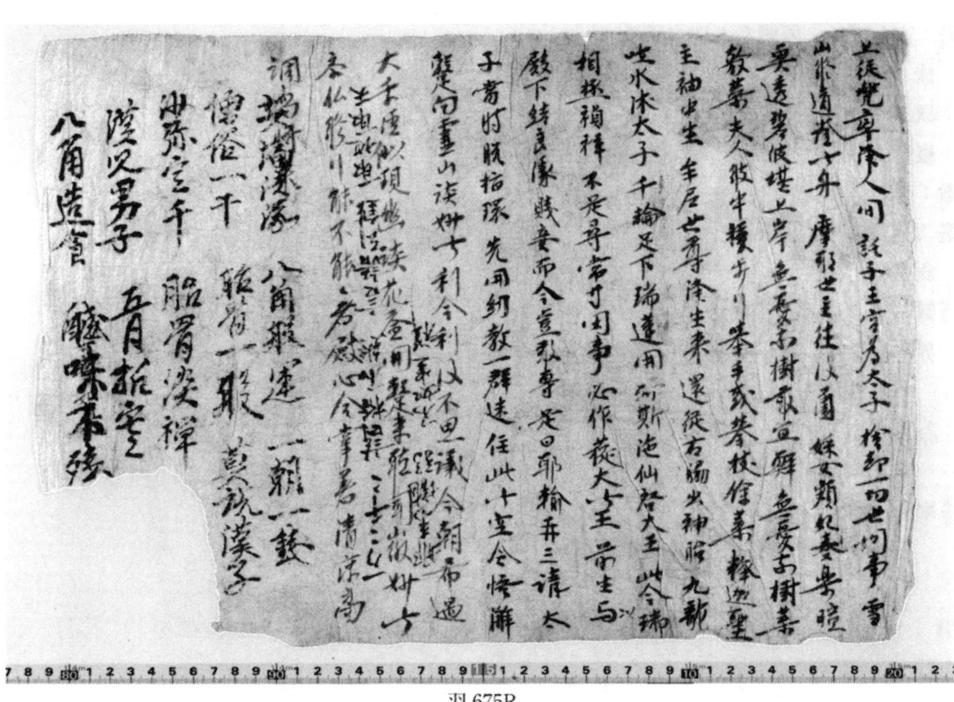

羽675R

图1 羽675R

1. 上从兜率降人间，托子王宫为太子。舍却一切世间事，雪
2. 山修道证法身。摩耶世主往后薗，婇（彩）女频（嫔）妃奏乐喧。
3. 鱼透碧波堪上岸（赏玩），无忧花树最宜鲜。无忧花树菜（叶）
4. 敷荣，夫人彼中换（缓）步行。举手或攀枝徐（余）菜（叶），释迦圣
5. 主袖中生。牟尼世尊降生来，还从右胁出神胎。九龙

① 羽675R见武田科学振兴财团杏雨书屋编《杏雨书屋藏敦煌秘笈》影片册第9册，武田科学振兴财团，2012年，第33–34页。

② 尤澳：《日本杏雨书屋藏两件“太子成道”敦煌变文研究》，载《文津学志》编委会编《文津学志》第19辑，国家图书馆出版社，2022年，第200–211页。

6. 吐水沐太子，千轮足下瑞莲开。阿斯陁仙启大王，此今瑞
7. 相极祯祥。不是寻常等闲事，必作蓛（菩提）大法王。前生与
8. 殿下结良缘，贱妾而今岂敢专？是日耶输再三请，太
9. 子当时脱指环。先开幼（有）教一（益）群迷，住此法空令悟解。
10. 暂向灵山谈妙法，利今利后不思议。今朝希遇
11. 大乘经，似现幽谈（优昙）花益开。蹔（暂）来听闻微妙法，
12. 李（学）仏修行能不能？能者敛心合掌着，清凉高调唱将来。

（四）北敦七八四九号《法华经押座文》

不似听□［经］求解脱，李（学）佛修行能不能。
能者虔恭合掌着，经提（题）名字唱将来。
……
今朝希遇大乘经，似见幽昙花一种。
暂解听闻生敬重，万劫身中恶业消。
……
乐者敛心合掌着，经文便请唱将来。

见于解座文的，如北敦六七八〇号（北图八四三六，潜字八十）《佛本行集经俗文》①，首尾均残缺，文末多一段歌吟和“悉达太子赞”一首，惜残缺甚多，如歌吟（见图2）：

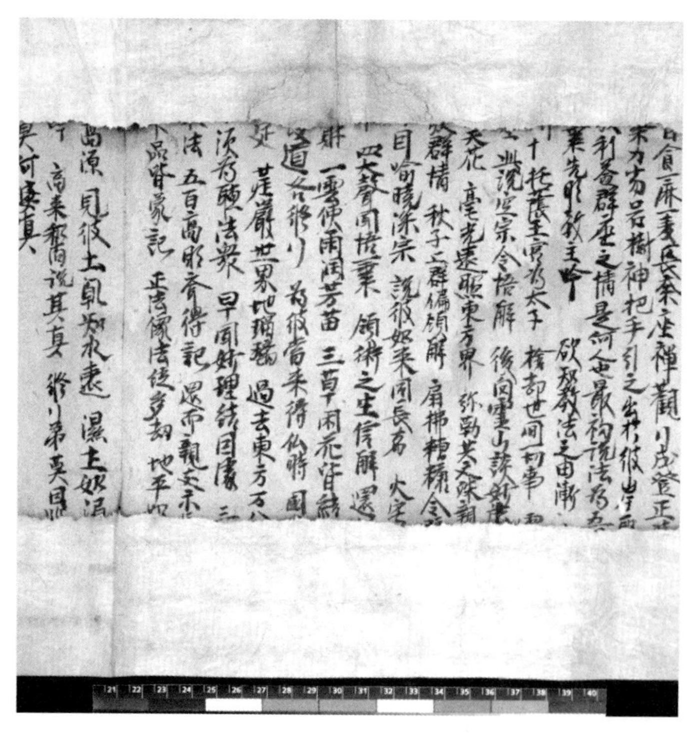

图2　北敦六七八〇

①《敦煌遗书总目索引》《敦煌宝藏》均拟题“佛本行集经俗文”，《敦煌遗书总目索引新编》定名为“佛本行集经变文”。

日食一麻一麦，长斋座禅观行，成登正［觉］，□气力劣若。树神把手引之，出于彼岸。取□利益群座之情，是何人也。最初说法为五□乘，先明教主：吟

欲知教法之由渐□托荫王宫为太子。舍却世间一切事，雪□此（次）说空宗令悟解，后向灵山谈妙法□天花。毫光远照东方界，弥勒共文殊亲□群情。秋子上群偏领解。扇拂糟糠令□因喻晓深宗。说彼如来同长者。火宅□四中声闻悟一乘，领术之生信解。还□一云使雨润芳苗，三草闲花皆结□［受］道各修行。为彼当来得佛时。国□庄岩世界地瑠璃，过去东方万八须为听法众，早闻妙理结因缘，三□法。五百高朋齐得记。还而（与？）亲友示□下品皆蒙记。正法像法经多劫。地平如□高源，见彼土乾知水远，湿土如渥□商（適）来和尚说其真，修行弟子莫因巡□莫阿婆嗔。

由“吟”字后“欲知教法之由渐”可知，创作者仍是强调说法的次第；而自“此说空宗令悟解”至“湿土如渥”句与伯三一二八号背所抄第一首大同，说明撰作者为方便结束当日讲座，径直抄录手头《法华经解座文》，末两句“商（適）来和尚说其真，修行弟子莫因巡□莫阿婆嗔”可证。

而与北敦六七八〇号（北图八四三六；潜字八十）写卷同源的斯二六八二号，其背面亦抄《太子成道经》[①]（见图3）：

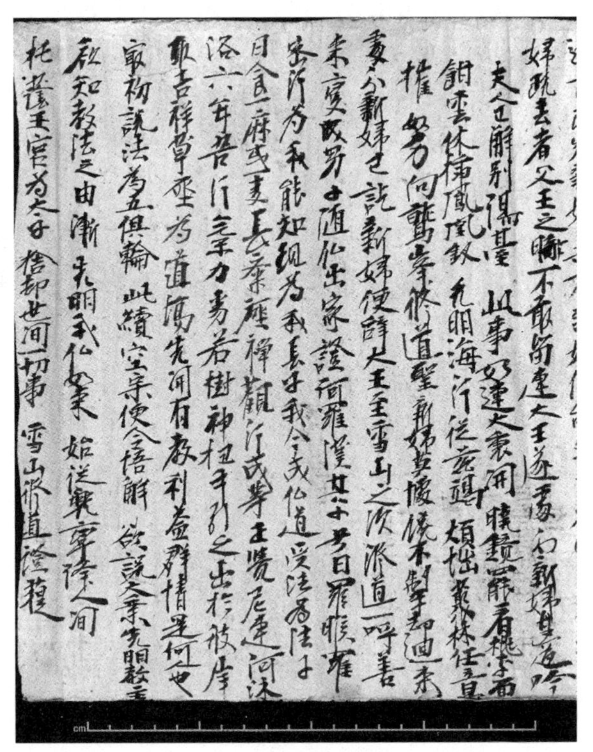

图3 斯二六八二

①《索引新编》（第82页）、《敦煌宝藏》均定名为《佛本行集经变文》（第22册，第223页）。

日食一麻或一麦，长斋座禅观行，成等正觉，尼连河沐浴。六年苦行气力劣，若树神把手引之，出于彼岸。取吉祥草座为道场。先开有教，利益群情，是何人也。最初说法为五俱轮，此（次）续空宗，便令悟解。欲说大乘，先明教主：

吟　欲知教法之由渐，先明我佛如来。始从兜率降人间，托荫王宫为太子。舍却世间一切事，雪山修道证蕽（菩提）。

斯二六八二号全文至“舍却世间一切事，雪山修道证蕽（菩提）”即完，无伯三一二八号背所抄第一首的内容。据此亦可推知，北图八四三六号（潜字八十号）《佛本行集经俗文》所载“先开有教益群情”至“来迟莫遣阿婆嗔”一段，乃俗讲者径直移抄与三一二八号背所载《法华经解座文》同源的、属讲经终了所吟讽之解座文，以方便结束太子成道故事之讲唱耳。

综上所述，伯三一二八号背所抄《解座文二首》的前一首解座文的内容系隐括后秦鸠摩罗什译《妙法莲华经》前十品（自《序品》至《法师品》）大意，诠释了三周说法的内容（法说、譬说、宿世因缘说），当定名为《法华经解座文》。作为讲唱文学的一体，此《法华经解座文》常被普遍用于《太子成道经》系统的韵文传唱。或全段移抄于文端，成为讲经开题前的押座文；或被裁截首四句（“先开有教益群情，此［次］说空宗令悟解。后向灵山谈妙法，益今利后不思议”）用于文末，成为讲唱者于太子成道故事结束时用以总述释迦牟尼传法次第的套话。此种双重运用，反映了敦煌讲唱文学韵文传唱的口头性和随意性特征。

四、余论：伯三一二八号背所书后一首：不知名变文

此后一首，据周绍良《读变文札记》，既非变文，亦非押座文，而是讲经终了之散座文，其结尾“合掌阶前领取偈。明日闻钟早听来”可证。所说是。今欲明其散座文之所属。

娑婆世界，高下不平，富贵贫穷，各性本异。种时不能自种，只是怨天不平。见他贵富家荣华，我即终朝贫困。佛子

由首句“娑婆世界，高下不平，富贵贫穷，各性本异。种时不能自种，只是怨天不平”及下文“儿觅富贵百千般，不道前生恶业牵”“唯恨前生不修种，垂知贫苦最艰难”“贫富多生恶业牵”可知，本篇主旨在宣说富贵贫穷各由前世所种业决定①。前生植善则长富贵，前生种恶则长贫困，故劝众念佛修西方净土业庶可免贫穷。显然这是宣说佛教的因果轮回教义，面对的听众为普通民众。

首句“娑婆世界，高下不平”，出自后秦鸠摩罗什译《妙法莲华经》卷七〈妙音菩萨品第二十四〉引净华宿王智佛告妙音菩萨语：“彼娑婆世界，高下不平，土石诸山，秽恶充满。”②其意谓众生若多修习十恶业，可感致外在世界诸存在物悉不完具的报应——如龙树菩萨造、后秦鸠摩罗什译《大智度论》卷九二《释净佛国土品第八十二》云：“多恶口业故，地生荆棘；谄诳曲心故，地则高下不平；悭贪多故，则水旱不调，地生沙砾。不作上诸恶

---

①［唐］道世：《法苑珠林》卷56专设《富贵篇》第63、《贫贱篇》第64，云“夫贫富贵贱并因往业，得失有无皆由昔行”，亦此之意（［唐］释道世著，周叔迦、苏晋仁校注《法苑珠林校注》卷56，中华书局，2003年，第1696页）。

②［后秦］鸠摩罗什译《妙法莲华经》卷7，《大正藏》第9册，第55页中。

故，地则平正，多出珍宝；如弥勒佛出时，人皆行十善故，地多珍宝。”①姚秦竺佛念译《出曜经》卷二三《泥洹品第二十七》：“众生修行十善，众生所处，其地平正，尔时坑坎高岸、荆棘逆草，自然平整；其有众生修行恶者，是时普地尽生荆棘，高岸绝坑蚖蛇毒虫，孚乳滋多，皆由先身积恶所致。是故说曰，如斯皆有缘也。”②南齐萧子良《净住子净行法》（《广弘明集》卷二七）：“又经云：‘有十恶业杀生偷盗，能令众生堕于地狱、畜生、饿鬼，无量劫数乃得为人，还受短命、贫穷等报，又感外报棘刺、沙砾、水旱（草）少味，不如意等。’”③唐道世《法苑珠林》卷七三引《业报差别经》云：“复有十业，能令众生得外恶报。若有众生，于十恶业多修习故，感诸外物悉不具足。何等为十？一者以其杀生业故，令诸外报大地咸卤，药草无力。……五者以其两舌业故，感外大地高下不平，山陵堆埠、株杌丘墟。”④——皆是。因是劝人为善，植种福田。南朝宋智严共宝云译《佛说四天王经》云：“善恶追身，犹如五谷，随其所种，获其果实。”⑤天竺沙门阇那多迦译《十六大罗汉因果识见颂》卷一“第三诸迦跋厘驮尊者”：“富贵贫穷各有由，宿缘分定莫刚求。不曾下得春时种，空守荒田望有秋。”⑥旧题姚秦鸠摩罗什译、宋宗镜禅师述、明觉连重集《销释金刚经科仪会要注解》卷二释此四句偈（“富贵贫穷各有由，宿缘分定莫刚求。不曾下得春时种，空守荒田望有秋”）云：“是如如居士，劝在家人，种福田颂。前二句是法，后二句是喻。各有由者，富贵贫穷，各有分定。大藏经通偈云：欲知前世因，今生受者是。欲知后世果，今生修者是。取以目前观之，人生贫富贵贱，寿夭荣枯，种种不同，无非宿业所践。如前生布施，恩惠于人，今生富贵。前生悭贪，障人布施，今生贫穷。前生杀生害命，今生寿夭。前生不杀，今生寿长。古德云：富贵贫穷各有缘，身遭危厄总由天。功勋运退翻为罪，善行时衰返作愆。禄少非千愚共鲁，家豪不在智和贤。古来贵贱皆由命，万事无过听自然。不曾下种者，犹如春无所种，秋无所收。前世不曾种福，今生岂能得福。故云，空守荒田望有秋。此言人生在世，须要广种福田。种瓜得瓜，种豆得豆。故曰春种一粒粟，秋收万颗子。人生为善恶，果报亦如此。”⑦本篇所谓“种时不能自种，只是怨天不平”等，应与此同源。此类今世富贵乃由前身修种的因缘果报观于中土庶民阶层中实甚为流行，在唐代白话诗中，我们可以看到此类观念的表现。

（一）王梵志诗

如伯三二一一号、斯五六四一号《王梵志诗·世间日月明》：“富者前身种，贫者悭贪生。贫富有殊别，业报自相迎。”伯三四一八号《王梵志诗·审看世上人》：“审看世上人，有贱亦有贵。贱者由悭贪，吝财不布施。贵贱既有殊，业报前生植。”伯三四一八号、伯三七二四号《王梵志诗·贫穷田舍汉》：“贫穷田舍汉，庵子极孤恓。两共前生种，今世作夫妻。”伯三四一八号《王梵志诗·世间何物重》：“世间何物重，夫妻最是好。一个厥磨师，

① ［后秦］鸠摩罗什译《大智度论》卷92，《大正藏》第25册，第708页下。

② ［后秦］竺佛念译《出曜经》卷23，《大正藏》第4册，第733页上。

③ ［南朝齐］萧子良：《净住子净行法》，《大正藏》第52册，第311页中。

④ ［唐］释道世著，周叔迦、苏晋仁校注《法苑珠林校注》卷73，中华书局，2003年，第2164页。

⑤ ［南朝宋］智严、宝云译《佛说四天王经》卷1，《大正藏》第15册，第118页下。

⑥ ［唐］阇那多迦译《十六大罗汉因果识见颂》，《卍新续藏》第2册，第892页中。

⑦ ［宋］宗镜述，［明］觉连重集《销释金刚经科仪会要注解》卷2，《卍新续藏》第24册，第668页中。

眼看绝行道。熏熏莫恨天，业是前身报。”列一四五六号《王梵志诗·可惜千金身》：“所以有贫富，良由先业起。”伯二七一八号、伯三五五八号《王梵志诗·布施生生富》：“布施生生富，悭贪世世贫。若人苦悭惜，劫劫受辛勤。”

（二）寒山诗

亦见言佛教三世因果报应思想描写者，如《寒山诗·生前大愚痴》（〇四一）：“生前大愚痴，不为今日悟。今日如许贫，总是前生作。今生又不修，来生还如故。”①《寒山诗·啼哭缘何事》（〇七二）：“所为在贫穷，未能了因果。”②《寒山诗·繿缕关前业》（二五二）：“繿缕关前业，莫诃今日身。”慈受《拟寒山诗》第五〇首：“贫贱关前业，休嗟命未亨。”③《寒山诗·寄语食肉汉》（二六九）：“今生过去种，未来今日修。只取今日美，不畏来生忧。”④

（三）解座文

如伯二三〇五号《解座文汇抄（拟）》第七首：“满阎浮提界虚皆伪，无问富饶贫与贵，富者贪心日日生，贫人忘（妄）念朝朝起。得富饶，没惭愧，来世却贫怨天地，是个经中总有言，不论贫富皆沈坠。”同卷第八首：“富贵须知宿种来，如今必定难回拗。……见他荣贵休生恼，富贵贫穷由宿造，但知稳自用身心，衣食自然长恰好。”伯三六一八号《秋吟一本（一）》：“累生宿种因缘，感果荣莘（华）此日。”

本卷下文通过贫困夫妻的对话描写了其现状，宣说了“贫富多生恶业牵”的道理。按伯三四一八号、伯三七二四号《王梵志诗·贫穷田舍汉》：“贫穷田舍汉，庵子极孤栖。两共前生种，今世作夫妻。……黄昏到家里，无米复无柴。男女空饿肚，状似一食斋。……幞头巾子露，衫破肚皮开。体上无裈袴，足下复无鞋。”所叙穷人贫穷之状与此相类。而自“娑婆国里且无贫”下句意发生转折：

娑婆国里且无贫，拾得珠金乱过与人。
弟子将来垒宝座，合掌齐声请世尊。
宝座既成诸天绕，弥陀即便自乘云。
将为化生来说法，定证金刚不坏身。
门徒切要审思量，念佛更烧五分香。
闲来不守三归界，如何生死作桥梁。
欲得千年长富贵，无过念佛往西方。
合掌阶前领取偈。明日闻钟早听来。

娑婆国，此名忍土。窥基撰、慧琳再详定《一切经音义》卷二七《妙法莲花经序品第一》音义：“娑婆，索诃，唐云堪忍。由多怨嫉，圣者于中堪耐劳倦，而行教化，故名堪忍也。”“娑婆国里且无贫，拾得珠金乱过与人”两句盖是以现在之娑婆世界（忍土）拟想

---

① 项楚：《寒山诗注》，中华书局，2019年，第97页。
② 项楚：《寒山诗注》，中华书局，2019年，第168页。
③ 项楚：《寒山诗注》，中华书局，2019年，第566-567页。
④ 项楚：《寒山诗注》，中华书局，2019年，第596页。

未来弥勒净土国。西晋竺法护译《佛说弥勒下生经》谓佛为阿难描述将来久远弥勒出现的国界国土丰乐，其中写到珍宝、金银散落于地，无人宝重的情节："将来久远于此国界，当有城郭名曰翅（鸡头）头，东西十二由旬，南北七由旬，土地丰熟，人民炽盛，街巷成行。……时气和适，四时顺节，人身之中无有百八之患：贪欲、瞋恚、愚痴、不大殷勤。人心均平，皆同一意，相见欢悦，善言相向。言辞一类，无有差别，如彼优单越人而无有异。是时，阎浮地内人民大小皆同一向，无若干之差别也。……尔时，阎浮地内自然生粳米，亦无皮裹，极为香美，食无患苦。所谓金、银、珍宝、车渠、玛瑙、真珠、虎珀，各散在地，无人省录。是时，人民手执此宝，自相谓言：'昔者之人由此宝故，更相伤害，系闭在狱，受无数苦恼；如今此宝，与瓦石同流，无人守护。'"相类的记载也见东晋瞿昙僧伽提婆译《增壹阿含经》卷四四〈十不善品第四十八〉："尔时，阎浮地东、西、南、北十万由旬，诸山河石壁皆自消灭，四大海水各据一方。时，阎浮地极为平整，如镜清明，举阎浮地内，谷食丰贱，人民炽盛，多诸珍宝，诸村落相近，鸡鸣相接。……尔时。时气和适，四时顺节。……尔时，阎浮地内自然生粳米，亦无皮裹，极为香美，食无患苦。所谓金银、珍宝、车渠、玛瑙、真珠、虎珀，各散在地，无人省录。是时，人民手执此宝，自相谓言：'昔者之人由此宝故，各相伤害，系闭牢狱，更无数苦恼。如今此宝，与瓦石同流，无人守护。'"[①]由"弥陀即便自乘云"及"无过念佛往西方"可见伯三一二八号背所书此后一首的重点归趋是阿弥陀信仰，可推知此为敷演《阿弥陀经》的解座文。而从信仰的层面看，撰者有以西方弥陀净土信仰与弥勒净土信仰相羼合的特征，表明普通民众佛教信仰的多样性（诸种佛教信仰同时并存）。

---

① ［东晋］瞿昙僧伽提婆译《增壹阿含经》卷44，《大正藏》第2册，第787页下-788页上。

整体性观照

——关于法藏敦煌遗书P.2122v与P.3210的拟名*

侯　冲（上海师范大学哲学系）

【摘要】通过对中国佛教仪式文献的梳理，并参照法照五会念佛仪的拟名，应该将P.2122v与P.3210拟名为“念佛法事仪”。敦煌佛教仪式文献大多残缺不全，且分散于不同收藏单位，如何复原或重现古代敦煌佛教仪式过程，并籍以探寻中国古代佛教仪式，需要参证相对系统和完整的阿吒力教经典及其实际应用来完成。

【关键词】敦煌　P.2122v　P.3210　阿吒力教

作为20世纪初中国古文献四大发现之一，敦煌遗书自发现以来就引起了国际汉学界的关注。不过，由于敦煌遗书从被关注之初就流散到世界各地，被不同单位或个人收藏，一直没有人能在全面了解敦煌遗书的基础上展开相关研究，绝大多数的研究，都是见到什么研究什么的“挖宝式”个案探讨。以其中的变文为例，由于大部分敦煌遗书既无题目，抄写时又具有一定随意性，且所见大都残缺不全，还缺乏现成的赖以参考讨论的凭据，因此，相当一部分的题名都属于拟题，而且各种拟定的题名均如最早称为“佛曲”，统称为“变文”，又被认为含混，从而又被细分为变文、讲经文、因缘（缘起）、词文、诗话、话本等①。至于相关研究，则基于基督宗教主动传教的模式展开阐释。不仅有较大的探讨空间，甚至存在与事实相去甚远的误读，对法藏敦煌遗书P.2122v与P.3210的拟名与讨论，就是较为明显的例子。文章首先回顾敦煌遗书P.2122v与P.3210既有著录并作史源学的梳理，又根据

* 本文系国家社科基金重大项目“汉文大藏经未收宋元明清佛教仪式文献整理与研究”、教育部人文社会科学重点研究基地重大项目“中国民间流传佛教仪式文献整理与研究”阶段成果。

① 周绍良对此多次作过讨论，参见周绍良：《绍良丛稿》，齐鲁书社，1984年；《敦煌文学刍议及其它》，新文丰出版股份有限公司，1992年；《绍良文集》下册，北京古籍出版社，2006年。

文字内容明确其为多主题文献，重新对其拟名，最后结合敦煌遗书天然存在的问题，陈述笔者个人的研究思路和部分认识。

一、相关著录和研究

对于P.2122v与P.3210，不同目录有不尽相同的著录。笔者个人所见著录如下（见表1）：

表1 著录信息表

著录著作	P.2122v	P.3210
《巴黎图书馆敦煌写本书目》	背面书关于佛经之各种记录	发愿忏悔略出文
《敦煌所出变文现存目录》（增订）	维摩经押座文;阿弥陀经变文（误标作P2212）	维摩经押座文;阿弥陀经变文
《敦煌变文集》	维摩经押座文; 维摩诘经讲经文; 佛说阿弥陀经讲经文	维摩经押座文; 温室经讲唱押座文; 佛说阿弥陀经讲经文
《敦煌遗书总目索引》	背为佛文等(第348—351页《敦煌变文残卷目录》未著录P.2122v包括维摩诘经讲经文)	1.发愿忏悔略出文; 2.维摩经押座文; 3.温室经押座文
《敦煌遗书最新目录》	维摩押座文;地狱苦吟	发愿忏悔略出文; 维摩经押座文; 佛说阿弥陀经讲经文
《敦煌变文集新书》	维摩经押座文;佛说阿弥陀经讲经文	维摩经押座文;佛说阿弥陀经讲经文
《敦煌变文校注》	维摩押座文;佛说阿弥陀经押座文	维摩经押座文;佛说阿弥陀经押座文
《敦煌变文讲经文因缘辑校》	维摩押座文;佛说阿弥陀经讲唱押座文	维摩经押座文;佛说阿弥陀经讲唱押座文
《敦煌遗书总目索引新编》	维摩押座文(原题);地狱苦吟(原题)	发愿忏悔略出文(首题); 维摩经押座文(首题); 阿弥陀经讲经文
《法藏敦煌西域文献》	1.维摩押座文; 2.维摩诘经讲经文; 3.佛说阿弥陀经讲经文	1.发愿忏悔略出文; 2.维摩经押座文; 3.阿弥陀经讲经文

总的来说，除了有首题的“维摩押座文”“发愿忏悔略出文”等外，对其他部分文字的定名大都未能统一。如P.2122v前面内容是只有“维摩押座文”还是又包括“维摩诘经讲经文”，后面内容是“佛说阿弥陀经讲经文”还是“佛说阿弥陀经押座文”，不同时期的不同著作，往往有不尽相同的著录。梳理相关研究后可以看出，不同的著录基础是对其内容的释读。新的释读，往往会对其拟名产生影响。如黄征、张涌泉等对P.2122v与P.3210中押座文的释读①就是如此。

最开始的释读较为单一。P.3210卷首“发愿忏悔略出文”有首题，文字节次较易区分，大家的释读出入不大。相对来说，P.2122v的内容稍显复杂。但周绍良最早对其内容做分节

① 黄征、张涌泉校注《敦煌变文校注》，中华书局，1997年，第1146-1149页。

时，只是认为P.2122v包括维摩经押座文和阿弥陀经变文[①]。《敦煌变文集》出版时，又认为包括“维摩经押座文”[②]“维摩诘经讲经文”[③]“佛说阿弥陀经讲经文”[④]。《敦煌变文集新书》与《敦煌变文集》相同[⑤]。

20世纪80年代初，项楚研究《维摩碎金》时，把“《敦煌变文集》收录《维摩诘经讲经文》六种七卷”以天干排序，称“丙种（伯二一二二）全是唱词，并无说白，亦无经文。唱词分两部分，前半无标题，隐括本经《佛国品》大意，后半标题《方便品》，隐括本经《方便品》大意。其中有‘只此维磨（摩）三卷经’之语，知所据经本为鸠摩罗什译三卷本。《变文集》卷七收有《维摩诘经押座文》一种，全系唱词，内容则隐括全经大意。我以为丙种（伯二一二二）也属于押座文之类，应从《维摩诘经讲经文》中剔除不计”[⑥]。20世纪60年代，周绍良最先也认同P.2122v是“维摩经押座文”“维摩诘经讲经文”和“佛说阿弥陀经讲经文”[⑦]。在20世纪80年代中叶，他率先认为P.2122v中的《地狱苦吟》，“这是一篇押座文，包括一篇庄严文。《敦煌变文集》拟题作《佛说阿弥陀经讲经文》，不确”[⑧]。稍后他进一步认为，P.2122v中“维摩诘经讲经文”“无标题。《敦煌变文集》根据所演绎之《维摩诘所说经》拟题。但从残存部分审之，与前两件讲经文（斯四五七一、斯三八七二）体裁全不相同，无一般讲经文对都讲提示之词句，亦无安排经文之段落”[⑨]，但仍属于敦煌发现的二十个讲经文之一。P.2122v中的其他文字，周绍良拟名“阿弥陀经押座文”[⑩]，在另外一篇文章中，又说“《变文集》拟题作《佛说阿弥陀佛经讲经文》（P2122）的一篇，亦应是押座文，即《阿弥陀经押座文》（《地狱苦吟》）”[⑪]。也就是说，对于P.2122v的内容，项楚、周绍良在不同时期均有过探讨，并提出了他们独到的见解。

正是基于项楚、周绍良二人的研究成果，在《敦煌变文校注》中，P.2122v的内容被分别整理成“维摩经押座文”[⑫]和“佛说阿弥陀经押座文”[⑬]，在《敦煌变文讲经文因缘辑校》中则被分别整理并拟名为“维摩经押座文”[⑭]和“佛说阿弥陀经讲唱押座文（拟）”[⑮]。这些

---

① 周绍良：《敦煌所出变文现存目录（增订本）》，收入周绍良：《绍良文集》下册，北京古籍出版社，2006年，第1472-1476页。

② 王重民等编《敦煌变文集》，人民文学出版社，1957年，第829-831页。

③ 王重民等编《敦煌变文集》，人民文学出版社，1957年，第589-591页。

④ 王重民等编《敦煌变文集》，人民文学出版社，1957年，第482-486页。

⑤ 潘重规编著《敦煌变文集新书》，文津出版社，1994年，第11-13、305-307、139-143页。

⑥ 项楚：《〈维摩碎金〉探索》，《南开学报》1983年第2期，第53页。

⑦ 周绍良：《谈唐代民间文学——读〈中国文学史〉中〈变文〉节书后》，《新建设》1963年第1期，第77页。

⑧ 周绍良：《唐代变文及其它（下）》，《文史知识》1986年第1期，第19页。

⑨ 周绍良：《唐代变文及其它（代序）》，收入周绍良等《敦煌文学作品选》，中华书局，1987年，第16页。

⑩ 周绍良：《唐代变文及其它（代序）》，收入周绍良等《敦煌文学作品选》，中华书局，1987年，第21页。

⑪ 周绍良：《敦煌文学刍议》，《社会科学》1988年第1期，第109页。

⑫ 黄征、张涌泉校注《敦煌变文校注》，中华书局，1997年，第1146-1149页。

⑬ 黄征、张涌泉校注《敦煌变文校注》，中华书局，1997年，第1160-1162页；廖贯延：《〈佛说阿弥陀经讲经文〉论稿》，硕士学位论文，苏州大学，2011年。第9页揭示了其中的部分信息，但对该文献是讲经文还是押座文前后意见不统一。

⑭ 周绍良等辑校《敦煌变文讲经文因缘辑校》，江苏古籍出版社，1998年，第1042-1047页。

⑮ 周绍良等辑校《敦煌变文讲经文因缘辑校》，江苏古籍出版社，1998年，第1033-1040页。整理说明与图片稍有出入。

整理成果后来得到了相关研究者的认同①。

二、新的释读

重新寻绎P.2122v与P.3210的内容，我们发现它们都是多主题文献。P.2122v与P.3210文字不尽相同，根据文字内容（P.2122v倒写文字与正写文字分属不同文本，不纳入）和原本抄写格式对其分节，可以将其列表比较如下（见表2）：

表2　P.2122v、P.3210文字内容分节对比表

P.2122v			P.3210		
			1	发愿忏悔略出文	首行“发愿忏悔略出文”，末行“会，速登初首，法界众生，普共成佛”
1	维摩押座文	首行“维摩押座文”“顶礼上方香积世，妙喜如来化相身，示有”，末行“虔恭合掌着，经题名字唱将来”	2	维摩经押座文	首行“维磨(摩)经押座文”，末行“题名字唱将来”
2	［维摩诘经讲经文］	共两段。第一段首行“三界去来生死苦，沦(轮)回六道未曾休。唯有宝积学修行”，末行“何所栖心求解脱，听取维摩圆满教，不受阿毗罪报身”。第二段首行“方便品”，末行“福力，令其修学道(导)众生”			
3	地狱苦吟	首行“地狱苦吟”，末行“在如恩。能不能，能者高声念阿弥陀佛，讲下时用。《阿弥陀经》。”			
4	押座文	首行“顶礼无边功德山，归命难思清净海。四智三身随众愿，慈悲”，末行“着，清冷高调唱将来”	3	押座文	首行“顶礼无边功德山，归命难思清净海。四智三身”，末行“唱将来”
5	庄严文	首行“以此开赞修多罗藏所生功德，唯愿光明普照三千界”，末行“佛修行能不能？能者念阿弥陀。”	4	庄严文	首行“以此开赞修多罗藏所生功德，唯愿光明普照”，末行“行能不能”
6	化生童子赞	首行“化生童子佛宫生，便得真珠网里行”，末行“短发天然宜剃度，空披荷叶作袈裟”	5	化生童子赞	首行“化生童子佛宫生，便得真珠网里行”，末行“短发天然宜剃度，空披荷叶作袈裟”

表2说明，不论P.2122v还是P.3210，即使只是根据前人著录中内容存在分节的情况，都可以知道它们是包括多个主题的文献，即多主题文献。例如，P.2122v包括维摩押座文、维摩诘经讲经文、地狱苦吟、押座文、庄严文和化生童子赞；P.3210包括发愿忏悔略出文、维

① 何剑平：《敦煌维摩诘文学研究》，博士学位论文，扬州大学，2000年，第4、101页；杜维茜：《敦煌文献中的〈维摩诘讲经文〉研究》，硕士学位论文，四川师范大学，2017年，第1页；［日］荒见泰史：《关于〈佛说阿弥陀经押座文〉的一些问题》，收入张涌泉、陈浩主编《浙江与敦煌学：常书鸿先生诞辰一百周年纪念文集》，浙江古籍出版社，2004年，第624-632页。

摩经押座文、押座文、庄严文、化生童子赞[①]。进一步对文本内容进行梳理后，笔者个人认为P.2122v的内容包括维摩诘经讲经仪和念佛法事仪，P.3210的内容包括发愿忏悔略出文、维摩经押座文和念佛法事仪。

P.3210的“发愿忏悔略出文”较容易理解。其文字内容包括启请、忏悔罪障、皈依受戒、回向等环节，与P.2668、俄Φ109等内容包括赞戒功德、启请贤圣、忏悔罪障、归依三宝、正受八戒羯磨、说其戒相、回向发愿“七门分别”的《八关斋戒文》比较后，可知其为《八关斋戒文》的节略。虽然节略的文字偏于发愿忏悔部分[②]，但该文献与《八关斋戒文》一样为佛教仪式文献，毋庸置疑。需要进一步辨析和讨论的是“维摩经押座文”和P.2122v的维摩诘经讲经仪及念佛法事仪。

（一）维摩押座文

P.2122v首题“维摩押座文”。“押座文”目前仅见于敦煌遗书。“押座”有“押坐”“压座”等不同写法。意指“使听众镇静下来”。一般认为押座文“通常为一段七言韵语，类似于后来的入话、引子、开场白等，意在静摄座下听众”[③]。宋代成书的大型云南阿吒力教经典抄本《楞严科》提纲中，有“压座念”的内容：

皈命敬礼牟尼尊佛念释迦牟尼佛

南无释迦牟尼佛大慈大悲南无释迦牟尼佛释迦牟尼尊佛

释迦牟尼尊佛皈命敬礼释迦牟尼尊佛灵山教主南无释迦牟尼尊佛[④]

同为宋代成书的《药师科》提纲中，有法会现场大众同举的“压座令（念）”：

皈命敬礼琉璃光佛南无药师光王佛大慈悲药师佛琉璃光王佛

我佛大慈悲琉璃光王佛皈命敬礼琉璃光王佛药师琉璃光王佛满月世界[⑤]

由于《楞严科》“压座念”后为“举人天同听梵音声”“梵音声菩萨摩诃萨”，《药师科》提纲中“压座令”后为“人天同听梵音声”“和梵音声菩萨”，与俄Φ109卷首“押座文”后有“作梵而唱”相印证，故押座文或压座念的文字，都属于唱的梵音。正因为是唱的，所以不包括表白的文字。

并见于P.3210，两见于S.2440的三件押座文证明了这一点。这三件押座文与P.2122v卷首相同文字，可以肯定就是“维摩押座文”的标准文本。其最后的文字往往是“经题名字唱将来”，与出现在讲经文、变文和八关斋戒文中的押座文相同，足以说明押座文的结尾是唱“经题名字”，并不包括道白文字。P.2122v中“维摩押座文”止于第一个“经题名字唱将来”。《敦煌变文集》以S.2440第二抄本为底本进行整理时，已经注意到此抄本较其他三个抄

①荒见泰史在国家图书馆藏敦煌遗书中，发现BD07883（制83，北8735）与BD09541（殷62）可直接缀合，残存内容包括庄严文和化生童子赞两部分。参见［日］荒见泰史：《关于〈佛说阿弥陀经押座文〉的一些问题》，收入张涌泉、陈浩主编《浙江与敦煌学：常书鸿先生诞辰一百周年纪念文集》，浙江古籍出版社，2004年，第624-632页；［日］荒见泰史：《敦煌讲唱文学写本研究》，中华书局，2010年，第149-158页。

②相类文献，参见S.1924、P.2855、P.3332。

③张涌泉等编《敦煌文献语言大词典》，四川辞书出版社，2022年，第2415页。

④方广锠主编《藏外佛教文献》第6辑，宗教文化出版社，1998年，第153页注②。

⑤方广锠主编《藏外佛教文献》第7辑，宗教文化出版社，2000年，第199页。

本多出八句文字，但未发现多出文字并未见于P.2122v“方便品”之下，属于错简衍文[①]，不是“维摩押座文”本身文字。

敦煌遗书中的押座文与阿吒力教经典中出现的“押座念”文字一样，它们都是佛教仪式文献的证据。

（二）维摩诘经讲经仪

P.2122v卷首“维摩押座文”之后的两段文字，第一段首行“三界去来生死苦，沦（轮）回六道未曾休。唯有宝积学修行”，末行“何所栖心求解脱，听取维摩圆满教，不受阿毗罪报身”，第二段首行“方便品”，末行“福力，令其修学道（导）众生”。它们并非“维摩经押座文”，而是属于“维摩诘经讲经文”。只不过抄者所抄，并非其全文，而是节抄。如P.3210卷首“发愿忏悔略出文”为P.2668、俄Φ109等“七门分别”的《八关斋戒文》的略出一样。如果用标准文本评判略出文本，往往会因二者文字不能对应而得出二者不同类的判断，但这样的判断不能让人信从。此前将其拟名为“维摩诘经讲经文”，反而更值得信从。

从俄Φ109来看，举行受八关斋戒仪式，首先是“作梵而唱”押座文，其次是在“念观世音菩萨三说”后根据受八关斋文依次举行授戒仪式。押座文与受八关斋戒文的组合，为受八关斋戒仪的典型代表。P.2122v卷首“维摩押座文”及其后的两段文字，正是押座文与讲经文组合成为维摩诘讲经仪的个案之一。将其笼统地称为“维摩经押座文”，不仅与押座文的一般范式不一致，而且有将押座文泛化之嫌。参照相关佛教仪式文献中个别从属类别的称谓，我们将P.2122v卷首“维摩押座文”及其后两段与《维摩诘经》相关文字，拟名为“维摩诘经讲经仪”。

（三）念佛法事仪

P.2122v和P.3210中近年来被称为“佛说阿弥陀经讲唱押座文”的文字，其中部分见于BD07883（制83，北8735）+BD09541（殷62），如果拟名为“念佛法事仪”，庶能与文本内容相对应。

1.地狱苦吟

仅见于P.2122v的“地狱苦吟”，首先以偈颂方式先赞叹佛德，次说六道三途苦，并解释受报的原因是前生不孝，通过让信众知道果报，劝其首先需要孝顺父母。称报生身父母恩的方式，除了书写佛经、以身供养，还需要舍家缘来听经闻法。能来听者，有望舍掉凡夫三途罪报恶身，闻法成佛。吟偈后问：“愿不愿？”并以说白方式道：“如果愿，就需要早早来道场听一回经，如果有信心，就能成佛。能不能？如果能，就高声念阿弥陀佛。”上面的文字是讲经结束前用的。讲的时候，就用《阿弥陀经》。

由于“地狱苦吟”之后的文字“顶礼无边功德山，归命难思清净海”见于P.3210，且其上文为“维摩经押座文”，故“地狱苦吟”属于首尾完整的文献。《敦煌变文集》将其与其他文字一同整理后拟名“阿弥陀经讲经文”，后续整理者将其拟名“阿弥陀经押座文”“佛说阿弥陀经押座文”，均未见同类例证。

---

① 参见黄征、张涌泉校注《敦煌变文校注》，中华书局，1997年，第1146-1147页。

2.唱经文

抄在“地狱苦吟”之后，并见于P.3210，始于“顶礼无边功德山，归命难思清净海”，终至“清冷高调唱将来”的文字，就其外在形式来说，既不从属于“地狱苦吟”，也不从属于其后的庄严文，是篇一独立主题文献。其中“题称净土佛弥陀。王舍城南竹园内，先告声闻舍利弗，广演西方日没宫”等文字，表明该讲经文经题已称（“题称净土佛弥陀”），内容与西方净土有直接关系，但且末句不是“经题名字唱将来”，故不是押座文。参照敦煌遗书中其他相类文献，可以将其拟为“西方净土唱经文”。

3.庄严文

周绍良最先指出，P.2122v中的《地狱苦吟》“是一篇押座文，包括一篇庄严文。《敦煌变文集》拟题作《佛说阿弥陀经讲经文》，不确”[①]。这是最早关注到敦煌遗书中存在庄严文的文章。荒见泰史以此为基础，对庄严文加以关注[②]，但对其属性释读时未能明确它是中国宗教仪式中的斋意类文献。由其“普劝门徒修真行，学佛修行能不能。能者念阿弥陀”，可知其为用于修行念佛仪式的庄严文。相对其他文献来说，庄严文属于仪式文献的核心文献，是判断一个材料是否是佛教斋供仪式文献的直接而有效的证据。P.2122v中出现的庄严文，是判断P.2122v属于佛教仪式文献的最直接和最有效的证据。

4.化生童子赞

此为任半塘拟[③]，《敦煌学大辞典》收入专条[④]。最先录文的许国霖将“化生童子赞”拟名“阿弥陀经变文”[⑤]。《敦煌变文汇录》转录了许氏拟名和录文[⑥]，《敦煌变文集》和《敦煌变文集新书》将其拟名为“佛说阿弥陀经讲经文”。到20世纪80年代以后，“化生童子赞”又被拟名“阿弥陀经押座文”。但任半塘的意见可能更符合文本内容。因为在以“化生童子”开头的文字中，并无能够证明其与《阿弥陀经》有直接关系的文字。

首先，此偈与常见的鸠摩罗什译《佛说阿弥陀经》无关。具体证据如下：第一，“无量寿”一词虽然在该经中出现了一次，但是其与无量相佛、无量幢佛、大光佛、大明佛、宝相佛、净光佛等佛名同时出现，并非独尊；第二，“宫”等出现在“化身童子”四字之后的核心字词，在该经中均未发现。

其次，尽管吴支谦译《佛说阿弥陀经》中多次出现“化生”二字，但此偈与该经同样无关。证据如下：第一，该经中无“无量寿”一词；第二，该经中无“宫”等出现在“化生童子”四字之后的核心字词。

最后，此偈与南朝宋畺良耶舍译《佛说观无量寿佛经》关系密切。证据是：第一，无量寿佛为此经尊奉主佛；第二，诸经中，“除八十亿劫生死之罪”或“八十亿劫罪”的说法，仅见于此经；第三，同时出现“慈悲丈六释迦尊”“题称净土佛弥陀”“王舍城南竹园内”等

---

① 周绍良：《唐代变文及其它》，《文史知识》1986年第1期，第19页。

② ［日］荒见泰史：《敦煌本“庄严文”初探——唐代佛教仪式上的表白对敦煌变文的影响》，《文献》2008年第2期，第42-52页；［日］荒见泰史：《敦煌变文写本的研究》，中华书局，2010年，第216-281页。

③ 任半塘：《敦煌歌辞总编》，上海古籍出版社，1987年，第1099-1101页。

④ 季羡林主编《敦煌学大辞典》，上海辞书出版社，1998年，第546页。

⑤ 许国霖：《敦煌杂录》下辑，载黄永武主编《敦煌丛刊初集》第10册，新文丰出版股份有限公司，1985年，第161页。

⑥ 周绍良：《敦煌变文汇录》，上海出版公司，1954年，第5-6页。

文字的，只有《佛说观无量寿佛经》。

也就是说，在P.2122v、P.3210和BD07883（制83，北8735）+BD09541（殷62）中均出现的“化生童子赞”，看不出与《阿弥陀经》有直接关系。如果根据其内容拟名的话，拟名当中有“佛说观无量寿佛经”等文字。许国霖将其拟名为“阿弥陀经变文”，与文本内容并不相符。后来相关整理沿袭许国霖之误，甚至将其拟名为“阿弥陀经押座文”“佛说阿弥陀经押座文”，均不当。

综上所述，见于BD07883（制83，北8735）+BD09541（殷62）的庄严文和化生童子赞，见于P.3210的唱经文、庄严文和化生童子赞，在P.2122v中均能看到。它们与仅见于P.2122v的地狱苦吟一样，均为独立主题文献。将它们笼统拟名“（佛说）阿弥陀经讲经文”或“（佛说）阿弥陀经押座文”，都不是名实相符的拟名。

基于对中国佛教仪式文献的梳理，我们参照法照五会念佛仪的拟名，将其拟名为“念佛法事仪”。理由有三：

其一，法照《净土五会念佛略法事仪赞序》称“今依《大无量寿经》，五会念佛，若广作法事，具在《五会法事仪》三卷”①。上述敦煌遗书均有与《佛说观无量寿佛经》关系密切的文字《化生童子赞》，表明它们属于同类文献。

其二，《庄严文》是念佛法事仪的标志之一。表达斋意的文献有庄严文、愿文、叹佛文、表白文、回向文等多种名称，而斋意是佛教斋供仪式三个核心元素之一，故BD07883（制83，北8735）+BD09541（殷62）、P.2122v和P.3210中包括唱经文、庄严文和化生童子赞在内的文字，都是佛教斋供仪式文献。由于它们或多或少都与念佛有直接关系，与法照五会念佛仪同类，故属于念佛法事仪。

其三，念佛法事仪包括种类各样的赞②。如阿吒力教经典中，就包括各类歌赞③。并见于北D07883（制83，北8735）+BD09541（殷62）、P.2122v和P.3210中的《化生童子赞》，与法照净土五会念佛法事仪中包括的多种赞具有同样性质。在法事仪式文献中，“化生童子”四字，目前仅见于法照著作《净土五会念佛诵经观行仪》卷下中的《高声念佛赞》。但并见于BD07883（制83，北8735）+BD09541（殷62）、P.2122v和P.3210的念佛法事仪，是否属于《净土五会念佛诵经观行仪》卷上内容？待新资料发现后才能确定。

三、敦煌遗书整体性的研究思路

在国家社科基金项目《敦煌佛教仪式文献研究》这一课题的结项《引言》中，笔者认为敦煌学研究存在两个天然的问题：“一是敦煌遗书本身并非古代敦煌佛教寺院的完整系统的藏品，而是属于废弃不用才保存下来的古代遗物。从文物上来讲是遗珍，从文献完整程度来讲则是残缺不全。二是敦煌遗书自发现之后，就被分藏在世界各地，迄今为止没有一个完整

①［唐］法照述《净土五会念佛略法事仪赞序》，《大正藏》第47册，第475页。

② 关于法照念佛法事仪包括种类各样的赞的说法，受施萍婷《法照与敦煌文学》（参见施萍婷：《敦煌习学集》，甘肃民族出版社，2004年，第195-196页。）相关论述的启示。

③ 详见《地藏慈悲救苦荐福利生道场仪提纲》（方广锠主编《藏外佛教文献》第6辑，宗教文化出版社，1998年，第267-288页。）和《如来广孝十种报恩道场三时提纲》（方广锠主编《藏外佛教文献》第8辑，宗教文化出版社，2003年，第262-304页。）。

的敦煌遗书目录；家底不清。”①对于敦煌佛教仪式文献研究来说，这两大致命问题同样存在：“一方面，由于是废弃之物，目前我们找不到一套古代敦煌地区僧人用来举行完整系统的敦煌佛教仪式文本，如何复原或重现古代敦煌佛教仪式过程，并籍以探寻中国古代佛教仪式，是一个待解决的问题；另一方面，尽管我们知道了敦煌遗书的大致总数，但迄今为止敦煌佛教仪式文献的总数是多少，目前仍然不清楚。这从根本上决定了我们对敦煌佛教仪式文献的研究，从开始就是不完整的。”

如何解决因资料残缺和分散带来的问题呢？笔者个人认为可以参证相对系统和完整的阿吒力教经典及其实际应用来完成。因为“在云南收集到的佛教仪式文本，有四个重要特点。一是保存相对较为系统；二是有传承，至今仍然被用来举行法会仪式；三是具有地域广泛性，故在贵州、甘肃等省区能找到相同或相近的本子；四是可验证，往往能与敦煌遗书互证。尤其是前两个重要特点，为全面了解明代以前佛教法会仪式奠定了基础”。

此前，“正是基于保存在云南的相对系统的佛教仪式文本，基于对佛教法会的实际展演和佛教仪式文本实际应用的了解，我们不仅对仪式文本中不同名词概念有相同含义及同一名词概念表达不同含义有切实的了解，看到保存在云南的佛教仪式文本与敦煌遗书之间存在的某些联系，而且还能以对这些佛教仪式文献的认识为基础，对敦煌遗书有新的解读”。“当然，最后能将云南收集到的佛教仪式文本和敦煌遗书统一在一起进行讨论的，是以斋僧为基础的斋供仪式”。由于斋供仪式包括斋主（施主）、斋意和仪式专家，故“在研究敦煌佛教仪式文献时，如果引入斋供仪式的核心元素——斋意及表述斋意的斋意文作为判别标准，除了可以将此前被单独研究的愿文、斋文、回向文、请僧疏等，都纳入佛教仪式文献中进行讨论外，对于一些此前被单独研究的变文、讲经文等，也都可以根据这个评判标准，纳入佛教仪式文献研究的范围”。

在此基础上，笔者对敦煌遗书中的佛教斋供仪式文献有了与前贤不尽相同的看法。作为对本文上述讨论的回应以及对敦煌遗书研究思路的个人理解，笔者引述如下：

> 敦煌遗书中的斋供仪式文本至少包括斋意文、斋戒文、变文、礼忏文、礼赞文、论义文和密教道场仪等七大类。
>
> 首先是斋意文。斋意文在中国古代又作斋文、疏、愿文、表白文、叹佛文、庄严文、回向文、咒愿文、发愿文等，是陈述施主设斋目的的文字。与僧人在受斋前后要咒愿一样，斋意文用于法会的开头和结尾。完整的斋意文应包括设斋的时间、原因、目的、愿望和法会的具体安排等内容。在实际应用中，完整的斋意文已经烧化，现存敦煌遗书中的斋意文，或者是废弃文本，或者只是斋意文某一部分的范本，形态较为复杂，但可以参照完整的斋意文讨论它们在斋意文中的位置。能准确把握这部分文献，就能对敦煌遗书中佛教仪式文本的总体形态有清晰的把握。
>
> 其次是斋戒文。不论是出家人的受戒还是在家人的受戒，都需要有设斋举行授戒仪式的功德主，因此受戒仪式属于斋供仪式之一。除了表现设斋受戒的斋意文外，敦煌遗书中的斋戒文还包括各类戒牒和受戒文。如在家人受三皈五戒、八戒、菩萨戒文，出家人的布萨文、受十戒和具足戒文等。受八关斋戒文是敦煌遗书中文本数量保存最多的斋戒文。

① 国家社科基金结项成果《敦煌佛教仪式文献研究》，2017年5月。本文引文未标出处者，均出自该成果。

其三是变文。“变文”以往一直是在宽泛意义上使用，实际上包括讲经文、变文、讲因缘文等。此前被认为是“俗讲”的底本。但了解斋僧即可知道这一说法不能成立。虽然僧人应赴施主之请时，往往会讲经说法，但讲什么，如何讲，则由僧人根据具体情况随机决定，没有专门的划一的讲经说法的模式，因此佛教历史上并不存在专门的“通俗讲经”。至于在三长月劝俗人施物输财的“俗讲”，与一般的讲经的区别，是它的斋意、它出现的背景而不是使用的文本。尤其是部分敦煌遗书中的变文，其首尾包括有明确表述斋意的庄严文，证明它们曾被用于斋供仪式，由于其斋意不是劝人输财，所以不能简单将它们视为“俗讲”的底本。

其四是礼忏文。称佛礼忏是佛教信徒的修持手段之一，因此礼忏文一般属于佛教信众举行修持仪式的文本。但在僧人是应施主之请而举行称佛礼忏仪式时，这些文本即因加入了斋意而成为斋供仪式文本。另外，在授戒仪式中，授戒前都需要称佛忏悔，故用于授戒忏悔的礼忏文也是斋供仪式文本。

其五是礼赞文。礼赞文是僧人举行斋供仪式时用于赞扬佛、法、僧、名山、宗派等的诗词偈颂。与变文、礼忏文相比，礼赞文一般篇幅都不长，但往往首尾完整，内容也自成体系，看上去似与法会无直接联系。在法会实践中，礼赞文的使用较为灵活，可以被随机应用在道场仪式程序中，发挥与其他仪式文本相同的作用。因此，它们也属于斋供仪式文本。

其六是论义文。论义又作论议。是通过往复问答以阐明佛教义理的法会仪式程序之一。包括宾主双方，位列两座，立义问难。论义不仅在设斋供僧的讲经法会中出现，在八关斋大会中也出现。敦煌遗书中保存的100余件论义文，以详实具体的文字，立体展现了论义的过程和问答的内容，加深了我们对汉地佛教论义的认识。

其七是密教道场仪。会昌法难之后，由于印度高僧善无畏、金刚智和不空开元年间（713—741）翻译传承的密教经典被焚毁，目前仅在敦煌遗书和大理国写经中发现的《金刚峻经》（又称《坛法仪则》）等一些中国僧人编纂的密教道场仪为了填补法会仪式的需要，应运出世。这些汉传佛教仪式融合显密，藉禅传宗，假名水陆，设坛宣演，唱导宣演，召亡施食，奠定了唐代以降汉传佛教仪式文献文本互见组合的基本格局。

上述佛教斋供仪式文本中，只有斋意文是必需的。其他文本是否会出现，是否会组合在一起出现，要看仪式行持者个人的传承和学识，以及斋意的需要。所以除斋意文外，斋戒文、变文、礼忏文、礼赞文、论义文和道场仪等在实际应用中变数较大。它们可以被单独使用，也可以相互配合使用，甚至还可能都不被利用于法会。

总之，将敦煌遗书放在斋僧即斋供仪式的背景下，可以使表面上看起来孤立的文本有了天然的联系，成为可以放在一起作综合讨论的上下文，从而立体地展现古代敦煌佛教仪式的具体形态，不仅为解读敦煌遗书，也为研究中国佛教仪式、研究中国佛教史提供新的视角。也正是在此基础上，我们对唱导、俗讲、论义、水陆法会等中国古代佛教仪式有了全新的认识。[①]

---

① 侯冲：《斋僧文本：立体展现古代敦煌佛教仪式具体形态》，《中国社会科学报》2014年5月14日第A8版。

新见国家图书馆藏 西夏文《六祖坛经》译释*

史金波（中国社会科学院民族学与人类学研究所）

【摘要】 新见西夏文《坛经》具有重要的学术价值，它提供了两种西夏文本对勘的素材，增加了西夏文《坛经》的新内容，有助于校勘汉文本等，反映出中国历史上多民族文化的密切交流，显示出中原王朝在佛教的流行和佛教经典传播方面对民族地区的重要影响和相互借鉴。

【关键词】 西夏　《六祖坛经》　文化融合

近期，国家图书馆在整理旧藏图书文献时，发现了5纸西夏文文献，各页一面为《瓜州审案记录》，另一面为《六祖大师法宝坛经》（以下简称《坛经》）。这些文献为西夏早期文献，是900多年前的文献遗珠，十分珍贵。

《坛经》是中国佛教禅宗的主要经典之一，内记禅宗第六祖慧能出家、受法、传法等事迹及其语录，目前所知汉文本多达10多种，但以早期4种为主：一是中唐时期慧能弟子法海所集《南宗顿教最上大乘摩诃般若波罗蜜经六祖惠能大师于韶州大梵寺施法坛经》一卷，敦煌莫高窟石室出土，称为"敦煌本"或"法海本"；二是晚唐时期惠昕改编的《六祖坛经》二卷，称为"惠昕本"或"兴圣寺本"；三是北宋时期契嵩改编的《六祖大师法宝坛经原本》一卷，称为"契嵩本"；四是元代宗宝的《六祖大师法宝坛经》一卷，称为"宗宝本"。

西夏文《坛经》为西夏时期写本，也属于早期版本，且是少数民族文字译本，反映了中国历史上多民族文化的密切交流，有其特殊的文献价值。本文拟对新见西夏文《坛经》做初步考释，以飨读者。

* 本文承国家图书馆善本部热情提供馆藏西夏文《瓜州审案记录》和《六祖坛经》。原件照片和有关数据，并允刊布，深表谢忱。

一、西夏文《坛经》文献概述

西夏文本《六祖坛经》过去已经多次发现，最初发现于20世纪20年代，最初仅有5页。1932年出版的《国立北平图书馆馆刊》（西夏文专号）刊布照片3幅，其中2幅为《六祖坛经》，1幅为《瓜州审案记录》。在该专号前，王静如先生所作《引论》中曾论及罗福成所藏5页《瓜州审案记录》，将其定名为《瓜州审判档案残卷》，并翻译、考证内容，正确地指出其案情“不外商贾买卖牲畜，交换缯帛，以致有侵夺伤害等事”。在该专号中还有罗福成先生所作《六祖大师法宝坛经残本释文》，录出5页《坛经》的西夏文，并做出汉文对译和意译[①]。两位先生在当时西夏文献研究初始阶段，既对此难以识读的西夏文进行翻译、诠释，又得出很多正确的意见，十分难得。

在20世纪70—80年代，笔者走访了一些图书、文博部门，搜集西夏文献文物资料，又发现了6纸《六祖坛经》和《瓜州审案记录》。其中，北京图书馆（今中国国家图书馆）藏2纸[②]、历史博物馆（今中国国家博物馆）藏1纸、北京大学图书馆藏3纸。以上6纸加上罗福成所论5纸（其中1纸为半叶）和日本龙谷大学图书馆藏、《西域文化研究》刊布的1纸[③]，共得12纸。经过整理、研究后，我于1993年发表了《西夏文〈六祖坛经〉残页译释》一文，对上述12纸《六祖坛经》做了论述、翻译和初步研究，文末附载北京图书馆藏西夏文《坛经》原件照片1幅[④]。后中国国家图书馆藏2纸、北京大学图书馆藏3纸、中国国家博物馆藏1纸原件照片，分别刊布于《中国藏西夏文献》第1册、第12册[⑤]。龙谷大学图书馆藏1纸原件照片后又刊布于《日本藏西夏文文献》（上册）[⑥]。

后来台湾地区傅斯年图书馆又发现了5纸同类文献，1纸完整，4纸残页。索罗宁教授发表的《傅斯年图书馆所藏西夏文〈六祖坛经〉残页初探》，介绍了新发现的其中3件西夏文《六祖坛经》，并未附刊原件照片[⑦]。

此次国家图书馆新发现的文献系民国三十六年（1947）由当时的北平图书馆购自旧书店，入馆前为散叶5张，入馆后修复成册，装订成蓝皮包背装。文献现装于侧开木函内，保存完好，编号1119号，原称“西夏文残叶”。修复前纸张尺寸：高23厘米、宽32厘米（纸张大小不一）。修复后纸张尺寸：高24.5厘米、宽34厘米。过去所见中国国家图书馆藏西夏文《坛经》2纸，1纸高23.5厘米，宽31.5厘米；另1纸高24.3厘米，宽28.5厘米。北京大学图书馆藏3纸，第1纸高23.2厘米，宽31.7厘米；第2纸高23厘米，宽29厘米；第3纸高

---

① 《国立北平图书馆馆刊》第四号第三卷（西夏文专号），1932。插图：西夏译六祖坛经残叶；王静如：《引论》，第24-32页；罗福成：《六祖大师法宝坛经残本释文》，第227-235页。

② 史金波、黄润华：《北京图书馆藏西夏文佛经整理记》，《文献》1985年第4期，第238-251页。

③ ［日］西域文化研究会编《西域文化研究》第4册，1961年。图版载《中央亚细亚古代文献》。

④ 史金波：《西夏文〈六祖坛经〉残页译释》，《世界宗教研究》1993年第3期，第100页。

⑤ 宁夏大学西夏研究中心、国家图书馆、甘肃五凉古籍整理研究中心编《中国藏西夏文献》（第1-20册），甘肃人民出版社、敦煌文艺出版社，2005—2007年，第1册，第17-18页；第12册，第351-356、362-363页。

⑥ 武宇林、［日］荒川慎太郎主编《日本藏西夏文文献》上册，中华书局，2011年，第220-221页。

⑦ K.J.Solonin：*The Flagments of the Tangut translation of the Platform Sutra of the Sixth Patriarch Preserved in the Fu Ssu-nien Library,Akademia Sinica*，《“中研院”历史语言研究所集刊》第79本第1分，“中研院”历史语言研究所，2008年，第163-185页。

24.1厘米，宽30.6厘米。中国国家博物馆藏1纸高23厘米，宽31.5厘米。日本龙谷大学图书馆藏1纸高24.1厘米，宽30.6厘米。

以上这些保存于国内外不同单位的西夏文《坛经》共17整叶和3个半叶，纸质相同，整页页面大小相近。中国国家图书馆所藏西夏文《坛经》连同过去的2纸，共7纸，为国内外所藏西夏文《坛经》最多者。因其背面皆为西夏文《瓜州审案记录》，应出自西夏瓜州（今属甘肃省酒泉市瓜州县），可称为“瓜州本”。

二、新见西夏文《坛经》译校

新见西夏文《坛经》以行草书写于薄麻纸上，书法娴熟随意。其文字与背面《瓜州审案记录》文字笔画透墨互扰，影响识认。以下将新发现的5纸西夏文《坛经》依其内容的先后顺序译释，首列图版，然后将西夏文录写成楷书，西夏文下对译汉文字义，最后再意译成文。

（一）1119-003左（见图1）

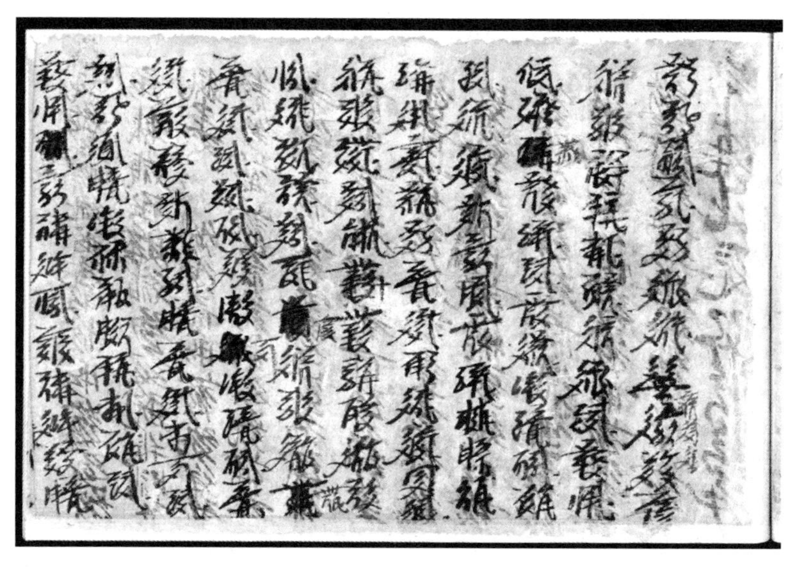

图1　新见中国国家图书馆藏瓜州本西夏文《坛经》第1纸

录文和对译：

1. [illegible]? ①[illegible]

   师为令〈〉谓唯上座有名［神秀］南

2. [illegible]② [illegible]③

   房下中壁上相无唯偈〈〉写

---

① 此处旁加3小字，第3字存疑。

② 此字多写中间一竖。

③ 西夏文“[illegible]”，“司”意，误。应为“[illegible]”，“书、写”意。“[illegible]”“[illegible]”两字同音。

3. [illegible][1][illegible]
五第大师其偈见众人识令此

4. [illegible]
偈悟者便自性见其依修行

5. [illegible]
则出离得谓慧能说我〈〉八月

6. [illegible][2][illegible]
个时碓〈〉踏堂前未至何

7. [illegible][3][illegible][4][illegible]
知我氏荣导南廊下到往

8. [illegible]
慧能偈处敬礼另一人诵令慧

9. [illegible]
能闻毕便大意识慧能亦一偈

10. [illegible]
〈〉为字识人〈〉唤西壁上此偈

11. [illegible][5][illegible]
〈〉写自本心过若本心未识

意译：

（此部分内容为慧能、童子问答，慧能作偈）

……令为（六代）师。有一上座名神秀，于南廊下壁上写下无相偈，五祖大师见其偈后，令人识，悟此偈者，即见自性，因此修行，即得出离。慧能曰："我踏碓八个月，未至堂前，何知我上人引至南廊下。"慧能于此偈处敬礼，请另一人诵，慧能闻已，即识大意。慧能亦作一偈，又唤一识字人，于西壁上写下此偈，过自本心，若不识本心……

法海本[6]：

……禀为（六）代祖。有一上座，名神秀，忽于南廊下书无相偈一首，五祖令诸门人尽诵。'悟此偈者，即见自姓（性）；依此修行，即得出离。'惠能答曰：'我此踏碓八个余月，未至堂前，望上人引惠能至南廊下，见此偈礼拜，亦愿诵取，结来生缘，愿生佛地。'童子引能至南廊下，能即礼拜此偈，为不识字，请一人读，惠（能）问（闻）已，即识大意。惠能亦作一偈，又请得一解书人，于西间壁上提（题）著，呈自本心，不识本心……

① 西夏文"[illegible]"，"教、学"意，误。应为"[illegible]"，"师"意。"[illegible]""[illegible]"两字同音。

② 此处1字有删除符号，不录。

③ 西夏文"[illegible]"，两字分别意为"氏盛"，可译为"盛氏"或"荣人"，汉文此处对应文字为"上人"。

④ 此字多写中间一竖。

⑤ 同第2行，西夏文"[illegible]"，"司"意，误。应为"[illegible]"，"书、写"意。"[illegible]""[illegible]"两字同音。

⑥ 本文所引《坛经》法海本，参见［唐］慧能著，郭朋校释《坛经校释》，中华书局，1983年。参见李申校译，方广锠简注《敦煌坛经合校译注》，中华书局，2018年。

（二）1119-006右（见图2）

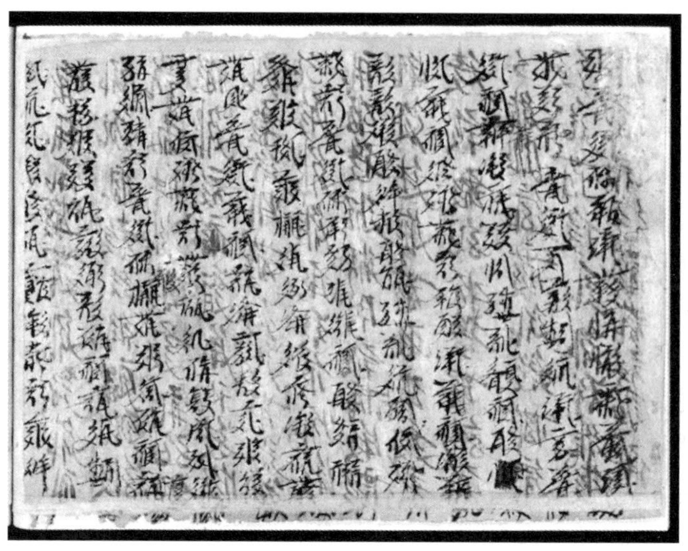

图2　新见中国国家图书馆藏瓜州本西夏文《坛经》第2纸

录文和对译：

1. [illegible][1][illegible]
   时慧能〈〉唤其堂内金刚经
2. [illegible]
   契说为慧能一闻立便悟其夜慧
3. [illegible][2][illegible]
   能法持人皆未知立便速法传
4. [illegible]
   复衣法六第大师等赐其衣法信持
5. [illegible]
   世世〈〉传心以传行立便悟令五第
6. [illegible]
   大师慧能〈〉说谓昔先法传喻气
7. [illegible][3][illegible][4]
   丝悬如若汝此住则害者人有流
8. [illegible]
   往汝慧能衣法得则夜三更时足

---

① 前3字右部残损不清，据存留笔画和上下文补。

② 西夏文“[illegible]”，趋、速意。此处引申为“顿”意，“顿法“（“[illegible]”），修禅中为快速悟法。

③ 西夏文“[illegible]”，为“[illegible]……[illegible]”式组词，意为“譬如……”。此处译为“气如悬丝”。

④ 此字残，据上半字和上下文拟补。

9. [illegible][1][illegible][2][illegible]

举往五第大师速送九海驿宫处至

10. [illegible]

尔时本师慧能〈〉令汝往奋当此法得

11. [illegible]

持一年莫行何如也此法行难速

12.[3][illegible][4][illegible]

不悟后〈〉传行迷人劝师若心

意译：

（此部分内容为慧能受法）

……时唤慧能于堂内说《金刚经》。慧能一闻，立便悟。其夜慧能受法，人皆不知，便传顿法，赐予法衣及六代大师。其法衣为信持，代代当相传，以心传行，立便使悟。五祖对慧能说："自古传法，气如悬丝！若汝住此，则有害者，汝当流亡。"

慧能得衣法，夜三更时起行。五祖大师自送至九海驿宫。尔时本师命慧能："汝去，当努力，得持此法，一年勿行，何故也？此法难，速不悟，后当传行，善教迷人；若心……"

法海本：

……唤惠能堂内，说《金刚经》。惠能一闻，言下便伍（悟）。其夜受法，人尽不知，便传顿法及衣："汝为六伐（代）祖！衣将为信禀，代代相传；法以心传心，当令自悟。"五祖言："惠能！自古传法，气（命?）如悬丝！若住此间，有人害汝，汝即须速去！"能得衣法，三更发去。五祖自送能于九江驿，登时便悟。祖处分："汝去，努力将法向南，三年勿弘此法，难去，在后弘化，善诱迷人；若得心开……"

（三）1119-006左（见图3）

录文和对译：

1. [illegible][5][illegible]？[6][illegible]

诸经文一切人〈〉说？有世界人

2. [illegible]

中智有愚有愚者少是智者大

① 西夏文"[illegible]"，两字分别为"足、举"意，二字合成词为"起行"意。

② 西夏文"[illegible]"，4字对译为"九海驿宫"。汉文本与之相对应的为地名"九江驿"。可能西夏文译者未理解原意。此后西夏文本缺译"登时便悟"。

③ 此行残，各字缺左半字，依右半部及上下文意补。

④ 西夏文"[illegible]"，"师"意。此处应为"[illegible]"（教）。二字同音，一为名词，一为动词。

⑤ 上字残，依遗存笔画及上下文意补。

⑥ 一字模糊不清。

3. [illegible]
为迷人智人〈〉问则智人迷人〈〉法
4. [illegible]
说故愚人悟令其大智人与不异故
5. [illegible][①][illegible]
知不悟则佛众生是若一念悟〈〉众生佛
6. [illegible]
是故知诸法一切皆自身心中在自
7. [illegible]
心上本性趋法实真有云何不见
8. [illegible]
菩萨戒经契中说本源自性清静
9. [illegible]
心识性见故自佛道成自心退
10. [illegible][②][illegible][③][illegible]
归善知识我此［弘忍］大师处一语
11. [illegible][④][illegible][⑤]
闻立便〈〉悟实真本法速见故经法
12. [illegible]
以复后传行道修者〈〉菩提速悟
13. [illegible]
令自各心观自性悟令若自悟

意译：

（此部分内容为一切万法尽在身中）

……诸一切经书，因人说有。世界人中有愚有智，愚为少，智为大人。迷人问于智者〔二〕，则智人与愚人说法。故令愚人悟，与大智人无别。故知不悟，即佛是众生；若一念悟，即众生是佛。故知，一切诸法，尽在自身中，何不见于自心上本性顿法现真？《菩萨戒经》云："本源自性清净，识心见性，故自成佛道，还得自心。""善知识！我于弘忍大师处，闻一语立便已悟，顿见真如本法。故将此教法，传行后代，令修道者，顿悟菩提，自各观心〔四〕，令悟自性……"

法海本：

……一切经书，因人说有。缘在人中有愚有智，愚为少故（小人），智为大人。

① 西夏文"[illegible]"（悟）为后加小字。

② 西夏文"[illegible]"（此）为后加小字。

③ 西夏文"[illegible]"，意为"弘忍大师"，"[illegible]"（弘忍）为音译人名。

④ 西夏文"[illegible]"（法）为后加小字。

⑤ 西夏文"[illegible]"，二字意为"经、法"。此二字可译为"经教"。参见中国国家图书馆藏：《经律异相》卷十五，刊布于史金波、陈育宁主编《中国藏西夏文献》第5册，第351页。此处汉文本对应的为"教法"。

问迷人（迷人问）于智者，智人与愚人说法，令使（彼）愚者悟解染（心?）解。迷人若悟解心开，与大智人无别。故知不悟，即是（按：是，疑衍）佛是众生；一念悟，即众生是佛。故知一切万法，尽在自身中，何不从于自心顿现真如本姓（性）。《菩萨戒经》云：'我本愿（元?）自姓（性）清净，识心见性，自成佛道。'（《维摩经》云：）'即是豁然，还得本心。'

"善知识！我于忍和尚处，一闻言下大伍（悟），顿见真如本性。是故将此教法，流行后代，今（令）学道者，顿伍（悟）菩提，令自本性顿悟。若（不）能自悟者……"

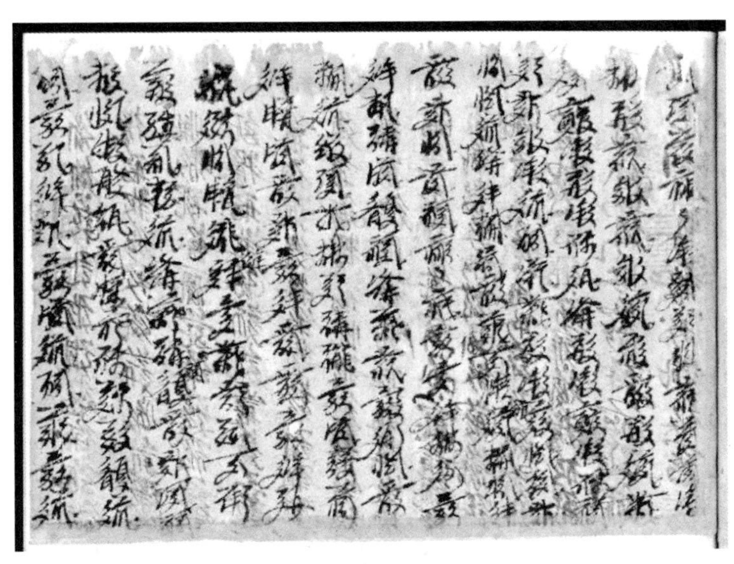

图3　新见中国国家图书馆藏瓜州本西夏文《坛经》第3纸

（四）1119-003右（见图4）

录文和对译：

1. [illegible]
　〈〉说下根人说则远上根人
2. [illegible]
　说则近人者二种有法〈〉二种
3. [illegible]①[illegible]
　有迷悟不同故速缓见有人心
4. [illegible]②[illegible]
　上佛？生若其悟者自心清静
5. [illegible]③[illegible]
　当佛说自心清静者佛土净城

① 此自右上残，据所存笔画和上下文拟补"[illegible]"，意"有"，系表示珍贵事物的存在。译者视"法"为珍贵。
② 此字与背面文字互扰，不清晰，据其笔画识为"[illegible]"，意"出"。
③ 西夏文"[illegible]"（心）为后加小字。

6. [illegible]

主知当东方但心净则罪无西

7. [illegible][①]

方心不净则罪有迷人〈〉东西

8. [illegible]〈〉[illegible]

生求有悟人者自心净土是

9. [illegible][②][illegible]

其西方不远心不净佛土〈〉西方

10. [illegible][③]√[illegible]

至难其西方十万八千数是十

11. [illegible]

恶断则十万过八邪断则八千数

12. [illegible][④][illegible][⑤][illegible]

过唯心正直则指弹过时西方

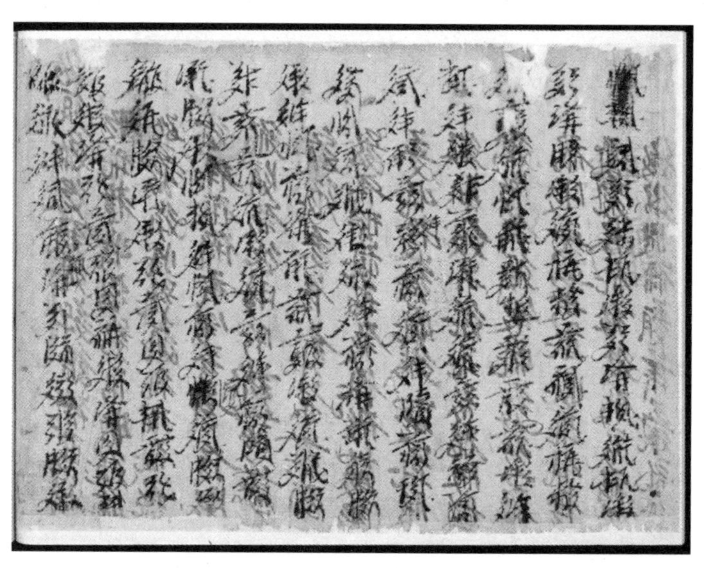

图4　新见中国国家图书馆藏瓜州本西夏文《坛经》第4纸

意译：

（此部分内容为西方此去不远）

……所说为下根说则远，为上根人说则近。人有两种，法有两种，迷悟不同，见有速缓，人心上出生佛，若其悟者当自心清净。佛言：‘自心清净，则佛土净。’

① 疑此处疑“[illegible]”（方）字。

② 西夏文“[illegible]”（国）字为涂掉一字后旁加。西夏文“[illegible]”（佛国）2字，可译为“佛土”。

③ 西夏文“[illegible]”两字之间有颠倒符号√，应为“[illegible]”。

④ 此字残，据所存笔画和上下文拟补。

⑤ 西夏文“[illegible]”（行）为后加小字。

城主当知：'东方（人）但心净则无罪，西方心不净则有罪。迷人有求生东、西（方）者，悟人自心是净土，其西方不远，心不净至佛土西方难。其西方有十万八千数，十恶除则过十万，八邪除即过八千。唯心正直，则如弹指西方（至）……'

法海本：

……去此不远，只为下根说近，说远只缘上智。人自（有?）两重（种），法无不（一），名（迷）悟有殊，见有迟疾。迷人念佛生彼，悟者自净其心。所以佛言，随其心净，则佛土净。使君！东方（人）但净心无罪，西方心不净有愆。迷人求生东方、西（方）者，所在处并皆一种。心但无不净，西方去此不远；心起不净之心，念佛往生难到。除（十）恶即行十万，无八邪即过八千。但行真（直）心，到如禅（弹）指。

（五）1119-005右（见图5）

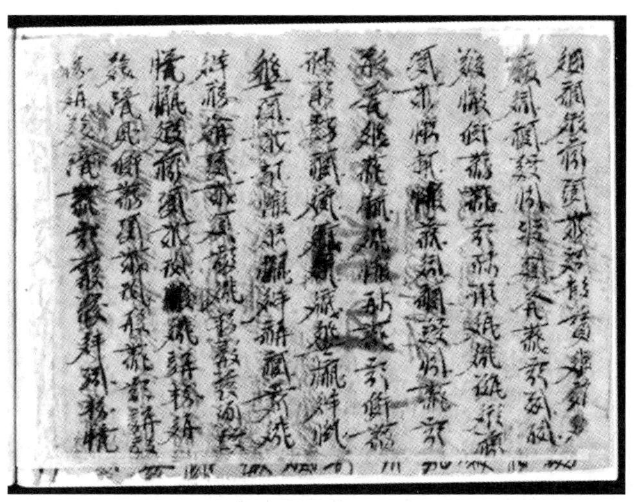

图5　新见中国国家图书馆藏瓜州本西夏文《坛经》第5纸

录文和对译：

1. [illegible]①

妙法莲华经契〈〉诵七年时心

2. [illegible]

迷正法未知曹溪山大师处敬

3. [illegible]

礼来［法达］大师〈〉说问我此莲花

4. [illegible]

经契疑上有正法未知大师

5. [illegible]

智慧广大愿我疑减大师法达

① 前2字“[illegible]”残，据遗留笔画和上下文内容补。

6.[illegible]

〈〉说谓法者最达汝心不

7.[illegible][1][illegible]

达经契上疑无汝心邪法求我

8.[illegible]

心正则经契是我一世文字未

9.[illegible]

识汝莲花经〈〉送我前一遍

10.[illegible]

即诵汝法达经契〈〉取大师前面

11.[illegible]

一遍即诵大师闻毕佛意〈〉识

意译：

（此部分内容为法达来参）

……诵《妙法莲华经》七年，心迷不知正法。来到曹溪山大师处敬礼，法达问大师："我此《莲华经》有疑，未知正法。〔一〕大师智慧广大，愿除我疑。"大师谓法达："法即甚达，汝心不达，经上无疑。汝心邪，而求（正）法；吾心正，即是持经。吾一生不识文字，汝将《莲华经》来〔二〕，对吾读一遍。"法达取经到，对大师面前即读一遍，大师闻已，即识佛意……

法海本：

……常诵《法华经》七年，心迷不知正法之处："经上有疑，大师智慧广大，愿为时（决？）疑。"大师言："法达！法即甚达，汝心不达；经上无疑。汝心自邪，而求正法；吾心正定，即是持经。吾一生已来，不识文字，汝将《法华经》来，对吾读一遍，吾问（闻）即之（知）。"法达取经到，对大师读一遍，六祖问（闻）已，即识佛意……

三、新见西夏文《坛经》的特点和价值

西夏文《坛经》部分页面陆续面世，逐渐引起专家们的重视。至20世纪90年代，我对搜罗到的12纸西夏文《坛经》做了译释，并得出了一些结论：第一，西夏文《六祖坛经》内容接近法海所集唐中期古本；第二，西夏文本和法海本相近而不雷同，疑西夏文译本所据汉文底本为现已失传的另一版本；第三，日本铃木贞太郎曾校订此经，对法海本的漏误多有补正，而西夏文本可坐实其一些补正，有时又能提出比铃木更合理的意见；第四，西夏文本多有改动处，可能是初译校订本。此后研究《坛经》的专家多将西夏文《坛经》也作为一种早期版本，加入到《坛经》版本之中。如1993年出版的杨曾文校写的《敦煌新本六组坛经》，在其中所列《〈坛经〉演变示意图》中，即将西夏文《坛经》列入敦煌原本之下，与敦煌本和敦博本并列的版本[2]。又如近期出版的《敦煌坛经合校译注》也将西夏文《坛经》

① 疑此处遗一"[illegible]"（正）字。

② 杨曾文校写《敦煌新本六组坛经》，上海古籍出版社，1993年，第297页。

列入早期6种合校版本之一[①]。

此次西夏文《坛经》新资料的发现，不仅再次证实了上述结论，而且还有不少新的认识和收获，凸显了新见西夏文《坛经》的特点和重要学术价值。

（一）增加了新见西夏文《坛经》的新内容

新见西夏文《坛经》5纸，加上过去的12纸及5残片内容，占法海本《坛经》总字数的约1/5，使西夏文《坛经》内容占比增加不少，为《坛经》的校勘和研究提供了可资参考的新资料。原来西夏文《坛经》各纸内容分布于该经的前部和中部，此次新发现页面也包括后部的内容。

特别是由于新发现页面的出现，使中国国家图书馆原藏第1纸、新见中国国家图书馆藏第1纸、罗福成原藏第2纸和新见中国国家图书馆藏第2纸可前后缀连，形成4纸贯连在一起的长文，增加了完整性，便于贯通译释，能更好地理解和深入研究。

（二）提供了两种西夏文本对勘的素材

英国国家图书馆藏有2页西夏文《坛经》（见图6、图7），系1914年斯坦因自中国黑水城遗址（今属内蒙古自治区额济纳旗）挖掘所得，刊布于《英藏黑水城文献》第5册[②]。近期，文志勇博士对藏于英国国家图书馆的西夏文《坛经》做了译释研究[③]。这一写本出土于黑水城遗址，可称为“黑水城本”。

图6　英藏黑水城本西夏文《坛经》第1面

图7　英藏黑水城本西夏文《坛经》第2面

这样，西夏文《坛经》就有了两种版本，一为中国国家图书馆等部门存藏的单叶式瓜州

① 李申校译，方广锠简注《敦煌坛经合校译注》，中华书局，2018年，第30页。

② 西北第二民族学院、上海古籍出版社、英国国家图书馆编纂，李伟、吴芳思主编《英藏黑水城文献》第5册，上海古籍出版社，2010年，第200–201页。

③ 文志勇：《英藏黑水城出土文献西夏文〈坛经〉释考》，《西夏研究》2021年第2期，第3–8页。

本，另一为英国国家图书馆的书页式黑水城本。令人欣喜的是在中国国家图书馆新见《坛经》第五纸与黑水城出土的英藏西夏文《坛经》第一、第二面部分内容相合。这就为两种西夏文译本的对勘研究提供了珍贵的素材。

经比较研究可知，两者是不同的译本。现将黑水城本西夏文《坛经》相关部分移录并翻译于下[①]：

录文和对译：

（第1面5—8行，见前文图6）

5. [illegible]？[②][illegible]

弟子莲花经契〈〉诵七年为正法未识心上

6. [illegible]

常疑大师智慧广大疑断为寻师语法达

7. [illegible]√[illegible][③][illegible]

谓〈〉法自皆至汝心未至经上疑无汝心自

8. [illegible]

疑汝心邪因正法供养心正因常经持我文

（第2面1—2行，见前文图7）

1. [illegible]

字未知经契〈〉送〈〉诵汝我闻则知悟谓

2. [illegible]

法达立便经契〈〉诵师语经多语无七卷皆

意译：

……弟子诵《莲华经》七年，未识正法，心上常疑。大师智慧广大，求为断疑。”师对法达说：“法自甚达，汝心未达，经上无疑，汝心自疑。汝因心邪，供养正法。（我）因心正，常持经。我我不识文字，汝取经来，吾闻即知解。法达立便诵经。”师言：“经无多语，七卷尽是……

将中国国家图书馆藏瓜州本与黑水城本对比，首先会发现内容有差异。如中国国家图书馆藏瓜州本有弟子法达到六祖大师所在漕溪山并敬礼的内容，黑水城本则无。又如瓜州本法达诵《莲华经》七年在法达说话前的叙述句内，黑水城本则在法达说话的引述句内。再如瓜州本中大师对法达说“经上无疑”，黑水城本其后多“汝心自疑”四字。

其次，两种写本的遣词用语也有多处不同。如瓜州本中佛经名用《妙法莲华经》五字，黑水城本仅用三字简称《莲华经》。又如诵经的“诵”字，瓜州本用“[illegible]”，“念、诵”意，黑水城本用“[illegible]”，“读、诵”意，两字为近义字，还可联合组成“[illegible]”一词，意为“诵读”。再如“七年”后瓜州本用时间名词“[illegible]”（时），黑水城本用动词“[illegible]”（为）。瓜州本有“[illegible]”，意为“愿减我疑”，黑水城本为“[illegible]”，意为“求为断疑”。瓜州本“未知正法”的“知”为“[illegible]”（知），黑水城本为“[illegible]”（识）。人名法达瓜州本为“[illegible]”，两字音

① 录文、译文参考文志勇论文中的录文和译文，有个别补充和修改。

② 旁似有一小字，不清。

③ 此字前加颠倒符号，应与上一字颠倒成为“[illegible]”。

分别为"梵、达"，音译为"法达"，黑水城本用"蘒繖"，两字字义分别为"法、至"，意译为法达[①]。

不难看出，以上两个西夏文《坛经》本是两个不同的译本。其内容的差异表明两个译本所依据的是两个不同的汉文底本。可知在西夏存在的汉文本《坛经》不止一种，这使我们对佛教禅宗在西夏的流传又多了一层认识。

西夏前期曾大规模译经，将汉文大藏经译为西夏文。此项浩大工程由皇室提倡，先后用53年译完3579卷佛经[②]。西夏皇室译经可能并未将在中国本土产生并流行的禅宗经典《坛经》收入其中，致使在西夏没有一部由政府组织、高僧主持的权威西夏文《坛经》译本。这样在西夏流行禅宗的不同地方翻译此经，并有不同译本便可以理解了。西夏文《坛经》瓜州本有不少涂抹、添加等改动处，所改易的词、字，多较未改前贴切。此译本应是校译稿本，更显其文本的珍稀。

（三）西夏文《坛经》有助于校勘汉文本

《坛经》作为禅宗最重要的经典，受到佛教界和学术界的高度重视。《坛经》版本众多，支脉繁复，互有差异。国内外专家对《坛经》版本的校勘、研究甚多，成果累累，已成为深湛的学问。早期的敦煌本《坛经》特别重要，但错别字很多，国内外专家多有更正。敦煌博物馆藏本的发现和校订研究在很大程度上解决了敦煌本错漏字较多的问题。而西夏文本作为早期版本之一，也能起到特殊的校勘作用。

过去对西夏文《坛经》在校勘汉文本时已有所论列。新发现的5纸《坛经》对勘汉文本每每得见新证，又有不少收获。

西夏文瓜州本《坛经》接近法海本又有新例，如第2纸中"气如悬丝"，与法海本同。而惠昕本等为"命如悬丝"。第3纸中"愚为少"，与法海本同，而其他本为"愚为小人"。第3纸"《维摩经》云"，西夏文本和法海本皆缺，惠昕本等本有。第4纸"东方但净心则无罪"，法海本与西夏文本同，其他文本"东方"后有"人"字。第5纸中"经上无疑"，惠昕本等本后有"汝心自疑"4字，法海本和西夏文本皆缺。由此，又增加了西夏文瓜州本贴近法海本的例证。

新见西夏文《坛经》可校勘法海本的错谬，以下依新见西夏文《坛经》顺序加以对照梳理。

第1纸第4行"𗩅𗗙𘑲𗏁"，意为"即见自性"。敦煌本误"性"为"姓"，西夏文为"𘑲"，"性"意，可证敦煌本误，系形近、音同致误。

第1纸第8—9行"𗯨𗍫𗤓𗧓"，意为"慧能闻已"，其中的"闻"，敦煌本误写为"問"，西夏文为"𗤓"，"闻"意，可证敦煌本误，系音近、形近致误。

第2纸第4行"𗪈𗫂𘜶𗼃"，"第六大师"之意。法海本为"六伐祖"，将"代"误写为"伐"。西夏文本可证敦煌本形近致误。此外，敦煌本多处将"代"误写为"伐"。

第3纸第3行"𗗂𗴂𗥃𗴂𘄽𗨻"，意为"迷人问智者"。其中"𗗂𗴂"（迷人）为主语，"𗥃𗴂"（智人）后有宾语助词**谍**，"𗨻"（问）为动词，主语、宾语和谓语十分清晰。法海本

① 关于两种西夏文《坛经》的详细对比研究将另文讨论。

② 史金波：《西夏文〈过去庄严劫千佛名经〉发愿文译证》，《世界宗教研究》1981年第1期，第64-76页。

此处为“问迷人于智者”，主宾不清，欠通。

第3纸第5行“緣姅糀絾豰”，意为“则佛是众生”。法海本为“即是佛是众生”，亦欠通顺。西夏文本证实法海本衍第一“是”字。

第3纸第8行“蒜蘢霡飊譋蔣”，意为“本源自性清净”。法海本为“本元自姓清净”。“元”和“姓”皆误，第一字同音字误，第2字同音、形近误。

第3纸第11行“豞豯蘒豵豼豨豱”，意为“闻一语立便已悟”。法海本将“悟”误为“伍”，音近、形近误。西夏文本可证其非。

第3纸第12行“豥豦豧豨豩豪豫豬豭”，意为“令修道者顿悟菩提”。法海本将“令”字写为“今”，形近误。西夏文本可证其误。

第3纸第13行“霡豮豯豰”，意为“各自观心”，敦煌本为无此4字，而惠新本有，或敦煌本有失。

第4纸第2行“豱豧豲豳豴”，意为“人有两种”。法海本为“人自两重”，遗“有”字，“種”误为“重”，音近、形近误。西夏文可证其误。

第4纸第3行“豵豶豷豸”，意为“迷悟不同”，可译为“迷悟有殊”。法海本为“名悟有殊”，“迷”误为“名”，音近误。西夏文可证其误。

第4纸第12行“豹豺豻豼豽”，意为“唯行正直心”，可译为“但行正直心”。法海本为“但行真心”，惠昕本为“常行平直”。法海本将“直”误为“真”，形近误，西夏文本可证其误。

第4纸第5—6行“豾豿”，意为“城主”。此二字在《番汉合适掌中珠》中译“州主”，其他西夏文文献有的译为“太守”。这里对应汉文本中的“使君”，指韶州刺史韦璩。此处对职官名称译文文字虽异，内容相符。

第4纸第12行“貀貁”，意为“弹指”。法海本误“弹”为“禅”，形近误。西夏本可证实其误。

第5纸第4行“貂貃貄”，意为“有疑”。法海本误“癡”为“疑”，形近误。西夏文可证其误。

第5纸第11行“貅貆貇貈”，意为“大师闻毕”。法海本误将“聞”写为“問”，形近误。西夏文本可证其误。

不难看出，以上西夏文本中多处证实法海本中的错讹，其中多已被国内外专家根据其他版本校正。西夏文本以早期译本对正误加以确认，起到了关键的旁证作用，其价值不容忽视。

西夏文本有时也不同于法海本，而与惠昕本接近。如第4纸第10行“貉貊貋貌貍貎貏貐貑”，意为“其西方是十万八千数”，此句法海本无，而惠昕本与西夏文本接近。又如第5纸的第2—4行“来到曹溪山大师处敬礼，法达问大师说：‘我念此《莲花经》，有疑，未知正法。’”文意接近惠昕本，而法海本只有“经上有疑”，其余缺。看来接近敦煌本的西夏文本又有与惠昕本相通之处，可见西夏文本渊源的复杂性和文本的珍贵性。

西夏文《坛经》有时对关键文字的识认能起到重要作用。如《坛经》中的主要人物慧能，在敦煌本中有时多写为“惠能”，有时也写为“慧能”。而在西夏文《坛经》中所见“慧能”皆以“貒貓”两字译出，第1字“貒”，为智慧之“慧”，第2字“阶”，为可能之“能”。

可推论西夏译本所依汉文底本，应是智慧的“慧”。尽管在汉文中“慧”和“惠”有相通之处，但西夏文本的用字对《坛经》这样重要人名的校勘无疑也有一定的参考价值。

（四）西夏文《坛经》以自身语法特点的表达

西夏文《坛经》在翻译时，还尽力运用本身语法特点体现原意，有时使译文文意显得更加贴切。在西夏语中有些语法特点与汉语不同，如有强调句中成分的格助词，有多种不同类别的存在动词，有表示动作趋向和时态的动词前置助词，有在句子首尾表示人称呼应的代词等[①]。以下将5纸新见西夏文《坛经》中表现以上相关语法的内容举例如下。

1.格助词

西夏语中的格助词有主格助词、属格助词、宾格助词、引述格助词。除属格助词与汉语的“之”相近外，其他在汉语中都没有相应的词。在西夏语中，一般句子不需要主格助词，只是在强调主语时用主格助词“[illegible]”，这样使主语更加明确。

第1纸第4—6行“[illegible]”，意为“我踏碓八个月”，其主语“我”后有主语助词“[illegible]”，提示“我”是主语。第4纸第2—3行“[illegible]”，意为“法有二种”，其主语“法”后也有主语助词“[illegible]”，提示“法”是主语。第4纸第5行“[illegible]”，意为“自心清净，则佛土净”。在“自心清净”后加主语助词“[illegible]”，表明“自心清净”这一主谓短语作整个句子的主语，文意更为明了。

因西夏语的句子结构不同于汉语的主语-谓语-宾语形式，而是主语-宾语-谓语形式，主语和宾语都在谓语之前。因此，有时宾格助词显得非常重要。西夏语中有宾格助词为䫆。西夏语中也不是所有的宾语都加宾格助词，只是强调宾语时才在宾语后加宾格助词。

第1纸第10行“[illegible]”，意为“唤识字人”，在“识字人”后、句末动词“[illegible]”（唤）前有宾格助词“[illegible]”，明确表示其前的“识字人”为宾语，是“唤”的对象。

第2纸第10行“[illegible]”，意为“本师命慧能”，“慧能”后有宾格助词“[illegible]”，表示动词“命”的对象是“慧能”。

第5纸第5—6行“[illegible]”，意为“大师对法达说”，可译为“大师谓法达”，也用了宾格助词“[illegible]”，表示说话的对象是法达。

西夏语中引述格用引述词“[illegible]”（说、谓）表示。“[illegible]”也可以做普通行为动词，“说”意，而在引述句中作引述词用。在新见西夏文《坛经》中也出现了引述格助词。

第1纸第1行前残，开始5字“[illegible]”，仅为半句，意为“……令为……师”，据其他汉文本对照，此处内容为“……令为六代师”。西夏文所存部分最后一字为引述格助词“[illegible]”，表示前为引述句。

第1纸第4—5行“[illegible]”，意为“因此修行，即得出离”。最后一字“[illegible]”，是引述词，表示此前的语句为引述语，此处应是五祖大师所言。其他汉文本此处并不明确，西夏文本或更接近原意。

2.存在动词

西夏语有丰富的存在动词，即有不同类别的“有”，除表示一般存在的“有”外，还有表示珍贵存在、内部存在、固定存在等10多个“有”，形成西夏语的一个重要特色。在新见

① 史金波：《西夏文教程》，社会科学文献出版社，2013年，第239-342页。

西夏文《坛经》中也有例证。

第3纸第1—2行“[illegible]”意为“世界人中有愚有智”，两个存在动词“有”皆用表示一般存在的“有”“[illegible]”。

第4纸第2—3行“[illegible]”意为“人有二种，法有二种”，在汉语中动词是两个相同的“有”，但在此处西夏文使用了两个不同的“有”，前者“[illegible]”是表示一般的“有”，后者“[illegible]”是专门表示珍贵事物的“有”。译者将两种事物做了明确的区别，把“法”归为珍贵事物，使用表示珍贵存在的动词，表现得十分贴切、出彩。

3.动词前置助词

西夏语中动词之前往往有前置助词，表示其后动词的动作趋向，同时也表示动作的过去式或未然式两种时态。新见西夏文《坛经》中有不少动词前置助词，以下仅举数例。

第1纸第5行“[illegible]”，意为“我踏碓八个月”，其中动词“[illegible]”（踏）前使用了动词前置助词“[illegible]”，为已行体存续式前缀，表示踏碓是过去的存续动作。第9—10行的“[illegible]”，意为“慧能亦作一偈”，其中动词属（做）前也使用了此已行体存续式前缀“[illegible]”，确切地表达了原意。

第2纸第5行“[illegible]”，意为“代代相传”，动词“[illegible]”（传）前用了未然式动词前缀助词“[illegible]”，以标明其后动词“[illegible]”（传）为未然式存续进行的动作，能很确切地表达文义。

第3纸第11行“[illegible]”，意为“立便已悟”，其中动词“[illegible]（悟）前用了已行体趋向上前缀“[illegible]”，此前缀具有趋于向上的意义，从而更加体现出已悟真谛的向上、正面的行为。

第5纸第10行“[illegible]”，意为“法达已取经”。动词“[illegible]”（取）前有表示方向和时态的动词前置助词“[illegible]”。此助词表示动作趋向主体“法达”，而时态为已行体，即表示主体“法达”已“取”到，这样就准确而细腻地表达了原意。

4.人称呼应代词

在西夏语中，动词后可以带与主语、宾语人称一致的呼应词。主语或宾语是单数第一人称“[illegible]”（我）时，呼应词与主语“[illegible]”（我）相同；若是第二人称“[illegible]（你、汝）时，最后的人称呼应词为语音稍有变化的“[illegible]”（你、汝）；若是第一、二人称复数形式时，句末也有与之呼应的词“[illegible]”。西夏语中第三人称没有人称呼应词，即便是第一、二人称也不是每句都有人称呼应。第一、二人称呼应代词一般在对话或引语中出现较多。

前述第1纸第1行开始5字“[illegible]”，意为“……令为……师”。前已论最后一字“[illegible]”为引述格助词。其前一字为句末人称呼应词[illegible]。此呼应词表示此句的主语为复数第二人称“你们”或“汝等”。查法海本的校释本，此处为童子回答慧能的话：“汝不知大师言，生死事大，欲传于法，令门人等各作一偈来呈看，悟大意，即付衣法，禀为六代祖……”，也有的校点为“你不知大师言生死事大，欲传衣法，令门人等：‘各作一偈来呈吾看，悟大意即付衣法，禀为六代祖……’”①。前者将“令门人等各作一偈来呈看，悟大意，即付衣法”作为童子的叙述，后者将此校点为五祖大师的引述语。而西夏文的表述为引述语格式，不仅有引述语格助词，更有复数第二人称呼应词，主语应是“汝等”。因此，西夏文本的内容大约是“五祖令门人等各作一偈来呈看，曰：‘汝等悟大意，即付衣法，禀为六代祖。’”。可

① 李申校译，方广锠简注《敦煌坛经合校译注》，中华书局，2018年，第23页。

证后者校点为是。

又第2纸第7行“[illegible]”，意为“若汝住此，则有害者，汝当流亡”；第5纸第9—10行“[illegible]”，意为“汝将《莲华经》来，对吾读一遍”，两句都是以前面的主语“[illegible]”（汝）和句末的主语呼应助词“[illegible]”相匹配，使主语非常明确。

总之，西夏文本在翻译过程中显示出西夏语法的特点，表明西夏文译者在翻译过程中对《坛经》的深刻理解。这些特点往往使语句更加明确，甚至还能起到校勘汉文本《坛经》的作用。这表明各民族在文献相互翻译时，不时会碰撞出精彩的火花，显示出民族间文化交流多方面的亮点。

（五）对西夏文本错译的分析

瓜州本西夏文《坛经》应是一个根据汉文本的译本，此写本多处涂抹、加字，表明写者在书写时推敲字词的使用，尽力使之准确。因此，可推断此写本是一个译者的修订译稿。如第1纸将“上座神秀”中间加上3小字，变为“有上座名为神秀”；将“[illegible]”（大师）的“[illegible]”（大），改为“[illegible]”（本），称为“本师”；第3纸在“弘忍大师”前加“此”字；第5纸将“[illegible]”（最上）涂掉，改为“[illegible]”（最达），将“汝《莲华经》来”的“来”字涂掉，改为“送”，成为“汝送《莲华经》来”。所改之处，皆比原文更为准确、贴切。以上足证书写者不是照本宣科地抄录，而是在字斟句酌地翻译修订。

瓜州本西夏文《坛经》其本身也存在一些问题，有时理解原文意不准确，有时显现对西夏文的掌握还未达纯熟，不时出现错讹字。以下按先后顺序举例说明。

第1纸第2行应为“[illegible]”（房），但此字在写本中多写了一竖“[illegible]”。西夏文中无此字。此错字在第7行重复。

第1纸第2行“[illegible]”，此字“司”意。对照法海本此处应是“写”意。西夏文“[illegible]”（写）字与“[illegible]”（司）字同音，系写者记为同音别字。此错误在后面第11行重复。

第1纸第3行西夏文“[illegible]”，“教、学”意。对照法海本，此处应为“师”意。西夏文“[illegible]”（师）与“[illegible]”（教）二字同音，一为名词，一为动词。二字音同、形近，字义关联。此错字在第2纸第12行重复。

第1纸第8行，“请另一人诵”，与其他汉文本比较，前缺“为不识字”，便缺少了“请另一人诵”的缘由，或译者遗漏。

第2纸第3行“[illegible]”，4字对译为“九海驿宫”。法海本与之相对应的为地名“九江驿”。可能西夏文译者未理解原意。

第2纸第12行“[illegible]”，意为“劝师”。此字对应为法海本“善诱”。疑西夏文本误将“[illegible]”（教）写为“[illegible]”（师）。二字同音，一为名词，一为动词。

第3纸第11行“[illegible]”，一为“一年勿行”。法海本相应处为“三年勿弘此法”，惠昕本为“五年勿弘此法”。西夏文本为“一年勿行”，恐误。

第5纸第7行“[illegible]”，意为“汝心邪求法”，“[illegible]”（法）前似遗一“[illegible]”（正）字。若改为“[illegible]”，意为“汝心邪，求正法”则表达了汉文本的原意。

看来西夏文本中确有一些错漏，反映了译本的校订者对西夏文的掌握尚有一定欠缺，有些字不能正确写出，便以音同、近义或形近字代替；或有疏忽不慎，形成错漏。

西夏文创制于西夏王朝建立的前两年，即1036年，共6000多字，与汉字一样属表意文字。这种文字需一个一个识别，学习掌握不易。不要说初学者，即便是有一定文字基础的专门人才，在使用时也可能出现错别字。审视西夏文《坛经》的文字书法娴熟流畅，笔力老道，非初学者所能为。其中偶尔出现个别错讹字，特别是同音字把握不准是可以理解的。对比汉文敦煌本，西夏文《坛经》的错字率要低得多。

西夏文文献中，特别是写本文献，由于书写者掌握西夏文的水平参差不齐，所写文献良莠不一。有的粗心大意，加之缺乏校对，也会出现错别字。而校对较精细的刻本文献则较少出现错别字。这些错别字大多不是像汉字那样长期使用形成的通假字。《坛经》敦煌本错别字较多，专家们校正其误，并不认为其中的错别字是通假字。

总之，此次西夏文《坛经》新资料的发现，提供了《坛经》研究的新资料，得出不少有价值的新结论。这些新资料会同此前所见西夏文《坛经》文献相结合，并与汉文本对照，便于考镜源流，使我们更加深刻地理解西夏文《坛经》和在《坛经》诸版本中的重要地位和特殊的学术价值。同时，这些资料也反映出中国历史上多民族文化的密切交流，显示出中原王朝在佛教的流行和佛教经典传播方面对民族地区的重要影响和相互借鉴。

（本文原刊于《文津学志》第21辑，国家图书馆出版社，2024年）

对《出生无边门陀罗尼经》于阗语本与汉译本的考察*①

范晶晶（北京大学东方文学研究中心）

【摘要】新疆地区与敦煌藏经洞都出土了多件于阗语《出生无边门陀罗尼经》的残片。其中，新疆所出多为经文的散文部分；而敦煌所出则为单行咒语，与其他文献杂抄于一处。这可能反映了该经的密教化倾向。

【关键词】《出生无边门陀罗尼经》　于阗　敦煌

从公元3世纪起，《出生无边门陀罗尼经》就在汉地传译开来。一直到公元8世纪不空的译本为止，汉译本一共有12种，现存9种，3种自支谦时代就已失传。自19世纪末开始，新疆、敦煌地区出土了不少《出生无边门陀罗尼经》的于阗语与梵语残叶。

迄今为止，新疆出土的于阗语残叶主要来自喀达里克佛寺遗址，都是经文的散文部分，当属寺院藏经。根据斯坦因的推测，喀达里克遗址在公元8世纪末便遭废弃。这或许就是这批于阗语残叶的抄写下限。敦煌藏经洞也发现了4件包含于阗语《出生无边门陀罗尼经》咒语的写卷，即P.2026、P.2029、P.2782与P.2855[②]。值得注意的是，这4件写卷只抄了《出生无边门陀罗尼经》的咒语，并无经文的其他部分，且与其他文献杂抄在一起，似是作随身护佑之用。其中，P.2026写卷中有“大晋天福十年”之语，大晋天福十年即公元945年；P.2782提到供养人“刘再升”与“刘司空”，据考证，后晋天福七年（942）入贡

* 本文系国家社科基金冷门绝学研究专项“敦煌藏经洞及和田地区出土于阗语文书释读与研究”（项目编号20VJXT013）阶段性成果。

① 感谢法藏敦煌文献读书班诸位同仁的讨论参详，施杰我（P.O. Skjærvø）教授与李建强副教授慷慨惠赠所收集整理的《出生无边门陀罗尼经》资料，荣新江教授帮助审读初稿并提出了宝贵的指导意见，袁勇博士提示了相关研究成果，在此一并致谢。此文曾发表于《敦煌吐鲁番研究》2024年第23卷，收入论文集时略有修正，附录“咒语部分对照”未收录。

② 李建强：《敦煌·对音·初探：基于敦煌文献的梵、藏汉对音研究》，中国社会科学出版社，2017年，第151页。

于晋的于阗使臣，抄写年代当在942至943年前后①。P.2029与P.2782关系密切。从时间上看，敦煌所出的这4件于阗文《出生无边门陀罗尼经》咒语比新疆出土的经文残叶可能要晚150年左右。在这150年间，《出生无边门陀罗尼经》的性质也发生了变化。

8世纪下半叶，不空编撰《出生无边门陀罗尼仪轨》一部，以八字、八菩萨、八药叉、四摄八供养等排布曼荼罗。但在早期，《出生无边门陀罗尼经》只是一部大乘佛典，尚未具备密教文献的一些特点，如提供大乘以外的另一种解脱法门、面向俗众而非僧团、偏重世俗利益而非精神追求，还有通过特殊的观想方法实现个体向神圣的转化、大量使用咒语与手印等②。而当《出生无边门陀罗尼经》在唐密风潮的影响下逐渐密教化，其咒语也就脱离经文本身，开始别本单行了。这或许才是敦煌4件于阗文《出生无边门陀罗尼经》咒语的传抄背景。

然而，敦煌藏经洞中4件于阗文《出生无边门陀罗尼经》咒语似乎尚未引起学界的足够重视。道垣久雄（Hisao Inagaki）在重构《出生无边门陀罗尼经》的梵本咒语时，并未将4件于阗文咒语纳入考察范围。而实际上，于阗文咒语几乎是照抄梵咒，只是带上了于阗当地的色彩，如送气与不送气的变化、特殊的元音ä等。因此，下文将结合敦煌的4件于阗文《出生无边门陀罗尼经》咒语，对现存的梵语、于阗语残叶以及各个汉译本之间的关系进行初步的考察分析，并提供4件于阗文咒语与9种汉译的对照表，以备后来学者研究使用。

一、新疆出土的《出生无边门陀罗尼经》梵语、于阗语残叶

关于《出生无边门陀罗尼经》的各种语言写本、译本的情况，段晴教授有过详细的介绍③。汉译本现存9种（另有3种已失传），最早的是支谦译本，最晚的是不空译本。目前发现了多件《出生无边门陀罗尼经》梵语残叶，除了1件大谷藏品外④，几乎都出自霍恩雷藏

---

① 张广达、荣新江：《巴黎国立图书馆所藏敦煌于阗语写卷目录初稿》，收入《于阗史丛考（增订本）》，上海书店出版社，2021年，第125，129页。

② Stephen Hodge, tr., *The Mahā-Vairocana-Abhisaṃbodhi Tantra: With Buddhaguhya's Commentary*, London: Routledge, 2003, pp. 4–5.

③ 段晴：《出生无边门陀罗尼经》，收入段晴《中国国家图书馆藏西域文书·于阗语卷（一）》，中西书局，2015年，第41–44页。

④ 由辛嶋静志（Seishi Karashima）识读。参见Seishi Karashima, "Sanskrit Fragments of the Sutra of Golden Light, the Lotus Sutra, the Āryaśrīmahādevīvyākaraṇa and the Anantamukhanirhāradhāraṇī in the Otani Collection," *ARIRIAB* Ⅵ 2003, pp. 183–196. 辛嶋教授认为所识别的残片与佛陀跋陀罗的汉译本最为贴近，其理由或许是"依止"upa[n]i[śr]ā一词，但这一段落中反复出现的ṛddhy-abhisaṃskāra似无法译成佛陀跋陀罗笔下的"入于三昧"。就该词而言，其他译本中的"神力""神通力""神通之力"与不空译本中的"神通现行"对应得更为严整。文书照片见香川默识：《西域考古图谱》，国华社，1915年，(22)(1)(2)。辛嶋教授推测原文书可能还收藏在中国旅顺博物馆。

品。渡边海旭（Kaikyoku Watanabe）[①]、松田和信（Kazunobu Matsuda）[②]、辛嶋静志[③]各识读出1件，韦勒（Klaus Willer）识读出2件[④]。辛岛静志的团队还刊布了1件似可缀合的梵文写本，包括4叶残叶，分别由叶少勇、长岛润道（Jundo Nagashima）与哈里森（Paul Harrison）释读[⑤]。此外，萨尔吉在北京大学赛克勒考古与艺术博物馆藏品中也发现了1件《出生无边门陀罗尼经》梵语残叶[⑥]。

早在1920年，在渡边海旭的提示下，洛伊曼已经识别出3件于阗语《出生无边门陀罗尼经》的残叶，并将其对应于开元九年（721）智严所译《出生无边门陀罗尼经》。这3件残叶属于同一抄本，贝叶装，长约30厘米，宽约6.8厘米，双面书写，各5行，正面左侧写明页码。书写区左右各有1行墨书垂直细线，以限定书写范围；同时，还有5行墨书水平线，当是用来作为上下对齐的标准。3件残叶分别是抄本的第16、19与29叶[⑦]。施杰我在《英国图书馆藏新疆发现于阗语写本全目：录文与翻译》中拼合出了第16叶的右侧，还指出了可能属于该抄本的第3、17（拼合）、24叶[⑧]。这是目前所知保留残叶最多的1件抄本。此外，施杰我在整理英藏于阗语写本时，列出了所有已辨识出的《出生无边门陀罗尼经》的残叶[⑨]。近些年国内所出，除了国家图书馆外，还有旅顺博物馆藏有1件原属大谷探险队的《出生无

① 参见A.F.R. Hoernle, *Manuscript Remains of Buddhist Literature Found in Eastern Turkestan*, Oxford: Clarendon Press, 1916, pp. 86–87。文书编号为H. 144, SA. 1.

② 参见Hisao Inagaki, *Amida Dhāraṇī Sūtra and Jñānagarbha' s commentary: An annotated translation from Tibetan of the Anantamukha - nirhāra - dhāraṇī Sūtra and Ṭikā*, Kyoto: Ryukoku University, 1999年, pp. 20–23. 文书编号为Or.15010/2（H.143a, SA.11）；辛嶋静志的录文参见Seishi Karashima and Klaus Wille, eds. *Buddhist Manuscripts from Central Asia: The British Library Sanskrit Fragments*, Vol II.1, Tokyo: IRIAB, 2009 (以下简称BLSF Ⅱ.1), pp. 335–337.

③ 参见BLSF Ⅱ.1, pp. 520–521，文书编号为Or.15010/183（H.144, SC.236）。

④ 参见Klaus Willer, ed. *Sankrithandschriften aus den Turfanfunden, Teil* 11, Stuttgart: Franz Steiner Verlag, 2012年， pp. 5–6, 9. 文书编号为4370（Hoernle 143 SC 176）与4378（Hoernle 143 SC 153）。

⑤ 参见BLSF Ⅱ.1, pp. 122–123, 126–127, 278–279, 644，文书编号分别为Or.15009/47(H.149/117) + Or.15009/282 (H.149.add.)、Or.15009/50 (H.149/109)、Or. 15009/279（无旧编号）、Or.15009/46 (H.149.146) + Or.15009/275 (H.149.add.)。

⑥ 参见萨尔吉：《北京大学赛克勒考古与艺术博物馆藏梵文文书》，中西书局，第54–56页，图版23–24。文书编号为L 2012.0018。

⑦ Ernst Leumann, *Buddhistische Literatur nordarisch und deutsch*, I Nebenstück, pp. 151–155. 洛伊曼将第29叶误作第28叶，或是笔误。文书编号为IOL Khot 151/3（H.142 NS 77，第16叶）、IOL Khot 151/2（H.142 NS 76，第19叶）与IOL Khot 24/3（Kha.i.119.2，第29叶）；施杰我的新录文参见P.O. Skjærvø, *Khotanese Manuscripts from Chinese Turkestan in the British Library. A Complete Catalogue with Texts and Translations*, with contribution by U. Sims-Williams, London: British Library Publishing, 2002（corrected repr. 2003）（以下简称Catalogue）, pp. 338–339, 221.

⑧ 即IOL Khot 151/3+4（H.142 NS 77 + H.142 NS 80，第16叶），IOL Khot 155/6（H. 142 NS 79，可能是第3叶），IOL Khot 195/1 + IOL Khot 8/4 + IOL Khot 18/10 + IOL Khot 18/4（Kha.i.79 + Kha.0013c4 + Kha.i.86a1 + Kha.i.82a1，第17叶）、IOL Khot 152/1（H.142 NS 78，可能是第24叶）。参见Catalogue, pp. 338–339, 348, 177, 435, 340.

⑨ Catalogue第607页罗列了所有已识别出的英国图书馆所藏于阗语《出生无边门陀罗尼经》的文书编号，除上文所述，还有Or.12452D/16（Balawaste 0213）、Or. 12637/48（Dumaqu 0127）、IOL Khot 9/10 + IOL Khot 24/4+7（Kha.i.309b5 + Kha.i.119）、IOL Khot 19/8（Kha.i.217.2）、IOL Khot 160/7 + IOL Khot 32/6（H. 143 NS 103 + Kha.i.303a1）、IOL Khot 36/1（Kha.ii.31）、IOL Khot 38/1（Kha.vi.12.2）、IOL Khot 159/1（H. 143 NS 27）。参见Catalogue, pp. 120, 138, 180, 205, 246, 255, 262, 356.

边门陀罗尼经》残叶。这2件残叶皆由段晴教授释读研究①。俄罗斯也藏有1件《出生无边门陀罗尼经》残叶，由施杰我辨识，收入《塞语文献·文本Ⅲ：圣彼得堡藏品》②。

基于洛伊曼、施杰我与段晴教授的研究，仔细比对各残叶之间的重合部分与文字异同后（见表1），大略可将目前已辨识的新疆出土的于阗语《出生无边门陀罗尼经》残叶分为如下传本系统与抄本：

表1　新疆出土于阗语《出生无边门陀罗尼经》残叶分类表

传本	抄本	残叶	发现地
A	a	IOL Khot 155/6 (*Fol. 3) IOL Khot 151/3+4 (Fol. 16) IOL Khot 195/1 + IOL Khot 8/4 + IOL Khot 18/10 + IOL Khot 18/4 (Fol. 17) IOL Khot 151/2 (Fol. 19) IOL Khot 152/1 (*Fol. 24) IOL Khot 24/3 (Fol. 29)	Kha.i
	b	IOL Khot 9/10 + IOL Khot 24/4+7 (Fol. 33)	Kha.i
	c	BH3-70 (Fol. 34)	
	d	IOL Khot 160/7 + IOL Khot 32/6	Kha.i
	e	IOL 36/1	Kha.ii
	SI P 48 (Fol. 33) ?		
	Or. 12637/48 ?		Domoko
B	f	旅博20. 1561 [1]	
C	g	IOL Khot 19/8	Kha.i

其中，SI P 48与抄本a的第17叶有大约2行的重合内容，文字基本一致，只有一处小小的词序不同。因此，推测同属传本A系统。这件残叶双面书写，每叶书写4行，但因与同样每叶书写4行的IOL Khot 160/7 + IOL Khot 32/6、IOL 36/1并无重合内容，无法判断是否属于同一抄本。故以“?”表示虽属A系统，但无法判断是属于A系统的d、e抄本还是单独自成一个抄本。Or. 12637/48双面书写，每叶书写5行，与SI P 48有相似表达的平行语句，故而推测同属传本A系统，但没有更多内容可帮助判断与其他抄本的关系，其抄本归属也以“?”表示。

旅顺博物馆所藏20. 1561 [1]号残叶与抄本a的第16、17叶的内容有重合部分（见表2），除了一些常见的正字变体外，在词语选择与句法方面有着很大的差别。

① 国家图书馆所藏于阗语《出生无边门陀罗尼经》残叶参见上引段晴：《中国国家图书馆藏西域文书·于阗语卷（一）》，第41-44页，编号为BH3-70；旅顺博物馆藏品参见段晴：《于阗语〈出生无边门陀罗尼经〉残片释读》（《西域研究》1993年第2期）及《旅顺博物馆藏于阗语〈出生无边门陀罗尼经〉残片释读》（收入叶奕良编《伊朗学在中国论文集》第1集，北京大学出版社，1993年，第9-14页），编号为旅博20. 1561［1］。

② R.E. Emmerick and M. I. Vorob'ëva-Desjatoskaja, *Saka Documents, Text Volume Ⅲ : the St. Petersburg Collections*, London: School of Oriental and African Studies, 1995, pp. 38-39.

表2　抄本a与旅顺博物馆残叶（20.1561[1]）文本对照表

抄本a	旅博20. 1561 [1]
tcūryau śāriputra karaṇyau haṃphve bodhisatvä ttuo dhārañu byehätä	tcūryau häryau bodhisatvä ttuto dhārañu byehätä
vänau ttausai sīruṣṭanä ṣṣīve haḍāya dātä ā[tī]mānai hämäte u dātä vīrī hayärūṇa	avuva'stä ṣīve hāḍāya dātu kei'tä
balysi ttū hvanau āysda yäḍe u gā[hä]nei hvate	balysä āysda gäḍe u ggāhäna tta hvānätä
naryāṣṭu pra[cavä]te	nāra naryau tsīndä
uysnaurāṇu vicitra haṃdrūṣṣa lāstana gūrāsa pharāka	uysnorānu kalahārye
dātä kūśāñä oṣku [ṣṣīve ha]ḍā[ya	dhātu kūśīndä ṣīve haḍāya
ha[rbiśśä brya] hära anaṃdīśśānaina aysmūna	biśśānu bryānu hārāṇu vätä

通过比较可以推测：抄本a是在旅顺博物馆残叶所代表的传本B系统的基础上扩充而成的。

在目前所识别的于阗语《出生无边门陀罗尼经》残叶中，dhāraṇu butte或其变体dārañu butte只出现在IOL Khot 19/8与抄本a第17叶的偈颂里（见表3）。在其他地方，butte被byehätä或类似的形式所取代。鉴于butte是梵语借词，在后期的写本中byehätä等才是更常见的表达①，且偈颂往往代表文本更古老的层次，故而可以推测：IOL Khot 19/8所代表的传本C系统可能早于传本A，甚至早于传本B。但Or. 12637/48中保留了梵语借词satva，IOL Khot 19/8中以于阗语词uysnora来进行翻译；前者使用了复合词hala-māstä，后者的halo māśtu则是更为于阗化的表达。因此，在没有更多证据支持的情况下，文本时代的先后只能是一种推测，且文本之间也存在互相影响（contamination）的关系。

表3　传本C（IOL Khot 19/8）与传本A/B关键词汇对比表

Or. 12637/48	旅博20. 1561 [1]	抄本a第17叶偈颂	IOL Khot 19/8
dhārañu byehäte	dhārañu byehätä	dārañu butte	dhāraṇu butte
hala-māstä satva hā hamä			halo māśtu haṃdara rro uysnora sa

另有3件残叶，Or.12452D/16（Balawaste 0213）、IOL Khot 159/1（H. 143 NS 27）与IOL Khot 38/1（Kha.vi.12.2），因其内容与其他残叶并无重合部分，很难判断其归属。但经由文本编号所显示的出土地，Or.12452D/16应该是出土于巴拉瓦斯特的1种抄本，而IOL Khot 38/1则是出自喀达里克6号遗址的1种抄本。

综上所述，新疆地区出土的于阗语《出生无边门陀罗尼》抄本有数十种之多。其中，喀达里克1号遗址就至少出土了4种，2号遗址和6号遗址又各有1种，足见其流行程度。正如

① 在古老的于阗语文献《赞巴斯特之书》中，butte出现的频率比byehätä要高得多，且第十章中出现了smṛte jsa biśśä dārañi butte的表达，即"以念得悟一切陀罗尼"；参见R.E. Emmerick, *The Book of Zambasta*, London: Oxford University Press, 1968, pp.148-149.

上文所述，尽管新疆地区出土了不少《出生无边门陀罗尼经》的残叶，但恰好缺少咒语部分。这部分内容正好可以由敦煌出土的写本补足。

二、敦煌出土的于阗文《出生无边门陀罗尼经》咒语与智严汉译本

敦煌藏经洞所出P.2855号文书于阗语部分结尾处有anaṃttä-mūka-(nirä)hārä-dāraṇä字样，直译即“无边—门—出—陀罗尼”，标准梵语当为ananta-mukha-nirhāra-dhāraṇī。因此，它早就被学者们判定为《出生无边门陀罗尼经》的咒语。在此或许要澄清一点：咒语皆由婆罗谜字书写记音，何以断其为于阗语经文的咒语，而非梵本经文的咒语呢？这主要基于文书的背景来判断。这4件文书都是杂抄性质，写卷上面抄有其他于阗语文献。P.2855咒语结束部分还有关于咒语功德的于阗语说明。从咒语本身的文字来看，也是不大标准的梵语。李建强指出：4件咒语中，P.2855是最完整的抄本，与开元九年（721）的智严译本对应得最为贴切[①]。经过仔细比对，此言不虚。

大致看来，9种汉译本可分为三类，代表了三个不同阶段的面貌。

第一类包括三国支谦译本、东晋佛陀跋陀罗译本与刘宋求那跋陀罗译本3种。翻译时间从公元3世纪到5世纪上半叶，这一时期陀罗尼咒已初具规模，三位译者对咒语的翻译都选择了意译，而非音译。这显然是受汉地重文字、轻语音传统的影响。现题为求那跋陀罗译《阿难陀目佉尼呵离陀经》，《出三藏记集》列入《新集续撰失译杂经录》，《历代三宝纪》才将其系于求那跋陀罗名下。关于求那跋陀罗，《出三藏记集》还记载了一个有趣的故事：法师自惭未善汉语，祈请观世音后，夜梦有人持剑换其头，自此能用汉语与诸公对答如流。这一故事从侧面说明了当时译入文化——汉地文化的强势，译师们不得不迎合当时的玄谈之风。《出三藏记集》卷7还收录了支谦作《合微持密经记》，其中指出此经已有4种译本：“其中文句参差。或胡或汉音殊，或随义制语，各有左右。依义顺文，皆可符同。所为异处，后列得法利、三乘阶级人数及动地雨华诸天伎乐供养，多不悉备，意所未详。”[②]此期文本可能处在发展的早期，一方面是内核已经稳定，故而各译本虽有出入，但文义还是一致的；另一方面则是细节上详略不同，故而在学法利益、三乘人数、大地六反震动、天雨花等方面不大一样[③]。

第二类包括刘宋功德直、北魏佛陀扇多与萧梁僧伽婆罗译本3种，时代从公元5世纪下半叶到6世纪上半叶。功德直在译经时虽有汉僧玄畅为助手，但已开始对咒语进行音译。除

---

① 李建强：《敦煌·对音·初探：基于敦煌文献的梵、藏汉对音研究》，中国科学出版社，2017年，第158页。

② CBETA, T55, no. 2145, p. 51, c23-26。

③ 现存的9种汉译本在比丘、菩萨等各色人等的人数上参差有别。佛说法时大地六反震动、天雨花、乐器不鼓自鸣的情节只见于佛陀跋陀罗、求那跋陀罗、僧伽婆罗与智严译本。

了智严与不空，他是唯一对八位守护持咒者的药叉名进行音译的译者①。佛陀扇多译本一方面对咒语采用了音译的办法，另一方面又同时给出求那跋陀罗译本中的意译汉语词汇，以小字标注。僧伽婆罗译本与求那跋陀罗译本的经文部分几乎一致，只对咒语部分进行了重新翻译，将意译改为音译②。这一时期的特点是咒语翻译从意译向音译过渡，最终音译占了上风。

第三类包括隋代阇那崛多、唐代不空与开元九年（721）智严译本3种，翻译时间从6世纪末到8世纪上半叶③。这一时期，《出生无边门陀罗尼经》的咒语部分就相对稳定了。也就是说，阇那崛多、不空、智严的译本大同小异，而此前译本的咒语部分相对简略。

就经文部分而言，智严译本也颇具于阗佛教的特色。最独特之处在于两长段观佛形象的文字，不见于其他诸本④。第一段是在念佛时“非相非无相”后加入“菩萨不应同于二乘、取佛色身”而应观佛法身，同时又“不应非色取如来相”，要观如来为度脱众生所示现的“无尽色身”；在“非好非非好”后加入“菩萨不应同于声闻缘觉执取如来三十二相……八十种好”，而应观佛法身与无尽色身。这里批评了声闻、缘觉二乘，强调菩萨正确的观佛方法。同时，在观佛无尽色身时引入了华严的观点：“所谓十方诸佛及刹，于其相中悉皆影现。”如何观八十种好？“所谓我初发心，身为国王，名曰光明；及以值遇然灯如来，授我记别；乃至第三阿僧祇劫，于其中间所有苦行，一一皆于随好中现”。令人联想到于阗语《佛本生赞》的编撰，其中收录了佛修菩萨道的51个本生故事，是否其功用之一就是作为观佛指南⑤？在强调观法身与观色身不可偏废后，又批评“二乘虽有胜义谛智，以非正见灭生死种故，亦不称一切智心”，即不为佛所印可。第二段是观想八字，在la（lakṣaṇa）字后加“以非明照集智资粮无所入相，以无生相而为色身，以无尽相而为色蕴入义”。这句话不见于其他诸本，

① 功德直译本还有一个不同于其他诸本的突出特点。在持经者期待八药叉现身时，其他诸本都只强调沐浴净身、诵读经文、慈念众生，唯有功德直译本描述了详细的密教仪式：“行者应当以好帛素图画如此八鬼神像。以鲜彩色极令清净，不得杂用众生之胶。行者若欲读诵此经，先应沐浴，着净衣服。专心祈请此八鬼神，为设种种香洁饮食，众妙杂香散华华鬘，及净油灯以供养之。行者复应彩画于地，如圆轮座自在其上，右膝着地手执香炉，一心慈念无量众生。七遍微诵陀罗尼呪。是八鬼神即现其身。”（CBETA, T19, no. 1014, p. 691, b27-c5）。已经透露出密教化的痕迹。

② 根据《历代三宝纪》的记录，僧伽婆罗是求那跋陀（罗）的弟子。《高僧传》记载翻译《阿难陀目佉尼呵离陀经》的求那跋陀罗卒于泰始四年（468）。僧伽婆罗于何年入都不详，受梁征召是在天监五年（506）。二人之间是否存在师徒之谊存疑，毕竟年代相隔甚远。但僧伽婆罗的译本经文部分几乎照抄求那跋陀罗译本，只在咒语部分另起炉灶，又或许二人之间确实存在某种联系。

③ 据《历代三宝纪》卷12记载，阇那崛多译本的翻译时间是在开皇十五年（大正藏作十五，宫、宋、元、明本皆作五，即公元585或595年）十一月至十二月间，沙门僧昙（等）笔受，沙门彦琮作序。参见CBETA, T49, no. 2034, p. 103, c13-14。不空译本的翻译年代不详，《开元释教录》未收入《贞元新定释教目录》。

④ 反映在篇幅上，根据《开元释教录》的记载，其他8种译本的写本从6纸到12纸不等，而智严译本则有14纸。

⑤ 类似的观法还见于般若译《大乘本生心地观经》：“又此光中影现菩萨修行佛道种种相貌。释迦菩萨于往昔时作光明王，最初发于阿耨多罗三藐三菩提心，乃至菩提树下得成佛道，娑罗林中入于涅盘。于其中间三僧企耶百万劫中，所有一切慈悲喜舍，八万四千波罗蜜门。”（CBETA, T03, no. 159, p. 294, a5-10）同为于阗僧人的实叉难陀曾译《大方广如来不思议境界经》，经中世尊进入名为如来不思议境界的三昧：“实时世尊三十二相，一一相中，皆现十方无量佛刹及彼诸佛，犹如明镜显现众色。又随好中，一一复现如来往修菩萨行时，从光明王乃至最后燃灯佛所，难行苦行，悉舍一切头目身体、皮肉手足、妻子仆从，及国王位、宫殿等事。”（CBETA, T10, no. 301, p. 909, b9-15）另可参见范晶晶：《于阗语〈佛本生赞〉的“结构精妙”与“文采铺赡”》，《首都师范大学学报（社会科学版）》，2024年第1期。

于阗语本的相应位置也没有。在介绍śa字时，又加了一长段“正见诸法相”的内容，并介绍了为何“真如是胜义谛”、何为“依他起性”、何为“遍计所执”，最终还是落脚在如何“观佛形象”上。这些内容也为其他汉译本所无。由于现存的于阗语本没有保留这部分内容，到底是智严结合于阗佛教传统与当时流行思潮而自行添加，还是于阗语本中已有这些文字，不得而知。要得出确切的结论，只能期待更多于阗语残叶的发现。

在论述八字观想时，其他诸本的顺序皆是pa/a、la、ba/va、ja、ka、dha、śa、kṣa，只有智严译本的ja和ka顺序相反，先ka后ja。恰好于阗语《维摩诘书》中也收录了此段内容，顺序也是先ka后ja①。另外，在佛令十菩萨往十方世界召集各类菩萨前来集会的情节中，其他诸本都将文殊师利放在第二位，只有智严译本将“文殊师利法王子菩萨”提前到首位，也体现了于阗佛教信仰的独特性。可惜尚未发现与于阗语《出生无边门陀罗尼经》相应部分的内容。

在句法上，智严有一处断句有误，一处断句有歧义，只有通过与于阗语本的对照，才能更好地理解背后的原因。第一处是菩萨“获如恒沙无碍之辩，于诸如来闻法”，其他诸本都将“恒沙”的譬喻与“佛”或“佛土”相关联，如不空译本即作“速得无碍辩才智慧，于殑伽沙数佛土、于诸如来听闻法要”。对应的于阗语是pratabhānu byehāro · kho ggaṃggä nätāyä grīky[au …… ba]lysānu②（获得辩才 · 如恒河沙……诸佛），智严将kho所引出的譬喻联接到上文进行翻译，符合于阗语的语法。但从表达的习惯来看，显然将辩才譬喻成恒河沙，不如将佛或佛土譬喻成恒河沙常见、合理。第二处是菩萨以四法修行陀罗尼，智严译本是“二者不生嫉妒，三者于诸众生能舍一切、无有恚恼”③，不空译本是“于诸有情不生嫉妒，一切自己财物舍施心无追悔”。对应的于阗语是ne arāyä nä hämäte sarvasatvānu vätä bi[ś]ś[ä] hära vätä patätsānai hämäte④（不生嫉妒，于所有众生，于所有事物舍弃），这里关键是sarvasatvānu vätä（于所有众生）断在前还是断在后的问题。由于后面已有biśśä hära vätä（于所有事物）这一结构了，所以前面的介宾结构可以往前勾连，即于众生不生嫉妒。也就是说，虽然智严的翻译也符合于阗语的表达，但从语义上讲，不空的处理更为通顺。或可推测，智严译文的独特之处正是受到了于阗语本的影响。

然而，智严译本也有两处与于阗语本不对应。一是于阗语本byaude vasdvva dyāmata aṃgga⑤（得清净美丽身），智严译本为“故获如是位”，不空译本为“得大微妙色”，其他诸本皆同不空，文字略有差异。另有一处于阗语本中有譬喻śaṃdā ornä（如同大地远离天空）⑥，阇那崛多译本是“是人去菩提，犹如天与地”，不空译本是“菩提遥远如空地”，即此人离菩提有天壤之遥，智严译本未能体现出譬喻：“如是之人等，去菩提甚远。”不过，这

① H. W. Bailey, *Khotanese Buddhist Texts*, Cambridge University Press, 1981, rev., pp. 108–109.

② IOL Khot 155/6，参见Catalogue, p. 348.

③ 支谦、功德直断句同不空，佛陀跋陀罗、佛陀扇多、阇那崛多断句同智严，求那跋陀罗与僧伽婆罗的译文两可。

④ IOL Khot 151/3+4，参见Catalogue, p. 338.

⑤ IOL Khot 195/1 + IOL Khot 8/4 + IOL Khot 18/10 + IOL Khot 18/4，参见Catalogue, p. 177.

⑥ IOL Khot 151/2，参见Catalogue, p. 338.

里的“去菩提甚远”，或是因袭了功德直的译文也未可知[①]。此外，在一些佛教术语的翻译上，智严译本采用音译，于阗语本则采用意译。如智严译本开篇的“阿鞞跋致”，对应梵语avivarta，于阗语本作atīsaṃdā（不退转）；“阿耨多罗三藐三菩提”，对应梵语anuttarasamyaksaṃbodhi，于阗语本作[hasta]mo balysūśtu（最上菩提）；中间一处“得不退转地，乃至阿耨多罗三藐三菩提”，于阗语本作atīsadauña hastamu balysū[śtu]（于不退转地、最上菩提）；经末的“阿耨多罗三藐三菩提”，于阗语作pīrmāttamo balysū[śtu]（无上菩提）[②]。

根据《开元释教录》的记载，智严是来自于阗的质子，幼年便到了大唐，“生居异域，长自中华”，景龙元年（707）落发出家，经常参与译经活动[③]。虽然在汉地长大，但他的教育还是带有鲜明的胡人特色，“经明唐梵”，其梵语修养应该是不错的。从其《出生无边门陀罗尼经》译本与于阗佛教的密切关系也可以看出，尽管身在长安，他与母国还是保持了紧密的联系。在《出生无边门陀罗尼经》咒语的起始部分，智严译文是“写陀(提耶反)体昙”，回复成梵语应该是syād yathêdaṃ，这与现存4种咒语的文本一致，虽然于阗语本的梵语写法有偏差[④]。而稍后的不空译本是“怛儞也(二合)他”，回复成梵语是tadyathā。就常理而论，作为引出咒语的标记语（marker），tadyathā比syād yathêdaṃ要常见得多[⑤]。但由于目前发现的梵语残叶都没有保存这部分内容，很难断定最初的梵本是否用的也是tadyathā。只是《普通真言藏》收录的悉昙体《出生无边门陀罗尼经》咒语也以tadyathā为起始标记，由此至少可以看出于阗语本与不空译本的差异，以及与智严译本的一致性。

敦煌的4件写卷都是杂抄性质，于阗文《出生无边门陀罗尼经》的咒语只是其中一部分。除咒语外，P.2026包含《维摩诘书》《佛名经》《礼佛赞文》等内容，上面还绘有佛像两躯。P.2029上有《妙法莲华经纲要》。P.2782除了《妙法莲华经纲要》外，还抄有僧人书札、于阗使臣上朝廷书等。P.2855上另写有藏文密教仪轨与陀罗尼、汉语回向发愿文等。或许可以推测，此期《出生无边门陀罗尼经》的咒语已经从经文分离出来，可以别本单行，抄写此咒语即有护佑之功。这可能也反映了于阗佛教在发展过程中较具金刚乘特色的一些倾向。施杰我指出，《金光明经》的晚期于阗语写本只发现了卷3忏悔品的内容，保存在P.3513写卷中[⑥]。或许也透露出了关于此期于阗佛教特点的相同信息：将经文中有关礼忏、护佑的内容抽取出来，单独流通。

就抄写状况而言，P.2855在抄写过程中最为审慎，在底稿上既有墨笔涂抹、增删，又有

① 智严译本与功德直译本的关系还体现在关于过去因缘故事的回溯中，故事的主人公涉及四位人物：古佛、当时的转轮圣王、转轮圣王之子、听王子说法的长者（子），四人的名字在9种汉译本中各有不同，很难排列出类型。但智严译本与功德直译本的转轮圣王名、王子名与长者（子）名都一致，只有古佛名稍有不同：智严译本是“宝胜威宿劫王”，功德直译本是“宝胜火聚光明”。

② 于阗语本分别参见IOL Khot 155/6、IOL Khot 152/1、IOL Khot 9/10，Catalogue, pp. 348, 340, 180.

③ CBETA, T55, no. 2154, p. 571, a27–b18.

④ P.2855 syād yathyịdaṃ，P.2026 syād athidaṃ，P.2029 syād athedaṃ，P.2782 syā thidaṃ. 这也佐证了这4种咒语都是于阗语本，否则不会出现这些写法上的偏差。

⑤ 参见Ronald M. Davidson，“Studies in dhāraṇī literature Ⅱ: Pragmatics of dhāraṇīs,” *Bulletin of School of Oriental and African Studies*, 77.1(2014), 5–61.

⑥ 参见P.O. Skjærvø, *The Khotanese Suvarṇabhāsottamasūtra*, Harvard University, 2004， p. lxv.

朱笔点读、增删。从墨笔增删的内容来看，似乎并不出自底稿抄写者之手[①]。也就是说，P.2855的于阗语《出生无边门陀罗尼经》咒语的抄写经过了三道工序：写手抄写一遍，墨笔核查一遍，朱笔核查一遍。其次完整的是P.2026，除了细节差异外，比P.2855少一段文字。再次是P.2029与P.2782，比P.2855少三段文字。在P.2029与P.2782中，于阗语《出生无边门陀罗尼经》咒语之前都是《妙法莲华经纲要》，这两件文书中的咒语最为贴近，开篇说明咒语功德的文字也几乎一致。其中，P.2782有墨笔涂改、增删的内容。增加的内容都是在词语的分隔符上写“+”号，然后在右下角补写。可见也经历了两道工序：抄写与核查[②]。P.2029是册页装，制作精美，毫无涂改痕迹，当是随身携带的成品。

就于阗语《出生无边门陀罗尼经》而言，敦煌写卷与新疆出土的经本或许反映了佛经在不同时代语境下所起的不同功用：从寺院读诵的经藏散入民间，用于护佑和法事仪式等。

---

① 墨笔在19与20行之间补写samataprrabe（正确的梵语形式应该是samanta-prabhe），但底稿都作prrabhe或prribhe，就在samataprrabe前有mähāprribhe、后有vamälaprribhe。如果是抄写者本人发现漏抄，应该不会在两个prribhe之间突兀地补写prrabe。

② 在prrakrraṭtadīpane前补写prrakaṭtavarṇe，可能也是出自二人之手（-krrą- vs. -ką-）。

西夏文《往生净土略礼忏本》考论

段玉泉（宁夏大学民族与历史学院）

一、引言

西夏文《往生净土略礼忏本》是佑啟堂旧藏西夏文文献中保存相对完整的一部，也是目前其他各藏卷未曾见到过的一部孤本文献。文献为写本，行书，蝴蝶装。页面高22厘米，宽15.3厘米，上下墨绘单栏，栏高17.8厘米，栏宽13.6厘米，页面中缝有汉字书写的页码。每半面7行，每行17字。存蝴蝶装完整页面23页，另有6个半面。正文有大字和小字。全部材料根据页码和经题大致分为以下几个部分：

第一部分，共12个整叶，2个半叶。所存页码从1—14叶。第1叶存左半叶、第14叶存右半叶。首尾皆缺。无经题。

第二部分，共6个整叶，4个半叶。所存页码从1—9叶。第1叶存左半叶，2个半叶可以缀合成第2叶，第9叶存右半叶。前后不完整。在第7页出现了“上卷中罪忏、闻愿 终”及卷中首题。

第三部分，共3个整叶，2个半叶。所存页码从20—24叶。第20页存左半叶、第24叶存右半叶。前后皆不完整。

另有署名尾题的两个半叶，皆不见页码。其中之一为卷下尾题，后存年款及抄写者，汉译为“卯年二月十三日　终”“抄写者　仇　月海”；另一尾题于书名之后署“一卷　终”，未知为何卷末尾。

综合这两个尾题，以及第二部分出现的卷中首题，材料中共出现书题3次，皆有所不同，分别为：

[illegible]（净土求生略礼忏本卷下　终）

[illegible]（净土求生法略礼忏一卷　终）

[illegible]（净土求生法礼忏卷中）

其中两个书题于动词“[illegible]”（求生）后有名物化后缀“[illegible]”，另一个无；两个书题于“[illegible]”（礼忏）前有“[illegible]”（略）字，另一个无；一个于“[illegible]”（礼忏）后有“[illegible]”（本）字，另两个无。动词后接名物化后缀“[illegible]”，颇合西夏语法，也于西夏文献书题中多见，俄藏西夏文献

《[illegible]》（Инв.№ 6904，7832），书题中也有“[illegible]”字。西夏文献中书题带“[illegible]”（本）字者也非常普遍，其中“[illegible]”（忏）类文献同样见有加“[illegible]”（本）者。循汉文表达习惯，这里把“[illegible]”（净土求生）改译为“往生净土”，原题中极有可能有“[illegible]”字，表示“……法”，对应的汉文可以出现，也可以不出现。所以这里依据卷下书题，将这部文献称之为“往生净土略礼忏本”。

西夏文本有大小字之分，还有很多朱笔圆圈标记，这些圆圈分为2种：一是单个的圆圈，二是3个小圆圈成三角形排列（见图1）。从图中可以清楚地看出，这些圆圈并不是抄写过程中画上去的，而是押印而成，推测是用笔管或者特定的工具押印的。从圆圈的位置大致也能看出，它们有圈画重点、标识提示的作用。这些圆圈标记对于厘清文本的结构有很大帮助。

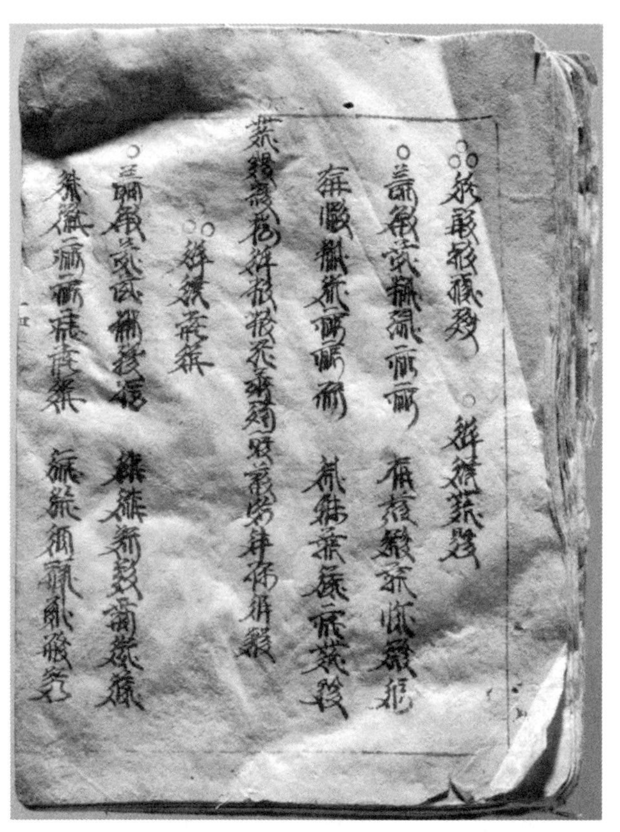

图1　净土往生法略礼忏本

（图片来自佑啟堂）

这部文献于2017年中贸圣佳秋拍会上拍出，编号1159[①]。由于文本较长，材料拿到后，遂将这部文献交给研究生张然作为硕士论文的选题，他帮我们对这部文献做初步的处理，并完成硕士论文[②]。本文是在其研究基础上补充、修正并进一步探讨。

① 参见雅昌艺术网，https://auction.artron.net/paimai-art0071941159/.

② 张然：《西夏文〈求生净土略礼忏本〉整理研究》，硕士学位论文，宁夏大学，2020年。

二、文本内容再探讨

关于这部文献的文本结构，张然同学已经逐页进行了介绍，并就部分内容的来源进行了查证。其中，关于“礼忏法八门”一部分的探讨尤为精彩。现详细核对材料，发现其整理的文本有些许遗漏，个别页码位置存在误置的情况，此外第21—24页的文本还可以深入一些。关键的是，现所见文献抄写的分卷与原文献本身的分卷不一致，颇值得注意。

（一）慈觉禅师《念佛忏悔文》的西夏文译本

已有研究明确，第二部分的前几页内容来自一行慧觉《华严经海印道场忏仪》卷四十二所收的《慈觉忏悔文》[①]。不过当时只是整理了其中的1叶半，即第1页左半，及第3页。[②]笔者后来又从诸多材料中找到了2页，即第2页及第4页。其中，第2叶已断裂成2个单叶，下面先将2叶缀合整理如下（见图2）。

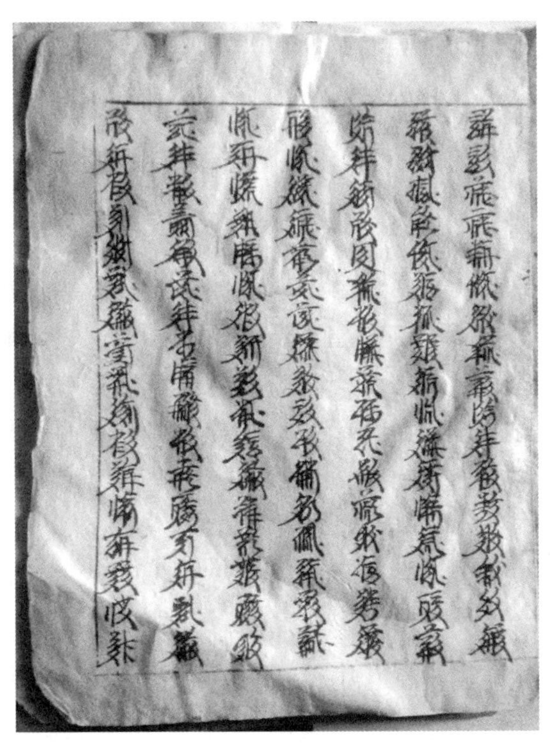

图2　净土往生法略礼忏本（第二部分第2页合并）

（图片来自佑啟堂）

图中右边半页“[illegible][illegible][illegible]”与上一页的“[illegible]”相连，即“[illegible][illegible][illegible][illegible]”，对应《慈觉忏悔文》中的“出佛身血”。左边半页最后的“[illegible][illegible][illegible][illegible]”与第3页开头的“[illegible]”相连，对应汉文本中的“决定往生”。这2个半页中间又各有半个页码“二”，文本内容也相合。此即张然同学所言的“缺页”。除此之外，我们还找到了另外一页，即第4页（见图3）。

① 一行慧觉：《大方广佛华严经海印道场十重行愿常遍礼忏仪》（卷四十二），《卍续藏经》第74册，台湾新文丰出版社，1983年，第82页。

② 可能最初转给她的材料并不完整。

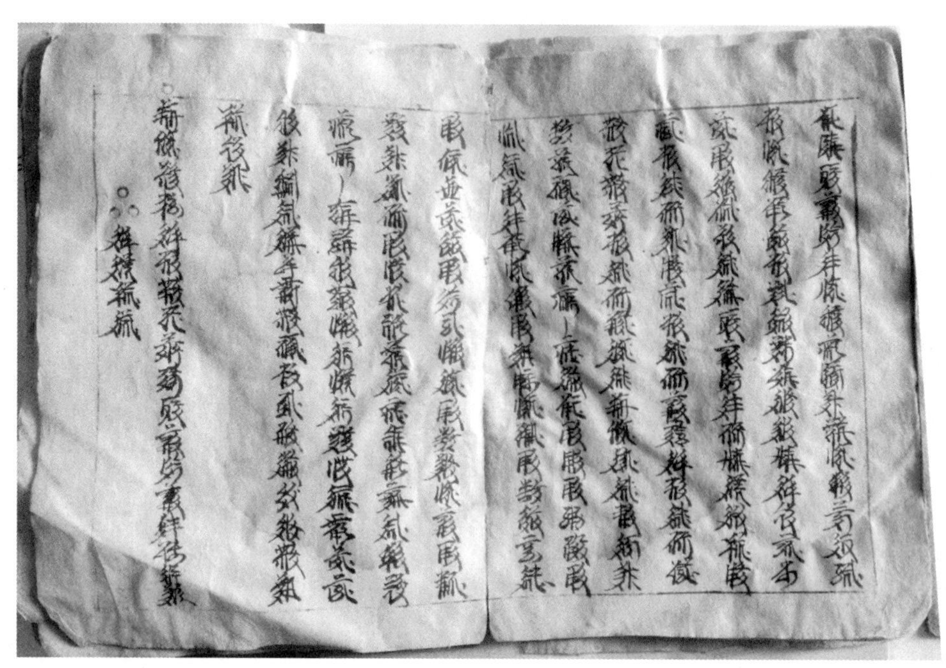

图3　净土往生法略礼忏本（第二部分第4页）

（图片来自佑啟堂）

除第1页的右半页尚缺之外，余下至第4页的全部内容都来自《慈觉忏悔文》。由此我们可以得出一篇近乎完整的《慈觉忏悔文》。需要补充的是，这篇《慈觉忏悔文》还有两个版本：一是金代王子成所集《礼念弥陀道场忏法》①，无题；二是黑水城文献《慈觉禅师劝化文》（TK132）中的《念佛忏悔文》②。显然，一行慧觉《华严经海印道场忏仪》中的《慈觉忏悔文》即来自此处。必须指出，三个汉文本之间皆有文字差别。但比较而言，西夏文本在某些地方与黑水城《慈觉禅师劝化文》相近。例如：

[illegible]

无理谋枉，悬黄衣令失道，应共受用，及取十方三宝之宝物，损坏杀害。

黑水城本：

或令罢道，侵损互用，现前十方三宝财物。

《华严海印道场忏仪》本：

或用霸道，侵损现前十方三宝财物。

《礼念弥陀道场忏法》本：

或令罢道，侵损玄用现前十方三宝财物。

---

① ［元］王子成集：《礼念弥陀道场忏法》（卷六），《卍续藏经》第74册，台湾新文丰出版社，1983年，第82页。按，该《忏法》前有序文数篇，其一为金代崇庆二年（1213）金代文学家李纯甫所作，序言“近读极乐居士结集西方净土忏文法门”，知此忏法在崇庆二年（1213）已成；其二为元代至顺三年（1332）大都大觉住持日本国沙门至道所作，序言“偶观金时王子成所撰弥陀忏法”，明言“金时王子成”。又《中华大藏经目录》该忏法作者直接署名为“金王子成集”。

② 《慈觉禅师劝化文》，《俄藏黑水城文献》第3册，上海古籍出版社，1997年，第88-92页。按，《俄藏黑水城文献》题“慈觉禅师劝化集”，全文尾题作“慈觉禅师劝化文”，又版心皆书“化文”。故本文将这一文献称为《慈觉禅师劝化文》。

《慈觉禅师劝化文》本中的"互用"与西夏文本中的"[illegible]"（应共受用）相合，而《华严海印道场忏仪》本无二字，《礼念弥陀道场忏法》本中"玄用"当"互用"之误。其他也有多处西夏文本与黑水城本相合。

不过，西夏文本也有与《华严海印道场忏仪》本同样存在讹误的地方。例如，极乐世界的"边地疑城"，黑水城本、《礼念弥陀道场忏法》本皆不误，但《华严海印道场忏仪》本作"边地疑惑"，西夏文本同样作"边地疑惑"（[illegible]）。疑西夏文译者所见的汉文本已经出现了讹误。下面是对慈觉禅师《念佛忏悔文》的西夏文本的全文整理（原文出现的圆圈标记也一并带上，其三圆圈叠加者改以"◎"代替），并附黑水城文本的校录（西夏文残缺的部分以粗体表示）。

西夏文：

……

第1页（左）[illegible] /第2页（右）[illegible] /第2页（左）[illegible] ①[illegible] /第3页（右）[illegible] /第3页（左）[illegible] /第3页（右）[illegible] /第3页（左）[illegible]

① "[illegible]"，当"[illegible]"（复）之讹。

[illegible]，[illegible]/[illegible]，[illegible]，[illegible]/[illegible]。/○[illegible]。
[illegible]！/

汉文：

念佛[①]忏悔文

某甲[②]普及四恩三有法界众生、法身寿命、本智光明，与阿弥陀佛，同一体性。而无量劫来，不了自心，起惑造业，或不孝父母，不顺师长，残忍无慈。杀生、偷盗、不净邪淫，妄言绮语，两舌恶口。及贪嗔痴，十恶炽然，无罪不造。随顺邪师不信三宝，或破五戒、八戒、十戒、二十五戒、二百五十戒、五百戒，十重四十八轻、三千威仪、八万细行，具足阐提，拨无因果。诽谤大乘方等经典，破人善事，无悲悯[③]心，不肯劝进同梵行者，乃至杀父害母、杀和尚阿阇梨、出佛身血。破羯磨转法轮僧，杀阿罗汉，破塔坏寺，残毁经像[④]，驱役僧徒，或令[⑤]罷[⑥]道，侵损互用[⑦]现前十方三宝财物，不净说法，汙[⑧]梵行人。如是普于三宝圣众师长父母法界众生，造种种罪，或自作教他[⑨]，或见作随喜重重无尽[⑩]，遍[⑪]周法界，充塞虚空。今对阿弥陀佛，皆悉忏悔，唯愿阿弥陁佛，威神力故，如汤消冰，应念化成无上知[⑫]觉。又复阿弥陁佛四十八愿，怜悯[⑬]有情，放净光明，摄取不舍，所居极乐，众宝庄严，菩萨往生，永不退转，修行无间，直至菩提，本师释迦牟尼及十方诸佛，殷勤[⑭]劝赞，一念乃至十念，一日乃至七日，称名系念，决定往生。我等愚迷，不信不顺，或时闻已，心则轻笑。见念佛人，恶心毁破[⑮]。设有信者，无决定心，若存若亡，或进或退，业缘深重，世务牵缠。身在道场，心缘世谛，口谈极乐，意恋娑婆。于念佛时，心多散动[⑯]，三种净业，片善无成，十六观心，一事[⑰]不彻。临命终时，或遭横死，墙崩屋倒，树折巖[⑱]摧，水火漂焚，虫伤兽啮，刀兵遽至，毒药暴

---

① 念佛，《海印道场》本作“慈觉”。慈觉即慈觉禅师。
② 某甲，《海印道场》本作“某甲等”。
③ 悲悯，《海印道场》本作“慈悲”。
④ 像，《海印道场》本作“相”。
⑤ 令，《海印道场》本作“用”。
⑥ 罷，《海印道场》本作“霸”。
⑦ 互用，《海印道场》本无。
⑧ 汙，《海印道场》本作“污”。
⑨ 教他，《海印道场》本作“教他作”。
⑩ 无尽，《海印道场》本作“无尽无尽”。
⑪ 遍，《海印道场》本作“徧”。
⑫ 知，《海印道场》本作“智”。
⑬ 悯，《海印道场》本作“愍”。
⑭ 殷勤，《海印道场》本作“慇懃”。
⑮ 破，《海印道场》本作“謗”。
⑯ 动，《海印道场》本作“乱”。
⑰ 事，《海印道场》本作“时”。
⑱ 巖，《海印道场》本作“嵓”。

（暴）伤，卒病临身，不遑念佛。或缠绵重病，苦迫[①]身心，宛转号呼，难安正念，或无善友，助发净因。由是种种罪障[②]因缘，临命终时，不得见佛，不得往生净土，还复流转娑婆五浊恶世三涂八难，随业受生，五痛五烧，为最极苦，未来生死，无有尽期。或堕胎生金鏁[③]之难，五百岁中不得见佛。此皆从昔以来，不信阿弥陁佛，不信往生净土，身口意业轻慢毁谤。以是因缘，虽复发心，多诸障难。我今稽首阿弥陁佛，唯愿天眼见我，天耳闻我，他心鉴[④]我，大慈大悲哀悯（愍）摄受，听我忏悔，令我普及四恩三有法界众生罪障，业障、烦恼障、所知障[⑤]、不信佛言障、懒惰修行障[⑥]、三涂长夜障[⑦]、五浊恶世障、边地疑惑[⑧]障、不闻三宝障，凡是往生一毫之障，悉愿消除。一切清净正信现前，不疑不退，决定往生极乐世界，速成正觉，转大法轮圆满普賢[⑨]广大行愿。忏悔已，归命礼阿弥陁佛。[⑩]

西夏文《念佛发愿文》之后，尚有“◎[illegible]”（至心闻愿），从标记的圆圈来看，这应属于下一部分的标题，而接下来的文本内容直接来自《大宝积经》卷十七《无量寿如来会》。夏汉两种文本比较，黑水城本只有67字不见于西夏文，而按现有形制，此西夏文本半叶当有140字左右，所以其所在的第1叶并不是开头就从《慈觉忏悔文》开始，前面应该还有与“◎[illegible]”（至心闻愿）类似的标题，甚至一些简短的偈颂。其标题大概就是“至心忏悔”。如此，这段文字相当于宗密本“礼忏法八门”中“余杂事”之“至心同礼忏”这一环节，但礼忏内容则直接来自慈觉的《念佛忏悔文》。

（二）其他残叶补探

除前文介绍的缺漏外，还有两叶材料也需要补充探讨。一是今已判定为第一部分材料的第1页左半叶，二是后来才获取的署名尾题“净土往生法略礼忏一卷　终”的半叶。下面先介绍前一材料。

这半页材料最初看到的是断开的（见图4），初期整理过程未能确定其在文本何处。不过这页材料中间留有一半页码痕迹，似为“一”或者“十”的一半。下面从文本内容分析，先将文本转录并翻译如下：

[illegible]，[illegible]　[illegible]　[illegible]/
[illegible]　[illegible]　[illegible]　/
[illegible]　[illegible]　[illegible]　[illegible]/
[illegible]　[illegible]　[illegible]　[illegible]/

① 迫，《海印道场》本作“逼”。
② 障，《海印道场》本作“业”。
③ 鏁，《海印道场》本作“锁”。
④ 鉴，《海印道场》本作“见”。
⑤ 所知障，《礼念弥陀道场忏法》本无。
⑥ 懒惰修行障，《礼念弥陀道场忏法》本作“不乐修行障”。
⑦ 三涂长夜障，《礼念弥陀道场忏法》本无。
⑧ 惑，原本作“城”，误。《海印道场》本、西夏文本皆作“惑”，因改。
⑨ 普賢，《海印道场》本无。
⑩ “忏悔已，归命礼阿弥陁佛”，此句《海印道场》本无。

[illegible] /
[illegible] /
[illegible] /

图4 净土往生法略礼忏本（第一部分第1页）

（图片来自佑啟堂）

译文：

……悟礼忏义，于求生弥陀净土，喜乐殊胜，具信悲志勤，不常忆念，于诸事专心修净业妙观，如是人等则为上，若复有信、有慈悲、不为恶、慈心不杀，昼夜斋戒受持，为如是具净业者人等，亦定往生净土。《观经》中了然，无有所念，故今因此欲求修时，先心悦清净，笤扫舍内，布散妙香、香水，竖诸幢幡。端正……

……[illegible][1]，[illegible]①，[illegible]，[illegible]、[illegible]、[illegible]，[illegible]。[illegible]。[illegible]，[illegible]，[illegible]，[illegible]、[illegible]，[illegible]，[illegible]。

庄严……，伸敷净毡，中悬弥陀佛等三圣之藏功德像，余佛、菩萨、护法等像，依次垂列。弥陀经及他经亦安于净座。次，称心清净，香好词和，花香灯食、美果供食等，准备俱全，端正列置。

“[illegible]”一词中“[illegible]”字容易误为“[illegible]”（句），此写本中左边构件“[illegible]”几乎都写

① “[illegible]”，敷。字面作“开伸”，汉文佛教文献中多见“敷一淨毡”“敷氈褥”“敷净座”等搭配。

作“[illegible]”，但中间构件“丨”写在中间，不似“[illegible]”之写法。西夏文献中确有“[illegible]”（句和）一词，但与“[illegible]”意义有所不同。《文海宝韵》解释“[illegible]”为“[illegible]，[illegible]，[illegible]，[illegible]，[illegible]”（美者壮严也、妙也、美也、丽也，所见与目合之谓），《大宝积经》有“[illegible]，[illegible]”（开心悦目）句，与此相合。进一步梳理文献，“[illegible]”常与汉文“和雅”“端正”“正等”“称顺”等词语对译。例如：

1. [illegible]，[illegible]。

诸女甚端正，美丽若天人。（《大宝积经》卷六一）

2. [illegible]。

身体纤细腰跨正等。（《大宝积经》卷百九）

3. [illegible]，[illegible]

各各出好音声，其音和雅犹如天宫。（《大宝积经》卷百九）

这里用来形容“[illegible]”（竖诸幢幡），可以是“端正”，也可以是“和雅”，其与第2页之首的“[illegible]”（庄严）也颇为相合。看第2页的“伸敷净毡”“挂佛像”等与所讨论页内的“箒扫舍内”“布散妙香”等，显然都是“严净道场”的内容。第2页出现的“[illegible]”（次）也与所讨论页内的“[illegible]”（先）相对应。可以判定，所讨论的这个半页应该就是第一部分材料的左半叶，即文献的开头部分。

下面再介绍后来所见的一个尾页。这叶文献右边残损，左有边栏。存3行偈颂，后为4行小字，最后为尾题。这些偈颂和文字我们尚未能在传世文献中找到对应的内容，原文内容转录并翻译如下。

尾叶（左）：

[illegible] [illegible] [illegible]

○[illegible] [illegible]

[illegible] [illegible] [illegible][1]

◎[illegible]□[illegible]，[illegible]，[illegible]、[illegible]

[illegible]、[illegible]，[illegible] [illegible]

[illegible][2] [illegible] [illegible] [illegible]□　[illegible]，

[illegible]，[illegible]。

◎[illegible] [illegible]

译文：

念念依愿当成就　心心圆觉行乃满

弥陀三宝皆了知　我等善根所为智

无上菩提回向趣　三轮体空愿清净

修习者□法竟时，于佛像前面身正而立，执持花、米，于本佛上师、余诸佛菩萨护法等处发愿求诏，彼诸佛等亦悉皆口授如是念：“唵 嚩日啰 □”，诵三遍，于花米佛等撒水三遍，手弹三遍，余佛等不显应念（?）

① 《凉州碑》中曾见“[illegible]”。

② “[illegible]”，言取。在文献中常对译藏文的ཁས་ལེན（用口取），《新集慈孝传》中曾见“[illegible]”，意为“承诺”。以“用口取”来表示“承诺”很可能是藏缅语族的一个普遍文化心理。

净土往生法略礼忏一卷　终

三、原书卷数与抄本分册问题

需要注意的是，在第2组1—9叶的第7叶，出现了两个颇为有意思的地方，一是出现了"[illegible]《[illegible]》、《[illegible]》[illegible]"（上卷中《忏悔》《闻愿》　终）及"[illegible]"（净土往生法略礼忏中卷中　直言佛赞）（见图5）。

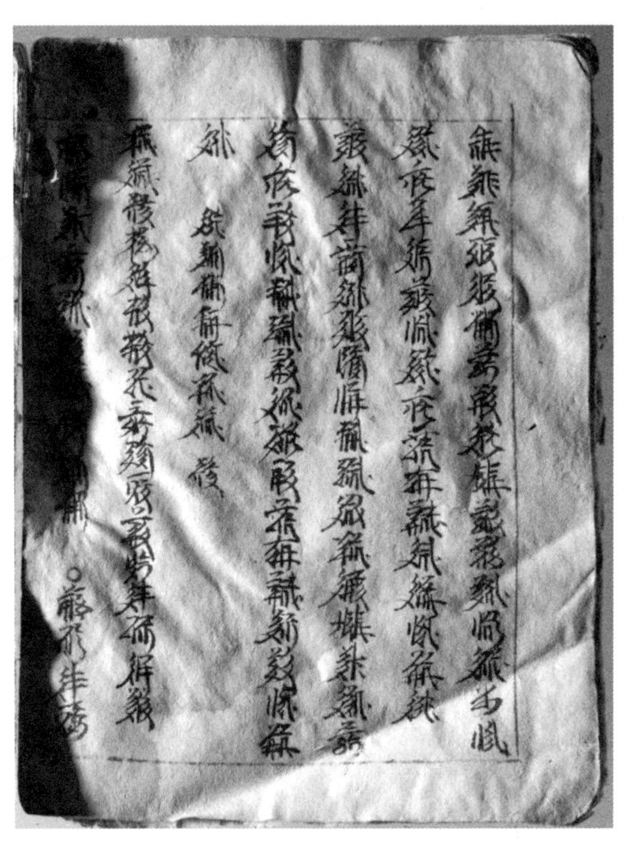

图5　净土往生法略礼忏（第2册第7叶右）

（图片来自佑啟堂）

按照书籍的常规形式，这第7叶是处在某一卷之内的中部，理论上不应该出现书题，这里不但出现了上卷尾题，而且还出现了中卷首题，二者中间还夹杂了一句敬礼语"愿闻已。一心敬礼大慈悲主阿弥陀佛"。这两个书题的出现说明原书分为上、中、下3卷。现今出现这样的情况，只能是书写者按原书抄写，但在形成新的抄本成册时，并没有按卷分册，而是改变了分册方法。原本出现在卷上末尾的尾题，却出现在这个抄本第2册的第7叶，说明新的抄本每册较原书每卷的分量更少，每册也更薄。如此，这个抄本就不可能只有3册，至少4册。所以，我们现在所见的第1组第2—14叶属于第1册，第2组第1—9叶属于第2册，而署名卷下那个半叶无疑是最后1册，那么还有1组第20—23叶以及另一个未署名卷数的尾页到底属于第几册，需要重新考察。

下面探讨第20—24叶的归属。

整个第20—22叶没有一个圆圈出现，全是“若不……不取正觉、菩提”的发愿内容。而在第23叶又出现了如前述第7叶“[illegible]”（愿闻已）及敬礼语的句子，而这后面所接则是带有三圆圈的“[illegible]”（至心呼告），但并无具体内容，径直为“[illegible]”（呼告已）及敬礼语。再去核对两个“[illegible]”前面的内容，发现它们都来自《大宝积经》卷十七之《无量寿如来会》中法处比丘向佛发诸誓愿的内容，两处文字一前一后，并不相连，中间缺一大部分。极有可能，在整个礼忏的程序中，是穿插着多次发愿的，在这段文字间可能还有一次，不过第23叶的这一次愿文末尾恰好是法处比丘誓愿的末尾。应该说至少法处比丘誓愿已经结束，考虑这次愿闻前之内容是前述第7叶愿文之后的内容。因此，这20—24叶不属于第1册，而应该是属于第2册或第3册的内容。

现可以明确的是，第24叶只存在右半叶，仍缺左半叶内容。右半叶的内容连同第3叶左半，都是偈颂，属于“至心发愿”（[illegible]）的环节，具体内容则来自《华严普贤行愿品》。

内容并不完全连在一起，分别节选了3段，具体如下：

[illegible]，[illegible]，/[illegible]，[illegible]。/

[illegible]，[illegible]，/[illegible]，[illegible]。/

[illegible]，[illegible]，/[illegible]，[illegible]。/

第24页（右）

[illegible]，[illegible]，/[illegible]，[illegible]。/

[illegible]，[illegible]，/[illegible]，[illegible]。/

[illegible]，[illegible]，/[illegible]，[illegible]。/

[illegible]，[illegible]，/（卷下尾页）[illegible]，[illegible]。/

汉文：

我为菩提修行时，一切趣中成宿命，常得出家修净戒，无垢无破无穿漏。

天龙夜叉鸠槃茶，乃至人与非人等，所有一切众生语，悉以诸音而说法。

勤修清净波罗蜜，恒不忘失菩提心，灭除障垢无有余，一切妙行皆成就。

……

愿我临欲命终时，尽除一切诸障碍，面见彼佛阿弥陀，即得往生安乐刹。

我既往生彼国已，现前成就此大愿，一切圆满尽无余，利乐一切众生界。

彼佛众会咸清净，我时于胜莲华生，亲睹如来无量光，现前授我菩提记。

……

即常远离恶知识，永离一切诸恶道，速见如来无量光，具此普贤最胜愿。[①]

对照汉文，西夏文第23叶和第24叶内容不相连，缺少一大部分，这有两种可能。一是第23叶和第24叶分属2册；二是西夏文本确属于节选，因为第24叶右半叶最后一行与前一行也不相连。我们更倾向于后者，因为很难相信分属于2册的同样位置都是《华严普贤行愿品》的偈颂。

巧合的是，未见页码而署名卷下的左半叶残叶开头两句也是偈颂，内容上正好与24页右半叶最后一行连接了起来，即“即常远离恶知识，永离一切诸恶道，速见如来无量光，具

① 译文来自《大方广佛华严经·入不思议解脱境界普贤行愿品》

此普贤最胜愿”。后面又出现了“[illegible][illegible][illegible]”（发愿竟）3字，与23叶的“[illegible][illegible][illegible][illegible]”（至心发愿）形成了呼应。表明它们前后连在一起，由此可以认定这个卷下尾页是第24叶的右半叶，二者可以缀合（见图6）。换言之，第20—24叶是属于卷下的内容。因此，它必不可能属于同时出现卷上、卷中书题的那一册，只能是这之后的另外一册，可能是第3册或者第4册。根据这一册的页码，我们也可以大致确定写本的每一册应该为24叶左右。如此，这一文献所缺内容还不少。

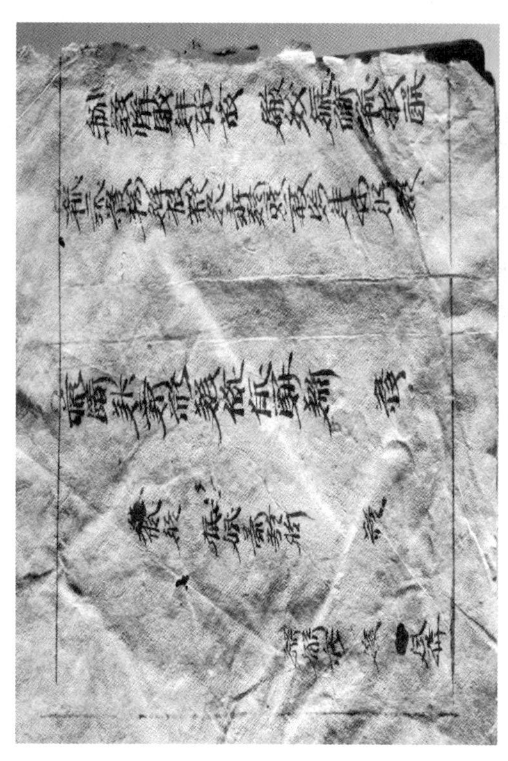
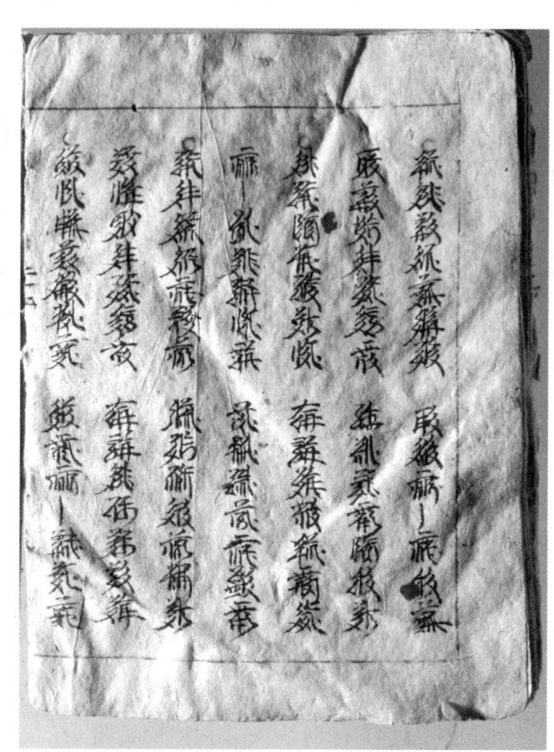

图6　往生净土略礼忏本（第三部分24叶缀合）

（图片来自佑啟堂）

四、文本结构

前文已梳理，现存文本实际上包括3组材料，核心内容实则为两个部分：一是礼忏法八门，二是礼忏的前期准备工作。前面的准备相较汉文烦琐，也难以看懂，这里重点讨论一下其中的“礼忏法八门”。“礼忏法八门”在宗密的《圆觉道场修证广忏文》有清楚的结构，具体包括：启请圣、供养观门、称如来、礼敬三宝、忏悔诸障、余杂事、旋绕念诵、正坐思惟。对照汉文本，前六门标题在西夏文本中都可以找到，只有“旋绕念诵”与“正坐思惟”未曾发现。下面将西夏文本与汉文本对照比较（见表1、表2、表3）。

表1　西夏文本与汉文本对照表（第一部分）①

<table>
<tr><th colspan="4">西夏文本</th><th>内容来源</th><th colspan="2">汉文本</th></tr>
<tr><td rowspan="8">第一部分</td><td>第5–9页</td><td colspan="2">[illegible](启请圣)①</td><td>《圆觉道场修证广忏文》</td><td colspan="2">一启请圣</td></tr>
<tr><td>第10页</td><td colspan="2">[illegible](二观供养门)</td><td>同上</td><td colspan="2">二供养观门</td></tr>
<tr><td>第11页</td><td rowspan="2">[illegible]
(三赞说如来)</td><td>[illegible]
(一梵音赞佛)</td><td>同上</td><td rowspan="2">三称如来</td><td>梵赞</td></tr>
<tr><td>第11页</td><td>●[illegible](直言赞佛)
◎[illegible]、[illegible]、[illegible](赞佛功德、法功德、僧功德)</td><td>《圆觉道场禅观等法事礼忏文》《普贤行愿品》</td><td>直赞</td></tr>
<tr><td>第13页</td><td colspan="2">◎[illegible](第四礼敬三宝)②</td><td>无</td><td colspan="2">四礼敬三宝</td></tr>
<tr><td>第13页</td><td colspan="2">◎[illegible](五忏悔诸障)③</td><td>《圆觉道场禅观等法事礼忏文》</td><td colspan="2">五忏悔诸障</td></tr>
<tr><td>第14页</td><td rowspan="2">[illegible]
(六余杂法事)</td><td>[illegible](至心随喜)</td><td>《普贤行愿品》</td><td rowspan="2">六余杂事</td><td>至心观请</td></tr>
<tr><td>第14页</td><td>[illegible](至心劝请)</td><td>《普贤行愿品》</td><td>至心随喜</td></tr>
</table>

表2　西夏文本与汉文本对照表（第二部分）

<table>
<tr><th colspan="3">西夏文本</th><th>来源</th><th>汉文本</th></tr>
<tr><td rowspan="7">第二部分</td><td>第1–4页</td><td>[illegible](至心忏悔)</td><td>《慈觉忏悔文》</td><td>无</td></tr>
<tr><td>第7页</td><td>[illegible](至心闻愿)
原书卷上至此结束</td><td>《大宝积经·无量寿如来会》</td><td>无</td></tr>
<tr><td>第7页</td><td>原书卷中于此开始
[illegible](直言赞佛)</td><td>《圆觉道场修证广忏文》</td><td>直赞
(第三门)</td></tr>
<tr><td rowspan="2">第7–8页</td><td>[illegible](敬礼三宝)</td><td>无内容</td><td>敬礼三宝
(第四门)</td></tr>
<tr><td>[illegible](至心忏悔)
[illegible](文殊偈)</td><td>《普贤行愿品》《焰口施食仪》</td><td>忏悔诸障
(第五门④)</td></tr>
<tr><td>第9页</td><td>[illegible](至心随喜)</td><td>《圆觉道场修证广忏文》</td><td>余杂事
(第六门)</td></tr>
<tr><td>第9页</td><td>[illegible](至心劝请)</td><td>后缺</td><td>余杂事
(第六门)</td></tr>
</table>

①原文以小字出现，前面也无圆圈标记。内容与宗密《广忏文》基本吻合。

②原文下还有“[illegible]”（文别行）。下无任何内容，所说“[illegible]”（文别行）疑指文本内容放置他处。

③同上，亦有“[illegible]”（文别行）3字，但下有文本内容。

④内容不同。但汉文本亦言：“然忏悔词句，多用大佛经中之文，及《普贤》《观经》意……”此提到了《普贤》。汉文本亦无此《文殊偈》。

表3　西夏文本与汉文本对照表（第三部分）

西夏文本			来源	汉文本
第三部分	20–23页	原书以下为卷下 緋綪輣繊(至心闻愿)	《无量寿如来会》	无
	23页	緋綪𫅜 𫘦(至心呼告)	《普贤行愿品》	无
	23–24页	緋綪輣𫟦(至心发愿)	《普贤行愿品》	第六门有，内容不同
		结束		

第一部分“礼忏法八门”涉及的内容、整体结构与汉文本基本吻合，内容有所不同，主要增加了《普贤行愿品》的部分偈颂。

第二部分开头增加了汉文中没有的“緋綪𦇙𫾈”（至心忏悔）和“緋綪輣繊”（至心闻愿），不清楚这两部分是否属于“礼忏法八门”的环节，但从第7页“直言赞佛”开始，则是将“礼忏法八门”从第三门开始，重新来了一遍，具体内容全部发生了变化。可以肯定，第一部分后面所缺内容，仍然属于“余杂事”部分和第七、八门的内容，因为“余杂事”部分按照汉文本还有“至心回向”“至心发愿”“白众等听说黄昏无常偈（共11偈）”“启白贤众”“至心同礼忏”等环节，现存西夏文本中皆未有所见，应在所缺的近10页之内。第二部分下面缺的内容应该还是“余杂事”部分和第七、八门的内容。

第三部分即卷下现存内容涉及“緋綪輣繊”（至心闻愿）、“緋綪𫅜𫘦”（至心呼告）、“緋綪輣𫟦”（至心发愿）。除“至心闻愿”“至心发愿”都在前面的环节中已经出现，这里新出现了“至心呼告”外。此处极有可能如第2册将“礼忏法八门”之内的部分环节变换内容后重新来了一遍。或者如宗密《圆觉经道场修证仪》（共18卷）“礼忏法八门”之后的16卷中，又反复出现“叹佛”“至心忏悔”“至心发愿”等环节。

从文本结构上，这一忏本的核心部分是借鉴了宗密的《圆觉道场修证广忏文》“礼忏法八门”，以其为基础，将《无量寿如来会》、慈觉禅师《念佛忏悔文》等净土内容融入其中，也纳入了大量《华严普贤行愿品》的内容。

五、余论

在前期的初步整理基础上，我们对西夏文《往生净土略礼忏本》的文本做了进一步探讨，整理出几近完整的慈觉禅师《念佛忏悔文》，确定了抄本现所见材料分属3个部分的观点，基本厘清了忏本核心内容“礼忏法八门”的结构与内容，但是因为文本残缺内容较多，还有几个问题暂时未能得到很好地解决。例如，“礼忏法八门”前面准备环节中所诵读的四天王等咒尚未被解读，第三部分的内容在整个忏本中到底属于哪些环节，为什么会出现《净土求生法略礼忏一卷》及《净土求生略礼忏本卷下》的两个尾页。结合第二部分第7页中出现的“上卷中《忏悔》《闻愿》　竟”及“净土往生法礼忏中卷中《直言佛赞》”等内容，我们初步猜想《𦫧𫃂𫋿𦁗𦬎𦟲𫾈》（往生净土礼忏）与《𦫧𫃂𫋿𦁗𢒉𦟲𫾈𫌧》（往生净土略礼忏本）是两部不同的文献，后者是在前者基础上节抄补充用于礼忏实践的文本。这些问题还有待进一步探讨。

上图藏宋拓《灵宝度人经变》校研*

徐　俊（山东大学文学院）

一、上图藏宋拓《灵宝度人经变》叙录

上海图书馆编《上海图书馆藏善本碑帖》著录《阴符经、护命经、灵宝度人经合册》云：

> 《阴符经》　唐永徽五年（654）正月五日褚遂良书，小楷，二十三行，行二十四字。疑伪。
>
> 《消灾护命经》　唐开成二年（837）正月十五日柳公权书，小楷。
>
> 《灵宝度人经》　原题于阎立本所绘《灵宝度人经变》画中，唐褚遂良书，小楷，宋元祐三年（1088）十一月韩城范正思刻。
>
> 此本三经皆宋拓越州石氏本，为文徵明《停云馆帖》卷一所本。
>
> 经孙多巘、李经畬、方濬益收藏。有邵松年、翁同龢、杨岘、李鸿章、谭宗浚、黄彭年题跋。
>
> 共9开，册高30.7厘米，宽16.1厘米。帖4开半，帖芯高23.9厘米，宽11.9厘米。①

图版全本刊载于上海图书馆编《上海图书馆善本碑帖综录》卷三②，谓“此本相传宋拓越州石氏本”，有更详细的分项叙录，著录其三“褚遂良书《灵宝度人经》”云：

> 唐褚遂良书，小楷，七十六行，行约十二字不等，上下两截刻。原迹题于阎立本所绘《灵宝度人经变》画中，宋元祐三年（1088）十一月韩城范正思刻。

* 本文文献调查和写作得到上海图书馆仲威先生、首都师范大学刘屹先生的帮助和指教，谨致谢忱！

① 上海图书馆编《上海图书馆藏善本碑帖》，上海古籍出版社，2005年，第619页。

② 上海图书馆编《上海图书馆善本碑帖综录》，上海书画出版社，2017年。

帖后有元祐三年（1088）范正思题刻。

帖后范正思题跋三行云：

予家旧藏唐阎立本画《灵宝度人经变》，褚遂良/题字，惜其岁久湮灭，将失永传，独字画仅可□，/刻以贻好事云。元祐戊辰仲冬，韩城范正思记。

范正思题跋见于宋陈思《宝刻丛编》卷五：

唐题度人经变相

予家旧藏唐阎立本画《灵宝度人经变》，褚遂良题字，惜其岁久湮灭，将失永传，独字画仅可模刻，以贻好事云。元祐戊辰仲冬，韩城苑（范）正思记。（本碑跋）①

又见于宋郑樵《通志二十略·金石略》著录褚遂良作品："《度人经变像》。未详。"② "变像"即"变相"，"盖人物事迹以文字描写之，则谓之变文，省称曰变。以图相描写之，则谓之变相，省称亦曰变。其义一也"③。

褚遂良书《灵宝度人经》一直作为书法文献流传于世，清陆增祥《八琼室金石补正》卷一〇五、清倪涛《六艺之一録》卷八〇、清孙承泽《庚子销夏记》卷六等均有论及，主旨均在书艺及碑拓传存。孙承泽《庚子销夏记》卷六"褚遂良度人经"条云：

《灵宝度人经》，褚河南书，阎立本画。宋时藏韩城范氏家，元祐中上石。此宋拓也，稍有缺字，乃原本坏，非石泐也。字法娟秀，真有美人不胜罗绮之致。河南公大节凛然，而书法乃如此。与余家所藏《孝经》墨迹细看无毫发异。而《孝经》乃至圣所作，《度人经》则幻妄邪说耳，固知予所藏之为宝也。④

孙氏所藏褚遂良书《孝经》，其《庚子销夏记》卷一著录：

褚河南遂良书孝经阎立本画

河南书法，刚正类其人，昔评者谓如婵娟不胜罗绮，未然也。所书《孝经》一卷，阎立本画，沧桑后得之故内，签题云"颜真卿书周昉画"。外有一朱函盛之，则题云"褚遂良书阎立本画"。盖题签者乃武英殿中书，以为字类《麻姑坛记》，故以为颜耳，不知非颜也，当以朱函刻字为正。宋人范思正（正思）有河南所书《灵宝度人经》，亦立本画，字法与此无毫发异，尤其佐证耳。⑤

褚书《孝经》与阎立本画同卷，其性质与《灵宝度人经变》相类。只是因为时人注重书法却对变文罕觏，范正思跋文中的"变"，郑樵和陈思著录的"变像""变相"，而一再被忽略了。人们非但不能从变文的演述角度去理解，甚至以"灵宝度人经"名义而传存的文本也

---

①［宋］陈思编《宝刻丛编》，中华书局，1985年，第100页。

②［宋］郑樵撰，王树民点校《通志二十略·金石略》，中华书局，1995年，第1878页。

③ 孙楷第：《读变文·变文变字之解》，载周绍良、白化文编《敦煌变文论文录》，上海古籍出版社，1982年，第241页。原载1951年6月《现代佛学》第1卷第10期。

④［清］孙承泽撰《庚子销夏记》卷6，《景印文渊阁四库全书》（第826册），商务印书馆，1986年，第64页。

⑤［清］孙承泽撰《庚子销夏记》卷1，《景印文渊阁四库全书》（第826册），商务印书馆，1986年，第5页。

未经探究。现比勘褚书《灵宝度人经》残文，并非有"道藏第一经"之称的《灵宝经》经文，而是宣演《灵宝经》的变文作品。在敦煌藏经洞所出唐代变文之外，难得一见的传世变文作品，就这样被遗忘在了石刻文献中。

二、《灵宝度人经变》校订

上海图书馆藏本《宋拓阴符经、护命经、灵宝度人经》，经折装，其中《阴符经》一开2页，《护命经》一开1展开页，《灵宝度人经》三开5页。5页均有明显的上下栏分界区分，段与段之间有空行（校订依据上下栏及分段编号），应是与图相配的格式遗存。今知另有故宫藏本褚书《灵宝度人经》拓本，流传较上图本为广，拓本部分7开13页，册高13.4厘米，册宽7.8厘米，约上图本之半，为单栏剪裱。据此可知原石为上下两栏分刻，上下栏各另起，自右向左通读。上图本装裱册页时以整石本竖裁切分为5页，形成单页上下栏布局，文字实不相接。故宫本装裱册页时，以整石本横裁为二，形成单栏布局。经比较两本分页剪裱位置，并以明刻停云馆本《灵宝度人经》整拓印证，可知上图本第一、二开装裱前后错置，乙正后原刻本文字顺序与故宫本一致。笔者于2023年5月23日有幸在上图检视《宋拓阴符经、护命经、灵宝度人经》原册，并获原版电子图片，兹据校订录文如下：

【上栏】

▭鼓，□集群真，此/▭，开百宝座，敷讲玄/▭道□，圣众列位，四①（以上3上-1)太微帝君曰：当知此经，即是/众生终归窟宅，若失此经，/一句一偈，即构诸灾祸，永/为孤露，漂流二徒（三涂）五道之中。②/大劫交周，余道皆灭，此经独（以上3上-2）存，当还大罗之天，随机下/代（世），救度天人。③（以上4上-1）▭镌玉为简，镂金/▭白银，撰录此经/▭宝（以上4上-2）是时，大众闻是经已，太上/道君还于玉京，诸来大/□，各礼而退。④（以上4上-3）

①此段述太微帝君事，见于《太上洞玄灵宝开演秘密藏经》，此处与首段文字略近，其文云："诸天上帝清斋道前，旋行步虚，诵咏灵章，一依俯仰三乘之格，叩击法鼓，普集群真。此时众圣莫不皆集，敷讲玄妙，阐扬道德。圣众列位，四座严整。"[①]

②此处文字与《太上洞玄灵宝开演秘密藏经》末段略近，其文云："若失此经，一句一偈，则为一切构诸灾祸。何以故？此经明示，真道正身，即是众生终归窟宅。若失此经，永为孤露，流漂三涂五道之中。"[②]

③此处文字与《太上洞玄灵宝开演秘密藏经》末段略近，其文云："大劫之周，余道皆灭，此经独存，当还大罗之天，随机下世，救度天人。"[③]

④此处文字与《太上洞玄灵宝开演秘密藏经》末段略近，其文云："于是太微帝君镌玉

① 《太上洞玄灵宝开演秘密藏经》，载《道藏》第5册，文物出版社、上海书店、天津古籍出版社，1988年，第898页。

② 《太上洞玄灵宝开演秘密藏经》，载《道藏》第5册，文物出版社、上海书店、天津古籍出版社，1988年，第902页。

③ 《太上洞玄灵宝开演秘密藏经》，载《道藏》第5册，文物出版社、上海书店、天津古籍出版社，1988年，第903页。

为简，镂金为字，编以白银，撰录此经。盛以紫玉之函，封于七宝之台，仙童玉女散花烧香，供养灵文。是时大众闻受经已，太上道君还于玉京，诸来会者，各礼而去。”①

元始天尊，于龙罗代（世）界，净/明国土，善积山中，八寨树/下，三玄座上，恬神静虑，经大/小劫，不起于座，于是额（仅存右侧页）上放五/色光明，遍昭（照）十方无量国土。（以上1上-1）是时，东方青元帝君，从缥云代（世）界，/与诸眷属，宝一重二，□□□子/等一百廿童子，到净明国土，仰子威/光，得见诸天福堂，男女善人，威仪/庠序，华容挺持。（以上1上-2）天尊光明普昭（照），乃至下方/九幽，地狱之中，饿鬼苦魂，/皆得解脱。（以上2上-1）是时，众中有一童子名曰宝，/前进作礼，上白天尊，不审天/地狱，苦乐报对，顿尔差殊，众/疑或未了，斯事（以上2上-2）尔时，天尊发大法音，能使/十方无量代（世）界，羌胡氐老，夷/蛮楚越，禽鱼鸟兽，鳞甲羽毛，一/切众生，随类得解。（以上5上-1）

【下栏】

南方丹霞天君，法名无碍，/在炎光代（世）界，朱明国土，重阳/□（存下部口）内，火练池中，红莲□/上，与诸眷属，丹元童子，□/虚真人，千二百众。（以上3下-1）闻天尊在净明国土，□□□/典，是时无碍率领门徒，同来/诣座，散花烧香，擎珠献宝，来/到道前，罗列供养。/无价宝珠，珍玩服饰，上药仙果，七（以上3下-2）宝名珍，宝盖幢旛，迎风曜日，飞/龙儛鹄，鸾啸虎吟，香气冲天，雨/花满地，琼钟玉磬，无不和鸣，一时/施张，以用供养。尔时众中有一/真人，厥名太虚，前进作礼，手执/香炉，上白天尊，问无碍修何功/德，来□天尊。（以上4下-1）

往昔，安忍国王太子心愿出家，/蔬食布衣，小屋卑床，读诵经/文，礼拜归依，常不休息，以求出离。（以上4下-2）安忍国王见其执心秉正，放使出/家，到人鸟山西，寻访明师，于空/山中，一无闻见，唯有豺狼熊罴/猛狩，张口开牙，唯欲吞差。（以上1下-1）尔时，太虚仰天称名，我若合有仙/分，汝等恶虫自当退散。如无骨相，恣/汝吞啖。言语未毕，虎狼迸走，四面/廓开，莲花宝盖，应念具足。⑤尔时，太虚忽见玄和先生在于山上，（以上1下-2）□花飞散，□芳流溢。（以上2下-1）尔时，太虚往至山上，诣玄和先生，/头面作礼，渴仰微言。玄和先生授/以此经，令太虚修行供养。（以上2下-2）太虚受得此经，修行供养昼夜。/后得白日升天，逍遥自在。/⑥

⑤以上述安忍国王及太子事，见于《太上灵宝洪福灭罪像名经》，开篇云：“昔时安忍国王太子，名太虚，字海空，行心至愿，出家修道。父王愍其执心秉直，非可断遏，乃召国中真士无上真人，降天宫内。”②但未载于本文所述事迹。

⑥以上述安忍国王太子与玄和先生事，玄和先生姓刘名玄和，唐开元二年生，年近四十，有拔俗出尘之志，遂入匡庐之龙兴观，礼住持三洞法师何子玉为师。天宝二载，得度为

① 《太上洞玄灵宝开演秘密藏经》，载《道藏》第5册，文物出版社、上海书店、天津古籍出版社，1988年，第903页。

② 《太上灵宝洪福灭罪像名经》，载《道藏》第6册，文物出版社、上海书店、天津古籍出版社，1988年，第289页。

道士[①]。宋张君房《云笈七签》卷一百一《丹灵真老君纪》有玄和先生向丹灵真老君郑仁安传授灵宝经符事，其文云："于寒灵洞宫遇玄和先生，授仁安灵竇赤书五气玄天黑帝真文一篇、智慧上品十戒而去。"[②]但未见安忍国王太子与玄和先生的师承关系记载。

> 无患国内，大富长者，有女/年十七，心愿出家，恒（以上2下-3）法求无上，/其女后到长存山上，诣师受持，/□诚从初至末，次第修□。（以上5下-1）

以上文本包含五段故事，分别以太微帝君、元始天尊、南方丹霞天君、安忍国王太子及玄和先生、无患国大富长者女为主角，其中第一段太微帝君的故事见于《太上通玄灵宝开演秘密藏经》，文字相近；第四段安忍国王及太子事见于《太上灵宝洪福灭罪像名经》，但事迹不符，玄和先生向郑仁安传授灵宝经符事见于道教经籍，但未见安忍国王太子与玄和先生师承关系的记载。二经均出于唐代。其余三段故事暂未检得道教文献出处，但可知非《灵宝度人经》经文，历代著录和引述作褚遂良书《灵宝度人经》，欠准确。

三、道教变文补说

饶宗颐先生《吴县玄妙观石础画迹》第二部分"道教经变与变相"，首先揭出宋范成大《吴郡志》关于绍兴时王映召画工画《灵宝度人经变相》于天庆观的记载。范成大《吴郡志》卷三一"宫观"记云：

> 天庆观，在长洲县西南，即唐开元观也。兵火前，栋宇最为宏丽。绍兴十六年，郡守王映重作两廊，画《灵宝度人经变相》，召画史工山林、人物、楼橹、花木各专一技者，分任其事，极其工致。[③]

饶先生云："考以《度人经》入画，已肇于阎立本。"并摘引《宝刻类编》、《金石略》、孙承泽、倪涛记载，云："此阎画《度人经》变，北宋曾泐诸石。王映图之天庆观廊庑，岂尝取资于此乎？"推测玄妙观《灵宝度人经变相》与阎立本《灵宝度人经变》之间可能存在的渊源关系，进而指出：

> 佛教壁画有变相，故有变文；道教仿效之，亦有变文。佛教变文，世所习知；道教经变，则所罕闻。[④]

饶先生藉助玄妙观壁画，敏锐发现与范正思跋文所记阎立本《灵宝度人经变》的关联，揭示出道教变文在唐代的流行，遗憾的是没有看到范正思所刻褚书《灵宝度人经变》的文本。

梅维恒先生《唐代变文：佛教对中国白话小说及戏曲产生的贡献之研究》在以《新发现》为题的开篇中说，1988年11月4日，在他将本书校对稿寄还给出版社前不到一个星期时，在《吴郡志》卷三十一第一部分道教建筑中，读到了绍兴十六年郡守王映召画工画《灵宝度人经》变相的有关记载，指出：

> 这段记载很有价值。首先，它出自当时当地人的手笔，因此具有很高的可靠

① [元] 赵道一编修《历世真仙体道通鉴》卷38，《道藏》第5册，第316页。

② [宋] 张君房编《云笈七签》卷101，载《丹灵真老君纪》，中央编译出版社，2016年，第2198页。

③ [宋] 范成大撰，陆振岳点校《吴郡志》卷31《宫观》，江苏古籍出版社，1999年，第460页。

④ 饶宗颐：《吴县玄妙观石础画迹》，载《历史语言研究所集刊》第45本第2分，中研院历史语言研究所，1974年，第261页。

性。其次，它提供了有关变相绘画技巧方面的一些重要细节。更重要的是，它明确地证实了道教徒们曾接受变相，将其作为自己宗教的一部分，而且直至南宋时期，他们还在积极地保护这些作品。①

龚鹏程先生在论述道教书法时也指出：

褚遂良另写有《度人经》，此帖也著录于《博古堂帖存》。但此后流传不如《阴符》之广,至明末又被《玉烟堂帖》《清鉴堂帖》择入。据范正思的题跋可知它还是跟唐人经变图画搭配的："余家旧藏阎立本画《灵宝度人经变》褚遂良题字，惜其岁久湮灭，将失永佚，独字画仅可模刻以贻好事云。元祐戊辰仲冬。"唐人经变之记载并不太多，道经制作成经变图，且出于阎立本、褚遂良，尤为难得。故这也是一条珍贵的资料。②

上图藏宋拓《灵宝度人经变》褚书原文的面世，印证了学术前辈们的推测，为道教经变提供了珍贵的文献依据。

敦煌藏经洞所出的变文作品，就题材而言，佛教题材既为变文生成的基础，也是现存变文作品的主体，佛教题材突出的故事性特点加强了变文的体裁特征。相对于佛教题材，道教在宣教方式和题材特点上，有比较大的不同。但与上清道士教人修炼成仙的宗旨不同，灵宝道不仅只求个人成仙，还要通过帮助别人行善积德，要普度众生、普度一切天人③。这一点正好与佛教的宣教布道方式相近，或许这正是出现以《灵宝度人经》为主题的经变、变相的内因。

显然，本文所揭示的《灵宝度人经变》作为变文的特征，与敦煌藏经洞所出的佛教变文相比，存在较大的不足。现存文字内容，主要述说元始天尊以法力救度地狱和十方世界众生，根据道经所见仙真名号，敷衍仙真"度人"故事，情节性描述不突出，重在宣传仙道思想和灵宝经符事的重要性，与佛教变文、变相重在通过宣讲吸引听众相比，有明显不同。根据这种不同和差异，我们不妨做以下两种推测：一是佛道二教自身差异在变文中的表现，道教的宣教故事大多基于纯粹的虚构时空和人物，所以故事情节难以像佛教变文那样生动地吸引人。换言之，《灵宝度人经变》反映了道教题材变文的特点。二是因为佛教变文的流行，道教徒借用了"经变""变相"之名，来指称一部分道教宣教作品，反映了变文体裁在佛教以外的影响。

前辈学者已经指出《历代名画记》《酉阳杂俎》等所记寺院壁画的"变"或"变相"，一般标明"某某经变"，以此明确其变相所据，以及"变以绘事为主"的性质④。与敦煌变文写本以及唐五代时期敦煌变文演艺特征相对照，于是形成了"以文字描写之，则谓之变文"，

---

① [美] 梅维恒著，杨继东、陈引驰译《唐代变文：佛教对中国白话小说及戏曲产生的贡献之研究》，中西书局，2011年，第2页。

② 龚鹏程：《写〈道德经〉〈度人经〉〈灵飞经〉等道经的书法家》，《你不知道的道教书法》第五章，https://www.sohu.com/a/303316715_702188，访问日期：2019年3月22日。

③ 龚鹏程：《有文化的文学课》，中华书局，2016年。

④ 周一良：《读〈唐代俗讲考〉》，载周绍良、白化文编《敦煌变文论文录》，上海古籍出版社，1982年，第163页。

“以图像描写之，则谓之变相”[①]这样的概念区分。敦煌变文写本也被看成变文讲唱的脚本及其传抄本、记录本。回到本文所揭示的褚书阎画《灵宝度人经变》，以讲唱脚本的视角视之，显然也是不合乎情理的。宫廷书画家的参与，或许可以说明在作为说唱底本的“变文”和作为寺观壁画的“变相”之外，当时变文已经具有了“对本阅读”的功能，褚书阎画《灵宝度人经变》就是用于阅读的变文与变相相结合的图文读本。如果是这样，那变文、变相就有了第三种存在形式。

以上补述需要更多同类作品的发掘以及对相关资料的深入梳理，才能得出接近事实的结论。

（2023年7月27日改定于岱北山居）

附：上海图书馆藏宋拓褚遂良书《灵宝度人经变》图版（见图1、图2、图3）。

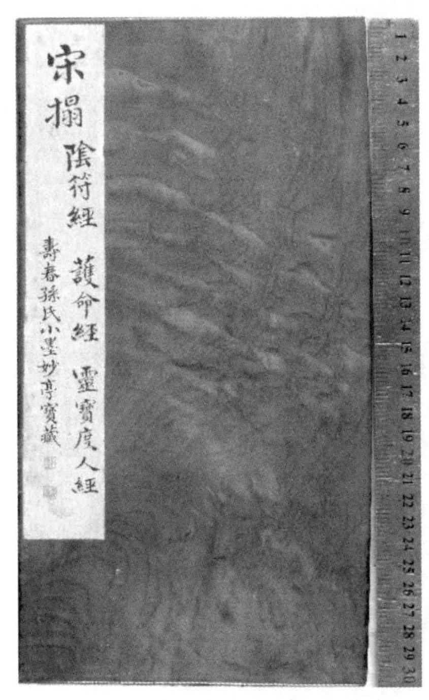

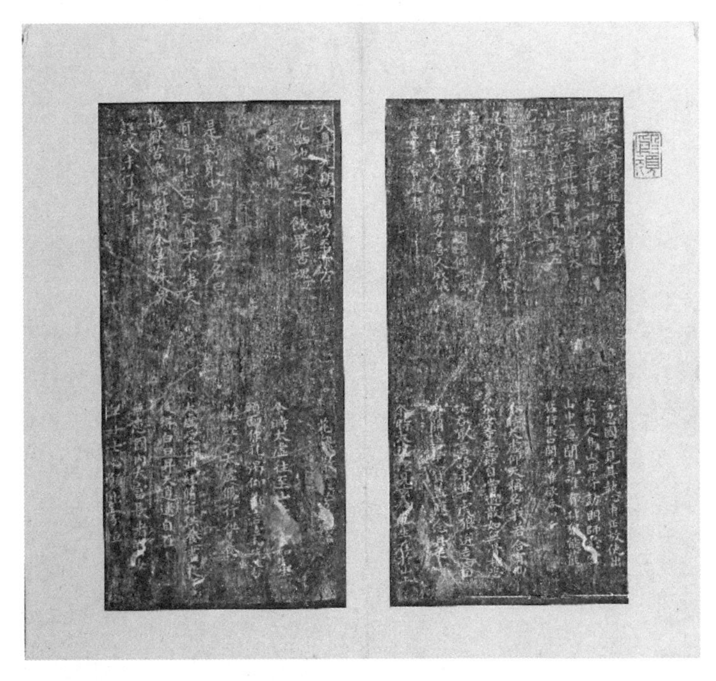

图1　（左：册页装外；右：第一开）

① 孙楷第：《读变文·变文变字之解》，载周绍良、白化文编《敦煌变文论文录》，上海古籍出版社，1982年，第241页。原载1951年6月《现代佛学》第1卷第10期。

图2　第二开

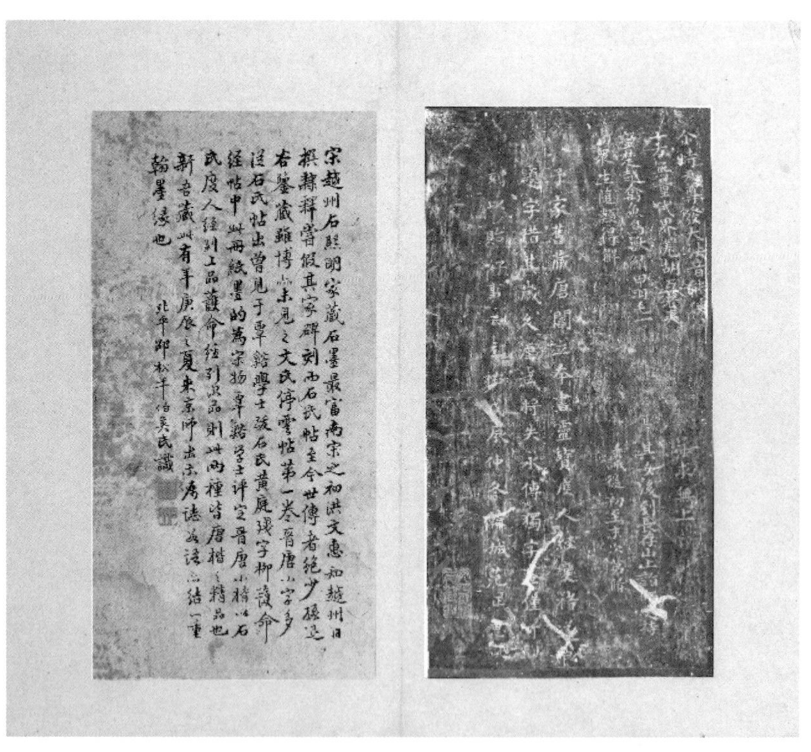

图3　第三开

敦煌本《下部讚》中“末”字的异化

王媛媛（中山大学历史学系）

【摘要】《下部讚》的编译者自号道明，汉语造诣深厚。如《下部讚》中“末”一字，道明按其汉文意涵，使用得十分准确。但在数首赞诗撰者的落款中，道明将“末”字冠于主教、慕阇名前。胡语名讳应是以尊称mry开头，故道明以汉字“末”音译。不过，将“末”冠于名前，不仅为表达敬意，可能还和胡人在中原改汉姓有异曲同工之妙。“末”一字，或可视为中原语境下对教中高级主教们的汉姓称谓，同时表达了对早期传播史的记忆。

【关键词】《下部讚》 末 末摩尼

敦煌汉文摩尼教文书《下部讚》现存约10900字，编译者自号道明，汉语造诣深厚。如《下部讚》中“末”一字，道明按其汉文意涵，使用得十分准确。“末”之常见义为最后、末端等。在《下部讚》题签中有4例，如第356行“此偈讚明尊讫，末后结愿用之”，第360行“此偈讚日光讫，末后结愿用之”，第368行“此偈讚夷数讫，末后结愿用之”，第372行“此偈讚忙你佛讫，末后结愿用之”[①]；另一例见第50行《讚夷数文第二叠》：“复似秋末切风霜。”[②]由上述4例足见作者很清楚“末”的常用意涵。但纵观《下部讚》全篇，我们又会发现，于道明而言，“末”一字似乎还有其他蕴意或用法。

一、敦煌汉文摩尼教写经与“末摩尼”之译名

在帕提亚语、中古波斯语摩尼教文献中，频见创教者摩尼的名号，写作mrym'ny；起首的mry，系阿拉美语敬称，意为“主”，多与人名

① 林悟殊：《英藏〈下部赞〉（S.2659）释文》，《敦煌文书与夷教研究》，上海古籍出版社，2011年，第460、461页。

② 林悟殊：《英藏〈下部赞〉（S.2659）释文》，《敦煌文书与夷教研究》，上海古籍出版社，2011年，第437页。

连写，置于人名之前[①]。“末摩尼”应即mrym'ny的汉文音译，其初现不迟于摩尼僧入华觐见高宗、武后时[②]。就目前已有文献来看，该汉译名号多见于教外文献，敦煌所出3部摩尼教汉文写经《残经》《摩尼光佛教法仪略》和《下部讃》中均无“末摩尼”一名。

“末”，中古音读作muɑt[③]，单就音译的准确度而言，以“末”对音mry［mār］没有什么问题。汉文“摩尼”的称号，可能源自佛教的摩尼宝珠[④]。而对于摩尼宝珠，玄应《众经音义》（又称《一切经音义》）、慧琳《一切经音义》曾先后为之正名：“言摩尼者，讹也。正言末尼，谓珠之总名者也。”[⑤]尽管这一正名没有得到贯彻，但至少从宗教层面看，“末”作为汉译字也没有什么问题。然而，“末”的日常用法一般为贬义，最多是中性义，基本没有褒义[⑥]。不知是否出于这一层考虑，唐代摩尼教徒绝少用“末摩尼”这一音译名。

“延载元年（694）……波斯国人拂多诞持《二宗经》伪教来朝”[⑦]。摩尼教正式传入唐代中原。即便有佛僧的反对[⑧]，武后仍然接纳了这一支西来的宗教。敦煌汉文《摩尼教残经》约成于此时。《残经》中不见“末摩尼”的称法，只呼摩尼为“明使”，这可能也和当时特殊的现实背景有关。武后统治时期的政治宣传强调对“日”“月”“光”“明”的崇拜[⑨]，而摩尼教能被武后接纳的原因之一，可能是由于拂多诞对教义略加改编，宣扬大周是武后以弥勒下生所建之光明王国[⑩]。因而对摩尼教来说，既要突出“光明”以配合武周政治，又要尽量避免被佛僧继续“击难”，那么“明使”显然比一个借自佛教的译名“摩尼”更合适。当然，这绝不意味着“摩尼”一名被弃用，“明使”与“摩尼”二词的使用可能会根据不同的场合与背景而有所不同。“万岁通天元年（696），僧惠澄上言乞毁《老子化胡经》，敕秋官侍郎刘如璇等议状”[⑪]。武后拒绝销毁《老子化胡经》，并于697年后开始倾向道教[⑫]。或许在这之后，“摩尼”的使用频率会高于“明使”，而《残经》的撰成、流行时间可能就在694年前后。

① Desmond Durkin - Meisterernst, *Dictionary of Manichaean Middle Persian and Parthian, Corpus Fontium Manichaeorum, Subsidia*, Turnhout: Brepols, 2004年, p. 231.

② 林悟殊：《从“末摩尼”到“摩尼光佛”——兼质疑“明教文佛”之“定諡”》，《西域研究》2021年第4期，第84页。

③ 李珍华、周长楫编撰《汉字古今音表》，中华书局，1993年，第249页；郭锡良编著《汉字古音手册》，商务印书馆，2011年，第40页。

④ 芮传明：《“摩尼”名号的源流》，《东方摩尼教研究》，上海人民出版社，2009年，第47-71页。

⑤ 玄应：《一切经音义》卷1，“踰摩”条，慧琳《一切经音义》卷20，“踰摩”条，载徐时仪校注《一切经音义三种校本合刊》，上海古籍出版社，2008年，第7、846页。

⑥ 对“末”字字义的整理分析，参见林悟殊：《从“末摩尼”到“摩尼光佛”——兼质疑“明教文佛”之“定諡”》，《西域研究》2021年第4期，第87页。

⑦［宋］志盘撰、释道法校注《佛祖统纪校注》卷40，上海古籍出版社，2012年，931页。

⑧《闽书》载：“至武则天时，慕阇高弟密乌没斯拂多诞复入见，群僧妒谮，互相击难。则天悦其说，留使课经。”［明］何乔远编，厦门大学古籍整理研究所、历史系古籍整理研究室《闽书》校点组校点《闽书》卷7《方域志》，福建人民出版社，1994—1995年，第172页。

⑨ 柳存仁：《武则天先世来源之推测》，载《和风堂新文集》，新文丰出版股份有限公司，1997年，第135页；芮传明：《武则天的宗教信仰》，载《东方摩尼教研究》，上海人民出版社，2009年，第329-344页。

⑩ 王媛媛：《从波斯到中国：摩尼教在中亚和中国的传播》，中华书局，2012年，第124-125页。

⑪［宋］欧阳修、宋祁：《新唐书》卷59《艺文三》，中华书局，1975年，第1521页。

⑫ 王永平：《道教与唐代社会》，首都师范大学出版社，2002年，第47页。也有认为此后武则天开始佛道并重，参见卿希泰：《中国道教史》，四川人民出版社，1996年，第78页。

成于712—731年的敦煌十卷本《老子化胡经》卷一中[①]，道教徒使用了“末摩尼”这一汉文称呼，但摩尼教不予承认，因731年拂多诞作《摩尼光佛教法仪略》时有意删去“末”字，改称“摩尼光佛”或“摩尼”，以此宣告该教正式弃用“末摩尼”一名[②]。然而，这一宣告阻止不了教外人士使用。732年，玄宗可能受佛僧的挑唆和影响，在诏令中仍称该教为“末摩尼”[③]。无疑，官方这一指称将“末”字的贬义渲染到了极致，当时的中原教徒恐怕会更加避用“末摩尼”一名。

762年，摩尼教成为漠北回鹘国教。大历三年（768）、大历六年（771）和元和二年（807），该教以回鹘为靠山，先后在长安、荆州、扬州、洪州、越州，以及河南府、太原府建立寺院[④]，合法地发展汉人信徒。敦煌汉文《下部讃》便成于这一背景下[⑤]。开元禁令后，摩尼教难以向汉人传播，其汉文译经事业应当受到了很大的影响甚至停滞，但教众对“末”字贬称，记忆犹新。《下部讃》中没有“末摩尼”，甚至连“摩尼”也被道明改译为“忙你”（第112、184行）[⑥]，或作“忙你佛”（第84、372、378行）[⑦]、“忙你尊”（第135、152、256、383行）[⑧]、“忙你明使”（第338行）[⑨]、“忙你尊佛”（第357—358行）[⑩]、“忙你法王”（第373行）[⑪]、“忙你具智王”（第159、160、340、348行）[⑫]，即按照汉语模式，把头衔尊

① 刘屹：《唐代道教的“化胡”经说与“道本论”》，载荣新江主编《唐代宗教信仰与社会》，上海辞书出版社，2003年，第110页。

② 林悟殊：《从“末摩尼”到“摩尼光佛”——兼质疑“明教文佛”之“定谳”》，《敦煌文书与夷教研究》，上海古籍出版社，2011年，第89页。

③ 林悟殊：《从“末摩尼”到“摩尼光佛”——兼质疑“明教文佛”之“定谳”》，《敦煌文书与夷教研究》，上海古籍出版社，2011年，第90-91页。

④ ［宋］志盘撰、释道法校注《佛祖统纪校注》卷40、卷42，第931、962页；《旧唐书》卷14《宪宗本纪》，中华书局，1975年，第420页。

⑤ 林悟殊先生按其内容及摩尼教在中原的传播史，指出该经为译著，译于768—842年，参见林悟殊：《摩尼教〈下部赞〉汉译年代之我见》，《敦煌文书与夷教研究》，第62-72页；虞万里先生根据赞文中的避讳现象，认为《下部赞》可能抄写于780—805年，参见虞万里：《敦煌摩尼教〈下部赞〉写本年代新探》，《敦煌吐鲁番研究》第1卷，1995年，第37-46页。

⑥ 林悟殊：《英藏〈下部赞〉（S.2659）释文》，《敦煌文书与夷教研究》，上海古籍出版社，2011年，442、447页。道明弃“摩尼”而改译“忙你”的原因不明，或许是吸取玄宗开元禁令的教训（林悟殊：《摩尼教华化补说》，兰州大学出版社，2014年，第399页），或许是有意另辟译名，以示改弦更张，但无论如何其用心最后都落空了，因当时及此后的教内外文献绝大多数仍沿用“摩尼”这一惯用名。

⑦ 林悟殊：《英藏〈下部赞〉（S.2659）释文》，载《敦煌文书与夷教研究》，上海古籍出版社，2011年，第440、461-462页。

⑧ 林悟殊：《英藏〈下部赞〉（S.2659）释文》，载《敦煌文书与夷教研究》，上海古籍出版社，2011年，第444-445、453、462页。

⑨ 林悟殊：《英藏〈下部赞〉（S.2659）释文》，载《敦煌文书与夷教研究》，上海古籍出版社，2011年，第459页。

⑩ 林悟殊：《英藏〈下部赞〉（S.2659）释文》，载《敦煌文书与夷教研究》，上海古籍出版社，2011年，第460页。

⑪ 林悟殊：《英藏〈下部赞〉（S.2659）释文》，载《敦煌文书与夷教研究》，上海古籍出版社，2011年，第461页。

⑫ 林悟殊：《英藏〈下部赞〉（S.2659）释文》，载《敦煌文书与夷教研究》，上海古籍出版社，2011年，第446、459-460页。

称缀于主人名讳之后以表崇敬。《下部讚》全篇涉及摩尼名号共计17处，绝无“末忙你”或“末摩尼”之称，文中所礼赞的其他神明也未见冠以“末”字者。但与之形成鲜明对照的是，就在摩尼教重新得势的这一时期内，成于大历年间（766—779）的禅宗典籍《历代法宝记》称该教为外道“末曼尼”①，仍然沿用“末”字贬称。

综上，唐代汉文摩尼教“内典”皆未使用“末摩尼”，而教外文献，尤其是在贬斥和禁断该教的文献中，基本都用了带“末”字的汉译名。那么，有没有可能“末摩尼”原本就是教外人士起的一个贬称呢？可能性不大。因“mrym'ny”这一敬称来源于且只存在于摩尼教胡语文献，若非出自教徒之口，或经由他们介绍传播，汉人基本没有可能知晓或了解这一称法。是故，“末摩尼”一词最初应来自摩尼教徒，只不过他们并未料到“末”字在汉地日常语境下的贬义被反对者利用并有意放大。当然，在意识到这一点之后，中原教众在对待创教者摩尼的汉文名号时，便格外谨慎。

二、《下部讚》中的“末”字人名

道明虽不用“末”称呼摩尼，但在其所列赞诗的落款中却有两三处以“末”为首字的作者名。这些赞诗的作者的身份属教会高层，或为摩尼之后继任的教会总主教，或为仅次于总主教的慕阇。他们的胡语名讳应该也是以“mry”开头，故以“末”音译之。道明既明知“末”在汉语中的意思，摩尼本人及众神名号也都避用该字，为何这些作者的名字却没有避忌？于此，应有一番说辞。

赞诗作者之一，在《下部讚》第83行：

叹无常文，末思信法王为暴君所逼，因即制之。②

而后，自第84至119行为赞诗内容，计35颂。就“末思信”一名，亨宁（W. B. Henning）注释崔骥英译的《下部讚》时，释为“Mār Sisim, Mani's successor who was crucified”③，意即“末思信”，殉难的摩尼继位者。该名中古波斯文作mrysysyn④，汉文“末思信”即其音译，就此学界未见有异议⑤。据帕提亚语文书M 5815 Ⅱ（T Ⅱ D134 Ⅱ）记载，思信（Sisinnius）在摩尼殉道后继任教会总主教，于291或292年去世⑥。从汉语表达角度看，道明

① 该书载罽宾王“不信佛法，毁塔坏寺，煞害众生，奉事外道末曼尼及弥师诃等”。参见《英藏敦煌文献》(1)，文书编号S.516，四川人民出版社，2009年，第224页；具体研究参见荣新江：《〈历代法宝记〉中的末曼尼和弥师诃——兼谈吐蕃文献中的摩尼教和景教因素的来历》，《中古中国与外来文明》，三联书店，2001年，第343-368页。

② 林悟殊：《英藏〈下部赞〉(S.2659) 释文》，《敦煌文书与夷教研究》，上海古籍出版社，2011年，440页。

③ W. B. Henning, "Annotations to Mr.Tsui's Translation, app.to Tsui Chi, 'Mo Ni Chiao Hsia Pu Tsan, The Lower (Second?) Section of the Manichaean Hymns'", *Bulletin of the School of Oriental and African Studies*, Ⅺ, 1943-46, pp. 216-219, p. 216, n. 1.

④ Desmond Durkin-Meisterernst, *Dictionary of Manichaean Middle Persian and Parthian*, Corpus Fontium Manichaeorum, Subsidia, p.312.

⑤［日］吉田豊：《汉訳マニ教文献における汉字音写された中世イラン语について（上）》，《内陆アジア言语の研究》Ⅱ，神户市外国语大学外国学研究所编，1986（1987）年，第1-15页。

⑥ F. C. Andreas & W. B. Henning, "Mitteliranische Manichaica aus Chinesisch-Turkestan Ⅲ", *Sitzungsberichte der (Königlich-) Preussischen Akademie der Wissenschaften Philosophisch-Historische Klasse*, Berlin, 1934, pp.857-860; M. Boyce, *A Reader in Manichaean Middle Persian and Parthian*, Leiden, 1975, pp.48-50; H. -J. Klimkeit, *Gnosis on the Silk Road: Gnostic Parables, Hymns & Prayers from Central Asia*, New York, 1993, pp.260-261.

尊称其为“思信法王”[①]，便如第373行尊称摩尼“忙你法王”一样，敬意已表，复以“末”字作敬词缀于前，似有画蛇添足之嫌。道明既熟稔“末”字用法，恐不至于作如此表述，颇疑其在“末”一字之意涵中，另有所指。

第二个以“末”为首字的作者名，在《下部讃》第120行：

普启讚文，末夜暮阇作。[②]

其后，自第121至153行为末夜所作讚文，计32颂。就“末夜”该词，瓦尔茨米德（E. Waldschmidt）和楞茨（W. Lentz）将其比定为Mari Zaku[③]。这一观点得到了布利格（A. Böhlig）的认同[④]。施寒微（H. Schmidt-Glintzer）德译汉文摩尼经时，对“末夜”一词的注释便是参照布氏的说法[⑤]。宗德曼（W. Sundermann）曾释mryzqw为伊朗语专有人名，摩尼有一高足便为此名[⑥]。在帕提亚文书中，是名见于MG232、M6230 R 10等，作mryzqw，mryzkw，mr zqw ［mār zakū］，英译作Master/Lord Zakū[⑦]。Mār Zaku是摩尼第一代传法弟子，始终追随摩尼左右，约于公元300年去世[⑧]。德藏吐鲁番文书已揭出多个纪念他的赞美诗残片。《下部讃》中的“末夜”是否指的就是他，姑且不论。但其既冠以“末”，名后又附有“暮阇”这一高级职衔，从表达模式上便与“末思信法王”相同。后面已有“暮阇”之尊称，前面的“末”则未必是敬词。

《下部讃》中最后一个疑与“末”有关的作者名，见于第261行：

叹明界文，凡七十八颂，分四句，未冒慕阇撰。[⑨]

《叹明界文》一诗内容和帕提亚文摩尼教赞美诗《胡威达曼》（*Huwīgdagmān*）的第一首相似。亨宁认为《叹明界文》便是《胡威达曼》第一首的汉译[⑩]。《胡威达曼》捡自20世纪初吐鲁番发现的大量摩尼教文献残片。据考证，该诗属公元3世纪的作品，系当年摩尼派往东方传教的弟子阿莫'mw［ammō］所撰[⑪]。至于题示所谓“七十八颂”，经核实，当为“七十

---

① 有关摩尼教“法王”，参见王媛媛：《唐代汉文摩尼教资料所见之“法王”》，《海陆交通与世界文明》，商务印书馆，2013年，第215-228页。

② 林悟殊：《英藏〈下部赞〉（S.2659）释文》，《敦煌文书与夷教研究》，上海古籍出版社，2011年，第443页。

③ E.Waldschmidt & W. Lentz,“Manichäische Dogmatik aus chinesischen und iranischen Texten”, *Sitzungsberichte der(Königlich-) Preussischen Akademie der Wissenschaften Philosophisch-Historische Klasse*, Berlin, 1933, pp.480-607.

④ A. Böhlig(ed., tr.) & J.P. Asmussen, *Die Gnosis. Ⅲ Der Manichäismus*(*Die Bibliothek der Alten Welt: Reihe Antike und Christentum*), Zürich-München: Artemis, 1980, p.346.

⑤ H. Schmidt-Glintzer, *Chinesische Manichaica. Mit textkritischen Anmerkungen und einem Glossar*, Wiesbaden, 1987年, p.147.

⑥ W. Sundermann,“Iranische Personennamen der Manichäer”, *Die Sprache. Zeitschrift für Sprachwissenschaft*, 36, 1994年, pp.244-266；该文已收入作者论文集*Manichaica Iranic*, *Band 1*, Roma, 2001, pp. 485-507.

⑦ Desmond Durkin - Meisterernst, *Dictionary of Manichaean Middle Persian and Parthian*(*Corpus Fontium Manichaeorum, Subsidia*), p.232.

⑧ H. -J. Klimkeit, *Gnosis on the Silk Road*: *Gnostic Parables*, *Hymns & Prayers from Central Asia*, p.87.

⑨ 林悟殊：《英藏〈下部赞〉（S.2659）释文》，《敦煌文书与夷教研究》，上海古籍出版社，2011年，第453页。

⑩ W. B. Henning,“Annotations to Mr.Tsui's Translation, app.to Tsui Chi,‘Mo Ni Chiao Hsia Pu Tsan, The Lower (Second?) Section of the Manichaean Hymns'”, p. 217.

⑪ M. Boyce,“The Manichaean Literature in Middle Iranian”, *Literature*, Brill, 1968, p. 74.

六颂”之误。汉字“未”“末”字形相似，“未冒”应讹自“末冒”。末冒（muɑt mau），即为Mār Ammō的音译[①]。“末冒慕阇”和上揭“末思信法王”“末夜暮阇”结构一样，“慕阇”已表示出了敬意，若首字“末”也是敬词，这一叠床架屋的称呼，当不会被谙于汉语者所采用。因此，在道明眼中，这三个作者名中的“末”字，或许并不表示“主”这一尊称。

三、疑作胡姓的“末”

检索胡语摩尼教文献，凡属早期慕阇、先知、高僧之类名字前多有mry［mār］这一标识，其原本表示对名字主人的敬意，但既为该群体所专有，依汉文化眼光来看，便有些类似于人群的姓氏，如以官职、职业为氏者。如果将这一共享的标识读为“末”，则汉语中也有“末”一姓：“秣氏，秣阳国也，以国为氏。末氏，本秣氏。避难去禾，今秣陵是其后也。”[②]秦始皇三十七年，金陵邑改为秣陵县，“秣”字与秦国号取义相近，以表该地为东南形胜[③]。史乘有载的“末”姓人名，最早似为汉代的末振将（？—前12），系乌孙的小昆弥[④]。《新唐书·吐蕃传》记：“别将尚恐热为落门川讨击使，姓末，名农力，‘热’犹中国号‘郎’也。”[⑤]其或与吐蕃权力高层的末氏家族有关，《唐蕃会盟碑》上亦有末氏的名字，该家族控制着今青海黄河南岸的色末地区[⑥]。由是，窃意道明或许在潜意识中将“末”当为胡姓，置于该等高僧名字之前，构成其在华的称谓。

值得注意的是，署名末夜的赞文第28颂（《下部讚》第149行）中也出现了“末夜”二字：

末夜今修此叹偈，岂能周悉如法说？而於圣凡诸天众，咸愿无殃罪销灭。[⑦]

诗文作者以自己的本名入诗，本属平常，但汉地文人多谦虚，不会用敬词自称。如李白的名作《赠汪伦》：“李白乘舟将欲行，忽闻岸上踏歌声。桃花潭水深千尺，不及汪伦送我情。”李白，字太白，号青莲居士，又号“谪仙人”。李白不称“太白乘舟将欲行”，惟用本名，当即自谦。所以，赞文之“末夜今修此叹偈”，其“末夜”的“末”如果是敬称的话，则有违汉地的称谓习惯。而这一自谦的称谓习惯，道明在《下部讚》（第416—420行）的译后语中已身体力行：

梵本三千之条，所译二十余道：又缘经、讚、呗、愿，皆依四处制焉。但道明所翻译者，一依梵本。如有乐习学者，先诵诸文，后暂示之，即知次第；其写者，

---

①W. B. Henning, “Annotations to Mr. Tsui's Translation, app. To Tsui Chi, ‘Mo Ni Chiao Hsia Pu Tsan, The Lower (Second?) Section of the Manichaean Hymns’”, p.216, n. 6; M. Boyce, *The Manichaean Hymn-Cycles in Parthian*, London Oriental Series 3, London-New York-Toronto: Oxford University Press, 1954, p.7; 吉田豊《汉訳マニ教文献における汉字音写された中世ィラン语について（上）》，第5页，§10。

②［宋］郑樵撰《通志》卷26《氏族略第二》，浙江古籍出版社，1988年，第453页。

③ 胡阿祥：《嬴秦国号考说——兼说秦置秣陵无贬义》，《学海》2003年第2期，第145-150页。

④ 其生平事迹见《汉书》卷70《傅常郑甘陈段传第四十》，中华书局，1962年，第3030-3031页。

⑤［宋］欧阳修、宋祁：《新唐书》卷216《吐蕃传下》，中华书局，1975年，第6105页。

⑥［日］山口瑞凤著，董越、杨铭译《松域（Sum-yul）地理位置考》，《兰州学刊》2009年第11期，第6-13页。

⑦ 林悟殊：《英藏〈下部赞〉（S.2659）释文》，敦煌文书与夷教研究》，上海古籍出版社，2011年，第445页。

存心勘校，如法装治；其读者，必就明师，须知讹舛。[①]

从上引这段文字的口气看，自称“道明”的译者不但精通译经，而且有资格训示教徒如何学经，应是教内位高资深的尊者，但文中的自我称谓遵照汉地习惯，仅写出名字，既不冠“末”，亦不炫以任何头衔。由是，“末夜”既可入诗，更表明它应是作者在中原所用的汉名，其中可能并不包含敬意。

至于将“夜”比定为zakū，颇令人费解。“夜”古音读作jĭa[②]，从音译角度看，与zakū两者之间较难对音，但瓦、楞氏仍将“末夜”当Mari Zaku，或许“普启讃文”可以与Mari Zaku的胡语作品勘同也未可知。Mār Zaku在霞浦钞本中也有迹可循，见于《兴福祖庆诞科》钞本中的祈祷词《诵土地讃安慰》。其中提及一“麻支姑”，为一尊者名字，或为mryzqw的音译[③]。既然“末夜暮阇”对译Mār Zaku的具体原因暂时难以确认，不妨做一新的猜测，即“末夜”并非如“摩尼”“思信”等，系外来人名之音译，而是来华摩尼僧自取之汉名。移民华夏的外族人另取华名，尤其是僧人比比皆是，道明就是一个确例。况且“末夜”，犹如末日、末暮等，在汉语中有具体的意思，并非单纯无意义的音译。因此，倘若将该赞文作者的名字视为汉名，应该也能说通。其实，像道明这种胡汉兼通的摩尼僧，完全可以直接用汉语撰作赞文，其落款的作者或许只是托名。

取汉姓“末”，或许还与中亚摩尼教会有关。唐代中原的摩尼教直接来源于中亚教会[④]，而早期教会中心应该在呼罗珊的首府——末禄（Merv，今土库曼斯坦马雷）。末禄是前伊斯兰时代的东方文化中心，中世纪作家赞美其为“国王的灵魂”“呼罗珊城市之母”及“世界支柱之城”，琐罗亚斯德教、佛教、景教和摩尼教都有流行[⑤]。摩尼开始传教时，正是经由呼罗珊（Khurasan）统治者卑路斯（Peroz）的引见，他才有机会觐见萨珊国王沙卜尔一世（Shapur I，公元240—272年在位）并得到后者的支持[⑥]。早期传教史显示，Mār Sisim（末思信）和Mār Ammō（末冒）都曾在末禄活动过。摩尼还在世时，已遣末冒往呼罗珊的阿巴沙尔（Abharshahr，即尼沙普尔）和末禄地区传教[⑦]：

当明使、我主摩尼驻锡于荷尔万（Holvān）地区时，他叫来了末冒。末冒是一位通晓帕提亚语言和文字的慕阇，他和那里的领主、贵妇以及许多贵族相熟。摩尼派末冒和阿达班（Adarbān）王子一起去［阿巴沙尔（Abarshahr）］。此后，［他］又送去了其他的经典［抄写员和传教士］。［他说］，“向前走，亲爱的孩子，去［不同的］地方，因［福音］说在这些［地方?］（这一）宗教……会被接纳，慕阇、拂

① 林悟殊：《英藏〈下部赞〉（S.2659）释文》，敦煌文书与夷教研究》，上海古籍出版社，2011年，第464页。

② 李珍华、周长楫编撰《汉字古今音表》，中华书局，1990年，第321页；郭锡良编著《汉字古音手册》，商务印书馆，2010年，第57页。

③ 林悟殊：《霞浦抄本明教“四天王”考辨》，载余太山、李锦绣主编《欧亚学刊》新3辑（总第13辑），商务印书馆，2015年，第166-204页，相关讨论见第178页。

④ 林悟殊：《唐代摩尼教与中亚摩尼教团》，载《敦煌文书与夷教研究》，第167-178页。

⑤ V. M. Masson, “Merv, the ‘Soul of Kings’, in World History”, *Journal of Persian Studies*, Vol. 29, 1991, pp. 181-182.

⑥ I.Gardner, *The Kephalaia of the Teacher*, Brill, 1995, pp.15,31-34.

⑦ W. B. Henning, “Waručān-Šāh”, *Journal of the Greater India Society* XI/2, 1945, p. 87.

多诞和默奚悉德会传教。去远方吧，那［地方］的许多听者将投入地为你们劳作并提供帮助，在那里可以得到很多礼物和布施。［并且］在那里，对你的尊崇和赞美将永远是［最高的?］。……

［在］阿巴沙尔和末禄……他们得到……大量［收获］因为……教会。许多领主和统治者……贵族、后妃和妇人，王子和公主，他（阿莫）使教会神圣，他完整地告诉他们明使的佛陀事迹（先知事迹）。他恪守戒律并圆满完成了［摩尼下达给他的］命令……①

摩尼殉道后，Mār Sisim（末思信）继任总主教之职。他前往末禄视察，写了一封信给当时身在赞布城②的Mār Ammō（末冒），表扬中亚教团的成功，并大力支持末冒的传教事业：

……你要知道：我相信你现在在末禄所赢得的热爱与敬意是最强烈的，即便你亲身驻锡于此。你要知道：当我来到末禄，我发现所有的兄弟姐妹都很虔诚。我对亲爱的Zurvāndād兄弟非常、非常感激，因为他以他的仁慈善良照顾着所有的兄弟。我现在派他去赞布（Zamb），去亲爱的末冒那里，去呼罗珊（省）。他随身携带了《巨人（书）》和《阿达罕》。我在末禄已另行抄写了《巨人（书）》和《阿达罕》（副本）。此外，你要知道：当我来到这，我发现Rāshtēn兄弟和我所希望的一样。他的献身和热诚，就像我主摩尼所期待的那样。③

在已知文献中，虽然尚无Mār Zaku（末夜）在末禄活动的确凿记载，但基于摩尼与呼罗珊地区的密切关系，Mār Zaku（末夜）始终随侍左右，直至摩尼殉道前夕④，故Mār Zaku（末夜）曾到过呼罗珊也未可知。此外，吐鲁番出土文书中有多首帕提亚语赞美诗纪念Mār Zaku（末夜）对徒众的指引与护佑，赞美他将光明教义传遍四方，成诗年代有早有晚⑤，这本身也证明了中亚教会对Mār Zaku（末夜）的铭记与怀念。

对于中亚的末禄，杜环《经行记》中有一段记载：

又云末禄国，在亚梅国西南七百余里。胡姓末者，兹土人也。其城方十五里，

① 粟特语文书M 18，220（= TM 389a），W. Sundermann，*Mitteliranische manichäische Texte kirchengeschichtlichen Inhalts*，（*Berliner Turfantexte* XI），Berlin，1981，pp. 39-41；H. -J. Klimkeit，*Gnosis on the Silk Road*：*Gnostic Parables*，*Hymns & Prayers from Central Asia*，pp.205-206.

② 地当今阿姆河左岸的卡尔黑（Karkhī），在末禄东北约120英里。M. Boyce，*A Reader in Manichaean Middle Persian and Parthian*，Leiden，1975，p. 49.

③ 帕提亚语文书M 5815 Ⅱ（T Ⅱ D 134 Ⅱ），F. C. Andreas & W. B. Henning，"Mitteliranische Manichaica aus Chinesisch - Turkestan Ⅲ"，*Sitzungsberichte der*（*Königlich* - ）*Preussischen Akademie der Wissenschaften Philosophisch - Historische Klasse*，Berlin，1934，pp. 857-860；M. Boyce，*A Reader in Manichaean Middle Persian and Parthian*，pp. 48-50；H. -J. Klimkeit，*Gnosis on the Silk Road*：*Gnostic Parables*，*Hymns & Prayers from Central Asia*，p. 260.

④ H. -J. Klimkeit，*Gnosis on the Silk Road*：*Gnostic Parables*，*Hymns & Prayers from Central Asia*，p.87.

⑤ 较早期的Mār Zaku帕提亚语赞美诗，如文书编号M 104 & M 891b和M 6，参见M. Boyce，*A Reader in Manichaean Middle Persian and Parthian*，Leiden，pp. 127，139；H. -J. Klimkeit，*Gnosis on the Silk Road*：*Gnostic Parables*，*Hymns & Prayers from Central Asia*，pp. 32-33，87-88. 较晚的作品，如文书编号M 6232 R（= T Ⅱ D 178），参见W. B. Henning，"A Pahlavi Poem"，*Bulletin of the School of Oriental and African Studies*，13，1950，p. 645；M. Boyce，*A Reader in Manichaean Middle Persian and Parthian*，p. 95；H. -J. Klimkeit，*Gnosis on the Silk Road*：*Gnostic Parables*，*Hymns & Prayers from Central Asia*，pp. 32-33.

用铁为城门，城中有盐池，又有两所佛寺，其境东西百四十里，南北百八十里，村栅连接，树木交映，四面合匝，总是流沙，南有大河，流入其境，分渠数百，溉灌一州。其土沃饶，其人净洁。墙宇高厚，市廓平正，木既雕刻，土亦绘画。[①]

由末禄入华的胡人多取汉姓“穆”[②]。“穆”有二源：一为宋穆公之后，一为北魏太和年间由鲜卑丘穆陵氏改姓[③]。此二源皆堂皇顺正，尤其后者，在北朝、隋唐间为一煊赫大姓。末禄胡人多取“穆”为姓，自属合理。又，“目”“穆”同音，“丘穆陵”异译作“丘目陵”[④]。故斯坦因所获吐鲁番文书Ast. Ⅲ 3.10中的兽医“目波斯”[⑤]，应该也是一位“目”姓末禄胡人。而依杜环所记，“末”姓可能也与末禄有关。只不过在汉文化传统下，姓“目”“末”远不如“穆”雅正，故而较为罕见。

虽然由于教外对“末摩尼”的贬称，使得教徒忌用这一音译名，但末思信、末冒、末夜之“末”，如果是作为早期主教、慕阇之汉姓的话，则有所不同：它不仅符合入华胡人取汉姓的惯例，而且无须考虑其作为姓氏的褒贬含义；又可充分体现这些主教、慕阇与末禄的关系，并铭记中原教会与中亚之间的深厚渊源。此外，饶有趣味的是，若从宗教教义层面看，“末”字似乎也更适用于摩尼以下的主教、慕阇。

四、宗教义理视角下的“末”

据传，摩尼在世时便到过印度[⑥]，该教与佛教之间有着千丝万缕的联系。摩尼教胡语及汉文写经所含教义、术语与佛教之间的借鉴关系，前贤也多有发覆[⑦]，不赘。如前所述，在佛教译例中，“末”字实际并无贬义，而且在佛教教义理论里，“末”字还含有“本末”之说。

姚秦鸠摩罗什所译《梵网经卢舍那佛说菩萨心地戒品第十》（简称《梵网经》），为5—10世纪汉地律典的热点、菩萨戒的代表[⑧]，是中国流通最广的菩萨戒经[⑨]。在敦煌发现的近50件主要戒仪文书中，《梵网经》在菩萨戒仪中所占比重最大[⑩]；唐代长安僧人还曾受命到敦煌主持授戒仪式，并宣讲《梵网经》[⑪]。该经描绘了广大庄严的莲花台藏世界，以及卢舍那

① ［唐］杜环原著，张一纯笺注《经行记笺注》，中华书局，2000年，第57-59页。

② 蔡鸿生：《唐代社会的穆姓胡客》，《中国史研究》2005年增刊，第75-82页。

③ 岑仲勉：《元和姓纂四校记》卷10，中研院历史语言研究所，1991年，第908页；《魏书》卷113《官氏志》，中华书局，1974年，第3006页。

④ 姚薇元：《北朝胡姓考》，中华书局，1962年，第29页。

⑤ 陈国灿：《斯坦因所获吐鲁番文书研究》，武汉大学出版社，1995年，第192-194页。

⑥ W. Sundermann, "Zur frühen Missionarischen Wirksamkeit Manis", *Acta Orientalia Academiae Scientiarum Hungaricae*, XXIV(1), Budapest, 1971, p. 88-89; W. Sundermann, *Mitteliranische manichäische Texte kirchengeschichtlichen Inhalts*(*Berliner Turfantexte* Ⅺ), Berlin, 1981, pp. 56-57; W. Sundermann, "Mani, India, and the Manichaean Religion", *South Asian Studies* Ⅱ, 1986年, pp. 12-13.

⑦ 相关研究参马小鹤：《摩尼教与古代西域史研究》，中国人民大学出版社，2008年；芮传明：《“摩尼”名号的源流》，《东方摩尼教研究》，上海人民出版社，2009年。

⑧ ［日］土桥秀高：《敦煌の律藏》，载［日］福井文雅、牧田谛亮编《讲座敦煌7：敦煌と中国佛教》，大东出版社，1984年，第243页。

⑨ 圣严：《法鼓全集》第1辑第3册，法鼓文化事业股份有限公司，1999年，第344页。

⑩ 湛如：《敦煌菩萨戒仪与菩萨戒牒之研究》，《敦煌研究》1997年第2期，第78页。

⑪ 荣新江：《盛唐长安与敦煌——从俄藏〈开元廿九年（741）授戒牒〉谈起》，《浙江大学学报（人文社会科学版）》2007年第3期，第15-25页。

佛本末成道的佛学义理："我今卢舍那，方坐莲花台，周匝千华上，复现千释迦，一华百亿国，一国一释迦，各坐菩提树，一时成佛道。"[①]《梵网经》虽然重要，但内容简略，没有理论阐释，缺乏一定的适用性。而天台宗创始人智顗（538—597），以《梵网经》为根本经典撰成《菩萨戒义疏》，正好弥补此不足，增强了《梵网经》的适用性，故《菩萨戒义疏》在历史上的地位可与《梵网经》相提并论[②]。在《菩萨戒义疏》卷上，智顗详述梵网本末三重论[③]，即莲花台藏世界的本源卢舍那佛为"本"，千花叶上的千释迦及千花叶中的千百亿释迦为"末"；卢舍那佛为千释迦之本源、本体，千释迦、千百亿释迦则为卢舍那佛所垂化之末迹[④]。

此佛教之卢舍那，被摩尼教徒借用来表示世间一切光明分子的总和，中古波斯文作srwšhr'y，意译为"光耀柱"，《下部讚》音译为"苏露沙罗夷"（第365行）[⑤]。回鹘语文书T ⅡD 200载："一切皆是卢舍那佛（Vairocana）法身（öz）：大地、山峰、石头、沙土、江河之水，所有池塘、溪流与湖泊，所有草木，所有生灵与人类。无处不是卢舍那佛法身。如果一个僧侣朝某物伸出或举起手，那他就对卢舍那佛法身犯了罪。"[⑥]与此意思相近的汉文表述，见《下部讚》第410—414行忏悔文：

> 此偈你逾沙忏悔文。
>
> 我今忏悔所，是身口意业，及贪嗔痴行，乃至纵贼毒心，诸根放逸；或疑常住三宝并二大光明；或损卢舍那身兼五明子；于师僧父母、诸善知识起轻慢心，更相毁谤；于七施十戒、三印法门，若不具修，愿罪销灭！[⑦]

《下部讚》中多次提及卢舍那，或作"大庄严柱"（第390行）、"金刚相柱"（第365行）。在364—367行有一首专为赞颂卢舍那的诗偈：

> 此偈赞卢舍那讫，末后结愿用之。
>
> 称赞褒誉，苏露沙罗夷，具足丈夫，金刚相柱，任持世界，充遍一切，以自妙身，以自大力，利益自许，孤捿宠子。我等今者，不能具赞，唯愿纳受，此微启讼，护助善众，常如所愿！[⑧]

---

① 《梵网经卢舍那佛说菩萨心地戒品第十》卷下，《大正藏》第24册，第1003页。

② 彭瑞花：《论天台宗与菩萨戒》，《世界宗教文化》2019年第1期，第149页；智顗的《菩萨戒义疏》是现存最早的《梵网经》菩萨戒注疏，后世《梵网经》注疏多以此为基础；参见夏德美：《智顗〈菩萨戒义疏〉与法藏〈梵网经菩萨戒本疏〉比较研究》，《宗教学研究》2019年第2期，第112-119页。

③ 智顗：《菩萨戒义疏》卷上，《大正藏》第40册，第563-571页。

④ 星云大师监修、慈怡法师主编《佛光大辞典》"末化"条、"梵网三重本末"条，佛光出版社，1988年，第1938、4641-4642页。

⑤ 马小鹤：《摩尼教"光耀柱"和"卢舍那身"研究》，载《摩尼教与古代西域史研究》，中国人民大学出版社，2008年，第136-148页。

⑥ P. Zieme, "Uigurische Steuerbefreiungsurkunden fur buddhistischeloster", *Altorientalische Forschungen*, Ⅷ, Berlin, 1981, p.242, n.46; H. -J. Klimkeit, *Gnosis on the Silk Road: Gnostic Parables, Hymns & Prayers from Central Asia*, p. 326.

⑦ 林悟殊：《英藏〈下部赞〉(S.2659) 释文》，《敦煌文书与夷教研究》，上海古籍出版社，2011年，第463-464页。

⑧ 林悟殊：《英藏〈下部赞〉(S.2659) 释文》，《敦煌文书与夷教研究》，上海古籍出版社，2011年，第461页。

直至南宋，道士白玉蟾在回答弟子疑问时，仍能较为准确地说出摩尼教有关卢舍那的教义：

> 耜问曰：乡闻多有吃菜持斋以事明教，谓之灭魔，彼之徒且曰太上老君之遗教，然耶？否耶？答曰：昔苏邻国有一居士号曰慕阇，始者学仙不成，终乎学佛不就，隐于大那伽山。始遇西天外道有曰毗婆伽明使者，教以一法，使之修持，遂留此一教，其实非理。彼之教有一禁戒，且云尽大地山河草木水火，皆是毗卢遮那法身，所以不敢践履，不敢举动。[①]

由此可见，唐宋时期的摩尼教徒对“世间光明卢舍那身”这一义理，一直有所传承。若借用上述佛教本末成道说，在摩尼教中作为光明分子总和的卢舍那，即“本”，而世间徒众及万物则为“末”。末思信、末冒、末夜是早期主教、慕阇，作为世间万物之一分子，喻其为光明之“末”合乎义理；但摩尼作为创教者，已被神化为“无上所以位高尊”的“摩尼光佛”[②]，显然不能用“末”。

目前，虽无实证表明唐代摩尼僧借鉴或使用了佛教的卢舍那本末成道说，但他们确曾有机会接触并了解这一佛教义理。有观点认为，建于672—675年的洛阳龙门石窟奉先寺，其卢舍那佛主尊形象是以《梵网经》为原本[③]。大像底部残余可见大佛坐于巨大莲花上，莲花有三层花瓣，每片莲瓣上皆有佛像或胁侍形象[④]，这应该就是梵网本末论的艺术表现形式。更值得注意的是，694年，拂多诞受武后召见并被准许在华传教，就在此前后，天台宗高僧弘景正活跃于洛阳。弘景为天台宗玉泉一系，年轻时曾游学长安，已具令名。“自天后、中宗朝，三被诏，入内供养为受戒师”[⑤]。693—694年一度回湖北当阳，将武后所赐舍利瘗于玉泉寺塔。695年入洛阳，在大遍空寺“诏同实叉难陀等译《华严》”[⑥]。此后数年，弘景应该在京中[⑦]。他还于圣历二年（699）十月见证了一件震动洛都的大事，《华严经》译成后：“诏法藏于东都佛授记寺讲新译大《华严经》，至《华藏世界品》时，讲堂及寺中地皆震动，都维那僧恒景具表闻奏。”[⑧]崔致远所撰《法藏传》也记录了此事。

> 后于佛授记寺译新经毕，众请藏敷演。下元日，序题入文，洎猎月望前三日

---

① ［北宋］谢显道编《海琼白真人语录》卷一，载《道藏》第33册，文物出版社、上海书店、天津古籍出版社影印，1988年，第114-115页上。

② 林悟殊：《英法藏〈摩尼光佛教法仪略〉（S.3969、P.3884）释文》，载《敦煌文书与夷教研究》，上海古籍出版社，2001年，第429页。

③ Serge Elisseéeff，“Bommōkyō and the Great Buddha of the Tōdaiji”，*Harvard Journal of Asiatic Studies*，Apr.1936，pp.84-95；［日］井上薰：《奈良朝仏教の研究》，吉川宏文馆，1966年，第481-501页；［日］绀野敏文《虚空藏菩萨像の成立（下）：东大寺大仏殿胁侍像と讲堂像をめぐって》，载《仏教芸术》（232），1997年，第80-83页。

④ 王静芬：《武后朝与圣武天皇、光明皇后朝的华严佛教艺术》，《敦煌学辑刊》2022年第1期，第74页。

⑤《宋高僧传》卷5《唐荆州玉泉寺恒景传》，中华书局，1987年，第90页；宋时因避太祖、太宗之父赵弘殷之讳而改为“恒景”，参见杨曾文：《禅宗北宗及其禅法》，载《佛教与中国传统文化》上册，宗教文化出版社，1997年，第434页。

⑥［宋］志盘撰、释道法校注《佛祖统纪校注》卷10，第247页。

⑦ 关于弘景生平，参见高继习：《论当阳玉泉寺铁塔地宫铭文对弘景禅师研究的补史意义》，《世界宗教研究》2016年第6期，第64-68页。

⑧《宋高僧传》卷5《周洛京佛授记寺法藏传》，中华书局，1987年，第90页。

晚，讲至华藏海震动之说，讲室及寺院欻然震吼，听众稻麻，叹未曾有。当寺龙象，状闻天上。则天御笔批答云："省状具之。昨因敷演微言，弘扬秘赜。初译之日，梦甘露以呈祥；开讲之辰，感地动而标异。斯乃如来降祉，用符九会之文。岂朕庸虚，敢当六种之动。披览来状，欣畅兼怀。"仍命史官编于载籍[①]。

这位"状闻天上"的"当寺龙象"应即弘景，他的表奏显然让武后非常满意。尽管我们不确定弘景是否为武后"御用僧团"的一员，但此次对地动的敷演，可视为武周时期佛教为政治服务的重要一环[②]。当时，弘景的身份与地位很高[③]，天台宗玉泉在洛阳的影响也很大。在上述背景下，活跃于同时同地的摩尼僧，具备充分的条件接触并了解天台宗教义或梵网本末论。如前所述，唐宋摩尼教会借鉴并广泛使用了"卢舍那"这一佛教概念，这为他们进一步理解或接受卢舍那本末成道论提供了前提和基础。即便摩尼僧不曾照搬、照抄卢舍那本末义理，也不会妨碍他们借鉴这一佛教角度，去理解摩尼教中光明总和卢舍那与世间万物之间的"本末"关系。

五、结论

从摩尼立教开始，该教就非常重视撰作与翻译经典。由敦煌汉文写经可见，唐代摩尼僧对术语的翻译颇为用心。作为对摩尼尊称mrym'ny的音译名，"末摩尼"原本并无不妥。但"末"字所含贬义，尤其是被反对者广为利用之后，摩尼僧弃用了这一汉译名。在成于8世纪下半叶或9世纪初的《下部讚》中，作者道明依然遵循旧例，没有使用"末摩尼"的称法，却在翻译几首赞诗的作者名时，以"末"为首字。看似矛盾的翻译方式可能反映了在道明眼中，赞诗作者之"末"与"末摩尼"之"末"并非同理。

查摩尼教早期传教史可知，被译为"末思信""末冒"和"末夜"的三位赞诗作者，皆为早期主教或慕阇，且多与中亚教会尤其与末禄有关。道明以"末"为名首，或许意在遵循入华胡人取汉姓之惯例，即以"末"为姓。如此，既能体现这三位主教或慕阇与末禄的关系，又可纪念唐代中原教会与中亚教会之间的深厚渊源。此外，从宗教教义角度来理解，摩尼教以佛教之"卢舍那"为光明分子总和，若借鉴佛教卢舍那本末成道说，作为光明总和的卢舍那身为"本"，世间的光明分子为"末"，那么主教、慕阇可称光明之"末"，而此时已被神化的创教者摩尼，自不可言"末"矣。

① 《唐大荐福寺故寺主翻经大德法藏和尚传》，《大正藏》第50册，第281页。

② 王媛媛：《武周时期的景教》，《纪念岑仲勉先生诞辰130周年国际学术研讨会论文集》，中山大学出版社，2019年，第543–550页。

③ 徐文明：《天台宗玉泉一派的传承》，《佛学研究》1998年第6期，第243页。

读S.2658《大云经神皇授记义疏》书后*

吕　博（武汉大学历史学院、中国三至九世纪研究所）

【摘要】S.2658《大云经神皇授记义疏》是关系到武周时代政治与宗教的重要文本。其中有关明堂的诠释里，其既是儒家学说中的最高礼制建筑，又是佛教当中的"化城"，还是道教当中的仙宫。不同宗教中有关明堂的诠释共存于其中。这个空间的主人，也具备三种不同的身份——圣母神皇、南阎浮提主、圣君。

【关键词】S.2658　《大云经神皇授记义疏》　武则天

S.2658《大云经神皇授记义疏》是关系到武周时代政治与宗教的重要文本。从20世纪30年代以来，中外著名学者都对此写本关涉的重要问题有过深入探讨①。其中，最著名的研究当属陈寅恪先生于1935年利用此经疏所写的《武曌与佛教》一文。尽管前人研究成果丰硕，但重新阅读此敦煌残本时，感到一些既成定论仍然有待辨析、澄清。故成此札记三则，求教于方家。

---

* 本文原刊于《周秦汉唐文化研究》第10辑，三秦出版社，2018年，第129–135页。此次刊登又有部分修订。

① 王国维：《唐写本〈大云经疏〉跋》，《观堂集林》第四册，中华书局，1959年，第1016–1018页。陈寅恪：《武曌与佛教》，《金明馆丛稿二编》，生活·读书·新知三联书店，2009年，第153–174页；アントニーノ· フオルテ《〈大云经疏〉なめぐつて》一文，对《大云经疏》的性质和名称进行讨论，同时又对其写作年代和著者进行了探究，文载《讲座敦煌（七）·敦煌と中国佛教》，大东出版社，1984年，第173–203页；［日］矢吹庆辉：《三阶教の研究》，岩波书店，1927年，第686–747页；林世田：《〈大云经疏〉初步研究》，《文献》2002年第4期，第47–59页；《〈大云经疏〉结构分析》，载郑炳林、花平宁主编《麦积山石窟艺术文化论文集》下册，兰州大学出版社，2004年，第174–196页；《武则天称帝与图谶祥瑞——以S.6502〈大云经疏〉为中心》，《敦煌学辑刊》2002年第2期，第64–72页；《敦煌所出〈普贤菩萨说证明经〉及〈大云经疏〉考略——附〈普贤菩萨说证明经〉校录》，收入《文津学志》第1辑，北京图书馆出版社，2003年，第165–190页。

一、《大云经》应是《大云经神皇授记义疏》

据两《唐书》记载，直至载初元年七月中，《大云经》才修毕，制颁于天下：

秋七月，杀豫章王亶，迁其父舒王元名于和州。有沙门十人伪撰《大云经》，表上之，盛言神皇受命之事。制颁于天下，令诸州各置大云寺，总度僧千人。①

七月辛巳，流舒王元名于和州。颁《大云经》于天下。……（十月）辛未，贬邢文伟主珍州刺史。置大云寺。②

按照两《唐书》的记载，“神皇”的称呼较为准确。但所谓的《大云经》却并非伪造，中外学者都已指出此经早在北凉时代已有译本③。汤用彤先生即认为，武氏称帝之前《大云经》已有不止一种译本，并且其中均有女主之文，于是薛怀义等把《大云经》改造了一番，将其上表。他进而强调英国伦敦博物馆所藏S.6502号文书就是《东域录》中所载《大云经神皇授记义疏》④。汤先生的意见无疑是正确的，这里所谓伪撰《大云经》，应当是伪撰《大云经神皇授记义疏》⑤。而且武则天向天下颁布的也应是《大云经神皇授记义疏》，并非像王国维先生所说的“此疏之成，盖与伪经同颁天下”⑥。

二、《大云经神皇授记义疏》

《大云经神皇授记义疏》说武则天是统领转轮王四分之一土地的南阎浮提主。

据《通鉴》载：“东魏国寺僧法明等撰《大云经》四卷，表上之。言太后乃弥勒佛下生，当代唐为阎浮提主。制颁于天下。”⑦

《旧唐书》卷183《武承嗣传附薛怀义传》则字词稍有差异，云：“怀义与法明等造《大云经》，陈符命，言则天是弥勒下生，作阎浮提主，唐氏合微。故则天革命称周，怀义与法明等九人并封县公，赐物有差，皆赐紫袈裟、银龟袋。”⑧

以往学者们根据“言太后乃弥勒下生，当代唐为阎浮提主”的内容，认为武则天是下生的弥勒。但弥勒下生的故事在《大云经》中通篇未见，唐长孺先生就曾提出如下见解：

经（《大云经》）中绝没有说弥勒降生，无量寿佛倒提到二次，弥勒名号则不见此经。《大云经》并非伪造，武则天之颁布讲说此经，正是实行增长女王“受持、读诵、书写、解说”《大云经》的预言。她利用经中所述女主作为自己改唐为周的符瑞，弥勒降生既不见凉译经，除薛怀义传外也未见他书之言《大云经》者有此说。唯《旧唐书》卷九三《张仁愿传》御史郭霸上表，称“则天是弥勒佛身”，与

---

①［后晋］刘昫等：《旧唐书》卷6《则天皇后纪》，中华书局，1975年，第121页。

②［宋］欧阳修、宋祁：《新唐书》卷4《则天皇后纪》，中华书局，1975年，第90-91页。

③《大云经》《大藏经》现存两种译本，一为北凉昙无谶译《大方等无想经》，一为姚秦竺佛念译《大云无想经》。参见Antoninon Forte, *Political Propaganda and Ideology in China at the End of the Seventh Century*, Naples, Italy, 1976.p.125-136.

④ 汤用彤：《隋唐佛教史稿》，中华书局，1982年，第198-199页。

⑤ 萧登福：《谶纬与道教》，文津出版社，2000年，第552-553页。

⑥ 王国维：《唐写本〈大云经疏〉跋》，载《观堂集林》第4册，第1017页。

⑦《资治通鉴》卷204，则天武后天授元年条，中华书局，1956年，第6466页。

⑧［后晋］刘昫等：《旧唐书》卷183《武承嗣传附薛怀义传》，中华书局，1982年，第4742页。

《大云经》无关，也可能是史臣的误会。[①]

唐先生的判断是正确的，《大云经》本身确实和弥勒信仰无关，遍读各种译本均无“弥勒”二字。其实，弥勒只是在薛怀义伪造的《大云经神皇授记义疏》中出现。但是《大云经神皇授记义疏》也说得很清楚，武则天本身并非弥勒的化身，她只是菩萨化身的南阎浮提主。为证明这一看法，这里姑且将稍显冗长的《疏》文（见图1）转录如下：

何以验之？谨按：《证明因缘谶》曰：尊者白弥勒，世尊出世时，疗除诸秽恶，若有违慢者，我遣天童子，手把金杖，刑害此人。水东值明主，得见明法王，尊者愿弥勒，为我造化城，上有白银柱，下有万世铭。天女着天衣，柱上悬金铃，召我诸法子，一时入化城。又（俄）云：明王圣主俱在化城楼上打金鼓，告诸法子：此法有因缘，寻解万里通。此法无因缘，打鼓隔壁韵。

谨按：弥勒者即神皇应也（弥勒者，梵语也，此翻云慈氏。按《维摩经》云慈悲心为女，神皇当应其义合矣）。疗除诸秽恶，及令天童子手把金杖，刑害此人者，即明诛灭凶徒，肃清天下也。“水东值明主，得见明法王”者，谨按：《易》云：帝出于震，震在东。此明神皇出震君临。又王在神都，即是水东也。化城者，明堂也。“上有白银柱”者，明堂中柱也。“下有万世铭”者，《广武铭》是也。“天女着天衣”者，即明圣母神皇服衮龙之服也。“柱上悬金铃”者，即应明堂演四时声教也。“召我诸法子，一时人化城”者，此乃万国朝宗，会于明堂也。[②]

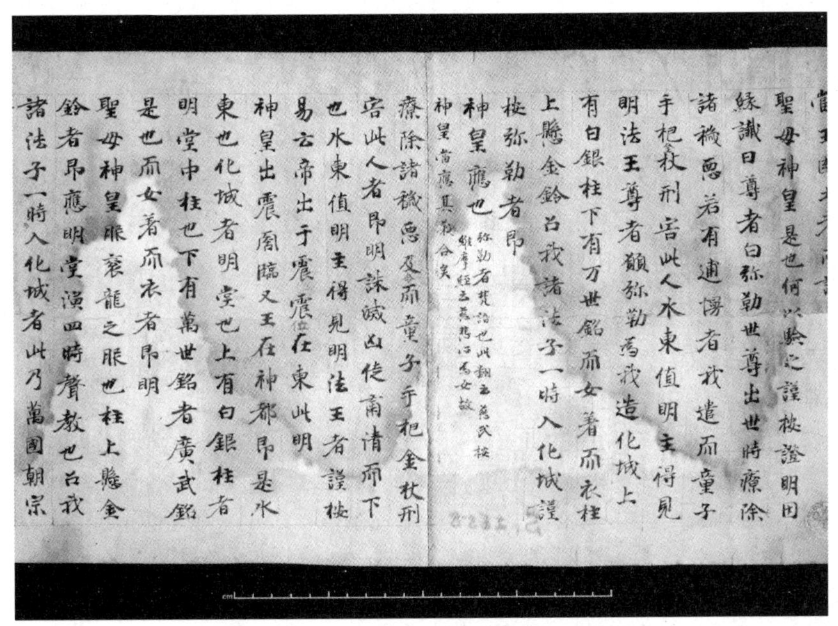
聖母神皇是也何以驗之謹按證明因
緣讖曰尊者白弥勒世尊出世時療除
諸穢惡若有違慢者我遣天童子
手把杖刑害此人水東值明主得見
明法王尊者願弥勒為我造化城上
有白銀柱下有万世銘天女着天衣柱
上懸金鈴召我諸法子一時入化城謹
按弥勒者即
神皇應也（弥勒者梵語也此翻云慈氏按維摩經云慈悲心為女故）
神皇當應其義合矣
療除諸穢惡及令天童子手把金杖刑
害此人者即明誅滅凶徒肅清天下
也水東值明主得見明法王者謹按
易云帝出于震震在東此明
神皇出震君臨又王在神都即是水
東也化城者明堂也上有白銀柱者
明堂中柱也下有萬世銘者廣武銘
是也天女着天衣者即明
聖母神皇服袞龍之服也柱上懸金
鈴者即應明堂演四時聲教也召我
諸法子一時入化城者此乃萬國朝宗

图1　S.2658《大云经神皇授记义疏》片段

① 唐长孺：《北朝弥勒信仰及其衰落》，载《魏晋南北朝史论拾遗》（8卷本《唐长孺文集》），中华书局，2011年，第207页。

② 林世田：《〈大云经疏〉结构分析》，载郑炳林、花平宁主编《麦积山石窟艺术文化论文集》下册，兰州大学出版社，2004年，第179页。

整段按语的第一部分内容，在于解释弥勒下生之时，武则天正在神都洛水东岸当圣母神皇，得以见到法王弥勒。弥勒为武则天建造化城，即现实中的明堂。明堂的中柱是白银柱，柱下有广武铭。与此同时，圣母神皇在明堂中穿着衮冕之服，招徕四方信众，聆听明王弥勒讲法。“弥勒者即神皇应也，弥勒者，梵语也，此翻云慈氏。按《维摩经》云慈悲心为女，神皇当应其义合矣”之夹注，只是说武则天作为女性正对应着“慈氏”一词，并不是说武则天就是弥勒的化身①。

依据《大云经》的叙述，武则天只是“得转轮王所统领处四分之一”的南阎浮提主，被称作明主、圣主。只有等“人民炽盛，无有衰耗、病苦、忧恼、恐怖、祸难，成就具足一切吉事”的时候，“阎浮提中所有国土”才“悉来承伏”，武则天在那时才能成为真正的转轮王。这点在《疏》文的叙述中也是屡次申明的：

经曰“得转轮王所统领处四分之一”者，今神皇王南阎浮提一天下也。若比轮王，即四分之一是也。

言“有一小国”者，前言得转轮王所统领处四分之一，转轮王化谓四天下，大唐之国统阎浮提比四天下，即小国也。

问曰：“金轮王驭四天下，灵感实繁；神皇化迹阎浮，未知有何祥瑞？”②

陈寅恪先生曾经根据“得转轮王所统领处四分之一”的记述，下过这样的按语：“此武曌所以称金轮皇帝之故。”③但我们觉得这种看法可能存有疑问。因为此时，武则天只是统领转轮王四分之一土地的南阎浮提主（现实中的称号是圣母神皇）。而且，在《大云经》中，并没有承认武则天是女身。经书只是说：“汝于尔时实是菩萨，常于无量阿僧祇劫，为化众生故，现受女身，当知乃是方便之身，非实女身。”④但在《疏》文的解释中却全然不提“非实女身”之说：“夫菩萨利生，形无定准，随机应物，故现女身也。”⑤如果《疏》文承认是女身的话，那么武则天将面临“五种身障”，其中的一种障碍就是无法成为转轮王⑥。《通鉴》所云“言太后乃弥勒佛下生，当代唐为阎浮提主”，显然不符合《义疏》的原意⑦。如果遵照《义疏》所引《证明因缘谶》来理解，这段内容的大意是指弥勒下生之时，武则天为南阎浮提主⑧。南阎浮提主得到的只是转轮王四分之一的土地，还没有成为真正的转轮王。

---

① 有关弥勒的梵文、巴利文音译问题，可参见季羡林：《梅呾利耶与弥勒》，载《季羡林全集》第12卷学术论著四《吐火罗文研究》，外语教学与研究出版社，2009年，第251-264页；同参见季羡林：《吐火罗文〈弥勒会见记〉译释》，《季羡林全集》第11卷学术论著三，第65-72页。

② 林世田：《〈大云经疏〉结构分析》，载郑炳林、花平宁主编《麦积山石窟艺术文化论文集》下册，兰州大学出版社，2004年，第180页、184-185页、189页。

③ 陈寅恪：《武曌与佛教》，载《金明馆丛稿二编》，第167页。

④ 林世田：《〈大云经疏〉结构分析》，载郑炳林、花平宁主编《麦积山石窟艺术文化论文集》下册，兰州大学出版社，2004年，第178页。

⑤ 林世田：《〈大云经疏〉结构分析》，载郑炳林、花平宁主编《麦积山石窟艺术文化论文集》下册，兰州大学出版社，2004年，第183页。

⑥ 有关佛教当中女身五种障碍说，可参见杨孝容：《“五碍说”与早期佛教女性观》，《西南民族大学学报》2009年第8期，第188-192页。

⑦ 陈寅恪：《武曌与佛教》，载《金明馆丛稿二编》，第167-168页。陈先生认为以女身称王是大乘佛教中所有，武则天时代没有重译《大云经》，颁行天下的当是薛怀义等拿旧本参以新疏的《大云经疏》。

⑧ 林世田：《〈大云经疏〉结构分析》，载郑炳林、花平宁主编《麦积山石窟艺术文化论文集》下册，兰州大学出版社，2004年，第185页。

三、《大云经神皇授记义疏》究竟在讲什么

不知何故，学界普遍认为《大云经疏》论证了武则天将以女身称帝，比如金滢坤、刘永海最近的研究还承袭这样的看法[①]。我想，就敦煌本《大云经疏》来说，尽管充满了对武氏的僭越之词，但通篇还是承认李家天下的，没有一句明说武则天将称帝，武则天的身份在《疏》中仅是圣母神皇而已。

《义疏》用词考究，通篇尊重现实政治状况，在称武则天为圣母神皇的同时，也认同当时的李家政权。神皇所扮演的角色，就是继承太祖、太宗、高宗三圣之遗绪，辅佐睿宗，永昌帝业。比如在解释"天授圣图"时，《义疏》说："'圣母临人，永昌帝业。'永者，长也；昌者，盛也，言神皇君临天下，使三圣基业长久昌盛也。"[②]又《义疏》引《龙吐图》文曰："戊子，母圣帝千年基，明唐一合天地心，安令李更长。"《义疏》解释说："安令李更长，李者，皇家姓也，言神皇重安宗社，使国祚长远之义。"[③]《义疏》撰作的目的，就是为了解释垂拱四年武则天称"圣母神皇"以来的历史，没有迹象表明武则天将以女身称帝[④]。《义疏》不是预言，而是滞后于史事的文本，其所述明堂史事（见表1）。《疏》文不过是对一些已经发生的历史事件进行了比附解释，意在把武则天本不合法、僭越的历史事实诠释得圆通。

表1　《大云经神皇授记义疏》所述明堂史事表

又(谶)云：明王圣主俱在化城楼上打金鼓，告诸法子：此法有因缘，寻解万里通。此法无因缘，打鼓隔壁韵。金鼓者，明堂大仪也。"有缘万里通"者，此明远方慕化，及忠赤之人皆见明堂，及闻大仪也。"无缘隔壁韵"者，自神皇母临兆庶，子育万方，作乱者必销，奸意者自灭，故《河图》云：兆人伏顺，起逆自殃。伏以创制明堂，配享三圣，故召诸岳牧藩屏懿亲，俱集神都，同观大礼，然诸李构逆，咸取败亡，纵有恕其性命者，远处边壤，不闻大仪，此即无缘隔壁韵之验也	垂拱四年，明堂成，悉追宗室行享礼，共疑后遂大诛戮不遗种，事且急，撰乃矫帝玺书赐冲曰："朕幽絷，诸王宜即起兵。"于是命长史萧德琮募兵，告诸王师期
"天女着天衣"者，即明圣母神皇服衮龙之服也	(垂拱五年)春，正月，乙卯朔，大飨万象神宫，太后服衮冕，搢大圭，执镇圭为初献
"柱上悬金铃"者，即应明堂演四时声教也。"召我诸法子，一时入化城"者，此乃万国朝宗，会于明堂也	(垂拱五年)丁巳，太后(圣母神皇)御明堂，受朝贺。戊午，布政于明堂，颁九条以训百官。己未，御明堂，飨群臣

① 吕博：《敦煌本〈大云经疏〉新论——以武则天称帝为中心》，载《文史》2009年第4辑，中华书局，2009年，第31-46页。

② 林世田：《〈大云经疏〉结构分析》，载郑炳林、花平宁主编《麦积山石窟艺术文化论文集》下册，兰州大学出版社，2004年，第183页。

③ 林世田：《〈大云经疏〉结构分析》，载郑炳林、花平宁主编《麦积山石窟艺术文化论文集》下册，兰州大学出版社，2004年，第184页。

④ 在敦煌文书中共发现两个抄本《大云经疏》，分别为S.2658和S.6502，参见黄永武主编《敦煌宝藏》第22册（第45-55页）、第47册（第498-506页），新文丰出版公司，1982年。两个抄本内容大致相同，残缺程度有别，S.6502号保存相对完整。

四、《大云经神皇授记义疏》中的明堂

值得注意的是，薛怀义不仅编修了《大云经神皇受记义疏》，而且还督造明堂。因此，在《义疏》对明堂的建成有及时的诠释。《义疏》的记载看似芜杂，但具备极强的时间感与空间感。主人公圣母神皇，活动的大空间是神都，小空间则是明堂。《义疏》所述的史实大部分在《义疏》颁布之前已经发生。明堂也从儒家的祭天布政场所，转变为圣母神皇率领信众听法的神圣空间。明堂，本来是儒家学说中的理想建筑，却也被纳入佛教徒的诠释系统。也就是说，在载初元年七月，《义疏》被制颁全国官寺后，明堂才有可能被诠释成弥勒所造的“化城”。《义疏》所阐述的诸多政治理念，才有可能被民众接受。

《义疏》也隐约显示出，佛道两教借助对明堂这样一个神圣空间的阐述，进行着政治投机。

汤用彤先生曾根据《义疏》中的《寇谦之铭》指出：“是则其登极所用之符谶，固非专依佛教，并有道教。”[①]确如上论，《义疏》虽然以佛教经典《大云无想经》为诠释基础，但整个文本确实具备调和儒释道三教的倾向。在《义疏》中共征引道教谶纬五处。而且，在当时的统治中心，确实有一批道教徒在为武则天的革命举动服务。比如，中岳道士马元贞就是其中的代表人物[②]。在武则天革命前夜，佛、道教团争相投靠，互相争衡，目的是在即将新建的政权中取得更高的地位。在道教徒政治投机的阐释里，神都洛阳变成了道教的圣地，明堂变成了道家的仙宫道馆：

> 又龙吐图，其文曰：戊子母圣帝，千年基明唐，一合天地心，安令李更长。窃惟明堂制度，千载寂寥，神皇于垂拱之年，肇兴阳馆。戊子之岁，崇构毕功。[③]
>
> “欲知始终，王在天中”者，即神都也。言神皇王在洛阳之验也。“三阳之处，可建仙宫”者，山南曰阳，水北曰阳，明堂一名阳馆。今邙山南洛水北起阳馆，故曰“三阳之处，可建仙宫”也。“圣君当王”者，即神皇也。“福祚永隆，长生万岁，无为道冲”者，此明神皇福祚隆盛，长生驭寓，阐至道无为之化，使万方冲静者也。[④]

山南水北谓之阳，明堂位于邙山之南、洛水之北，又被称作“阳馆”，所以又被道教徒们当作处于三阳之地的“仙宫”。上述道教符谶用词一如既往地隐晦，虽然有“圣君当王”稍显过火的词语，但终不离对“圣母神皇”的诠释。

总之，在《义疏》有关明堂的诠释里，我们所看到的明堂，既是儒家学说中的最高礼制建筑，又是佛教当中的“化城”，还是道教当中的仙宫。不同宗教中有关明堂的诠释共存于其中。这个空间的主人也具备三种不同的身份——圣母神皇、南阎浮提主、圣君[⑤]。

---

① 汤用彤：《从〈一切道经〉说到武则天》，《汤用彤全集》第7卷，河北人民出版社，2000年，第47页。

② 雷闻：《道教徒马元贞与武周革命》，《中国史研究》2004年第1期，第73-80页。

③ 林世田：《〈大云经疏〉结构分析》，载郑炳林、花平宁主编《麦积山石窟艺术文化论文集》下册，兰州大学出版社，2004年，第183页。

④ 林世田：《〈大云经疏〉结构分析》，载郑炳林、花平宁主编《麦积山石窟艺术文化论文集》下册，兰州大学出版社，2004年，第188页。

⑤ 吕博撰《明堂建设与武周的皇帝像——从“圣母神皇”到“转轮王”》，《世界宗教研究》2015年第1期，第42-58页。

后秦译经与高昌佛教*

武海龙（敦煌研究院编辑部）

【摘要】十六国时期是中国佛教快速发展时期，尤其是当时北方“胡人”建立的政权，统治者都笃信佛教，给予佛教大力支持，这对佛教的发展起到了至关重要的作用。后秦姚氏便是其中的代表。姚氏崇信佛教的一个最重要的表现是在佛经翻译上给予大力支持，后秦虽然存在时间较短，但佛教典籍中许多重要经典都是出自这一时期，这些经典译出后迅速向四周传播，产生了重要的影响。目前从吐鲁番出土的汉文佛教典籍中发现了大量属于后秦的译经，只是佛经传抄时代有早晚之分，有的为当地的统治者所供养，其重要性不言自明。这些佛经传入高昌后并非同时流行起来，有些经典是随着隋唐时期宗派佛教的兴起，在吐鲁番又开始被大量传抄。

【关键词】后秦　高昌　译经　鸠摩罗什

后秦国祚较短，仅历经三主，但每位君主均笃信佛教，崇信佛法，对佛教的发展给予了大力支持，在十六国时期仅有北凉可与之相媲美。仅从佛经翻译的角度来看，中国佛教史上的四大佛经翻译家之一的鸠摩罗什，其主要翻译活动就是在后秦的长安。鸠摩罗什驻锡长安十余年，组建译经道场，领导后秦的佛经翻译事业，其间共翻译佛经35部合294卷[①]，对中国佛教史产生了深远影响。仅就译经数量来看，在后秦姚氏的支持下，鸠摩罗什等人依靠长安地区较为发达的经济和文化底蕴，在短时间内所翻译的佛经，无论在质量还是数量上，在十六国时期皆是其他政权所无法比拟的。后秦的译经活动极大地推动了后秦佛教的兴盛，并对河西地区乃至隋唐时期佛教的繁荣都产生了重要影响。后秦时期所翻译的佛经，尤其是鸠摩罗什所翻译的佛经，在高昌

* 本文系教育部重大课题攻关项目“敦煌佛教疑伪经全集整理与研究”（项目编号22J2D027）。

① 关于鸠摩罗什译经数量，各经录记载不一，《出三藏记集》卷2载为“三十五部合二百九十四卷”，《开元释教录》载为“七十四部三百八十四卷”。

地区十分流行，便是最好的证明。

一、后秦佛教译经的兴盛

十六国时期，佛教普遍为这些少数民族政权的建立者所接受，认为“佛是戎神，正所应奉”[①]，胡人信佛，正是理所应当的。此外，一些来自中亚、西域到达中原的弘法高僧在传法的过程中也意识到，想要在中土弘扬佛法，必须与统治者建立良好的关系，正所谓“不依国主则法事难立”[②]。而译经作为佛教传播与发展的重要内容与手段，更是离不开统治者的信奉以及财力支持。十六国之前的佛经翻译主要以民间自发为主，难以形成规模，这严重阻碍了佛教的发展。此时，东来的弘法高僧积极与这些胡人统治者建立了良好的关系，加之他们不断带来新的佛教经典，这都充实了佛经翻译的内容，佛经的翻译工作由此大盛。

而为什么十六国中后秦对佛教的崇信尤为突出？这背后也是有着深刻的社会原因及个人好恶的。

首先，姚氏为羌人，并未从小接受中原汉文化的长期熏陶，作为外来文化的佛教，更容易为其所接受，即有“佛乃戎神，正所应奉”之说。其次，十六国时期，大的社会环境造就了佛教传播的土壤。当时北方大乱，各族统治者之间相互杀掠，争夺势力范围，给百姓生活带来了深重灾难，饱受战乱之苦的百姓一直寻求一种可以在现实和精神上得到慰藉与解脱的方法，而佛教“轮回”“转世”之说，则恰好迎合了他们的实际需求。最后，后秦统治者也认识到了佛教在导人向善、拔出痛苦、令社会稳定方面所起到的积极作用，有利于维护其统治。同时，在胡族统治者的治理下，缺乏一种名正言顺的理论学说，而佛教的出现，正好丰富了他们的统治理论的构建。他们希望利用佛教的“因果报应”“三世轮回”等学说，使自己的统治变得名正言顺。

后秦的三位统治者中，对佛教最为崇信的便是姚兴，他在位时国力强盛，为佛教的兴盛提供了物质基础。佛经翻译离不开僧人，姚兴崇佛首先表现的就是对佛教“三宝”中僧宝的重视。姚秦定都长安之后，对周边的高僧就礼遇有加，如僧导，姚兴“钦其德业，友而爱焉，入寺相造迺同辇还宫”[③]。僧导之后参加了鸠摩罗什的译经，参议详对，并著有《成实》《三论义疏》及《空有二谛论》等。继僧导之后是僧䂮、昙影，姚兴对他们都是“深相顶敬”“大加礼接”。当然后秦时最为著名的还是大翻译家鸠摩罗什，姚兴继位之初，就素闻罗什之名，邀请其来长安译经弘法，但受到了后凉吕氏的百般阻挠。姚兴一怒之下率军攻破姑臧，携罗什返回长安。自弘始三年（401）至弘始十五年（413）鸠摩罗什圆寂，他一直生活在长安，译经弘法。罗什在长安期间，姚兴对其宠渥有加，“待以国师之礼，甚见优宠。语言相对，则淹留终日，研微造尽则穷年忘倦”。之后相继来华弘法的高僧，姚兴同样对他们尊崇备至。如弗若多罗到达长安后，姚兴“待以上宾之礼”[④]，佛陀耶舍来至长安时，他不但“自出问候”，而且还“别立新省于逍遥园中，四事供养……于城南造寺”[⑤]。正是姚兴对这

① ［梁］慧皎撰，富世平点校《高僧传》卷9《晋邺中竺佛图澄传》，中华书局，2023年，第392页。

② ［梁］慧皎撰，富世平点校《高僧传》卷5《晋长安五级寺释道安传》，中华书局，2023年，第181页。

③ ［梁］慧皎撰，富世平点校《高僧传》卷7《宋寿春石磵寺释僧导传》，中华书局，2023年，第299页。

④ ［梁］慧皎撰，富世平点校《高僧传》卷2《佛若多罗传》，中华书局，2023年，第68页。

⑤ ［梁］慧皎撰，富世平点校《高僧传》卷2《佛陀耶舍传》，中华书局，2023年，第74–75页。

些东来胡僧的重视与礼遇，才使得高僧云集当时的长安，史书有载“沙门自远而至者五千余人”①，其盛况可想而知。而这些僧人便是后秦佛经翻译的基础。

除了对僧人礼遇有加，姚兴还极其热衷译经、演法事业。史书载：“兴如逍遥园，引诸沙门于澄玄堂听鸠摩罗什演说佛经。罗什通辩夏言，寻揽旧经，多有乖谬，不与胡本相应。兴与罗什及沙门僧略、僧迁、道树、僧叡、道坦、僧肇、昙顺等八百余人，更出大品，罗什持胡本，兴执旧经，以相考校，其新文异旧者皆会于理义。”②由此可以看出，姚兴对佛经翻译的重视，不但亲自参与佛经的翻译，还为罗什提供了译经场地，配备800名僧人协助他的译经工作。当时长安研习佛经的盛大场面在《历代三宝纪》《出三藏记集》中都有所记载，“三千余僧，禀访精研，务穷幽旨”③，“三千德僧同止一处，共受姚秦天王供养”④。除参与《大品般若》的翻译外，《大智度论》《维摩诘经》《四分律》《十诵律》等佛典的翻译，都与姚兴的参与密不可分。当时姚兴研习佛法的场景后世有详细记载，“姚兴常于逍遥园引诸沙门听番僧鸠摩罗什演讲佛经，起逍遥宫。殿庭左右有楼阁，高百尺，相去四十丈，以麻绳大一围，两头各栓楼，会日，令二人各从楼内出，从绳上行过，以为佛神相遇”⑤。为了研习佛法，听罗什讲经，姚兴不惜斥巨资修建逍遥宫，不仅有高僧登台宣讲，更有现场的演示配合。

姚兴对佛教崇信的另一个表现便是修建佛寺及译经场所，除了上文提及的逍遥园、逍遥宫外，姚兴还在长安城北修建了著名的西明阁，罗什便常驻于此翻译佛经⑥。罗什所译《思益梵天所问经》《摩诃般若波罗蜜经》《禅法要解》《自在王经》及《大智度论》等皆在此地译出。《长安志》又载有姚兴修建般若台，“姚兴集沙门五千余人，有大道者五十人，起造浮屠于永贵里立般若台，居中作须弥山，四面有崇岩峻壁，珍禽异兽，林草精奇，仙人佛像具有，人所未闻，皆以为稀奇”⑦。可知姚兴是按照想象中的兜率天宫来建造此台，浮屠即佛塔，由此推测姚兴可能还在此建有佛塔。此外，姚兴还将长安大寺作为罗什译经场所。“世称大寺，非是本名。中构一堂，权以草苫。即于其内及逍遥园二处翻译……魏末周初衢术稍整。大寺因尔成四伽蓝。草堂本名即为一寺。草堂东常住寺。南京兆王寺。京兆后改安定国寺。安定国西为大乘寺。边安定左天街东畔八隅大井。即旧大寺之东厨，供三千僧之甘泉也”⑧。可供3000人日常饮食，其规模之大可想而知。《维摩诘经》《法华经》《中论》《十二门论》等佛典均译于此地。

---

①《晋书》卷117《姚兴上》，中华书局，1974年，第2985页。

②《晋书》卷117《姚兴上》，中华书局，1974年，第2984-2985页。

③［梁］释僧祐撰，苏晋仁等点校《出三藏记集》卷14《鸠摩罗什传》，中华书局，1995年，第534页。

④［隋］费长房：《历代三宝纪》卷8，《大正藏》第49册，第75页。

⑤［宋］宋敏求撰，［清］毕沅校正《长安志》卷5，《中国方志丛书》华北地方·第211号，据民国二十一年铅印本影印，成文出版社有限公司，1970年，第122页。

⑥僧叡作《大品经序》关于西明阁有载“渭滨流祇洹之化，西明启如来之心，逍遥集德义之僧，京城溢道咏之音……于京城之北逍遥园中出此经”（［梁］释僧祐撰，苏晋仁等点校《出三藏记集》卷8《大品经序第二》，中华书局，1995年，第292-293页。）另有《大智论记》载“于逍遥园中西门阁上”，《出三藏记集》卷10，第388页。

⑦［宋］宋敏求撰，［清］毕沅校正《长安志》卷5，载《中国方志丛书》华北地方·第211号，据民国二十一年铅印本影印，成文出版社有限公司，1970年，第122页。

⑧［隋］费长房：《历代三宝纪》卷8，《大正藏》第49册，第75页。

姚兴除了在物质上给予佛教大力支持，参与佛经翻译外，还对佛经义理的研究表现出浓厚兴趣。根据道宣所撰《广弘明集》所载，姚兴著有《通三世论》《通不住法住般若》《通圣人放大光明普照十方》《通一切诸法空》等论疏[①]。姚兴对佛教义理的探究充分表现出他对佛教的信仰不再停留在表面，而是更进一步探讨佛经中深奥的义理，希望通过探究解决心中的疑惑，由此加强自身对佛教的信仰。同时，更加有效地利用佛教巩固甚至扩大自己的统治。

在姚兴崇佛的影响下，当时整个后秦统治阶层也上行下效，形成了崇佛的风气，“公卿已下莫不钦附”[②]，太子姚泓、常山公姚显、安城候姚嵩等皆是后秦朝堂上崇佛的代表人物。太子姚泓自幼便生活在佛教氛围浓厚的环境中，深受其父姚兴的影响，崇信佛法自不待言。《小品般若波罗蜜经》就是鸠摩罗什应姚泓的要求翻译的。罽宾高僧昙摩耶舍到达长安后，又奉姚泓之命参与《舍利弗阿毗昙论》的翻译。天竺禅僧佛陀跋陀罗入关后，其“欲闻贤说法，乃要命群僧，集论东宫”[③]。可见其对佛法的强烈求知欲望。

晋公姚爽“质直清柔，玄心超诣，尊尚大法，妙悟自然”[④]。由于其能力出众，姚兴将佛法之事委托给他办理。《四分律》《长阿含经》就是姚爽承姚兴之命请佛陀耶舍译出的。

由此可以看出，后秦政权对佛教的尊崇远超以往的任何朝代。也正是后秦统治者的大力提倡，使得当时后秦境内崇佛之风大盛，其境内“州郡化之，事佛者十室而九矣”[⑤]。正是在这种情况之下，后秦的译经水平才达到了前所未有的高度。

二、高昌所见后秦译经

后秦所译佛经见于僧祐《出三藏记集》、费长房《历代三宝纪》等历代经录，但各经录所记载略有不同，主要体现在后秦译经的数量上，而这一数量上的差别主要体现在鸠摩罗什译经上。关于后秦所译佛经数量及名称，据《开元释教录》卷4载，“起姚苌，白雀元年甲申，至姚泓，永和三年丁巳，凡经三主三十四年，沙门五人，所出经、律、论等总九十四部合六百二十四卷”[⑥]。其中，鸠摩罗什译经74部，384卷（智昇时还可见罗什译经52部，302卷，阙本22部，82卷）[⑦]；僧祐《出三藏记集》则记载其译经“三十五部，凡二百九十四卷”[⑧]，同书《鸠摩罗什传》则记为“三十三部，三百余卷”[⑨]；《大唐内典录》记载数量最多为“九十八部，合四百二十五卷”[⑩]；吕澂在《中国佛学源流略讲》中则称“现存只有39部，三一三卷”[⑪]，但未详细列出这39部罗什译经的经名及卷数，在《新编汉文大藏经目

①［唐］道宣撰《广弘明集》卷18，《大正藏》第52册，第228–229页。

②《晋书》卷117《姚兴上》，中华书局，1974年，第2985页。

③［梁］慧皎撰，富世平点校《高僧传》卷2《佛陀跋陀罗传》，中华书局，2023年，第78页。

④［梁］释僧祐撰，苏晋仁等点校《出三藏记集》卷9《长阿含经序第七》，中华书局，1995年，第336页。

⑤《晋书》卷117《姚兴上》，中华书局，1974年，第2985页。

⑥［唐］智昇撰，富世平点校《开元释教录》卷4《总括群经录上之四》，中华书局，2018年，第223页。

⑦［唐］智昇撰，富世平点校《开元释教录》卷4《总括群经录上之四》，中华书局，2018年，第226–233页。

⑧［梁］释僧祐撰，苏晋仁等点校《出三藏记集》卷2《新集条解异出经录第二》，中华书局，1995年，第66–83页。

⑨［梁］释僧祐撰，苏晋仁等点校《出三藏记集》卷14《鸠摩罗什传第一》，中华书局，1995年，第534页。

⑩［唐］道宣：《大唐内典录》卷3，《大正藏》第55册，第253页。

⑪ 吕澂：《中国佛学源流略讲》，中华书局，1979年，第88页。

录》中可以检索到鸠摩罗什的这39部译经。将《开元释教录》《新编汉文大藏经目录》两部经录对比可以看出，吕氏在编著时是将《开元录》中的《善臂菩萨经》(2卷)、《须摩提菩萨经》(1卷)、《摩诃般若波罗蜜大明咒》(1卷)、《集一切福德三昧经》(3卷)、《千佛因缘经》(1卷)、《放牛经》(1卷)、《海八德经》(1卷)、《清净毗尼方广经》(1卷)、《灯指因缘经》(1卷)、《发菩提心论》(2卷)、《思惟要略法》(1卷)、《孔雀王神咒经》(1卷)这十二部经归入失译或非后秦译经僧所译之中，将《仁王护国般若波罗蜜经》(2卷)和《梵网经》(2卷)列入疑伪经中①。现根据对比各经录归纳鸠摩罗什译经如下：

1.《摩诃般若波罗蜜经》(27卷)，弘始五至六年(403—404)于长安逍遥园译出；

2.《金刚般若波罗蜜经》(1卷)，弘始四至十五年(402—413)于长安译出；

3.《小品般若波罗蜜经》(10卷)，弘始十年(408)于长安译出；

4.《妙法莲华经》(7卷)，弘始八年(406)于长安大寺译出；

5.《佛说华手经》(10卷)，弘始八年于长安译出；

6.《维摩诘经》(3卷)，弘始八年于长安大寺译出；

7.《十住经》(4卷)，弘始四至十五年于长安译出；

8.《佛说首楞严三昧经》(3卷)，弘始四至十五年于长安译出；

9.《持世经》(4卷)，弘始四至十五年于长安译出；

10.《思益梵天所问经》，弘始四年(402)于长安逍遥园译出；

11.《佛藏经》(3卷)，弘始七年(405)于长安译出；

12.《自在王菩萨经》(2卷)，弘始九年(407)于长安逍遥园译出；

13.《菩萨藏经》(3卷)，弘始七年于长安译出；

14.《佛说阿弥陀经》(1卷)，弘始四年于长安译出；

15.《佛说弥勒下生成佛经》(1卷)，弘始四至十五年于长安译出；

16.《佛说弥勒大成佛经》(1卷)，弘始四年于长安译出；

17.《诸法无行经》(2卷)，弘始四至十五年于长安译出；

18.《文殊师利问菩提经》(1卷)，弘始四至十五年于长安译出；

19.《佛垂般涅槃略说教诫经》(1卷)，弘始四至十五年于长安译出；

20.《禅法要解》(2卷)，弘始六至七年(404—405)于长安逍遥园译出；

21.《菩萨诃色欲法经》(1卷)，弘始四至十五年于长安译出；

22.《坐禅三昧经》(2卷)，弘始四年于长安译出；

23.《众经杂撰譬喻经》(2卷)，弘始七年于长安译出；

24.《大智度论》(100卷)，弘始四至七年于长安逍遥园西明阁译出；

25.《成实论》(16卷)，弘始十三至十四年(411—412)于长安译出；

26.《十住毗婆沙论》(17卷)，弘始四至十五年于长安译出；

27.《中论》(4卷)，弘始十一年(409)于长安大寺译出；

28.《十二门论》(1卷)，弘始十一年(409)于长安大寺译出；

① 有关将《梵网经》《仁王护国经》列入疑伪经的讨论，还可以参看小野玄妙、汤用彤等前辈的论述。参见［日］小野玄妙著，杨白衣译《佛教经典总论》，新文丰出版公司，1983年；汤用彤：《汉魏两晋南北朝佛教史》，北京大学出版社，1997年。

29.《百论》（2卷），弘始六年于长安译出；

30.《十诵比丘波罗提木叉诫本》（1卷），弘始四至七年于长安译出；

31.《禅秘要法经》（3卷），弘始四至十五年于长安逍遥园译出；

32.《大树紧那罗王所问经》（4卷），弘始四至十五年于长安译出；

33.《大庄严论经》（15卷），弘始四至十五年于长安译出；

34.《佛说庄严菩提心经》（1卷），弘始四至十五年于长安译出；

35.《不思议光菩萨所说经》（1卷），弘始四至十五年于长安译出；

后秦鸠摩罗什译经共计35部，260卷，而这35部罗什译经，高昌所见的有：

（一）鸠摩罗什译经

《摩诃般若波罗蜜经》（27卷），历代经录有载，亦名《大品般若经》《新大品经》，收于《大正藏》第8册般若部。该经是西晋竺法护于太康七年（286）所译《光赞般若经》（10卷）及无罗叉、竺叔兰于西晋元康元年（291）所译《放光般若经》（20卷）的同本异译，也与唐玄奘龙朔三年（663）译《大般若波罗蜜多经》（600卷）第二会第78卷的内容相似。

《摩诃般若波罗蜜经》共90品，主要论述了般若空观以及信解般若的功德。内容大致可分为五部分。第一部分从《序品》至第5品《叹度品》为舍利弗般若，通过佛与舍利弗的问答来阐明菩萨智慧及菩萨二谛；第二部分从第6品《舌相品》至第26品《无生品》为须菩提般若，通过佛与须菩提的对话讲述菩萨三解脱法门及摩诃衍、摩诃萨；第三部分从第27品《问住品》至第44品《遍欢品》为信解般若，佛先与帝释谈般若福德，令初发心者都生信解，又为弥勒说菩萨行，令已成熟者入甚深般若；第四部分从第45品《闻持品》至第66品《累教品》为实相般若，通过佛与帝释的问答，说明魔幻魔事和阿鞞跋致相，令久修人功深不退；第五部分从第67品《无尽品》至第90品《嘱累品》为方便般若，详说菩萨境行果而以方便为旨归。

十六国时期整个社会动荡不安，《摩诃般若波罗蜜经》主要宣扬的“诸法皆空”极度迎合了当时社会各个阶层的需要，统治者可利用其维护统治，普通百姓可以用其麻痹自己。可以说该经的译出完全顺应了时代的需求。该经一经译出，便广为流传，成为般若空宗的重要经典。关于该经的论疏，以鸠摩罗什翻译龙树的《大智度论》（100卷）最为著名，此外入藏的论疏还有吉藏的《大品般若经游意》（1卷）、《大品般若经义疏》（10卷）及新罗元晓的《大慧度经宗要》（1卷）等。梁武帝曾言及该经之重要，“叔兰开源，弥天导江，鸠摩罗什澍以甘泉。三译五校，可谓详矣。龙树菩萨著《大智论》训解斯经，义旨周备。此实如意之宝藏，智慧之沧海”①，被誉为：“出八地之由路，登十阶之龙津也……荡荡焉，真可谓大业者之通途，毕佛乘者之要轨也。”②

鸠摩罗什译出《摩诃般若波罗蜜经》可谓是开创了中国佛教史上性空典籍翻译的新时代，对当时大乘般若学说的发展有着巨大的推动，影响深远。因此，该经译出不久，便广为流传，地处西域的高昌地区，该经也得到了广泛的传抄。统计目前国内外所能见到的吐鲁番

① ［梁］释僧祐撰，苏晋仁等点校《出三藏记集》卷8《注解大品序第三》，中华书局，1995年，第296页。

② ［梁］释僧祐撰，苏晋仁等点校《出三藏记集》卷8《注解大品序第三》，中华书局，1995年，第291-292页。

出土汉文佛教典籍，罗什所译《摩诃般若波罗蜜经》共计有660件号①，是高昌地区所见般若部典籍中数量第三多的般若部经典。该经在高昌传抄时期较早，从抄经残片的字体来看，隶意较浓，多为高昌郡、高昌国时期的写经，在玄奘《大般若经》传入高昌之前，应是当地最为流行的般若部经典（见图1、图2）。

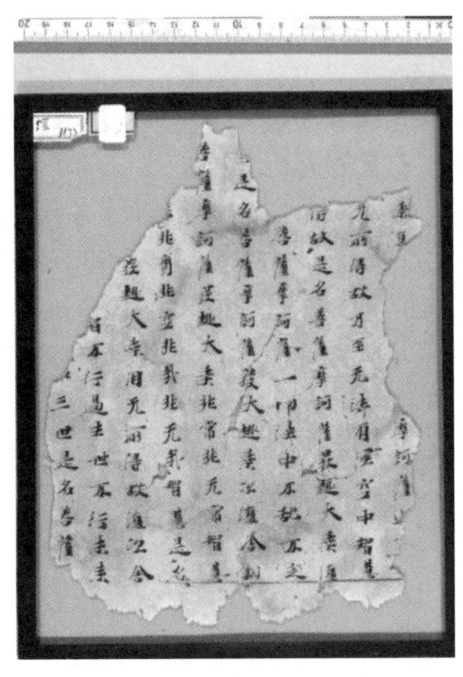

图1　德藏（TⅢ1173）《摩诃般若波罗蜜经》卷4残片，吐峪沟出土，（4—6世纪）

（图片引自IDP）

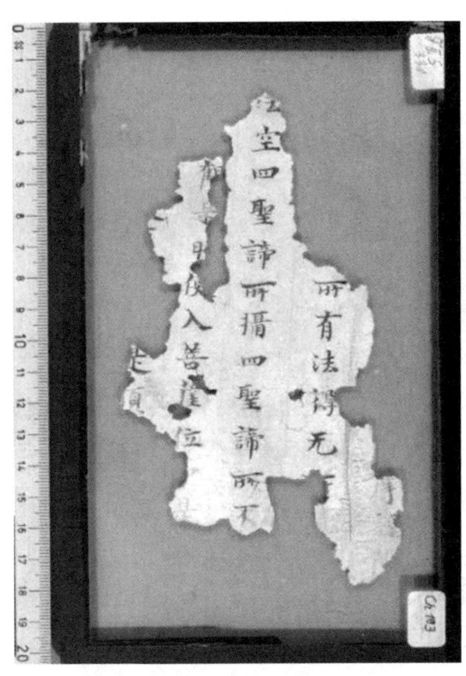

图2　德藏（TⅡS331）《摩诃般若波罗蜜经》卷26残片，胜金口出土，（7世纪中—8世纪末）

（图片引自IDP）

《小品般若波罗蜜经》（10卷），亦称《小品般若经》《新小品经》。鸠摩罗什所译《大品般若经》的前66品之略本，即为《小品般若经》，该经收于《大正藏》第8册般若部。该经与东汉支娄迦谶译《道行般若经》（10卷）、三国吴支谦译《大明度无极经》（6卷）、前秦昙摩蝉共竺佛念译《摩诃般若钞经》（5卷）、北宋施护译《佛说佛母出生三法藏般若波罗蜜多经》（25卷）及玄奘所译《大般若波罗蜜多经》第四会18卷为同本异译。因其梵本有八千颂，故又称其为《八千颂般若》。

僧叡作《小品经序》云："有秦太子者，寓迹储宫，拟韵区外。玩味斯经，梦想增至。准悟《大品》，深知译者之失。会闻鸠摩罗什法师神授其文，真本犹存，以弘始十年二月六

① 本文所统计高昌所见后秦译经主要依据唐长孺主编《吐鲁番出土文书》（壹-肆）图录本，文物出版社，1992—1996年；新疆维吾尔自治区吐鲁番学研究院、武汉大学中国三至九世纪研究所编《吐鲁番柏孜克里克石窟出土汉文佛教典籍》，文物出版社，2007年；荣新江、李肖、孟宪实主编《新获吐鲁番出土文献》，中华书局，2008年；旅顺博物馆、日本龙谷大学主编《旅顺博物馆藏新疆汉文佛经选粹》，法藏馆，2006年；陈国灿、刘安志主编《吐鲁番出土文书总目》（日本卷），武汉大学，2005年；荣新江主编《吐鲁番出土文书总目》（欧美卷），武汉大学出版社，2007年；以及各个散藏单位所刊布的目录等。

日请令出之，至四月三十日校正都讫。考之旧译，真若荒田之稼，芸过其半，未讵多也……胡文雅质，案本译之，于丽巧不足，朴正有余矣。幸冀文悟之贤，略其华而几其实也。”[①]可知，该经是鸠摩罗什应太子姚泓之请，耗时近3个月译出的，与旧译相比更多地保留了原经的本色。

“般若”即“智慧”之意。这种智慧并非普通意义上所理解的智慧，也不是一般世人所能轻易具有的智慧，而是一种可以助人成佛的特殊智慧。全称是“般若波罗蜜多”，意译为“智度”，即通过般若这种智慧，进而达到佛的境界。该经主要讲说菩萨智慧、二谛、三解脱门、摩诃衍、摩诃萨。重宣信解般若与实相般若，说初修习者对于般若福德须生信解，已修习成熟者则更悟入甚深般若；叙述魔幻魔事及不退转相，会久修人功深不退。

《小品般若波罗蜜经》在目前所见吐鲁番出土的汉文佛教典籍中共计154件（号）（见图3）。按照该经的说法，如要修成佛果，需累世累劫修行方可。众生无穷无尽，而菩萨的任务便是要让众生统归于解脱。因此，菩萨度众生也是没有止境的。在这个漫长的过程中，通过学习般若波罗蜜所得的功德最多，效果最大。此外，该经还宣称即使信众令无数人成就小乘果位，所得功德也不如让人们书写读诵此经。只有般若思想才能使众生成就所谓的“一切智”，达到佛境。该经还反复强调诸佛的智慧皆是由般若波罗蜜所生，目的就是向信众灌输般若波罗蜜就是造就菩萨、得道成佛的根本指导思想，是凌驾于其他修行方法之上的根本遵循。将般若提到如此高度，也是该经在高昌地区得以广泛传抄的根本原因。从目前该经在吐鲁番的出土情况来看，该经传抄时间跨度很大，最早写本是在该经自后秦鸠摩罗什在长安译出不久，便在吐鲁番有所传抄，至唐西州时期仍有部分传抄。

图3　德藏（TⅢT　411）《小品般若波罗蜜经》卷1残片，吐峪沟出土，（5—6世纪）

（图片引自IDP）

《金刚般若波罗蜜经》（1卷），亦称《金刚经》《能断金刚般若波罗蜜多经》《金刚般若经》，是重要的大乘般若类经典。该经有6个译本，分别为：后秦鸠摩罗什译《金刚般若波罗蜜经》（1卷）、元魏菩提流支译《金刚般若波罗蜜经》（1卷）、南朝陈真谛译《金刚般若波罗蜜经》（1卷）、隋达摩笈多译《金刚能断般若波罗蜜经》（1卷）、唐玄奘译《能断

① ［梁］释僧祐撰，苏晋仁等点校《出三藏记集》，中华书局，1995年，第298页。

金刚般若波罗蜜经》（1卷，《大般若经》第九会）、唐义净译《能断金刚般若波罗蜜经》（1卷）。这六个译本除玄奘本收入《大般若波罗蜜多经》外，其余皆收入《大正藏》第8册般若部。

《金刚般若波罗蜜经》，该经名取“金刚”，意为有坚无不摧之功能，比喻智慧能断烦恼。该经52000余字。罗什译《妙法莲华经》已著录。现代学者认为，在所有大乘经典中，般若类经典出现最早，在各类般若经典中，罗什译本又出现最早。该经主讲诸法性空幻有。谓世界万物空幻不实，一切事物皆无常，如梦如幻，瞬息即逝。凡有相状（现象）的一切事物，其本质都虚妄不实，均是假象，甚至佛法亦是如此。事物的真正相状是空、是非相，因而不应执着留恋，应离一切事相，无系无念无所住，才能得到真正解脱。劝人及早修成正果，归登佛界。可见该经主旨乃是宣扬大乘般若空宗思想。其经文与大小品《般若经》的内容基本一致。但其篇幅不像《大般若经》之繁复，亦不像《般若心经》之简略，思想清晰，通俗易懂，前后连贯。因此，它颇受广大佛教徒喜爱。南禅宗尊该经为主要经典。三论宗、天台宗、唯识宗亦将其当作重要典籍奉持。唐玄宗推行三教并重政策，从三教中各选一本典籍，亲自作注，颁行天下。从儒教、道教中选取《孝经》《道德经》，从佛教中则选取《金刚经》。明成祖朱棣也曾编纂了《金刚经集注》，可见其影响之大。历代高僧对该经释注颇多，众说纷纭，代表性注释有隋吉藏撰《金刚经义疏》（6卷），智顗述《金刚般若经疏》（1卷），唐窥基撰《金刚般若经赞述》（2卷），慧能述《金刚经解义》（2卷），宋善月述《金刚经会解》（2卷）等。

《金刚般若波罗蜜经》在目前所见吐鲁番出土汉文佛教典籍中共计760件（号），而元魏菩提流支译本共计110件（号）、南朝真谛译本目前仅见1件（号）（见图4）。由此可见，仅就该经在高昌地区的影响力来说，后秦鸠摩罗什的译本显然更具影响力。但从该经在吐鲁番的出土情况来看，主要集中在唐西州之后，反而在早期很少见，可能在玄奘译出《能断金刚般若波罗蜜经》并将其收入《大般若经》（第九会）之后，但因《大般若经》篇幅较大，不便阅读，而该经因翻译质量、篇幅等原因在高昌地区受到重视，抄写数量逐渐增多。

《妙法莲华经》（7卷）亦称《法华经》《妙法华经》，“妙法”意为教法微妙无上，莲花比喻经典、洁白、美丽，故得此名。该经产生于公元前1世纪左右，当时正值印度大小乘佛教激烈斗争的时期，该经从大乘立场出发，力图调和二者之间的矛盾，并以大乘融会小乘，传入中土。该经史上汉译过6次，译本三阙三存[①]。在鸠摩罗什译前120年，西晋太康七年（286）竺法护译《正法华经》；罗什译后195年，隋仁寿元年（601）阇那崛多译《添品妙法莲华经》。罗什译原27品，且其《普门品》中无重诵偈，后人补入南齐法献共达摩摩提所译《妙法莲华经·提婆达多品》及阇那崛多所译《普门品偈》，又将唐玄奘所译《药王菩萨咒》编入，乃成现行流通本。在诸译本中影响最大，流传最为广泛。

《妙法莲华经》凡7卷28品，仅就卷数来说并不算是大部头，但就内容来说，它却具有相当的重要性[②]。该经主旨宣说释迦成佛以来，寿命无限，现各种化身，以种种方便，说微妙法。信徒诚信，皆可成佛。重点弘扬会三乘方便，入一乘真实。谓佛陀演说正法，依众生

① ［唐］智昇撰，富世平点校《开元释教录》卷11、14，中华书局，2018年，第693、930页。

② 郭朋：《隋唐佛教》，齐鲁书社，1980年，第124页。

不同根性，安排不同次第。初时演说声闻乘，中时说辟支佛乘，后说菩萨乘。但三乘皆为方便、善权之说，引导教化一切众生成佛之法，唯有佛乘。此会三归一、开权品实之论，区分三乘为佛说法之三个次第，皆为该经独创，在调和佛教内部各派别纷争中起了巨大作用。该经将空无相之空性说和“般若”相摄，究竟处之归宿目标与《涅槃》结合，指归净土，宣说济世及陀罗尼咒密护等。此经同此前译出的《般若经》和稍后译就的《大般泥洹经》，构成东晋南北朝时期佛教思想的经典支柱。

《妙法莲华经》在目前已知的吐鲁番出土汉文佛教文书中有5127件（号）（见图5），是吐鲁番目前已知出土数量最多的佛经残片，该经汉文本在高昌的传抄时间5—10世纪皆有，但从出土文献的字体风格等判断，主要抄写时间还是集中在6、7世纪。该经与《观普贤经》《无量义经》合称为“法华三部经”。该经翻译出来后长盛不衰，为信徒广为诵读，古代僧人称之为“经中之王”。隋代智顗创立天台宗后，更是被尊奉为主要经典，天台宗也因此称之为法华宗。该经在6、7世纪后，高昌的抄写更为广泛，这应与隋唐时期天台宗的兴起有着密切联系。

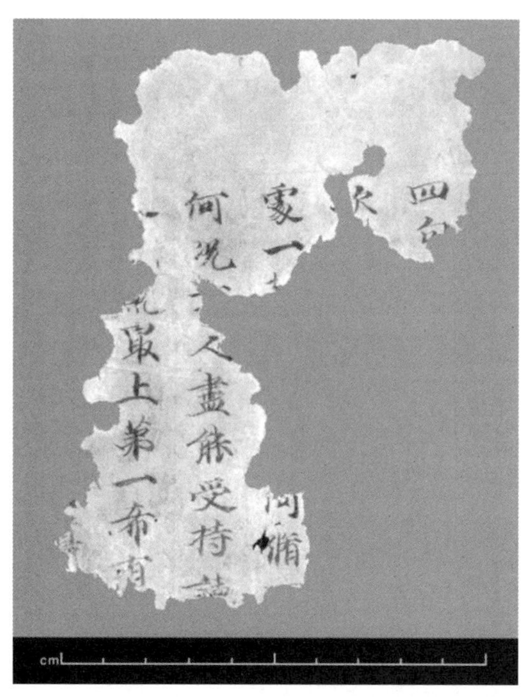

图4　德藏（TⅢT 603）《金刚般若波罗蜜经》残片，吐峪沟出土

（图片引自IDP）

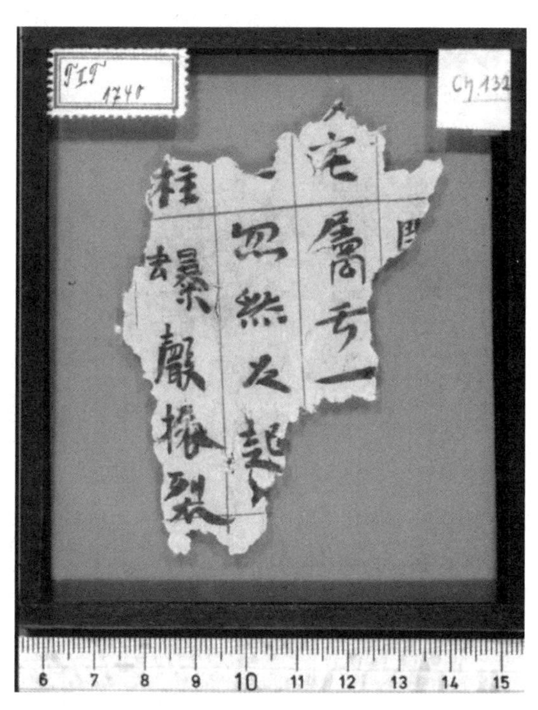

图5　德藏（TⅡT 1740）《妙法莲华经》残片，吐峪沟出土

（图片引自IDP）

《佛说华手经》（10卷），亦名《摄诸善根经》《摄诸福德经》，简称为《华首经》《华手经》。历代经录有载，现收于《大正藏》第16册经集部。该经10卷，分35品，因反复陈说十方诸菩萨持花供养佛祖，故经名“华手”。该经总体而言，是自诩为“断众生疑令众欢喜菩萨藏经”，广宣“诸法皆空”“菩萨道”“菩萨行”“三昧”等大乘思想及修行法门，能够与大乘早期般若及《法华》等诸经相摄，是龙树在《大智度论》中所引37部早期大乘经典之一[①]。

《佛说华手经》在目前已知的吐鲁番出土汉文佛教文书中有32件（号），是鸠摩罗什译经在吐鲁番发现的较少的一种。该经残片主要收藏于德国，且多为吐峪沟出土的该经第4卷，如考虑残片缀合等因素，该经在高昌地区应不是主要流行的经典。

《维摩诘所说经》（3卷），亦称《维摩诘经》《维摩经》《不可思议解脱经》《净名经》《说无垢称经》，见于历代经录，是早期大乘佛教的重要经典。《维摩诘所说经》前后有6个汉译本：第一，东汉严佛调译《古维摩诘经》2卷；第二，三国吴支谦译《维摩诘说不可思议法门经》（2卷）；第三，西晋竺法护译《维摩诘所说法门经》（1卷）；第四，西晋竺叔兰译《毗摩罗诘经》（3卷）；第五，东晋祇多密译《维摩诘经》（4卷）；第六，唐玄奘译《佛说无垢称经》（6卷）。前3种皆已亡佚，后3种存世，收入《大正藏》第14册经集部。

僧肇在《维摩诘经序》中详细记载了该经的翻译过程，是姚兴因感旧译之失，而命常山公姚显、安城侯姚嵩，与义学沙门1200人于长安大寺请罗什重新译出[②]。该经因译文义理信达，文句优美，言简意赅，“隋、唐以来讲习此经者，大都依据罗什译本”[③]。罗什译本共3卷，14品。该经宣说如来种即世间之杂染秽污，唯有依赖这些三毒十恶八邪行当，才能成就佛之一切功德。宣称世界万物无起无生、无有差别，应等同视之。世间性空，即出世间，生死与涅槃、垢与净，皆平等无二。见垢实相，则无净相，顺于灭相，从思想上取消分别想，便不会有分别之感觉。佛法最深真理无法用语言、概念加以表述，只能体认。无有文字语言，乃是“入不三法订”之最高境界，该经将大乘佛教义理进一步形象化。罗什所译本极具文学、文艺价值，隋唐以降的戏剧、雕塑、绘画、诗歌等多从中取材。维摩诘的形象在佛教界和社会生活中留下了深刻影响。该经文字优美流畅，情节别致，想象富丽，是一部优秀的文学作品，历代文人学士讽诵传读。

《维摩诘所说经》的3个译本，即罗什、支谦、玄奘在吐鲁番地区均有所发现，但以罗什译本数量最多，共计有302件（号）（见图6），支谦译本共14件（号）；唐玄奘译本仅6件（号）。由此可知，3个译本中，《维摩诘经》罗什译本在数量上占据着绝对的优势，这也与其翻译质量较高有着密切的关系。

《佛说首楞严三昧经》（2卷），亦称《首楞严三昧经》《新首楞严经》《首楞严经》，是早期大乘佛教经典（见图7）。现收于《大正藏》第15册经集部，尾题有“后秦龟兹国三藏鸠摩罗什译”。该经历代经录皆载，该经的同本异译共9种：第1种，后汉支娄迦谶译《首楞严经》（2卷）；第2种，吴支谦译《方等首楞严经》（2卷）；第3种，曹魏失译《蜀首楞严经》（2卷）；第4种，曹魏失译《后出首楞严经》（2卷）；第5种，曹魏白延译《首楞严经》（2卷）；第6种，西晋竺法护译《勇伏定经》（2卷）；第7种，西晋竺叔兰译《首楞严经》（2卷）；第8种，前凉支施仑译《首楞严经》（2卷）[④]；第9种，罗什译本。9个译本今仅存罗什译本，其余皆亡佚。

---

① 印顺：《初期大乘佛教之起源与开展》，正闻出版社，1994年，第32页。

② ［梁］释僧祐撰，苏晋仁等点校《出三藏记集》卷8《维摩诘经序第十二》，中华书局，1995年，第309-310页。

③ 吕澂：《中国佛学源流略讲》，中华书局，1979年，第88页。

④ ［唐］智昇著，富世平点校《开元释教录》卷14，中华书局，2018年，第948-949页。

图6 日藏《维摩诘经》卷下注疏残片，吐峪沟出土（南北朝时期）

（图片引自《西域考古图谱》下，佛典3-3）

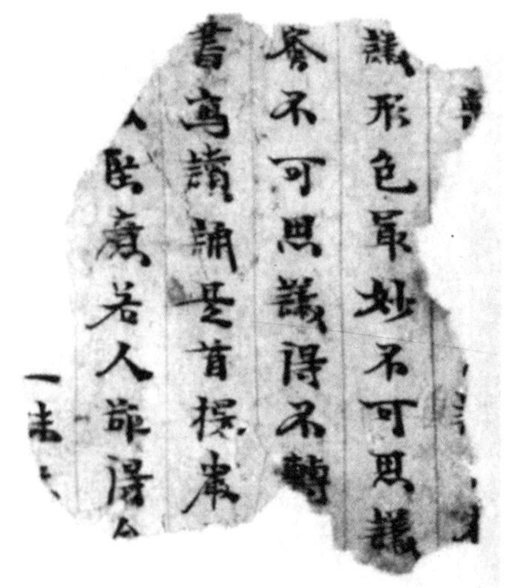

图7 大阪四天王寺出口常顺藏《首楞严三昧经》卷下残片，南北朝时期

（图片引自藤枝晃《高昌残影釈録》，第31页）

《持世经》（4卷），亦名《法印品经》《法印经》《佛说法印品经》。历代经录皆载，现收于《大正藏》第14册经集部。该经尾题“姚秦龟兹三藏鸠摩罗什译”。《持世经》同本异译有西晋竺法护译《持人菩萨所问经》（4卷），后秦竺佛念译《持人菩萨经》（3卷）。其中，竺法护译本亦可见于《大正藏》第14册，竺佛念译本亡佚。

《持世经》与《安般守意经》等小乘经典有相似之处，但在论说“五阴”“十二因缘”等方面时，又是多从大乘角度出发。印顺也因此将其置于“大乘慧学”当中，认为该经与《富楼那经》《佛说华手经》共同构成大乘闻思慧的3部重要经典。这3部经都是以空无分别体悟究极境界，注重闻思法义的方便①。

《持世经》在吐鲁番出土的汉文佛教典籍中所见不多，仅有5件（号）。且抄写时代皆在南北朝时期，之后在高昌地区不甚流行。但值得注意的是，在吐峪沟出土，现收藏于日本书道博物馆的1件《持世经》抄本残片（见图8），残片尾题“岁在己丑（449），凉王大且渠安周所供养经，吴客丹扬郡张休祖写，用纸廿六枚”②。可知此经在其译出之后不久，便迅速传入高昌地区，甚至得到了凉王的重视，可见该经对北凉乃至高昌佛教都产生过一定的影响。

《思益梵天所问经》（4卷），亦称《思益经》《思益义经》。根据经末的内容来看，该经亦可称为《庄严诸佛法》《摄一切法》《文殊师利论议》。该经历代经录皆载。同本异译有二，一是西晋竺法护太康七年（286）所译《持心梵天所问经》（4卷）；二是元魏菩提流支神龟元年（518）所译《胜思惟梵天所问经》（6卷）。三译本现皆可见于《大正藏》第15册经集部。

① 印顺：《初期大乘佛教之起源与开展》，中华书局，2011年，第1242页。

② ［日］池田温：《中国古代写本识语集录》，东京大学东洋文化研究所，1990年，第86页。

图8　书道博物馆藏《持世经》卷1尾题，南北朝时期

（图片引自《中村不折旧藏禹域墨书集成》下，第43页）

关于《思益梵天所问经》鸠摩罗什重译的原因，参与该经翻译工作的僧叡曾作序阐明：“恭明前译，颇丽其辞，仍迷其旨。是使宏标乖于谬文，至味淡于华艳。虽复研寻弥稔，而幽旨莫启。”①

主要原因还是“仍迷其旨”，而罗什译本不但纠正了前译的错误，翻译也趋于返璞归真，质量颇高。

《思益梵天所问经》是早期大乘佛教比较重要的经典之一，其出现的时间处于般若经典与《法华经》之间，与《维摩诘经》一样，对小乘佛教持一种排斥的态度②。仅从该经内容来看，罗什译本比较容易理解，但却比较繁复，其中涉及了诸多的佛教基本思想。因此，它在中国佛教史上具有一定地位，尤其对禅宗的形成与发展具有一定推动作用。

《思益梵天所问经》在目前已知的吐鲁番出土的汉文佛典中数量很少，仅有5件（号）。该经在吐鲁番出土的罗什译经中数量较少，但在敦煌文献中却有80多个写本，竺法护译本仅有2件，菩提流支译本则一件皆无。敦煌不但有文献流传，更有该经经变留存至今，其中莫高窟有14铺，榆林窟有3铺③。可见，虽然古代敦煌与高昌两地在佛教上有着密切的联系，二者在汉人控制时期，佛教信仰基本与内地保持一致，但仅就罗什所译此经来看，二者还是有些许区别。

《佛藏经》（3卷），亦称《选择诸法经》《奉入龙华经》。该经历代经录皆载，现收于《大藏经》第15册经集部，根据尾题“姚秦龟兹三藏鸠摩罗什译”可知该经也可称《发起精进经》《降伏破戒经》。该经分上、中、下3卷，凡10品。上卷分为《诸法实相品》《念佛品》《念法品》《念僧品》《净戒品之一》；中卷分为《净戒品之余》《净法品》《往古品》；下卷由《净见品》《了戒品》《嘱累品》组成。

《佛藏经》内容涉及菩萨比丘戒法、大乘僧团、因果报应、三世轮回等诸多思想内容。

① ［梁］释僧祐撰，苏晋仁等点校《出三藏记集》卷8《思议经序第十》，中华书局，1995年，第308页。

② ［日］镰田茂雄《大藏经全解说大事典》，雄山阁出版株式会社，1998年，第176页。

③ 王惠民：《〈思溢经〉及其在敦煌的流传》，《敦煌研究》1997年第1期，第33–38页。

因此，印顺法师强调此经是重戒律的[①]，历代学者更多地视其为大乘律典。该经在吐鲁番出土的汉文佛教典籍中发现的数量不多，目前仅见有7件（号）（见图9），且抄写时代较早，可见该经在古代高昌地区流传不甚广泛。

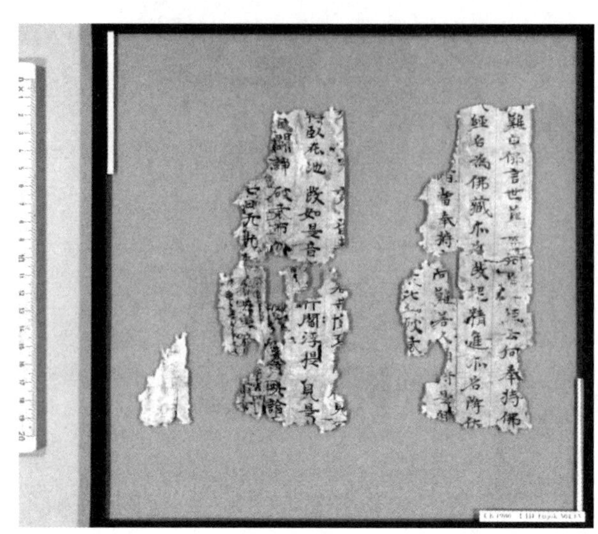

图9　德藏（TⅢTujok 304）《佛藏经》卷下残片，吐峪沟出土，4—6世纪

（图片引自IDP）

《自在王菩萨经》（2卷），亦名《自在王经》，现收入《大正藏》第13册大集部。根据尾题可知该经亦可称为《四自在神力经》[②]，是鸠摩罗什应后秦常山公姚显之请而译出的[③]。该经同本异译有元魏瞿昙般若流支于兴和四年（542）所译《奋迅王问经》（2卷），今存二译本历代经录皆收。

僧叡在为《自在王菩萨经》所作的序言中称该经"以菩萨名号为题者，盖是《思益》《无尽意》《密迹》诸经之流也。以其圆用无方，故名自在，势无与等，故称为王"[④]。《自在王菩萨经》是早期大乘佛教的重要经典，罗什译本因浅显易懂、修习便捷，译出之后便广泛流传。但该经在吐鲁番出土文献中目前仅见到1件（号），可知该经在高昌流传并不甚流行，影响不大。

《佛说阿弥陀经》（1卷），简称《阿弥陀经》，亦称《小无量寿经》，历代经录皆载。现收入《大正藏》第12册宝积部、涅槃部。该经产生的时代较早，在公元1—2世纪的贵霜王朝的犍陀罗地区便流行起来[⑤]。传入中土后有3个汉译本：第一，鸠摩罗什在弘始四年（402）

---

① 印顺：《初期大乘佛教之起源与开展》，中华书局，2011年，第1309页。

② ［姚秦］鸠摩罗什译《自在王神力经》卷2，《大正藏》第13册，第935页。

③《出三藏记集》卷8《自在王经后序》载"秦大将军、尚书令、常山公姚显，真怀简到，彻悟转片。其名而悦之，考其旨而虚襟。思弘斯化，广其流津。以为斯文既布，便若菩萨常住，小去此世。奔诚发自大心，欣跃不能自替。遂请鸠摩罗什法师译而出之，得此二卷……是岁弘始九年，岁次鹑首"；［梁］释僧祐撰，苏晋仁等点校《出三藏记集》卷8，中华书局，1995年，第312-313页。

④ ［梁］释僧祐撰，苏晋仁等点校《出三藏记集》卷8《自在王经后序》，中华书局，1995年，第312页。

⑤ 王尧：《藏汉佛典对勘释读之四——〈佛说阿弥陀经〉》，《西藏研究》1990年第4期，第64页。

于长安译出；第二，南朝刘宋求那跋陀罗于孝建年间（454—456）译出，亦名《小无量寿经》（1卷），今已亡佚。第三，唐玄奘于永徽二年（650）于长安大慈恩寺译出，名为《称赞净土佛摄受经》（1卷），收入《大正藏》第12册涅槃部。

《佛说阿弥陀经》主要宣讲释迦在舍卫国祇树给孤独园，与比丘菩萨诸天王宣说西方极乐世界阿弥陀佛依报和正报的功德庄严，劝人发愿往生，并说明“执持名号……一心不乱，即得往生阿弥陀佛极乐国土”①。同时，六方诸佛“各于其国出广长舌相，遍覆三千大千世界，说诚实言：汝等众生当信是称赞不可思议功德一切佛所护念经”②，以证明释迦所讲不虚。

罗什译本广为流传，影响遍布整个东亚地区。究其原因，罗什译本流畅简明、文辞通俗，并未像其他佛经那样注重佛教义理的宣说，而是通过简练语言，惟妙惟肖地向广大信徒描绘了一个西方极乐世界，塑造了一个慈悲的阿弥陀佛形象。并且承诺只要简单地称诵佛名即可踏上信受往生的解脱之路，正因为其具有异门方便、三根普被、横超娑婆、带业往生的特点③。因此，智旭评价该经“真救世神宝，圆顿上乘也”④，自古以来在汉地佛教信徒中为所乐诵。《佛说阿弥陀经》与曹魏康僧铠译《无量寿经》（2卷）和刘宋畺良耶舍译《观无量寿经》（1卷）构成了之后净土宗所推崇的“净土三经”。该经篇幅极小，仅两千余字，但对中国乃至日韩都产生了深远影响。

其一，罗什译出《佛说阿弥陀经》之后，历代为其注疏者甚众。主要包括：姚秦僧肇《阿弥陀经义疏》（1卷）已佚，隋智顗《阿弥陀经义记》（1卷），唐慧净《阿弥陀经义述》（1卷），窥基《阿弥陀经通赞疏》（3卷），宋智圆《阿弥陀经疏》（1卷），元照《阿弥陀经义疏》（1卷），戒度《阿弥陀经义疏闻持记》（1卷），元性澄《阿弥陀经句解》（1卷），明传灯《阿弥陀经略解圆中钞》（2卷），袾宏《阿弥陀经疏钞》（4卷），清徐槐廷《阿弥陀经疏钞撷》等。朝鲜古代高僧大德如园测、元晓、道伦、玄一等人都曾撰写过《阿弥陀经疏》（1卷），而日本大德对此经的注疏则有源信的《阿弥陀经大意》（1卷）、《阿弥陀经略记》（1卷），源空《阿弥陀经释》（1卷），圣聪《阿弥陀经直谈要注记》（8卷）。日本净土宗开祖法然上人亦将此经定为该宗的根本经典，直到现在，依然是日本净土教各宗派尊奉的正依经典。

其二，根据日本敦煌学家广川尧敏的统计，在北京、巴黎、伦敦等地收藏有183个卷号敦煌藏经洞所出的《阿弥陀经》写本⑤。此外，在敦煌莫高窟中有数量不少的依据罗什译本绘制的阿弥陀经变和雕塑。《佛说阿弥陀经》对隋唐净土宗的形成以及净土信仰在中国的不断深化有着巨大的推动作用，直至今日，影响犹存，在今天的中国、日本、韩国等地仍然有广大信徒在诵读此经。

《佛说阿弥陀经》在吐鲁番出土的汉文佛教典籍中发现有37件（号）（见图10），抄写时

---

① ［姚秦］鸠摩罗什译《佛说阿弥陀经》，《大正藏》第12册，第347页。

② ［姚秦］鸠摩罗什译《佛说阿弥陀经》，《大正藏》第12册，第347页。

③ 王尧：《藏汉佛典对勘释读之四——〈佛说阿弥陀经〉》，《西藏研究》1990年第4期，第67页。

④ ［明］智旭撰，杨之峰点校《阅藏知津》，中华书局，2015年，第40页。

⑤ ［日］广川尧敏《净土三部经》，载［日］牧田谛亮、［日］福井文雅主编《讲座敦煌7・敦煌と中国仏教》，大东出版社，1984年，第81–114页。

代为7—10世纪，多为唐代抄写，这应该与隋唐时期净土宗的形成以及净土信仰在当地影响力的上升有着密切关系。

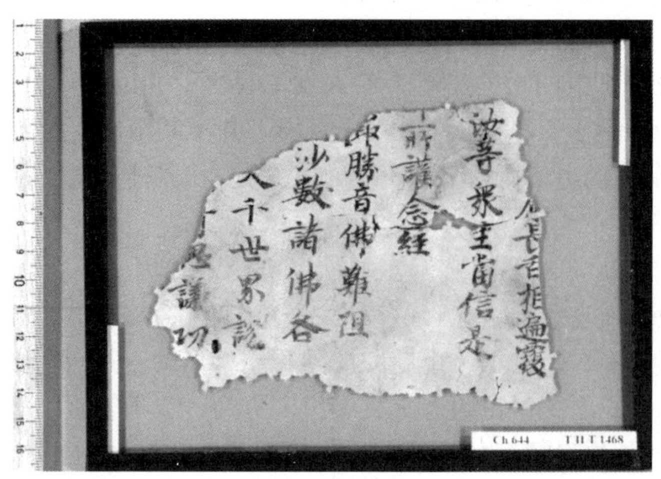

图10 德藏（TⅢT 1468）《佛说阿弥多经》残片，吐峪沟出土，9—10世纪

（图片引自IDP）

《佛说弥勒下生成佛经》（1卷），亦称《弥勒下生经》《弥勒下生成佛经》《下生成佛经》《弥勒受决经》，为“弥勒六部经”之一，此经历代经录皆收。该经另有同本异译五种：第1种，西晋失译《弥勒当来生经》（1卷）；第2种，东晋失译《弥勒作佛时事经》（1卷）；第3种，东晋失译《弥勒来时经》（1卷）；第4种，南梁真谛译《弥勒下生经》（1卷）；第5种，唐玄奘译《弥勒下生成佛经》（1卷）。两晋失译及南梁真谛译本皆已亡佚，剩余3个译本皆收入《大正藏》第14册经集部。

《佛说弥勒下生成佛经》主要宣说佛祖释迦向大家讲述了未来世弥勒下生阎浮提出家、成佛、转法轮等事，并向世人描绘了一幅令人向往的弥勒净土。因此，该经对弥勒信仰的形成具有很大的推动作用，也就顺理成为弥勒信仰所尊奉的主要经典。此外，该经对石窟壁画艺术也有很大影响，敦煌壁画中绘有大量的弥勒经变，时代始于隋，兴盛于唐，终于西夏，时间跨度很大。其中，下生经变90铺（莫高窟85铺，榆林窟3铺，五个庙2铺），绘制这些壁画所依据的便是该经。

《佛说弥勒下生成佛经》在吐鲁番出土的汉文佛教文献中目前发现有11件（号），数量不多，这可能与高昌流行弥勒上生信仰有关。

《诸法无行经》（2卷），历代经录皆载，该经同本异译有：刘宋求那跋陀罗译《诸法无行经》（2卷）；隋阇那崛多译《诸法本无经》（3卷），已亡佚。宋代译经院沙门绍德等所译《佛说大乘随转宣说诸法经》（3卷）虽然内容“经过了后人的修改”，有删改，但也可视为该经的同本异译。罗什、阇那崛多、绍德译本均收入《大正藏》第15册经集部。

《诸法无行经》是大乘佛教初期的佛教典籍，分为上、下两卷，主要宣讲“诸法性空”“摄化众生”的大乘佛教思想，并对只注重自身修行的小乘佛教持批判态度。该经在吐鲁番出土的汉文佛教典籍中仅见抄本6件（号），数量不多，说明该经在高昌地区并不十分流行。

《文殊师利问菩提经》(1卷),亦称《文殊问菩提经》《菩提经》《菩提无行经》《伽耶山顶经》,历代经录皆收。同本异译有:北魏菩提流支所译《伽耶山顶经》(1卷);隋代毗尼多流支所译《佛说象头精舍经》(1卷);唐代菩提流志所译《大乘伽耶山顶经》(1卷),皆收于《大正藏》第14册经集部。

《文殊师利问菩提经》篇幅短小,言简意赅。僧馥在《菩提经注序》中谓其"诸佛之要藏,十住之营统"①。该经在中国佛教史上具有重要地位,罗什译本还见于房山石刻及日本古写经,特别是在日本流传广泛。该经在吐鲁番出土的汉文佛教典籍中仅见抄本2件(号),数量不多,该经在高昌地区不甚流行。

《禅法要解》(2卷),亦名《禅法要解经》《禅要经》,历代经录皆载,同本异译有北凉沮渠京声所译《禅法要解》(2卷),可惜已亡佚。该经收录于《大正藏》第15册经集部。

《禅法要解》全经分为上、下两卷,旨在解说菩萨习禅之法要,宣说不净观、四禅四定等诸种禅观。为治贪心,观身不净,谓之不净观;修此禅定,可解色防淫,淫欲多者以对治。禅定虽皆为心之德,而欲界所属之心无有此德,属于色界、无色界之心德。若色界、无色界相对,则禅为色界之法,为无色界之法,谓之四禅四定。四禅四定是世间禅法,佛法、外道、凡夫、圣者皆可共通。《禅法要解》在魏晋时期广泛流行,其所谈禅法"虽仍属小乘禅的体系,但掺杂了相当部分大乘佛教的内容。从这些禅法形式来说,大乘修行者既可以修习,也可以不受它们的拘束,进行超越"②。此经对中土的禅法有开创之功,加之罗什译本流畅。因此,译出后广泛流传、影响深远,故被尊为"五部禅经"之一。但《禅法要解》在古代高昌地区不甚流行,仅见有3件(号),可知高昌当地僧人修行禅法,应该是不遵循该经。

《坐禅三昧经》(2卷),亦称《坐禅三昧法门经》《菩萨禅法经》《禅法要》《禅经》,历代经录皆载,收于《大正藏》第15册经集部中。

《坐禅三昧经》分为上、下两卷,据僧叡撰《关中出禅经序》载"弘始三年(401)十二月二十六日,僧叡从鸠摩罗什受禅法,得其所抄撰众家禅要,即译为此经"③,可知罗什所译该经是吸取各家禅法之长所出,该经"初四十三偈是鸠摩罗罗陀法师所造,后二十偈是马鸣菩萨之所造也。其中五门,是婆须蜜、僧伽罗叉、沤波崛、僧伽斯那、勒比丘、马鸣、罗陀禅要之中,抄集之所出也。六觉中偈,是马鸣菩萨修习之以释六觉也。初观淫、恚、痴相及其三门皆僧伽罗叉之所撰也。息门六识,诸论师说也。菩萨习禅法中,后更依《持世经》,益《十二因缘》一卷,《要解》二卷,别时撰出"④。《坐禅三昧经》阐释"五门禅法",并综述大小乘禅观。此经译出之前,中土佛教早期禅观皆依安世高所传小乘禅法。后在前秦道安推动下,两秦时北地禅观逐渐兴盛,但仍习小乘禅法。罗什本译出后,大乘、小乘禅之关系

---

①[梁]释僧祐撰,苏晋仁等点校《出三藏记集》卷9《菩提经注序第十二》,中华书局,1995年,第341页。

②杨曾文:《隋唐以前流行的主要禅法》,《中国社会科学院研究生院学报》1996年第4期,第36页。

③[梁]释僧祐撰,苏晋仁等点校《出三藏记集》卷9《关中出禅经序第十三》,中华书局,1995年,第342页。

④[梁]释僧祐撰,苏晋仁等点校《出三藏记集》卷9《关中出禅经序第十三》,中华书局,1995年,第342页。

才告明确[①]。该经的译出对当时北方禅法的兴盛有着指导意义，并对禅宗的兴起有很大的推动作用。与《禅法要解》一样，被尊为“五部禅经”之一。

《坐禅三昧经》在吐鲁番出土的汉文佛教典籍中目前仅见7件（号）（见图11），数量不多。仅从字体来判断，抄写时代应该在6—7世纪之后。

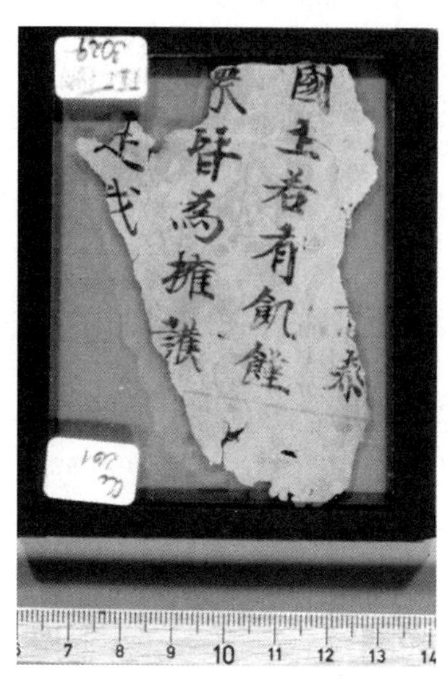

图11　德藏（TⅡT 3029），《坐禅三昧经》卷上残片，吐峪沟出土，时代不明

（图片引自IDP）

《大智度论》（100卷），亦称《大智度经论》《摩诃般若波罗蜜经释论》《大慧度经集要》《摩诃般若释论》，简称《智度论》《智论》《大论》《释论》[②]。历代经录皆载，为龙树所作，是解释《摩诃般若波罗蜜经》的论著（相当于唐玄奘译《大般若经》第二会），现收入《大正藏》第25册释经论部中。

僧叡《大智释论序》曾言：“论之略本有十万偈，偈有三十二字，并三百二十万言。胡夏既乖，又有烦简之异，三分除二，得此百卷，于《大智》二十万言，玄章婉旨，朗然可见。……胡文委曲，皆如初品。法师以秦人好简，故裁而略之。若备译其文，将近千有余卷。”[③]可知，罗什译本是略本，并非全译。仅将经文序品的释论译出，其余则取其要，删繁化简，以释大意。该论主要解释般若思想，煌煌百卷，旁征博引，论述精辟，对《摩诃般若波罗蜜经》所涉的学说、思想、传说、历史、地理、实践、僧伽等都做了细致、全面的论说。因此，该论也有“论中之王”的美誉。该经引用了大量佛教典籍，有原始佛教、部派佛教及早期大乘佛教的诸多论著，此外还可以从中见到许多已经亡佚的佛典，甚至还保留了许多中亚、印度西北地区的民间传说和故事，具有很高的文学价值，是研究早期大乘佛教、古

① 慈怡编《佛光大辞典》第6册，北京图书馆出版社，2004年，第2840页。

②《释论》为《大智度论》显教之略称，《释摩诃衍论》为《大智度论》在密教中的略称；丁福保编纂《佛学大辞典》，文物出版社，1984年，第1461页。

③［梁］释僧祐撰，苏晋仁等点校《出三藏记集》卷10《大智释论序第十九》，中华书局，1995年，第387页。

印度文化的重要资料，堪称“佛教百科全书”。

《大智度论》在吐鲁番出土的汉文佛教典籍目前有585件（号）（见图12），是鸠摩罗什译经中数量较多的一部佛典。从该论在吐鲁番出土的情况来看，该论在当地传抄时间较长，几乎每卷皆有发现，且字体相异者众多，可知该论在当地应有许多版本，在当时高昌寺院的僧人中有着重要的地位，是僧人学习般若学说的重要参考。

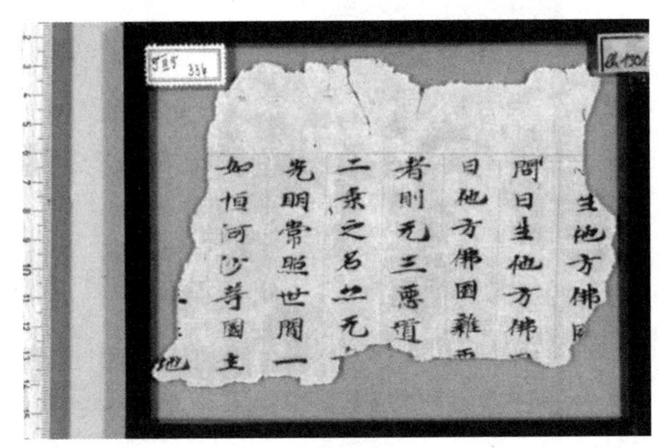

图12　德藏（TⅢT 336），《大智度论》残片，吐峪沟出土，时代不明

（图片引自IDP）

《成实论》（16卷，或作20卷、24卷），为古印度高僧诃梨跋摩所撰，姚秦鸠摩罗什译，历代经录皆载，现收入《大正藏》第32册论集部。

《成实论》名为“成实”，依论首偈颂所言，即欲成立“三藏中实义”，“实”指苦、集、灭、道四谛，“成实”意谓成立四谛。全论共计16卷，202品，现同行论本的结构可分为“五聚”：第一，“发聚”为全论序说，自《具足品》至《有我无我品》共35品；第二，“苦谛聚”，自36品至94品；第三，“集谛聚”，自95品至140品；第四，“灭谛聚”，自141品至154品，共14品；第五，“道谛聚”，自155品至202品。《成实论》论主诃梨跋摩虽依说一切有部出家，但从全论来看他对毗昙言论多有不满，论主网罗部派佛教各派教理，博采众长，针对一切有部“我空法有”之说，阐述“人法二空”的思想。因此，该论“一方面接近了大乘般若假名真空思想，另一方面又在心性理论上，继续走小乘的路数”[①]，可看作“小乘空宗到大乘空宗的过渡产品”[②]。该论出后，曾在中国佛教史上为僧徒所争相研习，并撰有多达24种注疏，惜皆已不传[③]。

目前吐鲁番出土的汉文佛教典籍中可见《成实论》残片19件，数量不多，从德藏（Ch 2131）抄写字体来看在5—6世纪（见图13）。

① 黄夏年：《〈成实论〉二题》，《世界宗教研究》1995年第2期，第41页。

② 任继愈主编《中国佛教史》第2卷，中国社会科学出版社，1985年，第282页。

③ 汤用彤：《汉魏两晋南北朝佛教史》，北京大学出版社，1997年，第521-522页。

图13　德藏（Ch 2131）《成实论》卷16残片，出土地、时代不明

（图片引自IDP）

《十住毗婆沙论》（17卷），亦称《十住毗婆沙》《婆沙论》《十住论》，历代经录皆载，现收入《大正藏》第26册释经论、毗昙部。为龙树菩萨所作，唐法藏《华严经探玄记》卷一言："龙树既将下本出，因造《大不思议论》，亦十万颂，以释此经。今时《十住毗婆沙论》是彼一分，秦朝耶舍三藏颂出译之，十六卷文才至第二地，余皆不足。"[①]《华严经传记》卷一中又云"《十住毗婆沙论》16卷，龙树所造，释《十地品》义。后秦耶舍三藏口诵其文，共罗什法师译出。释《十地品》内至第二地，余文以耶舍不诵，遂阙解释。相传其论是《大不思议论》中一分也"[②]。可知该论是佛陀耶舍共鸠摩罗什译出，耶舍口诵，罗什汉译，系对《华严经·十地品》的注释，因耶舍未能诵出全文，所以罗什也并非注释全品，仅有初地（欢喜地）及第二地（离垢地）的内容。

《十住毗婆沙论》共17卷，共35品，通览全论可以看出，论主在论释过程中，皆是先采用偈颂形式概述大意，之后再引申注疏，而非对经文机械地逐句进行释义。《十住论》中广泛地征引大乘经论，论述菩萨道思想。因此，有日本学者认为，与其说是以批注"十地"为目的，倒不如说是为了论说大乘菩萨道利用了《十地经》[③]。该论未完全注释"十地"，就连对第二地的解说也并不完整。因此，该论在"十地"思想的研究上未受到应有的重视。该论现仅存罗什译本，梵文本与藏文本皆已亡佚，罗什本的重要性也因此凸显出来，敦煌藏经洞

①［唐］法藏：《华严经探玄记》卷1，《大正藏》第35册，第122页。

②［唐］法藏：《华严经传记》卷1，《大正藏》第51册，第156页。

③［日］八力広喜：《〈十住毗婆沙论〉と〈十地経〉》，《印度学仏教学研究》80（4-2），1992年，第553-559页。

中便有此论抄本[①]。

目前可以见到吐鲁番出土的汉文佛教典籍中，《十住毗婆沙论》残片共计13件（号）（见图14）。有明确纪年的抄本最早可见是北凉承平十三年（455）大且渠安周写《十住论》，虽然该论出土残片数量不多，但在鸠摩罗什译出不久便传入高昌地区，且从当时凉王供养抄写该论，可知该论当时在高昌地区受到了高度重视。

图14　日本书道博物馆藏沮渠安周《十住论》写经题记残片，5世纪

（图片引自《中村不折旧藏禹城墨书集成》下，第43页）

《中论》（4卷），亦称《正观论》《中观论》，历代经录皆载，现收入《大正藏》第30册中观、瑜伽部。该论为龙树菩萨造，梵志青目释，姚秦龟兹三藏鸠摩罗什译。僧叡在其所撰《中论序》中云："《中论》有五百偈，龙树菩萨之所造也……天竺诸国，敢豫学者之流，无不玩味斯论，以为喉衿，其染翰申释者甚亦不少。今所出者是天竺梵志，名宾罗伽，秦言青目，之所释也。其人虽信解深法，而辞不雅中。其中乖阙烦重者，法师皆裁而裨之，于经通之理尽矣。文或左右，未尽善也。"[②]可见，该论出后，曾在古印度产生了巨大反响，相传当时为该论做论释多达七十多家，现仅存七家[③]。罗什选译的是青目释本，因青目所释有"乖阙烦重者"，故罗什在翻译的过程中对其做了删改。僧叡在《中论序》载龙树所造此论有五百偈，今罗什译本实为四百四十六偈。前25品破大乘之迷执，而申大乘之实理；后二品破小乘之迷执，而申小乘之实义[④]。该论就是对般若学说的进一步发挥，在论述方法上采用了"否定之否定"的方式，阐述了佛教中的缘起学说，破空、破假，进而破执中之见，最终论证中道实相。

---

① 方广锠：《敦煌已入藏佛教文献简目》，《敦煌研究》2006年第3期，第96页。

② ［梁］释僧祐撰，苏晋仁等点校《出三藏记集》卷11《中论序第一》，中华书局，1995年，第400-401页。

③ 徐东明：《论龙树〈中论〉的中观思想及其对藏传佛教的影响》，《西藏民族学院学报》2008年第2期，第58-59页。

④ 丁福保编纂《佛学大辞典》，中国书店，2011年，第177页。

《中论》是大乘佛教的重要论典，是破斥中观学派、显示本宗理论的根本论书。此论在中土经罗什译出后，遂为中土佛学界所推崇。罗什高足僧肇弘传此论，撰写《不真空论》等论书，使之成为“古三论”之要典。之后又有隋吉藏所撰《中观论疏》更以本论为正依经典，创三论宗。任继愈在《中国佛教史》中则说此论为三论中最重要的论书。罗什译本对古印度中观思想在中国的弘传具有重要意义。

目前可以见到吐鲁番出土的汉文佛教典籍中，该论残片共计15件（号），从残片抄写字体来看，时间跨度较大，早至北朝，晚至唐代，可知该论在高昌地区传抄一直延续。

《百论》（2卷），历代经录皆载，该论梵文原本、藏译本皆亡佚。目前仅存罗什汉译本，现收于《大正藏》第30册中观、瑜伽部，该论为南天竺提婆菩萨造，婆薮开士释，姚秦三藏鸠摩罗什译。提婆菩萨是龙树菩萨弟子，其名意译为“圣天”，为中观学派的创立者之一。罗什称其“博识渊揽，才辩绝伦”。婆薮开士，汉译“世亲”或“天亲”，为北天竺人，与其兄无著共为瑜伽行唯识学派的创始人。他依有部出家，先习小乘，后受其兄影响改宗大乘，一生力弘唯识，著述颇丰。

《百论》在龙树《中论》的基础上，通过问答辩论的方式，用大乘空观的学说，破斥数论派、胜论派等外道之谬论。僧肇《百论序》载：“论凡有二十品，品各有五偈，后十品其人以为无益此土，故阙而不传。”[①]可知，该论原有20品，凡百偈，但罗什仅译出了前10品，后10品因于中土无益，而未翻译。因此，今本《大正藏》仅存10品。

《百论》在中国佛教史上有着十分重要的地位。对于中国佛教而言，罗什译本译出后，就被奉为“通圣心之津途，开真谛之要论”，后代高僧为其注疏者颇多：吉藏《百论疏》（3卷）、道凭《百论疏》（2卷）、元康《百论疏》（3卷）、荆南《百论疏略记》（2卷），现仅存吉藏本，余皆亡佚。目前可以见到吐鲁番出土的汉文佛教典籍中，该论残片共计12件（号），数量不多，传抄不甚广泛。

《十诵比丘波罗提木叉戒本》（1卷），亦称《十诵比丘波罗提木叉戒》《十诵比丘戒本》《十诵波罗提木叉戒本》，历代经录皆载，现收于《大正藏》第23册律部。此戒本卷首先讲依十五日布萨说戒之仪例，包括问答、称颂等内容。随后具体说四波罗夷法、十三僧伽婆尸沙法、二不定法、三十尼萨耆波夜提法、九十波夜提法、四波罗提提舍尼法、一百一十三种众学法及七灭诤法，凡二百六十三条比丘戒法，随戒略说犯戒罪罚。卷末为过去七佛略戒及流通偈。

《十诵比丘波罗提木叉戒本》译出后便流行于世，敦煌藏经洞中也见该戒本的抄本。目前在吐鲁番出土的汉文文献中见到该戒本仅有3件（号），其数量与高昌流行的《四分律》等差别较大。日本静嘉堂文库藏有该戒本残片，根据解题提示时代为六朝写经[②]，可见该戒本在吐鲁番流传时间较早，但传抄不甚广泛。

《禅秘法要经》（3卷），亦称《禅秘要法》《禅秘要经》，见于《历代三宝纪》《开元释教录》等经录。比经现收于《大正藏》第15册经集部。该经分为上、中、下3卷，罗什受弟子僧睿之请，综合古印度大小乘禅法，编译成书。全经主要宣说五门禅观：认为贪欲颇重之人，修“不净观”；在禅中观想人身内外充满污秽，坚定出家修行决心之人，修“慈悲观”；

① [梁] 释僧祐撰，苏晋仁等点校《出三藏记集》卷11《百论序第三》，中华书局，1995年，第403页。

② 陈国灿、刘安志主编《吐鲁番文书总目》（日本收藏卷），武汉大学出版社，2005年，第532页。

在禅观想众生可怜之相，产生恻隐之心，愚痴之人，应修“因缘观”；在禅观想十二因缘，放弃对人生之执着，修“数息观”；在习禅时专心计数呼吸次数，克服浮燥不安，修“念佛神”。该经将大小乘禅法、禅观与空观加以融会贯通，对中国佛教产生了重大影响。

《禅秘法要经》目前在吐鲁番出土的汉文佛教典籍中见有9件（号），数量不多，传抄不甚广泛。可能与该经重复内容较多，可能是受到该经由诸经辑出的影响。

《大树紧那罗王所问经》（4卷），亦称《说不可思议品》《大树紧那罗王经》《大树紧那罗经》《紧那罗王经》。《历代三宝纪》《开元释教录》有载，同本异译有东汉支娄迦谶所译《伅真陀罗所问经》，皆收于《大正藏》第15册经集部中。《大树紧那罗王所问经》分为4卷，是《大智度论》所引三十七部大乘典籍之一，是初期大乘佛教中的一部很重要的经典[①]。虽然有支娄迦谶译本在前，但罗什本译出后，依然广泛流传。南京图书馆藏有9世纪初敦煌报恩寺该经的抄本[②]，表明该经在9世纪的敦煌仍有流传。目前该经在吐鲁番出土的汉文佛教典籍中仅见有3个抄本，且皆为卷一残片[③]，由于图版没有刊布，时代不明，但不排除可以缀合。可见该经在高昌地区传抄不甚广泛。

《大庄严论经》（15卷），亦称《大庄严经》《大庄严论》，《历代三宝纪》《开元释教录》载，现收于《大正藏》第4册本缘部。该经是贵霜王朝迦腻色伽时期著名的佛教思想家、文学家马鸣菩萨所造[④]。《大庄严论经》全经共15卷，收集了各类故事90则，阐释全经。通读全经可以看出，该经所收的这90则故事包含本生、佛传等；题材极为丰富，有国王贵族、普通民众、世尊天人、地理民俗等。该经在性质上属于譬喻类佛经，以事明理。后十则故事的体裁稍有不同，即首先揭举譬喻，再以法义配合。这种体裁对我国及日本佛教文学都颇有影响，为《冥报一记》《灵异记》《今昔物语》等灵异文学的先驱[⑤]。该经抄本在吐鲁番出土的汉文佛教文献中仅见到4件（号），时代不明，说明其在吐鲁番传抄并不广泛。

综上所述，后秦鸠摩罗什所译的35部经论，在高昌可见到28部，因吐鲁番的考古工作一直在进行中，国外藏品中又有许多佛典残片未定名。因此，不排除另外7部在后续会有所发现。

（二）竺佛念译经

在后秦译经史上，另一位占有重要地位的是竺佛念，这位译经大德生活的时代跨越了前秦与后秦，且在这两个时期均参与了译经活动，其在两个时期所翻译的佛经在吐鲁番均有出土。因此，在探讨吐鲁番所发现的后秦竺佛念译经时，不应该排除前秦时期的译经。

竺佛念，凉州（今武威）人，生卒年不详，“弱年出家，志业清坚，外和内朗，有通敏

---

① 印顺：《初期大乘佛教之起源与开展》，中华书局，2011年，第24-29页。

② 方广锠、徐忆农：《南京图书馆所藏敦煌遗书目录》，《敦煌研究》1998年第4期，第140-141页。

③ 荣新江主编《吐鲁番文书总目》（欧美收藏卷），武汉大学出版社，2007年，第59、259页。

④ 关于该经是否为马鸣所做学界一直存有争议，新疆库车发现了此经的梵文残本，卷末题鸠摩罗陀（意译童受）所作，学界遂对该经作者展开讨论路德斯撰文主张著者当系童受。但列维则强调罗什汉译所传的可信性。日本学者宫本正尊、友松圆谛、宇井伯寿、平等通昭、干濡龙祥、美浓晃顺等人也都各持己见，迄今尚无定论，见印顺：《说一切有部为主的论书与论师之研究》，正闻出版社，1992年，第328-329页；印顺也倾向于该经鸠摩罗陀所作。

⑤ 蓝吉富：《中华佛教百科全书》（二），中华佛教百科文献基金会，1994年，第736页。

之鉴”①，研习佛教众经及教外经籍，擅长训诂。后云游访学，因其世居河西，受到环境的熏陶，各地方言、胡语皆能听闻，《高僧传》载“洞晓方语，华梵音义，莫不兼释”②，这也为他后面译经事业的成功奠定了基础。

前秦苻坚时期（365—385），由于苻坚崇佛，一批西域高僧如僧伽跋澄、昙摩难提等人云集长安，由于语言不通，他们所携的梵本佛经无法译为汉文本，于是当时长安佛教界便推举通晓梵语的竺佛念参与翻译工作。翻译时皆是胡僧执梵本，佛念译汉语，并断疑义，先后参与了《婆须蜜经》《王子法益坏目因缘经》《增一阿含经》《中阿含经》的翻译工作，并在其中起到了至关重要的作用。特别是二阿含的翻译，慧皎赞其：“二含之显，念宣译之功也。”③

姚秦继前秦，崇佛更胜前朝，佛经翻译事业得到了空前发展。这一时期竺佛念在长安译出《菩萨璎珞经》《十住断结经》《出耀经》《菩萨处胎经》《中阴经》等佛典。关于其译经事业，慧皎谓曰：“自世高、支谦以后，莫踰于念。在符、姚二代，为译人之宗。故关中僧众，咸共嘉焉。”④其地位可见一斑。

竺佛念译经数量史载不一，梁僧祐《出三藏记集》卷二记其译经“六部，五十卷”，“以符坚时于关中译出”⑤；隋费长房《历代三宝纪》记“十三部，合八十六卷”⑥。唐智昇《开元释教录》记其译经“十二部，七十四卷”（其中，7部，61卷见在；5部，13卷阙本）⑦。后吕澂《新编汉文大藏经目录》记其译经7部，60卷。竺佛念在前秦及后秦共翻译佛经目前吐鲁番所见的有：

《十住断结经》（10卷），亦称《最胜问菩萨十住除垢断结经》《十千日光三昧定》，历代经录皆载，其同本异译有东晋竺法兰所译《十地断结经》（8卷），惜已亡佚。现收于《大藏经》第10册华严部。

《十住断结经》10卷，凡33品，该经主要通过佛与最胜菩萨的问答，阐发菩萨行业、菩萨十住开示诸法性空幻有，菩萨一乘、三乘为尊等法理。竺佛念因其为中土人士，所以其翻译时用词较西域僧人更加本土化，如他在讲般若性空时使用的“虚无”“空寂”等词，是当时魏晋玄学的常用词汇，可见竺佛念在翻译时融合了当时魏晋玄学思想。因此，这也使得他的译经文义复杂，难以理解，影响了其传播。该经目前在吐鲁番出土的汉文佛教典籍中仅见有3件（号），在高昌地区抄写不甚流行。

《菩萨处胎经》（7卷），亦称《菩萨从兜术天降神母胎说广普经》，简称《处胎经》。该经是早期大乘佛教的重要佛典，历代经录皆载，现收于《大正藏》第12册宝积部、涅槃部。全经7卷，凡38品，通读全经，此经运用长行、偈颂结合的方式，描绘了释迦胎宫说法、入涅槃、八王分舍利起塔、大迦叶集结等场景，以大乘空义贯穿始终，整体结构紧凑，文辞优美流畅，意境深远。该经名称由来，源自释迦母胎说法，以释迦涅槃终为结尾，这种结构安

① ［梁］慧皎撰，富世平点校《高僧传》卷1《晋长安竺念佛传》，中华书局，2023年，第44页。

② ［梁］慧皎撰，富世平点校《高僧传》卷1《晋长安竺念佛传》，中华书局，2023年，第44页。

③ ［梁］慧皎撰，富世平点校《高僧传》卷1《晋长安竺念佛传》，中华书局，2023年，第45页。

④ ［梁］慧皎撰，富世平点校《高僧传》卷1《晋长安竺念佛传》，中华书局，2023年，第45页。

⑤ ［梁］释僧祐撰，苏晋仁等点校《出三藏记集》卷2，中华书局，1995年，第48页。

⑥ ［隋］费长房：《历代三宝纪》卷8，《大正藏》第49册，第77页。

⑦ ［唐］智昇著，富世平点校《开元释教录》卷4，中华书局，2018年，第224-228页。

排凸显了佛教的生死轮回观念。

《菩萨处胎经》译出后，因其内容言及孝顺父母、二十八星宿等传统中国文化中的内容，是佛教中国化与中国传统文化调和融合的开始。目前在吐鲁番出土的汉文佛教文献中仅见2件（号），该经在高昌地区影响不大，传抄不广。

《出曜经》（30卷），亦称《出曜论》。历代经录皆载，收入《大正藏》第4册本缘部。该经博采众经要义，演说传布，以训未来，得名出曜。其主要宣说佛陀通过自身过去世的因缘，以示人生无常，应当修戒、定、慧，以积善根，进而得以解脱。该经目前在吐鲁番出土的汉文佛教文献中，可见19件（号）。

《菩萨璎珞经》（14卷），亦称《璎珞经》《说种种大乘之法门》《现在报经》，历代经录有载，现收于《大正藏》第14册经集部。璎珞是取菩萨以十德庄严其体之义。该经共分35品，主要宣说菩萨之阶位及其三聚净戒等因行。该经目前在吐鲁番出土汉文佛教文献中，可见5件（号）。

《菩萨璎珞本业经》（2卷），亦称《璎珞本业经》《璎珞经》《本业经》，属于大乘佛教律藏经典。僧祐《出三藏记集》载其失译，隋法经《众经目录》载为竺佛念译，后世经录皆沿用此说。现收于《大正藏》第2册律部。该经分为《集众品》《贤圣名字品》《贤圣学观品》《释义品》《佛母品》《因果品》《大众受学品》《集散品》8品，主要宣说菩萨修行52位，菩萨戒之十不可悔戒，受菩萨戒法，以及其他大乘义理等。书名中的“璎珞”指的是“铜宝”“银宝”“金宝”“琉璃宝”“摩尼宝”“水精宝”，用它们来比喻菩萨阶位中“四十二贤圣位”的“六个等次”（十住、十行、十回向、十地、等觉、妙觉）。《菩萨璎珞本业经》目前在吐鲁番出土的汉文佛教文献中，可见10件（号）。

综上可见，后秦竺佛念所译的七部佛经，目前在吐鲁番出土的汉文佛教文献中可以见到五部，且每部佛经所见残片都不多，可知竺佛念所译佛经在高昌地区并不甚流行。

（三）弗若多罗译经

弗若多罗所译佛经在吐鲁番仅见《十诵律》1种，但关于该经的译者是否为弗若多罗所译，学界素有争论。《出三藏记集》将《十诵律》归入鸠摩罗什译经中，而《历代三宝纪》《开元释教录》则都将该经归入弗若多罗名下。之后的经录皆从二录。近代学者如吕澂《新编汉文大藏经目录》、日本小野玄妙《佛教经典总论》、郭朋《中国佛教思想史》都将《十诵律》划入鸠摩罗什译经中[①]。但无论是弗若多罗还是鸠摩罗什所译，该律为后秦时所出当无异议。因此，还是暂依《开元释教录》及《大正藏》所载，将该律归入弗若多罗名下。

弗若多罗，又作不若多罗，意译为功德华，罽宾人，生卒年代不详。少即出家，以持戒著称，“备通三藏，而专精《十诵律》部，为外国师宗”[②]。后秦弘始年间，弗若多罗到达长安，姚兴“待以上宾之礼”，鸠摩罗什对其也倍为推崇，由于此前我国鲜有律藏弘传，遂于弘始六年集沙门义学六百余人，多罗持梵本《十诵律》诵读，罗什译为汉文。遗憾的是，弗若多罗诵出该律三分之二时，圆寂于长安。弗若多罗虽未诵出完整的《十诵律》梵本，但将

① ［日］小野玄妙著，杨白衣译《佛教经典总论》，新文丰出版公司，1983年，第77页；郭朋：《中国佛教思想史》，福建人民出版社，1994年，第266页。

② ［梁］慧皎撰，富世平点校《高僧传》卷2《晋长安弗若多罗》，中华书局，2023年，第68页。

此律传至中土并诵出大部，功不可没。弗若多罗一生奉持《十诵律》，身体力行，为僧俗典范。后世尊其为《十诵律》师资传习之五十一祖。

弗若多罗去世后，后续接替其翻译工作的是昙摩流支。昙摩流支，西域人，生卒年代不详，早年习律，尤以善律闻名。后秦弘始七年抵达长安，弗若多罗圆寂后，姚兴请昙摩流支“乃与什共译《十诵》都毕”，但罗什对这部分翻译为“犹恨文烦未善”①。不久之后罗什圆寂，《十诵律》的修改工作也就不了了之了。

《十诵律》(61卷)，亦称《十诵》，历代经录皆收。《历代三宝纪》《开元释教录》记载该律为弗若多罗译，仅此1部，且并非全由其译出，但此61卷《十诵律》已被视为完本，故将其归入后秦弗若多罗译经。现收入《大正藏》第23册律部。

《十诵律》是说一切有部的广律②。僧祐撰《新集律来汉地四部记录》载该律“本有八十诵”，从迦叶传承至第五师优波掘时，其“以后世钝根，不能具受，故删为十诵。以诵为名，谓法应诵持也”③。该律传承分为两系：一系是迦叶以下至达摩多罗53人次第相承；另一系是阿难以下至佛大跋陀罗的60人次第相承。上文所说诵出梵本的弗若多罗，即大迦叶系中的第五十一祖。

《十诵律》分为十诵，卷1至卷20为初、二、三诵，述说四波罗夷法、十三僧残法、二不定法、三十尼萨耆法、九十波逸提法、四波罗提提舍尼法、一百七众学法、七灭诤法。卷21至卷28为四诵，述说受具足戒法、布萨法、自恣法、安居法、皮革法、医药法和衣法。卷29至卷35为五诵，述说迎絺那衣法、俱舍弥法、瞻波法、般茶卢伽法、僧残悔法、遮法、卧具法、净事法。卷36至卷41为六诵，述说调达事、杂法。卷42至卷47为七通，述说尼律，包括六法。卷48至卷51为八诵，述说增一法，包括一法至十一法。卷52至卷55为九诵，述说优婆离问法。卷26至卷59为十诵，述说比丘诵、二种毗尼及杂通、四波罗夷、僧伽婆尸沙法。卷60至卷61附善诵毗尼序，分4品，前二品述结集始末，后二品集录有关羯磨、说戒安居、衣食、医药、房舍等开遮。为现行较古的一部广律。将受具足戒等十七事糅合于僧尼律中，是其特有结构。东晋迄至南北朝中叶，广行于中土，尤盛传于江淮间，压倒诸律。诸多大德，著述弘扬，为佛门四律之一。

《十诵律》在吐鲁番出土的汉文佛教典籍中能见到42件，且抄本、印本皆有，时代跨度较大，从发现的诸多残片来看，该经在吐鲁番抄写广泛，流传时间久，是在高昌地区影响较大的一部律典（见图15）。

---

①［梁］慧皎撰，富世平点校《高僧传》卷2《晋长安昙摩流支》，中华书局，2023年，第70页。

②佛成道之后，在弘法的过程中，因弟子犯过者众多，佛因此广说戒律，以规范弟子言行，并一一记述其事缘，详细叙述戒律的律藏，即为广律。

③［梁］释僧祐撰，苏晋仁等点校《出三藏记集》卷3，中华书局，1995年，第116页。

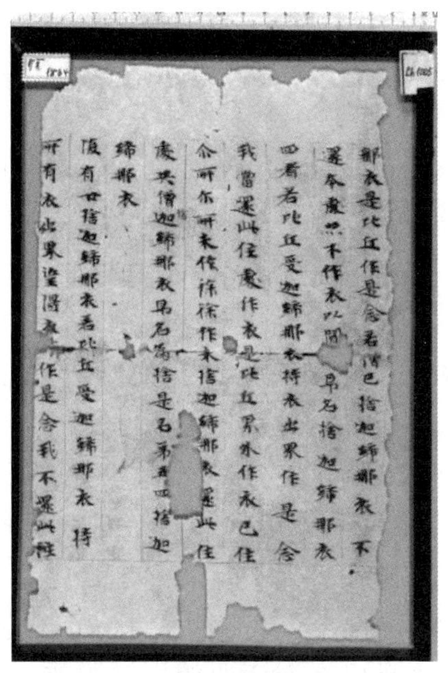

图15　德藏（TⅡ1834）《十诵律》卷29残片，吐峪沟出土，6—7世纪
（图片引自IDP）

（四）佛陀耶舍译经

佛陀耶舍[①]，或称佛驮耶舍，罽宾人，生卒年代不详。佛陀耶舍13岁出家，15岁时便已“诵经日得二三万言”，19岁时已可以诵读大小乘佛经数百万言。因其性情孤僻，恃才傲物，不为人喜。因此，直到27岁，才受具足戒。佛陀耶舍遂以读诵佛典为务，手不释卷，“每端坐思义，不觉虚中而过”[②]，终成一代高僧。

之后耶舍前往疏勒、龟兹弘扬佛法，在疏勒时，鸠摩罗什还曾跟随耶舍学习。后受鸠摩罗什邀请前往姑臧，但他抵达姑臧后，罗什已被姚兴迎请至长安。罗什听闻其已到姑臧，曾力劝姚兴迎请佛陀耶舍至长安。起初，姚兴并未同意，之后姚兴令罗什译经，罗什却言：“夫弘宣法教，宜令文意圆通。贫道虽诵其文，未善其理，唯佛陀耶舍深达幽致，今在姑臧，愿诏征之，一言三详，然后著笔，使微言不坠，取信千载也。”[③]正是罗什的力荐，姚兴才将其迎请至长安。到达长安后，姚兴对其极为看重，亲自出迎，并在逍遥园中为其别立新府，四事供养。但耶舍并未接受，依然是“至时分卫，一食而已”。耶舍面有赤髭，善解《毗婆沙》，故时人称其为“赤髭毗婆沙”。耶舍在疏勒时曾是罗什的老师，亦被称为“大毗婆沙”。

佛陀耶舍在姚秦弘始十二年：“译出《四分律》，凡四十四卷，并出《长阿含》等。凉州沙门竺佛念译为秦言，道含笔受。至十五年解座，兴嚫耶舍布绢万匹，悉不受，道含、佛念布绢各千匹，名德沙门五百人，皆重嚫施。”[④]可见耶舍当时在长安主持了《四分律》《长阿

① ［梁］僧祐：《出三藏记集》卷14，［梁］慧皎：《高僧传》卷2，［隋］费长房：《历代三宝纪》卷8，［唐］道宣：《开元释教录》卷4皆有传。以上诸内容大同小异。

② ［梁］释僧祐撰，苏晋仁等点校《出三藏记集》卷14，中华书局，1995年，第536页。

③ ［梁］慧皎撰，富世平点校《高僧传》卷2《晋长安佛陀耶舍》，中华书局，2023年，第74页。

④ ［梁］慧皎撰，富世平点校《高僧传》卷2《晋长安佛陀耶舍》，中华书局，2023年，第75页。

含经》的翻译工作，可能还组织了一个500人的译经团队。

关于佛陀耶舍在长安的译经，历代经录记载比较一致，皆载其译经四部，仅在卷数的记载上有差别。

《四分律》(60卷)，亦称《四分律藏》《昙无德律》。历代经录皆载，现收入《大正藏》第22册律部。根据各僧传及经录的记载，此律乃佛陀耶舍应姚兴之命、姚爽之请于长安中寺译出，时间应在弘始十二年至弘始十四年。或许同翻译《长阿含经》一样，由佛陀耶舍转梵为汉，道含笔受。《四分律》是古昙无德法藏部广律，因此又名《昙无德律》。昙无德意译为法镜、法藏等，是优波掘多的五大弟子之一。该律是由他所集，故冠以其名。传至中土后，因其四度集结而出，梵本又分为四夹，因此得名《四分》。

《四分律》初分20卷，二分15卷，三分14卷，四分11卷。通览全律，其内容可分序、正、流通三分。序分劝说信戒，叙舍利弗请佛结戒。正宗分包含二部戒及二十犍度。二部戒之比丘戒是解释四波罗夷、十三僧残、二不定、三十舍堕、九十单提、四提舍尼、百众学法、七灭谛；比丘尼戒是解释八波罗夷、十七僧残、三十舍堕、百七十八单提、八提舍尼、百众学法、七灭诲，是僧尼制止身口不作诸恶的别解脱戒，即止持戒。二十犍度即解释受戒、说戒、安居、自恣、皮革、衣、药、迦絺那、拘睒弥、瞻波、呵责、人、覆藏、遮、破僧、灭诤、比丘尼、法、房舍、杂，这些均是行持轨则之作持戒。二部戒规定了比丘二百五十戒，比丘尼三百四十八戒。从身、口、意3个方面对受戒者做了详细规定，凡衣食住行等均有戒条，并规定了对违戒者的惩罚方式。流通分述说五百结集、七百结集之经过，阐明诸戒是犯与非犯之分别及律学之法数。《四分律》为大小乘所共学。是佛门四律之一。唐时，据此建立律宗，为该宗所奉的主要经典。是中国古代最有影响的佛教戒律，是四部广律中影响最大的一部，至今仍为汉地佛教僧尼所准依。

《四分律》在吐鲁番出土的汉文佛教典籍中目前可见146件（号）(见图16)，这还不包括印本。虽然该律在北朝之前不甚流行，但该律是吐鲁番发现数量最多的律典，特别是唐代之后，该律的抄本与刻本在吐鲁番数量增多，应该与唐朝律宗将该律奉为主要经典有着密切关系，可见古代高昌僧人主要也是依据《四分律》来规范自身行为的。

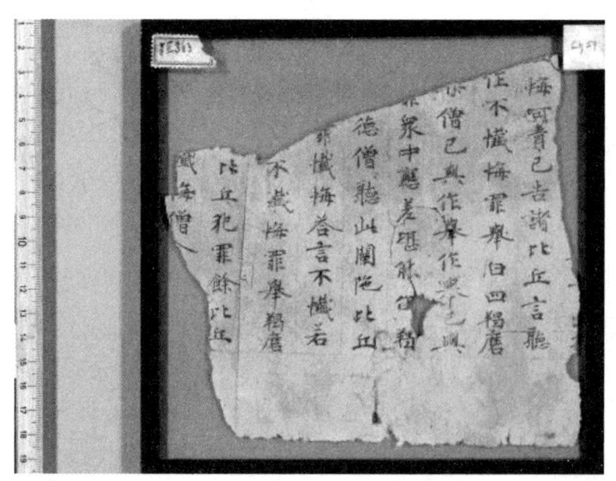

图16　德藏Ch59（TS63）《四分律》卷45残片，胜金口出土（9—10世纪）

（图片引自IDP）

《长阿含经》(22卷)，全称《佛说长阿含经》，简称《长阿含》，为我国汉传佛教四部《阿含》之一。历代经录皆载，现收于《大正藏》第1册阿含部。该经是姚爽奉姚兴之命，请佛陀耶舍译出。时间为弘始十四至十五年。翻译时，竺佛念相与为译，后秦僧道含笔受。同时还召集当时长安名僧对其进行考订。

"阿含"为梵文音译，意译为法归、教传、无比法等，意为传承的教说或结集教说的经典。因此，它也被视为小乘经的总名。该经在古印度出现时间较早，在迦叶组织第一次结集时，由当时参与的僧侣们一起审定了由阿难忆诵的经典。之后佛教学者们又根据佛经的内容、篇幅，将其编入了"四部阿含"之中，但依旧是通过口头形式进行传诵，到了公元前1世纪左右，才逐渐形成了经典[①]。

《长阿含经》分22卷，四分四诵，合收30经。第一分第一诵，主要宣讲诸佛及弟子过去因缘，这部分收四部佛经为《大本经》《游行经》《典尊经》《阇尼沙经》；第二分第二诵，主讲佛所说法要及修行等事，这部分收佛经15部为《小缘经》《转轮圣王修行经》《弊宿经》《散陀那经》《众集经》《十上经》《增一经》《三聚经》《大缘方便经》《释提桓因问经》《阿㝹夷经》《善生经》《清净经》《自欢喜经》《大会经》；第三分第三诵，主讲佛对异学的论难，这部分收佛经10部为《阿摩昼经》《梵动经》《神德经》《究罗檀头经》《坚固经》《倮形梵志经》《三明经》《沙门果经》《布吒婆楼经》《露遮经》；第四分第四诵，仅收《世纪经》，该经5卷，凡12品，详述六道众生所居世界成败劫数等相。

图17　德藏（TⅡY 58.520）《长阿含经》卷13残片，交河故城出土，5—6世纪

（图片引自IDP）

通读全经，可知该经采取了佛与弟子对话的形式，通过佛传、本生故事，利用与外道邪说之间的辩论宣扬了佛法，主旨是解释和弘扬佛教教义。佛陀耶舍所译的《长阿含经》反映的是小乘佛教的基本教义，并保留了古代印度社会的许多珍贵资料。由于该经的翻译语言优

① 任继愈主编《中国佛教史》第2卷，中国社会科学出版社，1988年，第294-295页。

美，极具文学性，对后世佛教文学的发展有重要影响。

《长阿含经》目前在吐鲁番出土汉文佛教典籍中可见61件（号）（见图17），近年来吐峪沟考古发掘中该经残片也出现不少，且从抄本字体来看抄写时间跨度较大，证明该经在高昌地区流传时间较长。

图17　德藏（T II Y 58.520）《长阿含经》卷13残片，交河故城出土，5—6世纪

（图片引自IDP）

《四分僧戒本》（1卷），亦称《四分律戒本》《四分戒本》《昙无德戒本》。历代经录皆载，现收于《大正藏》第22卷律部。该戒本与《四分律》一样，皆属于法藏部律典。主要罗列了《四分律》初分中比丘具足戒之二百五十条戒律。此戒本虽然在内容上与《四分律》相似，但在体例、行文上迥异。此戒本在体例上看更像是佛经，首尾皆有偈颂，可于说戒时诵读，具体戒律又像佛经长行，因此印顺法师也称其为“戒经”。该戒本行文语言简练，表意清晰，仅有戒条再无其他烦琐之言。印顺也由此推测，佛陀耶舍应该在《四分律》之前译出此戒本①。

《四分僧戒本》在吐鲁番出土的汉文佛教典籍中目前可见21件（号），该戒本同《四分律》一样也是在唐代之后越发流行，与唐朝律宗的兴起有着密切关系。

（五）昙摩耶舍译经

昙摩耶舍，意译为法明或法称，罽宾人，生卒年不详。14岁时出家，博览经律。30岁之后终有所成，开始云游四方弘扬佛法。东晋隆安年间抵达广州，住白沙寺，弘扬佛法，徒众稍集。几年之后，昙摩耶舍抵达长安，姚兴对其极为推崇，而此时恰有天竺沙门昙摩崛多也在关中，二人志趣相投，引为知己。二人应姚兴之请共译《舍利弗阿毗昙》，历时8年终成。该经凡30卷，在翻译过程中，姚秦太子姚泓也参与其中，可见对该经的翻译十分重视。

关于昙摩耶舍译经数量历来众说纷纭。历代经录所载不一，《出三藏记集》所载仅有

① 印顺：《原始佛教圣典之集成》，正闻出版社，1994年，第79页。

《舍利弗阿毗昙》1部，《历代三宝纪》载除该经外，又有《差摩经》1卷[①]。而《开元释教录》在前二者的基础上又多1部《乐璎珞庄严方便品经》[②]。但其译经目前在吐鲁番出土的汉文佛教典籍中仅见《舍利弗阿毗昙》1部。

《舍利弗阿毗昙》（30卷），历代经录皆载，现收于《大正藏》第28册毗昙部。阿毗昙为梵语音译，意译是无比法、对法、胜法，是对佛法的论说，也可以泛指一切佛教论著。《舍利弗阿毗昙》是古印度早期的小乘佛教论书，相传为佛陀弟子舍利弗所作，因此得名。若依据《大智度论》卷2、《三论玄义》所载，该论该属犊子部[③]；若依据《法华经玄义》所载则属于正量部。近人吕澂谓其乃化地、法藏系所传，且南传之六论即从本论发展而来[④]。

《舍利弗阿毗昙》30卷，三十三分分成了4部分：问分（卷1至卷6）、非问分（卷7至卷20）、摄相应分（卷21至卷24）和绪分（卷25至卷30）。主要内容就是分类组织小乘佛教诸法，解说名义，该论的翻译语言流畅，论说合理。《舍利弗阿毗昙序》有载："若乃文外之功，胜契之妙，诚非所阶，未之能详，并求之众经，考之诸论，新异之美，自宣之于文，惟法住之宝，如有表里。然原其大体，有无兼用，微文渊富，义旨显灼。"[⑤]该论在古印度曾产生过重要影响，翻译时也受到姚兴的重视，但该论翻译后却并未在中国佛教界内激起一丝涟漪。这可能与以鸠摩罗什为首的长安僧团对外来持异见者的打压有着密切关系[⑥]。

《舍利弗阿毗昙》目前在吐鲁番出土的汉文佛教典籍可见到6件（号）（见图18），数量不多，且从字体判断，书写时代在6—7世纪，该论在高昌的传抄不甚广泛。

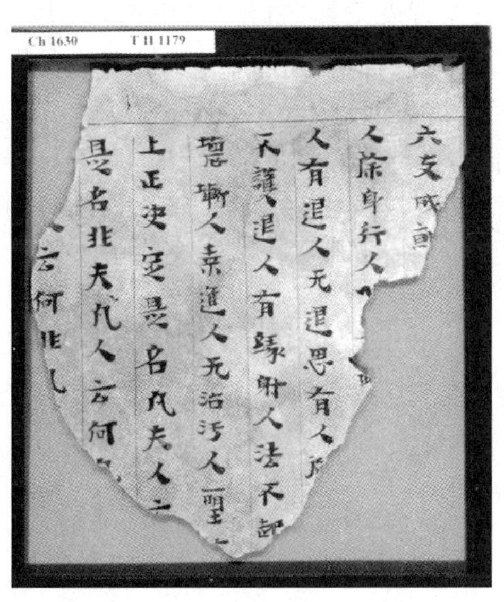

图18　德藏（TⅡ 1179）《舍利弗阿毗昙》卷8残片，出土地时代不明

（图片引自IDP）

① ［隋］费长房：《历代三宝纪》卷8，《大正藏》第49册，第77页。

② ［唐］智昇著，富世平点校《开元释教录》卷12，中华书局，2018年，第717页。

③ 参见《大正藏》第25册，第70页；《大正藏》第45册，第9页。

④ 吕澂：《印度佛学源流略讲》，上海人民出版社，2002年，第49-50页。

⑤ ［梁］释僧祐撰，苏晋仁等点校《出三藏记集》卷10，中华书局，1995年，第373页。

⑥ 姜涛：《后秦佛教研究》，博士学位论文，兰州大学，2011年，第159页。

三、余论

以上便是高昌所见的后秦译经，可以看出后秦所有高僧译经在吐鲁番出土的汉文佛教典籍中基本都有发现，并且种类和数量还会随着未定名佛典残片的定名，以及考古新发现的刊布而增加。从高昌所见的后秦译经可看到，这些佛典涉及经、律、论三藏，涵盖大小乘。

经藏包含般若部的《大品》《小品》《金刚经》；法华部的《妙法莲华经》；华严部的《十住经》《十住断结经》《佛说庄严菩提心经》；经集部的《维摩诘经》《弥勒成佛经》《思益梵天所问经》《持世经》《首楞严经》；大集部的《自在王菩萨经》；宝积部的《阿弥陀经》《菩萨藏经》；涅架部的《中阴经》《菩萨处胎经》。小乘经典包含《大庄严论经》《长阿含经》《菩萨诃色欲法经》《禅秘要法经》。

律藏除《四分律》外，还有《十诵律》《十诵比丘波罗提木叉戒本》《四分僧戒本》。

论藏方面以《大智度论》为主，还有罗什译的《百论》《中论》《十二门论》等大乘论；小乘论有《成实论》《舍利弗阿毗昙论》。

后秦所翻译的经、律、论三藏，在译出不久之后，便传入高昌地区，并对高昌佛教产生了持久影响。虽然从目前吐鲁番出土的汉文佛教典籍情况来看，这些译经传入后并非短时间内在此流传开来，有许多经典是随着后世宗派佛教的兴起而重新流行，如《法华经》《四分律》等。特别是后秦时期大乘佛教的般若与禅学开始兴起，鸠摩罗什对龙树大乘中观学派进行了更系统的阐释，尤其是《大智度论》《百论》《中论》《十二门论》构成了一套完整的体系。《大智度论》在高昌尤为受到重视，不仅出土数量多，且传抄时间较长。后秦翻译的禅经《禅法要解》《禅秘要法经》《坐禅三昧经》《佛说首楞严三昧经》等皆为诠释禅法的重要典籍，这些禅法在高昌的流传，是当地僧人修习禅法的重要指导。后秦所译佛经传入高昌等地，为当地大乘佛教的兴盛提供了理论基础，推动了当地佛教的快速发展。

佛教护童信仰在敦煌的受容与转变

——以“护诸童子女神像”为例*

梁丽玲（台湾地区铭传大学应用中文学系）

【摘要】敦煌藏经洞出土的汉文于阗文双语的“护诸童子女神像”，以祭祀女神解除小儿疾患的方式，具有操作简便、易于奉行的特性，与汉译佛典以陀罗尼咒对治小儿疾患有明显差异。本文主要针对“护诸童子女神像”的内容，从宗教融合的角度，探索母梦中的动物与小儿病症关系的可能来源，以及“护诸童子女神像”的用途与操作，为佛教护童信仰在敦煌的受容与转变提出一些有力的证据。

【关键词】佛教　护童信仰　护诸童子女神像　祭祀

一、前言

敦煌藏经洞出土庋藏于大英博物馆的汉文于阗文双语的“护诸童子女神像”，编号BM OA 1919.0101.0.177.1-3（原编号Ch.00217a-c）。从首幅题记“此十六个女神并拥护小儿”得知，“护诸童子女神像”原应有八叶，正背面各绘一女神像，现仅存三叶，计有六身神祇。（见图1），已依照正背面一组形式略作调整。

有关这组“护诸童子女神像”的研究，前贤已多有进行。最早关注此论题的是日本学者松本榮一，在《敦煌畫の研究・圖像篇》①中校录此画的汉文题记，定名为“护诸童子护符”。又从图像结构分析，认为其与《护诸童子陀罗尼经》和《啰嚩拏说救疗小儿疾病经》有所关联。关于此画像的于阗语题记，最先是由英国学者贝利（H. W. Bailey）

* 本文系主持科技部计划“从恶鬼到保护神：中古时期佛教护童信仰在丝路的受容与转变”（项目编号MOST 109-2410-H-130-039-）的系列研究成果之一。

① ［日］松本榮一：《敦煌畫の研究・圖像篇》，東方文化學院東京研究所刊，1937年，第763-769页。

转写的[①]；其次，穆马吉（Mauro Maggi）发表的“《佛说守护大千国土经》的一篇汉语于阗语摘要”[②]，重新校录此画的于阗语题记，进而发现此题记为佛经Mahàsàhasrapramardanã的摘录，属于印度密教陀罗尼“五护”系列之一。文中比对《佛说守护大千国土经》内容与此画的汉文和于阗文，认为主题多与bàla-graha有关；再者施杰我（Prods Oktor Skjoervø）在《英国图书馆藏新疆所出于阗语写本》一书中，再度对这组画的于阗语题记进行了转写和翻译[③]。还有陈明延续前贤研究成果，针对这组“护诸童子女神像”的于阗语与译文进行补论，同时探索此画与印度生命吠陀文献及《护诸童子陀罗尼经》等汉译佛经的关联[④]。但是无论女神的名称、形状、疾病，皆找不到可以完全对应的源头，仅能客观推测这组画像是印度婆罗门教与密教的混合：

> 在敦煌出土的写有汉语与于阗语双语题记的纸画（BM OA 19191 1-1. 01771 1-3），名为“护诸童子图”，既可在《佛说护诸童子陀罗尼经》（元魏天竺三藏菩提流支译）等汉译佛典中找到对应的经文内容，又可在生命吠陀的医书——《妙闻本集》（Susruta-sam hita）和《八支集要方》（A stanga-samgraha）等医籍中找到其源头，是婆罗门教与密教的混合产品。[⑤]

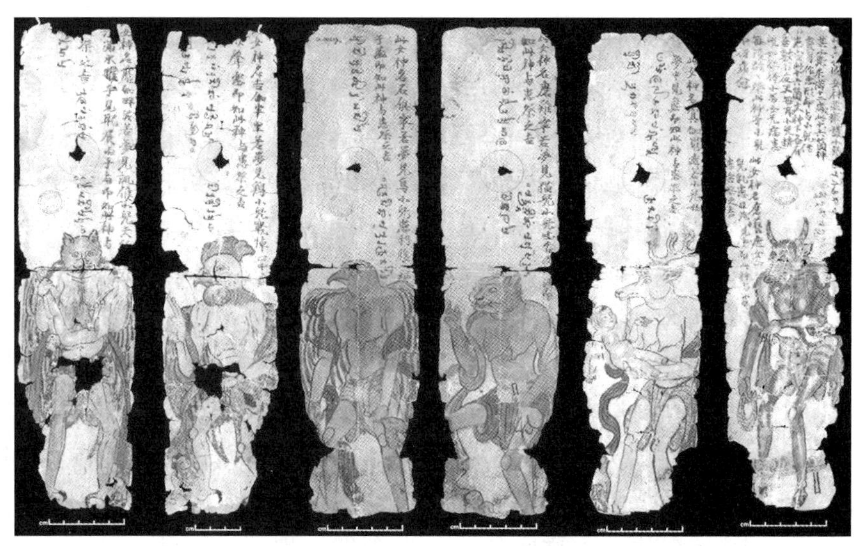

图1　护诸童子女神像，BM OA 1919.0101.0.177.1-3

（图片采自大英博物馆官网）

① H. W. Bailey, ed. *Khotanese Texts* vol.iii,(《于阗语文献集》第3册) Cambridge University Press, 1969, p.135.

② Mauro Maggi, “A Chinese-Khotanese Excerpt from the Mahàsàhasrapramardanã”, *La Persia e l'Asia centrale de Alessandro al Xsecolom*, (Roma, 9-12 novembre 1994), Rome 1996[publ. 1997], pp.123-137.

③ Prods Oktor Skjoervø, *Khotanese Manuscripts from Chinese Turkestan in the British Library: A Complete Catalogue with Texts and Translations*, The British Library, 2002年, p.583.

④ 陈明:《殊方异药：出土文书与西域医学》，北京大学出版社，2005年，第91-106页。

⑤ 陈明:《汉唐时期于阗的对外医药交流》，《历史研究》2008年第4期，第33页。

近来，孟嗣徽发表的《“护诸童子十六女神”与于阗敦煌地区的护童子信仰》[①]，从图像研究的角度，仔细拣选典籍文本，比对相关图像，有系统地梳理了《护诸童子十六女神》像叶的内容，结合新疆和田地区古代于阗寺院遗址壁画中有关“护童子”信仰与图像之间的联系，并探讨了“护童子”信仰及其图像在中亚西域社会的传播路径，还有最终存留在于阗地区的历史因素，为此论题的研究拓展了更宽广的视野。

笔者长期关注佛教护童信仰与民俗交涉的议题[②]，2013年参加成功大学举办的“敦煌吐鲁番国际学术讨会”，发表“敦煌文献中的护童信仰”时，曾就《佛说护诸童子陀罗尼经》、“护诸童子女神像”和民间符咒等文献材料，探讨佛教为小儿祛除病苦提供的解决之方。当时囿于研究材料与时间精力之限，有关这组“护诸童子女神像”仍保留一些悬而未解的课题，包括题记内容与古老的印度吠陀文献、相关汉译佛典无法完全对应。母亲梦见动物与小儿患害的关系是什么？“护诸童子女神像”的来源与用途。这组“护诸童子女神像”为何仅出现在敦煌？以祭祀方式取代陀罗尼咒的原因等，皆值得再深入探讨。

从宗教融合的角度，一般学界对于“护诸童子女神像”的相关经文与图像来源，通常远溯至古印度吠陀文献与密教经典，自然合情合理，无可厚非。我们也都同意汉译佛典中十五夜叉罗刹的鬼神形象，多汲取了印度婆罗门教的bàla-graha（揭囉诃，既是致病之神，又是护童之神），经过长时间的纳受、改造与融合，逐渐形成了佛教自己的神祇体系。同理，这组仅出现于敦煌地区的“护诸童子女神像”，以祭祀女神解除小儿疾患的方式，具有操作简便、易于奉行的特性，是否也可能是在长期流传的过程中，居住在敦煌当地的人士，接受了佛教护童信仰对治小儿病症的功效，又调和当时社会的需求元素，重新改造成适合庶民百姓的运作模式。因此，本文主要针对这组“护诸童子女神像”的内容，探索母梦动物与小儿病症关系的可能来源，以及“护诸童子女神像”的用途与操作，为佛教护童信仰在敦煌的受容与转变提出一些有力的证据。

二、小儿病症与母梦动物的关联

“护诸童子女神像”题记显示小儿所患种种症状，若母亲梦见各种动物，即表示该女神所致。例如，“小儿乳患，母梦中见牛”“若小儿母梦中见鹿，即知此神与患”“若梦见猫儿，小儿吐舌腹泻”“若梦见鸟，小儿患利（痢）腹病”“若梦见鸡，小儿战悼”等，需通过祭祀仪式方可获得护佑，解除患害。令人费解的是，究竟小儿病症与母亲所梦动物有何关联？

由于《佛说护诸童子经》等相关经典，主要功能在护佑小儿不被夜叉、罗刹等鬼神扰害，那么，我们从佛典文献里寻找线索。在汉译佛典中与母梦、夜叉罗刹情节相关者，有萧齐昙景译《摩诃摩耶经》（一名《佛升忉利天为母说法经》）。经中叙述释迦如来入般涅盘当夜，摩耶夫人在忉利天上得五大恶梦，内容为“一梦须弥山崩、四海水竭；二梦有诸罗刹手

① 孟嗣徽：《〈护诸童子十六女神〉像叶与于阗敦煌地区的护童子信仰》，中山大学艺术史研究中心编《艺术史研究》第23辑，中山大学出版社，2020年，第183–234页。

② 先后发表论文有梁丽玲：《敦煌文献中的护童信仰》，收录于《2013年敦煌、吐鲁番国际学术讨会论文集》，成功大学中国文学系，民国103年，第295–310页；梁丽玲：《敦煌〈小儿夜啼方〉中的咒语流变》，《敦煌学》第32期，2016年，第155–170页；梁丽玲：《P.2666V〈治小儿惊啼方〉考》，《敦煌学》第34期，2018年，第131–152页。

执利刀竞挑一切众生之眼，时有黑风吹，诸罗刹皆悉奔驰归于雪山；三梦欲色界诸天忽失宝冠，自绝璎珞，不安本座，身无光明犹如聚墨；四梦如意珠王在高幢上，恒雨珍宝，周给一切，有四毒龙口中吐火吹倒彼幢，吸如意珠，猛疾恶风吹没深渊；五梦有五师子从空来下啮摩诃摩耶乳，入于左胁，身心疼痛如被刀剑”[①]。从梦兆的象征意义来看，此五梦主要传达佛陀入般涅盘后，不能再说法教化弟子，一切众生因顿失依止而心生焦虑。《摩诃摩耶经》虽提及了“诸罗刹挑人眼目”，但梦兆强调冥盲众生迷失方向，与小儿患病并无直接关联。

无独有偶，现存敦煌文献《佛母经》[②]也叙述释迦牟尼般涅盘当夜，摩耶夫人做了六种不祥恶梦[③]，其中有S.5865、P.2055、P.3919、BD07497（B6624、官97）、BD03782（B6625、霜82）、BD06812（B6626、羽15）、Дx.0010、Дx.0825八个写卷，抄录的梦象为“一者梦见猛火来烧我身；二者梦见两乳自然流出；三者梦见须弥山崩；四者梦见大海枯竭；五者梦见摩竭大鱼吞啖众生；六者梦见夜叉罗刹吸人精气”。值得留意的是，其中佛母“梦见夜叉罗刹吸人精气”的凶兆，或可与“护诸童子女神像”首图汉文题记“此十六个大神下，各有无数小夜叉，每取小儿精魂”，以及母梦见动物，则小儿患害产生联系。

由于历代经录未见记载，经由矢吹庆辉[④]、川崎ミチコ[⑤]、梶信隆[⑥]、李际宁[⑦]等学者考订，《佛母经》是一部中国人编造的疑伪经。内容大抵承袭《摩诃摩耶经》卷下“佛临涅盘母子相见”[⑧]及杂糅诸部涅盘类经典而成，各异本在佛临涅盘的场地时间、摩耶夫人的六种梦兆、举哀状态、佛所说偈颂等情节铺陈上则有显著差别。笔者曾撰写《敦煌本〈佛母经〉中的梦兆探析》[⑨]一文，针对摩耶夫人所做的六种不祥恶梦进行论述，抽丝剥茧地寻找这些梦兆杂糅其他经典的可能来源。除了“须弥山崩”与“大海枯竭”的梦象与《摩诃摩耶经》可以联系以外，其余四梦的题材截然不同，显然是敦煌本《佛母经》编造者刻意的安排。尤

① ［萧齐］昙景译《摩诃摩耶经》卷下，《大正藏》第12册，第1012页。

② 敦煌本《佛母经》，又作《大般涅盘经佛母品》《大般涅盘摩耶夫人品经》《大般涅盘经佛为摩耶夫人说偈品经》。

③ 从梦征的内容与意义分析，归结出除了BD00743（B6628、月43）之外，《佛母经》的梦兆可分为“佛母做六种恶梦”和“摩耶夫人做六种不祥之梦”两类。“佛母做六种恶梦”大致承继《摩诃摩耶经》以一切众生痛失依怙的不安为主，佛母的悲痛不舍为辅，没有“夜叉罗刹吸人精气”的梦象内容。各异本的梦兆有所不同，详见梁丽玲：《敦煌本〈佛母经〉中的梦兆探析》，载朱凤玉、汪娟编《张广达先生八十华诞祝寿论文集》，新文丰出版社，2010年，第866页。

④ ［日］矢吹庆辉：《鸣沙余韵解说——敦煌出土未传古逸佛典开宝》二部，岩波书店，1933年，第310-311页。

⑤ ［日］川崎ミチコ：《佛母经について》，《东洋学报》第67卷第3、4号，1986年3月，第167-193页。

⑥ ［日］梶信隆：《敦煌出土〈大般涅盘经佛母品〉について》，《印度学佛教学研究》39卷2号，1991年，第36-39页。

⑦ 李际宁校注《〈佛母经〉》，收入方广锠主编《藏外佛教文献》第1辑，宗教文化出版社，1995年，第374-391页；李际宁：《敦煌疑伪经典〈佛母经〉考察》，《北京图书馆馆刊》1996年4期，第82-89页。

⑧ 据《摩诃摩耶经》卷下云：“佛告阿难：我于昔日忉利天上为母说法，及摩诃摩耶夫人自有所说，今复在此母子相见。汝可为后世诸众生辈，次第演说此经，名曰《摩诃摩耶经》，亦名《佛升忉利天为母说法经》，又名《佛临涅盘母子相见经》，如是奉持。”《大正藏》第12册，第1013页。由经名可以发现，《摩诃摩耶经》卷上以“佛升忉利天为母说法”为主，卷下则以“佛临涅盘母子相见”的题材为主。

⑨ 梁丽玲：《敦煌本〈佛母经〉中的梦兆探析》，载《张广达先生八十华诞祝寿论文集》，新文丰出版社，2010年，第861-880页。

其侧重母丧爱子的情节铺陈，因此将“猛火来烧我身”“两乳自然流出”列在前两梦，强调佛临涅盘时，为人母亲的痛苦与不舍。至于“摩竭大鱼吞啖众生”的惶恐不安与“夜叉罗刹吸人精气”的令人畏怖，则在凸显佛入灭后，众生无所依怙的惊慌失措。

关于“梦见夜叉罗刹吸人精气”的可能来源，笔者推测《佛母经》作者在编写此梦兆时，或许参考了唐菩提流志译《文殊师利宝藏陀罗尼经》卷一：“药叉罗刹、执富那鬼、毗舍阇者鬼、荼枳儞鬼，并吸人精气。”或是宋·施护译《佛说守护大千国土经》卷二：“复有药叉、罗刹、矩畔拏、及彦达嚩步多鬼神，游行世间国土城邑，王宫聚落村巷四衢，饮啖血肉，吸人精气。”[①]不过这两段经文仅述及夜叉罗刹夺人精气、啖人血肉的恶鬼特性，并未具体描绘形象，也没有提及与护童信仰有关的内容。此外，经典中时常以动物形容夜叉、罗刹为害众生时的状貌和特征。例如，元魏·昙曜译《大吉义神咒经》卷三记载，诸夜叉、罗刹等，常作狮、象、虎、鹿、马、牛、驴、驼、羊等形象，或作头大而身体瘦小，或一头两面、三面、四面等，手持刀杖、铁椎、矛戟等，相貌可怖，令人生畏，能使见者错乱迷醉，进而饮啜其精气[②]。与护童信仰相关的经典，不但描述夜叉罗刹显现的动物形状，还有个别的名称，北魏·菩提流支译《佛说护诸童子陀罗尼经》：“弥酬迦者，其形如牛；弥迦王者，其形如师子；骞陀者，其形如鸠魔罗天；阿波悉魔罗者，其形如野狐；牟致迦者，其形如猕猴；阎弥迦者，其形如马；黎婆坻者，其形如狗；富多那者，其形如猪；曼多难提者，其形如猫儿；舍究尼者，其形如鸟；干咤婆尼尼者，其形如雉；目佉曼荼者，其形如獯狐；蓝婆者，其形如蛇。”[③]此外，北宋施护译《佛说守护大千国土经》卷三：“曼祖计现形如牛，鹿王其形如鹿，塞健那状知童子，阿钵娑么啰形如柴狗，母瑟致迦其形如乌，么底哩迦其形如羖羊，惹弭迦现形如马，迦弭顮者其状如驴，黎嚩底者现形如狗，布单那者形如鸚鹉，么底哩难那形如猫儿，烁俱顮者形如飞鸟，建姹播抳其形如鸡，目佉满抳形如獯狐，阿监么者其形如雉。”[④]

值得一提的是，《佛母经》的撰造者一方面承袭《佛说摩耶经》的梦兆题材，一方面再从佛典里找出别具意义的梦兆取代。尤其特意将“猛火来烧我身，两乳自然流出”两个梦安排在前，着重刻画佛将入灭时，为人母亲身心如火烧般的疼痛不舍，而“两乳自然流出”则巧妙连结萨埵太子母亲痛失爱子的情节。据北凉昙无谶译《金光明经》卷四《舍身品》[⑤]叙述萨埵太子舍身饲虎时，其母梦见两乳被割，牙齿堕落，三鸽鶵其一为鹰所夺取的不祥征兆，惊醒后两乳汁流出，身体苦切如被针刺。此一梦征传达了当子女有难，为人母者会有不

① ［萧齐］昙景译《摩诃摩耶经》卷下，《大正藏》第19册，第582页。

②《大吉义神咒经》卷3：“有诸夜叉罗刹鬼等作种种形，师子、象、虎、鹿、马、牛、驴、驼、羊等形。或作大头其身瘦小，或作青形，或时腹赤，一头两面，或有三面，或时四面。麁毛竖发如师子毛，或复二头，或复剪头，或时一目锯齿长出麁唇下垂，或复嵃鼻或复耽耳，或复耸项，以此异形为世作畏。或持矛戟并三奇叉，或时捉剑，或捉铁椎，或捉刀杖，扬声大叫甚可怖惧，力能动地旷野鬼神，如是之等百千种形。”（［萧齐］昙景译《摩诃摩耶经》卷下，《大正藏》第2册，第575页。）。

③ 其中非动物的女神有三，分别为骞陀者其形如鸠魔罗天、魔致迦者其形如罗刹女迦弥尼者其形如妇女。参见［萧齐］昙景译《摩诃摩耶经》卷下，《大正藏》第19册，第741页。

④ ［萧齐］昙景译《摩诃摩耶经》卷下，《大正藏》第19册，第591页。

⑤ ［北凉］昙无谶译《金光明经》卷4《舍身品》，《大正藏》第16册，第355页。相似情节在唐义净译《金光明最胜王经》卷10《舍身品》和宋圣勇造《菩萨本生鬘论》卷1《投身饲虎缘起第一》亦有记载。

祥预感而心生愁怖。同理可以推测，《佛母经》中摩耶夫人“梦见夜叉罗刹吸人精气”的恶兆，除了解释为佛陀入灭后众生无所依怙，将受恶鬼恼害而仓皇惊恐以外，还可以将这种惶恐不安的情绪，转化成小儿生病时母亲的牵挂、忧愁与烦恼。特别是扩及夜叉罗刹作恶扰害小儿时，引发惊恐怖畏的意象，或可联结“护诸童子女神像”题记“此十六个大神下，各有无数小夜叉，每取小儿精魂”，而母梦中所见的动物，正代表吸人精气并与小儿病患的夜叉罗刹，“变身作恶形”所显现的恐怖模样。

若此推测合理，便可以解释“护诸童子女神像”中“母梦”各种不同动物的关系。站在母亲照顾小儿的立场，当“母梦中见牛”时，模拟“佛母梦见夜叉罗刹吸人精气”的梦兆，即意谓着本是夜叉罗刹的“磨艺遮女”，变身为“牛首人身”的样貌惊吓小儿，手下带领着无数小夜叉在吸取小儿精魂，致使小儿乳患；以此类推，当“母梦中见鹿”时，意谓着“冥伽罗遮”变身为“鹿首人身”的样貌惊吓小儿，使小儿与患；当“母梦见猫儿”时，意谓着“磨鸡宁”变身为“猫首人身”的样貌惊吓小儿，令小儿吐舌腹泻；当“母梦见鸟”时，意谓着“石俱宁”变身为“鸟首人身”的样貌惊吓小儿，令小儿患痢腹痛；当“母梦见鸡”时，意谓着“吉伽半里”变身为“鸡首人身”的样貌惊吓小儿，令小儿战悼，口中痰，声塞；当“母梦见獯狐”时，意谓着“磨伽畔泥”变身为“猫头鹰首人身”的样貌惊吓小儿，令小儿天花加满水痘，手见曲不展。

换言之，“护诸童子女神像”中“母梦中见牛”等动物，是造此画像者运用佛母“梦见夜叉、罗刹吸人精气”的意象加以延伸，母所梦动物正象征着夜叉罗刹及其统领的无数小鬼。再从现仅存的六叶女神画像，对照《佛说护诸童子陀罗尼经》《佛说守护大千国土经》中的相关动物，可以看出不论是夜叉鬼的名称还是小儿罹患的病症皆各有出入，整理如下（见表1）：

表1　佛教典籍与造像中“夜叉罗刹-动物-童子病症”对应关系对照表

	护诸童子女神像	《护诸童子陀罗尼经》	《守护大千国土经》
牛	磨艺遮女→乳患	弥酬迦→眼睛回转	曼祖计→令恶吐逆
鹿	冥伽罗遮→与患		鹿王→令恶吐逆
猫	磨鸡宁→吐舌腹泻	曼多难提→憙啼喜笑	么底哩难那→作种种色
鸟	石俱宁→患痢腹痛	舍究尼→不肯饮乳	烁俱颡→嗅诸臭秽
鸡	吉伽半里→战悼，口中痰，声塞	干吒婆尼尼→咽喉声塞	建姹播捉→咽喉闭塞
獯狐	磨伽畔泥→天花加满水痘，手见曲不展	目佉曼荼→时气热病下痢	目佉满捉魅→口频蹙缩

尽管这组“护诸童子女神像”题记中的于阗文、中国国家图书馆所藏于阗语《对治十五鬼护身符》以及新疆和田地区的古代于阗寺院遗址壁画中有关护童子信仰的图像[①]，在于显

① 孟嗣徽：《〈护诸童子十六女神〉像叶与于阗敦煌地区的护童子信仰》，中山大学艺术史研究中心编《艺术史研究》第23辑，中山大学出版社，2020年，第183-234页。

示佛教护童信仰在于阗当地流行的事实。诚如段晴对于阗语《对治十五鬼护身符》整体考察后提出的独到见解，“可以肯定地说，此经是于阗的原创，不是翻译著作。这样的作品，非佛说，非戒律，非注疏，其主旨在于应用，在于维系与民间的联络”①。同理，我们亦可从民间日常应用的角度，重新检视藏经洞出土的这组“护诸童子女神像”。根据前文表1比对结果显示，“护诸童子女神像”的动物形象、鬼神名称与小儿病症没有完全相符的经典，说明了绘制这组女神像的造作者“虽有所本”（不论是来自古印度生命吠陀相关文献，还是佛教与护童信仰有关的佛典），但根据他个人的理解与认知，或是敦煌当地的实际需求略作调整，并未“照单全收”。而且《佛母经》属于编造的疑伪经，若“护诸童子女神像”借用《佛母经》的摩耶夫人梦见“夜叉罗刹吸人精气”的推论合理。那么，这组“护诸童子女神像”在敦煌编造完成的可能性相对变大，而学者认为“出自归义军时期在敦煌的于阗人之手”②的说法或可成立。

三、护童信仰与《佛母经》的关系

本节从《护诸童子陀罗尼经》与《佛母经》两部经在敦煌的流传与写经题记，探讨护童信仰跟《佛母经》可能产生的交集。除了“护诸童子女神像”以外，敦煌文书中尚存有七个卷号的《护诸童子陀罗尼经》③，反映了护童信仰传入敦煌的事实。至于《佛母经》计有三十二号写卷④，其中有九个卷号抄写“梦见夜叉、罗刹吸人精气”的情节，可见这部经典在敦煌流传甚广。从经典内容来看，《佛说护诸童子经》主要在传达持诵陀罗尼咒，即可护佑母亲与儿童不被诸恶鬼神所扰害，而《佛母经》侧重在描写佛入涅盘，摩耶夫人的悲伤、难过与不舍，经佛以神通开示，令其母证得阿罗汉果，这两部经无论在主旨、教义与功能上皆大相径庭。值得关注的是，这两部经竟然同时出现在归义军时期翟奉达为亡妻（或儿子为母亲）马氏设斋追福，每逢一斋抄写一部经的功德题记中。P.2055《佛说善恶因果经》经尾题记：“弟子朝议郎检校尚书工部员外郎翟奉达为亡妻马氏追福，每斋写经一卷，标题如是：

第一七斋，写《无常经》一卷；

---

① 段晴：《于阗语〈对治十五鬼护身符〉》收录氏著《于阗·佛教·古卷》，中西书局，2014年，第222页。

② 转引自陈明：《揭啰诃与曜母鬼：丝绸之路的佛教女神形象及其传播》，收入余太山、李锦绣主编《丝瓷之路V：古代中外关系史研究》，商务印书馆，2016年，第56–108页；收录陈明：《印度佛教神话：书写与流传》第6章，中国大百科全书出版社，2016年，第207页。

③ 七号写卷分别为英藏S.988《佛说护诸童子陀罗尼咒经》一卷、S.6986《护诸童子陀罗尼经》、俄藏Дx.02091《护诸童子经》一卷、中国国家图书馆藏有BD4378号2（B7679、出078）《佛说护诸童子陀罗尼咒经》、BD4544（B8259、冈44）《佛说护诸童子陀罗尼咒经》、龙谷大学图书馆之大谷4421，以及一卷仅抄写咒语的S.6334《佛说护诸童子陀罗尼经咒》。

④ 三十二号卷子，分别为题名为《佛母经》者，有S.1371、S.3306、S.5581、S.5677、S.6960、P.4576、P.4654、BD06812（B6626、羽15）、BD07999（B6627、文99）、Ф.0259、Дx.2047、Дx.2101、Дx.2267、上博48、甘博96等十五卷；题名作《大般涅槃经佛母品》者，有S.5215、S.5865、S.6367、P.3919、BD07497（B6624、官97）、BD03782（B6625、霜82）、BD00743（B6628、月43）、BD07390（B6630、鸟90）、Дx.0010、Дx.0825等十卷；名为《大般涅槃经佛为摩耶夫人说偈品经》者有B.6629；S.2084首题《佛母经》、尾题作《大般涅槃经佛母品》；P.2055首题《大般涅槃摩耶夫人品经》、尾题作《佛母经》；首尾俱缺的《佛母经》残卷有P.3136、P.4799；以及《敦煌遗书总目索引》中“散录”李氏所藏279号、391号。

第二七斋，写《水月观音经》一卷；

第三七斋，写《咒魅经》一卷；

第四七斋，写《天请问经》一卷；

第五七斋，写《阎罗经》一卷；

第六七斋，写《护诸童子经》一卷；

第七七斋，写《多心经》一卷；

百日斋，写《盂兰盆经》一卷；

一年斋，写《佛母经》一卷；

三年斋，写《善恶因果经》一卷。

右件写经功德，为过往马氏追福。奉请龙天八部、救苦观世音菩萨、地藏菩萨、四大天王、八大金刚以作证盟。一一领受福田，往生乐处，遇善知识，一心供养。”

这十部经原应同属一幅长卷，现被分割藏于三处，津艺193抄录第一七斋至第四七斋的内容；BD4544（B8259、冈44）抄写第五七斋至第七七斋，其中《佛说护诸童子经》卷末题记表达了翟奉达对亡妻的祝愿：“四月十二日是六七斋，追福写此经，马氏一一领受写经功德，愿生于善处，一心供养。”P.2055记载百日斋至三年斋，其中《佛母经》卷末题记传达了儿子对母亲的追思与祝福：“为亡过家母写此经一卷，年周追福，愿托影好处，勿落三涂之灾，佛弟子马氏一一领受写经功德，愿生于善处，一心供养。”根据津艺193第一七斋《佛说无常经》卷尾题记留下抄写时间为“显德五年（958）岁次戊午三月一日夜”，据此可知10世纪前后，敦煌民间尚流行七七斋仪中写经做功德的活动。

纵使翟奉达或其子挑选这两部带有母性色彩的经典，为马氏在六七斋与一年斋荐亡追福的原因不明，但至少显示这两部经在敦煌民间设斋仪式中同时受到重视。囿于材料限制，我们无法提出直接证据说明“护诸童子女神像”是否参考《佛母经》的母梦内容，但是鉴于两经皆在敦煌普遍流传，且在设斋仪式中被翟奉达家族抄写做功德，而且P.2055翟奉达之子抄写的《佛母经》包括了摩耶夫人“梦见夜叉罗刹吸人精气”的征兆，这些事实或可为“护诸童子女神像”的创作者参考《佛母经》中的母梦情节提供了间接佐证。

四、“护诸童子女神像”的性质与用途

历来学者论及“护诸童子女神像”，大多认为其具有护身符的功能，如松本榮一将其定名为“护诸童子护符”①。孟嗣徽认为《护诸童子十六女神》像叶的功能，与《计都星神、北方辰星神陀罗尼符画》《罗睺星神护身符画》用于护身祈福的星神符画的功能应该属于同一类②。事实上，佛教的护身符通常配有陀罗尼咒，如P.4514《圣观自在菩萨千转灭罪陀罗尼》书写“救产难陀罗尼”、中国国家图书馆藏于阗语《对治十五鬼护身符》和《明咒护身符》等；有些绘有陀罗尼符咒结合星宿神像，如大英博物馆藏《计都星神、北方辰星神陀罗尼符画》，神像旁题记书写着“一心供养”。这些护身符的作用通常是以佩戴的方式，透过陀

① ［日］松本榮一：《敦煌畫の研究》（圖像篇），東方文化學院東京研究所刊，1937年（昭和十二年），第763-769页。

② 孟嗣徽：《〈护诸童子十六女神〉像叶与于阗敦煌地区的护童子信仰》，载中山大学艺术史研究中心编《艺术史研究》第23辑，中山大学出版社，2020年，第204页。

罗尼咒的威神力，达到护佑消灾解厄、禳除病患之目的。反观这组“护诸童子女神像”，并没有书写陀罗尼、符咒，首题开宗明义地表明此十六位女神保护对象以十二岁以下幼童为主。正面、背面都绘有女神像，每位女神像作祟导致一种小儿疾病，信众依照小儿不同病症祭祀该女神，即可祛病消灾，达到保护童子之目的。据此可知，这组“护诸童子女神像”强调透过祭祀仪式，即可获得女神保护，祛除小儿病患，与护身符的功能有明显差异。

过去前贤对这组“护诸童子女神像”的探讨，或从图像学的观点，或从于阗语的角度，或从文献探索其来源，大多忽略了其装帧形制。值得留意的是，这组纸本“护诸童子女神像”采用梵夹式[①]（pothi）装帧，每叶宽八厘米，长三十三厘米，正背两面各绘有一女神像，每幅女神画像上方三分之一处画一圆圈，中间有一穿孔，与一般长轴式的写卷有明显不同，这样的转变或许有编造者特别的用途。众所周知，梵夹装是印度书籍的装帧方式，大多以贝叶经的形态出现。由于贝叶经的形状修长，而一部经通常需要很多片叶子才能抄写完毕，为了确定阅读顺序，较长的贝叶经在左右约三分之一的地方各打一孔，长度中等的贝叶经在右侧或左侧打一孔，较短的贝叶经在中间打一孔，再把一定数量的贝叶经叠在一起，上下夹两块硬板，用绳子穿孔，固定贝叶，既方便携带，又能防止书页丢失和顺序错乱。阅读时只要松开绳子，即可翻动每一片贝叶经。据此推知，每幅女神像上有一穿孔，可以还原“护诸童子女神像”本是一组八叶，用绳子串在一起。孟嗣徽将这组画命名为《护诸童子十六女神》像叶[②]，似乎更贴近其原貌。

从使用功能来看，“护诸童子女神像”编造者采取梵夹装的用意，除了方便随身携带以外，更重要的是在进行禳除小儿病症仪式时，能配合祭祀的需要，提供对治该症状祈求膜拜的对象，这也是笔者定名为“护诸童子女神像”的原因。每一叶女神像都是独立的，可以针对个别需要单独使用，与卷轴装的用法有显著区别。尤其是每一叶女神像上方的题记，清楚地说明了女神各自负责的职事与祛除病患的操作方式：

> 此女神名磨艺遮女，小儿乳患，母梦中见牛，即此神与小儿患害，祭之吉。
>
> 此女神名冥伽罗遮，若小儿母梦中见鹿，即知此神与患，祭之吉。
>
> 此女神名磨难宁，若梦见猫儿，小儿吐舌腹泻，即知此神与患，祭之吉。
>
> 此女神名石俱宁，若梦见乌，小儿患利（痢）腹病于，即知此神与患，祭之吉。
>
> 此女神名吉伽半里，若梦见鸡，小儿战悼，口中痰□声塞，即知此神与患，祭之吉。
>
> 此女神名磨伽畔泥，若梦见训候（獯狐），小儿天满水子见展两手与，即知此神与，祭之吉。

由此可知，每一女神各自代表一种小儿病症，信众可依不同病症分别祭祀对应病症的女神像，即可获得女神保护，同时祛除病症。例如，当小儿乳患，若有母梦中见牛之恶兆，表

① 梵夹装在中国古代书籍形态中是比较独特的一种，为印度贝叶经的装帧形式，东汉时由印度传入中国。杜宝在《大业杂记》中说：“新翻经本从外国来，用贝多树叶。叶形似枇杷，叶面厚大，横作行书，约经多少，缀其一边，牒牒然，今呼为梵夹。”《资治通鉴》注说：“梵夹者，贝叶经也。以板夹之，谓之梵夹。”

② 孟嗣徽：《〈护诸童子十六女神〉像叶与于阗敦煌地区的护童子信仰》，载中山大学艺术史研究中心编《艺术史研究》第23辑，中山大学出版社，2020年，第183-234页。

示磨艺遮女带领夜叉罗刹作祟，需祭拜牛首人身的磨艺遮女神后便可缓解。其他病症的禳除方式，可依照不同女神像的保护功能类推使用。依此可见，为迎合庶民百姓的实用需求，编造者提供了“护诸童子女神像”这种简易便利的祛病方式，以祭祀女神仪式取代持诵陀罗尼，是敦煌佛教护童信仰世俗化的体现。

五、结语

总而言之，“护诸童子女神像”是敦煌当地人士对佛教护童信仰的接受与改造的表现，从于阗传入敦煌的护童信仰文化被赋予了新的样貌。由以上论述可知，透过敦煌广为流传的《佛母经》，以及“梦见夜叉罗刹吸人精气”情节的延伸与运用，合理连结了“护诸童子女神像”编造者可能参考的证据。再从编造者采用梵夹装的形式，说明“护诸童子女神像”的功能是为了配合祭祀的需要，提供仪式膜拜的对象。

敦煌在家信众的授戒仪式

——以三界寺受戒牒为中心的考察*

陈大为（上海师范大学历史系）
王秀波（上海师范大学历史系）

【摘要】现存三十余件三界寺授戒牒中以居家律仪的八关斋戒牒数量最多，这反映了八关斋戒在敦煌社会中较为流行。敦煌三界寺授戒牒所载五戒、八戒均由在家信众受持，菩萨戒也可对在家信众授戒，而由出家比丘和比丘尼受持的沙弥十戒和具足戒则不见记载，说明三界寺戒坛很可能只面向在家信众授戒，授戒法会则多在三长斋月中的六斋日内举行。三界寺广泛的社会参与度，是敦煌佛教积极入世的反映，并通过为世俗社会服务来有效地宣传其教义。在某种程度上，以三界寺为代表的佛教寺院成为敦煌地区各类社会活动的中心，深刻影响着敦煌社会在家信众生活的方方面面。

授戒牒是由寺院在信众受戒后颁发的一种受戒证件，敦煌文书中保存了四十余件各寺院授戒牒，其中仅三界寺授戒牒就有三十七件之多，而灵图寺授戒牒有四件，龙兴寺、大云寺授戒牒各一件①。这些授戒牒为我们了解敦煌三界寺，乃至整个敦煌僧团的授戒活动及其所反映的寺院与世俗社会在家信众的关系的研究提供了重要史料。因此，

* 本文系2022年度全国高校古委会项目（2255）、2023年度上海市教育委员会科研创新计划“冷门绝学”项目“上海藏敦煌吐鲁番社会历史文献整理与研究”（2023科技05-18）的阶段性成果。

① 灵图、龙兴、大云寺授戒牒分别见于S.2851《菩萨十无尽戒牒》、S.3798《雍熙四年（987）五月廿六日沙州灵图寺授清净意菩萨戒牒》、S.4482《雍熙四年（987）沙州灵图寺授菩萨戒牒》、Дx.02888《周德十七年二月一日女弟子深性于沙州灵图寺受菩萨戒牒》、S.1780《元年建未月七日有相等于沙州龙兴寺受菩萨戒牒》、Дx.02881+Дx.02882《开元廿九年（741）二月九日授得菩萨戒牒》。

有学者曾撰文探讨这一问题，但因种种原因而有所疏漏[①]。鉴于此，我们以三界寺授戒牒文本分析为主要手段，力图探讨授戒牒诸要素之间的内在关系，并借以考察敦煌三界寺授戒活动的特点，从而探讨敦煌在家信众的受戒仪式问题。

现存敦煌三界寺授戒牒的格式基本相同，大致包括六个部分，这里仅以P.3238《乾德二年（964）沙州三界寺授戒弟子张氏牒》为例加以说明：

第一行　南澹（赡）部州（洲）娑诃世界沙州三界寺授五戒　　　牒
第二行　　　　授戒女弟子张氏
第三行　牒得前件弟子，久慕良缘，夙怀善意。
第四行　求出尘之捷迳（径），祈入圣诸之广途，遂
第五行　乃离火宅之苦空，向无涯之觉路。吾
第六行　今睹斯真意，方施戒条。仍牒知者，
第七行　故牒。
第八行　　乾德二年九月十四日授戒女弟子张氏牒。
第九行　奉请阿弥陁佛为坛头和尚，
第十行　奉请释迦牟尼佛为校（教）授阿阇梨，
第十一行　奉请弥勒菩萨为揭（羯）磨阿阇梨，
第十二行　奉请十方诸佛为证戒师，
第十三行　奉请诸大菩萨摩诃萨为同学伴侣。
第十四行　　　授戒师主释门僧正赐紫道真[②]

P.3238是现存三界寺较早的授戒牒之一，能较好地反映授戒牒的基本格式。文书第一行为第一部分，包含授戒寺名及所授戒法等信息；第二行为第二部分，包含受戒人的姓名、性别信息；第三至七行为戒牒主文，写明受戒者自请受戒、验察属实，故予施戒授牒；第八行为第四部分，包含授戒及给牒的年月日款；第九至十三行为第五部分，具列所奉请之三师（坛头和尚、教授师、羯磨师）、一证（证戒师）及诸同学伴侣名号，意在表明读阿弥陀佛之经，受释迦牟尼之教，闻弥勒菩萨之律法，有十方诸佛证戒、诸大菩萨作同学伴侣；第十四行为第六部分，授戒师具衔并签名[③]。总体而言，三界寺授戒牒包含受戒人、戒品、授戒寺院、授戒原因及三师七证、授戒师等信息，反映了授戒牒文书的原貌，体现出整个授戒活动的庄严肃穆。

---

① 李德龙：《敦煌写本〈授戒牒〉初探》，载蔡美彪主编《庆祝王钟翰先生八十寿辰学术论文集》，辽宁大学出版社，1993年，第366-383页，后收入李德龙《敦煌文献与佛教研究》，中央民族大学出版社，2010年，第1-31页；又同氏：《沙州三界寺〈授戒牒〉初探》，载李忱主编《甘肃民族研究论丛》第1辑，甘肃人民出版社，2002年，第385-423页。王书庆：《敦煌文献中五代宋初戒牒研究》，《敦煌研究》1997年第3期，第33-42页。湛如：《敦煌菩萨戒仪与菩萨戒牒之研究》，《敦煌研究》1997年第2期，第74-85页；湛如：《敦煌佛教律仪制度研究》第三、四章，中华书局，2011年，第72-165页。白固文：《唐宋时期戒牒和六念牒管理制度》，《青海社会科学》2005年第2期，第98-102页。武玉秀：《敦煌寺院戒牒文书所反映的净土信仰研究》，《青海民族研究》2012年第4期，第106-118页。

② 上海古籍出版社、法国国家图书馆编《法藏敦煌西域文献》第22册，上海古籍出版社，2002年，第268页；录文参见唐耕耦、陆宏基：《敦煌社会经济文献真迹释录》第4辑，全国图书馆文献缩微复制中心，1990年，第75页。

③ 李正宇：《李憨儿受戒牒》，载季羡林主编《敦煌学大辞典》，上海辞书出版社，1998年，第641-642页。

戒以“止过防非”为义，是用于规范佛教徒行为和僧伽团体生活，远离和禁止“一切不善法”而带有强制性的准则[①]。它与律十分相似，故往往统称为“戒律”。戒律产生于早期佛教时期，并随着佛教的东传一并进入中国。随后，戒律因不同佛教派别的产生而发生了复杂的变化。尽管如此，各佛教教派将戒律分为“出家戒”和“在家戒”则是共通的，只是具体到各个戒品时有所不同。大致而言，“出家戒”包括“具足戒”和“沙弥十戒”，其授戒对象只能是比丘或比丘尼；“在家戒”包括“五戒”“八戒”等，授戒对象主要是在家徒众，即优婆塞或优婆夷。另外，又可将佛教戒律分为“小乘戒”与“大乘戒”。“小乘佛教应在家、出家、男女之别制定五戒、八戒、十戒、具足戒（略称为五八十具）。凡此，大乘佛教称其为声闻戒（又作小乘戒），而另制菩萨戒（又作大乘戒），合称二戒。”[②]分类方法虽有差异，但就具体戒品而言，其内容大致相同。下面从戒品与受戒人、三界寺授戒牒各部分内容与授戒时间的关系出发，制作三界寺授戒牒诸要素分析表（见表1），对三界寺授戒牒的内容进行分析，以体现三界寺与世俗社会在家信众的联系。

表1　三界寺授戒牒诸要素分析表

时间	授戒人	戒品	卷号
甲子年(964)正月十五日	李憨儿	八关戒	P.2994
甲子年正月廿八日	菩提最(女)	八关斋戒	P.3392
甲子年正月廿八日	李憨儿	八关斋戒	P.3414
甲子(午)年正月廿八日	李憨儿	八关斋戒	羽田亨23—1
乾德二年(964)五月八日	□□□	千佛戒	Дx.2889
乾德二年五月十四日	李憨儿	八关斋戒	S.532(1)
乾德二年五月十四日	张氏(女)	五戒	北大D186
乾德二年五月十五日	唐衣菩提法	八关斋戒	P.3482
乾德二年五月廿三日	张氏(女)	五戒	S.532(2)
乾德二年九月十四日	张氏(女)	五戒	P.3238
乾德二年九月十五日	张氏(女)	五戒	P.3320
乾德三年(965)正月十五日	张氏(女)	五戒	S.532(3)
乾德三年正月十五日	李憨儿	五戒	P.3455
乾德三年正月廿八日	张氏(女)	八关斋戒	S.347
乾德三年正月廿八日	提菩(菩提)最	千佛大戒	P.3143
乙丑年(965)九月某日	李氏(女)	五戒	S.5313
乾德四年(966)正月十五日	菩提最(女)	五戒	S.4844
乾德四年正月十五日	李憨儿	八关斋戒	P.3140

① 任继愈：《佛教大辞典》，江苏古籍出版社，2002年，第592页。

② 慈怡主编《佛光大辞典》第3卷，佛光山出版社，1988年，第2896页下。

续表1

时间	授戒人	戒品	卷号
太平兴国七年(982)正月八日	惠弘	八戒	S.330(6)
太平兴国七年正月八日	惠意程氏(女)	八戒	S.330(4)
太平兴国七年五月十五日	邓惠集	八戒	P.3203
太平兴国七年五月廿四日	程氏(女)	八戒	S.330(3)
太平兴国八年(983)正月八日	李憨儿	八戒	P.3207
太平兴国八年正月八日	李信住	八戒	P.3439(1)
太平兴国八年正月八日	李胜住	八戒	P.3439(2)
太平兴国八年正月十五日	李胜住	八戒	P.3439(3)
太平兴国八年正月八日	邓住奴	八戒	羽田亨26—1
太平兴国九年(984)正月八日	菩提爱(女)	八戒	S.2448
太平兴国九年正月十五日	程氏惠意(女)	八戒	S.330(2)
太平兴国九年正月十五日	邓住奴	八戒	P.3206
太平兴国九年正月廿八日	程[氏]惠意(女)	八戒	S.330(5)
太平兴国九年某月廿八日	邓住奴	八戒	S.1183
太平兴国□年□月□日	李憨儿	八戒	P.4959
雍熙二年(985)五月十四日	惠意程氏(女)	八戒	S.330(1)
雍熙二年五月十五日	法清(女)	八戒	S.4115
雍熙二年五月十五日	法满张氏(女)	八戒	P.3483
雍熙四年(987)五月	智惠花(女)	菩萨戒	S.4915

我们首先就表1三界寺授戒牒中出现的不同戒品进行说明。五戒包括戒杀生、戒偷盗、戒淫邪、戒妄语和戒饮酒，是佛教最基本的戒品，是僧众日常必须遵循的规范。八戒又称八关斋戒，是在五戒的基础上加上“不涂饰香鬘歌舞观听”“不眠坐高广华丽大床”两戒和“禁食非时食（过午之食）”一斋而成①。在三界寺授戒牒中，计受五戒者四人，其中张氏一人受五次，合计八人次；受八关斋戒者十三人，其中李憨儿受七次，惠意程氏受五次，邓住奴受三次，李胜住受二次，其余如张氏、唐衣菩提法、菩提最、菩提爱、惠弘、邓惠集、李信住、法清、法满张氏等各受一次，共计二十六人次，两种戒品总数达三十四人次，占授戒总次数的九成以上。由此可见，“八关斋戒作为居家的律仪，在敦煌流传普遍”②。八关斋戒之重点在斋，佛教要求信众在每月“六斋日”内吃斋，每次须持斋一日一夜，这“六斋日”

① 也有佛典指出八关斋戒是在五戒基础上加入“不著香华鬘、不香油涂身”“不歌舞倡伎、不故往观听”“不眠坐高广华丽大床”三戒和“禁食非时食（过午之食）”一斋构成。但实际两者并无本质不同。参见劳政武：《佛教戒律学》，宗教文化出版社，1999年，第204-206页。

② 湛如：《敦煌佛教律仪制度研究》，中华书局，2011年，第124页。

按农历计分别是每月初八、十四、十五、二十三、二十九和三十，如果遇到小月，则二十九、三十改为二十八。在家信众若难以持每月六日斋，则须在每年正月、五月、九月即“三长斋月”中的“六斋日”内持斋。三界寺授戒牒的授戒日期基本在“三长斋月”内的“六斋日”，仅S.330（3）一件授戒牒记载的授戒时间与六斋日的记载不符。这表明敦煌三界寺多在佛教“三长斋月”的“六斋日”内为信众授五戒、八关斋戒和菩萨戒，反映了佛教“三长斋月”斋法在敦煌地区较为流行。

三界寺授戒牒中授千佛大戒和菩萨戒的只有菩提最、智惠花等三人，千佛大戒与菩萨戒实际是同一种戒品，李德龙教授认为千佛大戒便是具足戒①，不确。菩萨戒，又作大乘戒、方等戒、千佛大戒等，是大乘佛教所受持的戒律，在魏晋南北朝时期随着姚秦鸠摩罗什所译《菩萨戒本》和北凉昙无谶所译《菩萨地持论》等经典传入中国。菩萨戒包括摄众生戒、摄律仪戒和摄善法戒，即“三聚净戒”三部分，涵盖了菩萨行的自度度人以及上求善法、下度众生的所有法门。因此，菩萨戒基本包含了小乘声闻戒的三归、五戒、八戒、十戒和具足戒等戒品。“菩萨戒在中国佛教里不是用来区分出家与不出家的分界线，从某种意义上说，它是诸律的附加规范”②。菩萨戒有两大特色，首先，它是真正的“无尽戒”，受戒人一旦受之，“即要起誓遵守到成佛为止的，来世无论多少世若未成佛便要守持下去。这与前述的‘七众’戒（五戒、八戒、沙弥十戒、具足戒）只是‘尽形寿’者，并不相同”③。其次，受戒人不论出家，还是在家均可受持，只是仪式有所不同。

敦煌三界寺授戒牒所载五戒、八戒均由在家信众受持，菩萨戒也可对在家信众授戒，而由出家比丘和比丘尼受持的沙弥十戒和具足戒则不见记载。因此，敦煌三界寺授戒活动当以在家信众为主，且男女信众均可受戒。另外，诸授戒牒所载受戒人姓名除S.4115所载“法清”颇类僧人法号外，多为世俗姓名，也反映了三界寺主要面向在家信众授戒的状况。据此可推断，三界寺为敦煌律寺，内部并未设立方等戒坛④。同时，三界寺又属于大乘佛教寺院，可以面向在家信众授大乘及小乘诸戒，当是受到中原佛教的影响之故。

其次，我们来看敦煌三界寺授戒牒中的“三师七证”。佛教沙门受具足戒时需要有“三师七证”作为仪式执行与见证者，按照佛教教义规定，三师分别指戒和尚、羯磨师和教授师，均须由得道高僧出任，而七证则由一般僧众出任即可。“仪式中负责传授戒法之师称为戒和尚，讲授戒法者为教授师，教导戒场有关作法者为羯磨师，三者合成三师。此外，与会者至少尚有七位证明师，总称三师七证”⑤。

戒牒中的阿阇梨，梵语作Acarya，意译为轨范师、正行、导师等，指思想行为端正，为

① 李德龙：《敦煌写本〈授戒牒〉初探》，载蔡美彪主编《庆祝王钟翰先生八十寿辰学术论文集》，辽宁大学出版社，1993年，第379页。

② 严耀中：《佛教戒律与中国社会》，上海古籍出版社，2007年，第65页。

③ 劳政武：《佛教戒律学》，宗教文化出版社，1999年，第249页。

④ 参见［日］竺沙雅章：《敦煌の僧官制度》注解107，《东方学报》第31册，京都大学人文科学研究所，1961年，第196页，后收入［日］竺沙雅章：《中国佛教社会史研究》，同朋舍，1982年，第426页；姜伯勤：《敦煌毗尼藏主考》，《敦煌研究》1993年第3期，第1–9页；姜伯勤：《敦煌戒坛与大乘佛教》，载姜伯勤《敦煌艺术宗教与礼乐文明——敦煌心史散论》，中国社会科学出版社，1996年，第340–359页；黄敏枝：《宋代佛教社会经济史论集》，学生书局，1989年，第381页。

⑤ 慈怡主编《佛光大辞典》第4卷，佛光山出版社，1988年，第3102页下–3103页上。

佛教弟子行为楷模并教导弟子言行规范的导师。根据《四分律删繁就简行事钞》可知有四种阿阇梨，教授阿阇梨和羯磨阿阇梨均为其中之一，且皆与授戒有关。再从“三师七证”职能推断，羯磨师和教授师便是三界寺戒牒中的羯磨阿阇梨和教授阿阇梨，而“戒和尚”当指传戒师即三界寺道真，七证则指证戒师和同学伴侣的“十方诸佛”与“诸大菩萨摩诃萨”。三界寺授戒牒尚有“坛头和尚”之设，且以阿弥陀佛充之。“阿弥陀佛能接引众生往生净土，故授戒时首请阿弥陀佛为坛头和尚，安置坛中供养”[①]。授戒牒中充任“三师七证”的诸佛菩萨往往也十分固定，除上述阿弥陀佛为坛头和尚外，多以“释迦牟尼佛为教授阿阇梨，以弥勒菩萨为羯磨阿阇梨，十方诸佛为证戒师，诸大菩萨摩诃萨为同学伴侣”。这一安排在五戒、八戒、菩萨戒等授戒牒中均是一致的，由此可推断，这一现象很大程度上是敦煌地区为在家信众授戒的特色，而绝非仅仅是“八关斋戒牒的一大特征”[②]或“菩萨戒有别于具足戒的一大特色”[③]。同时，这一安排突出了阿弥陀佛的地位，反映了敦煌地区信仰对象的变化[④]。“三师中最终确立了以阿弥陀佛为坛头和尚，以弥勒菩萨为羯磨阿阇梨，阿弥陀佛和弥勒菩萨都是净土信仰的教主，而在三师中占了三分之二的席位，反映了敦煌地区在家信众从心理层次上倾向于净土的信仰”[⑤]。

以上研究表明，现存三十余件三界寺授戒牒中以居家律仪的八关斋戒牒数量最多，这反映了八关斋戒在敦煌社会中较为流行。敦煌三界寺授戒牒所载五戒、八戒均由在家信众受持，菩萨戒也可对在家信众授戒，而由出家比丘和比丘尼受持的沙弥十戒和具足戒则不见记载，说明三界寺戒坛很可能只面向在家信众授戒，授戒法会则多在三长斋月中的六斋日内举行。三界寺广泛的社会参与度，是敦煌佛教积极入世的反映，并通过为世俗社会服务来有效地宣传其教义。在某种程度上，以三界寺为代表的佛教寺院成为敦煌地区各类社会活动的中心，深刻影响着敦煌社会中在家信众生活的方方面面。

---

① 李德龙：《沙州三界寺〈授戒牒〉初探》，载李忱主编《甘肃民族研究论丛》第1辑，甘肃人民出版社，2002年，第391页。

② 湛如：《敦煌佛教律仪制度研究》，中华书局，2011年，第132页。

③ 湛如：《敦煌菩萨戒仪与菩萨戒牒之研究》，《敦煌研究》1997年第2期，第80页；湛如：《敦煌佛教律仪制度研究》，中华书局，2011年，第149页。

④ ［日］竺沙雅章：《寺院文书》，《讲座敦煌·5·敦煌汉文文献》，大东出版社，1992年，第599页。

⑤ 武玉秀：《敦煌寺院戒牒文书所反映的净土信仰研究》，《青海民族研究》2012年第4期，第118页。

佛儒交涉：唐五代敦煌佛教空间中的儒学表达*

文岱婧（曲阜师范大学历史文化学院）
韩　锋（曲阜师范大学历史文化学院）

【摘要】“佛教空间”指的是以佛教为纽带，由不同团体构成，具有一定的外制度性并且能表达和实践政治诉求、进行一系列活动的客观实在。以石窟、寺庙等为载体，通过不同类型的社团在政治、经济、文化、军事等方面发挥作用。作为佛教的实体象征，寺庙、石窟成为“佛教空间”实现的基础，敦煌的社邑、僧团等组织会在此空间开展一系列活动。随着佛教中国化的进程，“佛教空间”不可避免地表现出儒家特性，甚至在“佛教空间”中出现儒仕身份认同。“佛教空间”与其中儒学表达的研究，旨在为敦煌地区的佛儒交涉提供考察角度，同时也为“两结合”寻找优秀范例。

【关键字】佛教空间　净土寺　社邑　儒仕

西汉以降，敦煌在官方支持下得到开发，成为中原通往西域的门户。佛教起源于古印度，位于中国西部的敦煌作为东西方文化交汇的要地，佛教的风气先从这里吹过，佛教的高僧大德先在这里驻足。与此对应，内地的儒家文化也随着人员流动、书籍流通来到此处。两种文化相遇，产生了佛儒两家的交涉现象。

敦煌从汉代开始设郡，汉文化成为敦煌地区的主体文化，但与此同时，佛教在此地发挥着不容小觑的作用，敦煌地区在特定时间段里形成了一个不同于传统想象的、以佛教为主导的“佛教空间”①。

---

* 本文系国家社科基金一般项目“丝绸之路与中古时期的儒学西传研究”（项目编号 19BZS146）。

① 哈贝马斯曾据十八世纪欧洲的历史提出了以俱乐部、咖啡馆、沙龙、杂志和报纸为载体的“公共领域”概念。公共领域中的参与者通过自由辩论形成公共舆论，对公共权力产生一定程度上的约束或支持作用。笔者据此迁移，提出“佛教空间”概念。

"每一个人类共同体都有一个不同的世界"①。为了进行佛教所需的各种活动，如经忏、佛事等，固定的团体（僧团、社邑）和固定的地点（石窟、寺院）构成了敦煌的"佛教空间"。"空间"一词在《现代汉语大词典》中的释义为："物质存在的一种客观形式，由长度、宽度、高度表现出来。与'时间'相对。通常指四方上下。"此处的"佛教空间"并非一个井然有序、有严格制度保障的组织，而是依靠宗教相互联系，以宗教场所如佛教石窟、寺院等为固定载体，由共同信奉佛教、来源于各个阶级的人组成，存在于敦煌地区这个特殊范围内的一个立体存在，是人与地点、宗教的集合体。

"佛教空间"的主要场所是石窟与寺庙，这二者作为敦煌地区主要的建筑遗迹，研究成果颇多。马德与王祥伟教授的《中古敦煌佛教社会化论略》一书认为敦煌石窟是社会化的佛教活动场所，兼论围绕石窟形成的中国社会组织如僧团等。敦煌研究院主编的《敦煌石窟艺术全集——石窟建筑卷》一书对敦煌石窟寺从建筑学角度进行了研究。至于主要的佛事活动的参与者社邑和僧团，郝春文教授的《归义军政权与敦煌佛教之关系新探》从归义军政权对佛教僧团的控制入手，探明了归义军政权凌驾于教权之上的原因；《唐后期五代宋初敦煌僧尼的社会生活》以僧尼日常参与的各种活动为研究对象；《中古时期儒佛文化对民间结社的影响及其变化》以民间结社为切入点考察儒佛文化对民间传统变化的影响。

作为中国古代历史发展进程中出现的一种特殊现象，敦煌"佛教空间"的概念可以为唐五代时期敦煌文化乃至中国文化的研究提供一个角度，促进对政治中的"他者"的进一步探索。作为佛儒交涉的典型案例，敦煌"佛教空间"中的儒学表达也可以为当今社会所提倡的"两结合"提供借鉴。但由于笔者能力与篇幅有限，部分逻辑论证仍存在缺失，仍有补充扩展的空间。

一、佛教空间的形成

（一）佛教空间的内涵与外延

因为共同的佛教信仰，围绕着石窟、佛寺等佛教场域，唐五代敦煌地区来自各个阶层的人群、团体进行着不同形式的佛事活动，其中佼佼者可以代表佛教团体表达并实践政治诉求，更大的群体也能在一系列文化、经济、社会活动中发挥作用，这就形成了一种独特的"佛教空间"。

不同于制度性结构由于政策而干脆地开始或终止，"佛教空间"在敦煌地区的形成与消亡是一个漫长的过程。佛教典籍明确记载敦煌有佛教活动是在3世纪②，但敦煌地区并非在佛教刚一传入的时候就形成了"佛教空间"。3至10世纪的敦煌社会，是一个以佛教为主要意识形态的社会；特别是8至10世纪，敦煌社会中佛教的主体意识形态地位更盛③，这样的宗教氛围是敦煌"佛教空间"形成的整体背景。既然"佛教空间"是建立在石窟与群寺基础上，以僧团、社邑为主要群体，那么这些载体出现与消失的时间就给敦煌"佛教空间"的存在加上了限制。敦煌石窟创建于公元4世纪，是佛教活动的重要场所。但其大规模的营造活

① 葛兆光：《中国思想史》，复旦大学出版社，2001年，第112页。

① 马德、王祥伟：《中古敦煌佛教社会化论略》，中国社会科学出版社，2010年，第1页。

② 马德、王祥伟：《中古敦煌佛教社会化论略》，中国社会科学出版社，2010年，第1页。

动，是从公元420年北凉占领敦煌之后开始的[①]。佛寺的建立时间要早于石窟的开凿，敦煌遗书载西晋索靖为莫高窟佛寺题额曰“仙严寺”，考之，其时当在晋武帝时（265—290）[②]。从汉代佛教传入敦煌开始，一直到魏晋时期，敦煌虽然出现了佛教僧团，有一批又一批的僧人活动，但佛教活动也只是在有限的人群范围内，即僧人、僧团范围之内，还没有成为全社会的活动[③]。只有等到佛教活动进一步社会化，得到普通敦煌居民的加入，才能够说“佛教空间”开始出现，这就要到唐五代私社大盛，私社通称“社”“社邑”“义社”“义邑”“邑义”等。其中，有的专门从事佛事活动，有的在进行社会活动时会引入佛教元素，需要佛教徒参加。当社会化的佛教相关组织能够在公共事务中发挥作用，而高级僧团获得一定的政治权力，那我们就可以说佛教空间至此形成，时间大致为唐五代时期。

当然，不少研究认为当时在敦煌地区仍然是儒学占据着统治地位。但是儒学作为官方意识形态，作为中国古代朝廷、官府或者国家的一部分，就注定以儒学为纽带的团体没有办法作为“国家”与“社会”之外的“第三方”进行实践，即使出现了像东林党这样有一定舆论力量的组织，也难以获得官方的承认。不过，儒学在中国统治范围内广泛的思想基础是不容忽视的，其在政治实践中的优点使它不仅在“佛教空间”中有表达，而且有“僭越”的倾向。

（二）佛教空间的塑造

唐五代时期敦煌地区形成了一个特殊的“佛教空间”，此空间的世俗载体便是以佛教为纽带的一系列场所、团体和活动。其中，以佛教场所如石窟、寺院的修建最早，《魏书·释老志》就记载：“凉州自张轨后，世信佛教。敦煌地接西域，道俗交得其旧式，村坞相属，多有塔寺。”[④]在固定活动场所形成之后，相应的宗教群体有了活动空间，群体规模和政治影响都随之扩大，而宗教场所、组织、活动等通过社会各层次的认同及其所发挥的作用也促进了佛教空间的形成与完善。

1.官方力量的塑造

敦煌地区能够形成独特的“佛教空间”，离不开其深厚的佛教渊源。敦煌自汉代开发以来，一直是中原通往西域的门户[⑤]。作为东西方文化交汇的要地，从今天依旧保存的石窟与佛教文书中可以窥见当年佛教在此地的繁盛。敦煌是中国古代的“佛教之乡”，凭借其优越的地理位置和人文环境，敦煌的佛教在魏晋南北朝、隋唐、宋初有了长足的发展[⑥]。

在这样的大背景下，首先是唐五代时期敦煌地区佛教的崇高地位促进了“佛教空间”的形成。虽然此时敦煌地区的主流文化与选官制度还是与儒学密切相关，但敦煌地区佛教地位远高于内地的情况绝对是敦煌地区能够形成特殊的“佛教空间”现象不可忽视的原因，这使得敦煌地区在晚唐五代时期内地佛教地位下降的情况下还保持着繁盛景象，官方的认同在诸

---

① 马德：《从敦煌看佛教的社会化》，《敦煌学辑刊》2007年第4期，第115页。

② 李正宇：《敦煌地区古代祠庙寺观简志》，《敦煌学辑刊》1988年第1、2期合刊，第74页。

③ 马德、王祥伟：《中古敦煌佛教社会化论略》，中国社会科学出版社，2010年，第23页。

④［北齐］魏收：《魏书》卷114《释老志》，中华书局，1974年，第3032页。

⑤ 马德：《从敦煌看佛教的社会化》，《敦煌学辑刊》2007年第4期，第115页。

⑥ 公维章：《元明清时期的敦煌佛教》，《敦煌学辑刊》1999年第2期，第22页。

多原因中尤为重要。

S.1523《李光庭莫高灵岩佛窟碑并序》的作者为“沙州诸军事沙州刺史”，具有一定的政治身份，他称敦煌“处域中之太一，崇方外之三宝”，崇“方外之三宝”即推崇佛教之意，谈及学术源流又说道：“虽复周孔栖遑，删诗书而定礼乐……岂知夫大觉本无去无来，至真乃不生不灭。”与其所推崇的佛教相比，“周孔”儒学成为无解法的次等道路，言语间有崇佛抑儒之意。S.6537V《立社条件》“窃闻敦煌胜境，凭三宝以为基；风化人伦，藉明贤而共佐”，也认为敦煌地区的文化中，佛教是文化基础；而“风化人伦”只能与“明贤”共佐。P.2551V《李君莫高窟佛龛碑并序》中的崇佛之意则更为明显，甚至流露出佛教为主而儒家地位处于从属的想法，认为佛教地位“独尊三界”，时间顺序上最早“至若吉祥菩萨，宝应真人，效灵于太古之初，启圣于上皇之始”，而儒学在其后才产生，“复有儒童叹凤，生震旦而郁玄云，迦叶犹龙，下阎浮而腾紫气”。在这篇序文中，作者身份也值得我们注意，李君任“（沙州效谷府）校尉上柱国”，兼具政治与军事身份，反映了上层官员的推崇。

除了上层男性官员的推崇，许多贵族女性也笃信佛教，进入释门。P.3556《张法律尼清净戒邈真赞并序》提到的“法律阇梨者”就地位尊贵，“即前河西一十一州节度使张太保之贵孙矣”，是张太保的孙女，而其中的张太保则是归义军张议潮。P.3556《张戒珠邈真赞并序》中的阇梨也与张议潮有关，“即前河西陇右一十一州张太保之贵侄也”，是张议潮的侄女。同样是身份显赫，敦煌“佛教空间”中也不乏出身世家大族的和尚，如P.3718《张喜首和尚写真赞并序》中的张喜首和尚“即首厅宰相吏部尚书张公之中子也”。

佛教在西汉金山国时期格外受推崇，当时以佛教立国，其崇佛风气在敦煌文献中也得到了保存。P.3541V《张善才和尚邈真赞并序》、P.3556《都僧统氾福高和尚邈真赞并序》与P.3556《都僧统陈法严和尚邈真赞并序》中都以西汉金山国时期为敦煌佛教地位提高的关键时期，此时期不仅佛教氛围日益浓厚，佛教领袖也得到了重用。

虽然许多史料来源为石窟修建所竖立的碑文，这决定了其作者的宗教倾向必然是笃信佛教，但是其中对于佛教与儒家的比较仍有参考意义，且现存敦煌文书所见佛教文献数量的压倒性优势也可见佛教在唐五代时期敦煌的群众基础。

2.佛事活动促成的平衡

佛教活动也是敦煌“佛教空间”形成与维系的重要一环，正是因为众多佛事活动注入了活力，敦煌的佛教势力与佛教场所才能够不断扩大，而佛教势力与佛教场所也为佛教活动的展开提供了保障，两者形成的良性循环保证了敦煌“佛教空间”这种特殊现象的维系。

佛教活动的一个重要执行群体是社。社作为一种基层社会组织的出现可以追溯到春秋以前，在漫长的历史进程中，其性质、功能根据不同的时期与环境需要而有所调整，但整体上并不背离其基层社会组织的身份。唐五代时期的私社有“社”“社邑”等称呼，从事佛教活动的私社是其中的一大分类，其功能有营窟、造像、修寺等，多数是寺院和僧团的外围组织[①]。社邑作为敦煌地区的常见组织形式，为敦煌地区“佛教空间”的形成做出了巨大贡献，不仅在社条中进行了规定，而且在实践活动中得到了落实。

社条是社邑组织和活动的规约，会对社邑事务进行规定，其中就体现了对佛事的支持。像P.3544《大中九年社长王武等再立社条凭》“社长王武……再立社条为凭。敦煌一郡，礼

① 宁可：《述“社邑”》，《北京师院学报》1985年第1期，第14页。

义之乡。一为圣主皇帝，二为建窟之因，三为先亡父母追凶就吉，共结良缘，用为后验”。此处，建窟作为结社的重大原因虽位于皇帝之后，却在父母丧葬仪式之前，可见佛事活动的重要地位。P.4960《甲辰年五月廿一日窟头修佛堂社条》中窟头为了征收财物，修建佛堂而订立社条，佛教场所的修建也确实得到了落实。敦煌研究院藏《庚戌年十二月八日夜□□□社人遍窟燃灯分配窟龛名数》中就有“社众窟”，敦煌莫高窟第90、172、192、205、263、278、303、363、370、449窟等窟皆有社人题记，这些窟当时是社人开凿或重修的①。

按照敦煌习俗，每建一窟竖碑记事，颂扬功德，因而有诸多功德记抄本在敦煌文书中得到保存，记录了社人修窟的佛事活动。如P.2641《莫高窟再修功德记》“今因社家修窟，届此仙宫”，记录了再修莫高窟的活动。P.3276《结社修窟功德记》“遂睹兹一窟，坏经年深，命众人同心再建”，记录了以修窟为目的的结社活动。P.2991《敦煌社人平诎子等宕泉建窟功德记》也提到了“社众等，建修之岁”，即社众共同为建窟作出贡献。

二、佛教空间的外制度性

中国自古以来没有将宗教纳入统治制度的政治传统，唐五代敦煌地区的中央或地方政权虽然因忌惮或利用佛教而在一定程度上对“佛教空间”进行控制，但“佛教空间”仍保持着一定的外制度性，既能够保持一定的主动性，又不完全在政权的控制下发挥政治、经济、社会等方面的作用。

（一）“佛教空间”的活动组织作用

佛寺与石窟的修建、维护离不开佛教组织的努力。反过来，像佛寺与石窟这样的佛教场所也为佛教活动提供了场所。石窟本身就是群众性佛教活动的产物，许愿、还愿等宗教愿景通过修建石窟这种佛事活动得到了体现与落实。同时，在石窟举行的各种仪式又通过佛事活动的形式使得佛教群体的凝聚力进一步增强。

寺院除了作为僧人、僧团的居住场所，也为社邑活动提供了活动地。这里所说的社邑的活动地点主要是指集合与举行活动的地点，大致可以分成四类：佛教场所、主人家、酒馆、其他政治或文化场所。

在社司转帖中数量最多的就是以寺院、佛堂等佛教场所作为活动场所开展的活动，当然，这也是因为大多数社邑与佛教活动有关，有佛教人士参与，而许多社邑活动都通过社司转帖的形式保存了下来，如身亡转帖，春座、秋座、座社等局席转帖，建福、设斋、设供等转帖，少事商量转帖，再现纳物筵设转帖等。其中，或有佛教人士参与，或结社目的即为佛事活动，其活动场所往往是佛教场所。像渠人社这样以修建水渠为主要目的的社邑就不以佛教场所为主要活动场地。

据李正宇先生考证，唐后期五代宋初敦煌境内敕建寺院十七所，其中僧寺十二所，包括龙兴寺、永安寺、大云寺、灵图寺、开元寺、乾元寺、报恩寺、金光明寺、莲台寺、净土寺、三界寺、显德寺；尼寺五所，即灵修寺、普光寺、大乘寺、圣光寺、安国寺②，这些寺院即社司转帖中常见的活动场所。如S.7931《□未年五月六日□官母亡转帖》中有“普光

① 郑炳林、郑怡楠辑释《敦煌碑铭赞辑释（增订本）》，上海古籍出版社，2019年，第811页。

② 李正宇：《敦煌地区古代祠庙寺观简志》，《敦煌学辑刊》1988年第1、2期合刊，第70–85页。

寺”，P.3764V《乙亥年（855?）九月十六日秋座局席转帖》中有“报恩寺”。P.3764V《某年十一月十五日秋座筵设转帖抄》可见集合地点为“佛堂内”，S.4660《戊子年（988）六月廿六日安定阿姊师身亡转帖》有“于敦煌兰若门前取齐”。佛堂与兰若都是私家性质的佛教场所，与上述佛寺的公共性质有所不同，这也说明社司内部联系紧密，私家场所作为活动地点的情况也时常出现。

主人家作为活动场所也比较多见，如P.3145《戊子年（988）闰五月春座局席转帖》有“于主人家送纳”，酒店作为活动场所比较少见，S.2894《壬申年（973）十二月廿一日常年建福转帖抄》即以“安家酒店”为活动聚集地。其他政治或文化场所，比如S.2894《十二月氾再昌妻亡转帖抄》所见，即在“官楼门前取齐”。

正是通过官方给予佛教的崇高地位，以及佛事活动的举办与佛教势力的巩固发展所形成的良性循环，敦煌地区的“佛教空间”才得以发挥作用。

（二）僧团的实践作用

与传统想象中的“吉祥物”不同，“佛教空间”由于获得了官方的认可与支持，且自身拥有一定实力，有能力并且确实在政治、经济与社会生活中发挥了重要作用。

首先是佛教人士的地位得到了官方的承认，为“佛教空间”进一步发挥作用准备了前提条件。P.3541V《张善才和尚邈真赞并序》中描述张善才和尚“所以芳声远播，元戎擢法律之班；秉仪五坛，重锡奖三窟之务”，其中元戎即张议潮之子张淮鼎，可见其地位得到了官方认可，并且被委以重任，受到恩宠。“洎金山白帝，闻师守节英明。时遇三界摧残，请移就住建立。帝宠释门僧政，并赐紫绶恩荣，仍封京城内外之名，别列临坛阐扬之号。奉命界此，仅经九秋，除古新崇，毕工六所”，金山白帝即西汉金山国，建立者张承奉，其对张善才和尚的重视也没有被辜负，张善才和尚最终不负众望完成了任务，完成了工程建设的领导工作。P.3556《都僧统氾福高和尚邈真赞并序》与P.3556《都僧统陈法严和尚邈真赞并序》描写相似，虽然有微小差别，但都体现了当时政府对赞主的重视与封赏，都通过加尊号的形式体现了对高僧地位的尊崇，即“加河西佛法主之名”“封内外都僧统之号”，陈法严和尚在归义军节度使吏部尚书曹仁贵秉政敦煌之后还“倍敬国师之礼”。佛教领袖能够获得官方认可，就为“佛教空间”作用的发挥提供了一重保障。

除此之外，佛教组织与团体保证了“佛教空间”的维持与作用的发挥。僧团一直与政权保持着密切联系，以归义军政权为例，归义军政权利用佛教教团的特殊身份和对敦煌民众心理的影响，僧人不但参与和中原政府之间的通使，有些时候还成为使团的主导部分，同时归义军幕僚也由僧人担任，参与了归义军政权各种大型的政治和军事决策。整个归义军时期，敦煌僧团始终是一支似乎可以与地方政权平分天下的政治力量，特别是在敦煌地区面临内忧外患的非常时期，僧团的社会作用就愈发突出①。由于宗教的特殊性，其对凝聚信教群众有着不可忽视的作用。因此，僧团在外交中发挥的政治作用格外突出，莫高窟与诸多佛寺都承担着外交接待任务，而佛教领袖也作为出使代表促进佛教国家间的交流沟通。

僧团的外制度性也是相对的，不管是中央政府还是地方政府，当权机构都掌握着僧团的高级僧官任免权、授具权，如P.3541V《张善才和尚邈真赞并序》中所述，归义军政权的张

① 马德、王祥伟：《中古敦煌佛教社会化论略》，中国社会科学出版社，2010年，第143页。

淮鼎提拔其法律之位，“元戎擢法律之班”；哪怕是“佛教立国”的西汉金山国，高级官吏仍然由政府掌握。在此时期，张善才和尚的地位仍然是因为官方的重视而更加尊崇，“洎金山白帝，闻师守节英明。时遇三界摧残，请移就住建立。帝宠释门僧政，并赐紫绶恩荣，仍封京城内外之名，别列临坛阐扬之号”，有了帝宠，其政治与宗教声望都有了提升。

僧团的政治实践在一定程度上有利于政权统治，可是其外制度性也使政权不得不警惕，尤其是在敦煌地区局势相对稳定、政权控制力较强的时期，为加强集权，势必对佛教教团势力进行削弱。由于归义军政权不愿意放任佛教教团无限制地发展，所以在唐朝政府灭亡、僧官改由归义军节度使直接任命后，归义军政权不但从僧官任免上控制，同时出家人数规模也需要政权的批准。“佛教空间”是一定时代背景下的特殊产物，随着时代的推移与官方控制力度的加强而逐渐衰落并消失。佛教教团的权力越来越小，其威严也越来越低，不得不依赖于政府开展佛教教团的各种活动，最终成为归义军政权的释吏[①]，随之而来也是“佛教空间”缩小至消亡的过程。在僧团存在期间，与佛事活动有关的社邑作为僧团的外围组织，发挥着作用并且为僧团提供保障。

三、回响：“金声玉振”的佛域余音

本文所说的敦煌“佛教空间”并不否认儒学仍然是唐五代时期敦煌地区的文化主流，而是独立于政治之外，将以佛教为纽带的空间进行抽象化处理。因此，所谓“儒学表达”也仅指在“佛教空间”这个抽象范围内所表现出的儒学因素。

虽然在多方共同作用之下，唐五代的敦煌地区形成了一个特殊的“佛教空间”，但在汉武帝时期，中原汉族开始进入并逐渐成为整个河西走廊尤其是敦煌地区的主体族群[②]。唐五代时期，汉族和儒学都未停止向此地传播，P.3730V称此地“敦煌胜境，地杰人奇，每习儒风，皆存礼教”，而“佛教空间”当中也出现了儒学元素。

（一）润物细无声——儒学元素的渗透

敦煌修建石窟所竖碑的碑文因为是佛教信徒所作，且表达了其观点，可以认为是“佛教空间”的重要组成部分，但是其中的内容并不回避儒学元素。

一是相较于其他经典与佛教内容更相似的《易经》在碑文中反复出现。S.1523《沙州刺史兼豆卢军使李庭光莫高灵岩佛窟碑并序》内容崇“方外之三宝”且为记录修建佛窟功德所作，但开篇却是“详夫，乾象上升信寥廓而难测”这样的《易经》内容。《易经》内容也作为固定语言出现在对敦煌地理环境的描述中，比起偶然出现在碑文当中所体现的撰文者个人思想，固定语言则可看作是更大范围群体的认同。P.3608V《大唐陇西李氏莫高窟修功德记》和P.4640《陇西李家先代碑记》都有“敦煌之东南，有山曰三危。结积阴之气，坤为德；成凝质之形，艮为象”的记载，可见《易经》卦象在“佛教空间”中得到了认可与应用。

二是儒家所提倡的美好品德在“佛教空间”中也进入了对佛教信徒的评价体系，并得到了普遍认可。P.4660沙门恒安书《令狐公邈真赞》中就有“温良恭俭，信义资身”，而温良恭俭让则是传统的儒家五德。P.4660《沙洲释门都教授炫阇梨赞并序》称阇梨“孝过董永，

① 郑炳林：《晚唐五代归义军政权与佛教教团关系研究》，《敦煌学辑刊》2005年第1期，第1–15页。

② 颜廷亮：《敦煌文化》，光明日报出版社，2000年，第11页。

母目精辉”，推崇孝道；P.4660《李教授和尚赞》称其“美哉仁贤，忠孝自天”，也将仁、贤、忠、孝这样儒家推崇的品德放在人格评价标准体系中。P.4640唐和尚作《沙洲释门索法律窟铭》和S.530《大唐沙洲释门索法律义辩和尚修功德记碑》都有“人训俭约，风俗儒流；性恶工商，好生去煞；躭修十善，笃信三乘。唯忠孝而两全，兼文武而双美”这样的固定语言，其中既肯定了敦煌“佛教空间”的宗教属性是“躭修十善，笃信三乘”，也称赞此地既“人徇俭约，风俗儒流”，并且强调“惟忠孝两全”这样儒家所推崇的品德。尤其两碑文作者为和尚这样的宗教人士，更体现了这是接受了佛教信仰的人进行的儒学相关内容的表达，而非普通接受儒家教育的人在信奉佛教的同时对自己主要知识的应用。

三是儒学专有名词在“佛教空间”中的普及性使用。比如P.4640《李僧录赞》称其“寻阙里之儒风，识杏坛之雅训”，其中“阙里”为孔子故里，而杏坛是孔子教学的地方，可以看出儒学专有名词在敦煌“佛教空间”的佛教性质文献中并不受排斥并可以恰当应用。P.3556《贾僧正和尚邈影赞并序》中也有“早趋槐市，三冬学富于秋坟。夙趣杏坛，七步诗成于典素”，使用了“秋坟”“杏坛”这样的专有名词。其他名词还有P.4660沙门悟真撰《都僧政曹法镜和尚邈真赞》中的“温故知新，玄源妙绝”，吐蕃统治敦煌时期的作品P.2991b《报恩吉祥窟记》提到“则君子之中融（庸）也”，其中无论是君子还是中庸都是随着儒学的传播而成为常用词汇。

四是儒家人物的杰出代表性得到了承认，P.4660沙门悟真撰《勾当三窟僧政曹公邈真赞》中“白珪三复，后辈马容（融）”一句所提到的马融为东汉名儒，P.3718《张喜首和尚写真赞并序》称张喜首“师自幼出家，业优颜曾。”颜曾即孔门大儒颜回、曾参。

最后是佛教人士具有较高的儒学造诣，甚至提倡“两教并兴”。P.4660《索法律智岳邈真赞》中的索法律“真乘洞晓，儒墨皆宣”，兼通儒、释、墨三家；P.3718《马灵佺和尚邈真赞并序》中的马灵佺和尚也是“真乘洞彻，三教兼宣”。P.2991《张灵俊和尚写真赞并序》中的张灵俊和尚也是“博通儒述，辩若河悬”。不只强调佛教人士对于儒学的掌握，P.3718《张喜首和尚写真赞并序》还强调了张喜首和尚在儒学方面造诣之高，称其为“儒林袖领，释门师长”。更有归义军时期敦煌郡僧正惠苑，杜牧为其撰《敦煌郡僧正惠苑除临坛大德制》有：“敦煌大藩，久陷戎垒，气俗自异，果产名僧。彼上人者，生于西土，利根佛事，余力通儒……领生徒坐于学校，贯服色举以临坛。若非出群之才，岂获兼荣之授，勉弘两教，用化新邦。”①

社司转帖作为社会活动的遗存反映了一定的群体观念，S.6537V《某甲等谨立社条》虽然以“建福三斋本分”，即以佛事活动为结社目标之一，有“僧惠信”这样的佛教人士参与，是具有佛教性质的社团，却也认为“敦煌胜境，地杰人奇，每习儒风，皆存礼故（教）”。P.3536V《社条》也称“夫立义社，以忠孝为先”，前文所述社邑活动的场所中，有一个比较特殊，即其他政治或文化场所，其中就有与儒学表达相关的部分。P.4063《丙寅年（966）四月十六日官健社春座局席转帖》中有“孔子门前取齐”的表述，“孔子门”虽然仅是当地地名，但是也能在一定程度上体现其情感倾向。

① ［唐］杜牧撰，吴在庆校注《杜牧集系年校注》，中华书局，2013年，第654页。

（二）为花不让春——儒学影响下的自我身份认同

在普通社会中，儒家经典是学校教育的基本教材[①]，作为“佛教空间”的绝对场所，寺学的教育内容也不可避免地出现了儒学内容，有知识分子进入寺院从事寺学教育，他们所教授的乃是佛教所谓的外学，其中既有儒家经典，也有儒家通俗读物。通过教育的方式，儒学得以在“佛教空间”中得到普及，而儒学进一步的强烈表达则体现在“佛教空间”中的社邑成员以“儒仕”为自我身份认同上。

羽.682《净土寺诸儒仕转帖》[②]：

诸儒仕　　转帖

右缘少事商量，兼聚葱菜，人各萝蔔伍升，葱伍

束，醋贰升。幸请诸公等，帖至，限今月十二日卯时，

并身及葱菜于净土寺陈僧正院取齐。捉

二人后到，罚酒壹角；全不来者，罚酒半瓮。

有“于净土寺陈僧正院取”，据前文可知，既然社邑活动以佛教场所为活动地点且有僧人参与，那么这个社邑的形成应当与佛事活动有关，自然属于“佛教空间”的范畴。此转帖却自命题为“诸儒仕转贴”，或为其结社名称，可见其自我身份认同中的强烈儒学表达，这也得到了“佛教空间”的承认。

结语

以佛教为连结，由不同团体构成，于制度之外有一定自由且能表达和实践政治诉求的“佛教空间”，以石窟、寺庙等作为常见载体，通过佛事活动维持其良性循环。虽然以佛教为连结并且贯穿始终，但“佛教空间”并不否认敦煌普通社会中儒学的主流地位，“佛教空间”也在诸多方面融入了儒学的表达，如石窟碑文、寺学教育，乃至佛事活动成员的身份认同等。中国文化开放包容，其中佛儒交融由来已久，其在敦煌地区的突出表现也为今天的“两结合”提供了优秀范例。

② 颜廷亮：《敦煌文化》，光明日报出版社，2000年，第487页。

① 武田科学振兴财团杏雨书屋编集《敦煌秘笈》影片册9，武田科学振兴财团，2013年，第47-48页。

中古僧人林葬考*

赵青山（兰州大学敦煌学研究所）

【摘要】林葬本是印度传统的丧葬形式，佛教创立后赋予了林葬特殊的宗教含义，使其成为辅助僧人观空离欲的修行手段。随着佛教东传，林葬也成为中古中土僧人的殡葬方式之一。关于林葬，中土既有赞成者，亦有反对者。对于僧人而言，林葬具有成就无上菩提、表达慈悲、反对厚葬、示范薄葬的意义。林葬与中土传统的丧葬方式不同，其丧葬方式、葬后管理均表现出特殊性。

【关键词】林葬　僧人　丧葬　佛教

林葬，即将尸体置于山林，饲诸鸟兽，是随佛教传入的中古中土僧人的殡葬方式之一[①]。作为一种独特的殡葬方法，林葬自然引起学界的关注，最具代表性的有刘淑芬先生的《林葬——中古佛教露尸葬研究之一》《石室瘗窟——中古佛教露尸葬研究之二》两文梳理了5—9世纪僧人林葬事迹及寺院，特别考察了“三阶教与林葬的发展”。二文资料丰富，行文磅礴，是研究林葬的重要研究成果。大内文雄先生的《宝山灵泉寺石窟塔铭研究——隋唐时代の宝山灵泉寺》一文主要梳理了河南灵泉寺僧人林葬石刻资料及林葬现象[②]。张总先生的《三阶教史研究》一书第四章“三阶信徒人物及百塔”一节中讨论了三阶教百塔形成的历史过程，并分析其三阶教林葬的渊薮[③]。本人将在前人研究的

* 本文系国家社科基金一般项目“中古佛教丧葬活动研究”（项目编号20BZS035）、教育部哲学社会科学创新团队“敦煌西域研究创新团队”研究成果。

① 道宣：《四分律删繁补阙行事钞》卷下《瞻病送终篇》：“二明葬法。中国四葬：水葬，投之江流；火葬，焚之以火；土葬，埋之岸旁；林葬，弃之中野，为雕、虎所食。”《大正藏》第40册，第145页。《大唐西域记》卷2《印度总述》：“送终殡葬，其仪有三：一曰火葬，积薪焚燎；二曰水葬，沉流漂散；三曰野葬，弃林饲兽。”玄奘、辩机著，季羡林等校注《大唐西域记校注》卷2，中华书局，2000年，第208页。

② ［日］大内文雄：《宝山灵泉寺石窟塔铭研究——隋唐时代の宝山灵泉寺》，《东方学报》第69卷，京都大学人文科学研究所，1977年，第287-355页。

③ 张总：《中国三阶教史》，社会科学文献出版社，2013年，第401-404页。

基础上，讨论中土僧人对林葬的认识、林葬后的供养方式、林葬地的管理、敦煌文献中与林葬有关的经文等诸多问题，不当之处，敬请方家指正。

一、印度尸陀林

在印度，林葬之地又名尸陀林、恐畏林、畏林、大畏林、安陀林、昼暗林、深摩舍那、尸多婆那。弃尸于野是古代印度传统的丧葬方式，在佛教产生之前已存在，据佛经记载，在王舍城周围即有尸陀林，如《大智度论》记载："王舍城南尸陀林中，多诸死人。"①唐义净译《佛为胜光天子说王法经》描述了林葬的种种场景：

及其业尽，终归不免身亡之后送往寒林，置之空野；尸骸烂溃，脓血横流；骨肉分张，人皆鄙贱；被诸狐狼、鵄枭、雕鹫之所飡食。悲哉此身！卒至于此……

若福命尽，琰摩使来，收录精神将至王所，随分判断，无能免者！惟有残骸置之于地，父母妻子及以国人，咸共悲号，椎胸懊恼，灵舆送殡，诣彼尸林，或烧、或埋、或沈于水，飞禽走兽、鱼鳖鼋鼍，闻其肉气，争来飡食，骨成尘粉，与地无殊。②

从中可见，林葬即将尸弃之于野，任飞禽走兽啖食，最终"骨成尘粉，与地无殊"。从经济角度而言，上层阶级如有地位的国王、富有的婆罗门选择火葬③，因为火葬需要香油、杂薪、牛乳等费用的支出，对于贫穷者而言无疑是巨大的经济负担。因此，他们一般选择林葬。但宗教人士从施舍的角度，赋予林葬特殊的宗教修行意义：

其苦行师，又复更言："仁者王子！然其彼处尸陀林者，四辈共同，无有简选，平等施身，福德之地，名为旷野。此处地方，布施身者，不用苦力，速生天上，求世胜处，速得受乐。或有仁者，投身绝崖，或烧或施，而生天上。"④

以上所引是太子逾城出家后，四处寻访名师的过程中，与苦行师的对话内容。苦行师认为，林葬与祭祀、苦行等均为重要的修行方式，通过布施身体，包括生施和死施两种方式，可获得后世之乐及大福德。与之相反，太子认为通过林葬施舍众兽获得后世福报，是愚痴人的行为，如"入大火聚，入大蛇口"，揭示了苦行外道所追求的后世福乐难以逃脱轮回之苦以及人生之苦。但出于灭欲、观空的目的，佛教建立后又主张冢间住和冢间禅修，将实施林葬之地尸陀林从另外一个层面赋予了新的宗教意义：

若佛在世若灭度后，应修二法，所谓止观、无常空观，是佛法初门，能令厌离三界。冢间常有悲啼哭声，死尸狼籍眼见无常。又火烧鸟兽所食不久灭尽，因是尸观，一切法中易得无常想。又冢间住，若见死尸臭烂不净，易得九想观，是离欲初门。是故应受冢间住法。⑤

认为通过在尸陀林观想，可以领悟人世的无常、苦、空，破除我执和淫欲。

古代社会物资贫乏，释迦又提倡通过冢间衣来解决僧人穿衣问题。因此，林冢间的亡者

---

① [后秦] 鸠摩罗什译《大智度论》卷3，《大正藏》第25册，第76页。

② [唐] 义净译《佛为胜光天子说王法经》，《大正藏》第15册，第126页。

③ 刘淑芬：《中古的佛教与社会》，上海古籍出版社，2008年，第189-191页。

④ [隋] 阇那崛多译《佛本行集经》卷20，《大正藏》第3册，第747页。

⑤ [南朝宋] 求那跋陀罗译《佛说十二头陀经》，《大正藏》第17册，第721页。

衣物就成为世俗百姓及僧人寻求之物，并因此出现为获得冢间衣而互斗和破坏亡者尸体的现象[①]。为便于管理，古代印度有专门负责林冢管理的人员，如萧齐译《善见律毘婆沙》所记："若此尸完全，比丘故取衣，语守护尸陀林人：'为我取。'若无守护尸陀林人，语余人：'汝为我取善。'若都无人者，比丘或以刀子刺作疮可取，若如此尸比丘得取。"[②]然而，守护尸陀林的人是否具有普遍意义，因材料有限，还不能一概而论。

二、中土僧人对林葬的认识

中土社会中，林葬具体起于何时，现已不可考。刘淑芬梳理僧传指出，应不晚于5世纪末[③]。那么，中土僧人对林葬有何认识？林葬者又是以何种心态接纳它的？僧传和塔铭中记载了一些实施林葬的僧人在圆寂时的嘱托，其中透露了他们对林葬的看法，为我们考察林葬作为一种特殊的域外丧葬之法能够在中土实施的原因，提供了些许信息。同时，由于情感接受上的困难，或者怀疑林葬所宣扬的宗教意义，出现了否定实施林葬的声音。正反两方面的史料，有利于我们更深入、全面地了解中古中土僧人对林葬的种种态度。

（一）支持者

1.偿还宿债

南朝著名僧人洪偃，以貌、义、诗、书"四绝"享誉天下，"当时英杰皆推赏之"。陈天嘉五年（564）卒于宣武寺，生前遗命众弟子。

> 众生为贪心之所暗也，贪我则惜落一毛，贪他则永无厌足。至于身死之后，使高其坟，重其椁，必谓九泉之下还结四邻，一何可叹！而皇甫谧、杨王孙微得我意。虽知会归丘壤，而未知初度之心。今冥目之后，以此腈腊鄙形布施上飞下走一切众生。若前身相负，仍以相偿；如无相对，则生我檀善。此之微心，亦趣菩提，物莫不共矣。[④]

洪偃批判众生则因"贪"念遮蔽，不管是外在的物质财富，还是自己的身体，均永无厌足。即便死后，世俗犹事死如生，"高其坟""重其椁"。与此相反，洪偃主张舍离贪爱，一生"俭节扫衣，弗事华广"，实践头陀之行。死后嘱咐弟子依林葬之法舍身鸟兽，"布施上飞下走一切众生"，通过舍身或偿还生前种种业报，或以此功德增长"檀善"，同时认为林葬是趣于菩提的善法。

隋西京延兴寺通幽，河东蒲坂人，以弘扬律藏为务。每自嗟："生不功一片之善，死不酬一毫之累。虚负灵神，何斯误也。"遂诫弟子曰："吾变常之后，幸以残身遗诸禽兽，倘蒙少福，冀灭余殃。"以大业元年（605）正月卒于延兴寺房，"弟子等从其先志。林葬于终南之山至相前峰"[⑤]。又P.2550百梯禅师："我舍命之后，皮肉之属，愿赔偿无始以来宿债，所

---

① 如《毗尼母经》云："突吉罗者，皆名恶作也。死人未坏，尸上取粪扫衣；穿墙壁出死尸置外，尸上取粪扫衣；篱上有衣，谓粪扫衣取，皆轻，心念忏悔即除。"《毗尼母经》卷8，《大正藏》第24册，第849页。

② ［南朝齐］僧伽跋陀罗译《善见律毘婆沙》卷10，《大正藏》第24册，第741页。

③ 刘淑芬：《中古的佛教与社会》，上海古籍出版社，2008年，第193页。

④ ［唐］道宣撰，郭绍林点校《续高僧传》卷7，《陈扬都宣武寺释洪偃传》，中华书局，2014年，第223页。

⑤ ［唐］道宣撰，郭绍林点校《续高僧传》卷22，《隋西京延兴寺释通幽传》，中华书局，2014年，第837页。

有众生来食我肉者，皆与作得通因缘。”

洪偃等僧人主张死后实行林葬，希望通过此种方式消除“无始以来宿债”，“偿还生前种种业报”，这是轮回思想以及怨怼观念影响下的林葬。

2.提倡薄葬，反对厚葬

隋西京静法寺慧海，河东人，十四出家，依止沙门大昭玄统昙延法师。受具足戒后，“屏迹山林，专崇禅业”。隋文帝践祚，慧海入京，安长公主为建静法寺。仁寿年间，受诏护送舍利，多有感应。大业二年（606）圆寂于本寺。初病，命徒众曰：“吾闻上栋下宇，生民之龌龊；外椁内棺，世界之萦羁。既累形骸于桎梏，亦碍生世于大患。岂揖礼义于嚣尘，卜宅葬于烦饰者也。宜宗林葬，用嗣先尘，贻诸有类矣。”圆寂后，弟子“收骨而建塔于终南之峰”①。慧海认为传统丧葬形式耗资巨大，既无益于死者，亦给生者带来负担，遗诫弟子省用为务，将其尸体“用嗣先尘，贻诸有类”。慧海没有站在宗教的立场说教林葬的意义，而是以林葬这一独特的丧葬方式践行着中土的薄葬思想。

3.为满慈悲之心

隋西京大禅定寺释靖玄，天水人，初为道士，“每思五千道德良非造真，七诫超升本为浮诡”，遂改宗佛教。隋炀帝时，应诏由河西入京，驻大兴善寺大弘佛法，显誉京城。大业七年（611）无疾而终，享年四十三。靖玄“生平言论慈悲为主，每许遗骸弃之林野”。天水同侣慧严“追想昔言，送尸山麓”②，后鸠聚遗骨，于终南山龙池寺之西建塔供养。

4.为成无上正觉

释灵琛，慈润寺禅师，出家后随信行禅师学三阶教法，贞观三年（629）三月入灭，临终前遗嘱“依经葬林，血肉施生，求无上道”③。唐京师慈悲寺释行等，于贞观十六年（642）因疾而终，春秋七十三。临终时多次嘱托：“吾今死后，勿作威仪。惟以一椽舆送山所。愿食吾身，早成正觉。有乖此愿，非吾门人。”弟子们却“盛设威仪”“将欲茔送”，其夜“大雨洪注”，不得而往。“还依遗诀，单舆至山，雨即通霁”④，后收葬于神和原。

又如唐金陵延祚寺法持于“长安二年九月五日，终于延祚寺，遗嘱令露骸松下，饲诸禽兽，令得饮食血肉者发菩提心。其日空中有神幡数首从西而来，绕山数转，众人咸见”。依法持传记载，他因林葬而往生西方净土。同样的事迹又可见《唐彭州丹景山知玄传》：“召弟子慈灯附口上遗表，嘱令弃尸，半饲鱼腹，半啖鸟兽。吾久与西方净土有期如斯。諈诿讫，右胁面西而逝，享年七十有三，僧腊五十四。”⑤

① ［唐］道宣撰，郭绍林点校《续高僧传》卷11，载《隋西京静法道场释慧海传》，中华书局，2014年，第376-377页。

② ［唐］道宣撰，郭绍林点校《续高僧传》卷10，载《隋西京大禅定道场释靖玄传》，中华书局，2014年，第340-341页。

③《慈润寺故大灵琛禅师灰身塔铭文》，载吴钢主编《全唐文补遗》第4辑，三秦出版社，1997年，第283页。

④ ［唐］道宣撰，郭绍林点校《续高僧传》卷15，载《唐京师慈悲寺释行等传》，中华书局，2014年，第527-528页。

⑤ ［宋］赞宁撰，范祥雍点校《宋高僧传》卷6，载《唐彭州丹景山知玄传》，中华书局，1987年，第131页。

以上是对林葬本身的认识，中土僧人还继承并发展了在尸陀林中九想观的意义。所谓九相，即胀相、坏相、血涂相、脓烂相、青相、噉相、散相、骨相、烧相。隋代智者大师《释禅波罗蜜次第法门》卷9对此阐释，九想观可以灭除世间贪欲，除六欲："此则能破六欲，除世贪爱。六欲者：一者色欲，二形貌欲，三威仪姿态欲，四言语音声欲，五细滑欲，六人相欲。"敦煌《九相观诗》（S.6631、P.3022、P.3892、P.4597、上博48、俄Дx.3018）对佛教原有的九想观内容做了调整，由原来只观死后九相发展为观想人从出生至死亡的九个不同阶段的变化，具体内容为：出生想、童子想、盛年想、衰老想、病苦想、死想、烂坏想、白骨想。通过观此九相，领悟生死无常之苦，进而"普劝有识归信解脱之门，凭此胜利因同证涅槃之路"。伏俊琏先生指出："《九相观诗》具有世俗情趣和文学意味，毫无疑问已进入通俗文学的范畴。三种《九相观诗》没有将佛书中关于尸相的种种秽恶恐怖的描写生硬地搬入诗歌中，而是糅合'百岁诗''四相''九想'创作而成，句型整齐，音韵和谐，叙事状物非常贴切形象。作者在通过佛教义理诗来阐发宣扬佛教义理时，进行了合理的艺术加工和改造，根据创作需要进行了适度的取舍。"①

（二）反对者

与上述积极实施林葬者不同，亦有僧人在情感上难以接受林葬，或从义理上否定林葬存在的意义。

林葬弃尸林草，施诸鸟兽，与中土传统的殡葬观念完全不同。因此，林葬之法难免让人在情感上无法接受。梁释慧球，专习禅道，名冠荆楚，中兴元年（501）立为"荆土僧主"，天监三年（504）卒，享年七十四，"遗命露骸松下"，"弟子不忍行也"②。释智顺，精于《涅槃》《成实》，"讲说徒众，常数百余人"。天监六年（507）卒于山寺，临终之日，"遗命露骸空地，以施虫鸟"，"门人不忍行之，乃窆于寺侧"③。

是顺从遗命实行林葬，还是遵从情感违命而行，实在是难以抉择，正如《王美畅夫人长孙氏墓志铭》所言："从命则情所未忍，违教则心用荒然。"④在既不违背师命，又可顾及情感的同时，在林葬的基础上发展出了瘗葬之法。谢贞，梁陈时人，曾任尚书侍郎、中宫管记等职，以孝闻名于世，卒于至德四年（586），遗疏告族子凯曰："气绝之后，若直弃之草野，依僧家尸陀林法，是吾所愿。正恐过为独异耳，可用薄板周身，载以灵车，覆以苇席，坎山而埋之。"⑤对尸陀林法做了一定程度的改变，所谓"坎山而埋之"实际即"瘗窟"而葬。又如唐济度寺比丘尼法愿，为萧瑀第三女，虽已出家，但与世俗家庭保持着密切的联系。龙朔三年（663）八月入灭，大渐之晨，谓诸亲属："是身无我，取譬水萍，是身有累，同夫风叶。生死循环，实均昼夜。然则净名申戒，本乎速朽；能仁乖则，期于早化。金棺乃示灭之

① 伏俊琏：《敦煌文学总论》，甘肃教育出版社，2013年，第221页。

② ［南朝梁］慧皎撰，汤用彤校注，汤一玄整理《高僧传》卷8，《梁荆州释慧球》，中华书局，1992年，第334页。

③ ［南朝梁］慧皎撰，汤用彤校注，汤一玄整理《高僧传》卷8，载《梁山阴云门山寺释智顺》，中华书局，1992年，第336页。

④ 王所：《王美畅夫人长孙氏墓志铭》，载陆心源编《唐文拾遗》卷18，收入［清］董诰等编《全唐文》，中华书局，1983年，第10556页。

⑤ ［唐］姚思廉撰《陈书》卷32《谢贞传》，中华书局，1972年，第428页。

机，玉匣岂栖神之宅？诚宜捐躯鸷鸟，委形噬兽。”然而，姐弟“不忍依承遗约”，十月十七日“营窆于少陵原之侧”[①]。

除了在情感上不能接受林葬之法外，亦有人批评林葬并非解脱的正道。中唐僧人泛舟禅师，王孙之后，“叔祖玄宗，祖邠王（按：李守礼）”，卒于贞元九年（793），逝后全身葬于塔中。承务郎守河中府虞乡县令袁允撰写塔铭，其中写道：“其他有焚有露，犹滞执迷，今则全体全归，奚伤解脱？”[②]王磊指出：“塔铭的撰者认为行火葬和露尸葬还是有执着的表现，即执着于要将身体坏灭方能得解脱”“他借助中观的‘空’，让火葬和露尸葬失去佛教经典的支持”[③]。道宣在《续高僧传·遗身篇论》中亦对林葬之法提出了异议：“又有临终遗诀，露骸林下，或沉在洄流，通资翔泳……且夫陈尸林薄，少祛鄙吝之心，飞走以之充饥，幽明以之熏勃，得失相补，鲜能兼济。遂有虫蛆涌于内外，鸟随啄吞狼藉，膏于原野，伤于慈恻。”[④]

三、林葬之法

（一）起墙

信行禅师一生推行三阶教法，乞食为业，开皇十四年（594）卒于京师真寂寺，“于是法师净名、禅师僧邕、徒众等三百余人，夙以禅师为善知识，三业追逐二十余年，俱怀出世之基，共结菩提之友，恒欲碎骨次香城之下，投身于雪岭之间，生死莫由，死将为礼，遂依林葬之法，敬收舍利，起塔于尸陀林下”[⑤]。可知起塔之处就在尸陀林。据《摩诃僧祇律》卷33所载：“塔事者，起僧伽蓝时，先预度好地作塔处，塔不得在南、不得在西，应在东、应在北。不得僧地侵佛地，佛地不得侵僧地。若塔近死尸林，若狗食残持来污地，应作垣墙。”[⑥]其中，特别提到，如果塔基临近尸陀林，之间应起一堵墙。信行禅师塔即建于尸陀林下，依据律文规定以及保持塔的清净，应作垣墙，以隔绝野兽“食残持来污地”。

（二）筑坛

《续高僧传》卷12《隋丹阳彭城寺释慧隆传》：“仁寿元年十一月十六日（慧隆）卧疾。二十日迁化。”“未终前，领弟子于高座寺南山顶，聚土筑坛。语曰：‘我若舍形，不烦棺椁。可于此处以施禽虫，坛竟便迁，诚哉知命。后依遗命，仍树高碑，寺沙门法宣为文。’”[⑦]

---

① 《大唐济度寺大比丘尼墓志铭》，载［清］董诰等编《全唐文》卷997，第10326页。

② 《安邑县报国寺故开法大德泛舟禅师塔铭并序》，载周绍良主编《全唐文新编》，吉林文史出版社，2000年，第8497-8498页。

③ 王磊：《试论中古时期佛教徒的全身葬法》，《中山大学学报（社会科学版）》，2013年第2期，第112页。

④ ［唐］道宣撰，郭绍林点校《续高僧传》卷29，《唐雍州新丰福缘寺释道休传》，中华书局，2014年，第1168页。

⑤ ［日］神田喜一郎：《三阶教に关する隋唐の古碑》，《佛教研究》第3卷第3号，1922年；转引自赵超著《锲而不舍——中国古代石刻研究》，三晋出版社，2015年，第227页。

⑥ ［东晋］佛陀跋陀罗、法显等译《摩诃僧祇律》卷33，《大正藏》第22册，第498页。

⑦ ［唐］道宣撰，郭绍林点校《续高僧传》卷12，载《隋丹阳彭城寺释慧隆传》，中华书局，2014年，第402页。

（三）棺木

《续高僧传》卷3记载："波罗颇迦罗蜜多罗，唐言作明知识，或一云波颇，此云光智。中天竺人也。""本志颓然，雅怀莫诉。因而构疾，自知不救，分散衣资，造诸净业，端坐观佛，遗表施身，下敕特听。寻尔而卒于胜光寺。春秋六十有九。东宫下令，给二十人，舆尸坐送，至于山所。阇维既了，沙门玄谟收拾余骸，为之起塔于胜光寺。在乘师塔东。"[①]又长安大庄严寺慧因林葬时，"攀辕扶毂，道俗千余人，送至城南"[②]。又《故大信行禅师铭塔碑》记载："（信行禅师）以开皇十四年下月四日，卒于真寂寺。即以七月七日送柩于雍州钟南山鸱鸣埏所，舍身血肉，求无上道。"[③]

（四）看守骨骸

如果采取林葬之法，多数弃之荒野深山、林木冢间，任凭野兽噉食，骸骨自然分解，归入尘土。而对于有地位的僧人，如若生前没有特别的遗命教诫，弟子们一般收拾余骨，或起塔供养，或瘗藏封存。上揭洛阳广爱寺从谏卒于咸通七年（866），弟子玄章"送尸于建春门外尸陀林中，施诸鸟兽"，林葬之余，弟子"三日复视之"[④]，看守骨骸。因林葬之后，尚有骨骸残余，或瘗藏骨骸，或起塔供养等，如此供养需要有人看守经营。对此，隋代昙延临终时告门人曰："吾亡后，以我此身且施禽兽，余骸依法焚扬，无留残骨，以累看守。"[⑤]

四、林葬后的不同供养方式

（一）焚烧散灰

道谦于贞观元年（627）迁化，其兄释道悉等"阇毗遗阴，收其余尘，散之风府"。而道悉逝世后，亦"陈尸山岭"，施行林葬[⑥]。"风府"即"风"，这是"道宣极端的个人言语"[⑦]。又如至相寺弘智，"性乐幽栖"，居于终南山至相寺，于永徽六年（655）去世，"露骸林下，收骨焚散，遵余令也"[⑧]。

敦煌文书中《三阶教某禅师行状》较为细致地交代了散灰的具体操作方法："禅师咸亨

① ［唐］道宣撰，郭绍林点校《续高僧传》卷3，载《唐京师胜光寺中天竺沙门波颇传》，中华书局，2014年，第65-67页。

② ［唐］道宣撰，郭绍林点校《续高僧传》卷13，载《唐京师大庄严寺释慧因传》，中华书局，2014年，第432-433页。

③ 杨学勇：《三阶教史研究》，甘肃文化出版社，2017年，第48页。

④ ［宋］赞宁撰，范祥雍点校《宋高僧传》卷12，载《唐洛京广爱寺从谏传》，中华书局，1987年，第279页。

⑤ ［唐］道宣撰，郭绍林点校《续高僧传》卷8，载《隋京师延兴寺释昙延传》，中华书局，2014年，第278页。

⑥ ［唐］道宣撰，郭绍林点校《续高僧传》卷14，载《唐蒲州仁寿寺释道悉道谦传》，中华书局，2014年，第481-483页。

⑦ 王绍峰：《道宣文献语汇研究》，博士后出站报告，四川大学，2004年，第102页。

⑧ ［唐］道宣撰，郭绍林点校《续高僧传》卷25，载《唐终南山至相寺释弘智传》，中华书局，2014年，第950-951页。

三年六月初，语王基云："我去之后，血肉之属，陪偿无始以来宿债，所有众生来食我肉者，皆与作得道因缘。肉尽已后，收取骸骨，以火焚烧，烧讫收取，捣令作末，好绢罗高山头，大风扬却。"

亦有遗嘱林葬后焚烧散灰，但最终未能实现的事例。唐代著名僧人宗密，菏泽宗第五世，会昌元年（841）正月六日，坐灭于兴福塔院，遗戒深明："形质不可以久驻，而真灵永劫以长存。乃知化者无常，存者是我，死后举施虫犬，焚其骨而散之，勿墓勿塔，勿悲慕以乱禅观。每清明上山，必讲道七日而后去。其余住持法行，皆以仪则，违者非我弟子。"[①]宗密要求死后先实行林葬，之后收骨焚化扬撒。弟子们在宗密去世后确实行了荼毗之法，并"得舍利数十粒，明白润大"，但似乎并未举行林葬。宗密逝世于正月六日，其月二十二日，"道俗等奉全身于圭峰"，二十三日荼毗。从"奉全身于圭峰"至荼毗，在短短的一天之内，且是寒冬腊月，似乎很难实现"举施虫犬"。此外，弟子们也并非"勿墓勿塔"。在宗密去世十四年后，即大中九年（855），唐宣宗追谥定慧，赐塔号"青莲"。

（二）收骨瘗藏

武德六年（623）五月，三论宗法师吉藏迁化于延兴寺，命终前曾作《死不怖论》，并"遗命露骸"。"有敕慰赙，令于南山觅石龛安置。东宫以下诸王公等，并致书慰问，并赠钱帛……乃送于南山至相寺，时属炎热，坐于绳床，尸不催臭，加趺不散。弟子慧远树续风声，收其余骨，凿石瘗于北岩"[②]。又如《续高僧传》卷14《唐终南山至相寺释智正传》记载，贞观十三年（639）二月二十八日，至相寺僧人智正入灭，弟子智现等"鸠拾余身，于寺之西北凿岩龛之"[③]。可见，至相寺北岩是集中瘗藏僧人之地。

（三）收骨起塔

大业元年（605），西京空观寺慧藏去世，临终"诚心旷济，累嘱露骸"。弟子"奉谨遗诀，陈尸林麓，掩骼修塔，树于终南山至相寺之前峰焉"[④]。

江都安乐寺僧慧海，大业二年（606）五月二十七日卒于本寺。春秋五十有七。初病极，命诸徒曰："吾闻上栋下宇，生民之龌龊；外椁内棺，世界之萦羁。既累形骸于桎梏，亦碍生世于大患。岂揖礼义于嚣尘，卜宅葬于烦饰者也？宜宗薄葬，用嗣先尘，贻诸有类矣。弟子钦崇德范，收骨而建塔于终南之峰，即至相之前岭也。刻石立铭，树于塔所。"[⑤]

长安寺沙门普旷长年行头陀行，二十余年，"乞食人间，栖投林冢"，武德三年（620），

---

① 裴休：《圭峰禅师碑铭并序》，载周绍良主编《全唐文新编》，第8665-8666页。

② ［唐］道宣撰，郭绍林点校《续高僧传》卷11，载《唐京师延兴寺释吉藏传》，中华书局，2014年，第394-395页。

③ ［唐］道宣撰，郭绍林点校《续高僧传》卷14，载《唐终南山至相寺释智正传》，中华书局，2014年，第495页。

④ ［唐］道宣撰，郭绍林点校《续高僧传》卷9，载《隋西京空观道场释慧藏传》，中华书局，2014年，第321页。

⑤ ［唐］道宣撰，郭绍林点校《续高僧传》卷11，载《隋西京净法道场释慧海传》，中华书局，2014年，第376-377页。

卒于该寺，“遗告舍身山路，不须茔垄，弟子捃萃余骨，起塔于终南龙池之峰”①。

会昌寺僧德美，师承僧邕、静默，此二人皆为三阶教信徒。德美继承静默禅师，广施悲、敬二田。贞观十一年（637）卒于会昌寺，“乃送于南山鵶鸣埠，后又收骸于楩梓谷起塔”②。

（四）烧骨起塔

隋西京延兴寺通幽，“戒定两藏，总萃胸襟”，著名律僧，为创建大兴善寺殚精竭虑。卒于大业元年（605）。“每自嗟曰：‘生不功一片之善，死不酬一毫之累。虚负灵神，何斯误也！’遂诫弟子曰：吾变常之后，幸以残身遗诸禽兽，倘蒙少福，冀灭余殃”。弟子等从其先志，“林葬于终南之山至相前峰，火燎余骸，立塔存矣”③。

唐净域寺法藏禅师，年幼时通过试经的方式，奉敕为濮王李泰得度。奉行头陀，“非乞食之食不食”“非扫之衣不衣”。则天如意、长安年间，奉敕检校东都大福先寺、化度寺无尽藏。开元二年（714）十二月，舍生于寺，“即以其年十二月廿□日施身于终南山楩梓谷尸陀林。由是积以香薪，然诸花叠，收其舍利，建窣睹波于禅师（按：信行）塔前”④。

（五）食用疗疾

三阶教百梯禅师，“曾出家已来，常乞食，不应供，不食僧食”，“不着新好衣服”，唐高宗咸亨三年（672）示寂。生前交代后事：“我舍命之后，皮肉之属，愿赔偿无始以来宿债，所有众生来食我肉者，皆与作得通因缘。肉尽以后，收取骸骨以火焚烧，烧讫，收取筹令作末，好绢罗分作二分。秤秤为平，一分高山头飙扬，一分于我法有信，被屈匿。不自在者，为香水和末为丸，男左女右，皆与一粒，我亲身舍利所救。”⑤

（六）暴尸野外

隋昙伦，唐武德末年卒于京师庄严寺，门人“依言送于南山，露骸散于中野”⑥。

五、《佛说要行舍身经》与《尸陀林发愿文》

（一）《佛说要行舍身经》

敦煌文书中保存了一部特殊的经典——《佛说要行舍身经》，又名《舍身经》《要行舍身

①［唐］道宣撰，郭绍林点校《续高僧传》卷11，载《唐京师慈门寺释普旷传》，中华书局，2014年，第385-387页。

②［唐］道宣撰，郭绍林点校《续高僧传》卷30，载《唐京师会昌寺释德美传》，中华书局，2014年，第1220-1223页。

③［唐］道宣撰，郭绍林点校《续高僧传》卷22，《隋西京延兴寺释通幽传》，中华书局，2014年，第836-837页。

④《大唐净域寺故大德法藏禅师塔铭并序》，周绍良主编《全唐文新编》，2000年，第3710-3711页。

⑤ P.2550《三阶教百梯山禅师行状》。

⑥［唐］道宣撰，郭绍林点校《续高僧传》卷21，《唐京师大庄严寺释昙伦传》，中华书局，2014年，第777-778页。

经》。此经三分具足。序分交代了宣讲此经的说法人、时、地、因缘等内容。此经的说法者为释迦牟尼。说法地在王舍城灵鹫山。听众为诸阿罗汉、独觉、辟支、菩萨、大梵天王、释提桓因、四天王、神龙八部、比丘、比丘尼、邬波索迦、邬波斯迦等。其中，大迦叶波见“世尊于此众中欣然而笑，放大光明照尸陀林及此大会，未久之间，其光还复从口而入，端坐而坐，正念不动”，故问其中缘由，佛陀因此为与会者宣讲《要行舍身经》。

至于《佛说要行舍身经》的正宗分部分，概而言之，主要涉及两部分：一是讲述久远世佛陀舍身的事迹，二是宣扬舍身的功德。

经文将舍身分为“死舍”和“生舍”两种。所谓“死舍”，即“人命终时，嘱善知识、同志愿者，分割其身为二分”“一分水中，一分陆地”“以此微供，普及有情，水陆空行，一切都食”。所谓“生舍”，是指或为佛法教义，或为拯救众生，而舍弃生命。

至于为何要舍身。经文主要从两个方面进行了阐述。一是宣扬通过舍身可以消除无始以来的罪业，特别是杀业：“如有有情多生杀害一切有情，遍娑婆世界，四重五逆，谤方等经，乃至食噉有情血肉，如是等罪，无量无边。若有有情能施身分，普济有情，除饥渴苦，如上之罪，悉得消灭，从无始以来所有殃咎速灭无余。”二是宣扬通过舍身可以消除因侵占常住财物所获得的罪业，经云：“假使有人从无始已来作业，偷僧祇物常住、僧物、见前僧物，不净说法，大斗重秤，如是等罪，应入奈落迦、傍生、饿鬼，百千劫中不得解脱。恐获来苦，即请召集娑诃世界三明六通具八解脱大阿罗汉，若凡若圣，一切僧尼，聚在一处，欲灭其罪，亦不可灭。何以故？即有百千殑伽娑诃世界一切众僧清净众海即不来集，以是因缘，罪难除灭。是故称云，常住僧物，普通法界上至诸佛，下至沙弥，悉皆有分，不如有人于一切生处，愿舍此身皮肉筋骨，心心相续。如上之罪，悉皆消灭，天曹地府所有薄籍自然除灭。”为鼓励舍身，经中甚至宣扬只要能够发下舍身誓愿，即便成就菩萨之行，经云：“若能一发是心，虽未舍身，世人已过二乘之行百千万倍，即共诸菩萨等一切同志。”同时，经中亦强调，舍身者与实施分身者功德无二。

《要行舍身经》最早见录于智昇的《开元释教录》，列入“别录中疑惑再详录”。智昇从四个方面论证此经伪妄不实：

> 《要行舍身经》一卷。三纸余。后有《舍身愿文》，共有五纸。
>
> 右一经，不知何人所造，邪党盛行。经初题云：“三藏法师玄奘译”。按法师所译，无有此经。伪谬之情，昭然可见。且述四件，用晓愚心：
>
> 一，伪经初云“王舍城灵鹫山”者，灵鹫山名，古译经有。奘法师译，皆曰鹫峰。今言灵鹫，一伪彰也。
>
> 一，伪经初又云“灵鹫山尸陀林侧”者。按诸传记，其鹫峰山在摩伽陀国山城之内宫城东北十四五里。岂有都城之内而安弃尸之处？事既不然，二伪彰也。
>
> 一，伪经中又云“佛说过去燃灯佛时初愿舍身”者。燃灯如来是释迦牟尼佛第二无数劫满授记之师。岂有得记当成方能死舍？事与理乖，三伪彰也。
>
> 一，伪经中又云“若有人杀害有情遍索诃界，四重五逆，谤方等经，及盗常住现前僧物，如是等罪合堕地狱。若能舍身，罪必消灭”者。谤经造逆，合堕阿鼻，死舍得除，便无重报（如外道妄计殑伽河浴，罪垢消除，轻命自沈，生天受福。此

言死舍除罪，与彼妄计何殊？）愚夫造恶，用此除愆。智者审思，勿被欺诳。永沦恶趣，无解脱期。事与理乖，四伪彰也（讹殊极多，不能备记）。①

智昇主要通过核对玄奘所译经文的内容，考察玄奘译文中的词汇特点，分析此经中的文意表达，辨别经中宣讲的舍身灭罪的教理等几个方面，来指证此经的伪妄。

《佛说舍身经》被判定为伪经后，不准入藏，久而久之散佚不存。敦煌藏经洞保存了此经的写本。据张小艳先生梳理，共有34号，并通过比对文书内容、行款、字迹等，对其中的8号文书缀合成4组②。敦煌文书中保存的《佛说舍身经》，对我们深入认识僧传、塔铭记载的林葬具有重要的学术价值。

因《佛说要行舍身经》中有“三藏法师玄奘译”题记，曹凌、于淑健先生认为此经完成于玄奘从印度归国的645年至智昇撰成《开元释教录》的730年之间③。

关于此经的编撰者，学界观点不一。牧田谛亮、刘淑芬、曹凌、于淑健等学者认为，此经由三阶教信徒伪撰而成。而胡素馨、何衍学者则持谨慎态度④。杨学勇则认为此经的作者并非三阶教僧人。他指出：“《舍身经》是一部宣扬布施身命的佛典，突出强调了生施。虽然《舍身经》包含‘舍身尸陀林’这层含义，但在信行禅师开创三阶教之前，林葬就早已存在，它不是三阶教特有的实践方式。《舍身经》所说的‘普’是指‘普及一切有情’，而三阶教的‘普’却有特别的含义，尤其特指普法普敬，两者所指不是一回事。三阶教典籍目录乃至相关资料未曾提及类似《舍身经》的典籍，而且三阶教教义中没有对舍身的相关论述。没有任何证据能证明《舍身经》是一部宣传三阶教教义的经典，就目前资料来看其与三阶教没有什么关联。”⑤

（二）《尸陀林发愿文》

《尸陀林发愿文》又名《舍身发愿文》，敦煌文书中共存6件写本，均抄写于《佛说要行舍身经》之后，分别是S.1060、S.2044、S.4318、S.6577、BD5759、德国私人收藏品。

S.6577，首尾完整，连抄《佛说要行舍身经》《舍身发愿文》。《佛说要行舍身经》，首题“佛说要行舍身经三藏奉招（诏）法师玄奘奉诏译”，尾题“佛说要行舍身经”，之后抄《尸陀林发愿文》，首题“尸陀林发愿文”，尾题“发愿文”。

BD5759，首残尾全，连抄《要行舍身经》《舍身发愿文》《大方广华严十恶品》。《舍身发愿文》首尾完整，内容与S.6577稍有不同。

S.1060，首尾均残，连抄《要行舍身经》《舍身发愿文》。《舍身发愿文》首全尾残，存27行，首题“佛说舍身发愿文”，止于“尽未来际无有休息”。

S.2044，首尾均残，连抄《要行舍身经》《舍身发愿文》。《舍身发愿文》首全尾残，存8行，首题“舍身愿文”，止于“常见一切诸佛菩萨”。

① ［唐］智昇撰，富世平点校《开元释教录》，中华书局，2018年，第1234-1235页。

② 张小艳：《敦煌疑伪经四种残卷缀合研究》，《敦煌研究》2016年第1期，第68-77页。

③ 曹凌：《中国佛教疑伪经综录》，上海古籍出版社，2011年，第452页；于淑健：《敦煌伪经〈佛说要行舍身经〉考略——兼及与三阶教的关联》，《宗教学研究》2015年第1期，第93-99页。

④ 杨学勇：《也谈〈佛说要行舍身经〉与三阶教的关联》，《敦煌学辑刊》2016年第3期，第61页。

⑤ ［美］胡素馨、何珩：《德国新发现佛说要行舍经》，《中华读书报》2016年4月20日，第1版。

德国私人收藏品。德国一家族收藏4件或源自敦煌的古写经，该家族敦煌文书收藏品主要于1894—1922年从中国收购。4件写本中，3件为《无量寿宗要经》，1件为多经连抄本：《佛说要行舍身经》《尸陀林发愿文》《佛说大威德金轮佛顶熾盛光如来消除一切灾难陀罗尼经》《佛说阿弥陀经》《佛说地藏菩萨经》。这件写本双面书写，由10.5厘米×46.5厘米的纸张粘贴而成，总长475厘米，从书法特征来看，为不同的人抄写而成[①]。

《尸陀林发愿文》的内容为：

> 十方三世诸佛，证知弟子某甲，愿从今身，尽未来际，恒以内财外财，生施死施。今生既尽，复以此分段之身、皮肉筋骨、头目髓脑及手足，施与一切饥饿众生，以偿宿债。
>
> 仰行菩萨苦行之踪，舍身血肉于尸陀林所。又以此舍身善根，已集、当集、现集一切善根，以此善根，愿共法界众生，生生之处，于身命财不生贪着。舍耶归正，发菩提心，永离贫穷。常见一切诸佛、菩萨及善知识，恒闻善正法，福智具足，一时作佛。
>
> 又愿肌肤血肉以施众生、飞鸟禽兽，皆翻充足。乃一念不生悔心，放（仿）同王子心。如是次第，遍满十方，如恒河沙等诸佛世界。愿舍无量无边阿僧祇身体血肉，给施无量阿僧祇众生，悉命饱满。为成檀波罗蜜故，复作是愿：愿诸众生取我肉时，随取随生。因食我肉，离饥渴苦。一切悉发阿耨多罗三藐三菩提心。若有有情因食我肉，离饥渴，未来之世，速得远离二十五有饥渴之患。[②]今我此身，以施诸鸟禽兽。我佛道故，今以肉施，以充其身，后成佛道。当以法施，以益其心。
>
> 又愿所生之□处，常修苦行，生死布施。命终之后，身在山林树下，众鸟兽而啖食之。行此行□者，自知得佛。
>
> 又以此舍身善根，愿令一切众生，应观死尸得度者，愿舍死尸身，普遍法界，度脱众生。应观死尸膨胀身得度者，愿舍死尸膨胀身，普遍法界，度脱众生。应观白骨身得度者，原舍白骨身，普遍法界，度脱众生。
>
> 又舍此无常不净之□身，愿□共法界众生，获得如来常住清净法身，广□大如法界，究竟如虚空。尽未来际，常无休息。又以□□此善根，愿令一切众生临命终时，心无错乱，身无颠倒，□□□正念成就，如入禅定，皆悉住生无量寿国。

观其内容，《尸陀林发愿文》似乎来自《南本大般涅槃经》卷30。

---

① ［美］胡素馨、何珩：《德国新发现佛说要行舍经》，《中华读书报》2016年4月20日。

② “愿诸众生取我肉时，随取随生。因食我肉，离饥渴苦。一切悉发阿耨多罗三藐三菩提心。若有有情因食我肉，离饥渴，未来之世，速得远离二十五有饥渴之患。”出自［北凉］昙无谶译《大般涅槃经》卷32，《大正藏》第12册，第558页。

文殊山石窟回鹘文题记释读

——兼论清朝时期河西的回鹘佛教团体*

吐送江·依明（兰州大学敦煌学研究所）
陈泳君（兰州大学敦煌学研究所）

【摘要】文殊山石窟位于酒泉市西南方向约15公里处，归属甘肃省肃南裕固族自治县祁丰藏族乡管辖。文殊山石窟目前共有石窟152个，保存相对较好的石窟有前山区第19窟，俗称“万佛洞”；前山区第29窟，俗称“前山千佛洞”；后山区第69窟，俗称“后山千佛洞”；后山区第73窟，俗称“古佛洞”（以上采用李甜所用编号）。其他石窟因塌方无法测绘，或因历史原因内容基本损失，即目前文殊山石窟需要讨论的一般限于前山千佛洞、万佛洞，后山千佛洞和古佛洞。本文将对文殊山石窟万佛洞中的回鹘文题记进行释读，并对明清时期回鹘佛教团体的去向进行讨论。

【关键词】文殊山石窟　金光明经　回鹘文题记　明代回鹘　清代回鹘

一、文殊山石窟及题记研究概况

文殊山石窟位于酒泉市西南方向约15千米处，现归属甘肃省肃南裕固族自治县祁丰藏族乡管辖。清黄文炜修《重修肃州新志》中所载有着“小西天”称号的文殊山即指此处①。姚桂兰主编的《文殊山石窟》给出了文殊山石窟群的经纬坐标及海拔，“东经98°20′—98°21′，北纬39°38′—39°39′，海拔1788米”②。关于文殊山石窟的开凿年代目前学术界说法不一，立于元泰定三年（1326）的《重修文殊寺碑》记

* 本文系国家社会科学基金重大招标项目“海外藏回鹘文献整理与研究”（项目编号20&ZD211）；“兰州大学人才队伍建设经费资助”（supported by “Talent Scientific Fund of Lanzhou University”）。

① 凤凰出版社编选《乾隆重修肃州新志》，凤凰出版社，2008年，第183页。

② 姚桂兰主编《文殊山石窟》，甘肃人民出版社，2018年，第2页。

载："爰有郑善进睹兹祥瑞，发心修盖文殊寺院已经年远……所观文殊圣寺古迹建立已经八百年矣。"由这一史料得出526年前后为学术界争论的时间节点。据李甜的《文殊山石窟研究》可知，文殊山石窟目前共有石窟152个。其中，文物遗存较多，保存相对较好的石窟有前山区第19窟，俗称"万佛洞"；前山区第29窟，俗称"前山千佛洞"；后山区第69窟，俗称"后山千佛洞"；后山区第73窟，俗称"古佛洞"①。其他石窟因塌方无法测绘，或因历史原因而内容基本损失。除此之外，与文殊山相关的史料还包括现存于肃南裕固族自治县民族博物馆的《重修文殊寺碑》及20世纪初俄国学者马洛夫（S. E. Malov）发现的回鹘文《金光明最胜王经》写本。本文将对万佛洞及《金光明最胜王经》写本进行重点关注。

文殊山石窟的相关研究按时期可分为前期考察与后期研究两大阶段。其中，前期考察包括1944年夏鼐与阎文儒二位先生的考察②、1954年美术史学家史岩先生的考察③以及1965年甘肃省文物工作队的考古调查④。前期调查主要着眼于石窟内容、石窟地质等方面，对于石窟整体内容的梳理与部分内容的判定因历史原因存在需要补足之处。

后期研究在20世纪80年代之后颇有井喷之势，这当然是建立在前贤考察的坚实基础上，但也说明文殊山石窟确有可探讨之处。而今来看，20世纪80年代后诸学者关于文殊山石窟的研究多集中于以下三个方面：其一，石窟的开凿与现存壁画的断代；其二，石窟的形制与相关文化源流；其三，石窟内的多语言题记。

首先是关于文殊山石窟开凿的年代问题。最早对文殊山石窟群的开凿时期提出观点的是史岩先生，他提出万佛洞开凿于北魏后期，后山千佛洞开凿于北魏，另外两个洞窟开凿于北朝⑤。杜斗城先生对此并不赞成，他以洞窟内所存最早期的壁画与炳灵寺第169窟、武威天梯山第4窟的西秦壁画相仿而判断石窟群建于北凉时期⑥，这引起了学界关于石窟开凿年代的经久不息的争论。总的来看，目前学界关于文殊山石窟群创建年代的观点包括北凉说⑦和北魏说。其中北魏说可以再分为北魏太和（477—499）稍后⑧和北魏孝明帝在位期间（515—528）⑨。其他说法如北魏正光（520—525）、孝昌年间（525—528）⑩以及根据《重修文殊寺碑》所测算的时间等都属于后者。

石窟群现存壁画年代判定的争论与开凿时代的判定相比也不遑多让，争论的焦点集中于：其一，与文殊山开窟时期相关，即石窟内的壁画究竟是北凉的风格还是北魏的风格；其二，西夏时期是否重修了文殊山石窟，重修了哪些石窟，石窟中哪些壁画被确认为西夏时期

① 李甜：《文殊山石窟研究》，博士学位论文，兰州大学，2019年。

② 夏鼐：《夏鼐日记》卷3，华东师范大学出版社，2011年，第187页。

③ 史岩：《酒泉文殊山的石窟寺院遗址》，《文物》1956年第7期，第53-59页。

④ 董玉祥、岳邦湖：《马蹄寺、文殊山、昌马诸石窟调查简报》，《文物》1965年第3期，第13-30页。

⑤ 史岩：《酒泉文殊山的石窟寺院遗址》，《文物》1956年第7期，第53-59页。

⑥ 杜斗城：《关于河西早期石窟的年代问题》，《敦煌学辑刊》1994年第2期，第101-109页。

⑦ "北凉说"的观点还可见于杨益民、唐晓军：《肃南县文殊山石窟寺院》，《丝绸之路》1998年第1期，第49-53页。

⑧ 暨远志：《酒泉地区早期石窟分期试论》，《敦煌研究》1996年第1期，第59-76页；李国：《河西几处中小石窟述论》，《敦煌研究》1998年第3期，第11-22页。

⑨ 张宝玺：《河西北朝中心柱窟（摘要）》，《敦煌研究》1988年第2期，第24-26页、126页。

⑩ 杨富学：《酒泉文殊山：回鹘佛教文化的最后一片净土》，《河西学院学报》2012年第6期，第1-6页。

的遗作[①]；其三，元明时期是否对文殊山石窟进行了重修重绘，又有哪些元明时期重修的洞窟以及壁画[②]。

其次是石窟的形制与相关文化源流问题。形制的问题相对简单，学界基本认定其为中心塔柱窟。但关于文化源流问题，存在诸多说法，不过与年代问题的各持一说不同，诸多学者的观点存在许多交叉点。总的来说，影响文殊山石窟的因素包括来自中原的中心柱窟形[③]与唐宋时期的壁画画风[④]，早期敦煌和西域石窟的佛、菩萨、飞天形象及凹凸晕染的技法[⑤]，以及河西其他地区石窟的造像[⑥]等。

再次是关于文殊山石窟中多语言题记的相关研究。史岩先生最早注意到文殊山石窟中的题记，但误将这些题记错认作蒙古文[⑦]。前文涉及的诸多文章中对文殊山的题记都有所描述与提及，甚至有学者尝试运用题记解决问题[⑧]。但对回鹘文题记内容的解读是从伊斯拉菲尔·玉素甫和张宝玺合撰的《文殊山万佛洞回鹘文题记》开始的。该文给出了11条回鹘文题记的解读，分别是：①康熙五十二年题记；②万历四十二年题记；③万历二十年题记；④康熙十三年题记a；⑤康熙十三年题记b；⑥顺治八年题记；⑦顺治九年题记a；⑧顺治九年题记b；⑨嘉靖三十年题记；⑩顺治十五年题记；⑪万历十五年题记[⑨]。伊氏的解读虽是唯一，却也有不足，如未将全部题记内容纳入，同时该文的一些解读存在值得商榷之处，最重要的是，题记的历史学价值有待进一步挖掘。

二、文殊山石窟回鹘文题记释读

2021年6月20日至21日，笔者赴文殊山石窟对回鹘文题记进行了实地考察，发现文殊山前山区第19窟（万佛洞）和后山区第69窟（后山千佛洞）两个洞窟均写有回鹘文题记。其中，前山区第19窟（万佛洞）内回鹘文题记最多。下面主要对前山区第19窟（万佛洞）中的15条回鹘文题记进行研究。伊斯拉菲尔·玉素甫和张宝玺在2012年已经对其中11条题记进行了释读。本文释读以前辈学者的释读为基础，对这11条题记的释读进行修改和补充，并对其中4条题记进行首次释读。

---

① 这一争论主要在于上一脚注中杨富学一文否认西夏重修的观点，坚持元代豳王家族重修说。西夏壁画的观点主要见于施爱民：《文殊山石窟万佛洞西夏壁画》，《文物世界》2003年第1期，第57-59页；张小刚、郭俊叶：《文殊山石窟西夏〈水月观音图〉与〈摩利支天图〉考释》，《敦煌研究》2016年第2期，第8-15页。

② 除了杨富学的文章外，姚桂兰：《文殊山石窟》，甘肃人民美术出版社，2018年；李甜：《文殊山石窟研究》，博士学位论文，兰州大学，2019年。两部著作也有类似观点表达。

③ 张宝玺：《河西北朝中心柱窟（摘要）》，《敦煌研究》1988年第2期，第24-26页、126页。

④ 施爱民：《文殊山石窟万佛洞西夏壁画》，《文物世界》2003年第1期，第57-59页。

⑤ 杨益民、唐晓军：《肃南县文殊山石窟寺院》，《丝绸之路》1998年第1期，第49-53页；董玉祥、岳邦湖：《马蹄寺、文殊山、昌马诸石窟调查简报》，《文物》1965年第3期，第13-30页。

⑥ 李甜：《文殊山石窟研究》，博士学位论文，兰州大学，2019年。

⑦ 史岩：《酒泉文殊山的石窟寺院遗址》，《文物》1956年第7期，第53-59页。

⑧ 张宝玺：《文殊山万佛洞西夏壁画内容》一文曾将题记判断为西夏供养人傍题，显然是因为回鹘文内容未被识读而造成的误解；张宝玺：《文殊山万佛洞西夏壁画内容》，载敦煌文物研究所编《1983年全国敦煌学术讨论会文集（石窟·艺术编）》，甘肃人民出版社，1985年，第266页。

⑨ 伊斯拉菲尔·玉素甫、张宝玺：《文殊山万佛洞回鹘文题记》，载吐鲁番学研究院编《语言背后的历史——西域古典语言学高峰论坛论文集》，上海古籍出版社，2012年，第94-106页。

前山区第19窟（万佛洞）属北魏时期开凿，为中心塔柱窟，窟形为平面近方形，窟宽5.60米，进深5.65米，高3.60米，中心柱四面分两层开龛，现存四壁绘画大部分为西夏、元、明重绘。其中尤以东壁的弥勒经变图，结构严谨，层次分明，是西夏时期宏大规模壁画的代表作。万佛洞南壁、北壁、东壁均有十几条墨写和刻写的回鹘文题记，有些题记在底层，暂释读有困难。

转写符号和缩略语说明：

“///”在转写中表示残缺或无法识别的字母，一个斜杠表示一个字母。“（）”表示根据回鹘人的习惯不写的，后来补充的字母；如：y(a)rl(ï)γ圣旨、命令。“□”表示因回鹘语文本残缺，在汉文译文中没能翻译出来的部分。“……”在转写中表示被破坏无法识别的内容，其中的“点”表示大概有多少个字母。“（….）”表示无法补充的剩余字符。“< >”表示写在题记旁边的内容。“…”表示由于墙壁磨损而无法确认是否存在字母的位置。“[ ]”表示墙壁破损且文字不清晰的地方。“[abc]”表示字符损坏和丢失内容的恢复。“<”表示来自某一个语言。“?”表示有疑问或不能确定的词汇。Chin.表示汉语，Toch.表示吐火罗语，Skt.表示梵语，Sogd.表示粟特语，Mo.表示蒙古语。“ṭ”表示应为t，但用d来写的字母，如：quṭluγ，吉祥的；“ẓ”表示应为z，但用s来写的字母，如：toquẓ九。

题记1：K19 Uyg01 伊斯拉菲尔/张宝玺（第159号）

位置：位于前山区第19窟，南壁门东（左）侧，自右向左第一幅画西端黑色条带下方僧侣的右侧。墨写5行，字迹清晰可读（见图1）。

图1 K19 Uyg01

转写：

1. b[iz] bilgä taluy toyïn bo[di] saḍa toyïn baxšï

2. šabi ägil karte uluγ kičig barča

3. yükünüp yanduq.

4. kang ši [ä]lig ikindi yïl törṭünč ay alṭï

5. yangïsï yükünduq ädgü。

译文：我们Bilgä taluy Toyïn，Bo[di]Saḍa Toyïn，法师和沙弥，俗人中的长者和晚辈所有人在此敬拜并返回，于康熙五十二年四月初六敬拜了，善哉！

注释：

1）bilgä taluy toyïn：毗伽大流僧人，Taluy < Chin. 大流；toyïn < Chin. 道人，指僧侣。baxšï < Chin. 博士，指导师、法师。Bilgä Taluy这一人名在文殊山石窟发现的回鹘文《金光明经》第一卷中以抄经者Bilgä Taluy Šabi“毗伽大流沙弥”的形式出现。写题记者和抄经者或是同一人。

1）bo[di] saḍa toyïn：bo[di] saḍa 常见回鹘人名；Baxšï < Chin. 博士，导师、法师。

1-2）baxšï šabi：法师与沙弥。

2）ägil karte：为对偶词表示俗人，Karte < Sogd. k'rt'k ~ k'rtk < Skt. gṛhastha①表示俗家弟子，未出家的佛教徒。

4）kang ši [ä]lig ikindi yïl：康熙五十二年，即1713年。

题记2：K19 Uyg02 伊斯拉菲尔/张宝玺 (第163号)。

位置：位于前山区第19窟东壁南（右）侧，黑条带上方凉亭右侧。墨写7行，字迹清晰可读（见图2）。

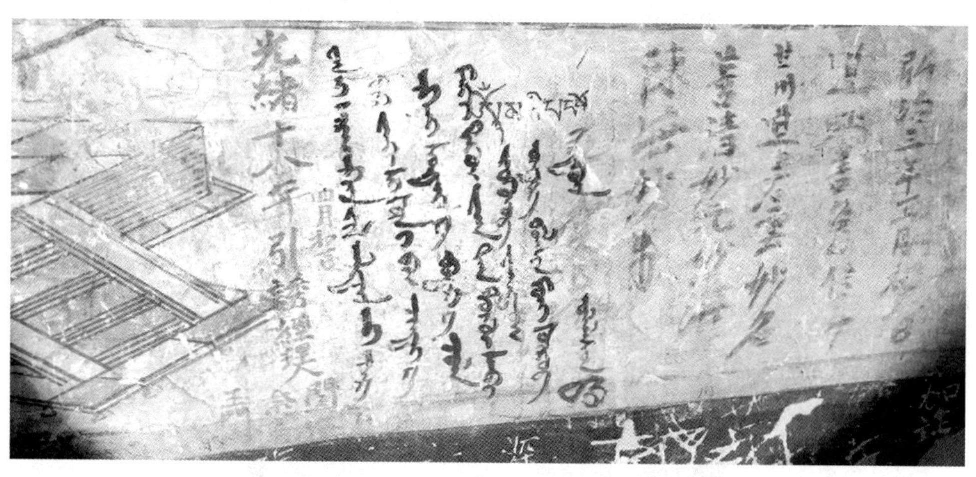

图2　K19 Uyg02

转写：

1. wan li qïrq ikinč yïl alṭïnč aynïng

2. bir yangïsï küni biz ačïnday-va

① Jens Wilkens, *Handwörterbuch des Altuigurischen Altuigurisch - Deutsch - Türkisch*, Universitätsverlag Göttingen, 2021， p. 340.

3. nikay saday-va bodare ačula

4. m(a)ngal t(e)güz yana tana tegüz šabi

5. yükünüp yanduq

6. ödik bolsun munï körüp

7. kertgünč ulalsun ädgü!

译文：万历四十二年六月初一，我们Ačïnday-va，Nikay saday-va，Bodari ačula，M(a)ngal T(e)güz和Tana Tegüz沙弥等人在此敬拜并返回，留下此题记，愿（题记）被看见时信念延续，善哉！

注释：

1）wan li qïrq ikinč yïl：万历四十二年，1614年，万历是明神宗年号，明朝使用此年号共48年（1573—1620），为明朝使用时间最长的年号。ikinč：第二，在早期回鹘语文献中数词iki“二”的序数词形式一直是ikinti或ikindi，题记中的ikinč体现出了现代语言的特点。

2）alṭïnč aynïng bir yangïsï küni：六月初一；yangï表示新，在回鹘纪年中表示每月前十天。早期回鹘语文献中yangï一般加向格后缀-qa，而题记中的yangï加第三人称所属后缀-sï，这也体现了现代语言的特点。

3）nikay < Skt. nikāya，表示派别或受戒传统，在题记中为人名。bodare < Skt. Boddhṛ，一僧侣的名字。

4）m(a)ngal tegüz: m(a)ngal < TochA. maṅgal-maṅkal / < TochB. maṅkāl < Skt. maṅgala[1]，表示运气、福气，在题记中是人名的组成部分。Tegüz < Mon. Tegüs[2]，表示完整，常见于人名。

4）tana tegüz: tana或来自梵语< Skt. Dhana常见于人名。

5）yükünüp yanduq：敬拜并返回。yanduq形式在早期回鹘语文献中一直是yandïmïz。文殊山石窟中的回鹘文题记体现了晚期回鹘语特点。例如，题记中动词人称词尾第一人称复数-duq，在早期回鹘语文献中以-imiz的形式出现。

6-7）ödik bolsun：愿成为纪念。ödik在回鹘题记中经常出现并指题记；kertgünč ulalsun：愿信念延续。kertgünč信念，信仰。ula-连接，ulal-延续、连续。题记中的动词命令式第三人称-sun，在早期回鹘文献中以-zun形式出现，而-sun体现出晚期回鹘语的特点。

题记3：K19 Uyg03伊斯拉菲尔/张宝玺（第168-1/1号）

位置：位于前山区第19窟东壁，中部中央黑色条带下方自右向左数第三幅屏风画中凉亭下部（至红色条带处为止）。墨写18行（见图3）。

转写：

1. em-a-ho qutluγ bolsun!

2. biz q(a)plan toyïn, qavčum? toyïn,

3. bodi töküz upase-e, padum tärimtä < tämir beš oγul>[3]

---

[1] Jens Wilkens, *Handwörterbuch des Altuigurischen Altuigurisch-Deutsch-Türkisch*, p. 468.

[2] 斯钦朝格图：《蒙古语词根词典》，内蒙古人民出版社，1988年，第1855页。

[3] 伊斯拉菲尔·玉素甫、张宝玺：《文殊山万佛洞回鹘文题记》，吐鲁番学研究院编《语言背后的历史——西域古典语言学高峰论坛论文集》，上海古籍出版社，2012年，第97页。

4. ulatï [ ] adïn asunqa sanlïɣ
5. bolmïš ögümüz pedme tarï-
6. -nïng mangalï söngüki
7. bu arayadan taɣqa
8. yedkürüp buyan ävirip yanduq <utlï ündürtük>
9. k[e]nki-lärkä ödük bolsun.
10. kälmiš anča kišilär ärsär①,
11. mänki iskäp toyïn-n,
12. särinmäk toyïn,
13. bilgä taluy toyïn, ïqbal upase
14. toyïn, sulčum toyïn, raṭna v(a)čir
15. šabi, töčük iršimšü šabi,
16. v(a)čir küsädkü šarimareta
17. ulatï.bu buyantïn yaɣ[u]ru
18. ädgü[l]ik bolsun sadu!

译文：em-a-ho！愿吉祥！我们Q(a)plan toyïn，Qavčum? Toyïn，Bodi Töküz Upase-e，Padum Tärim和Tämir等五个儿子，为了已去往另一个世界的母亲Padma Tarï吉祥的骨头送到这山寺，回向功德，[报恩]并返回。为后人作题记留念。还有这些人一起来，我Iskäp Toyïn，Särinmäk Toyïn，Bilgä Taluy Toyïn，Ïqbal Upase Toyïn，Sulčum Toyïn，Raṭna V(a)čir Šabi，Töčük Iršimšü Šabi，V(a)čir Küsädkü Šarimare等人。愿此功德带来幸运。善哉！

图3 K19 Uyg 03

① 伊斯拉菲尔、张宝玺的转写中不包含这一内容，详参伊斯拉菲尔·玉素甫、张宝玺：《文殊山万佛洞回鹘文题记》，载吐鲁番学研究院编《语言背后的历史——西域古典语言学高峰论坛论文集》，上海古籍出版社，2012年，第97页。

注释：

1）e-ma-qo < Tib. ཨེ་མ་ཧོ། e ma ho，来自藏语感叹词。

2）padum < TochB. padum < Skt. padma：莲花，在题记中表示人名。tarïm常见于回鹘人名的组成部分。

3）pedme < Skt. padma：莲花，是梵语 padma 的变体。

4）v(a)čir küsädkü：v(a)čir <Skt. vajra金刚，v(a)čir küsädkü意为金刚守护者，在题记中是人名组成部分。

4-5) adïn asunqa sanlïγ bolmïš：成为另一个世界的（人），已去世的。asun~ašun~ažun < Sogd. ”zwn 世界、界、趣。

5）šarimari < Mon. šarmiri < Skt. śrāmaṇera：准出家人，童行。沙弥尼。

7）arayadan taγ：山寺，寂静处；arayadan < TochB. āraṇyātan~ araṇyatan < Skt. āraṇyāyatana 佛寺。

8）buyan ävir：回向，对应梵语puṇyapariṇāma；buyan < Skt. puṇya 功德。

9）ödük bolsun：留下纪念、作为纪念。ödük~ödik意为“纪念、记录，题记”。

14）raṭna < Skt.ratna：宝石，此处为人名的组成部分。

题记4：K19 Uyg05 伊斯拉菲尔/张宝玺（第168-2号）。

位置：位于前山区第19窟东壁，下方自右向左数第三幅屏风画，红色条带内。墨写2行，回鹘文草书体。通过字体判断本题记应为上个题记的纪年（见图4）。

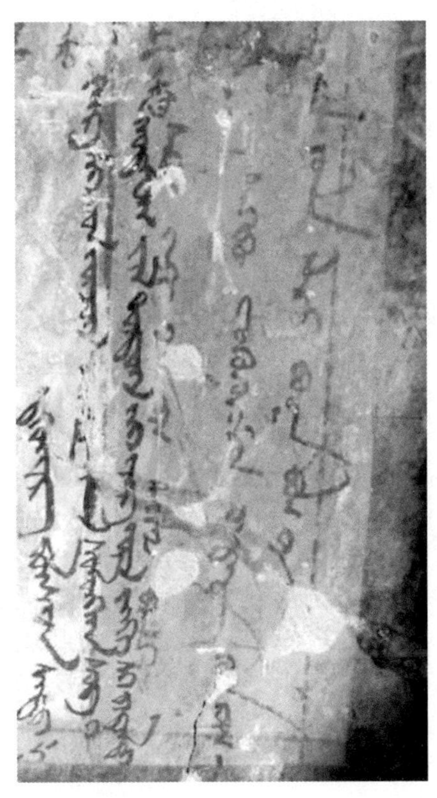

图4 K19 Uyg 05-06

转写：

1. kang ši on üčünč [yïl...ay...] solungɣa suv

2. quṭluɣ yïl törṭünč aynïng üč yangïsï biṭildi.

译文：康熙十三[年...月....] solungɣa suv吉祥的年四月初三写下。

注释：

1）kang ši on üčünč (yïl....)：康熙十三年，1674年。

2）Solungɣa Suv：指朝鲜①。Solungɣa Suv quṭluɣ yïl在题记中或指特殊的一个年号。

题记5：K19 Uyg06伊斯拉菲尔/张宝玺（第168-2号）。

位置：位于前山区第19窟东壁自右向左数第三幅屏风画右侧红色榜题框内。字体明显区别于前面的题记。墨写3行，回鹘文草书体（见前文图4）。

转写：

1. [ ]säkiz yangïqa biz sävinč baxšï-ï

2. [ ] sangpo yüküntümüz čaṭak kün üzä

3. [ ]oɣlanlarï burxan bolzun!

译文：[ ]八日我们Sävinč baxšï，[ ] Sangpo在斋日里敬拜了，[ ]愿其儿子们成佛。

注释：

1）本题记字体明显区别于上面的题记，伊斯拉菲尔和张宝玺的研究把这个题记作为前面的题记处理。题记虽然使用回鹘文草书体书写，但是其语言或比上一个题记早，题记中未见z/s交替的情况。如：bolzun愿它成为；yangï-qa也与其他题记有别。

2）sangpo：< Tib. bzang po བཟང་པོ，题记中的//KPW比较清楚，或是来自藏语的人名②。

2）čaṭak kün，佛诞日：čaṭak～čadak<< Skt. jataka本生故事。根据题记第一行提到八日，čaṭak kün指佛诞日。在佛教中，关于佛诞日的确有二月八日和四月八日两种说法。《长阿含经》中记载二月八日佛出生③。现在一般多以农历四月初八为释迦牟尼佛的诞生日，这一天也被称为“浴佛节”。二月八日，通常被认为是释迦牟尼佛的出家日。

题记6：K19 Uyg04伊斯拉菲尔/张宝玺（第168-1/2号）。

位置：位于东壁中部下方，自右向左数第三幅屏风画中，桥下侧。墨写6行（见图5）。

---

①［日］松井太、宫紀子：《モンゴル時代の「知」の東西』を読む(三)》，《内陸アジア言語の研究》36，2021年，第78页；Alexander Vovin，*Studies In Korean Linguistics And Language Pedagogy*，*Festschrift for Ho-min Sohn*，Korea University Press，2013，pp.200–205；白玉冬：《鄂尔浑突厥鲁尼文碑铭的čülgl(čülgil)》，《西域研究》2011年第1期，第83–92页。

②［日］松井太、荒川慎太郎：《敦煌石窟多言語資料集成》，東京外国語大学アジア・アフリカ言語文化研究所，2017年，第35页。

③《长阿含经》第4卷，《大正藏》第1册，第30页a22–29行。

图5　K19 Uyg 04

转写：

1. wan li ye[girmi... yïl ....aynïng]
2. iki yangïsï, biz bu budabali toyïn,
3. v(a)čir ki[　] namaskap upase,
4. ta[　] upase tardï,
5. sayïn buldan upase ävlüki birlä
6. kälip yükündük .

译文：万历[二十年……月]初一我们Budabalï僧人，V(a)čir ki[　] namaskap优婆塞，ta[　]优婆塞，Sayïn buldan优婆塞与家人同来敬拜。

注释：

1）wan li ye[girmi... yïl]：万历二十……年，1592年左右。

2）budabali：人名，来自buda < Skt. buddha“佛”，bali < Skt. bali“牺牲”。

3）namaskap：人名，或来自namas < Skt. namas表示尊敬，skap < Tib. skyab སྐྱབ 表示保护者[①]。

4）v(a)čir < Sogd. βz’yr < Skt. vajra金刚，题记中为人名。

5）upase < Sogd. wp’s’y — ’wp’s’k — wp’s’k < Skt. upāsaka，优婆塞，未出家的虔诚的佛教徒。

题记7：K19 Uyg07 伊斯拉菲尔/张宝玺（第168-2号）。

位置：位于前山区第19窟东壁，自右向左数第三幅屏风画下，最下部。墨写6行，回鹘文草书体（见图6）。

① 张怡荪主编《藏汉大辞典》，民族出版社，1996年，第142页。

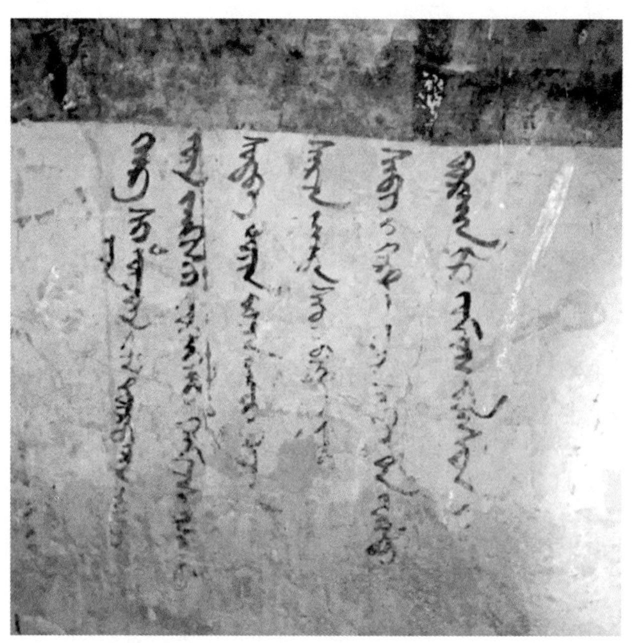

图6 K19 Uyg 07

转写：

1. kang ši < on> üčünč yïl törṭünč ay
2. üč yangïsï yüküngäli kälmiš kiši[lär].
3. sudpa toyïn, buyan tartï to[yïn],
4. sarïγ ananda šabi, bumi yer
5. šabi-i, karma[saki] šabita ulatï
6. burxanlar umuγ bolsun.

译文：康熙十三年第四月初三来敬拜的人有 Sudpa toyïn，Buyan tartï to[yïn]，Sarïγ ananda šabi，Bumi yer šabi，Karma[Saki] šabi等。愿诸佛成为我们的希望。

注释：

1）kang ši on üčünč yïl：康熙十三年，1674年。

2）sudpa toyïn：sudpa < Tib. bzod pa བཟོད་པ་或是藏语人名。

3）sarïγ ananda šabi：sarïγ 黄色，阿难陀 ananda < TochA. ānant-ānand / < Sogd. ”n’nt < Skt. ānanda。

4）bumi yer šabi：人名，或来自 bumi < Skt. bhūmi ，yer “大地”。

5）karma[saki] šabi：karma[saki]-karma[žaki]，题记中只有karma可见，后面模糊难辨认。或是来自梵语人名karmažaki < Skt. Karmaśākhi。

题记8：K19 Uyg08 伊斯拉菲尔/张宝玺（第170-2号）。

（分一、二、三部分转写）

位置：位于前山区第19窟东壁最左端，自右向左数第五幅屏风画上黑框内。刻写21行，按字体分1—4、5—8、9—21这3个部分。

（一）

（见图7）转写：

1. šun či säkizinč yïl törṭünč ay beš yangïsï yükündük. tarmaširi toyïn bašlap virxar

2. täẓgindük. malay toyïn birlä yïruq toyïn suvsadi raṭna bali toyïn yükünüp yanduq

3. biz. raṭna bali biṭiyü tägindim. kenki toyïnlarqa <ödik> bolsun.

4. t(ä)k yorïyu vixar täzgingü kärg(ä)k küntä olurγu yükünč qïlγu [kärgäk].

译文：顺治八年四月初五我们敬拜。达摩实里Toyïn带领（我们）绕佛敬拜。Malay Toyïn，Yïruq Toyïn，Suvsadï Raṭna Balï Toyïn等一起敬拜返回。我Raṭna Balï写下。愿为后来的僧人留作纪念。需要绕佛礼拜的日子，应坐下来跪拜（禅定）。

注释：

1）šun či säkizinč yïl：顺治为清朝第三位皇帝，顺治八年，1651年。

1）tarmaširi toyïn：人名，tarmaširi < Skt. Dharmaśrī。

1）virxar：寺院，virxar < Sogd. βrγʾr < Skt. vihāra。

2）malay toyïn：人名，malay < Skt. malaya(giri) “印度一地名”。题记中malay或是来自蒙古语的manglay < Mo. Manglai “一官职；先锋”。

2）täẓgindük：绕佛礼拜。伊斯拉菲尔和张宝玺将其转写为tašäkürdük。虽然题记中写有t’š’kyndwk 根据上下文，转写成täẓgindük绕佛礼拜更为恰当。

2）suvsadi raṭna bali toyïn：人名，Suvasdi < Skt. Svasti，raṭna < Skt. Ratna “宝石”，bali < Skt. Bali “牺牲”。

3）ödik：ödik “题记、纪念”，第3行中的ödik或因写错，而在第3行左边重新写上。

图7　K19 Uyg 08-1

（二）

（见图8）转写：

1. šun či toquzunč yïl törṭünč aynïng törṭ yangïsï kün üzä

2. bi[z] raṭna bali baxšï eṭinčü sümtä [ ]üčü [ ]üntä amita [ ]

3. önčäytu küsädü bultačï

4. kenki toyïnlarqa ödik bolsun!

译文：顺治九年四月初四，在这一天，我们Raṭna balï baxšï、Etinčü sümtä [ ]üčü [ ]üntä [ ]amita、Önčäytu (写了)。愿为后来的僧人留作纪念。

注释：

1）šun či toquzunč yïl：顺治九年，1652年。

2）raṭna：< Skt. raṭna宝珠，在题记中表示人名。

3）önčäytu~ölčäytu：人名，önčäytu或刻写时未写字母-L-，ölčäytu来自蒙古语 < Mo. Ölǰeytü。

图8　K19 Uyg 08-2

（三）

转写：

1. šun či toquzunč

2. yïlnïng törṭünč

3. ayïnïng törṭ

4. yangïsï

5. ödik tükäti.

6. biz budaya, < sayï >

7. taγčula

8. sada torče

9. märdan čäčäk

10. tan yun an

11. altïnč ay

12. toquzị

13. käldük.

译文：顺治九年四月初四完成此题记，我们Budaya，< Sayï >，Taγčula，Sada Torče，Märdan Čäčäk，Tan Yun An六月九（日）来了。

注释：

8）torče < Tib. རྡོ་རྗེ rDo rje 道尔吉，金刚。

9）čäčäk：花，题记中作人名。

10）tan yun an：或来自汉语人名。

题记9：K19 Uyg09 伊斯拉菲尔/张宝玺（第171号）。

位置：位于前山区第19窟西壁北侧最右端红色榜题，自右向左数第一幅屏风画内，右侧。墨写5行（见图9）。

图9　K19 Uyg 09

转写：

1. ka sing otuzunč <yïl> ït? yïl ikindi ay üč yangïsï kün üzä

2. arya mančuširining ornaγïnï küsäyü kälmiš körmiš üzä

3. adišdid tängri bu tep kälip yükündimiz.

4. qutluγ möngü toyïn, torče toyïn, darma toyïn, sanggataz toyïn

5. sui kün üzä.

译文：在嘉靖三十年狗？年二月初三，为了来看尊贵的文殊菩萨的处所，（相信）他是魔法力量之神而来此敬拜。吉祥的Möngkü toyïn，Torče toyïn，Darma toyïn，Sanggataz toyïn于忏悔日。

注释：

1）ka sing otuzunč yïl：嘉靖三十年，1551年。

1）ït? yïl：狗年。然嘉靖三十年为农历辛亥年，应为猪年。此处字迹模糊难以判断，或存在其他识读可能。

2）arya mančuširi：文殊菩萨。

2）adišdid tängri：魔法力量之神。adišdid < TochB adhiṣṭhit < Skt. adhiṣṭhita 魔法力量、魔法权利。

4）möngkü：人名，Torče < Tib. རྡོ་རྗེ rDo rje 道尔吉，金刚；darma < Skt. dharma 人名，达摩；Sanggataz < Skt. saṅghadāsa人名。

5）sui kün：或意为忏悔日；sui < Chin. 罪。

题记10-1：K19 Uyg10 伊斯拉菲尔/张宝玺（第172号）。

位置：位于前山区第19窟西壁北侧，自右向左数第二幅屏风画右侧红色榜题内。墨写7行（见图10）。

图10　K19 Uyg 10

转写：

1. em-a-qo ymä qutluγ qïv[lïγ]?

2. tay čin šün či on? bešinč ? yïl törṭünč aynïng törṭ yangïsï quṭluγ kün ü(zä)

3. mančuširining qut qolunmaqïnga yinčürü yüküngäli kälmiš kertgünč köngüllüglär

4. elïγma upase-e, toyïn qaplan, toyïn qutu, šabi taluy, šabi adtan, tükäl upase,

5. yana tärimlär ol.

6. xua čäčäk tärim, udumbar čäčäk tärim, küsümbar čäčäk tärimtä ulatï.

7. ka sing otuzunč.

译文：em-a-qo！吉祥，有福的大清顺治十五年四月初四，在这吉祥的日子，为了向文殊菩萨祈求的虔诚信徒有Elïγma优婆塞，僧人Qaplan，僧人Qutu，沙弥Taluy，沙弥Adtan，Tükäl优婆塞，并其夫人。Xua čäčäk tärim，Udumbar čäčäk tärim，Küsümbar čäčäk tärim等人。嘉靖三十年。

注释：

1）qutluγ qïv[lïγ]?：吉祥幸福的，为固定搭配，qïvlïγ一词看不清，在此为填补。

2）tay čin：大清，为音译。

2）šün či on? bešinč ? yïl：顺治十五年，为1658年。

3）mančuširining qut qolunmaqïnga：为了向文殊菩萨祈祷。qut qolunmaq为祈福。

3）kertgünč köngüllüglär：有虔诚之心的人们。

4）elïγma：头衔，也作人名。

4）tärim：夫人、贵妇，妇女尊称。

6）xua čäčäk：花朵，在此为人名。xua < Chin. 花。

6）udumbar čäčäk：优昙婆罗花，在此为人名，udumbar < Skt. udumbara。

7）ka sing otuzunč：嘉靖三十年，1551年。这年份记录属于第九个题记，字迹一样。

题记10-2：此段题记为押头韵诗体愿文。

转写：

1. buu yükünmiš buyan küčintä，

2. bošulup ayïγ qïlïnč <ïmïz> arïsun.

3. bošup ada tudalarïmïz tarïqsun.

4. busušluγ ämgäk tüšin kälmäsün.

译文：

在我们敬拜的功德和力量下，愿我们被解脱，罪行被洗净。愿我们解脱，灾难消除。愿烦恼的苦果尽灭。

注释：

4）busušluγ ämgäk tüši：苦难之果。busušluγ让人忧伤的，ämgäk苦难，tüš结果、水果。

题记11：K19 Uyg11 伊斯拉菲尔/张宝玺（第174号）

位置：位于前山区第19窟东壁下端，墨写3行（见图11）。

转写：

1. wan li yegirmi törṭünč yïl
2. aynïng toquz̩ yangïsïda biz liking
3. bolɣu šabi kälip yanduq.

译文：万历二十四年……月初九我们Liking，Bolɣu Šabi到此（敬拜后）返回。

注释：

1）wan li yegirmi törṭünč yïl：万历二十四年，1596年。

2）liking：或为汉语人名。

3）bolɣu šabi：bolɣu 沙弥，回鹘人名。

图11　K19 Uyg 11

前人未研究过的题记

题记12-13：K19 Uyg12-13。

位置：位于前山区第19窟东壁，自右向左数第四幅屏风画内右侧红榜题内。墨写4行（见图12）。

转写：

1. bečin yïl törṭünč ay bir yangïta biz [bu]
2. ädgü buqarqa kälip yükünü [tägindük] xwc’
3. bitidim.

译文：猴年四月初一我们来到[这]吉祥的寺庙敬拜[ ]，我xwc’（和卓）写了。

注释：

从字体，xwc' xoja 等词来看此题记或写于元代。

图12 K19 Uyg 12-13

题记13：K19 Uyg12-13，（见前文图12）。

转写：

1. bečin yïl altïnč ay on iki

译文：猴年六月十二[日]

注释：

1）bečin yïl：猴年

2）yangïta：这题记中yangïta的使用体现出早期回鹘语的特点，其他题记中均适用yangïsï。Yangï，初，指每个月的前十天。

3）buxar:佛寺，或来自梵语，Sogd. βrx'r < Skt. vihāra。buxar < Mo. buqar为蒙古语形式。

题记14：K19 Uyg14。

位置：位于主室正面龛右上方中部。墨写4行（见图13）。

转写：

1. yong čing beš[inč yïl]

2. buyan [ ]

3. kišilär [ ]

4. tükädip [ ]

译文：雍正五年……，功德……人们……完成……。

注释：

1）题记写在壁画脱落的部分，后半段模糊不清。

1）yong čing beš[inč yïl]：雍正五年，1727年。

2）buyan:功德，buyan < Skt. puṇya。

4）tükäd-：结束，完成。

图13 K19 Uyg 14

题记15：K19 Uyg15。

位置：位于东壁最右侧下方自右向左数第一幅屏风画内红色榜题内。墨写3行（见图14）。

转写：

1. qutluγ ït yïl üčünč ay [ ] bodunan? asanat? [ ] tapdï

2. Y’R’PYS munča kiši[lär sängrä]mkä yüküngäli yükünü bardïmïz? bu buyan

3. küčintä burxan qutïn bul [ ] ädgü ädgü svax-a svax-a bolzun.

译文：吉祥的狗年三月……日，Bodunan? Asanat? … Tapdï Y’ R’ PYS等人，来到这寺庙敬拜，愿在这功德的力量下得到菩提，善哉善哉！

注释：

题记写在榜题框内，中部破损，除了人名部分，多数可识别，为朝圣者题记。因为没有年号纪年，暂无法判断具体年份。从字体或语言来看或早于清代。ädgü bolzun或svaxa bolzun表示善哉、愿吉祥。svaxa < Skt. svāhā陀罗尼的结尾音节，佛教仪式中使用的仪式性词语。

文殊山石窟的题记暂如上所示。与敦煌地区的回鹘文题记相比，文殊山石窟的题记除生肖纪年外，还包含了中央统治者的年号纪年，这给题记的历史学考察提供了极大的便利，这一点也指引我们进入下一个问题的探究，即清代河西回鹘佛教团体的来源与去向。

图14 K19 Uyg 15

三、清代河西回鹘佛教团体的来源与去向

文殊山石窟中留存有大量明清时期的回鹘文佛教朝圣题记，这无疑是这一带于明清时期存在回鹘佛教团体的铁证。然而，面对这些题记，我们自然会产生疑问，即此处回鹘佛教团体的来源与最终归处。无疑，这是一个十分困难的问题，但细究题记以及此处发现的回鹘文《金光明经》的愿文，能够寻到解决这一问题的线索。

如上文所述，文殊山的回鹘文题记与《金光明经》的愿文是解决相关问题的重要线索，那么我们首先面临的问题是这两大史料之间是否能建立联系。这两份材料建立联系能够帮助我们理解的要点包括：其一，二者的发现地都是文殊山；其二，二者涉及的时间都是清代。

但显然这两点并不能建立足够的联系。关于这一点，包括杨富学①在内的前辈学者们都注意到了，回鹘文题记与《金光明经》愿文中都出现过Bilgä Taluy这一人名。护雅夫对《金光明经》的写经者与抄经人的相关信息进行了整理②。为了便于讨论，我们将涉及这一人名的回鹘文题记内容摘录如下（见表1）：

表1 文殊山回鹘文题记与《金光明经》愿文信息对照表

卷数	写经的年月日	写经者	呈进人	地点
第1卷	康熙二十六年(丁卯)十月二十四日	quu-yi-qya寺的bilgä Taluy šabi	Ratna Vačir	敦煌
第3卷	康熙二十六年十月二十八日	Ratna Vajra šabi	同一人	
第4卷	康熙二十六年八月十五日	Čaɣšapat Mangal 僧人	Iqiang Isman, Ratna Vajra	
第5卷	康熙二十六年六月六日	Čaɣšapat Mangal Istavri僧人,Suvasti僧人,Bilgä Taluy僧人	Iqiang Isman, Ratna Vajra	敦煌
第6卷	康熙二十六年六月二十二日	Suvasti 僧人		
第7卷	康熙二十六年六月二十四日		bilgä Taluy šabi Ratna Vajra šabi	

康熙五十二年题记：

biz bilgä taluy toyïn bo[di] saḍa toyïn baxšï šabi ägil karte uluɣ kičig barča yükünüp yanduq

译文：我们Bilgä Taluy Toyïn，Bo[di] Saḍa Toyïn，法师和沙弥，俗人中的长者和晚辈所有人在此敬拜并返回。

纪年不明题记：

kälmiš anča kišilär ärsär mänki isküp toyïn-n särinmäk toyïn bilgä taluy toyïn ïqbal upase toyïn sulčum toyïn raṭna v(a)čir šabi töčük iršimšü šabi v(a)čir küsädük šarimareta

译文：还有这些人一起来，我Isküp Toyïn，Särinmäk Toyïn，Bilgä Taluy Toyïn，Ïqbal Upase Toyïn，Sulčum Toyïn，Raṭna V(a)čir Šabi，Töčük Iršimšü Šabi，V(a)čir Küsädkü Šarimare等人。

前辈学者仅提供了这一猜测，但笔者认为这一猜测的证据可以再添几笔。首先，表格之中第1卷的抄经者为Bilgä Taluy沙弥，时间为康熙二十六年。而康熙五十二年题记之中，Bilgä Taluy已经成为僧人。我们知晓佛教之中，沙弥指的是“已受十戒，未受具足戒，年龄在七岁以上，未满二十岁之出家男子”，那么题记与愿文之中的称呼变化便是相应的。此外，不难发现，表格之中还有Bilgä Taluy僧人这一称呼，前面所列抄经时间由护雅夫补出。无疑，除非参与抄经活动的有多位名叫Bilgä Taluy的人，否则便只可能是护雅夫补出的年限，

①杨富学：《酒泉文殊山：回鹘佛教文化的最后一方净土》，《河西学院学报》2012年第6期，第5页。

② Mori Masao, “Uigurugo yaku Konkōmyōsaishōōkyō,” *Shigaku Zasshi*, Vol.71/9. 中文译文：护雅夫著，李树辉译《回鹘语译本〈金光明最胜王经〉》(续)，《语言与翻译》1998年第1期，第22页。

这仍有商榷的余地。即此《金光明经》极有可能是在几年之后，在Bilgä Taluy成为僧人后再抄写的，这是两者的第一个联系。

双方的第二个联系在于文殊菩萨信仰。除了上述提及的文殊山题记的年代大多属于清朝之外，题记的时间线索还提供了另外的信息。有90%以上的清朝题记记载的朝圣时间是四月初四前后，而四月初四是佛教文殊菩萨诞辰。显然，前往文殊山朝圣的回鹘佛教团体与文殊菩萨信仰之间关系匪浅。而《金光明经》愿文中的一段[①]对文殊信仰也有所提及，如下：

13. tay čïŋ quo qaŋ si yeti otuẓunč

14. ïgač qut-luγ wu luu yïl onunč tolun

15. ay otuzï mančuširi bodïs(a)t(a)v yaγïz-qa

16. enär ir toŋuz kün üzä

17. quu yi huu-a virhar-ta uluγ quvraγ

18. birlä pratisdạpan qïlïdï :: ::

19. kenki tözün-lärkä öṭüg bolẓun ::

20. oom supratišda suu v(a)čir ye svaha ::

21. maŋgalam ::

译文：大清国康熙二十七年，木元素的戊辰龙年十月三十日，即乙亥日，当文殊师利菩萨降临世间时，于归华寺举行了大型集会活动，愿文殊菩萨保佑贵族！

如此，《金光明经》相关的佛教团体与文殊山回鹘文题记涉及的佛教团体在时间上相近、地域上重合、信仰上相似，甚至极有可能拥有一位相同的成员，几乎可以判断这两份材料涉及的是同一个回鹘佛教团体。如此，我们方可进入下一个问题的探讨，即这一回鹘佛教团体究竟源自哪里，最终又归向何处。

关于这一问题，我们仍需要回归至《金光明经》的愿文[②]中：

147. yaγïz-qa maŋgal altun tözlüg yer tilgäniŋä

148. taγ-qa maŋgal sumer taγ ulaṭï yeti altun-luγ

149. taγ-qa : suv-qa maŋgal anupatat yul ulatï

150. yeti suv ügüz-kä : divip-qa maŋgal

151. vaiduri tözlüg čambudivip-qa :: :: ::

152. sögüt-kä maŋgal qalpavarqaš hu-a-lanmïš šala

153. sögüt-kä : t(ä)ŋri-kä maŋgal äzrua hormuz-

154. ta kün ay yultuz-lar : el-kä maŋgal

155. sügči balïq-nïŋ el uluš-ïŋa ::

156. süŋök-kä maŋgal uyγur uruγ-ï yaḍïlγu-qa ::

157. ärdini-lig bo suḍur-nuŋ čoγ-luγ küč-intä :

158. ärklig qaŋ-si han-nïŋ aṭï čoγ-lanzun :

① 此处的回鹘文转写与翻译出自Yukiyo Kasai，*Die Uigurischen Buddhistischen Kolophone*，Turnhout：Berpols, 2008.pp.106-107.

② 此处的回鹘文转写与翻译出自Yukiyo Kasai，*Die Uigurischen Buddhistischen Kolophone*，pp.108-109。另需要指出的是，笠井幸代与茨默关于归华寺的相关比对于本文帮助很大。

159. äsilmäksiz el oron-ï tümän yïl turzun :

160. ämgäksiz-in el uluš-ï mäŋi-lig bolzun ::

161. ävirürbiz bo buyanïγ quy hu-a vihar-qa

162. ärtäki täg tükäl bütüp čoγ-luγ bolγu-qa :

163. el uluš-ï nom-luγ törög b(ä)k y(a)rp tutγu-qa :

164. eyin ögirip buyan ädgü-kä sïmtaγ-sïz bolγu-q ::

译文：

赞美大地！黄金般的大地。赞美诸山！须弥山和七座金山！赞美诸湖！峰顶的七处湖泽与阿耨达池！赞美四部洲！琉璃色的瞻部洲！赞美诸树！似如愿树般盛开梭罗花的树！赞美诸神！梵天、因陀罗、日、月与星辰！赞美土地！肃州城的土地与领地！赞美肢体！愿回鹘部族永昌！借着这部宝经的光辉力量，愿强大的康熙皇帝的名字熠熠生辉，愿不灭帝国的王位传承万年，祝愿帝国了无苦难！我们将此功德献给归华寺，完全成就，光荣如初的人；牢牢掌握境界和法教的人；欢喜功德，可靠的人！

此愿文之中提到了两个地名，其一是 sügči balïq，而我们知道在敦煌莫高窟与瓜州榆林窟之中多次出现过 sügčü 一词，松井太将其译为“肃州”①。据此，再加上发音以及文殊山所处的地理位置，sügči balïq 译为“肃州城”应无问题。再者，愿文中述及“赞美土地！肃州城的土地与领地”，由此句判断，肃州城极有可能是这个回鹘佛教团体的现居之地。

其二是 quy hu-a vihar，vihar 为寺庙之意，且该词也出现在护雅夫整理的表格及前述另一段愿文之中，显然与这一回鹘佛教团体关系重大。而有趣的是，笔者于《乾隆重修肃州新志》中找到了这样一则材料：“归华寺，在东关哈密卫，净修国师必牙剌失力娃子拜言卜剌所建。拜言卜剌父，在哈密居住，成化间，被吐鲁番王子速瓦亦思速坛阿力，节次抢难存。正德初，率领部落，投顺肃州，准其进贡。都督乩吉卜，与拜言卜剌管束新、旧哈剌灰畏兀儿夷人于关厢建寺，曰：‘归华寺’，在东关厢。”②在此材料中，我们明显可以看见，quy hu-a 与“归华”是形成对音的，“投顺肃州”与肃州城是相合的，畏兀儿夷人与回鹘佛教团体是相应的。此外，明“正德”这一时间点与文殊山出现的最早回鹘文题记的年代“嘉靖三十年”也是相符的，因为嘉靖确在正德之后，而畏兀儿人的佛教文化与文殊山之间建立联系也确实需要时间。那么，依此可以判断，quy hu-a 与“归华”是可以勘同的。

论述至此，也就可以得出文殊山石窟题记与《金光明经》愿文涉及的回鹘佛教团体为同一团体，现居肃州并属归华寺这一结论了。如此，细究《乾隆重修肃州新志》中的记述，肃州这一回鹘佛教团体显然是因为战乱而从哈密之地迁至此处的。关于哈密地区的佛教，姚胜曾言“15世纪中期，吐鲁番彻底落入信奉伊斯兰教的东察合台汗国之手。当地的佛教徒，一部分避难于明朝，而另一部分人则移居哈密”③，如此，哈密地区的佛教徒当是来自吐鲁番地区受伊斯兰文化影响而东迁的。众所周知，吐鲁番地区的佛教文化是以回鹘佛教文化为中心的，这也与此后迁至肃州地区的回鹘佛教文化相对应。

---

①［日］松井太、荒川慎太郎：《敦煌石窟多言語資料集成》，東京外国語大学アジア・アフリカ言語文化研究所，2017年，第149页。

② 凤凰出版社编选《万历肃镇华夷志》，凤凰出版社，2008年，第183页。

③ 姚胜：《明代吐鲁番佛教的衰亡》，《国际汉学》2017年第2期，第127页。

再者，关于明朝时期吐鲁番与哈密地区发生的战乱与迁徙，公维章曾撰文论述，他提出“嘉靖七年帖木哥、土巴二人不满于吐鲁番的统治，率其部族五千四百人回归关内，敦煌完全被吐鲁番占据。之后，陆续有少量的蒙、维、藏民迁此定居，从此进入了吐鲁番回鹘统治时期”①。如此，正德之后，西来部族对于敦煌地区的影响是在逐步累积扩大的，而肃州地区的“回鹘佛教团体”在此等社会背景之下也应是逐步扩大的。至于这一期间，关西诸卫与明、吐鲁番的关系及迁徙次数、时间等问题，已经超出本文探讨范围②。明朝时期，发生于吐鲁番、哈密的战乱使得部分部族（包括回鹘人）内迁至肃州，以回鹘佛教文化为核心的集团建立了归华寺并与肃州当地的文殊山建立联系。随着西来部族的逐渐增多，河西的回鹘佛教文化团体的影响也逐渐扩大，敦煌也成为这一文化的辐射范围，这也就解释了为何后来《金光明经》的抄经活动发生于敦煌地区。

而关于这部分回鹘佛教团体的最终去向问题，文殊山的题记以及《金光明经》未能给我们提供十分有效的信息。但高启安曾考证认为，东迁至关内且信仰佛教的哈密卫部族最终成为西部裕固族的一支③。但杨富学对于裕固族东迁之说是极力否认的，他认为裕固族的形成与豳王家族提供的政治环境与河西回鹘提供的文化环境息息相关，主要的来源是河西的回鹘及蒙古族裔④。如前文所述，我们只可得出文殊山的回鹘佛教团体确实来自哈密之地，杨富学也认为文殊山的佛教文化遗存与裕固族关系匪浅⑤。如此看来，虽然仍没有确切证据，但依据前人研究的基础，我们推断这部分回鹘佛教团体最终融入裕固族之中不悖于理。

① 公维章：《明代的敦煌佛教》，《敦煌学辑刊》2015年第4期，第90页。

② 关于这一点的相关论述，或可参见钱伯泉：《黄头回纥的变迁及名义》，《新疆社会科学》，2004年第6期，第102页。

③ 高启安：《明代哈密卫东迁与裕固族的形成》，《甘肃社会科学》1989年第4期，第101页。

④ 杨富学、张海娟：《蒙古豳王家族与裕固族的形成》，《内蒙古社会科学（汉文版）》2015年第3期，第37-43页。

⑤ 杨富学：《酒泉文殊山：回鹘佛教文化的最后一方净土》，《河西学院学报》2012年第6期，第5页。

禅修、观想与石窟

刘 屹（首都师范大学历史学院）

【摘要】学界有一种意见，认为石窟中的壁画和塑像，是为辅助僧人禅修时观想佛陀形象而制造的。由此影响到对一些石窟基本功能和性质的界定，如所谓的“禅窟”。禅修是僧人修行的基本功，但禅修并非一开始就要观想佛像。大体上从公元5世纪初开始，观想佛像的禅经才被汉译传入中国。这些禅经中对禅修时观想佛像的规定，与实际石窟中的壁画和塑像难以完全相符。事实上，大量的禅修是无须在特定的石窟中进行的。

【关键词】禅法 禅经 观想 禅窟

引言

“禅窟”是敦煌莫高窟三种洞窟基本形制之一[①]，一般被认为是供僧人静坐禅修的洞窟。敦煌的“禅窟”又分为三种不同的类型。其一是在主窟开龛的佛殿窟内附设成组的禅窟，即左右对称地布局几个小禅室。此类型以莫高窟南区第268、285和487窟最为典型[②]。其二是单室禅窟，均在北区发现，数量为68个。其三是多室禅窟，也主要位于

① 宿白：《中国佛教石窟寺遗迹——3至8世纪中国佛教考古学》，文物出版社，2010年，第17页。

② 第68窟属“北凉三窟”之一，第285窟是西魏大统年间所开。宿白先生率先认定第285窟为“禅窟”，见《参观敦煌莫高窟第285窟札记》，1956年初刊，此据同作者《中国石窟寺研究》，生活·读书·新知三联书店，2019年，第257–268页。并参刘慧达：《北魏石窟与禅》，1962年成稿，1978年初刊，此据《中国石窟寺研究》，第435–461页。此后，国内学者大多遵从此说。第487窟是1964年发掘莫高窟窟前建筑遗址时才发现的，位于莫高窟南区中段的第467、53、54窟之下，距现在的地面下沉4米左右。第487窟因上下攀爬困难且危险，基本不对外开放。当年的考古报告描述其洞窟形制与第285窟相似，有小禅室，方形低坛，也绘有壁画。参见潘玉闪、马世长：《莫高窟窟前殿堂遗址》，文物出版社，1985年，第81–97页。

北区，数量有10个①。北区数量众多的单室或多室禅窟，基本没有引起疑问。但围绕南区仅有的3个"禅窟"，近年来却出现了争议。与国内学者通常把第268、285、487窟看作莫高窟早期的"禅窟"不同，国外学者对这几座早期洞窟是否该被称为"禅窟"表示极大的质疑②。

仅从以上敦煌"禅窟"的基本分类来看，南区的3座"禅窟"与北区诸禅窟相比，确实具有某些显著不同的特殊性。第268窟和第285窟，都在西壁主龛两侧的南北二壁，对称地配有仅容一人坐在里面的小龛，第268窟是2+2个，第285窟则是4+4个。第268窟西壁主尊之外，4个小龛室中现存的壁画被认为是隋代所绘。第285窟内绘满壁画，有大统年间的题记，壁画内容则包括僧人在山林间的石窟中禅修的场景。而北区的禅窟则基本上没有如此的空间布局以及如此丰富的壁画内容。近年来，对南区"禅窟"的质疑，也正是针对这样狭促的小龛室和如此丰富的壁画内容而展开。类似的石窟寺建筑布局，在印度的阿旃陀石窟、新疆库车的苏巴什佛寺遗址、吐鲁番吐峪沟石窟中，都曾以不同的形式出现。因此，这种洞窟设计无疑有对印度石窟寺布局模仿的成分。但莫高窟第268窟的小龛室中，空间太过狭小，南北两壁不仅相距不远，而且几乎完全对称地左右开龛。很难想象会有身材如此矮小的僧人，在彼此距离这么近、几乎面对面的禅室中共同坐禅，而又不互相打扰。

第268、285、487窟在承担"禅窟"功能的同时，又有绘制壁画和雕造彩塑的情况，也显得很特别。有种解释认为是僧人修禅时需要观像，才会在禅修之地绘制各种佛像和禅僧的形象③。在吐鲁番吐峪沟等地一些洞窟的壁画内容，的确被认为符合禅经所描述的坐禅观想时应该想象到的场景④。吐峪沟石窟的情况能否被用来佐证莫高窟南区的这三座"禅窟"？这也是值得考虑的问题。按照莫高窟北区发掘整理者的意见，北区确有可以早至北朝的"禅窟"，说明北区在北朝时（5世纪初）就有专门供莫高窟僧人禅修的洞窟。北区的禅窟壁面基本不绘壁画，每间禅室的长、宽、高尺寸都比南区三禅窟中的小禅室大得多，且北区每个禅室几乎都留有砾石禅床的遗迹。为何同在莫高窟，大体同期的"禅窟"，却呈现南区三"禅窟"迥异于北区诸禅窟的现象？

以上这些问题可以归结为三个方面：第一，莫高窟南区这三座"禅窟"中的禅室，究竟是否具有禅修的实用功能？第二，专门用于修禅的洞窟中，该不该绘制壁画、安置佛像？第

① 郝春文主编《敦煌学大辞典》（第二版），上海辞书出版社，2024年，第31-32页。北区禅窟数量的最新统计，应有82个，其中单室禅窟73个，多室禅窟9个。此外还有僧房窟附设的禅窟5个。彭金章、王建军：《敦煌莫高窟北区石窟》第1卷，文物出版社，2000年，第343-344、346页。

② 参见Robert Sharf，"Art in the Dark：The Ritual Context of Buddhist Caves in the Western of China"，in David Park，Kuenga Wangmo，Sharon Cather eds，*Art of Merit*：*Studies in Buddhist Art and its Conservation*，London：Archetype Publications，Courtauld Institute of Art，2013，pp.38-65. Henrik H. Sørensen，"On Meditation Caves and Cave-Dwelling Ascetics in Dunhuang，9th to 13th Centuries"，*Buddhist Road Paper*, 5.1., 2020，pp.1-38. 后者现有敦煌研究院敦煌学信息中心对正文部分的汉译，见《信息与参考》总第27期，2021年，第56-81页。

③ 宿白：《中国佛教石窟寺遗迹——3至8世纪中国佛教考古学》，文物出版社，2010年，第7、34-35页。

④［日］宫治昭著，贺小萍译《吐峪沟石窟壁画与禅观》，上海古籍出版社，2009年，第1-119页；［日］山部能宜：《中央アジアにおける禅观の实践について》，载《驹泽大学佛教学部论集》第42号，2011年，第1-29页；［日］山部能宜：《禅观与石窟》，方立天主编《宗教研究（2012年）》，宗教文化出版社，2013年，第112-132页；山部能宜著、陈瑞莲译《吐峪沟第42窟禅观壁画研究——兼及汉文禅观文献的起源》，《敦煌研究》2015年第4期，第35-42页；巫鸿：《空间的敦煌：走近莫高窟》，生活·读书·新知三联书店，2022年，第105-118页。

三，莫高窟为何会在南区出现与北区众多禅窟都不同的这样三座“禅窟”？在此拟对所谓禅修与“禅窟”的关系、禅修与观想、观像的关系等问题做了一些粗浅的尝试性探索。不当之处，敬祈指正！

一、禅经与禅法

禅修是佛教的基本修行之一，源自婆罗门教的瑜伽修行①。修行者在禅修时，要跏趺静坐，将心识完全集中于某一目标。传说释迦牟尼的悟道成佛，就是通过在菩提树下坐禅而实现的。因此，禅修对于佛教徒显得尤为重要。早期佛教有专门的经典，模拟佛陀的口吻，讲述禅修过程中的种种身心感受，具有实操指导性质②。在树下、冢间等静处禅修，既是早期佛教徒对佛陀生前修行体验的追慕，也是佛教徒悟道得道的重要形式。

佛教禅法最早是通过汉末安世高的译经传入中国。安世高译出大、小《安般守意经》、大、小《十二门经》、《阴持入经》等。其中，影响最大的即《安般守意经》，经中提倡的安般禅法，是一种将注意力集中到修行者呼吸调整上的禅法，即所谓“禅数”修行。由于现存的《安般守意经》混入后世注家的文字，经注难分，故此处引用康僧会在《安般守意经》序中所作的更为精当的总结概述：

> 夫安般者，诸佛之大乘，以济众生之漂流也。其事有六，以治六情。情有内外：眼、耳、鼻、口、身、心，谓之内矣；色、声、香、味、细滑、邪念，谓之外也。……是以行寂，系意着息，数一至十；十数不误，意定在之；小定三日，大定七日，寂无他念，泊然若死，谓之一禅。禅，弃也，弃十三亿秽念之意。已获数定，转念着随，蠲除其八。正有二意，意定在随，由在数矣。垢浊消灭，心稍清净，谓之二禅也。又除其一，注意鼻头，谓之止也。……行寂止意，悬之鼻头，谓之三禅也。还观其身，自头至足，反复微察；内体污露，森楚毛竖，犹睹脓涕。于斯具照天地人物，其盛若衰，无存不亡。信佛三宝，众冥皆明，谓之四禅也。摄心还念，诸阴皆灭，谓之还也；秽欲寂尽，其心无想，谓之净也。得安般行者，厥心即明，举明所观，无幽不睹。③

“安般禅法”在汉末三国时，被视为“大乘”，很受推崇。这是一种通过数息控制呼吸，达到禅定境界的修行。所谓“四禅”，是佛教最初禅修依次达到的四种境界。关于“四禅”的解释可以从不同层面和角度展开④，但因并非本文主旨，不拟深究。简言之，初禅（或称一禅）还要借助于对外界的思惟，二禅以上则可达到断绝对外界认识的境地；初禅到三禅，都可感受到禅定带来的身体安乐，四禅则连“乐”感也消失，达到“舍念清净”之境地⑤。

---

① 巫白慧：《奥义书的禅理》《奥义书的禅理（下篇）》，收入同作者《吠陀经和奥义书》，中国社会科学出版社，2014年，第319-330、331-337页。

② 刘震：《禅定与苦修——关于佛传原初梵本的发现和研究》，上海古籍出版社，2010年。

③［孙吴］康僧会：《安般守意经序》，此据［梁］僧佑撰，苏晋仁、萧錬子点校《出三藏记集》卷6，中华书局，1995年，第242、243页。并参见《大正藏》第15册，第163页上栏至中栏。

④ 惟善：《说一切有部之禅定论研究——以梵文〈俱舍论〉及其梵汉注释为基础》，中国人民大学出版社，2011年，第42-45、192-222页。

⑤［日］平川彰：《インド仏教史》，1974、1979年日文初版，此据庄昆木汉译《印度佛教史》，商周出版，2002年，第186页。

据说释迦在菩提树下的禅定，就是从“初禅”逐级达到“四禅”之境而得道[①]。因此，“四禅”可以说是佛教早期禅修所能达到的最高境界。

随着佛教禅修实践的进一步丰富，“四禅”之外新的禅修境地和话语体系不断被叠加。在汉译本《安般守意经》形成的时代[②]，安般守意禅法已进一步细分为六个阶段，即数息、相随、止、观、还、净。这六个阶段还被刻意地与原来的“四禅”相对应。“数息”，即通过控制呼吸的长短，去除杂乱的意念，对应“四禅”中的初禅；“相随”，即在前一步控制呼吸到一定程度后，可不再刻意数息，就能够达到息意相随的境地，对应的是“二禅”；“止”，即行息到一定程度后，只知还有气息存在，此时心中唯存一念，不再有出入、内外之别，意止时，对应“三禅”；息止时，对应“四禅”，可达到清净寂灭状态；“观”，即在通过“止”到达清净寂灭境界后，再引发神通妙用，进一步观察自身及宿命，从而获得更高的智慧。“观”主要有两种观法：一是运用天眼通观身中五十五事，包括不净观；二是运用宿命通观自身十二因缘[③]。“还”，即通过对人身和世间的不净和无常的观察，使人远离个人的贪欲，还本清净。“净”，即摒弃意念中残存的贪欲不净，从而使身心完全清净，达到圆满无漏之境，即修成罗汉果[④]。可见，安般禅法的基础和起点是控制呼吸的数息法，所要达到的最终目标是使修行者个人远离各种贪欲，得到身心清净的阿罗汉果。这完全符合早期佛教的宗旨，但大乘佛教兴起后，难免被视为只顾个人解脱的“小乘”禅法了。

到5世纪初，以鸠摩罗什（343—413）和佛陀跋陀罗（又作佛驮跋陀，359—429）为代表的域外新来译经僧，译出一批新的禅经，推动禅法在中国佛教进入新的发展阶段，其标志即所谓“五门禅法”的出现。“五门禅法”具体的名称在开始阶段尚未统一。兹以刘宋元嘉年间由罽宾僧昙摩蜜多（又作昙无蜜多，356—442）译出的《五门禅经要用法》的表述为代表。其开篇云：

> 坐禅之法，要有五门：一，安般；二、不净；三、慈心；四、观缘；五、念佛。安般、不净二门、观缘，此三门有内外境界；念佛、慈心，缘外境界。所以五门者，随众生病：若乱心多者，教以安般；若贪爱多者，教以不净；若瞋恚多者，教以慈心；若着我多者，教以因缘；若心没者，教以念佛。[⑤]

“五门禅法”囊括了安般、不净、念佛等各种不同的禅修方式，被认为可以针对众生不同的弱点，施以不同的禅法。如以不净观来杜绝人的生理欲望，以慈悲观来杜绝忿怒竞争的情绪，以因缘观使人深知十二缘起的道理，等等。吕澂先生从整个中国佛学思想发展的角

---

① 刘震：《禅定与苦修》，上海古籍出版社，2010年，第40、222-231页。

② 日本金刚寺写本的发现，使《安般守意经》《十二门经》的研究进入一个新阶段。学者们认为《安般守意经》未必有梵语或巴利语的原本存在，只是安世高根据《修行地道经·数息品》摘编整理而成。故成书应在公元2世纪中期。参见HUNG Hung-lung （洪鸿荣），“Does the Newly Discovered An Ban Shou Yi Jing Originate from an Indian-language Text or Not?”，《印度学佛教学研究》第56卷第3号，2008年，第137-144页。

③ 此时禅修中的“观”，主要是指观不净、观个人的因缘，还不强调观想佛、菩萨的形像。虽然这些“观”的修行都可称为“禅观”，但也要注意其不同阶段的不同内涵。因此，本文采用更晚出现的“观行”一词来代指强调对佛、菩萨形像的观想的活动。

④ 关于安般守意禅法六阶段的解说，参见徐文明《中土前期禅学思想史》，北京师范大学出版社，2004年，第14-19页。

⑤［刘宋］昙摩蜜多译《五门禅经要用法》，《大正藏》第15册，第325页下栏。

度，强调鸠摩罗什、佛陀跋陀罗等人的新译禅经，具有大小乘融贯，即禅观与空观结合的特色，对中国佛学思想产生了很大的影响①。就本文所关心的主题而言，这批新译禅经也具有特殊的意义。所谓“念佛”即“观佛”，指的是观想佛的相好。这是5世纪初这批新译禅经，在受到中亚和西域新出禅法影响后②，为中国佛教禅法带来的最重要的贡献之一。也就是说，这种“观佛”“观想”的“念佛”法门，很可能是中亚印度河流域佛教对恒河流域早期佛教禅法所作的重要改进和发展。所以能够在释迦牟尼的“四禅”之外，又加了许多新的禅修内容。

在昙摩蜜多译经之前，罗什译的《思惟略要法》《坐禅三昧经》和《禅秘要法经》中，都在传统的安般禅法之外，新增了观想佛像真容以助个人禅修的内容。但罗什本人并非禅师，他所译更多的是对诸种禅经的一种汇编，未必如实反映当时最新禅法的境界。相对而言，佛陀跋陀罗是真正的禅师，他译出的《观佛三昧海经》，以及昙摩蜜多译的《观虚空藏菩萨经》，畺良耶舍（383—442）译的《观无量寿佛经》和《观药王药上二菩萨经》，昙摩蜜多译的《观普贤菩萨行法经》，沮渠京声（？—464）译的《观弥勒菩萨上生兜率天经》，都以“观像”为主要修行方式。因观想的对象不再限于释迦佛一身，而是包含弥陀、弥勒、普贤、虚空藏等诸佛诸菩萨，所以带有鲜明的“大乘”多佛和菩萨的思想特色。至6世纪末开始先后编成的几部佛教经目，都只把以上六部“观经”目为“大乘”，“五门”中的其他各门，几乎都被贬为“小乘”③。可见，禅法传入中国后，从汉末至南北朝末的四百年间，禅修的方式和目的在不断调整和丰富。

有些禅学史著作，通常会强调汉末以降，与安世高安般禅法并行的，还有支娄迦谶所译的《般舟三昧经》所代表的“般舟三昧”大乘禅法。《般舟三昧经》主要关注的问题是居士的修行，经中简单提到了念阿弥陀佛和西方净土的修行方式：

> 佛告飏陀和：“持是行法，便得三昧。现在诸佛，悉在前立。其有比丘、比丘尼、优婆塞、优婆夷，如法行，持戒完具，独一处止，念西方阿弥陀佛。今现在，随所闻。当念去此千亿万佛刹，其国名须摩提。一心念之，一日一夜，若七日七夜，过七日已后见之。……佛言：“菩萨于此间国土念阿弥陀佛，专念故得见之。即问：‘持何法得生此国？’阿弥陀佛报言：‘欲来生者，当念我名，莫有休息，则得来生。’”佛言：“专念，故得往生，常念佛身有三十二相、八十种好，巨亿光明彻照，端正无比。”④

释迦如来告诉飏陀和居士、四众弟子在持戒完具的情况下，应当找一静处独坐，专心念西方阿弥陀佛和佛国净土。这里所谓“念”，不是口诵，而是想念之意。具体的念佛方式即“常念佛身有三十二相、八十种好”。这是指念想阿弥陀佛的相、好。通过念想阿弥陀佛的具体形象，才能在来世得生阿弥陀佛国。所谓“三十二相、八十种好”，原本是用来描述释迦如来的光辉形象的。这些相、好出现在佛经中的时间，比佛身造像出现得还要早。因此，这

① 吕澂：《中国佛学源流略讲》，1979年初版，此据《吕澂佛学论著选集》卷5，齐鲁书社，1991年，第2550-2559页。

② 赵文：《汉地五门禅与中亚出土梵语禅经中的念佛》，《中华佛学研究》第18期，2017年，第113-139页。

③ 曾尧民：《中古时期的禅经观——以大小乘的分判为主》，《法鼓佛学学报》第28期，2021年，第1-37页。

④［东汉］支娄迦谶译《佛说般舟三昧经》，《大正藏》第13册，第899页上栏至中栏。

本是一种文字上的描述，与将佛身具体形象化的实践还是有一定距离。任何一尊佛像都不太可能把三十二相、八十种好全都呈现出来。佛经中的三十二相、八十种好也无法全面指导佛像的雕造和刻画技艺。因此，想念佛身的相、好[①]，原本是一种完全靠修行者个人意念，使佛的相、好在修行者的头脑中呈现出来，最初是与佛身的塑造与刻画无关的。不难理解，释迦牟尼当初的禅修无须想象其他佛的形象，这种禅法只可能是后起的。而最初在禅修中想象阿弥陀佛的形象时，也并不需要壁画或雕塑这类外在的具象化形象作为辅助。

从《高僧传》等文献记载的汉晋时期僧人禅修情况看，从汉末直到晋末宋初，即公元2世纪末至5世纪初，中国佛教徒所行的禅法，主要是安般禅法，很少看到有行般舟三昧禅法的记载。僧传中虽然一般不会直接说僧人所修行的禅法是安般禅法，但还是有可以判断的线索。例如，安般禅法往往与头陀苦行或遁迹山林相伴随。“头陀”即不贪着于衣服、饮食、住处的修行，一般是通过乞食苦行达到修行的目的。释迦十大弟子中就以迦叶为“头陀第一”。因此，头陀、坐禅都是早期佛教徒比较通行的修行方式。东晋初年的竺僧显“贞苦善戒节，蔬食诵经，业禅为务。常独处山林，头陀人外。或时日入禅，亦无饥色”[②]。东晋末年昙始“潜遁山泽，修头陀之行”[③]。东晋末的竺昙猷“少苦行，习禅定。后游江左，止剡之石城山，乞食坐禅”[④]。东晋法绪“蔬食修禅，后入蜀，于刘师冢间，头陀山谷，虎兕不伤。诵《法华》《维摩》《金光明》，常处石室中，且禅且诵”[⑤]。太武帝灭佛前后活动的僧周，“常在嵩高山头陀坐禅”[⑥]。直到南齐法悟，“常六时行道，头陀山泽，不避虎兕。有时在树下坐禅，或经日不起”[⑦]。这些头陀行的僧人往往与禅修相伴随，说明这两种修行在早期阶段的确是密不可分的。

此外，前引康僧会序文中曾言：“小定三日，大定七日。”则入定七日才起，通常也可看作是修安般禅法。如东晋初年的僧光，“少习禅业……每入定，辄七日不起。处山五十三载”[⑧]。前秦时道安弟子道立，“随安入关，隐覆舟山。岩居独处，不受供养。每潜思入禅，辄七日不起”[⑨]。刘宋初来至江左的畺良耶舍，“虽三藏兼明，而以禅门专业。每一游观，或七日不起”[⑩]。在晋末宋初新的禅法流传开来之前，这些“大定七日”的禅修，都可以被认为是行安般禅法的表现之一。

---

① “三十二相，八十种好”不仅是将佛陀作为“伟人”形象的描绘，也有为追念其前生种种善行的象征意义。佛教很早就将佛陀的相好纳入观想的实践，而那时佛像还没有诞生。参见 NITTA Tomomichi（新田智通），“The Significance of Thirty - two Lakkhaṇas of a Buddha”，*Journal of Indian and Buddhist Studies*，Vol. 56，No. 3，2008，pp.1095–1101.

② ［梁］慧皎撰，汤用彤点校《高僧传》卷11《习禅·竺僧显传》，中华书局，1992年，第401页。传称竺僧显“属想西方”“见无量寿佛”云云，是在其“遇疾绵笃”的情况下发生的，是否能够认为他平时的禅业也以见阿弥陀佛为主要修行，还可讨论。

③ ［梁］慧皎撰，汤用彤点校《高僧传》卷10《神异下·释昙始传》，中华书局，1992年，第386页。

④ ［梁］慧皎撰，汤用彤点校《高僧传》卷11《习禅·竺昙猷传》，中华书局，1992年，第403页。

⑤ ［梁］慧皎撰，汤用彤点校《高僧传》卷11《习禅·释法绪传》，中华书局，1992年，第408页。

⑥ ［梁］慧皎撰，汤用彤点校《高僧传》卷11《习禅·释僧周传》，中华书局，1992年，第414页。

⑦ ［梁］慧皎撰，汤用彤点校《高僧传》卷11《习禅·释法悟传》，中华书局，1992年，第422页。

⑧ ［梁］慧皎撰，汤用彤点校《高僧传》卷11《习禅·帛僧光传》，中华书局，1992年，第402页。

⑨ ［梁］慧皎撰，汤用彤点校《高僧传》卷5《义解二·释道立传》，中华书局，1992年，第203页。

⑩ ［梁］慧皎撰，汤用彤点校《高僧传》卷3《译经下·畺良耶舍传》，中华书局，1992年，第128页。

相对而言，僧传中明确提及修行“般舟禅法”的僧人，并不多见，而且比较晚出。如刘宋道冏，“进修禅业……常以般舟为业。尝中夜入禅”云云①。南齐时江陵长沙寺的慧远，“行般舟之业。数岁勤苦，遂有神异，能分身赴请，及预兴亡等”②。还有刘宋时长安的僧人慧通，“法门观行，多所游刃。常祈心安养，而欲栖神彼国。微疾，乃于禅中见一人来，形甚端严，语通言：‘良时至矣。’须臾见无量寿佛，光相晖然”③。禅想西方净土阿弥陀佛，也是般舟三昧禅法的一个特点。一般认为慧远在庐山念想无量寿佛，也可算是一种般舟禅法的体现。总体而言，修行般舟禅法的僧人不仅数量少，而且相对较晚才出现。

而“五门禅法”的流行，应是从5世纪初以后才开始的。如僧叡在罗什译出禅经之后，“遂精炼五门，善入六净”④。刘宋时期的僧从“隐居始丰瀑布山，学兼内外，精修五门，不服五谷，唯饵枣栗”⑤。南齐法瑗在刘宋时期“入庐山守静味禅，澄思五门，游心三观”⑥。南齐慧豫“又习禅业，精于五门”⑦，等等。

明显受到5世纪初新译禅经影响而强调“念佛”“观像”的“观行”实践，则有刘宋慧通，“初从凉州禅师慧诏咨受禅业。法门观行，多所游刃。常祈心安养，而欲栖神彼国。微疾，乃于禅中见一人来……须臾，见无量寿佛，光相晖然”⑧。梁代僧副“有达磨禅师善明观行，循扰岩穴，言问深博，遂从而出家”⑨。梁代慧胜“从外国禅师达磨提婆学诸观行，一入寂定，周晨乃起”⑩。梁代道珍“梁初住庐山中恒作弥陀业观”⑪。等等。

汉末至南北朝末这几百年间禅法修行的发展，可用“层累迭加”来概括。最早的数息禅法是一切禅修的基础，即便后来“念佛”“观像”的“观行”禅法大行于世，也需要以安般数息入定，作为一切复杂禅修的起步阶段。“禅数”并不是被“观行”取代了，“观像”只有通过“禅数”进入禅定状态后才能实现。在禅经译介过程中体现的从“禅数”到“观行”重点的转移，在以上僧人的禅修实践中也可看到大体相同的趋势。如果以5世纪初的晋末宋初为界，此前基本是以安般数息为主，没有真正意义上的“念佛”“观像”修行；此后则在保持安般数息的前提下，再增加“念佛”“观像”的修行。换言之，汉晋禅修僧人主要是以安般数息、头陀苦行来禅修，极少采取“念佛”“观像”的方式；晋宋以后僧人则既可能采取安般数息，甚至继续头陀苦行，同时也会采取“念佛”“观像”的新禅法。了解禅法与禅经的这一变化特点，对观察禅窟的问题来说是必不可少的背景与前提。

① [梁] 慧皎撰，汤用彤点校《高僧传》卷12《诵经·释道冏传》，中华书局，1992年，第462页。

② [梁] 慧皎撰，汤用彤点校《高僧传》卷10《神异下·释僧慧传》，中华书局，1992年，第392页。

③ [梁] 慧皎撰，汤用彤点校《高僧传》卷11《习禅·慧通传》，中华书局，1992年，第416页。慧通的事迹与前述东晋初年竺僧显事迹有相似之处。

④ [梁] 慧皎撰，汤用彤点校《高僧传》卷6《义解三·僧叡传》，中华书局，1992年，第244页。

⑤ [梁] 慧皎撰，汤用彤点校《高僧传》卷11《习禅·僧从传》，中华书局，1992年，第417页。

⑥ [梁] 慧皎撰，汤用彤点校《高僧传》卷8《义解五·法瑗传》，中华书局，1992年，第312页。

⑦ [梁] 慧皎撰，汤用彤点校《高僧传》卷12《诵经·慧豫传》，中华书局，1992年，第470页。

⑧ [梁] 慧皎撰，汤用彤点校《高僧传》卷11《习禅·释慧通传》，中华书局，1992年，第416页。

⑨ [唐] 道宣撰，郭绍林点校《续高僧传》卷16《习禅·僧副传》，中华书局，2014年，第559页。

⑩ [梁] 慧皎撰，汤用彤点校《续高僧传》卷16《习禅·慧胜传》，中华书局，2014年，第561页。

⑪ [梁] 慧皎撰，汤用彤点校《续高僧传》卷16《习禅·道珍传》，中华书局，2014年，第562页。

二、观想与观像

禅修过程中很重要的一步，是要修行者将自己的精神意识集中在某一点或某一特定对象上，所以“念”和“想”是禅定功夫的重要环节。在禅修不同的发展阶段，“念”和“想”的对象是不同的。

关于安般禅法“六事”中的“观”，《安般守意经》云：“观者，谓观五阴，是为俱观。”[①]“五阴”即“五蕴”，指色、受、想、行、识这五种容易引起障蔽的世间五类现象的总称。安般禅法强调要通过坐禅“观身”，使修行者认识到人的肉身存在的决定性条件是五阴的存在，继而通过“不净观”，达到摒弃肉身欲望的目的。亦即前引康僧会所言：“还观其身，自头至足，反覆微察，内体污露，森楚毛竖，犹睹脓涕。”《安般守意经》中关于“观”的修行还有很多不同层次的分类、界定，此不赘述。总的来说，安般禅法所“观”的仅是修行者个人或他人身体的“不净”，并不涉及对佛、菩萨形象的观想内容。因此，并非坐禅修行就一定意味着要观想佛像。传说中建元二年（366）在莫高窟首次开窟坐禅的乐僔，在其禅定实践中，就很可能无需观想佛像。其后的法良被称为“禅师”，则是5世纪初有了新的禅法后才出现的称呼，暗示了两人的禅法有先后阶段的不同[②]。

5世纪初，僧叡《关中出禅经序》中云：“初观淫、恚、痴相及其三门，皆僧伽罗叉之所撰也。”[③]这是说罗什入关后译出的三卷本《坐禅三昧经》（《大正藏》为两卷本），多是“抄撰众家禅要”而来。其中对“淫、恚、痴”的“观相”部分，是罽宾的僧伽罗叉所撰。所谓“观相”，即要求禅师对于前来学禅的佛弟子，要能从面相上看出其是否具有“淫、恚、痴”这“三毒”，从而有针对性地教给弟子不同的禅修方法：

> 若多淫欲人，不净法门治；若多瞋恚人，慈心法门治；若多愚痴人，思惟观因缘法门治；若多思觉人，念息法门治；若多等分人，念佛法门治。诸如是等种种病，种种法门治。[④]

这里的“观相”是观察面相、表相的意思，并不是一种特定的“观法”。所谓“多等分人”，应指以上淫欲、瞋恚、愚痴、思觉等同时兼具之人。对这种人就要以“念佛法门治”。具体的“治”法，即《坐禅三昧经》所言：

> 第五法门，治等分行，及重罪人求索佛，如是人等，当教一心，念佛三昧。念佛三昧，有三种人：或初习行，或已习行，或久习行。若初习行人，将至佛像所，或教令自往，谛观佛像相好，相相明了，一心取持。还至静处，心眼观佛像，令意不转，系念在像，不令他念；他念摄之，令常在像。……心不散乱，是时便得心眼，见佛像相光明，如眼所见，无有异也。如是心住，是名初习行者思惟。是时当更念言：“是谁像相？则是过去释迦牟尼佛像相。如我今见佛形像，像亦不来，我亦不往。”如是心想，见过去佛初降神时，震动天地。有三十二相大人相。……复次八十种小相。……光明彻照，无量世界；初生行七步，发口演要言；出家勤苦

① ［东汉］安世高译《佛说大安般守意经》卷上，《大正藏》第15册，第167页上栏。

② 刘屹：《乐僔与法良的禅法》，待刊。

③ ［梁］僧佑撰，苏晋仁、萧鍊子点校《出三藏记集》卷9，第342页。

④ ［后秦］鸠摩罗什译《坐禅三昧经》卷上，《大正藏》第15册，第271页下栏。

行；菩提树下，降伏魔军；后夜初明，成等正觉。光相分明，远照十方，靡不周遍。诸天空中，弦歌供养，散华雨香，一切众生，咸敬无量。独步三界，还顾转身，如象王回，观视道树，初转法轮，天人得悟，以道自证，得至涅槃。①

这是说对于“多等分人”和“重罪人”，要教他们“念佛三昧”。“三昧”即“定”，“念佛”是观想、想念佛的形象，而非口诵佛的名号。经文说：对于初习禅行的弟子，或者由师者带领到佛像处，或者由弟子自己前往佛像处。要求他们认真仔细地观察佛像的一切细节。然后回到他们的“静处”，凭借记忆在头脑中想象佛像的样子。观想的佛相，主要是佛的三十二相、八十种好。而这一百一十二种佛相的特征，不可能完全在寺院或石窟中的佛像、佛画中得到充分体现。还要观想到现实中佛像、佛画所表现的场景之外的很多景象。因此，很难相信禅僧进行观想佛像修行的前提是寺院或石窟会把需要禅想的内容，全都以具象的形式表现出来。这种“观佛像相好”的禅修方式，并非适用于所有的禅修者，而只是针对“多等分人”和“重罪人”中的“初习行人”。此时要求修行者想象的，也只是释迦佛一尊；想象的画面，不仅是佛像静止的状态，还要想象释迦牟尼从降诞、苦行、降魔、成道、初转法轮，直至涅槃的主要事迹。不过后文可看到，即便在入定中想象佛的以上事迹，也要求只观想佛自身，而无须旁及诸如山川草木环境或其他人物等。

《坐禅三昧经》接着说：

佛身如是，感发无量。专心念佛，不令外念；外念诸缘，摄之令还。如是不乱，是时便得见一佛、二佛，乃至十方无量世界诸佛色身，以心想故，皆得见之。既得见佛，又闻说法言。或自请问，佛为说法，解诸疑网。既得佛念，当复念佛功德法身，无量大慧，无崖底智，不可计德。……尔时，复念二佛神德，三、四、五佛，乃至无量尽虚空界，皆悉如是。复还见一佛，能见一佛作十方佛，能见十方佛作一佛。能令一色作金、银、水精、毗琉璃色，随人意乐，悉令见之。尔时惟观二事：虚空佛身，及佛功德，更无异念，心得自在，意不驰散，是时得成念佛三昧。②

“念佛”的对象，要从释迦牟尼佛一尊，扩展到十方无量世界诸佛。从一佛至十方佛的观佛历程，在下面引述的《禅秘要法经》中有具体的介绍③。一佛就是十方佛，十方佛就是一佛。不仅念想佛身，还有佛的说法和佛的功德。当坐禅的僧人能够在定中观见佛身和佛功德时，就得成“念佛三昧”。

从释迦佛“一佛”到“十方佛”，还只是空间上的延展。《坐禅三昧经》又云：

若行者求佛道入禅，先当系心专念十方三世诸佛生身，莫念地水火风、山树草木、天地之中，有形之类，及诸余法，一切莫念。但念诸佛生身，处在虚空，譬如大海清水，中央金山王须弥；如夜暗中然大火；如大施祠中七宝幢。佛身如是，有三十二相、八十种好，常出无量清净光明，于虚空相青色中，常念佛身相如是，行

① ［后秦］鸠摩罗什译《坐禅三昧经》卷上，《大正藏》第15册，第276页上栏至下栏。

② ［后秦］鸠摩罗什译《坐禅三昧经》卷上，《大正藏》第15册，第277页上栏。

③ 罗什译《坐禅三昧经》《禅秘要法经》，对观想从一佛到十佛的过程的记述，有详略之别。而昙摩蜜多译《五门禅经要用法》观想一佛至十佛乃至多佛的过程，明显与罗什所译不同。这种差异性与《五门禅经要用法》的成书地域有关，在此不拟展开论述。

者便得十方三世诸佛，悉在心目前一切悉见三昧。若心余处缘，还摄令住念在佛身，是时便见东方三百千万千万亿种无量诸佛。如是南方、西方、北方、四维、上下，随所念方，见一切佛。如人夜观星宿，百千无量种星宿悉见。[①]

这就进一步从空间上的“十方”，扩展到时间上的“三世”。如此，所观想的佛就多至“十方三世无量诸佛”。这里明确说：“专念十方三世诸佛生身，莫念地水火风，山树草木，天地之中，有形之类，及诸余法，一切莫念。”亦即说，观想的对象不应包括山川树木、有形众生。除佛像外，“一切莫念”。如果按照观想的对象要先摹画塑造在洞窟中的思路来看，目前被定为“禅窟”的几个洞窟，是否有十方佛、三世佛、无量诸佛的形象来供禅僧观想？那些描绘了山川树木、有形众生的场景，是否符合禅经的要求？这似乎很少有人考虑到。

罗什译的《思惟略要法》中依次列出“四无量观法”“不净观法”“白骨观法”“观佛三昧法”“生身观法”“法身观法”“十方诸佛观法”“观无量寿佛法”“法华三昧观法”等。其中，隐含了禅修次第。从“观佛三昧法”开始，大都需要观想佛的形象。经云：

习禅之人，先当念佛。念佛者，令无量劫，重罪微薄，得至禅定。至心念佛，佛亦念之。……云何忆念？人之自信，无过于眼，当观好像，便如真佛。先从肉髻、眉间白毫，下至于足，从足复至肉髻，如是相相谛取，还于静处，闭目思惟，系心在像，不令他念。若念余缘，摄之令还，心目观察，如意得见，是为得观像定。当作是念：“我亦不往，像亦不来，而得见者，由心定想住也。”然后进观生身，便得见之，如对面无异也。……又作念言：“生在末法，末法垂已欲灭。犹如赦鼓，开门放囚，鼓音渐已欲止，门扉已闭一扇，岂可自宽，不求出狱？过去无始世界已来，所更生死苦恼万端，今所受法，未得成就，无常死贼，须臾叵保，当复更受无央数劫生死之苦。”如是种种鞭心，令心得住。心住相者，坐卧行步，常得见佛，然后更进生身、法身。[②]

这里的“末法”指的是佛陀入灭之后，佛法在世间逐渐衰退的漫长时期。亦即，“观佛”的修行只在佛灭之后才有意义，因为佛已涅槃，众生不得见佛，只能通过观佛，如同得见佛身，有利于佛教徒的修行。显然，这里的观佛的修行不只是针对特定的僧众，而是几乎所有出家人必不可少的修行。《思惟要略法》的“生身观法”云：

生身观者，既已观像，心想成就，捡意入定，即便得见。当因于像，以念生身。观佛坐于菩提树下，光明显照，相好奇特；或如鹿野苑中坐，为五比丘说四谛法时；或如耆阇崛山，放大光明，为诸大众说波若时。如是随用一处，系念在缘，不令外散，心想得住，即便见佛，举身快乐，乐彻骨髓。譬如热得凉池、寒得温室，世间之乐，无以为喻也。[③]

观佛生身，就是观想释迦佛在菩提树下成佛，鹿野苑、耆阇崛山中说法的场景，此时仍然无须观想山川树木、有形众生。禅僧观想的对象只能是释迦佛在这些重要场合说法时的身形，若旁及其他的环境、听众，难免会喧宾夺主，容易天马行空，思维散逸。太过复杂的、有情节过程的场景，即便是以雕塑或壁画的形式表现，也只能选取某个或某几个场景的瞬间

① 罗什译《坐禅三昧经》卷下，《大正藏》第15册，第281页上栏至中栏。

② ［后秦］鸠摩罗什译《思惟要略法》，《大正藏》第15册，第299页上栏。

③ ［后秦］鸠摩罗什译《思惟要略法》，《大正藏》第15册，第299页中栏。

来作艺术表现。雕塑与壁画的艺术表现，与观想所要求的内容是有区别的。其一，要起到的功效不同，雕塑、壁画是为了体现佛的庄严、圆满，要对参佛礼拜的信徒产生极大的触动。观想则是禅僧个人头脑中想象的佛像。其二，雕塑与壁画对佛像的塑造，有固定的模本，有必须遵从的工艺技术规范，而观想佛像主要是依据佛经中描绘的三十二相、八十种好。这些相、好，很多都是无法用雕塑和壁画来展现的。

《思惟要略法》的“十方诸佛观法”云：

> 念十方诸佛者，坐观东方，廓然明净，无诸山河石壁，唯见一佛，结跏趺坐，举手说法。心眼观察，光明相好，画然了了，系念在佛，不令他缘，心若余缘，摄之令还。如是见者，更增十佛，既见之后，复增百千，乃至无有边际，近身则狭，转远转广，但见诸佛，光光相接。心眼观察，得如是者，回身东南，复如上观。既得成就，南方、西南方，西方、西北方，北方、东北方，上、下方都亦如是。既得方方，皆见诸佛，如东方已，当复端坐，总观十方诸佛，一念所缘，周匝得见。定心成就者，即于定中，十方诸佛，皆为说法，疑网云消，得无生忍。若宿罪因缘，不见诸佛者，当一日一夜，六时忏悔，随喜劝请，渐自得见，纵使诸佛，不为说法，是时心得快乐，身体安隐。是则名为观十方诸佛也。①

这里也强调念佛时，“无诸山河石壁，唯见一佛”。所念从一佛增至十佛，乃至百千佛、无量佛，还要观想到定中诸佛的说法。从一方总观十方，这已具有“大乘”的特色。若不见诸佛，则是宿罪因缘，需要六时忏悔。还有“观无量寿佛法”云：

> 观无量寿佛者，有二种人。钝根者，先当教令心眼观察，额上一寸，除却皮肉，但见赤骨。系念在缘，不令他念，心若余缘，摄之令还。得如是见者，当复教令，变此赤骨，辟方一寸，令白如珂。既得如是见者，当复教令，自变其身，皆作白骨，无有皮肉，色如珂雪。复得如是见，当更教令，变此骨身，使作琉璃，光色清净，视表彻里，既得如是见者，当复教令，从此琉璃身中，放白光明，自近及远，遍满阎浮，唯见光明，不见诸物，还摄光明，入于身中。既入之后，复放如初。凡此诸观，从易及难，其白亦应，初少后多。既能如是，当从身中，放此白光，乃于光中，观无量寿佛。无量寿佛，其身姝大，光明亦妙，西向端坐，相相谛取，然后总观其身，结跏趺坐，颜容巍巍，如紫金山。系念在佛，不令他缘，心若余缘，摄之令还，常如与佛，对坐不异，如是不久，便可得见。若利根者，但当先作明想，晃然空净，乃于明中观佛，便可得见。行者若欲生于无量寿佛国者，当作如是观无量寿佛也。②

对于“钝根者”来说，要先通过“白骨观”，使自己的肉身变成琉璃身，放出白色光明，在光明中观见无量寿佛的形象，也是唯见跏趺而坐的无量寿佛像，并无莲花、亭榭、宝树等净土世界的景象。对于“利根者”，则可以直接进入空净光明之中见佛。可见，以往学界认为宝树、莲花象征西方净土世界的画面，以洞窟壁画展现西方净土世界的景象，就是供僧人禅修时观想的净土世界，这种理解恐怕也是有问题的。

罗什译《禅秘要法经》细致地讲述“观像法”的始末，略云：

---

① ［后秦］鸠摩罗什译《思惟要略法》，《大正藏》第15册，第299页下栏。

② ［后秦］鸠摩罗什译《思惟要略法》，《大正藏》第15册，第299页下栏至300页上栏。

念佛者当先端坐，叉手闭眼，举舌向腭，一心系念，心心相注，使不分散。心既定已，先当观像。观像者，当起想念，观于前地，极使白净，取相长短，壁方二丈，益使明净，犹如明镜。见前地已，见左边地，亦使明净；见右边地，亦使明净；及见后地，亦使明净；使四方地，悉平如掌。其一一方，各作二丈地想，极使明净。地既明已，还当摄心，观于前地，作莲华想。其华千叶，七宝庄严。复当作一丈六金像想，令此金像，结加趺坐，坐莲华上。见此像已，应当谛观顶上肉髻。……见此事已，次观像面，……复观额广平正，眉间毫相，……复观像鼻，……复观像口，……次观像齿，……次观像颈，……次观像胸，德字万字，……次观佛像臂，……次观像手，……次观合曼掌，……观像手已，次观像身，……复观像胫，……次观足趺，……如是诸事，及与身光、圆光、项光，光有化佛、诸大比丘、众化菩萨。……如是逆观者，从足逆观，乃至顶髻；顺观者，从顶至足。如是观像，使心分明，专见一佛像。见一像已，复当更观，得见二像。……见二像已，复见三像。见三像已，复见四像。见四像已，复见五像。见五像已，乃至见十像。见十像已，心转明利，见阎浮提齐四海内。……见此海内，满中佛像，三十二相，八十随形好，皆使分明。……观像时，见诸坐像，一切皆起，巨身丈六，方正不倾，身相光明，皆悉具足。见像立已，复见像行，……复见众像，于虚空中，作十八变，身上出水、身下出火，或现大身，满虚空中，大复现小，如芥子许，……行住坐卧，随意自在。……寻见诸像，牒僧伽梨，枕右肘，右胁而卧。……见卧像已，复当作念："过去有佛名释迦牟尼，唯独一身，教化众生，住在此世，四十九年，入大涅槃，而般涅槃。犹如薪尽火灭，永灭无余。我今心想，以想心故，见是多像。此多像者，来无所从，去无所至，从我心想，妄见此耳。"作是念时，渐渐消灭，众像皆尽，唯见一像，独坐华台，结加趺坐。谛观此像，三十二相，八十种好，皆使明了。见此像已，名观像法。①

这里明确规定：先要对一佛进行细致入微的观想，再从此一佛观想到"海内满佛"，有顺观、逆观之分。顺观是从顶至足，逆观是从足至顶；还要观想坐立行走各种姿态的佛像，最终则要回归于"一像"。这样繁复的过程所涉及的一佛、多佛，各种姿态的佛像，显然不可能都在所谓"禅窟"中雕绘出来以供禅僧观想。整个过程主要是靠习禅者依据佛经文字在头脑中发挥自己的想象。寺院或洞窟中的佛像不可能细致生动到如此地步。禅僧如果必须经过对具象佛身的观看，然后才能在自己头脑中想象佛的样子，这样的禅定功夫显然是不合格的。同样地，如果认为洞窟中的壁画、彩塑就已是佛陀相、好的最高水平呈现，以至于禅僧修禅观像时必须以这些壁画、彩塑为思维的模本，恐怕也在客观上束缚了禅僧入定禅思的无限可能性。曾有学者认为石窟壁画和塑像就是为了观想而作，这种意见不仅无法得到禅经的支持，也有把佛教禅定修行的范围和对象无限扩大化之嫌。

前引《坐禅三昧经》，以及同为罗什译的《思惟要略法》，还有昙摩蜜多译的《五门禅经要用法》，都提及修禅者要在有佛像的处所认真观摩佛像，然后回到自己的"静处"，开始进入禅定，观想佛像。若依此规定，则寺院和石窟寺中有塑像和壁画的场所，至多是供禅僧观摩佛像的地方，而不应是禅僧直接坐在那里入定观佛的场所。禅修僧在观摩佛像后，还要各

① ［后秦］鸠摩罗什译《禅秘要法经》卷中，《大正藏》第15册，第255页上栏至256页上栏。

自回到只容自己一人的静室、禅窟，经历安般调息入定的过程，再去观想佛像。

但《观佛三昧海经》的说法稍异：

佛告阿难："佛灭度后，现前无佛，当观佛像。观佛像者，若比丘、比丘尼、优婆塞、优婆夷、天龙八部、一切众生，欲观像者，先入佛塔，以好香泥，及诸瓦土，涂地令净；随其力能，烧香散华，供养佛像；说已过恶，礼佛忏悔。如是伏心，经一七日。复至众中，涂扫僧地，除诸粪秽，向僧忏悔，礼众僧足，复经七日。如是供养，心不疲厌。若出家人，应诵毘尼，极令通利；若在家人，孝养父母，恭敬师长，调心令软。心若不软，当强折伏，令心调顺，如调象马，不令失御。心柔顺已，住于靖处。烧众名香，礼释迦文，而作是言：'南无大德、我大和上、应、正遍知、大悲世尊！愿以慈云覆护弟子。'作是语已，五体投地，泣泪像前，从地而起，齐整衣服，结跏趺坐，系念一处，随前众生，系心鼻端、系心额上、系心足指。如是种种，随意系念，专置一处，勿令驰散，使心动摇。心若动摇，举舌拄腭，闭口闭目，叉手端坐，一日至七日，令身安隐。身安隐已，然后想像。"①

此后是"逆观"和"顺观"的具体观法，文繁不引。这里说观佛像前，要先入佛塔，并要保持佛像周围地面清洁，经过七天的烧香散花供养，礼佛忏悔；再经过七天向众僧忏悔，甚至礼众僧足，达到"心柔顺"之后，再到佛像前，念诵礼忏文，五体投地，忏悔泣泪；然后结跏趺坐，进入禅定观像的阶段。从这段文字看，佛像应该只在佛塔之中，虽有"住于靖处"之语，但仍要在像前举行烧香礼忏和五体投地的举动，而"静处"的空间和功能都不太适宜举行这样的礼佛忏悔活动。因此，最终开始跏趺坐进入禅定状态去观想佛像的场所，还是应该在有佛像的佛塔之中。通常情况下，有佛像的处所一般是佛塔或寺院中特定的殿堂、窟堂，僧人坐禅的"静处"是不应该有佛像的。一是禅室、静处是僧侣个人的修行场所，数量应该不少，不可能给每个禅室、静处都配佛像。二是如果个人禅修静处配有佛像，就无须像经文所言：先去观摩佛像，再退回静处开始禅定观像。《观佛三昧海经》认为礼佛、观佛和入定观佛都在佛像前进行。这或许说明这样的佛塔或安置佛像的场所，至少在禅僧进行禅修之时，不能同时承担对外开放的礼拜仪式功能。有条件的寺院或伽蓝内部，会有专用的礼佛、观佛，甚至禅定观佛的场所。不难想象，就第268窟和第285窟那样有限的空间而言，不太可能分别供4位和8位禅僧，先一起向西壁的主尊佛像进行礼拜、忏悔仪式，然后再分别坐入各自的小龛室中开始禅定。

罗什和佛陀跋陀罗译经中出现这种差别的原因，与他们两人所传禅法的来源直接相关。《观佛三昧海经》很可能是依据中亚或犍陀罗地区的禅法译出②，罗什则多采撷罽宾说一切有

---

① [东晋] 佛陀跋陀罗译《观佛三昧海经》卷9《观像品第九》，《大正藏》第15册，第690页下栏。

② 关于佛陀跋陀罗译《观佛三昧海经》的讨论，参见陈金华《佛陀跋陀共慧远构佛影台事再考》，2009年初刊，此据同作者《佛教与中外交流》，中西书局，2016年，第113–122页。文中介绍了《观佛三昧海经》来源的各种不同说法，可以确认此经这并非出自印度梵文原本，而是出自罽宾僧佛驮跋陀罗的编纂。

部论师所传禅法而译出几部禅经[①]。因此，两人禅法的来源都与印度西北地区说一切有部存在密不可分的关联性。但罗什的禅法缺乏传承，佛陀跋陀罗虽然成名于罽宾，但其禅法的传承却号称来自释迦弟子的直系。所以从禅法传承的角度看，佛陀跋陀罗译的《达摩多罗禅经》可能比罗什所译诸禅经更符合印度佛教禅法的传统。但《观佛三昧海经》则较多体现印度西北地区佛教的地方特色。而其中凸显的“大乘”特色，也比罗什所译禅经浓郁得多。

这种禅法上“大乘”特色的浓淡，还体现在罗什所译禅经明确是给禅修僧人所用，而《观佛三昧海经》的观佛修行，已经不只是针对禅僧，而是所有佛教信徒都可以用的。禅法最初具有个人修行的“小乘”特色，也不涉及“观像”的内容。《观佛三昧海经》的“大乘”特色，不仅体现在不拘于释迦一佛的多佛思想，而且还体现在礼忏、烧香等将佛陀神格化后的种种礼佛、敬佛活动。学界有一种影响很大的观点，即以早期印度佛教在家居士以佛塔为中心的一系列礼佛活动，作为“大乘”兴起的重要来源之一[②]。在以《观佛三昧海经》为代表的几部“观经”中，“观佛”已不是禅僧的专利，而是所有在佛灭度之后的世代，一心求佛正法的信徒都可以尝试的修行方式之一。甚至观佛的场所也不必再局限于“静处”禅室，只要心有所想，就可以观想到佛。这甚至可以看作是从“禅经”到“观经”发展变化的一个重要方面。这一变化背后所蕴含的佛教“大乘”特点与禅修个人修行之间的磨合、共生，或可认为是4—5世纪佛教史上重要的篇章之一，值得另作专门探寻。

总之，“观”是禅法修行中一种重要的方法，“观”的对象最初只是不净观和自身的因缘观，随后才出现观想佛的相、好，并且从最初观想释迦佛一佛，扩展至观想十方佛和无量世界诸佛。印度佛教不同的传统流传到中国，观佛修行也略有不同。认为禅修者需要在静坐的空间，如禅室、禅窟中图绘壁画、雕塑佛像，修行时要先观摩这些佛像，然后再入定观想；或者认为“禅窟”中的壁画和雕塑有助于禅僧观想佛像的看法，不仅在2—5世纪先后译出的诸部禅经中很难找到依据，也在实际的佛寺或洞窟布局中难以得到印证。

三、禅室与禅窟

“禅窟”是僧人用于禅修的多种特定空间中的一种。坐禅需要僧人在与尘俗隔绝的安静空间趺坐冥想，而这样的空间并不一定要通过开凿石窟才能获得。释迦牟尼生前也有坐禅修行，其在菩提树下悟道成佛，就是“树下”禅修的典范。成佛之后，释尊习禅的场所名曰“禅室”[③]。无论是在都邑还是林间，只要辟出有屋顶的安静空间，供人禅坐、禅修，就可以称作“禅室”。早期佛教明确规定了比丘在哪些地方可以静坐修禅。如《长阿含经》云：

> 比丘有如是圣戒，得圣诸根，食知止足，初夜后夜，精勤觉悟，常念一心，无有错乱。乐在静处，树下、冢间。若在山窟，或在露地，及粪聚间。至时乞食，还

① 僧叡《关中出禅经序》言：“寻蒙抄撰众家禅要，得此三卷。初四十三偈，是鸠摩罗罗陀法师所造；后二十偈，是马鸣菩萨之所造也。其中五门，是婆须蜜、僧伽罗叉、沤波崛、僧伽斯那、勒比丘、马鸣、罗陀禅要之中，抄集之所出也。六觉中偈，是马鸣菩萨修习之以释六觉也。初观淫、恚、痴相及其三门，皆僧伽罗叉之所撰也。息门六事，诸论师说也。菩萨习禅法中，后更依《持世经》，益《十二因缘》一卷、《要解》二卷，别时撰出。”见《出三藏记集》，第342页。这里所列的自鸠摩罗罗陀以下八九位高僧，绝大部分是说一切有部的著名论师。他们出生地或在印度各地不同，但佛学成就主要在罽宾一带取得。

② 平川彰：《初期大乘仏教の研究》，春秋社，1968，第549-657页。

③［东晋］瞿昙僧伽提婆译《中阿含经》，多处出现世尊“入禅室”“出禅室”的说法。此不详举。

洗手足，安置衣钵，结跏趺坐。端身正意，系念在前。除去悭贪，心不与俱，灭瞋恨心，无有怨结，心住清净，常怀慈愍；除去睡眠，系想在明，念无错乱，断除掉戏，心不与俱。内行寂灭，灭掉戏心，断除疑惑，已度疑网，其心专一，在于善法。①

这段文字虽然没有出现“禅”字，但在“静处”“结跏趺坐，端身正意”“其心专一”，就是在说坐禅修行。而这样的“静处”则包括“树下、冢间、山窟、露地、粪聚间”。“树下”应指林中的树下。“冢间”是墓地之中。“山窟”即我们讨论的石窟，但最初应是指天然形成的岩隙、洞穴。“露地”是没有遮蔽的场所。“粪聚间”则是人所避之唯恐不及之地。在当时，这些地方都是人迹罕至、清静无扰之地。其中的“冢间”“粪聚间”，也是禅修不净观的重要场所。

佛教史上最早的“禅窟”应该是所谓“迦叶禅窟”。据佛教传说：释迦灭度后，佛的几位主要弟子都纷纷涅槃离世，只有大迦叶一直在摩竭国界毗提村山中的洞窟里坐禅，等待弥勒佛的降世；弥勒降世后率众亲临此窟，迦叶将象征释迦佛法传承的袈裟传给弥勒后，自己才灭度②。“迦叶禅窟”无疑是最接近我们今日理解的“禅窟”——供一位僧人坐在里面坐禅入定的洞窟。这样的石窟往往并非人工开凿出来的洞窟，至多是对天然洞窟进行了必要的加工，当时也不可能安置佛像或绘制壁画。

《高僧传》等传世文献记载了汉末至南齐间，大约上百位外来或本土僧人修习禅定的活动，从中可窥见他们选择的禅修场所，主要有四种情况：第一种，山林、树下无遮掩的开放性场所；第二种，山林中的洞窟、岩穴；第三种，山林中简易的茅舍；第四种，寺院内的专门建筑。前三种都可视为寺院形成之前，或在寺院之外禅修的情况。以下分别举例说明：

第一种，在露天场合，通常是树下坐禅的例子，如东晋法安在义熙中至新阳县为民除却虎灾，“径之树下，通夜坐禅”③。东晋末昙霍“蔬食苦行，常居冢间树下，专以神力化物”④。刘宋时有僧伽罗多，“以宋景平之末，来至京师。乞食人间，宴坐林下”⑤。刘宋时的宝意，“以宋孝建中来止京师瓦官禅房，恒于寺中树下坐禅”⑥。南齐法悟“常六时行道，头陀山泽，不避虎兕。有时在树下坐禅，或经日不起”⑦。南齐昙超在“被敕往辽东，弘赞禅道”之前，曾于“元嘉末，南游始兴，遍观山水。独宿树下，虎兕不伤”⑧。其中大部分是在山水间的自然环境中，甚至还有在寺院内，仍然特意追求树下坐禅，明显有追慕佛陀成道的动机。强调头陀苦行，更是要在主观上追求风餐露宿的艰苦磨炼。

第二种，更多的例子是僧人在山谷之中，寻找天然的洞窟、石穴来修禅。如西晋末有诃

---

① [后秦] 佛陀耶舍共竺佛念译《长阿含经》卷13，《大正藏》第1册，第85页上栏。类似的说法还多处见于《中阿含经》卷4、19、35、36、48等卷。兹不赘引。

② [西晋] 竺法护译《佛说弥勒下生经》，《大正藏》第14册，第422页中栏至下栏；[东晋] 瞿昙僧伽提婆译《增壹阿含经》卷44，《大正藏》第2册，第788页下栏至789页上栏。

③ [梁] 慧皎撰，汤用彤点校《高僧传》卷6《义解三·法安传》，中华书局，1992年，第235页。

④ [梁] 慧皎撰，汤用彤点校《高僧传》卷10《神异下·昙霍传》，中华书局，1992年，第375页。

⑤ [梁] 慧皎撰，汤用彤点校《高僧传》卷3《译经下·畺良耶舍传》，中华书局，1992年，第129页。

⑥ [梁] 慧皎撰，汤用彤点校《高僧传》卷3《译经下·求那跋陀罗传》，中华书局，1992年，第134页。

⑦ [梁] 慧皎撰，汤用彤点校《高僧传》卷11《习禅·法悟传》，中华书局，1992年，第422页。

⑧ [梁] 慧皎撰，汤用彤点校《高僧传》卷11《习禅·昙超传》，中华书局，1992年，第424页。

罗竭“晋惠帝元康元年（291）乃西入，止娄至山石室中坐禅”①。又有竺僧显“蔬食诵经，业禅为务。常独处山林，头陀人外。或时数日入禅，亦无饥色”②。东晋令韶“特善禅数，每入定，或数日不起。后移柳泉山，凿穴宴坐”③。僧先“值石氏之乱，隐于飞龙山，游想岩壑，得志禅慧”④。东晋帛僧光“少习禅业。晋永和初，游于江东，投剡之石城山。……于山南见一石室，仍止其中，安禅合掌，以为栖神之处。……乐禅来学者，起茅茨于室侧，渐成寺舍”⑤。东晋竺昙猷“少苦行，习禅定。后游江左，止剡之石城山，乞食坐禅。……后移始丰赤城山石室坐禅”⑥。单道开在罗浮山临死前，“敕弟子以尸置石穴中，弟子乃移之石室”⑦。东晋末有慧嵬“戒行澄洁，多栖处山谷，修禅定之业”⑧。东晋法绪“蔬食修禅，后入蜀，于刘师冢间，头陀山谷，虎兕不伤。诵《法华》《维摩》《金光明》，常处石室中，且禅且诵”⑨。刘宋净度“常独处山泽，坐禅习诵”⑩。晋末宋初的法成“隐居岩穴，习禅为务”⑪。南齐僧侯“于后冈创立石室，以为安禅之所”⑫等。

第三种，在尚未营建寺院时，或者已有寺院仍嫌寺内不够清静时，僧人会在山林之间，建起能够遮风挡雨的茅屋、草庵来坐禅。如单道开在离开建业后，“入罗浮山，独处茅茨，萧然物外”⑬。东晋的慧永在庐山西林寺时，“又别立一茅室于岭上，每欲禅思，辄往居焉。时有至房者，并闻殊香之气”⑭。东晋昙邕在庐山时，“乃于山之西南，营立茅宇，与弟子昙果，澄思禅门”⑮。东晋竺法崇“后还剡之葛岘山，茅庵涧饮，取欣禅慧”⑯。刘宋初年求那跋摩在始兴灵鹫山的山寺停留时，“于山寺之外，别立禅室。室去寺数里，磬音不闻。……跋摩尝于别室入禅，累日不出”⑰。南齐玄畅“至升明三年（479），又游西界，观瞩岷岭，乃于岷山郡北部广阳县界，见齐后山，遂有终焉之志。仍倚岩傍谷，结草为庵”⑱。萧梁时慧弥，入长安终南山，“剪茅结宇，以为栖神之宅。时至则持钵入村，食竟则还室禅诵”⑲。等等。这些例子都是禅僧在已有寺院的情况下，还要另寻自己满意的安静之处进行禅修。

可见，中国僧人禅修的场所也是多样化的，除早期佛经提及的“冢间”“粪聚间”相对

①［梁］慧皎撰，汤用彤点校《高僧传》卷10《神异下·诃罗竭传》，中华书局，1992年，第370页。
②［梁］慧皎撰，汤用彤点校《高僧传》卷11《习禅·竺僧显传》，中华书局，1992年，第401页。
③［梁］慧皎撰，汤用彤点校《高僧传》卷4《义解一·法朗传》，中华书局，1992年，第154页。
④［梁］慧皎撰，汤用彤点校《高僧传》卷5《义解二·僧先传》，中华书局，1992年，第195页。
⑤［梁］慧皎撰，汤用彤点校《高僧传》卷11《习禅·帛僧光传》，中华书局，1992年，第402页。
⑥［梁］慧皎撰，汤用彤点校《高僧传》卷11《习禅·竺昙猷传》，中华书局，1992年，第403页。
⑦［梁］慧皎撰，汤用彤点校《高僧传》卷9《神异上·单道开传》，中华书局，1992年，第361页。
⑧［梁］慧皎撰，汤用彤点校《高僧传》卷11《习禅·慧嵬传》，中华书局，1992年，第405页。
⑨［梁］慧皎撰，汤用彤点校《高僧传》卷11《习禅·法绪传》，中华书局，1992年，第408页。
⑩［梁］慧皎撰，汤用彤点校《高僧传》卷11《习禅·净度传》，中华书局，1992年，第416页。
⑪［梁］慧皎撰，汤用彤点校《高僧传》卷11《习禅·法成传》，中华书局，1992年，第417页。
⑫［梁］慧皎撰，汤用彤点校《高僧传》卷12《诵经·僧侯传》，中华书局，1992年，第472页。
⑬［梁］慧皎撰，汤用彤点校《高僧传》卷9《神异上·单道开传》，中华书局，1992年，第361页。
⑭［梁］慧皎撰，汤用彤点校《高僧传》卷6《义解三·慧永传》，中华书局，1992年，第232页。
⑮［梁］慧皎撰，汤用彤点校《高僧传》卷6《义解三·昙邕传》，中华书局，1992年，第237页。
⑯［梁］慧皎撰，汤用彤点校《高僧传》卷4《义解一·竺法崇传》，中华书局，1992年，第171页。
⑰［梁］慧皎撰，汤用彤点校《高僧传》卷3《译经下·求那跋摩传》，中华书局，1992年，第107页。
⑱［梁］慧皎撰，汤用彤点校《高僧传》卷8《义解五·玄畅传》，中华书局，1992年，第315页。
⑲［梁］慧皎撰，汤用彤点校《高僧传》卷12《诵经·慧弥传》，中华书局，1992年，第473页。

少见外，“树下”“露地”“山窟”是最常见的禅修场所。其中的“山窟”，最初基本都是利用天然或半天然的洞窟、岩穴。东晋的昙猷、支昙兰两位禅僧，分别在石城山石室和赤城山林泉清旷之地禅修，这两处静修之地，都是来自山神的“推室相奉”①。褪去其中的神话外衣后，可知这石室、静地，本非人力开凿，而是天然形成，假托山神赠予高僧。禅窟的选址首要解决的是水源问题，只有水源有保证，才谈得上在此地安心禅修。因为禅修不仅仅是入定，禅僧在入定前后，都不能缺乏必要的生存条件，包括饮食、保暖、遮风避雨、抵御野兽袭击等。禅僧在野外选择天然或半天然形成的禅窟时，这些客观条件不能不考虑。

“山窟”最早是天然形成的，后来才有人工开凿。前文提及东晋令韶曾“凿穴宴坐”，但具体情况不详。《高僧传》在竺昙猷的附传中提及：“时又有慧开、慧真等，亦善禅业。入余姚灵秘山，各造方丈禅龛，于今尚在。”②所谓“造”应该就有人工开凿的意味，否则就难以保证每个“禅龛”都有“方丈”大小。魏晋时一丈大约合今2.4米。长宽高各约一丈的空间，足够一位僧人从容进出、坐立在这样的“禅龛”之中，这已是东晋末期的事情了。此外，就是南齐的法悟，“武昌太守陈留阮晦，闻而奇之。因为剪迳开山，造立房室”③。前述法悟习惯于在树下坐禅，所以法悟的例子还不一定就是开凿石窟。不过也说明僧人要开凿石窟用于修禅，首先要解决的是人力、人工的问题。如果没有施主、檀越的赞助，仅凭禅僧个人之力，很难人工开凿出禅窟来。正因自然形成的山窟、石室，其空间大小不由人来掌控，所以有的禅修僧人，只能在“才容膝头”的狭促岩穴中坐禅④。但这并不意味着只有“才容膝头”的空间才适合坐禅。在人工开窟时，更没必要专门造成“才容膝头”的局促空间来坐禅。

《长阿含经》所言诸种禅修之地，应是在佛教寺院出现之前的情况。早期部派诸律有对佛教寺院建筑的规定，这些律文中有时也用“静虑堂”来指称“禅堂”，即寺院中用于僧人集体坐禅的空间场所⑤。当佛教寺院建筑形成规模和固定的规制后，“禅室”就成为寺院建筑中必不可少的特定空间。因为禅定一直是佛教修行中必不可少的功夫。有些汉译佛经将这种作为整体寺院布局必备部分的禅修场所也叫作“禅窟”。

早期佛教“禅窟”常用来指寺院平地建筑中的“禅室”。如说一切有部的《十诵律》云：

> 从今佛前，不得着革屣。和尚、阿阇梨、一切上座前、佛塔中、得道塔中、温室、讲堂、食厨、门间、禅窟、大小便处、洗大小便处、洗浴处、一切多众行处，不应着革屣。若着，犯突吉罗罪。⑥

这是规定在佛前、上座前等“一切多众行处”，都不得穿革屣，否则就是犯了“恶作”之罪。值得注意的是，“禅窟”与“佛塔、温室、讲堂、食厨、大小便处、洗浴处”等建筑同列，显示这是在一组寺院建筑中的一种，而非远离寺院的单独空间。这“禅窟”其实也就

---

①［梁］慧皎撰，汤用彤点校《高僧传》卷11《习禅》，中华书局，1992年，第403、407页。

②［梁］慧皎撰，汤用彤点校《高僧传》卷11《习禅·竺昙猷传》，中华书局，1992年，第405页。

③［梁］慧皎撰，汤用彤点校《高僧传》卷11《习禅·法悟传》，中华书局，1992年，第422页。

④［唐］道宣撰，郭绍林点校《续高僧传》卷16《习禅·法忍传》云：6世纪中期后梁的“释法忍，江陵人。……西往覆舟岩下头陀，自静观理，三十余年，木食麻衣破衲而已。自得幽林，无求外护，升粒若尽，继以水果，终不驰求。……所止龛室，才容膝头。”此据点校本，第590页。

⑤可参考屈大成《从汉译“根有部律”看古印度佛寺建筑与布局》，《正观》第92期，2020年，第49–112页，特别是73–74页。

⑥［后秦］弗若多罗、鸠摩罗什译《十诵律》卷25，《大正藏》第23册，第183页中栏。

是“禅室”，即寺院建筑中专门用来坐禅的静室。“禅窟”与“禅室”或许在梵语词汇上有相通或相近之处[①]。

罗什译的《妙法莲华经·分别功德品》中释迦云：

> 若我灭后，闻是经典，有能受持，若自书、若教人书，则为起立僧坊，以赤栴檀，作诸殿堂，三十有二，高八多罗树，高广严好，百千比丘，于其中止。园林、浴池、经行、禅窟，衣服、饮食、床褥、汤药，一切乐具，充满其中。如是僧坊、堂阁，若干百千万亿，其数无量，以此现前，供养于我，及比丘僧。[②]

所谓“作诸殿堂”“僧坊、堂阁”，指的都是寺院建筑，包括园林、浴池、经行和禅窟。“经行”指的是在寺院中特定的道路上缓慢安静地往返步行，以调节身心[③]。经行的理由可以有多种，其中包括为避免坐禅时犯困。不难想见，除那种一坐七天的禅定之外，坐禅并非从始至终坐在一个地方一动不动，还是允许通过来回走动来驱赶睡意的。早期佛教有僧众在特定场合集体禅定的情况，律文规定当禅僧起身经行时，要在原坐处留下禅带或覆肩衣以保留座位。经行时还要注意不能影响到他人的修行。以第268窟和第285窟的空间来看（见图1），若坐在小龛中的禅僧起身去经行，一出一进，很难不影响到同时坐禅的其他僧人。

图1　莫高窟窟前殿堂遗址第487窟与第268、285窟平面比较示意图

（图片采自潘玉闪、马世长《莫高窟窟前殿堂遗址》，文物出版社，1985年，第93页图六一）

“僧坊”又译“僧房”，字面意思即僧尼所居坊舍（房舍），亦即寺院中供僧人起居的建筑。一般认为，印度佛教石窟按功能可分为两类：一是栖止禅修生活用窟，包括“僧坊窟”，

---

① “禅室”与“禅窟”的梵语词汇并不明确。而在汉语语境中，“禅窟”一词并不一定意味着“用于修禅的洞窟”。“禅窟”是否指石窟或洞窟，还要在具体的语境中分析。

② ［后秦］鸠摩罗什译《妙法莲华经》卷5，《大正藏》第9册，第45页下栏。

③ 关于“经行”的解释和佛书中的规定，参见［唐］玄奘、辩机原著，季羡林等校注《大唐西域记校注》，中华书局，1985年，第196页。并参屈大成前揭文，第88-89页；并参见Kim Minku（金玟求），“Sites of Caṅkrama（經行）in Faxian’s Record”，in Jinhua Chen and KUAN Guang eds，*From Xiangyuan to Ceylon*：*The Life and Legacy of the Chinese Monk Faxian*（337-422），Singapore，World Scholastic Publishers，2020，pp.425-443.

即梵语vihāra，毗诃罗窟，俗语作lēṇa，尤指凿岩为窟。此外，还有方形窟、水池等。二是用于礼忏供养等宗教活动用的窟，即塔庙窟，梵语chaityagriha或caityagṛha，又译支提窟①。李崇峰强调“僧坊窟”源于西印度佛教石窟，创始于公元前3世纪，流行于公元5世纪中叶至7世纪中叶。这是一种僧房群式的石窟，即开凿空间较大的石窟，内有可供礼拜、忏悔活动的大厅，主壁有主尊佛像，大厅的左、右、后三壁开凿对称排列的小龛室。在西印度的多处佛教石窟，如阿旃陀石窟、埃洛拉石窟等，都可看到（见图2）。这种石窟，通常一窟就是一座寺院，有佛像、佛塔，也有僧人日常起居之室，所以叫“僧坊窟”。只是因为这些小窟室既是僧人起居的场所，也往往是他们个人禅修的场所，故又把这种小龛室称作“禅窟”。莫高窟南区三个“禅窟”，一直被认为是从印度佛教石窟中“僧坊窟”的形制来源和功能借鉴而来的。但不可否认的是，与阿旃陀、埃洛拉，乃至形制相近的新疆库车苏巴什佛寺遗址相比，第268、285窟中的这几个“禅室”空间，显然不足以既承担僧人的起居，又承担禅僧的禅定功能。如果真有僧人在这样的小龛室内坐禅，他们必定另有日常起居之所。这种情况只要对比一下莫高窟北区的禅窟情况，就会发现北区无论是单室禅窟还是多室禅窟，都与僧人的起居之处相去不远，乃至还有同一个石窟中南北两室分别作为僧人起居的僧房窟和坐禅的禅窟之例。而第268、285窟内的小龛室，本身既无禅床之类的坐禅必备设施②，从整个洞窟看，也不具备集体礼拜后分别坐禅的空间条件。

前述僧传中僧人禅修的第四种情况，就是在寺内特定建筑中修禅。如单道开在石赵时的临漳昭德寺，“于房内造重阁，高八九尺许，于上编菅为禅室，如十斛箩大，常坐其中”③。东晋初年慧远在庐山建立东林寺时，“复于寺内别置禅林”④。东晋末昙摩耶舍在江陵辛寺时，“于外门闭户坐禅，忽有五六沙门，来入其室”⑤。晋末宋初的佛陀跋陀罗与同学僧伽达多同在罽宾时，“于密室闭户坐禅”⑥。刘宋的慧览在中兴寺时，有信徒“钦慕道德，为造禅室于寺”⑦。刘宋的普恒“止治下安乐寺。独处一房，不立眷属，习靖业禅”⑧。南齐僧审“灵鹫寺慧高从之受禅业，乃请审还寺，别立禅房”⑨。南齐法颖“还多宝寺，常习定闲房，亦时开律席”⑩。等等。这些说明寺院中通常都有专供僧人禅修的特定场所。单道开是在自己的起居室内另立了禅修之具，其他几位大多可以认为是在寺内专有禅修的禅房或禅室。

---

① 萧默：《敦煌建筑研究》，1989年初版，此据机械工业出版社，2003年，第297-308页；李崇峰：《印度石窟中国化的初步考察》，同作者著《佛教考古：从印度到中国》，上海古籍出版社，2014年，第559-584页。

② 僧人坐禅时通常不会席地而坐。因而即便没有禅床，至少要有僧传中常见坐禅时用的绳床。但南区这几个所谓的小禅室，一个人坐进去尚且勉强，若要再坐上绳床，空间就显得太过局促了。

③ ［梁］慧皎撰，汤用彤点校《高僧传》卷9《神异上·单道开传》，中华书局，1992年，第361页。

④ ［梁］慧皎撰，汤用彤点校《高僧传》卷6《义解三·慧远传》，中华书局，1992年，第212页。

⑤ ［梁］慧皎撰，汤用彤点校《高僧传》卷1《译经上·昙摩耶舍传》，中华书局，1992年，第42页。

⑥ ［梁］慧皎撰，汤用彤点校《高僧传》卷1《译经中·佛陀跋陀罗传》，中华书局，1992年，第70页。

⑦ ［梁］慧皎撰，汤用彤点校《高僧传》卷11《习禅·慧览传》，中华书局，1992年，第418页。

⑧ ［梁］慧皎撰，汤用彤点校《高僧传》卷11《习禅·普恒传》，中华书局，1992年，第421页。

⑨ ［梁］慧皎撰，汤用彤点校《高僧传》卷11《习禅·僧审传》，中华书局，1992年，第423页。

⑩ ［梁］慧皎撰，汤用彤点校《高僧传》卷11《明律·法颖传》，中华书局，1992年，第436页。

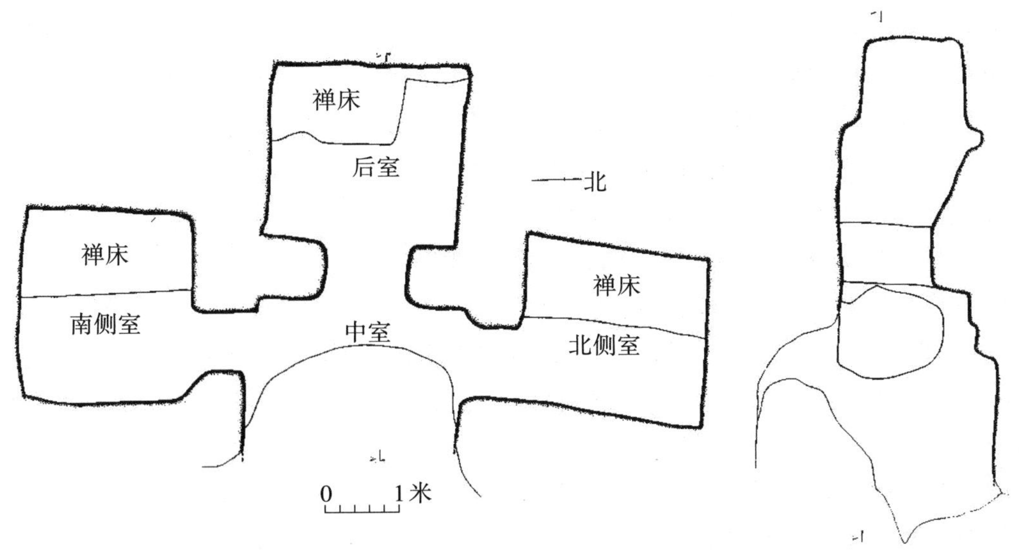

图2　北区B7禅窟

（图片采自彭金章、王建军编《敦煌莫高窟北区石窟（第1卷）》，文物出版社，2000年，第23页图一一）

当寺院兴起后，禅房或禅室成为寺院建筑的重要组成部分，已经可以为一般性的禅修活动提供基本的场所保障。按理说就更不需要开凿石窟来坐禅。但并非所有的寺院都有条件给所有的僧人提供专门的禅室、禅房。在这种情况下，僧人自己的起居之所，有时也要部分地承担禅修的功能①。在寺院建筑中，“禅室”与“禅窟”名义相通，有些寺院建有供僧众集体坐禅的大厅或大堂，但僧人在个人居室中也可以坐禅。所以，“僧房”或“僧坊”往往是僧人个人习禅之所。这也可能是印度的僧坊窟往往被称为“禅窟”的原因之一。此外，也不排除为了追求禅修的效果，仍要在寺院之外另辟禅修静所的情况。特别是那些坚守早期佛教传统的禅僧，即便寺院中有禅室和禅房，也仍然要在山林、岩穴之中坐禅。在有寺院禅房，以及天然、半天然岩穴的情况下，僧人实在没必要专门开凿石窟用于坐禅。因此，人工开凿禅窟，对于禅修的僧人来说，既非必需也非首选，也不必然也不普遍。《高僧传》所记载的禅僧事迹，多发生于中原、关中、江东、巴蜀等地。这些地方是否需要人工开凿禅窟，与环境、气候、山石质地等客观条件有关，也与禅僧个人的主观选择有关。

在西域、河西地区较多出现的石窟寺，相对而言更多见禅窟的存在。这可能与这些地方较早受到早期佛教注重禅修传统的影响有关。这些禅窟的出现是由地理环境、气候等客观因素所决定，往往是作为某个石窟寺的一部分。这种情况很可能是模仿印度佛教的石窟寺。印度佛教寺院中有专供修禅用的特定空间，通常是在一个空间相对宽广的大洞窟中，辟有一个中央大厅，与窟门相对的内壁中央塑有主尊佛像，其他壁面开出若干单独的小空间，供僧人起居和禅修。这样一种兼具礼拜和起居功能的石窟，其实就是一个石窟寺。在这样的中央大厅各侧壁所开的小窟室中，一个僧人完全可以做到坐卧、禅定，甚至经行都有充分的空间。

① 宿白先生在前揭《中国佛教石窟寺遗迹》讲稿中说：“有的禅窟，也是僧人起居生活的所在，这种禅窟，又可叫‘僧房窟’。”

印度石窟寺的这种形制既是对地面寺院建筑的模仿，也是对“山窟”禅行传统的一种继承[①]。

印度的佛教寺院或石窟寺的形制布局，很可能是中亚、西域、西藏的寺院布局所仿效的对象。如库车苏巴什的禅窟、吐鲁番吐峪沟的禅窟布局，与印度佛寺有形式上的相似性。还有稍晚的西藏大昭寺第一期建筑形制，都明显受到印度那烂陀寺的影响[②]。阿旃陀等印度西部的石窟寺（见图3）[③]，库车苏巴什佛寺遗址具有典型的禅窟建筑遗存[④]。库木吐喇石窟在离寺院不远之处也有专门开辟的寺僧坐禅的禅窟群[⑤]。这些敦煌以西的佛寺建筑形制，很可能影响到敦煌南区的禅窟建筑布局。敦煌莫高窟北区出现数量众多的禅窟，也是因为莫高窟前有佛寺存在，甚至有的寺院就是由莫高窟的几个洞窟组成。莫高窟的僧人既可以在自己的起居室中坐禅，也可以在北区专门的禅窟中坐禅。但要想象他们舍弃自己的居室，以及北区本有的专门禅窟，非要跑到第268、285窟那样狭小的空间去坐禅，这颇有些令人费解。

敦煌以东地区出现的早期禅修场所，又呈现与印度和西域寺院建筑不同的特点。如甘肃炳灵寺第169窟本是一个天然形成的溶洞，后经加工，辟成佛教的石窟。其中有西秦建弘元年（420）的题记，也有“大禅师昙摩毗之像”的榜题和画像。虽然现存此窟中不一定全都是420年的遗迹，但此窟最初的用途包括禅修的目的，应该是无可怀疑的[⑥]。由此，这很可能是敦煌以东现存最早有纪年的、将天然洞窟进行人工改造后进行禅修的“禅窟”。人工开凿石窟供僧人禅修的事例也有，但通常都要借助世俗权贵，甚至是帝王皇室的大力支持，仅凭僧人个人之力是难以实现的。如北魏皇兴年间（467—470）在鹿野苑开凿的一排石窟，总计有11个窟，中间的第6窟是大像窟，左右各5个窟都是“禅窟”[⑦]。值得注意的是，这10个禅窟坐北朝南，一字排开，既不像西印度、吐蕃地区石窟那样在大厅的周围布局小房间，也不是像敦煌第268、285窟那样在本就不大的空间里再开凿出左右对称、窟口相对的布局。鹿野苑的每个禅窟，其进深和高度，都足够高、足够宽，容纳一人进出和坐禅，富富有余。这样的石窟肯定是经由人工开凿，也可相信的确是专为僧人坐禅用的“禅窟”。大同鹿野苑禅窟遗址布局，与西印度和新疆禅窟布局相比，可以明显看出中国文化与印度文化的不同之处（见图4、5）。由此也可断定，敦煌第268、285窟这样的布局，应该是对西印度和西域佛寺禅窟布局的模仿，而非来自中原内地的禅窟形制。

---

① 李崇峰：《印度石窟中国化的初步考察》，《佛教考古：从印度到中国》，第561-566页。并参见李崇峰《从犍陀罗到平城：以寺院布局为中心》，《佛教考古：从印度到中国》，第267-288页。

② 宿白：《西藏拉萨地区佛寺调查记》，1994年初刊，此据宿白《藏传佛教寺院考古》，生活·读书·新知三联书店，2021年，第3-5页。

③ 李崇峰：《阿旃陀石窟参观记》，载李崇峰《佛教考古：从印度到中国》，第75-104页；并参见Walter M. Spink, *Ajanta*:*History and Development*, Vol.5 *Cave by Cave*, Leiden, Boston: Brill, 2007.

④ 参见冉万里：《新疆库车苏巴什佛寺遗址西寺石窟调查简报》，载文化遗产研究与保护技术教育部重点实验室等编《西部考古》第18辑，科学出版社，2019年，第34-96页。

⑤［意］魏正中：《区段与组合——龟兹石窟寺院遗址的考古学探索》，上海古籍出版社，2013年，第71-73页。

⑥ 关于炳灵寺第169窟的研究有很多，参见常青：《炳灵寺169窟塑像与壁画的年代》，1992年初刊，此据同作者《长安与洛阳——五至九世纪两京佛教艺术研究》，文物出版社，2020年，第3-47页。

⑦ 刘建军：《鹿野苑石窟调查报告——关于新发现禅窟的问题》，载龙门石窟研究院编《石窟寺研究》第1辑，科学出版社，2010年，第1-9页。

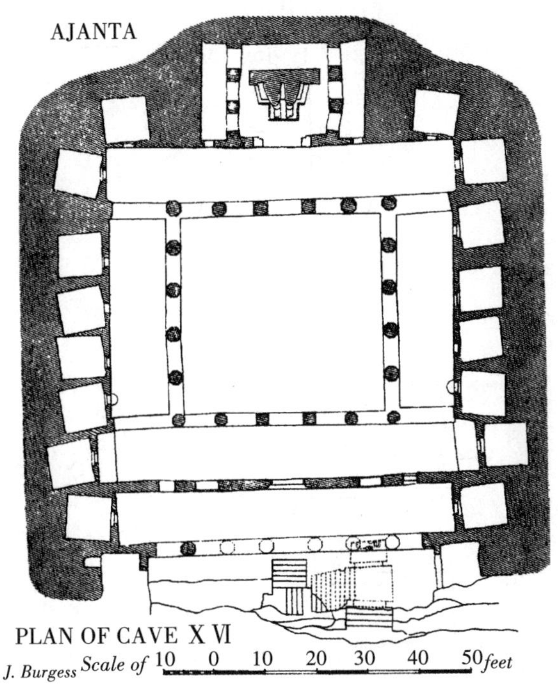

图3　阿旃陀第16窟平面图

（图片采自 Walter M. Spink, *Ajanta: History and Development, Vol.4, Painting, Sculpture, Architecture, Year by Year*, Leiden, Boston: Brill, 2009, Fig.19.）

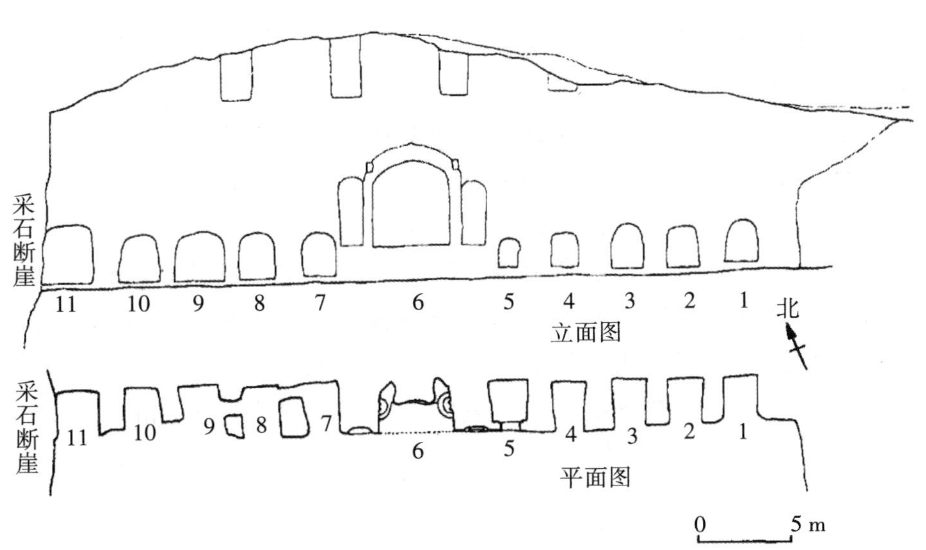

图4　鹿野苑石窟总平、立面图

（图片采自刘建军《鹿野苑石窟调查报告——关于新发现禅窟的问题》，载《石窟寺研究》第1辑，科学出版社，2010年，第3页图2）

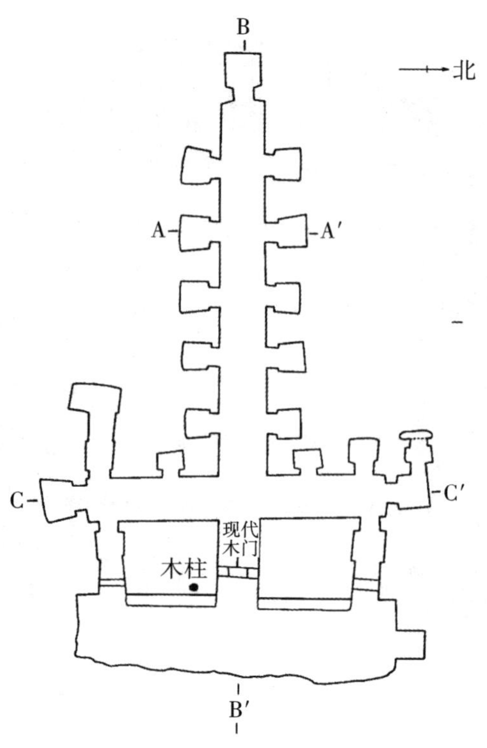

图5　西寺1号遗址

（图片采自冉万里《新疆库车苏巴什佛寺遗址西寺石窟调查简报》，载冉万里主编《西部考古》第18辑，科学出版社，2019年，第37页）

总之，无论是僧人在野外寻找到的天然、半天然洞穴，还是寺院或石窟寺内外附属的、专门用于僧人禅修的人工开凿的洞窟，都可称作“禅窟”。禅窟只是僧人禅定时所需的各种特定修行空间中的一种。决定禅窟性质和功能的关键条件，并不在于洞窟是天然形成，还是人工开凿，而是能否在保证僧人基本生存、生活条件（如水源）的前提下，给僧人提供安静与安全的禅定空间。禅窟的基本要素或首要必备条件，在于提供一个与喧嚣尘世隔绝的修行空间。此外的装饰、布局等，都是次要或次生的要素。佛像和壁画并不构成禅窟的必备条件。僧人习禅时，本不需要先把石窟中的壁画和彩塑观摩一遍，然后再分别坐进南北两侧对称的小龛室中去入定见佛；甚至也无须专门从自己的寺院僧房跑到洞窟中来坐禅——除非他没有所属的寺院，或寺院中既没有僧众集体坐禅的大堂，也没有僧人个人起居的僧房。

结语

结合禅经的规定与中国僧人习禅的实际情况，对于禅修、观想与石窟的关系问题，本文或可总结出以下几个结论：

第一，禅修入定是佛教修行的基本功之一，坐禅的地点只要能够在保证安全的前提下远离喧嚣即可，并不一定非要开凿出“禅窟”才能坐禅。山林岩穴、寺塔窟龛，皆可作为习禅之所。所谓“禅窟”，无论在印度佛经语境中，还是在汉语文献语境中，都不一定特指石窟中用于禅修的洞窟。而是否需要在石窟中禅修，要依据各地的地形、地貌、气候等条件而定，并非只有在石窟中才能修禅。寺院内外特定的“静处”，往往是僧人习禅的主要场所。

第二，禅修的具体操作，从早期佛教到大乘佛教的兴起，经历了几个不同的发展阶段。“观”很早就是禅修中的重要一环。因为静坐修禅时，必然要最大限度地开发头脑意识的作用，“观”就是一种思维、想象的脑力活动。但“观”的修行起初并不包含观佛、观像。只讲“禅数”的禅定，基本无须想象佛的形象，更不需要先有佛像才能禅定。所以那时的禅僧，只要有个遮风挡雨的静处，就能入定。5世纪初，罗什等人新翻译的一批禅经，才把观佛、观像的“观行”引入中国佛教。其源头既有来自印度恒河流域佛教，也有来自印度河流域、中亚地区佛教禅修的新发展。其中罽宾（犍陀罗）是禅法向中国输入的重要策源地。推测在5世纪之前，罽宾等地已经兴起了观佛、观像的新禅法。虽然都是观像和观佛，但罗什等人所译诸禅经还比较侧重于个人习禅，而佛陀跋陀罗等人译出的几部“观经”，则因大量的观佛、观十方佛的内容，而具有更加鲜明的“大乘”色彩。而随着大乘佛教的兴起，“观佛”不再是禅僧的专利。

第三，观佛、观像的禅修，所观、所念的佛像，并不只是现实寺塔中塑造的佛像。寺塔中现实具象的佛像是观佛、观像活动必不可少的前提和基础，但僧人真正入定后所观、所念的佛像，是按照三十二相、八十种好来想象的。现实中的任何一尊佛像的雕塑，或任何一幅佛像绘画，都无法圆满体现出佛的相、好，更多的是依靠禅僧依据佛经文字的描述在自己头脑中映射出来。如此，出现在禅僧思维中的佛的相、好，肯定是千人千面的，任何一尊现实中的佛像都无法直接与这种想象中的佛之相、好完全对应。有条件的寺院在塑造或描绘佛像时，都会请名师巨匠来担纲。因为技艺高超的工匠塑造出栩栩如生、令人赞叹的佛像，不仅是寺院吸引信众的重要方式，有时也直接作为寺僧进行禅观观像时所要观摩的对象。但艺术水平的高低是一个很难客观统一的标准，到底什么样的佛像才能够作为禅定观像之前需要观摩的对象？如果禅僧所能观摩到的只是技艺水平不高的佛像，是否会影响到其入定观佛的效果？这种情况下是否还需要先观像再入定？现实中没有佛像可观摩，或只有艺术水平非常一般的佛像，该如何实践这种观像？或许这些都是值得进一步探讨的有趣话题。

第四，僧人入定时需要思维想象的对象和内容很多，但禅定的内容是无法用壁画、雕塑来体现的。这也是那些可以被确认为禅窟的窟室，如莫高窟北区、库车苏巴什、大同鹿野苑等，为何壁面一般都不会绘制繁复精美壁画的原因。吐峪沟石窟第42窟中出现了把特定禅经的内容以壁画形式呈现的情况，为何莫高窟的壁画就不能被认作是为禅修所绘？吐峪沟石窟壁画被认为是呈现僧人通过禅修入定所能达到的水火神通境地的壁画，其主角是禅定的僧人。再加上几种倡行观行的“观经”被认为就是在中亚地区，甚至是在西域编成的，所以这是一种带有地方特色的禅修实践。但敦煌壁画的种类和内容都要复杂得多，尤其是莫高窟南区洞窟，主要的功能还是面向信众开放，以宣教为目的，不是以服务僧人禅修为目的。因此，吐峪沟石窟的特例并不能佐证莫高窟的壁画是为有利于僧人禅修而绘制的。

第五，通常在观摩现实中的尊像后，习禅者要回到自己的“静处”，开始调整气息，逐渐进入禅定状态，在入定之中观想佛的相、好。阿旃陀石窟寺的布局可以反映这样的情况：窟内的公共空间有一尊大家都可以礼拜、观摩的佛像，僧人在观摩此像后，各自回到自己的

静处、禅室，再开始禅修入定。库木吐喇石窟则是在僧人日常活动的寺院之外，另辟一个供僧人专门坐禅的禅窟区。这种情况下，是否还需要先在有佛像的殿堂区观像，再走出很远进入禅窟去入定？实在有疑问。一般来讲，在寺院内的僧房或是专门的禅窟，都应该满足每个僧人有各自独立的空间。无论是像大同的鹿野苑那样单独开窟，还是像库车苏巴什那样左右两排对称的小窟室。但从早期佛经和律文来看，也不排除有僧人在不对外开放的佛像前观摩之后，集体禅定的情况。如前述《观佛三昧海经》所言的入塔观像，显然是在公共场所举行的。但这方面还需要更多的考古证据。

第六，以往一直认为禅僧要先观像，然后才能入定观佛，不能说没有依据，但至少莫高窟南区的三个“禅窟”未必是为实践这种“观行”而开凿的。莫高窟第268、285窟这样对称性地匹配小龛室的石窟，与其说非要僧人先在宽窄不一的洞窟中央进行集体礼拜，然后再分别费劲地钻进钻出南北对称的狭小窟室中去打坐禅修，不如说是一种对印度石窟寺建筑形制的刻意模仿。也就是说，开窟时特意建成基本对称的龛室布局，其意图并非将整个石窟作为“禅窟”来使用，而很可能只是出于对印度佛教石窟形制的模仿。

我本人没有禅修入定的体验，也对佛教石窟的建筑与功能所知有限。在此的讨论主要是基于传世文献所做的纸面分析，难免隔靴搔痒。只是针对围绕莫高窟南区3座“禅窟”的争议，提出自己粗浅的看法，期待有识者给出更为圆满的解答。

中国古代残损佛像瘗埋是舍利瘗埋吗?

——再论中国古代残损佛像瘗埋的性质

张先堂（敦煌研究院人文研究部）

【摘要】本文针对中国学术界有关古代残损佛像瘗埋的性质问题中流行的“舍利瘗埋说”提出疑问，并从两个方面论证其非：一是根据佛教义理、佛教典籍并结合考古材料证明将“残损佛像”视为“感应舍利”，将残损佛像瘗埋视同于舍利瘗埋是误解；二是根据佛教史实论述证明，舍利瘗埋与残损佛像瘗埋是两种既相互关联又各自独立的佛教供养功德活动，是两种既互有交集又各自独立发展的佛教历史文化现象。最后提出古代残损佛像瘗埋性质的“供养说”，认为在中国古代广大地区普遍存在的将残损的佛造像有意识地、有计划地集中起来予以礼仪性瘗埋的行为其实属于佛教徒的三宝供养行为之一——佛宝供养。

【关键词】残损佛像　舍利　瘗埋　供养

引言

自20世纪50年代以来，地不爱宝，在中国广大地区持续不断地发现了一批又一批古代佛教信徒在地下的土坑、窖穴、塔的地宫、天宫等处人为埋藏的古代佛教残损造像。对于古代佛像瘗埋的现象，除了对各地出土佛像具体案例的考古报告和研究外，十余年来已经有学者开始注意从宏观的角度考察这些不同地区具体案例之间的联系。崔峰先生曾梳理了山东、河北、河南、山西、陕西、四川等省不同时期的20例重要佛像出土事件[①]。高继习先生调查统计了山东、河北、山西、陕西、四川、安徽、江苏等地发现的残损佛教造像群埋藏遗迹案例46

① 崔峰：《佛像出土与北宋窖藏佛像行为》，《宗教学研究》2010年第3期，2011年，第79-87页。

例[①]。黄盼女士收集了全国各地佛像集中埋藏的案例46例[②]。笔者梳理发现，中国百余年来有关佛像瘗埋的案例至少有48例[③]。

随着此类考古材料的不断积累，学者们逐渐认识到，在中国从北朝到唐代、宋代、西夏、金代乃至清代等不同时期，在山东、河北、山西、河南、陕西、四川、安徽、江苏、宁夏、甘肃等不同地区，都曾经存在过将佛教造像予以埋藏的现象，可以说是在中国古代相当长的历史时期内在广大地区普遍存在过的现象。学者们将这种现象称之为“佛像瘗埋”。

瘗埋残损佛教造像的性质是什么？学者们对此有许多不同的解释。其中，有代表性的有两种：第一种是“佛像安葬说”，以李森先生的观点为代表，他通过对山东临朐明道寺、济南开元寺和安徽亳县咸平寺三处佛像埋葬情况的考察分析，认为青州龙兴寺窖藏佛教造像的性质是在北宋时期山东地区流行的安葬佛像的行为[④]。第二种是“舍利瘗埋说”，持此说者较多，有杜斗城、崔峰、高继习等先生（详见下文论述）。目前学术界关于古代瘗埋残损佛教造像性质的多种说法中，“舍利（法舍利）瘗埋说”为多位学者所赞同的观点，成为比较流行的观点。

笔者认为，“舍利（法舍利）瘗埋说”尚存在一些认识上的误区，既不符合佛教义理，也不符合佛教史实。应该如何解释才能既符合佛教义理的逻辑，又符合历史事实，这是我们应该考虑的问题。为此笔者特撰此文，对古代瘗埋残损佛教造像的性质问题再予以讨论。

一、从佛教义理和佛教典籍来看残损佛像瘗埋不能视同于舍利瘗埋

中国古代佛像埋藏现象主要分为两类：一类是散乱埋藏，属于对残破佛像的随意处置，可称之为“佛像埋藏”；一类是对佛像恭敬的、有计划的、礼仪性的瘗埋，可称之为“佛像瘗埋”。后一类佛像瘗埋现象更值得关注。对于其性质，学者们曾有过不同的解释。

李森先生通过对山东临朐明道寺、济南开元寺和安徽亳县咸平寺三处佛像埋葬情况的考察分析，认为青州龙兴寺窖藏佛教造像的性质是北宋时期山东地区流行的安葬佛像的行为。

杜斗城先生认为山东出土的上述几批造像，包括1979年山东高青、1996年山东昌邑的发现，皆为废弃的佛教造像的“舍利安葬”[⑤]。崔峰先生认为遍及山东、河南、河北、陕西、四川等省份的佛像埋藏行为不是“三武灭佛”时所为，而是一种护法之举，残损不全的佛像被等同于舍利集中埋葬，并把佛像残件称为“感应舍利”[⑥]。高继习先生进而认为将残损的石造像集中埋藏体现了“法舍利瘗埋”理念[⑦]。

① 高继习：《宋代埋藏佛教残损石造像群原因考——论“明道寺模式”》，载山东省文物考古研究所编《海岱考古》第8辑，科学出版社，2015年，第488-514页。

② 黄盼：《中国中古时期佛像埋藏的考古学研究》，《华夏考古》2021年第5期，第74-84页。

③ 张先堂：《中国古代佛教三宝供养与“经像瘗埋”——兼谈敦煌莫高窟藏经洞的封闭原因》“附录：中国古代‘经像瘗埋’案例”，刊于日本京都大学人文科学研究所编《敦煌写本研究年报》第10号，2016年3月，第253-273页。

④ 李森：《山东青州龙兴寺窖藏造像性质考》，《广西社会科学》2005年第12期，第147-149页。

⑤ 杜斗成：《山东龙兴寺等佛教造像“窖藏”皆为“葬舍利”说》，载刘凤君、李洪波主编《四门塔阿閦佛与山东佛像艺术研究》，中国文史出版社，2005年，第153页。

⑥ 崔峰：《佛像出土与北宋窖藏佛像行为》，《宗教学研究》2010年第3期，2011年，第79-87页。

⑦ 高继习：《宋代埋藏佛教残损石造像群原因考——论“明道寺模式”》，载山东省文物考古研究所编《海岱考古》第8辑，科学出版社，2015年，第500页。

笔者认为，上述观点摆脱了以“避难说”为代表的，着重从外部社会历史背景寻找佛像埋藏原因的研究思路的窠臼，注重从佛教历史文化本身寻找根源，各有其合理之处，启发我们以新的思路来探讨佛像瘗埋现象的性质。但其中尚存一些不合理乃至误解之处，有必要予以深入细致地辨析。“安葬佛像行为说”仅仅说明了表象，尚未揭示其内在实质：安葬佛像的目的是什么？性质是什么？“佛像等同舍利安葬说”“感应舍利瘗埋”“法舍利瘗埋”表面上解释了佛像瘗埋的性质。但此说存在理解上的误区，与佛教义理和佛教典籍不相吻合，难以自圆其说。

从佛教义理上来说，虽然舍利与佛像都与佛相关，但二者又各有所指，不容混淆。在古代印度，舍利是梵语Saria的音译，也作“设利罗”“室利罗”，意即身骨或尸骨，或曰 “灵骨”，原指释迦佛荼毗后烧出的特异结晶体。舍利也有称“坚固子”的，它的特点是坚固如石，形态各异，有舍利珠、舍利块等。舍利对于佛教信众来说，是在释迦佛涅槃后留下的象征着 “佛”的圣物。佛经中对舍利的来由、功用予以高度重视：“舍利者，乃是无量六波罗蜜功德所熏……舍利者是戒定慧之所熏修，甚难可得，最上福田。”[①]因此，它在印度被教徒们供养在覆钵形的舍利塔下，受到信徒们的礼拜。舍利、舍利塔和舍利信仰传播到中国后，也得到了中国佛教信徒的尊崇和信仰。

在研究残损佛像瘗埋现象时，多位学者将佛像等同于舍利，视之为“感应舍利”“法舍利”。这既无佛教典籍支持，又有混淆名相之弊。“感应舍利”“法舍利”在古代佛教典籍中均有其特指，不应根据学者个人理解随意解说，而应根据古代佛教典籍的记载，结合现代考古材料予以准确地理解和解说。

（一）残损佛像瘗埋是“感应舍利瘗埋”吗？

“感应舍利”又名“影身舍利”“影骨舍利”，是历史上佛教徒用七宝制作的仿真舍利。唐代不空译《如意宝珠转轮秘密现身成佛金轮咒王经·如意宝珠品》云：“若无舍利，以金、银、琉璃、水精、马脑、玻梨、众宝等造作舍利。珠如上所用。行者无力者，即至大海边，拾清净砂石即为舍利。亦用药草、竹、木根节造为舍利。”[②]此即古代佛教徒用金银珠宝、水晶玛瑙甚至砂石竹木等物制作“影身舍利”即“感应舍利”的佛典依据。在我国历次考古发掘的地宫舍利中，均有“影骨舍利”“感应舍利”的出现。如法门寺出土的4节佛指骨舍利中有1节灵骨舍利、3节影骨舍利。

尚永琪先生曾精辟地将古代佛教舍利信仰概括为三个不同阶段：第一，佛陀涅槃“荼毗”后“八王分舍利”的“灵骨供养”时期；第二，阿育王建塔的“塔供养”时期；第三，中原地区的“感应舍利”时期[③]。“舍利供养”在由印度大陆经过中亚传播到中国的历程中，经历了“纪念性供养”“塔供养”和“感应舍利供养”这三个具有不同内涵的发展阶段。这个过程是随着佛教传播的地理范围扩大，释迦作为一个历史人物的“灵骨”不断被分，一直到“分无可分”的地步，于是脱离了“八王分舍利”“阿育王再分舍利”的“灵骨”分流轨

① ［北凉］昙无谶译《金光明经卷第四》，《大正藏》第16册，第354页。

② ［唐］不空译《如意宝珠转轮秘密现身成佛金轮咒王经》，《大正藏》第19册，第332页。

③ 尚永琪：《佛舍利崇拜的地理困境与感应舍利之起源——对佛教偶像崇拜历史分流之认识》，《文史哲》2016年第4期，第77页。

道，衍生出通过感应或祈请的方式得到舍利的方法。至此，“舍利崇拜”的内涵其实已经发生了潜移默化的变化，由“纪念”“怀念”“崇拜”发展成“证明”佛教或佛法合理性的工具性手段①。这为我们理解佛教史上“感应舍利”的出现提供了颇具启发性的思路。

用“感应舍利”一词指称佛及高僧舍利，至迟在五代时期即已见其例证。《惠光和尚舍利铭记》载：慧光和尚于“乾化……五年岁次乙亥三月庚辰朔十二日壬申迁化，十四日焚烧，得感应舍利。京都人众皆顶谒。”②这是记载五代后梁乾化五年（915）高僧圆寂后火化时获得“感应舍利”。《册府元龟》卷五十二载：“明宗天成……四年八月泽州盘亭山千峰禅寺僧洪密状奏当院创感应舍利塔一所，乞赐塔额，乃赐号为圆空之塔。”③这是记载五代后唐明宗天成四年（929）创建感应舍利塔。

宋、辽时期“感应舍利”更是频繁见载于地方志、碑记等文献。宋代宝庆《四明志》记载四明（今宁波）有古寺金绳院，“观察推官关杞记院有韶国师所得隋文帝感应舍利一颗，主僧德昇建砖浮图于院前以奉之”④。所谓“隋文帝感应舍利”，当指隋文帝于仁寿年间向全国三十州颁赐之舍利。辽代咸雍八年（1072）《特建葬舍利幢记》载：“涿州新城县衣锦乡曲堤里，邑众……同去南北朝驿路上，设无遮之饭、济求戒之人。益励虔诚，潜膺多福。于设饭之所，遂复感应舍利一粒，不逾数日，大小自至二十余粒。……若起塔则止藏其舍利，功德惟一。建幢则兼铭其秘奥，利益颇多。况尘扬影覆，恶脱福增，岂不谓最胜者欤？于是同鸠净贿，恪募良缘，石采瑰贞，匠徵郢俊，建尊胜幢葬□如来首于当村精舍内……”⑤这是记载辽代时涿州地方邑众为瘗埋感应舍利而建尊胜佛幢。由上述可见，从五代至宋辽时期，均以“感应舍利”指称佛及高僧舍利。

山东临朐县明道寺出土的宋代景德元年（1004）《沂山明道寺新创舍利塔壁记》是现存中国古代较早明确记载了瘗埋残损佛像和“感应舍利”之事的碑记文献，引起学者们的高度重视，也被多位学者视为论证“佛像等同舍利安葬说”“感应舍利瘗埋”“法舍利瘗埋”的最直接有力的依据。其实，在笔者看来，其中显然存在理解的误区。

该碑记记载：

> 今有讲《法花经》僧觉融，本霸州人也，听/学僧守宗，本莫州人也，早悟浮生，偶游斯地，睹石镌坏像三百余/尊，收得感应舍利可及千粿（颗）。舍衣建塔，为过去之遗形；化诏□（有？）/缘，冀当来之佛会。此乃地穿及泉，甃若玉坚，垒成金藏，熔/宝作棺，固至地平，方命良工砌垒，塔形虽小，胜事甚多！⑥

上引碑记提供的有价值信息至少有以下几点：第一，创建明道寺舍利塔的发起人是分别来自霸州、莫州的觉融、守宗两位僧人。第二，觉融、守宗两僧在临朐做了两件事：一是看

---

① 尚永琪：《佛舍利崇拜的地理困境与感应舍利之起源——对佛教偶像崇拜历史分流之认识》，《文史哲》2016年第4期，第83页。

② ［清］陆心源编《唐文拾遗》卷50，载《全唐文》，中华书局，1983年，第10939–10940页。

③ ［北宋］王钦若主编《册府元龟》卷52，中华书局，1960年，第581页。

④ ［南宋］罗濬撰《宝庆四明志》卷17，载《中国方志丛书》“华中地方·第574号”，成文出版社有限公司，1983年，第5303页。

⑤ 向南编《辽代石刻文编·道宗编上》，河北教育出版社，1995年，第350–351页。

⑥ 临朐县博物馆《山东临朐明道寺舍利塔地宫佛教造像清理简报》附录《沂山明道寺新创舍利塔壁记》，《文物》2002年第9期，第82–83页。

见残损佛像三百余尊（将其收集起来），又收集了感应舍利将近千锞（颗）；二是带头捐资创建了佛塔。第三，在地面以下挖掘、砌筑了坚固的地宫，在地面以上砌垒佛塔。第四，将残损佛像和感应舍利埋入塔的地宫，“熔宝作棺”提示是将感应舍利装入用宝物制作的棺材形状的容器中。有感于这是非同寻常的功德之举，故碑记中赞叹道：“塔形虽小，胜事甚多!”

按照《沂山明道寺新创舍利塔壁记》的明确记载，该塔地宫中理应埋藏有残损佛像和感应舍利。有关临朐明道寺舍利塔地宫清理结果，两篇清理报告分别说明：“地宫内共清理出大小佛像碎块1200余块。”[①]“地宫内共清理出大小佛像碎块600余块，特别小的碎块数百块。”[②]合计来看，与碑记中记载“睹石镌坏像三百余尊”基本吻合。但令人遗憾和错愕的是，清理报告并未言及该塔地宫中是否有舍利瘗埋。据考古清理报告，明道寺舍利塔在20世纪30年代时还保存着第一层塔室。该塔地宫在1965年时曾被当地群众打开，取出部分埋藏物后又将其封堵了。1982年春，文物普查时被发现。1984年春，因村民建房，地宫第二次被打开，同年10月由临朐县文化馆对该塔地宫进行了抢救性清理[③]。所以有可能该塔地宫在清理前，“熔宝作棺”的舍利容器就已被人当作宝物取出盗走，故清理报告中对舍利容器及舍利只字未提。

对于明道寺舍利塔碑记中“收得感应舍利可及千锞（颗）”一句话，学者们出现了不同的理解。崔峰先生以此句作为古人把残损佛像称作“感应舍利”的依据[④]，显然是一种误解。笔者认为，明道寺舍利塔碑记中所记“收得感应舍利可及千锞（颗）”，是记载觉融、守宗二僧收集了佛的感应舍利将近千颗瘗埋于明道寺舍利塔地宫。其情形正类似于甘肃泾川大云寺遗址出土的铭文砖所记：“大宋大中祥符六年（1013）……龙兴寺曼殊院念《法花经》僧云江、智明同收诸佛舍利约二千余粒，并佛牙佛骨，于本院文殊菩萨殿内葬之。”[⑤]考古专家在泾川大云寺遗址发现陶棺中漆盒内放置琉璃瓶3个，均为球形，长颈，其中一个琉璃瓶底部破裂，部分舍利散落，另外两个琉璃瓶有裂纹。“目前清理出散落的舍利约1777粒，舍利大小如米粒，呈白色结晶状，晶莹剔透，质地为石英砂”[⑥]。甘肃泾川佛教遗址发现的宋代佛舍利是考古专家经过科学发掘出土的宋代“造作舍利”即“感应舍利”的实例。山东临朐明道寺创建地宫瘗埋佛舍利的时间仅比泾川遗址瘗埋佛舍利早九年，二者大致处于同一时期，理应具有基本相同的历史背景。所以泾川佛教遗址的舍利瘗埋可以帮助我们准确理解明道寺舍利塔碑记中所记的“感应舍利”其实也是指造作的影身舍利。

---

① 临朐县博物馆《山东临朐明道寺舍利塔地宫佛教造像清理简报》，《文物》2002年第9期，第65页。

② 临朐县文化广电新闻出版局《临朐明道寺舍利塔地宫佛教石造像清理报告》，载山东省文物考古研究所编《海岱考古》第9辑，科学出版社，2016年，第283页。

③ 临朐县博物馆《山东临朐明道寺舍利塔地宫佛教造像清理简报》，第64页；临朐县文化广电新闻出版局《临朐明道寺舍利塔地宫佛教石造像清理报告》，第281页。

④ 崔峰：《佛像出土与北宋窖藏佛像行为》，《宗教学研究》2010年第3期，2011年，第86页。

⑤ 甘肃省文物考古研究所、甘肃省泾川县博物馆《甘肃泾川佛教遗址2013年发掘简报》，《文物》2016年第4期，第73页。

⑥ 甘肃省文物考古研究所、甘肃省泾川县博物馆《甘肃泾川佛教遗址2013年发掘简报》，《文物》2016年第4期，第72页。

（二）残损佛像瘞埋是“法舍利瘞埋”吗？

在研究宋代残损佛像群瘞埋现象的性质时，还有学者在“舍利瘞埋说”的基础上提出了“法舍利瘞埋”的观点。高继习先生认为，现有证据表明，临朐明道寺将残损佛像瘞埋于地宫是有明确记载的最早的案例，将其称之为“明道寺模式”，这是颇有创见的观点。他又推理该模式产生的佛教义理依据是“法舍利瘞埋”①，其论证的主要依据是：“明道寺《舍利塔壁记》中‘偶游斯地，睹石镌坏像三百余尊，收得感应舍利可及千锞’之语，似是说感应舍利是因残损佛像而生的，从而更确定残造像的法舍利性质”②。显然，高先生在论述中采用了比较审慎的态度，“似是说感应舍利是因残损佛像而生的”一句表明了推测而并非断定的语气。的确，笔者前文已经阐明《舍利塔壁记》中“收得感应舍利可及千锞（颗）”是指瘞埋佛的影身舍利，并不是说把残损佛像视作感应舍利。如同崔峰先生一样，高先生将残损佛像视作感应舍利的依据不存在，所以“感应舍利瘞埋说”难以成立。高先生在此基础上进一步发挥的“法舍利瘞埋说”也难以成立。

“法舍利”又称“法身舍利”，特指佛经。《法华经·法师品》云：“若经卷所住处，皆应起七宝塔，极令高广严饰，不须复安舍利。所以者何？此中已有如来全身。此塔，应以一切华、香、璎珞，缯盖、幢幡，伎乐、歌颂，供养恭敬，尊重赞叹。若有人得见此塔，礼拜、供养，当知是等皆近阿耨多罗三藐三菩提。”③此即把佛经安置于佛塔等同于舍利供养的佛典依据。《大唐西域记》卷九载：“印度之法，香末为泥，作小窣堵波，高五六寸，书写经文，以置其中，谓之法舍利也；数渐盈积，建大窣堵波，总聚于内，常修供养。”④由此可见把佛经置于塔中作为“法舍利”，是印度佛教徒的一种供养行为。

据此可知，把残损佛像的瘞埋视作“法舍利瘞埋”是与佛教义理、佛教典籍不相吻合的。

二、从佛教史实看残损佛像瘞埋是与舍利瘞埋既相关联又各自独立的两种佛教供养活动

从中国古代佛教史来看，残损佛像瘞埋与舍利瘞埋被佛教信徒视为两种既相互关联又各自独立的佛教供养功德活动，是两种既互有交集又各自独立发展的佛教历史文化现象。

（一）舍利瘞埋是一种佛教圣物崇拜活动

我国舍利供奉自南北朝开始逐渐兴起，隋唐时期达到鼎盛，这与当时的译经盛行、寺塔兴建、宗派兴盛、朝野重视等相关。唐代皇家对法门寺佛舍利的多次迎奉供养，更是把舍利崇拜活动推向巅峰。至宋代，舍利崇拜出现了中国化、世俗化、大众化的趋势。到元明清时期，佛舍利崇拜活动虽然依然存在，但总体上已趋于衰落，无复往昔之盛况。

关于中国古代舍利瘞埋，学者们已经做过深入的考察研究，发表过大量研究论著，为我

① 高继习：《宋代埋藏佛教残损石造像群原因考——论“明道寺模式”》，载山东省文物考古研究所编《海岱考古》第8辑，科学出版社，2015年，第500页。

② 高继习：《宋代埋藏佛教残损石造像群原因考——论“明道寺模式”》，载山东省文物考古研究所编《海岱考古》第8辑，科学出版社，2015年，第505页。

③［后秦］鸠摩罗什译《妙法莲花经》，《大正藏》第9册，第31页。

④［唐］玄奘述，辩机撰《大唐西域记》，《大正藏》第51册，第920页。

们提供了丰富的参考资料。从本论文所涉范围来看，廖望春女士对宋代舍利“泛化”的研究值得关注。廖女士系统地整理和研究了发现于不同地域的宋代78座佛塔塔基中的舍利实物资料，探讨了舍利信仰所依存的两种物质形态的变化，即舍利形态的演化和佛舍利塔的功能变化。由此，提出了宋代舍利信仰的“泛化”问题。继而通过对古代舍利遗物的形态变化分析，阐述了自宋代开始，舍利信仰已从原初以圣骨崇拜为核心的印度式信仰，泛化为具有象征意味的中国式的符号物信仰。进而指出了“泛化”的原因与晚唐至宋代佛教中国化与世俗化的时代背景直接相关[①]。廖女士关于宋代舍利信仰泛化的研究有助于我们理解宋代舍利信仰的发展变化趋势。廖女士在其绘制的“舍利种类图”中，将舍利分为“真身舍利”“法身舍利”两大类，在“法身舍利”后备注佛经、佛像，似乎有将佛像纳入舍利“泛化”范围的意图，显示出逻辑思考的某种摇摆性。但她在全文论述中却只字未提佛像，她总结宋代舍利泛化说：“通过研究发掘于宋代佛塔中的舍利实物，发现源自印度的佛祖舍利，已为大量其他物质形式的‘泛化舍利’所填充。这些物质形态的变化包括大德高僧的身骨舍利和骆驼骨、象牙骨、珠玉、石英砂石等不同类型的其他碎身舍利，也包括法身舍利（经卷）和全身舍利。”[②]这表明她终究遵循了古代佛教典籍对舍利概念的界定，尊重了古代佛教史实，并未将舍利瘗埋与佛像瘗埋混为一谈。

（二）残损佛像与舍利瘗埋的阶段性交集

在中国古代，特别是宋代、西夏、元代乃至清代曾出现过残损佛像瘗埋与舍利瘗埋密切交集的现象。残损佛像瘗埋与舍利瘗埋密切交集主要体现在下述两个方面：

一是残损佛像被瘗埋在以往惯常瘗埋舍利的佛塔的地基、塔室、天宫，特别是地宫中。例如，济南市县西巷唐宋开元寺地宫遗址发现残损的佛、菩萨、观音、供养人等石刻像和泥塑近50尊，被有规律地排列在地宫中央“坛”的四周[③]。宁夏贺兰县西夏所建宏佛塔的天宫中发现西夏绢彩佛画、泥塑佛头像、罗汉头像，西夏文佛经木雕版残块2000余块、西夏文书残页等文物[④]。1910年，王圆箓道士募资在莫高窟建造千相塔，将莫高窟洞窟中残损的佛像瘗埋在塔中[⑤]。

二是残损佛像与舍利一同瘗埋于佛塔的地基、地宫中。例如，根据山东临朐县原明道寺舍利塔出土的《沂山明道寺新创舍利塔壁记》可知北宋初景德元年（1004）在塔的地宫内同时瘗埋了残损佛像300余尊和感应舍利近1000颗。安徽亳县咸平寺于仁宗天圣五年（1027）利用地宫之上的塔基空间埋藏残造像碑和造像，该遗址出土的《释迦如来砖塔记》碑刻明确记载当时是将这批佛像“瘗诸基下”，地宫内石棺中存有数十枚宋代铜钱和一些五色石子（舍利子）[⑥]。

---

① 廖望春：《宋塔舍利发现与舍利信仰泛化的研究》，《宗教学研究》2012年第4期，第157页。

② 廖望春：《宋塔舍利发现与舍利信仰泛化的研究》，《宗教学研究》2012年第4期，第161页。

③ 崔大庸、高继习：《济南老城区发现地宫与佛像窖藏》，《文物天地》2004年第5期，第50-57页。

④ 王瑞：《宏佛塔建筑成就及出土文物价值探论》，《宁夏大学学报（人文社会科学版）》2010年第6期，第97-101页。

⑤ 王慧慧、梁旭澍、萧薇、张海博：《〈敦煌千佛洞千相塔记〉、〈敦煌千佛山皇庆寺缘簿〉录文及相关问题》，《敦煌研究》2014年第5期，第64-70页。

⑥ 韩自强：《安徽亳县咸平寺发现北齐石刻造像碑》，《文物》1980年第9期，第56-64页。

上述案例表明，在古代某些时期，由于对残损佛像瘗埋的高度重视，佛教僧俗信徒将残损佛像瘗埋在惯常用于瘗埋佛舍利的佛塔中。特别是宋代集中出现了多个将残损佛像与舍利一同瘗埋在佛塔地基、地宫的案例，由此造成当时人们将残损佛像等同于舍利而一同瘗埋的错觉。其实这只是表明某些时期在残损佛像和舍利瘗埋的方式上出现了重合的现象，但并不表明古代僧俗信徒就认为残损佛像等同于舍利，将二者混为一谈。

黄盼女士用考古学类型学的方法全面系统地研究了古代残损佛像瘗埋现象，分为A、B、C三类，其中在对C2类即残损佛像与舍利地宫相关的六个案例进行考察分析后得出结论："C2类埋藏是佛教信徒发愿营造舍利塔或寺院利用地宫现成的空间，将无法修复或不再修复的破损佛像置于塔下供养的行为，亦为佛像瘗埋，虽均与舍利地宫相关，但残损佛像并不等同于舍利，是两种瘗埋行为的结合，多发生于北宋以后。"①黄女士的考察分析非常专业精准，笔者赞同她的观点。

（三）残损佛像瘗埋

从长时段、广区域的视野来看，残损佛像瘗埋案例出现在山东、河北、山西、河南、陕西、四川、安徽、江苏、宁夏、甘肃等不同省区。时代跨度从北朝晚期开始，历经隋唐，到北宋时期达到高潮，直至西夏、元、明、清时期仍有余绪，表明残损佛像瘗埋是中国古代较长历史时期内在广大地区存在的现象。根据笔者收集整理的71例残损佛像瘗埋案例统计，其中在窖藏坑中瘗埋的占52例，占比高达73%，表明残损佛像瘗埋以埋入地下窖藏坑为主要形式，大多数是出现在寺院建筑之下、寺院附近的窖藏坑中。

其中，几次大规模的古代窖藏残损佛像的发现尤为引人注目。例如，1954年、1955年在河北曲阳县修德寺遗址发现地下窖藏坑，前后两次发现的石刻造像共编号2659号。其中，有纪年铭造像247躯，自北魏神龟三年（520）迄唐天宝九年（750），其间230年，历经北魏、东魏、北齐、隋、唐五代，而以东魏、北齐和隋代造像居多②。1957年，沁县城东北30千米的南涅水村农民发现佛像造像窖藏，出土石刻造像1100余件，包括单体造像、造像石塔、造像碑铭三大类型。其中，以造像塔为主，400余件，单体造像近300尊。据造像题记和艺术风格判断，雕刻年代为北魏太和年间至北宋天圣九年（477—1031），相继延续北魏、东魏、北齐、隋、唐、宋六个朝代约500余年③。1996年，青州市故龙兴寺遗址发现一东西长8.7米、南北宽6.8米，面积近67平方米的大型窖藏坑，造像排放有序，大致按上、中、下三层排列摆放，出土佛头像144件、菩萨头像46件、带造像身或半身造像头36件、其他头像10件、造像残身200余件、残经幢3件。从造像的时代分析，这批造像从北魏历经东魏、北齐、隋、唐、北宋，跨越时间长达500余年。其中，尤以北魏、北齐时期的造像出土数量最多④。2012年，在甘肃省泾川县城关镇共池村（古代大云寺遗址）发掘佛教造像

① 黄盼：《中国中古时期佛像埋藏的考古学研究》，《华夏考古》2021年第5期，第82页。

② 罗福颐：《河北省曲阳县出土石像清理简报》，《考古通讯》1955年第3期，第34–38页；李锡经《河北曲阳修德寺遗址发掘纪》，《考古通讯》1955年第3期，第38–44页。

③ 郭海林、李春兰：《南涅水石刻》，《文物世界》2001年第6期，第61–63页；曹雪霞：《山西省沁县南涅水石刻馆》，《文物世界》2012年第2期，第3–5页。

④ 山东省青州市博物馆《青州龙兴寺佛教造像窖藏清理简报》，《文物》1998年第2期，第4–15页。

窖藏坑2个，共出土造像260余件。其中，有造像碑、造像塔（龛）、背屏式造像、单体圆雕造像等，单体圆雕造像数量较多。造像年代历经北魏、西魏、北周、隋、唐、宋等时期，延续时间较长[①]。

上述表明，残损佛像瘗埋是在中国古代广大地区长期独立存在的一种佛教供养活动。

结论

残损佛像瘗埋不能视同舍利瘗埋，残损佛像瘗埋是与舍利瘗埋并行的佛教三宝供养活动。

以上笔者根据佛教义理、佛教典籍，并结合考古材料论述并证明，将残损佛像视为“感应舍利”是对古代文献资料的误解，将残损佛像瘗埋视同舍利瘗埋，是对古代佛教历史文化现象的错误解说。在古代人的概念中，显然是将残损佛像与舍利明确区分开来的，是把残损佛像瘗埋与舍利瘗埋当作两种佛教供养活动区别对待的。

笔者又根据佛教史实论述证明，舍利瘗埋与残损佛像瘗埋是两种既相互关联又各自独立的佛教供养功德活动，是两种既互有交集又各自独立发展的佛教历史文化现象。佛舍利瘗埋从南北朝时期开始，隋唐达到鼎盛，一直贯穿中国古代的佛教崇拜活动，而残损佛像瘗埋是伴随灭佛运动从北朝晚期开始，到宋代达到高潮，延续至元明清的佛教供养活动。在古代某些时期特别是宋代，由于朝野上下佛教信徒对以往“三武一宗”灭佛运动后造成大量残损佛像的处置特别重视，在全国许多地区特别是灭佛运动的重灾区如山东、山西、河北等地组织实施了大规模的残损佛像窖藏瘗埋活动。个别地方如山东临朐明道寺、安徽亳县咸平寺等处实施了将残损佛像瘗埋在惯常瘗埋佛舍利的佛塔中，甚至与佛舍利一同被埋入佛塔地宫，这样超常规的瘗埋活动，将残损佛像瘗埋活动推向巅峰。但残损佛像与佛舍利一同被埋入地宫，只是表明这两种瘗埋活动在瘗埋形式上出现了重合，发生了密切的交集，并不意味着残损佛像就等同于舍利。

总之，把残损佛像视为“感应舍利”，把残损佛像瘗埋等同于佛舍利瘗埋的观点，既无佛典依据，也缺乏史实支持。

笔者认为，在有关残损佛像瘗埋性质的多种观点中，以杨泓先生的说法最为接近史实并能深入揭示其本质。杨泓先生认为，北宋时期，青州地区寺院盛行一种隆重的法会，寺院僧人将早年灭佛活动中损坏的佛像或经年累月破旧的佛像集中起来，然后举行隆重的仪式，将它们埋葬起来，以积累功德[②]。笔者赞同杨泓先生的观点，认为中国古代广大地区普遍存在的将残损的佛造像有意识地、有计划地集中起来予以礼仪性瘗埋的行为其实属于佛教徒的三宝供养行为之一——佛宝供养。对此笔者曾在2016年发表的《中国古代佛教三宝供养与“经像瘗埋”——兼谈敦煌莫高窟藏经洞的封闭原因》[③]一文中予以论述，请参阅。

（本文原刊于《敦煌学辑刊》2023年第3期。）

① 吴荭：《甘肃泾川佛教遗存调查发掘获重要成果》，《中国文物报》2014年1月31日第8版；甘肃省文物考古研究所、甘肃省泾川县博物馆：《甘肃泾川佛教遗址2013年发掘简报》，第54–78页。

② 杨泓在：《梵音净土之青州佛像之谜》，《探索发现》栏目《考古中国》第五部，https//www.bilibili.com/video/BV127411J7Ut/? p=19，访问日期：2004年6月9日。

③ 张先堂：《中国古代佛教三宝供养与“经像瘗埋”——兼谈敦煌莫高窟藏经洞的封闭原因》，第206页。

盛唐时期的敦煌道士及相关问题考论

刘永明（兰州大学敦煌学研究所）

【摘要】有关唐代敦煌道士的资料十分缺乏，本文根据极为有限的资料，结合道教的相关教义、科仪和历史文献，对盛唐时期的敦煌道士，从道士人数、观主与三洞法师、其他道士及相关的道士后备队伍（清信弟子）、写经题名与道经的实际抄写者、出家在家问题、敦煌大族与道教的关系、道士的经济生活等方面，进行了尽可能的考述，以此窥察唐代敦煌道士乃至敦煌道教的基本状貌。

【关键词】盛唐　敦煌　道士　道教

唐代是道教的繁荣时期，同样也是敦煌道教的繁荣时期。作为道教活动的承担者，道士是值得首先关注的核心要素。然而，在敦煌文献中，有关道士的资料极为缺乏，主要见于盛唐时期清信弟子经戒传授的一批材料及道经文献的道士题名，难以窥探其更多的生平与事迹；至于吐蕃统治时期和归义军时期道士的具体信息则全然不见，所以学界尚没有专门研究[①]。不过，结合道教科仪等相关文献，可以揭示出这些道士题名及相关内容背后值得关注的信息，乃至更为丰富的历史内容。本文即结合相关的道教典籍与文献，对盛唐时期敦煌地区的道士及相关问题做尽可能的考察。

① 与此问题关系密切的有施舟人：《敦煌文書に見える道士の法位階梯について》，主要内容探讨道教的法位传授问题，涉及清信弟子籍贯及道士出家在家等问题（《敦煌と中国道教》，大东出版社，1983年。）；杨森在《武则天至玄宗时代敦煌的三洞法师中岳先生述略》主要围绕道教中“中岳先生”的称谓作讨论（《敦煌研究》2003年第3期）。

一、敦煌道士考述

（一）道士人数窥探

汉、晋十六国时期，道教已经传播至河西敦煌地区[①]，唐代以前敦煌应已有道士存在。S.5448《敦煌录》记载了一则隋朝道士在敦煌地区的活动："石膏山，在州北二百五十六里乌山烽，山石间出其膏。开皇十九年（599），乌山变白，中验不虚。遣道士皇甫德琮等七人祭醮。自后，望如雪峰。"[②]关于唐代，从考察可知，敦煌地区盛唐时期有道观六处，即灵图观、龙兴观、紫极宫、冲虚观、开元观、神泉观[③]。那么敦煌的道士究竟有多少呢？因资料所限，我们只能结合唐朝的宗教政策与敦煌的历史作初步认识。

关于道观应度道士人数，唐王朝有相应政策。据史料记载，唐王朝诏令天下道观普遍度道士的情况大致如下：

弘道元年（683），下令天下诸州普置道观，上州三所，中州二所，下州一所，"每观各度七人"[④]。

唐玄宗开元二十六年（738）正月令："天下观寺，大小各度十七人。简择灼然有经业戒行，为乡闾所推，仍先取年高者。"[⑤]

天宝二年（743）三月令："况惟帝号，岂可名宫？其玄元宫宜为太清宫……天下诸郡改为紫极宫。两京宫内道士，取先抽有道行者一七人，自余于新度人中简择取添，满三七人为定额。"[⑥]

天宝六年（747）正月令："诸观道士等，如闻人数全少，修行多阙，其欠少人处，度满七人。并取三十以上，灼然有道行经业者充，仍令所由长官精加试练，采访重覆，勿使逾滥。度讫，挟名奏闻。其诸观有绝无人处，亦度三两人，准此简试。"[⑦]

天宝八年（749）闰六月下令两京及十道大郡置道观，"每观度道士七人，修持香火"[⑧]。

天宝八年（749）八月，"司封奏，道士籍每一载一度，永为定式"[⑨]。

唐肃宗至德元年（756），令"天下寺观各度七人"[⑩]。

另外，唐代宗大历八年（773）正月也曾敕令："天下寺观僧尼道士不满七人者，宜度满

---

① 姜伯勤：《道释相激：道教在敦煌》，载陈鼓应主编《道家文化研究》第13辑，生活·读书·新知三联书店，1998年，第25-78页。

② 李正宇：《古本敦煌乡土志八种笺证》，甘肃人民出版社，2008年，第303页。

③ 刘永明：《盛唐时期敦煌的道观问题——兼论经戒传授盟文中的题名方式》，《敦煌学辑刊》2006年第4期，第60-72页。

④ ［清］董诰等编《全唐文·高宗》卷13《改元弘道大赦诏》，中华书局，1983年影印本，第162页。

⑤ ［宋］王钦若等编《册府元龟》卷53《帝王部·尚黄老》，中华书局，1960年影印本，第593页。

⑥ ［宋］王钦若等编《册府元龟》卷54《帝王部·尚黄老》，中华书局，1960年影印本，第599页。

⑦ ［宋］王钦若等编《册府元龟》卷54《帝王部·尚黄老》，中华书局，1960年影印本，第601页。

⑧ ［宋］王钦若等编《册府元龟》卷54《帝王部·尚黄老》，中华书局，1960年影印本，第603页。

⑨ ［宋］王溥：《唐会要》卷50《杂记》中册，中华书局，1955年，第881页。

⑩ ［清］董诰等编《全唐文·肃宗》卷44《即位大赦文》，中华书局，1983年，第489页。

七人；三十（三七）以上者更度一七（一）人，二七以下者更度三人。"[①]不过，这时河西地区已经沦陷于吐蕃的进攻。因自安史之乱后，吐蕃趁机于764年攻陷凉州，766年攻陷甘州和肃州，继任河西节度使杨休明退守沙州，至776年，吐蕃攻陷瓜州，进围沙州。敦煌军民在阎朝的率领下，经过十年的艰苦抵抗，于贞元二年（786）弹尽粮绝，在吐蕃答应"勿徙他境"的前提下归降，敦煌从此进入吐蕃统治时代[②]。在这种日趋危急的军事形势下，敦煌地区能否和以往一样遵行大历八年这一并非紧要的敕令，不得而知。但就前述敕令而论，确切可据的是从683—756年共70余年时间内，朝廷下达过五次度道士的诏令，而以玄宗时期最多。在这些诏令下，已经能够保证道观内有正式道士长期存在。王永平结合其他道观题名资料的研究，认为盛唐时期每座道观平均大致有7名道士存在[③]。据此来看，敦煌每座道观中总会保持有7名以上道士，六座道观的基本人数当有40余人。如以开元二十六年（738）"天下观寺，大小各度十七人"之令，则六座道观一时可增加102人。如以天宝二年（743）以每座道观"满三七人"即21人为定额的标准计算，则其上限当达126人。同时，从当时的诏令可见，唐代重视道教发展，对所度道士的要求较高，经戒传授活动中也可以看出当时对入道者的要求较高。这些应当在一定程度上促进了道士素养的提升，有利于道教的繁荣。

另据P.4072《请准乾元元年（758）新度僧尼道士度牒状》残卷：

> 合管内六军州，新度未得祠部告牒僧尼、道士女道士，已奏未□□/陆佰陆拾陆人，计率得写告牒钱，共当壹阡肆佰陆拾伍贯□□/叁佰贰拾柒人僧，壹佰陆拾玖人尼，壹佰叁拾柒人道士，叁拾叁人女［道士］。[④]

这是河西节度使就管内六军州申报朝廷批准的僧尼道士人数，其中包括敦煌在内。文书所见道士137人，女道士33人，合计170人。然僧尼人数更多，僧327人，尼169人，合计496人。两相比较，道士、女道士的人数大致相当于僧尼人数的1/3，这在一定程度上反映了唐代敦煌道教全盛时期道教和佛教在人数规模上的对比。

不过，这次所度僧道人数的剧增，实属纳钱度僧尼道士的非正常现象，其因起于安禄山之乱导致国家财用不足，由杨国忠提出纳钱度僧尼道士以充国用。据《新唐书·食货志》："及安禄山反，司空杨国忠以为正库物不可以给士，遣侍御史崔众至太原纳钱度僧尼道士，旬日得百万缗而已。"[⑤]至德元年（756），唐肃宗又采纳大臣裴冕的建议，"以军典（兴）事殷，国用不足，诏权卖官及爵，度僧尼，节级纳钱。……诸道士、女道士、僧尼如纳钱，请准敕……"[⑥]，再开纳钱以度僧道之路。本件P.3952与P.4072（3）为同件文书，据杨宝玉研究，其形成时间为唐永泰元年（765）前后，系凉州失陷后，河西军镇受吐蕃阻隔，无法与唐廷联系，一时无从获得尚书省祠部颁授的正规度牒，故推断其为特殊历史时期的度牒代用

---

① ［宋］王钦若等编《册府元龟》卷54《帝王部·尚黄老》，中华书局，1960年影印本，第606页。（按："三十以上者更度一七人"句，《续文献通考》作"三七以上者更度一人"。联系上下文，当以后者为准。）

② 荣新江：《敦煌学十八讲》，北京大学出版社，2001年，第24-25页。

③ 王永平：《道教与唐代社会》，首都师范大学出版社，2002年，第195页。

④ P.4072《请准乾元元年（758）新度僧尼道士度牒状》，图版见上海古籍出版社等编《法国国家图书馆藏敦煌西域文献》第31册，上海古籍出版社，2005年，第84页；王卡：《敦煌道教文献研究——综述·目录·索引》，中国社会科学出版社，2004年，第8页。

⑤ ［宋］欧阳修、宋祁：《新唐书》卷51《食货志》，中华书局，1975年，第1347页。

⑥ ［宋］王钦若等编《册府元龟》卷509《邦计部·鬻爵赎罪》，中华书局，1960年影印本，第6109页。

品。此举或许还与无法获得唐廷军资补给，不得不想方设法自筹军费有关[①]。显然，以敛钱为目的的售牒制度一旦开启，就难以做到对所度僧尼道士宗教素养的严格考量，由此必然导致僧道伪滥之弊[②]。该文书所载纳钱度僧道事，正是特殊历史条件下的产物，也是历史变迁的有力印证。

（二）观主与三洞法师

道观除了一般道士之外，必然有主持管理者。对此，唐朝有严格的制度规定。《唐六典·祠部郎中》："每观观主一人，上座一人，监斋一人，共纲统众事。"[③]对照敦煌文书中见有观主记载，散0689《本际经》尾题载："冲虚观主宋妙仙入京写一切经，未还身故。今为写此经。"[④]又有龙兴观主宋云举，见P.4690AP2V残卷[⑤]。又据《旧唐书·职官三》卷43尚书吏部司封郎中条载："每观立三纲，以道德高者充。"[⑥]《唐六典·鸿胪寺》卷18云："凡天下寺观三纲，及京都大德，皆取其道德高妙为众所推者补充，上述祠部。"[⑦]可见，唐朝对道观有较为严格的管理制度，升任观主者，既要道德高妙为众人所推举，又要经过祠部批准。敦煌道观人员的构成情况大致应当与唐王朝的宗教政策相符合。由此产生的冲虚观主宋妙仙、龙兴观主宋云举也应当是敦煌道教的代表人物。

除了观主等道观中的高位之外，最值得关注的是敦煌文书所载的几位三洞法师。不过这些三洞法师的信息仅见于清信弟子经戒传授的盟文题名，如P.2255："大唐天宝十载（751）岁次……敦煌郡敦煌县神沙乡阳沙里神泉观男生清信弟子索栖岳，载三十一岁。……今诣三洞法师中岳先生马游岳求受道德五千文经……"[⑧]之类。此外没有任何资料，这样的三洞法师计有五位，具体资料信息如下。

阎履明：三洞法师北岳先生，景龙三年（709年）为清信弟子唐真戒授《道德经》和《十戒经》，为清信弟子索澄空授《十戒经》。（甘博017、P.2347）。

张仁邃：三洞法师中岳先生，敦煌县效谷乡无穷里人，甲寅年（714）为清信弟子阴志清授《十戒经》，为清信弟子李无上授《十戒经》和《道德经》。三份盟文写卷均题"太岁甲寅"，无具体年号，如P.2350卷云："太岁甲寅正月庚申朔廿二日辛巳，沙州敦煌县龙勒乡常安里清信弟子李无上，年廿七岁。具依明科，诣师中岳先生张仁邃，受道德五千文，修行供养，永为身宝。"[⑨]据其中的"沙州"题写看，唐武德五年（622）以后，敦煌由瓜州改名西沙州，贞观七年（633）省"西"字，名"沙州"，天宝元年（742）到至德二年（757）用

① 杨宝玉：《敦煌藏经洞所出两件度牒相关文书研究》，《吐鲁番学研究》2013年第2期，第21–29页。

② 王永平：《道教与唐代社会》，首都师范大学出版社，2002年，第201页。

③ ［唐］李隆基撰，李林甫注《大唐六典》卷4，三秦出版社，1991年，第101页。

④ 李德范：《敦煌道藏》第2册，全国图书馆文献微缩复制中心，1999年，第590页。

⑤ 刘永明：《盛唐时期敦煌的道观问题——兼论经戒传授盟文中的题名方式》，《敦煌学辑刊》2006年第4期，第67页。

⑥ ［后晋］刘昫等：《旧唐书》卷43《职官二》，中华书局，1975年，第1821页。

⑦ ［唐］李隆基撰，李林甫注《大唐六典》卷18，三秦出版社，1991年，第361页。

⑧ P.2255《老子道德经》，载《法国国家图书馆藏敦煌西域文献》第10册，上海古籍出版社，1999年，第136页；并参王卡：《敦煌道教文献研究——综述·目录·索引》，第163页。

⑨ P.2350《老子道德经》，载《法国国家图书馆藏敦煌西域文献》第12册，上海古籍出版社，2000年，第297页。

“敦煌郡”名[①]，则该卷甲寅年当在633—742年。再按照干支纪年查对陈垣《二十史朔闰表》，此甲寅年当为公元714年。（BD14523、P.2350）。

马游岳：三洞法师中岳先生，天宝十年（751），为清信弟子张玄䛒授《十戒经》和《道德经》。（S.6453、S.6454、P.2417）。

张仙翼：三洞法师中岳先生，敦煌郡敦煌县效谷乡无穷里人，至德二载（757），为敦煌郡敦煌县敦煌乡尤洽里男生清信弟子吴紫阳授《十戒经》和《道德经》。（羽003R、P.2735）。

索崇术：三洞法师中岳先生，敦煌县平康乡安昌里人，至德二年（757），为清信弟子王玉珍授《十戒经》。（P.3770）。

通过考察可知，敦煌清信弟子经戒传授依据的是《无上秘要》中由北周武帝主持编定的“御制新仪”[②]，其中卷37“授道德五千文仪品”关于传授经戒的法师题名方式为：“今具依明真科，赍信誓心，诣某郡某州某县某乡某里三洞法师某岳先生某甲求受《道德五十文》，修行供养，永为身宝……”[③]

敦煌所见清信弟子经戒传授盟文与之完全一致，也就是说，传授经戒者均为三洞法师，前述五位经戒传授者均为三洞法师。三洞法师是道门中最高的法位，在接受以《洞真》《洞玄》《洞神》为名的所有道教经法传授后才能达到。《传授经戒仪注诀》云：“三皇号洞神，灵宝号洞玄，玉清号洞真。受此者称三洞。”[④]敦煌经戒传授中所尊用的《无上秘要·授度斋辞宿致仪品》卷35，三洞法师在法事祈请中亦云：“某等宿命因缘，生值道化，玄真启拔，得入信根，先师盟授三宝神经。”[⑤]可见，敦煌的三洞法师是受过三洞经法传授的。

关于“法师”称号的获得，应当与所度弟子数量这一功德相关联，据《传授经戒仪注诀》：“受道之后，为师度弟子数满，则师表奏申言功德，乃得为师，如此则称法师，未如此者不得为人师。”[⑥]这就是说，根据道教科仪，在成为道士之后，必须度够一定数量的弟子，积累一定的功德，然后才有资格称为“师”或者“法师”，否则就不能有此称谓。又据《唐六典·祠部郎中》：“道士修行有三号：其一曰法师，其二曰威仪师，其三曰律师。其德高思精谓之练师。”[⑦]这是官方的认定，这些称号虽然不能与道门内部“法师”称谓的内涵完全对应，但也必然与道门内部的规定和道士的修为有一定关联。如道士能得到官方的认可，其社会地位也自然更高。

至于“某岳先生”之称，也具有严格的经典依据。六朝道经《太极真人敷灵宝斋戒威仪诸经要诀》曰：

> 学士若能弃世累，有远游山水之志，宗极法轮，称先生，常坐高座，读经教化愚贤，开度一切学人也。假令本命寅卯，属东方二辰，称东岳先生。四方效此。辰

① 季羡林主编《敦煌学大辞典》，上海辞书出版社，1998年，第295页。

② 刘永明：《敦煌清信弟子经戒传授与北周至唐代的国家道教》，《世界宗教研究》2018年第3期，第108-122页。

③《道藏》第25册，文物出版社、上海书店、天津古籍出版社，1988年，第124页。

④《道藏》第32册，文物出版社、上海书店、天津古籍出版社，1988年，第174页。

⑤《道藏》第25册，文物出版社、上海书店、天津古籍出版社，1988年，第125页。

⑥《道藏》第32册，文物出版社、上海书店、天津古籍出版社，1988年，第174页。

⑦［唐］李隆基撰，李林甫注《大唐六典》卷4，三秦出版社，1991年，第101页。

戊丑未生，称中岳先生……先生位重，不可妄称，鬼神不承事，以天考考人。[①]

可见，“先生”之称，代表着道士的修为与地位，其位至重，不得妄称。且称为某岳先生，是根据道士生年所在的地支五行属性确定的。张仁邃、张仙翼、索崇术、马游岳称中岳先生，说明他们的本命年在辰戌丑未之年；阎履明称北岳先生，是因为他的本命年在壬癸之年。而“先生”之称，则有较高要求，绝非轻易可得，其鲜明的特点在于能以世俗生活为累赘，断然抛离而远游山水，又能以弘扬道法为宗旨并常教化和开度一切学道之人，所以“先生位重，不可妄称”。又据《传授经戒仪注诀》：“先生之号，以标高胜，德在人先，长在不灭，故曰先生，不可自目，依如五岳，参染积年，德润于时，幽显所贵，师友共奏加号先生。”[②]能称“先生”之号者，必须具有高于常人的道德修养，不但能起到当下的表率作用，而且具有长久的示范意义；乃至为“幽显所贵”，也就是不但为人世所尊，而且为鬼神所重。所以“先生”不能自我标榜，而是来自师友的共同荐举。

又据《传授经戒仪注诀》：“生年所属治岳相远，若神通妙达，教化诸方，不必附岳殊号，特隆游玄、玄畅、远游、游岳、弘道、道德、通真、真隐、高上、无为、无上、正一。此十二号，号中之高，诸迹功行，随时立名。亿万称号，不可具陈，自非师友所荐，不得妄自称也。”[③]敦煌恰恰有三洞法师中岳先生马游岳，其“游岳”之号或当属于“师友所荐”的“号中之高”者，意味着具有“神通妙达，教化诸方”的修为与功德。

总之，敦煌所见的几位三洞法师获得了道门中最高的法位，也是敦煌道教中的代表人物，至于其是否合乎经典所要求的道行境界，则需结合历史实际进一步落实。

另外，还有一位三洞女官郭金基值得关注，她也是敦煌地区所见唯一一位受过三洞法箓的女性高法位道士。S.3135《太玄真一本际经》卷二题记曰：“仪凤三年（678）三月廿二日，三洞女官郭金基奉为亡师敬写本际经一部，以此胜福资益亡师，惟愿道契九仙，神游八境。”[④]据《传授经戒仪注诀·表本法》云：“女子受法，堪为人师，所称法师、先生，略与男同。”[⑤]可见在道教中，女子在法位授受方面与男子具有同等的地位。郭金基自称三洞女官，显然受过三洞法箓。根据科仪中的法位表述，“三洞法师”之称主要用于经戒传授盟文，系相对于下位的弟子而言；在对仙界神灵祈请时，则自表法位为“三洞弟子”，如《无上秘要·授度斋辞宿致仪品》“启事法”云：“太上灵宝无上三洞弟子某岳先生某甲等上启太上三宝十方至真……”[⑥]在法事活动中担当三师者，叙其法位时则称“男女官道士”，如《传授经戒仪注诀·书三师讳法》云：“度师：某州郡县乡里男女官道士，先生姓某，讳某……”[⑦]郭金基的“三洞女官”之称，也显然是相对于亡师的尊崇地位而言的。郭金基所处的时代是唐高宗在位的后期，也是武后执掌朝政时期，其时间早于唐睿宗到唐玄宗时期的三洞法师，应该属于初唐时期敦煌道教的代表，而且作为取得三洞法箓的女道士，在历史记载中毕竟是少

① 《道藏》第9册，文物出版社、上海书店、天津古籍出版社，1988年，第872页。

② 《道藏》第32册，文物出版社、上海书店、天津古籍出版社，1988年，第174页。

③ 《道藏》第32册，文物出版社、上海书店、天津古籍出版社，1988年，第174页。

④ S.3135《太玄真一本际经》，载李德范《敦煌道藏》第1册，全国图书馆文献微缩复制中心，1999年，第305页。

⑤ 《道藏》第32册，文物出版社、上海书店、天津古籍出版社，1988年，第174页。

⑥ 《道藏》第25册，文物出版社、上海书店、天津古籍出版社，1988年，第120页。

⑦ 《道藏》第32册，文物出版社、上海书店、天津古籍出版社，1988年，第172页。

数，值得关注。

如上所述，敦煌道教中地位最高的有冲虚观主宋妙仙、龙兴观主宋云举，三洞法师阎履明、张仁邃、马游岳、张仙翼、索崇术、郭金基。

还需进一步考察的是，由于中古以降道教经典的不断涌现和科仪的演变，每一时段道教的发展变化及道教活动所对应的教义、科仪均不甚明晰。如唐代敦煌的三洞法师作为代表道教最高法位究竟经历了怎样的经法传授阶次，具有怎样的内涵，或者说三洞法师应该具备怎样的学养，都难以直接说明，对此还需做进一步探讨。

（三）其他道士

关于敦煌道教文献所见道士题名，从大渊忍尔《敦煌道经目录编》到王卡《敦煌道教文献研究》均有专门列表统计。这些道士有些明确不属于敦煌地区，有些明确属于敦煌地区，有些虽无明确的地区信息，但既然出自敦煌文献，则大致可判断其为敦煌道士。除了前述道门代表人物之外，敦煌地区普通道士的具体信息如下（见表1）：

表1　敦煌地区普通道士具体信息表

题名	题记内容	写卷编号
神泉观道士索□□	大周长寿二年(693)九月一日，沙州神泉观道士索□□于京东明观为亡妹写《本际经》一部	上图078《本际经》卷二
神泉观师氾思庄	证圣元年(695)闰二月廿九日，神泉观师氾思庄发心敬写，奉为一切法界苍生同会此福。	P.2806《本际经》卷四
道士索洞玄	开元二年(714)十一月二十五日道士索洞玄敬写	P.2475《本际经》卷二、S.3563《本际经》卷二、P.2369《本际经》卷四、雪堂丛刻《本际经》卷五、S.2999《本际经》卷十、P.2256《灵宝经义疏》
	道士索洞玄经	S.1857《老子化胡经》卷一
神泉观道士马处幽、道士马抱一	开元六年(718)二月八日沙州敦煌县神泉观道士马处幽并侄道士马抱一奉为七代先亡所生父母及法界苍生敬写此经供养	P.2861《无上秘要目录》、S.0080《无上秘要》卷十、P.2602《无上秘要》卷廿九、P.2371《无上秘要》卷卅二、BD5520《无上秘要》卷五十二、P.3141《无上秘要》卷八十四
龙兴观道士杨神[岳]、道士范志灯、紫极宫道士贺通□	天宝十三载(754)六月五日，龙兴观常住为少种粮，今于□□边直便校麦捌硕……麦主便麦人龙兴观道士杨神[岳]。保人道士范志灯载卅五……紫极宫道士贺通□……	P.4053v《龙兴观便麦契》
出家道士王法迁	丙午年五月三日出家道士王法迁敬写讫	P.4659《灵宝九天生神章》

续表1

题名	题记内容	写卷编号
神泉观道士王道深	神泉观道士王道深敬写	P.3484《自然斋行道仪》
道士茂林	道士□□道士茂林	S.3109《太上洞玄灵宝无量度人上品妙经》
女官赵妙虚	女官赵妙虚敬写	P.2170《本际经》卷三
道门大德李净(?)	道门大德李净(?)状	S.10493A残卷

在以上道士题名信息中，共有13名道士，包括神泉观道士索□□、神泉观师汜思庄、道士索洞玄、神泉观道士马处幽和马抱一叔侄、神泉观道士王道深、龙兴观道士杨神［岳］、龙兴观道士范志灯、紫极宫道士贺通□、出家道士王法迁、道士茂林、女官赵妙虚、道门大德李净。其中，所见敦煌道观名有神泉观、龙兴观、紫极宫。女道士赵妙虚未题写道观，但已知冲虚观为敦煌女道士道观，所以赵妙虚或当属于冲虚观道士。值得关注的还有以下几点。

首先是神泉观师汜思庄的身份。汜思庄见于P.2806《本际经》题记：

证圣元年（695）闰二月廿九日，神泉观师汜思庄发心敬写，奉为一切法界苍生同会此福。[①]

据前举《传授经戒仪注诀·表本法》的规定，道士只有度化过一定数量的入道者，积累了一定功行之后，才有资格被称为“师”或“法师”。由此可见，汜思庄是具备这一资格的。所以，汜思庄并非一位普通的道士，其地位比仅能题写为“道士”者要高。

其次是出家道士王法迁的写经时间。P.4659《灵宝自然至真九天生神章》尾题“丙午年五月三日出家道士王法迁敬写讫”[②]，没有具体年号。王卡认为BD11190与之同为一卷，因该写卷以暗黄薄纸书写，字品不佳，故疑为吐蕃统治时期766年或826年的抄本。现经再次核查可知，本件文书书写精良，一丝不苟。然而，在吐蕃时期对道教的打击压制下，道教没有留下公开活动的信息，很难理解尚有出家道士公开从事写经等活动。而归义军时期道教有了一定程度的恢复，有道教写经存在，而这一时期也经常使用纯粹的干支纪年。如果其属于归义军时期，则为886年或者946年抄卷。但盛唐时期的写卷中也偶有使用干支纪年者，如前举张仁邃为阴志清、李无上传授经戒的三份盟文均题“太岁甲寅”例。而本题记值得关注的还有“出家道士”字样，这与其有意凸显出家身份之特殊性有关。就此而论，其属于大力倡导道士出家而出家道士偏少的时代的可能性更大。也就是说，此处的丙午年可能是靠近唐代前期的706年或者766年，而这一时段也是敦煌道经留存最多的阶段。至于所涉及的道士出家问题较为复杂，后文专门予以讨论。

再次是关于道门大德李净，S.10493A残卷正文仅存写卷下半截7行，每行3～4个字，内容为：“常思肝……气何如数……在外离别……方兄弟……方秀岩思……值炎蒸……军却回

① 李德范：《敦煌道藏》第1册，全国图书馆文献微缩复制中心，1999年，第492页。

② 李德范：《敦煌道藏》第1册，全国图书馆文献微缩复制中心，1999年，第173页。

往。”最后小字体题记仅见“道门大德李净状”[①]，不见时间题写，文意无法连贯，但可知内容与健康、离别、天气炎热等有关。按题名称谓，据《三洞奉道科戒营始》“法次仪”：“法师、大德、尊师、上人，是外属男子美出家之称。”[②]所以该卷当系他人抄录道士李净的一篇状文，尊其为“道门大德”。李净或为敦煌的一位道士。

二、敦煌道士相关问题

（一）作为后备道士的清信弟子

敦煌道教徒众中最显眼的是一批清信弟子，相关信息也仅见于清信弟子经戒传授盟文。比如前引P.2255卷男生清信弟子索栖岳诣三洞法师中岳先生马游岳求受道德五千文经例。

这样的清信弟子又可以分为两类，一类称为男生清信弟子（敦煌文献中未见女生清信弟子），一类称为男（女）官清信弟子，具体人员如下：

男生清信弟子：周景仙、张玄詧、索栖岳、吴紫阳、王玉珍；

男女官清信弟子：男官清信弟子李无上、女官清信弟子唐真戒、女官清信弟子阴志清。

另外还有一位索澄空，题名为“敦煌县平康乡修武里神泉观道士清信弟子索澄空，”（甘博017[③]），其年廿一岁，诣三洞法师北岳先生阎履明，奉受十戒十四持身之品。按其身份和前述其他几位一样，只能是男生清信弟子或男官，题名“道士”应视为不合科仪。不过以上清信弟子题名中尚有不少不合科仪之处，同时还隐含着诸多与道教历史相关的信息，我们将在相关问题中作专门探讨。

首先，从清信弟子的称谓看，清信弟子是尚未成为正式道士的在俗弟子，属于道士的后备队伍。敦煌清信弟子的身份是历经《十戒经》和《道德经五千文》的传授活动之后获得的。根据敦煌经戒传授所依据的《无上秘要》传授科仪，其经法传授分为五个层次，分别为“授十戒品”“授五千文品”“授三皇品”“授真文品”“授上清品”。授《十戒经》和《五千文》者，尚未真正受习道法，均为清信弟子；而授洞神三皇符图玉字者为三皇道士；授灵宝真文符图玉字者为灵宝道士；授洞真上清符图玉字者为上清道士，各有不同法服。据P.2337《三洞奉道科戒仪范卷第五》所示的道教法位次第，清信弟子仅属于“十号男女”的在俗弟子，尚未进阶法位，所谓：“清信弟子，右受天尊十戒十四持身，或十二可从、六情等戒，得加此号。”[④]

敦煌清信弟子的《十戒经》和《道德经》的传授是同时进行的。《十戒经》包括两部分内容，一为“十戒”，一为“十四持身之品”。“十戒”的具体内容为：

> 一者不煞，当念众生；二者不淫，犯人妇女；三者不盗，取非义财；四者不欺，善恶反论；五者不醉，常思净行；六者宗亲和睦，无有非亲；七者见人善事，

① S.10493A《道门大德李净》，载图版见中国社会科学院历史研究所等编《英藏敦煌文献（汉文佛经以外部分）》第13册，四川人民出版社，1995年，第46页。

②《道藏》第24册，文物出版社、上海书店、天津古籍出版社，1988年，第757页。

③ 杨富学、李永平：《甘肃省博物馆藏道教〈十戒经传授盟文〉》，《宗教学研究》2001年第1期，第97页。并参见王卡：《敦煌道教文献研究——综述·目录·索引》，第134页。

④ P.2337《三洞奉道科戒仪范卷第五》，《法国国家图书馆藏敦煌西域文献》第12册，第129页；又见《中华道藏》第42册，华夏出版社，2004年，第32页。

心助欢喜；八者见人有忧，助为作福；九者彼来加我，志在不报；十者一切未得道，我不有望。”

“十四持身之品”的具体内容为：

与人君言则惠于国；与人父言则慈于子；与人师言则爱于众；与人兄言则悌于行；与人臣言则忠于上；与人子言则孝于亲；与人友言则信于交；与人夫言则和于室；与人妇言则贞于夫；与人弟子言则恭于礼；与野人言则劝于农也；与沙门道士言则止于道；与异国人言则各守其域；与奴婢言则慎于事。①

两者均不离日用伦常，为世俗生活中的行为规范。所授《道德经》五千言，在经文之前有被传为太极左仙公葛玄的《老子道德经序诀》，赋予诵读《道德经》可以成仙的宗教内涵。而传授过程更需经历一番浓厚的宗教洗礼②，而且他们在传授盟文中立下了“传不得法，殃及其身，身死名灭，下流子孙”这样的重誓，可见宗教意味甚浓。同时，也可以看出清信弟子无须出家，是可以娶妻生子的。

至于男女生、男女官的称谓则反映了唐代敦煌地区存在着道教正一派的法箓传授活动，带有这种称谓的清信弟子是受过正一法箓的③。

另外，还有一则题名资料，北大D117《天尊说济苦经》尾题：“文明元年三月弟子胡宽慰亡考敬写《天尊说济苦经》一卷，愿亡者得入升仙，同登大道。”④据《三洞奉道科戒营始》“法次仪”对称谓有严格的规定，其中云：“又如贫道，是出家之谦词，弟子是在俗之卑称，复非三宝前所用。此又异三洞弟子、法师之称，宜熟详之。”而大道弟子、天尊弟子、三宝弟子系“归心大道、勤经教者”之称谓；清信弟子系“受天尊十戒、十四持身，或十二可从、六情等戒”⑤者之称谓。由此可见本卷所题“弟子”之称并非曾受过某种经法之后的称谓，而只能是完全未受道门洗礼的在俗者的自称。当然，从写经供养的行为可见，其也是一位在俗的道教信仰者。

（二）敦煌道士的写经题名与道经的实际抄写者

讨论敦煌道士问题，就必然涉及一批带有敦煌道士题名的字体精美的道教写经，学界往往将题名道士视为写经的实际抄写者。果真如此的话，我们就可以据此窥探敦煌道士的文化素养。那么这批道经是不是出自敦煌道士之手呢？这一点应该予以说明。

据《三洞奉道科戒营始》，道观中必须建造写经坊、校经堂、演经堂、熏经堂、经楼等多种设施。道教又强调因经悟道，所以写经供养具有巨大的功德：“广写供养，书写精妙，纸墨鲜明，装潢条轴，函笥藏举，烧香礼拜，永劫供养，得福无量，不可思议。”⑥而道士女

① 《敦煌秘笈》（影片册一），武田科学振兴财团，2009年，第37页。

② 刘永明：《唐代敦煌道教中清信弟子经戒传授考论》，载赖永海、严圣军主编《丝路文化研究》第1辑，商务印书馆，2017年，第41-62页。

③ 刘永明：《唐代敦煌正一道教探析——以传法盟文之男（女）生、男（女）官为核心》，载刘仲宇、吉宏忠主编《正一道教研究》第3辑，宗教文化出版社，2014年，第341-357页。

④ 北大D117《天尊说济苦经》，载图版见北京大学图书馆等编《北京大学图书馆藏敦煌文献》第2册，上海古籍出版社，1995年，第87页。

⑤ 《道藏》第24册，文物出版社、上海书店、天津古籍出版社，1988年，第757页。

⑥ 《道藏》第24册，文物出版社、上海书店、天津古籍出版社，1988年，第749页。

冠必须抄写所受经戒法箓，朝夕供养："道士、女冠所受经戒法箓，皆依目抄写，装褙入藏，置经堂、静室或阁，如法具龙璧幡花，真文朝夕供养礼忏。不得轻慢泄秽，传付他人，常当诵念转读。"①可见道士写经是不可缺少的修行功课。在敦煌道教写经中，朝廷颁赐的道经末尾题有出资人、抄经人、校经人。如P.2380"大唐开元廿七年二月一日开元圣文神武皇帝上为宗庙，下为苍生，内出钱七千贯敬写。"②后面还有初校、二校、三校道士题名。面对如上观念与实际中存在的情况，还有敦煌道教写经后面的题名，人们可能会很自然地认为题名者就是该经的实际抄写者。然而，实际情况并非如此，恰恰是精美的写经大多并非出自题名者之手，而是由题名者出资购买所得。由于敦煌地区道士所题名的道经，没有写明出资情况，所以极易给人造成错觉。面对这种情况，我们通过字迹对比及其他信息，可以做出一定的判断。

如索洞玄的多份写经，从字体对比中可知并非出自一人之手，由此说明该经卷并非索洞玄本人所书。题名神泉观道士马处幽及其侄马抱一所写的《无上秘要》，现存目录、卷10、卷29、卷33、卷84，这原本属于偶然留存的几卷写经，尾题均为开元六年二月八日。由此可知，《无上秘要》100卷的题记时间完全相同。《无上秘要》写卷均以正楷书写，字体精美，如果实属其叔侄二人所写，也断不能在一日之内用正楷完成100卷数十万字的抄写量。再将这几份写卷仔细对比笔迹，也可看出字体略有差异。即便是题名与经文字体完全一致，也不能完全断定其本人是经文抄写者。如P.2806《本际经》写经题记"证圣元年闰二月廿九日神泉观师氾思庄发心敬写，奉为一切法界苍生同会此福"，写经字体美观，书风略异于常见的精美唐楷。此卷题记与经文字体最为一致或相似，或有可能为氾思庄本人所写，但也有可能一律出自经生之手。

当然这并不意味着写经中完全没有明确可断定的敦煌道士的作品。如P.2361《本际经疏卷第三》行楷书写，不甚精美，尾题"景龙二年三月十四日于神泉观写了"，题记字体与正文完全一致，且"于神泉观写了"语意也十分明确，说明该卷是神泉观道士在观内所写，只是未明确题写姓名。关于这一问题还有必要做更为详细的考察，这里不再赘述。

（三）关于敦煌道士的出家在家问题

前述出家道士王法迁的题记，涉及初盛唐时期敦煌乃至全国各地道士的出家在家问题，有必要做进一步探讨。

施舟人认为："敦煌文书中的道教盟文所见的'清信弟子'与'三洞法师'，并非全体属于'出家'的组织形态，大抵其中相当多数目的人居住在一般民众中。大约在唐代执行'灵宝'祭祀者，可能是生活在民间的，有可能不是出家人。"③姜伯勤通过对《本际经》写卷的研究认为："《本际经》在敦煌的大宗流行，反映出当时敦煌已有出家道士。""敦煌唐前期的道教，应该是一个出家女官道士与在家女官道士并存的时代。出家道士已明显地出现于敦

① 《道藏》第24册，文物出版社、上海书店、天津古籍出版社，1988年，第760页。

② P.2380《开元廿七年文子题记》，载《法国国家图书馆藏敦煌西域文献》第13册，上海古籍出版社，2000年，第86页。

③ 施舟人：《敦煌文書に見える道士の法位階梯について》，载《敦煌と中国道教》，大东出版社，1983年，第335页。

煌。《本际经》的流行，亦是这种潮流的一个旁证。”[①]关于这一问题，尚有进一步讨论的必要。

从敦煌地区经戒传授的科仪所依据的北周《无上秘要》中的相关内容来看，《无上秘要》主要引据南北朝以前较早的灵宝经等道教典籍，其中完全不涉及出家问题，经戒传授、科仪等现存内容中也不见有相关内容，可见北周武帝主持编纂的《无上秘要》所反映的官方态度中，没有鼓励和倡导出家。但是在隋唐以降道教的大发展中，道观的兴起和住观修行成为道教发展的重要方面。见于南北朝末到隋唐时期的不少灵宝经典均倡导和鼓励出家，凸显出家道士的尊贵。如敦煌文书《三洞奉道科戒仪范》以大篇幅宣讲与出家相关的事项，其中“罪缘品”多处强调出家道士神圣不可侵犯，“善缘品”大讲供养出家人的利益，“度人品”则主要讲述如何度人出家。《太上洞玄灵宝业报因缘经》《太玄真一本际经》也多有相关内容。《太上洞玄灵宝净土生神经》《天尊说随愿往生罪福报对次说预修科文妙经》也提倡供养出家等。更有甚者，《太上洞玄灵宝出家因缘经》对出家道士的尊贵性予以极力宣扬和夸张，比如说：

> 道言：汝诸男女，宁剥五百人衣，不得脱一出家法衣；宁害一切恶人，不得害一出家法身；宁犯三千猛兽，不得犯一出家；宁辱五千力士，不得辱一出家；宁轻欺一万恶鬼，不得轻欺一出家；宁坐大火之中，不得与出家同席；宁卧热铁之床，不得共出家同寝；宁触五万毒蛇，不得触出家法衣；宁吹大山为尘，不得道说出家；宁吞万斛猛火，不得食出家人物；宁没万丈秽中，不得淫犯出家；宁出万千人身血，不得见出家是非。所以者何？出家是天尊弟子，绍隆经教。故出家是一切人天无上法师，故出家是一切众生生死桥梁，故出家是一切人民归依父母，故出家是国主人王修善因缘，故出家是九玄七祖拔度功力……[②]

触犯出家人如此罪孽深重，出家人岂非成为避之不及的对象？然而，该经典正是通过极度夸张的描述凸显出道士出家修行对于道教发展无与伦比的重要性，乃至超越了与严格的经戒法箓传授次第相应的法位的意义，这与早期道教经典中的说教是大不相同的。由史崇玄编纂、由唐玄宗专门御制序言的《一切道经音义妙门由起》在一定程度上代表了官方对道教的定位，其“明开度第五”竟也引用了上述极其夸张的描述。这显然与唐王朝对道教的大力支持，道教大发展下出家道士的增加和地位日益重要的历史相一致。

与之相关，关于道士的定位，《灵宝出家因缘经》云有七阶，即天真、神仙、幽逸、山居、出家、在家、祭酒。而所谓出家者“谓舍诸有爱，脱落嚣尘”，所谓在家者“谓和光同尘，抱道怀德”，两者无高低之分[③]。《一切道经音义妙门由起》引用《三洞奉道科诫》分为六级，即天真道士，二神仙道士，三山居道士，四出家道士，五在家道士，六祭酒道士。出家道士指的是“摈落纷埃，忘诎健羡，心遗万物，神王九空，眇出樊笼，永辞妻息，即宋伦、彭谌之匹也”；在家道士指的是“消声陆沈，和光顺世，心凝道极，形混人间，吐纳自居，逍遥独得，即黄琼、鑳铿之伦也”，两者亦无高低之分。然而，后面又有一句“所以称之为道士者，以其无为世事，务营常道故也。并受道威仪，心行异俗演兹玄化，畅彼皇风，

---

① 姜伯勤：《〈本际经〉与敦煌道教》，《敦煌研究》1994年第3期，第13-14页。

② 《道藏》第6册，文物出版社、上海书店、天津古籍出版社，1988年，第140页。

③ 《道藏》第6册，文物出版社、上海书店、天津古籍出版社，1988年，第139页。

是以不拜王侯，长揖天子。今之道士，即出家道士也。当于国主，当尽忠尽礼。至于宰辅大臣、公侯牧伯，皆须敬揖。勿得妄趣势利”[①]。这应该既是对原先固有道士概念的继承，又是对当下道教发展新形势下对道士概念的新的界定和强调，“今之道士，即出家道士也”更是强调了在当下的道教中，道士仅仅指出家道士，而将前述在家道士甚至山居道士等断然排除在外。对此，我们认为，这更多地突出了道教的新发展，即出家道士越来越多，其地位也越来越高，但难以从概念上确认其为道门内部的共识。应该说，由史崇玄所作《一切道经音义妙门由起》的序文更能代表当时道教乃至官方的认识，其对道士的定位也显然是在综合多种说法的基础上形成的：“然道士立名，凡有七等：一者天真，二者神仙，三者幽逸，四者山居，五者出家，六者在家，七者祭酒。其天真、神仙、幽逸、山居、出家等，去尘离俗，守道全真，踪寄寰中，不拘世务。其在家、祭酒等，愿辞声利，希入妙门，但在人间救疗为事，今剑南、江表，此道行焉。所以称之为道士者，以其务营常道故也。”[②]其中，对各层次的道士给予了基本平等的描述，没有专门突出出家道士的尊贵，也没有“今之道士，即出家道士也”这样孟浪之说。但无论如何，多部道经一致对道士出家的倡导和尊崇，对推动道教的发展变化会起到极大的作用，出家道士必然会越来越多，成为道教发展的主要方向。而从唐代墓志所反映的实际情况来看，当时也是入道受法之后，出家与不出家两种情况并存[③]。这就是道士题名中专门凸显出家身份之特殊性的原因所在。同时，也可以基本确认，这些题写道观而不题写“出家”字样的道士也应当是出家道士。相应地，前述敦煌地区道教的代表人物三洞法师，虽然在经戒传授中遵从的是《无上秘要》科仪，以州县乡里题名而不题道观，在《无上秘要·师资品》中也没有要求为师度人者需要出家。但结合隋唐以降出家道士大量出现，以及流行的道经对道士出家大力倡导等因素，就敦煌的三洞法师及上述题写道观的道士而言，应当属于出家道士之列。

（四）敦煌大族与敦煌道教

在有限的敦煌道士信息中，也透露出了敦煌道教的一个特点，那就是与政治、经济、佛教领域一样，敦煌大族在道教领域也占有重要地位，或者说具有控制权。在前述授法的五位三洞法师中，明确籍贯的三位全部出自敦煌本地区，即沙州敦煌县效谷乡无穷里三洞法师中岳先生张仁邃、敦煌郡敦煌县效谷乡无穷里三洞法师中岳先生张仙翼、敦煌郡敦煌县平康乡安昌里三洞法师中岳先生索崇术。其他两位没有题写籍贯的三洞法师中，阎履明也有可能出自本地区。这和敦煌地区的历史文化及当时的政治、经济、文化等总体状况密不可分。敦煌自汉晋以降，就形成了一批大家族，如索氏、张氏、氾氏诸姓经过儒学化的发展，已经成为驰名海内的名族[④]。这些大族世代为官，形成了一股强大的势力。在吐蕃占领敦煌之前，这样的大族有张、索、曹、阴、李、氾、阎、安、令狐诸家。在俗界长期控制敦煌地区的政治、经济命脉的是他们，出家为僧控制宗教权力的也是他们。刘安志认为：“敦煌大族的出

---

①《道藏》第24册，文物出版社、上海书店、天津古籍出版社，1988年，第728-729页。

②《道藏》第24册，文物出版社、上海书店、天津古籍出版社，1988年，第721页。

③ 焦杰：《唐代道教女信徒的宗教活动及其生活——以墓志材料为中心》，《陕西师范大学学报》2013年第2期，第124-129页。

④ 冯培红：《汉晋敦煌大族略论》，《敦煌学辑刊》2005年第2期，第100-116页。

家、入仕，不仅保存了自己原有的实力，而且还利用其特殊身份大大发展了自己在政治、经济方面的势力。在佛教寺院，敦煌大族不仅控制了各种僧职，而且还拥有大量寺户；在世俗社会，敦煌大族不仅担任文官，而且担任武职，掌握有军队和民众。”[①]反观敦煌道教界，仅存其名的道门最高的三洞法师张仁邃、张仙翼、索崇术、阎履明、马游岳，其中便有四位与当时的大族张氏、索氏、阎氏相吻合，这也当是敦煌大族执掌道门的证明。不过这一事实又与其所享“先生”之称对应的“能弃世累，有远游山水之志”的特点不大一致，这恰恰是宗教理想与历史现实之间的差距所在。再如，P.3768《文子》卷末题记为：“天宝十载七月十七日，道学博士索齐林记之。校定。”[②]姜伯勤已指出“索氏为敦煌望族及道教世家”[③]。敦煌当时设有道学，道学中学识地位最高的便是索氏。这也印证了敦煌大族索氏在道门中具有较高的地位。

从普通道士的题记看，索某赴京师长安东明观为亡妹写《本际经》一部；索洞玄则写下多部道经；马处幽、马抱一叔侄写下规模较大的《无上秘要》；氾思庄为神泉观师，地位高于普通道士。由以上几位道士所写的道经占了上述道经的绝大部分。写经毕竟和一定的经济付出有关，远赴京师长安写经则需要更大的经济实力。以上写经的索氏、氾氏恰恰能够对应于敦煌大族索氏、氾氏，而马氏叔侄又与敦煌三洞法师马游岳同姓。反观因缺粮而立契借贷麦粟的龙兴观道士杨神岳、保人道士范志灯、紫极宫道士贺通□，却无一与大族姓氏相同者。显然，同于大族姓氏者有经济力量支持写经或赴京师写经，不同于大族姓氏者借粮为生，这似乎并非出于偶然。综合来看，这些偶存的普通道士的题记也在一定程度上映衬着敦煌大族或有一定实力者在敦煌道教领域占有重要地位，或者说敦煌道门的掌控者。

（五）敦煌道士的经济生活

另外，P.4053残卷还涉及敦煌道士的经济生活问题。P.4053残卷为《龙兴观道士杨神岳便粟契》和《便麦契》，墨迹不清，反面为道教发愿文抄卷，文字颇为模糊。后一份《便麦契》内容能稍有辨识，略云：

天宝十三载六月五日，龙兴观常住沙
□今于边便小麦八硕。其麦限至八月
□□如违限不还，壹任掣夺常住
车牛杂物等，用充麦直。官有政法，人从
私契，两共平章，画指为验。
麦主
便麦人龙兴观道士杨神岳
保人道士□□□载卅五
保人

① 刘安志：《唐朝吐蕃占领沙州时期的敦煌大族》，《中国史研究》1997年第3期，第90页。

② 李德范：《敦煌道藏》第3册，全国图书馆文献微缩复制中心，1999年，第1630页。

③ 姜伯勤：《道释相激：道教在敦煌》，载陈鼓应编《道家文化研究》第13辑，三联书店，1998年，第61页。

保人[①]

前一份《便粟契》有"柒斗伍升……任掣夺杨岳……用充麦直"，"便麦人道士杨神岳载卌二"，"□月二十五日领两石粟保人□辅朝载十五"等内容[②]。根据前后顺序，可以推知，两份契文当属于天宝十三年（754）大约初夏时节，前一份略早。敦煌因冬季气候寒冷，不宜种植冬小麦，所以古代敦煌种植的是春小麦。阴历七月为收麦时节，如P.2629《归义军衙内酒破历是》所示收割小麦时节正在七月："（七月）三日，城西庄刈麦酒壹瓮……四日，支太子庄麦酒壹瓮……十二日，南沙刈麦酒壹瓮……廿日，官圈刈麦酒壹瓮……（八月）十四日……支远田纳麦车家酒一斗。"[③]杨神岳归还小麦的时间正好是收麦之后的八月。显然五六月份正处在夏收前的缺粮季节，龙兴观因此借粮以补不足。

唐代实施均田制，为僧道授田，据《唐六典》卷3《尚书户部郎中员外郎》规定，道士女冠的授田数量为："凡道士给田三十亩，女官二十亩，僧尼亦如之。"[④]又唐朝时有为寺观赏赐田庄之例。天宝二年（743），在诏令天下诸郡改为紫极宫的同时，要求各地"仍各赐近城庄园各一所，并量赐奴婢等"[⑤]。据此，敦煌紫极宫当既有田庄，且有奴婢。而P.2005《沙州都督府图经》载有神泉观庄，即神泉观有自己的田庄。同理，龙兴观也必然有自己的田产。道经《三洞奉道科戒营始》"置观品"道观修建规制中原本也有骡马坊、车牛坊、碾磑坊等与生产活动相关的建筑设施。本件便麦粟文书也印证了这一点，道观拥有用于生产活动的车牛等生产工具。不过，本件文书所反映的情况是，敦煌的道观经济似乎并不发达，道士的经济生活并不优裕，甚至是有困难的[⑥]。当然，这只能是敦煌道教经济生活的一个侧面。

三、小结

以上是对唐代敦煌道士所做的基本考察，由于资料所限，这种考察只能是管中窥豹，而且主要反映的是盛唐时期敦煌道士最基本的状况。通过考察可见，构成道士的几个层次要素已然基本具备了，见于明确记载的，有属于道观最高管理者的观主两位，最高法位的三洞法师6位，一般的法师1位，一般的道士和女冠12位，而每个时期道士总数当在数十人，开元、天宝年间则有可能达到百人以上。正是这样的一批道士构成了敦煌道教的核心要素，成为敦煌道教活动的主要承担者。同时还反映出与道士相关的多方面问题，最显眼的是道士的后备队伍清信弟子群体；结合抄经题记与字体辨别还能揭示敦煌道士写经的真实情况；能窥察到的还有与道教大发展相应的道士在家出家问题；有因为安史之乱导致的纳钱度僧尼道士的非正常现象乃至僧道伪滥现象；有敦煌道教与敦煌大族的关系问题；还能窥测到道士经济生活的一些侧面，等等。毫无疑问，虽然这些资料的留存具有很大的偶

---

① P.4053《便麦契》，录文参见王卡：《敦煌道教文献研究——综述、目录、所引》，第241页；并参唐耕耦、陆宏基：《敦煌社会经济文献真迹释录》第2辑，全国图书馆文献缩微复制中心，1990年，第77页。

② P.4053《龙兴观道士杨神岳便粟契》，载唐耕耦、陆宏基《敦煌社会经济文献真迹释录》第2辑，第76页。

③ P.2629《归义军衙内酒破历是》，载唐耕耦、陆宏基《敦煌社会经济文献真迹释录》第3辑，第274–275页。

④［唐］李隆基撰，李林甫注《大唐六典》卷3，第66页。

⑤［宋］王钦若等编《册府元龟》卷54《帝王部·尚黄老第二》，中华书局，1960年影印本，第599页。

⑥ 关于唐代的道观经济可参见王永平：《道教与唐代社会》"经济篇"。

然性，但综合考察之下，依然能够揭示出多方面的历史实际，也可以说如实反映了与历史密切关联的敦煌道教的真实性与复杂性。在道士考察的基础上，联系、反映清信弟子经戒传授活动、抄经活动、斋醮法事活动等方面的敦煌道教文献，就能看到更为完整的敦煌道士的活动和敦煌道教的状况。

另外，必须看到的是，虽然由于资料所限而难窥敦煌道士及其活动的全貌，但相对于敦煌佛教高僧辈出、活动繁荣的盛况，敦煌道教依然处于弱势。颜廷亮曾经慨叹："在敦煌地区，当时虽有道经的大量抄写流传，道教宫观的大量出现以致道学的建立，但是却并未出现一位不仅在整个道教及其文化史上，而且在敦煌地区有较大影响的道教理论家、宣传家和领袖人物……"[①]而今所见确乎如此，不过我们还是不得不补充一句"文献不足故也"。

① 颜廷亮：《敦煌文化》，光明日报出版社，2000年，首都师范大学出版社，2002年，第480页。

占灯术源流考

——德藏吐鲁番出土文献Ch 1634发微*

余 欣（浙江大学古籍研究所）

【摘要】在正确释读德藏吐鲁番出土文献Ch 1634《杂占要抄》的基础上，对其中“占灯吉凶法”的文本构成和原理技术做了复原和考证，解明了久为历史所遮蔽的唐代占灯术。根据转动灯轮上所要占卜事项对应的灯的状态进行吉凶占验，是糅合了数占、杂占、阴阳五行、禄命行年的一种“易杂占”。占法的灵验性与药师佛信仰和仪式密切相关，法器则借用了佛教灯轮。写本学分析以及与摩尼文中古波斯语占卜书M556中的占灯预兆的印证，表明Ch 1634的抄写者可能为粟特裔摩尼教教团成员。占灯术在宋代以后逐渐发展成以灯焰、灯花占察风云气象和人事吉凶，进入道教灯仪，并曾在中国西藏地区、蒙古国和卡尔梅克地区以及日本广泛传播。占灯术的重新发现，不仅有助于重建中国数术文化的世界史，也为从知识-信仰-社会生活层面理解丝绸之路在人类历史进程中的影响提供了新的思考。

【关键词】占灯术 吐鲁番出土文献 易杂占 方术世界史

占灯术为中国古代数术体系中杂占的一种类型，系根据灯的明灭隐现、吐焰喷光、开花结子的情状，以占验年岁丰歉、天时晴雨、命运寿夭、人事吉凶。占灯之法，推其源流，或滥觞于汉代，至唐宋以降，以灯花占远行之客成为诗文所表现的一大意象，名篇佳句，蔚为大观，而其术本身则湮没于历史尘埃中，不明所以。所幸德藏吐鲁番出土文献Ch 1634为我们一窥占灯术的玄奥提供了触发思考的新基点，得以上下探赜，寻溯其在中国传统知识中的脉络与纹理，并重绘方术

*本文系国家社科基金重大项目“敦煌吐鲁番出土汉文与民族语文数术文献综合研究”（项目编号22&ZD220）的阶段性研究成果。

世界史的新图景[1]。

一、Ch 1634文书校录及定名

Ch 1634原编号TⅢ1117，德国吐鲁番考察队在吐峪沟发掘所得，今藏德国国家图书馆，为一长13.4cm，高9.3cm的残纸，局部损坏并有孔洞，存字15行，书法古怪奇特。西胁常记所编《柏林藏吐鲁番汉文文献目录》著录为《占书》，认为这段文字可能是关于借助灯进行占卜的方法[2]。2005年春，笔者曾遍检德藏吐鲁番收集品，并特别留意其中方术文献，撰有《柏林国家图书馆藏吐鲁番文献经眼录》[3]，并对一件与占风术有关的残片做了详细的考证[4]。本件也曾写成札记，因有凝滞不能通释，一直置于箧中。近读新刊《吐鲁番出土文献散录》，发现本件录文语义晦涩，殊不可解[5]。就其形制及内容，反复玩味，方蓦然醒悟：《散录》释读方向完全反了，且受此思维定势误导，许多文字本身未能正确录出，标点断句全然错误，以致通篇不可卒读。实则本件虽为竖行书写的汉文，却应一反常例，自左向右读，如是则文从字顺，豁然开朗。今重新校录如下：

（前缺）

1.应绝，身得康强，恶鬼退

2.散，口舌消亡，兴生得利，万倍

3.胜常，多绕（饶）珍宝，粟麦

4.盈仓，远行大吉。宜见公王，

5.横财大发，大吉大昌，太清。

6.男九、十八、廿七、卅六、卌五、五十四、六十三、七十二、八十一、九十、九十九。

7.女七、十六、廿五、卅四、卌三、五十二、六十一、七十、七十九、八十八、九十七。

8.年在太阴，所作皆庆，去恶善

9.来，四体安宁，恶鬼退散，

10.气力丰盈，求财万倍，百物

11.满厅，争讼得胜，宜［见］公王，

12.不见恶形，大吉。占灯吉凶法

13.凡人□□灯逐次转，一

14.灯无声二长明三粗大

15.四不动五真土六灯火不散

---

① 关于丝绸之路上的传统知识与方术实践的整体阐述，参见Yu Xin，*Savoir tradi-tionnel et pratiques magiques sur la Route de la Soie*, Paris：Demoplolis，2018, pp. 7–103.

② Tsuneki Nishiwaki，*Chinesische und Manjuriche Handschriften und Seltene Drucke*，Teil 3，Chinesische Texte vermischten Inhalts aus der Berliner Turfansammlung, Stuttgart：Franz Steiner Verlag，2001, p. 95，Tafel 18.

③ 未刊稿，其中部分定名及考证意见，已为荣新江、史睿主编《吐鲁番出土文献散录》吸收引用。

④ 余欣：《中国古代占风术研究——以柏林藏吐鲁番文献Ch.3316为中心》，载［日］高田时雄主编《唐代宗教文化与制度》，京都大学人文科学研究所，2007年，第87–114页。

⑤ 荣新江、史睿主编《吐鲁番出土文献散录》，中华书局，2021年，第202–204页。

（后缺）

文书内容可分为两部分，第12行标题“占灯吉凶法”之前为禄命书，之后则为占灯术。禄命书所列推男行年吉凶岁数序列与P. 3838《推九曜行年法》“太阴所至”相同：

歌曰：太阴所到皆为吉，求事多应得称情。合遇贵人相接引，喜庆通达主安宁。

九岁、十八、廿七、卅六、卌五、五十四、六十三、七十二、八十一、九十、九十九。[①]

禄命书所列推女行年吉凶岁数序列则与P. 3779《推九曜行年灾厄法》“计都星所至”相合：

行年蚀神尾计都星，至此宿者，七岁、十六、廿五、卅四、卌三、五十二、六十一、七十、七十九、八十八、九十七。一名太阴。一名豹尾，亦是隐星。若临人命，注疾病、官府相缠，此年大凶，宜深处画形供养。

文中“一名太阴”，关长龙校改为“大隐”，校记云：“‘太阴’亦为九星之一，此不应重出，陈书据《梵天火罗九曜》校改作‘大隐’，姑从之。”[②]按，太阴有二义，一为中国传统太岁数术神煞体系的太阴[③]，另一为魏晋之际从西域传入的九曜星命术的太阴，此处太阴临照人命宫行年，当为后者无疑[④]。其数列与禄命书推女行年所至者相合，恰恰表明行年至计都星的岁数序列与至太阴相同，只是吉凶迥然不同。由于未区别男女，抄手附记于计都星条下，存为别说。疑原为小字注“一云太阴”，因抄手不明所以，误入正文，且因与其后计都之别名豹尾相连，误作“一名太阴”。故Ch 1634的禄命书部分可参照星命书篇名常式及“占灯吉凶法”标题之例，拟为“推男女九曜行年灾厄法”。整件文书性质当为抄撮各种类型的杂占法的汇编，或可拟题为《杂占要抄》。

二、灯轮与占灯法的易杂占性格

Ch 1634《杂占要抄》中的“占灯吉凶法”除去标题，仅残存三行，具体内容、占法难以复原。管中窥豹，可推知其基本轮廓。首句可补足为“凡人欲占灯，逐次转”，其法当以燃灯置于灯轮之上，逐次转动灯轮，看所占之灯的状态：无声、长明、粗大、不动、灯火不散等，对应于不同的数字，继而将数字依照《尚书洪范》所记五行次第换算成五行，再根据五行所对应的灯焰五色占辞占卜吉凶。其中，“五真土”非燃灯状态，而是直指佛教概念。真土乃真佛土之略，谓佛真身所住之法性土。在五行中，数字五所对应者为中央土，于是将此处巧妙地置换成佛教的真土，可谓绝佳的语境植入式创造。

吐鲁番的占灯法及灯轮的形制应受佛教燃灯仪式和岁时礼俗的影响。据《药师如来本愿经》经文，燃灯供养药师佛可消灾祈福，燃灯数目依不同仪式而定，“若有患人欲脱重病”

① 文中所引敦煌文献，凡参考前贤录文者，均以IDP、Gallica或各敦煌文献图录校正，有不同处，不一一出校说明；凡未标注出处者，则为笔者据原卷录文。

② 关长龙：《敦煌本数术文献辑校》，中华书局，2019年，第1370页。

③ 陈峻志提出包括“太阴”在内的太岁数术体系北魏时初具规模，确立于盛唐时期。陈峻志：《从敦煌具注历日到寺庙安太岁——太岁以下诸神体系的起源与演变趋势》，《兴大中文学报》第36期，2014年，第65-70页。

④ 余欣：《唐宋之际“五星占”的变迁：以敦煌文献所见辰星占辞为例》，《史林》2011年第5期，第70-78页。

须于像前燃“灯量大如车轮”的七层灯轮，每层7灯，共49灯[①]。学者认为药师经变的文本依据即隋达摩笈多于615年译出的《药师如来本愿经》，早在隋代燃灯画面已成为药师经变基本的构图元素[②]。莫高窟第433窟隋代药师经变中出现2个九层灯轮，其结构以中心立柱为轴心层层安装车毂状的轮盘，轮径逐层缩进，整个灯轮呈圆锥尖顶状，犹如佛塔的相轮和塔刹[③]。10世纪敦煌佛教仪式愿文范本S.5638《燃灯文》：“其灯乃架迴从七缯（层）之刹，兰炷□□□□炳而花鲜。”[④]正是对这一结构的形象描述。初唐时期，莫高窟第220窟北壁的药师经变所见灯轮则有所不同，是在覆莲座上安一立柱，上安五层轮盘，轮盘大小相仿佛，顶层和第二层略异，每层轮盘的辐条上遍植三重环绕灯托，一菩萨在地上点燃灯盏，另一菩萨则转动灯轮，将灯逐次安置于灯托上。

灯轮不仅用于礼拜供养药师佛，也用于腊八燃灯和上元燃灯。敦煌研究院藏DY.322《辛亥年（951）十二月八日夜□□□社人遍窟然（燃）灯分配窟龛名数》[⑤]记录了每窟燃灯数是根据该窟的大小和等级决定的，从一盏、两盏到七盏不等。巫鸿认为，此处的量词“盏”字所指的不一定是单独的灯盘，而更可能是层层累加的灯轮或灯楼[⑥]。上元燃灯则毫无疑问是用灯轮。P.3405《正月十五日窟上供养》可见其盛况：“三元之首，必燃灯以求恩；正旦三长，盖缘幡之佳节。宕泉千窟，是罗汉之指踪；危岭三峰，实圣人之遗迹。所以敦煌归敬，道俗倾心，年驰妙供于仙岩，大设馨香于万室，振虹（洪）钟于荀芦，声彻三天。灯广车轮，照谷中之万树；佛声接晓，梵响以（与）箫管同音。”[⑦]值得注意的是，唐代诗文中也明确点出了这种灯轮的西域文化色彩，代表了时人对灯轮性格有着清晰的认知。如张说的《十五日夜御前口号踏歌词二首》：“西域灯轮千影合，东华金阙万重开。”[⑧]将灯轮作为西域特征事物与中土文化代表的楼阁式台阙建筑对举。崔液《上元夜六首》其二：“神灯佛火百轮张，刻像图形七宝装。影里如闻金口说，空中似散玉毫光。”[⑨]则昭示了灯轮的佛教仪式渊源。

最为宏大辉煌的灯轮，是唐睿宗先天二年（713）元宵节在长安安福门外安置的灯轮。《朝野佥载》卷3描述了这一盛景：“睿宗先天二年正月十五、十六夜，于京师安福门外作灯

---

①《药师如来本愿经》：“救脱菩萨言：‘大德阿难！若有患人欲脱重病，当为此人七日七夜受八分斋，当以饮食，及种种众具，随力所办，供养比丘僧，昼夜六时，礼拜供养彼世尊药师琉璃光如来，四十九遍读诵此经，然四十九灯，应造七躯彼如来像，一一像前各置七灯，一一灯量大如车轮，或复乃至四十九日光明不绝，当造五色彩幡长四十九尺。’”《大正藏》第14册，第404页。

② 沙武田：《一幅珍贵的唐长安夜间乐舞图——以药师经变乐舞图中灯为中心的解读》，《敦煌研究》2015年第5期，第38页。

③ 此类结构的灯轮还见于莫高窟第417窟窟顶后部药师经变（隋代）、莫高窟第159窟北壁药师经变（晚唐）、莫高窟第146窟北壁药师经变（五代）。

④ 黄征、吴伟编校《敦煌愿文集》，岳麓书社，1995年，第414页。“兰炷”以下内容残缺，《愿文集》据S.1441《燃灯文》中的同句补入四字。从之。

⑤ 孙修身：《腊八燃灯分配窟龛名数年代考》，载丝绸之路考察队编著《丝路访古》，甘肃人民出版社，1982年，第209-215页。

⑥ 巫鸿：《空间的敦煌：走近莫高窟》，生活·读书·新知三联书店，2021年，第44页。

⑦ 谭蝉雪：《唐宋敦煌岁时佛俗——正月》，《敦煌研究》2000年第4期，第70页。

⑧［唐］张说著，熊飞校注《张说集校注》，中华书局，2013年，第546页。

⑨［清］彭定求等编《全唐诗》，中华书局，1960年，第667页。

轮，高二十丈，衣以锦绮，饰以金玉，燃五万盏灯，簇之如花树。”[①]用于占灯的灯轮自然无须如此硕大，其形制当较之敦煌药师经变所绘更为简约，或有可能即以窟上燃灯供养所用代之。

吐鲁番文书“占灯吉凶法”所残缺的主体部分应该是灯的其他数字、状态以及灯焰颜色和结花形状的吉凶占辞。P.3497《窟上岁首燃灯文》：“情归十号，虔敬三尊，每岁初阳，灯轮不绝。于是灯花焰散，若空里之分星；习炬流晖，似高天之布月。”虽然是上元窟上燃灯的仪式性发愿文，与占灯没有直接关涉，但“灯轮不绝”“灯花焰散”云云，从侧面印证了唐代占灯法中灯轮的使用并包含以灯焰、灯花占吉凶的内容。敦煌《字宝》中有“燈炛”一词，“炛”盖即灯花之“花”的后起形声俗字[②]。民间字书收录的习用字中包括此词，并作俗字写法，可见占灯花必行用于时。中唐以后，以灯花为喜事之兆或卜远人归来，已经成为诗文表现的一大主题，甚至有专擅创作此类题材作品而著声名于时者，如李朋“善属文句，有石燕、灯花之什，为时匠之所称咏”[③]。

占灯法是以灯的状态获得一个或一组数字的方法，可以看作是一种数占的运用。数占的理论基础出自《周易》，是受《周易》卜法影响或模仿筮占和易卦的以数字演卦订吉凶的占法[④]。敦煌占卜文献中的“周公卜法”“五兆卜法”“十二钱卜法”“灵棋卜法”“管公明卜法”等皆属此类[⑤]。魏晋以降，数占逐渐混入杂占的因子，演变成笔者称之为“易杂占”的东西。现存最早的公元5世纪阚氏高昌国时期的《易杂占》，尽管也使用《周易》的卦名，援引《周易》经传的文字，渗透着京房易占的思想，但其占法本质上应该属于杂占系，实与易学本身无多大关系。就其根本性质而言，是一种依托于易学理论的通俗化、简易实用的杂占书[⑥]。《易杂占》的发现，表明吐鲁番是传习《周易》杂占法的中心节点。占灯法作为数占和杂占的“化合物”为此论断添一新证。

占卜的一项重要应用是占远方行人安危，能否平安归来，归期在何时[⑦]。刘克庄（1187-1269）《征妇词十首其三》：“远书徒搅思，归信屡愆期。瓦卦偏无准，灯花未必知。”[⑧]瓦卦当为一种以瓦片模拟周易占筮的杂占，与占灯法并用，显示了杂占在占卜实践中的组合性运用。

从占卜的技术原理来理解，这种以旋转灯轮获得吉凶占验数字的方法在一定程度上近似于现代轮盘赌。逆时针转动轮盘和转动灯轮，在运动方式上如出一辙。在盘面上以顺时针方

---

①［唐］张鷟：《朝野佥载》，中华书局，1979年，第69页。

②张涌泉主编《敦煌经部文献合集》，中华书局，2008年，第3735页。

③《李朋墓志》，首题“唐故正议大夫守河南尹柱国赐紫金鱼袋赠礼部尚书武阳李公墓志铭并序”，懿宗咸通六年（865）十月二十二日。胡戟、荣新江主编《大唐西市博物馆藏墓志》，北京大学出版社，2012年，图版四五○，录文，第969-970页。

④［法］马克（MarcKalinowski）：《敦煌数占小考》，载［日］山田庆儿、田中淡主编《中国古代科学史论·续篇》，京都大学人文科学研究所，1991年，第131-156页。

⑤Marc Kalinowski（ed.），*Divination et société dans la Chine médiévale：une étude des manuscrits de Dunhuang de la Bibliothèque nationale de France et de la British Library*, Paris, Bibliothèque nationale de France, 2003, pp.213-300.

⑥余欣：《物怪易占：阚氏高昌王国的卜筮与经学》，《中古异相——写本时代的学术、信仰与社会（修订本）》，上海古籍出版社，2015年，第74-114页。

⑦余欣：《神道人心——唐宋之际敦煌民生宗教社会史研究》，中华书局，2006年，第258-277页。

⑧［宋］刘克庄著、辛更儒笺校《刘克庄集笺校》，中华书局，2011年，第2256页。

向旋动的球，相当于灯轮中根据本命五行所属确定位置的那盏灯，球最后落入轮盘上标有号码、颜色的两个金属间隔之间，犹如占灯法依照灯的状态获得的数字以及灯焰颜色或结花形状得出吉凶。“卜赌同源”在此又一次获得了完美的诠释[①]。

唐代占灯法除了占卜以外，是否还有相应的祈赛仪式，无从确知，然《太平广记》卷一三五《徵应一》“陆贾”云：“故曰目瞤则呪之，灯火花则拜之，午鹊噪则餧之，蜘蛛集则放之。”[②]似有与辟除目瞤、鹊噪同类性质的祝祷、厌禳、祈福仪式的存在。鱼玄机《迎李近仁员外》，“今日喜时闻喜鹊，昨宵灯下拜灯花”[③]，可为旁证。

要之，Ch 1634《杂占要抄》中的“占灯吉凶法”乃唐代占灯法之遗珠，虽寥寥数语，却表明占灯法绝非只是占灯花而已，提供了与传世文献所载宋代以降之占灯法在技术构造上迥然不同的面貌，吉光片羽，殊可宝贵。唐代占灯法的灵验性源自在仪式和法器上借用了佛教灯轮和药师佛信仰的神性力量，在理论和技术上糅合了数占、杂占、阴阳五行、禄命行年诸法，呈现出一种神佛数术融合的有机交叠结构。

三、占灯法的学术流变

占灯之法鲜为学界所重，迄无专论。阴法鲁较早关注且将其列为读古代文史著作必备的文化史常识举例：“点灯时，灯芯燃烧，余烬常结为花形，称‘灯花’。古人认为灯花的出现，是和主人的运气有关的事情。《汉书·艺文志》有《占灯花术》一书，已失传。庾信《对烛赋》：‘复讶灯花今得钱。’反映了古代‘灯火花得钱财’的一种迷信传说。”[④]阴法鲁称《汉书·艺文志》有《占灯花术》，其实《汉志》并未著录，而此书名亦不类古占书，此说盖沿《本草纲目》之误，且未检原书。钱仲联注沈曾植《记兆》诗：“阴符密记灯花爆，或有他生续忏摩。”即引《本草纲目》以为书证[⑤]。考《本草纲目》卷六《火部》“灯花”：“时珍曰：昔陆贾言灯花爆而百事喜，《汉书·艺文志》有《占灯花术》，则灯花固灵物也。钱乙用治夜啼，其亦取此义乎?”[⑥]《本草纲目》所引陆贾言，出自唐宋笔记小说，之所以误记《汉书·艺文志》著录《占灯花术》，大概是因为占灯术与占目瞤、嚏、耳鸣等体兆之书同属杂占一系，而《汉书·艺文志》数术略杂占目中有《嚏耳鸣杂占》，乃误系于此。此误非仅见于《本草纲目》，明清著述陈陈相因颇为习见，或袭自当时流传甚广之实用类书。由《通俗编》可见其致误之“证据链”：“杂占：《汉书·艺文志》有《嚏耳鸣杂占》及《占灯花术》。《隋书·经籍志》有《占梦书》《占嚏书》《目瞤体瞤书》。《太平广记》引陆贾曰：‘夫目瞤得

① 在原理、方法和工具上，占卜与游戏、游戏与赌博都具有极为密切的关系。参见［日］增川宏一：《賭博》Ⅰ，法政大學出版社，1980年，第103-164页；李零：《中国方术续考》，东方出版社，2000年，第20-38页。

②［宋］李昉等编《太平广记》，中华书局，1961年，第964页。《新语校注》将其作为佚文收入（陆贾原著、王利器撰《新语校注》，中华书局，2012年，第180-181页），实出自唐人小说，可视为唐代习俗的记录。

③［后蜀］韦縠：《才调集》卷10，载傅璇琮、陈尚君、徐俊编《唐人选唐诗新编（增订本）》，中华书局，2014年，第1203页。

④ 阴法鲁：《要学习一些文化史知识》，《文史知识》1981年第4期，第56页。

⑤ 沈曾植著，钱仲联校注《沈曾植集校注》，中华书局，2001年，第1172页。

⑥［明］李时珍：《本草纲目（校点本）》，人民卫生出版社，1975年，第422页。

酒食，灯火花得钱财，午鹊噪而行人至，蜘蛛集而百事喜。小既有征，大亦宜然。'"[①]此误并非无人觉察，周广业于其笔记《过夏杂录》中即予明确指出，且广集专咏灯花之诗词文赋，可谓第一篇有发覆之功的考证文字：

> 广案：《汉志》无此，惟《新唐书·艺文志》、郑夹（际）［漈］《通志·艺文略》有唐李淳风《占灯经》一卷。《西京杂记》载陆贾曰：'灯花得钱财。'故庾信《对烛赋》云：'本知雪光能映纸，复讶灯花会得财。'其百事喜则唯蜘蛛集为然。杜少陵诗：'灯花何太喜！'是灯花亦主喜事也。每客夜更深，寒檠相对，忽尔繁花吐艳，珠缀星联，虽未必果有喜事，亦足破寂消愁。尝愧无佳句答之，阅宋元人诗有专咏灯花者，辄录于此。[②]

周广业诚为乾嘉考据学人中独具慧眼者，如其所揭橥，《新唐书·艺文志》著录为"《占灯经》一卷"[③]，郑樵《通志·艺文略》著录于五行类杂占目下[④]。《郡斋读书志》卷14《五行类》："《占灯法》一卷。右唐李淳风撰。《崇文目》亦有之。《观灯法》一卷，右唐李淳风撰。"[⑤]《占灯经》《占灯法》《观灯法》，宋以后书志罕见著录，其亡佚之时约在南宋。三书或皆同书异名，因无佚文可资比勘，疑不能定。

占灯法究竟如何，载籍语焉不详，今钩沉类书、道经相关史料，与诗文互证，以廓清其占察之数理，古今之流变。《事林广记》续集卷12引《占灯花经》云：

> 灯乃一家照鉴之主，开花结蕊，吐焰喷光，可知人事之吉凶，可占天时之晴雨，仔细观玩，皆有验事。凡灯有花，任其自然开谢，不可剪弃吹灭，如此则反能为灾。灯三吹不灭，更不可再吹，切宜戒之。[⑥]

《事林广记》题南宋陈元靓撰，现存元、明刻本及日本刻本多种，均经增广和删改[⑦]。但此条既非原本之旧，亦不会晚于刊刻年代。是书径名为《占灯花经》，表明主要以灯花为占，涵盖征兆较窄，已非唐代旧法，或可视为宋以后的新发展。上节文字当为序文，总述以灯为占之理据及占验之征兆、事项、禁忌。其下占辞可见技术细节，具引如下：

> 灯有花至一更不灭，来日主有喜庆。至天明不灭不落，喜事五日不绝。〇灯开花向卯上，必于大人处得书。若七夜如此，君子则加官进禄，常人商贾则倍有利宜。〇灯三吹不灭，却便结花，主来日有喜事，但存之即获大吉。〇灯焰忽分作两炬，主有天恩、印绶、迁官、吉庆，富人即有大官委令及贵人引援。〇灯花生珠下垂者，主有远行。〇灯于中心结花如菉豆，四面无花，主有酒食，孕则生贵子。〇灯花向上圆大者，主明日有客至。〇灯无故自灭，主有丧服。〇才点灯，灯内连连

---

① ［清］翟灏撰，颜春峰点校《通俗编附直语补证》卷38《识余》，中华书局，2013年，第552页。

② 周广业著，祝鸿熹、王国珍点校《周广业笔记四种》（下册），浙江古籍出版社，2013年，第197页。点校本"《通志·艺文略》有"处句断，误。

③ ［宋］欧阳修、宋祁：《新唐书》卷59《艺文志三》，中华书局，1975年，第1557页。

④ ［宋］郑樵撰，王树民点校《通志二十略》，中华书局，1995年，第1682页。

⑤ ［宋］晁公武撰，孙猛校证《郡斋读书志校证》，上海古籍出版社，1990年，第630页。

⑥《新编纂图增类群书类要事林广记》，元至顺年间（1330–1333）西园精舍刊本，日本国立公文书馆（内阁文库）藏本，续集，叶一二正。

⑦ 参见胡道静所撰中华书局1963年影印本前言，北京大学图书馆藏至元六年（1340）郑氏积诚堂刻本，影印本，中华书局，1999年，附录。

爆出火星不止者，主有口舌。○灯焰短而昏昏无光彩，主有忧烦。○若旱多时，忽灯焰红花短小而频频点滴者，则三日内有雨。○若天阴日久，忽灯结红花，光彩明莹者，来日晴。○灯若黑烟上起红焰，下垂昏者，主来日雨。○灯若无烟但红焰左右摆拽不定，主来日有大风。○灯焰向东指，来日有东风。○灯西指有西风，南指有南风，北指有北风。○灯红焰短昏频垂点不止，主来日有雨。若夜夜如此，必见连阴。○灯若见红焰光而长明不动摇者，则必晴明。○灯若有黑烟微动，光色不摇者，则天晴有风。[①]

元代实用类书《居家必用事类全集》不题撰者姓氏[②]，分甲至癸十集，内容芜杂，郑振铎称之为“日常顾问式的百科全书”[③]。其中，丙集为“仕宦”，但主要篇幅却是占卜，所引《占灯花经》与《事林广记》悉同[④]。可见宋明之际流布的主要就是这两节文字，其源当出于唐宋时期某一类书。占察的征兆主要是灯花、灯焰的形状，指向的方位，出现或持续的时间。徵验事类可分为人事吉凶和风雨阴晴两大类，人事有占三五日内的行事吉凶，亦有笼统言之的官禄运势。占辞的术语体系、占察事项大多承袭唐代各类杂占、禄命书，其渊源关系条分缕析如下：

“加官进禄”，S.5614b《摩醯首罗卜》：“三三三：此名五道大神局。所求皆合，远行通达，消息自至。若也修福，加官进禄，婚姻嫁娶，所作皆成，大吉。”P. 3779《推九曜行年灾厄法》：“行年至太阳神，此星也，五岁、十四、廿三、卅二、四十一、五十、五十九、六十八、七十七、八十六、九十五。其星日周回一千五百里，每日照遍天下。临人命，加官进禄，有喜事重重；当约贵人引接，此年吉。”

官禄与货利并举，如“君子则加官进禄，常人商贾则倍有利宜”；富贵援引，如“富人即有大官委令及贵人引援。”则见于P.3803a《九天玄女诀（一）》：“此老君之卦，吉兆也。瑞应必至，官禄自来，求官得获，经纪得财，行人即至，病者无哀，所求并吉，求官职遂见大官，喜吉。”

“天恩”“印绶”为宋以后四柱立命术常见的八字神煞，其渊源已可追溯至唐宋具注历，如敦煌P.2765b《唐大和八年甲寅岁具注历日附录》：“岁德、月德、时德、天恩、母仓、天赦，春亥子，夏寅卯，秋辰戌丑未，冬申酉，四季月巳午、甲子、壬午、戊寅、戊申、己巳，已上日依天道看五姓相生，行用吉，相克者凶。”亦为占梦常见事项，如S.2222+P.3281Vd+ P.3685V《周公解梦书》：“梦见鹿并菟（兔），得印绶，吉。”

迁官、吉庆之事则多见于五兆卜法，如P.3452+S8574《五兆要诀略（四）》：“官木，官鬼被扶，王，即迁官益□（职）。”P.2614a+北大D241 +散677+ Дx10720《五兆要诀略（二）》：“兆与青龙并，主吉庆、婚姻、喜乐、迁官、行动之事。”

“主有远行”“有客至”，P.2621Vf《占耳鸣耳热心惊面热目瞤等法》：“申時耳鸣，左有客来，右远行应死。耳热，左乐，右不吉。手掌养（痒），有财、家事。面热，有人问在不

①《新编纂图增类群书类要事林广记》，续集，元至顺年间（1330-1333）西园精舍刊本，日本国立公文书馆（内阁文库）藏本，叶一二正-背。

② 四库馆臣考“其为元人书无疑”。[清] 永瑢等撰《四库全书总目》，中华书局，1965年，第1113页。

③ 郑振铎：《西谛书话》，生活·读书·新知三联书店，1998年，第500页。

④《居家必用事类全集》丙集，《北京图书馆古籍珍本丛刊》第61册，书目文献出版社，1988年，第117页。

在之事。心动，有喜极之事，女思子之事。足养（痒），有远行之事。目润（瞤），左远行，上得财；右有客来，下众人爱。”

“孕则生贵子”常见于敦煌宅经、五兆卜法、梦书、相书等。

“主有酒食”见于《乌占临决（二）》：“哺时。”“得酒食喜事。”Дх.01064+Дх.01699+Дх.01700+Дх.01701+Дх.01702+Дх.01703+Дх.01704b《推皇太子洗头择吉日法》：“酉日洗头，令人得酒食。”

“主有丧服”，《协纪辨方书·义例一》引《人元秘枢经》：“白虎者，岁中凶神也。常居岁后四辰。所居之地，犯之，主有丧服之灾。切宜慎之。”

“主有口舌”见于Дх.02800+Дх.03183+S.5772《推人行年禄命法（一）》。P.2873《安彦存易占》：“二爻发动，主有口舌及灶君为害。”都是用传统的六十甲子、五行、八卦来算吉凶①。

“主有忧烦”，Дх.05191+Дх.10786+Дх.04960 +Дх.01295+Дх.02976《六十甲子历（二）》：“□□见大官，有忧。”

占风雨阴晴基本上都是正向类比法，以灯花、灯焰的形态、方向，直接对应相应气象。此类运用在唐宋时代相当广泛，并形诸于诗文。如中唐著名诗人方干《寒食宿先天寺无可上人房》：“幡北灯花动，城西雪霰来。”②《占灯花经》云：“若天阴日久，忽灯结红花，光彩明莹者，来日晴。”宋末韩元吉《入冬苦雨祷晴幸应刘若讷惠诗为贺因次其韵》：“灯花作喜夜来占，楼角初晴月似镰。便说市亭新酒美，好风寒日舞青帘。”③

综上所述：

第一，《占灯花经》虽较为晚出，在名词术语和占验事类上却与唐宋时期的占辞具有同源性，显示其在知识与技术构造上承袭了唐代旧绪。

第二，占灯法与占耳鸣目瞤等体兆杂占在技术体系上的确具有亲缘关系，共享一套观念和话语系统，表明占灯法的基本性格近于杂占一系。故古之学者以为《汉书·艺文志》即已著录之误，在学理上可得相当理解。

第三，《占灯花经》中的易占、数占、禄命等因子的存在，昭示了占灯法在理论基础和占验实践上的“包容性”。

四、灯仪与占灯的道术化

元代以后，占灯法进入道教，成为依托于道教灯仪的法术。道教中的占灯法材料集中见于大型道法汇编《道法会元》。此书大约编纂于元末明初，收录宋元时期各派道法一百五十余篇④。卷24《清微灌斗五雷大法》“验证”：

> 本命灯如常宫分论。寿灯金生在巳，火生在寅，木生在亥，水土生申。如金命人武曲是，仿此。禄灯甲禄在寅，乙禄在卯，丙戌禄坐巳，丁巳禄居午，庚禄居申，辛禄到酉，壬禄到亥，癸禄居子。如甲生人禄存是也。驿马灯寅午戌，马居

① 黄正建：《敦煌占卜文书与唐五代占卜研究》，学苑出版社，2001年，第123页。

② ［清］彭定求等编《全唐诗》卷649《方干二》，中华书局，1960年，第7459页。

③ 北京大学中国古代史古文献研究所编《全宋诗》第38册，北京大学出版社，1998年，第23697页。

④ 任继愈主编、钟肇鹏副主编《道藏提要》，中国社会科学出版社，1991年，第961-962页。

申；申子辰，马居寅；巳酉丑，马在亥；亥卯未，马在巳。如寅生人廉贞是，余仿此。常占看本命，看辅星。灯红润，主行年吉。再看月将。论月分祸福。灯焰红润而明，有喜。结花毬吉。花落，凶。色黄白，主有病。①

本命灯与寿灯，当出自北斗本命延寿灯仪，此处被收入清微派的五雷法中。其法大致是以本命所生五行所属对应于地支方位，看本命所属之星，燃灯洗涤身宫罪过，延寿祈福。禄灯、驿马灯也是看生辰干支所属之星。确定所占之灯后，以本命为主，兼看辅星。占验之法则较为简单，灯焰红润光明、结花为吉，青黑黯淡、花落为凶。此法虽然附着于灯仪之后，作为灯仪结束的验灯仪式，与灯仪本身关联却不大，实为受西方星命术影响的本土本命信仰，糅合紫微星命、道教金箓斋仪、占灯法而成的一种杂占术。

以上是“常占”的总体原则，主要是占行年，事项占如“求名利”“占产”“占家宅”“占讼”“占六甲”（怀胎生子吉凶），大致仿此，而以占病需看灯的种类、状态最为丰富：

看本命灯、寿灯、禄灯、马灯、月分灯、医药灯。若焰青，有邪病未退，有祟。焰宽，安运。红润，大吉。结花毬，吉。花坠，不吉。灯灭，凶。落泪，凶。焰短，病迟延。黑白，主死色。并黯淡而黄，主瘟。飞蛾扑灭寿命灯，凶。如蛾死灯不死，邪病退灭。灯结花实大爆，主火，凶。命灯好，寿灯不好，病暂安，寿动短。命灯萎，寿灯红，金光而焰长明，虽有疾害，于寿无伤。②

除了灯焰、灯花的形状、光色外，尚有飞蛾扑灯，并区分为蛾不死灯灭和蛾死灯不灭两种情形，不可谓不细致。敦煌吐鲁番出土的文献中有十余件发病书，系以年月日时各类时间段下得病者的病状、病因、治疗、禁忌等情况进行占卜的文本③。发病书中未见以灯为占察之法者，可见虽然所占事项均为得病之吉凶，在技术上却属于不同的系统。

另有一套较多涉及鬼神为祟的道教系占灯法，见于《道法会元》卷31《玄枢玉诀秘旨》，为便于分析，谨移录其文如下：

黑暗昧。主公事晦气。白。人事丧车。青。冤祟鬼。黄犯煞，病证迁延。红。七日内安。如血红。不好。灯下黑炁往来。有冤魂。黑白二炁。家先为祸。白炁笼花。病亡。发灯时灭，或灯盏落地。病十日亡。灯暗花球。晦气。灯中一焰直上不动者。元辰稳，有寿。动。病则迁延。结花球落地。三日即亡。花球平静。病安寿永。焰红润小通明者。吉。……白。有孝服、刀兵，西方之鬼。黑。主家先，司命、水泉、北方之鬼，凶。黄。主有疫疾，或犯土及土地。赤。主血光、狱事，带血孕妇死鬼，南方火鬼。青。主有邪祟、痨瘵，伏尸、东方木下之类。焰大赤。凶。灯爆响。主火灾，或烧屋。三彗。有火灾。吐泪者。大凶。焰黑短小，暗色不明。主大凶。焰青短者。凶。爆死。主咒诅。花在上。主有喜事。花在下。主有财。诸灯动者。主星辰临照。光明。大吉。红紫色光。吉。散光。吉。焰长，有五色俱备者。主大吉祥。朝奏登坛雷声动。主坟有犯。香爆响。主有天曹愿信未还。请圣，一应言词失脱不来。亦主天曹有愿信未还。犬吠。主有不祥，有落水鬼。犬

① 《道法会元》卷24《清微灌斗五雷大法》，载《正统道藏》第28册，第818页上栏–中栏。

② 《道法会元》卷24《清微灌斗五雷大法》，《正统道藏》第28册，第818页中栏。

③ 对敦煌吐鲁番出土汉文、藏文发病书及于阗出土《逐日身体不适推吉凶法》、明清以后民间文书《张天师发病书》的系统整理释录和比较研究，参见陈于柱：《敦煌吐鲁番出土发病书整理研究》，科学出版社，2017年。

相咬。主有官事狱讼。孝子和尚来。主不吉。大抵以灯红润而有花通明者，吉。无风自动。有灾。暗。迟滞。焰长即灭。主凶。[①]

此一占灯法中不仅明示征兆吉凶，且列出作祟的神鬼，其总体原则为五行、五方、五色的对应关系。白色五行属金，方位为西方，故所主灾祸为与白色关联的孝服、属金的刀兵，而作祟者为西方之鬼。余以此类推。

上述观念渊源或可追溯至先秦，而真正成型实导于唐宋时期的发病书。例如，灯焰黑，主家中先人有殃，为祟的是司命、水泉、北方之鬼。司命是掌管人的死生寿夭之神，也是《礼记·祭法》所云“王为群姓立七祀”之一[②]。至魏晋已形成灶神将上天向司命汇报人的罪状，司命根据罪过大小夺减人的寿命的观念。葛洪《抱朴子》卷6《微旨》中对此有清晰的表述：“又言身中有三尸，三尸之为物，虽无形而实魂灵鬼神之属也……是以每到庚申之日，概上天白司命，道人所为过失。又月晦之夜，灶神亦上天白人罪状。大者夺纪，纪者，三百日也；小者夺算，算者，三日也。”[③]唐宋时期，司命仍执掌检算大权，凡犯神煞，如冒犯灶神或治灶非时者均由司命检算上计而死。P.3028《推死丧法》：“立星死者，犯井灶而亡，太阴煞之，司命检算尽，正月上计死。”同时，司命开始以作祟的神鬼面目出现，P.2856《发病书》“推得病日法”：“亥日病者不死。亥者征明，南斗之神，主知生死。头痛、手足项疼，心腹闷热，从外得之，祟在北君、司命、社公。久许不赛，作灶非日，宅神不安。”因而S.5589《结坛散食回向发愿文》中祈请的神鬼名单中，与“阎摩罗王、察命司录、太山府主、五道大神、善恶童子、善恶鉴察巡使、行道大王”并列的，就有“吸人声去，司命主央（殃）”。五雷法的兴起与传播，元末浙江东南部至福建北部一带的清微派实际创始人黄舜申的弟子扮演了重要角色。清微派的一些小仪式比较关注门、户、井、灶等家内神祇的安抚[④]，占灯法中对于作祟神鬼的解析也体现了这一特色。

水泉，北方之鬼缘黑色，五行属水，方位为北方，不必细论。值得注意的是水泉在S.2498a《观世音菩萨符印一卷》中以护法神的面目出现：“谨请虚空神、地神、山林神、泉神皆悉为作拥护。”但S.3427《结坛散食回向发愿文》所列鬼怪精灵中有深泉溺死鬼和泉源行非水族。因此，占灯法中作祟的“水泉”当泛指与水相关的神怪。

此外，《本草纲目》中还提及用灯花治夜啼，亦取其为灵物之义，表明灯花不仅用于占卜，而且因其为占卜之灵物而获得辟邪特性，用以解除因魂魄叨扰、心神不宁所致的小儿夜啼，数术与方技在理论、观念和技术上于此实现了统一。

五、方术的世界图景

占灯法的雪泥鸿爪还存在于非汉文占卜文书中。同为吐鲁番出土的唯一一件附有插图的摩尼文中古波斯语占卜书残片M556，最早由宗德曼（Werner Sundermann）与芮柯（Christiane

---

① 《道法会元》卷31《玄枢玉诀秘旨》，《正统道藏》第28册，第856页。自“犬吠”至“孝子和尚来。主不吉”，似非占灯法内容，且行款上恰为一行，疑为下文“占物声吉凶法”阑入。

② ［清］阮元校刻《十三经注疏》，中华书局，1980年，第1590页上栏。

③ ［晋］葛洪撰，王明校释《抱朴子内篇校释》，中华书局，1980年，第125页。

④ Kristofer Schipper and Franciscus Verellen（ed.），*The Taoist Canon. A Historical Companion to the Daozang*, Chicago：The University of Chicago Press, p.1106.

Reck）共同刊布①，新近胡晓丹博士做了新的转写、翻译和考证，认为写本形制上的种种特点与现存的摩尼教西式书本不符，却暗合东方传统。摩尼文鲜明地标志了M556摩尼教的宗教属性，而M556上的后三个预兆体现出较强的“民间性”，暗示摩尼教团主动在吐鲁番民间的信仰实践中进行渗透。这件占卜书反映出摩尼教在东传过程中对东方法术传统的学习和吸收②。

上述观点极具启发性，但关于图文关系，胡晓丹从装帧形式、页面布局、字体风格做了迂回的论证，对于图像本身未作讨论，得出的结论较为模糊：“M556的图像阅读方向与文本阅读方向呈直角，因此我们不能简单地说这种图文组合方式是‘左图右文’或‘上文下图’。但在图与文紧密联系、互为说明这一点上，M556与《白泽精怪图》《气象占》毫无二致。”其实这就是一个占卜预兆的表格，图像与文字是一一对应的，所谓图像阅读方向与文本阅读方向呈直角，是因为摩尼文是自左向右横向书写，而图像的构图是纵向的缘故。这种表格形式的占卜书，我们在敦煌藏文占卜文书中也常可见到。例如，Pt.1045《鸟鸣占》是以横向9个方位、纵向10个不同时间段，根据乌鸦叫声所代表的不同含义的占卜表格③。今根据胡晓丹译文，结合图像描述与预兆可以互为参照的文本，制成对照表如下（见表1）：

表1　M556占卜预兆对照表

图像	预兆	参照文献
几近全残，仅存左上角红色边框	（前缺）[第九个预兆][]在国内或者在房子里[]	
右上角一轮弯月，代表月蚀，日和天龙仅存残笔	第十个预兆是：地动，或日和月被天龙缠绕	《宿曜经》“辰星值日”：若此日日月蚀并地动，岁多饥俭； 《廿八宿日占日月蚀、地动法》：若毕宿日日月蚀，则至那国人多遭疫疠及诸热病。若地动，妇人灾厄，人多嗽病； 《七曜历日》“嘀日”：若五月五日遇此日，其多江河泛溢，百物薄（不）熟，冬加寒冷，如日月被蚀及地动
一着圆领袍、长鞠靴的男子双手拎着一领污损的衣服	第十一个预兆是：当一件丝绸的长袍变脏	《天地瑞祥志》卷一七“衣服”：人衣忽臭，贼且来，勿服

① C. Reck & W. Sundermann, “Ein illustrierter mittelpersischer manichäischer Omen-Text aus Turfan” *Zentralasiatische Studien* 27, 1997, pp. 7–23.

② 胡晓丹：《摩尼教占卜书中的东方传统：吐鲁番中古波斯语写本M556再研究》，《北京大学学报（哲学社会科学版）》2020年第1期，第130–137页。

③ Berthold Laufer, “Bird Divination among the Tibetans”, *T'ouang Pao 15*, 1914, pp. 1–166. reprinted in *Sino-Tibetan Studies*: Selected Papers on the Art, *Folklore*, *History*, *Linguistics and Prehistory of Sciences in China and Tibet*, collected by Hartmut Walravens, New Delhi: Rakesh Goel for Aditya Prakashan, vol. Ⅱ, 1987, pp. 354–463；Carole Morgan, “Ladivination d'après les croassements des corbeaux dans les manuscrits de Dunhuang”, *Cahiers d'Extrême-Asie* 3, 1987, pp.55–76；陈楠：《敦煌藏汉鸟卜文书比较研究-P.T.1045号、P.3988号与P.3479号文书解析》，载季羡林、饶宗颐主编《敦煌吐鲁番研究》第10卷，上海古籍出版社，2007年，第345–349页。

续表1

图像	预兆	参照文献
一体型较小、短喙、短尾的鸟，停在门上方的平顶上，一体型较大、长喙、长尾的鸟，停在窗框上	第十二个预兆是：当外来的平原的鸟或者海鸟在面前栖息	《地镜》：客雀从他所来，岁中谷贵，民移徙； 《易杂占》：离化为震，家当有飞鸟入家鸣，忧父母，家壕动； 《白泽精怪图》：雌雉无故入家者，名曰神行，家必有暴死者，急去勿留居舍中
一灯轮，中心为一盏豆形主灯，左右各连一盏曲柄辅灯，火焰闪烁	第十三个预兆是：当一盏灯无缘无故地熄灭	《占灯花经》：灯无故自灭，主有丧服
几近全残，仅存右上角红色边框	[第十四]个预兆是(后缺)	

或许是由于文书残缺之故，M556只是汇集了各种预兆，而没有吉凶征应，也不涉及占法。其中占灯预兆的独特价值，在于其文本和图像确凿无疑地证实了前文关于Ch 1634中的占灯法的文本复原和使用灯轮进行占卜的推测正确无误，同时表明唐代吐鲁番摩尼教团中流布传习的也是这种占验方式。尽管并非以真正意义上的占灯法的面目出现，只是呈现为整合进预兆集成的形态，前文表1将预兆条文与《地镜》《天地瑞祥志》《宿曜经》以及敦煌吐鲁番出土的《白泽精怪图》《廿八宿日占日月蚀、地动法》《易杂占》等天文星占、怪异五行、风角鸟情占候等关涉文本的内在联系揭示出来①，表明M556在知识系谱上承袭了杂占的基本性格，预兆的选择原则和文本的编集方式与这一“学与术”的底色是完全契合的。

由此反观Ch 1634，结合写本学分析，我们可以得出一个惊人的推测：抄写者很有可能是一位对汉文杂占很有兴趣，或出于宗教职业需要而学习，却仍然保留了粟特文书写习惯的对汉文书写不甚谙熟的摩尼教团成员。

如前所述，Ch 1634写本一直未受关注并未展开深入研究的一个重要原因，在于之前学者一直习以为常地自右向左读而难以索解。之所以丝毫没有觉察不妥，是因为西域出土的汉文写本自左向右读的例子实属罕见。吐鲁番汉文写本中唯有此件，而五万余号敦煌文献中仅有十余件自左向右竖行直书的写本，且多为特定类型的实用文书，如契约或社司转帖②。由于年代大多属于吐蕃和归义军时期，这些写本被认为主要是受到藏文书写顺序的影响③。唯

① 与“地镜”相关的文献有三种，其一是占候类文献，其二则是涉及博物学与精怪的文献，其三则是具有地方性质的地理文献。占候类地镜是内容仅限于占地面灾害与怪异的怪异五行占书。参见［日］佐佐木聪《从术数文献来看的写本文化与博物学》，“博物学与写本文化：知识-信仰传统的生成与构造学术研讨会”报告，复旦大学，2015年6月19-22日；龚丽坤《敦煌占候类文书中的“镜”类文献》，载［日］高田时雄主编《敦煌写本研究年报》第11号，京都大学人文科学研究所，2017年，第87-107页。

② 杨森：《从敦煌文献看中国古代从左向右的书写格式》，《敦煌研究》2001年第1期，第107-112页。

③ 朱瑶：《敦煌文献“右行”考述-兼与杨森先生商榷》，《民族研究》2011年第4期，第85-91页。

一的例外是近年成功缀合的《孟姜女变文》[①]。在敦煌多语言社会中，直至归义军时期藏文仍为汉人所使用，还可见粟特文、于阗文、回鹘文、梵文的使用现象[②]。但藏文仍是自左向右横写，自左向右竖写汉文更有可能受粟特文的直接影响。

印度河上游发现的粟特语岸壁铭文群，横书和竖书混在一起，可以推定粟特文大约在5世纪后半期，文字书写方向开始由自左向右的横写改为竖写，与犍陀罗文明与粟特文明汇合的历史背景相合[③]。近年在中国境内发现的粟特文、汉文双语铭文也很能说明这个问题。《北周凉州萨保史君墓志（579）》[④]《北周大象二年（580）游泥泥槃陁及其妻康纪姜墓志》[⑤]，粟特文和汉文首行均位于铭文中间，汉文自右向左竖写，粟特文自左向右竖写。《唐开元二十七年（739）安优婆姨塔铭》则是汉文末行与粟特文末行相接[⑥]。这表明即使与汉文同时出现，粟特文仍保留了自左向右竖写的格式。吐鲁番柏孜克里克石窟出土的3件粟特文书信，表明直至10世纪前半叶，粟特文仍保留了自左向右竖行书写的格式[⑦]。因此，粟特文从横写改为竖写，并非像通常所认为的那样，是受汉文书写影响的结果，恰恰相反，粟特人在书写汉文时，反而有可能将竖写汉文的方向改为自左向右。《史君墓志》的汉文和粟特文铭文刻写均不规范，有推测认为书写者为入华第二代或第三代粟特移民，虽有一定的汉化程度和汉语书面表达能力，但并不善于写讲究韵文的墓志铭[⑧]。吐鲁番同样是多语言、多宗教、多文化交汇融合的社会，Ch 1634写本的抄写者很有可能是粗通汉文的粟特后裔，受本民族语文书写习惯的影响，存在将此带入汉文书写方式的可能性。

再者，Ch 1634的字体非常奇怪，如“强”“倍”“宝”“粟”“麦”“厅”“财”“法”“真”等字特征尤为明显，绝非书法拙劣可以解释，而是有很多错误的字形、笔画，显然是不谙汉

①根据背面的《孟姜女变相》图像提供的直接证据，可以确认正面《孟姜女变文》缀合顺序依次为Дx.11018、BD11731、P.5019，文字自左向右读。参见张新朋：《〈孟姜女变文〉、〈破魔变〉残片考辨二题》，《文献》2010年第4期，第21–29页；张涌泉：《敦煌残卷缀合的意义和实践》，《古籍整理出版情况简报》2022年第2期，第3–10页。

② Takata Tokio,“Multilingualism in Tun-huang,”*Acta Asiatica:Bulletin of the Institute of Eastern Culture* 78,“Tun-huang and Turfan Studies”,2000,pp.1–15.

③ Yoshida, Yutaka,“When did Sogdians Begin to Write Vertically?” *Tokyo University Linguistic Papers* 33, 2013, pp.375–394.

④ 孙福喜：《西安史君墓粟特文汉文双语题铭汉文考释》，荣新江、华澜、张志清主编《粟特人在中国——历史、考古、语言的新探索》，中华书局，2005年，第18–25页；［日］吉田豊：《西安新出史君墓志的粟特文部分考释》，《粟特人在中国——历史、考古、语言的新探索》，第26–42页；［日］吉田豊：《西安出土北周〈史君墓誌〉ソグド語部分訳注》，载［日］石見清裕編著《ソグド人墓誌研究》，汲古書院，2016年，第80–61页。

⑤ Bi Bo, N. Sims-Williams and Yan Yan,“Another Sogdian-Chinese Bilingual Epitaph”, *Bulletin of the School of Oriental and African Studies* 80. 2,2017,pp. 305–318；阎焰：《游泥泥槃陁及其妻康纪姜的汉文及粟特文墓志——粟特商客在相州（邺）的遗存》，载刘进宝主编《丝路文明》第3辑，上海古籍出版社，2018年，第93–110页。

⑥ 李浩：《新见唐代安优婆姨塔铭汉文部分释读》，《文献》2020年第3期，第151–166页；毕波、辛维廉《新发现安优婆姨双语塔铭之粟特文铭文初释》，《文献》2020年第3期，第167–179页；Bi Bo and Nicholas Sims-Williams,“The Epitaph of a Buddhist Lady: A Newly Discovered Chinese-Sogdian Bilingual,” *The Journal of the American Oriental Society* 140. 4, 2020, pp. 803–820.

⑦ 年代及书写格式考证，参见吉田豊：《粟特文考释》，新疆吐鲁番地区文物局编《吐鲁番新出摩尼教文献研究》，文物出版社，2000年，第3–6、15–16页。

⑧ 杨军凯：《北周史君墓双语铭文及相关问题》，《文物》2013年第8期，第49–50页。

字者以己意率性而书或照着字形摹写不类所致。从点画形态看，似为硬笔书写。敦煌文献中有几件杂占残卷，如P.4732V+P.3402V《发病书》，据考证为吐蕃统治时期（781—848）用硬笔书写①。从写本物质形态分析，结合内容在理论、概念、技术上和摩尼文占卜书、粟特文竖写书写方式、敦煌硬笔书写杂占文书性格上的关联性，我们有理由相信Ch 1634的抄写者是一位粟特裔摩尼教徒。

明代通俗占书集成《玉匣记》中有《占灯花法》，与《占灯花经》内容大同小异。蒙古国国家图书馆所藏藏文写本和俄罗斯科学院东方文献研究所藏蒙古卫拉特文刻本，表明《占灯花法》曾在中国西藏地区、蒙古国和卡尔梅克地区广泛传播。文本分析显示，曾经有1个更完整的汉文本被翻译成了藏文，蒙古文译本则是根据与《玉匣记》接近或相同的汉文本翻译的。无论是藏语译本还是蒙古文译本，都将占卜文字简化，以便于读者理解②。

占灯所用灯盏是否有特殊形制，中国文献中未见任何记载。礼失而求诸野，我们在江户时代后期著名儒学者和汉诗人菅茶山的诗集中发现了一则有趣的故事。《黄叶夕阳村舍诗附录》“康定爵”：

> 戊午之冬，余还乡，取路冈山府，信宿斋藤文贯氏。文贯出一古爵盛酒，爵盖铜造，古色黭然。举而观之，腹有识文康定二字，字大寸许，乱草如惊蛇。余曰：“康定是宋仁宗年号，距今八百年所，吾子何以获之?”文贯笑曰：“五年前游讃州，过丸龟市，见之骨董店。我为不知，问是何物，店翁答曰，占灯盏。问其价，答曰，五百文。遂买载归也。”③

宋仁宗康定年间（1040-1041）制作的铜灯被带到日本，在江户时代辗转流落在日本西南部丸龟市的古董店，被斋藤文贯发现并购得，用作酒爵。古董店老板明确称之为占灯盏，当非虚语，因江户时代占灯已不为人所知，没有必要以其他铜器冒称灯盏以抬高其值。据此可知，宋代有专门制造用于占灯的铜灯盏，形制有类于爵，腹底铭文字大寸许，表明尺寸不小。此灯盏或为专门用于占灯花的专业器物，而非灯轮上的一盏。宋代海外贸易发达，从主要贸易港明州到日本的博多，顺利时全程只需7天④。宋代占灯之风亦颇盛，此铜灯盖由海上商舶输入日本。

传入日本的既然有占灯专用的灯盏，就必定有相应的占卜书。日本阴阳道文献《吉日考秘传》中有“百怪吉凶第六十七”一目，收有“占灯花法”，内容与《事林广记》所收大同小异，仅占辞顺序略有不同⑤。《吉日考秘传》为出身于阴阳道世家的贺茂在盛修撰，成书于长禄二年（1458），文本来源当为平安末期至镰仓时期据中国阴阳五行、谶纬、道教而滋繁的前代阴阳书。值得注意的是，《吉日考秘传》将“占灯花法”置于“百怪吉凶”目下，同目收录“釜鸣日”“占眼瞤法”“占喷嚏法”“占鸦鸣法”等。相似的内容，《居家必用事类全集》则置于《百怪断经》之下。类同的纲目体式，显示《吉日考秘传》所依据的阴阳书很有

① 李正宇：《敦煌古代硬笔书法》，甘肃人民出版社，2007年，第45页；陈于柱：《敦煌吐鲁番出土发病书整理研究》，第35-36页。

② Бембя Леонидович Митруев, “Гадание по нагару лампады,” *Oriental Studies* 13.6, 2020, pp.1641-1651.

③［日］菅茶山：《黄叶夕阳村舍诗》，文化壬申岁（1812）刊本，叶一一。

④ 黄纯艳：《宋代海外贸易》，社会科学文献出版社，2003年，第238页。

⑤ 中村璋八对《吉日考秘传》诸钞本及征引文献加以考证，并整理校录全文，颇便学界利用。“百怪吉凶”见［日］中村璋八：《日本陰陽道書の研究》（增補版），汲古书院，2000年，第467-470页。

可能本于宋人俞诲《百怪断经》之类占书。从敦煌所出《百怪图》断片看，大体包括占犬怪、音声怪、鬼呼人、狐鸣、釜鸣等，基本性质是物怪占和厌怪之法。占灯术虽以物为占，在占卜知识分野和技术体系上却并不属于物怪占，本与“百怪”无涉①。盖因“占灯花法”与占目瞤、喷嚏等体兆占及釜鸣、鸦鸣、犬鼠等物怪占等被视为同类性质的杂占而归入“百怪”类目之下，或许反映了宋人对于上述诸类占卜性格的认识，并由此影响到日本阴阳道文献的知识构成。

直至江户、明治时期刊行的民间实用类书，如《人事秘决灯花占》《万民重宝永历大杂书大成》之类，都会收录“灯花占候”，通常是《事林广记》所收《占灯花经》的和译本或节译本②。在《万民有益活用秘事大全》中列在“易之部”，表明源自中国的占灯法依托于《周易》的易杂占性格依然为日本所承袭③。

占灯法在非汉族群和海外的流布及其信仰实态的阐明，为重绘方术的世界图景提供了新的“色相”，不仅有助于理解中国传统数术在西域多元文化中的影响，也有助于我们从精神层面理解丝绸之路在人类历史进程中所发挥的作用。理解和把握跨文化的方术实践的历史情态，对于重建长时段、多维度的方术世界史，追寻多语言、多民族、多宗教交汇融合的社会情境中，方术知识的共生、互动与再创新的史迹，重构全球史视野下的丝绸之路文明互鉴交融的历史景观，并为从文明在互动中演进的角度探求民生宗教的特性提供了新的取径④。

① 《百怪图》的最新研究，参见游自勇《敦煌写本〈百怪图〉补考》，《复旦学报》2013年第6期，第78-88页；游自勇：《敦煌写本〈百怪图〉续缀》，载郝春文主编《敦煌吐鲁番研究》第19卷，上海古籍出版社，2020年，第153-162页。

② ［日］田中長藏、和泉屋庄次郎：《人事秘决燈花占》，文政十一戊子（1828）孟春刊本；《萬民重寶永曆大雜書大成》，明昇堂明治三十五年（1902）刊本。

③ ［日］小石碌郎编《萬民有益活用秘事大全》，正文堂明治十九年（1886）刊本，叶三八正-叶四二正。

④ 余欣：《“书”“物”结合重绘丝路“世界图景”》，《中国社会科学报》2019年4月22日第5版。

训诂与篇章

——敦煌语言文字、文学与写本学等研究

敦煌写本《佛本行集经》变异俗字例释

敏春芳（兰州大学文学院）
王定宜（兰州大学文学院）

【摘要】《佛本行集经》是以昙无德部所传的佛传为主，集合摩诃僧祇、萨婆多、迦叶维、尼沙塞四部所传，以及《譬喻经》等异说而成的一部综合佛传，全经共60卷。笔者以《大正藏》所收录的《佛本行集经》为对照，考察敦煌写本《佛本行集经》中的异文现象时，发现写本中含有大量的异写字形，这些异写字形中有一部分是在正字基础上发生书写变异导致的。本文从这类字形中选取了几例具有代表性的变异字形进行研究，以便掌握当时汉字字形的书写规律。

【关键词】敦煌写本　俗字　部件　变异　讹变

一、《佛本行集经》及其敦煌写本

（一）《佛本行集经》及其译者概况

《佛本行集经》又称《本行集经》，共60卷，40多万字，是佛祖本行系列中内容最为繁博的一部。此经最早著录于隋费长房《历代三宝纪》卷十二："开皇七年七月起手，十二年二月讫功。沙门僧昙、学士费长房、刘凭等笔受。沙门彦琮制序。"[①]译者阇那崛多（527—604），北朝至隋代僧人，古印度人，入华后译名为德志，佛经翻译家。据唐道宣《续高僧传》记载："阇那崛多，隋言德志，北贤豆。"[②]阇那崛多一生致力于传授佛理，虽然历经波折，仍然坚守本心，先后译出《佛本行集经》《大威德陀罗尼经》等共37部176卷经文供后世翻阅学习。

《佛本行集经》在《大正新修大藏经》（以下简称《大正藏》）中收录于本缘部，《大正藏》第3册和第4册中所收录的佛经全部是关于

① ［隋］费长房：《历代三宝纪》，《大正藏》第49册，第103页。此处为"十二年"，南宋思溪藏、元大普宁寺藏、明方册藏、宫内厅书陵部均作"十一年"。

② ［唐］道宣撰：《四朝高僧传》第2册，《续高僧传》上，2018年，第17页。

佛本生、佛本行和因缘譬喻的故事，多带有传奇色彩，以传奇文学的形式传授佛理，因此，称之为“本缘部”，其中包括大量的佛传故事，即讲述释迦牟尼是如何成道成佛的故事。《佛本行集经》汇集了众多富有理趣的寓言故事，通过这些浅显易懂的小故事向世人阐述佛的诞生、成长、出家、修行、得道、化度大众等事迹。

（二）敦煌写本《佛本行集经》

李毓琳总结前人成果，对敦煌写本《佛本行集经》概况进行了介绍，该介绍提到目前共发现该经写卷117号，分属8处收藏，包括英藏45号、俄藏41号、国图15号、法藏11号、日藏2号（包括大谷敦1号、羽田1号）、津艺1号、浙藏1号、上图1号。其中，首尾完整者仅5号，分别为：P.2221号、P.3157号、北敦14121号、大谷敦1-1号、S.293号。其余均为残卷或残片①。

在《敦煌宝藏遗书索引》中查找《佛本行集经》写卷，发现有国家图书馆藏敦煌写卷《佛本行集经》，英藏、法藏和俄藏敦煌写卷《佛本行集经》，以及少量上图藏和津艺藏写卷。

其中英藏共12号，分别为S.1054号、S.1747号、S.0293号、S.5837号、S.0266号、S.1826号、S.4873号、S.0920号、S.4778号、S.6068号、S.3776号、S.0482号。S.0482号因字迹磨损较为严重，目前无法进行研究；法藏共6卷，分别为P.3157号、P.2221号、P.3680号、P.4752号、P.3539号、P.3506号，其中P.3506号不是对经文原文的抄写，而是选取几字进行汇总；俄藏共3号，分别为Дx00002号、Дx02813号、Дx03569号；国图藏共17号，在这17张写卷中，以《佛本行集经》经文为内容的有：BD02307号、BD02888号、BD07635号、BD07811号、BD08171号、BD09240号、BD09242号、BD09648号、BD09650号、BD10591号、BD10849号以及BD14121号，除经文原文之外，其中还包括兑废稿5号，待考一张，标记为“拟”；天津市艺术博物馆藏1号，为津艺048号；上海图书馆藏上图111（812561）V一号，该卷情况特殊，写卷上同时写有两部佛经，因此，无法对其中的《佛本行集经》进行研究。

校对后发现，敦煌本《佛本行集经》中包含大量字形类异文。字形类异文指的是汉字发展过程中出现一字多个形体并存的现象，如异体字、古今字和正讹字等，其中值得注意的是有大量异写字形是由于部件或笔画的变异导致的，即“讹变”。张桂光先生认为，讹变是指“古文字演变过程中，由于使用文字的人误解了字形和原义的关系而将它的某些部件误写为与它意义不同的其他部件，以致造成字形结构上的错误的现象”②。

二、部件变异释例

部件全称“汉字部件”，是由笔画组成的具有组配汉字功能的构字单位。汉字书写中减省或增加部件、一个部件变为另一个部件都有可能产生异写字。部件的变异是指某个部件在书写时与形体相近的另一个部件发生讹混现象。本文在已发现的异写字形中选取了几个较为

① 李毓琳：《敦煌本〈佛本行集经〉及其演绎作品调查与研究》，硕士毕业论文，浙江师范大学，2016年，第1页。

② 曹锦炎：《语言学新探——1978—1983年全国语言专业研究生论文提要集》，高等教育出版社，1990年，第7页。

少见或未被字书收录的字形进行研究，梳理字形演变过程。

（一）“與”和“覺”的变异

《佛本行集经》卷一（P.2221）：“無與等者”中的“與”字，写作“與”，下半部分的撇画在书写时发生变异，穿过横画。又《佛本行集经》卷一（P.2221）：“得成正覺”中的“覺”字，写作“覺”。两字部首原不相同，写本中写作同一部件。

與

《说文·舁部》：“黨與也。从舁从与。”①

此字金文字形从舁、牙声。从舁，像四手共举；牙声，既表读音也表字义，像两人用手勾牙之形，表示给予。战国文字从舁、牙声，承金文字形而来。篆文形变为从舁、与声，写作“與”。与声，声兼义，“与”为“與”字省“舁”，字形由“牙”字变体而来。《说文》古文，从廾、与声。隶书、楷书承篆文字形而来。在六书中属于形声兼会意。

覺

《说文·見部》：“寤也。从見，學省聲。一曰發也。”②

此字始见于战国文字，下半部分是部件“見”，上半部分为部件“學”的减省写法。篆文从见、学省声。“从见”，表示看见、发现；“学”既表示读音，也兼有学习的意思，在六书中属于形声兼会意。楷书从战国文字及篆文沿袭而来。

两个部件在形体上存在相近的关系，写本中此种写法应是因形近而致讹误，因此发生了部件的变异。

（二）“臽”的变异

《佛本行集经》（P.3157）：“今者應當所有諂曲邪惑意迷皆悉除滅”中的“諂”字写作“諂”。

諂

《说文·言部》写作“讇”：“諛也。從言閻聲。”下收“諂”，“讇或省”。③其中一级部件为“臽”，《说文·臼部》：“小阱也。从人在臼上。”④这一部件中，上下两个部件在书写时发生变异，上面的部件“⺈”写作部件“爫”，《说文·臼部》中收有“舀”字，“抒臼也。从爪、臼。《诗》曰：‘或簸或舀。’⑤”两字字形相近，易发生混用。《龙龛手镜·言部》中收有此种写法，即“諂”俗作“謟”⑥；下面的部件“臼”写作“臼”，《龙龛手镜·白部》中收有此种写法。本写本中，该字字形在部件变异之后又发生了笔画变异，两笔横画在书写时发生了连笔，写作横折。

---

① ［汉］许慎撰《说文解字（附检字）》，中华书局，1963年，第59页。
② ［汉］许慎撰《说文解字（附检字）》，中华书局，1963年，第178页。
③ ［汉］许慎撰《说文解字（附检字）》，中华书局，1963年，第54页。
④ ［汉］许慎撰《说文解字（附检字）》，中华书局，1963年，第148页。
⑤ ［汉］许慎撰《说文解字（附检字）》，中华书局，1963年，第148页。
⑥ ［辽］释行均编《龙龛手镜》，中华书局，1985年。

（三）“彳”的变异

《佛本行集经》卷二十“车匿等还品下”：“又復大王”中的“復”字，《佛本行集经》（S.1054）中写作“澓”。又如《佛本行集经》卷二十观诸异道品：“汝須覆滅”中的“覆”字，《佛本行集经》（S.1054）中写作“𧟟”，部件“彳”在书写时发生变异，如钟繇《淳化阁帖》中写作“澓”。再如《佛本行集经》卷五十四优波离因缘品中“彼等親友二人”的“彼”，《佛本行集经》卷五十四（P.3539）写作“波”。

復

《说文·彳部》：“往來也。從彳複聲。”①

甲骨文字形中，“復”是象形字，写作“𡕒”，从“夊”，指“行遲曳夊夊，象人兩脛有所躧也”。“亯”代表人居住的窖室，上下各有出入口。从“夊”，表示出入行走，金文写作“复”或“𨓃”，增加表示“道路”的部件“彳”或“辵”，成为从彳、复声或从辵、复声的形声字。战国文字则仅保留了从“彳”的字形，写作“復”或“復”，同时将出入的阶梯及窖室连笔变形，这时在字形中已经看不出“出入的阶梯”。篆文的形体除保留“彳”“夊”外，窖室及阶梯的形貌更加省笔变形了，写作“復”。

写本中将部件“彳”换为“氵”，两个部件在意义上并无关联，应是形近讹误，写作了书写更为简单的部件，汉魏碑刻中也有此种写法。

（四）“殳”的变异

《佛本行集经》卷第十一（S.1826）：“無眾疫横”中的“疫”字写作“𤶝”，部件“几”变换为“口”，在同一写本中，“殳”字还有相同的部件变换情况，如“設令因事”中的“設”字，写作“𧦝”。又如《佛本行集经》卷一（P.2221）：“即沒身迴此閻浮提”中的“沒”字，写作“㴆”。

疫

《说文·疒部》：“民皆疾也。從疒，役省聲。”②

“殳”字在甲骨文中写作“殳”，由两部分构成，分别是“又”和“𠄌”。“又”的本义是右手，在此取其引申义，表示“持”义。“𠄌”表示刺击的兵器，金文写作“殳”，表示以手持殳，与甲骨文字形相同；战国时期有两种字形，分别是“殳”和“殳”，可以看出这一时期的字形保持了“又”的原形，“𠄌”则发生讹变，写作“几”。篆文写作“殳”，延续战国文字之形。隶定作“㕚”，上半部分写作“口”，略失其形，而楷书作“殳”，则又贴近篆文之形。“殳”字写作“㕚”的原因可能有两种，一方面“㕚”是“殳”的隶变字，另一方面是受到金文书写的影响。

① ［汉］许慎撰《说文解字（附检字）》，中华书局，1963年，第43页。

② ［汉］许慎撰《说文解字（附检字）》，中华书局，1963年，第156页。

（五）“疑”的变异

《佛本行集经》卷三四（BD10591）：“决定無疑”写本作“疑”，两个一级部件都发生了书写变异而构成了新的异写字形。《干禄字书》：“疑：上通下正。”疑，也写作“疑”。

疑

《说文·子部》：“惑也。從子、止、匕，矢聲。”①

甲骨文字形写作“𢓊”，从彳、从人持杖，呈回头凝思之形。“彳”为行之省形，表“道路”义；人首回头，表示犹豫思考。整个字形表示人持杖行走在道路上，徘徊迷茫而犹豫不决的样子。金文省“彳”写作“疑”，保留人持杖回顾凝思的样子。战国秦系文字写作“疑”，在左边象征人形的部件上加一笔横画，同时人首的方向发生变化，形讹为“矢”，右边杖形讹为“子”，从子、矢声由此而来。“子”为婴儿，引申表示人。“矢”为箭，于此仅作不示义的声符，表示音读。篆文写作“疑”，这一字形沿袭战国文字，但是将回首形讹为“匕”，又在“子”下加“止”。“止”为脚，与走路有关，和“彳”义近可通，该字成为从匕、从子、从止、从矢声的结构。从匕应该是形近讹误，隶书、楷书字形又将篆文的“子”与“止”合并省变为“疋”。

写卷中，原来的部件“匕”讹误为形近部件“上”，表示读音的部件“矢”讹误写作“天”，右边部件“疋”也发生了变异。

（六）“小”的变异

《佛本行集经》卷一（P.2221）：“次當作佛號紫色如來”中的“紫”字，写作“紫”。又如《佛本行集经》卷五“成就四禪”中的“就”字，《佛本行集经》贤劫王种品下（俄Дx 03569）写作“就”。再如《佛本行集经》卷七俯降王宫品第五：“我今繄念”中的“繄”字，《佛本行集经》卷七（S.0293）写作“繄”。

紫

《说文·糸部》：“帛青赤色。從糸此聲。”②

写卷中，部件“小”简写为四笔点画，汉魏碑刻中常有将竖钩写作竖，渐渐演变为点画，因此，也常有写作三笔点画的字形。本写卷中写作四笔点画，这种写法较为罕见。

三、笔画变异释例

笔画是构成楷书汉字字形的最小连笔单位。在书写过程中，笔画数目的增加、减少或者笔画性质的改变都会构成异写字字形。笔画的变异是指在书写过程中笔画的数目没有发生变化，但是个别笔画的性质或者方向、位置在书写时发生了变化，笔画的讹变是造成异写字形的重要原因之一。

---

①［汉］许慎撰《说文解字（附检字）》，中华书局，1963年，第310页。

②［汉］许慎撰《说文解字（附检字）》，中华书局，1963年，第274页。

（一）笔形是否改变

1.《佛本行集经》卷一（P.2221）

该卷中，“晝夜精勤發廣大誓願”中的“誓”字，写作“”，一级部件“言”在书写时发生变异，从“言”旁的字也有相同写法。如前文“譬如力士屈伸臂頃”中的“譬”字，写作“”；又如后文“为彼天人廣說於法”中的“說”字，写作“”。写本中部件“言”中的笔画发生了变异。

言

《说文·言部》：“直言曰言，論難曰語。从口辛聲。凡言之屬皆从言。”①

“言”在甲骨文中写作“”，由“”和“口”两个部件组合构成，“”象征曲刀，上代表刀面，竖代表刀柄，两侧代表护手，属象形。“口”，像人嘴之形，也属象形。“”继续引申可表“罪”义。口，在此表说话。二字相合，以示说话须谨慎，否则就会遭祸或得罪人。“言”“辛”之间有音近关系，所以其构形应是从口、辛声。在六书中属于形声。甲骨文另一例作“”，两个字形的区别在于后一字形的两侧少了曲刀的护手。金文变化不大，书写时偶尔在字的上端多了一修饰笔画，写作“”，到战国文字时期，逐渐演变为今天的“言”，这一时期形体讹变较大，可写作“”“”或“”，其中第二例字形在篆书中演变为“”，第三例字形与隶书、楷书中的“言”字相似。以上诸形，都以“口”为形，以“辛”为声。

写本中“言”字的部件“口”简化变异为两笔点画，应是为了节约书写时间，提高抄写效率，同一写卷中的“言”部字均发生了此种变异。

2.《佛本行集经》（兑废稿）卷四九（BD09240）

该卷中，“於諸苦中而得解脫”中“苦”字写本作“”，“苦”字中的一级部件“古”中的竖画变换为撇画，构成异写字字形。

苦

《说文·艸部》：“大苦，苓也。從艸古聲。”②

改变笔形以后能够更好地与书写下一部件“口”进行衔接，加快书写速度，因此，作此种变异，俗书中常见此种变异方式。

3.《佛本行集经》卷七

俯降王宫品第五：“毘紐德”中的“紐”字，《佛本行集经》卷七（S.0293）写作“”。

紐

《说文·糸部》：“系也。一曰結而可解。從糸醜聲。”③

“丑”是手的初文，甲骨文中写作“”或“”。其中“”像手之臂肘及屈指之形。金文略作变易，屈指之形不见，写作“”。写卷中，一级部件“丑”中的笔画横折在书写时发生变异，这一变化应是书写时笔画讹误所致，误将原本的笔画横折写成了横折、横竖，

① ［汉］许慎撰《说文解字（附检字）》，中华书局，1963年，第51页。
② ［汉］许慎撰《说文解字（附检字）》，中华书局，1963年，第19页。
③ ［汉］许慎撰《说文解字（附检字）》，中华书局，1963年，第274页。

导致字形发生变异。

4.《佛本行集经》卷二十《车匿等还品下》

该卷中，“我今心願所有四方護世神王”中的“今”字，《佛本行集经》（S.1054）中写作“今”。

今

《说文·亼部》：“是時也。從亼從乁。乁，古文及。”①

写卷中，“今”字的笔画发生变异，点画变为一笔短横，横撇原为一笔书写，写卷中拆写为一笔横画和一笔竖画。甲骨文作“A”形，从亼，像屋脊之形，“一”像阴影之形，表示屋宇下的阴影。金文承之，下体短横画，变作短钩形，并与屋脊形相接，写作“A”，战国文字继承此形，写作“今”，上体屋脊形变作二“人”形，已失其原形，下体亦与屋脊形相接。篆文承自甲骨文，下体短画变作短钩，并与屋脊分离，写作“今”。隶书继承篆文，写作“今”或“今”，下体略有变异。《广碑别字·四画·今字》引齐代崔宾先造像中也有相同写法。《敦煌俗字典》中有“今”写作“今”。

5.《佛本行集经》卷一（P.2221）

“身值三十億佛”中的“值”字，写作“值”。

（1）值

《说文·人部》写作“値”：“措也。從人直聲。”②

（2）直

《说文·乚部》：“正見也。从乚从十从目。”③

甲骨文写作“直”，从目，目上立一直笔表示正面直视。金文写作“直”，增加部件“十”，表示众多眼睛，部件“乚”表示隐蔽。三者相合表示众目所视，无处可逃。战国楚系文字中部件“目”变作“目”，形态与“田”相似，写作“直”；秦系文字在金文字形基础上演变为“直”，进一步变为篆书“直”。隶书字形则将“十”省变作“亠”，又将“乚”拉直为横笔，写作“直”“直”以及“直”。写本中，部件“直”的笔画在书写过程中发生变异，短撇变换为一笔点画，应是“直”的隶书字形。

6.《佛本行集经》卷四十三（S.6068）

“料理於此迦葉如來舍利之塔”中“料”字写作“料”。

料

《说文·斗部》：“量也。從斗，米在其中。讀若遼。”④

“料”字的这种写法源于“斗”字的俗字写法，甲骨文、金文、战国文字中的“斗”，字形相似，上方像斗容的外缘，下方的斜竖表示斗柄，柄上一横，用于表示柄身和柄头的分界。在六书中属于象形。篆文形变作“斗”，上仍像斗容的外缘，只是将对应的符号“つ”

① ［汉］许慎撰《说文解字（附检字）》，中华书局，1963年，第108页。

② ［汉］许慎撰《说文解字（附检字）》，中华书局，1963年，第165页。

③ ［汉］许慎撰《说文解字（附检字）》，中华书局，1963年，第267页。

④ ［汉］许慎撰《说文解字（附检字）》，中华书局，1963年，第300页。

切断成“彡”；下像柄，穿入斗容。隶书字形则变化更大，汉碑中已见“斗”字写作“斗”，后变为“斗”，之后逐渐变为“斗”和“斗”，后者为本写卷中的字形。

（二）笔画是否位移

《佛本行集经》(P.3157)：“倉庫盈溢”中的“倉”字写作“倉”，撇画的位置发生变异，构成异写字。

倉：《说文·倉部》：“穀藏也。倉黄取而藏之，故謂之倉。從食省，口象倉形。凡倉之屬皆從倉。”①

此字在甲骨文中写作“倉”，在六书中属于象形。上面表示“覆盖”义，中部表示藏米谷的仓房，下部代表其底及仓房四隅之形。金文沿袭甲骨字形，写作“倉”或“倉”。前者中体变作“爪”形，下体变作一横画，后演变为《说文》奇字中的“仺”；后者下体呈口形，此《说文》篆文之所承，即“倉”。战国时期写作“倉”或“倉”，前者中体右侧伸出，下体口形左侧有缺口；后者与金文第二例字形是相承关系，在原有基础上，下体变作“▽”，篆文以此为基础演变为“倉”。隶书承之，写作“倉”，楷书定体为“倉”。

写本中字形发生变异，首先是中部拆分为上下各一横画和中间的部件“口”，其次将原有的撇画向右下方挪动，同时与中部拆分后的横画、部件“口”重组构成了部件“右”。“倉”字中撇画的移动在汉魏碑刻中较为常见，但重组为“右”较为罕见，应是在位移基础上误写导致。

（三）笔画长度是否改变

1.《佛本行集经》(P.3157)：“喜，是法明門”中的“喜”字写作“喜”。

喜

《说文·喜部》：“樂也。從壴從口。凡喜之屬皆從喜。”②

部件“士”字中的竖画加长，延长直至穿过部件“口”，同时第一笔横画缩短，第二笔横画加长，两笔横画的长度调整到相近。

“喜”在甲骨文中写作“喜”，由“壴”和“口”两个部件组成。从“壴”，“壴”是鼓的初文，表示鼓陈列在鼓架之上，引申为击鼓为乐、高兴快乐的意思；从“口”，表示欢乐的心情。从金文到楷书都沿袭甲骨文字形，金文字形写作“喜”或“喜”，后者相比前者增加了两笔横画，战国时期的字形对应前一时期写作“喜”或“喜”。篆书以前者字形为基础写作“喜”；隶书在书写时变弯曲为平直，写作“喜”，第一笔横画短，第二笔横画长；楷书写作“喜”，变为第一笔横画长，第二笔横画短。写卷中横画和竖画的长度均发生变异，从而构成异写字形。

① ［汉］许慎撰《说文解字（附检字）》，中华书局，1963年，第109页。

② ［汉］许慎撰《说文解字（附检字）》，中华书局，1963年，第101页。

2.《佛本行集经》(P.3157)："彼家名聲威振十方"中的"振"字，写本作"[illegible]"。

振

《说文・手部》："舉救也。從手辰聲。一曰奮也。"[①]

辰

《说文・辰部》："震也。三月，陽气動，靁電振，民農時也。物皆生，从乙、匕，象芒達；厂，聲也。辰，房星，天時也。从二，二，古文上字。凡辰之屬皆从辰。"[②]甲骨文中"辰"写作"[illegible]"，以蚌蛤侧面透视之形呈现，外像其壳边缘，内像其肉蠕动外伸出壳的样子。金文字形与之类似，写作"[illegible]"；篆文为求整齐美观，变为"[illegible]"；隶书写作"[illegible]"；楷书写作"辰"。由此演变过程能够看出，"辰"写作"辰"与其隶书字形应该有很大关系，在此基础上为加快书写速度，写作"辰"，"厂"下第一笔横画与竖画连笔书写，变为横折，同时竖钩向上加长，与横折相连。

四、结语

写本是俗字的渊薮，对写本中的字形进行提取和分析，有利于把握当时的汉字书写特点和规律，还原真实的用字面貌；利用相关理论对这些俗字进行类型研究有助于大型字书中字形的收集和整理。对敦煌写本《佛本行集经》中的俗字字形进行分析，发现在写本中存在大量的书写变异俗字，具体表现为两点：一是与形近的部件发生讹混，书写时变为另一个相似形体的部件；二是连笔书写，书写时将相邻的几笔笔画连续书写，以加快抄写速度。掌握书写变异的特征和规律有助于正确辨认俗字字形，避免误读误释，同时补充俗字字形例证。

① [汉] 许慎撰《说文解字(附检字)》，中华书局，1963年，第254页。

② [汉] 许慎撰《说文解字(附检字)》，中华书局，1963年，第311页。

敦煌碑铭赞字词校考

张小艳（复旦大学出土文献与古文字研究中心）

【摘要】敦煌文献中保存有一批碑铭赞写本，具有重要的史料价值。由于这批写本主要用行书或草书抄写，行文中又多用俗字、典故词和佛教专名，为文本的准确校理增加了一定的难度。本文就其中一些不易辨识、理解的字词进行较为翔实的校勘、考释，对敦煌碑铭赞写本的进一步整理研究具有一定的参考价值。

【关键词】敦煌文献　碑铭赞　字词　校勘　考释

敦煌文献中保存有一批碑铭赞写本，所述都是吐蕃统治及归义军时期当地大族中知名人士的生平和行迹，具有重要的史料价值，向来备受学界重视。仅就集中校录整理的文本来说，就有蒋斧《沙州文录》，陈祚龙《敦煌名赞小集》《敦煌真赞研究》《敦煌古钞碑铭五种》，唐耕耦、陆宏基编著《敦煌社会经济文献真迹释录》第五辑，郑炳林《敦煌碑铭赞辑释》，姜伯勤、荣新江、项楚《敦煌邈真赞校录并研究》，周绍良《全唐文新编》，陈尚君《全唐文补编》，吴钢《全唐文补遗》第九辑及张志勇《敦煌邈真赞释译》等[①]。其中《敦煌碑铭赞辑释》近年又出了增订本，其书“广事搜集，几无遗缺”“录校精审，释义允惬”[②]，是目前所见整理本中收录最完备、注释最详尽者，为学界进一步深入研究提供了极大的便利。

众所周知，敦煌碑铭赞主要为唐五代时期的写本，其中不少是用行书或草书抄写的，且行文中还有很多俗字和典故词，为文本的准确校理增加了一定的难度。本文参照《敦煌碑铭赞辑释（增订本）》（简称《辑释》），对敦煌碑铭赞中的五十多个疑难字词做了较为周详的校勘考释。兹据其在《辑释》中出现的次序，逐条考释如下。

① 郑炳林、郑怡楠辑释《敦煌碑铭赞辑释（增订本）》，载《自序》，上海古籍出版社，2019年，第1–5页。

② 邓文宽：《郑炳林、郑怡楠辑释〈敦煌碑铭赞辑释（增订本）〉》，载郝春文主编《敦煌吐鲁番研究》第20卷，上海古籍出版社，2021年，第381–386页。

一、桂林

斯1523号+上博40号《沙州刺史兼豆卢军使李庭光莫高灵岩佛窟之碑并序》：

停车决讼，验朱博之高名；去职桂（归）林，表胡威于清素。[①]

按："桂林"，原卷作"桂林"，《辑释》录校作"桂（归）林"。从字形看，录作"桂林"似较切合，然于意无取；遂又校"桂"作"归"，二字读音虽近，但未见其通借的实例。例谓李庭光离职时做了一件"桂林"之事，表现出清廉的品格。若校作"归林"，解为"归隐田园"，这只是官员退休后正常的归宿，并未彰显其"清素"。

那么，"桂林"究竟是什么字？其意为何？窃谓二字当是"挂牀"之俗讹，句中系用典。"牀"指坐凳，"挂牀"谓将平素所坐小凳悬挂起来，其句言李庭光离职之时，将平常所坐的小凳留在任所，两袖清风而去。"挂牀"一词源自《三国志·魏书·裴潜传》，其书引《魏略》云："又潜为兖州时，尝作一胡床，及其去也，留以挂柱。"例称三国魏裴潜任兖州刺史期间，曾置一胡床，去任时将其挂于柱上。后来的文献常以"挂牀"为颂美官吏清廉的典故，如北周建德三年（574）《叱罗协墓志》："厥初州佐，名重陈頵，功移邦部，化及傍邻。挂牀表政，悬鱼有晨，爰兹刺举，境域称仁。"隋开皇十一年（591）《尔朱敞墓志》："褰帷案部，班条字民。西河伫驾，东海回轮。挂牀留犊，散发归老。"唐沈佺期《答魑魅代书寄家人》："家本传清白，官移重挂牀。上京无薄产，故里绝穷庄。"明龙膺《陆度航分赋五言古得羊字》："师名如范老，威令在氐羌。当官恒写书，去任惟挂牀。"明张岱《夜航船》卷七政事部"挂牀去任"条："三国裴潜，兖州刺史，尝作一胡床，及去任，挂之梁间。人服其介。"明俞安期辑《唐类函》卷五六设官部二十五"刺史二"引《魏略》曰："裴潜为兖州时，尝作一胡床，及去，留以挂壁。"不难看出，"挂牀"已成为颂扬古代地方长官清廉的常用典故[②]。或以为该典系用陈蕃与徐稚交友事[③]，似未谛。

二、恻勤

伯4640号《阴处士碑》：

其则从弟僧灵保等，小心小节，步骤聿修；强力强为，恻勤向愿。[④]

按："恻勤"，《辑释》照录。"恻"当读作"策"，"恻"《广韵》音初力切，初纽职韵；"策"读楚革切，初纽麦韵，二字声同韵近，可以通借。"恻勤"即"策勤"，指激励策勉，文献习见，如伯3677号《沙州报恩寺故大德禅和尚金霞迁神志铭并序》："青春遘疾，朱夏勿瘳。胁非至席，头靡就枕。盥嗽（漱）之后，酌饮不通。策勤自强，节操弥固。"北凉昙无谶译《大方等大集经》卷五八："我常安住大精进力，教化众生策勤不惓（倦），如我今者于世尊前坚固精进等无有异，为欲降化诸恶龙故。"北齐那连提耶舍译《月灯三昧经》卷十："云何名不懈怠？谓不舍策勤故。"皆其例。

---

① 郑炳林、郑怡楠辑释《敦煌碑铭赞辑释（增订本）》，上海古籍出版社，2019年，第33页。

② 梁春胜：《六朝石刻丛考》，中华书局，2021年，第24–25页。对于石刻文献中"挂牀"这一典故词的运用有更详细的列举，可参。

③ 徐志学：《魏晋南北朝隋唐五代石刻用典研究》，上海交通大学出版社，2013年，第41页。

④ 郑炳林、郑怡楠辑释《敦煌碑铭赞辑释（增订本）》，上海古籍出版社，2019年，第217页。

三、贵

伯4640号《吴僧统碑》：

> 模真浅绿，饰素多红。紫称丹雘之奇，贵尽笔毫之美。[①]

按：《辑释》注云："此处皆叙述七佛窟壁画内容。据《敦煌莫高窟内容总录》，第365窟西壁画菩提宝盖、佛光各七个，南北侧画赴会佛一铺、千佛一排。南北壁画上、中净土变各一铺，西端听法菩萨四身。东壁门上画说法图一铺，门南北画净土变各一铺。与碑文叙述相合。"[②]例中，"贵"与"紫"对文，其义应与绘画、涂饰有关，"贵"当是"缋"之省借。"缋"可指绘画，如《周礼·考工记·画缋》："画缋之事，杂五色。"伯3718号《索律公邈真赞并序》："贵真形于绵帐，图生像于仪容。依稀玉貌，想灭遗踪。"[③]其中的"贵"亦为"缋"之省借，适可比勘。

四、典浦

伯4640号《吴僧统碑》：

> 长林独步，赏志新田。典浦游春，欢心逸豫。[④]

按："典浦"不辞，疑"典"为"曲"之形讹。敦煌文献中，二字形近，每每互讹。如斯1920号《百行章·饰行章第卅七》："必使言音曲（典）政（正），陈话美辞。不得碎滥之言，轻示忤上。"伯2376号《大佛名要略忏悔文》："谄典（曲）面誉，不直心烦恼。"二例中，"曲""典"互讹，是其证。故上引例中"典浦"似当作"曲浦"，"浦"指水边、河岸，《诗·大雅·常武》："率彼淮浦，省此徐土。"《毛传》："浦，涯也。""曲浦"谓曲折的河岸，文献习见，如南朝齐张融《海赋》："港涟涴濑，辗转纵横；扬珠起玉，流镜飞明，是其回堆曲浦，欹关弱渚之形势也。"唐卢照邻《七日绵州泛舟诗序》："戏翔羽于平沙，钓潜鳞于曲浦。乘流则逝，不觉忘归。"是其证。

五、气熬

伯4640号《沙州释门索法律窟铭》：

> 人驯俭约，风俗儒流；性恶工商，好生气熬；耽修十善，笃信三乘。[⑤]

按：句中"好生气熬"费解。"气熬"斯530号作"去煞"[⑥]，是。唐五代西北方音止、遇二摄三等混同，"气"（止摄三等未韵）当是"去"（遇摄三等御韵）的方音借字；"熬"字原卷作"煞"，异本斯530号作"熬"[⑦]，分别为"煞"之草写和俗讹。故"气熬"句当录校作"好生气（去）煞"，如是则怡然理顺矣。

---

① 郑炳林、郑怡楠辑释《敦煌碑铭赞辑释（增订本）》，上海古籍出版社，2019年，第274页。
② 郑炳林、郑怡楠辑释《敦煌碑铭赞辑释（增订本）》，上海古籍出版社，2019年，第291页。
③ 郑炳林、郑怡楠辑释《敦煌碑铭赞辑释（增订本）》，上海古籍出版社，2019年，第1053页。
④ 郑炳林、郑怡楠辑释《敦煌碑铭赞辑释（增订本）》，上海古籍出版社，2019年，第274页。
⑤ 郑炳林、郑怡楠辑释《敦煌碑铭赞辑释（增订本）》，上海古籍出版社，2019年，第292页。
⑥ 郑炳林、郑怡楠辑释《敦煌碑铭赞辑释（增订本）》，上海古籍出版社，2019年，第323页。
⑦ 郑炳林、郑怡楠辑释《敦煌碑铭赞辑释（增订本）》，上海古籍出版社，2019年，第323页。

六、章继

伯4640号《张潜建和尚修龛功德记》：

其大德乃应法披缁，精修不倦。护鹅珠而无玷，守章继之高踪。无为之理聿修，有为之功莫驻。[①]

按："章继"二字，原卷作"草继"，为"草继"之草写。"继"当读为"系"，二字《广韵》皆可读古诣切，读音相同，可以通借。"草继"即"草系"，指用草系缚，文献中常用为僧尼护持禁戒之典[②]。此句用来称赞张潜建和尚戒行清净，护持无犯。

七、懱无

伯4640号《张潜建和尚修龛功德记》：

懱无文记，曷表殊功？略述片言，用旌胜事。[③]

按："懱无"，《辑释》照录。《说文·心部》："懱，轻易也。""懱"谓轻视、看不起，用在句中，文义不通。"懱"应读为"蔑"，指无、没有，如《诗·大雅·板》："丧乱蔑资，曾莫惠我师。"《毛传》："蔑，无。""懱无"即"蔑无"，为同义复词，宋以后文献习见，如宋李焘《续资治通鉴长编·哲宗元祐元年》："今大旱如此，（杜）确位上相，安然自处，略不备礼，足以知其轻视朝廷，蔑无公议。"又李心传《建炎以来系年要录》卷八五："难进易退，此君子也；叨冒爵禄，蔑无廉耻，此小人也。"是其例。"懱（蔑）无文记，曷表殊功"两句，言没有文记，怎能表现张潜建和尚开窟修龛的殊胜功德。

八、因

伯4640号《张潜建和尚修龛功德记》：

大圣雄尊，化迹多门。高明四智，下晓重惛。慈云叆叇，法雨霏霏。三乘方便，舟济沉沦。苾蒭潜建，量达超群。白珪无玷，玉洁贞淳。妹尼妙施，轨范严身。埃尘不染，克意修真。兄随妹顺，思保（报）四恩。罄舍真（珍）财，贸招工人。镌龛图素，罄设云𨻶（陈?）。宗亲考妣，福荐明魂。因兹片善，沾洒无垠。宣毫葳事，万岁千春。劫石拂而有尽，兹（资）福海而长存。[④]

按："霏霏"，原卷作"雰"，赵家栋认为当作"雰雰"，飘落貌[⑤]，甚是。又，"藏"原卷作"葳"，"葳事"言事情办理完成，文中特指窟龛开凿之事已顺利竣工。"因"原卷作"迴"[⑥]，注称吴钢等录作"迎"，校作"因"。然从字形轮廓看，其字实为"迴"之草写，本卷下文《沙州释门索法律窟铭》"至道幽玄，理出轮迴之表"的"迴"作"迴"，适可比勘。"迴"指回转，此指回向，"迴兹片善，沾洒无垠"谓将开窟修龛的些微功德，像雨点飘

① 郑炳林、郑怡楠辑释《敦煌碑铭赞辑释（增订本）》，上海古籍出版社，2019年，第311页。

② 张小艳：《敦煌社会经济文献词语论考》，上海人民出版社，2013年，第277-278页。

③ 郑炳林、郑怡楠辑释《敦煌碑铭赞辑释（增订本）》，上海古籍出版社，2019年，第311页。

④ 郑炳林、郑怡楠辑释《敦煌碑铭赞辑释（增订本）》，上海古籍出版社，2019年，第311页。

⑤ 赵家栋：《敦煌文献疑难字词研究》，博士学位论文，南京师范大学，2011年，第139页。

⑥ 郑炳林、郑怡楠辑释《敦煌碑铭赞辑释（增订本）》，上海古籍出版社，2019年，第313页。

洒般转施给芸芸众生。

九、澄淤

伯4640号《先代小吴和尚赞》：

希哉我师，戒行标奇。处中（众）有异，当代白眉。量含江海，广运慈悲。戒珠圆洁，历落芳菲。一方法主，万国仍希。禅枝恒茂，性海澄淤。帝主崇重，节相钦推。都权僧秉（柄），八岁蒙施。示疾方丈，世药难治。阎浮化毕，净土加滋。声闻不悟，忧苦生悲。菩萨了达，生死如知（之）。灵神证果，留像威仪。名传万代，劫石难移。[①]

按：上引赞文，与之几乎全同的内容亦见于伯4660号《沙州释门都教授张金炫阇梨赞》中，其中的异文有助于我们校读本件赞文。如“澄淤”的“淤”，其赞作“漪”，“淤”盖“漪”之方音借字。这从赞文的押韵也可得到证明，其中韵字除“淤”外，其余“奇、眉、悲、菲、希、推、施、治、滋、悲、知、仪、移”等字，所押皆为止、蟹二摄的支、脂、微、灰、志、之等六韵；而“淤”则属遇摄鱼韵。唐五代西北方音中，止、遇二摄的三等字及蟹摄的部分三等字混同无别，“淤”“漪”音同可通。“澄淤”当作“澄漪”，言赞主精练禅修，内心沉静清澈。另如唐智昇《开元释教录》卷八：“（释道宣）外傅九流，内精三学，戒香芬洁，定水澄漪，存护法城，著述无辍。”可以比参。

十、窀

斯530号《大唐沙州释门索法律义辩和尚修功德记碑》：

悬蛇之疾俄侵，风树之悲窀及。[②]

按：例中“窀”与“俄”对文义近，“俄”为副词，形容时间短暂，指突然、一下子。而“窀”义为长埋，《说文·穴部》：“窀，葬之厚夕。”王筠释例：“厚以释窀，夕以释穸。”《集韵·谆韵》：“窀，长埋谓之窀，长夜谓之穸。”“窀”字此义施于例中，文意不谐。窃谓其字当读为“顿”，二字皆从“屯”声，《广韵》“窀”音陟纶切，知纽谆韵；“顿”读都困切，端纽慁韵，二字声韵皆近，应可通借。“顿”用为副词，指“顿时，立刻”，如伯2418号《父母恩重经讲经文》：“翠眉桃脸潜消瘦，玉貌花容顿改春。”伯3691号《新集吉凶书仪·谢茶》：“厶乙卑贱，毫发无劳。伏蒙仁恩特赐春芽，复惠仙味，捧盏而掌中香吐，顶戴而顿觉身轻。”其中的“顿”皆谓立刻、一下子，与上引例中“窀”的词义和用法全同。

十一、亡筌得意　无端

伯4660号《沙州释门故张僧政赞》：

敦煌甲族，墨池张氏。神假精灵，天资秀气。早岁披缁，能攻妙理。行月孤高，心灯皎智。洞达幽微，穷理尽事。教诫僧徒，亡（忘）怀彼此。佥为僧首，众所忻（欣）喜。上交下接，倾城赞美。常契中道，二边俱离。随机设教，圆融真伪。舟航筏喻，亡（忘）筌得意（鱼）。四忍柔和，三空一志。奈何示疾，针药无

① 郑炳林、郑怡楠辑释《敦煌碑铭赞辑释（增订本）》，上海古籍出版社，2019年，第320页。
② 郑炳林、郑怡楠辑释《敦煌碑铭赞辑释（增订本）》，上海古籍出版社，2019年，第324页。

端。提河四句，遗留借字。化缘将毕，俄然往矣。门人伤切，号天叩地。释侣怆而含悲，痛贯摧乎心髓。写平生之容貌，想慈颜而继轨。良工默（墨）妙，威仪真器。宣毫缀以龙文，记香名而不坠。①

按："亡筌得意"，《辑释》校作"亡（忘）筌得意（鱼）"，注引伯2524号《类书语对》朋友篇："忘筌：孔子曰：'筌者所以在鱼，得鱼而忘筌也；言者所以取意，得意而忘言。'"窃以为，校"亡"作"忘"，可从；而校"意"作"鱼"则非是。如《类书语对》所引，其典源所示：与赞文中"亡（忘）筌"相应的是"得鱼"，但此处赞文所用并非典故的表层含义，而是其里层表述的"得意而忘言"，"意"字本通，无烦校作"鱼"。又，"端"字原卷作"[illegible]"，左旁非"立"形，而是"王（玉）"之草写，其字当是"瑞"字，"针药无瑞"是说所施针药均未显示吉祥的征兆，即皆无灵应。

从押韵来看，赞文的韵字依次为"氏、气、理、智、事、此、喜、美、离、伪、意、志、瑞、字、矣、地、髓、轨、器、坠"，所押皆属止摄支、脂、之、微四韵的上、去二声。若将"意"校为"鱼"，不仅意不可解，反而将原本谐韵的韵字改得不押韵了。

十二、僟

伯4660号《伊州刺史改授左威卫将军临淄左公赞》：

森沉伟量，磊落瑰奇。大云垂象，月角□□。金方茂族，间生一枝。趫雄赳赳，诗礼晖晖。自然孝友，德协兰芝。言而栋干，邑化成规。俗感知变，暗晓前机。嘉谋济代，承旨阶墀。封疆受土，典郡西陲。四方使达，君命应期。尽忠奉国，尽节众推。名高凤阙，玉塞声飞。蒸哉古往，赫矣今时。膏肓遘疾，俄谢而痿。子游他域，父念譆譆。思之永绝（诀），伤悼绝赀（背）。丹青于帐，图写真仪。誉流千载，永播铭基。②

按："僟"，《辑释》录作"机"。注云："原卷作'仉'，陈祚龙、唐耕耦等皆释作'机'。""机"字于义不谐。从上引文例看，"僟"在句中与"变"相对，其义应相当。《说文·人部》："僟，精谨也。"《玉篇·人部》："僟，精详也。"《集韵·微韵》："深练于事曰僟。"《周易·系辞下》："是故变化云为，吉事有祥。"唐李鼎祚《集解》引虞翻曰："祥，幾祥也，吉之先见者也。"《史记·天官书》："所见天变，皆国殊窟穴，家占物怪，以合时应，其文图籍禨祥不法。"张守节《正义》引顾野王曰："禨祥，吉凶之先见也。"伯2011号《刊谬补缺切韵·微韵》："禨，祥。亦作僟。""禨祥"本作"幾祥"，"禨"盖"幾"受"祥"影响的类化增旁俗字，"僟"又是"禨"的换旁异体。"禨祥"为同义复词，指变化发生前的征兆、迹象。"暗晓前僟"谓赞主左公能预先察知事物变化的迹象和征兆。

① 郑炳林、郑怡楠辑释《敦煌碑铭赞辑释（增订本）》，上海古籍出版社，2019年，第444页。
② 郑炳林、郑怡楠辑释《敦煌碑铭赞辑释（增订本）》，上海古籍出版社，2019年，第496页。

十三、钦雅　离繁　併伏

伯4660号《敦煌唱导法将宋志贞律伯彩真赞》：

一郡轨仪，四方钦雅。离繁弃俗，併伏人我。开畅玄宗，七众归化。①

按："钦雅"的"雅"当读作"讶"，"钦讶"谓敬佩称奇。五代孙光宪《北梦琐言》逸文卷二"韩定辞诗中僻典"条："韩亦于座上酬之曰：'崇霞台上神仙客，学辨痴龙艺最多。盛德好将银管述，丽词堪与雪儿歌。'座内诸宾，靡不钦讶，称'妙句'，然亦疑其银笔之僻也。"元陆厚《惠写松石故歌以谢》诗："明心语洞达，博物世钦讶。适兴写丘壑，下笔移造化。"明《金雀记》第三十出《完聚》："（旦）细看巫娥貌，亭亭出水花。三贞九烈堪钦讶。从容气度真幽雅。闺中得子真无价。"皆其例。又，赞文中"离繁弃俗""併伏人我"中的"繁"和"併"应分别校作"烦"与"屏"。

十四、剸略

伯4660号《李教授和尚赞》：

八藏穷妙，五部精研。删除剖赘，剸略词繁。……名高一郡，道贯僧□。倾城倾郭，奔骤问禅"②

按："剸略"的"剸"，原卷作"剸"，可据录正。《说文・刀部》："剸，减也。"斯2683号《切韵・混韵》："剸，剸减。兹损反。""剸"义为"减"，"剸略"为同义复词，指删减节略。敦煌文献中，"剸"常与"割""截"等构成近义复词，如伯3425号《金光明最胜王会功德之赞》："向法门之要道，预结胜缘；剸割已珍财，同增少善。"伯3302号背《儿郎伟》："凤楼更多巧妙，李都料绳墨难过。剸截木无弃（弃）者，方圆结角藤萝。"

又，"道贯僧□"的"□"，原卷实作"千"，"僧千"即"千僧"，犹"众僧"。其字处于韵脚，与前后的韵字"研""禅"皆押先、仙韵，《广韵》中二韵通用无别，可以通押。

十五、冀

伯4638号《右军卫十将使孔周浮图功德铭并序》：

陟岵思宁，风惊静树；升堂珍献，供绝泉鱼。冀乖色养之勤，空切倚庐之处。③

按：例中"冀"与"空"相对，"空"为副词，表示徒然、白白地；"冀"也当是副词，修饰动词"乖"，其字当读为"既"，指"已经"。敦煌文献中，"既"常借作"冀"，表示希望、期待。如斯2832号《文样》："伏惟灵素质温柔，志怀贞淑，习闺帷而即母仪肃肃，播妇礼则声闻洋洋；训子行孟氏之风，和亲有谢家之则。所既大椿比寿，灵鹤齐年。"又如斯5561号《社斋文》："凭净戒而洗涤众愆，归法门而聿修诸善。既伯（百）福资于家因（姻），永息灾殃。"二例中"既"皆用同"冀"，表示期望。"冀"《广韵》音几利切，属见母至韵；"既"读居气切，为见母未韵，二字声同韵近，可以通借。

① 郑炳林、郑怡楠辑释《敦煌碑铭赞辑释（增订本）》，上海古籍出版社，2019年，第502页。
② 郑炳林、郑怡楠辑释《敦煌碑铭赞辑释（增订本）》，上海古籍出版社，2019年，第552页。
③ 郑炳林、郑怡楠辑释《敦煌碑铭赞辑释（增订本）》，上海古籍出版社，2019年，第613页。

十六、为紘为纸

伯4638号《右军卫十将使孔周浮图功德铭并序》：

如荼如荠，无辞箕箒之劳；为紘为纸，俱效崇诚之仰。[①]

按：例中“为紘为纸”的“紘”与“纸”，原卷分别作“浛”和“絺”。从字形看，《辑释》录文，前者不确，后者可从；就文意论，二字似皆不确。所谓“为浛为絺”实当作“为绤为絺”，其句源自《诗经·周南·葛覃》：“是刈是濩，为絺为绤，服之无斁。”比较可知，其中“浛”为“绤”之俗讹（左部“氵”为“糸”之草写形讹，右上的“爻”形则为“谷”上部重叠的“八”形讹变；“厶”即“口”之俗写）；而“絺”则是“絺”之形讹，故其句当录作“为绤为絺”。其中“絺”指细葛布，“绤”为粗葛布，其句写赞主母亲洒扫、织布之辛勤，表达其内心深处对亡母的依恋敬仰之情。

十七、余子

伯3770号《张族庆寺文》：

余子并是南阳昆季，墨沼连支，仗剑边城，久居岁月。[②]

按：“子”，原卷作“才”，为“等”之草书。同卷下文复有“由是我尚书倾家有张族等贸良工”句，其中的“等”也写作“才”。另如伯3532号《慧超往五天竺国传·吐火罗国》：“衣着皮毬毡布才……食内（肉）及葱韭才。”斯2575号《道场司为下品尼去住上都僧统弘慈状》：“有（右）奉处分，令置方才道场。”伯3887号《忏悔词·两舌》：“过才虚空，罪盈天地。”其中的截图字皆“等”字草书，可资比勘。

十八、劫虏

伯3720号《张怀深造窟功德碑》：

若乃隍中辑晏，劫虏失狼顾之心；渭水便桥，庶无登楼之患。[③]

按：“劫虏”之“劫”，原卷作“勁”，为“劲”之俗讹，“劲虏”指刚劲勇武之敌。如《晋书·虞预传》：“寿春无镇，祖逖孤立，前有劲虏，后无系援，虽有智力，非可持久。”《旧唐书·陆贽传》：“闻绝塞荒陬之苦，则辛酸动容；聆强蕃劲虏之名，则慑骇夺气。”是其例。

十九、狡杂

伯3720号《张怀深造窟功德碑》：

加以河西异族狡杂，羌、龙、嗢末、退浑，数十万众，驰城（诚）奉质，愿效军锋。[④]

按：“狡杂”费解。检核原卷，“狡”实作“挍”，“狡”盖“挍”之误录。考《集

① 郑炳林、郑怡楠辑释《敦煌碑铭赞辑释（增订本）》，上海古籍出版社，2019年，第613页。

② 郑炳林、郑怡楠辑释《敦煌碑铭赞辑释（增订本）》，上海古籍出版社，2019年，第664页。

③ 郑炳林、郑怡楠辑释《敦煌碑铭赞辑释（增订本）》，上海古籍出版社，2019年，第685页。

④ 郑炳林、郑怡楠辑释《敦煌碑铭赞辑释（增订本）》，上海古籍出版社，2019年，第685页。

韵·爻韵》居肴切："挍，乱也。"此音jiāo，义为"乱"之"挍"，疑"交"之增旁俗字。换句话说，"挍"表"乱"义，或由"交"之"交错、错杂"义引申而来。故疑"挍杂"当作"交杂"，"河西异族挍杂"是说河西一带，有羌、龙、嗢末、退浑等少数民族杂居一处。

二十、洞赜择幽微

伯3720号《张怀深造窟功德碑》：

公乃海量宏博，胸纳百川，洞赜择幽微，不为儿戏。①

按：句中"海量宏博""胸纳百川""不为儿戏"皆为四字句，唯"洞赜择幽微"系五字句，较为特别。从文意看，五字句中的"择"很可能为"赜"之音近衍文。句中"赜"俗讹作"[illegible]"，不易辨识，书手遂以音近的"择"为之注音。作为注音字，很可能本是夹注的小字，传抄中因抄手未详其用意而径改作正文大字，遂较其他三句多出一字而成为衍文。

二十一、峭状

伯3720号《张怀深造窟功德碑》：

连云耸出，不异鹫岭之峰；峭状烟霞，有似育王之室。②

按：句中"峭状"的"状"，原卷作"扷"，字形颇似，然文意不谐。其字实为"拔"之俗写。"拔"字俗书多作类似的写法，如伯4638号《右军卫十将使孔周浮图功德铭并序》"是则拔魋颜而独立"的"拔"作"扷"，可以比勘。"峭拔"形容山高陡峭，"峭拔烟霞"言其山高耸、直插云霄之势。

二十二、擊珠

伯3720号《张怀深造窟功德碑》：

或则擊珠贫子，乘谕三车。③

按："擊"当作"繫"，"繫珠"典出《法华经》卷四《五百弟子受记品》："世尊！譬如有人至亲友家，醉酒而卧。是时亲友官事当行，以无价宝珠繫其衣里，与之而去。其人醉卧，都不觉知。起已游行，到于他国。为衣食故，勤力求索，甚大艰难；若少有所得，便以为足。于后亲友会遇见之，而作是言：'咄哉，丈夫！何为衣食乃至如是。我昔欲令汝得安乐、五欲自恣，于某年日月，以无价宝珠繫汝衣里。今故现在，而汝不知。勤苦忧恼，以求自活，甚为痴也。汝今可以此宝贸易所须，常可如意，无所乏短。'""繫珠"谓将宝珠系于贫子衣里，故"擊"当校作"繫"。

---

① 郑炳林、郑怡楠辑释《敦煌碑铭赞辑释（增订本）》，上海古籍出版社，2019年，第685页。

② 郑炳林、郑怡楠辑释《敦煌碑铭赞辑释（增订本）》，上海古籍出版社，2019年，第685页。

③ 郑炳林、郑怡楠辑释《敦煌碑铭赞辑释（增订本）》，上海古籍出版社，2019年，第685页。

二十三、魔恐

伯3720号《张怀深造窟功德碑》：

劝持劝发，能坚护念之心。誓伏魔恐，直止无依之地。[①]

按："魔恐"的"恐"，原卷作"怨"，当是"怨"之形讹。"魔怨"即恶魔，佛教指干扰修行的各种欲念。如斯4081号《授三皈八戒仪轨》："戒如大猛将，能伏诸魔怨；戒如大慈父，能拔众生苦。"伯3591号《洞山和尚神剑歌》："神剑弘（功）难比，摄魔怨兮定生死。"俄弗96号《双恩记》："为有如斯德在身，魔怨所以长惊退。"东汉竺大力共康孟详译《修行本起经》卷下出家品第五："今持无上慧，降伏诸魔怨。"后秦佛陀耶舍共竺佛念译《长阿含经》卷一："教化善导师，能降伏魔怨；彼离于诸恶，智慧转法轮。"皆其例。

二十四、螺見

伯3720号《张怀深造窟功德碑》：

虚空侧塞，梵响玲玲。螺見凝空，珊瑚玉叶。[②]

按：例中"螺見"与"珊瑚"对文，用为乐器，其中的"見"原卷作"見"，确是"見"字，但文意费解。"見"当是"貝"之手写形讹。"螺貝"文献中常用作吹的乐器，如隋阇那崛多译《佛本行集经》卷八从园还城品第七上："其净饭王持大王力、大王威德，击无量鼓，大鼓小鼓，复吹无量无边螺貝……"斯2607号背《某寺交割常住什物点检历》"供养具"中列有"捌尺大经案贰。螺貝二。破香奁贰"等。《新唐书·南蛮传下》历述雍羌乐器，其中提到："螺貝四，大者可受一升，饰绦纷。"皆其例。

二十五、揹鞭

伯4010+伯4615号《索崇恩和尚修功德记》：

□□对元戎而揹鞭；性逸巢游，倚绳床而不待。[③]

按："揹鞭"不辞。核"揹"字原卷作"捐"，当是"揖"之俗字。其后跟"鞭"作宾语，考"揖"有"挟"义，如《尚书大传·略说》"八十者杖于朝，见君揖杖"句，郑玄注："揖，挟也。"据此，"捐鞭"与"揖杖"的构词表意近同，故"捐鞭"即"揖鞭"，谓用手持鞭，如唐刘肃《大唐新语》卷十一："严识玄为巩令，中书舍人路敬潜黜陟河南道，使还次巩。识玄自以初莅，复以敬潜使还，颇有慢色，虽郊迎之，才上马，弛镫揖鞭而已。"唐李复言《续玄怪录·麒麟客》："将及门，引者揖鞭曰：'阿郎来！'紫衣吏数百人，罗拜道侧。"皆其例。

二十六、曰

斯2113号背《唐沙州龙兴寺上座马德胜和尚宕泉创修功德记》：

念前贤往哲，由知身幻而树福。曰："贫道忝厕缁流，不可蹉跎度世。遂舍房

---

① 郑炳林、郑怡楠辑释《敦煌碑铭赞辑释（增订本）》，上海古籍出版社，2019年，第685页。

② 郑炳林、郑怡楠辑释《敦煌碑铭赞辑释（增订本）》，上海古籍出版社，2019年，第685页。

③ 郑炳林、郑怡楠辑释《敦煌碑铭赞辑释（增订本）》，上海古籍出版社，2019年，第721页。

资，于北大像南边创造新龛一所，内素（塑）释迦如来并诸侍从……”[①]

按：句中“曰”字，原卷作“田”，为“田”之手写，应属上读，作“由（犹）知身幻而树福田”。“树福田”谓做功德，即下文所谓“于北大像南边创造新龛一所”云云。

二十七、菩萨

斯4474号背《张安三父子敬造佛堂功德记》：

而（如）上功德福分，并已功毕。先用资益过往亡灵，神生净土，见佛闻法，永离三途八难，超升菩萨彼岸。[②]

伯2991B号《报恩吉祥之窟记》：

行四无量心，身登菩萨之岸。[③]

按：二例中的“菩萨”，原卷分别作“[illegible]”和“[illegible]”，皆为“涅槃”二字的俗写合文，与“菩萨”之俗写合文“井”有别。故上引文句中的相关部分当分别录作“超升涅槃彼岸”“身登涅槃之岸”。

二十八、遏取

伯2991B号《敦煌社人平诎子等宕泉建窟功德记》：

于是资家卫国，创建此龛；铁石为心，俱无遏取。[④]

按：“遏取”二字，原卷作“[illegible]”，实为“退敗”之俗讹。“退敗”指退缩、废弃，句中指社人等建窟之本心坚定不移，毫无退缩。如伯3079号《维摩诘经讲经文》：“莫使凡情惊怪，莫教浅促疑猜，道吾禅定不坚，道我修行退敗。”又：“交（教）吾失却两程，令我修持退敗。”北敦5394号（北8435；光94）《维摩诘经讲经文》：“若见时交（教）巧出言词，税（说）调着必生退敗。”皆其例。

二十九、倏迩

伯2991B号《毗尼藏主张灵俊和尚写真赞并序》：

时乃年逾耳顺，萦疾仍加。四大不顺于躬怀，枕疾俄经于岁月。病颜转炽，去世非遥，倏迩倾移。[⑤]

按：“倏迩”当作“倏尔”，“迩”为“尔”之同音借字。“倏尔”谓迅疾，形容时间异常短暂。如汉蔡邕《太傅祠前铭》：“蔼蔼惟恭，民斯攸望。春秋既暮，倏尔乃丧。不憖是遗，俾屏于皇。”隋开皇四年（584）《侯子钦墓志》：“方应股肱帝室，高步台鼎，倏尔山崩，奄从川逝，春秋七十有五。”唐寒山有诗：“白日游青山，夜归岩下睡。倏尔过春秋，寂然无尘累。”五代何光远《鉴诫录》卷一：“由是大唐中兴，皇帝念高祖、太宗之业，倏尔隳残，愤朱温、崔胤之徒同谋篡弑。”是其例。

---

① 郑炳林、郑怡楠辑释《敦煌碑铭赞辑释（增订本）》，上海古籍出版社，2019年，第771页。

② 郑炳林、郑怡楠辑释《敦煌碑铭赞辑释（增订本）》，上海古籍出版社，2019年，第787页。

③ 郑炳林、郑怡楠辑释《敦煌碑铭赞辑释（增订本）》，上海古籍出版社，2019年，第813页。

④ 郑炳林、郑怡楠辑释《敦煌碑铭赞辑释（增订本）》，上海古籍出版社，2019年，第808页。

⑤ 郑炳林、郑怡楠辑释《敦煌碑铭赞辑释（增订本）》，上海古籍出版社，2019年，第802页。

三十、挈瓶

斯4654号《衙前都衙牙罗通达邈真赞并序》：

余奉赞记，不勉所邀，自愧挈瓶，乃为辞曰：……①

按：“勉”当校作“免”，“不勉”即“不免”；“挈”原卷作“㼤”，《广雅·释器》：“㼤，瓶也。”《类篇·瓦部》：“㼤，器，受一斗。北燕谓瓶为㼤。”如伯3718号《释门僧政张喜首和尚写真赞并序》：“初以㼤瓶之器，怅恋意下颜低。”“㼤瓶”为同义复词，指容量较小的瓶类容器。赞文中皆用为自谦之词，称自己能力不足、水平有限。

三十一、播主

斯5448号《节度押衙浑子盈邈真赞并序》：

眠霜卧碛，经百战于沙场；匹马单枪，几播主于莲府。②

按：“播主”，原卷作“播主”，字形确似，但文意不谐。“播”实为“潘”字俗讹，其词当作“潘生”，意谓“拼命”“豁出生命”。如伯2970号《唐故河西归义军节度使内亲从都头守常乐县令武威郡阴府君邈真赞并序》：“久倍（陪）军幕，作我主之腹心；百战沙场，几潘生于龙塞。”正用“潘生”，可资比勘。其词也用“判生”来表示，如伯3718（15）号《晋故归义军太原阎府君写真赞并序》：“凶渠犯塞，舍命而先冲；虏骑交锋，判生而后敌。”“判生”同“潘生”，句中与“舍命”对文同义。其中的“判”“潘”皆为“拚”之音借字，《方言》第十：“拚，弃也。楚凡挥弃物谓之拚。”“拚生”谓豁出性命③，“几拚生于莲府”言曾多次在敦煌拼命征战。

三十二、留影

伯3556号《都僧统汜福高和尚邈真赞并序》：

和尚忽思双林示疾，降十梦于中天；分骨荼毗，散七花于异域。故我大师图形留影，弟子固合奉行。④

按：“留影”的“影”，原卷作“教”，是“教”之草书；《辑释》录作“影”，不确。同卷下行有“乃绘生前影质”句，其中的“影”写作“影”，二形明显有别。“留教”即“遗教”，指留存法教、留下教诲。伯2284号唐法成《大乘稻芊经随听疏》：“是故诸佛留教于世，与理无违。”斯2073号《庐山远公话》：“我如来留教，经乃分明，蠢动含灵，皆沾佛性。”后蜀何光远《鉴诫录》卷六《旌论衡》云：“前蜀武成中，佑圣国师光业与道士杨德辉互相为诗攻讦，牛秘监峤评之诗曰：‘玄门清净等空门，虔奉天尊与世尊。金口说经十二部，玄王留教五千言。鳌头宫殿波澜阔，鹫岭香花梦相存。莫向人间争胜负，须知三教本同源。’”“留教”或作“流教”，如P.2991B《敦煌社人平诎子等宕泉建窟功德记》：“盖闻崇福

① 郑炳林、郑怡楠辑释《敦煌碑铭赞辑释（增订本）》，上海古籍出版社，2019年，第829页。

② 郑炳林、郑怡楠辑释《敦煌碑铭赞辑释（增订本）》，上海古籍出版社，2019年，第802页。

③ 详细的解释及举例参见张涌泉、张小艳、郜同麟主编《敦煌文献语言大词典》“拚”条，四川辞书出版社，2022年，第1434页。

④ 郑炳林、郑怡楠辑释《敦煌碑铭赞辑释（增订本）》，上海古籍出版社，2019年，第901页。

者，莫越于缮修；资国资家者，莫过于建作。所以大雄流教，广诱于郡（群）迷；化度有情，致苍生于寿域。”例中“流教”的“流”为“留”之同音借字。是其例。

三十三、薰莘　莘薰

伯3556号《都僧统陈法严和尚邈真赞并序》：

虚尘永罢，了别薰莘。比金地琳瑯，等祇园杞梓。[①]

又《曹法律尼厶乙邈真赞并序》：

辞亲割爱，行洁贞松。薰莘不染，顿弃烦笼。坚持禁戒，广扇玄风。[②]

“薰莘”或倒文作“莘薰”，同卷《都僧统氾福高和尚邈真赞并序》：

和尚乃生之奇异，母乳而了别莘薰；长自天聪，丱岁而尘埃永罢。[③]

按：“薰莘”，《辑释》照录，欠妥。“薰莘”或作“薰辛”，南朝梁宝唱《比丘尼传》卷二景福寺法辩尼传十八：“弊衣蔬饭，不食熏辛。”“薰莘”的“莘”当是“辛”涉“薰”而类化的增旁俗字。“薰辛”当作“荤辛”，“薰”为“荤”之音近借字。“荤辛”指有辛辣味的蔬菜，如葱、蒜、韭、薤等，文献习见，如原题金明七真撰《洞玄灵宝三洞奉道科戒营始》卷一：“蝡蟠身者，从食荤辛近三宝中来。”唐杜佑《通典》卷四八《礼八·沿革八·吉礼七》引贺循祭仪云：“（祭）前三日，沐浴改服，居于斋室，不交外事，不食荤辛，静志虚心，思亲之存。”五代杜光庭《仙传拾遗》卷二“叶法善”条：“弱冠，身长九尺，额有二午，性淳和洁白，不茹荤辛，常独处幽室，或游林泽，或访云泉。”皆其例。“薰莘不染”谓赞主不食辛辣之物，“了别薰莘/莘薰”言赞主能清楚识别辛辣的食物。

三十四、寒煖

伯3556号《贾僧正清和尚邈真赞并序》：

三衣五缀，赈济不替于初终；五夜六时，精练岂疲［于］寒煖。[④]

按：“寒煖”的“煖”，原卷作“㶿”，与“煖”字形不合，当是“燠”字草写。《说文·火部》：“燠，热在中也。”《集韵·屋韵》：“燠，热也。”“寒燠”犹冷热，为反义复词。《汉书·天文志六》：“故日进为暑，退为寒。若日之南北失节，晷过而长为常寒，退而短为常燠。此寒燠之表也，故曰为寒暑。”《宋书·谢灵运传》：“观貌相音，备列山川。寒燠顺节，随宜匪敦。”《隋书·律历志中》：“庶铁炭轻重，无失寒燠之宜，灰箭飞浮，不爽阴阳之度。”皆其例。

三十五、禀性优柔

伯3556号《敦煌郡靈修寺張戒珠邈真赞并序》：

张公贵子，禀性优柔。辞荣慕道，戒行孤精。天降灾祟，命逐时倾。四众伤

① 郑炳林、郑怡楠辑释《敦煌碑铭赞辑释（增订本）》，上海古籍出版社，2019年，第915页。
② 郑炳林、郑怡楠辑释《敦煌碑铭赞辑释（增订本）》，上海古籍出版社，2019年，第926页。
③ 郑炳林、郑怡楠辑释《敦煌碑铭赞辑释（增订本）》，上海古籍出版社，2019年，第901页。
④ 郑炳林、郑怡楠辑释《敦煌碑铭赞辑释（增订本）》，上海古籍出版社，2019年，第930页。

悼……[①]

按："禀性优柔"句，原卷右侧旁书"崰岫膺灵"四字，示以改之。就本篇邈真赞的内容看，散文部分与之相应的内容作"叶巫山之瑞彩"，文意彼此照应；从赞文皆偶句押韵而言，本赞中第四、六句末字"精""倾"皆押清韵，唯第二句末字"柔"押尤韵，失韵不谐。值得注意的是，该句旁书的"崰岫膺灵"的"灵"字属"青"韵，"清""青"韵近，敦煌文献中二字每常通押。故从赞文押韵来看，"崰岫膺灵"四字，其实是抄手特意用来替换"禀性优柔"句以求叶韵的，当据改。

三十六、摧胸

伯3718号《节度押衙张明集写真赞并序》：

二亲号天泣血，倚门相望儿不来；小娘子叫地摧胸，我兄何往而不见。[②]

按："摧胸"的"摧"，《辑释》校作"捶"，欠妥。"摧"指悲伤，如汉苏武《诗四首》之二："长歌正激烈，中心怆以摧。"三国魏徐幹《室思诗》："念与君相别，各在天一方。良会未有期，中心摧且伤。""摧胸"犹"摧心"，指极度伤心，如晋潘岳《寡妇赋》："少伶俜而偏孤兮，痛忉怛而摧心。"唐义净《南海寄归内法传序》："遂乃迹灭两河，人天掩望；影沦双树，龙鬼摧心。致使娑罗林侧泪下成泥，哭者身边血如花树。"皆其例。

三十七、切

伯3718号《归义军节度押衙曹盈达写真赞并序》：

宗枝伤悼而夆（声）悲，云雁哀鸣而响切。[③]

按："切"字《辑释》校作"彻"，欠妥。例中"切"与"悲"对文同义，如同卷《释门僧政范海印和尚写真赞并序》："生颜稍退，皆嗟落日之悲；桂树萎凋，共叹倾月之切。"[④]伯3720号《河西都僧统阴海晏墓志铭并序》："四众悼薤露之悲，八部伤鹤林之切。"[⑤]皆为"悲""切"对文之例，可资比勘。汉语中，"切"可指悲伤，如"凄切"指凄凉而悲哀，"咽切"犹悲切；"哀切"即痛切，"悲切"表哀痛，等等。故"云雁哀鸣而响切"是说空中大雁悲哀地鸣叫传递出忧伤。句中"切"指忧伤，语意颇合，不宜校改。

三十八、紫彰

伯3718号《释门僧政毗尼藏主马灵信和尚邈真赞并序》：

故得清廉奉节，高名透达于帝京；恩锡紫彰，府主崇迁于宠秩。[⑥]

按："紫彰"，《辑释》照录，不妥。"彰"当读为"章"，"紫章"谓紫色章服。亦称"银章"，如伯4660（11）号《瓜州刺史兼左威卫将军康秀华邈真赞并序》："荐其术业，名称九

① 郑炳林、郑怡楠辑释《敦煌碑铭赞辑释（增订本）》，上海古籍出版社，2019年，第977页。
② 郑炳林、郑怡楠辑释《敦煌碑铭赞辑释（增订本）》，上海古籍出版社，2019年，第973页。
③ 郑炳林、郑怡楠辑释《敦煌碑铭赞辑释（增订本）》，上海古籍出版社，2019年，第1009页。
④ 郑炳林、郑怡楠辑释《敦煌碑铭赞辑释（增订本）》，上海古籍出版社，2019年，第977页。
⑤ 郑炳林、郑怡楠辑释《敦煌碑铭赞辑释（增订本）》，上海古籍出版社，2019年，第672页。
⑥ 郑炳林、郑怡楠辑释《敦煌碑铭赞辑释（增订本）》，上海古籍出版社，2019年，第1024页。

重。银章紫绶，鱼符五通。一身崇秩，荣耀多丛。”是其证。

三十九、潸湲

伯3718号《释门僧政毗尼藏主马灵信和尚邈真赞并序》：

门人恸哭，泣泪潸湲。①

按：“潸”，原卷作“潸”，《辑释》录作“潜”，字形、词义皆不合。截图字实为“潸”字俗省。《说文·水部》：“潸，涕流皃。从水，散省聲。《詩》曰：‘潸焉出涕。’”又：“湲，潺湲，水聲。”“潸湲”为近义复词，指泪流貌。如清汪士铎《总招》：“去皤皤之怙恃兮，别妻孥于寝门。顾爱女之零仃兮，托戚友而泪潸湲。”倪婉《暮春忆慰慈甥女》：“静坐泪潸湲，花飞惨淡天。书迟江上雁，魂断雨中鹃。”是其证。

四十、青亶

伯3718号《府君忧道邈真赞并序》：

佥之县宰，理物周旋。白乌俄集，翔及青亶。②

按：“青亶”费解。核原卷，“亶”实为“鸾”字手写，《辑释》录文不确。例中“白乌”与“青鸾”皆为祥瑞，盖因府君为官清廉，治理公平，深受百姓爱戴，以至于感动上苍，祥瑞频现：白乌来集，青鸾游翔。文献中，“青鸾”或与“白鹤”类义连文，如伯2721号《新集孝经十八章》：“开元天宝亲自注，词中句句有龙光。白鹤青鸾相间错，连珠贯玉合成章。”诗中也以“白鹤”“青鸾”来比喻开元皇帝唐玄宗所注《孝经》词句中呈现的种种祥瑞。

四十一、峭尔

伯3718号《府君忧道邈真赞并序》：

独步精通，峭尔丹霄之上。③

按：截图字《辑释》录作“峭休”，不确。其字为“尔”之手写，“尔”即“尒”的异写，后代刻本多写作“尔”，常用作形容词词尾，相当于“然”。“峭尔”即“峭然”，指超拔高峻之貌。其句称颂府君忧道的儒学修养深不可测、高不可攀、无人能及。

四十二、儆電

伯3718号《左马步都虞候梁幸德邈真赞并序》：

平生容貌，儆電奔驰。殁后真仪，丹青绚彩。④

按：“儆電”费解，“儆”当读为“驚”，“驚電”指迅疾的闪电。如伯3765号《文样·亡妣文》：“但以金乌西转，玉兔东轮，驚電驱驰，于临厶七。”晋陆机《赠尚书郎顾彦先》二首之一：“迅雷中宵激，驚電光夜舒。”唐徐坚《初学记》卷七地部下引东晋顾恺之《冰赋》：“转若驚電，照若澄月；积如累空，泮若堕节。”《太平广记》卷一百五十“张去逸”条

① 郑炳林、郑怡楠辑释《敦煌碑铭赞辑释（增订本）》，上海古籍出版社，2019年，第1024页。
② 郑炳林、郑怡楠辑释《敦煌碑铭赞辑释（增订本）》，上海古籍出版社，2019年，第1029页。
③ 郑炳林、郑怡楠辑释《敦煌碑铭赞辑释（增订本）》，上海古籍出版社，2019年，第1033页。
④ 郑炳林、郑怡楠辑释《敦煌碑铭赞辑释（增订本）》，上海古籍出版社，2019年，第1044页。

（出《纪闻》）："俄顷雾起于渭上，咫尺昏晦，骤雨驚雹，无所遁逃。"皆其例。

四十三、瞻影

伯3718号《索律公邈真赞并序》：

冀色力而坚久，何梦电（奠）而来侵。瞻影难停，俄然殒逝。①

按："瞻影"，《辑释》照录，不妥。"瞻影"的"瞻"当为"蟾"之音近借字，"蟾"谓蟾蜍，文中用为"月亮"的代称，"蟾影"指月影、月光。如伯3630号+伯3718号《都僧政兼毗尼藏主阎会恩和尚邈真赞并序》："冰壶缺角，法宝顿亏。黄云暗黪，蟾影无辉。"斯343号背《文样·亡女文》："始欲桂枝盛茂，皎皎于晨昏；蟾影方辉，澄澄于水面。"唐张说《新都南亭[别]郭大元振卢崇道》诗："褰幌纳蟾影，理琴听猿啼。"唐杜牧《张好好诗》："洞闭水声远，月高蟾影孤。"其中的"蟾影"皆指月光。赞文"瞻（蟾）影难停"谓时光流逝，难以停歇。

四十四、痠莘

伯3718号《河西节度都头知玉门军张明德邈真赞并序》：

四邻伤悼，哀嗟赵璧垂江；九族酸莘，长叹随（隋）珠坠水……②

按："酸莘"，原卷作"痠莘"。《广雅·释诂二》："痠，痛也。"王念孙疏证："今俗语犹云酸痛矣。"《玉篇·疒部》："痠，疼痠。""痠"为"酸"的后起换旁分化字。"九族痠莘"中，"莘"与"痠"连言，表示悲痛、辛酸，"莘"为"辛"之音借字。"痠莘"即"酸辛"，指悲苦、辛酸。《晋书·愍怀太子传》："芒芒羽盖，翼翼缙绅。同悲等痛，孰不酸辛！"斯343号《文样·亡妣文》："岂其（期）业韵（运）难停，忽奄风烛，居诸易往，时运不停，亡没已来，某七俄届。至孝等攀号躃踊，茹毒酸辛，望龙（垅）树以增悲，附寒泉而泣血。"正用"酸辛"一词，可资比勘。

四十五、暗曀　而何

伯3556号《贾僧正清和尚邈影赞并序》：

道俗徒哭泣，耆寿尽缀（辍）春。三光愁暗曀，四部尽添胸。③

又，伯3718号《节度班首都头知管内都牢城使阎胜全写真赞并序》：

方保寿齐贞桂，振雄气于邦家。而何天寿将奔，逐流光而影谢。愁云暗曀，云雁含悲。孤男涕泪以惊天，雉（稚）女哀鸣而叫地。④

按：二例中"暗曀"之"曀"，原卷皆作"曀"，是。"曀"谓天色阴沉，《尔雅·释天》："阴而风为曀。"《释名·释天》："曀，翳也，言云气掩翳日光使不明也。"《说文·日部》："曀，天阴沉也。"《诗·邶风·终风》："终风且曀，不日有曀。"《毛传》："阴而风曰曀。"《陈奂传疏》："曀，亦阴也。"故"暗曀"为同义复词，指天色昏暗阴沉，如宋陆游《自开岁

① 郑炳林、郑怡楠辑释《敦煌碑铭赞辑释（增订本）》，上海古籍出版社，2019年，第1052页。
② 郑炳林、郑怡楠辑释《敦煌碑铭赞辑释（增订本）》，上海古籍出版社，2019年，第1056页。
③ 郑炳林、郑怡楠辑释《敦煌碑铭赞辑释（增订本）》，上海古籍出版社，2019年，第931页。
④ 郑炳林、郑怡楠辑释《敦煌碑铭赞辑释（增订本）》，上海古籍出版社，2019年，第1060页。

略无三日晴戏作长句》："新年暗噎觉春悭，变化相乘一瞬间。雨脚稍收初见日，风花忽起又遮山。"是其证。又，"而何"费解，疑"而"为"耐"之省误，"耐"通"奈"，"奈何"言怎么、为何。其句言本望能如桂树般长寿，为国建功立业；奈何天年将尽，随时光而逝去。

四十六、墙础

伯2481号背《沙州修缮大云寺及州东大寺功德记》：

又于州东大寺一所，伏自年远建立，墙础摧残，金色无光，玉基且固。①

按："础"字原卷作"礩"。《说文新附·石部》："礩，柱下石也。"《正字通·石部》："礩，础别名。"《淮南子·说林》"山云蒸，柱础润"句，高诱注："础，柱下石，礩也。""墙礩"即"墙础"，指墙的基石。

四十七、分第

伯2481号背《建常定楼记》：

窃以敦煌胜境，淳首膺祥；惠帝泽及于遐方，火德控临于玉塞。故得君臣道合，侯伯挺生；累代承禀于簪缨，继踵分第而不绝。②

按："第"原卷作"茀"，为"茅"字俗省。"茅"字俗书下部常省作"予"形，如伯2187号《破魔变》："分茅列土忧三面，旰食临朝念一方。"斯3929号背《节度押衙知画行都料董保德等造兰若功德记》："三贤道者，进道隘塞于茅庵；十地圣人，证圣骈填于草屋。"上引二例中的"茅"分别作"茀"和"苐"，可资比勘。"分茅"指分封诸侯，言用茅裹着泥土授予被封者，象征授予其土地和权力。如伯3723号《记室备要》卷上《贺金吾大将军》："厶官德望兼深，才学双美；名彰前列，道茂当朝。……勋阶增峻，封爵益崇，即拥旌旄，以分茅土。""分茅土"义同"分茅"。伯3556号《衙内都押衙故紫亭镇将张庆德邈真赞并序》："方欲分茅列郡，持节边城；奈何天夺人情，丧我国宝。"③《晋书·八王传赞》："有晋郁兴，载崇藩翰，分茅锡瑞，道光恒典。"《五代史·梁书·康怀英传》："如丁会受我待遇之恩，不谓不至，怀黄拖紫，裂土分茅，设令木石偶人，须感恩义，一朝反噬，倒戈授人，苟有天道明神，安能容此。"皆其例。

四十八、不僭

伯2481号背《建常定楼记》：

自从秉临陇右，春秋俄换于七周；统握陲疆，风雨不僭于四序。④

按：例中"不僭"的"僭"，原卷作"㥶"，为"㥶"之手写，"㥶"又为"諐"的俗字。伯2014号《大唐刊谬补阙切韵·仙韵》去虔反"諐"字下云："㥶，俗字，同上。""諐"俗写作"㥶"，习见于敦煌文献，如斯328号《伍子胥变文》："忠心尽节，事君九年。夙夜匪懈，晨省（昏）无㥶。"斯2073号《庐山远公话》："蒙相公慈造，未施罪㥶，今对众

① 郑炳林、郑怡楠辑释《敦煌碑铭赞辑释（增订本）》，上海古籍出版社，2019年，第1083页。

② 郑炳林、郑怡楠辑释《敦煌碑铭赞辑释（增订本）》，上海古籍出版社，2019年，第1087页。

③ 郑炳林、郑怡楠辑释《敦煌碑铭赞辑释（增订本）》，上海古籍出版社，2019年，第935页。

④ 郑炳林、郑怡楠辑释《敦煌碑铭赞辑释（增订本）》，上海古籍出版社，2019年，第1087页。

前，请科痛杖。”伯3718号《河西节度右马步都衙牙阎子悦生前写真赞并序》：“五制侍使，长捐纤隙之愆。”皆其例。故“不愆”即“不愆”，指不违背，如佚名《太乙元真保命长生经》：“（帝主）保时道君，当诵此经，冲神保命，行功救人，阴阳不愆，风雨调顺。”例中“阴阳不愆”与“风调雨顺”语意近似，故“风雨不愆于四序”句，言归义军节度使曹公自统管边陲以来，风雨顺时，毫无灾变。

四十九、璧霧

伯2481号背《建常定楼记》：

璧霧染琉璃之瓦，丹霞妆玳瑁之椽。①

按：句中“璧霧”与“丹霞”对文，“丹”为红色，与之相对的“璧”也应属颜色词，故疑“璧”当读作“碧”②，“碧霧”指青色的云雾，文献习见，如南朝梁武帝《七夕》诗：“瑶台含碧霧，罗幕生紫烟。”唐《太上洞玄灵宝上品戒经》：“是时诸天仙众腾空而来，龙车虎驾，凤辇鸾舆，翠旄羽扇，碧霧彩云，仙花宝节，赫奕光明。”斯5692号《亡名和尚绝学箴》：“受涝（捞）漉，潜碧霧，透青宵，不痴力，慢迢迢。”伯3931号《普化大师游五台山行记》：“廿五日，往北台，穿碧霧，过骆驼焉（焉—堨—堰）③，渡龙泉水，启告再三，至东台宿。”俄弗96号《双恩记》：“清风飂飂，流桂香于洞前；碧霧霏霏，送榆阴于座侧。”皆其例。

五十、凡肤

甘肃省博物馆藏《宋淳化二年（991）报父母恩重经变绘佛邈真赞记》：

若夫妙觉常身，等虚空而湛寂；凡膚幻质，▨（逐）起灭以轮回。

又：

如来常体，尚灭双林。凡膚幻质，生死古今。④

按：截图字《辑释》皆录作“肤”，然“凡肤”不辞，其字当是“庸”之俗写变体。所谓“肤”则是《辑释》将其认作“膚”并改作简体而得。这种写法的“庸”在敦煌邈真赞中或又作“膚”“膚”，如伯3718号《左马步都虞候梁幸德邈真赞并序》“众谈酬绩之膚”，同卷《府君忧道邈真赞并序》“鼎族传芳，勋膚宿著”，皆其证。上引《报父母恩重经变绘佛邈真赞记》中“凡庸幻质”与“如来常体”相对，“凡庸”指平庸之人，言其体质虚幻不实，随世生死，轮回六道。“凡庸”此义，文献习见，如《史记·绛侯周勃世家论》：“绛侯周勃始为布衣时，鄙朴人也，才能不过凡庸。”晋葛洪《抱朴子外篇·广譬》：“逸才沉抑，则与凡庸为伍。”皆其例。

① 郑炳林、郑怡楠辑释《敦煌碑铭赞辑释（增订本）》，上海古籍出版社，2019年，第1087页。

② “璧”《广韵》音必益切，属帮纽昔韵；“碧”读彼役切，为帮纽昔韵，二字音同，可以通借。

③ 关于“焉”字的考证，参见张涌泉《汉语俗字研究（增订本）》，商务印书馆，2019年，第202-203页。

④ 郑炳林、郑怡楠辑释《敦煌碑铭赞辑释（增订本）》，上海古籍出版社，2019年，第1647页。

谈谈P.2528号《西京赋》写本的旁注字和校改字*

金少华（浙江大学古籍研究所）

一

关于敦煌写本的旁注字，许建平师曾指出“旁注字中多有写卷阅读者据别本所加的内容”，旁注字与写本正文的文本来源未必相同，写本校录时应“区别其文本的不同层次”，而不能直接将旁注字与正文作为一个文本进行校勘①。在法藏敦煌P.2528号《西京赋》李善注写本中，恰好也有非常典型的例证。

例一，“鄙生生乎三百之外，传闻于未闻之者”之“者”字下，敦煌写本注一小字“口”（见图1）。

张衡《西京赋》原文应当作“者”。考《西京赋》云：

高祖创业，继体承基。
暂劳永逸，无为而治。
耽乐是从，何虑何思。
多历年所，二百馀期。
徒以地沃野丰，百物殷阜，
岩险周固，衿带易守。
得之者强，据之者久。
流长则难竭，柢深则难朽。
故奢泰肆情，声烈弥楙。
鄙生生乎三百之外，传闻于未闻之者。
增髣髴其若梦，未一隅之能睹。
此何与于殷人屡迁，前八后五，

* 本文的修订稿已发表于《成均古文献研究》第1辑，商务印书馆2025年版，题为《从旁注字和校改字看P.2528〈西京赋〉写本的文本层次》。

① 许建平：《法藏P.2643号〈尚书〉写本与〈尚书〉学相关问题新探》，《上饶师范学院学报》2021年第5期，第69页。

居相圮耿，不常厥土，

盘庚作诰，帅人以苦？

上引赋文三个韵段（“基治思期”“阜守久朽楙”“者睹五土苦”）对应于三个意义段落，切分整齐，结构清晰。其中“者”字《切韵》收于上声马韵（麻韵系），上古音则与“睹五土苦”四字同属鱼部。根据罗常培、周祖谟两位先生的研究，“东汉……鱼部麻韵一系的字已转到歌部，……这一类字的声音已经开始转变了”，故《西京赋》“者睹五土苦”五字为歌鱼合韵[①]。随着语音的进一步演变，“者”字到魏晋以后已经“完全和歌部字（引者按：此指歌部上声字）押韵”[②]，齐梁时期麻韵系又从歌部独立出来[③]，“者”字与“睹五土苦”等字的语音差别越来越大，其合韵关系也越来越难以被当时的人所理解，故张衡《西京赋》原文“者”字或被改为“口”，转而与上文“阜守久朽楙”等字押韵。

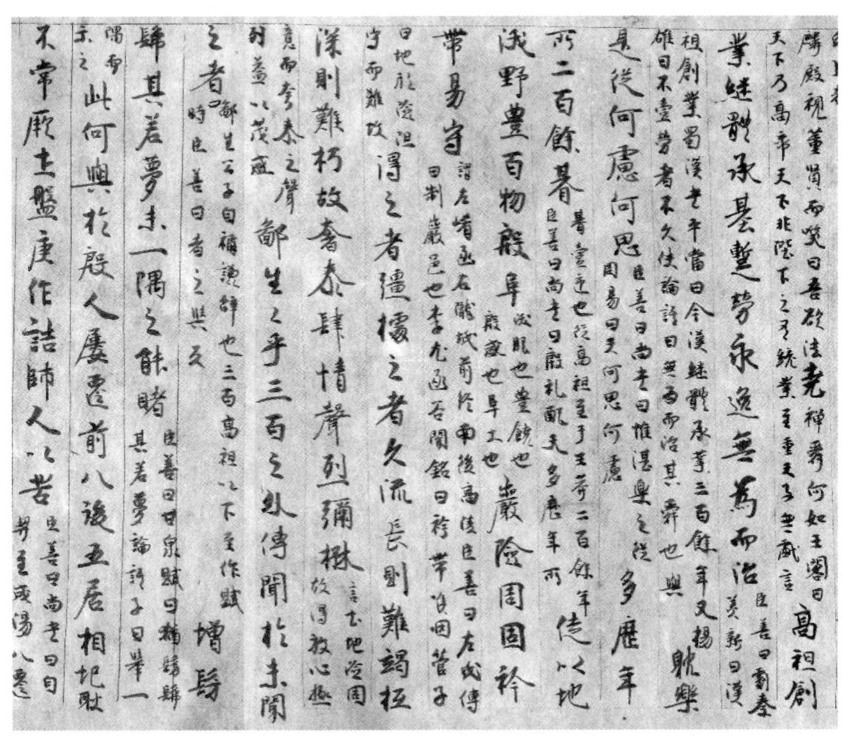

图1　法藏敦煌P.2528号《西京赋》李善注写本（局部一）

从五臣注本《文选》所收《西京赋》作“口”来看，改“者”为“口”的始作俑者很可能就是编辑《文选》的昭明太子萧统，这也应是法藏敦煌P.2528号《西京赋》李善注写本（抄写于唐高宗永隆二年[④]）的旁注字“口”之来源。至于李善注释《西京赋》时选用的底

① 罗常培、周祖谟：《汉魏晋南北朝韵部演变研究》，《周祖谟文集》第8卷，中华书局，2022年，第20–21、138页。

② 罗常培、周祖谟：《汉魏晋南北朝韵部演变研究》，《周祖谟文集》第8卷，中华书局，2022年，第21页；周祖谟：《魏晋南北朝韵部之演变》，东大图书股份有限公司，1996年，第199–200页。

③ 周祖谟：《魏晋南北朝韵部之演变》，东大图书股份有限公司，1996年，第719页。

④ 唐高宗调露二年（680）八月改元永隆，永隆二年十月又改元开耀，此P.2528号敦煌写本卷末题记云“永隆年二月十九日”，则为永隆二年（681），其时李善尚未辞世。

本，则为三国东吴薛综旧注本，而非萧《选》原帙[1]，故其正文尚存张衡原貌作“者”（李注云“者，之与反”，为叶韵破读）。

刘师培《敦煌新出唐写本提要》云：“此卷‘者’下注‘口’字，盖兼志别本异文，亦李注有二本之证。”[2]“口”字固然属于“兼志别本异文”，但并非李善注本《西京赋》有二，刘说非也。饶宗颐《敦煌本文选斠证（一）》云：“永隆本‘者’下注一小‘口’字，然其下善注有‘者，之与反’，亦非改‘者’为‘口’也。”[3]按敦煌写本的旁注字“口”应当出自萧统白文本《文选》，加注的原因在于唐人与萧统一样不通古韵，读“者”字与《西京赋》上文“阜守久朽楙”及下文“睹五土苦”皆不协韵，故怀疑李善注本“者”字有误，于是“兼志”萧《选》异文“口”。可见写本正文“者”与旁注字“口”并非同一层次的文本。

二

除了“例一”的旁注字，法藏敦煌P.2528号《西京赋》写本中另有几处校改字，其实也是依据萧统《文选》原帙来“订正”李善所据薛综旧注本，校改字与被改字的文本来源并不相同，写本校录时不应依从校改字。

例二，“长风激于别隯，起洪涛而扬波”之“隯”字，敦煌写本涂去，右侧注一“岛”（见图2）。

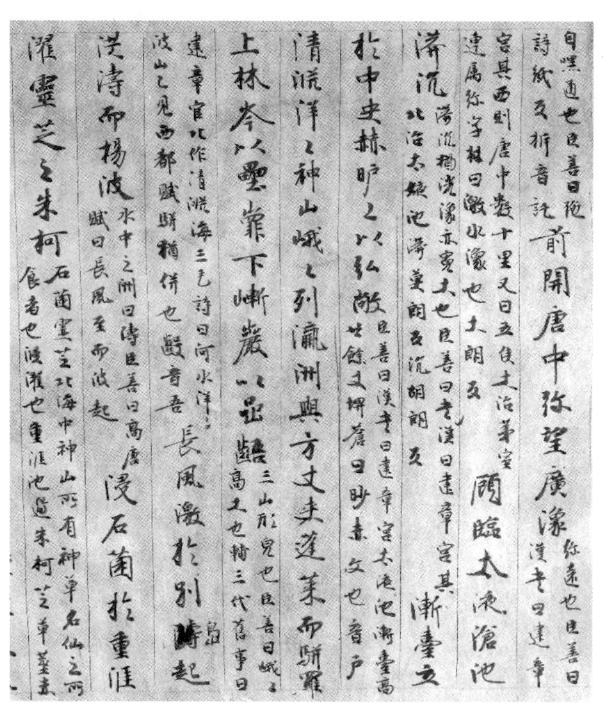

图2　法藏敦煌P.2528号《西京赋》李善注写本（局部二）

① 李善注本《文选》卷2《西京赋》题下标“薛综注”，其下李注云：“旧注是者，因而留之，并于篇首题其姓名；其有乖缪，臣乃具释，并称‘臣善’以别之。他皆类此。”参见张小艳：《P.2528〈西京赋〉写卷为李善注原本考辨》，《敦煌研究》2013年第4期，第107–115页。

② 刘师培：《刘申叔遗书》，江苏古籍出版社，1997年，第2009页。

③ 饶宗颐：《敦煌本文选斠证（一）》，《新亚学报》1957年第3卷第1期，第398页。

按《西京赋》薛综注云："水中之洲曰隯。"是李善据薛综旧注本作"隯"。而敦煌写本的校改字"岛"应依据萧统《文选》原帙，五臣注本《文选》作"岛"可证。原本《玉篇》残卷阜部："隝，都皎、都道二反。《声类》：'古文岛字也。'隯，《声类》：'亦古文岛字也。'"[①]盖张衡《西京赋》原文用古字"隯"，而后世"隯"字罕见，萧统《文选》收录《西京赋》时遂改为通行字"岛"。敦煌写本又据萧统《文选》妄加校改，导致正文"岛"字与薛综注"隯"字失却照应，乖谬殊甚。

例三，"建玄弋，树招摇"之"弋"字，敦煌写本用浓墨加一撇，校改为"戈"（见图3）。

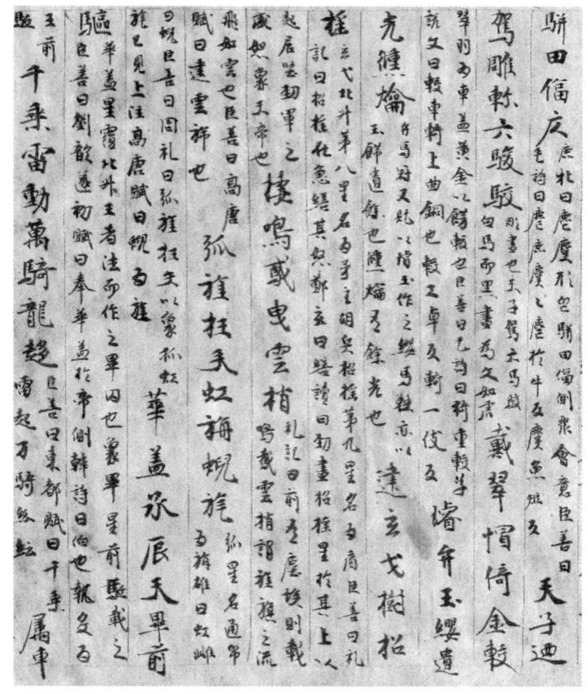

图3　法藏敦煌P.2528号《西京赋》李善注写本（局部三）

高步瀛《文选李注义疏》云："'戈'各本作'弋'，今依唐写。"又引朱珔《文选集释》、胡绍煐《文选笺证》等诸家之说，证明星名应为"玄戈"[②]。按星名诚然不称"玄弋"，但高氏依据敦煌写本P.2528号改《西京赋》正文为"玄戈"，殊欠妥当。

考写本薛综注尚是"玄弋"，其正文"戈"字也经过校改，校改前的"弋"字恰与传世刻本《文选》相一致。盖李善所据薛综注本《西京赋》作"玄弋"，写本的校改字"戈"则出自萧统《文选》，"弋""戈"二字来源不同[③]。校录时如果依从写本的校改字作"戈"，就会导致正文与薛综注亦不相照应（薛注"弋"字高步瀛失校，而径据正文作"戈"，是其疏失）。

---

① ［南朝梁］顾野王：《原本玉篇残卷》，中华书局，1985年，第507页。

② 高步瀛：《文选李注义疏》第2版，中华书局，2018年，第392–393页。

③ 刘师培：《敦煌新出唐写本提要》云："'建玄戈'各本'戈'作'弋'，此卷初书同，改'戈'不知何据。"（参见刘师培：《刘申叔遗书》，江苏古籍出版社，1997年，第2009页）是不知萧统《文选》与李善注本之异同也。

例四，“发引龢，狡鸣葭”之“狡”字的“犭”旁，敦煌写本以浓墨改为“木”旁，校改为“校”(见图4)。

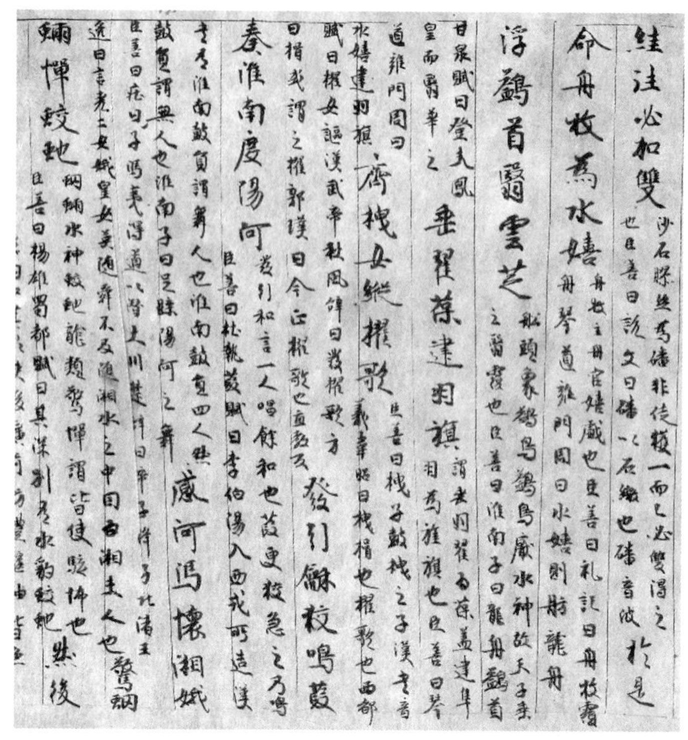

图4　法藏敦煌P.2528号《西京赋》李善注写本（局部四）

按《西京赋》薛综注云：“葭更狡急之乃鸣。”是李善据薛综旧注本作“狡”。日本爱知县猿投神社藏正安四年（1302）白文抄本《文选》亦作“狡”，当即承袭自李善注本。王褒《洞箫赋》“时奏狡弄”，李善注云：“狡，急也。”正可与薛注“狡急”云云相互参看。然则李善所据薛注本《西京赋》自作“狡”字。而萧统《文选》盖作“校”，五臣注本《文选》可证。敦煌写本涂改的原因，大概是抄手以为“狡”字于义无取，遂从萧统《文选》，致使正文“校”字与薛综注“狡”字前后参差（传世宋刻李善注本《文选》则《西京赋》正文及薛综注皆作“校”，已失李注本原貌）。

例五，“长廊广庑，途阁云曼。闬庭诡异，门千户万。重闺幽闼，转相踰延。望叫窱以径廷，眇不知其所返”之“途”字，敦煌写本以粗笔改“余”旁为“车”旁，校改为“连”(见图5)。

传世李善注本《文选》所载《西京赋》作“途阁”，五臣注本作“连阁”，日本抄本如爱知县猿投神社藏正安本等又皆作“延阁”。

关于这一组异文，历来学者都认为李善注本《西京赋》“途阁”有误。胡绍煐《文选笺证》云：

> 五臣“途”作“连”。《（文选）旁证》云：“（颜师古）《匡谬正俗》引亦作‘连’。”绍煐按：作“连”是也。“连阁”与上“长廊”“广庑”、下“重闺”“幽闼”

一例，作“途”与“阁”义不相属。[①]

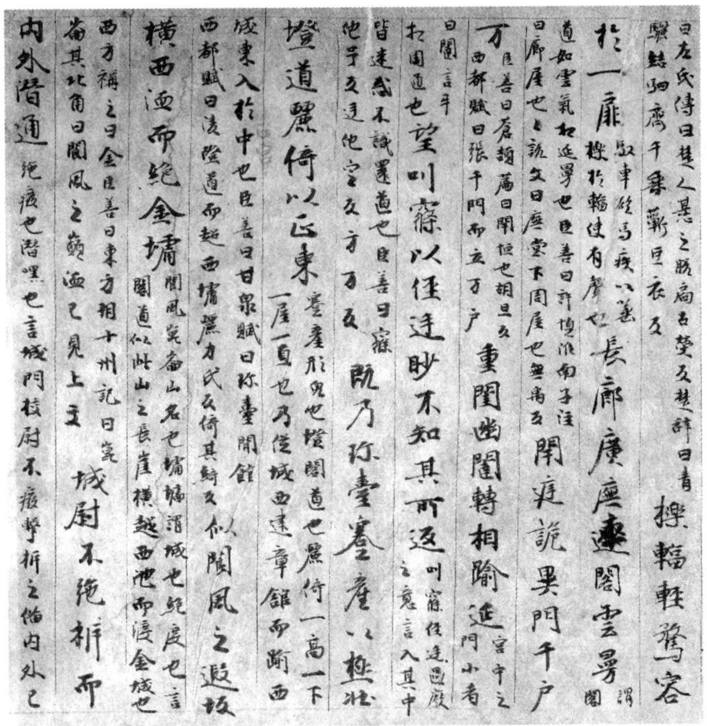

图5　法藏敦煌P.2528号《西京赋》李善注写本（局部五）

高步瀛《文选李注义疏》云：

六臣本校曰“连”“善本作途”。案：尤（袤）本作“途”，毛本同。然唐写（李）善注本亦作“连”，则作“途”者乃转写之误耳。[②]

傅刚《日本猿投神社藏〈文选〉古写本研究》云：

“连阁”意义明白，“途阁”则不通。如作“延阁”，于义亦可通，义与“连阁”相同。[③]

按高步瀛谓敦煌写本P.2528号作“连”，显然是被写本的校改字所误导，实则校改前的“途”字恰好与传世刻本李善注《文选》相同，“途阁”是否确属“转写之误”而“意义不通”，实在不可轻易断言。

张衡《西京赋》乃模拟班固《西都赋》之作[④]，两赋文句多有相似处。检《西京赋》云：“于是钩陈之外，阁道穹隆。属长乐与明光，径北通乎桂宫。”此即本诸《西都赋》“辇路经

① ［清］胡绍煐：《文选笺证》，黄山书社，2004年，第50页。

② 高步瀛：《文选李注义疏》，中华书局，2018年，第326页。

③ 傅刚：《文选版本研究》，世界图书出版西安有限公司，2014年，第360页。

④ ［南朝宋］范晔：《后汉书·张衡传》云：“时天下承平日久，自王侯以下莫不踰侈，衡乃拟班固《两都》作《二京赋》，因以讽谏，精思附会，十年乃成。”《西京赋》李善注即引此文。

营，修涂飞阁。自未央而连桂宫，北弥明光而亘长乐”[①]，“修涂飞阁”即《西京赋》所谓“阁道”。考《西京赋》“途阁云曼”句薛综注云：“谓阁道如云气相延曼也。”“途阁”亦指阁道，那么，应当就是《西都赋》“修涂飞阁”之缩略（“途”与“涂”同）。《西都赋》李善注云：“薛综《西京赋注》曰：‘涂，道也。’言长涂皆为飞阁。”足资参证。

《西都赋》李善注又云：“輦路，輦道也。《上林赋》曰：‘輦道纚属。’如淳曰：‘輦道，阁道也。’”据此核查司马相如《上林赋》，可知班固《西都赋》“輦路经营，修涂飞阁”二句乃化用自《上林赋》“于是乎离宫别馆，弥山跨谷。高廊四注，重坐曲阁。华榱璧珰，輦道纚属。步櫩周流，长途中宿”。《上林赋》李善注引如淳曰：“輦道，阁道也。”又引郭璞曰：“途，楼阁间陛道。”[②]也可与《西京赋》薛综注“谓阁道如云气相延曼也”、《西都赋》李善注“言长涂皆为飞阁”相互印证（陛道即阁道，为架空廊桥式建筑，故又称“飞阁”）。然则张衡《西京赋》称阁道为“途阁”虽属孤例，但并无疑义。

至于五臣注本《西京赋》之“连阁”，应是萧统编辑《文选》时所改。盖阁道多称“连阁”，张衡《南都赋》云“御房穆以华丽，连阁焕其相徽”，王延寿《鲁灵光殿赋》云“于是乎连阁承宫，驰道周环。长途升降，轩槛曼延”，左思《吴都赋》云“房栊对櫎，连阁相经”，其例甚夥，萧统据以校改张衡原文之“途阁”，无可厚非。至敦煌写本又据萧统《文选》“连阁”来“订正”李善注本《西京赋》之“途阁”，则殊无必要。写本校录时必须分辨清楚“途”“连”二字的不同来源，不宜轻易信从校改字“连”。

① 此据日本石川县立历史博物馆藏李善注本《文选》古笔切，传世刻本李善注《文选》“涂”作“除”，高步瀛《文选李注义疏》已据《后汉书·班固传》及五臣注本《文选》订正为“涂”（第107页），恰与上揭古笔切相合，足见高明。傅刚先生《日本猿投神社藏〈文选〉古写本研究》也认为“李善、五臣初未有异”（参见傅刚：《文选版本研究》，世界图书出版西安有限公司，2014年，第358页）。

② 郭璞注“途”上原有“中”字，据胡克家《文选考异》说删正；又参见高步瀛：《文选李注义疏》，中华书局，2018年，第1779页。

《敦煌学大辞典》书仪词条的修订

吴丽娱（中国社会科学院中国历史研究院）
赵大莹（国家图书馆古籍馆）

【摘要】敦煌文献中的一类重要组成部分是书仪。其数量众多、品类丰富、内容独特。敦煌书仪因其对传世史料有重要的补充，含有能够反映政治、经济、文化、民族关系、婚丧、礼仪、习俗等内容丰富的社会生活史料，具有重要的研究价值。本文主要总结了在《敦煌学大辞典》修订过程中，笔者对书仪词条所做的修订与增补工作，以反映在尊重和继承前人成果的基础上，借助近20年来相关研究成果对辞典书仪条目所做的相应调整情况。随着时间的延续和研究的深入，人们对敦煌书仪的认识将不断提高，而《敦煌学大辞典》的修订也将再次受到检验，这是未来必须面对并可以预期的。

【关键词】敦煌书仪 《敦煌学大辞典》 朋友书仪 吉凶书仪 表状笺启书仪

书仪是敦煌文献中重要的一类，数量众多，品类丰富，内容独特。更重要的是，唐宋以前的书仪在传世史料中保留下来的很少，人们是因敦煌文献的发现才对书仪有所注意和研究的。从而得知书仪乃是能够全面反映政治、经济、文化、民族关系、婚丧、礼仪、习俗等内容丰富的社会生活史料，因此，敦煌书仪的存在和发现有着特殊的意义。自20世纪50年代王重民发表《敦煌古籍叙录》以来，已收入知名书仪多篇[①]。数十年来，中国（包括台湾地区）、日本学者陆续对敦煌书仪进行过深入的发掘与研究。大陆学者对书仪的研究虽不是最早的，但八九十年代以来在周一良、周绍良、姜伯勤等先生的指导和启发下，对于书仪的录校、分类以及相关的专题讨论却是最为系统、深入和全面的。《敦煌学大辞典》的书仪部分就是在学者深入研究的基础上完成的。以下便根据我们对词典修订工作的参与，就书仪词条的两次制作

① 王重民：《敦煌古籍叙录》，商务印书馆，1958年。

和修订情况予以总结和说明。

《敦煌学大辞典》自1985年起筹备编纂，至1998年由上海辞书出版社出版，历时13年，是敦煌学研究的里程碑。辞典以图文并茂的形式，系统地总结了敦煌学的研究成果，6925条词条内容，为众多研究者提供了丰富而全面的研究信息和资料，也为敦煌学研究的持续发展奠定了坚实的基础。

赵和平先生是《敦煌学大辞典》的主要编纂人之一，撰写了包括学术史和书仪等内容在内的400余条10万余字的词条。其中书仪部分是50条。赵先生在书仪研究方面成果卓著，经过多年扎实、细致、严谨的工作，基本上完成了各类敦煌书仪的录校和编订，展现了书仪的全貌和历史变化。他的书仪研究成果，吴丽娱在《赵和平和他的书仪研究》一文中已做出全面的总结和评价，包括书仪研究的全面性和完整性（基本完成了各类书仪的录校和编订，展现了书仪的全貌和发展动态），内容分类方面的清晰与准确（分类清楚、准确，注意突出各类书仪的不同，后来即使有发现，大体亦未超出这一范围），在遵从前人的整理校勘的惯例基础上，建立了书仪整理校勘的规范（建立了书仪整理校勘的规范），结合文献学与历史学的研究方法取得突破性进展，完成了书仪研究的范本（能够充分应用文献学以及历史学各方面的知识解读书仪，在前人研究基础之上取得了更大进展突破，提供了书仪研究的模板）等①。荣新江先生认为《敦煌写本书仪研究》与《敦煌表状笺启类书仪辑校》两书“几乎囊括了全部敦煌写本中的书仪抄本，也附录了吐鲁番出土的写本书仪，成为以后书仪研究最基本的资料，任何书仪研究论著都无法逾越这两部奠基性的著作”②。郝春文先生亦评价其——“对敦煌写本书仪的整理和研究是这个课题的一座里程碑，后来对敦煌写本书仪的整理和研究都只能在他奠定的基础上展开”③。

据赵先生在《敦煌表状笺启书仪辑校》自序中的统计，他最后甄别出的敦煌书仪类写卷共“一百余号，得四十余种”④。这些成果在《敦煌学大辞典》的书仪词条中都有所反映。具体而言，其书仪部分收入的词条包括以下三方面。

一是对敦煌书仪总体数量、类型、内容组成和性质等的概括说明。

以“敦煌书仪”为总名，说明“百余号”书仪由《朋友书仪》《吉凶书仪》和表状笺启书仪三种类型组成。并大体总结各类书仪的卷号总数及品种、起源（如《朋友书仪》与《月仪帖》的关系）、内容组成（如《吉凶书仪》吉、凶两部分所收仪目和文范）、形态（如表状笺启书仪作为官场应酬文字的存在）、存世情况及敦煌本流传的最早和最晚年代、流行时间等，由此可以对各类书仪加以比对，产生总体的印象。

二是对三类书仪各自卷号、形成、沿革及内容、特色的分类介绍。

对《朋友书仪》《吉凶书仪》和表状笺启书仪为题做分类介绍。此分类介绍不是对已有总体介绍的重复，而是对三类书仪现存卷号、表现形态以及内容特色的分别说明。如《朋友

① 吴丽娱：《赵和平和他的书仪研究》，载《敦煌吐鲁番研究》第20卷，上海古籍出版社，2021年，第13-20页。

② 荣新江：《守正创新治残简　尊师重道理遗篇——怀念赵和平师兄》，载《敦煌吐鲁番研究》第20卷，上海古籍出版社，2021年，第7-12页。

③ 郝春文：《哭和平》，载《敦煌吐鲁番研究》第20卷，上海古籍出版社，2021年，第1-6页。

④ 赵和平：《作者自序》，载赵和平辑校《敦煌表状笺启书仪辑校》，江苏古籍出版社，1997年，第1页。

书仪》与西晋索靖《月仪帖》和唐人真草两体《月仪帖》形式相近，以十二个月安排，主要由作为时候用语的“十二月相辩文”［按此有误，当作“辨秋夏（春冬）年月日”］及叙朋友往来的往返信札范本两部分组成。而《吉凶书仪》则除说明卷号种类之外，还介绍了其中见于著录及不见于著录的重要书仪名称，以及作为综合类书仪，包括“言著书缘起及书仪流变”的序和收表状笺启公务往来官牍文范、门风礼教、节日庆赏、婚礼仪注、亲属往来及朋友往来书疏等信札文范，以及收天子至庶人及朋友凶仪往来书牍、凶礼仪注、五族或九族服图、各种凶仪信札范文及冥婚仪式等。并总结此类书仪作为唐五代官宦之家各种公私活动、吉凶往来之规则和书牍文范，是居官居家所必备，有较高文献价值，是较多地保存了历史、社会文化生活等的资料。至于表状笺启类书仪，除了说明保存的卷号以及无统一原书题、多数为官场应酬文字的特征外，还总结了此类书仪具备历史学、文献学以及文学三方面的重要价值。

三是对已发现书仪篇名、卷号、写本书写与装帧形式、制作流传年代（或具体时间年月）、抄写者及归属，以及内容和来源背景的逐篇介绍。

即对敦煌发现的每一种书仪的单独介绍。在赵和平收入辞典的50条书仪辞目中，此类竟占据46条，除了《朋友书仪》已在分类目录中做过归纳之外，其他两类单篇书仪都在内，几乎涵盖了彼时已经发现的全部书仪。其中既有见于著录的如杜友晋《吉凶书仪》、郑余庆《大唐新定吉凶书仪》、刘邺《甘棠集》、郁知言《记室备要》等较大型的中原书仪，也有不见于著录甚至无名的《刺史书仪》（拟名）、《灵武节度使表状集》（拟名）、《灵武节度使书状集》（拟名）等，甚至出自敦煌归义军官衙内部、作为口头用语，被称为《诸杂谢贺》《杂相贺〔语〕》之类的小册子，这些书仪均以原名或拟名为辞目。除卷号的统计和说明外，都有围绕其年代和定名、现存状态、性质和分类归属（即注明属三大类中的哪一类）、所含篇目、表状形式、所涉人物和历史事件、所收书仪特征等的客观说明，可以使读者对不同敦煌书仪的内容特色有全面的了解和认知。

以上三个方面，实为对书仪全貌加以归纳的三个层次，从总序到分类，再到单篇书仪，通过这样的安排，将敦煌书仪从总体到个别全部网罗在内。而由于每一部分之间划定所属及分门别类的体例，也使词条之间的体系性与关联关系的特点突出，展现出知识索引的工具属性。书仪词条在这样的框架下，注意了分类的清晰与准确，突出了各类书仪的不同。不同时代的书仪在文体、书式和语言方面的特点逐一说明，体现出文本之间的差异化特征，从而呈现出书仪在不同历史阶段的发展变化。而赵先生在书仪研究方面所重点利用的历史学与文献学方法，也在词条的撰写中有所体现，展现出敦煌书仪在唐史研究诸方面的关键资料与研究价值。这些词条不仅反映出赵先生对整理校勘规范处理的严谨态度，也展示了当时其对敦煌书仪研究动态的全面把握。由于赵先生的分类层次和内容组成突出了敦煌书仪文献的特点，因而已经为初步认识书仪建立了基础和纲目。当然由于受研究条件及早期认识的局限，也存在一些问题和疏误，特别是缺乏对相关书仪所设仪目、专用名词和知识的介绍，有待弥补和修正。

2019年，受郝春文先生和赵和平先生委托，在《敦煌学大辞典》的修订项目中，由我们两人共同负责书仪词条部分的相关工作。距离大辞典的编纂已有近20年，其间敦煌写卷的整理和研究工作有了长足的进步。以敦煌书仪而言，学界的相关研究已有不少进展，包括书

仪的校录和补充，对书仪性质与史事的考订，进而探讨书仪的源流及各种书仪之间的关系，以及利用书仪材料研究唐代礼制、民俗与社会生活[①]，甚至在通过书仪研究敦煌归义军政权与晚唐五代中原朝廷交往和政治关系等论题方面皆有推进，这都为词条的修订和完善提供了基础和条件。我们的修订原则是既要充分尊重和保留前人的贡献和成果，也要能够跟上时代的步伐，尽可能反映新的研究面貌和深度，吸收新的研究成果。所以总的做法是在保留前人既定格局的基础上，进一步丰富其内容和层次，同时纠正以往的错误和不足。具体修订工作涉及以下方面：

一、关于条目的保留和增补的概况和总数

在敦煌书仪词条修订的过程中，首要的是条目的确定。此次经过讨论，最终在原来50条辞目基础上，保留47条，修订3条，新增28条。其中修改辞目22条、8770字，新增28条、10818字。即原来的词条条目基本保留，在此基础上，进行条目名称及其内容的修订和增补。

二、新增条目的品类及增补原因、性质和归属

新增词条一部分为辞典首次编纂未能收入，或近年新发现的书仪，其中词条大都可归于上述第三类之单篇书仪。如属于《吉凶书仪》也即综合类书仪，有《删定仪诸家略集》（P.2016）、《祭文书范》（拟名）（P.4043）、《祭文集》（拟名）（P.3213v）三件，其中《删定仪诸家略集》卷内“黄门侍郎卢藏用仪例一卷”“通例第二”“四海吊答第三”的仪目，部分与《新定书仪镜》重合，故被作为《新定书仪镜》的写卷之一。现根据其卷内容为凡例集合，以及在《新定书仪镜》尾题前后插抄之位置，故断定为另卷。而祭文在综合性的《吉凶书仪》中本与告哀、吊答书等均为凶礼书式，故单一的《祭文书范》和《祭文集》也应作为书仪看待，这也是为了保证书仪书式的完整性。

属于表状笺启类书仪，新增有《谢语》（拟名）（台北“国立中央图书馆”藏敦煌卷子119v）、《杂谢贺表状，中书门下状》（S.5566）、《书信稿》（拟名）（P.4997）、《书状集》（拟名）（P.2992v）、《后晋李崧表状文抄》（拟名）（S.4473）等五件。其中《杂谢贺表状，中书门下状》有完整书状六件，应为被遗漏的典型表状类书仪，其中披露的重要史实与晚唐咸通年间河北沧州及节度使浑偘有关。P.4997《书信稿》虽仅为残破一纸，却是近年发现之曹议金与后唐宰相通信之书状底稿，是归义军政权与明宗朝初建时期交往之明证。P.2992《书状集》则收有曹议金致回鹘可汗书、曹元深致回鹘宰相书和朔方军节度使张希崇与回鹘书三首，似来自档案材料，目前以其书疏性质，仍暂做书仪处理。

三、书仪分目及相关语词增补

在以上条目之外，我们还根据书仪特点，增加了大辞典原来没有的一类，包括两种情况。

第一种即从各类书仪总结，反映不同礼仪和书疏形式的分目、细目。这类分目我们依据重要程度增加了《吉凶凡例》、《年叙凡例》、《四海书仪》、《妇人书仪》、《僧道书仪》、《内族

① 杜海：《敦煌书仪研究述评》，《史学月刊》2012年第8期，第113-123页。

书仪》、《外族书仪》、《起居仪》、《起居表状》、《起居书启》、《贺谢仪》、《笺表》、《贺谢表状》、《贺谢书启》（附贺谢语）、《告哀书》、《吊答书》、《丧服图》、《口吊仪》、《吊慰仪》等总计19条。条目的名称多数根据《书仪》原有的仪目，但有些仪目，如内族、外族、四海书仪及妇女、僧道书仪等，原来分在吉书仪和凶书仪两部分，收入词条则予以合并。少数条目如《贺谢仪》《起居仪》《吊慰仪》都是考虑书仪与现实礼仪的共同应用而设。至于每一种条目中又有表状、书启等不同名目，也是为了区分书仪使用的等级。

此外，考虑到书仪本身的用词用语，我们将《笺表》作为向皇帝贺谢的主标题，而将《贺谢表状》作为副标题，从而也首次解答了“笺表”一词在书仪和存世文献中的词义和用法。而由于这类条目事实上在书仪总体的三个类别之外，所以相当于增加了一个具体分目、细目的层次，这也是本次修订所做的重要补充之一。

第二种是与书仪有关的知识类词条。事实上包括以上“年叙”“起居”“笺表”等条在内，都涉及书仪中的一些专有知识和专门用语。作为这类用语，我们还收录了能够反映不同书体的“单书”“复书”“别纸”等条，这些条目对于理解中古书仪的形式和应用都有重要的意义。

四、词条之名称及内容的修改和补充

此次修订，对于词条名称加以修改的数量不多，其中S.1725原名《书仪》，改为《唐前期书仪》，仍根据赵和平的判断。P.4024与P.3681原均作为综合类书仪单独存立，现与P.4002、Дx.1055、P.4042等共5个卷号，合为《唐早期吉凶书仪》。S.5613、P.4050与Дx 1458等，原定名为《吉凶书仪》，现更名为《晚唐吉凶书仪》。P.2968原拟名《沙州归义军致甘州状稿》，现改名为《慕容归盈致沙州书状》。P.2945原名为《归义军状稿》，改为《归义军节度兵马留后书状稿》。名称的修改都出自对书仪年代和内容的再斟酌。

对于词条内容的修改分为两种情况。一种仅是对原条目文字内容的修改和增补。这类条目数量较多，如《敦煌书仪》、《朋友书仪》（S.5472、S.5660、S.6180等）、《吉凶书仪》（类）、《书仪镜》（S.329和S.361缀合）、《新定书仪镜》（P.2619v、P3637、P.3849等）、忻州刺史《文仪集》（P.5550+P.5547）、《书仪》（S.1725v）、《新集吉凶书仪》（P.2646、P.2556、S.2200等）、《新集诸家九族尊卑书仪》（P.3502v等）、《晚唐吉凶书仪》（S.5613、P.4050与Дx.1458等）、《刺史书仪》（P.3449+P.3864）、《灵武节度使表状集》（P.3931）、《灵武节度使书状集》（P.2539v）、《新集杂别纸》（P.4092、S.5623）、《书仪》（P.3906）、《书仪》（P.2996）、《书仪》（S.4374）、《书仪》（P.3721v）等多件。

对这类条目，大都只是视情况增加和补充有关书仪内容特色的说明，但间或也有修改。如《朋友书仪》即修正了书仪的结构组成，并摒弃了原来“中心内容是叙离别之情”“文字优美，多数是远在西陲的游子所写”的含混说法。根据书仪中有关西北边塞风土的描写，认为《朋友书仪》在性质上已被改造为一件关中地方版的书仪；指出书仪通过描述从事运输的黄河役卒在水上船中所见及思乡情结，反映了自晋北到关中及朔方的役卒生活场景，也反映出六城代北水运线的重要性。同时从书仪中的不少地名出现在天宝以后和中晚唐推断，“书仪的年代应当在晚唐五代，更可能是在这条水运对其有着生命线意义的后唐之际”。

又如S.1725v《书仪》原条目认为其中八首书启“伏承天恩加荣命”等词语，“均显示出朝廷对各地方官吏有直接影响的事实，与安史之乱后，中晚唐及五代时地方中低级官吏出自藩镇自行辟署不同”，得出“故此卷可能成于唐前期”的结论。但此类书启与晚唐张敖《新集吉凶书仪》和五代《新集书仪》中藩镇常用谢、贺书启名目、用语非常相似。并且其中“贺至岁启”语用“晷运推移”，而不是唐前期常用的“晷运环周”，正符合郑余庆《大唐新定吉凶书仪》所说唐后期用语的特色，故判断此书仪应属于唐后期。

忻州刺史《文仪集》（P.5550+P.5547）补充了书仪现存及可以推知的仪目。并因书仪出自地方官之手多在中唐以降，且“内外官启”放在内外族吉书之前，已体现出后期书仪重官场往还的特色，以及忻州在代北，为李克用治下，故将原来“作者活动在中唐以前”的推断，改为“书仪产生于晚唐五代的可能性更大一些”的结论。

P.3931《灵武节度使表状集》所收录之表状书疏内容、形式及数量，前人已考证清楚。修订主要就其来源、运用及所涉诸方关系予以补充。指出其中的状、启和别纸等反映了同光之际通过灵武节度使引领回鹘朝贡的史实及双方的往来。揭示了后唐初建之际，已派遣使臣至朔方，企图“北和冒顿，西结大宛”，实现招诱蕃戎的计划和活动；与灵武派遣使者配合，要求回鹘不得阻碍归义军朝贡的事实；以及灵武与关内道相邻藩镇的往来及因共同利益而相互关照的关系。此外，又从书仪中所附五台山游记提到庄宗、明宗与印度高僧的交往，判断书仪的时间下限应在明宗朝。

P.2539v《灵武节度使书状集》承袭了原词条对书仪中收件人的叙述及发件人为灵武节度使的推断，但否定了发件人是灵武节度使张希崇一人的结论，并从残存书状的写作年代大多在天成三年（928）以后至长兴年间、整卷书仪的完成不晚于长兴四年（933）的情况判断，认为书状“涵盖韩洙、韩璞、康福、张希崇任使时期而分别出自其人授意，反映了明宗朝灵武节度使已受命，试图通过曹议金联络于阗和西州回鹘朝贡中原，以及灵武在韩洙死亡后与泾州的交往，以及被朝廷借机收归权力前的状况”。

《刺史书仪》（P.3449+P.3864）前人对册页装的原卷数量及排列状况，以及各种书范的形式组成已介绍得十分详细，我们的补充只在说明书仪中《与马司徒》一首的主人公马司徒曾在后唐明宗长兴年间任河西节度使的身份，“其人曾多次任刺史，应与《刺史书仪》的制作及被携至敦煌有关”。

《新集杂别纸》（P.4092、S.5623）一条，在卷子的书写和现存状态方面基本沿袭前人，但更加细致，并补充了所存行数，在介绍“别纸”的定义上也有所不同。另外，相较于原词条，其一，比较了P.4092和S.5623两卷年代的先后，认为S.5623应早于P.4092，且P.4092可能抄自S.5623。其二，介绍了本件书仪“月旦贺官”与“知闻往来别纸”两部分的用途和形式特色。其三，是在原词条已对作者马判官的相州幕僚身份及其函件往来所涉朝廷官员及河北道诸州节度使、幕僚等已有所说明的同时，强调书仪“是以河北相、魏之地为中心的书信集成，反映了河北地区在后唐时期的重要战略地位及其交往关系”。其四，是明确书仪“全卷年代可考的别纸时间多在天成四年至长兴元年（929—930）之间”，认为卷子有不少可补史之处，“可反映后唐明宗之际对河北藩镇的政策及河北地区的变化”。其五，是结合《刺史书仪》中出现的马司徒，提出《新集杂别纸》中几首关于“司徒”行径的别纸，为解决《新集杂别纸》的来源及在敦煌出现的原因提供了线索。

另一种则是针对原条目分析判断史实的不准确或错误，推翻并重新改写。例如P.2945，原条目根据状尾结衔有“权知归义军节度兵马留后使 厶乙状上”，以及上某“相公”状中有“庶几孤孽，全有济托”语，判断此时归义军节度兵马留后使新丧父，受件人疑指灵武节度使张希崇、曹元德或曹元忠，撰写时间在14世纪40年代初，并判断此卷中《凉州书》的收件人为凉州留后李文谦。但我们根据本件书仪由八首书状和别纸组成，应为一次发出的情况，认为书状“中心意思是表明归义军即将派遣使团与使臣同行赴京城，同时拜托灵武节度使及其属下凉州仆射共同关照和协助。疑授书人为曹议金，致书对象为韩洙，时间为曹氏归义军尚未与中原朝廷建立关系的后唐同光元年前后”。

又如P.2968原来的判断是“所记为归义军进奉之人滞留甘州，希望给予‘管领’的书状，疑为曹议金时期所拟”。但重写后的条目则为“从司徒、司空二者并称，以及瓜州隶属沙州，且共同派遣使团进奉的关系，可判断收书人司徒、司空应为沙州节度使曹元德及副使曹元深，致书人为瓜州刺史慕容归盈，时间在曹元德继曹议金任使的935—939年之间”。

又P.3100v原条目以书仪贺状中有“承蒙相公神威”之语，而归义军时期，唯曹元忠曾加官同平章事可称“相公”，认为应撰于曹元忠时。但根据此状自称“边镇”和“孤城迥碛”，故归义军节度使不能是受书人而是致书人，而根据归义军与周边关系和朝贡需要，“相公”只能是灵武节度使，归义军节度使则以曹议金的可能性最大，故重写条目据此做了校正。

五、新增或修改词条对近年学界新成果的吸收

对于书仪卷号、组成、定名的重新核对，乃至对于书仪内容、性质、目的的正确解读都有赖于新研究成果的发现。就恢复书仪写卷的构成和原始面貌而言，最典型的是研究者对P.3681、P.4002、Дх.1055、P.4042和P.4024等五个书仪散卷所做的拼接与缀合，由此使它们被合为一件综合性书仪①。与此同时，也理顺了几个写卷自身的构成和内容，并因此纠正了与其相关的如P.2016卷《删定仪诸家略集》作为单卷书仪的定名及其与《新定书仪镜》的关系。另外，张小艳《敦煌书仪语言研究》一书整理的《敦煌书仪写卷目录》，也是增补和修改书仪目录的参考②。

至于书仪词条，无论是名称、年代、内容的增补修改抑或重写，也是借助近年的研究成果进行。特别是关于书仪的成书年代以及与朝代史事的关系，更是以新的研究成果和观点为解读的基础。如《朋友书仪》、忻州刺史《文仪集》、P.3931《灵武节度使表状集》、《灵武节度使书状集》、《新集杂别纸》以及P.2945、P.3100、P.2968等，较原来词条都有较大修改，有些甚至完全否定了原来的看法和结论，也是以新的研究成果为依据的。尽管有些结论目前仍然存在疑问及争议，但毕竟较过去的说法有所进展。相信随着时间的延续和研究的深入，对敦煌书仪的认识将不断提高，而《敦煌学大辞典》的修订也将受到检验，这是未来必须面对及可以预期的。

① 黄亮文：《P.3681、P.4002、Дх.1055、P.4042、P.4024五件书仪写卷的缀合与探讨（上、下）》，《敦煌学研究》2007年第1、2期。

② 张小艳：《敦煌书仪语言研究》，商务印书馆，2007年。

百年敦煌学语言文字学研究的几个特点

黑维强（陕西师范大学文学院）
姬　慧（榆林学院文学院）

【摘要】敦煌藏经洞从被发现到现在已有120余年，随之展开的敦煌学研究有百余年历史。敦煌学的语言文字研究，如果从1921年王国维《唐写本〈字宝〉残卷跋》算起，也有一百来年的时间了，分析总结百年研究历史，有益于今后的进一步研究。本文通过对语音、词汇、语法、文字等多个方面的爬梳，分析了百年来语言文字本体、研究材料、研究队伍、学科建设等方面的特点，以期学界了解敦煌学语言文字的研究趋势，为日后敦煌学语言文字的进一步研究提供参考。

【关键词】百年敦煌学　语言文字学　研究特点

引言

清光绪二十六年（1900），王圆箓发现了藏经洞，从此学术界开启了一个全新的研究领域——敦煌学。因部分敦煌文献流散于国外，对其研究不仅在国内展开，国外也有大量学者进行研究，故而敦煌学成为一门国际显学。敦煌学各个学科各个方向起步并不同步，有早有晚，有快有慢，迄今取得的成就也不尽相同。敦煌文献的语言文字研究起步较晚，如果从1921年王国维的《唐写本〈字宝〉残卷跋》算起，迄今已经真正走过了百年历程。

就一些标志性研究成果来看，大致分为四个阶段。第一阶段：发轫时期，20世纪30年代以前（1921—1932）。研究范围及重点主要在以《切韵》为代表的传统语音学方面，搜集整理、刊布语言文字资料是另一方面的主要成果。第二阶段：发展时期，20世纪30年代至50年代（1933—1958）。研究仍然以语音学为主，有突破性的成果问世，罗常培《唐五代西北方音》（1933）是经典性代表著作。第三阶段：全面拓展时期，20世纪50年代末至60年代中期（1959—1966）。研究范围开始从语音学方面，拓展到词汇、语法、文字方面，以王重民等《敦煌变文集》（1957）、蒋礼鸿《敦煌变文字义通释》（1959）为代表性著作。第四阶段：深入繁荣时期，20世纪70年代中期至今（1976年至今）。这是语言文字全面发展阶段，各方面都有重要研究成果。纵观百年来敦煌文献语言文字研究历史，根据所取得的成就及其研究状况，呈现出以下几个方面的显著特点，本文试加论述。

一、语言文字本体的研究特点

敦煌文献的语言文字研究，从开始的无人问津到后来的蓬勃发展，成为汉语史研究的一个热点领域，已逾百年，至今不衰。据我们统计，截至2022年底，敦煌文献语言文字学研究著作及论文已有1830余种。这些成果呈现出研究对象逐步扩大、研究视野逐渐开阔、从无到有、由少到多、由点及面、由单一到综合的特点。总体上看，各个研究阶段所取得的研究成果并不均衡，即使在繁荣阶段的研究中，也是如此。具体来说，敦煌文献语言文字学的研究始于语音，词汇、文字次之，语法再次之，修辞最晚，成果数量也最少。研究开展的早晚，与材料、研究学科背景、对材料价值的认识等因素有直接或间接的关系。研究前期是萌芽阶段，以题跋、叙录、训释为主，之后为文献整理公布阶段，后来是语言文字本体研究。首先是语音、词汇研究有大的突破，罗常培《唐五代西北方音》（1933）、蒋礼鸿《敦煌变文字义通释》（1959）为标志性成果。1980年后，随着敦煌文献图像及录文本的逐渐整理出版，语言文字各个方面都有研究，取得的成果呈现出爆发式态势，并在文字方面促成了汉语俗文字学理论的诞生和蓬勃发展。敦煌文献语言文字研究的发展状况与文献的刊布密切相关。早期研究者见到敦煌文献十分困难，能做出题跋叙录就非常不易，今日研究者几乎无所不见，研究条件极为便利，取得研究成果数量多，取决于阅读文献便利条件的改变。以下从语音、词汇、语法、文字四个方面具体论述。

（一）语音的研究特点

敦煌文献的语音研究大致经历了两个阶段，第一阶段是以《切韵》为代表的传统音韵学研究，第二阶段是敦煌文献韵文用韵研究与方言俗音的研究。敦煌文献语言研究始于音韵学，与研究材料本身的价值有关，因为有音韵学研究的直接材料——韵书，如以《切韵》为代表的传统韵书的保存，有《切韵》的传写本、笺注本，王仁昫《刊谬补缺切韵》，《唐韵》残本，五代本韵书、增训加字本等。它们大多是世无传本的古佚书，是古代韵书最大最集中的一次发现，不但使学术界有可能窥知陆法言《切韵》原书的大致面貌，了解唐五代人对《切韵》的增订情况、唐五代韵书体式的变迁，而且能深刻了解《广韵》和《切韵》的关系。这类研究文章最早以题跋的方式呈现，如丁山《唐写本切韵残卷跋》（1926）、《唐写本切韵残卷续跋》（1928）。后一阶段的成果内容涉及较广，成果形式多样，有韵文材料的使用、对音材料的利用及方言俗音的比较。利用汉藏对音资料、别字异文资料、韵文押韵资料等，推动了中古近代汉语语音（尤其是唐五代西北方音）的研究，为汉语语音史的研究开辟了新的途径，成为20世纪汉语语音研究的一个主流，取得了许多重要成果，如罗常培《唐五代西北方音》（1933）、邵荣芬《敦煌俗文学中的别字异文和唐五代西北方音》（1963）、张清常《唐五代西北方音一项参考材料——天成梵书金刚经对音残卷》（1963）等。后来的语音研究

是以非语音材料为研究对象，透过具体押韵材料以及别字通假发掘语音现象，如罗宗涛《敦煌变文用韵考》（1969）、周大璞《〈敦煌变文〉用韵考》（1979）、都兴宙《王梵志诗用韵考》（1986）、蒋冀骋《王梵志诗用韵考》（1996）、苗昱《王梵志诗、寒山诗（附拾得诗）用韵比较研究》（2004）等。近几年语音研究成果较少，语音研究进入了瓶颈期。

（二）词汇的研究特点

敦煌文献词汇的研究晚于语音，但研究成果最为丰硕，是敦煌文献语言研究的一个热点。其中论文数量最多，专著次之，词典最少，先后出版专著40来部，论文约700篇。各个阶段的研究成果数量不均衡，这与文献材料的通俗化特点有关，也与词语研究性质有关，因为阅读文献能遇到难解之字词，需要考释，故而问题也最易发现。变文材料最先用于词汇研究，但受时代、材料的影响，这一阶段之前成果较少，主要有关德栋《略谈"变"字的来源》（1947）、蒋礼鸿《敦煌变文字义通释》（第1版，1959）、《〈敦煌变文集〉校记录略》（1962）、徐复《敦煌变文词语研究》（1961）、张永言《读〈敦煌变文字义通释〉偶记》（1964）、刘坚《词语杂说》（1978）等。1980年开始，敦煌变文得到了语言学界更多人的青睐，诸如项楚、梅祖麟、刘坚、江蓝生、郭在贻、袁宾等学者，变文词汇研究迅猛发展，成就卓著，如项楚《敦煌变文语辞札记》（1981），郭在贻《敦煌变文校勘拾遗》（1983）、《〈敦煌写本王梵志诗校注〉补》（1981）、《敦煌变文校勘拾遗续补》（1983）、《王梵志诗校释拾补》（1987），江蓝生《"望空便额"别解》（1983），袁宾《"望空便额"校释质疑》（1983）等。20世纪90年代，变文词汇研究出现快速发展势头，成果更加丰硕。如郭在贻《郭在贻敦煌学论集》（1993）、蒋冀骋《〈敦煌变文集〉校注记零》（1990）、王锳《敦煌变文词义补笺》（之二）（1990）等。学者之间互相商补，词语训释更加准确。20世纪80年代到21世纪初，敦煌变文词语研究的成果相当突出，可视为井喷期。这些成果的问世与敦煌变文本身的口语性特点有关，也与敦煌变文的录文成果较多有关。王重民等《敦煌变文集》（1957）问世后，又有了项楚《敦煌变文选注》（1990）、郭在贻等《敦煌变文集校议》（1990）、潘重规《敦煌变文集新书》（1994）、黄征和张涌泉《敦煌变文校注》（1997）等研究问世。这些著录本的出现，给学界研究提供了极大便利，学者们在释读敦煌卷子的同时，参考录文，对其中的疑难词及口语词进行训释，敦煌变文几乎成为敦煌文献词汇研究的唯一。此外，由于早期研究难以见到图版，这也是考释文章较多的原因之一。

总体上看，词汇研究前期以变文词语训释为主。之后敦煌文献词语研究的语料范围、研究内容和方法进一步拓展。"从研究范围看，敦煌文献词汇研究由最初的集中于敦煌变文、敦煌佛经扩大到了包括敦煌愿文、敦煌书仪、敦煌碑铭、敦煌道经、敦煌歌辞、敦煌社会经济历史文书等在内的整个敦煌文献。""从研究内容看，敦煌文献词汇研究由早期的侧重疑难词语考释、方言俗语词和口语词探析，逐渐扩大到对词义系统、新词新义、常用词、复音词、构词法、同义词、专类词等的研究。""从研究方法看，除传统的训诂学方法外，语义场、概念场、认知语言学等现代语言学理论也越来越多地被引入敦煌文献词汇研究中；同时结合历史学、民俗学、宗教学等相关学科的交叉研究也受到更多关注，使敦煌文献的词汇研究更加科学化、立体化。"①该期产生了一系列成果，如曾良《敦煌文献字义通释》（2001）、

① 闫斯文、武振玉：《敦煌文献词汇研究综述》，《华夏文化论坛》2015年第2期，第208页。

陈秀兰《敦煌变文词汇研究》(2002)、张小艳《敦煌书仪语言研究》(2007)、《敦煌社会经济文献词语论考》(2013)、黑维强《敦煌、吐鲁番社会经济文献词汇研究》(2010)、杜朝晖《敦煌文献名物研究》(2011)等。而敦煌变文的研究则更趋细致缜密,也开始运用一定的当代语言理论,脱离了单纯的训诂式考证,如陈秀兰《敦煌变文与汉语常用词演变研究》(2001)一文,利用汉文佛典、敦煌变文、唐代笔记小说,探讨了"自/从"与"着(著)戴/挂披穿"两组常用词的演变情况,旨在说明敦煌变文对于汉语词汇史研究的价值。

综合起来看,敦煌文献词语研究成果丰硕,与材料自身的口语价值及研究方法、研究范式的创新有关。传统训诂学认为,文献的释读与对词语的正确理解密切相关。学界对敦煌文献进行历史、文学、文化、政治、经济等方面的研究必须建立在对文献的正确理解之上,因此,对于一些口语词、疑难词的训释就是首要的工作,尤其是敦煌变文这一全新的文学样式。到2022年,依然有关于变文疑难词语训释的成果刊发,如张涌泉、刘丹《敦煌变文疑难词语选释》(2022)。

在传统训诂的基础上,学界对敦煌文献词语的研究开辟了新的思路和方法,如杜朝晖《敦煌文献名物研究》(2011),结合壁画对名物词做考释,图文结合,论据可靠,是词语研究的一个全新思路。在前辈研究的基础上,后来的研究者结合传统训诂学和西方语言学理论,从语义场、语义演变模式、演变机制等角度出发,探讨敦煌文献中词语的语义演变过程,如李倩《敦煌变文单音动词词义演变研究》(2015)。这类成果大部分出现于21世纪,与敦煌文献的关注度和语言学界整体的研究动态有关。张涌泉(2001)就敦煌文献与汉语史的关系问题指出:"语言学界习惯以晚唐五代为界,把汉语的历史分成古代汉语和近代汉语两个大的阶段。敦煌文献大多是晚唐五代这个界标前后的产物,在汉语发展史上起着承前启后的作用,特别是其中以白话为主体的变文、曲子词、王梵志诗,以及愿文、契约等社会经济文书,更是近代汉语语料的渊薮,对于推究古今汉语演变之轨迹,考索宋元白话之源流,有不可替代的重大价值。"

分析归纳百年来敦煌文献词汇研究历史,可以看到如下几个特点。

第一,敦煌文献词汇研究,从俗文学到非文学文献,始于敦煌变文,后来逐渐扩展到各个领域,已发表的论文著作涉及变文、曲子词、书仪、发愿文、服饰词、契约文书、法治文书、邈真赞、社邑、识字课本等等。文章数量最多的是敦煌变文。这也造成一些遗憾,即"研究对象主要集中在某些类型文献,没有做到全覆盖"①。当然从整体上看,迄今还有一些文献未有涉及,如相书类、占卜类文献。

第二,词汇考释从早期的文学性猜测,到后期从文字出发的考释,结论更加可信。受文献资料的限制,早期学者仅能依靠一部《敦煌变文集》做出不懈努力,考释了大批疑难字词,功不可没。当初缩微胶卷在全国屈指可数,加之查阅困难,无法依靠可信的原卷做出准确的结论。随着图版的陆续公布出版,大大改变了研究条件,材料获取更加便利,材料支撑力度加大,故从文字角度出发考释的文章结论更加令人信服。

第三,许多字词的解释见仁见智,结论不一。《敦煌变文校注》择其要者列举了该书出版之前的一些文章,仍然是以文学性质的猜测居多。我们看到,变文中的字词,动辄有五六

① 周志锋:《敦煌学研究的一个新的里程碑——读〈敦煌文献语言大词典〉》,《敦煌学辑刊》2023年第1期,第209页。

人在考释，甚至更多。可以说，除了甲骨文、金文一字多解外，可与之相提并论的大概就是敦煌变文的词汇了。

第四，从训诂学角度出发的字词考释多，词汇学理论的研究少，理论性的阐释更少。

第五，具体词汇的字词解释多，宏观性的词汇系统研究少。

第六，重复性的考释较多。限于条件或认识的态度，有些词汇的考释前人早已研究，得出的结论也被大家认可，但是还有人在重复考释，认识并没有超越前人。

第七，随着研究的推进，出版的以敦煌某一类型文献为研究对象的系统性著作越来越多，已经有40来部。

第八，学位论文的撰写是研究敦煌文献词汇的一个重要途径，许多著作都是由博士论文、博士后出站报告或个别硕士学位论文修改而成。

第九，中国大陆和台湾地区的研究同时展开，大陆有十年“文革”的停滞，影响了研究进程的推进速度，改革开放后，研究迅速发展，成果丰硕。

（三）语法的研究特点

敦煌文献语法研究相对来说起步较晚，始于敦煌文献语言文字学研究史的第三个阶段，在第四个阶段到达了最高峰，研究对象是与口语有关的俗文学，主要是敦煌变文，其次是诗词，其他社会经济文献的语法研究则较少。将敦煌文献作为语法研究材料之一始见于1941年吕叔湘的《释景德传灯录中在、着二助词》一文，引用了刘复《敦煌掇琐》及《句道兴搜神记》，共4例（见《吕叔湘文集》第2卷，65-66页）。其后1946年的《与动词后得与不有关之词序问题》与《个字的应用范围——附论单位词前一字的脱落》中，也引用了敦煌文献中的例子。20世纪80年代后，随着近代汉语研究的兴盛，敦煌文献语法研究拉开了真正的序幕。该时期发表论文20余篇，主要是以敦煌变文为材料，如祝敏彻、尚春生《敦煌变文中的几个行为动词——穿、走、行李、去》（1984）。20世纪90年代研究势头持续，刊发论文30余篇，比20世纪80年代增加了五成，研究更加全面化、系统化，研究材料仍以敦煌变文为主，如阚绪良《敦煌变文中的“是”字》（1990）、林国伟《敦煌变文中“是”字用法略述》（1992）。这一时期还出现了系统论述的专著，即吴福祥《敦煌变文语法研究》（1996），这是敦煌变文语法研究的标志性成果。21世纪后到2022年，语法方面的论文有60余篇，比20世纪90年代增加了一倍。吴福祥《敦煌变文12种语法研究》（2004）的出版，标志着敦煌文献语法研究达到了一个新的高峰。洪艺芳《敦煌吐鲁番文书中之量词研究》（2000）、《敦煌社会经济文书中之量词研究》（2004）是两部描写细致并加以解释的代表性成果。

纵观敦煌文献语法研究成果，表现为随着时代的发展，研究不断深化，方法多样化，共时平面的描写与纵向材料的比较相结合，描写与解释并用，句法研究多于词法，研究领域不断拓展。特别是研究方法上，进一步加大了理论解释力度，能够利用当代语言学理论就其中一些问题积极探索，如语法化理论、语用学理论的运用，改变了初期研究的单纯描写，研究内容呈立体型多角度。有各类词性的探究，如助词、介词、副词、连词、量词、代词、动词、词尾；有句式的剖析解释，如对被动句的探讨，有张新武《敦煌变文中的被动句式》（1987）、刘子瑜《敦煌变文中的被动句式》（1997）、李文《〈敦煌变文集〉中的受事主语句》（1996）等；还有处置式、判断句、连动式等描写分析，均以敦煌变文为主要研究对象，兼有王梵志诗及其他社会经济文献语料。

在语音、词汇、语法研究的同时，还出现了敦煌文献与地方方言相互印证、互相阐释的研究现象。语音方面，罗常培《唐五代西北方音》是典型代表；词汇方面，最早的成果如孙其芳《敦煌词中的方言释例——敦煌词校勘丛谈之二》（1982）、李正宇《敦煌方音止遇二摄混同及其校勘学意义》（1986）、乔全生《现代晋方言与唐五代西北方言的亲缘关系》（2004）、王军虎《晋陕甘方言的“支微入鱼”现象和唐五代西北方言》（2004）、崔容《敦煌俗文学所见山西方言的韵摄分合现象》（2012）、黑维强系列论文《晋语与唐五代西北方言亲缘关系词汇例举》（2013）等。乔全生一文通过比较，表明“现代晋方言是唐五代汉语西北方音的直系支裔”这一论述继承了罗常培的看法，“进一步鉴定和确认了晋方音与唐五代汉语西北方音之间的‘亲缘’关系”。黑维强的论文通过典型例证对唐五代西北方言和晋语的亲缘关系进行了相对客观的考察，并分析了唐五代西北方言东缩的原因，同时阐述了敦煌文献在研究唐五代西北方言方面的参考价值，为相关研究提供了方法论参考。

（四）文字的研究趋势和特点

敦煌文献是写本文献，俗字现象极为突出而复杂。郭在贻等在《敦煌变文整理校勘中的几个问题》（1988）一文中曾就敦煌文献俗字现象做了高度的概括：“我们随便取一个变文的写本卷子来看，就可以发现俗字的使用不是个别的偶然的现象，而是连篇累牍，触目皆是。这些写本的字体，往往是楷隶行草，纷然杂陈；或繁或简，变化无端；点画偏旁，任意增损，可谓讹俗满纸，令人眼花缭乱。这种情况，不但对变文的阅读和研究造成了特殊的困难，也对变文的整理校勘提出了特殊的要求，即精通俗字。这就要求研究者对于汉字在各个发展阶段上的渊源流变了然于胸，同时善于运用偏旁分析和归纳类比等方法，去独立地辨识一些不见于字典辞书的俗字。可以这样说，通晓俗字是整理敦煌变文的最基础的一环。”[①]因此，敦煌文献文字的研究主要是对俗体字的研究，所取得的成果也主要是俗字方面的研究。

敦煌俗字整理校勘起步较晚，真正的研究突破和成果取得是近四十年来才有的。敦煌文献俗字研究一开始就有宏观性的理论指导，蒋礼鸿《中国俗文字学研究导论》（1959）一文对敦煌俗字和整个汉语俗字研究而言，是以启山林之作。20世纪80年代后，敦煌俗字有了更多的考释与更加系统的理论探索与总结，不仅有论文的发表，还有专门的理论性著作出版。例如，郭在贻、黄征、张涌泉《敦煌变文集校议》以及他们的一系列论文就是代表，他们运用“以俗治俗”的方法，在敦煌文献的研究中取得了丰硕的成果，也是敦煌俗字研究中的优秀之作，引导着汉语俗字的研究方向与理论探索。张涌泉《敦煌俗字研究》（1996）是敦煌俗字研究系统化和理论化的代表，也是汉语俗字理论研究的奠基之作。黄征《敦煌俗字典·前言》（2005）亦是敦煌俗字理论研究的代表。中国大陆的敦煌俗字研究成果以浙江学者所著称，而且成就卓著，令人瞩目。黄征在给于淑健《敦煌佛典语词和俗字研究——以敦煌古佚和疑伪经为中心》一书所作的《序》中说：“什么是训诂学、汉语史研究上的‘浙派’？我觉得历代汉语史料中的俗字、俗音、俗语词的考释研究，就是训诂学、汉语史研究

① 郭在贻、张涌泉、黄征：《敦煌变文整理校勘中的几个问题》，《古汉语研究》1988年第1期，第70页。

上‘浙派’的典型特点。”①

敦煌文献俗字研究的趋势和特点大致如下：

1990年之前研究成果较少，研究重点是敦煌变文俗体字的系统性、理论性研究，同时也有借音字、《千字文》、《字宝》、书写符号、武后新字等方面的研究。主要论文有蒋礼鸿《中国俗文字学研究导论》（1955）、曾荣汾《研究敦煌写卷文字之重要及其写例初探》（1979）、潘重规《敦煌卷子俗写文字与俗文学之研究》（1980）、王三庆《敦煌写卷中武后新字之调查研究》（1986）、周祖谟《敦煌唐本字书叙录》（1988）等。1990—1999年十年间的成果数量大大增加，研究范围更加广阔，理论化体系建立起来，研究深度加强，专门的俗字研究著作问世。具体的成果如郭在贻等《敦煌写本书写特例发微》（1990）、潘重规《用敦煌俗写文字校释文心雕龙刊本中残存俗字考》（1991）、朱凤玉《敦煌写本〈碎金〉系字书初探》（1991）、黄征《敦煌写本异文综析》（1992）、张涌泉《敦煌写卷俗字的类型及其考辨方法》（1992）、《俗字研究与敦煌文献的校理》（1993）等。2000—2009年十年间，敦煌文献文字的研究继承了上一个十年的强劲势头，成果突出，发表了论文55篇。主要是敦煌文献的俗字个体的考释分析，也有整体系统性的研究，也有与其他文献俗字进行比较的研究。主要成果有汪泛舟《敦煌俗别字补正》（2001）、曾良《敦煌文献字义札记》（2003）、叶贵良《敦煌道经形误字例释》（2009）、张涌泉《汉语俗字新考》（2005）、黄征《敦煌俗字例释》（2005）、《敦煌俗字要论》（2005）、《敦煌俗字重类考辨》（2005）等。2010—2021年十年间，发表论文54篇，与前一个十年的数量一致，俗字研究的对象进一步扩大，医药文献、佛经文献也进入研究范围，理论性阐述更加成熟，如徐时仪《敦煌写卷佛经音义俗字考探》（2010）、赵红《汉语俗字构字理据性初探——以敦煌吐鲁番文献为中心》（2011）、王亚丽《敦煌写本为中古用字提供书证例考——以敦煌写本医籍为中心》（2011）、谭世宝《略论唐至辽宋禅宗对悉昙文字及汉语言文字研究之贡献》（2012）等。同时，出现了专门的俗字论著和字典，如张涌泉《汉语俗字研究》（1995年第1版、2010年增订本）、《敦煌俗字研究》（1996年第1版、2015年第2版），黄征《敦煌俗字典》（2005年第1版、2019年第2版）等。

分析以上成果，敦煌文字研究内容大致分为三部分：一是俗字谱的整理与俗字典的编纂；二是具体俗字的识读与考释；三是俗字研究理论、方法的探索。因此，百年来敦煌俗文字的研究内容从具体的俗字识读到俗字构造理论分析，从具体的俗字比较到俗字理论阐释，从单篇论文到学位论文及专著、字典的编纂，形成了由点到面、由个别到一般的俗字学研究，并在张涌泉、黄征等一代学人的努力下，最终促成了敦煌俗字学到汉字俗字学这一新学科的诞生。

二、研究材料的特点

纵观百年敦煌学语言文字研究历史，可以看出，研究所用材料日趋丰富，逐步由单一到多样，由具体的某类文献到各类文献及其综合利用，由专门的语言学本体文献材料研究到其他文献所体现的语言文字相关材料研究。具体来说，表现如下：

---

① 于淑健：《敦煌佛典语词和俗字研究——以敦煌古佚和疑伪经为中心》，上海古籍出版社，2012年，第1页。

（一）语音方面的材料

敦煌文献的语音研究，第一阶段使用的材料集中于敦煌写本《切韵》等韵书和音义文献，如1925年刘复从巴黎抄录的王仁昫的《刊谬补缺切韵》（P.2011）残卷和两种《切韵》序文，收入他的《敦煌掇琐》一书。还如徐仁甫《跋巴黎国家图书馆所藏五代刊本〈切韵〉残卷后》（1942）、姜亮夫《普鲁士图书馆诸北宋刊本〈切韵〉跋》（1944）等。之后还如《毛诗音》《楚辞音》也进入学者研究视野，刘诗孙《敦煌唐写本晋徐邈〈毛诗音〉考》（1942）、《敦煌唐写本晋徐邈〈毛诗音〉考（二）》（1942）、《敦煌唐写本晋徐邈〈毛诗音〉考（三）》（1942）是其系列文章。敦煌文献中还有相当数量的音义类写本残卷，如P.3383、S.10、S.2729、S.5705《毛诗音》等。这类写卷的集大成之作是张金泉、许建平合著的《敦煌音义汇考》（1996）。第二阶段研究者将材料扩大到讲究用韵的俗文学作品。敦煌变文因其特殊的文体和口语化的特点，可以反映当时语音的实际情况，成为研究语音的重要材料。此外，敦煌曲子词、王梵志诗、寒山诗等口语化较强的文学作品也成了语音研究对象。王力在《汉语史稿》中就对敦煌俗文学的语音价值评说道："《切韵》以后，虽然有了韵书，但是韵书由于据守传统，并不像韵文（特别是俗文学）那样正确地反映当代的韵母系统。"[①]其价值可见一斑。

随着研究的深入，更多韵文类文献有了辑录本，可供语言学界使用，如郑炳林《敦煌碑铭赞辑释》的出版。邈真赞是唐五代时期敦煌当地文人写给当地人看的有韵之文，它的用韵必然能够对当地当时的实际语音做出反应。考察《邈真赞》的韵脚字，可以获得唐五代西北方音的极有价值的资料。汪学旺《敦煌邈真赞用韵考》（2004）一文对敦煌文献中的邈真赞的语音进行了系统研究，这也是学界首次用敦煌邈真赞的韵文考察西北地区语音情况的成果。除了以上有韵文的材料外，学者尽量挖掘其他材料供其研究，如梵汉对音材料、汉藏对音材料、粟特语对音材料，以及《俗务要名林》《时要字样》《字宝》《开蒙要训》等一些字书均成为研究西北方音的语料，成果显著。

（二）词汇方面的材料

敦煌文献词汇研究材料由最初集中于敦煌变文的研究扩大到了敦煌愿文、敦煌书仪、敦煌碑铭、敦煌歌辞、敦煌社邑文书、敦煌契约等社会经济类历史文书在内的整个敦煌文献；同时，敦煌佛经、道经的词汇也引起学者关注，研究材料不断拓展，呈现出由少趋多、由单一到多样的态势。

据统计，敦煌变文的成果数量最多。这是我国古代任何一部文献的词汇研究从未有过的现象，这与敦煌变文录文本的日臻完善、敦煌变文的语料特点有直接关系，也可以从另一个侧面看到这部分文献词汇的价值所在。2000年至今，词汇研究范围扩大，不再限于变文，敦煌文献的各个领域均有涉及，也产生了一系列研究论文及著作，如敏春芳《敦煌社邑文书量词"事""笙"辨考》（2005）、《敦煌愿文词语例释》（2005）、张小艳《敦煌书仪语言研究》（2007）、《敦煌社会经济文献词语考论》（2013）、陈晓强《敦煌契约文书语言研究》（2012）、洪帅《敦煌诗歌词汇研究》（2013）等。除社会经济文献外，佛教文献、道教文献也成为学

① 王力：《汉语史稿》，中华书局，1980年，第34页。

者的研究对象，如潘重规《敦煌写本〈六祖坛经〉中的“獦獠”》（1992）、方一新《敦煌写本〈生经·佛说舅甥经〉词语琐记》（1996）、蒋宗福《敦煌禅宗文献与语文辞书》（2005）、郑阿财《敦煌疑伪经的语言问题——以〈普贤菩萨说证明经〉为例》（2005）、周作明《敦煌道经语词札记》（2006）、于淑健《敦煌佛教疑伪经语言研究的价值》（2010）、张小艳《敦煌佛教疑伪经疑难词语考释》（2013）等。同时，敦煌佛教文献、道教文献中的词语研究成为个别高校博士、硕士学位论文的主要选题，如浙江大学叶贵良《敦煌道经词汇研究》（2005，博士学位论文）、兰州大学张颖《敦煌佛经音义研究》（2013，博士学位论文）等，此外，浙江师范大学、南京师范大学、四川大学等高校也不乏此类论文。

（三）语法方面的材料

语法方面的研究材料主要是与口语有关的俗文学，敦煌变文是主要研究对象，还有诗词、社会经济文献的语法研究。在国内，首次以敦煌文献为专门研究对象的是胡竹安《敦煌变文中的双音节连词》（1959）；国外是日本学者太田辰夫在《唐代文法试探》（1953）一文中最初使用了敦煌变文材料。受条件限制，国内语法研究最初所用的敦煌变文是1957年人民文学出版社出版的王重民等人整理的《敦煌变文集》。之后潘重规本、项楚本、郭在贻等本、黄征与张涌泉本等陆续出版，敦煌变文作为研究对象，文字校勘越来越准确，越来越可靠。在变文研究达到一定阶段后，其他俗文学也被纳入研究视野，敦煌曲子词、王梵志诗的语法现象被学界关注，如黄家全《〈王梵志诗一卷〉中的否定副词》（1985）、梁晓虹《谈王梵志诗中的“着”》（1989），甚至社会经济文献也进入研究视野，如范崇峰《敦煌医方量词两则》（2009）等。由此可见，文本材料的语言性质决定敦煌文献的语法研究论著集中在俗文学与社会经济类上。

（四）文字方面的材料

从目前的成果来看，首先，敦煌文字研究材料有专门的字书及其他与文字相关的材料，如敦煌写本《碎金》系字书、敦煌唐本字书、敦煌卷子《字宝》《时要字样》《千字文》、借音字、避讳字、书写符号、武后新字等。主要成果有蒋礼鸿《中国俗文字学研究导论》（1955）、曾荣汾《研究敦煌写卷文字之重要及其写例初探》（1979）、潘重规《敦煌卷子俗写文字与俗文学之研究》（1980）、张金泉《变文假借字谱》（1984）、王三庆《敦煌写卷中武后新字之调查研究》（1986）等。其次，敦煌变文、曲子词、敦煌医药文献、敦煌社会经济文献及敦煌佛经文献、道经文献、景教写经文献、敦煌本十三经校注中的俗字也是敦煌俗字研究对象，如马建东《敦煌俗字举隅——以写本相书为中心》（2008）、徐时仪《敦煌写卷佛经音义俗字考探》（2010）、李索与穆晶《敦煌写卷〈毛诗〉P.2529号异文例释》（2011）等。从研究成果看，俗字研究材料由单一到多样，由字书到一般文献，由具体某个文献中俗字的研究到多种文献的比较研究，材料选用渐趋多元化。

综上所述，敦煌文献语言文字研究材料涉及俗文学、社会经济文献、各类宗教文献。语音、文字的研究包括敦煌韵文材料、字书材料以及与之相关的其他材料；词语、语法的研究则主要关注变文、僧诗、曲子词、经济文书等直接反映当时口语现象的语料。

三、研究学者的特点

随着敦煌文献的不断整理公布，研究者力量日益壮大，呈现出老中青结合的状态。老一辈知名学者如王国维、罗常培、蒋礼鸿、姜亮夫、郭在贻、邵荣芬、徐复、项楚、刘坚、袁宾、王继如等，他们是敦煌文献语言文字学研究的开山者，筚路蓝缕，以启山林。敦煌语言文字学之魅力在这些研究中得以展现。在他们的引领下，培养了一批知名学者，如张涌泉、黄征、蒋冀骋、曾良、张小艳等。他们既继承老一辈学者严谨的治学风范，又勇于探索，开创新的领域，结合现代语言学理论，从语音、文字、词汇、语法等角度展开并深入研究，对敦煌文献进行多角度研究，取得了一系列重大成果。如张涌泉《敦煌俗字研究》《汉语俗字研究》、黄征《敦煌俗字典》、蒋冀骋《敦煌文献研究》（2005）、吴福祥《敦煌变文语法研究》《敦煌变文12种语法研究》、张小艳《敦煌书仪语言研究》《敦煌社会经济文献词语论考》等。在以蒋礼鸿、郭在贻、项楚、张涌泉、黄征等为代表的学者培养下，诸多博士、硕士学位论文以敦煌文献语言文字学为研究选题，为学术研究注入了新鲜血液。他们的学位论文出版引起了学术界的广泛关注，如杜朝晖《敦煌文献名物研究》（2005，博士学位论文）、李倩《敦煌变文单音动词词义演变研究》（2006，博士学位论文）等。截至2022年底，敦煌文献语言文字学博士、硕士学位论文约有150篇，内容涉及语音、词汇、语法、文字以及文献整理校勘。可以说，博士、硕士研究生的培养为敦煌语言文字学研究的后续发展储备了人才和力量。

四、新学科新理论诞生

敦煌文献的发现与研究，促成了近代汉语学科的建立发展和汉语俗字学理论的诞生。近代汉语研究的诞生与敦煌文献研究有直接关系。目前，语言学界公认的近代汉语的起讫时代是晚唐五代到清初，上限的确定就是以敦煌文献体现出的词汇和语法现象为特征的，这使得近代汉语的上限有了更加明确的界定。汉语俗字学理论就是在敦煌文献变文文字整理研究的基础上建立起来的，由蒋礼鸿提出，张涌泉、黄征、曾良等进行了系统化、理论化的阐述并最终建立，如今汉语俗字学已取得了显著成就。换句话说，敦煌俗字研究孕育了汉字俗字学的形成，就现有研究进程来看，完全可以说，没有敦煌俗字的研究，就没有汉字俗字学理论的真正建立，也就没有一系列俗字学研究成果的产生。目前，以敦煌文献俗字研究理论为指导，学界扩大了研究范围，如墓志文献俗字研究、戏曲文献俗字研究、民间契约文书俗字研究等。各类文献的俗字研究，正是汉语俗字研究的理论建立和引领的结果。

五、未来研究趋向

从已有研究成果来看，敦煌文献的语言文字研究有着广阔发展前景，可在现有成果的基础上继续深化，同时还可开拓更为广阔的研究领域。未来的研究，一是就已有研究问题的持续探索，使研究更加深入，如在佛教文献尤其是疑伪经的词汇、语法研究及敦煌文献整体的文字方面还可继续深入研究，同时还可开辟新的研究领域，如敦煌相书、占卜文献、地理文书等专题词汇研究还是空白，可进行相关词语的考释和系统词汇研究。二是新角度、新理论和新方法的借用和引入，也需要建构一定的研究范式，如可将敦煌文献中的某类社会经济文

献与民间同类文献的俗字进行比较研究，契约文书即是较合适的比较研究对象。敦煌契约文书中的俗字反映的是晚唐五代时期敦煌地区的书写特点，如与同期或晚期同一区域民间同类文献中的俗写字进行比较，则可观察俗写字的演变规律和特点，为俗字的研究提供新的思路和方法。三是敦煌文献数据库的建设和充分利用，可使研究中的材料更加充实和丰富。目前敦煌文献数据库建设使用较多的是国际敦煌项目（IDP）、敦煌遗书数据库（敦煌研究院发布，2022年8月19日上线），还有部分高校有关于敦煌文献的数据库。

谈音韵学在敦煌道教文献校勘中的作用

郜同麟（北京大学中国古文献研究中心）

【摘要】 敦煌道教文献中有不少韵文，对这些韵文的韵脚进行分析，可以解决一些校勘问题。分析韵脚字，可以确定异文的是非。对于无校本的文献，分析韵脚可以找出讹误所在，并做些适当的理校。文献中的一些异文与语音转变有关，对异文做音韵学分析可以判别正误并确定讹误产生的原因。

【关键词】 敦煌文献　中古道经　音韵学　校勘

在敦煌藏经洞发现的七万件左右的写卷中，有八百余件道教文献。这批道教文献大多抄写于唐代前期，或为今日已佚的文献，或保存了文献的早期面貌，有着极大的文献价值。不少学者为其中的部分写卷做过校录工作，但在一些细节问题的处理上或有欠缺。语言文字研究的一些方法为解决这些问题提供了很好的切入点，笔者曾从文字学、训诂学的角度做过探讨①，本文则举例讨论一下音韵学方法在敦煌道教文献校勘中的作用。

一、用音韵学的方法判断异文是非

道教文献中有大量韵文，找到韵脚并分析其押韵规律，可以很容易地判断异文是非。如：

例1，斯238号《金真玉光八景飞经》："如此一遍，天兵辅真，玉帝摄精。修行上彻，招致真灵。学无此章，仙道不成。"《道藏》本"精"作"魔"。

按："精""魔"意思相近，均为妖魔之义，从字义无法判断异文是非。此处"精""成"皆属《广韵》清韵，"灵"属青韵，可以协韵，作"魔"则出韵，显非。

① 郜同麟：《语言文字研究与敦煌道教文献校勘》，载《出土文献研究》第20辑，中西书局，2021年；郜同麟：《拘校道文：敦煌吐鲁番道教文献研究》，中国社会科学出版社，2023年，第450-483页。

例2，俄敦1962号+俄敦2052号+伯2728号《金真玉光八景飞经》："天▨▨（妃典）香，灵风扬烟，巨龙毒狩，备守玉关，琼凤抚翼，□（神）变（鸾）荫玄，众真晏礼，万圣朝轩。"《道藏》本"关"作"阙"。

按："关""阙"意思相近。但"关"为删韵，可与先韵之"烟""玄"以及元韵之"轩"押韵，作"阙"则出韵，显非。

例3，伯2576号背《上清三真旨要玉诀》："群精启道，封落山乡，千神百灵，并手叩类，泽尉捧炉，为我烧香。"《道藏》本"类"作"颡"。

按："类"字与"乡""香"不协韵，显非。荡韵之"颡"与阳韵之"乡""香"主要是声调不同，可以合韵。"叩颡"犹"稽颡"。

例4，伯2576号背《上清三真旨要玉诀》："尔乃远齐妙真，重起玄觉，明德内员，灵摽外足矣。终能▨（策）云軿以起▨（霄），书司命之丹录耳。"《道藏》本"足"作"定"。

按：烛韵之"足"与觉韵之"觉"及烛韵之"录"押韵，若作"定"则出韵，显非。"外足"与"内员"亦对文，即内外足备圆满之意，作"定"则与"员"无法对应。

这几例的情况较为简单，本文不再多举例。在有些情况下，通过押韵关系找出合适的韵脚字后，还应分析词义，方能确保结论无误。如：

例5，伯2576号背《上清三真旨要玉诀》："高上真皇，五帝太虚。保我泥丸，玄映五形。三光朗耀，日月洞明。飞云流霞，陶注玉精。练容保魄，神魂自生。千变万化，升入紫庭。"此引《洞真太上三九素语玉精真诀》，《道藏》本该经"虚"作"灵"。

按：此处"灵"与"形""明""精""生""庭"均为梗摄庚清青韵字，可以通押。敦煌本作"虚"则出韵，当系形讹。此处，"太灵"盖为对神灵的尊称，"五帝太灵"与前"高上真皇"皆神名。《洞真太上八道命籍经》卷下有"玉虚太灵无极天尊"[①]，《洞真上清青要紫书金根众经》卷上称"已枯复荣，已灭复生，得生上天，更禀太灵，九天之劫，反复胎婴"[②]，皆可证"太灵"之义。

例6，伯2576号背《上清三真旨要玉诀》："天真立日上，飞□（蕊）吐灵妙。清晨案天马，徊驾神玄家。"《道藏》本《洞真西王母宝神起居经》有此文，"妙"作"砂"。

按："砂"与下"家"协韵，当是。考"灵砂"为丹术用语，陈国符《中国外丹黄白法词谊考录》谓灵砂"即朱砂但非采自丱中而是制成的，并经过升华法提纯的，此在外丹术与黄白术中被认为是非常灵效的"[③]。《云笈七签》卷六九为《七返灵砂论》[④]，可参。"飞蕊吐灵砂"，盖谓日光中自然吐出灵砂一类的仙药。

在有些情况下，判断是否谐韵不能仅仅根据《广韵》之类的韵书，还需要考虑道教文献的特殊押韵方式以及南北朝音韵特点。如：

例7，羽612号《洞真高上玉帝大洞雌一玉检五老宝经》："若必绝辔虚漠，栖心洞门，体夷常洁，神守幽元，顿首经师之牖，启乞重玄之关，若强者必弱心，刚者必缺，然后天诚坦于无外，洞奥馥尔而无耳，而自然者甚寡，学而行之为难。"《道藏》本"若强者必弱心，

① 上海书店出版社编《道藏》（第33册），文物出版社、上海书店、天津古籍出版社，1988年，第512页。

② 上海书店出版社编《道藏》（第33册），文物出版社、上海书店、天津古籍出版社，1988年，第430页。

③ 陈国符：《道藏源流续考》，明文书局，1983年，第217页。

④ 张君房：《云笈七签》，中华书局，2003年，第1520页。

有刚者必九申”作“若强者必弱，刚者必缺”，“芬”作“无”。

按：此处看似并不押韵。但早期道教文献中用韵较宽，“真”“文”“元”类字（亦即臻摄、山摄字）大多通押不别[①]。即此羽612号便多有其例，如：“为泄慢天炁，得罪太玄，万神告恶，千灵致患，关罪太上，削生帝君，身被冥科，体绝形尘，死为下鬼，灌河填山。”“于是久存思者，则金姿曜于东华，玉形蜕于帝门，神映五老，腾跃三元，灵羽披空，炁结庆云，又能身生水火，放光万刃，项负宝曜，浮游孔（九）晨，分形散景，位为上真。”“夫三元君之出游也，则白日倾曜，引烛拔根，八风洞波，飙荡幽源，连晖九万，高霄舞晨，绛霞郁敷，黄云七缠。于是五老启涂，太帝扶轩，西皇秉节，东华扬幡，九天为之巅佪，太无为之起烟，幽炁隐蔼，八景连尘，顾眄罗于无上，俯仰周乎百圆。”此类之例极多，不烦再举。因此，此处“门”“元”“关”“申”“芬”“难”是可以押韵的，“缺”“无”则出韵，显非。“有刚者必九申”，盖谓性格刚直之人必多次申陈，与前“强者必弱心”义近。“馥尒而芬”则前后义近，指馥郁芬芳。

例8，羽612《洞真高上玉帝大洞雌一玉检五老宝经》：“夫心不壹则千虑臻，神不微则炁不真，思不感则道不任，精不苦则去真远。”《道藏》本“任”作“住”。

按：道教文献真文元通押，故“臻”“真”“远”是押韵的，但无论“任”还是“住”，于此处均不押韵。魏晋诗文及早期上清经中，侵、谈类字多与真、文类字合韵[②]。伯2352号《洞玄灵宝长夜之府九幽玉匮明真科》：“富贵凌贫贱，离夺人种亲，身受破裂报，魂鬼被髡钳。”盐韵之“钳”可与真韵之“亲”押韵。伯3022号《太上洞玄灵宝真文度人本行妙经》：“道君方自弹景龙云璈，霄音逸响，流激千寻。诸天郁勃，紫盖回玄。”侵韵之“寻”可与先韵之“玄”押韵。伯2606号《太上洞玄灵宝无量度人上品妙经》：“我界难度，故作洞文。变化飞空，以试尔身。成败懈退，度者几人。咲尔不度，故为歌音。”侵韵之“音”与文韵之“文”及真韵之“身”“人”押韵。所以，前引例中侵部的“任”是可以与“臻”“真”等字协韵的。从上下文看，“思感”则神真为降，则此处之“任”盖信任之义，指道不信任，不为下降。从文意看，“任”也是可以读通的。因此，此处当以敦煌本作“任”为是。

例9，北敦1017号《洞真上清经摘抄（拟）》：“驾炁眄空洞，乘景翘九天。龙旗郁广晖，羽盖生八烟。飙轮无轨滞，我马亦无津。握节入东华，夕晏玄阆岭。东带携五灵，解衿翘良人。冥感自适运，泛然亦有缘。俱齐凌篇翩，一扇动亿千。”《上清诸章颂》《上清诸真人授经时颂金真章》有此文，“岭”皆作“巅”。

按：此处“天”“烟”“津”等字谐韵，作“岭”似出韵，作“巅”则可以入韵。但早期道教文献中，梗摄字偶或与臻摄、山摄字合韵。如羽612号《洞真高上玉帝大洞雌一玉检五老宝经》：“大洞以高上为元始，太丹以雌一为内精，五老以自然为晨尊，太上以无英为玄清，黄老以志性为道本，白元以絜修为入员（真），［真］人以炁合而相降，仙要以精感而道成。”“真”与“精”“清”“成”押韵。伯2728号《金真玉光八景飞经》：“策五行以招魂，御豁落以威灵，命八景以登空，摄天魔于金真，披隐书于寂室，咏妙章于天间，理万章于上上，总帬（群）下于生生。”“真”“间”与“灵”“生”押韵。因此，前引之文中，“岭”字亦可入韵。后世作“巅”，可能正因误以“岭”字不合韵而妄改。

① 夏先忠：《六朝上清经用韵研究》，西南交通大学出版社，2010年，第42-50页。

② 郜同麟：《拘校道文：敦煌吐鲁番道教文献研究》，中国社会科学出版社，2023年，第135-136页。

例10，伯2386号《太上洞玄灵宝妙经众篇序章》：“灵运自应图，儵欻朗太空。灵书八会字，五音合成章。”此引《洞玄灵宝诸天内音自然玉字》，《道藏》本该经“章”作“文”。

按：“章”“文”于此处似乎均不押韵。但东类、阳类主要元音相近，无论在魏晋诗文还是在早期道教文献中，两类都有通押的情况[①]。前者如陆云《盛德颂》：“明明天子，有穆有容。至止锵锵，相惟辟公。宣声路寝，发号紫宫。颁此恺悌，以畜万邦。思乐皇庆，协于时雍。琴瑟在御，大予舞功。越裳委贽，肃慎来王。”[②]“王”与“宫”“邦”等韵。后者如伯2576号背《上清三真旨要玉诀》：“中有▨▨（辟邪）龙虎，截岳斩堽，猛狩奔牛，衔刀吞镶，揭山玃（攫）天，神雀毒龙，六头吐火，啖鬼之王。”“龙”与“堽”“镶”等韵。前卷又云：“风气忠（恶）疾，伏匿四方。玉液流津，上▨▨（下宣）通。内遣水火，外辟不祥。长生飞仙，身常休强。”“通”与“方”“祥”“强”等韵。实际上，前引之文前后也是“中”“宫”“双”等，与“王”“方”“光”等字押韵。因此，此处“章”字协韵，“文”字出韵，当以敦煌本作“章”为是。

伯2440号《太上洞玄灵宝大道无极自然真一五称符上经》：“此道既成，万物可通，对见鬼神，坐见八荒。能令日月，一暗一光；能令五色，易其青黄；能令星辰，违度改常。”《道藏》本“此道既成，万物可通，对见鬼神，坐见八荒”作“此道既相，万物可藏，录对鬼神，坐见八荒”。如前所述，此处“通”字可与下“荒”“光”等阳唐韵字押韵，后世作“万物可藏”，盖以“通”字不协韵而改写。

但需要注意的是，在判断异文是非时，需要辨明韵脚是与上文押韵还是与下文押韵，仅以合韵为标准的话，就很容易得出错误的结论。例如：

例11，羽612号《洞真高上玉帝大洞雌一玉检五老宝经》：“雌一合景，帝君内填，五神八间，玄母南面，右回八炁，弥纶百方，飞行布散，大混婴童，九真受炁，元父北方，纵体齐霄，参落辰空。”《道藏》本“百方”作“百万”。

按：作“万”与前“填”“面”押韵，似是。但如前所论，早期道经中东类、阳类多通押，“方”与后“童”“方”“空”亦押韵。此处只能通过文意判断。道教文献中表示物理上范围之广时多称“百方”，如《老子指归》卷三：“聪明并作，不释昼夜，经历百方，筹策万事。”[③]《汉武帝外传》：“未若凌虚之子，飞真之官，上下九天，洞视百方。”[④]《无上秘要》卷四一引《洞玄玉诀上经》：“灵符神杖，威制百方。”[⑤]皆其例。前引例中，“弥纶”即笼罩之义，“弥纶百方”，指前句之“八炁”笼罩范围极广，与下“飞行布散”义正相关。杜光庭《墉城集仙录》卷三“云华夫人”条：“且气之弥纶天地，经营动植，大包造化，细入毫发，在人为人，在物为物，岂止于云、雨、龙、鹤、飞鸿、腾风哉？”[⑥]称气能“弥纶天地”，与前引例中称炁“弥纶百方”文意一致，皆谓分布之广。因此，此处当以“方”字为是，“方”与下“童”“方”等字押韵。

---

① 关于早期上清经东类与阳类字通押的情况，可参见夏先忠《六朝上清经用韵研究》，西南交通大学出版社，2010年，第41-42页。

② ［晋］陆云撰，黄葵点校《陆云集》，中华书局，1988年，第113-114页。

③ ［汉］严遵：《老子指归》，中华书局，1994年，第39页。

④ 上海书店出版社编《道藏》（第5册），文物出版社、上海书店、天津古籍出版社，1988年，第58页。

⑤ 周作明点校《无上秘要》，中华书局，2016年，第599-600页。

⑥ 罗争鸣：《杜光庭记传十种辑校》，中华书局，2013年，第604页。

当敦煌本有脱讹，传世本又有较多异文时，也可用音韵学方法拟测文献原貌。如：

例12，伯2576号背《上清三真旨要玉诀》：“于是感▨（激）灵根，天兽来卫，千▨▨（精震）伏，莫干我。此自然之理使忽尔而然也。”

按：“感激灵根”以下三句皆四字句，“莫干我”三字不成句，“我”下当有脱文。《道藏》本《上清三真旨要玉诀》及《云笈七签》卷四六“我”下有“真”字，《洞真西王母宝神起居经》“我”下有“炁”字，《登真隐诀》卷中、《真诰》卷十“我”下有“气”字。此处，“我”下之字当与前“卫”字押韵。“卫”为祭韵，“炁”“气”为未韵，与之韵近，可以通押。作“真”则不能协韵，显非。

例13，伯2576号背《上清三真旨要玉诀》：“夫玄象虚极，枢达观所。适中心秀，虚浪▨（神）味。咀吸太和，体炁□寥。于是琼振奏向（响），万领宝招矣。”

按：此处前四句句意颇不明了，且“所”“味”与“寥”“招”皆不谐韵。《道藏》本《上清三真旨要玉诀》前四句作“夫玄象灵枢，达观所适，冲心秀朗，虚浪神味”，《洞真西王母宝神起居经》则作“夫玄象灵枢，达观所适，冲心秀虚，浪神味摽”。两书之文仍不能读通，但值得注意的是，“摽”与下“寥”“招”押韵。颇疑此处之“味”原当作“摽”，即高举之义。“神摽”，即神魂高飞。《太上九赤班符五帝内真经》：“神摽上清，威严九天。”[①]语意与前引之文相近。盖此处原作“标”或“摽”，后受下“咀吸”影响类化从“口”作“嘌”，“味”则又“嘌”字之讹。

二、用音韵学的办法发现讹误

有些敦煌道教文献无传世本对应，只能通过上下文校勘，此时分析上下文押韵情况尤其重要。如果一段韵文中有一句不押韵，那么，必然有脱误。如：

例14，北敦1017号《洞真上清经摘抄（拟）》：“八鸾唱涂，九凤同鸣。捶金折玉，浪钟拍琼。於（打）碧鼓之玄瑛，叩龙鼓革之碎碎。八狼衔律而晨飞，文虎雍吟以霄征。”

按：这段话中，“碎”字与“鸣”“琼”“征”等字不押韵，且该句多一字，显然有讹误。“鼓革”二字当即“鞁”字一字误为两字的结果。“鞁”为“鼓”之增旁俗字，《集韵·姥韵》：“鼓鞁，或从革。”[②]但“龙鼓”与前“碧鼓”重复，或“鞁”又为“鼙”“鼖”等从“鼓”之字的讹误。至于“碎”字，则应是庚、耕、清、青韵中某字之误。查《广韵》，四韵字中，意思相合、字形相近的只能是“砰”字。《说文·亏部》“平”篆字作“”，隶变作“”（见《尹宙碑》），手写从“平”之字多从此形。《说文·衣部》“卒”篆字作“”，隶变或作“”（见《尹宙碑》），俗写从“卒”之字亦多从此形，如伯2366号《洞渊神呪经》卷十“汝等各斩之万碎”，“碎”作“”形；又如伯2531号《庄子·山木》“萃乎其送往而迎来”，“萃”作“”形。因此，俗写从“平”、从“卒”之字极易相混。前引北敦1017号之“碎”正“砰”字之误，借助音韵学方法得以校正。

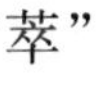

例15，伯3404号《老子化胡经》卷八：“朝闻慕老，不愿宁康。先因何业，寿命延长？

---

① 上海书店出版社编《道藏》（第33册），文物出版社、上海书店、天津古籍出版社，1988年，第518页。

② ［宋］丁度：《集韵》，上海古籍出版社，1985年，第339页。

吐气勃勃，逆风而香，身体容皃，殊姿异光。家眷大小，不婴灾。愿得闻之。”

按：此段引文均为四字句，且除末句外均隔句押韵，但“不婴灾”仅三字，亦不押韵，“灾”下当有脱文。从文意推测，所脱的应是“殃”或“祥（殚）”字。

例16，斯2295号《老子变化经》：“精思放我，神为走使，吾衡刚茅更胜负。生气在左，原气在右，中有黄气，元阳为。上通无极，九宫僮子。精之思之，可以成已。”

按：此处之文比较难懂，但“负”与“右”押韵，“子”与“已”押韵，中间“中有黄气，元阳为”两句既无法读通，亦不押韵，应有脱文。从句意看，这段话中有“左”有“右”有“中”有“上”，中间“元阳为”一句无方位词，那么，所脱的字应为方位词。在方位词中，能够与“负”“右”押韵的只有“后”字，那么，“为”下正应脱一“后”字。

斯2295号《老子化胡经》写卷脱误较多，且文字古奥，许多内容无法读通。分析韵脚可以找到其中的一些脱误之处，虽不能恢复原貌，但也能知其大意。如“偶而不双，只而不倚，附面（而）不离”，本应隔句押韵，但“倚”与“离”押韵，且“偶”“双”、“只”“倚”皆近义，而“附”“离”之义相反。可知“附而不离”中间脱了一句，应该复原作“附面（而）不［□，□而不］离”。又如“青白为表，黄黑为里，赤为生我，从一而始，中有黄气可绝酒，教子为道，先当修己”，“里”“始”“己”押韵，可知“酒”下当脱一字，颇疑所脱为“篚”字。又如“吾转运冲托汉事，吾民闻之，自有志乞，鄙自涑无姓字，因汉自职，万民见□，端直实心，乃知吾事，合知圣者习吾意”，这段话完全无法读通，但“事”“乞”“字”“事”“意”押韵，可知“见”下当脱一字，而首句以及“鄙自涑无姓字”“合知圣者习吾意”虽可押韵，但字数不足，应均有脱文。此外，如伯2004号《老子化胡经》卷十，斯4610号、伯3200号《长乐经》均全卷押韵，通过分析韵脚可以找出不少脱误之处。

三、语音演变与道教文献讹误分析

敦煌道经的创作时间多在东晋南北朝时期，抄写时间则主要集中于唐代前期，两者之间相距两三百年。这期间，语音已发生了许多变化。这就造成道经创作时协韵的韵文在抄写时不再协韵，抄写者有可能改字以协韵。《正统道藏》的校订、刊刻时间更晚，更有可能改字以协韵。从语音演变的角度分析敦煌本与《正统道藏》本的异文，恰可以看出后人窜改经文韵脚的痕迹[①]。

例17，北敦1017号《洞真上清经摘抄（拟）》：“三宝繁十方，亹亹空中澄。宛转随化理，一感法轮升。漠漠曖昧间，四大与时兴。空有靡不有，崔巍多山陵。太上无滞念，灭念归大乘。”《太霄琅书》卷十有此文，“四大与时兴”作“台殿悉化成”。

按：“澄”“升”“兴”“陵”“乘”皆为蒸韵字，可以谐韵，“成”则为清韵字。中古以后，梗摄字与曾摄字语音逐渐接近[②]，则似“成”亦可押韵。但南北朝时期，曾摄与梗摄相差较远。王力云：“（南北朝）蒸登与东冬钟相近，而它们距离庚耕清青甚远。”[③]在早期道

① 笔者曾用此方法考察过《九真中经》的文本问题，可参见郜同麟：《拘校道文：敦煌吐鲁番道教文献研究》，中国社会科学出版社，2023年，第135-139页。

② 王力：《汉语史稿》，中华书局，2004年，第223页。

③ 王力：《南北朝诗人用韵考》，《王力文集》第18卷，山东教育出版社，1991年，第32页。

教文献中，蒸韵字与梗摄字合韵的情况也非常少见[①]。因此，《太霄琅书》韵脚改作“成”，应是后世改动的结果。尤其值得注意的是，北敦1017号全句称“四大与时兴”，“四大”是来自佛教的术语。大约从南北朝末期起，道教界为应对来自佛教的指责，往往删改其经典中的佛教术语[②]，《太霄琅书》改作“台殿悉化成”大概也与此有关。从“成”字韵脚正可以大致推测这一改动出现的时代。

例18，羽612号《洞真高上玉帝大洞雌一玉检五老宝经》：“研天精之妙觉，绝万累之近想，而至行彰于辛苦，绝迹同于无量，三飡足于山涧，密诚著于遂住（往）。”《道藏》本、《大洞金华玉经》“量”作“景”。

按：“绝迹同于无景”，盖谓在人间绝迹，如同无形无影一般。又，《上清大洞真经》卷五《太虚后圣元（无）景彭室真君道经》“太虚空无景”，于“无景”旁小字注“山名”[③]。《无上秘要》卷四《灵山品》：“太极天中有太上日空无景之山，其山太霞之中有彭室，太虚元君所处。”[④]此句又或指绝迹空山，如同在天界无景山之中，无形无影。总之，此处作“景”是较为通顺的，作“量”则无法读通。

但此处上下文协韵，“量”与“想”“往”等字是可以押韵的，作“景”似出韵。不过，上古音“景”“京”“英”“迎”等字属阳部，至魏晋前后的诗文中，此类字仍多与阳唐类字押韵，如：

陆机《与弟清河云诗》十首其七：“存不阜物，没不增壤。生若朝风，死犹绝景。”[⑤]

陆云《赠顾尚书》：“天聪既昭，我实惟彰。乘风之凤，眷言朝阳。披云藻绣，来此旧乡。谦光自抑，厥辉愈扬。丽容魑翕，孔好已张。既照平林，具我华英。”[⑥]

早期上清经与东晋前后诗文押韵情况相近，以“景”为代表的一批转入庚清类的上古阳部字仍多与阳唐类字相协。如：

伯2576号背《上清三真旨要玉诀》：“少阴造（告）运，八道开张。三象顺回，纬度天梁。元始勒正，齐契四乡。奏简玄岳，上闻玉京。上帝高尊，记名无英。三官落死，九府顺昌。自尔之后，三界司迎。”

又云：“群精启道，封落山乡。千神百灵，并手叩类（颡）。泽尉捧炉，为我烧香。所在所经，万神奉迎。”

《上清大洞真经》卷二《上皇先生紫晨君道经》：“隐存雌雄，玄洞四乡。结中有青炁，号为案延昌。守曰和婴，理命永长。玄归固内，庆玄牢张。我日成真，飞仙云京。”[⑦]

《洞真太上素灵洞元大有妙经》：“天遐地广，九源开张。身履祸门，悬罪玉京。弥罗缠

---

① 夏先忠在《六朝上清经用韵研究》一书中曾统计了几例蒸韵字与庚清青韵字合韵的例子（参见该书第290页、292页），但其中两例是作者将原书“宁”字误录作“凝”字的结果，《真诰》中一例“凝”字不入韵。唯一稍可靠的是《太上玉晨郁仪结璘奔日月图》一例，但该经的成书时代应该稍晚。

② 郜同麟：《拘校道文：敦煌吐鲁番道教文献研究》，中国社会科学出版社，2023年，第282-295页。

③ 上海书店出版社编《道藏》（第1册），文物出版社、上海书店、天津古籍出版社，1988年，第545页。

④ 周作明点校《无上秘要》，中华书局，2016年，第31页。

⑤ 金涛声点校《陆机集》，中华书局，1982年，第156页。

⑥［晋］陆云撰，黄葵点校《陆云集》，中华书局，1988年，第71页。

⑦ 上海书店出版社编《道藏》（第1册），文物出版社、上海书店、天津古籍出版社，1988年，第523页。

络，玄洞云场。散宝拔罪，施以穷粮。罪消太阴，福生十乡。去故奉新，方隆未央。”①

《洞真太上紫度炎光神元变经》：“天为我屋，地为我床。五岳山川，为我桥梁。玄斗元精，为我衣裳。藏身七元之内，流火之乡。度我者太一务猷，过我者白元无英。灾不能干，兵不能伤。当令我身，上诣金阙九老之京。”②

此类之例尚多，不烦再举。可见早期上清经“景”“京”等字完全可以与阳唐类字押韵。但这种现象后世就已少见，抄者或以“景”字不协韵而改作形近而又属阳韵之“量”字，遂成敦煌本之貌。

据此规律，可以为一批道经校勘提供依据，如：

伯2440号《太上洞玄灵宝大道无极自然真一五称符上经》：“女人得之，妃后君王，玉僮从出，青要侍傍，既生贵子，颜君（若）太阳，寿与日月，色流三光。”《道藏》本“太阳”作“玉英”。“阳”“英”均可协韵，但“玉英”可能更为近古。

伯2431号《洞玄灵宝诸天内音自然玉字》：“身变毛羽，五色衣裳。苍龙碧辇，飞步空行。今日上吉，青天始阳。”《道藏》本“空行”作“行空”。其实此处“行”字可与“裳”“阳”等阳韵字押韵，《道藏》本作“行空”可能即后世以“行”字不协韵而误乙。

例19，北敦1017号《洞真上清经摘抄（拟）》：“玉清出九天，神馆飞霞外。霄台焕嵳峩，灵夏秀翳蔚。五云兴翠华，八风扇绿炁。仰吟消魔咏，俯研智与慧。万真启晨景，唱期绛房会。挺颖德音子，神映乃高拂。天岳凌空构，洞台深幽邃。游海悟井源，履真觉世秽。舞轮晏重室，筌鱼自然废。回我大椿罗，长谢朝生世。”“高拂”，《无上秘要》卷二十同，《云笈七签》卷九六、《诸真歌颂》作“拂沛”。

按：道教文献多以“拂霄”“拂空”等词表示高飞，如北敦1017号《洞真上清经摘抄（拟）》：“驾我八景舆，欻然入玉清。龙帬拂霄上，虎旗摄朱兵。”《上清太上帝君九真中经》卷下：“五帝夫人，蹑云把风。灵帔郁罗，佩琼带珰。羽裙拂霄，逸虚扇东。”③《上清高圣太上大道君洞真金元八景玉录》：“左挥南房，右指文昌。进趣奇蔚，会节顺翔。窈窕冲晨，蹀躞沧浪。炁贯逸馆，罗袿拂空。扬旄遏魔，秉旗招光。迁延内咏，心和魂畅。”④因此，“高拂”即高飞之义，于此文义可通。“拂沛”则文献中再无用例，似不可通⑤。

此段韵文中，“外”“会”为泰韵，“蔚”“炁”为未韵，“慧”为霁韵，“邃”为至韵，“秽”“废”为废韵，“世”为祭韵，各韵相近，且均为去声韵。“拂”为入声物韵，“沛”则是去声泰韵。从押韵看，似乎“沛”字更为合理。

但此处“外”“蔚”“炁”等韵脚，主要属于上古音的入声月、物二部。汉代以后，这部分字逐渐转入去声，但至东晋时期仍或与入声韵押韵。如谢灵运《辞禄赋》：“荷赏延之渥恩，在弱龄而覃惠。蒙圣达之眷顾，得乘闲以沉泄。虽镳羁之有名，恒游獎而匪滞。解龟组于城邑，反褐衣于丘窟。判人事于一朝，与世物乎长绝。”⑥其中，“惠”是霁韵，“滞”是祭

① 上海书店出版社编《道藏》（第33册），文物出版社、上海书店、天津古籍出版社，1988年，第420页。

② 上海书店出版社编《道藏》（第33册），文物出版社、上海书店、天津古籍出版社，1988年，第558页。

③ 上海书店出版社编《道藏》（第34册），文物出版社、上海书店、天津古籍出版社，1988年，第40页。

④ 上海书店出版社编《道藏》（第34册），文物出版社、上海书店、天津古籍出版社，1988年，第148页。

⑤ 谢明以为“拂”为盛义，与“沛”近义连文（参见谢明：《宋前道经疑难字词考释》，中华书局，2022年，第197–198页），其说较曲，不可从。

⑥ 欧阳询：《艺文类聚》，上海古籍出版社，1982年，第647页。

韵，但可与入声薛韵的“泄”“绝”及没韵的“窟”押韵。

在早期道教文献中，这一现象仍普遍存在，如：

北敦1017号《洞真上清经摘抄（拟）》：“八帝受事于玉轩，五老北朝于日阙。乃眺神于大有之方，回盻于妙罗之内。权八化于紫皇，求隐符于天外。”其中，“内”为队韵，“外”为泰韵，可与月韵“阙”押韵。

《上清大洞真经》卷二《高上虚皇道经》：“元气本非生，五涂承虚出。雌雄寄神化，森罗 幽郁。玉音响太和，万唱无中发。仙庭回九变，百混同得一。易有合虚中，俱入帝堂会。”①其中，“会”是泰韵，可与入声术韵“出”、物韵“郁”、月韵“发”、质韵“一”押韵。

《上清大洞真经》卷四《无英中真上老君道经》：“无英真上玄，玄充元素炁。寄频携运珠，混化启明日。正一左右仙，长挟林虚室。兆有五符籍，合仙得真契。魂生太无中，魄亦五道会。世世解死尸，七祖无住滞。神风吹胞树，根叶已断绝。胞中种鬼殃，五符开地结。长为神真王，应仙续万世。”②其中，“炁”为未韵，“契”为霁韵，“会”为泰韵，“滞”为祭韵，可与入声质韵“日”“室”、薛韵“绝”、屑韵“结”押韵。

《真诰》卷十七：“北游太漠外，来登蓬莱阙。紫云遘灵宫，香烟何郁郁。美哉洛广休，久在论道位。罗并真人坐，齐观白龙迈。离式四人用，何时共解带？有怀披襟友，欣欣高晨会。”③其中，“外”“带”“会”是泰韵，“位”是至韵，“迈”是夬韵，它们可以和月韵的“阙”、物韵的“郁”押韵。

类似之例尚多，不烦再举。由此可见，在前揭歌诗中，“拂”字是协韵的。随着语言的演变，“拂”字在此处显得音韵不协，故后世改作“拂沛”。“拂沛”一词不见于其他文献，很可能是后世道流生造的词。

总之，早期道教文献中韵文较多，通过分析韵脚字，可以判断异文是非，可以分析讹误产生的原因，还可以为无校本的文献做出理校。但值得注意的是，早期道教文献成书于东晋、南朝，其押韵特征既与以《广韵》为代表的中古音不同，也与以《诗经》为代表的上古音不同，而是处于从上古音到中古音的发展过渡之中。另外，这批文献用韵较宽，并且可能带有一些方言特征。在对这些文献中的韵脚字进行校勘时，需要先分析其押韵特点，方能得出可信的结论。

---

① 上海书店出版社编《道藏》（第1册），文物出版社、上海书店、天津古籍出版社，1988年，第520页。

② 上海书店出版社编《道藏》（第1册），文物出版社、上海书店、天津古籍出版社，1988年，第534页。

③［梁］陶弘景著，赵益校《真诰》，中华书局，2011年，第308页。

拂庐与穹庐

——微观视野下的吐蕃物质文化的双向交流*

黄维忠（中国人民大学国学院）

【摘要】本文结合汉藏文文献与考古图像资料，在分析美国普利兹克家族藏青海地区木棺板画中所见的拂庐与穹庐形象的基础上，厘清了拂庐（སྦྲsbra）与穹庐（གུརgur）系两种不同形式的毡帐，并从吐蕃物质文化的交流入手，讨论拂庐与拂庐亭、穹庐与蒙古包的关系。指出，拂庐（sbra）传入中原后，演变成拂庐亭；穹庐传入吐蕃后演变成后期在西藏流行的蒙古包，展示出我国古代多元文化在历史发展过程中的互动性、有机联系性和共生性。

【关键词】吐蕃　拂庐　拂庐亭　穹庐　蒙古包　物质文化

在世界范围内，游牧民的帐篷可分为两大类别——黑帐篷和蒙古包①，这正与我们今天要讨论的拂庐与穹庐相对应，黑帐篷即拂庐，蒙古包即穹庐。这两种帐篷形式在吐蕃时期出现在青藏高原上，从而为我们展示了吐蕃物质文化方面最精彩的交汇。但这也给学界带来了困扰，尽管学界对拂庐、穹庐多有研究，不少学者却把拂庐、穹庐混为一谈。

吕红亮的《“穹庐”与“拂庐”——青海郭里木吐蕃墓棺板画毡帐图像试析》一文明确指出，青海郭里木棺板画中的帐篷系汉文史料中的穹庐，而非拂庐；且在此基础上，其对汉文史料所见毡帐之不同系统——穹庐与拂庐进行仔细的爬梳整理，指出“大体在隋唐以前，史书有关北方游牧的民族记载中，凡涉及帐篷者，大都使用了‘穹庐’

*本文系中国人民大学重点课题“《古藏文辞典》编纂”（项目编号21XNL005）、中国藏学研究中心重点课题“西藏文化史”（项目编号2020ZD001）的阶段性成果。本文在撰写过程中，中国社会科学院的仝涛研究员、尹蔚彬研究员、中央民族大学的格日杰布博士都提出了很好的建议，特此一并致谢！

① 有人认为可以分为圆锥形帐篷、黑帐篷和毡制帐篷三种类型，可参见宗喀·漾正冈布、杜礼杨：《拂庐黑帐篷研究评论》，载《中国民族学》第26辑。

一词，以泛指以匈奴、突厥等为代表的北方民族使用的圆形帐篷（蒙古包）”，“隋唐以来，随着汉地与吐蕃联系渐深，汉文史料中普遍以‘拂庐’一词专指吐蕃的毡帐”[①]。

即便如此，后来的研究者在讨论青海吐蕃墓棺板画毡帐图像时，仍时不时将穹庐与拂庐混为一谈。而且是否存在拂庐的图像资料，在敦煌藏文文献中是否有关于穹庐的记载，诸如此类的谜团仍未解开。本文试图在解决上述疑团的基础上，从吐蕃物质文化的交流入手，讨论拂庐与拂庐亭、穹庐（gur）与蒙古包，从而展示吐蕃物质文化的双向交流。

一、美国普利兹克家族藏木棺板画中所见的拂庐与穹庐

学界将穹庐与拂庐混为一谈的最主要原因是并未找到吐蕃时期拂庐的图像资料。幸运的是，我们在美国普利兹克家族收藏的、从青海地区流散出去的木棺板画中看到了拂庐（见图1），而且其中一幅木棺板画同时出现了拂庐与穹庐两种毡帐形象。美国普利兹克家族收藏有一具完整的彩绘木棺，“整个木棺由16块宽窄不一的木板拼成，为前宽后窄的梯形棺，保存完好，包括棺盖”[②]。该彩绘木棺出自青海都兰县[③]，何时流散到美国已不得而知，在国内仅留下不完整的图片[④]。阿米·海勒（Amy Heller）在2013年发表的两篇文章中公布了较为完整的图版，并对木棺进行了研究[⑤]。此后，仝涛、夏吾卡先陆续在他们的论著中也对此木棺进行研究[⑥]。其中，仝涛对同时出现拂庐与穹庐的木棺右侧板有非常详细的介绍。

我们不妨先重点摘录与拂庐、穹庐关系密切的内容，再进行讨论：

> 木棺右侧板。长2.25，宽0.53米，由三块长条板拼合而成。描绘内容自右而左依次为：a.迎宾宴饮；b.出行队伍；c.灵帐哭丧；d.射鬼祭祀；e.动物献祭；f.骑兵清道；g.丧讫宴饮。
>
> 出行队伍下方有一白色小帐，底部有两层台阶，上层为蓝色，饰有一排莲花状壸门，下层为白色，上下边缘饰联珠纹。
>
> 骑兵左侧的剩余空间描绘的是宏大的宴饮场景。最左侧为一大帐，其内坐一人，正接受敬酒。帐外两侧各有一侍卫。帐前画面上下各有一排人物，上方为女

① 吕红亮：《“穹庐”与“拂庐”——青海郭里木吐蕃墓棺板画毡帐图像试析》，《敦煌学辑刊》2011年第3期，第70-83页。刘铁程在《“拂庐”考辨》一文中也强调青海郭里木吐蕃墓棺板画上的毡帐并非拂庐。参见刘铁程：《“拂庐”考辨》，《西藏研究》2011年第1期，第110-118页。

② 仝涛：《青藏高原丝绸之路的考古学研究》，文物出版社，2021年，第274页。

③ 青海省博物馆编《尘封千年的岁月记忆：丝绸之路（青海道）沿线古代彩绘木棺板画》，文物出版社，2019年，第55页。仝涛在《青藏高原丝绸之路的考古学研究》一书中谨慎地指出“可能出自青海海西地区”，参见仝涛：《青藏高原丝绸之路的考古学研究》，文物出版社，2021年，第274页。

④ 青海省博物馆编《尘封千年的岁月记忆：丝绸之路（青海道）沿线古代彩绘木棺板画》，第200页，图6.1。

⑤ Amy Heller, *Preliminary Remarks on Painted Wooden Panels from Tibetan Tombs*, In: B.Dotson et al.eds., *Scribes, Texts, and Rituals in Early Tibet and Dunhuang*, Proceedings of the 12th Seminar of the International Associationfor Tibetan Studies, Wiesbaden:Reichert Verlag, 2013, pp.11-24; Amy Heller, *Observations on Painted Coffin Panels of the Tibetan Empire*, Christoph Cuppers, Robert mayer, Michael Waltereds., *Tibet after Empire Culture, Society and Religion between 850-1000*, Proceedings of the Seminar Held in Lumbini, N epal, March 2011, Kathmandu: Dongol Printers, 2013, pp.117-168.

⑥ 夏吾卡先：《吐蕃系统彩绘棺板画研究三题》，《国学学刊》2022年第2期，第31-40，138页；仝涛：《青藏高原丝绸之路的考古学研究》，文物出版社，2021年，第274-278页。

性，皆拱手端坐于长毯上，一旁有侍女若干。下方皆为男性，皆端坐于长毯上，接受周围侍者的敬酒。两排人物之间是众多的侍者和童子，或献酒，或盛酒，或酒醉匍匐在地。上方女性一旁立一方形黑帐，其内有烹肉大锅支于火焰之上，一旁有侍者在摆弄。黑帐背后有二人在宰羊。在大帐后侧的山间，有几对男女正在交合，并有人围观，其旁有闲马几匹。①

图1　美国普利兹克家族藏彩绘木棺右侧板

（图版采自：Amy Heller，"Observations on Painted Coffin Panels of the Tibetan Empire"，2013，pp.117-168.）

从上面的描述和图版中，我们可以看到，木棺右侧板上有三顶帐篷，其中白色帐篷有两顶，出现在中间长条板的左右两侧，一大一小、圆形，小帐篷在右侧；黑色帐篷有一顶，出现在上面的长条板上，为方形。

在国内保存的该木棺右侧板不完整的图片中，仅出现一顶完整的帐篷。《尘封千年的岁月记忆：丝绸之路（青海道）沿线古代彩绘木棺板画》对此有这样的描述："右接羊群画面围绕穹庐毡帐展开，圆形毡帐顶部开喇叭形口，底部有上小下大的两层圆形台基，上层台基满饰圆形壶门，从近年来海西地区发掘出土的大量装饰壶门的构件来看，这种壶门的制作方式多是在木板上掏挖而成，且壶门内往往彩绘人物或动物，据此推测上层圆形台基的壶门内或许也装饰有彩绘图像。"②由此，明确指出该形式的帐篷为穹庐。

关于穹庐的圆形形制，文献中相关的记载并不多见。《南齐书·魏虏传》有载："以绳相交络，纽木枝枨，覆以青缯，形制平圆，下容百人坐，谓之为'繖'，一云'百子帐'也。"③这段话是南朝南齐使节出使北魏，回到江南后描述的其所看到的拓跋鲜卑穹庐的样子——形制平圆。白居易在833年所撰《青毡帐二十韵》一诗，描述了其62岁在洛阳任太子宾客分司时的穹庐形象：

合聚千羊毳，施张百子卷。骨盘边柳健，色染塞蓝鲜。北制因戎创，南移逐虏迁。汰风吹不动，御雨湿弥坚。有顶中央耸，无隅四向圆。傍通门豁尔，内密气

① 仝涛：《青藏高原丝绸之路的考古学研究》，文物出版社，2021年，第274-277页。

② 参见青海省博物馆编《尘封千年的岁月记忆：丝绸之路（青海道）沿线古代彩绘木棺板画》，文物出版社，2019年，第55页。图版参见该书第200页，图6.1。

③［梁］萧子显：《南齐书》卷57《魏虏传》，中华书局，1972年，第991页。

温然。①

其中的“有顶中央耸，无隅四向圆”描述的穹庐的形制是圆形的。考古资料中见到的穹庐形象最早出现于河西地区魏晋时期的壁画墓中，也多为圆形②。因此，圆形是穹庐最明显的标志。

方形的黑色帐篷（见图2）在不完整的图片中，仅显示出其中的一角，因此，被描述为“人字披形一类的毡帐”（见图3）③。

图2　方形的黑色帐篷

图3　保存在国内不完整图片的局部④

此黑色帐篷与文献中描述的拂庐正相吻合。《旧唐书》载：“辛未，吐蕃使人献马百匹及大拂庐可高五丈，广袤各二十七步。”⑤从“广袤各二十七步”可以看出，拂庐为方形。

拂庐与穹庐同时出现在美国普利兹克家族收藏的完整彩绘木棺的右侧板上，表明拂庐与穹庐确是两种不同形制的帐篷。

拂庐与穹庐的区别不仅仅表现在形制上，在古藏文文献中也是分别用不同的词汇表示的，拂庐写成“སྦྲsbra”，穹庐则是“གུརgur”。

拂庐究竟是哪个藏文词汇的音译，长期以来学界存在争议，但国内外学者莫衷一是。总体上有四种观点，一是认为来源于藏语“sbra”，意思是毡制的帐篷，该观点代表人物为劳费尔（Berthold Laufer）⑥；二是认为来源于藏语“phru”（phru ma），意为“宫殿”，该观点代

①［唐］白居易：《白居易诗集校注》卷31，中华书局，2006年，第2384页。

② 葛承雍：《丝路商队驼载“穹庐”“毡帐”辨析》，《中国历史文物》2009年第3期，第2、60–69、94–96、98页；程嘉芬：《北朝时期的方形帐篷与族群互动》，《中原文物》2014年第4期，第40–45、65页。

③ 青海省博物馆编《尘封千年的岁月记忆：丝绸之路（青海道）沿线古代彩绘木棺板画》，文物出版社，2019年，第55页。

④ 图版采自青海省博物馆编《尘封千年的岁月记忆：丝绸之路（青海道）沿线古代彩绘木棺板画》，文物出版社，2019年，第200页，图6.2。

⑤［后晋］刘昫等：《旧唐书》卷4《高宗纪上》，中华书局，1975年，第73页。

⑥ Berthold Laufer. “Bird Divination among The Tibetans, Notes on Document Pelliot No. 3530, With A Study of Tibetan Phonology of The NinthCentury”, *T' oung Pao 15*, 1914, p.92. 国内有不少学者接受这样的观点。如尼玛才让：《“拂庐”辩难》，《西藏研究》2013年第6期，第100–105页；宗喀·漾正冈布、杜礼杨：《拂庐黑帐篷研究评论》，《中国民族学》第26辑，甘肃民族出版社，2020年。

表人物是伯希和（Paul Pelliot）①；三是认为来源于藏语pho brang（赞普的帐篷），该观点代表人物是佐藤长②；四是认为来源于藏语氆氇（phrug），该观点代表人物是王尧③。其实，毡制帐篷“sbra”（spra）在吐蕃碑铭、敦煌藏文文献中出现过多次。《唐蕃会盟碑》东面（背面）碑文第61行有“sbra stud tshal”④，意为“上部帐篷园”。P.T.1075第10行、第12行、第26行中出现的三例“牛毛帐篷”均写作“spra”⑤。P.T.1134、P.T.1289、ITJ738中也曾出现过“sbra”一词。拂庐与“sbra”（spra）之间有明显的语音对应关系，且二者属于同一个语义范畴。无论从语音还是语义上，拂庐应是藏文“sbra”的音译⑥。

拂庐与穹庐的差异不止以上内容，为方便比较，列表1如下：

表1　拂庐与穹庐主要区别一览表

内容	穹庐（蒙古包）	拂庐（黑帐篷）	备注
语言来源	匈奴语“弓间”（གུར་gur）的音译	藏语（སྦྲsbra）的音译	
形制	圆形	方形，多为四方形	
颜色	白色	黑色为主	
结构	框架和篷毡相互独立，框架结构稳定	支撑结构和篷毡互为一体	
分布范围（中国境内）	主要流行于今东北草原以及新疆北部	流行于青藏高原牧区	有交叉地带
与吐蕃、吐谷浑有关的图像材料	青海湟源县古道博物馆藏彩绘木棺板画、海西州民族博物馆藏彩绘木棺板画、都兰县博物馆藏彩绘木棺板画、青海藏医药文化博物馆藏彩绘木棺板画、青海省博物馆藏彩绘木棺板画、乌兰县泉沟墓壁画，甘肃敦煌莫高窟第445窟、148窟、156窟，美国普利兹克家族藏彩绘木棺板画	美国普利兹克家族藏彩绘木棺右侧板	

资料来源为吕红亮：《“穹庐”与“拂庐”——青海郭里木吐蕃墓棺板画毡帐图像试析》、青海省博物馆编《尘封千年的岁月记忆：丝绸之路（青海道）沿线古代彩绘木棺板画》、仝涛：《青藏高原丝绸之路的考古学研究》。

① Paul Pelliot. “Quelques Transcriptions Chinoises de Noms Tibetains”, *T'oung Pao 16*, 1915, p.22.

②［日］佐藤长：《古代チベット史研究》同朋舍，1977年，第745–746页；汉译本参见金伟、吴彦、金如沙译《古代西藏史研究》，新文丰出版公司，2019年，第517页。西藏大学的夏吾卡先博士也接受这样的观点，参见夏吾卡先：《吐蕃系统彩绘棺板画研究三题》，《国学学刊》2022年第2期，第31–40、138页。

③ 王尧：《吐蕃金石录》，文物出版社，1982年。四川大学的吕红亮接受这样的观点，参见吕红亮：《“穹庐”与“拂庐”——青海郭里木吐蕃墓棺板画毡帐图像试析》，《敦煌学辑刊》2011年第3期，第70–83页。

④ 王尧：《吐蕃金石录》，文物出版社，1982年，第37页。王尧先生将“sbra stud tshal”音译为哲堆园，参见该书第43页。

⑤ 王尧、陈践：《敦煌古藏文文献探索集》，上海古籍出版社，2008年，第361–362页（藏文原文）、第339–340页（汉译文）。

⑥ 刘铁程、尼玛才让等人有详细的讨论。参见刘铁程：《“拂庐”考辨》，《西藏研究》2011年第1期，第110–118页；尼玛才让：《“拂庐”辩难》，《西藏研究》2013年第6期，第100–105页。

其实不仅当今的学者容易将拂庐与穹庐混为一谈，即便古人也是如此。宋人程大昌（1123—1195）的《演繁录》曾对毡帐（百子帐）的来源、形制进行了详细考证，其中提及了拂庐：

唐人昏（婚）礼多用百子帐，特贵其名与昏宜，而其制度则非有子孙众多之义。盖其制本出戎虏，特穹庐、拂庐之具体而微者耳。棬柳为圈，以相连琐，可张可阖，为其圈之多也，故以百子总之，亦非真有百圈也。其施张既成，大抵如今尖顶圆亭子，而用青毡通冒四隅上下，便于移置耳。①

《演繁录》所描述的“棬柳为圈，以相连琐，可张可阖，为其圈之多也，故以百子总之”“其施张既成，大抵如今尖顶圆亭子，而用青毡通冒四隅上下，便于移置耳”，正是穹庐的特征，与拂庐差异甚大，所以《演繁录》提及的“特穹庐、拂庐之具体而微者耳”中的拂庐是误记，或者说因同为毡帐，程大昌并没有将穹庐与拂庐区别开来。

厘清了拂庐与穹庐的区别，可以说为学界关于此两种帐篷的争议画上了圆满的句号。下面，我们回归到吐蕃物质文化的主体上，看看拂庐的向外传播和穹庐在青藏高原上的传播情况。

二、吐蕃物质文化的双向交流

物质文化系指吐蕃在日常生活中的衣、食、住、行诸方面所表现出的文化形态，系一个民族的安身之本。在吐蕃的对外交流中，物质文化的交流是双向的，既有吸收（丝绸、穹庐、狮子像、金银器），又有输出（赭面、拂庐、马球等）。但是像毡帐（穹庐、拂庐）这种既有吸收，又有输出的现象是最具特色的。

（一）拂庐与拂庐亭

“拂庐”一词在汉文文献中出现，最早见于杜佑（735—812）的《通典》：

其君长或在跋布川，或居逻娑川，有小城而不居。坐大帐，张大拂庐，其下可容数百人。兵卫极严，而衙府甚狭。②

说的是吐蕃赞普所居之处为“大拂庐”。

成书于945年的《旧唐书》，载“贵人处于大毡帐，名为拂庐”③。

成书于1060年的《新唐书·吐蕃传》对拂庐的描述显然来自《通典》，只是有所增益：

其赞普居跋布川，或逻娑川，有城郭庐舍不肯处，联毳帐以居，号大拂庐，容数百人。其卫候严，而牙甚隘。部人处小拂庐，多老寿至百余岁者。④

新旧唐书强调吐蕃人居住用的毡帐有大小之别，即贵人处于大拂庐，而部人处于小拂庐。

---

①［宋］程大昌：《演繁录校证》卷13“百子帐”条，中华书局，2018年，第940页。

②［唐］杜佑撰，刘锦文等点校《通典》卷190《边防典六·吐蕃》，中华书局，1988年，第5171页。

③［后晋］刘昫等撰《旧唐书》卷196《吐蕃传上》，中华书局，1975年，第5220页。

④［北宋］欧阳修、宋祁撰《新唐书》卷216上《吐蕃传上》，中华书局，1975年，第6072页。

至于拂庐传入中原之事，见载于高承[①]《事物纪原·舟车帷幄部四十》“拂庐”条：

唐书吐蕃处于大毡帐，名拂庐，高宗永徽五年献之，高五丈，广袤各二十七步，其后豪贵稍以青绢布为之，其始以拂于穹庐为号也。宋朝每大宴犒，亦设于殿庭，曰拂庐亭，此盖其始也。[②]

日本著名藏学家佐藤长在20世纪50年代便关注到这一史料，在其《古代西藏史研究》中加以引用，并认为这是吐蕃文化影响汉地的唯一例子[③]。《事物纪原》所载表明，650年吐蕃献拂庐以后，唐朝豪贵便立即将其改造，黑色牦牛毡帐变成“青绢布”帐。“始以拂于穹庐为号”可以理解为唐朝豪贵对圆形的穹庐颇为熟悉，而将同为毡帐的方形、黑色的拂庐比拟成穹庐。时至宋朝，朝廷犒赏群臣时，在殿庭上摆上吐蕃特色的拂庐，并将其命名为“拂庐亭”。

检索汉文典籍中有关“拂庐亭”的记载，史料非常少。除《事物纪原》外，还有一处提及，即13世纪的宋代诗人苏泂的《金陵杂兴二百首》：

扫地须臾架屋成，风流尤胜拂庐亭。吹来一片杯中雪，看著花枝醉忽醒。[④]

说的是很快搭建起来的帐篷，美观度比拂庐亭更胜一筹。

（二）穹庐与蒙古包

汉文史籍中有关穹庐的内容非常丰富，涉及如匈奴、鲜卑、吐谷浑、契丹等诸多北方少数民族。匈奴“父子乃同穹庐而卧”[⑤]。鲜卑“俗善骑射，随水草放牧，居无常处，以穹庐为宅，皆东向日”[⑥]。吐谷浑“虽有城郭而不居，恒处穹庐，随水草畜牧”[⑦]，到了后来，情况有所变化，出现城居的情况，但仍保留了毡帐形式，称“百子帐”，即穹庐[⑧]。幸运的是，吐谷浑穹庐的形象在青海海西地区的彩绘木棺板画上得以完整地保留下来。

吐谷浑时期（5世纪—663年）的墓葬中，“彩绘木棺葬具已经相当流行”[⑨]。现有的研究表明，青海湟源县古道博物馆、海西州民族博物馆、青海省藏医药文化博物馆、青海省博

---

① 高承（1078—1085），宋元丰年间人。《事物纪原》，陈振孙书录解题亦云：“中兴书目作十卷，高承撰，元丰中人。凡二百十七事。今此书多十卷，且多数百事，当是后人广之耳。”

② ［宋］高承：《事物纪原》卷3，收入王云五主编《丛书集成初编》，商务印书馆，1937年，第1211册，第286页。

③ 参见［日］佐藤长：《古代チベット史研究》，同朋舍，1977年，第745-746页；汉译本参见金伟、吴彦、金如沙译《古代西藏史研究》，新文丰出版公司，2019年，第563-564页。实际上，吐蕃文化影响到汉地的例子不仅仅只有拂庐，还有赭面、马球等习俗，这方面已经有深入的研究，此不赘述。

④ ［宋］苏泂撰《泠然斋诗集》卷6，四库全书珍本初集，第24页。

⑤ ［汉］司马迁撰《史记》卷110《匈奴列传》，中华书局，1982年，第2900页。

⑥ ［西晋］陈寿撰《三国志》卷30《乌桓鲜卑东夷传》，中华书局，1973年，第832页。

⑦ ［北齐］魏收撰《魏书》卷101《吐谷浑传》，中华书局，1974年，第2240页。

⑧ ［唐］姚察、姚思廉撰《梁书》卷54《河南传》载：“有屋宇，杂以百子帐，即穹庐也。”中华书局，1973年，第810页。

⑨ 仝涛：《青藏高原丝绸之路的考古学研究》，文物出版社，2021年，第102页。

物馆等单位所藏彩绘木棺板画中有近20块属于吐谷浑时期①。其中，根据收录青海古代彩绘木棺板画相对较全的《尘封千年的岁月记忆》一书，可以判定为吐谷浑时期（5世纪—663年）的穹庐共有6顶，分别是：青海湟源县古道博物馆藏彩绘木棺板画侧板2上绘有2顶穹庐、侧板3上绘有1顶穹庐，青海省藏医药文化博物馆藏彩绘木棺版画绘有1顶穹庐，海西州民族博物馆侧板1上绘有1顶穹庐、侧板2上绘有1顶穹庐②。这些图像形象地展示了穹庐的结构、形制。

毡帐框架是由活动的木构架交叉连接而成，据此推测这种毡帐框架是和篷毡相互独立的，没有篷毡的情况下框架结构也足够稳定不致倒塌，将框架竖立就构成了基本的内部圆形空间，后覆以篷毡。我们今天看到的彩绘木棺板画上众多的圆形毡帐采用的应该都是这种制作工艺，但其形制并不完全统一，区别多在顶部，有的开喇叭形口，有的开圆形口，有的还在开口上方再加人字披形构件。此外，我们在青海藏文化博物院展出的一块彩绘木棺板画中还发现了另外一种毡帐，这种毡帐较以上几种要矮小很多，另外，覆盖在毡帐框架上的篷毡似乎是用不同颜色的毛毡拼接而成，而不像以上几种圆形毡帐和篷毡使用的是一种单一的颜色③。

我们先来看一下青海湟源县古道博物馆藏彩绘木棺板画侧板3（见图4）。在该侧板上，一头牛身上驮载的货物（见右局部图）显然是篷毡和毡帐框架（帐架）。根据这一图像，完全可以证实“毡帐框架和篷毡是相互独立的”，而无须“推测”了。加人字披形构件的穹庐，“或为避免雨雪落入毡帐内”④。

图4　青海湟源县古道博物馆藏彩绘木棺板画侧板3及局部图⑤

---

① 其中，海西州民族博物馆有2块，湟源县古道博物馆、青海省藏医药文化博物馆、青海省博物馆等“至少有14块”。参见仝涛：《青藏高原丝绸之路的考古学研究》，文物出版社，2021年，第102–103页。据青海省藏医药文化博物馆馆长助理德吉卓玛介绍，其馆馆藏棺板画一共38件（套），90块板，大部分是吐蕃时期的。

② 图版分别参见青海省博物馆编《尘封千年的岁月记忆：丝绸之路（青海道）沿线古代彩绘木棺板画》，文物出版社，2019年，第114–115、118–119、121、167、170–171页。

③ 青海省博物馆编《尘封千年的岁月记忆：丝绸之路（青海道）沿线古代彩绘木棺板画》，文物出版社，2019年，第22页。

④ 青海省博物馆编《尘封千年的岁月记忆：丝绸之路（青海道）沿线古代彩绘木棺板画》，文物出版社，2019年，第21页。

⑤ 图版采自青海省博物馆编《尘封千年的岁月记忆：丝绸之路（青海道）沿线古代彩绘木棺板画》，文物出版社，2019年，第118–119页，图1.13。

吐谷浑时期（5世纪—663年）的穹庐，在663年吐谷浑被吐蕃吞并[①]之后，仍在其所辖的范围内流行[②]。从青海吐蕃时期墓葬中彩绘木板画上的图像看，吐谷浑时期与吐蕃时期的穹庐结构一致，形制基本趋同。

学界已有的研究表明，吐谷浑王国通行的语言以吐谷浑语为主。见于记载的且明确为吐谷浑语的主要有可汗（官家或首领）、处（唯诺）、阿干（兄长）、莫贺（父）、乌祁（王）等少量的几个[③]。我们认为，敦煌藏文文献中出现的གུར一词，系吐谷浑语的音译词或借词。

གུར一词在P.T.1283、P.T.1042等敦煌藏文文献中出现过多次。P.T.1283中，གུར一词出现了5次，语义均为帐篷（穹庐），试举一例：

（564）།གུར་གྲོ་བས་གཡོག་པ་སྡེ་ལྔ་མཆིས་ལ། /gur gro bas g·yog pa sde lnga mchis la/[④]

汉译：有五个部族用白桦树皮覆盖穹庐。

གུར一词在P.T.1042更是反复出现达15次之多，并出现了尸帐（ring gi gur dang）与灵帐（thugs kyI gur）等专有名词，与丧葬礼仪有密切关系：

40.།ཕངས་བོན་པོ་ཆུ་ངུས། རིང་དང་རིང་གུར་དང་། ཞལ་གྱིས་སྤྱན་དྲངས་ཏེ། །

（40）phangs bon po chu ngus / ring dang ring gur dang / zhal gyi spyan drangs te / /

41.སེའི་སྒོར་གཤེགས་ནས། །ཐུགས་རྐྱེན་གྱི་རྣམས། ཞུགས་ཆད་ཏང་། འོར་གྱེར་གྱིས་བཅད་།

（41）se'i sgor gshegs nas / / thugs rkyen gyi rnams / zhugs chad tang / 'or gyer gyis bcad /

42. ནས། །ཐུགས་སྤུར་མཇལ་ཏེ། །རིང་གྀ་ཞལ་དང་། ཐུགས་ཀྱི་ཞལ། །རིང་གི་གུར་དང་། ཐུགས་ཀྱྀ་གུར།

（42）nas / / thugs spur mjal te / / ring gI zhal dang / thugs kyi zhal / / ring gi gur dang / thugs kyI gur /

43.ལན་གསུམ་གཏུགས་ནས། །མཇལ་སྐྱེམས་ཡམས་གཅིག་གསོལ། །ནས་རིང་རྐྱེན་ནི་དེར་གཞེས།

（43）lan gsum gtugs nas / / mjal skyems yams gcig gsol / / nas ring rkyen ni der gzhes/

汉译：小旁苯波将带尸体、尸帐，侍者引路至封土墓前，烧毁灵魂供品，巫师高诵仪轨。此后，灵尸、尸体互相会见。尸首和面具、尸帐与灵帐互碰三次，并饮一口相会酒[⑤]。

以上文献中的གུར一词，语义均为帐篷（穹庐）。但从藏文的原意看，藏语gur-sgur包含圆的-变成圆的/歪曲等意思，并没有房子、帐篷的本意。格日杰布博士认为，用གུར一词指帐篷是吐谷浑语的借词，或是同形异义词[⑥]。

---

①གུར一词与吐谷浑语，乃至蒙古语ger的关系问题，详见特尔巴衣尔、黄维忠所撰《从穹庐一词的语源看中国古代多民族文化交流》一文。

②这已被众多的青海吐蕃时期墓葬中彩绘木板画上的图像所证实，学界相关成果甚多，代表性的即为仝涛所著《青藏高原丝绸之路的考古学研究》一书，可参见其第六章《吐蕃时期（7世纪中期—8世纪）考古遗存》第六节《木棺板画及其展现的文化图景》，此不赘述。

③周伟洲：《吐谷浑史研究》，商务印书馆，2021年，第107-108页。

④藏文原文参见西北民族大学、上海古籍出版社、法国国家图书馆合编《法藏敦煌藏文文献》第11册，上海古籍出版社，2010年，第356页。

⑤藏文原文参见西北民族大学、上海古籍出版社、法国国家图书馆合编《法藏敦煌藏文文献》第10册，上海古籍出版社，2009年，第74页；汉译文引自夏吾卡先《吐蕃系统彩绘棺板画研究三题》，《国学学刊》2022年第2期，第31-40、138页。

⑥此系笔者与格日杰布博士微信讨论时的观点。

གུར一词作为帐篷之意在时间相对较晚的敦煌藏文密教文献①中也出现过。P.T.245《密宗超度仪轨》第7—8行便出现རིན་པོ་ཆེའི་གུར（宝帐）一词②。此后，在藏传佛教教法类文献中，像金刚帐rdo rje gur、宝帐怙主mgon po gur之类的词屡见不鲜。

只是由སོག和གུར组成的སོག་གུར（蒙古包）一词晚至18世纪才出现。我们通过收录藏文古籍相对较全的tbrc全文检索，目前能查到的文本中有20个出现了སོག་གུར。时间最早的，出现在一位禅定寺高僧卓尼·扎巴谢珠（co ne grags pa bshad sgrub，1675—1749）的文集中，在谈到金刚帐rdo rje gur时，以སོག་གུར进行类比③。

其实，སོག（sog po）一词最早在敦煌藏文文献中便已经出现。P.T.2762吐蕃文与汉文对译词汇中，sog po对译汉字为“胡”④。此后，该词陆续出现在《红史》(1363)、《雅隆尊者教法史》(1376)中，但并未专指蒙古。因为“13—15世纪，藏族人是以Hor⑤称蒙古的”⑥。时至16世纪下半叶至17世纪上半叶，藏文文献中出现了hor sog这样一个特殊词汇。18世纪前后，hor变成专称，特指霍尔三十九族，sog成了蒙古族的泛称，因此出现了སོག་གུར（蒙古包）这样的组合词。19世纪中叶甚至出现了蒙古包的形象（图5），图中标注的sog povi phying gur，即སོག་གུར。

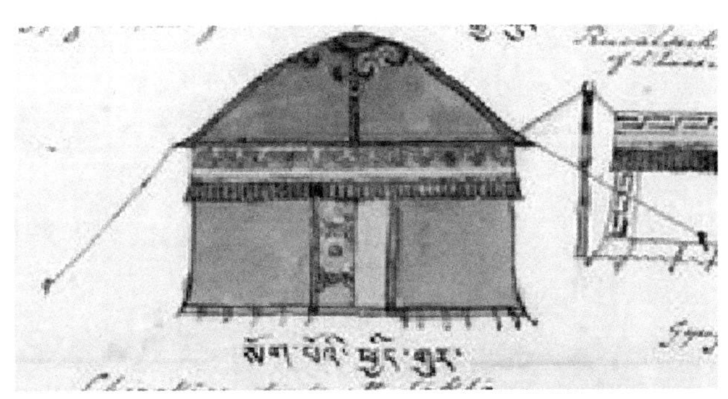

图5　怀斯收藏品⑦3033号蒙古包的形象（局部）

① 学界一般认为，敦煌藏文密教文献比世俗文书的时间更晚些，有的甚至晚至10世纪末、11世纪初了。

② 藏文原文参见西北民族大学、上海古籍出版社、法国国家图书馆合编《法藏敦煌藏文文献》第4册，上海古籍出版社，2007年，第175页。

③ 《卓尼·扎巴谢珠文集》(18册)，中国藏学出版社，2009年。

④ 关于Sog po一词，学界有不同看法。参见苏鲁格：《藏文史料中的“蒙古”称谓辨析》，《西藏研究》1987年第1期，第55-58页；杨铭：《古藏文文书Sog po一词再探——兼与苏鲁格同志商榷》，《西藏研究》1988第1期，第100-103、107页；苏鲁格：《Sog Po称谓证补——答杨铭同志之商榷》，《西藏研究》1988第3期，第101-109页。

⑤ Hor同样最早出现在敦煌藏文文献中，但学界对其族属问题众说纷纭。新近的研究可参见石硕、拉毛太：《论藏文文献中“ཧོར”(霍尔)的概念及范围》，《青海民族研究》2016年第2期，第149-154页。

⑥ 杨铭：《古藏文文书Sog po一词再探——兼与苏鲁格同志商榷》，《西藏研究》1988第1期，第103页。华仟家福认为Hor“不是蒙古族名的称谓，而是成吉思汗及其子孙所建立的政权之称谓”，参见华仟家福：《“Hor”与“Sog po”——藏语语境下的蒙古政权与族名称谓》，《四川民族学院学报》2021年第2期，第8-11页。

⑦ 怀斯可能是詹姆斯·福恩斯·诺顿·怀斯（James Fownes Norton Wise，1834—1885），其1856年在印度，1883年著有《东孟加拉邦的种族、种姓和贸易笔记》。大英图书馆中的怀斯收藏品标为“Add.Or.3013-3043”，共收录31幅图，系由藏族艺术家创作于1844—1862年间。

三、结论

中国是一个幅员辽阔、物产丰富、人口众多的多民族国家。在历史长河中，吐蕃王朝（633—866）与唐朝（618—907）几乎可谓相伴相生。唐朝文化“严整宏伟、气势磅礴、瑰丽多姿”[①]的特点同样适用于吐蕃文化。在吐蕃物质文化、制度文化、精神文化三大文化体系中，物质文化最为突出的特点便是双向交流。其中，在当代游牧地区仍在使用的拂庐（黑帐篷）、穹庐（蒙古包）这两种帐篷形式于吐蕃时期相会于青藏高原上，最能体现出吐蕃物质文化双向交流的特点。

从拂庐到拂庐亭，从穹庐到蒙古包，反映出我国古代多元文化在历史发展过程中的互动性、有机联系性和共生性。

① 徐连达：《唐朝文化史》，复旦大学出版社，2003年，《总论》第3页。

匈奴、单于、撑梨、祁连、阏氏、居次等译音词误读千载而不知

李正宇（敦煌研究院）

【摘要】匈奴、单于、撑梨、祁连、阏氏、居次等词，是古匈奴语译音词。译音词的读音当与古匈奴语原音相对应。后世，汉字读音有变，但这些民族语译音词则应保持原译字的读音不变。这是译音词的一大特性。若译音词不读其原译音，便失去译音词的性质及作用，不堪称为译音词了。匈奴——古读hong-nu（洪奴），今误读作xiong-nu（兄奴）；单于——古读dan-wu（丹乌），今误读作chán-yü（缠于）；撑梨——古读tang-li（唐梨），今误读作chēng-li（称梨）；祁连——古读tan-li（谈梨），即“撑梨”（tāng-lī）、“登里”、“邓林”、“腾格里”之别译，今误读作qi-lian（齐莲）；阏氏——古读“曷氐”（at-di急读，则为a-di=阿氐），今误读作yan-zhi（烟支）；居次——古读gu-zi（姑子），别译为“股紫”，今误读作jü-cì（拘赐）。类似上述误读之译音词颇多，如：居延、姑衍、呼衍、浑邪、浑耶、昆邪、呼延、壶衍、握衍，虞衍、朐衍、屈射、五船，车师、姑师、恶师，龟兹、屈兹、苦叉、库策、库撤、苦先、库彻、库车、月氏、月支、禺氏、檅支、皋兰、贺兰、合黎、鄃鄜、胡卢、壶卢、哈喇、哈儿、高句骊、高句丽、高丽、加罗、新罗、鞣鞨、勿吉、窝集、吉贝、古贝、劫贝、曲尤（典尤）、苦峪，塔里屯、滩纳泰、达尔图、达里图、都尔伯勒津、得尔布津、杜尔柏津、都尔伯珍、朵里伯珍、朵里伯真、塔尔巴津、跌烈半金等等。以今音读之，彼此隔膜，似不相干。其中某些译音词，古代学者已有注音，但今人不知所用注字之古音，而用今音读之，乃成误读而不知其误。

【关键词】匈奴　古匈奴语　译音词

匈奴、单于、撑梨、祁连、阏氏、居次等词，是古匈奴语译音词。译音词的读音，当与古民族语原音相对应。清代吴玉搢指出：“盖夷狄

之名，初无定字，译者各以其声之相近者传之。”①古民族语的原音今已不可得知，但从其始译时代的原译音可以得其仿佛。所谓“得其仿佛”，是由于汉语及汉字多难恰切地表达他种民族词语的原音，往往只能大体模拟其近似之音或省译其音，期与原音从同或相近，较匈奴语的原音会有某些差异，但可得其“近是”或“近似”。

后世，汉字读音有变，但这些民族语译音词则应保持其原译字的读音不变，这是译音词的一大特性。若译音词不读其原音，便丧失了译音词的性质及作用。如美国总统“罗斯福”，这三个字又音li-ki-bi（离其毕），可将这位美国总统叫作“离其毕”吗？

匈奴、单于、撑梨、祁连、阏氏、居次等古译音词今人不读其原音而用变音读之，于是，译音词被异化变质，沦落成为既不表音的地步，也就丧失其表意功能了，没有资格称之为词了。为使这类误读千载的译音词回归其本位，谨以所举六例加以辨析，祈正于明达诸君。

一、匈奴

“匈奴”一词始见于《逸周书》：“匈奴狡犬，狡犬者巨身。”又曰：“正北空同、大夏、莎车、姑他、旦略、貌胡、戎翟、匈奴、楼烦、月氏、孅犁、其龙、东胡，请令以橐驼、白玉、野马、騊駼、駃騠、良弓为献。”②《逸周书》为战国时人托古之作，据此可知，“匈奴”一词当为战国时期所译的匈奴语译音词。今人皆读作xiōng-nú，但战国、秦汉时期尚无现代汉语的X（希）声母。X声母是后世从上古g、k、h、z、c、s演变出来的。这就是说，战国及秦汉时期原本没有xiong-nu这样的语音，更何谈出现xiong-nu（匈奴）这种译音词。

为行文方便，先说“匈奴”之“奴”字。

《春秋左传正义·文公六年》：“宣子使臾骈送其孥。”陆德明《释文》：“孥（nu），音奴（nu）。”此谓“孥、奴”同音nu。《广韵·模韵》：“奴，乃都切（nū）。”黄侃先生指出此字“古今（音）同”③。

《急就章》卷二：“原辅辐，宣弃奴（nu）。殷满息，充申屠（d‘u）。夏修侠，公孙都（du）。慈仁他，郭破胡（hu）。”④此以奴、屠、都、胡押韵，可知“奴”音nu。

《易林》卷一《泰之剥》：“渊涸龙忧，箕子为奴（nu）。干叔殒命，殷破其家（gu）。”⑤此以奴（nu）、家（gu）押韵，可知“奴”音nu。

东汉辛延年《羽林郎》：“昔有霍家奴（nu），姓冯名子都（du）。依倚将军势，调笑酒家胡（hu）。胡姬年十五，春日独当垆（lu）。长裾连理带，广袖合欢襦（ȵu）。头上蓝田玉，耳后大秦珠（du）。两鬟何窈窕，一世良所无（mu）。”⑥此以奴、都、胡、垆、襦、珠、无等字押韵，可知“奴”音nu。

①［清］吴玉搢辑，许翰校《别雅订》卷4“墨突”条，中华书局，1985年，第48页。

②黄怀信、张懋镕、田旭东：《逸周书汇校集注》卷7《王会解》，上海古籍出版社，2007年，第888、920页。

③黄侃：《黄侃论学杂著·音略·古声》之“泥本声·奴”字条，上海古籍出版社，1980年，第73页。

④张传官：《急就篇校理》卷2，中华书局，2017年，第103-104页。

⑤刘黎明：《焦氏易林校注》卷1，载《泰之剥》，巴蜀书社，2011年，第229页。

⑥［南朝陈］徐陵编，［清］吴兆宜注，程琰删补，穆克宏点校《玉台新咏笺注》卷1，中华书局，2011年，第26-27页。

现在讨论“匈奴”的“匈”字读音：

周、秦、汉时期“匈”音hong。江永考证“工、功、红、凶、兇、匈，恭，降”诸字上古属平声东韵，即后世之“东冬钟江（ong、eng、ing、ang）”四韵合一的ong韵，其中“凶、兇、匈、恭、降”等字同音hong①。例如：

《老子》第十六章：“不知常（deng）②，妄作凶（hong）。汉帛书《老子甲本》‘凶’作‘匈’③，知常容（heng）④，容乃公（gong）。”此以常、凶（匈）、容、公押韵，则“凶（匈）”音hong。

西汉史游《急就篇》第三：“系臂琅玕虎魄龙（long），璧碧珠玑玫瑰瓮（wong）。玉玦环佩靡从容（heng），射魃辟邪除群凶（hong）。”⑤此以龙、瓮、容、凶为韵，则“凶（匈）”音hong。

西汉焦赣《易林》卷一《屯之渐》：“二人俱东（dong），道路争讼（song）。意乖不同（tong），使我汹汹（hong）。”⑥《易林》卷二《比之颐》：“腾蛇乘龙（long），岁饥蓬蓬（peng）。年岁饥凶（hong），民食草蓬（peng）。”上例，以东、讼、同、凶、龙、蓬为韵。一再表明周、秦、汉时期“匈、凶、汹、兇”诸字读为hong（洪）。

“匈奴”二字连读，其音则为hong=nu（洪奴）。今人读作xiong-nu（兄奴）是六朝以来的误读。

《汉书·王莽传》载，始建国二年（10）王莽改号“匈奴”为“降奴”⑦，周、秦、汉时期“降”亦音hong，举证如下：

《诗·大雅·旱麓》：“瑟彼玉瓒，黄流在中（dong）。岂弟君子，福禄攸降（hong）。”⑧

屈原《离骚》：“帝高阳之苗裔兮，朕皇考曰伯庸（yong）。摄提贞于孟陬兮，惟庚寅吾以降（hong）。”⑨

宋玉《风赋》：“故其清凉雄风（beng），则飘举升降（hong）。乘凌高城（d‘eng），入于深宫（gong）。”⑩以上，用中（dong）、降（hong）、庸（yong）、风（beng）、城（d‘eng）、宫（gong）为韵，知“降”音hong（洪）。

《礼记》：“天气上腾（teng），地气下降（hong）。天地不通（tong），闭塞而成冬

---

①［清］江永编，［清］戴震参定《古韵标准》卷1“平声第一部”，中华书局，1985年，第23-35页。

②朱谦之：《老子校释》，中华书局，1984年，第66页。“常”今音chang，阳韵，禅纽，属舌上音。而周秦汉读为deng，属东韵、端纽，舌头音。

③高明：《帛书老子校注》，中华书局，1996年，第301页。

④《文渊阁四库全书》，商务印书馆，1984年，第240册，第981页。“容，户经切（音heng）”，并引东汉蔡邕《翠鸟诗》：“庭陬有若榴，绿叶含丹荣。翠鸟时来集，振翼修形容。回顾生碧色，动摇扬缥青……”为证。

⑤张传官撰《急就篇校理》卷3，中华书局，2017年，第253-258页。周、秦、汉时，“匈、訇、兇、凶、胸、汹、詾、詾”诸字同音hong。

⑥刘黎明：《焦氏易林校注》卷1《屯之渐》、卷2《比之颐》，巴蜀书社，2011年，第72-73页。

⑦［汉］班固撰，［唐］颜师古注《汉书》卷99中《王莽传中》，中华书局，1962年，第4121页。

⑧［汉］毛亨传，［汉］郑玄笺，［唐］孔颖达疏，［唐］陆德明音释，朱杰人、李慧玲整理《毛诗注疏》，上海古籍出版社，2013年，第1443页。

⑨［清］江永：《古韵标准》卷1《平声第一部·东韵》“降”字条，《丛书集成新编》，新文丰出版公司，1985年，第40册，第311页。

⑩［战国］宋玉著，萧平编注《风赋及其他》，中华书局，1959年，第9页。

(dong)。”[①]以腾、降、通、冬为韵。

又如：阮籍《东平赋》：“遵间维而长驱兮，问迷罔于菀风（beng）。元云兴而四周兮，寒雨沦而下降（hong）。忽一痦而丧轨兮，蹈空虚而遂征（deng）。扶摇蔽于合墟兮，咸池照乎增城（d‘eng）。欣煌熠之朝显兮，喜太阳之炎精（zing）。测虚舟以逞思兮，聊逍遥于清溟（ming）。谨玄真之谌训兮，想至人之有形（heng）。”[②]以风、降、征、城、精、溟、形为韵，亦表明“降”音hong，“降奴”“匈奴”同音。

天凤二年（15），王莽又改“降奴”为“恭奴”[③]。汉代“降”“恭”“匈”三字亦音通。如“共”音gong，而从“共”得声的“洪、哄、烘、垬、鉷、硔、蕻、蕻、閧”皆音hong；“工”音gong，而从“工”得声的“红、虹、荭、鸿、魟、泟、讧、玒、叿、灴、仜、澒”等字皆音hong。又，《广韵·绛韵》载：“虹，古巷切。”虹音缸（gang），又音hong[④]（如“虹梁、霓虹、彩虹”），而现代北方方言又音jiang（降），最能说明“降”“恭”“匈”三字音通之实。先师黄焯教授说：“凡古声异类之相通者，其通于甲者亦可通于乙。”[⑤]可知汉代“恭奴”“降奴”皆读同“匈奴”（hong-nu=洪奴）。如此，则“匈奴”“降奴”“恭奴”三者，又可互证其音同为hong-nu（洪奴）。

综上所论，“匈奴（hong-nu）”这个译音词以及由“匈奴”衍生的“降奴”“恭奴”，皆读作hong-nu（洪奴），不可读作xiong-nu。数百年来，人们竟不知这个雄踞北边的强悍族群及其屹立数百年的古老王国的真实读音，却莫名其妙地呼为xiong-nu（兄奴）。假使当年用xiong-nu呼唤匈奴人，必使匈奴人茫然不知呼唤谁何；至于秦汉时期的汉人，同样不知xiong-nu何所谓。将“匈奴”读作xiong-nu，误呼千载而不知，让人匪夷所思。

二、单于

“单于”一词始见于《战国策·燕策三》，曰：“太傅鞠武谏曰，‘愿太子急遣樊将军入匈奴以灭口，请西约三晋，南连齐楚，北媾（讲）於单于，然后可图也。’[⑥]”此事在燕王喜二十八年（前227）。因知“单于”一词为战国晚期匈奴语之译音词，读为dan-wu（丹乌），而今人误读为chán-yü（缠于）。

《类篇·吅（xuan）部》载“单”有九音[⑦]。其中，“时连切”（shan）、“时战切”（shàn）、“齿善切”（chǎn）、“上演切”（shǎn）、“之膳切”（zhàn）等五切，声纽分别为zh、ch、sh，皆舌上音，乃六朝以来始有的读音，战国及秦汉时尚无舌上音。黄侃先生曾指出，上古声类之“端、透、定”。中古时期其中一部分变作“知、照，彻、穿、审，澄、神、禅”[⑧]。也就

① ［汉］郑玄注，［唐］孔颖达疏，吕友仁整理《礼记正义·月令》，上海古籍出版社，2008年，第723页。

② ［三国魏］阮籍著，陈伯君校注《阮籍集校注》卷上，中华书局，1987年，第15页。

③ ［汉］班固撰，［唐］颜师古注《汉书》卷94下《匈奴传下》，中华书局，1962年，第3828页。

④《宋本广韵·绛韵》：“虹”一音gang，一音hong，见［宋］陈彭年等编《宋本广韵》，中国书店，1982年，第325页。

⑤ 黄焯：《古今声类通转表·后论》，上海古籍出版社，1983年，第286页。

⑥ 何建章注释《战国策注释》卷31《燕策三》，中华书局，1990年，第1191页。

⑦ ［宋］司马光等编《类篇》卷4，上海古籍出版社，1988年，第52页上栏。

⑧ 钱玄同录《黄季刚先生著音学八种·声韵通例第五表》，收入黄侃：《黄侃声韵学未刊稿（上）》，武汉大学出版社，1985年，第362页。

是说，上古音无“知、照，彻、穿、审，澄、神、禅”诸纽①。故黄侃先生所定“古声十九部”，无“知、照，彻、穿、审，澄、神、禅”诸纽。因知战国及秦汉时期“单于”之“单”不读chan或shǎn或zhàn。

唐颜师古说：“单于，匈奴天子之号也，单音蝉（chan）。”②今人将“单于”读为chan-yü（缠于），盖据颜师古之说。但chan（蝉）为舌上音，战国及秦汉时期尚无此音。因知颜师古音chan-yü（缠于）实属误读。

《类篇·吅（huan）部》又载，“单”有“多寒切”（dán）、“党翰切”（dǎn）、“唐干切”（tan）、“徒案切”（d‘àn）四切，实则只是tán、dǎn、d‘àn三切。但反切之法，始自曹魏之孙炎，且此四切又不知是否出自孙炎，不足表明其为战国译音，故不足倚信。

唯司马贞《史记索隐》注“单音丹（dan）”③为“单”的“直音”，最为可信。《史记·历书》载“端蒙单阏二年”，《集解》引徐广曰：“‘单阏’一作‘亶安’。”汉代“单”字读舌头音dan（丹、亶），因知“单于”之“单”当音dan。这就是说，“单”当读为dan（丹），不读chan（缠）、shǎn（陕）、zhàn（展），或tan（弹）、d‘àn（探）。

再说“单于”之“于”字读音：

“于”字上古音读wu（乌），不读yü（雨）。《尔雅》《说文》《毛传》皆曰：“于，於也。”《广雅》：“於，于也。”同音wu（乌）。《说文·亏部》：“亏，於也。”徐铉注：“今变隶作于。”段玉裁注：“‘於’者，古文‘乌’也……‘于、於’二字，为古今字。”又指出“于、於、乌”三字古音无别，皆音乌（wu），故可互为借代。

战国时，秦将樊於期逃往燕国。《战国策·燕策三》“樊於期”之名凡四见，而《史记·邹阳传》载“樊於期逃秦之燕”，引“於”作“于”。又，《史记·三王世家》载“於戏小子闳”，《集解》载“於戏，音呜呼”。据此可知，战国秦汉“于”字读wu（乌），不读yü（雨）。

西汉史游《急就篇》卷二：“司马褒，尚自于（wu）。陶熊罴，解莫如（ȵu）。乐欣谐，童扶疏（dɑk）。痛无忌，向夷吾（wu）。”此用于、如、疏、吾押韵，则知“于”音wu。

西汉焦赣《易林》卷一《屯·无妄》：“鸣条之灾，北奔犬胡（hu）。左衽为长，国号匈奴（nu）。主君旄头，立尊单于（wu）。”此以胡、奴、于为韵，知“于”音wu（乌）。

上举诸例，确证战国、秦、汉“于”字音wu（乌），“单于”二字连读，则为dan-wu（丹乌）。由此证知，战国、秦、汉时之译音词“单于”当音dan-wu（丹乌），今人读为chan-yü，实属误读，应予纠正。

《汉书·王莽传下》载，天凤二年（15）五月，王莽改匈奴“单于”为“善于”④。“善”字，上古亦音dan（丹）（后世之舌上音shan，上古读为舌头音dan）。《路史》载，舜师“纪后、拜蒲衣、亲单卷”。（纪后、蒲衣、单卷，皆尧舜时高士），罗泌注：单卷即“善卷”⑤，也表明上古“善”字读dan（丹），“善于”则读作dan-wu，与单于（dan-wu）同音。由此可

① 黄侃：《黄侃论学杂著》之《音略·古声》，上海古籍出版社，1980年，第71-73页。

② ［汉］班固撰，［唐］颜师古注《汉书》卷4《文帝纪》，中华书局，1962年，第130页。

③ ［汉］司马迁撰《史记》卷110《匈奴列传》，中华书局，1959年，第2907页。

④ ［汉］班固撰，［唐］颜师古注《汉书》卷94下《匈奴传下》，中华书局，1962年，第3828页。

⑤ ［南宋］罗泌：《路史》卷11《后纪·有虞氏》，中华书局、中国书店，1989年，第134页。

知，王莽改“单于”为“善于”，乃“就音改字”，或曰“改字不改音”。近有网文坚执“单于”当音shàn-yü，且引《汉书》之“善于”为证，是不知古无舌上音也［今人读“鄯善”为shàn-shàn，属舌上音，而汉代无此音；汉代读“鄯善”为舌头音dan-dan（丹丹）］。据此可知，dan-dan（丹丹）则是“鄯善”的正读，而shàn-shàn实属误读。

唐、宋、明时期文人仍知“单于”当读dan-wu，不读chan-yü。例如：

唐高适诗：“东出卢龙塞，浩然客思孤（gu）。亭堠列万里，汉兵犹备胡（hu）。边尘涨北溟，虏骑正南驱（ku）。转斗岂长策，和亲非远图（tu）。惟昔李将军，按节出皇都（du）。总戎扫大漠，一战擒单于（dan-wu）。常怀感激心，愿效纵横谟（mu）。倚剑欲谁语，关河空郁纡（you）。”①

唐王维《少年行》：“一身能擘两雕弧（hu），虏骑千重只似无（mu）。偏坐金鞍调白羽，纷纷射杀五单于（dan-wu）。”②

唐杜甫《哀王孙》：“窃闻天子已传位，圣德北服南单于（dan-wu）。花门剺面请雪耻，慎勿出口他人狙（cu）。哀哉王孙慎勿疏，五陵佳气无时无（mu）。”③

唐鲍溶《淮南卧病闻李相夷简移军山阳以靖东寇感激之下因抒长句》：“太白星前龙虎符，元臣出将顺天诛（zhu）。教闻清净萧丞相，计立安危范大夫（pu）。玉帐黄昏大刁斗，月营寒晓小单于（dan-wu）。鲁连未必蹈沧海，应见麒麟新画图（d‘u）。”④

宋秦观《淮海长短句》卷中《阮郎归》（四首之四）：“湘天风雨破寒初（ʧ‘u），深沉庭院虚（k‘u），丽谯吹罢小单于（dan-wu），迢迢清夜徂（ʥ‘u）。乡梦断，旅魂孤（gu）。峥嵘岁又除（chu）。衡阳犹有雁传书（shu），郴阳和雁无（mu）。”⑤

明王世贞《从军行》：“奇兵十万击匈奴（nu），谷蠡屠耆未拟俘（pu）。对阵夺将金勒马，独身生致北单于（dan-wu）。”⑥

大约明代以后，dan-wu（单于）变读为chan-yü，而古读dan-wu失其传矣。近年有网文坚执将“单于”读作chán-yú，将“善于”读作shan-yü，则是不知“单于”“善于”本音皆为dan-wu（丹乌）。正如江永所谓“读古不审沿古，而反致误”⑦。

三、撑梨

“撑梨”为西汉时匈奴语之译音词。始见于《汉书·匈奴传》，曰：“匈奴谓天为撑梨，谓子为孤涂。”注引“苏林曰：撑音掌距之掌。师古曰：音丈庚反。”音zhàng⑧，今人读chēng。zhàng和chēng皆为舌上音，而汉代无此音。至于“犁”字，《宋本广韵·齐韵》载

---

①［唐］高适著，孙钦善校注《高常侍集》卷4《塞上》，上海古籍出版社，2014年，第36页。

②［唐］王维著，陈铁民校注《王维集校注》卷1《少年行》，中华书局，1997年，第35页。

③［清］彭定求等编《全唐诗》（第7册），中华书局，1960年，第2269页。

④［唐］鲍溶：《鲍溶诗集》卷6，上海古籍出版社，1994年，第29页。

⑤［宋］秦观著，徐培均笺注《淮海居士长短句笺注》卷中《阮郎归》（之四），上海古籍出版社，2008年，第130页。

⑥［明］王世贞：《弇州山人四部稿》卷47《从军行八首之五》，伟文图书出版有限公司，1976年，第2389页。

⑦［清］江永编，［清］戴震参订《古韵标准·例言》，中华书局，1985年，第3页。

⑧［汉］班固撰，［唐］颜师古注《汉书》卷94上《匈奴传上》，中华书局，1962年，第3751页。

“梨”音“郎奚切”，音li[①]。今人将“撑梨”读作chēng-lī（称梨）。但chēng-lī（称梨）之chēng为禅纽，属舌上音，汉代无此音。汉代“撑”音tāng（唐），为定纽、舌头音。“撑梨”二字汉代读tāng-lī（唐梨），今人读为chēng-lī（称梨），为六朝以来之变音。

匈奴语谓“天”为“撑梨”（tāng-lī=唐梨），突厥语谓“天”为Tängri，两者音近义同，盖tāng-lī（唐梨）即Tängri（腾格里）之省译。后世之“登里”“邓林”，其义皆谓“天”，概皆Tängri（腾格里）之省译。《旧唐书·代宗本纪》载，宝应元年（762年）九月丁丑朔“戊戌（九月二十二日），回纥登里可汗率众来助国讨逆，令御史大夫尚衡宣慰之”[②]。“登里可汗”即“撑犁可汗”，义谓“天可汗”；敦煌遗书S.6551V《阿弥陀经讲经文》（周绍良先生改拟为《授三皈五戒文》），记某讲经僧来到“圣天可汗大回鹘国”，“圣天可汗”义即“圣登里可汗”及“圣撑犁可汗”；又云“诸天特懃（勤）”，“特勤”又译作“狄银”，义谓可汗之子，义即“登里可汗诸王子”“天可汗诸王子”；又言“邓林公主似神仙，不但凡夫佛也怜”[③]，“邓林公主”即“登里公主”，义谓“天公主”。可以确认汉代的“撑梨”（包括“撑梨”“樘黎”）及后世的“登里”“邓林”“腾格里”“腾格哩”“腾戈里”“登曷哩”“统急里”等皆为同一译词之别写。

据上所论，乃知“撑梨”读音为tāng-lī（唐梨），今人读作chēng-lī（称梨）乃属误读，应予谌正。

四、祁连

“祁连”亦为汉代匈奴语之译音词。《汉书·霍去病传》载：“去病出北地，遂深入。合骑侯失道，不相得。去病至祁连山。”颜师古注：“祁连山即天山也。匈奴呼天为祁连。”[④]今人则用今音读“祁连”为qi-lian（齐莲）。但“qi（祁）”为宋元以来才有的读音，汉代读为舌头音tan（谈）。

再说“祁连”之“连”。“连”字一音lian[⑤]，一音ling[⑥]，又音li[⑦]。

至于“祁连”之“连”究读何音，参稽“撑梨”（tāng-lī=唐梨）的读音，可推定“连”字当读作li（梨）。则“祁连”之汉代读音当为tan-li（谈梨）。

tāng（唐）、tan（谈）二音仅前后鼻音之别，韵部邻近，音韵家谓之“旁转”，而“连、

① ［宋］陈彭年等编《宋本广韵》卷1，载《齐韵》，江苏教育出版社，2008年，第67页。

② ［后晋］刘昫等撰《旧唐书》卷5《代宗纪》，中华书局，1975年，第210页。

③ 潘重规编著《敦煌变文集新书·佛说阿弥陀经讲经文（二）》，文津出版社有限公司，1994年，第148、158、159页。

④ ［汉］班固撰，［唐］颜师古注《汉书》卷55《霍去病传》，中华书局，1962年，第2480页。

⑤《广韵·仙韵》：“连，力延切。”见［宋］陈彭年等编《宋本广韵》卷2《仙韵》，中国书店，1982年，第119页。

⑥ 吴棫《韵补》：“连，离珍切，读如陵。”《丛书集成新编》第39册，新文丰出版公司，1985年，第741页。

⑦ 参见《诗·小雅·渐渐之石》：“月离于毕。”；《吕氏春秋·孟秋纪·七月纪》高诱注引作“月丽于毕”；《论衡·说日》亦作“月丽于毕”；［明］孙瑴辑《古微书》卷12《春秋佐助期》：“古语曰：月丽于毕雨滂沱，月丽于箕风扬沙。”《淮南子·原道训》：“终身运枯形于连嵝、列埒之门。”高诱注：“连嵝，犹离嵝也。”离、丽、连互通，其证不烦悉举。

陵”与“藜”为阴阳对转[①]。由此乃知，“祁连”“撑梨”为同一词之异译。古代文献确亦透露了“祁连”即“撑梨”的信息。例如：

《汉书·匈奴传》载“匈奴谓天为撑梨”[②]，是《汉书》作者班固已指明“匈奴谓天为撑梨”。

汉荀悦《前汉纪》曰：“匈奴姓挛鞮氏，国人称之曰撑梨孤涂若单于。匈奴谓天为撑梨，谓子为孤涂。”[③]荀悦重申班固“撑梨即天”之说。

《汉书·武帝纪》载：［天汉二年（前99）夏五月］，“贰师将军三万骑出酒泉，与右贤王战于天山。”颜师古注：天山“即祁连山也，匈奴谓天为祁连……今鲜卑语尚然”[④]。此云“匈奴谓天为祁连”，与班固“匈奴谓天为撑梨”义同，表明“祁连”即“撑梨”。

《史记·匈奴列传》曰：“当是之时，东胡强而月氏盛。匈奴单于曰头曼。”《索隐》曰：“案：单于姓挛鞮氏，其国称之曰‘樘黎孤涂单于’。”[⑤]又，《汉书·骠骑列传》：“（霍）去病出北地，已遂深入。与合骑侯失道，不相得。骠骑将军逾居延至祁连山，捕首虏甚多。”《索隐》引“小颜云：‘（祁连山）即天山也。匈奴谓天为祁连’”。师古曰：“祁连山即天山也，匈奴呼天为祁连。”[⑥]颜师古多次说明“匈奴呼天为祁连”，一再指明“祁连”“撑梨”（樘梨），其义同谓“天”。

《史记·匈奴列传》载：［元狩二年（前121）夏］“骠骑将军复与合骑侯数万骑出陇西、北地二千里，击匈奴。过居延，攻祁连山。”司马贞《索隐》曰：“祁连（山）一名天山。”[⑦]此“祁连”义即“天”。

上引诸文，或曰“匈奴谓天为撑梨”，或曰“匈奴谓天为祁连”，从而可知“祁连”“撑梨”，义同谓“天”，其音又旁转而通，则“祁连”“撑梨”为同一译音词之别写无疑。二音同为Tangri（唐梨），亦即后世之“敕连”“登里”“邓林”“腾格里”“统急里”，虽音有繁省、用字有异，而词义则同；但今人读作qi-lian（齐莲），实属误读，应予改正。

五、阏氏

“阏氏”一词，始见于《穆天子传》，曰：“己亥，至于瓜纑之山，三周若城，阏氏胡氏之所保。”[⑧]因知此词为战国时期匈奴语译音词。《史记·陈丞相世家》：“高帝用陈平奇计，使单于阏氏，围以得开。”裴骃《集解》引曹魏史学家苏林曰：“阏氏，音焉支，如汉皇后。”[⑨]今人遂据以将“阏氏”读为“烟支”（yan-zhi）。

---

①《仪礼·士丧礼》载“设决，丽于掔（wan），”郑玄注：“古文‘丽’亦为‘连’。”丽、连二音阴阳对转。见《仪礼注疏》卷36，［清］阮元校刻《十三经注疏》，中华书局，1980年，第1134页。

②［汉］班固撰，［唐］颜师古注《汉书》卷94上《匈奴传上》，中华书局，1962年，第3751页。

③［东汉］荀悦撰，张烈点校《汉纪》卷10《孝武皇帝纪》，中华书局，2017年，第177页。

④［汉］班固撰，［唐］颜师古注《汉书》卷6《武帝纪》，中华书局，1962年，第203页。

⑤［汉］司马迁撰《史记》卷110《匈奴列传》，中华书局，1959年，第2888页。

⑥［汉］班固撰，［唐］颜师古注《汉书》卷55《霍去病传》，中华书局，1962年，第2480-2481页。

⑦［汉］司马迁撰《史记》卷110《匈奴列传》，中华书局，1959年，第2908-2909页。

⑧王天海译注《穆天子传译注》，上海古籍出版社，2018年，第86页。

⑨《汉书·匈奴传》有“大阏氏”“第二阏氏”“第五阏氏”之称，可知“阏氏”并不独有“汉皇后”之一义，还有“单于诸妻”之义。今人发现，“阏氏”还有“诸王夫人”“小妻”“公主”等多义。

“阏氏”之“阏”，《史记·匈奴列传》注引《索隐》：“旧音‘於连、於曷反’二音。”[①]“於连反”音“焉”（yan），“於曷反”音“遏”（at）。而武英殿本《史记正义·匈奴列传》：“单于有太子名冒顿，后有所爱阏氏。”注引《索隐》曰：“阏氏，旧音‘曷氏’（at-di）。”[②]于是可知“阏氏”一词乃有“焉支”（yan-zhi）、“遏支”（at-zhi）、“曷氏”（at-di）三音。唯司马贞指出“阏氏旧音‘曷氏’（at-di）”最称典要。旧音者，盖即战国时代原译之音，而“焉支”（yan-zhi）、“遏支”（at-zhi），为后来变读之音。而“曷氏”（at-di）则为“阏氏”之正读（at-di急读，则为a-di=阿氏）。

《论衡·乱龙篇》载：“金翁叔（即金日磾），休屠王太子也……母死，武帝图其母于甘泉殿上，署曰‘休屠王焉提（at-di）’。”[③]钱大昕指出：“‘焉提’即‘阏氏’也。古书‘氏、是’通用，‘提’从‘是’得声，故亦与‘是’通。”[④]“阏”字旧音“曷”，“曷”与“焉”音通，如《尔雅·释天》：“太岁在甲曰焉逢。”《汉书·律历志上》“焉逢”作“阏逢”，《汉书·律历志》作“阏逢”，《淮南子·天文训》作“阏蓬”，《史记·历书》作“焉逢”是也。由此言之，“焉”“阏”音通，得以互借。

又，“阏氏”之“氏”。六朝以来“支”字读为舌上音“zhi”，而汉代读为舌头音“提（di）”。钱大昕揭示：“古无舌头、舌上之分。知、彻、澄三母，以今音读之，与照、穿、床无别也，求之古音，则与端、透、定无异。”[⑤]又曰：“古读支如鞮（di），《晋语》‘以鼓子苑支来’，‘苑支’即《左传》之‘鸢鞮’也。”[⑥]

《论衡》引“阏氏”作“焉提”，而“焉”读为“曷”（at），“提”读为“氏”（dī）。at之t，为入声之韵尾，只作势，不发声，故“焉提”（at-di）连读，则为a-dī（阿氏）。因知“曷氏”（at-dī=阿氏），即“阏氏”的正读。今人将“阏氏”读为“焉支”（yan-zhi），实属误读。

东晋史学家习凿齿见到北方有一种名为“红蓝”的植物，其花可作“烟支”，妇人用以饰面。因度“匈奴名妾作阏氏，言可爱如‘烟支’”，遂将妇人美颜之“烟支”与单于美妻“阏氏”两者音义加以牵合，设想“阏氏”可音“烟支”[⑦]。颜师古已驳其非[⑧]，而今人颇误从其谬。今乃得为“阏氏”正音为et=dī（曷氏）。

六、居次

《汉书·匈奴传下》载：“王昭君生二女，长女云，为须卜居次，小女为当于居次。”注

① [汉] 司马迁撰《史记》卷110《匈奴列传》，中华书局，1959年，第2888–2889页。

② 武英殿本《史记·匈奴列传》，载《二十五史·史记》，上海古籍出版社、上海书店，1986年缩印本，第319页第3栏。

③ [东汉] 王充：《论衡》，上海人民出版社，1974年，第247页。

④ [清] 钱大昕：《十驾斋养新录》卷4“焉提”条，上海书店，1983年，第84页。

⑤ [清] 钱大昕：《十驾斋养新录》卷5“舌音类隔之说不可信”条，上海书店，1983年，第111页。

⑥ [清] 钱大昕：《十驾斋养新录》卷5“古读‘支’如‘鞮’”条，上海书店，1983年，第116页。正宇按：“提”从“是”得声故“提”音“是”。“是”字今读shi，为后世之舌上音，但汉代“氏”字读为舌头音“提”（dī）。

⑦《史记·匈奴列传》中匈奴头曼单于“有所爱阏氏”，司马贞《索隐》引习凿齿《与燕王书》。见 [汉] 司马迁撰《史记》卷110《匈奴列传》，中华书局，1959年，第2888–2889页。

⑧ [唐] 颜师古著，刘晓东平议《匡谬正俗平议》卷5“阏氏”条，齐鲁书社，2016年，第156–157页。

引东汉李奇曰："居次者，女之号，若汉言公主也。"又，颜师古注曰："须卜、当于，皆其夫家氏族。"①

今人读"居次"为jü-cì（拘赐），但jü-cì（拘赐）乃后世始有之音。汉代"居"读为喉音gu（姑），文献多有其例。如：

《史记·匈奴列传》："骠骑封于狼居胥山，禅姑衍，临翰海而还。"②姑衍即居延。"居"音"姑"（gu）。

《汉书·傅常郑甘陈段传》："匈奴连发大兵击乌孙，取车延、恶师之地。"③"车"音"姑"，"车（gu）延"即"姑延"，亦即"居（ju）延"。从而得知，汉代"居"音"姑"（gu）。

汉焦氏《易林》卷一《否之观》："天之奥隅，尧舜所居（gu）。可以存身，保我邦家（gu）。"④《复之蛊》："雨雪载涂（tu），东行破车（gu），旅人无家（gu）。"⑤上引《易林》韵语，用居（gu）、家（gu）、涂（tu）、车（gu）押韵，可证"居"音gu。

《后汉书·皇甫嵩传》："嵩奏请冀州一年田租以赡饥民，帝从之。百姓歌曰：'天下大乱兮市为墟（k'u），母不保子兮妻失夫（pu），赖得皇甫兮复安居（gu）。'"⑥此用墟（ku）、夫（pu）、居（gu）押韵，可证"居"音gu。

《宋本广韵》："居，九鱼切。"⑦"九鱼切"之古音为gū（姑），表明"居"音gu。

"居"的古文作"宔"⑧，"居""宔"二字皆从"古"得声，则"居"当音gū。

以上，足证汉代"居"音gu（姑）。

再说"居次"之"次"。汉代"居次"之"次"读音为zi（咨），举证如下：

《公羊传·僖公四年》："公孙慈帅师会齐人……"⑨《左传·春秋经僖公四年》及《谷梁传·僖公四年》皆作"公孙兹帅师会齐人……"⑩慈兹互借。

《老子·道经》："六亲不和，有孝慈。"⑪汉帛书甲本、乙本"慈"作"兹"⑫。

《管子·小匡》："慈于民，予无财。"⑬《国语·齐语》作"遂滋民，与无财。"⑭"慈、滋"互借。

---

① [汉] 班固撰，[唐] 颜师古注《汉书》卷94下《匈奴传下》，中华书局，1962年，3807-3808页。

② [汉] 司马迁撰《史记》卷110《匈奴列传》，中华书局，1959年，第2911页。

③ [汉] 班固撰，[唐] 颜师古注《汉书》卷70《傅常郑甘陈段传》，中华书局，1962年，第3003页。

④ 刘黎明：《焦氏易林校注》卷1《否之观》，巴蜀书社，2011年，第245页。

⑤ 刘黎明：《焦氏易林校注》卷2《复之蛊》，巴蜀书社，2011年，第438页。

⑥ [南朝宋] 范晔撰，[唐] 李贤等注《后汉书》卷71《皇甫嵩传》，中华书局，1965年，第2302页。

⑦ [宋] 陈彭年等编《宋本广韵》卷1，载《鱼韵》，江苏教育出版社，2008年，第46页。

⑧ 吴任臣撰《字汇补·宀（mian）部》："宔，古居字。《说文先训》：'古文居处之居从"宀"。'"

⑨《春秋公羊传注疏》卷10《僖公四年》；[清] 阮元校刻《十三经注疏》，第2250页。

⑩《春秋左传正义》卷12《僖公四年》，[清] 阮元校刻《十三经注疏》，第1792页中栏；《春秋谷梁传注疏》卷7《僖公四年》，[清] 阮元校刻《十三经注疏》，第2393页中栏。

⑪ 朱谦之：《老子校释》，中华书局，1984年，第72页。

⑫ 高明：《帛书老子校注》，中华书局，1996年，第310页。

⑬ 黎翔凤：《管子校注》卷8《小匡》，中华书局，2004年，第412页。

⑭ 陈桐生译注《国语》，中华书局，2013年，第248页。

《吕氏春秋·知分》："荆有次飞者。"①《汉书·宣帝纪》颜注载如淳注引"次飞"作"兹（zi）非"②，《后汉书·马融传》亦作"兹非"③。

《战国策·赵策四》："恣（zi）君之所使之。"④汉帛书本"恣（zi）"作"次（ci）"⑤。

以上表明汉代"次"音zi（咨）。

"居次"二字连读，汉代音为gu-zi（姑咨），而jū-cì（拘赐）非汉代译音，应予排除。

《汉书·西域传·车师后城长国》载："车师后王姑句（gu-gou）……其妻股紫陬。"（师古注云："陬，音子侯反。"⑥）汉代"股紫"音gǔ-zǐ，与匈奴语"居次"（gū-zī）字异音同，其义同为"居次"（"公主""王后"），则"股紫"当为"居次"之别译。"陬"者，此女之名。由此可知，车师语"股紫"与匈奴语"居次"音通义同。"股紫陬"即"居次陬"，意为"公主名陬"。以往认为"股紫陬"三字为车师后王姑句之妻名，其实是此女身份加名字的合称，一如王昭君长女称"须卜居次云"。"须卜"，昭君长女夫家之姓氏；"居次"，此女身份称号，此女为呼韩邪单于之女，故称"居次"（公主）；"云"，此女之名。《汉书·匈奴传》载，汉平帝时，王莽讽单于"令遣王昭君女须卜居次云入侍"。颜师古注曰："云者，其女名。"⑦"股紫陬""公主名陬"。

综上所述，可知车师语"股紫"即匈奴语"居次"，两者实为同词之异字。以往误读"居次"为ju-ci，不知"居次"音gu-zi，使"股紫"与"居次"音义隔膜，导致史识短见，良可叹焉。

上节论"阏氏"音"曷氏"（at-dī），本节论"居次"及"股紫"俱音"姑咨"（gu-zi）。其实"阏氏""居次""股紫"三者音通义同，只是所用译字不同。以往，学者以为"阏氏""居次""股紫"各自为词，不悟三者音义相通，同为一词，但又一词多义，可指"皇后""嫔妃"，可指"公主""姑娘"，亦可指"诸王夫人"。由于用字各别，使人不知其即一词而另生歧解而已。

古代多种民族语如高丽语、月氏语、龟兹语、蒙古语译音词之误读者颇多，例如：

居延、姑衍、呼衍、浑邪、浑耶、昆邪、呼延、壶衍、握衍、虞衍、朐衍、屈射、五船；

车师、姑师、恶师；

龟兹、屈兹、苦叉、库策、库撤、苦先、库彻、库车；

月氏、月支、禺氏、樾支；

高句骊、高句丽、高丽、新罗、斯卢、伽罗、加罗；

皋兰、贺兰、合黎、瓠瓤、胡卢、壶卢、哈喇、哈儿；

靺鞨、勿吉、窝集；

吉贝、古贝、劫贝；

① 许维遹撰，梁运华整理《吕氏春秋集释》卷20《恃君览·知分》，中华书局，2009年，第553页。

② ［汉］班固撰，［唐］颜师古注《汉书》卷8《宣帝纪》，中华书局，1962年，第260页。

③ ［南朝宋］范晔撰，［唐］李贤等注《后汉书》卷60上《马融传》，中华书局，1965年，第1964页。

④ 何建章注释《战国策注释》卷21《赵策四》，中华书局，1990年，第802页。

⑤ 马王堆汉墓帛书整理小组编《战国纵横家书》，文物出版社，1976年，第76页。

⑥ ［汉］班固撰，［唐］颜师古注《汉书》卷96下《西域传下》，中华书局，1962年，第3924页。

⑦ ［汉］班固撰，［唐］颜师古注《汉书》卷94下《匈奴传下》，中华书局，1962年，第3818页。

曲尤（典尤）、苦峪；

达里图、达尔图、塔里屯、滩纳泰；

都尔伯勒津、得尔布津、杜尔柏津、都尔伯珍、朵里伯珍、朵里伯真、塔尔巴津、跌烈半金等等。

上举诸译音词以今音读之，彼此隔膜，似不相干。其实各为同词之别译。其中某些译音词古代学者已有注音，但今人不知所用注字之古音，而用今音读之，亦成误读，反而自以为是。

如《汉书·地理志下》上郡有如龟兹其地，东汉应劭注“龟兹”曰：“音丘慈。”[①]今人遂读为qiu-ci（秋词），自以为所据为应劭注音，其实东汉时“丘慈”音ki-zi［“欺慈”，非qiu-ci（秋词）］。［笔者按：今汉文无ki音之字，姑以“欺”字代之。“欺慈”（ki-zi），音近屈兹、苦叉、库策、库撤、苦先、库彻、库车，盖皆一词之异译］。

又如《史记·大宛列传》：“大宛之迹，见自张骞。”《索隐》云：“宛音苑，又于袁反。”[②]又，《汉书·武帝纪》载：“（太初元年秋八月）遣贰师将军李广利，发天下谪民西征大宛。”张晏曰：“大宛，国名，宛，音於元反。”[③]今人读“于袁反”为“yüàn”，遂将“大宛”读作dà-yüǎn。殊不知汉代“大”音dat（韵尾t，只做势，不发声，其音近乎“代”），“苑”音wǎn（晚）。古之“于袁反”“於元反”之“于”“於”皆读wu，不读yü。“于袁反”“於元反”同读作wān，故“大宛”读作“tè-wǎn（代晚）”。今人误读为“da-yüan（大远）”，是所谓“读古不审沿古”而致误也。

① ［汉］班固撰，［唐］颜师古注《汉书》卷28下《地理志下》，中华书局，1962年，第1617页。

② ［汉］司马迁撰《史记》卷123《大宛列传》，中华书局，1959年，第3157页。

③ ［汉］班固撰，［唐］颜师古注《汉书》卷6《武帝纪》，中华书局，1962年，第200页。

对八十二件回鹘文契约中条件式附加成分现象的普查[①]

刘 戈（陕西师范大学历史文化学院）

引言

美国学者V.克拉克的观点

在回鹘文契约的断代研究方面，美国学者V.克拉克的有关研究是比较系统的，他在相关论著中提出，属于13—14世纪回鹘文契约的二十四个断代因素，条件式附加成分中的缩略形（-sa、-sä、-za、-zä）是其中之一。他的观点在中国的一些相关著述里也能见到[②]。

笔者对V.克拉克有关认识的看法

笔者认为他的这个看法是片面的，缺乏证据。在《蒙元时代回鹘文契约中的年代因素探索——条件式附加成分研究》[③]（简称《蒙元时代回鹘文契约中的年代因素探索》）一文里，笔者展示了对这一时期十五件文书（Sa11、Sa12、Sa17、Sa24、Sa27、RH03、Ad01、Em01、WP01、WP04、Mi01、Mi03、Mi10、Mi17、Mi28）相关情况的调查数据。这些文书中都含有"钞"（čao）。"钞"是蒙元时代流行的货币，关

---

① 在第65届PIAC会议（2023年7月30日至2023年8月4日，哈萨克斯坦阿斯塔纳）上的报告——"A General Survey of the Conditional Suffixes in 82 Uighur Contracts." 此文修改自刘戈著《回鹘文契约文字结构与年代研究——于阗采花》"普查试点篇"第三节中的《对八十二件回鹘文契约中条件式附加成分现象的调查》，中华书局，2020年。

② 耿世民：《回鹘文社会经济文书研究》，中央民族大学出版社，2006年，第58页。

③ 在第63届PIAC会议（2021年8月26日至2021年8月28日，蒙古）上的报告——"Exploration on the Dating Factors in Uygur Contractsin the Mongol - Yuan Period - Study on the Conditional Suffixes."《蒙元时代回鹘文契约中的年代因素探索——条件式附加成分研究》。此文修改自刘戈著《回鹘文契约文字结构与年代研究——于阗采花》"普查试点篇"第二节中的《对十五件蒙古时期及元代回鹘文契约中条件式附加成分现象的调查》，中华书局，2020年。

于这一点，在中外学术界没有什么争议，所以这批文书的年代是相近的，其语言文字现象是具有时代印记的。通过观察，这批文书中条件式附加成分的客观情况主要如下：

①条件式附加成分的缩略形与全形并存（-sa、-sä、-za、-zä；-sar、-sär）。

②条件式附加成分的全形多于缩略形，即（-sar、-sär）>（-sa、-sä、-za、-zä）。这批文书中共有条件式附加成分三十一例，全形见有二十七例，缩略形只见四例。

③含有条件式附加成分的句子多出现在与买卖相关的文书里，有以tapla-（满意）为代表的肯定式与否定式固定句型。

④一件文书中可能包含多种条件式附加成分的形态。

由于不是每件文书都包含上述情况，特别是一些残缺文书，所以在判断契约年代的时候需要结合其他因素进行综合考察。

笔者从事此项研究的目的

在条件式附加成分的年代问题上，以上几点是笔者找出的蒙元时代的回鹘文契约中的年代因素。但是，对于那个时代来说，这些因素客观存在的程度如何？它们是偶见现象，还是普遍现象？能不能以此判断那些只有动物纪年、难以与公元纪年对应的文书的年代？这是笔者想知道的，也是本文的研究目的之一。为了实现这个目的，笔者决定对回鹘文契约做进一步的调查研究。

本文研究所用的材料

笔者的调查对象依然是日本学者小田寿典等人编的《回鹘文契约文书集成》①。这部著作以山田信夫的遗作为基础，分为三卷：第一卷为原作者对文书的研究，其中包括对文书格式的研究，比如对买卖文书、借贷文书格式的研究；对专有名词的研究，比如对印记tamγa、nišan的研究；对具体文书整体的研究等。这一卷是第二卷中原文转写与日译文的基础。第二卷除了有原作者对书中一百二十一件文书的转写、日译、德译（由Peter Zieme完成），卷后还有词汇集、前人研究出处、文件保存地点及各种编号对照等附件，第一卷中所研究的问题材料、来龙去脉尽在附录之中。第三卷为上述文书的照片（一百一十九件有照片，缺Sa26、Lo04、Ad01的照片）。第三卷是第一卷研究的依据。

为什么要选山田信夫先生的著作来进行相关问题的调查？因为虽然V.克拉克著作中所涉及的文书数量比山田信夫的多，但是，其书中既没有对具体文书的转写，也没有文书的照片。而在山田信夫的著作里，其大部分文书与V.克拉克著作中的文书内容吻合，仅仅是编号不同，并且其书中有原文转写和绝大多数文书的照片。在国内出版的耿世民、李经纬等人的相关著作中②也有数量不等的文书转写、汉译文。但是，在这些著作中都没有系统的文书照片。当然，作为著作的封面、封底或者插图出现一两件文书的照片，这种情况是有的。耿世民先生曾经亲口对笔者说过，山田信夫先生的这部著作是当今世界上最好的研究回鹘文文书的书籍，它较多地吸收了前人的研究成果。很多年过去了，笔者认为他的话依然中肯。所

---

①［日］小田壽典、P.ツイーメ、梅村坦、森安孝夫編《ウイグル文契約文書集成》，大阪大学出版会，1993年。

②耿世民：《回鹘文社会经济文书研究》，中央民族大学出版社，2006年；李经纬：《回鹘文社会经济文书辑解》，甘肃民族出版社，2012年；李经纬：《回鹘文社会经济文书研究》，新疆大学出版社，1996年；李经纬：《吐鲁番回鹘文社会经济文书研究》，新疆人民出版社，1996年。

以，笔者把山田信夫的著作作为调查材料是可靠的。

本文中的转写及转写中的黑体字、斜体字、文字符号、文书编号、图片等均援引自《回鹘文契约文书集成》。本文将要涉及的Sa、Ex、RH、Lo、Ad、PL、Em、WP、Mi，它们分别是此书中分类编号的缩写：Sa——Sale（买卖）、Ex——Exchange（交换）、RH——Rental or Hire（租佃）、Lo——Loan（借贷）、Ad——Adoption（收养）、PL——Pledge（人质）、Em——Emancipation（解放奴隶文书）、WP——Will or Portion of a family's property（遗言或者家产分割）、Mi——Miscellaneous（杂文书）。

在《回鹘文契约文书集成》中含有一百二十一件文书，去掉笔者在《蒙元时代回鹘文契约中的年代因素探索》一文中已经研究过的十五件文书，余一百零六件文书。在这一百零六件文书中，有八十二件文书中含有条件式附加成分，所以本文《条件式附加成分现象调查表》中的数据反映的是这八十二件文书中条件式附加成分的情况。

面对下面表格里的数据，笔者相信许多学者会产生与我相同的认识：这八十二件文书中的条件式附加成分情况与以前研究过的蒙元时代回鹘文契约中的情况基本相同，特别是条件式附加成分的缩略形与全形并存现象，以及条件式附加成分的全形多于缩略形现象：八十二件文书中共有条件式附加成分现象一百九十一例，全形有一百六十九例，缩略形仅有二十二例等等。这两批文书中条件式附加成分的情况属于同一时期的语言文字现象。

一、对八十二件契约中条件式附加成分的调查

条件式附加成分中的缩略形（浊化、不浊化）、全形（不浊化）现象191例；缩略形22例（浊化17例、不浊化5例）、全形（不浊化）169例（见表1）。

表1　条件式附加成分调查表①

肯定句160例				否定句31例			
缩略形20例（浊化16例、不浊化4例）		全形（不浊化）140例		缩略形2例（浊化1例、不浊化1例）		全形（不浊化）29例	
词汇	出处	词汇	出处	词汇	出处	词汇	出处
		aγïsar-biz	Sa03-24				
		aγï̤š̤šsar-biz	Ad02-14				
						a̤mrmasr	Mi09-4
						ärmäsär?	Mi33-6
		ärsär	WP06-6				
		ärsär	WP06-22				
		'ärsär	Mi02-12				

① 受表中格内字数的限制，缩略形的栏目只设计了两栏（1-2列与5-6列），有浊化现象的词汇排在栏目中的前面，没有浊化现象的词汇排在后面；表格中按词汇第一至第三字母的音序排列，兼顾及人称附加成分、文书编号；词汇出处由文书编号和行数构成，"Lo06-5"表示词汇出于Lo06文书第五行，"Lo06-5-"表示词汇的部分字母移至第六行；表中各栏目中数字后面的"例"是指条件式附加成分现象的计量单位。

续表1

肯定句160例				否定句31例			
缩略形20例（浊化16例、不浊化4例）		全形（不浊化）140例		缩略形2例（浊化1例、不浊化1例）		全形（不浊化）29例	
		’ärsär	Mi02-15				
		ärsär	Ad02-12				
		ärsär	Mi05-6				
		ärsär	Mi19-8				
		ätsär-lär	Sa25-17				
		ayïtsar	Sa19-11				
		ayïtsar	Sa19-13				
barza	Mi26-7	barsar	Ad03-22				
		barsar	WP02-9				
		barsar	Mi33-3				
		bärtinsär	Lo03-4				
						birmäsr-män	RH13-8
						birmäsär-män	L018-9
		birsr-män	Mi19-17-			birmäsär-män	Mi19-20
bolza	RH06-9	bolsar	Sa25-18				
bolza	Ad03-17	bolsar	RH04-9				
bolza-män	Lo15-8	bolsar	RH12-3				
bolza-män	Lo24-6	bolsar	RH13-12				
bolza-män	Lo25-10	bolsar	RH14-12				
		bolsar	Lo06-8				
		bolsar	Lo26-12				
		bolsar	Mi05-8				
		bolsarbiz	Lo12-10				
		bolsar-män	Lo02-4				
		bolsar-män	Lo07-7				
		bolsar-män	Lo08-4				
		bolsar-män	Lo09-5				
		bolsar-män	Lo10-6-				
		bolsar-män	Lo13-10				

续表1

肯定句160例				否定句31例			
缩略形20例（浊化16例、不浊化4例）		全形（不浊化）140例		缩略形2例（浊化1例、不浊化1例）		全形（不浊化）29例	
		bolsar-män	Lo14-9				
		bolsar-män	Lo16-8				
		bolsr-män	Lo18-11				
		bolsr-män	Lo19-5				
		bolsar-män	Lo20-9-				
		bolsar-män	Lo21-8-				
		bolsar-män	Lo23-8				
		bolsar-män	Lo27-11-				
		bolsar-män	Lo28-7				
		bolsar-män	Lo29-5				
		bolsr-män	Lo30-8				
		čamlasar	Sa08-18				
		čam-lasr	Sa10-14				
		čamlasar-lar	Sa09-18				
		čamlasar-lar	Sa26-16				
		čamlasar-lar	Sa28-20				
		čmlasar-lar	WP02-13				
		čamla-sar-lar	Mi24-10				
		ïdsar	RH14-10			ïdmasar-män	Lo06-5-
		igläsär	Pl01-17				
		istäsär	Sa19-12				
		istäsär	Sa19-14				
		käčürsär-biz	Lo12-8				
		käčürsär-män	Lo13-7				
		käčür-sär-män	Lo14-7				
		käčür-sär-män	Lo15-5-				
		käčür-sär-män	Lo16-7				
		käčürsär-män	Lo20-7-				
		käčürsär-män	Lo21-6				

续表1

肯定句160例				否定句31例			
缩略形20例（浊化16例、不浊化4例）		全形（不浊化）140例		缩略形2例（浊化1例、不浊化1例）		全形（不浊化）29例	
		käčü⟨r⟩srmän	Lo25-8				
		käčürsär-män	Lo27-9				
		käčürsär-män	Lo28-5				
		käčürsär-män	Lo29-6				
		käčürsär-män	Lo30-6				
		klsär	Sa23-16				
		kälsär	RH01-6				
		kälsär	RH07-7				
		kičsär	Pl01-18				
		kälsär	Mi27-8				
		kitsär-biz	Mi09-3				
kälzä	RH05-8						
kälzä	RH06-8						
kälzä	RH08-8						
klzä	RH09-14						
kälzä	RH10-12						
kälzä	RH11-10						
kälzä	Mi22-7						
		qïlsar	Sa21-18				
		qïlsar	Pl01-13				
		qïlsar	Pl01-15				
		qïlsar	Pl01-14				
		qïlsar	Pl01-16				
		qïlsar-lar	Sa21-14				
		qïlsar-lar	Sa22-11				
		qïlsar-lar	Sa29-12				
		qïlsar-män	Mi04-9				
		ölsär	RH14-10				
		ölsär	Pl01-20				

续表1

肯定句160例				否定句31例			
缩略形20例（浊化16例、不浊化4例）		全形（不浊化）140例		缩略形2例（浊化1例、不浊化1例）		全形（不浊化）29例	
		ösär-lär	Sa06-14				
		ösär-lär	Sa07-13				
		saqï⟨n⟩sar	Sa01-14				
		saqïnsar	Sa01-13				
		sqïnsr	Sa04-17				
		saqïnsar-lar	Sa02-17				
		saqïnsar-lar	Sa03-13				
		saqïnsar-lar	Sa05-16				
		saqïnsar-lar	Sa13-20				
		saqïnsarlar	Sa18-12				
		saqïn-sar-lar	Sa23-12-				
		taplasar	Sa02-13			taplamasar	Sa02-14
		taplasar	Sa03-10			taplamasar	Sa03-10
		taplasar	Sa04-14			taplamasar	Sa04-14
		taplasar	Sa05-13			taplamasar	Sa05-13
		taplasar	Sa06-10			taplama-sar	Sa06-10-
		taplsar	Sa07-9			taplamasar	Sa07-10
		taplasar	Sa08-14			taplamasar	Sa08-14
		tplasar	Sa09-16			tplamasar	Sa09-16
		taplasar	Sa10-11			taplamasr	Sa10-11
		taplasar	Sa13-16				
		taplasar	Sa14-13			taplamasar	Sa14-14
		taplasar	Sa15-7			taplamasar	Sa15-7
		taplasar	Sa16-11			taplamasar	Sa16-11
						taplamasar	Sa18-9
		taplasar	Sa19-9			taplamasar	Sa19-9
		taplasar	Sa21-10			taplamasar	Sa21-11
		taplasar	Sa22-7			taplamasar	Sa22-7
		taplasar	Sa23-9			taplamasar	Sa23-9

续表1

肯定句160例				否定句31例			
缩略形20例（浊化16例、不浊化4例）		全形（不浊化）140例		缩略形2例（浊化1例、不浊化1例）		全形（不浊化）29例	
		taplasar	Sa25-14			taplamasar	Sa25-15
		taplasar	Sa26-11			taplamasar	Sa26-11
		tplasar	Sa29-13			tplamasar	Sa29-14
		taplasar	Ex01-14			taplamasar	Ex01-15
		taplasar	Ex02-6			taplamasar	Ex02-7
		taplasar	Ex03-4			taplamasr	Ex03-5
taplaza	Sa28-13			taplamaza	Sa28-14		
				tägmäsä	Mi26-10		
		tisär	Ex03-8				
		tisär	Ad03-28				
		tisär	Mi08-3				
		tisär	Mi08-4				
		tilsr	Mi21-4				
		tisär-män	Pl01-24				
		tisär-män	Mi19-7				
		tisär-män	Mi19-8-				
		tisär-lär	Sa03-15				
		tisär-lär	Sa04-19				
		tisär-lär	Sa06-15				
		tisär-lär	Sa07-14				
		tisär-lär	Sa16-14-				
		tisär-lär	Sa28-20-				
		tisär-lär	Sa29-17				
		tisär-lär	Ex01-19				
		tutsar	Lo06-7				
tudza	RH05-7	tutsar-män	Lo07-4				
tudza	Mi22-6	tutsar-män	Lo08-3				
		tudsar-män	Ad03-22				
		ünsär	Mi06-6				

续表1

肯定句160例				否定句31例			
缩略形20例（浊化16例、不浊化4例）		全形（不浊化）140例		缩略形2例（浊化1例、不浊化1例）		全形（不浊化）29例	
		ünsär	Mi18-5				
		üssär	Mi19-15				
bolsamän	Lo11-4	连写					
bulsa	Ad03-16						
tuγsa	Ad03-12						
tutsamän	Lo11-3	连写					

二、笔者对八十二件契约中条件式附加成分的认识

通过上面调查表中的数据可以看到，蒙元时代回鹘文契约中条件式附加成分的一些基本特征在这批文书里也存在。

（一）条件式附加成分中的缩略形、全形

1.条件式附加成分中的缩略形

V.克拉克认为条件式附加成分缩略形有两种形式：一种是条件式附加成分中的辅音s发生了浊化的-za、-zä形式，另一种是条件式附加成分中的辅音s未发生浊化的-sa、-sä形式。

笔者在《蒙元时代回鹘文契约中的年代因素探索》里发现，在蒙元时代的回鹘文契约里存在发生浊化现象的条件式附加成分缩略形词汇，但只在后元音词汇里见到-za形式，没有在前元音词汇里发现有-zä现象，也没有发现条件式附加成分中不浊化的-sa、-sä现象。

在这批文书里，笔者在后元音词汇里见到了发生浊化的-za现象。比如，上面表格里Mi22第六行中的tudza，汉义“掌握的话”；在前元音词汇里也见到了浊化的-zä现象，如，RH05第八行里的kälzä，汉义“来的话”。

在这批文书里还见到了前文未见的现象，即条件式附加成分的缩略形中辅音s不浊化的-sa现象。-sar的尾音r脱落。这种现象数量不多，有四例，比如，Lo11第三行、第四行中的tutsamän、bolsamän（见图1、图2）。

Ad03中也有一例，即第十六行中的bulsa，汉义“发现的话、得到的话”。在山田信夫先生的著作里没有这件文书的照片，耿世民先生的转写与山田信夫的相同[①]，李经纬的转写作bolsa[②]，相同的东西，没有照片，那些转写不相同的地方就不知道是怎么回事了。从文字的角度看，o与u的形态是一样的，转写字不一样，词的意思也就有差异了。

有一个情况要在这里说明一下，山田信夫对Lo25第十行第三词的转写为bols-a，即认为这个词是一个条件式的缩略形式。查图版，笔者觉得这个词是缩略形不假，但是，它更像一

① 耿世民：《回鹘文社会经济文书研究》，中央民族大学出版社，2006年，第136页。

② 李经纬：《回鹘文社会经济文书研究辑解》，甘肃民族出版社，2012年，第247页。

个有浊化现象的缩略形bolza，它后面的män不是另一句的主语，而是bolza的附加成分，表示“我……的话”（见图3）。Lo15第八行与Lo24第六行也有这个词，（见图4、图5）。把它们放在一起，笔者更有信心认为上面所说的Lo25中的词，其转写应该是bolza-män。

图1　　图2　　图3　　图4　　图5

2.条件式附加成分中的全形

在这批文书里存在着大量的辅音s不浊化的条件式附加成分全形形式。前元音的例子如RH01第六行中的kälsär，汉义“来的话”；后元音的例子如Lo06第八行中的bolsar，汉义“有的话”。

（二）条件式附加成分中的人称问题

1.有浊化现象的条件式附加成分中的人称问题

Э·P·捷尼舍夫主编的《突厥语历史比较语法》说，条件式附加成分中辅音s发生浊化是“在单数第三人称表示属性的附加成分中，以及在命令式和条件式的单数第三人称形式中，并且处于以元音结尾和响音结尾的词干之后的*s可以发生浊音化，即s〉z”①。

书里讲的是辅音s浊化的条件，笔者顺带看到了有浊化现象的条件式附加成分中的人称问题——单数第三人称。对照上述调查表里的情况，笔者觉得有以下几点值得讨论。

关于条件式附加成分中辅音s发生浊化必须“处于以元音结尾和响音结尾的词干之后”，观察上述表格里的数据，笔者觉得这里有值得深思的地方。

上面的表格里条件式附加成分的浊化现象有十七例，词根涉及五个词汇，它们是：bar-（barza，一例）、bol-（bolza、bolzamän，合计五例）、kälzä-（合计七例）、tapla-（taplaza、taplamaza各一例）、tud-（tudza两例），其中四例与上节研究过的情况相同，三例词汇中浊化字前边的音节之尾是响音——barza之bar-、bolza之bol-、kälzä之käl-，r与l都是响音；一例词汇中浊化字前边是元音结尾的音节——taplaza之tapla-。上述实例与《突厥语历史比较语法》中的说法是吻合的。

有意思的是tudza，汉义“掌握的话”“抓住的话”。这个词里的清辅音t浊化为d，d并不是响音，它不在《突厥语历史比较语法》所叙述的清辅音s发生浊化现象的范围之内。仔细看看这本书的相关部分，响音与塞音是有着对应关系的：“有规律的对应：m~b~p，n~j；

① ［俄］Э·P·捷尼舍夫编辑，沈成明、陈伟编译《突厥语历史比较语法·语音学》，中国社会科学出版社，2014年，第285页。

ŋ~γ~q；l~j；n~d~t；r~l。这是一些最为常见的对应类型。”①

上述表格里的数据也证实了《突厥语历史比较语法》关于条件式附加成分中的辅音s“可以发生浊音化，即s〉z”的论述，即辅音s可以发生浊化，也可以不发生浊化，甚至它不发生浊化的现象多于发生浊化的情况。条件式附加成分的总数是一百九十一例，其中浊化现象有十七例，不浊化现象有一百七十四例（包含缩略形态中的五例不浊化现象），它们各占的比例是8.9%与91.1%。两者相比，显然后者多于前者。关于这一点，调查表中的情况与《突厥语历史比较语法》中的说法吻合。

《突厥语历史比较语法》叙述条件式附加成分中辅音s浊化时的另一个要素是“单数第三人称形式”。上述调查表中的数据与这种说法有一定的出入。

一是在《蒙元时代回鹘文契约中的年代因素探索》里提到过，在那批文书里没有见到《突厥语历史比较语法》所说的现象，即在有浊化现象的条件式附加成分（缩略形）的词汇里存在后接“单数第三人称形式”的情况。中国学者耿世民先生研究过这个问题，他的意思是：不是“没有”，而是谓语性附加字的单数第三人称“多不表示出”；阿不里克木·亚森的说法是：条件式附加成分中单数第三人称呈“零形态”，复数形式加-lar、-lär。这批文书里存在十七例有浊化现象（缩略形）的条件式附加成分词汇，其中十四例不带人称成分。笔者相信耿先生与阿不里克木·亚森的说法，不然无法解释这些现象。

二是在这批文书有浊化现象的条件式附加成分里，除了单数第三人称“多不表示出”的“零形态”，还有单数第一人称，上面刚刚说到的Lo25、Lo15、Lo24中的情况就是实例（见图3、图4、图5）。

2.无浊化现象的条件式附加成分中的人称问题

与《蒙元时代回鹘文契约中的年代因素探索》中的情况相似，在这批文书没有浊化现象的条件式词汇里，其后接的人称成分也是四种。

一是条件式附加成分后接单数第一人称，比如，Mi19第十七、十八行中的birsr-män（我……给的话）。

二是条件式附加成分后接复数第一人称，比如，Lo12第八行中的käčürsar-biz（我们过期……的话）。

三是条件式附加成分后接复数第三人称，比如，WP02第十三行中的čamlasar-lar（他们争执的话）。

四是耿先生所说的，条件式附加成分中的单数第三人称“多不表示出”，也即阿不里克木·亚森的“零形态”。这样的例子很多，比如，Sa03第十行中的taplasar，汉义“满意的话”。

3.条件式附加成分的“零形态”人称是多数

在一百九十一例条件式附加成分现象里，单数第三人称“多不表示出”现象，即条件式附加成分的原形态（全形、缩略形），也即单数第三人称的“零形态”是多数现象，这种“多不表示出”现象共有一百一十六例，条件式附加成分后接人称的现象是七十五例，两者各占的比例是60.73%和39.27%。而在《蒙元时代回鹘文契约中的年代因素探索》中研究过

① ［俄］Э·Р·捷尼舍夫编辑，沈成明、陈伟编译《突厥语历史比较语法·语音学》，中国社会科学出版社，2014年，第383页。

的文书里，这两者各占的比例是61.29%和38.71%。在条件式附加成分的人称形式“零形态”的问题上，这两批文书中的情况是相似的。

再仔细看一下，在条件式附加成分后接人称的词汇里，后接单数第一人称的现象比较多，四十五例，后接复数第三人称的情况，有二十五例，后接复数第一人称的现象比较少，有五例。看看这些词汇出现的句子便知，不管条件式附加成分后接的是第几人称，大多数限制的都是契约的甲方及其亲属，或者是与甲方有关的人或事物。关于这一点非常有意思，在这里不深究了，笔者将另外撰文讨论。

4.条件式附加成分后接人称成分的连写与另写

在《蒙元时代回鹘文契约中的年代因素探索》中笔者说过，条件式附加成分后接的人称与它前面的成分全部是分开写的。在这批文书里，七十五例后接人称的条件式词汇中七十二例是分开写的，连写的有三例，即前面提到过的Lo11第三行中的tutsamän（见图1）、第四行中的bolsamän（见图2）。Lo12第十行之末词是bolsarbiz，据转写，山田信夫把这个词的人称部分（biz）与它前面的部分（bolsar）作为连写处理。参见图6，虽然图版模糊，仔细辨认，他的转写是对的。

这显示了两点现象：一是条件式附加成分中的人称部分与词汇中的词干等成分分开写是常态，是常见现象，而连写是少见现象；二是笔者在《蒙元时代回鹘文契约中的年代因素探索》中的推测是对的，条件式附加成分后接的人称部分即便是起笔另写，它与其前面的成分仍属于同一个词汇。

5.后接人称的条件式附加成分词汇里的元音不和谐现象

在《蒙元时代回鹘文契约中的年代因素探索》中笔者指出，条件式附加成分后接人称的现象只出现在无浊化现象的词汇里，并且有些词汇后接人称附加成分之后，词汇中出现了元音不和谐的现象。上述情况在这批文书的转写中也存在。不但在无浊化现象的词汇里存在，比如，Lo02第四行中的bolsar-män（见图7）；在有浊化现象的词汇里也存在，比如，前文引过的Lo15第八行（见图4）、Lo24第六行（见图5）中的bolza-män。上述两词的人称成分之前的部分都是后元音字母o和a，人称部分却都是前元音字母ä。又比如，Ad02第十四行中的aγïš̤sar-biz（见图8），汉义“我们违反的话”。这是一个四音节的词汇：a-γïš̤-sar-biz，其第一、二音节，即词汇词根（a-γïš̤-）中的a、ï，与第三音节，即条件式附加成分-sar-中的a都是后元音，但是第四个音节，即人称附加成分（-biz）中的i则是前元音。这样的例子还有不少。

根据《蒙元时代回鹘文契约中的年代因素探索》中的有关叙述，笔者认为转写中用a、ä、i、ï区分前元音和后元音是现代学者的发明。从转写的角度来看，上述列举的例子是一些条件式附加成分中的元音不和谐现象。但是，从文字的角度看，分别为前元音与后元音中的ä、a、i、ï，其文字形态是一样的，回鹘文有一形多音、一字多音的情况，所以不能说回鹘文契约里有元音不和谐现象，只能认为是转写者的工作中有疏漏。

图6　　图7　　图8

(三) 条件式附加成分的全形与缩略形的关系

在《蒙元时代回鹘文契约中的年代因素探索》的调查中，条件式附加成分的缩略形与全形是并存的现象，并且缩略形是少于全形的，两者之间的数量各是四与二十七，各自所占的比例是12.9%与87.1%。

与《蒙元时代回鹘文契约中的年代因素探索》讨论过的现象相似，在这批文书里条件式附加成分中没有浊化现象的全形形式多于它的浊化形式缩略形。缩略形（包括不浊化的五例）共有二十二例，全形有一百六十九例，它们各自所占的比例是11.52%与88.48%。

这些数据与《蒙元时代回鹘文契约中的年代因素探索》中研究过的十五篇文书中的情况不能说完全相同，但是，说基本相似是没有问题的。这些现象再次证明：在蒙元时代的回鹘文契约手写文书中，条件式附加成分的缩略形不是主流现象，而是少数现象。拿少数现象作为断代依据是不合适的。

(四) 与条件式附加成分相关的句型与文书

1.肯定句与文书中的多种条件句现象

关于条件式附加成分在肯定句、否定句中的分布，这批文书与《蒙元时代回鹘文契约中的年代因素探索》中的情况也有诸多相似之处。

其一，在这批文书里，条件式附加成分中的浊化、缩略形与不浊化、全形现象也是在肯定式的句子里多，在否定式的句子里少。在肯定句里有一百六十例现象，在否定句里有三十一例现象，两者所占的比例分别是83.77%与16.23%；在《蒙元时代回鹘文契约中的年代因素探索》涉及的文书里，类似的现象在肯定句里有二十五例，在否定句里有六例，两者所占的比例分别是80.65%与19.35%。关于这一点，两批文书中的情况是近似的。

其二，与《蒙元时代回鹘文契约中的年代因素探索》涉及文书里的情况一样，在同一件文书里也并存着有条件式附加成分的多种现象。比如，Sa28的第十三行中有taplaza（满意的话），这是一个条件式缩略形词汇，含有浊化现象，是肯定式；在第十四行有其否定式形式taplamaza（不满意的话）；在第二十行有tisär-lar（他们说……的话），这是一个条件式全形词汇，不含有浊化现象，有第三人称复数后缀。

2.含有条件式附加成分词汇的句型

在《蒙元时代回鹘文契约中的年代因素探索》研究过的篇章里，三十一例条件式附加成

分现象，词根涉及十二个词汇，它们是ärsär（是……的话）、brsar（走……的话）、birmäsär（不给的话）、bolsar（有……的话）、čamlasar（争执的话）、kälsär（来的话）、ölsär（死了的话）、qïlsar（干……的话）、saqïnsar（想……的话）、taplasar（满意的话）、tisär（说……的话）、umasar（做……的话）。

在这批文书里，一百九十一例条件式附加成分现象，词根涉及二十七个词汇，其中包含了上面所列的那些词汇。令人瞩目的是，那些在《蒙元时代回鹘文契约中的年代因素探索》中所涉及文书里的高频词汇所在的位置、用法、句型与这批文书里的情况惊人的相似。

一是上述含有条件式附加成分的大部分词汇在具体的文书里只出现一次，表示一个行为的限定条件，像bolsar、qïlsar、čamlasar、saqïnsar、tisär等，它们主要出现在限制卖方及其亲属反悔、违约惩罚等内容的句子里。比如qïl-，在《蒙元时代回鹘文契约中的年代因素探索》中研究的Mi01第十五行中的相关句子是“apam čam čarïm qïlsar-lar……”（万一他们制造争议的话……）。在这批文书中的Sa21第十三至十四行中有“apam čam čarïm qïlsar-lar……”，汉义与前面相同。这两件文书中的句型可以说是一模一样。

二是像tapla-这样的以肯定、否定的方式在买卖文书里出现过两次，以加强和完善句子中的内容，以保障当事人的合法权益的词汇依然存在，比如，在《蒙元时代回鹘文契约中的年代因素探索》中研究的Sa12中的相关句型是：“taplasar özi tudzun.taplamasar adïn kiši-kä ödkürü sadzun”（满意的话自己掌握，不满意的话可以转卖他人）。在这批文书里，类似的现象依然存在。例子还是举Sa21第十至十一行中的“taplasar özi tudzun taplamasar atïn kiši-kä ödkürü sadzun”，汉义与前面相同。

令人瞩目的是，像现代人填写表格一样，tapla-的肯定式、否定式句型是买卖文书中的固定内容，绝大多数买卖文书里都有。比如，在《回鹘文契约文书集成》中含有二十九件买卖文书，除去《蒙元时代回鹘文契约中的年代因素探索》研究过的五件元代文书，余二十四件文书中有二十件保存着买方权益保障语的肯定式、否定式完整内容，并且句型雷同。其余四件文书中，一件（Sa01）没有这方面的句型，一件严重残缺（Sa20），另外两件残留有这方面的内容。残留的内容为：Sa13第十六行是残句，买方权益保障语的肯定式保留着，“taplasar özi tutzun”（满意的话自己掌握），其后应该接否定句，但是，其后紧接着的第十七行的前半部分残缺；Sa18也是残缺文书，第八行的后半部分残缺，第九行肯定句残存“özi tutzun taplamasar atïn”，恢复残缺的部分，两行的意思是：满意的话自己掌握，不满意的话可以转卖他人。atïn有“其他的”意思，连上残缺的文字“kiši-kä ödkürü sadzun”，笔者认为就是转卖给其他人，或者是向其他人转卖。据此，上述两件文书中也包含有tapla-式的买方权益语。含有条件式附加成分的tapla-式的买方权益语是这批文书里非常典型的现象。

除了买方权益语句中的tapla-及其句型，在《蒙元时代回鹘文契约中的年代因素探索》研究过的文书里高频出现的一些词汇，在这批文书里也出现了肯定式、否定式并存于同一件文书的现象。比如，Mi19第十七行有birsr-män（给的话），第二十行有birmäsär-män（不给的话）。这种现象的出现是当时人们法律意识之增强在文书里的反映。

下面的引文来自人口买卖文书Sa28，它是一件无“钞”文书，与《蒙元时代回鹘文契约中的年代因素探索》中研究并引用过的Sa27中的句子非常相似。

……	……
10 …… bu qudluγ	对此名叫Qudluγ的
11 atlïγ qadun kiši-kä ming yïl	女人，到千年
12 tümän künkä tägi qudluγ tämür ärklig	万日为止Qudluγ tämür为所有者
13 bolzun taplaza özi tudzun	满意的话自己掌握，
14 taplamaza adïn kiši-kä sadzun	不满意的话可以卖给他人。
15 biz tädmilig qar-a buq-a ikägü-	我们Tädmilig、Qar-a buq-a两人
16 -nüng aqamïz inimiz onluq-umuz	的兄弟、十户、
17 yüzlük-ümüz kim C kim m-ä bolup	百户，谁也
18 čam čarïm qïlmazun ärklig bäg	不得争执。他们依靠有权力的官吏、
19 iši ilči yalavač küč-in tudup	使［者］之力
20 čamlasar-lar yulayïn alayïn tisär-	争执的话，说“赎回”的话，
21 -lär bu qudluγ täng iki kiši yaradu	就得给与这个Qudluγ相同的两个 令人满意的人，
22 birip sözläri yorïmasun čamlaγučï	他们的话不算数。争执的人
23 kiši K qorluγ bolzun qudluγ tämür	受损失，Qudluγ tämür
24 qorsuz bolzun	不受损失。
	……

3.含有条件式附加成分的词汇多出自与人口、土地买卖有关的文书

一百零六件文书中出现有一百九十一例条件式附加成分的现象，涉及八十二件文书，二十四件文书中没有条件式附加成分，有条件式附加成分的文书占这批文书的77.36%，无条件式附加成分的文书只占这批文书的22.64%。而在《蒙元时代回鹘文契约中的年代因素探索》研究过的文书中，有条件句的文书是十件，无条件句的文书是五件，两者各占的比例是66.67%与33.33%。为此，说有条件式附加成分的词汇在山田信夫收集的文书中的频见现象是不过分的。

在这一百九十一例含有条件式附加成分的词汇里，其中七十七例出现于买卖文书（以Sa为编号的），买卖文书中的现象占这类现象总数的40.31%。虽然这个比例没有前面提到过的蒙元时代文书里的高，但是也不低，数据基本接近。前者条件句的总数是三十一例，出现在买卖文书中是十六例，买卖文书中的这些现象占这批文书中这类现象总数的51.61%。当然，在交换、租佃、借贷、收养、人质、遗嘱等文书里违约惩罚的句子中也有与买卖文书中雷同的条件句，如果把这些文书中的现象加进去，那比例就更高了。上述现象说明，含有条件式附加成分的词汇是买卖文书中的常见现象。

三、结论

从前面的调查表格里可以看到，本文涉及的文书都没有明显的元代词汇，但是在条件式附加成分问题上，它与《蒙元时代回鹘文契约中的年代因素探索》所涉及文书中的情况有着非常相似的地方，其共同点主要如下：

其一，尽管条件式附加成分的称谓有几种说法：全形、完整形、缩略形、截短形、简化形，但究其内容来讲，就是两种形式，即全形-sar、-sär，缩略形-sa、-sä、-za、-zä。在《蒙元时代回鹘文契约中的年代因素探索》里提到的十五件文书中未见到前元音词汇里的-zä现象。但是，在本文涉及的八十二件文书里，既能见到-za、-zä，也能见到-sar、-sär。

其二，条件式附加成分的全形-sar、-sär形式与缩略形-za、-zä形式是并存现象，并且其全形-sar、-sär形式多于缩略形-za、-zä形式。条件式附加成分全形的总量是一百六十九例，缩略形只有二十二例。

其三，条件式附加成分有后接人称的现象，常见的人称成分有四种形式：第一人称单复数后缀-män和-biz，第三人称复数后缀-lar及单数第三人称“零形态”。

其四，与买卖问题相关的文书里，在关系买方权益的套语中多见以tapla-（满意）为代表的肯定式与否定式固定句型。

当然，在条件式附加成分的研究中发现了一字多音现象，这也是一个重要的年代因素。但是，要弄清楚它并不是一个简单的问题，将会涉及很多的文字，牵一发而动全身。有机会的话，笔者会另外开题进行专述。

以上是就条件式附加成分而言，笔者从山田信夫著作中的文书里找出来的一些共同现象，也是一些年代因素，特别是上述第二条，它是可以运用于文书断代工作中的。当然，对具体文书进行断代时，尚需要结合其他现象进行综合考虑，因为每件文书不一定同时具备上述诸因素，特别是一些残缺文书。

本文对条件式附加成分的上述研究是初步的，有些问题是很有必要继续深入探讨的。比如，条件式附加成分后接人称的现象，为什么没有出现后接第二人称的现象？在有的译文里，-sar、-sär等是作为第二人称处理的[①]。但是，在同一部著作里，又有第三人称的说法[②]。也许，这是笔误。这些矛盾的解决不是两三页文字可以弄清楚的，而是要调出所有相关文书的原文和句子，联系上下文重新认识，以获得对条件式人称的全部现象的客观认识。

总之，在条件式附加成分的年代因素问题上，前辈学者们把条件式附加成分的缩略形看作是十三、十四世纪回鹘文契约中的年代因素，这种观点是片面的，是需要完善的；把条件式附加成分的缩略形定为断代标志并应用于回鹘文契约手写文书的断代工作中，这种做法是错误的。

---

① 条件式在动词词干后加-sär/-sar，再加谓语性人称附加字构成，例子是：“saqïn-sar（如你想的话）”。参见耿世民：《回鹘文社会经济文书研究》，中央民族大学出版社，2006年，第58页。

② 在谓语性附加字单数的排列里，第一人称是“män”，第二人称是“sän”，第三人称是“多不表示出”。参见耿世民：《回鹘文社会经济文书研究》，中央民族大学出版社，2006年，第49-50页。

斯6234号佚名《西州》诗新探*

王　素（故宫博物院）

【摘要】敦煌文献有所谓《唐佚名诗集》，整理研究成果极为丰富，其中《西州》诗十分重要，亦有不少探讨。但解读诗作并非易事，需要考虑的因素很多，除了遣词用字、地理物产、历史背景外，格式和韵律亦须注意。本文对这首《西州》诗进行了全面探研，拟补脱漏，发掘隐秘，使之粲然可诵，并对疑似作者张球（张景球）的“双名单称”问题进行了解答。

【关键词】斯6234号　《唐佚名诗集》《西州》诗　整理与新探

敦煌文献有所谓《唐佚名诗集》（以下简称《诗集》），由斯6234号、伯2672号、伯5007号三件残卷构成：正面以伯5007号+斯6234号、伯2672号为顺序，主要是“河西都防御判官将仕郎试弘文馆校书郎何庆”的书状与四首诗；背面以斯6234号+伯5007号、伯2672号为顺序，是《诗集》的本体，有诗二十七首。其不仅可补《全唐诗》之缺，内容更与河西历史关涉，故整理研究成果极为丰富。本文限于篇幅，不作系统梳理，随文出注，揭其大端，以与读者诸君分享。

本文探研的这首《西州》诗，在斯6234号残卷背面，徐俊先生释文如下：

交河虽远地，风俗易中华。绿树参云秀，乌桑戴□花。

□□居猃狁，芦酒宴胡笳。大道归唐国，三年路不赊。

诗题“西州”下原有注云：“原题似作‘轮台’，后以粗笔在其上复书‘西州’二字。”第一句“交河虽远地”下亦原有注云：“交河，原写作‘轮台’，后以粗笔在其上复书‘交河’二字。”此外，第二句“易”后原括注“异”字，即认为“易”系“异”之通假。三“□”处

*本文系国家社会科学基金重大招标项目“吐鲁番出土文书再整理与研究”（项目编号17ZDA183）的阶段性成果，写作列入故宫博物院古梅计划，得到香港赛马会全力支持，公益慈善研究院独家捐助，在此特别鸣谢！

原无字，系据格式拟补，即认为原文有脱字①。

荣新江先生根据李军的研究，认为《诗集》的作者是曾任河西都防御使判官的翁郜。他对这首《西州》诗进行了通篇解说，全文如下：

诗题中的“西州”和诗句中的“交河”，原本都写作“轮台”，后用粗笔涂改。轮台是唐朝边塞诗人最喜欢吟咏的对象，但作者很快意识到时过境迁，到了他这个时代，西迁回鹘的新都城西州，远比轮台更为重要，所以及时地改作西州。“交河虽远地，风俗易中华。绿树参云秀，乌桑戴□花。”这里的“易”字从意思上似乎正相反，原本的意思应当是说，交河虽然距离中华本土很远，但风俗不易；自然景观也不是西域荒漠的情景，而是和中原地区类似。然而，“□□居猃狁，芦酒宴胡笳”，因为后来这里迁居来了回鹘（诗人往往用古代北方民族猃狁代称），所以风俗也为之一变，饮芦酒，听胡笳。到了作者的时候，“大道归唐国，三年路不赊”，与此相近的历史事实应当是咸通七年（866）二月，北庭回鹘仆固俊尽取西州、北庭、轮台、清镇等城，遣使米怀玉入朝报捷。这个使者应当经过凉州一带而和诗人相遇，于是有了这样一首难得的晚唐咏西州诗。

其中“遣使米怀玉入朝报捷”句下原有注云：“《新唐书》卷二一七下《回鹘传》，6133-6134页。参看荣新江《归义军史研究》，356-357页。”②按《新唐书·回鹘传》原文为：“懿宗时，大酋仆固俊自北庭击吐蕃，斩论尚热，尽取西州、轮台等城，使达干米怀玉朝，且献俘，因请命，诏可。其后王室乱，贡会不常，史亡其传。”并未明言米怀玉入朝报捷走的是凉州道。《归义军史研究》后举前揭P.5007号残诗题《仆固天王乾符三年四月廿四日打破伊州（中残）录打劫酒泉后却和断（后残）》及残诗句“为言回鹘倚凶（下残）”，接云：“笔者曾经指出，这首敦煌人写的诗歌记录了乾符三年（876）西州回鹘攻取沙州归义军所辖伊州城的历史真相，仆固天王即仆固俊或其后继者。”此处的“乾符三年”是《诗集》所见唯一明确的纪年，表明《诗集》抄写在此之后，十分珍贵。

李军本人却不同意《诗集》的作者为翁郜之说，认为作者应该是长期出任沙州军事判官及归义军节度判官的张球③。他对这首《西州》诗的释文，承袭前揭“易”系“异”之通假说，又将“绿树”改释为“綵树”，解释如下：

在张球的笔下，西州仍然是风俗异于中华的僻远之地，但却也有綵树、乌桑、云秀之景貌。虽然占据该地的为“猃狁”，即西州回鹘，但因为其已经归附于唐中央，使得其与归义军之间的交通得以畅通无阻。归义军与西州回鹘之间的关系之所以在短时间内得以大幅改善，应该与之前仆固俊派兵出击占据伊州的“倚凶”回鹘有关④。

---

① 徐俊纂辑《斯6234、伯5007、伯2672：唐佚名诗集（诗三十一首）》，载《敦煌诗集残卷辑考》，中华书局，2000年，第654页。按：并非三十一首整诗，不少只是残句。

② 荣新江《P.2672、S.6234+P.5007唐人诗集的抄本形态与作者蠡测》，原载《第三届中国俗文化国际学术研讨会暨项楚教授七十华诞学术讨论会论文集》，四川大学中国俗文化研究所，2009年，第206-217页。后改名为《唐人诗集的抄本形态与作者蠡测——敦煌写本S.6234+P.5007、P.2672综考》，收入《项楚先生欣开八秩颂寿文集》，中华书局，2012年，第141-158页。按：以下引荣氏云云，凡未特别说明者，皆见此文，不再出注。

③ 李军：《敦煌本〈唐佚名诗集〉作者再议》，《敦煌学辑刊》2017年第1期，第101-107页。

④ 李军：《敦煌本〈唐佚名诗集〉与晚唐河西历史》，载武汉大学中国三至九世纪研究所编《魏晋南北朝隋唐史资料》第37辑，上海古籍出版社，2018年，第150-165页。

陈尚君先生谈到《诗集》的作者，比较谨慎，先介绍荣新江先生的“翁部说”和李军的“张球说”，然后称：“虽然还没有看到荣的响应[①]，我以为都可认为问题在逐渐接近明朗。”从他后面的行文看，他实际是赞同“张球说”的。他对《诗集》中的很多诗都有解说，对这首《西州》诗的解说如下：

> 交河曾是唐北庭都护府的故地，作者写到这里的风物、居民和风俗，感觉是“风俗易中华”。“易”是改变，是不同，但又是异中有同，旧习尚在，但已变化了。最后两句，可以说是自己历时许久方到达这里，也是要说皇化所及，归国有路。[②]

可惜与我的理解相距甚远。譬如，唐代天山南北有安西、北庭二都护府：安西都护府分管天山南路，北庭都护府分管天山北路。交河属天山南路，自应归安西都护府管辖，怎么可能是“北庭都护府的故地”？最后两句“大道归唐国，三年路不赊”，明显是指回鹘仆固俊收复西州、轮台，派遣米怀玉入朝报捷（详见下文），与作者自己没有任何关系。可见解读这首《西州》诗并非易事。

应该指出的是，这是一首平仄严谨、内涵丰富的五言律诗。解读需要考虑的因素很多，除了遣词用字、地理物产、历史背景，格式和韵律亦须注意。

作者改诗题“轮台”为“西州”，改诗句“轮台”为“交河”，所改之“轮台”，即前揭《新唐书·回鹘传》记载的仆固俊“尽取西州、轮台等城”的“轮台”，亦即所谓“唐轮台”，而非“唐朝边塞诗人最喜欢吟咏的”汉轮台。《旧唐书·地理志三》“陇右道北庭都护府”条记载，贞观十四年（640）灭高昌，置庭州，下置金满、轮台、蒲类三县，特别说明：“轮台取汉轮台为名。”唐轮台在天山北路[③]，汉轮台在天山南路，两地相距一千五百里，是不应该混同的。另据《诗集》所收诗作，东起洛阳附近的《特牛沙》，西迄焉耆西南的《铁门关》，作者有一条自东往西的旅行路线，主要是沿河西走廊到天山南路，唐轮台在天山北路，不在作者原定的旅行路线上，作者发现写错了，所以要改正。

首联“交河虽远地，风俗易中华”，前句有个“虽”字，后句无疑暗藏“但”“却”“也”等转折字词，“易”若作“异”之通假，明显衔接不上。将“易”解释为“不易”，或者改变、不同、异中有同等等，也十分奇怪。实际上，“易”为“亦”之通假，意为“相同”。如《黄帝内经》之《素问·骨空论》云：“扁骨有渗理凑，无髓孔，易髓无空。”唐王冰注云：“易，亦也。骨有孔，则髓有孔；骨若无孔，髓亦无孔也。”首联二句的意思是：交河虽然遥远，属于西域之地，但风俗与中华相同，没有异国他乡的感觉。

颔联要求平仄、字词对仗。“绿树”与“乌桑”对仗工稳。如改“绿树”为“綵树”，“綵”虽然也含颜色，与“乌”可以对仗，但“綵树”毕竟鲜见[④]，尤其吐鲁番未见。不像“乌桑”，即黑桑，别名“药桑”，具有较高的药用价值和经济价值，直到现在仍是吐鲁番的

---

① 荣新江一直没有明确的响应，但他在新版《敦煌学新论（增订本）》（甘肃教育出版社，2021年）的《序》中说：“《唐人诗集的抄本形态与作者蠡测——敦煌写本S.6234+P.5007、P.2672综考》可能是我自己最满意的文献学研究论文，用原始文书来阐明唐人诗歌的生成个案，是在敦煌文献之外很难找到材料的。”故相信他还是坚持“翁部说”的。

② 陈尚君：《唐末在敦煌的江南诗人》，《文史知识》2017年第8期，第32-37页。

③ 李树辉：《丝绸之路“新北道”中段路线及唐轮台城考论》，《中国边疆史地研究》2019年第3期，第52-64页。

④ 唐代仅陈子昂撰有《綵树歌》，李商隐《富平少侯》有诗句“綵树转灯珠错落”。

特产①。“参云”是动宾结构，后面的“秀”是形容词。此句意思是说：绿树高可入云，在云端摇曳多姿。“戴□”亦应是动宾结构，后面的“花”亦应是形容词。吐鲁番的黑桑，常常傍晚施肥，生长更加迅速。据此推测，“□”应是“月”字。“参云”与“戴月”对仗工稳。此句意思是说，乌桑在月下施肥培育，长势更如鲜花般美好。

颈联亦要求平仄、字词对仗。“芦酒”指以芦管插入酒桶中吸酒。这种别致的饮酒方法，在少数民族地区十分流行。如杜甫《送从弟亚赴河西判官》诗云：“黄羊饫不膻，芦酒多还醉。”“芦”字在这里是名词动用。“芦酒”仍是动宾结构。与“芦酒”对仗的“□□”，亦应是动宾结构，推测应是“筑城”二字。清张庚摹本梁元帝《职贡图》“高昌国”题记云：“其地高燥，筑土为城。”②“筑城居猃狁，芦酒宴胡笳”，不仅平仄字词对仗工稳，意思亦通畅连贯。

尾联“大道归唐国，三年路不赊”，意思是说：恢复唐朝统治乃藩国“尊王”正道，即使需用三年时间入朝报捷，这条归唐之路也不能算很遥远。需要指出的是，此处“三年”并非三个整年，应是三个年头，如同“三年之丧”实际只有二十五个月一样。但仆固俊收复西州、轮台等西域唐朝故土，派遣米怀玉入朝报捷，如果是走凉州道，几个月足矣，一个年头都用不了，何至于用三个年头？显然，米怀玉入朝报捷，走的不是凉州道。邓之诚《骨董琐记全编》记歙县许疑庵（承尧）旧藏敦煌二娘子家书，有“今年闰三月平善，与天使司空一行到东京”及“六月二十一日”等语，唐长孺师批注云：“司空即张议潮也。议潮于咸通八年入朝，启程实在六年，七年闰三月至东京，六月尚在东京。其至长安当在八年，故史系于八年耳。”③《资治通鉴》记咸通八年（867）二月“归义节度使张义潮入朝”，此为到达长安的时间。启程如唐师所说在两年前的咸通六年（865）。敦煌二娘子家书记先到洛阳在咸通七年（866）闰三月。前后正好用了三个年头。我曾就此指出：“当时西域通中原，河西道路受阻，常改道漠北或四川，先到洛阳，后到长安。故唐师云然。”④张议潮入朝走的可能是经四川到长安的路，亦即杜甫“即从巴峡穿巫峡，便下襄阳向洛阳”（《闻官军收河南河北》）之路。从仆固俊所处北庭地理位置看，他派遣米怀玉入朝报捷，走的应是漠北回鹘路。《旧唐书·回纥传》云：“初，北庭、安西假道于回纥以朝奏。”《册府元龟》卷九九四外臣部备御七引李德裕奏疏亦云：“自艰难以后，河陇尽陷吐蕃，若通安西、北庭，须取回鹘路去。”北宋王延德出使高昌，往返五年，走的仍是回鹘路⑤。

这首《西州》诗，根据我的理解和拟补，正确完整的释文应该如下：

交河虽远地，风俗易中华。绿树参云秀，乌桑戴月花。

筑城居猃狁，芦酒宴胡笳。大道归唐国，三年路不赊。

至于《诗集》的作者，是翁郜，还是张球，我没有研究，不敢妄言。不过，可以附带谈谈张球其人的名字问题。敦煌文书有姓名为张球、张景球（还有张俅、张景俅）者，是一人

---

① 罗闻芙、古亚汗·沙塔尔等：《吐鲁番黑桑栽培管理技术》，《果农之友》2021年第8期，第32-35页。按：新疆伊宁林场也种植黑桑。参见田磊：《黑桑培育技术》，《农村科技》2008年第6期，第74页。

② 王素：《梁元帝〈职贡图〉“高昌国使”图像与题记》，载武汉大学中国三至九世纪研究所编《魏晋南北朝隋唐史资料》第41辑，上海古籍出版社，2020年，第72-78页。

③ 邓之诚著，唐长孺批注《唐长孺批注骨董琐记全编》“二娘子家书”条，中华书局，2021年，第320页。

④ 王素：《唐长孺批注骨董琐记全编》，中华书局，2021年，第4页。

⑤ 王素：《高昌史稿·交通编》，文物出版社，2000年，第206-212页。

还是二人，曾引发长时间的争论。最早可以追溯到王重民先生。他1935年撰《略出籝金》“叙录”，就说过：“考（张）景球官衔与张球同，则景球当是张球之字。”[①]陈尚君先生说他“1986年至1991年作《全唐文补编》初稿时，录出许多张球的文章……另有张景球，难以确定与张球是否同一人，只好分列……”[②]直到近年杨宝玉成功申报“晚唐敦煌文士张球与归义军史研究”国家社科基金项目，还要撰写专文解释这个问题，说：“本质上就是由三个字组成的姓名的中间一字在某些情形下可否省略的问题。其实，省略三字姓名的中间一字，本是中古时期的习惯做法，敦煌文书中的例证比比皆是，不仅不同文书有可能将同一人的名字分别以二字称、三字称书写，就是同一件文书都可能采用两种写法。”[③]其实，这种情况，不仅敦煌文书，吐鲁番文书中也多见[④]。有个专有名词，叫作“双名单称”，就是针对这种情况概括的。

按《礼记·曲礼上》云：“礼不讳嫌名，二名不偏讳。”据陈垣先生《史讳举例》“二名偏讳例”条，从南北朝时期开始，实际是“二名偏讳”的[⑤]。而所谓“双名单称”，就是专为解决“二名偏讳”问题而设。南北朝至唐五代正史“双名单称”情况应该较多，但很奇怪，点校本相关“校勘记”很少。过去不知原委，现据陈允吉先生回忆上海参与点校二十四史往事所说：

> 记得赵守俨先生讲过：如果是唐长孺先生看过的稿子，基本不会再有问题。……那次（1973年）去北京，我准备了一个提纲，想请教唐长孺先生一些比较困难的问题，请赵守俨先生联系。……赵先生帮忙联系了唐先生，上海的几位老师一起去，聊了一个多小时，唐先生一一明确回答了我们的困惑。胡裕树先生交代我去北京时问问：《旧五代史》《旧唐书》里的“双名单称”要不要出“校勘记”？唐先生认为这在南北朝史里就有，出“校勘记”反而显得外行，就不要出了。[⑥]

终于知道，南北朝至唐五代正史“双名单称”较多，而点校本“校勘记”很少，是唐长孺师的建议。我参加“点校本二十四史及《清史稿》修订工程”工作，作为其中“西域四夷外国等传”修订负责人，也曾多次向主事者提出：“双名单称”是常识，不要轻易出“校勘记”[⑦]。而张球显然就是张景球的“双名单称”（张俅自然也是张景俅的“双名单称”），这个问题无须继续讨论了。

---

① 王重民：《敦煌古籍叙录》，商务印书馆，1958年，第211页。

② 陈尚君：《唐末在敦煌的江南诗人》，《文史知识》2017年第8期，第33页。

③ 杨宝玉：《晚唐敦煌寺学名师张球名字之异写》，《童蒙文化研究》第6卷，人民出版社，2021年，第61–72页。

④ 吕冠军：《吐鲁番文书中的“双名单称”问题》，《西域研究》2018年第4期，第80–87页；《吐鲁番文书中的“双名单称”问题续论——以陈仲安先生给王素先生的一封信为中心》，载武汉大学中国三至九世纪研究所编《魏晋南北朝隋唐史资料》第39辑，上海古籍出版社，2019年，第260–263页。

⑤ 陈垣：《史讳举例》，上海书店出版社，1997年，第56页。

⑥ 陈允吉口述，黎文整理《上海参与点校本二十四史整理的往事》，《文汇学人》，2015年，第14–16版。

⑦ 王素：《修订稿〈梁书·诸夷传〉审读意见》，《点校本“二十四史”及〈清史稿〉修订工程简报》2010年第46期，第19–20页；《修订稿〈隋书·东夷、南蛮、西域、北狄四传〉审读意见》，2017年（待刊）。

敦煌蒙书《武王家教》中唐代童蒙“认知”教育解析

——以“九愚”为中心*

金滢坤（北京师范大学教育学部）

【摘要】本文通过考释耽酒逐色、求财不足、好衣薄德、自谈己善、好说他人、悭贪吝惜、妒嫉胜己、行恶不虑、被辱不耻，这所谓“九愚”的含义，解析其文化内涵，探讨《武王家教》将“九愚”当作影响“人命长短不等”的原因之一，并对其与唐代童蒙教育、家教的关系进行深度解析。“九愚”主要针对子弟在应对、处世中，对酒色、钱财、物质、道德、言谈、得舍、谦虚、善恶、辱耻等价值观念的“认知”上出现了偏差，所导致九种不良、不当言行，有悖中国古代儒家重德轻物、积德不积财、立身扬名、谦虚礼让、向贤思齐、隐恶而扬善、居安思危、忍辱负重、知耻近乎勇等观念，告诫子弟应该远离酒色、重德轻物、谨言慎行、谦虚礼让、知耻后勇、积善弃恶，杜绝“九愚”行为，建立良好的“认知”观念，树立人生远大目标，达到修身、立身的目的。

【关键词】敦煌蒙书　《武王家教》　唐代　“九愚”“认知”教育

引言

伯二八二五号《武王家教》是敦煌文献中发现的现存唐代“四部”家教之一，对唐代家教中子弟常犯七十一种不良、不当行为举止进行劝诫，并给世人教子的“益己”之教和“明哲”之教①。笔者新近发表《敦煌蒙书中的儿童警示教育——以〈武王家教〉“六不祥”为中心》

* 本文系国家社会科学基金重大项目“中国童蒙文化史研究”（项目编号16ZDA121）的阶段性研究成果、2024年中央高校基本科研业务费专项资金资助：“京师书院全球发展与治理跨学科研究专项项目”（项目编号YY-2024-R0001）。

① 金滢坤：《唐代问答体蒙书编撰考察——以〈武王家教〉为中心》，《厦门大学学报（社会科学版）》2020年第4期，第147-150页。

《敦煌蒙书〈武王家教〉中的唐代富贵贫贱观念解析——以“十恶”为中心》《唐代〈武王家教〉中的儿童“自知”教育解析——以“三痴”为中心》等论文[①]，对相关问题进行解析[②]，总结《武王家教》在中国蒙书、家训编撰史上的独特性，探讨其在唐代家教和童蒙中的特点和对现代少年儿童教育的启发意义。本文将围绕《武王家教》中有关个人价值观“认知”的九种愚行，分为三类，对其相关的深层文化含义及其与童蒙教育的关系进行深度探讨，并就唐代家教中的“认知”教育展开论述。

《武王家教》所说“九愚”列举了子弟在成长中常见的耽酒逐色、求财不足、好衣薄德、自谈己善、好说他人、悭贪吝惜、妒嫉胜己、行恶不虑、被辱不耻九种愚行[③]。唐代有关诸种愚行的俗语很多。如李商隐在《杂纂》中枚举了背面说人过、好说人家秘事、三头二面趋奉人、说六亲过恶与外人等世人处世的十种愚昧之行为[④]，与“九愚”行为有很大不同。《武王家教》主要从教育子弟在处世、应对中有关价值观念“认知”角度，枚举了九种愚行。

“九愚”之九种愚行，大致可分为以下几类：其一，耽酒逐色、求财不足、好衣薄德、悭贪吝惜四种有关子弟在修身、立志之时，不辨是非、本末倒置、舍本逐末、偏离儒家忠孝、“立身扬名”等主流价值观的愚行。如《盐铁论·大论》云：“夫不治其本而事其末，古之所谓愚，今之所谓智。”[⑤]对国家治理而言，“夫不治其本而事其末”为愚，就教子而言，子弟若耽酒逐色、求财不足、好衣薄德、悭贪吝惜，没抓住人生的重点、安身立命之根本，属于自认聪明、舍本逐末的愚行。其二，自谈己善、好说他人、妒嫉胜己三者为自以为是、心胸狭隘、言语不善、妄说事实、颠倒是非的愚行。如《荀子·修身》云：“是是、非非谓之知，非是、是非谓之愚。”[⑥]显然，荀子所说“愚”为颠倒是非的做法，犹如自谈己善、好说他人、妒嫉胜己等行为。《鬻子》曰：“愚者不自谓愚，而愚见于言；愚者虽自谓智，人皆谓之愚也。”[⑦]战国《慎子·逸文》记载略同：“愚者不自谓愚也，而愚见于言，虽自谓智，人犹谓之愚。”[⑧]可见言语可以反映一个人的贤愚。又《新书·修政语》载鬻子认为智人、愚人之辨在于：“夫言者善则谓之智矣，言者不善则谓之愚矣。”[⑨]显然，言语不善，是愚蠢的表现。其三，行恶不虑、被辱不耻等属于不知行恶、被辱而不自知、不明事理、知

① 分别载于：《敦煌学》2021年总37期，第167-194页；《敦煌研究》2021年第6期，第190-131页；《甘肃社会科学》2022年第5期，第60-67页。

② 金滢坤：《唐代问答体蒙书编撰考察——以〈武王家教〉为中心》，《厦门大学学报（社会科学版）》2020年第4期，第147-150页。

③ 本文中所引敦煌文书主要依据中国社会科学院历史研究所、中国敦煌吐鲁番学会敦煌古文献编辑委员会、英国国家图书馆、伦敦大学亚非学院合编《英藏敦煌文献（汉文佛经以外部分）》（第1-14卷，四川人民出版社，1990—1995年），俄罗斯科学院东方研究所圣彼得堡分所、俄罗斯科学出版社东方文学部、上海古籍出版社编《俄藏敦煌文献》（第1-14册，上海古籍出版社、俄罗斯科学出版社东方文学部，1992—2001年），上海古籍出版社、法国国家图书馆编《法藏敦煌西域文献》（第1-34册，上海古籍出版社，1995—2005年）录文，请依据卷号查询。以下征引同一部蒙书，第二次出现不再加卷号。

④［唐］李义山纂《杂纂》卷上《愚昧》，收入王云五主编《丛书集成初编》，中华书局，1985年，第8页。

⑤ 王利器校注《盐铁论校注》卷10《大论第五十九》，中华书局，1992年，第604页。

⑥［清］王先谦撰，沈啸寰、王星贤点校《荀子集解》卷1《修身篇第二》，中华书局，1988年，第24页。

⑦［宋］李昉等编《太平御览》卷499《人事部一百四十·真愚》，中华书局，1960年，第2280页。

⑧ 许富宏撰《慎子集校集注》，中华书局，2013年，第107页。

⑨［汉］贾谊撰，阎振益、钟夏校注《新书校注》卷9《修政语下》，中华书局，2000年，第372页。

过不改，反而自以为是的愚行。伯二五五七号+伯三六二一号+伯二五九八号《新集文词九经抄》摘引《要诀》云："闻过不改是愚人，见鞭不行是驽马。"（第一八二条）

本文就《武王家教》所举子弟在处世应对时，在"认知"问题上出现了很大偏差，自以为是而最易犯的九种愚行，结合中国古代有关诸种愚行的观念，利用相关典籍和中古流行俗语，对其文化内涵与观念进行考释，并就唐代对子弟进行的"认知"教育问题进行深入探讨。

一、"耽酒逐色"的文化内涵与观念考释

"耽酒逐色"是指沉迷酒色，不能自知，追求享乐，不能自拔，故被作为"九愚"之首。与人生最不应该犯的"二误"之首"贪酒逐色"仅仅相差一字，"二误"之"贪酒逐色"的字面含义为无度贪图酒色之意，重在强调主观追逐酒色，知错不改，带有恶意，故为"误"。

"耽酒逐色"之"耽"，其相关含义大致有二：其一，为玩乐，而沉湎、沉迷，不能自知，不自觉，一味追求享乐。《诗·卫风·氓》云："于嗟女兮，无与士耽。"《毛传》："耽，乐也。"[①]汉代枚乘《七发》曰："意者久耽安乐，日夜无极。"[②]其二，沉醉之义，强调知过，而不能自拔。《论语注疏·季氏》云："正义曰：'云沉者，《（尚）书·微子》云"沉酗于酒"，言人以酒乱，若沉没于水，故以耽酒为沉也。'"[③]结合耽酒逐色作为"九愚"之首，盖言沉迷酒色之中，受其迷惑，一味追沉迷于享乐，明知是错而为之，不能自拔，故为"愚"。

言"耽酒"为过者，包含惑、痴之义。《孔子家语·贤君》云："孔子曰：'昔者夏桀……忘其圣祖之道，坏其典法，废其世祀，荒于淫乐，耽湎于酒……天下诛桀而有其国。'"[④]盖言"沈（沉）湎冒色""耽湎于酒"而不能自拔。又伯二五二四号《语对·三八丑女》载，齐女无盐，进谏齐宣王"四殆"，其中第四殆为"耽酒沈湎，女乐无度"，殆者为导致国家险的过错。

言"耽酒逐色"为"愚"者。《荀子·非十二子》云："吾语汝学者之嵬容：其冠絻，其缨禁缓，其容简连……酒食声色之中则瞒瞒然，瞑瞑然。"[⑤]言"酒食声色之中"，犹如闭眼迷迷糊糊，盖谓"愚"也。李商隐在枚举唐代世人常犯的愚昧之行中，就有"好说人家秘事、弃家耽酒、图他酒食作证人"语[⑥]。虽然"弃家耽酒、图他酒食作证人"与"耽酒逐色"略有不同，但均为愚昧不化之行为。伯二七一八号一卷本《王梵志诗·饮酒是痴报》云："饮酒是痴暴，如人落粪坑。明知有不净，岂合岸头行。"（第七七条）显然，"饮酒是痴暴"，说饮酒是痴，与"愚"同义。

---

① [汉] 毛亨传，[汉] 郑玄笺，[唐] 孔颖达疏，[唐] 陆德明音释，朱杰人、李慧玲整理《毛诗注疏》卷3《卫风·氓》，上海古籍出版社，2013年，第313页。

② [南朝梁] 萧统编，[唐] 李善注《文选》卷34《七上·七发》，中华书局，1977年，第478页。

③ [魏] 何晏注，[宋] 邢昺疏《论语注疏》卷16《季氏第十六》，北京大学出版社，2000年，第258页。

④ [三国] 王肃注，[日] 太宰纯增注，宋立林校点《孔子家语》卷3《贤君第十三》，上海古籍出版社，2019年，第102页。

⑤ [清] 王先谦撰，沈啸寰、王星贤点校《荀子集解》卷3《非十二子篇第六》，中华书局，1998年，第103-104页。

⑥ [唐] 李义山纂《杂纂》卷上《愚昧》，收入王云五主编《丛书集成初编》，中华书局，1985年，第8页。

隋唐时期，佛教言“耽酒逐色”为愚痴者较为多见。如敦煌变文《角座文汇抄》云：“不修行，悟经义，逐色耽声迷与醉。人生一世瞥然间，不修实是愚痴意。”[①]可见“逐色耽声迷与醉”，为“愚痴”。其实，“耽酒”盖为沉迷不能自知，故谓之“愚”。现实中，士庶、贵贱之人明知酒能败人、色能伤人，却常常不能杜绝。如唐代诗人卢仝《叹昨日三首》云：“贤名圣行甚辛苦，周公孔子徒自欺。天下薄夫苦耽酒，玉川先生也耽酒。”[②]可见即便是周公、孔子等历代贤良也很难做到绝对远离酒色，普通人更是“苦耽酒”，难免有“耽酒”，误事丧志，故谓“耽酒”为“愚”。

唐代童蒙教育中有关酒色问题，很难区别“贪酒逐色”和“耽酒逐色”的差异，笔者以下论述中，将不再细分“贪酒逐色”为“误”，“耽酒逐色”为“愚”的程度问题，仅从两者的危害角度、戒酒色和酒色观念等角度探讨童蒙教育中的酒色观念。

其一，酒能败身。斯一九二〇号《百行章·量行章第四十二》云：“恶人不可共居，耽酒不可同饮……酒能败身，何劳多饮。”又伯二五六四号《太公家教》告诫子弟：“清清之水，为土所伤；济济之人，为酒所殃。”可以说少年儿童教育中的一个重要问题就是防止饮酒败身的问题。故辩才大师劝诫子弟：“酒莫多吃，必无犯触。”[③]其二，色能丧身。故《百行章·近行章第四十三》告诫子弟“色能尽命”，害处极大，故须去之、戒之。又《新集文词九经抄》摘引孔子曰：“血气方刚，戒之在斗；血气未定，戒之在色。”（第三七三条）告诫年轻人血气方刚，戒在色。其三，远离酒色。《武王家教》云：“酒能败身，去之；色能丧身，畏之。”这两句话应该是对《太公家教》中的“酒能败身，必须戒之；色能致乱，必须弃之”四句短语的改写，代表了唐代家教对“耽酒逐色”和“贪酒逐色”的共识，命令子弟去之、畏之，从而达到“贬酒恶色，可以无罪”的目的[④]。

综上所论，“耽酒逐色”作为“九愚”之首，表示一味玩乐、沉湎、沉迷，在“认知”等价值观念上出现了严重偏差而不自知，重在强调因不明而沉迷酒色，不能自拔，故为“愚”。《武王家教》明确教育子弟“贪酒逐色”为“误”、“耽酒逐色”为“愚”，旨在强调沉迷酒色明知与不明的问题。唐代对少年儿童有关酒色价值观的教育丰富多样，告诫子弟“酒能败身，去之；色能丧身，畏之”。

二、“求财不足”的文化内涵与观念考释

“求财不足”指贪得无厌、一味求财，而无仁义之义，实为愚痴之行。在中国，自古以来儒家讲究道义，视钱财如浮云；道家认为“知足自富”；佛教视“贪财无厌”为愚痴，故“求财不足”被称为“九愚”之二，也很好理解。

中国古代对“求财不足”的明确批评，可追溯到汉相董仲舒《春秋繁露》之中。董仲舒评价春秋梁国败亡的原因是国君“求财不足”，“鱼烂而亡，国中尽空”是大“愚”[⑤]。中国

① 黄征、张涌泉校注《敦煌变文校注》卷7，中华书局，1997年，第1172页。

② [清] 彭定年等编《全唐诗》卷388卢仝《叹昨日三首》，中华书局，1960年，第4383页。

③《辩才家教·贞清门第一》。

④《应机抄》卷下。

⑤ [清] 苏舆撰，钟哲点校《春秋繁露义证》卷4《王道第六》，中华书局，1992年，第126页。

古代“官本位”观念之下，宣扬轻财重义，将“求财不足”视为“庶人”之事[①]，是低层次的需求。“唯求财货，市井之业”不应为皇子该做之事[②]。

中古时期佛教视贪财是愚痴之行，对世俗观念也有很大影响。佛教把贪财无厌，看作造贪欲、瞋恚、愚痴的根源，会影响修行得道[③]。姚秦竺佛念译《出曜经·欲品》更是将“愚者贪财货”看作自构其狱的行为，愚痴无比[④]。又隋代阇那崛多译《佛本行集经·昔与魔竞品》也将诸种贪财逐利视作“大愚痴”的行为[⑤]。凡此种种，佛教将“贪财无厌”列入自招恶业、死后下地狱的行为。

“求财不足”的本质是人性的贪婪和奢靡无度。汉戴德《大戴礼记·盛德》载：“凡民之为奸邪窃盗历法妄行者，生于不足，不足生于无度量也。无度量则小者偷堕，大者侈靡而不知足。”[⑥]克制贪婪的最好手段就是内心“知足”。我国古代道家的“知足”观念对贪婪和“求财不足”有很重要的抑制作用。老子《道德经》云：“知足者富，强行者有志。不失其所者久，死而不亡者寿。”[⑦]“知足不辱，知止不殆，可以长久。”[⑧]“知足者富”“知足不辱”的观念可以说是“求财不足”的最好良药，也是适合发展法则的，若不知足，求财不止，必然招来祸患。韩非发展了老子的“知足”观念，在评价“今不知足者之忧”时曰：“祸莫大于不知足。”[⑨]并以智伯攻赵，韩、魏反戈，智伯反被赵襄子所杀，其脑袋也被做成溲器的故事为喻[⑩]。晚唐白居易也告诫子孙要俭行，“勿言舍宅小，不过寝一室”[⑪]，“劝君少求利，利是焚身火”[⑫]。晚唐柳玭劝诫子孙要有忧患意识，“忧与祸不偕，絜与富不并”，祸福、忧患往往相依，互为因果，“受福则骄奢，骄奢则祸至”[⑬]。

基于以上原因，唐代蒙书中有关财富观念的正确引导，主要集中在以下几个方面：其一，灌输重义轻财的观念。《太公家教》云：“财能害己，必须远之……小人为财相煞，君子以德义相知。”显然，这是秉持了汉儒董仲舒的“求财为小人之事”的观念，鼓励子弟以“德义相知”。又斯一三八〇号《应机抄》卷下摘引谚语鼓励子弟“求仁义”，莫为小人之“求财利”。其二，不获“不义之财”。“不义之财”不可得，是中国古代文化传统。《杂抄·辨金藏论法》云：“不枉法不得财。若得财则枉法，既枉法则害身。”《新集文词九经抄》收录了“不义而富，于我如浮云”等诸多有关劝诫不义之财不可得的名言警句（第三六一条），以便子弟能够深刻认识其中道理。其三，牢记“贪财招祸”。如《百行章·谋行章第七十一》

① ［南朝梁］萧统编，［唐］李善注《文选》卷41《书上·报孙会宗书一首》，中华书局，1977年，第582-583页；［汉］班固撰，［唐］颜师古注《汉书》卷66《杨恽传》，中华书局，1962年，第2896页。

② ［唐］魏徵《隋书》卷45《庶人秀传》，中华书局，1973年，第1243-1244页。

③ ［晋］佛驮跋陀罗译《大方广佛华严经》卷24《十地品第二十二之二》，《大正藏》第9册，第549页。

④ ［后秦］竺佛念译《出曜经》卷4《欲品第二》，《大正藏》第4册，第631页。

⑤ ［隋］释阇那崛多译《佛本行集经》卷31《昔与魔竞品第三十四》，《大正藏》第3册，第797页。

⑥ ［清］王聘珍撰，王文锦点校《大戴礼记解诂》卷8《盛德第六十六》，中华书局，1983年，第143页。

⑦ ［魏］王弼注，楼宇烈校释《老子道德经注校释》上篇33章，中华书局，2008年，第84页。

⑧ ［魏］王弼注，楼宇烈校释《老子道德经注校释》下篇44章，中华书局，2008年，第122页。

⑨ ［清］王先慎撰，钟哲点校《韩非子集解》卷6《解老第二十》，中华书局，1998年，第146页。

⑩ ［清］王先慎撰，钟哲点校《韩非子集解》卷7《喻老第二十一》，中华书局，1998年，第156-157页。

⑪ ［唐］白居易著，顾学颉点校《白居易集》卷30《狂言示诸侄》，中华书局，1979年，第689页。

⑫ ［唐］白居易著，顾学颉点校《白居易集》卷36《闲坐看书，贻诸少年》，中华书局，1979年，第823页。

⑬ ［宋］欧阳修、宋祁《新唐书》卷163《柳公绰传附玭传》，中华书局，1975年，第5027页。

云：“贮财成祸，积物成怨。”又伯二五一五号《辩才家教·省［事］门章二》载：“财莫多贪，免遭枷狱；官法明明，恪令如烛。”贪财过多，必招刑法。其四，不能独享财物。针对“积财成祸”的观念，教示子弟莫要过度追求财富，而是学会与人分享。《百行章·廉行章第十七》以古之良将“单醪投河，三军皆庆”为喻，说明与人分享者得人心，成仁义。其五，进行知足教育。《新集词林九经抄》摘引了很多有关知足教育的内容。摘引老子、孟子之“知足者富”（第三五九条）与“人心难满”典故（第三六二条），论证了“知足”与“贪欲”的关系，告诫子弟人心要“知足”自可富足，否则就会印证“人为财死，鸟为食亡”的谚语（第三六三条）。其六，树立积德不积财的观念。如伯二六一二号《文词教林》借名老子之言，告诫子弟积财招祸，死后不得安身，以圣人为喻，积财不如积德，“有德以教人”，有财施贫，救助病患，才可“执道全身”（第一三七条）。

综上所论，中国古代官本位之下宣扬轻财重义，将“求财不足”视为“庶人”小人之事，是低层次需求，也是受道家“知足”观念以及佛教“贪财无厌”为“愚痴”观念的影响，故被视为愚行。唐代蒙书和家教从诸多层面对童蒙进行贵贱、贫富及财富观念的“认知”教育，劝诫子弟“财能害己，必须远之”“财处不义，仁贤不窥”，谨记“贪财招祸”的训教，培养子弟兼济天下意识，“积德不积财，有德以教人”。

三、“好衣薄德”的文化内涵与观念考释

“好衣薄德”的行为在生活中很常见，从文化渊源上来讲，应该受孔子相关言论的影响。据《论语·卫灵公》载，孔子感慨虽有商纣淫色失国的前车之鉴，“吾未见好德如好色者也”①，可见士人好色胜过好德是常见的社会心态。《史记·孔子世家》“集解”有何晏曰：“疾时薄于德，厚于色，故发此言也。”李充曰：“使好德如好色，则弃邪而反正矣。”②说明士人的好色之心普遍胜于好德之心。言“好衣薄德”，犹如“未见好德如好色者”，是社会通病，明知是忧患却不易克服，明知不可为，而为之，故为“愚”。庄子也有类似的看法，认为世人好美服、苦不得美服者多，而不好德，本末倒置，故为愚行③。

“好衣薄德”的行为，无异于养成做事本末倒置、不注重德行的习惯，往往会因此招致祸患。《西京杂记》记载：汉昭帝以“金为衣兮菊为裳”瑞祥，自谦“薄德”④，此盖为“好衣薄德”典故的由来之一。故古代贤明君主多“恶衣菲食”，务求“厚德薄衣”⑤，“好衣薄德”的行为无疑是本末倒置。

世人好美衣华服是普遍的社会心态，春秋时期齐桓公好服紫，导致一国尽服紫，而不能改。管仲只好为其献策，让齐桓公自言“吾恶紫臭”⑥，以防国人仿此风。又北魏乐浪王元忠，“愚而无智，性好衣服”，被北魏孝明帝骂曰：“人之无良，乃至此乎！”⑦此为“好衣薄

① 程树德撰，程俊英、蒋见元点校《论语集释》卷31《卫灵公上》，中华书局，1990年，第1077页。

②［汉］司马迁：《史记》卷47《孔子世家》，中华书局，1959年，第1921页。

③［清］郭庆藩撰，王孝鱼点校《庄子集释》卷6《至乐第十八》，中华书局，2014年，第609页。

④［唐］徐坚等：《初学记》卷30《鸟部·鹤第二·事对》，中华书局，2004年，第727页。

⑤［清］董浩等：《全唐文》卷118晋少帝《修省诏》，中华书局，1983年，第1198页。

⑥［清］王先慎撰，钟哲点校《韩非子集解》卷11《外储说左上第三十二》，中华书局，1998年，第282页。

⑦［北齐］魏收：《魏书》卷19上《乐浪王万寿传附子忠传》，中华书局，1947年，第452页。

德”、愚而不知的典型。其实，庶民小人多“好衣甘食”，不易教化是社会常态①。

唐代童蒙教育十分重视树立儿童的正确衣着观念。《辩才家教·四字教章第十》云：“有衣但着，有饭但吃……人行善愿，必逢知识。”其实，辩才大师告诫子弟穿戴不必讲究美服、吃饭不必美食，多行善愿最为重要。《新集文词九经抄》借名孔子之言：“所食不过满腹，所衣不过覆身。少欲知足，乐道安身。”可见，寒不择衣最能反映穿衣的价值，衣服可以御寒即可，不必华显。

“好衣薄德”本质上是本末颠倒、不明事理的行为。因此，敦煌蒙书《文词教林》摘引《老子》《尚书》之语，认为“薄己而厚物”“失道求名”的行为是本末倒置，犹如“好衣薄德”（第八一至八三条），告诉子弟应该是好德薄物。针对类似“好衣薄德”的行为，《文词教林》摘引《老子》劝诫子弟“积德不积财”（第一三七条），将财物分给贫困者，鼓励子弟“好德薄衣”。

综上所论，“好衣薄德”是中国古代重德轻物观念的体现，是孔子所说的“吾未见好德如好色者”之语在童蒙教育中的具体体现，也是对子弟在日常生活中常犯的诸如“好衣薄德”“好色薄德”之类不自知的愚行的概括。因此，此条旨在教育子弟树立正确的衣着“认知”观念，以培养远大志向，树立正确观念，避免子弟“薄德盛服”的本末倒置行为，是对子弟进行弃物重德等“认知”教育，具有积极意义。

四、“自谈己善”的文化内涵与观念考释

“自谈己善”与《千字文》中“罔谈彼短，靡恃己长”等谦虚的观念相悖。《千字文注》中“罔谈彼短”，主要是讲谦让，“莫论他人之短，自谓己之有长”。此注应该是依据《礼记·表记》记载孔子曰：“是故君子不自大其事，不自尚其功，以求处情；过行弗率，以求处厚；彰人之善，而美人之功，以求下贤。”②盖为《千字文注》“皆不自伐其功”之本。斯五四七一号《千字文注》中“遏恶而扬善，君子之道，不以视之也”两句主要依据《礼记》之“隐恶而扬善”的“君子之道”③，告诫子弟对人须宽容，不要总是盯着别人的缺点。“靡恃己长”，其注明确讲“君子之人，不论己是”，要喜闻人之善，取人之长，不见其短。又《太公家教》所云“是故罔谈彼短，靡恃己长”两句，显然是直接摘自《千字文》。

“自谈己善”的行为有违孔子“善则称人，过则称己”的观念④。孔子的这一观念对后世蒙书影响很大。如《文词教林》就摘《礼记·坊记》曰：“善则称人，过则称己，则人不争；善则称亲，过则称己，则人孝；君子贵人而贱己，先人而后己。”（第二〇四条）

中国人讲究韬光养晦，谦虚谨慎，自夸不仅容易自满，而且会让世人产生不良看法。如《邺侯外传》记载：李泌为儿童时赋《长歌行》，颇受时人称赏，唯独唐玄宗的宰相张九龄见而诫之，曰：“早得美名，必有所折。”李泌泣谢之，张九龄当即赞美其前途不可限量，李泌

---

① 王利器校注《盐铁论校注》卷1《通有第三》，中华书局，2017年，第41-42页。

② [清] 孙希旦撰，沈啸寰、王星贤点校《礼记集解》卷51《表记第三十二》，中华书局，1989年，第1307-1308页。

③ [宋] 朱熹：《四书章句集注》，中华书局，1983年，第20页。

④ [清] 孙希旦撰，沈啸寰、王星贤点校《礼记集解》卷50《坊记第三十》，中华书局，1989年，第1286页。

后来果真在德宗朝位居宰相[①]。

中古道教典籍、戒律中也有很多劝诫“自谈己善”的内容。如东晋葛洪云：“不自贵，不自誉，不嫉妒胜己。”“乃为有德，受福于天。”[②]又《说百病》云：“毁人自誉是一病。”[③]又《妙林经二十七戒》中有关言语的戒律竟然多达十一条，其中“不得毁善自誉，不得自骄我慢”[④]，与“自谈己善”意思很近，故须戒之。佛家也主张“不称己善”。如《长阿含经》明确说：“彼苦行者，自称己善，毁呰他人，是为垢秽。”[⑤]隋朝名僧昙迁作《己是非论》，分十个层次，从学佛修道的角度，说明是非是相对的，你我不同、角度不同、立场不同，对“是非”的认识偏差很大，很容易出现偏差，需要克服，此理也合乎世俗。

唐代进士为求取科名，行卷、延誉之风盛行，为了激扬名声[⑥]，“驱驰府寺之门，出入王公之第”，自夸求誉，“上启陈诗，唯希欬唾之泽”的行为很常见[⑦]。仪凤三年（678），魏元忠批评了进士“奔竞相因，遂成浮俗”的科场自誉风气[⑧]。这种风气也被李党领袖李德裕、郑覃等指斥为“浮薄”之行[⑨]。中晚唐进士行卷之风“祖习既深，奔竞为务”的风气很盛，“矜能者曾无愧色”，“投刺干谒，驱驰于要津；露才扬己，喧腾于当代”[⑩]，进士自誉风气盛行。因此，举子手持行卷，投谒延誉的意义不言而喻[⑪]。故《应机抄》卷上议论云：“夫纯直之士，不曲道以媚时，不跪行以邀誉。”（一五八）反对子弟本末颠倒，“跪行邀誉”，也不意味着“自伐己善”[⑫]。

因此，唐代蒙书、家教中针对“自谈己善”的不良行为，以多种形式进行劝诫。如《新集文词九经抄》引王文舒曰：“君子不自称善，非以让人，恶其盖人。”让子弟清楚“君子不自称善”，“自谈己善”是不良，甚至愚痴行为。“自谈己善”说到底就是谦虚的问题，学会取人之长，辩证地看问题。如《百行章·疑行章第六十九》云：“立身之道，疑则问之。胜于己者，以托为友。”谦虚请教，必不自满。《百行章·志行章第四十六》云：“人之视己，亦如己视人家。若为强刚，必独折。”如果在生活学习中总是善于发现别人的优点，学习别人的长处并集于一身，自然是人生赢家。

通俗地讲，“自谈己善”就是常说的自夸、自扬己善的行为，指个人在“认知”上出现了偏差，属于自以为是、自满、自视甚高的行为，不仅与中古儒家谦虚礼让、善事让人、恶

① [宋] 李昉等编《太平广记》卷38《神仙三十八·李泌》，中华书局，1961年，第239页。

② 王明：《抱朴子内篇校释》（增订本）卷6《微旨》，中华书局，1985年，第126页。

③ [宋] 张君房编，李永晟点校《云笈七签》卷40《说戒·说百病》，中华书局，2003年，第872页。

④ [宋] 张君房编，李永晟点校《云笈七签》卷38《说戒·妙林经二十七戒》，中华书局，2003年，第843页。

⑤ [后秦] 佛陀耶舍，[晋] 释竺佛念译《佛说长阿含经》卷8《第二分散陀那经第四》，《大正藏》第1册，第48页。

⑥ 详见任占鹏、金滢坤：《唐代行卷过程研究——行卷的创作和制作》，《科举学论丛》2014年第2期，第1-8页；金滢坤、任占鹏：《唐代行卷的礼仪与过程研究》，《首都师范大学学报（社会科学版）》2017年第6期，第44-52页。

⑦ [后晋] 刘昫等：《旧唐书》卷101《薛登传》，中华书局，1975年，第3138页。

⑧ [后晋] 刘昫等：《旧唐书》卷92《魏元忠传》，中华书局，1975年，第2945页。

⑨ 陈寅恪：《唐代政治史述论稿》，上海古籍出版社，1997年，第79页。

⑩ [后晋] 刘昫等：《旧唐书》卷119《杨绾传》，中华书局，1975年，第3430-3431页。

⑪ 金滢坤：《中国科举制度通史·隋唐五代卷》，上海人民出版社，2017年，第322-327页。

⑫ [唐] 寒山著，项楚注《寒山诗注》，中华书局，2000年，第278页。

事言己的传统不符，也与中古佛道有关观念相违背，故被视作愚痴之行。该行为不仅违背了《礼记》宣扬的“隐恶而扬善”的“君子之道”，而且与孔子所说的“善则称人，过则称己”的观念不符。《千字文》之“罔谈彼短，靡恃己长”就是针对《礼记》上述言论，对童蒙进行说教。

五、“好说他人”的文化内涵与观念考释

“好说他人”，指好挑剔别人之瑕疵、把柄，以及过错，妄加评说，或无事生非，没事找事，自以为是，随意议论他人之事和言语的行为。如《荀子·修身》云：“是是、非非谓之知，非是、是非谓之愚。伤良曰谗，害良曰贼。”[①]正好说明“好说他人”为“愚”的原因。庄子则认为，“好说他人”，介于“谀”“谗”之间[②]，为了讨好某人说他人谓“谀”，一味好言他人之过谓“谗”。若是子弟“好说他人”，容易养成恶习，与儒家君子“耻言人过”的传统观念相悖[③]。

中国古代佛教中也有不少有关“好说他人”的戒律和说教。佛告跋陀和：“虽有嗔恚不能忍辱，有所憎恶不得说他人。”[④]佛告舍利弗：“不说他人瑕，常省己过。”此为修行正道，“好说他人”，必须戒之[⑤]。唐代六祖惠能亦云：“一切时中不善之行，常见自己过，不说他人好恶，是自归依。”[⑥]

中古道教戒律也劝诫“好说他人”。如晋代葛洪《抱朴子内篇·微旨》载：“抱朴子曰：‘禁忌之至急，在不伤不损而已……欺绐诳诈，好说人私，持人短长，牵天援地。’”[⑦]说明“好说人私，持人短长”的行为对修道非常有害，故须戒之。又《妙林经二十七戒》将不得评人长短、不得好言人恶、不得评论师长与“好说他人”有关的行为[⑧]列举戒条。

“好说他人”不仅仅是不良习惯、品格的问题，而且会因言语不慎招来祸患。如东汉开国功臣马援书诫诸子侄曰：“好论议人长短，妄是非正法，此吾所大恶也，宁死不愿闻子孙有此行也。”[⑨]在汉代察举制度下，世人重“清议”[⑩]，加之政治险恶，子弟若犯此者，轻则会影响个人声誉，招人憎恶，重则招致祸患，故马援称此举为大恶。

唐代蒙书、家训中对子弟言语方面的劝诫很多。《开蒙要训》云：“检验察访，勿妄诬谤。判无阿党，岂枉贤良。”“勿妄诬谤”也包含了“好说他人”的行为。《百行章·毁行章第六十八》劝诫子弟：“择逊辞而言，不得秽语；细碎之句，不可妄申。”其实，也是针对“好说他人”等不良行为的说教。又《文词教林》就前后摘引了孔子、太公、《尚书》、《真言

---

① ［清］王先谦撰，沈啸寰、王星贤点校《荀子集解》卷1《修身篇第二》，中华书局，1989年，第24页。

② ［清］郭庆藩撰，王孝鱼点校《庄子集释》卷10《渔父第三十一》，中华书局，2014年，第1029页。

③ ［清］董诰等：《全唐文》卷316李华《御史中丞厅壁记》，中华书局，1983年，第3204页。

④ ［汉］支娄迦谶译《般舟三昧经》卷中《羼罗耶佛品第九》，《大正藏》第13册，第914页。

⑤ ［晋］竺法护译《光赞经》卷2《摩诃般若波罗蜜行空品第三之二》，《大正藏》第8册，第157页。

⑥ ［元］释宗宝编《六祖大师法宝坛经·忏悔第六》，《大正藏》第48册，第354页。

⑦ 王明：《抱朴子内篇校释（增订本）》卷6《微旨》，中华书局，1985年，第125-126页。

⑧ ［宋］张君房编，李永晟点校《云笈七签》卷38《说戒·妙林经二十七戒》，中华书局，2003年，第843页。

⑨ ［宋］范晔：《后汉书》卷24《马援传》，中华书局，1970年，第844页。

⑩ 阎步克：《察举制度变迁史稿》，辽宁大学出版社，1991年，第82-90页。

要诀》和赵平的相关话语，以说明“巧言利口”乱德义（第七条）、“浮言无用，言不中理，不及不言”、“反害其身”（第二〇〇条）。告诫子弟中伤他人的话切莫多言，最终还是伤害自己。《太公家教》又云：“欲量他人，先须自量；扬人之恶，还是自扬；伤人之语，还是自伤。”其实，也是强调在说别人之前，需要先衡量自己，少说伤害别人的话，多赞扬他人的优点，就是赞扬自己。因此，教育子弟学会尊重别人，切莫自以为是，“好说他人”就尤为重要。

总之，“好说他人”，主要是自我行为的“认知”问题，指自以为是，好挑剔别人之瑕疵、把柄、过错，妄加评说或无事生非，招人生厌的行为；此行不仅有悖于荀子、庄子的相关言论，以及古代“耻言人过”的文化传统，而且于佛道有关禁止“好说人私”“不说他人”的戒律和说教方面相悖。敦煌蒙书告诫子弟“巧言利口则乱德义”，“言不中理，不及不言”，“反害其身”等说教，对正确指导、规范儿童言行很有意义，可有效反制“好说他人”的行为。

六、“慳贪悋惜”的文化内涵与观念考释

“慳贪悋惜”的“慳贪”为吝啬贪婪之义，“吝惜”为吝啬顾惜之义，指做人对财物极度吝啬，反而忽视了人生的其他重要方面，是愚蠢之举。世人对待财物一味“慳贪吝惜”，过分吝惜钱物，反而失去了其原有的价值。如唐李商隐《杂纂·枉屈》云：“惜钱有病不医……家藏书不解读……近好山水不游玩、有美味慳藏臭腐。”[①]所谓“枉屈”行为就包含了“慳贪悋惜”，被视作愚痴之行。

“慳贪吝惜”为愚的观念，还受佛道相关观念的影响。如曹魏康僧铠译《佛说无量寿经》卷下云：“佛言：其二恶者……富有慳惜，不肯施与。爱保贪重，心劳身苦……寿终神逝下入恶道。”[②]该经明确将世人盲目贪求、慳惜追求财富，不肯施舍、供养的行为视作不知积德的表现，死后会入恶道，是愚蠢行为。又敦煌变文《大目干连冥间救母变文》记载目连救母的故事，就是因目连之母“招慳报堕地狱”[③]。敦煌蒙书伯二七二一号《杂抄·辨年节日》提到七月十五日为盂兰佛盆节，旨在以目连救母之事对童蒙进行“贪财慳恪”之说教。

“慳贪悋惜”之词，明确见于道教经典。在南北朝至唐初之间编撰的《太上洞玄灵宝转神度命经》云：“放荡邪淫、慳贪悋惜、嗔怒骂詈、愚痴颠树……万罪千愆，无边无量，悉为除灭。”[④]显然，道家认为“慳贪悋惜”与放荡邪淫等，均为人世间所犯的十分严重的罪恶，须要戒除。又《化胡经十二戒》载老君曰：“戒之不饮酒，常当莫念醉……戒之勿慳悋，有物无过惜。富饶当施惠，慳贪后受厄。”[⑤]也是在劝诫信徒莫要慳吝、过惜、慳贪，故须施惠以增福报。

“慳贪悋惜”，也是唐代劝世的重要内容。如唐代劝世诗一卷本《王梵志诗》就有很多首涉及“慳贪悋惜”的内容。如《可笑世间人》云：“可笑世间人，为言恒不死。贪吝不知休，

① ［唐］李义山纂《杂纂》卷上《枉屈》，收入王云五主编《丛书集成初编》，中华书局，1985年，第9页。

② ［三国魏］释康僧铠译《佛说无量寿经》卷下，《大正藏》第12册，第276页。

③ 黄征、张涌泉校注《敦煌变文校注》卷6，中华书局，1997年，第1071页。

④ 丁培仁编著《增注新修道藏目录》，巴蜀书社，2007年，第100-101页。

⑤ ［宋］张君房编，李永晟点校《云笈七签》卷39《说戒·化胡经十二戒》，中华书局，1997年，第867页。

相憎不解止。背地道他非，对面伊不是。埋着黄蒿中，犹成薄媚鬼。”①另有《有钱惜不吃》《贪暴无用汉》《富者前身种》《大有愚痴君》《布施生生富》《审看世上人》《贪痴不肯舍》等七首诗②，从不同层面讥讽了世人在生活中常见的贪生怕死、惜钱不吃、惜衣不穿、贪财乐色、贪财无义、吝财不施、贪痴不舍，而不明白悭贪世世贫、贫者悭贪生、贱者由悭贪的道理，反而有自以为是、本末颠倒的愚痴行为，故劝诫世人不要吝财而要广为布施，生前造福，死后才能升天。

唐代蒙书中关于悭贪吝惜的劝诫内容十分丰富，渗透到儿童生活、学习、处世的诸多方面，可以归纳为以下几点：其一，劝诫世人，“立身之要”是做人不得太吝啬，要乐于帮助别人。《新集文词教林》卷上并序云：“不悋者，立身之要。”贪心害己。《太公家教》云：“贪心害己，利口伤身。”其二，贪财招祸，吝财悭惜。《百行章·谋行章第七十一》云：“贮财成祸，积物成怨……吝财悭惜，亲旧相刑。”也是在讲过度贪图钱财，容易结怨、成祸，教育子弟懂得悭惜招刑的道理，培养轻财重义的品质。其三，与人交往，贪竞情息。又《应机抄》卷下议论云：“夫人知礼节，则贪竞情息；知利顺，则嗔心怨止。”（二六六）又引谚语曰：“贪如狼，很似羊，不足以语是非。”（二七七）意在晓谕蒙童与人交往时，应讲求礼节、情义，若过分贪竞，就会损伤情义，心生怨气。

总之，“悭贪吝惜”是对子弟财富占有和使用“认知”上出现了偏差，表现为过分悭贪、吝惜财物，反而让其失去了原有价值，不仅没有获得拥有财富的乐趣，也伤害了情分，失去了礼节，甚至招来祸患，影响到子弟的志向、价值观念，故为愚行。

七、“妒嫉胜己”的文化内涵与观念考释

“妒嫉胜己”是世人不能正确对待比自己优秀的人，而心生妒嫉③，阻碍个人成长的行为，故为愚行。《荀子·大略》云：“士有妒友，则贤交不亲；君有妒臣，则贤人不至。蔽公者谓之昧，隐良者谓之妒，奉妒昧者谓之交谲。交谲之人，妒昧之臣，国之薉孽也。”④妒嫉之心为人的本性，也是蒙昧、愚昧的体现。正如《应机抄》卷上摘引古人云：“妒妇不虑破家，佞臣不忧败国。”（一四七）既然嫉妒是人的天性，就需要约束和克制。《荀子·不苟》云：“小人能则倨傲僻违以骄溢人，不能则妒嫉怨诽以倾覆人。”⑤又《论衡·答佞》云：“谗与佞，俱小人也，同道异材，俱以嫉妒为性，而施行发动之异。”⑥显然，嫉妒与谗佞之人往往相伴，故须去之。又《颜氏家训·后娶第四》云：“非唯妇人怀嫉妒之情，丈夫有沈惑之僻，亦事势使之然也。”⑦既然人性之嫉妒之情难去，故须从小劝教，养成健康心理。

对治国而言，“妒嫉胜己”是大忌。《战国策·苏子谓楚王曰》云：“人臣莫难于无妒而

① [唐] 王梵志著，项楚校注《王梵志诗校注》卷7《可笑世间人》，上海古籍出版社，1991年，第870页。

② [唐] 王梵志著，项楚校注《王梵志诗校注》卷7《贪痴不肯舍》，上海古籍出版社，1991年，第794页。

③ [梁] 释僧佑撰，李小荣校笺《弘明集校笺》卷13《奉法要》：“所谓嫉者，谓妒忌也。见人之善，见人有德，皆当代之欢喜，不得有争竞憎嫉之心。”上海古籍出版社，2013年，第713页。

④ [清] 王先谦撰，沈啸寰、王星贤点校《荀子集解》卷19《大略篇第二十七》，中华书局，1989年，第498页。

⑤ [清] 王先谦撰，沈啸寰、王星贤点校《荀子集解》卷2《不苟篇第三》，中华书局，1989年第26页。

⑥ [汉] 王充著，黄晖撰《论衡校释》卷11《答佞第三十三》，中华书局，1990年，第517–518页。

⑦ [北齐] 颜之推、王利器撰《颜氏家训集解》卷1《后娶第四》，中华书局，2014年，第37页。

进贤……故明主之察其臣也，必知其无妒而进贤也。贤之事其主也，亦必无妒而进贤。”[①]可见无论人臣还是国君，在选贤举能问题上最大的困难就是克服嫉妒胜己的问题。又《荀子·臣道》云：“明主尚贤使能而飨其盛，暗主妒贤畏能而灭其功，罚其忠，赏其贼，夫是之谓至暗，桀、纣所以灭也。”[②]说明即便贵为君主、帝王，在选贤用能时，也很难杜绝嫉妒之心，稍有不慎，就像夏杰、商纣等君王犯了妒贤嫉能的严重错误，招致灭国厄运。

历史上因嫉妒胜己者而生恨做恶的教训举不胜举。如战国时，楚国的三闾大夫屈原就被“同列大夫上官、靳尚妒害其能，共谮毁之”[③]，遭楚怀王流放，遂投汨渊而死。为人臣者若是“妒嫉胜己”，必然毁贤。故司马迁评价秦相“李斯妒同才，幽杀韩非于秦”。又唐玄宗权相李林甫“妒贤疾能，排抑胜己，以保其位；屡起大狱，诛逐贵臣，以张其势”，最终导致了安史之乱的爆发[④]。

嫉妒胜己是普遍的社会问题，佛道之家对此也劝诫信徒杜绝此行。中古道家《修斋求道当奉十戒》第七戒云：“不得嫉人胜已，争竞功名。每事逊让，退身度人。”[⑤]明确将“不得嫉人胜已”作为修斋求道当奉的“十戒”之七。又《说百病》云：“以贫妒富是一病……阴阳嫉妒是一病……毁訾高才是一病，憎人胜己是一病。”[⑥]列举士人常犯的嫉妒与胜己的诸种病态心理，当须戒除。中古佛教对“嫉妒胜己”的说教更是常见。嫉妒是佛教恶法之一。西晋无罗叉译《放光般若经》卷四《治地品》云菩萨于五地中当离“八法”之三为“善于功德，远离嫉妒”[⑦]。佛教“十戒”，就包含了不嫉妒[⑧]，言恶人多嫉贤妒能，死后入地狱。佛教言诸天嫉妒胜已，堕大黑暗中[⑨]。因此，佛家认为实现三业清净之首就是不嫉妒胜已者，云：“能令国人常于王所生父母相信因信果：见有胜已不生嫉妒，见已胜他不生憍慢，知恩报恩小恩大报，能伏诸根净于三业。”[⑩]

中国古代儒家教育历来主张“向贤思齐”，向贤良、胜己者学习。《论语集释·学而下》云：“游氏曰：‘君子之道以威重为贵，而学以成之。学之道必以忠信为主，而以胜己者辅之。’”[⑪]可见“嫉妒胜己”与儒家主张学业之道关键是忠信，与胜己者相辅的观念格格不

---

①［汉］刘向集录，范祥雍笺证，范邦瑾协校《战国策笺证》卷16《楚三》，上海古籍出版社，2006年，第842页。

②［清］王先谦撰，沈啸寰、王星贤点校《荀子集解》卷9《臣道篇第十三》，中华书局，1989年，第251页。

③［南朝梁］萧统编，［唐］李善注《文选》卷32《骚上》，上海古籍出版社，2019年，第455页。

④［宋］司马光编著，［元］胡三省音注《资治通鉴》卷216“唐玄宗天宝十一载十一月”条，中华书局，1956年，第6914页。

⑤［宋］张君房编，李永晟点校《云笈七签》卷39《说戒·修斋求道当奉十戒》，中华书局，2003年，第686页。

⑥［宋］张君房编，李永晟点校《云笈七签》卷40《说戒·说百病》，中华书局，2003年，第872-873页。

⑦［晋］无罗叉译《放光般若经》卷4《摩诃般若波罗蜜治地品第二十一》，《大正藏》第8册，第27页。

⑧［汉］支娄迦谶译《道行般若经》卷6《摩诃般若波罗蜜阿惟越致品第十五》，《大正藏》第8册，第454页。

⑨［唐］提云般若译《大乘造像功德经》卷上，《大正藏》第16册，第791页。

⑩敦煌文书甘博五号《优婆塞戒经》卷7《摄取品》，图版见段文杰主编《甘肃藏敦煌文献》第4卷，甘肃人民出版社，1999年，第32-37页。

⑪程树德撰，程俊英、蒋见元点校《论语集释》卷2《学而下》，中华书局，1990年，第36页。

入。既然妒忌胜己危害如此之大，唐代童蒙教育劝诫蒙童“嫉妒胜己”的说教，可谓循循善诱，不厌其烦。如《百行章·疑行章第六十九》云：“立身之道，疑则问之。胜于己者，以托为友。”显然，这是秉承《论语·学而第一》的观念，劝诫子弟以胜己者为友。与此同时，须去除妒嫉之心。同书《割行章第六十》云：“情色处，无能为之。不改原火，盛风便加，嫉妒因兹而起。”告诫子弟妒嫉之情多与情色有关，应该与之割裂，防范妒嫉之心产生。又一卷本《王梵志诗·相交莫嫉妒》云：“相交莫嫉妒，相劝莫蛆儜。一日无常去，王前罢手行。”（八〇）这是劝诫蒙童与人相交莫起嫉妒之心。

总之，“妒嫉胜己”是世人不能正确对待胜己者，在“认知”上出了问题，而心生妒嫉，阻碍个人成长的愚行，也是人性中最容易生恶的一面，自认己善，不思进取，与儒家“向贤思齐”“以胜己者辅之”的观念截然相反，故为愚行。佛道戒律常劝诫世人和修道之人莫犯“妒嫉胜己”之恶念、愚行，为己修福，修道成仙。故士庶之家在子弟教育中以各种方式教育蒙童克服、去除“嫉妒胜己”的不良、不当之行，养成见贤思齐、谦虚好学的良好习惯。

八、“行恶不虑”的文化内涵与观念考释

“行恶不虑”指行恶事欠考虑、不思危害、不计后果，也是为人处世中不自知、不自觉的愚行，与中国古代“居安思危”的忧患意识及防患于未然的观念截然相反，故被视作愚行。《尚书·周官》曰：“居宠思危，罔不惟畏。弗畏，入畏。”[①]“居宠思危”的意义在于做好防范祸患的准备。又《左传·襄公十一年》云：“《书》曰：‘居安思危’，思则有备，有备无患。”[②]老子曰：“凡为道者，塞邪隧，防未然。”[③]也是在讲把邪恶之事防患于未然之中。孔子更是提醒子弟“人无远虑，必有近忧”[④]，这种忧患意识可以说在中国古代士人思想意识、行为举止、为人处世各方各面都有不同体现。

“行恶不虑”的正面就是恶事不可为。《新语·明诫》云：“行善者则百姓悦，行恶者则子孙怨。是以明者可以致远，否者可以失近。”[⑤]告诫为官者要行善得民心，而不是行恶，贻害子孙。又《盐铁论·险固》云：“行善则昌，行恶则亡。王者博爱远施，外内合同。”[⑥]也是告诫为官者、为王者行善、弃恶，行恶者必自毙。

“行恶不虑”与中古道教观念也是格格不入。按照道教《经告》说法：“行善益算，行恶夺算。赏善罚恶，各有职司。报应之理，毫分无失。”[⑦]所谓“夺算”，就是按罪恶大小，夺除寿命，故“行恶不虑”，就是不计后果。《抱朴子》亦云：“行恶行大者司命夺纪，小过夺算；随所犯轻重，故所夺有多少。”[⑧]佛教认为行恶者，是不顾后缘，好比谷子投火，自断后

---

① ［汉］孔安国传，［唐］孔颖达撰《尚书正义》卷17《周书·周官第二十二》，上海古籍出版社，2007年，第709页。

② ［春秋］左丘明撰，［晋］杜预注集解《左传（春秋经传集解）》卷15《襄公十一年》，上海古籍出版社，1997年，第887页。

③ 王利器《文子疏义》卷11《上义》，中华书局，2009年，第467页。

④ 程树德撰，程俊英、蒋见元点校《论语集释》卷33《卫灵公下》，中华书局，1990年，第1093页。

⑤ 王利器《新语校注》卷下《明诫第十一》，第160页。

⑥ 王利器校注《盐铁论校注》卷9《险固第五十》，中华书局，1992年，第526页。

⑦ ［宋］张君房编，李永晟点校《云笈七签》卷89《诸真语论·经告》，中华书局，2003年，第1976页。

⑧ ［唐］徐坚等：《初学记》卷23《道释部·仙第二·叙事》，中华书局，2004年，第550页。

路[①]，故视行恶为愚。佛教讲“行恶必有累劫之殃，修善便有无穷之庆”，行恶者死后必将论罪[②]。行恶者是不虑后世缘、不虑后世报，属于典型“行恶不虑”的愚痴之行。

唐代针对童蒙的“行恶不虑”劝诫教育主要体现在以下几个方面：其一，明辨善恶。《文词教林》云：“子贡曰：……□□善者恶人必知之；有善恶己所不知，是惑于事也。”（第一五六条）不辨善恶，意味着遇事迷惑，距离行恶就不远了。因此，《太公家教》云：“［见人善事，必须赞之；］见人恶事，必须掩之；邻有灾难，即须救之……非是时流，必须避之。”明确告诉童蒙诸种善恶之行，善则为之，恶则弃之、去之、避之。其二，防患意识。受中国古代防患于未然观念的影响，童蒙教育重视防患意识教育。《文词教林》云：“扬雄曰：‘患生于所忽，祸发于细微。’”（第一〇条）扬雄的意思是将恶行扼杀在源头上、苗头上，防患于未然，防微杜渐。《新集文词九经抄》摘引蔡伯喈语：“［言出不可］还，覆水不可收。是知口舌者是祸患之门，灭身之府。言出患入，言失身亡。”（第一七二条）也是在讲口能招祸。其三，修身远恶。《文词教林》摘引颜渊之语：“修身非以求名，且以远恶；行善非以求荣，且以违辱。”（第六八条）教示儿童修身扬名，必须远离恶行。其四，以忍避恶。《文词教林》云：“任彦升曰：處屈辱能忍，见□利能忍，在忿争能忍，崇此三者，祸患从何而生。”（第一二〇条）任彦升指出在屈辱、□利、忿争的情况下要能忍，就能避免祸患，将恶行消灭于萌芽状态。其五，慎行教育。做好自己，修行正身，举止慎行，远离危险、嫌疑，洁身自好。如《太公家教》云：“蛟龙虽圣，不能煞岸上之人；刀剑虽利，不能煞清洁之士；罗网虽细，不能执无事之人；非灾横祸，不入慎家之门。”该书枚举了诸种不慎之行，是对子弟进行防范“行恶不虑”教育。

总之，“行恶不虑”指个人行为“认知”出现了严重偏差，行事欠考虑，明知是错、是恶，却不顾后果而为之，本质上属于不自知、不自觉的愚行，与中国古代“居安思危”“防患于未然”“人无远虑，必有近忧”“自作孽，不可逭”等传统忧患意识格格不入，故被列入“九愚”。中古佛道经典、戒律都将“行恶不虑”之类的行为视作恶行，并加以劝诫，以求福报。唐五代童蒙教育通过对子弟进行明辨善恶、防患意识、修身远恶、慎行教育、以忍避恶、慎择良友、反省自己等多种形式的劝善教育，防范“行恶不虑”。

九、“被辱不耻”的文化内涵与观念考释

“被辱不耻”是指因做事不当，“认知”失当，自以为是，以致受辱而不以为耻、无所谓的行为。正如宋刘敞所言《公是先生弟子记》云：“所耻而不耻，愚也。”[③]依据此言，“被辱不耻”作为“九愚”之末，就不奇怪了。这似乎与《千字文》所言“殆辱近耻，林皋幸即”大相径庭，将自己置于受辱的境地。《新合六字千字文》云：“人行殆辱近耻。”又进一步解释了“殆辱近耻”的意思，意为世人的行为临近受辱之时，距离受耻就不远了，故云“耻辱相连”。由此来看，“被辱不耻”就是行事放荡不羁、玩世不恭的行为，正所谓“所耻而不耻，愚也”。

“被辱不耻”基于儒家有关羞耻之心、廉耻的观念。《礼记·中庸》云：“子曰：‘好学近

① ［后秦］竺佛念译《出曜经》卷21《闻品第二十三》，《大正藏》第4册，第722页。

② ［梁］释僧佑撰，李小荣校笺《弘明集校笺》卷6《释驳论》，上海古籍出版社，2013年，第297页。

③ ［宋］刘敞撰《公是先生弟子记》卷3，华东师范大学出版社，2010年，第49页。

乎知，力行近乎仁，知耻近乎勇。知斯三者，则知所以修身’”[①]孔子将“知耻”作为知、仁、勇三“达德”之“勇”德，即士人修身的三大条件之一，故“君子耻其言而过其行”[②]，“所谓羞恶之心，人皆有之。然君子耻己不善，则速改之。憎人不善，则自省之”。只不过，“小人者已之耻不自耻也，夫惟不耻其所可耻也，则必耻其所不当耻矣！”[③]既然“知耻”于个人修身十分重要，士人对羞耻心就看得很重了。著名的“二桃杀三士”的故事，其关键就是晏子抓住了齐景公的三位大将公孙接、田开疆、古冶子为人刚勇的一面，利用其受辱而耻、知错而耻之心[④]，迫使其相继自杀，轻松地解除了齐景王担心三将因战功彪炳、恃功而骄、有谋逆之豫的问题。

树立士人的耻辱观念是儒家修身的重要先决条件。孔子云：“信近于义，言可复也。恭近于礼，远耻辱也。”[⑤]认为就个人而言，言而有信、恭敬于礼，才不会冒犯他人，赢得尊重，从而远离耻辱。基于羞耻之心对个人修身的重要条件、礼是维护羞耻的重要保障的认识，孔子曰：“道之以政，齐之以刑，民免而无耻。道之以德，齐之以礼，有耻且格。”[⑥]虽然用法令、制度可以引导、治理人民，但人民若是没有尊严，也就无耻羞可言了。用道德行为来引导人民，用礼制来教化人民，人民感受其陶冶，便知羞耻，社会更有秩序。因此，在孔子看来，“邦有道，贫且贱焉，耻也。邦无道，富且贵焉，耻也”[⑦]。

既然羞耻之心是个人修身的重要条件和动力，“被辱不耻”不“知耻恶”的行为就十分恶劣了。庄子讲：“其无愧而不知耻也甚矣！”[⑧]人若无愧疚之感，就不知耻，不知耻就无法对其行为进行约束。正如孔子所云：“小人不耻不仁，不畏不义，不见利不劝。”[⑨]小人无耻，做见利忘义的事，就无所畏惧了。邓析子认为虽然春秋时期大兴刑法，施行墨劓，但造成的结果是民“不以为耻”[⑩]，反而无法治乱，这大概就是孔子最担心的士人“言不惭，行不耻”的原因所在[⑪]。由于廉耻之心最为宝贵，有格言云：“贵莫贵于为圣贤，富莫富于畜道德，贫莫贫于未闻道，贱莫贱于不知耻。”[⑫]说明知耻的重要性。盗马者尚能“知耻恶”，而发善心，获得重生机会[⑬]。士人若知恶不耻，问题就严重了。士人为官若“薄德厚耻，愧乎天下”[⑭]，

---

① ［汉］郑玄注，［唐］孔颖达疏，吕友仁整理，《礼记正义》卷52《中庸第三十一》，上海古籍出版社，2008年。

② 程树德撰，程俊英、蒋见元点校《论语集释》卷29《宪问中》，中华书局，1990年，第1010页。

③ ［明］孙绪：《沙溪集》卷15《杂着》，载《影印文渊阁四库全书》第1264册，第649页。

④ 张纯一校注，梁运华点校《晏子春秋校注》卷2《内篇谏下第二·景公养勇士三人无君臣之义晏子谏第二十四》云：“古冶子曰：‘二子死之，冶独生之，不仁。耻人以言而夸其声，不义。恨乎所行，不死，无勇。虽然，二子同桃而节，冶专其桃而宜。’”中华书局，2017年，第120页。

⑤ 程树德撰，程俊英、蒋见元点校《论语集释》卷2《学而下》，中华书局，1990年，第49页。

⑥ 程树德撰，程俊英、蒋见元点校《论语集释》卷3《为政上》，中华书局，1990年，第68页。

⑦ 程树德撰，程俊英、蒋见元点校《论语集释》卷16《泰伯下》，中华书局，1990年，第540页。

⑧ ［清］郭庆藩撰，王孝鱼点校《庄子集释》卷4《在宥第十一》，中华书局，2014年，第377页。

⑨ ［唐］李鼎祚撰，王丰先点校《周易集解》卷15《系辞下传》，中华书局，2016年，第468页。

⑩ ［战国］邓析《邓析子》，收入王云五主编《丛书集成初编》，商务印书馆，1937年，第7页。

⑪ ［汉］扬雄撰，汪荣宝注疏，陈仲夫点校《法言义疏》卷5《修身卷第三》，中华书局，1987年，第88页。

⑫ ［明］郎瑛：《七修类稿》卷20《辩证类·格言》，中华书局，1959年，第299页。

⑬ ［晋］陈寿撰，［南朝宋］裴松之注《三国志》卷11《魏书十一·王烈传》，中华书局，1959年，第355页。

⑭ ［唐］魏徵等：《隋书》卷48《杨素传》，中华书局，2020年，第1290页。

佛教更是认为“不能自知为恶无耻”[①]。故顾炎武云：“盖不廉则无所不取，不耻则无所不为。”[②]“受辱不耻”也不是绝对的，成大事者须有“忍辱负重”的担当精神。正如管仲所言：“公子纠败，召忽死之，吾幽囚受辱，鲍叔不以我为无耻，知我不羞小结而耻功名不显于天下也。”[③]其中最典型实例为越王勾践“卧薪尝胆”的故事，讲述了勾践从受辱知耻而获重生的动力、决心的转变过程。

正因为中国古代认为廉耻、羞耻对个人修身和齐家十分重要，唐五代童蒙教育对蒙童的廉耻、羞耻教育十分重视，大致可以分为以下几点：其一，培养知耻才能改过的观念。对童蒙教育来讲，知耻教育至关重要。《文词教林》引《真言决》云：“闻过不改，即是愚人；见鞭不行，即是驽马；驽马终日受鞭策，愚人终日受毁挫。毁挫不知惭耻者，而甚于驽马也。”（第一四二条）以驽马终日受鞭策，愚人终日受毁挫为喻，告诫孩童若“毁挫不知惭耻者”，愚甚驽马。其二，树立蒙童知耻辱与道德品格教育相结合的意识。培养蒙童的正确荣辱观，才能远离受辱。《文词教林》引蔡伯喈的话：“善者荣之基，恶者辱之本，人皆虽乐荣恶辱，而皆莫能弃恶而从善也。”（第三条）其三，处理好忍辱与负重的关系。在对蒙童进行廉耻教育的同时，还要让儿童明白忍辱负重的道理。《百行章·弘行章第卌八》云：“弘者以忍为大，不以失意损志。但能受辱，如地于万物皆宽容，如海于众流俱窜。”在不损其志的情况下，可以忍受屈辱，力求宽容，成大志向。其四，知耻教育与修身相结合。《开蒙要训》云：“羞耻惭懟，愧恧乡闾。”在蒙童识字阶段，就教授有关羞耻惭愧的含义，教育蒙童不能愧对乡闾。《百行章·就行章第四十四》云：“君子之耻心如绳，心能束揽万物，不用卷之在怀。”告诫子弟以惭耻之心作为行为规范的准绳，时刻约束自己，确保行为正当。《文词教林》卷上并序云：“荣辱生于己，不在于人；世人皆知衣弊之恶，而莫知失言行之辱也。”树立正确的荣辱、廉耻观念，不以个人荣辱与贫贱作为好恶，而是以自己的言行妥否作为荣辱之标准。第五，知耻与贫贱观念的教育相结合。《应机抄》摘引《慎子》曰：“廊堂之上，不以家富贵为荣；草泽之中，不以贫贱为耻。”（二三九）旨在教示蒙童树立正确的荣辱观，不以贫贱为耻。尊重士人的生存权，在饥寒面前，可以失廉耻。《太公家教》也有类似的言论：“君子困穷，不择官而仕；屈厄之人，不羞执鞭之事；饥寒在身，不羞乞食之耻。”教示子弟从小要明辨廉耻、是非观念，懂得廉耻是相对的，在困穷、饥寒之时，可以先放下廉耻解决紧迫问题。

总之，士人正确的廉耻观、羞耻之心的养成，是建立在“仓廪实则知礼节，衣食足则知荣辱”的基础上[④]，即所谓的“甚富不可使，甚贫不知耻”[⑤]。但“受辱不耻”“所耻而不耻”与儒家传统的“忍辱负重”“知耻近乎勇”“所而不耻”等价值观念背道而驰，属于“认知”失当，行事自以为是、不觉羞耻的愚痴行为，故被视为“九愚”。

---

① ［三国魏］释康僧铠译《佛说无量寿经》卷下，《大正藏》第12册，第276页。

② ［清］顾炎武著，［清］黄汝成集释，秦克诚校点《日知录集释》卷13《廉耻》，岳麓书社，1994年，第482页。

③ ［汉］司马迁：《史记》卷64《管仲传》，中华书局，1959年，第2132页。

④ 黎翔凤撰，梁运华整理《管子校注》卷1《牧民第一》，中华书局，2004年，第2页。

⑤ 黎翔凤撰，梁运华整理《管子校注》卷12《侈靡第三十五》，中华书局，2004年，第637页。

十、结语

综上所论，“九愚”作为影响“人命长短不等”的九种愚行，涵盖了诸如三观不正、言语不善、行事不善等诸多层面。这些愚行，无疑是在“认知”上出现了严重偏差，影响到子弟的价值观念、言行举止和格局等问题，最后导致其个人的身份贵贱与生命长短。兹分三个层面对“九愚”进行总结归纳：其一，耽酒逐色、求财不足、好衣薄德、悭贪吝惜是指因子弟价值观念“认知”失当导致其人生志向和追求产生了偏差，只知一味追求酒色、钱财、衣服等身外之物，甚至达到悭贪吝惜的地步，本末倒置，舍本逐末，自以为是，反而忽视了内在德行修养，导致“薄德”，不务学业、家事等，偏离儒家重德轻物、视钱财如浮云、积德不积财、立身扬名等价值观，属于三观不正、心事不正、盲目追求的愚行。其二，自谈己善、好说他人、妒嫉胜己，属于个人在与人应对时，自我“认知”上过于自满、自以为是、不思进取、无事生非、心生妒忌、妄说他人的行为，与儒家谦虚礼让、善事让人、恶事言己、隐恶而扬善、“善则称人，过则称己”、向贤思齐等观念相悖，故为愚行。其三，行恶不虑、被辱不耻，指子弟因对善恶、荣辱“认知”失当，行事欠考虑，不够谨慎、不明事理、行恶不虑、受辱而不耻、不辨荣耻的愚痴行为，与儒家居安思危、“人无远虑，必有近忧”、“自作孽，不可逭”、忍辱负重、知耻近乎勇、所耻而不耻等忧患意识、处世哲理和价值观念相悖。

敦煌所出《开蒙要训》抄本的写本学考察*

张新朋（浙江工商大学人文与传播学院）

【摘要】《开蒙要训》是唐五代时期在我国西北的新疆、敦煌地区广为流传的童蒙书。该书在敦煌文献中现有85个文书抄件留存。这些《开蒙要训》抄本在抄写人员、抄写形制、抄写类别及同卷抄写等方面具有较为鲜明的写本学特征。本文即对《开蒙要训》抄本的写本学特征予以解析。

【关键词】敦煌文献　《开蒙要训》抄本　写本学　研究

在雕版印刷技术大规模使用之前，抄写是古代典籍流传的最主要方式，“从东汉到五代，继简帛之后，写本文献流行了一千多年，是这一时期中华文明传承的主要载体”①。写本文献以毛笔、墨水为工具，以竹木或纸张为载体，它与其前的甲骨文、金文的镌刻，与其后的雕版印刷的刊刻不同，有其自己的特征：抄写参与的主体更加广泛化，抄写的内容更加复杂化，抄写的产品更加多样化。《开蒙要训》是出自敦煌藏经洞的写本文献，它除具有写本的共同特征之外，还具有自身的特点。下面，从写本学的视角，对《开蒙要训》抄本作一简单分析。

一、抄写人员及抄写年代

敦煌遗书存世约六万五千号，汉文文书在五万八千号左右②，其内容涵括儒、释、道三教典籍，涉及语言文学、历史地理、中外关系、天文历算、医药卜筮、书法乐舞等诸多方面。在这数量巨大、学科众多的抄本中，其抄手亦是三教九流、各色人等一应俱全：有帝王妃嫔，如俄罗斯藏Φ32C号题“施主敦煌王曹宗寿与渗（济）北郡夫人氾氏同

*本文系国家社会科学基金冷门绝学研究专项“敦煌蒙书《上大夫》及其衍生文献之整理与研究”（项目编号21VJXG003）的研究成果。

① 张涌泉：《敦煌写本文献学》，甘肃教育出版社，2013年，第7页。

② 据方广锠《关于敦煌遗书的流散、回归、保护与编目》一文附录中的统计，参见方广锠：《方广锠敦煌遗书散论》，上海古籍版社，2010年，第95页。

发信心，命当府匠人编造帙子及添写卷轴，入报恩寺藏讫。维大宋咸平五年（1002）壬寅岁五月十五日记”①；有国家吏员，如S.4415号《大般涅槃经卷第卅一》题“大代大魏永熙二年（533）七月十三日，清信士使持节散骑常侍开府仪同三司都督领西诸军事骠骑大将军瓜州刺史东阳王元太荣敬造涅槃、法华、大云、贤愚、观佛三昧、总持、金光明、维摩、药师各一部，合一百卷。仰为比沙门天王，愿弟子所患永除，四体休宁，所愿如是”②；有农牧群氓，如香港中文大学博物馆藏《佛说佛名经》卷五题有“邑人石论子施钱一千文，写大佛名经一卷，为七代先亡离苦解脱，见存眷属并愿平安，法界众生同沾此福”③；有出世的沙弥大德，如S.2876号《大般涅槃经卷三》题“瓜州沙门维那僧救减割衣钵之余，敬写涅槃经一部，因此之善，愿七世师尊父母及一切含生有识，发菩提心，早成正觉”④；也有在家的善男信女，如BD14544号《大般涅槃经卷廿八》题“清信士张珍和夫妻同发善心，减割资财，敬写涅槃经一部，愿七世师长父母，所生父母，合家大小，并生无量寿国。普及法界含生，皆同此愿。开皇元年（581）岁次辛丑八月十一日”⑤；有须发皤然的老翁，如S.5444号《金刚般若波罗蜜经八十二》卷末题“天祐二年（905）岁次乙丑四月廿三日，八十二老人手写此经，流传信士”⑥；也有垂髫始龀的童子，如P.2716号《论语集解卷七》卷末题“咸通五年（864）四月十二，童子令狐文进书记”⑦。以上诸例，仅就敦煌文献的整体抄写而言。

至于敦煌文献中的童蒙书，大抵出于学童之手。这也是在雕版印刷技术大规模应用之前，学童获得教材、读本的最常见做法。这由敦煌文献中所留存学郎题记可略窥一二。如S.4307号《新集严父教》末题“雍熙三年（986）岁次丙戌七月六日安参谋学侍郎〔崔定兴〕李神奴写《严父教》，记之耳”、P.3211号背《千字文一卷》末尾题“乾宁三年（896）岁次丙辰二月十九日学士郎氾贤信书记之也”、P.3393号《珠玉抄》前题“辛巳年（921?）十一月十一日三界寺学士郎梁流庆书记之也”、北图位68号《百行章》末题“庚辰年（920）正月廿一日净土寺学使郎王海润书写。邓保住、薛安俊扎用”“庚辰年（920）正月十六日净土寺学使郎邓保住写记述也”、S.1163号《太公家教》末题“庚戌年（950）十二月十七日永安寺学仕郎儿顺进自手书记”、P.3649号《杂抄一卷》末题“丁巳年（957）正月十八日净土寺学仕贺安住自手书写，诵读记过耳”等等，皆其例。以上学郎题记中之“记之”“书记之”

① 俄罗斯东方研究所圣彼得堡分所、俄罗斯科学出版社东方文学部、上海古籍出版社编《俄藏敦煌文献》第1册，上海古籍出版社、俄罗斯科学出版社东方文学部，1992年，第322页。又，同书Φ32B号，有类似的文字作“施主敦煌王曹厶与渗（济）北郡夫人氾氏同发信心，先命当府匠人编造帙子，后请手笔添写新旧经律论等，通共成满报恩寺藏教讫者。维大宋咸平五年壬寅岁七月十五日记”，第321页。

② 黄永武主编《敦煌宝藏》第36册，新文丰出版公司，1986年，第58页。又，［日］池田温编《中国古代写本识语集录》（东京大学东洋文化研究所，1990年）亦收录此条（第119页），可以参看。

③［日］池田温编《中国古代写本识语集录》，东京大学东洋文化研究所，1990年，第384页。

④ 黄永武主编《敦煌宝藏》，新文丰出版公司，1986年，第24册，第221页。又，《敦煌宝藏》所载图版图像较模糊，此据IDP数据库之图版录文（网址为http://idp.bl.uk/database/oo_scroll_h.a4d?uid=50246391218;recnum=2874;index=1）。

⑤ 中国国家图书馆编、任继愈主编《国家图书馆藏敦煌遗书》第129册，北京图书馆出版社，2005—2012年，第176页。

⑥ 黄永武主编《敦煌宝藏》，第42册，新文丰出版公司，1986年，第562页。

⑦ P.2716号《论语集解卷七》，参见上海古籍出版社、法国国家图书馆编《法藏敦煌西域文献》第17册，上海古籍出版社，2001年，第337页。

“书写”“写记述”“自手书记”“自手书写”，可知以上教材、读本均由学童个人抄写完成。《开蒙要训》也是童蒙的识字课本，也大致出于学童个人抄写。如S.705号文末题“大中五年辛未三月廿三日学生宋文献诵、安文德写”（见图1）、P.2578号文末署“天成四年九［月］十八日敦煌郡学仕郎张▨▨书”（见图2）、P.3189号题“三界寺学士郎张彦宗写记”（见图3）、S.5463号存“显德五年十二月十五大云寺学郎”（见图6）[①]等字样，此为明言抄手之学童身份者。

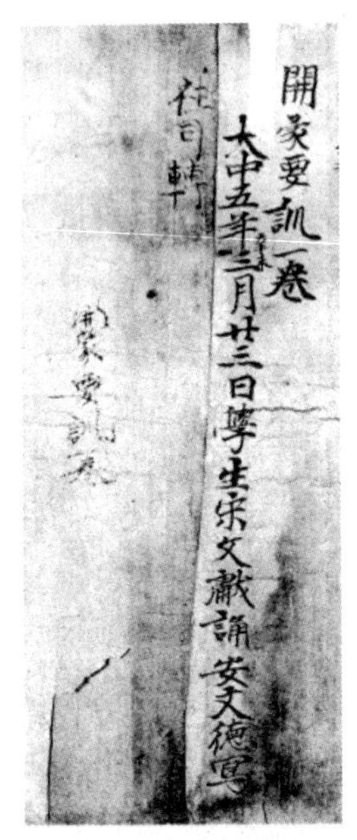

图1　S.705号题记

图2　P.2578号题记

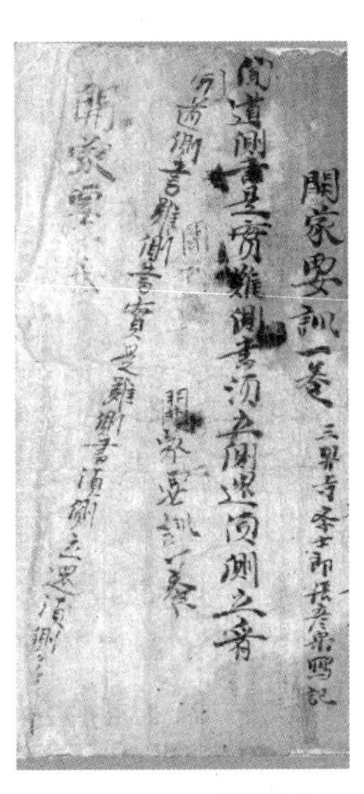

图3　P.3189号题记

其他各卷虽未明言其抄手身份，但从其稚拙的笔法、参差的行款、不甚整洁的卷面及较多的差讹来看，亦多系学童之手笔。如P.3054号前60余行字体大体整齐，行16至19字不等，后40来行则字体较大，多者每行抄13字，少者则每行仅抄9字，且“虾蟆蜯蛤，龟鳖鲂鳇”“鹈鸩鸳鸯，鹰鹏鹞鹘”等句漏抄，由此可以推知其抄手应为文化水平不高的学童之属（见图4）。

至于《开蒙要训》的抄写年代，敦煌文献所保存的《开蒙要训》写本中具明确纪年者有6件，即S.705号“大中五年（851）”、BD14667号“乾宁五年（898）”、P.2578号“天成四年（929）”、S.5584号“清泰贰年（935）”、P.3054号“维大唐天福叁年（938）”、S.5463号“显德五年（958）”。“大中”为唐宣宗李忱的年号、“乾宁”为唐昭宗李晔的年号、“天成”是后梁明宗李嗣源的年号、“清泰”是后唐末帝李从珂的年号、“天福”为后晋高祖石敬瑭的年号、“显德”为后周世宗柴荣的年号，以上各帝均处于晚唐五代之间，故这些《开蒙要训》抄本也均为晚唐五代抄本。

①文中提及图序出现跳跃，因图6、图7为同一研究主题下的对照资料，为增强图示内容的系统性与对比效果，故将同类图集中排列，其余跳跃图序同理。

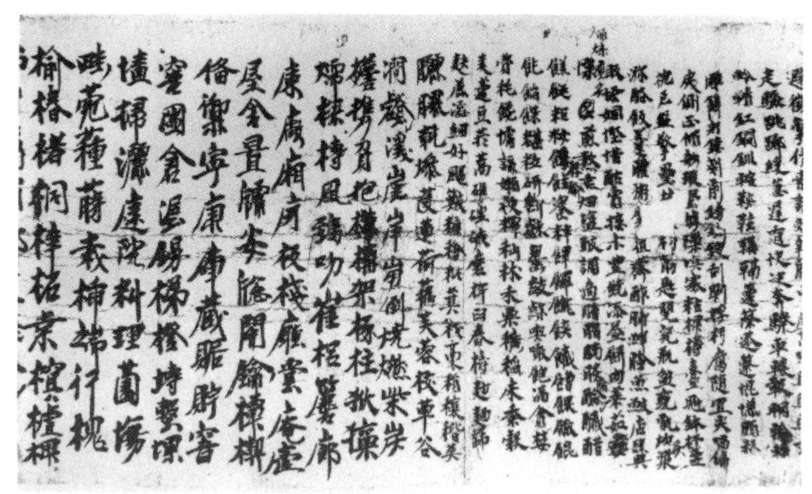

图4　P.3054号《开蒙要训》抄本（局部）

其他各《开蒙要训》写卷虽无明确纪年，但从其册子本的装帧形式和同卷的其他内容判断亦大抵是晚唐五代时期的抄本。如S.5431、S.5449、S.5464、Дx2654号均为册子本，而册子本这一装帧形式在敦煌大量出现是在9世纪前半叶以后①，亦属晚唐。又如P.3486号卷背有“乾符贰年（875）至方等道场题记”，其字体、用墨均与正面《开蒙要训》同，则《开蒙要训》亦当抄于此年或略早；P.2487号卷背抄有“龙兴寺学（?）▨”等字样，据李正宇先生《敦煌地区古代祠庙寺观简志》考证，该寺在“后梁（907—923——引者注）时设有寺学，兼授僧俗生徒”②；P.3875A号前有同人所抄癸未年社司转帖一道，宁可、郝春文先生《敦煌社邑文书辑校》据干支纪年判定其为归义军时期（848—1036）写本；天理大学图书馆藏残片，王三庆先生据书风断为晚唐写本等等，都呈现出晚唐五代的时代特征。

二、抄写类别及抄写形制

敦煌文献中所保存的《开蒙要训》计有85个卷号，依其性质可分为正规抄本、摘抄和习字杂写三类。其中正规抄本有P.2578、P.3610、S.5431、S.5464、Дx2655、Дx6586、BD14667号及上图17、天理大学图书馆所藏、罗振玉先生旧藏等72个卷号。这些正规抄本又可分为白文本和注音本两类，其中P.2578号和Дx19083号+P.3243号有直音注音，为注音本（后者文中间有小字释义，如图5所示），其余的为白文本。

《开蒙要训》摘抄目前仅有S.5513号一件，大体依原文之顺序摘录其中的字句。习字杂写有S.5437、S.5754、P.2249、P.2803、Дx1402号及上图110V等12个卷号。这些写卷除上图

① ［日］藤枝晃著，徐庆全、李树清译，荣新江校《敦煌写本概述》，《敦煌研究》1996年第2期，第96-129页。又，S.5431号册子《翟目》定为10世纪写本、S.5464号《翟目》推测册子末页所题“己卯年十月十三日”为“919年11月8日”、《孟目》定Дx2654号册子残页为9—11世纪写本等，亦可作为晚唐册子本大量产生的参证。

② 李正宇：《敦煌地区古代祠庙寺观简志》，《敦煌学辑刊》1988年第1、2期合刊，第77-78页；又见《敦煌史地新论》，新文丰出版公司，1996年，第76-77页。

110V习字存97行外，余则皆是夹杂于其他文本或杂抄中，多者三五行，少者仅抄题名或其中的一两句。

Дх.19083

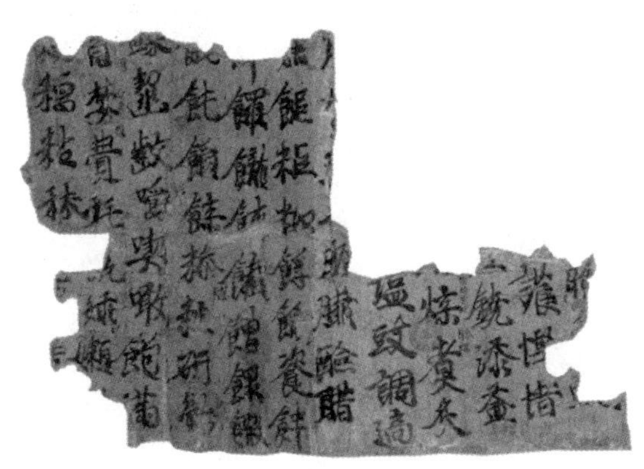

P.3243

图5　Дх.19083号+P.3243号《开蒙要训》(首部)

就其形制而言，这些《开蒙要训》抄本大体可分为卷子本与册子本两类，卷子本有P.2578、S.705、Дх2655、BD14667号及上图17等60多号，占主体地位；册子本则有S.5431、S.5449、S.5463、S.5464、Дх2654号5件（如图6、图7所示）；另有P.5031p8、Дх5839、Дх10740、Дх11046号等残片，所存过少，不足以判明形制。

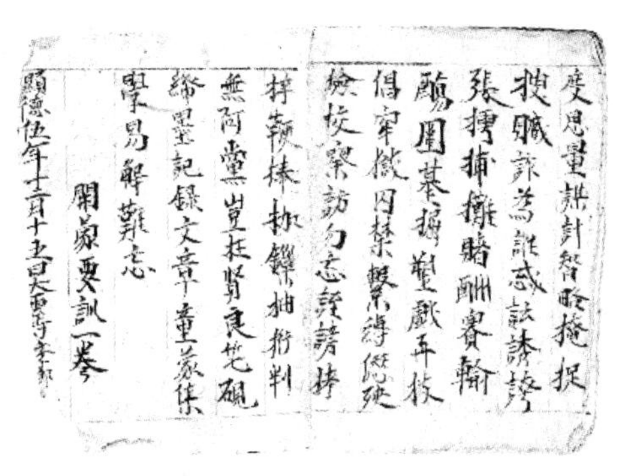

图6　S.5463号《开蒙要训》册子本页面

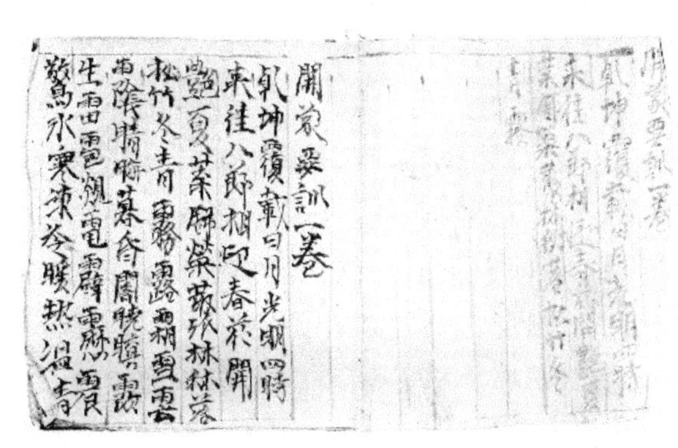

图7　S.5464号《开蒙要训》册子本页面

三、抄写质量及残损状况

如上所述，敦煌文献中所存的《开蒙要训》抄本基本为学童自己抄写的。通常而言，学童对于文字理解的能力有限，书写水平也不高。故学童所抄的《开蒙要训》诸本中虽不乏书法略佳、质量尚可的抄本，如P.2578、P.2588、P.3189、S.6128、Дх2655号等（如图8、图9所示）。

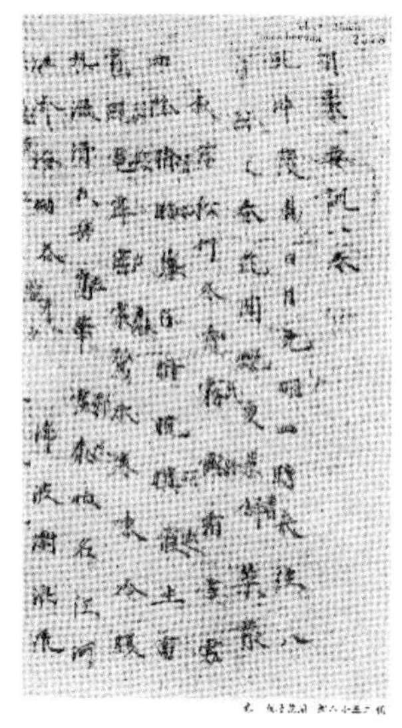

图8　P.2578号《开蒙要训》

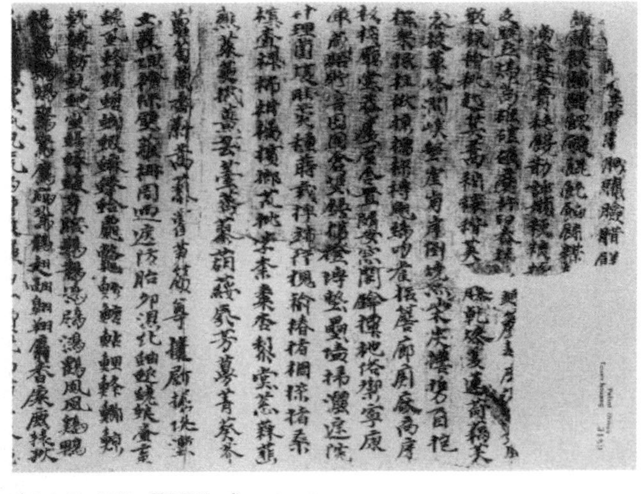

图9　P.3189号《开蒙要训》

但与P.2578、P.2588、P.3189、S.6128、Дx2655号等号相比，更多的是形体散漫、布局不佳、讹误较多、卷面不甚整洁的抄本。主要表现为以下方面：

（一）笔法稚拙，布局不精

在我国传统社会中，文字书写是一项重要的元素：政令传递、学术创作、诗词撰作、书信往还、账目登录、契据开立等公私层面诸多事项，均需通过文字书写来实现。而文字书写是一项须经过专门训练才能掌握的技能。古人通常是通过书法教育来掌握文字书写的技能，达到自由书写的目的。因此，书法在我国古代社会生活中占有十分重要的地位。出身入仕书法要好，“字而端楷，则主司阅文时，先已动其欢心，即五六分文，便作十分看矣”①，考试中占尽优势；与之相反，若书法不好，则会失去先机，如唐彪《父师善诱法》引何士明之说：“考试之日，倘字不佳，又兼差错涂抹，纵是锦绣文章，亦不动人爱慕矣。”②考中之后，诠选之时有“身言书判”四条标准，即“凡择人之法有四：一曰身，体貌丰伟；二曰言，言辞辩正；三曰书，楷法遒美；四曰判，文理优长”③；对于书法有明确的要求，即要“楷法遒美”。退一步讲，即使不能入仕，书法好亦可成为谋生之一助。如《宣和书谱》载唐女仙吴彩鸾手书《唐韵》佐文萧生理之事曰：“萧拙于为生，彩鸾为以小楷书《唐韵》一部，市五千钱为糊口计。不出一日间，能了十数万字，非人力可为也。”④又如《唐摭言》载顾蒙在避难于广州之时，困于旅食，以其所擅欧阳询之笔法书写《千字文》换取生活物资，其文曰：“（顾蒙）博览经史，慕燕许刀尺，亦一时之杰。余力深究内典，繇是屡为浮图碑，仿欧阳率更笔法，酷似前人……甲辰淮浙荒乱，避地至广州，人不能知，困于旅食，以至书千

① ［明］佚名《教子良规》，载徐梓、王雪梅编《蒙学要义》，山西教育出版社，1991年，第162页。

② ［清］唐彪《父师善诱法》引何士明语，参见唐彪《读书作文谱·父师善诱法》，伟文图书出版社有限公司，1977年，第26页。

③ ［宋］欧阳修、宋祁《新唐书》卷45《选举志下》，中华书局，1975年，第1171页。

④ 王群栗点校《宣和书谱》，浙江人民美术出版社，2012年，第47页。

字文授于聋俗，以换斗筲之资。”①因而书法练习乃是过去童蒙每日教学中必备的内容。明王守仁《训蒙教约》之“每日功夫，先考德，次背书诵书，次习礼，或作课仿，次复诵书讲书，次诗歌”②、清佚名《变通小学义塾章程》之“午后把笔学写仿本百字，每傍晚，必讲说做人道理二三则，使之互相复讲”③等关于课童蒙的日程中，均安排有“课仿”“写仿本”等习字教学内容。以上所引虽为明清时代课幼童之日程，但这些日程是对唐宋以来传统的民间训蒙教育的继承与改进，于其中大致可以窥见唐五代时期训蒙教育中书法教学的一些情形。

而英国国家图书馆藏S.2703号卷背所存儿童18日至26日（24日缺）的日课《千字文》习字83行④、矶部彰编《中村不折旧藏禹域墨书集成》129号之儿童日课习字⑤，则为我们提供了唐五代时期儿童书法习字的真实样本。然整体而言，汉字笔画较多、结构复杂，写字就是要将不同的笔画、相异的构件组合在一个近乎正方形的空间呈现，确实不易掌握。其书写的结果往往是突破汉字大小一致的空间布局，即文字形体大小不一：笔画少的形体小一些，笔画多的则要大不少。

与此同时，汉字的书写过程要求亦不低：手法上要做到指实掌虚，把笔要做到虚、圆、正、紧，书写中要留心于文字笔画的轻重转折、虚实变化，兼顾点画呼应、章法布局等等，不一而足。这对于年龄不大、腕力不足、技法掌握不到位的学童而言，是难度不小的要求。故此，学童们写出的字往往是忽大忽小、七扭八歪、左顾右盼（如图10、图11所示）。

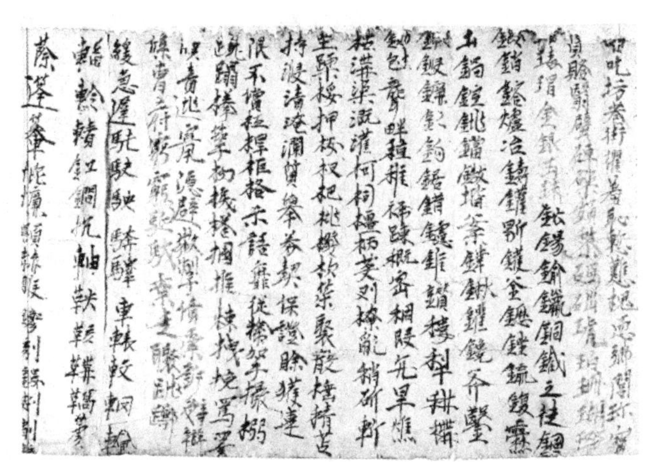

图10　S.1308号《开蒙要训》（局部）

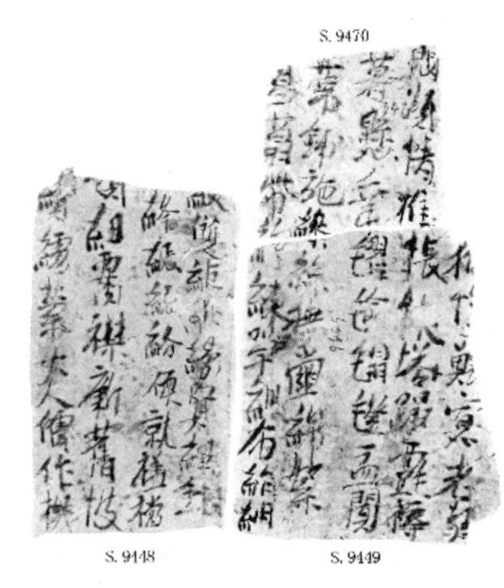

图11　S.9449号+S.9470号+S.9448号《开蒙要训》（正面）

① ［五代］王定保撰，姜汉椿校注《唐摭言校注》，上海社会科学院出版社，2003年，第219页。

② ［明］王守仁《训蒙教约》，载徐梓、王雪梅编《蒙学要义》，山西教育出版社，1991年，第37页。

③ ［清］佚名《变通小学义塾章程》，载徐梓、王雪梅编《蒙学要义》，山西教育出版社，1991年，第65页。

④ 中国社会科学院历史研究所、中国敦煌吐鲁番学会敦煌古文献编委会、英国国家图书馆、伦敦大学亚非学院合编《英藏敦煌文献（汉文佛经以外部分）》第4卷，四川人民出版社，1991年，第200–202页。

⑤ ［日］矶部彰编《中村不折旧藏禹域墨书集成》中册，文部科学省科学研究费特定领域研究〈东アジア出版文化の研究〉总括班，2005年，第280–283页。

（二）质量不高，多有讹脱

写字要求身体端坐，两手均平，两足齐一，心无旁骛，即“默坐静思，随意所适，言不出口，气不盈息，沉密神彩，如对至尊”①，这样方能写出好字。然学童的特点是，好动不好静，注意力容易分散，外围有个风吹草动便心游于课堂之外，因此，他们抄写出来的文本通常是质量不高。文字较为潦草，脱讹倒窜时有发生，所抄文本勾抹改易寻常见，讹误俗书遍满纸。

脱漏者，如“柯桐櫃柄，芟刈撩乱。梢斫斩剉，蹂挼押按”等句中的“芟刈撩乱”“梢斫斩剉”二句羽29R号整句漏抄；P.3054号“虾蟆蜂蛤，龟鳖鲂鳇”“鹁鸩鸳鸯，鹰鹏鹞鹘”等文字漏抄。涂抹勾乙者，如P.3054号“妆奁镜匣”句“匣”字，先是书作从“辶”之形，旋即认为不对，遂以浓墨涂去“辶”，在原字基础上改书“匣”，但又与涂改之墨迹粘连，不得已，补书于下字“脂”的右侧；同卷“醎醶脸酢”句，先是误书作“醶醎酢”，发现脱漏，补书“脸”字，但又误置于“醶”字右上方，遂于“醎”字右上角施一“√”号，以示此句当作“醎醶脸酢”。差错讹误者，如P.2717A号存500字左右，而其中诸如“清”误作“青”、“暝”误作“命”、“欢”误作“劝”、“宾”误作“贫”之类的音误、形误字就58个，约占总字数的11%，其抄写质量实属不高。整体而言，这些学郎本的抄写质量不高，是不争的事实。

至于这些《开蒙要训》抄本的留存状况，则是断章残篇多，完整者少。残缺不全是敦煌写本的普遍现象。敦煌文献中虽不乏首尾完整的卷子，但更多的则是首尾不全的断章残篇，上面提到的存世六万号的敦煌遗书中，“真正大一点的卷子只有三万号左右”②，当然这三万号大一点的卷子，仍有不少是首尾不全的残本。《开蒙要训》文本亦是如此。目前笔者所见的79件《开蒙要训》写卷中，首尾完整者仅5件（P.3054、P.3875A号前部均有残损，而且后者残损较严重）（见图12），余则皆为残本，甚至是仅有片言只字的碎片。如俄藏Дx2655号+Дx10258号+Дx4410号等缀合而成的《开蒙要训》残卷（见图13），所存字数530左右，却是由Дx2655、Дx10258、Дx4410号等13个碎片缀合而来的成果，其中最大的一片Дx10258号存180字左右，最小的一片Дx3991号仅存6个字，其中还包含了2个仅存上部的残字。又如，法藏P.5031号P25《开蒙要训》是一个仅存4个残字的小碎片（如图12所示）。

《开蒙要训》碎片虽多，但是经过我们认真研究比对发现，这些碎片大多可以缀合，上揭85个《开蒙要训》卷号中，正规的抄本有66件，经笔者缀合后成《开蒙要训》正规抄本40件，缀合率超40%，这一比例在敦煌文献整理中还是比较高的。

---

① ［汉］蔡邕：《笔论》，载洪丕谟编《古典书法理论》，江苏古籍出版社，1987年，第2页。

② 据方广锠的说法，参见李伟国等：《敦煌话语》，上海科技教育出版社，2002年，第185页。

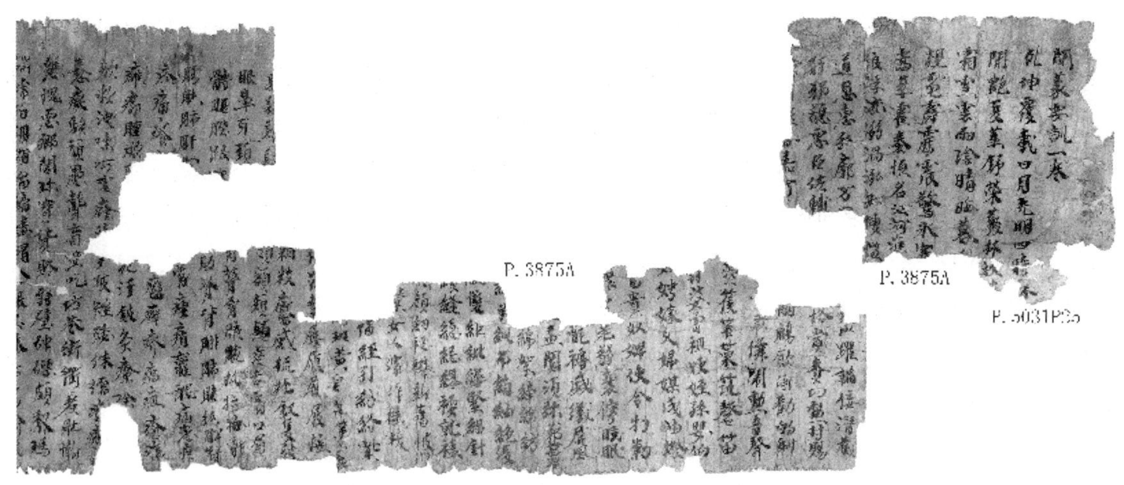

图12　P.3875A号（首部）+P.5031号P25《开蒙要训》缀合图

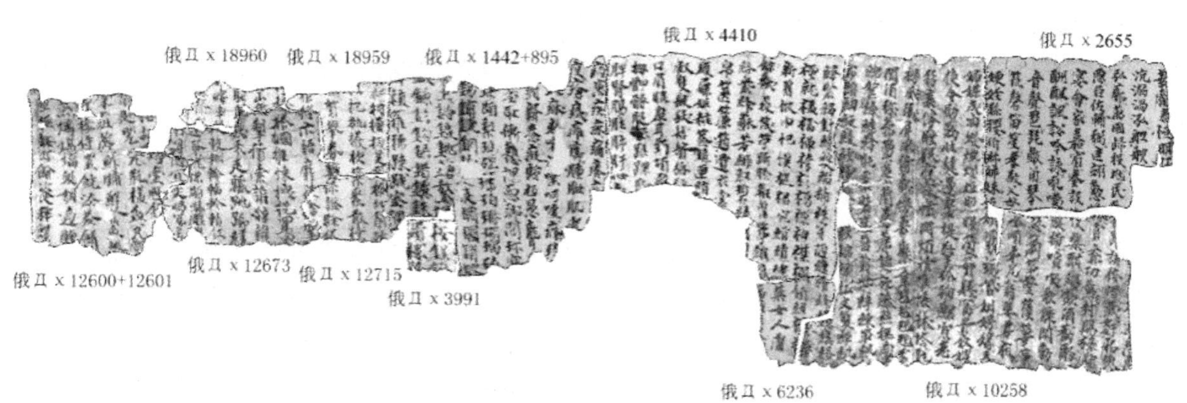

图13　Дх2655号+Дх10258号+Дх4410+Дх6236号+Дх1442号+Дх895号+Дх3991号+Дх18959号+Дх12715号+Дх12673号+Дх18960号+Дх12600号+Дх12601号《开蒙要训》缀合图

四、写卷的同卷抄写情况

多正背两面书写是敦煌文献的重要特征。就本文所关注的童蒙读物而言，这一现象也有十分明显的体现。如，S.4948号正面抄佛教论释类抄本，背面抄自“惊图写禽兽”起至“俳佪瞻眺孤陋”止的《千字文》38行；P.2647号正面为《大乘无量寿宗要经》，卷背抄有《晏子赋》首段、《五更转》前部及《千字文》文字五处；BD12162号正面抄“推”“位”“让”等《千字文》字习字，背面抄“被”“草”等《千字文》习字及其他多种文献；P.2937号正面为《太公家教》，背面抄有《维大唐中和肆年二月廿五日沙州敦煌郡学士郎兼充行军除解□太学博士宋英达题名》《写书不饮酒诗》及杂写等内容；BD10379号背面为《太公家教》，正面抄《丑妇赋》；P.2825号正面抄《太公家教》《武王家教》两种，背面有景福二年（893）九月押衙兼侍御史卢忠达状、乾宁二（三?）[①]年（896）丙辰岁二月十七日平康乡百姓冯文达雇驼契一段、社司转帖一道及其他内容等，皆是正背两面抄写的写卷。又，由以上诸例可

① 乾宁二年为公元895年，所对应干支为“乙卯”，而本题记却称“丙辰岁”，故疑“乾宁二年”之“二”为“三”字之误。

知，这些写卷不但正背两面抄写，而且所抄文字并非只有单一的一种，通常是多种文献抄在一个卷子上。敦煌文献中众多的《开蒙要训》抄本的情况也基本如此。如P.2578号正面所抄为《开蒙要训》，背面抄文书一道及右厢、右厢马步都押衙银青光禄都检校、开蒙要训乾坤覆载经经等杂写若干；P.2588号背面抄《佛堂》《叹像》《庆经文》《庆像文》《造弥勒大像文》等佛教应用文书；P.5054号背面抄《大唐天福三年岁次己亥五月六日张富郎诗》《缁门百岁篇》《国师唐和尚百岁书》《七言诗一首》《天福伍年杂写》等内容；P.3243号正面抄《开蒙要训》，背面抄藏文文献多行，其间夹杂"开蒙要始始""李善奴、郭喜记（?）、索良义"等杂写文字若干；P.3311号正面为永徽四年（653）二月二十四日抄经题记；P.3029号卷背有书仪残片、佛经杂写、破历等内容；P.3486号卷背有乾符三年（876）纳物历、乾符二年（875）至方等道场题记、便麦历等内容。又，敦煌诸《开蒙要训》抄本正面或背面所抄文字除上揭诸内容外，还有转帖、借贷契、书状、辞赋及出自儿童之手的打油诗或信笔题写等诸多内容。而且这些抄本抄写的随意性很强，往往据一时之兴致而抄，通常是一个内容尚未抄完，便开始抄写另一种或几种乍看起来关联性不大的内容。但我们如果对这些与《开蒙要训》合抄或混抄的文字作一相对深入的研究，可以发现他们之间关系的蛛丝马迹。大略而言，他们之间的关系可以分为如下类型：

（一）目的相对明确的合抄

我们翻检诸《开蒙要训》写卷可以发现，有些写卷所抄的内容虽非《开蒙要训》一种，但诸多抄在同一写卷上的内容从位置安排、文字书写、卷面整洁度等方面看，是抄写者有较强的目的性的抄写。如P.2717B号＋Дx5260号＋Дx5990号＋Дx10259号正面所抄为《字宝》残卷，Дx2654号文书残片另一面抄《下女夫词》，P.3054号卷背抄有《缁门百岁篇》《国师唐和尚百岁书》等内容。那么，它们为什么会和《开蒙要训》同抄在一起呢？其中有唐五代时期敦煌地区因纸张供应不足，利用废弃的官方文书或其他文书书写造成的偶然同卷，但更多的还是与《开蒙要训》性质相似（的内容）或因使用情形相关。今试作分析如下：

P.2717B号＋Дx5260号＋Дx5990号＋Дx10259号正面所抄为《字宝》，《字宝》又称《碎金》《白家碎金》，是唐人所编的一部口语俗字类书籍，辑录"不在经典史籍之内"，而为"闻于万人理论之言"的"俗猥刺之字"，也就是民间的口语词。该书按平、上、去、入四声分类，收录400多个条目。而《开蒙要训》是民间百姓开蒙习字的教本，二者在性质上是相似的，即均是面向民间识字、用字所编纂的通俗字书。

Дx2654号文书残片一面抄《开蒙要训》，另一面抄《下女夫词》。《下女夫词》所描摹的是一位自称刺史之男子深夜行至一姑嫂门首投宿，经多方盘问，最终女方允许其投宿，为其铺床撒帐，与其共饮葡萄酒并共宿至天明之事。就其性质而言，《下女夫词》属于在婚礼仪式上使用的讲唱歌词。《下女夫词》具有婚礼礼仪的实用性及普及婚礼知识的客观作用，因此，可以作为儿童学习相关知识的素材，其与《开蒙要训》同时出现也是符合一般情理的。

P.3054号正面抄《开蒙要训》，卷末题"维大唐天福叁年岁次己亥[①]九月五日张富郎书"，卷背署"维大唐天福叁年岁次己亥五月六日张富郎自首（手）之耳"。写卷背抄有《大唐天福叁年岁次己亥五月六日张富郎诗》《缁门百岁篇》《国师唐和尚百岁书》等内容。卷背张富

① 据干支纪年，己亥年乃天福四年（939），题记之"叁年"恐误，下文"天福叁年岁次己亥"的情形同此。

郎诗作“宋家大门面西开，椀落当心金阿埏。麦粟圌主山崖，墁眉墁不（?）主把推”，其中“麦粟圌主山崖”句应脱一个字。这首诗当是张富郎在抄好《开蒙要训》之后，兴之所至，随手而书。其后的《缁门百岁篇》《国师唐和尚百岁书》为佛教唱诵类文书。敦煌地区寺学发达，寺学教育除了识字而外，教授《缁门百岁篇》《国师唐和尚百岁书》等佛教唱诵题材文书自然不例外。又，S.5977号《和戒文》背面有“▨子年六月九日灵啚寺学郎张富郎①记”题记一条，其中的“郎”字，李正宇先生《敦煌学郎题记辑注》录作“荣”，形体不似。如本书所录“郎”字无误，则此“张富郎”与抄写《开蒙要训》的张富郎或为同一人，其身份为灵啚寺学郎。我们复参之以S.5584号《开蒙要训》为莲台寺比丘愿丞所抄、P.3189号《开蒙要训》为三界寺学士郎张彦宗所记、S.5463号《开蒙要训》出自大云寺学郎之手（《开蒙要训》皆出自寺学学郎之手）等的情况，推测张富郎为灵啚寺学郎的可能性不小。

Дx10740号下辖的第1、第13两个《开蒙要训》残片另一面抄《重修开元寺行廊功德碑》习字（如图14、图15所示）。结合Дx10740号其他文书残片来看，当是学童收集了《开蒙要训》《王梵志诗》《晏子赋》《秦将赋》《秦妇吟》等写卷，利用无字的一面练习书法，其临习的对象是《重修开元寺行廊功德碑》碑文。而写字文本另一面的《开蒙要训》《王梵志诗》《晏子赋》《秦将赋》《秦妇吟》等文书由文字字体、纸张、行格等元素来看，它们出自同一人之手。一卷本《王梵志诗》五言四句的形式、通俗浅显的内容适合儿童阅读，P.3211号正面所抄亦是《王梵志诗》可以比勘。《晏子赋》《秦将赋》《秦妇吟》为民间流行的俗赋、名赋，篇幅不大，文辞优美，适合儿童在拥有一定识字量时作为拓展读物使用；既可以进一步识字并巩固识字效果，又可以加强文学熏陶，提高文学素养。

Д x 10740 Ⅰ r

约缺410行

Д x 10740 ⅩⅣr

约缺30行

Д x 10740 ⅩⅢr

图14　Дx10740ⅩⅢ号+Дx10740Ⅰ号+Дx10740ⅩⅣ号缀合示意图正面

（抄《开蒙要训》《王梵志诗》）

---

① “郎”字，李正宇《敦煌学郎题记辑注》录作“荣”，似误。

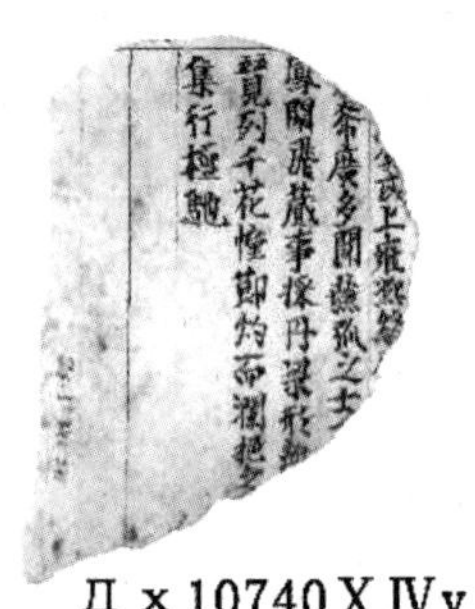

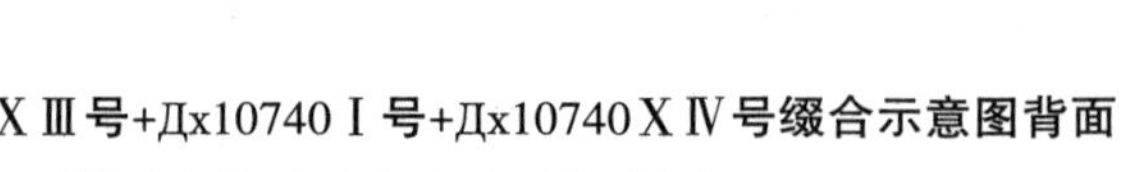

图15　Дx10740ⅩⅢ号+Дx10740Ⅰ号+Дx10740ⅩⅣ号缀合示意图背面
（抄《重修开元寺行廊功德碑》）

通过以上诸例，我们可以看出文本的性质、使用情形相关是不同文献与《开蒙要训》合抄的重要促成原因。尽管多数写卷并非同一人同时完成，但无论哪位抄写者在抄写的时候都是较为认真地将抄写的内容作为正式的文本来书写的。其中我们尤其要注意的是这些与《开蒙要训》合抄的文字中有《千字文》（上图110V号、Дx4410V号、Дx1442V号、P.4937V号）、《字宝》（P.2717号、Дx5260号、Дx5990号、Дx10259号等号正面）、《古贤集》（P.4972号）、《孔子项托相问书》（P.3102V号）、《新集文词九经抄》（S.5754号）、《百行章》（P.4937号）、《王梵志诗》（P.3211号）等童蒙读物系列文书。其中《千字文》《碎金》亦是识字课本，《古贤集》《孔子项托相问书》则属于知识类读本，而《新集文词九经抄》《百行章》《王梵志诗》所侧重的则是道德教育，从中我们可以窥探出此时童蒙教育中识字教育、知识教育与思想教育相辅而行的信息。

（二）随意性较强的杂抄

与上文所论目的相对明确的合抄相比，敦煌文献诸《开蒙要训》抄本中所出现的多种文献更多的是文献之间看不出相互关联，大抵是抄写者随性而至、随机抄写的文字。如，S.5464号，9页半抄《开蒙要训》，第12页第1个页面抄《金刚经赞》一首，第13至15页空白，未抄写文字。首页第1个页面上有“金刚经赞”“庚辰年十月十六日立契赤心乡百姓”“庚年月”及“之大天子”“之之之”等习字若干；末页第1个页面题“忏悔夫忏悔”等字1行，第2个页面题“己卯年十月十三日”等字样。又如，BD14667（北新867）号正面抄《开蒙要训》；卷背抄正倒书文献多种，包括：社司转帖杂抄两道、三月十八日郑从嗣上常侍状、敕河西莭度使银青光禄大夫检国子祭酒从嗣状、便粮食历、乾宁五年（898）永安寺条记、进尚书状及“弘明集”“新集吉”“李安子”“李奴子”“张住子”等杂写若干。再如，P.3486号正面抄《开蒙要训》，卷背有乾符三年（876）纳物历、乾符二年（875）至方等道场题记、辟邪巫术、便麦历、释门文范、烦（须）人读自书偈等内容。以上诸例，抄本另一面所存文献非一、类型多样、书写随意、跳跃性很大，看不出它们之间的内在联系，基本属于随机性的杂抄。但其中有一点比较明显，即不少题写中会出现若干源自《开蒙要训》的字词或文句。如，P.3029号《开蒙要训》写卷，卷背有“开蒙要训一卷”题名、“乾坤覆载”至“春花开艳”等《开蒙要训》杂写。再如，P.3189号《开蒙要训》写卷，写卷正面题记后及背面杂写“开蒙要训一养（卷）”“开蒙要▨（训）”“开▨（蒙）”等源自《开蒙要训》的文字。又如，P.2578号《开蒙要训》写卷卷背有“开蒙要训”“乾坤覆载”“晦暮暮云阴晴贫贫贱”等《开蒙要训》杂写若干。又如，Дx5427号+Дx5451B号《开蒙要训》写卷，卷背有“雾露”“开”等源自《开蒙要训》的杂写。这些文字当是抄写者在抄写完《开蒙要训》之后，顺势在其他位置随机题写的文字，不属于认真、严肃对待的《开蒙要训》抄本。

以上，仅就敦煌文献中的诸《开蒙要训》正背面所抄文献作一简单分类，并试作解释。但我们知道，敦煌文献的抄写者身份不一、抄写情形多样、抄写目的复杂，多数情况是我们无法由现在的文书状况去考察、复原的，因此，敦煌文献中的诸《开蒙要训》抄本的写本学研究还有较长的路要走，还需要我们不断努力、继续深入。

敦煌写本类书《语对》与唐诗创作*

刘全波（兰州大学敦煌学研究所）
郝琳俐（兰州大学敦煌学研究所）

【摘要】 敦煌写本《语对》是一部私纂类语体类书。敦煌类书与文学之关系，前辈学者多有讨论，考察《语对》与唐诗创作之关系，可以深刻揭示类书内容与唐诗文字高度重合之缘由。《语对》的妙处是辞藻的堆砌，《语对》就是“粗糙的诗”，《语对》等类书内容的经典化与唐诗创作的模式化相互浸润，遂导引出唐诗的大繁荣。类书的大量涌现降低了唐诗创作的难度，一个更为广泛的作者群得以出现，当然也催生出了诸多平庸的诗歌，即“类书式的诗歌”。

【关键词】 敦煌　类书　《语对》　唐诗创作

《皇览》之后，历代帝王都组织文士编纂类书，唐以前，就有《寿光书苑》《华林遍略》《修文殿御览》《长洲玉镜》等，唐建立后，编纂了《艺文类聚》《文思博要》《东殿新书》《瑶山玉彩》《策府》《三教珠英》等大类书，然上述大类书卷帙浩繁，且编写完毕后多藏于秘府，普通读书人显然与之无缘，但官方编纂类书的行动，无疑带动了私纂类书的发展，文人私纂类书甚至成为一种潮流，敦煌藏经洞所出《语对》就是其中之一。

《语对》现仅存六卷，即P.2524、P.4636、P.4870、S.78、S.79、S.2588，写卷未载题名，罗振玉、刘师培二位先生将之称为“古类书”，

*本文系贵州省哲学社会科学规划国学单列课题青年课题“敦煌写本类书《语对》整理研究”（项目编号18GZGX29）的研究成果。

《语对》之名乃由王三庆先生据写卷形式与内容性质拟定[①]。王三庆先生将此六卷划分为三种不同的抄本系统，即P.2524为原卷，S.2588、P.4870、P.4636、S.79为甲卷，S.78为乙卷。原卷内容首尾俱全，但年代较晚；甲卷较早，应为原卷过录底本；乙卷志作定本而未完，并曾据甲卷作校本[②]。经前辈学者研究，《语对》与科举、文学间的联系是确凿无疑的[③]，但学界尚未有人将《语对》的文本内容与唐诗诗文等进行细致对比，故而我们仍然需要进一步探索，明确类书在文学创作中的具体使用路径与价值。

一、《语对》的妙处是辞藻的堆砌

黄侃先生《文心雕龙札记》载："逮及汉魏以下，文士撰述，必本旧言……用事采言，尤关能事。其甚者，捃拾细事，争疏僻典，以一事不知为耻，以字有来历为高。"[④]方诗铎先生亦言："一个不懂中国古典文学的人，也许会问：'红雨''刘郎'怎么可以代替'桃'字呢？'章台''灞岸'怎么可以代替'柳'字呢？'银钩空满'跟'书'又有什么关系？'玉筋双垂'跟'泪'又有什么关系？'绿云缭绕'可以就是'鬟发'？'困便湘竹'可以就是指'簟'？在这里，辞章家就会告诉你，这种绕着圈儿说话的办法，就叫作'用典'！你能够在诗词里，用'典'来代替直说，就显得你有学问。"[⑤]唐人在作诗为文之时亦喜用典，除了能够彰显自己的学问外，用典亦能达到"借彼之意，写我之情"[⑥]，以及在有限的篇幅中深化诗作意蕴的目的。据现代学者统计，陈子昂[⑦]、孟浩然[⑧]、李白[⑨]、杜甫[⑩]、柳宗元[⑪]、李商隐[⑫]等诗人在其诗作中运用的典故堪称俯拾皆是。然我国古代书籍广博浩瀚，世人难以尽知诸多细事典故。学识渊博如欧阳询亦言："夫九流百氏，为说不同。延阁石渠，架藏繁积。周流极源，颇难寻究。披条索贯，日用宏多。卒欲摘其菁华，采其旨要，事同游海，义等观天。"[⑬]类书的妙处就是辞藻的堆砌，类书本身就是为读书人积累典故而编纂的（见表1）。

---

① 罗振玉：《罗雪堂先生全集三编》（第8册），大通书局，1972年，第3025-3073页；刘师培：《敦煌新出唐写本提要》，《国粹学报》1911年第7卷第1期；王三庆：《敦煌本古类书〈语对〉研究》，文史哲出版社，1985年；王三庆：《敦煌蒙书校释与研究·语对卷》，文物出版社，2022年。学界已经基本接受了王三庆先生所代拟之书名，虽然仍然需要不时地提醒大家，这个《语对》不是那个《语对》，但是事已至此，在没有充足证据的情况下，最好不要再纠结于是否要给这些写卷改名，以免增加更多麻烦与疑惑。

② 王三庆：《敦煌本古类书〈语对〉研究》，文史哲出版社，1985年，第5-13页。

③ 刘全波、曹丹：《类书与科举的互动交融——以敦煌写本〈语对〉为中心》，《敦煌学辑刊》2023年第1期，第14-26页。

④ 黄侃：《文心雕龙札记》，上海古籍出版社，2000年，第188页。

⑤ 方师铎：《传统文学与类书之关系》，天津古籍出版社，1986年，第8页。

⑥ ［清］赵翼：《瓯北诗话》，上海古籍出版社，1983年，第1314页。

⑦ 徐文茂：《陈子昂论考》，上海古籍出版社，2002年，第229页。

⑧ 王弯弯：《孟浩然诗歌用典研究》，硕士学位论文，湖南大学，2014年，第6页。

⑨ 王腾飞：《李白诗歌用典研究》，硕士学位论文，暨南大学，2010年，第4页。

⑩ 金启华：《杜甫诗论丛》，上海古籍出版社，1985年，第234-254页。

⑪ 胡玲：《柳宗元诗歌用典研究》，硕士学位论文，湖南大学，2014年，第4页。

⑫ 刘丽平：《李商隐七律用典研究》，硕士学位论文，西南师范大学，2003年，第3页。

⑬ ［唐］欧阳询撰，袁慧光笺注《欧阳询诗文笺注》，岳麓书社，2014年，第167页。

表1 《语对》典故及原始出处对照表

《语对》	原始出处
帝子	《楚辞·九歌·湘夫人》："帝子降兮北渚，目眇眇兮愁予。"
秾李：华如桃李。	《诗·召南·何彼秾矣》："何彼秾矣，华如桃李。"
龙媒：好马也。	《汉书·礼乐志》："天马徕，龙之媒。"
宿草："《礼记》曰：'朋友之墓有宿草而不哭焉。'"	《礼记·檀弓上》："曾子曰：'朋友之墓，有宿草而不哭焉。'"

由表1可知，《语对》所载之词多为其典出之文句中的原词（如帝子、宿草等）或经简单概括而成的语词（如秾李、龙媒等），这些语词无论从文本自身还是内涵上都富有一定的美感与意蕴，且往往能够较为贴切自然地直指典故想要表达的内核，这使得这些看上去简单的语词成为内涵丰富的"典故词语"，短短二三字就能将作者想要表达的情或意道出八九分。以骆宾王《游兖部逢孔君自卫来欣然相遇若旧》一诗中有"倾盖金兰合，忘筌玉叶开"①一句为例，此诗短短十字中，就有三词为"有来历"之词，即"倾盖""金兰""忘筌"三词，恰此三词在《语对》"朋友"部中均有记载。倾盖《庄子》曰："孔子逢都子于路，倾盖而言终日。"故《史记》曰："倾盖若旧，白头如新。"金兰山涛与阮籍、嵇康并一面，契若金兰。忘筌《庄子》曰："筌者所以取鱼，得鱼而忘筌；言者所以取意，得意而忘言。"②

可见，骆宾王借"倾盖""金兰""忘筌"三词都意在突显其与孔君之间的深厚情谊。然除借此三词表"情"外，"典故词语"的表意功能亦在此诗句中得以展现，如"倾盖"一词就是骆宾王对与孔君之遇为"偶遇"这一情况的交代，"金兰"则暗示了其每次与孔君见面都倍感契合之意，"忘筌"一词则说明其与孔君的交谈已经达到了彼此间心领神会、得意忘言的境界。骆宾王用典的能力无疑是高超的，罗宗强、郝世峰在《隋唐五代文学史》中曾对骆宾王的用典作出"华艳中流露典重，气象宏阔，且有一股壮伟之气……用典出神入化，富赡而圆融"③的评论。我们不能说此句诗乃骆宾王依据《语对》而作，然由此例出发，我们或能对《语对》与唐诗创作之间密切的关系有所感受。《语对》为那些知识积累相对贫乏的作诗为文者提供了大量有着深刻意蕴的语词，通过一定的诗文训练，这些作诗为文者或亦能依据《语对》作出类似骆宾王"倾盖金兰合，忘筌玉叶开"这样的诗句。借方师铎先生之语辞，为文作诗之时，如何尽可能多地"知事"，如何使所用之字词"有来历"，如何看懂别人"绕着圈儿说的话"的诗，如何让自己作出"绕着圈儿的话"的诗，《语对》与唐诗创作的关系或正在于此。

刘师培先生《敦煌新出唐写本提要》之《古类书残卷之二》载："古类书四百五行。此书之例，亦依事区类。首行标题类名，次按类隶事，集为对偶，与徐坚《初学记》同，

① [清]彭定求等编《全唐诗》卷78骆宾王《游兖部逢孔君自卫来欣然相遇若旧》，中华书局，1960年，第841页。

② 王三庆：《敦煌本古类书〈语对〉研究》，文史哲出版社，1985年，第134、135、140页。

③ 罗宗强、郝世峰主编《隋唐五代文学史》（上），高等教育出版社，1990年，第118页。

惟注例弗一轨。”[①]罗振玉先生《古类书三种跋》载：“存四百余行，其体例略如《初学记》之事对，摘二字为目，两两相封，而注事实于下。”[②]二位先生不约而同地注意到《语对》与《初学记》“事对”部分在编纂体例上的相似性，然经笔者进一步对照，《语对》与《初学记》在内容上相合者亦甚多。《语对》所载六百七十词中，至少有三百九十三词可见于《初学记》记载。下面，我们以《语对》王部为例，对《语对》与《初学记》之间的对应关系作出简要说明[③]（见表2）。

表2　《语对》与《初学记》典故对应表

《语对》	《初学记》
帝子	降帝子之渚： 《楚辞》云：“帝子降兮北渚，目眇眇兮愁予。”王逸注云：“帝子，尧子也。”（卷十《帝戚部·公主第六》）
天人：陈思王有天人之才。	《帝王部·总叙帝王·叙事》：皇者，天人之总，美大之称也。
维城： 《毛书》曰：“怀德为宁，宗子维城。”	维城： 《毛诗》曰：“怀德维宁，宗子维城。”（卷十《帝戚部·王第五》）
磐石：汉时立子孙为磐石之固。	磐石：见犬牙注。 “犬牙”条注载： 《汉书》曰：“高帝王子弟，犬牙相制，所谓磐石之固。”（卷十《帝戚部·王第五》）
绿车：汉时亲王乘绿车，居朱邸，驾参。	绿车载： 《汉书》曰：“卫尉金敞疾甚，成帝拜敞子涉为侍中，使绿车载送卫尉。”注曰：“绿车皇孙车，所以宠之，言卫尉常清显，在朝尊贵。”（卷十二《职官部下·侍中一》）
列土： 《尚书》曰：“王者分五色土，借以白茅。”	列土： 《周书》曰：“诸侯受命于周，而建太子社于国中。其壝谓东青土……苴以白茅，以土封之，故曰列土。”（卷十三《礼部上·社稷五》）
猨岩	猨岩雁沼： 《西京杂记》曰：“梁孝王好宫室苑囿之乐……营兔园，园中有百室山，山上有落猿岩、雁池。池间有鹤洲、凫渚。”《广雅》云：“沼，池也。”（卷十《帝戚部·王第五》）
兔苑：汉有梁孝王有落猨岩，游兔苑。	
雁池：梁孝有鴈池在宋。	
雄风： 宋玉《风赋》曰：“此大王之雄风。”	[楚]宋玉《风赋》：“此谓大王之雄风也。”（卷十二《天部上·风第六·赋》）
八公：淮南王好琴书，有八公之宾。	桂山： 王逸刘安《招隐士诗序》曰：“《招隐士者》……八公之徒……故或称小山，或称大山，其义犹诗有《小雅》《大雅》。”（卷十《帝戚部·王第五》）
小山： 淮南王刘安有小山，为招隐云：“攀桂兮掩留。”	

① 刘师培：《敦煌新出唐写本提要》，《国粹学报》1911年第7卷第1期。

② 罗振玉：《罗雪唐先生全集三编》（第8册），大通书局，1972年，第3025-3073页。

③《语对》王部共载三十词目，此三十词目中与《初学记》所载存在对应关系者达十七词目。

续表2

《语对》	《初学记》
七步： 陈思王曹植字子建，魏文忌之，将欲害植，以其无罪，文帝命令七步成诗，若不成，将诛。王应声曰："萁在釜下燃，豆在釜中泣，本是同根生，相煎何乃急。"帝善之。	七步： 刘义庆《世说》曰："魏文帝命东阿王七步成诗，不成将行大法，遂作诗曰：'煮豆燃豆萁，豆在釜中泣。本是同根生，相煎何太急。'文帝大有惭色。"《(卷十《帝戚部·王第五》)
戚里：亲戚之里。	唐中宗《赐驸马封制》：分荣戚里，藉宠公门。(卷十《帝戚部·驸马七·制》)
宗盟： 《左传》曰："周之宗盟，异姓为后。"	《职官部下·宗正卿第十八·叙事》： [宋]《百官春秋》云："周受命封建宗盟。"
金玺：汉高帝王及诸侯初置金玺组绶。	金玺： 《汉书·旧仪》云："诸侯王黄金玺。"(卷十《帝戚部·王第五》)
西园： 诗曰："清夜游西园，冠盖相追随。"	西园： 曹植诗曰："清夜游西园，飞盖相追随。"(卷一《天部上·月第三》)

通过表2我们可以发现，《初学记》作为一部官修类书，显然在文本编纂上较《语对》更为严谨，其词下均有小注并注明词藻出处，而《语对》之注则更为简略，少有注明出处者，有的甚至无注①。然从实际使用的角度看，将二者相比，《语对》反倒较《初学记》更加实用方便，纵观《语对》之注，多只是简单地解释词义或讲述典故，说之言简意赅亦不为过。此外，《语对》所载之词多为熟典或当时的常见语，编纂者对于其所载之词大多都了然于心，因而无注或不注明出处对于创作者"缀文"而言似乎亦无伤大雅。若所有词目都得如《初学记》般一一详注，反倒会增加卷子篇幅，增加阅读翻检的负担。王昌龄《诗格》载："凡作诗之人，皆自抄古人诗语精妙之处，名为随身卷子，以防苦思。作文兴若不来，即须看随身卷子，以发兴也。"②作为一部私修类书，《语对》编写时的"随意性"或许反倒可以进一步印证《语对》是一本便携且适用于一般文人进行诗文创作的"随身卷子"的猜测，是古人积累典故、堆砌辞藻的利器。

二、《语对》就是"粗糙的诗"

《语对》写卷首行标题类名，按类隶事，以二字至四字为目，词目下夹行小注，或介绍词意或讲述典故、指明出处，无注者约十之一二。《语对》所采之词多为一些具有典故意义的二字或三字词藻，形式上多呈两两相对形式，不对者约十之三。以首部"王"部为例，便有"帝子、天人""列土、分茅""绿车、朱邸""八公、七步""睢园、碣馆"等，但也偶有三条互对的情况，如"兔苑、鸡山、雁池""东苑、西园、东阁"。上官仪《笔札华梁》载："凡为文章，皆须对属；诚以事不孤立，必有配匹而成。"③《新唐书·宋之问传》亦载："魏

① 经笔者统计，《语对》所载之词无注者达955词，约占所有词目的14%。

② [日]宏法大师撰，王利器校注《〈文镜秘府论〉校注》，中国社会科学出版社，1983年，第290页。

③ [日]宏法大师撰，王利器校注《〈文镜秘府论〉校注》，中国社会科学出版社，1983年，第486页。

建安后迄江左，诗律屡变，至沈约、庾信，以音韵相婉附，属对精密。及之问、沈佺期，又加靡丽，回忌声病，约句准篇，如锦绣成文。”[①]王国维先生曾言：“一切之美，皆形式之美也。就美之自身言之，则一切优美，皆存在于形式之对称、变化及调和。”[②]对偶作为诗文中的一种重要修辞手法，既能彰显诗人文采，亦能使诗文看上去更为工整精巧，具有形式上的美感。

据王三庆先生考证，《语对》之编纂年代，当在神龙至景云年间（705—711）[③]。《语对》以对偶形式编排文本的做法，与南北朝以来直至初唐的文学风气密切相关，一方面使得《语对》文本本身具有了时人追求的形式之美，另一方面成对的文本也有助于读者记诵，加深记忆。恰如闻一多先生在《类书与诗》中所言：“一首诗做到有了‘事对’的程度，岂不是已经成功了一半吗？余剩的工作，无非是将‘事对’装潢成五个字一副的更完整的对联，拼上韵脚，再安上一头一尾罢了。”[④]而《语对》正是一部记载了大量“事对”的典籍，因此，我们有理由猜想，《语对》这种以对偶形式编排文本的书籍，对于诗歌创作而言，无疑大有裨益，甚至其本身就是一首“粗糙的诗”。

通过对唐人所作诗歌的反向考察，我们发现《语对》所采撷的这些“事对”，确实都是实际运用于唐人诗歌之中的“诗语”，具体如下：

褚亮《奉和禁苑饯别应令》载：“暂以绿车重，言承朱传荣。”[⑤]

崔日知《冬日述怀奉呈韦祭酒张左丞兰台名贤》载：“赋成先掷地，词高直掞天。”[⑥]

岑参《送王著作赴淮西幕府》载：“湛湛万顷陂，森森千丈松。”[⑦]

高适《别韦参军》载：“兔苑为农岁不登，雁池垂钓心长苦。”[⑧]

杜甫《八哀诗·赠太子太师汝阳郡王琎》载：“汝阳让帝子，眉宇真天人。”[⑨]

任华《寄李白》载：“蓬莱径是曾到来，方丈岂唯方一丈。”[⑩]

元稹《病减逢春期白二十二辛大不至十韵》载：“琴待嵇中散，杯思阮步兵。”[⑪]

白居易《酬卢秘书二十韵》载：“谬历文场选，惭非翰苑才。”[⑫]

贾岛《观冬设上东川杨尚书》载：“何时却入三台贵，此日空知八座尊。”[⑬]

皮日休《孙发百篇将游天台请诗赠行因以送之》载：“紫府近通斋后梦，赤城新有寄来书。”[⑭]

---

① [宋] 欧阳修、宋祁：《新唐书》，中华书局，1975年，第5751页。

② 姚淦铭、王燕主编《王国维文集》下卷，中国文史出版社，2007年，第17-18页。

③ 王三庆：《敦煌古本类书〈语对〉研究》，文史哲出版社，1985年，第24-29页。

④ 闻一多：《唐诗杂论》，中华书局，2013年，第5-6页。

⑤ [清] 彭定求等编《全唐诗》卷32褚亮《奉和禁苑饯别应令》，第447页。

⑥ [清] 彭定求等编《全唐诗》卷91崔日知《冬日述怀奉呈韦祭酒张左丞兰台名贤》，第990页。

⑦ [清] 彭定求等编《全唐诗》卷198岑参《送王著作赴淮西幕府》，第2035页。

⑧ [清] 彭定求等编《全唐诗》卷213高适《别韦参军》，第2221页。

⑨ [清] 彭定求等编《全唐诗》卷224杜甫《八哀诗·赠太子太师汝阳郡王琎》，第2351页。

⑩ [清] 彭定求等编《全唐诗》卷261任华《寄李白》，第2903页。

⑪ [清] 彭定求等编《全唐诗》卷405元稹《病减逢春期白二十二辛大不至十韵》，第4518页。

⑫ [清] 彭定求等编《全唐诗》卷438白居易《酬卢秘书二十韵》，第4861页。

⑬ [清] 彭定求等编《全唐诗》卷574贾岛《观冬设上东川杨尚书》，第6677页。

⑭ [清] 彭定求等编《全唐诗》卷613皮日休《孙发百篇将游天台请诗赠行因以送之》，第7075页。

鱼玄机《光威裒姊妹三人少孤而始妍乃有是作精粹难俦虽谢家联雪何以加之有客自京师来者示予因次其韵》载："昔闻南国容华少，今日东邻姊妹三。"①

《语对》之对偶词目在唐诗中的运用其实还有很多，限于文章篇幅，不能一一列举。虽然以上所列举诗句之创作，并非一定有赖于《语对》，但至少可以证明，将《语对》所载之对偶词目运用于唐诗的实际创作是具有可行性的，而对于作诗初学者而言，《语对》亦可堪称一本有助于诗歌创作者入门的实用性书籍。以《语对》"丧葬"部为例，该部共十一词，分别为"蒿里、泉台、夜台、泉门、松风、薤露、朝露、冥泉、宿草、迁窆、窀穸"。一个从未受过诗文创作训练的初学者，亦可以根据这十一个词语，编出如"夜台宿草衰，泉门薤露晞""蒿里饮朝露，泉台迎松风"这样的诗句。再如，在"富贵"②、"贫贱"③二部所列之词中，我们亦可以摘取出所需词藻，进行组合装潢，编出如"珪门燃兽炭，瓮牖点当炉"这样的诗句，以突出贫富悬殊。

闻一多先生曾指出："唐初五十年间的类书是较粗糙的诗，他们的诗是较精密的类书。"④《语对》之编纂年代虽已超出了闻一多先生所说的唐初五十年的时限，但《语对》的性质显然仍然属于先生所说的"粗糙的诗"的范畴。换言之，《语对》更像是一堆"半成品"，从"半成品"到一首"完整的诗"，中间缺少的只是诗人的组织与编排。类书在文学创作中的意义，前辈学者已有关注，但是很多时候大家仍然认为文学是高于类书很多的，甚至贬低类书而抬高文学，像李白、苏轼这样天赋极高的人，必然是不必参考类书的，但是更广泛存在的普通读书人，尤其是唐诗初学者或一些知识相对贫乏的人，如何快速作出一首看上去像模像样的诗作呢？类书就是不可或缺的存在。

三、《语对》的经典化与唐诗创作的模式化

通过翻检《全唐诗》，笔者发现《语对》所摘录的词藻，在唐人诗作中有着较为广泛的运用。以《语对》首部"王"部为例，"王"部所载三十词中，约有二十七词⑤可见于《全唐诗》收录的唐人诗作之中。另外三十九部之词在《全唐诗》中的出现情况与"王"部略同。《语对》所载之词如此广泛地出现在唐人诗作之中，这无疑从侧面说明了《语对》所采集之词语与唐人诗歌创作之间极高的适配程度。为了更好地说明这些词语在唐诗中的出现情况，笔者以"帝子"为例对此进行说明。通过翻检《全唐诗》，我们将找到的带有"帝子"一词

①［清］彭定求等编《全唐诗》卷804鱼玄机《光威裒姊妹三人少孤而始妍乃有是作精粹难俦虽谢家联雪何以加之有客自京师来者示予因次其韵》，第9055页。

②《语对》富贵部所载词目为："二相、五侯、千石、万钱、鱼灯、兽炭、珪门、鼎族、簪黻、簪缨、轩冕、簪裾、缙绅、鸣钟、鼎食、鹤盖、龙媒、浮云马、流水车、珍羞、玉馔、八珍、步障。"

③《语对》贫贱部所载词目为："栖衡、饮泌、寄食、传衣、灵台、茅屋、涸辙、余光、蜗舍、鹑衣、瓮牖、蓬园、卧藁、织荆、四壁、双穿、桂玉、守株、卖发、当炉。"

④闻一多：《唐诗杂论》，中华书局，2013年，第6页。

⑤经笔者初步考察，此二十七词及其在《全唐诗》中出现的次数如下：西园（约122处）、帝子（约82处）、小山（约72处）、天人（约64处）、东阁（约42处）、戚里（约26处）、朱邸（约20处）、八公（约16处）、组绶（约16处）、桂苑（约12处）、雄风（约12处）、七步（约11处）、磐石（约9处）、兔苑（约9处）、分茅（约8处）、雁池（约8处）、列土（约7处）、维城（约6处）、鸡山（约4处）、绿车（约3处）、猿岩（约3处）、龙岫（约2处）、宗盟（约2处）、碣馆（约2处）、瑶枝（约1处）、琼萼（约1处）、东苑（约1处）。

的诗句略举[①]如下：

卢照邻《中和乐九章歌诸王第七》载："星陈帝子，岳列天孙。"[②]

王勃《滕王阁》载："阁中帝子今何在，槛外长江空自流。"[③]

李白《远别离》载："帝子泣兮绿云间，随风波兮去无还。"[④]

杜甫《过南岳入洞庭湖》载："帝子留遗恨，曹公屈壮图。"[⑤]

刘长卿《琴曲歌辞湘妃》载："帝子不可见，秋风来暮思。"[⑥]

岑参《感遇》载："五花骢马七香车，云是平阳帝子家。"[⑦]

白居易《春题华阳观》载："帝子吹箫逐凤皇，空留仙洞号华阳。"[⑧]

元稹《鹿角镇》载："谁能问帝子，何事宠阳侯。"[⑨]

孟郊《琴曲歌辞湘妃怨》载："南巡竟不返，帝子怨逾积。"[⑩]

李贺《帝子歌》载："九节菖蒲石上死，湘神弹琴迎帝子。"[⑪]

李商隐《哭遂州萧侍郎二十四韵》载："公先真帝子，我系本王孙。"[⑫]

韦庄《泛鄱阳湖》载："纷纷雨外灵均过，瑟瑟云中帝子归。"[⑬]

由上列可知，"帝子"一词不只是一般的诗人在用，卢照邻、王勃、李白、杜甫、白居易、李商隐这样的大诗人也在用，其中李白[⑭]、杜甫[⑮]等诗人更是在其多首诗作中多次使用"帝子"一词。再纵观这些诗人所处时代，我们可以发现，唐人对"帝子"一词的运用几乎贯穿了整个唐代，从初唐的王勃、卢照邻等，到盛唐的岑参、李白等，再到中唐的孟郊、白居易等，最后到晚唐的温庭筠、韦庄等都在使用"帝子"一词。经笔者系统考察，上述对"帝子"一词的说明，亦适用于《语对》所载大部分词语在《全唐诗》中的出现情况。换言之，《语对》所载诸词在各个时期的唐人诗作中有着大量的运用，限于文章篇幅，无法一一列举，遂以宋之问、李白、白居易、杜牧四人为各个时期的代表并略举其诗进行反证说明（见表3）。

---

① "帝子"一词在《全唐诗》中约出现82处，限于文章篇幅并未列全。除文中所列12例，需要补充说明的是，李白、杜甫等曾在其多首诗作中多次使用"帝子"一词，李峤、宋之问、任希古、王维、杜审言、储光羲、钱起、张九龄、陆龟蒙、戴叔伦、司空曙、鲍溶、周昙、陈陶等在其诗作中亦对"帝子"一词有所使用。

② ［清］彭定求等编《全唐诗》卷41卢照邻《中和乐九章歌诸王第七》，第511页。

③ ［清］彭定求等编《全唐诗》卷55王勃《滕王阁》，第673页。

④ ［清］彭定求等编《全唐诗》卷162李白《远别离》，第1680页。

⑤ ［清］彭定求等编《全唐诗》卷233杜甫《过南岳入洞庭湖》，第2567页。

⑥ ［清］彭定求等编《全唐诗》卷23刘长卿《琴曲歌辞湘妃》，第291页。

⑦ ［清］彭定求等编《全唐诗》卷199岑参《感遇》，第2056页。

⑧ ［清］彭定求等编《全唐诗》卷436白居易《春题华阳观》，第4829页。

⑨ ［清］彭定求等编《全唐诗》卷399元稹《鹿角镇》，第4477页。

⑩ ［清］彭定求等编《全唐诗》卷23孟郊《琴曲歌辞湘妃怨》，第291页。

⑪ ［清］彭定求等编《全唐诗》卷390李贺《帝子歌》，第4400页。

⑫ ［清］彭定求等编《全唐诗》卷541李商隐《哭遂州萧侍郎二十四韵》，第6235页。

⑬ ［清］彭定求等编《全唐诗》卷698韦庄《泛鄱阳湖》，第8034页。

⑭ 李白在其《永王东巡歌十一首其四》《永王东巡歌十一首其八》《陪族叔刑部侍郎晔及中书贾舍人至游洞庭五首其五》《拟古》《经乱离后天恩流夜郎忆旧游书怀赠江夏韦太守良宰》《留别曹南放官之江南》《杂曲歌辞远别离》等诗中频繁使用"帝子"一词。

⑮ 杜甫在其《大历三年春白帝城放船出瞿塘峡久居夔府将适江陵漂泊有诗凡四十韵》《过南岳入洞庭湖》《哀王孙》《八哀诗·赠太子师汝阳郡王琎》《追酬故高蜀州人日见寄》等诗中频繁使用"帝子"一词。

表3 《语对》载词在不同时期唐诗创作中运用的代表诗人及诗作示例表

时间	代表诗人	诗作
初唐	宋之问	《故赵王属赠黄门侍郎上官公挽词二首其二》:“绿车随帝子,青琐翊宸机。” 《花烛行》:“梁台花烛见天人,平阳宾从绮罗春。”“庭花灼灼歌秾李,此夕天孙嫁王子。” 《称心寺》:“乔木转夕阳,文轩划清涣。”“谬以三署资,来刺百城半。” 《入泷州江》:“祇应保忠信,延促付神明。”
盛唐	李白	《白毫子歌》:“八公携手五云去,空余桂树愁杀人。” 《至鸭栏驿上白马几赠裴侍御》:“临驿卷缇幕,升堂接绣衣。” 《春陪商州裴使君游石娥溪》:“褰帷对云峰,扬袂指松雪。” 《赠清漳明府姪聿》:“蒲鞭挂檐枝,示耻无扑抶。” 《经乱后将避地剡中留赠崔宣城》:“无以墨绶苦,来求丹砂要。”
中唐	白居易	《长恨歌》:“姊妹弟兄皆列土,可怜光彩生门户。” 《斋居春久感事遣怀》:“久作龙门主,多为兔苑宾。” 《昭君怨》:“明妃风貌最娉婷,合在椒房应四星。” 《和高仆射罢节度让尚书授少保分司喜遂游山水之作》:“暂辞八座罢双旌,便作登山临水行。” 《寄两银榼与裴侍郎因题两绝句其二》:“惯和曲蘖堪盛否,重用盐梅试洗看。”
晚唐	杜牧	《送牛相出镇襄州》:“盛时常注意,南雍暂分茅。” 《杜秋娘诗》:“长杨射熊罴,武帐弄哑咿。” 《题青云馆》:“虬蟠千仞剧羊肠,天府由来百二强。” 《和野人殷潜之题筹笔驿十四韵》:“三吴裂婺女,九锡狱孤儿。” 《赠别宣州崔放相公》:“尽将舟楫板桥去,早晚归来更济川。”

除上述四位外,《语对》各部类之词在李世民、李隆基、李峤、张说、沈佺期、苏颋、王维、孟浩然、杜甫、张九龄、岑参、高适、钱起、储光羲、刘长卿、元稹、韩愈、贾岛、张籍、韦应物、刘禹锡、卢纶、皎然、杨巨源、权德舆、许浑、李商隐、温庭筠、韦庄、陆龟蒙、陈陶、吕岩、徐夤、韩偓、罗隐等人的诗作中亦多有出现。由此我们不难发现,有唐近三百年,各个时期的诗人,无论他们是否读过《语对》,《语对》所载之词确实非常广泛地出现在他们的诗作之中。换言之,《语对》或许在唐初就已编纂完毕,但是其所载词语,在整个唐代近三百年的诗文创作环境中,都有着极强的适用性与流行性。《语对》精选出来的这批词藻,在唐代诗坛似乎永不过时,堪称唐诗“经典语词”,也正是这些“经典语词”,使得《语对》成为一本“经典”之作,相信无论在唐朝哪个时期,《语对》都可以为作诗者所用。而其词广为“大诗人”所用的情况,不仅从侧面证明《语对》所摘词藻是符合“大诗人”诗歌创作审美的,亦间接说明其所摘词藻质量之高。

当然,很多诗人或许从没有见到过并使用过《语对》,但是《语对》之知识却是他们熟知的,并且这些知识在稳定的人群中长时间流传。前文说,唐代编纂了大量的官修类书,其实，唐代的私纂类书亦是繁荣异常，如王义方《笔海》、张楚金《翰苑》、陆贽《备举文言》、张仲素《词圃》、于立政《类林》、郭道规《事鉴》、温庭筠《学海》、王博古《修文海》、李途《记室新书》、孙翰《锦绣谷》等，这一批类书的涌现与流传，造就了类书之知识的迅速传播。官修类书之间是有因袭关系的，我们已经有过证明①。私纂类书之间有没有如此直接的因袭关系，我们认为可能性较小，但是私纂类书之间必然也是有各种渊源的。第一，它们共同受到官修类书的影响；第二，它们要为共同的目标服务，其中最主要的就是科举与文学，统一的科举指挥棒，统一的文学时代，是私纂类书无法摆脱的命运。《语对》与《初学记》之"事对"之间的关系就是例子，《语对》《初学记》等唐代类书，对唐代"诗语"典型化、经典化进程的推动，以及对唐代"诗语"整体风格的形成产生了巨大影响。在那个文本传播相对困难的时代，大量唐代不同时期不同地域的诗人，在其诗作中不约而同地对同一词藻反复使用，类书在这一过程中，势必起到了不小的推动作用。换言之，《语对》等类书精选出来的这批经典的"典故词藻"，何以在唐代诗坛"永不过时"的答案似乎已然呼之欲出。以《语对》等为代表的唐代官私类书，使得一大批经典的"典故词藻"在唐代文人圈层中广泛传播，唐代诗人可以从不同的类书中得见这批"典故词藻"并将之不自觉地运用于诗文创作之中。

四、结语

"类书与文学的关系"是诸多学者十分关注的话题，有学者从类书整体出发，为"类书是如何影响文人进行诗文创作的""文人的诗文创作是如何促进类书繁荣发展的"这两个问题提供了很好的解答②。还有部分学者选择缩小范围，从某一部或某几部具有代表性的类书出发进行个案研究③。在整体研究的同时，个案研究无疑能起到以小见大、举一反三的功效。通过上文对《语对》文本的分析，证实了《语对》所录词藻在唐诗创作过程中的实用性与适用性。于"初学者"而言，《语对》可以被看作一本作诗入门书；于"操觚者"而言，《语对》可以被看作一本积累文词书；于"秃笔者"而言，《语对》又可以被看作一本检事缀文书。各个阶段的作诗为文之人都可以从《语对》中汲取养分，这就是《语对》的妙处与价值。

葛晓音先生在谈及盛唐诗的普及时曾言："初盛唐在诗歌理论方面几乎是空白的，而在创作上却出现了空前的繁荣，这一现象本身不就值得深思吗？"④从《语对》这一个案来看，

---

① 刘全波：《再论中古时期类书编纂的因袭与替代》，《孔学堂》2020年第3期，第82–93页。

② 闻一多：《唐诗杂论》，中华书局，2013年；方师铎：《传统文学与类书之关系》，天津古籍出版社，1986年；贾晋华：《隋唐五代类书与诗歌》，《厦门大学学报（哲学社会科学版）》1991年第3期；唐光荣《唐代类书与文学》，巴蜀书社，2008年；吴大顺、王志颖：《先唐诗歌的类书传播及其文学史意义》，《中北大学学报（社会科学版）》2020年第5期。

③ 查屏球：《李商隐〈金钥〉》，《安徽师范大学学报（人文社会科学版）》2002年第4期；张震谦：《唐代三部类书对唐诗的影响》，《中华文化论坛》2008年第1期；张澜：《中国古代类书的文学观念——〈事文类聚翰墨全书〉与〈古今图书集成〉》，九州出版社，2013年；张雯：《〈白氏六帖事类集〉与白居易诗文创作的关系——兼论其对于点校〈白氏长庆集〉的价值》，《理论界》2019年第1期。

④ 葛晓音：《创作范式的提倡和初盛唐诗的普及——从〈李峤百咏〉谈起》，《文学遗产》1995年第6期，第30–41页。

在那个缺乏诗歌理论的年代，类书对唐代诗歌的生成、繁荣所起的作用不容小觑。拙著《类书研究通论》曾言："类书与文学的结合是天然的，类书为文人作文提供文料，文人又编纂类书以适应新的作文需要。"[①]诚然，在类书天然的文学功能的引领下，不断地编纂类书以利文章是常有之事。沈约《袖中记》《袖中要集》《珠丛》、庾肩吾《采璧》、张缵《鸿宝》、张说《事对》、元稹《类集》、白居易《六帖》、李商隐《金钥》、温庭筠《学海》、皮日休《皮氏鹿门家抄》都是例子。且不论这些诗人借助类书所缀之诗的质量如何，我们不可否认的是，这一本本《语对》的存在，无疑会对唐代诗歌的大量生成以及繁荣起到强有力的推进作用。类书之内容的经典化、模式化与唐诗创作的模式化、套路化相互浸润、相互影响，遂导引出唐诗在数量上的大繁荣、大发展，类书的大量涌现降低了唐诗创作的难度，一个更为广泛的作者群、诗人群得以出现，当然也产生了诸多平庸乃至牵强附会的诗歌，这就是"类书式的诗歌"。

《语对》是初唐时期产生的小类书，看似无法与经典类书《初学记》相提并论，但是将《初学记》拆分，其"事对"部分无疑是与《语对》极其相似的。对比之后发现，二者之间的重复率极高，这不是抄袭的问题，而是一个时代知识的经典化、模式化的文本表达。大量同类知识被不同类书收录，或者这些类书文本之间本来就有联系，这就是需要我们关注的大问题，各类知识在读书人之间的稳定传播，也是治国理念、历史知识、社会文化、大众思想的映射或折射。

① 刘全波：《类书研究通论》，甘肃文化出版社，2018年，第184页。

佛化生日：诗词创作及其佛教文学史意义*

李小荣（福建师范大学闽台区域研究中心）

【摘要】中国特色的民俗佛教，内容极其丰富。其中，与古代社会生活关系密切的民俗事象之一是佛化生日，它主要指以佛事活动来庆贺的生日（包括冥寿）。就古典诗词创作而言，大致可分成两个时段：一是南北朝至唐五代，二是宋元明清时期。前者庆贺对象多聚焦于帝王重臣，后者则扩大到社会各阶层，并形成了经久不衰的三大人伦道德主题，即人臣之忠、家人之爱和师友之信。而该类作品在佛教文学史上的突出意义，重点体现在两个层面：从生死观言，虽以佛教为中心，却可兼容儒、道；从题材言，则极大地拓展了女性佛教生活与信仰的深广度。

【关键词】佛化生日　诗词创作　民俗佛教　佛教文学史意义

佛教东传华夏，促成了不少具有中国特色的民俗佛教，它们已引起不少学人的关注①。但是，对古典诗词相关题材之作品却鲜见检讨②。兹借鉴中国佛教社会史研究“三种转向”之思路③，对唐宋以降别具审美趣味的佛化生日诗词略加介绍。

---

*本文系国家社会科学基金重大招标项目“敦煌佛教文学艺术思想综合研究（多卷本）”（项目编号19ZDA254）的研究成果。

① 相关代表性研究成果，主要有顾伟康《论中国民俗佛教》，《上海社会科学院学术季刊》1993年第3期，第73-83页；李四龙《民俗佛教的形成与特征》，《北京大学学报（哲学社会科学版）》1996年第4期，第55-60页；王三庆《从敦煌斋愿文看佛教与中国民俗的融合》，新文丰出版公司，2009年；宇恒伟《汉地民俗佛教的哲学思考——以唐宋为中心》，中国社会科学出版社，2016年。

② 目前所见较有代表性的成果是：陈开勇《南朝民歌〈四月歌〉所反映的民俗佛教内容研究》，《吉首大学学报（社会科学版）》2001年第2期，第47-50页。当然，对非佛教题材的生日诗词（如寿诗、寿词、寿苏雅集等）的研究论著，成果不少，恕不列举。

③ 圣凯：《生活、主体、内在——中国佛教社会史研究的三种转向》，《清华大学学报（哲学社会科学版）》2020年第2期，第132-137页。

一、佛化生日之含义

中土生日的庆寿习俗，是受佛教佛诞活动启发而成[①]。当然，不同朝代、不同地区，佛诞的具体日期并不完全相同，主要有农历二月八日、四月八日和十二月八日三种说法，而最流行的是四月八日之说[②]。

所谓佛化生日，早期主要指以佛事活动来庆贺的生日[③]，其日期可与诸佛（以释迦牟尼佛为主）、诸菩萨（以观音为代表）诞日重合，也可以与之相邻，甚或没有太大的关联。如《颜氏家训·风操》说“梁孝元年少之时，每八月六日载诞之辰，常设斋讲，自阮修容薨殁之后，此事亦绝”[④]，萧绎生于天监七年（508），生日虽与诸佛、菩萨诞辰无关，但为母设斋讲之举，故其少时所过生日可称为“佛化生日”。

从传世文献看，佛化生日之设主要始于宫廷。赞宁《大宋僧史略》卷中“生日道场”条指出：“魏太武帝始光二年立道场，至神䴥四年敕州镇悉立道场庆帝生日。始光中是帝自崇福之始也，神䴥中是臣下奉祝帝寿之始也。自尔以来，臣下吉祝，必营斋转经，谓之生辰节道场，于今盛行焉。”[⑤]结合同卷“内道场”条谓太武帝“是生日权建法会耳”[⑥]，可知拓跋焘始光二年至神䴥三年（425—430）在宫中以法会自庆生日，神䴥四年（431）后则命臣下建法会为自己祝寿[⑦]。而产生重大政治影响的统一王朝的佛化生日纪念活动始于隋文帝，仁寿三年（603）夏五月癸卯（五月初二），63岁的杨坚下诏：“哀哀父母，生我劬劳，欲报之德，昊天罔极。但风树不静，严敬莫追，霜露既降，感思空切。六月十三日是朕生日，宜令海内为武元皇帝、元明皇后断屠。”[⑧]其宗旨主要为纪念父母，郭绍林指出，“断屠之举与文帝自幼养成的佛教情感有关，因此，这次庆生辰活动，体现了儒佛合璧的精神[⑨]，其论洵是。真正把佛诞嫁接于帝王生日庆典的是唐玄宗。开元十七年（729），张说《请八月五日为千秋节表》即说：“孟夏有佛生之供，仲春修道祖之箓，追始寻源，其义一也。伏惟开元神武皇帝陛下，二气含神，九龙浴圣，清明总于玉露，爽朗冠于金天。月惟仲秋，日在端五，恒星不见之夜，祥光照室之期，群臣相贺曰：‘诞圣之辰也，焉可不以为嘉节？’”[⑩]张说打着佛、道同尊的旗号，把李隆基诞辰比作佛祖降生（如“九龙浴水”等典故所示）[⑪]，旨在把帝王

---

① 侯旭东：《秦汉六朝的生日记忆与生日称庆》，《中华文史论丛》2011年第4期，第127-164页。

② 李童：《汉唐佛诞节仪考述》，载段玉明主编《佛教与民俗》，宗教文化出版社，2014年，第2-66页。

③ 后期则包括冥寿。又，与佛化生日相对应的是仙化生日，如李隆基为薛王李隆业生日赐诗有句云：“今逢庆诞日，犹谓学仙归。”（［清］彭定求等编《全唐诗》卷3，上海古籍出版社，1987年，第29页），则知李隆业生日是以道事活动加以庆贺的。

④ 王利器撰《颜氏家训集解（增补本）》，中华书局，1992年，第115页。

⑤《大正藏》第54册，第247页下栏。

⑥《大正藏》第54册，第247页中栏。

⑦ 拓跋焘生日的具体日期，史书阙载。又，其人于太延四年（438）下诏令沙门五十岁以下还俗，太平真君五年（444）下令王公乃至庶民皆不得私养沙门，太平真君七年（446）三月下诏彻底灭佛。

⑧［唐］魏徵等：《隋书》卷2，中华书局，1973年，第49页。

⑨ 郭绍林：《论隋唐时期庆生辰》，《陕西师范大学学报（哲学社会科学版）》1988年第3期，第89页。

⑩［清］董诰等编《全唐文》卷223，第2册，上海古籍出版社，1990年，第994页中栏。

⑪ 顾况《八月五日歌》：“四月八日明星出，摩耶夫人降前佛。八月五日佳气新，昭成太后生圣人。”（王启兴、张虹注：《顾况诗注》，上海古籍出版社，1994年，第108页），其构思和张说如出一辙。

生日设成普天同庆的公共假日。玄宗满心欢喜，大笔一挥，手诏答曰："朝野同欢，是为美事。"[①]后来，赞宁明确指出，"生日为节名，自唐玄宗始也"[②]，其依据就在于此。

玄宗之后，历代大都沿袭帝王诞辰为公共假日的做法，即便少数民族建立的政权也不例外，甚至拓展至皇太后、太子[③]。而且影响所及，以至于民间也多举办生日法会，如《太平广记》"陈癞子"条引《玉堂闲话》云，营丘豪民陈氏"每年五月值生辰，颇有破费，召僧道启斋筵，伶伦百戏毕备。斋罢，伶伦赠钱数万"[④]，其佛道同尊、百戏并陈之举，更体现了佛化生日的民俗化和世俗化，娱乐性质较为明显。敦煌写卷P.2940《斋琬文一卷并序》目录"九赛祈赞"中又把生日和祈雨、赛雨、赛雪、满月等民俗相提并论[⑤]，则知生日设斋已是敦煌十分常见的民俗活动之一。

首先，统观古代诗词，最受重视的佛化生日自然是佛诞日和观音诞日，有关作品甚多。如汪元量《婆罗门引·四月八日谢太后庆七十》、党怀英《君锡生子四月八日》（左君锡，蓟北名士）、李俊民《满江红·李孝先寿日四月八日》、程敏政《四月八日彦夫始生日，南山小酌》的祝寿对象，其生日恰恰都在四月初八；程敏政《女以乙巳岁腊月八日生，与予生辰隔一日，人以为奇。至弥月之旦，予适署左春坊。印百晬之旦，又有赐诰之荣。人益以为不偶，因请于母，夫人小字之曰恩姐。并赋一诗，简尚宝锦衣二贤舅及宫簿弟，以私识喜，不足为外人道也》尾联又说"况于阿父连生日，岁岁劳添暖寿杯"[⑥]，程氏生日为腊月初十，故说隔一日，他当时喜事连连，便认为是女儿"腊八"生辰给自己带来了诸多好运。宋无名氏《汉宫春·庆寡妇二月十九》、谢元淮《二月十九日生第五孙，志喜》的庆寿对象之生日，则与观音诞日相同。

其次，是与相关佛教纪念日相邻的生日：如叶茵《秀实长子玉麟期晬》"门左蓬弧喜事新，四朝先佛庆生辰"[⑦]，表明玉麟生日在佛诞前四日即四月初四；黄昇《鹧鸪天》"天气清和仅两旬。一旬前是佛生辰"[⑧]，则知寿主生日在三月二十八日；石孝友《念奴娇·上德安王文甫生辰》"麦秋天气，正玉杓斡暑，熏弦鸣律。浴佛生朝初过也，还数佳辰三日"[⑨]，推想王齐愈（字文甫）生日是四月十一；蒲寿宬《小儿生日》"佛诞明朝是，然香共展眉"[⑩]，则其小儿生日是四月初七。苏辙生于宋仁宗宝元二年（1039）二月二十日，与观音诞日相差一天，故其兄苏轼元祐九年（1094）作有《子由生日，以檀香观音像及新合印香银篆盘为寿》；清张景祁《柳梢青》词序"六月十八夜，湖上士女骈阗，笙歌达曙，盖次日为祝大士

① ［清］董诰等编《全唐文》卷30，第1册，第143页上栏。

②《大正藏》第54册，第247页下栏。

③ 任万平：《千秋万寿祈长年——以帝后生辰为令节的考察》，《紫禁城》2015年第10期，第22页。

④ ［宋］李昉等编《太平广记》卷257，第6册，中华书局，1961年，第2006页。

⑤ 上海古籍出版社、法国国家图书馆编《法藏敦煌西域文献》第20册，上海古籍出版社，2002年，第177页。

⑥ ［明］程敏政：《篁墩程先生文集》卷81，载《文渊阁四库全书》第1253册，商务印书馆，1986年，第612-613页上栏。又，结合诗题、诗意，可知本诗作于成化二十二年（1486）春。

⑦ 北京大学古文献研究所编《全宋诗》卷3185第61册，北京大学出版社，1998年，第38210页。

⑧ 唐圭璋编纂，王仲闻参订，孔凡礼补辑《全宋词》（简体增订本），第4册，中华书局，1999年，第3800页。

⑨《全宋词》（简体增订本）第3册，中华书局，1999年，第2626页。

⑩《全宋诗》卷3578，第68册，中华书局，1999年，第42766页。

诞辰也。赋纪四阕，作华鬘色界观，可乎”①，又特别强调了创作背景是观音成道日（也称“观音诞日”）之前夜。

再次，是除前述两类之外的生日，它们尽管不属于佛教活动专有纪念日之序列（或与之相邻），但生日的庆贺方式仍然以民俗佛事活动为中心。较常见者有放生，名家之作不胜枚举。如苏轼《蝶恋花·泛泛东风初破五》（同安君生日放鱼，取《金光明经》救鱼事）②，说的是以家庭放生佛事来给妻子庆生；王十朋《天申节放生》，描述了五月二十一日举国上下为宋高宗赵构诞辰放生的情形；刘克庄《昔方孚若主管云台，予监衡岳，每岁瑞庆节常聚广化寺拈香。癸未此日独至寺中，辄题一绝》“同作祠官荷圣朝，年年相待放生桥”③，则追忆了当年十月十九日为宋宁宗赵扩诞辰主持放生仪式的往事；朱祖谋《浣溪沙·梦坡德配张夫人六十寿，作放生会于西溪，为赋此阕》、况周颐《百字令·贺周梦坡德配张夫人六十寿，作放生会于西溪，较早时梦坡扩充西溪秋雪庵以祀浙中词人》等词作，则知西湖放生祝寿的传统，从北宋以来绵延千年而不绝。又有持斋礼佛诵经坐禅者，如苏过《大人生日三首　其三》、陆宝《生日礼佛，水观祚公具斋》、孙继皋《湖上生日同丘士行诸友赋》、王世贞《金泽寺僧为余生日诵经，报以一绝》、周韩瑞《生朝礼佛二首》、黄宗羲《生朝金仙寺》《金仙寺僧为余设生朝供，并向佛致祝》等，尤其是黄氏之作，还深藏了特殊的遗民情怀。

此外，值得注意的是，科举有成的儒者竟然也以佛化生日为荣。如北宋李若水《徐太宰生日》“《千佛经》上名高悬，层霄未许孤鸿骞”④、南宋姚勉《龙道者生日，就状元局中置酒，寄以诗》“今年六月初九日，慈恩名标《千佛》一”⑤，二诗中的“千佛（经）”，实指《千佛名经》，“孤”“一”，则喻指状元。而《千佛名经》与登科发生关联，其本身就是佛教中国化的一个生动案例⑥。

二、诗词创作

较早产生重要影响的生日之作是唐中宗《十月诞辰内殿宴群臣效柏梁体联句》⑦，它由李显起句“润色鸿业寄贤才”，李峤、宗楚客、刘宪等15人依次联句，大臣们自然不会放过歌功颂德的好机会。在唐玄宗千秋节唱和活动中，李隆基有《千秋节宴》《千秋节赐群臣镜》等诗，张说《奉和圣制千秋节宴应制》《奉和圣制赐王公千秋镜应制》、陆坚《千秋节应制》等属于和诗，它们表现的内容更加丰富，除宴饮、献物、赐赏外，还有歌舞百戏之表演。嗣后，肃宗、代宗、德宗、宪宗、穆宗、敬宗等都置内道场，或生辰置三教讲论，故生日的佛

---

①［清］张景祁：《新蘅词》卷1，载《续修四库全书》编纂委员会编《续修四库全书》集部第1727册，上海古籍出版社，2002年，第255页下栏。

②［清］苏轼著，石声淮、唐玲玲笺注《东坡乐府编年笺注》，华中师范大学出版社，1990年，第334页。同安君，指苏轼妻子王闰之，是词作于元祐五年（1090）或六年正月初五。

③《全宋诗》卷3039，第58册，中华书局，1999年，第36230页。

④《全宋诗》卷1805，第31册，中华书局，1999年，第20111页。

⑤《全宋诗》卷3405，第64册，中华书局，1999年，第40499页。

⑥汪娟《〈千佛名经〉衍生之登科典故论析》，《玄奘佛学研究》第6期，第45-60页；李小荣《“千佛名经”：一个登科典故的文化阐释——以〈全宋诗〉为中心的检讨》，《佛教与中国文学散论》，凤凰出版社，2012年，第339-355页。

⑦《全唐诗》卷2，第25页中栏。又，中宗生日是农历十一月初五，故标题“十”后当脱“一”。

化色彩更加浓厚。中晚唐后，诗僧为皇帝庆贺也是一大特色，如广宣《降诞日内庭献寿应制》“修斋长乐殿，讲道大明宫。此地人难到，诸天事不同。法筵花散后，空界满香风”、《早秋降诞日献寿二首应制》其二“瑞烟薰法界，真偈启仁王。看献千秋乐，千秋乐未央”[①]等，描述了穆宗七月六日以佛事活动庆生的场景。栖白《寿昌节赋得红云表夏日》，又以祥瑞为宣宗六月二十二日诞辰献诗。贯休《寿春节进》《大蜀皇帝寿春节进〈尧铭〉〈舜颂〉二首》《寿春节进大蜀皇帝五首》，则是为前蜀皇帝王建诞辰（二月初八）而作。敦煌写本P.3808《长兴四年中兴殿应圣节讲经文》（首题如是，尾题作《仁王般若经抄》），是名僧云辩长兴四年（933）为后唐明宗李嗣源生辰（九月初九重阳节）而作，并讲唱于洛阳中兴殿[②]。僧家对明宗的歌功颂德，多围绕当时重要的社会政治事件而展开，是细致策划和反复演练的结果[③]。

上述唐五代佛化生日之作，其聚焦对象主要是帝王。两宋以降的创作，除发扬传统以外[④]，更多的是创新。具体说来，有如下突出表现：

（一）庆寿对象的泛化

两宋以后佛化生日庆寿对象的泛化，最大变化是由唐五代以皇帝为中心转向了后世的多中心，如僧人、士大夫、普通百姓都成了庆贺的主体对象之一。

1.僧人

从创作主体言，主要分两种情况：

一是俗世诗家为僧人庆寿。如南宋陈著《寿天宁寺主僧可举八十》“今日是何日，相庆开九秩。我亦有偈言，自知非本色”[⑤]，诗人把祝寿诗自比为佛偈，意在契合寿主可举的僧人身份。《寿雪窦寺炳同长老》“昌黎大颠相接识，为说道理惊孤寂。欧公喜与惟俨交，爱其文逸通经术。自顾拟非韩欧伦，漫游亦到沙门释……年年荷师寿我生，今何以寿师生日。欲写丹霞赞其高，师自有流乳一峰矗天碧……世间何事非戏剧，请师一笑撼动天开图画壁”[⑥]，又从韩愈、欧阳修两大文豪与诗僧的交往写起，虽然接着用了谦辞，却仍有追踪步武前代士僧交往佳话之用意；而炳同长老与诗人交谊甚深，年年为他庆生，故陈著必须礼尚往来，并以写真为其庆寿。晚明张凤翼《寿絮泉和尚端阳生日》“大观泉洗耳，真觉絮沾泥。一自出家后，无妨与户齐。法轮回佛日，经榻转菩提。我欲逃尘累，东林学杖藜”[⑦]，则借端午向絮泉和尚庆寿之机，表达自己逃禅学佛之意向。清初遗民王邦畿

---

① 《全唐诗》卷822，第2016页下栏-2017页上栏。

② 程兴丽、许松《〈长兴四年中兴殿应圣节讲经文〉性质、作者与用韵研究》（《敦煌研究》2015年第3期，第61-66页）则主张，现存文本经过了秦王李从荣与心腹文人的润色与加工，因为它具有骈雅化的案头文学性质。

③ 刘林魁：《三教论衡与唐代文学》，人民出版社，2021年，第388-390页。

④ 两宋佛化生日诗作，其庆贺对象已从皇帝拓展至太子、太后、皇后等。

⑤ 《全宋诗》卷3381，第64册，中华书局，1999年，第40281页。

⑥ 《全宋诗》卷3386，第64册，中华书局，1999年，第40305页。

⑦ ［明］张凤翼：《处实堂集·后集》卷1，载《续修四库全书》集部第1353册，第572页下栏。

《赠旋庵阇黎》（雷峰、海幢两同监院）尾联云“问年才添五十一，生日盘兰斋满盂”①，旋庵即释今湛，生于万历四十一年（1613），可知是诗人作于康熙二年（1663），且旋庵生日设有斋会。曹溶《实行僧生日》“羊城西望水烟空，骤马青林入梵宫。却羡老僧高坐稳，年年拥毳六花中”②，别出心裁，虽未具体描写生辰的庆贺场景，却也塑造了释实行卓尔不群的僧人形象。

二是僧人局内场合的祝寿。其中，作品多且独具特色者是北宋诗僧惠洪，除《洞山祖超然生辰》（庆寿对象是希祖超然禅师）、《四月二十五日智俱侍者生日戏作此授之》两首是为在世僧人创作外，他更关注已故高僧，后者共有24题54首。周裕锴发现，其所谓“生辰”实是前辈僧人寂灭、坐化的日子，相当于世俗的“忌日”③。若从《南安岩主定光生辰五首》其一“解说神光摩顶后，分疏死日降生时”④推断，惠洪旨在宣扬生死一如的解脱观。其举对后世僧人创作也产生了一定的影响，如《雪庵祖钦禅师语录》卷一载释祖钦为其师无准师范忌日拈香说偈曰“尽道先师今日死，谁知今日是生朝”⑤，生朝，即生辰、生日意。

僧人又有自寿者，其主题较为多样：如居简《九月十四日自寿》（其一）“九月明朝望，思亲到鹡鸰”⑥、紫柏真可《生日偈》“自知今日出娘胎，今日缘何娘不来。来去觅娘无所得，莲花国里一枝开”⑦，皆借生日自寿表达孝思之情；永觉元贤崇祯十六年（1643）66岁“诞日上堂”⑧偈曰“今朝道是我生辰，大家齐上南山祝。前既不来今不往，两头不移中岂续？此中正好悟无生，莫道双轮如转轴……仁者若要明端的，请看多福一丛竹”⑨，则重在开示信众；函可顺治四年（1647）作《系中生日二首》、顺治十三年（1656）作《丙申生日二首》，成鹫康熙四十六年（1707）作《丁亥生日自首》，又抒发了明末清初遗民僧人特殊的家国情怀；澹归今释《解连环·甘露降于丛竹，时老人疏楞严经适竟，兼值生辰》，颇有苏、辛词派的痛快淋漓，情感极其奔放。

2.士大夫

这同样分成两种情况：

一是僧人为局外的士大夫庆寿，像惠洪、居简、宝昙、慧开、绍嵩、函昰、今无等诗僧，都留下了多首作品。此外，士僧交往之作对此类事情也有较充分的书写，如韩淲《赠杰

①［清］王邦畿：《耳鸣集》，载《四库禁毁书丛刊》编纂委员会编《四库禁毁书丛刊》集部第87册，北京出版社，1997年，第84页上栏。

②［清］曹溶：《静惕堂诗集》卷41，载《四库全书存目丛书》编纂委员会编《四库全书存目丛书》集部第198册，齐鲁书社，1997年，第361页上栏。

③周裕锴：《作为“忌日”的生辰——一个独特词汇中蕴藏的佛教理念与民俗信仰》，载项楚主编《新国学》第6卷，巴蜀书社，2006年，第108-121页。

④［宋］释惠洪撰，周裕锴校注《石门文字禅校注》卷17，第7册，上海古籍出版社，2021年，第2716页。

⑤《大藏新纂卍续藏经》（简称《卍续藏》）第70册，河北省佛教协会，2006年，第603页上栏。

⑥《全宋诗》卷2796，第53册，中华书局，1999年，第33193页。

⑦《紫柏老人集》卷19，《卍续藏》第73册，第307页中栏。

⑧丛林诞日上堂说生辰偈的对象主要有两大类：一是诸佛菩萨诞辰、前代禅师生辰或现任住持等局内人物；二是俗世的护法居士。此外，有时偈颂可引前人之作，如《慈受怀深禅师广录》卷1曰：“记得古人《生日诗》一首，举似大众。他道：‘我昔未生时，冥冥无所知……还汝天公我，还我未生时。’”（《卍续藏》第73册，第104页下栏），此诗实为王梵志诗。

⑨《永觉元贤禅师广录》卷2，《卍续藏》第72册，第395页下栏-396页上栏。

宿之》云“山林春雪未花开，生日何情近酒杯。似醉似醒方鹘突，上人剥啄带茶来”[①]，细绎诗意，作者描述了僧人以茶为礼向杰宿之庆寿的场景；杭世骏《十二月十九日东坡先生生辰，释方珍合竹西群彦设祭寒香馆，赋诗纪事》[②]，说明清中叶盛行的寿苏会僧人也是积极的参与者，释方珍本身就工诗善画；潘奕隽《理安寺住持澄谷上人以余七十生辰，远贶方竹杖，并侑以诗，次韵寄谢》云“澄公方外最情亲，淑贶遥将庆降辰。拟向九溪十八磵，拄筇来访诵经人（余拟秋间重游西泠）”[③]，潘氏生于乾隆五年（1740），可见本诗作于嘉庆十四年（1809），而且澄谷上人的贺礼是双重的，有物质层面的竹杖，又有精神层面的寿诗。

二是士大夫内部的祝寿或自寿，这类作品数量极大。较有特色者，如赵抃《六弟司户生日》“我竹林翁所得奇，心传佛要面仙姿。年年六月十二日，观取高斋祝寿诗”[④]，抃所写六弟指赵抗；苏辙大观二年（1108）作《生日》，颔联云“佛身三世归依地，邻寺百僧清净因”，结合尾联句下自注“是日，南堂供三世佛，西寺斋僧百人”[⑤]，则知苏氏当年生日是典型的佛化生日；刘克庄《朝中措·陈左藏生日》《清平乐·居厚弟生日》《念奴娇·居厚弟生日》等词作，皆用“大士”语典喻寿主，故佛化色彩极浓厚；王弘诲万历三十五年（1607）作《丁未初度自述》其二云“丁未初秋月八日，吾今六十六年过……缑岭笙箫怀子晋，恒河津筏念弥陀”[⑥]，可见称念佛号是王氏66岁生日当天的功课之一；何吾驺《丁丑生日二首》其一云“晓沐篆烟随境寂，午趺禅诵爱林幽”[⑦]，何氏生于万历九年（1581），卒于顺治八年（1651），故知本诗亦作于万历三十五年（1607），诗人时年26岁，却早受佛禅影响，乃至生日也要燃香打坐；黎遂球崇祯元年（1628）作《戊辰生日宿凌江上药上人禅房，七夕前二夜也》颈联“投宿满分供佛饭，染云频写画禅诗”[⑧]，叙述羁旅行役中借宿佛寺而过佛化生日的情状；王庭崇祯十五年（1642）作《望远行·生日自笑》，同样抒写宦途奔波的辛酸与无奈，“佛龛灯、添爇清香一缕。无语”[⑨]，聊可自慰的是他可以燃灯礼佛自贺生辰；陈子壮《生日偈答石佣子》“瑶室璚房就里披，黄花九日对佳期。生身合掌如来日，世上齐肩大小儿”[⑩]，则以佛偈形式的生日诗答复其好友黄圣年（号石拥）之子；邓濂光绪五年（1879）作《己卯生日》“料得深闺里，频来绣佛前。焚香为我祝，细语最缠绵”[⑪]，则描摹了妻子为

---

① 《全宋诗》卷2768，第52册，中华书局，1999年，第32718页。

② ［清］杭世骏：《道古堂诗集》卷24，载《清代诗文集汇编》编纂委员会编《清代诗文集汇编》第282册，上海古籍出版社，2010年，第680页。

③ ［清］潘奕隽：《三松堂续集》卷1，载《清代诗文集汇编》第399册，第381页下栏。

④ 《全宋诗》卷343，第6册，中华书局，1999年，第4236页。

⑤ 陈宏天、高秀芳点校《苏辙集》第3册，中华书局，1990年，第1163页。

⑥ ［明］王弘诲：《太子少保王忠铭先生文集天池草重编》卷25，载《四库全书存目丛书》集部第138册，第378页下栏。

⑦ ［明］何吾驺：《元气堂诗集》卷3，载孙中山故居纪念馆、广东省立中山图书馆编《中山文献》“集部”第40册，广东人民出版社，2017年，第398页上栏。

⑧ ［清］黎遂球：《莲须阁集》卷7，载《四库禁毁书丛刊》集部第183册，第89页下栏。

⑨ 南京大学中国语言文学系《全清词》编纂研究室编《全清词·顺康卷》第1册，中华书局，2002年，第308页。

⑩ ［明］陈子壮：《陈文忠集》卷3，清道光二十年南海伍氏诗雪轩刻粤十三家集本，第2页。

⑪ ［清］邓濂著，裴可仁编《巽庵集》卷1，载沈云龙主编《近代中国史料丛刊续编》第40辑第398册，文海出版社，1977年，第35页。

自己庆生而虔诚礼佛的温馨生活场景。

顺便说一下，晚明以降士大夫创作的佛化生日诗词中，还特别关注女性。如王彦泓崇祯六年（1633）作《生辰曲》三首，其庆寿对象是早年的恋人，它是一组富有艺术暗示性的借佛事生活题材而写的抒情艳体诗[①]；崇祯十六、十七年间（1643—1644），龚鼎孳狱中作《生辰曲十首》，庆寿对象是其原配夫人童氏，综合其一“一林绛雪照琼枝，天册云霞冠黛眉。玉蕊珠丛难位置，吾家闺阁是男儿”、其五“博山香冷郁金钗，蔬笋看经月一街。绣佛应怜人寂寞，太常妻子更清斋”[②]看来，其妻也虔诚信佛，过着清信女的斋居生活，并时时刻刻担忧丈夫的前程，想方设法为夫解难；王策《五彩结同心·生辰曲》“彩丝绣佛深深拜，湘裙展、瘦影玲珑。香台畔、锦幡新上，小名亲写当中”[③]、孙原湘《生辰曲》“锦瑟年华似水流，赪颜犹带嫁时羞……盟香共拜如环月，稳取团圞在后头”[④]、蒋士铨《内子生日》“礼佛看焚寿字香，珩璜双引玉锵锵。箱中命服经年旧，镜里朱颜逐岁黄”[⑤]、樊增祥《己亥四月八日次女金粟周晬，作粥供佛，分贻朋好，伯熙以诗报谢，即次来韵》“前身龙女将毋是，小字虫娘未许同”[⑥]等四首诗词，无论写妻子写女儿，都颇有特色，皆描写了女性佛化生日的礼佛生活细节。尤其是孙原湘之作，和王彦泓可谓一脉相承，也在佛化生日诗中注入了艳情的因素。

3.普通百姓

普通百姓，主要指庶民、市民。从存世作品后来，有的无名无姓或姓名不全，特别是涉及女性时：如宋无名氏《汉宫春·庆寡妇二月十九》“四舞阶蓂，花朝节后，二月阳春。观音降诞，当年对此良辰”[⑦]、晁补之《鹧鸪天·杜四侍郎君十二姑生日》“心悟了，道成时。不劳龙女骋威仪。僧衹世界共游戏，贤懿光阴比寿期”[⑧]、明首座《母生日》“今朝是我娘生日，剔起佛前长命灯。白米自炊还自吃，与娘斋得一员僧”[⑨]、彭而述《汝南观音阁逢母诞辰》“岂谓将儿还北道，不堪垂老忆高堂”[⑩]、屈大均《荔枝十六首》其八“小姬生日喜含春，绣佛堂前百果陈。三爵奉卿何所祝，玉颜长似荔枝新”[⑪]等，不管作者身份是僧是俗，

---

① 李小荣、侯艳：《晚明王彦泓女性佛教生活诗略论》，《安徽师范大学学报（人文社会科学版）》2021年第5期，第30-31页。

②［清］龚鼎孳：《定山堂诗集》卷36，载《清代诗文集汇编》第51册，第46页。

③［清］王策、王时翔撰，段晓华、戴伊璇点校《香雪词钞·小山诗馀》，华东师范大学出版社，2014年，第72页。

④［清］孙原湘著，王培军点校《孙原湘集》下，人民文学出版社，2019年，第1598页。

⑤［清］蒋士铨著，邵海清校，李梦生笺《忠雅堂集校笺》卷18，上海古籍出版社，1993年，第1252页。又，诗作于乾隆三十三年（1768）十一月二十四日，其妻张氏42岁生日时。

⑥［清］樊增祥：《樊山续集》卷9，载《清代诗文集汇编》第762册，第563页上栏。此“己亥”，当指光绪二十五年（1899）。

⑦《全宋词》（简体增订本）第5册，中华书局，1999年，第4799页。

⑧《全宋词》（简体增订本）第1册，中华书局，1999年，第739页。

⑨ 陈衍辑撰，李梦生校点《元诗纪事》卷34，上海古籍出版社，1987年，第800页。

⑩［清］彭而述：《读史亭诗集》卷12，载《清代诗文集汇编》第21册，第63页下栏。又，是诗彭氏作于50岁时，即顺治十一年（1654）。

⑪［清］屈大均著，陈永正校笺《屈大均诗词编年校笺》第2册，上海古籍出版社，2017年，第521页。是诗康熙九年（1670年）作于东莞。

其庆寿对象皆没有留下完整的姓名。与此同时，禅宗语录又辑有不少禅师给普通居士所说的生日偈，如释元长说《千岩和尚语录》有《方诚翁生日》曰："日暖风和二月春，鸟啼花笑庆生辰。吾依示汝长生法，无相身中有相身。"①释行元说《百痴禅师语录》卷二〇有《十一月十二日，蔡云台生辰》云："律应黄钟气候清，祥麟此日堕云行……我来据本为翁寿，亘古弥今第一赢。"②颇疑此类偈颂用于居士诞辰的上堂说法，故相对于其他应用场合更富于禅理、禅趣。

三、人伦道德的普遍化

中华民族向来重视人伦道德，于此，佛化生日诗词创作也不例外。其突出主题有：

（一）人臣之忠

相关重要作品，如北宋田锡咸平二年（999）作《圣节有怀》云："南山晴霭御炉烟，回望长安白日边……翠微钟磬行香寺，红叶楼台祝寿筵。吟想皇州晚来景，云间宫阙夕阳天。"③诗人回忆了三年前在长安为宋真宗承天节（十二月二日）的祝寿场景，既言翠微寺行香，则知庆典活动中定有佛事活动。滕茂实靖康二年（1127）作《天宁节有感》云："节临重十庆天宁，古殿焚香祝帝龄。身在北方金佛刹，眼看南极老人星。千官花覆常陪燕，万里云遥阻在廷。松柏满山聊献寿，小臣孤操亦青青。"④宋徽宗赵佶生辰本在农历五月初五，以俗忌，移于十月初十，故称"重十"。当年金兵虏走徽、钦父子，作为使金副使，眼见国主遭难，故借佛寺庆贺圣诞辰抒发忧愤之情。

《率庵梵琮禅师语录》谓"瑞庆节上堂"禅师说偈"普天迎瑞气，遍界庆生辰。水有朝宗意，葵倾向日心。衲僧随日转，林下仰天庭"⑤，此即为宋宁宗赵扩瑞庆节祝寿。《无门慧开禅师语录》卷下辑有慧开《谢宣赐金襕》六言偈"九重天上降来，千载臣僧一遇……祝延圣寿无疆，志愿皇图永固"⑥，它是绍定二年（1229）为理宗天基节（正月初五）而作。《希叟绍昙禅师广录》卷二载绍昙禅师"满散寿崇节"说偈"幸有菩提真妙果，年年同献佛生辰"⑦，寿崇节是宋理宗赵昀皇后谢道清（宋度宗赵禥则称她为"皇太后"）诞辰，因日期同于佛诞日，故曰"年年同献"。董嗣杲《乾会圣节赐宴》首联云："瑞霭薰风遍赤墀，共歌随佛下生时。"⑧乾会节是度宗诞辰，时在农历四月初九，日期紧接佛诞日，故曰"随佛下生"⑨。张弘至成化七年（1471）作《冬至贺圣节途次有纪》后两联云："龙亭遥祝万年

---

①《嘉兴大藏经》第32册，新文丰出版公司，1987年，第224页上栏。

②《嘉兴大藏经》第28册，新文丰出版公司，1987年，第170页中栏。

③《全宋诗》卷42，第1册，中华书局，1999年，第469页。

④《全宋诗》卷1315，第22册，中华书局，1999年，第14927页。

⑤《卍续藏》第69册，第555页上栏。

⑥《卍续藏》第69册，第366页上栏。

⑦《卍续藏》第70册，第424页上栏。

⑧《全宋诗》卷3570，第68册，中华书局，1999年，第42683页。

⑨《希叟绍昙禅师广录》卷二载绍昙乾会节上堂说偈曰："九曲黄河彻底清，六龙千会圣人生。周行七步称尊处，山岳齐呼万岁声。"（《卍续藏》第70册，第427页中栏），显然是把度宗降生比作佛祖降生。

寿，虎拜回瞻千佛灯。却忆明光趋侍日，瑞烟缭绕五云层。”①明代把元日、冬至、当朝皇帝生日万寿圣节作为三大公共假日，并伴有祭祖、祝寿仪式，而冬至与皇帝圣节重合的只有成化七年（宪宗朱见深生日是农历十一月初二）②，即便身在旅途，诗人仍然念念不忘以前参加过的皇帝生辰大会③，其衷心真是日月可鉴。乾隆二十六年（1761），赵翼有《皇太后七十万寿诗》④共12首，描述的是皇帝为生母崇庆皇太后举办70岁生日⑤庆典的隆重场面，从其二之颈联“礼佛天香慈荫普，观民绣甸湛恩多”、其六“绀宇琳宫祝福因，招提处处宝华新。梵天花雨霏空界，经海钟鱼转法轮”及尾联自注“朝臣设经坛祝嘏，诸命妇皆跪迎安舆”推断，此次庆生大典的佛化色彩极其浓厚。乾隆五十五年（1790），高中榜元的洪亮吉，人逢喜事精神爽，撰出组诗《万寿乐歌三十六章》⑥，顾名思义，其主旨当然是为了乾隆欣开九秩（即八旬万寿大典）而歌功颂德，它们虽非一时之作⑦，不少乐章如《巴勒部第三》《坎扒注经第四》《清字藏经第二十三》《经坛设第二十七》等，都把乾隆比作当世如来，甚至无量寿佛也为之拈香祝寿，故把此次为时甚长的生日大典视作特殊的佛诞大会也未尝不可。

总之，无论僧俗之作，其主旨都在颂圣，抒写的是人臣之忠。

（二）家人之爱

华夏文明向来重视家庭伦理建设，儒家所倡导的孝悌，本质上是爱与关爱（本文统称为“爱”）。两宋以降的佛化生日诗词，其主要抒发的是家人浓烈的亲情或夫妻忠贞不渝的爱情。为清眉目，择要列表1如下：

表1　两宋以降佛化生日“家人之爱”型诗词简表

作者	诗词题目	“佛化”之表现
苏轼（1036—1001）	蝶恋花·泛泛东风初破五	题注：同安君生日放鱼，取《金光明经》救鱼事。 下片结尾：放尽穷鳞看圉圉。天空为下曼陀雨。
韩驹（1080—1135）	令人生日以画十六大阿罗汉为寿，仍作三颂以祝长年	其一：悟得玄机已数年，曾蒙老宿印明禅。定知凡物难为寿，故仗高人结胜缘。⑧

① ［明］张弘至：《万里志》卷上，载沈乃文主编《明别集丛刊》第1辑，黄山书社，2013年，第84册，262页下栏。又，弘至是弼第三子。

② ［明］叶盛《题寿星图》序说成化七年“十一月二日冬至节，实万寿圣节”，诗则云：“圣主阳刚万年寿，更从长至祝长生。”（《泾东小稿》卷2，《续修四库全书》集部第1329册，第25页上栏）。

③ 明代冬至祝圣，常有礼佛仪式，如冯梦祯万历十八年（1590）十一月二十六之日记云：“晴，冬至，微云。拜圣节于亭中，礼佛，出观音像，同老师礼拜。”（王启元校注《快雪堂日记校注》卷4，上海人民出版社，2019年，第108页）。

④ ［清］赵翼著，李学颖、曹光甫校点《瓯北集》卷9，上海古籍出版社，1997年，第161-164页。

⑤ 按，崇庆皇太后生于康熙三十一年（1692）十一月二十五日（1693年元月1日）。

⑥ ［清］洪亮吉撰，刘德权点校《洪亮吉集》第2册，中华书局，2001年，第637-645页。

⑦ 李淑岩、马铭明：《洪亮吉的京师之行与都下文学生态》，《求是学刊》2021年第2期，第146页。

⑧《全宋诗》卷1442，第25册，中华书局，1999年，第16635页。

续表1

作者	诗词题目	“佛化”之表现
洪适(1117—1184)	席上见姚泉寿母,诸子求诗	潘舆随五采,三釜古今荣。兰玉盈阶砌,追攀《千佛名》。①
洪咨夔(1176—1236)	老人生朝为寿	迎侍京华又见春,天时人事一番新……本分法门行得熟,长生样子学来真。②
刘克庄(1187—1269)	清平乐·居厚弟生日	冰盆荔子堪尝,胆瓶茉莉尤香。震旦人人炎热,补陀夜夜清凉。③
怡轩(生卒年不详)	寿母诗	西方佛庆明朝诞,南极星胜寿日晖……年年得侍高堂醉,对坐天花散漫飞。④
陈藻(生卒年不详,寿75岁)	伯温索诗贺令姊夫生朝	一生开读度残年,纠者劳劳与办钱。恰似丛林充化士,历多世态得真禅。⑤
张翥(1287—1368)	水调歌头(己丑初度,是岁闰正月,戏以自寿)	炷炉香,饮杯酒,赋词篇。萧然世味,前身恐是出家儿。⑥
游朴(1526—1599)	四月二十八日祁母帨辰赋此为寿	瑶池浪说桃花结,宝树何如桂实蕃。共愿摩耶常住世,长看佛度众生繁。⑦
李流芳(1575—1629)	《严太夫人生日歌》	君不见云栖古佛今导师,说法平等无参差。前年吾母往顶礼,旋闻阿母同皈依。团圞且说无生话,捧檄联翩自有时。⑧
龚鼎孳(1615—1673)	仲冬三日山左道中有感是日为善持君生辰(其三)	慧叶生天定不疑,蒲团灯火夜阑时。伤心抛下青螺管,懒向人间更画眉。⑨
汪懋麟(1640—1688)	一丛花·虎丘生日自寿	先生今日又生辰。何幸作闲人。扁舟正泊苏台下,虎丘寺、无限芳春。踏草心情,烧香时节,蛱蝶绕罗裙。⑩

①《全宋诗》卷2081，第37册，中华书局，1999年，第23479页。

②《全宋诗》卷2896，第55册，中华书局，1999年，第34612页。从“丙申儿遇丙申岁，己卯爷逢己卯辰”，可推断洪咨夔生于淳熙三年（1176），逝于端平三年（1236），因这两年都属丙申。若结合因洪咨夔病逝于端平三年六月丁亥日（农历14日）及与诗中所说“春”等事实，则其父洪钺似生于绍兴二十九年（1159）正月己卯（即正月二十四日）。

③《全宋词》（简体增订本）第4册，中华书局，1999年，第3369页。

④［元］祝诚辑：《莲堂诗话》卷下，《丛书集成新编》第79册，新文丰出版公司，1986年，第89页上栏。

⑤《全宋诗》卷2667，第50册，中华书局，1999年，第31328-31329页。

⑥［元］张翥撰：《蜕岩词》卷下，载《丛书集成续编》第208册，新文丰出版公司，1988年，第583页上栏。

⑦［明］游朴撰，魏高鹏、魏定乡、游再生点校《游朴诗文集》，福建人民出版社，2015年，第264-265页。

⑧［明］李流芳撰《檀园集》卷2，载《文渊阁四库全书》第1295册，第318页上栏-下栏。

⑨［清］龚鼎孳撰《定山堂诗集》卷42，载《清代诗文集汇编》第51册，第116页下栏。

⑩［清］汪懋麟撰《锦瑟词》，载《清代诗文集汇编》第151册，第530页上栏。

续表1

作者	诗词题目	"佛化"之表现
金甡(1702—1782)	四月七日大兄忌辰,荐享感咏	百岁光阴剩一期,泉台望断陟冈悲……久识生天凭慧业,定因浴佛恋恩慈。明朝仿佛仍来格,幽显同斟介寿卮。①
张开东(1713—1781)	唐氏姑母年八十,居茅山,追维旧爰,数十年情事历历,遂作古风长篇以叙之,且祝焉	昔我初生辰,观音赐鲤鱼。慈母艰乳液,水涸鱼何如?堂上二叔父,间壁而同居。叔母廖太君,体胖乳有余……②
秦瀛(1743—1821)	悼亡诗十八首(其五)	从我名山杖策登,春前同礼佛龛灯。冷泉亭畔呼猿洞,忍向禅林更饭僧。③
汪学金(1748—1804)	慈愿生日为赋《禅仙吟》	也非游戏也非颠,半学仙人半学禅……谢却诸天供肴膳,一瓢枉酌菊溪泉。④
黎简(1748—1799)	亡妇生日	死人忘死日,况复记生年……招魂香树下,成佛藁砧前。今夕还家梦,灵床余篆烟。⑤
	秋雨叹五首(其四)	明日招魂作生日……在日清斋礼诸佛……西风乍寒烧鬼衣,纸钱湿灰吹不飞。⑥
孙原湘(1760—1829)	生辰日(其二)	鸥波仙馆即莲台,绣佛炉香煖不灰。应有兜罗绵样手,笑持荷叶捧觞来。⑦
刘凤诰(1761—1830)	家人寄绣像观音为寿,用坡公《子由生日》韵	与释百难降魔群,针孔飞簇华鬘云。闻子净梵通修焚,稚女添线擘五纹……六亲一合同馨焄,关禽引我迦陵闻。⑧
谢元淮(1792—1874)	二月十九日生第五孙,志喜	门高思祖德,树老赖孙枝。契梦维摩咏,云瞻大士慈。祈年先一日,翻觉小苏迟。⑨
俞樾(1821—1907)	六月初三日为内子姚夫人生日,手书《金刚经》一卷焚寄,附四绝句(其一)	甲子周来甫一龄,定知未改昔时形。人闲无物堪为寿,手写《金刚般若经》。⑩

①[清]金甡撰《静廉斋诗集》卷22,载《清代诗文集汇编》第299册,第272页上栏。是诗作于乾隆四十五年(1780)。又据原诗自注,知其长兄生于康熙二十年(1681)四月初七,其父生日则为四月初八(佛诞日)。

②[清]张开东撰《白莼诗集》卷16,载《清代诗文集汇编》第333册,第586页上栏-587页上栏。

③[清]秦瀛撰《小岘山人诗集》卷9,载《清代诗文集汇编》第407册,第226页下栏。

④[清]汪学金撰《青厓诗稿·后稿》卷2,载《清代诗文集汇编》第422册,第515页上栏。

⑤[清]黎简撰《五百四峰堂诗钞》卷16,载《清代诗文集汇编》第417册,第134页上栏。是诗作于乾隆五十一年(1786)。又据《述哀一百韵》"序",其妻梁氏卒于乾隆四十九年(1784)四月廿一日。

⑥《五百四峰堂诗钞》卷17,载《清代诗文集汇编》第417册,第134页上栏。是诗作于乾隆五十二年(1787)九月廿六日,虽说整组诗充满了悲天悯人的民瘼之忧和社会关怀,但本首重点则在家庭佛教生活,而且主旨是悼亡。

⑦[清]孙原湘著,王培军点校《孙原湘集》(下),第1690页。

⑧[清]刘凤诰撰《存悔斋集》卷19,载《清代诗文集汇编》第467册,第339页上栏。

⑨[清]谢元淮撰《养默山房诗稿》卷31,载《清代诗文集汇编》第546册,第646页下栏。是诗作于道光二十九年(1849)。

⑩[清]俞樾:《春在堂全书》第5册,载《春在堂诗编》,凤凰出版社,2010年,第115页下栏。是诗作于光绪六年(1880)。

续表1

作者	诗词题目	“佛化”之表现
陈夔龙（1857—1948）	八月二十一日为先妣姜太夫人八旬冥寿，龙华寺诵经，赋此志痛	寿母筵开广佛场，朝衫犹着舞衣凉。林间返哺乌啼月，梦里思亲雁叫霜……哦诗早废南陔什，独听斋鱼当奉觞。[①]
	十一月二十九日，纹女二十生辰，化去忽已三年矣……（其二）	平生爱好母家亲，远道营斋问讯频。已仗炉灰销浩劫，难从轮藏证前身。登盘橘柚诚通款，绕墓梅花早报春。赢得阿娘双泪眼，龙华寺里哭生辰。[②]

表1共列22家24首诗词，从创作方式看，主要有自寿和寿他，但后者更常见；从祝寿者与祝寿对象的关系看，常见伦理关系有三种：一是晚辈对长辈的庆贺，意在体现孝道，其中最突出的题材是寿母。顺便说一句，即使是自寿者，往往也会深念慈母生育之恩，如晚明杨巍在81岁时所作《诞日寓普明寺谒毗卢佛》“永怀慈母恩难报，白首焚香古佛前”、《诞日寓回河寺兼赠慧上人》“初度客中念慈母，佛前愿施八关斋”[③]，可见其生日礼佛设斋的目的之一就是为往生的慈母做功德。二是平辈间的祝寿，而写感情最细腻的是寿妻（妾）诗，表中苏轼、龚鼎孳、孙原湘之作，都十分注重刻画信仰佛教女性的日常生活细节；更可注意的是悼亡与冥寿[④]的结合之作（如秦瀛、黎简、俞樾），都充满了“此恨绵绵无绝期”的悲叹。三是长辈对晚辈的祝寿，像谢元淮就对在观音诞辰降生的第五个孙儿充满无限期待，竟然连用三个佛教文学史重要人物（竟陵文宣王萧子良、苏轼苏辙兄弟）的相关典故，说明他对佛化生日极其重视。此外，作者在以寿主为中心的同时，也可以兼写其他家人的佛教修行生活细节。如张开东之诗虽以姑母唐氏生平事迹为主轴，却也兼叙叔婶、姑父等众多内外宗亲人物；刘凤诰所述虽以其妻绣观音像为中心事件，然而，“稚女添线”的辅助性画面，也相当温馨感人。总之，寿主、颂寿者，他们与佛教思想[⑤]、佛教礼仪的关系都极其密切，要而言之，前述各类作品都是世俗大众日常佛教生活实践的产物，并关乎生和死的纪念性，常常呈现的是家庭（族）佛教信仰生活中的真实细节[⑥]。而且，有人以游寺方式自寿（如汪懋麟），而冥寿更重仪式的庄严肃穆，多有安排在寺院者（如秦瀛、陈夔龙）。

（三）师友之信

本来，师、友在古代人伦关系中是有较大区别的，师道讲尊严，朋友讲诚信，不过，考

①［清］陈夔龙撰《松寿堂诗钞》卷7，载《续修四库全书》集部第1577册，第92页上栏-下栏。因陈母生于道光九年（1829），故是诗作于光绪三十四年（1908）。

②《松寿堂诗钞》卷7，载《续修四库全书》集部第1577册，第93页下栏-94页上栏。纹，指陈夔龙的长女昌纹，她生于光绪十五年（1889），故该诗作年与前一首同。

③［明］杨巍：《存家诗稿》卷5，载《文渊阁四库全书》第1285册，第524页下栏。

④ 秦瀛之诗，须结合其自注“今春正月二十八日，值余生辰，偕恭人礼佛于灵隐寺，约以恭人生日再同至寺，已不果矣”，才能判定它写的是妻子之“冥寿”。

⑤ 当然，也有佛道信仰并重者，如汪学金谓其母是“半学仙人半学禅”。

⑥ 如汪学金《五月十一日，国儿复举一子，喜成是什》“莲偈因缘大士经”自注“余家虔奉南海大士”（《静厓诗初稿》卷12，《清代诗文集汇编》第422册，第489-490页），可知汪氏家族信仰的是南海观音。

虑到存在大量亦师亦友的社会现象，故一并论述。代表性作品如表2：

表2 两宋以降佛化生日“师友之信”型诗词简表

作者	诗词题目	“佛化”之表现
苏轼（1036—1001）	太夫人以无咎生日置酒留余，夜归，书小诗贺上	寿樽余沥到朋簪，要与郎君语夜深。敢问阿婆开后阁，井中车辖任浮沉。①
孙觌（1081—1169）	虎邱沼，豫章诗僧也……方丈诵所作《徐献之侍郎平生日》……余爱其工，赋小诗寄赠	忽逢丹霞侣，自诵碧云句。噌吰应黄钟，清绝追白纻。不落江西派，肯学邯郸步。冥搜自天得，妙中有神助。②
熊可量（生卒年俟考）	鹧鸪天·寿熊尚友	调气马，殖心田。几曾佞佛与夸仙。戏衫脱了浑无累，快活人间百十年。③
程大昌（1123—1195）	感皇恩·娄通判生日词	一岁一生朝，一番老相。无欲无营亦无望。看经写字，且做闲中气象。闭门人阒静，心清旷。④
程公许（1182—?）	上后溪刘阁学（以金银字《金刚经》说偈）	鬼神秘护知几年，持以寿翁翁勿诧……亦愿吾亲寿似翁，岁岁持觞拜堂下。⑤
林希逸（1193—1271）⑥	贺后村生日庆八十（其二）	宸奎辉映画堂深，瑞旦华筵酒满斟……却比赵州行脚后，百三十岁主禅林。⑦
房皞（1199—1282）	辛卯生朝呈郭周卿、段复之	回也屡空趋圣域，参乎一唯得心传。佛岐老径虽高绝，不及中庸道坦然。⑧
释大观（1201—1268）	寿平章秋壑师相	稽首毗卢法身主，三身一体圆满觉……即兹吉祥殊胜地，衮绣光仪立寿祠……⑨
敖文祯（1545—1602）	文别驾佛诞日寿七旬	却道前身疑丈六，不知阅世几三千……司马倦游堪结社，数峰兰若对玄莲。⑩

①［宋］苏轼著，［清］冯应榴辑注，黄任轲、朱怀春校点《苏轼诗集合注》第4册，上海古籍出版社，2001年，第1798页。

②《全宋诗》卷1486，第26册，第16987-16988页。徐献之，即工部侍郎徐琛。

③《全宋词》（简体增订本）第3册，中华书局，1999年，第2657页。

④《全宋词》（简体增订本）第3册，中华书局，1999年，第1979页。

⑤《全宋诗》卷2995，第57册，第35637页。又，后溪指刘光祖（1142—1222）。

⑥林氏卒年，此据王晚霞《林希逸生卒年考辨》，《东南学术》2016年第1期，第233-239页。

⑦《全宋诗》卷3119，第59册，第37252页。后村指刘克庄（1187—1269），是诗作于咸淳元年（1265）。刘氏生日是七月二十九。

⑧［清］郭元釪编《全金诗增补中州集》卷55，《文渊阁四库全书》第1445册，第715页上栏。是诗作于金哀宗正大八年（1231），诗人时年33岁。

⑨《全宋诗》卷3267，第62册，第38961页。秋壑，指南宋权相贾似道（1213—1275）。

⑩［明］敖文祯撰：《薜荔山房藏稿》卷3，《续修四库全书》集部第1359册，第157页下栏-158页上栏。文别驾，疑指文元发（1529—1602），若是，则诗作于万历二十六年（1598）。

续表2

作者	诗词题目	“佛化”之表现
袁宏道(1568—1610)	五月十二日退如生辰，蒙以诗见示聊述二章奏报(其一)	门下校书真女史，吴绡亲写佛前幡(退如有燕姬，工书)。①
曹学佺(1574—1646)	七月朔日徐兴公直社九仙观，赋得定光塔，兴公诞辰也	于山东南胜，寺观亦纵横……社酒原无禁，长歌介寿倾。②
谭元春(1586—1637)	寄孟诞先初度，时在兰阳	昨入江城逢女士，记君生辰叹离别。同是西庵拜佛人，宝剑似冰斫地热。③
彭贻孙(1615—1673)	静因上人乞诗寿张道翁	绛老未烦推甲子，灵均何用数庚寅。只今莲社无妨酒，大白堪浮满月轮。④
杨炤(1617—1692)	师望生朝(年五十二)	时将浴佛我生辰，君过重阳恰一旬……明岁春衫应早试，羡渠强遣有佳人。⑤
施闰章(1618—1683)	冯相国生日同诸君移尊长春寺谯坐(公即席有诗，率尔和韵)	纶扉一代推元老，文字三生共宿缘……忻逢初度成高会，况复昆明奏凯年。⑥
毛奇龄(1623—1716)	益都夫子生日，与同门诸公共祝长椿寺……奉和夫子首倡原韵	凭拈麟绂环龙藏，敢谓羔裘藉豹缘。诵去波罗声习习，醉随海鹤舞仙仙。⑦
袁枚(1716—1797)	望山尚书以七十生辰作相，仍督两江，奉贺四首(其二)	北面公侯争把盏，东床帝子替簪花。休夸与佛同生日，转恐光荣佛尚差。⑧
赵翼(1729—1814)	寿尹望山相公七十(其一)	法酒荣颁七秩筵，黄扉新映绿槐烟。人传与佛同生日(诞辰在四月八日)，帝命迁官宠大年。⑨
孙原湘(1760—1829)	谢雪卿挽辞钱子霞姬人(其三)	晴雪难留短命身，秋风诀别太酸辛。要郎记得营斋日，每到生辰是忌辰。⑩

①［明］袁宏道著，钱伯城笺校《袁宏道集笺校》(下)，上海古籍出版社，1981年，第1324页。又，是诗万历三十五年(1607)作于北京。退如，指其好友曾可前。

②［明］曹学佺撰：《石仓诗稿》卷32，《四库禁毁书丛刊》集部第143册，第245页上栏。是诗作于崇祯五年(1632)，徐兴公，指徐𤊹，其生日为农历七月初二。

③［明］谭元春著，陈杏珍标校《谭元春集》，上海古籍出版社，1998年，第353页。孟诞先，即孟登，其人乃孟子第六十一世裔孙。

④［清］彭贻孙撰《茗斋集》卷11，载《清代诗文集汇编》第52册，第108页上栏。是诗作于顺治五年(1648)，旨在为张道翁58岁生日庆贺。张氏生于万历十九年(1591)六月望日。

⑤［清］杨炤撰《怀古堂诗选》卷3，载《四库未收书辑刊》第八辑第25册，北京出版社，1997年，第232页下栏。是诗作于康熙六年(1667)刘师望52岁生日之时。

⑥［清］施闰章撰《施愚山先生学余诗集》卷41，载《清代诗文集汇编》第67册，第553页下栏。

⑦［清］毛奇龄撰《西河文集·七言律诗》卷7，载《清代诗文集汇编》第89册，第539页下栏。

⑧ 王英志编纂校点《袁枚全集新编》第2册，浙江古籍出版社，2015年，第393页。

⑨［清］赵翼著，李学颖、曹光甫校点《瓯北集》卷10，第189页。

⑩《孙原湘集》(下)，第1749页。

续表2

作者	诗词题目	"佛化"之表现
张祥河(1785—1862)	戊申正月十四日,戚小蓉招集龙树院,是日为余生辰	多情古佛宜开社,有志儒生敢号翁。鸳舍清如邀笛步,凤槽暖入试灯风。①
何绍基(1799—1873)	王少鹤白兰岩招集慈仁寺,拜欧阳文忠公生日,分韵得山字,成十绝句(其十)	枢直欧斋照水湾,呼朋介雅借禅关。众宾起舞鸣风竹,不觉斜阳过屋山。②
程颂万(1865—1932)	送佛翼生日归湘	九年世事枰中劫,百首新诗石上苔……湖阴理棹乡心黯,生日争传灌佛来。③

从表2所列22首诗词看来，叙写"师友之信"时，作者、寿主对待佛化生日的态度，总体说来是肯定者居多。当然，也有个别固守儒家思想宗旨者评价不高：如房皞即把佛、道都视作歧路而非正道；甚或在佛诞日出生者，也有的会对佛教不屑一顾，像近人陈衍宣统二年（1910）所作《为刚父题唐人写经卷》即说"六朝喜造象，唐人喜写经……吾同佛生日，视佛亦平平。恶杀似萧衍，膜拜殊未能"④。

本类作品的创作场域，往往与唱和特别是临时性的诗社唱和有关。如表2所列施闰章、毛奇龄之诗，皆作于康熙十八年（1679）十二月，二者所说的冯相国指冯溥（1609—1691），其人生日（十二月五日）庆寿时往往有结社唱和⑤，且其生日庆诞常置于长春寺，并伴有设斋、诵经等佛教仪式性活动，尤其是施闰章"纶扉一代推元老，文字三生共宿缘"，更点出了冯氏在佛寺生日庆生唱和的社会文化背景，即后者以宰辅之尊来组织佛化生日的文学活动。类似的情况也见于袁枚、赵翼之作，二人所说尹望山，是指满洲镶黄旗人章佳氏尹继善（1696—1771），其人于乾隆三十年（1765）终于结束长达数十年的封疆生涯而赴京任文华殿大学士，故有"相公"之称⑥，并在其生日那一天（即佛诞日）得到当朝许多名家的祝贺。又如敖文祯、曹学佺、彭贻孙、张祥河之诗，表明为士大夫庆生的僧俗结社，在一定意义上模仿了东晋慧远的（白）莲社。当然，社主往往是寿主；参会僧人若不善诗者，他可向社中名士乞诗代作（如彭贻孙《静因上人乞诗寿张道翁》所示），僧人之用，在于主持或亲自实施庆生法会的仪式性活动。再如，清代有一类"名贤生日祭"的雅集，诗家、词家常以前代大文豪或名士的冥诞（即特殊的"佛化生日"）为由而举办各种诗词唱和，著名者有寿苏（东坡生日）、寿黄（山谷生日）、寿白（香山）、寿欧阳（文忠）、寿陆（放翁）、寿朱（熹）、

① ［清］张祥河撰《小重山房诗词全集·朝天集》，载《清代诗文集汇编》第551册，第253页下栏。是诗作于道光二十八年（1848）。

② ［清］何绍基撰，龙震球、何书置校点《何绍基诗文集》，岳麓书社，2008年，第366-367页。是诗作于咸丰七年（1857）六月廿四日。

③ ［清］程颂万撰《石巢诗集》卷6，民国十二年（1923）武昌刻《十发居士全集》本，第4页。据自注"时定九年立宪"，则诗作于民国九年（1920）。佛翼，指两江总督李星沅第七子李佛翼。

④ 陈衍撰，陈步编《陈石遗集》，福建人民出版社，2001年，第185页。

⑤ 白一谨：《从"燕台七子"到"海内八家"——施闰章在京城的文学活动及其意义》，《苏州大学学报（哲学社会科学版）》2016年第6期，第138-145页。

⑥ 有关尹继善的生平事迹介绍，参见高翔：《尹继善述论》，《清史研究》1995年第1期，第27-37页。

寿王（阳明）、寿顾（炎武）等名目①。其中，影响最大的自然是寿苏会②，但无论哪一种，大多会涉及佛教行仪或佛禅思想，甚至对佛教甚为反感的寿主，清人也有牵强附会者，像表2何绍基所写欧阳文忠生日雅集，作者置于“禅关”场合，其实是把前人的生活语境当代化了。

因受政治因素的影响，在特定时期为特定人物所作的佛化诗词中也存在“谀寿”的情况，单南宋而言，那些为秦桧、韩侂胄、贾似道等权相而作的寿词就“颂美”过度而变味了。甚至某些著名诗僧也未能免俗，像表2所举物初大观《寿平章秋壑师相》开篇即把贾似道比作毗卢遮那佛（大日如来），谓其降生（时在嘉定六年即1213年农历八月初八）得到了过去佛威音王如来的授记，中间又谓其出世是为了续如来慧命，是“君臣道合”的最高典范，在其治下黎庶安乐，河清海晏，故立生祠是人心所向，其救苦救难之功已超越观音等等，读来令人作呕。虽说明清两朝士大夫中也有类似的“谀寿”之作，但都比不上大观这一首，即使从佛教政治伦理看，也没有比这首更僭越的了。

当然，更常见的是写师友的日常生活，语淡情深者也不少，如表2所列苏轼、孙觌、熊可量、程大昌、程公许等人之作。尤可注意的是，袁宏道、谭元春、孙原湘诗，则涉及寿主（或冥寿者）家的女性（含姬、妾）形象，说明晚明以降在特定的社交空间男女授受不亲的情况较宋元有较大改进。

四、佛教文学史意义

佛化生日这一突出的民俗事象，它在佛教文学发展史上具有多重意义，但我们认为最突出的有两点：

（一）从生死观言，它虽以佛教为中心，却可兼容儒、道

本来三教生死观迥然有别，传统儒家因“未知生，焉知死”，既注重“此在”的现实人生，又追求“三不朽”，道教多讲“长生久视”而成仙，佛教则强调“无生（涅槃）”而超越生死轮回③。顾名思义，佛化生日诗词，其生死观自然是以佛教“无生”为中心，但自唐玄宗御注三教经典《孝经》《老子》《金刚经》并产生持久影响后，无论知识精英、普通百姓，他们对三教思想大多取用并尊或融合发展之态度（而且，这也是历史常态，个别皇帝的佞佛佞道与灭佛，则另当别论），具体到生死观，亦然。若粗略分之，有两大类型：

一是纯以佛教为中心者，我们可称为“单一型”。它往往和佛教仪式相结合，如苏轼为

① 黄义枢：《清代的“名贤生日祭”雅集》，《古典文学知识》2020年第5期，第59-69页。

② 按，其重要表现有三：一是在相关作品中叙写欣赏苏轼书法真迹、画像之类，如张维屏《十二月十九日坡公生日……拜笠屐画像》“高斋更展乌云帖”自注曰“出观《天际乌云帖》墨迹”（《松心诗录》卷2，《清代诗文集汇编》第533册，第366页下栏）；二是直接引用苏轼诗句，如杨炤《师望生朝》尾联“明岁春衫应早试，羡渠强遣有佳人”，自注：“‘白发苍颜五十三，家人强遣试春衫’，大苏句也。”大苏即苏东坡，原诗作《和子由除夜元日省宿致斋三首》（其二）；三是用苏轼诗韵，如王拯《东坡生日，集颖叔斋拜赤壁像，用定惠院月夜诗韵》（《龙壁山房诗草》卷7，《清代诗文集汇编》第659册，第396页）等。

③ 有关三教生死观之异同及其互动关系的论述，可参见方立天：《佛教与中国传统文化的冲突与融合》，《哲学研究》1987年第7期，第49-59页；陈兵：《道教生死观及其与佛教的关系》，《宗教学研究》1997年第4期，第10-15页。

妻子王闰之生日而作《蝶恋花·泛泛东风初破五》所写放生，杨巍《诞日寓回河寺兼赠慧上人》所说八关斋，王世贞《诞辰次日解斋自嘲》[①]所谓解斋，金兆燕《小山和尚于十二月十九日张东坡先生像，邀同人作生日会，余以事未赴》[②]所讲无遮大会等。而且，像杨庆琛《浴佛日为魏香士生辰戏柬》其一“五色盆汤清净身，露兰风絮悟前因。世尊低眼阿难拜，同是龙华会上人”、其二“认取金刚不坏身，灵山深处证来因。娑罗树下焚香坐，一笑拈花有替人”[③]一类的作品，就从关键词“浴佛”展开多种联想，可谓句句不离佛法名相。

二是以佛教而兼容儒、道者，可称“兼融型”或“混合型”。此类作品数量远超“单一型”，情况也更加复杂：从创作主体言，有兼写三类生日诗词，如陈著《长儿深生日，集经语示之二首》[④]、《寿雪窦寺炳同长老》、《真珠帘·寿孙古岩》[⑤]，即可分别称为儒化生日诗、佛化生日诗、仙化生日词，然从陈氏全部传世的寿诗、寿词看，其思想倾向是三教融合。有在佛寺、道观轮流过生日者，如赵怀玉嘉庆二十一年（1816）《三月五日余生日也，早过红梅阁，流连至暮，即事有作》便云“六十与七十，流光等闲换。六十初度憩僧庐（扬州准提禅院），七十生朝游道观。红梅落尽红桃开，玄妙玄都理同贯”[⑥]，可见赵氏对佛化、仙化生日并无轩轾之分，认为二教思想是可以贯通的。有在道观结社庆生却书写佛教内容者，如曹学佺《七月朔日徐兴公直社九仙观，赋得定光塔，兴公诞辰也》等。从文本表现言，同样有“单一型”的儒化、佛化、仙化之生日诗词，但更多的是三教“混合型”和佛、道兼融型：前者如无名氏《沁园春·寿长斋友人》[⑦]用“仙”、“康节”（指理学家邵雍）、“多宝如来”喻寿主，查慎行《恭祝皇上万寿诗四章》[⑧]其一则写雍正五年（1727）皇帝的五十大寿（农历十月十三日），他把胤禛比作圣、仙、佛的化身；后者如徐枋《寿华山檗翁和尚七十初度四十韵》“西竺传优钵，南华说大椿。如来无量寿，奚止八千春”[⑨]、袁枚《书制府六十寿诗》其一“筹添海屋千枝外，佛坐莲花一瓣中。此日嫦娥来进酒，清江浦即广寒宫（公防秋汛，驻节清江）”[⑩]等，用典皆佛、道对举，而王彦弘《郑超宗母七月七夕七旬初度》“无生悟后即长生”[⑪]，则直接把佛教涅槃与道教长生混同了。

（二）从题材言，它极大地拓展了女性佛教生活与信仰的深广度

在汉传佛教史上，记录女性人物的宗教历史文献主要有三类：一是以佛母摩耶夫人、佛姨母大爱道、胜鬘夫人、龙女、净光天女等为叙事对象的汉译经典（含品题）及其注疏；二

① ［明］王世贞：《弇州山人续稿》卷13，载《文渊阁四库全书》第1232册，第160页上栏。

② ［清］金兆燕：《棕亭诗钞》卷9，载《清代诗文集汇编》第344册，第231页上栏。

③ ［清］杨庆琛：《绛雪山房诗钞》卷2，载《清代诗文集汇编》第542册，第358页。魏香士，即魏龄，其人为孝廉。

④《全宋诗》卷3355，第64册，中华书局，1999年，第40100页。

⑤《全宋词》（简体增订本）第4册，中华书局，1999年，第3843页。

⑥ ［清］赵怀玉撰《亦有生斋集·诗》卷32，载《清代诗文集汇编》第419册，第452页。是诗作于嘉庆二十一年（1816）。

⑦《全宋词》（简体增订本）第5册，中华书局，1999年，第4766页。

⑧ ［清］查慎行著，周劭标点《敬业堂诗集》，上海古籍出版社，1986年，第1174–1175页。

⑨ ［明］徐枋：《居易堂集》卷18，载《续修四库全书》集部第1404册，第311页。

⑩ 王英志编纂校点《袁枚全集新编》第4册，第905页。

⑪ ［明］王彦弘：《疑雨集》卷下，清康熙间侯文灿亦园刻本，第68–69页。是诗作于崇祯九年（1636）。

是敦煌吐鲁番等出土文献中以女性为主体的造像记、抄经记、发愿文、结社文等；三是历代比丘尼传、善女人传及部分涉佛文学作品（如诗、词、小说、戏剧等文体）。其中，第一类人物完全是印度式的，后两类则以中土女性为主，中国化色彩浓厚。当然，极个别形象也会发生巨变，如观音菩萨就是转男（印度）成女（中土）。

唐宋以来尤其是南宋以降，生日习俗不但关乎等级森严的众多尊神，也关乎每位人世间的匆匆过客，帝王将相、贩夫走卒，皆可庆生，虽有规模与社会政治影响方面的大小之分，却都以纪念、感恩、宣扬人伦规范为宗旨。而在表现女性佛教生活与信仰的创作题材中，佛化生日诗词的深广度最值得深究：一则无论高低贵贱，人人都是母亲怀胎十月所生[①]，即使佛祖也不例外[②]；二则只有在该类题材中才较彻底地打破了男尊女卑的传统观念[③]，较充分地展示了男女平等。此类诗词，不胜枚举：如邹应博《鹧鸪天》其一“天遣丰年祝母龄。人人安业即安亲。探支十日新阳福，来献千秋古佛身”[④]、李昴英《念奴娇·寿王守母》“有母能贤，生儿如此，总是前身佛”[⑤]，即把自家母亲、王太守之母分别比作千秋古佛、过去佛，其实都在暗示儿辈的非凡出身和现世成就；帅机《寿岳母六十》“堂开绮席初秋稔，历转花轮化日长”[⑥]，用花轮即莲花（华）轮作喻，以半子身份祝愿岳母像佛法常新一样寿命绵长；黄汝亨天启二年（1622）作《封孺人丘母张夫人七秩寿诗》“忧忘萱草人难老，业净莲花佛共生”[⑦]，其对同年好友曾城丘公元配张氏七十大寿的祝语，既是张夫人平生佛教信仰的写照，也是对后者“无量寿佛”式的长生祷告；释函可《赠王三》“长斋礼绣佛，但祝慈母年”[⑧]、释今无《蔡母祝词》“兰孙满地无余事，绣佛惟闲爇马芽”[⑨]、宋琬《李镜月太夫人寿》“手制芙蓉服，心通水月禅。盈阶看玉树，半偈礼金仙”[⑩]、陈恭伊《外姑湛节母冯太君

① 较有意思的是清末沈寿榕同治七年（1868）所作《十月朔，余四十六岁生辰，感旧述怀，得诗三首》其二“前年避客寻僧榻”，自注：“壬戌，四十生辰，避客于文殊院。”表明同治元年（1862）作者四十岁的生日是在寺院度过的；“十八月生称异禀”自注“母夫人孕榕十八月，始生”（《玉笙楼诗录》卷6，《清代诗文集汇编》，第695册，第253–254页），显然不合现代医学常识，作者意在突出其母是善女人形象，暗示自己的出生与佛法有缘（类似传说也见于《地藏菩萨像灵验记》《善女人传》等）。

② 刘宋求那跋陀罗译《过去现在因果经》卷1，即谓摩耶夫人“十月满足”“菩萨渐渐从右胁出”（《大正藏》第3册，第625页上栏）。

③ 毋庸讳言，历史上也有极少数反对为女性过生日而献寿词者，如洪迈《容斋随笔》卷15“孔氏野史”条，引孔毅甫《野史》说：“文潞公守太原，辟司马温公为通判，夫人生日，温公献小词，为都曹唐子房峻责。”（孔凡礼点校本，中华书局，2005年，第197页）。

④《全宋词》（简体增订本）第4册，中华书局，1999年，第2982页。

⑤《全宋词》（简体增订本）第4册，中华书局，1999年，第3643页。

⑥［明］帅机：《阳秋馆集》卷5，载《四库禁毁书丛刊》集部第135册，第300页上栏。又，帅氏“绮席”“花轮”，实出自惠洪宣和七年（1125）七月七日为王宏道所作《王舍人路分生辰》“绮席绕花轮”（《石门文字禅校注》卷9，第4册，第1397页）。

⑦［明］黄汝亨：《寓林诗集》卷5，载《续修四库全书》集部第1369册，第665页下栏。又，原诗序谓张孺人“仪部君元礼之母，今天启二年孟夏廿有九日，其悬帨辰也。孺人斋心事佛，宜百年无量之寿。而仪部乞身侍母，有三公不易之乐，人伦盛事，能无颂章”，则知佛化生日诗词创作确有弘扬人伦之美的目的。

⑧［清］释函可：《千山诗集》卷3，载《千山诗集·不二歌集》，黑龙江大学出版社，2011年，第53页。

⑨［清］释今无：《阿字无禅师光宣台诗集》，载《四库禁毁书丛刊》集部第186册，第411–412页。

⑩［清］宋琬：《安雅堂诗·五言排律》，载《清代诗文集汇编》第44册，第585页上栏。

八十大寿，时旌表初至二首》其一“佛龛勤礼六时灯”①、号称清初八旗第一才女的高景芳《寿刘奶奶二首》其二“序当良月物华新，贤母欣逢设帨辰。供佛橘香初采摘，拒霜蓉晚更精神……懿行久孚名节著，竚瞻霄汉锡恩纶”②、乾嘉时期才女熊琏《满庭芳·题〈松鹤图〉》“白头甘淡泊，长斋绣佛，茗碗炉香。把禅机，参透世味冰凉”③等，其描述的女性佛教生活与信仰的长斋（包括斋僧）、烧香、供佛、参禅等内容，无不和男居士一样，只有绣佛才是多数女性特有的方式。但她们绣出的佛像，同样可供居士观想禅修，甚至是夫妻同观，如前引孙原湘《生辰日》其二即如此。而姬、妾一类地位较低的女性，其在佛化生日诗词中没有丝毫的贬低（如屈大均就写有《生日示姬人》《姬人墨西氏生日赋以赠之》等多组作品），这与一切众生悉有佛性的大乘涅槃思想完全契合。

以上对佛化生日的含义溯源及对寿主对象泛化进程的描述，较全面地展现了佛化生日诗词创作的文化背景；其三大人伦道德主题，则突显了该类作品在佛教文学史上的特殊意义，尤其是表现女性佛教信仰与生活空间的诗词，更值得学人持续关注。笔者在此，只是抛砖引玉而已。

---

①［清］陈恭伊：《独漉堂诗集》卷6，载《清代诗文集汇编》，第125册，第430页上栏。

②［清］高景芳：《红雪轩稿》卷4，载《清代诗文集汇编》，第204册，第628页上栏。

③［清］熊琏：《澹仙词》卷1，第7–8页，徐乃昌辑《小檀栾室汇刻闺秀词》第6集，清光绪二十二年（1896）刻本。又，是词叙写对象是邵蓉江之母郁太夫人。

小说、佛曲、变文还是其他？

——百年来敦煌“变文”研究的回顾和反思

张　勇（四川大学文学与新闻学院）

【摘要】敦煌变文的辑印、移录和研究，早在20世纪20年代即已展开，迄今已有上百年历史。就其性质而论，先被视为小说，再被称为“佛曲”“俗文”，最后方定名为“变文”；对“变文”之“变”的理解，更是向无确论。几种变文目录的编写，为变文集的辑录奠定了坚实的基础。20世纪50年代以来变文的认定、录文和校注，渐趋完善；词汇解释、语法分析和价值地位探讨，皆卓有成就。变文的产生、发展和消失，变文的结构、表演形式和讲说人员等，也时有探讨。然而，就整体而论，变文性质、范围和历史的探讨，自20世纪上半叶即几乎定调，并无多大创新，导致其他领域的研究也渐成饾饤之学甚至盲人摸象。究其根本原因，还是缺乏对历史背景的准确把握和对当时佛教的深入认识。在新世纪，亟需从新角度和新视野进行新的探索，在彻底厘清变文产生原因、使用场合和文体性质等关键性问题的基础之上，力求有大的突破。

【关键词】敦煌　变文　俗文学　佛教　反思

敦煌变文研究几乎随着敦煌遗书的公布而展开，是最早从事、最早深耕且成果络绎涌现的领域之一。一直以来，变文被纳入文学特别是民间文学或所谓俗文学范畴，不过有关研究亦延伸至文献、语言、宗教和艺术等领域。由于向来为敦煌研究的热点之一，故亦时有相关总结或述评[①]。大致而言，近百年的敦煌变文研究，粗看成就很大，细辨缺漏不少，而且很可能是关键的文体性质误判和研究路线错乱。如何去粗取精、去伪存真，进而取得大的突破，实为面临的紧迫任务。

① 参考季羡林主编《敦煌学大辞典》，上海辞书出版社，1998年；林家平、宁强、罗华庆：《中国敦煌学史》，北京语言学院出版社，1992年；杜晓勤主编《隋唐五代文学研究》，北京出版社，2001年。

现就视野所见，稍作扬榷。挂一漏万，仁者谅焉。

一、变文名称和含义等的讨论

（一）从“小说”到“佛曲”

1920年，王国维首先披露了敦煌发现的这批遗书，视为“通俗小说”[①]。这是仅就部分故事性强的变文而言，而且明显没有注意到其中跟“通俗小说”无关的、用于提醒表演者的语汇。陈寅恪与罗氏持相似观点，不过改称为“演义”[②]。

后来，胡士莹将变文称为“话本小说”，认为其乃“说话”艺术的文学底本；唐代“说话”分为民间、宫廷和寺院三类；“伴随城市的发达而发展的通俗文学”，包括话本、词文、变文、讲经文和俗赋——不过其所谈的这五类，全是敦煌变文[③]。将少数变文视为小说，后亦有赓续者[④]。

值得注意的是，鲁迅1923年至1935年十个版本的《中国小说史略》，虽称小说至唐代除了延续此前“搜奇记逸”的传统之外，“尤显者乃在是时始有意为小说”，且“叙述宛转，文辞华艳”，此类被古文派“訾贬”[⑤]的通俗“传奇文”“实唐代特绝之作”[⑥]，但并未论及敦煌变文。赓后，大致秉持鲁迅观点的郭箴一分隋唐传奇小说为神怪、恋爱和豪侠三类[⑦]，吴志达等人的著述[⑧]，亦皆未纳入变文。

1924年，罗振玉从佛教内容和演唱方式的角度，将《降魔变文》、《维摩诘经讲经文》和《欢喜国王缘》皆称为“佛曲”：其《敦煌零拾》翻印了上述三种首尾残缺的写本，都是自己所收藏，因找不到原名，故有是名[⑨]。这是第一次将变文作品公之于众，非常重要。后来，徐嘉瑞[⑩]和郑振铎[⑪]都曾用是称。“佛曲”之称，将内容限定为与佛教有关，且令变文与纯粹歌咏作品混淆，而且忽视了变文中占主体的讲说部分。

向达指出，唐代的佛曲与“敦煌发现的俗文之类而为罗振玉所称为佛曲者”，“完全是两

---

① 王国维：《敦煌发见唐朝之通俗诗及通俗小说》，《东方杂志》1920年第17卷第8号。

② 陈寅恪：《金明馆丛稿二编·敦煌本维摩诘经文殊师利问疾品演义跋》，生活·读书·新知三联书店，2001年，第203页。

③ 胡士莹：《话本小说概论》上册，中华书局，1980年，第1-37页。

④ 张涌泉主编审订，窦怀永、张涌泉汇辑校注《敦煌小说合集》，浙江文艺出版社，2010年；张涌泉、窦怀永：《敦煌小说整理研究百年：回顾与思考》，《文学遗产》2010年第1期，第149-158页。

⑤ 鲁迅：《中国小说的历史的变迁》，载《中国小说史略（外一种：汉文学史纲要）》，商务印书馆，2011年。

⑥ 鲁迅：《中国小说史略（外一种：汉文学史纲要）》第8篇“唐之传奇文（上）”，商务印书馆，2011年，第65页。

⑦ 郭箴之：《中国小说史》，商务印书馆，1939年。

⑧ 吴志达：《中国文言小说史》，齐鲁书社，1994年。

⑨ 罗振玉：《敦煌零拾》之四，上虞罗氏铅印本，1924年。

⑩ 徐嘉瑞：《敦煌发现佛曲俗文时代之推定》，《澎湃》1925年第13-14期合刊。

⑪ 郑振铎：《佛曲录录》，载《小说月报》1927年6月17卷号外。又载氏著《中国文学论集》，开明书店，1947年；氏著《中国文学研究》，作家出版社，1957年。

种东西”[①]。不过，究竟应该叫什么，向氏并未明言。

我们知道，至迟到唐朝，“佛曲”即用以专指歌咏诸佛菩萨和弘扬佛法的音乐。《乐书》将此类佛曲细分为婆陁调等九调，并归入“胡曲调”，可见皆源于外国：“李唐乐府曲调，有普光佛曲、弥勒佛曲、日光明佛曲、大威德佛曲、如来藏佛曲、药师琉璃光佛曲、无威感德佛曲、龟兹佛曲，并入婆陁调也；释迦牟尼佛曲、宝花步佛曲、观法会佛曲、帝释幢佛曲、妙花佛曲、无光意佛曲、阿弥陁佛曲、烧香佛曲、十地佛曲，并入乞食调也；大妙至极曲解曲，并入越调也；摩尼佛曲，入双调也；苏密七俱陁佛曲、日光腾佛曲，入商调也；邪勒佛曲，入征调也；观音佛曲、永宁佛曲、文德佛曲、婆罗树佛曲，入羽调也；迁星佛曲，入般涉调也；提梵，入移风调也。”[②]既在中土传播，当然亦有拟作。隋开皇年间，“又改本住云居，以为栖岩寺。敕大乐令齐树提造中朝山佛曲，见传供养”[③]。古来佛教界，皆有传唱[④]。显然，“佛曲”之称，并不妥帖。

（二）变文名称的确立

1928年，胡适以《国语文学史》[⑤]为基础而撰写的《白话文学史》面世，书中谈及译经文学在中国文学史上的影响时，称转读通俗化后，将佛典变成通俗唱本，这就是“俗文”和“变文”：

> 综合两部僧传所记，我们可以明白当时佛教的宣传决不是单靠译经。支昙龠等输入唱呗之法，分化成“转读”与“梵呗”两项。转读之法使经文可读，使经文可向大众宣读。这是一大进步。宣读不能叫人懂得，于是有“俗文”、“变文”之作，把经文敷衍成通俗的唱本，使多数人容易了解。这便是更进一步了。后来唐五代《维摩变文》等，便是这样起来的（说详下编，另有专论）。……[⑥]

这是学术界第一次使用“变文”这个名称，值得特别关注。

不过，现存完整变文的前后乃至中间，例皆有唱词，胡氏称“变文”和“俗文”源于转读，难以信从。另外，“转读”和“梵呗”也并非从“唱呗”分化而来，而是原本在南亚次大陆和中亚就是两种独立的文体——并皆属于口诵的弘法文体吧。

1929年，郑振铎首次全面介绍了敦煌俗文学文献，分之为通俗说唱故事和通俗歌曲两个方面；后者即《秦妇吟》和王梵志诗之类，前者则为“俗文”或“变文”：“这种俗文虽可说是佛曲的起源，却并不是佛曲；‘变文’之体，似更近于佛曲，所以我们应该更正确的名之曰‘俗文’，曰‘变文’。”[⑦]“变文”和“俗文”之称，显然沿袭自胡氏。将“变文”或“俗文”归于说唱故事，未尝不可，只是不一定等同于世俗通俗文学罢了；谓“变文”之体“拟更近于佛曲”，仅仅是以现存部分文本特别是不完整文本甚至是残破文本而论而已。我们说，“通俗说唱故事”或“俗文”，当然不是佛曲的起源；“变文”之体，其实也只有部分“更近

① 觉明（向达）：《论唐代佛曲》，《小说月报》1929年10月第20卷第10期。

② ［宋］陈旸：《乐书》卷159《乐图论·胡部·歌·南蛮》。

③ ［唐］释道宣：《续高僧传》卷8《隋京师延兴寺释昙延传》，载《大正藏》第50册，第489页。

④ 说见［清］毛奇龄《西河诗话》卷2、翟灏《通俗编》卷20《释道·佛曲》。

⑤ 胡适：《国语文学史》，北京文化学社，1927年，铅印本。

⑥ 胡适：《白话文学史》第10章《佛教的翻译文学》（下），新月书店，1928年。

⑦ 郑振铎：《敦煌的俗文学》，《小说月报》1929年第20卷第3期。

于佛曲”而已。

1932年，西谛先生《插图本中国文学史》专列“变文”一章，介绍敦煌写本的发现、源头、产生时代和主要篇目；纠正了其商务版《中国文学史》中世卷第三篇第三章《敦煌的俗文学》中将变文分为“俗文”和“变文”两种的观点，“原来在‘变文’外，这种新文体，实在并无其他名称，正如‘变相’之没有第二种名称一样”[①]。

1938年，郑氏著《中国俗文学史》，才详细说明了自己修正过去观点的原因，认为变文和“佛曲”之间有着极大区别：“‘佛曲’是梵歌，是宗教的赞曲，但‘变文’却是一种崭新的不同的成就更为伟大的文体。把‘变文’称为‘佛曲’是毫无根据的。”承认罗振玉认为所谓“佛曲”与宋代四种“说话”中的“说经”有关，乃宋代“说经”的先驱，也颇有见地；“可惜他并没有发现其他‘非说经’的‘变文’，所以，不知道‘变文’并也是‘小说’和‘说史’的先驱”[②]。这种观点，显然没有看到“变文”与宋代几种“说话”都有着本质性区别。

另外要注意的是，在一段时间内，部分学者将“变文”作为全部敦煌俗文学作品的总称。这当然是不妥的[③]。

至于“俗文”，郑氏也做了自我否定——当然也是对胡适观点的纠正：

> 所谓“俗文”之称，大约是指其将“佛经”通俗化了的意思。

但这也是毫无根据的。今所见到的“变文”，没有一卷是写作“俗文”的，除了从前北平图书馆的目录上如此云云的记录着[④]。

《中国俗文学史》的最大贡献在于，以敦煌卷子为据，再佐以其他文献记载，逐一讨论了写本上的实际题名，辩驳了以往“种种的臆测的称谓”，确认了“变文”之名最为恰当。大致而言，材料可靠，分析深入，值得详细介绍。析言之，郑氏除了否定“佛曲”和“俗文”两种名称之外，还归纳了可以视作变文的敦煌写本上的五种原始题名：

一者，唱文。“或者‘变文’在当时说不定也被称为‘唱文’。”因为伯二八七三号《维摩诘经变文》五卷在《伯希和目录》上均作“《维摩唱文》残卷”，该目录上还有伯二三〇五号《法华经唱文》一卷；斯三一一三号也题作《维摩唱文纲领》一卷[⑤]。实际上，伯二三〇五号正面乃实为《妙法莲华经讲经文》；背面内容，周绍良定名为“散座文七首”[⑥]。伯二八七三号则为一小册子，书皮上标有“佛说地藏菩萨经”之名，背面为安彦存解卜文字；斯三一一三号，实际上首题“药师琉璃光如来本愿功德经”：皆跟变文无涉。

“唱文”之称，当始自胡适。氏1926年赴英日记和1927年《海外读书杂记》，除了详记其在法国和法国所看到的《顿悟无生般若颂一卷》等禅宗文献[⑦]外，也涉及伯二二九二号

---

① 郑振铎：《插图本中国文学史》中卷《中世文学》第33章《变文》，朴社，1932年。

② 郑振铎：《中国俗文学史》第6章《变文》，商务印书馆，1938年。

③ 张子开、李慧：《隋唐五代佛教文学研究之回顾与思考》，《哈尔滨工业大学学报》（社会科学版）2012年第3期，第75-80页。

④ 郑振铎：《中国俗文学史》第6章《变文》，商务印书馆，1938年。

⑤ 郑振铎：《中国俗文学史》第6章《变文》，商务印书馆，1938年。

⑥ 周绍良编《敦煌变文汇录》（增订本），上海出版公司，1955年。

⑦ 江灿腾：《薪火相传：胡适初期禅学史研究的最新动态及其作为跨世纪现代性宗教学术研究典范的传承史（1925—2011）再确认》，《成大宗教与文化学报》2011年12月第17期，第193-256页。

《维摩诘经变文》，即称之为“唱文”[①]。

二者，讲唱文。由于只有斯二四四〇号《温室经讲唱押座文》，“恐怕，所谓‘讲唱押座文’，只是当时写者或作者随手拈来的一个名称吧”。按，是卷汇抄了诸种押座文。另外，伯三二一〇号还有一种《温室经押座文》，与《维摩经押座文》合抄。

三者，押座文。除了上举《温室经讲唱押座文》，还有斯一四四一号《维摩押座文》、伯二一八七号《降魔变押座文》和《破魔变押座文》。不过，“押座文”之上，还有一个“变”字，而“变文”或简称为“变”；所以，“所谓‘押座文’实在并不是‘变文’的本身的别一名称；所谓‘押座文’，大约便是‘变文’的引端或‘入话’之意”。郑氏的这个看法是对的，“押座文”确实只是变文的一个组成部分，不可作为整个变文的称呼。

四者，缘起。三个卷子，即伯二一九三号《大目犍连缘起》、伯三二四八号《丑女缘起》，以及法国收藏不明卷号的《善财入法界缘起钞卷四》。“‘缘起’也许也便是‘入话’之类的东西吧。但也许竟是‘变文’的别一称谓。”“在这里，把‘缘起’作为‘变文’的别名，当不会十分的错误。”其实，倘就内容而论，这几种“缘起”应该也只是变文的一类而已；此外，敦煌遗书还有多个并非变文的故事性卷子，也题作“缘起”[②]，何况佛教还有最基本的教义“缘起”［nidāna（निदान）］呢：所以，“缘起”并不适合作为“变”文的别称。

五者，变文。“但就今天所发现的文卷来看，以‘变文’为名的，实在是最多”，如胡适藏《降魔变文》、伯一三一九号和斯坦因所获《大目乾连冥间救母变文》、北平图书馆藏《八相成道变》。“凡有新发现，大抵皆足证明‘变文’之称为最普遍。”按，斯坦因所获的《大目乾连冥间救母变文》写本，即斯二六一四号。

当然，较之后来的《敦煌变文集》，郑氏的总结并不全面，不过已经足够说明问题了。

郑氏复引《太平广记》中张怙“目连变”之语，认为此“目连变”“也许指的便是我们所知道的《目连变文》吧?”。再根据张彦远《历代名画记》中有关变相的记载，指出：

> 像没有一个寺院的壁上没有“变相”一样，大约，在唐代，许多寺院里，也都在讲唱着“变文”吧[③]。

这一观点，也十分中肯且契合历史实际。

向达将罗振玉所谓“佛曲”视为“俗讲”产物，并较为全面和细致地讨论了“唐代寺院中之俗讲”、“俗讲之仪式”、“俗讲之话本问题”、“俗讲文学起源”和“俗讲文学之演变”几个方面[④]。显然，这是将变文看成俗讲话本了。不过，所谓“俗讲”之“俗”，不能等同于世俗或通俗。

孙楷第亦用“俗讲”之称，且区分为“讲唱经文”、“变文”和“倡导文”三大类[⑤]。孙氏将“变文”与讲唱经文和倡导文并列，是为独创；不过，缘于时事，只论及讲唱经文一部

① 胡适：《海外读书杂记》，1927年。

② 张子开：《缘起：一种讲说性故事文体的源流——兼论敦煌“变文”的范围问题》，中国敦煌吐鲁番学会、中国敦煌吐鲁番学会丝绸之路专业委员会、大唐西市历史文化研究中心主办“中国敦煌吐鲁番学会2014年度理事会暨‘敦煌吐鲁番与丝绸之路’学术研讨会”（西安，2014年9月26—29日）论文。

③ 郑振铎：《中国俗文学史》第6章《变文》，商务印书馆，1938年。

④ 向达：《唐代俗讲考》，载《燕京学报》1934年第16期。

⑤ 孙楷第：《唐代俗讲轨范与其本之体裁》，载氏著《俗讲、说话与白话小说》，作家出版社，1956年，第42-98页。

分，难以知晓其所谓“变文”与其他两类文体的差异。不过，这种分类方式本身就值得商榷。

我们认为，上述诸种称呼之中，相对而言，当然还是“变文”之名更优。因为这不但契合大多数卷子的题名，而且反映了文体特点，隐含了其产生途径和表演方式等关键性信息。

另外，就其性质或文体而言，变文当然不是通俗小说，也不是佛教歌曲，而是跟佛教弘法密切相关的一种宗教说唱艺术——虽然其中也有少数几篇公认为变文的世俗内容的文献。

（三）变文含义的讨论

那么，究竟何为变文？1932年，郑振铎首先指出：

> 原来“变文”的意思，和“演义”是差不多的。就是说，把古典的故事，重新再说一番，变化一番，使人容易明白。正如流行于同时的“变相”一样，那也是以“相”或“图画”来表现经典的故事以感动群众的。①

“演义”者，以史实为基础，羼入传闻想象而敷衍成之小说也，一般为长篇章回体②。《初刻拍案惊奇》：“这本话文，出在《空缄记》。如今依传，编成演义一回，所以奉劝世人为善。”③这还是跟王国维一样，将变文视作通俗小说，未能揭示出变文的特殊教化功能。

1938年，郑氏又深入了一些，将变文与佛经联系起来：

> 像“变相”一样，所谓“变文”之“变”，当是指“变更”了佛经的本文而成为“俗讲”之意。（变相是，变“佛经”为图相之意。）后来“变文”成了一个“专称”，便不限定是敷演佛经之故事了（或简称为“变”）。④

这是指变文的内容乃通俗化和简易化的佛经故事。不过，“变相”倒不一定是“变‘佛经’为图相”，部分其实是来自僧传，甚至是传说。

1943年，傅芸子更主张，“变”就是佛的“说法神变”：

> 所谓变者，乃佛的“说法神变”（佛有三种神变，见《大宝积经》八十六）之义。唐五代间，佛教宣传小乘，有两种方式，即变相图与变文，均刺取经典中的神变作为题材，一为绘画的，一为文辞的，即以绘画为空间的表现者为变相图，以口语或文辞为时间的展开者为变文是也。⑤

所谓“佛有三种神变”，原文为：“佛告天子：‘我以三种神变调伏众生：一者说法，二者教诫，三者神通。云何名为说法神变？所谓如来无碍大智，见未来世一切众生心行差别，于三宝所有信不信，及业果报皆悉了知。如佛所说，若现在世所行恶因，当堕恶趣，随业受报，决定无差。若彼众生善业因缘誓愿力故，从恶趣出，生人天中；或以声闻、辟支、佛乘及以大乘而得解脱，经尔所劫受苦受乐，当得涅槃，当得值遇若干诸佛：如是等业，决定无差。若彼众生善业因缘誓愿力故，当生欲界、色界、无色界，经尔所劫，以如是乘而得解

---

① 郑振铎：《插图本中国文学史》中卷《中古文学》第33章《变文的出现》，朴社，1932年。

② 中国大百科全书总编辑委员会《中国文学》编辑委员会、中国大百科全书出版社编辑部编《中国大百科全书》“中国文学Ⅱ”卷，“演义”条，中国大百科出版社，1986年第1版。

③［明］凌濛初：《初刻拍案惊奇》卷20《李克让竟达空函/刘元普双生贵子》，人民文学出版社，1991年。

④ 郑振铎：《中国俗文学史》第6章《变文》，商务印书馆，1938年。

⑤ 傅芸子：《关于〈破魔变文〉》，《芭文》1943年第1卷3期。

脱，以如是行当得见佛承事供养。如是一切上中下品、善不善业，乃至一念，如来悉知而为说法，是名说法神变。……’”[①]是称如来随顺众生业因而分别说法为“说法神变”。傅氏这是以《破魔变文》来界定“变文”和解释“变文”之“变”的，局限性相当明显：“变”当然不一定仅仅指诸佛的“说法神变”，变文的题材更不囿于佛典中的神变。另外，无论是变相图还是变文，也不是“佛教宣传小乘”的方式，大乘同样，密教同样。不过，视变文为演绎佛典、将变文和变相对举，倒是继承了郑振铎的观念。

1947年，周一良认为，变文就是对故事性的经变画的文字解说：“我觉得变文之变，与变歌之变没有关系。变文者，“变相之文”也。”“经变原是有故事的画，后来为通俗起见，又抛去原来所据佛典，再以当时文体重述画里的故事，于是就成了变文。”“大约变文起源于‘变相’之文，后来慢慢喧宾夺主，于是文渐渐独立，而文所依附的变，反而消灭了。”再从梵语的角度，指出了变文和变相之“变”的语源：“……我觉得这个变字似非中华固有，当是翻译梵语。我疑心‘变’字的原语，也许就是citra。（此字有彩绘之意。）”[②]

首先，这个看法虽有新意，却不一定准确：且不说世界上有没有表达如此繁复故事的那么多幅经变画，单就变文只是“重述画里的故事”而抛开佛典本身，就不可能，因为绘画远不如佛典和变文那么细致深入。其次，变文也不是“起源于‘变相’之文”，二者乃共生关系，伯四五二四号《降魔变文画卷》即文字和绘画并存[③]。另外，citra（चित्र）确有画或彩画之义，如用之组合成词之citrakara（चित्रकार）意为画家，citrakata（चित्रकट）意谓地毯（carpet），citrakathā（चित्रकथा）意为卡通（cartoon）；但也仅此而已，完全看不出citra有“变”之义，或跟“变文”有何关联。

同年，关德栋称，变文之“变”源于梵语mandala：“我以为与其说‘变’字的原语是citra，不如说‘变’字的原语是mandala较为得宜。”[④]而且，“变”就是mandala翻译之略：

> 我觉得“变相”“变文”的“变”字的来源是这样：（一）“变文”的“变”字就是“变相”的“变”字；（二）“变相”的渊源是“曼荼罗”；（三）“变相”的“变”字就是翻译梵语mandala一字的略语[⑤]。

mandala实即maṇḍala（मण्डल），本指圆周、圆月台、杂技场或盘等圆形物。在佛教中，意为轮圆具足、平等周遍十法界，也指密教按照一定仪制建立、用以修行时防止魔众侵入的坛场[⑥]，音译为“曼荼罗”“漫怛罗”等。唐释慧琳曰：“漫荼罗：梵语也。义说云圣众集会

---

① ［唐］菩提流志译《大宝积经》卷86《大神变会第二十二之一》，《大正藏》第11册，第492页b栏、第492页c栏。

② 周一良：《读〈唐代俗讲考〉》，天津《大公报·图书周刊》1947年2月8日第6期。又见氏著《魏晋南北朝史论集》，中华书局，1963年，第377–383页。

③ 巫鸿：《唐代艺术、文学和讲唱表演的宝贵证据——再谈发现于莫高窟藏经洞的〈降魔变文画卷〉》，《敦煌研究》2023年第5期，第20–33页。

④ 关德东：《〈读唐代俗讲考〉的商榷》，上海《大公报·图书周刊》1947年4月16日第15期。

⑤ 关德栋：《略说“变”字的来源》，载《曲艺论集》，中华书局，1958年。

⑥ 张子开：《“金箍棒圈”——〈西游记〉所见之密教因素例说》，载宽恕主编《首届大兴善寺唐密文化国际学术研讨会论文集》第3编《密意神韵——唐代密宗的文化与艺术》，陕西师范大学出版社，2012年，第19–23页。

处也。即念诵坛场。"[①]我们说，"变文"的"变"确实应该就是"变相"之"变"，然"变相"难以说源于mandala，即"曼荼罗"，更不好讲"变相"之"变"就是"翻译梵语mandala一字的略语"，因为并无音译或意译的实证。更何况，maṇḍala基本上不会演绎佛典故事，跟变文完全没有牵扯。

要言之，无论是关氏还是周氏，皆仅就梵语中与图画或绘画有关的词汇而探寻变文之"变"的语源，努力值得赞许，结论实不足信。

傅芸子的观点，1951年孙楷第复加申说："'变'当非常解。……非常之事，统谓之'变'。……歌咏奇异事的本子，就叫作'变文'。"[②]这其实还是从变文内容的神奇性来看，且视变文为通俗演义即白话小说的。孙氏又说："按'变'即神通变化之变。……以图像考之，释道二家，凡绘仙佛像及净重变异之事者，谓之变相。……其以变标立名目与'变文'正同，盖人物事迹以文字描写则谓之'变相【文?】'，省称亦曰'变'，其义一也。然则变文得名，当由于其文述诸佛菩萨神变及经中所载变异之事。"[③]这与傅芸子"变"乃"说法神变"之义的观点，实出一揆。

后来，关于变文之"变"的含义和渊源的论述，还有一些，但多数乃重复述说，大体仍不出上述几种观点，故勿庸论之。

二、变文集的编纂和校注

在20世纪30年代伊始变文目录编纂日渐完善的基础之上，20世纪50年代以来陆续出现了几种敦煌变文全集或选本，搜罗、移录、校勘和注释了变文卷子。虽则水平不一、质疑不断且颇有待考之处，倒也给阅读和研究变文提供了便利。实际上，这些工作都是对既有研究计划的贯彻和落实。

（一）变文目录的递次编列

上个世纪前几十年，学者们只就自己认知的零散变文加以探讨，或在论文中涉及，或将部分变文纳入自己辑录整理的敦煌材料之中，作为其中一部分。如罗振玉辑《敦煌零拾》仅收录了3篇、刘复《敦煌掇琐》收录10篇[④]等，并皆如此。这段时间并无纯粹的变文集，这些著作也未冠以变文之称。

不过，20世纪30至40年代，倒是先后有三位学者编写了变文目录[⑤]，从而为中华人民共和国成立后编纂敦煌变文集奠定了坚实的基础。

一者，向达所编四种目录：

1.《变文及唱经文目录》。附于氏撰《唐代俗讲考》[⑥]之后。一共收录了26件变文或唱经

---

① ［唐］释慧琳：《一切经音义》卷10《〈仁王护国陀罗尼经〉音义》，《大正藏》第54册，第367页。

② 孙楷第：《中国短篇白话小说的发展与艺术上的特点》，《文艺报》1951年4卷3期。后收入氏著《俗讲、说话与白话小说》，作家出版社，1956年，第1-13页。

③ 孙楷第：《读变文·变文之解》。

④ 刘复编《敦煌掇琐》上中下三集，"中央研究院"历史语言研究所专刊之二，"中央研究院"历史语言研究所，1925-1931年。

⑤ 邵小龙：《一件学术的"五缀衣"——敦煌变文的三份目录》，《古典文学知识》2022年4期，第130-137页。

⑥ 向达：《唐代俗讲考》，《燕京学报》1934年第16期。

文：英藏，斯二六一四号《大目连冥间救母变文》等3件；法藏，伯二三一九号《大目连冥间救母变文》等9件；北平图书馆藏，成六九号《目连变文》等10件；另外4件，分别为罗振玉、胡适和郑振铎所藏。

2.《记伦敦所藏的俗文学》所附目录[①]。收录了1936年在大英博物馆所见的11件变文写本，包括斯四六五四号《舜子变文》等，恰好补充《变文及唱经文目录》。

3.《伦敦所藏敦煌卷子经眼目录》[②]。为1938年在法国国家图书馆调研的收获。

4.《现存敦煌所出俗讲文学作品目录》。即《变文及唱经文目录》的修订本；亦在《唐代俗讲考》增订版之末，作为附录二，附录为伯三八〇八号《长兴四年应圣节讲经文》录文和插图[③]。修订时，综合了《伦敦所藏敦煌卷子经眼目录》和《记伦敦所藏的俗文学》所附目录，以及这两种目录之未逮，添加了在北平图书馆的新发现，共收录55件变文写本。

二者，傅芸子所编一种目录。见于氏著《敦煌俗文学之发见及其展开》[④]。是文区分敦煌俗文学作品为变文、诗歌和小说三类；变文列41个写本，再细分为有关佛教故事者和非佛教故事者。实际上，所列有42个写本：英藏，《维摩经押座文》等8个写本；法藏，《王陵变文》等18个写本；北平图书馆藏，《目连救母变文》等13个写本；我国藏者私藏，3个写本。

傅氏目录，后有修订本[⑤]，所列变文增至53个写本：英藏，多了斯五五四七号《前汉刘家太子传》等2个写本；法藏，加了伯二三〇五号《法华经唱文》等8个写本；私藏，则多了郑振铎《投身饲虎变文》和日藏《八相成道变文》。分类上，也改分为关于唱经及佛教故事的变文和关于非佛教故事的变文两类。

三者，关德栋所编《变文目》[⑥]。是目以向达《现存敦煌所出俗讲文学作品目录》为基础，又参考了傅氏目录修订本和董康《书舶庸谭》卷四，自然后出转精。首先，数量更夥，共收74个变文写本：英藏，23个写本；法藏，30个写本；国内公藏，13个写本；国内私人收藏，7个写本；日本私人收藏，1个写本。其次，分上述写本为三类，更加合理：押座文，8个写本；缘起，3个写本；变文，63个写本。再者，体例更为完善。每个写本，皆注明存佚、收藏地、编号和研究情况。

（二）变文集的陆续涌现

变文集的编纂和校注，因需要处理卷子残缺、文字辨认、词语含义和生活背景等问题，实际上涉及文献、语言、历史、宗教和文学等领域，故乃跨学科和综合性成果。

在上述几种变文目录的基础之上，1954年面世了最早的变文集，即周绍良《敦煌变文》[⑦]。是书移录了作者所见的36篇唐五代变文，包括24篇押座文和缘起、12篇历史故事和

---

① 向达：《记伦敦所藏的俗文学》，《新中华》1937年7月第5卷第13号。

② 向达：《伦敦所藏敦煌卷子经眼目录》，《图书季刊》1939年新1卷第4期。

③ 向达：《唐代俗讲考》（增订本），《文史杂志》1944年第9、10期。

④ 傅芸子：《敦煌俗文学之发见及其展开》，《中央亚细亚》1941年10月第1卷第2期。

⑤ 傅芸子：《白川集》，文求堂书店，1943年。

⑥ 关德栋：《变文目》，《中央日报》“俗文学副刊”1948年4月23日第46期。又载氏著《曲艺论集》，中华书局，1958年。

⑦ 周绍良编《敦煌变文汇录》，上海出版公司，1954年。

民间传说。每篇之后，简要说明了卷子收藏地点和卷次，或简介内容，或稍做考订。正文之前附数帧图版；另有叙，阐述了变文起源和体制等问题；将向达、傅芸子和关德栋所编目录，汇成《敦煌所出变文现存目录》，共计127种，分为押座文、缘起和变文三类。

次年，作者又做以增订[①]，增收了《孟姜女变文》，补全了原来首段残缺的《王陵变文》，并补正了文字脱误，《敦煌所出变文现存目录》也做了修订。不过，是书排除了俗赋和话本小说，只收录铺陈佛教神变故事的俗讲话本和押座文。

1957年，由王重民、王庆菽、向达、周一良、启功和曾毅公所编《敦煌变文集》[②]出版。该书将王重民和王庆菽当年在伦敦和巴黎通过拍照或抄写所获得的187个写本，汇集校定为78种变文，编成八卷。分类方面，先分为历史故事和佛教故事两大类：前者23种，“又依文体有说有唱、有说无唱和对话体分为三卷，每卷更依历史时代次序之”；后者40种，“依佛（释迦）的故事、佛经讲唱文和佛家故事，亦分为三卷”。然后，13种押座文和其他短文，总为一卷。最后，殿以“包含着变文的原始资料”的《搜神记》和《孝子传》，一卷。每种变文，除了移录原文外，还有简单的校记。正文之前，有图版、《敦煌变文集引言》、《敦煌变文集叙例》；正文之后，附《敦煌变文论文目录》。

因其收罗的完备、体例的严谨和校录的可靠，长时间成为学术界阅读和研究敦煌变文的最主要文本。

不过，将《搜神记》和《孝子传》这两种缺乏变文基本特征的作品纳入，确有不妥；校记一般只记异同，少断是非，也非精良。清段玉裁《与诸同志书论校书之难》：“校书之难，非照本改字不讹不漏之难也，定其是非之难。是非有二，曰底本之是非，曰立说之是非。必先定其底本之是非，而后可断其立说之是非。二者不分轇轕，如治丝而棼，如算之淆，其法实而瞀乱，乃至不可理。”[③]是之谓也。

《敦煌变文集》书前的《敦煌变文集叙例》，揭示了当年作者们整理敦煌变文的整体计划：

我们整理敦煌变文的计划和步骤，拟从下面三个方面进行：

> 一，校印本。把敦煌所出变文和与变文有关的资料，移录校勘，排印成为一个最完备的汇编本，供研究和阅读古典文学的人使用。
>
> 二，选注本。从校印本内选出最优秀的作品，加上简明的注解，供一般读者使用。
>
> 三，影印本。将可能找到的原卷或照片，用珂罗版影印，以保存原形，供专门研究的人使用。

客观而论，这个规划不可谓不全面、不严密，且步伐稳健。

显然，《敦煌变文集》就是计划中的第一个方面，即校印本。

不过，主要缘于复杂的社会原因，《敦煌变文集》编撰者并没有能够实施原来拟定的其他两个方面的计划和步骤。

---

① 周绍良编《敦煌变文汇录》（增订本），“中国文艺研究丛书”之一，上海出版公司，1955年。

② 王重民等编《敦煌变文集》，人民文学出版社，1957年。

③ 段玉裁：《经韵楼集》卷12，上海古籍出版社，2007年。

1983年，台湾潘重规《敦煌变文集新书》[1]出版。书前的《引言》和《叙例》声明，是书专为纠正《敦煌变文集》之错讹而撰，从标题、章句和分篇三个方面进行了补正工作；另外，增添了台湾“中央图书馆”藏《盆兰盆经讲经文》《秋吟》、日本龙谷大学藏《悉达太子修道因缘》和列宁格勒（今圣彼得堡）藏1篇押座文和《双恩记》等4篇讲经文。在篇目编排上，也做了改变，转而“根据变文的发展过程，和变文的形式与内容来排列”：卷一，押座文，9篇；卷二，讲经变文，23篇；卷三，太子出家变文，12篇；卷四，佛弟子和佛教故事变文，12篇；卷五，有说有唱的历史故事变文，9篇；卷六，有说无唱或有唱无说的历史故事变文，10篇；卷七，对话体变文，8篇，卷末加《百鸟名》一篇；卷八，附录变文资料，2篇。最后，附录了《敦煌变文论文目录》和《敦煌变文新论》。全书收录变文达86篇，较《敦煌变文集》多出8篇。校录时，还是以《敦煌变文集》为底本，每篇除了移录原文外，亦附有校记；校记除列出异文，也多作是非判断。1994年，该书又有新的版本[2]。

显然，较之以《敦煌变文集》，《敦煌变文集新书》无论在编次、题名和标点，还是在录文和校勘方面，都又上了一个新的台阶。不过，卷八的《搜神记》和《孝子传》并非变文，不该列入。

如其书名，《敦煌变文集新书》可视作《敦煌变文集》的修订本——只是换了作者罢了。

1989年，周绍良、白化文和李鼎霞编《敦煌变文集补编》[3]付梓。该书补充了《敦煌变文集》出版后新现出的15种材料，其中新发表的9篇，补充校录的6篇；分为两个单元，第一单元收录《双恩记》等9篇讲经文和押座文，第二单元收录《赞僧功德经》等6篇与变文有关联的作品。各篇录文，全部照原卷行、字手写，添加标点，篇末均有较详细的校记。书末，附《俗字表》和所录各篇的全部照片176幅。

必须说明的是，在当时条件下，是书乃自费出版，颇为艰辛，足以显示作者为学术而奉献的富贵精神。幸运的是，1989年，又由出版社负责，推出了第二版[4]。

至于《敦煌变文集》编者们心之念之的整理敦煌变文的第二个方面，即选注本，一直要到20世纪90年代方始面世，而且也是由其他学者来完成的。

这就是1990年出版的项楚《敦煌变文选注》[5]。此书从《敦煌变文集》中择取了27篇变文，兼顾体裁和题材；吸收了《敦煌变文集》面世以来的部分成果，详加校勘和注释：这是第一次对变文进行翔实的注释，颇便于阅读和研究。是书实际上也可视为作者此前为《汉语大字典》搜集敦煌遗书中的例句的延伸性成果[6]。

囿于条件，项氏此著参照海外成果有限；篇目选择上，并非十全十美；校注体例和校注内容，也有一定瑕疵[7]。比如，注释中引用禅宗语录时，多用作者熟悉的《五灯会元》，忽略时代更早且《五灯会元》据以编纂的《景德传灯录》、《天圣广灯录》、《建中靖国续灯录》、

① 潘重规：《敦煌变文集新书》，台湾中国文化大学中文研究所，1983年。

② 潘重规：《敦煌变文集新书》，文津出版社有限公司，1994年。

③ 周绍良、白化文、李鼎霞编《敦煌变文集补编》，北京大学出版社，1989年。

④ 周绍良、白化文、李鼎霞编《敦煌变文集补编》（第2版），北京大学出版社，2016年。

⑤ 项楚：《敦煌变文选注》，巴蜀书社，1990年。

⑥ 参考张子开《项楚与敦煌学研究》，《中国文化》2001年第17、18期合刊，第55-62页；张子开《中国现代语言学家传略》第3卷“项楚”条，河北教育出版社，2004年，第1424-1434页。

⑦ 萧旭：《项楚学术剽窃嫌疑举证》，氏著《敦煌文献校读记》，花木兰文化事业有限公司，第397-404页。

《联灯会要》和《嘉泰普灯录》。《孔子项讬相问书》“叉手”条，即用《五灯会元》卷十二《沩潭景祥禅师》：“师常叉手夜坐，如对大宾。”（第372页）其实，宋释正受《嘉泰普灯录》卷八《隆兴府沩潭景祥禅师》已有是语矣。校勘时，亦时有可商榷之处。《破魔变》“四知周圆道果坚”，称“原文‘知’当作‘智’”（第461页）。实际上，“知”乃“智”的古字，本不用改，指出即可矣。应该说，此书相当粗糙，乃顺应时代氛围而涌现出的急就章也。

2006年，是书出了增订本[①]。虽然在一定程度上弥补了上述缺陷[②]，但很多老问题还是留存着，可谓换汤不换药，并无本质性提升。如上援“四知周圆道果坚”之“知”仍校为“智”（上册，第605页），“叉手”还是沿用《五灯会元》例子（上册，第485页）。

尽管项氏之作勉强可算是贯彻和实现了20世纪50年代《敦煌变文集》编者们整理敦煌变文的计划和步骤的第二个方面，即选择校印本的“最优秀的作品”而加以注解。不过，本书的校注并不“简明”，故而还算不上“供一般读者使用”，而主要是供学术界使用的。

上论之《敦煌变文集补编》，本乃1975年白化文在周绍良指导下新编“一部扩大了的《敦煌变文集》”的副产品，由李鼎霞和白氏为主、杨宝玉为辅；周绍良未参与实际编纂，却仍列为第一作者，体现出了老一辈学者高风亮节的学术品格。至于他们拟议中的《敦煌变文》的扩充版，“推荐邓文宽学长转托张涌泉、黄征等位去办理了”[③]——这就是《敦煌变文校注》[④]。

《敦煌变文集校注》仍以《敦煌变文集》为基础，不过剔除了《下女夫词》、《秋吟》、《搜神记》和《孝子传》4种，将伯二一二一号《维摩诘经讲经文》与《维摩经押座文》合并，原录于《三身押座文》之末的斯二四四〇号《解座文》则独立出来；增辑了俄罗斯、日本和中国台湾等地所藏12种：共计86种变文。这是目前收录数量最多的一部敦煌变文集，基本上按《敦煌变文集》的顺序编排。因排除了《敦煌变文集》卷八的《搜神记》和《孝子传》，故而卷数由八卷缩减为七卷。每种变文，参照此前成果，皆重新录文，酌加校勘和注释。正文之前为《序》、《前言》和《凡例》；正文之后，附录《本书所引变文补校论著目录》和《敦煌变文语词索引》，殿以《后记》。

本书的最大贡献，在于在一定程度上总结了以前成果，且时有己见。

当然，缘于总量宏大，囿于精力和当时客观条件，无论录文、校勘还是注释，都显得有些粗疏，后来学界已陆续有所补正[⑤]。

需要指出的是，全书以校为主，注释既少且简，甚至比不上早出七年的项楚《敦煌变文集选注》；校勘时，又多仅列异文，少作是非判断。例如，卷一《伍子胥变文》“尽月”：《敦煌变文选注》谓“农历月末的月亮，形容弯如一线”（第5页），《敦煌变文选注（增订本）》同（上册，第9页）；《敦煌变文校注》释为“将尽极细之残月或新月，喻蛾眉”，引唐韩鄂《岁华纪丽》为证（第19页）。其实，韩氏已然说得很清楚：“月有小尽、大尽。三十日为大

---

① 项楚：《敦煌变文选注》（增订本），中华书局，2006年。

② 张子开：评项楚《敦煌变文选注》（增订本），香港大学中文学院、斯坦福大学中华语言文化研究中心联合出版《东方文化》2009年第42卷第1、2期合刊，第247-253页。

③ 周绍良、白化文、李鼎霞编《敦煌变文集补编》（第二版）。

④ 黄征、张涌泉校注《敦煌变文校注》，中华书局，1997年。

⑤ 萧旭：《张涌泉学术剽窃嫌疑举证》，载氏著《敦煌文献校读记》，第404-427页。

尽，二十九日为小尽。”在古籍中，“大尽”或作“大建”；“小尽”谓夏历小月，也称小月的末日。显然，“尽月”乃与“新月”对称，而不是“或新月”；“大尽”者，月已蚀掉；唯有“小尽”与“尽月”相称：“尽月”也者，夏历月末将尽之月也。尽月，与“残月”、“下弦月”和“残月峨眉月”等同义；“新月”，则与“月牙”、“初月”、“上弦月”、“眉月”和“峨眉月”等同义：无论“新月”或“尽月”，皆可用以形容眉毛。古籍特别是佛典中，“尽月”用例极夥，如《中阿含经》卷三十六《梵志品·何苦经》：“梵志！如向尽月，日日稍减，宫殿亦减，光明亦减，形色亦减，日日尽去。梵志！有时月乃至于尽，都不复见。”[①]再就形状而言，新月微微向上翘起；尽月刚好相反，下翘：女性眉毛唯有向下弯曲，且非“如一线”般平直，更绝无向上翘起者矣。文中描摹秦穆公“年登二八”之女之“美丽过人”，曰“眉如尽月”。此种眉毛，又细又长，绝非自然天成，而是以眉笔绘就或以刀剪修而成。唐五代雕塑及画像之中，颇为多见（见图1、图2）[②]。

图1　榆林窟第16窟《吉祥天女》局部

图2　莫高窟第45窟南壁盛唐菩萨局部

总之，20世纪90年代以来的几种变文集，其实都是在实施王重民等学者50年代拟定的变文整理计划。客观而论，这几种变文选集或全集，无论是移录、校勘，还是注释，确创筚路蓝缕之业，难称尽善尽美之功。详尽而权威的校录笺注，还得另待高明矣。

此外，计划的第三个方面“影印本”，即影印原卷或照片，只有《敦煌变文集补编》做到了，其他或在书前略加几帧图片，或竟完全无视。期待着汇聚所有变文原卷或照片、高清度的影印本能够早日面世，嘉惠学林。

三、余论

百余年来变文研究的成就，主要体现在上述变文含义暨名称等、作品编纂和校注这两个方面。至于变文产生原因、变文故事类型及其源流、变文文学价值等的探讨，要么已然包括在上述两个方面之中，要么成果稍显零星碎散，要么此前已有总结，姑容后再论。

---

①《大正藏》第1册，第660页。

②参考王玉哲主编《中国古代物质文化》，高等教育出版社，1990年，第336页；李安乐：《眉之妖娆——唐五代绘画中的女性眉饰》，《中国书画报》2016年3月17日。

长期研究变文且研习佛教的白化文，曾经讲过：

> ……根据我们的意见，《敦煌变文集》中所收的大部分都不是变文，那部书按说应该叫作“敦煌俗文学中说唱故事类作品总集”才更合适。而且，按照周绍良先生的看法，其中一部分作品，如《秋吟》一本是和尚募化寒衣时的唱词，《下女夫词》是婚礼仪式歌。这两种材料中的民俗学成分，远比文学成分浓。《搜神记》属于六朝志怪小说系统，《孝子传》是与《列女传》同类的东西，它们都是介于短篇小说类书、传记之间的作品。以上这些，严格地说，不应阑入《敦煌变文集》所收范围之内。

至于白氏所编《敦煌变文集补编》，情况更严重：

> 综合起来看，这部《敦煌变文集补编》之中，可说是一篇真正的变文也没有，这是一。其中有些材料，如《下女夫词》，又是周绍良先生认为《敦煌变文集》也不应该收的，这是二。据此，我们这部书，可真是给《敦煌变文集》作的补编。也就是说，它是按照《敦煌变文集》原来收入的范围，把新发表的、新发现的材料补充进去。其目的首先当然是补。这些材料散在各处，收集不易，把它纂辑在一起，便于读者参考，自觉不是毫无意义。①

这个观点，显然源于作者对变文的界定，而且跟作者对佛教的深刻认知有关。

实际上，无论是“俗文学”和“说唱故事类作品”，还是“和尚募化寒衣时的唱词”和“婚礼仪式歌”，还是民俗类文献，都依然颇有疑问。

事实上，甚至连“虽然学界对‘变文’和‘变’字的字义进行了长时间的讨论，但是直至现在尚未形成一种为学界普遍认可的看法”②。

上述研究现状，真切地反映出了百多年来敦煌变文研究的困惑、迷茫，甚或困境。

那么，究竟问题出在什么地方？哪儿？何以摆脱这个困境？

我们认为，历史现象一定要放到历史背景中，才能拨除迷雾，显露本真。

具体到敦煌变文研究，迄今的大部分研究者并不熟悉唐五代社会环境，特别是变文赖以存在的宗教环境。另外，以现存文本特别是不完整文本甚至残破文本为依据，混淆了现存文本和历史文本，进而混淆了现存文体和历史文体，混淆了现存功效和历史功效。

在21世纪的今天，敦煌变文研究，亟需在前贤时哲研究的基础之上，从新的角度和新的视野，进行新的探索，力求有大的突破。

敦煌变文研究，绝非已然功德圆满，而是依旧任重道远。

---

① 周绍良、白化文、李鼎霞编《敦煌变文集补编》（第2版）之《前言》，第3–4页。

② 杜晓勤主编《隋唐五代文学研究》，北京出版社，2001年。

写本文献中传写本论定的方法

——以敦煌《论语》写卷为例*

许建平（浙江大学汉语史研究中心、古籍研究所）

雕版印刷术发明以后，图书可以大量复制，同一版片印出来的图书，内容没有丝毫差异，典籍可以迅速流传于社会，大大促进了教学的发展与文化的传播。虽然刊刻的本子有初刻本、重刻本、翻刻本、重修本、递修本等等之别，但每次雕版，基本作过校勘，其内容相对恒定，不至于区别太大。大多数典籍，都能梳理出版本系统，某个版本是从哪一个版本传刻而来，其文本的变化如何，都是比较容易梳理清楚的。但在写本时代，典籍都是抄写而成，即使是同一人抄写的同一部典籍，其内容也很难完全相同。可以说，每一次抄写，都会形成一个新的“版本”，方广锠教授谓之为“写本的唯一性”①。在写本文献的研究上，我们平时很少关注不同写本之间的文本传承关系，这是一个主要原因。另一个原因就是样本太少，即使像敦煌藏经洞文献，有多达6万个号码的写本，但也不及当时全部写本的九牛之一毛，何况四部书写本又不到这6万号的十分之一。张新朋教授通过对写本中“关键性异文”一致与否的比较，将《开蒙要训》写本分为五个文本传抄系统②，对于考察《开蒙要训》文本演变的过程有很大的参考价值，但落实到具体两个写卷，尚无法判断是否有直接的传承关系。杨宝玉、刘英华发现P.3349+S.5859与S.19+Дx.03903+？+羽037R+？+S.5779是

*本文系国家社会科学基金一般项目“敦煌经学文献综合研究”（项目编号19BZS005）研究成果。

① 方广锠：《敦煌遗书中写本的特异性——写本学劄记》，《敦煌吐鲁番研究》第14卷，上海古籍出版社，2014年，第181页。

② 张新朋：《敦煌写本〈开蒙要训〉研究》，中国社会科学出版社，2013年，第61-68页。

同一部算经，甚至错字也相同[①]，但未能判定何者为先，何者为后。王子鑫、张涌泉通过分析BD03129、P.3849v两写卷的相同文句中的高频次虚词用字大多相同、部分低频次词的用字相同、部分异体字和书法字相同、误字相同、人物省称和用字相同五类现象，论定它们出自同一系统；又后者的某些异文渊源于前者，而前者的某些异文与后者没有关系，推断前者是后者的后出抄本[②]。但只是证明了两者有“血缘”关系，而无法证明其“血缘”关系的亲疏程度。

敦煌《论语》写本，今所见者有101号，其中何晏《论语集解》写本有82号，可缀合成63件。这63件《论语集解》写本中，P.2677D+？+P.2677E+Дx18932 +Дx12760+P.3194与P.3705号写卷无论是内容还是用字，都极其相似。那么它们是有共同来源的两个文本，还是有前后相承关系的文本，抑或是有直接传写关系的文本呢？要证明它们两者的关系，笔者认为需要用完全归纳法，把两写本的所有相同文句作全面比勘，方可明晰其“血缘”关系的亲疏程度。

一、写本介绍

P.2677号写本，《法藏敦煌西域文献》定名“1.诗集 2.论语卷第一”[③]。其实该号写卷由5个残片组成：第1片残诗集，徐俊定名为“唐诗丛钞”[④]；第2、3两片为《论语集解·为政》之内容，在《论语集解》第一卷中；第4、5两片则为《论语集解·述而》之内容，在《论语集解》第四卷中，故《法藏敦煌西域文献》的定名是不全面的。《敦煌经籍叙录》将P.2677号的五个残片分别编为P.2677A—P.2677E，P.2677B与P.2677C为一卷之裂，可以缀合，所存者为《论语集解·为政》之内容[⑤]。P.2677B+P.2677C与P.2677D+？+P.2677E的字体不同，非同一人所书，亦非同一卷之裂[⑥]。

P.2677D、P.2677E、Дx12760、P.3194四件为一卷之裂，它们的起讫及缀合情况已见《敦煌经籍叙录》的介绍[⑦]，此处不再赘述。

Дx.18932起《论语集解·述而》“子食于有丧者之侧，未尝饱也”注“饱食于其侧”，至“子行三军则谁与”注“故发问也”，存3残行。此3残行的内容与P.2677E第5—7行上端缺损部分相关，只是也不能直接缀合，具体的缀合情况可参刘郝霞《敦煌汉文文献（佛经以外部分）残断与缀合研究》[⑧]。P.2677D+？+P.2677E+Дx18932 +Дx12760+P.3194五件缀合后，

① 杨宝玉、刘英华：《敦煌汉藏文献中所存九九表研究》，《中国社会科学院大学学报》2023年第6期，第104页。

② 王子鑫、张涌泉：《敦煌写本〈佛说诸经杂缘喻因由记〉校注》，《敦煌吐鲁番研究》第19卷，上海古籍出版社，2020年，第76-77页。

③ 上海古籍出版社、法国国家图书馆编《法藏敦煌西域文献》第17册，上海古籍出版社，2001年，第200页。

④ 徐俊：《敦煌诗集残卷辑考》，中华书局，2000年，第201页。

⑤ 许建平：《敦煌经籍叙录》，中华书局，2006年，第325页。

⑥ 许建平：《〈俄藏敦煌文献〉儒家经典类写本的定名与缀合——以第11—17册未定名残片为重点》，载张涌泉等编《汉语史学报》第3辑《姜亮夫、蒋礼鸿、郭在贻先生纪念文集》，上海教育出版社，2003年，第313页。

⑦ 许建平：《敦煌经籍叙录》，中华书局，2006年，第335-336页。

⑧ 刘郝霞：《敦煌汉文文献（佛经以外部分）残断与缀合研究》，四川大学出版社，2020年，第218页。

起“论语述而第七”篇题，至《泰伯》末，共87行，存《述而》《泰伯》2篇内容。

P.3705，起《论语集解·述而》“信而好古”之“古”，至《泰伯》末，尾题“论语卷第四”，共102行。

二、文本比较

若欲了解P.2677D+？+P.2677E+Дx18932 +Дx12760+P.3194与P.3705的关系，必须将两者重合部分的内容进行比较，分析它们的异同，探寻它们的关联所在。为此，还必须引入一个可与它们进行比较的文本作为标准本，若它们的内容与此标准本相同，说明其内容是有共同来源的，没有异文可以比较。只有两件写本的内容与标准本不同，或其中一件与标准本不同，方可据此分析两件写本之间的关系。南宋廖氏世采堂本《论语集解》系经注附释音本，尚存五代监本之旧①，因而以1932年《天禄琳琅丛书》影印收入的元代盱郡覆刊宋世采堂本《论语集解》本为标准本，简称“覆宋本”。为了行文方便，将P.2677D+？+P.2677E+Дx18932 +Дx12760+P.3194称为甲卷，P.3705称为乙卷。

在对异文的分析过程中，尚需参考其他的《论语》文本材料，观其有否与甲卷或乙卷相同者，以证甲卷、乙卷之异文非其独有。本文据以参考的《论语》文本主要有以下几种：

1.敦煌、吐鲁番《论语》写本。

2.《定州汉墓竹简论语》，文物出版社，1997年。简称“定州本”。

3.《景刊唐开成石经》，中华书局，1997年。简称“唐石经”。

4.《论语集解》，何晏著，上海涵芬楼据长沙叶氏观古堂藏日本正平本影印《四部丛刊》本，1919年。简称“正平本”。

5.《论语义疏》，皇侃著，广西师范大学出版社据日本大正十二年（1923）怀德堂本影印，2018年。简称“义疏本”。

6.《阮刻论语注疏解经》，浙江大学出版社据上海图书馆藏清嘉庆刻本影印，2021年。简称“阮刻本”。

敦煌写卷中“禮”“礼”二字混用不别，唐人在抄写过程中，或用“禮”，或用“礼”，随意为之。甲卷、乙卷亦是禮、礼混用，但两者此二字的出现情况，有惊人的一致。《泰伯》“恭而无禮则劳，慎而无禮则葸，勇而无禮则乱，直而无禮则绞”句中四个“禮”字，甲、乙两卷均作“禮”；又《泰伯》“君子所贵乎道者三”注“此道谓禮也”之“禮”，甲卷作“禮”，乙卷此处有“譠”字，乃各取“谓禮”二字之半而合成。其他凡“禮”字甲卷、乙卷皆作“礼”②。又“與与”“亂乱”“閒間”“爾尒尔”这四组字唐人也是混用不别的。

下面进行文本比较时，凡甲卷、乙卷相同而与覆宋本相异的涉及“禮礼”“與与”“亂乱”“閒間”“爾尒尔”五组字者不再列出，以省篇幅。

① 刘玉才：《廖氏世采堂本〈论语集解〉平议》，载刘玉才主编《从钞本到刻本：中日〈论语〉文献研究》，北京大学出版社，2013年，第77页。

② 《述而》“丘也幸，苟有过，人必知之”注“讳国恶，禮也”，“禮”字甲卷作“礼”，乙卷作“孔”，“孔”必是“礼”之形误。

（一）第一类　甲卷、乙卷相同而与覆宋本有别者

1.覆宋本：用之则行，舍之则藏。

甲卷、乙卷“舍”作“捨”。

案：P.3783作“捨”，72TAM184：12/7（b）及64TAM27：38（b）、39（b）两郑玄《论语注》写本亦作“捨”。舍、捨古今字[①]。

2.覆宋本：“子行三军，则谁与”注“故发此问”。

甲卷、乙卷“故发此问”作“故发问也”。

案：S.800作“故发问”，比甲卷、乙卷少一“也”字。

3.覆宋本：“如不可求，从吾所好”注“所好者，古人之道”。

甲卷、乙卷“古人之道”作“好古人之道”。

案：S.800、正平本、义疏本皆作“好古人之道也”，比甲卷、乙卷多一“也”字。

4.覆宋本：曰不图为乐之至于斯也。

甲卷、乙卷无“曰”字，“图”作“啚”。

案：72TAM184：12/7（b）、64TAM27：39（b）两郑玄《论语注》写本无“曰”，与甲卷、乙卷同。P.2699、P.3783及72TAM184：12/7（b）郑玄《论语注》写本“图”作“啚”，与甲卷、乙卷同。《干禄字书·平声》：“啚、图，上俗下正。”[②]

5.覆宋本：“求仁而得仁，又何怨”注“夷、齐让国远去，终于饿死，故问怨邪。以让为仁，岂有怨乎”。

甲卷、乙卷“夷齐”作“伯夷叔齐”，“邪 ”作“耶”，“有”作“得”。

案：S.800、P.2699、义疏本“夷齐”作“伯夷叔齐”，S.800、P.2699“邪”作“耶”，皆与甲卷、乙卷同。《玉篇·耳部》：“耶，俗邪字。”[③]诸本无“有”作“得”者。

6.覆宋本：“子所雅言”注：“孔曰：‘雅言，正言也。’”

甲卷、乙卷“雅言，正言也”作“雅者，正也”。

案：64TAM27：38（b）、39（b）郑玄《论语注》作“雅者，正也”，甲卷、乙卷与郑玄注同。

7.覆宋本：“《诗》《书》、执礼，皆雅言也”注“必正言其音，然后义全……故言执”。

甲卷、乙卷“正”作“政”，无“然”字，“故言执”下有“也”字。

案：覆宋本之“正”“然后”，S.800、P.2699、正平本、义疏本、阮刻本皆同[④]。正、政同音，敦煌写本多通假者[⑤]。S.800、正平本、义疏本有“也”字，与甲卷、乙卷同。

8.覆宋本：“叶公问孔子于子路，子路不对”注：“不对者，未知所以荅”。

甲卷、乙卷注文作“不对，吾未知所以荅也”。

案：诸本未见如甲卷、乙卷有一“吾”字者。

---

① 洪成玉：《古今字字典》，商务印书馆，2013年，第385页。

② ［唐］颜元孙：《干禄字书》，载《丛书集成初编》本，商务印书馆，1936年，第8页。

③ ［南朝梁］顾野王撰，［宋］孙强重修《宋本玉篇》，中国书店，1983年，第94页。

④ P.2699“然后”之“然”作“叔”，很明显是“然”之形误。

⑤ 王继如、吴蕴慧《敦煌文献通读字》，商务印书馆，2022年，第532页。

9. 覆宋本：女奚不曰。

甲卷、乙卷“女”作“汝”。

案：S.800、P.2699、P.3783、义疏本与甲卷、乙卷同，女、汝古今字。

10. 覆宋本：“好古，敏以求之者也”注“言此者，劝人学”。

甲卷、乙卷“敏以求之者也”作“敏而求之者”，“劝人学”作“勉人学也”。

案：P.2699经文作“敏而求之者”，与甲卷、乙卷同；正平本亦同，唯“者”下多一“也”字，与覆宋本同。S.800注文作“劝勉人学也”，正平本作“勉人于学也”，义疏本作“勉劝人于学也”。

11. 覆宋本：“子不语怪、力、乱、神”注“怪，怪异也。……乱，谓臣弑君、子弑父”。

甲卷、乙卷无“也”“谓”，“弑”作“煞”。

案：S.800、P.2699、正平本、义疏本、阮刻本与覆宋本同。“煞”为“杀”之俗字，《干禄字书·入声》：“煞、杀，上俗下正。”[①]杀、弑古今字。于鬯引钟朝美之说：“古只有杀字。而上杀下及敌者相杀，读杀短言之；下杀上，读杀长言之。弑者后出之字。凡六艺群书在《公羊》前者，皆有杀无弑。其参差混乱不画一者，皆写本、刊本之失也。”[②]

12. 覆宋本：“三人行，必有我师焉”注“故无常师”。

甲卷、乙卷“常师”下有“也”字。

案：S.800、正平本、义疏本亦有“也”字。

13. 覆宋本：“二三子以我为隐乎”注“以为有所隐匿”。

甲卷、乙卷“为隐”下有“於子”，“匿”作“慝”。

案：唐石经、阮刻本无“於子”二字，与覆宋本同。S.800、P.2699、P.3783、正平本、义疏本及定州本、64TAM27：26（a）郑玄《论语注》皆较覆宋本多一“子”字，较甲卷、乙卷少一“於”字。S.800、P.2699、正平本、阮刻本、义疏本皆作“匿”，无作“慝”者。匿、慝古今字[③]。但“慝”仍有“匿”义，例详《故训汇纂》[④]。

14. 覆宋本：“文、行、忠、信”注“四者有形质，可举以教”。

甲卷、乙卷“形”作“刑”，“教”下有“之”字。

案：P.2699与甲卷、乙卷同。刑、形古今字，南北朝隋唐时期二字混用[⑤]。

15. 覆宋本：“盖有不知而作之者”注“时人有穿凿妄作篇籍者，故云然”。

甲卷、乙卷“凿”作“鑿”，“然”下有“也”字。

案：S.800、P.2699、正平本、义疏本、阮刻本皆作“凿”，无作“鑿”之本。S.800、P.2699皆有“也”，与甲卷、乙卷同。唐抄本中“鑿”字有将左上角写成“艹”者[⑥]，甲卷、乙卷“鑿”字从“艹”者，盖由此讹变也。

---

① ［唐］颜元孙：《干禄字书》，第29页。

② ［清］于鬯：《香草续校书》上册，中华书局，1963年，第26页。

③ 洪成玉：《古今字字典》，第435页。

④ 宗福邦等主编《故训汇纂》，商务印书馆，2003年，第815页。

⑤ 许建平：《英藏敦煌〈诗经·周南〉写本校证》，载《文津学志》编委会编《文津学志》第15辑，国家图书馆出版社，2021年，第64–65页。

⑥ 臧克和主编《日藏唐代汉字抄本字形表》第6册、第9册，华东师范大学出版社，2017年，第1971页、第1755页。

16.覆宋本："弋不射宿"注"宿，宿鸟"。

甲卷、乙卷"宿鸟"下有"者也"二字。

案：S.800、P.2699、正平本、义疏本、阮刻本"宿鸟"下有"也"字。

17.覆宋本："多见而识之，知之次也"注"如此者，次於天生知之"。

甲卷、乙卷"次於天生知之"作"次於生知"。

案：S.800作"次於生知之也"，"之也"二字上有朱笔涂抹，说明阅者认为此二字为衍文，如此则与甲卷、乙卷同。而且"之也"也可以理解成为双行对齐而添。P.3534、义疏本作"次於生知之者也"，其"之者也"三字亦当为承袭因双行对齐而添之本。P.2699作"次於生之"，"之"则为"知"之同音借字[①]。

18.覆宋本："互乡难与言，童子见，门人惑"注"互乡，乡名也"。

甲卷、乙卷"惑"作"或"，无"乡名"之"乡"。

案：S.800及64TAM27：27（a），18/11（a）郑玄《论语注》作"或"，或、惑古今字[②]。

S.800、P.2699、正平本、义疏本、阮刻本皆作"乡名"，P.3534"乡名也"作"之名也"，"之"字即为重文符号之讹变，则甲卷、乙卷无"乡"字者，当是脱漏重文符号所致。

19.覆宋本："与其进也，不与其退也，唯何甚"注"教诲之道……恶恶一何甚"。

甲卷、乙卷无二"也"字，"教诲"前有"言"字，"一何"作"何一"。

案：P.3534、P.3783及64TAM27：27（a），18/11（a）郑玄《论语注》皆无二"也"字。S.800、P.2699、P.3534、正平本、义疏本、阮刻本皆同覆宋本，无"言"字。S.800、P.3534、正平本、义疏本皆作"何一"，与甲卷、乙卷同。

20.覆宋本："人絜己以进，与其絜也，不保其往也"注"人虚己自絜而来"。

甲卷、乙卷"絜"皆作"潔"。

案：S.800、P.2699与甲卷、乙卷同。《玉篇·冫部》："潔，俗絜字。"[③]

21.覆宋本："我欲仁，斯仁至矣"注"行之即是"。

甲卷、乙卷"即"皆作"则"。

案：P.2699、P.3534、正平本、义疏本及64TAM27：27（a），18/11（a）郑玄《论语注》皆作"则"，与甲卷、乙卷同。即、则同义[④]。

22.覆宋本："昭公知礼乎"注"昭公，鲁昭公"。

甲卷、乙卷"鲁昭公"下有"也"字。

案：P.3534、S.800有"也"字。

23.覆宋本："君取于吴，为同姓"注"礼同姓不昏，而君取之"。

甲卷、乙卷"取"皆作"娶"，"昏"作"婚"。

案：S.800、P.2699、义疏本皆作"娶""婚"，与甲卷、乙卷同。取、娶与昏、婚皆古今字[⑤]。

---

① 王继如、吴蕴慧：《敦煌文献通读字》，第535页。

② 洪成玉：《古今字字典》，商务印书馆，2013年，第176页。

③［南朝梁］顾野王撰，［宋］孙强重修《宋本玉篇》，第364页。

④ 谢纪锋编纂《虚词诂林》，黑龙江人民出版社，1993年，第285页。

⑤ 洪成玉：《古今字字典》，商务印书馆，2013年，第359页、第197页。

24.覆宋本："巫马期以告"注"以司败之言告也"。

甲卷、乙卷无"也"字。

案：S.800、P.3534、正平本、义疏本、阮刻本皆有"也"字。

25.覆宋本："文莫吾犹人也"注"文无者，犹俗言文不也。文不吾犹人者，凡言文皆不胜於人"。

甲卷、乙卷无"文不也"之"也"，无"文不吾"之"文不"，"凡言文"作"言凡闻"。

案：S.800、P.2699、正平本、义疏本、阮刻本皆作"文不也"，与覆宋本同。甲卷、乙卷无"文不吾"之"文不"，当是脱漏重文符号所致。"凡言文"，阮刻本同，S.800、P.2699、P.3534、正平本、义疏本皆作"言凡文"，甲卷、乙卷"文"作"闻"者，敦煌写本文、闻常通用[①]。注文"吾犹人"之"吾"，乙卷写作"五"，然观此字之位置，已在地脚边，疑此字下部已残脱，本即写作"吾"。

26.覆宋本：子与人歌而善，必使反之。

甲卷、乙卷"善"下有"之"字。

案：P.3783亦有"之"字。

27.覆宋本："躬行君子，则吾未之有得"注"身为君子，已未能也"。

甲卷、乙卷"得"作"德"，"身为"作"躬行"。

案：P.2699作"德"，与甲卷、乙卷同，S.800、P.3534、P.3783、唐石经、正平本、阮刻本、义疏本皆作"得"，定州本亦作"得"。得、德敦煌写本多通用[②]。注文"身为"，S.800、P.2699、P.3534、阮刻本皆同覆宋本，义疏本、正平本作"躬为"。

28.覆宋本：若圣与仁，则吾岂敢。

甲卷、乙卷"仁"作"人"。

案：P.2699、P.3783作"人"，与甲卷、乙卷同。仁、人敦煌写本多通用[③]。

29.覆宋本：诲人不倦，则可谓云尔已矣。

甲卷、乙卷"谓"下有"之"。

案：P.2699、P.3534、P.3783有"之"字，与甲卷、乙卷同。

30.覆宋本："正唯弟子不能学也"注"弟子犹不能学，况仁圣乎"。

甲卷、乙卷无"也"字，"况"作"况"。

案：P.3783无"也"字，与甲卷、乙卷同。S.800、P.2699、P.3534作"况"，与甲卷、乙卷同。敦煌写本"况"多写作"况"。

31.覆宋本："祷尔于上下神祇"注"子路失其指"。

甲卷、乙卷"于"作"乎"，"失其指"作"失指"。

案："于"，S.800、P.2699及64TAM27：18/5（a）郑玄《论语注》作"乎"，与甲卷、乙卷同。"失其指"，P.3534作"失指"，与甲卷、乙卷同。P.2699作"失桓"，"桓"必为"指"之形误字，是其所据本亦作"失指"。

---

① 王继如、吴蕴慧：《敦煌文献通读字》，第412页。

② 王继如、吴蕴慧：《敦煌文献通读字》，第80页。

③ 王继如、吴蕴慧：《敦煌文献通读字》，第338页。

32.覆宋本："奢则不孙，俭则固。与其不孙也，宁固"注"固，陋也"。

甲卷、乙卷"孙"皆作"逊"，"陋也"作"陋之也"。

案：P.2699、P.3534、P.3783、正平本、义疏本"孙"作"逊"，与甲卷、乙卷同。孙、逊古今字①。P.3534、P.2699作"陋也"，与覆宋本同。甲卷、乙卷"陋之也"之"之"，乃为双行对齐而添。

33.覆宋本：子温而厉，威而不猛，恭而安。

甲卷、乙卷"子"作"子曰"，有注文"威，法也"。

案：P.2699与甲卷、乙卷同。定州本亦有"曰"字，可见在汉朝时，《论语》有作"曰"之本。

34.覆宋本："民无得而称焉"注"故无得而称言之者，所以为至德也"。

甲卷、乙卷无"者"，"也"作"已矣"。

案：P.3534、正平本、义疏本、阮刻本皆与覆宋本同。诸本未见有与甲卷、乙卷同者。

35.覆宋本：如临深渊，如履薄冰。

甲卷、乙卷"冰"作"氷"。

案：S.800、P.2699、P.3534、P.3783、正平本、义疏本皆作"氷"。《字汇·水部》："氷，俗冰字。"②

36.覆宋本："而今而后，吾知免夫，小子"注"小子，弟子也"。

甲卷、乙卷无"也"字。

案：S.800、P.3534、正平本、义疏本、阮刻本皆有"也"字，与覆宋本同。

37.覆宋本："正颜色，斯近信矣"注"正颜色，能矜庄严栗"。

甲卷、乙卷"矜"字作"矜"。

案：P.2699、P.3534及64TAM27：28（a）郑玄《论语注》皆作"矜"，与甲卷、乙卷同。《说文·矛部》"矜"篆下段玉裁云："各本篆作'矜'，解云'今声'，今依汉石经《论语》、《溧水校官碑》、《魏受禅表》皆作'矜'正之。"③于省吾云："矜矜本应作矜矜，凡典籍中的矜字，乃从矛令声的矜字之讹，说详《说文》矜字段注。"④

38.覆宋本："出辭气，斯远鄙倍矣"注"出辭气，能顺而说之，则无恶戾之言入于耳"。

甲卷、乙卷注中"辭"字作"辝"，"耳"下有"也"。

案：甲卷经文之"辭"已残泐，不知原作何形⑤。P.3534经文作"辝"，注文作"辞"。《干禄字书·平声》："辝、辤、辭，上中并辝让；下辭说，今作辝，俗。"⑥"辝"又讹变为"辞"，因"舌"旁与言语有关⑦。辝、辞二字皆为"辭"之俗字，唐时已行用。S.800、P.3534、正平本、义疏本有"也"字，与甲卷、乙卷同。

① 洪成玉：《古今字字典》，第519页。

②［明］梅膺祚：《字汇》，上海辞书出版社，第240页。

③［清］段玉裁：《说文解字注》，上海古籍出版社，1981年，第719-720页。

④ 于省吾：《泽螺居诗经新证》，中华书局，1982年，第115页。

⑤ 乙卷作"辝"，乙卷抄自甲卷，甲卷当亦作"辝"。

⑥［唐］颜元孙：《干禄字书》，第6页。

⑦ 俞欣：《古代简体字研究》，博士学位论文，浙江大学，2003年，第23页；陆明君：《魏晋南北朝碑别字研究》，文化艺术出版社，2009年，第223页。

39.覆宋本："笾豆之事，则有司存"注"笾豆，礼器"。

甲卷、乙卷"笾"皆作"边"，"器"作"噐"，下有"也"。

案：P.3534与甲卷、乙卷同。P.3783为白文本，"笾"亦作"边"。沈文倬《〈礼〉汉简异文释》谓"笾"为"边"加形旁后制正字[①]。《干禄字书·去声》："噐、器，上通下正。"[②]敦煌写本"器"多写作"噐"。

40.覆宋本："犯而不校"注"校，报也。言见侵犯不报"。

甲卷、乙卷"校"皆作"挍"，"不报"下有"也"。

案：S.800与甲卷、乙卷同。P.3534"校"皆作"挍"，与甲卷、乙卷同；无"也"字，与覆宋本同。P.3783白文本《论语》亦作"挍"。钱大昕云："《说文·手部》无'挍'字，汉碑'木'旁字多作'手'旁，此隶体之变，非别有'挍'字。"[③]

41.覆宋本："昔者吾友尝从事于斯矣"注"友，谓颜渊"。

甲卷、乙卷注文作"谓颜渊也"。

案：S.800、义疏本作"友，谓颜渊也"，P.2699作"友谓颜回"，P.3534作"友，位颜渊"[④]。甲卷、乙卷无"友"字，应是省略。

42.覆宋本："可以寄百里之命"注"摄君之政令"。

甲卷、乙卷"政令"作"政命"。

案：S.800、P.2699、正平本、义疏本、阮刻本皆作"政令"。

43.覆宋本：临大节而不可夺也。

甲卷、乙卷无"也"字。

案：P.2699、P.3534皆无"也"字。

44.覆宋本："君子人与？君子人也"注"重称君子者，乃可名为君子也"。

甲卷、乙卷无注文。

案：S.800、P.3534、P.3783、正平本、义疏本、阮刻本皆无注文，然P.2699有注文。

45.覆宋本："士不可以不弘毅"注"毅，强而能断也"。

"强而能断也"，甲卷、乙卷作"毅，果敢而能断决"。

案：阮刻本与覆宋本同，S.800作"强也而能断也"，P.2699作"强者能断决"，P.3534作"强而能断"，正平本、义疏本作"强而能决断也"。

46.覆宋本："立於礼"注："包曰：'礼者，所以立身。'"

甲卷、乙卷"包"作"孔"。

案：S.800、P.2699、P.3534、阮刻本皆作"包"，与覆宋本同。

47.覆宋本：民可使由之。

甲卷、乙卷"民"作"人"。

案：S.800、P.2699、P.3534、P.3783、正平本、义疏本、阮刻本皆作"民"。作"人"

---

① 沈文倬：《宗周礼乐文明考论》，浙江大学出版社，1999年，第306页。

② [唐] 颜元孙：《干禄字书》，第22页。

③ [清] 钱大昕：《十驾斋养新录》，载氏著《嘉定钱大昕全集》第7册，江苏古籍出版社，1997年，第77页。

④ 位，"谓"之同音借字。

者，避讳改字也。

48.**覆宋本：“好勇疾贫，乱也”注“好勇之人而患疾已贫贱者，必将为乱”**。

甲卷、乙卷无经文之“也”及注文之“而”二字。

案：P.2699无“也”字。S.800、P.2699、P.3534、正平本、义疏本、阮刻本皆有“而”。

49.**覆宋本：“人而不仁，疾之已甚”注“疾恶大甚”**。

甲卷、乙卷“大”作“太”。

案：S.800、P.2699、P.3534、正平本、义疏本、阮刻本皆作“太”。大、太古今字。

50.**覆宋本：使骄且吝，其馀不足观也已**。

甲卷、乙卷“也已”下有“矣”字。

案：S.800、正平本、义疏本有“矣”字，与甲卷、乙卷同。

51.**覆宋本：“危邦不入，乱邦不居”注“乱邦不居，今欲去。危者，将乱之兆”**。

甲卷、乙卷“去”“兆”下皆有“也”字。

案：S.800、P.3534与甲卷、乙卷同。

52.**覆宋本：邦有道，贫且贱焉，耻也。邦无道，富且贵焉，耻也**。

甲卷、乙卷无二“也”字。

案：P.2699与甲卷、乙卷同。

53.**覆宋本：“不在其位，不谋其政”注“欲各专一于其职”**。

甲卷、乙卷“职”作“政”。

案：S.800、P.2699、P.3534、正平本、义疏本、阮刻本皆作“职”，与覆宋本同。

54.**覆宋本：“师挚之始，《关雎》之乱，洋洋乎盈耳哉”注“正乐废而失节。鲁大师挚识《关雎》之声，而首理其乱者，洋洋盈耳，听而美之”**。

甲卷、乙卷“废”作“癈”，无“者”字，“美之”下有“也”字。

S.800、P.3534作“癈”，正平本、阮刻本无“者”，S.800有“也”，此皆与甲卷、乙卷同者。

55.**覆宋本：“狂而不直”注“狂者进取，宜直”**。

甲卷、乙卷“宜直”下有“也”字。

案：P.3534、正平本、义疏本亦有“也”字。

56.**覆宋本：“侗而不愿”注“宜谨愿”**。

甲卷、乙卷“谨愿”下有“也”字。

案：S.800、正平本、义疏本有“也”字。

57.**覆宋本：“悾悾而不信”注“悾悾，慤也”**。

甲卷、乙卷无“也”字。

案：P.2699无“也”字。

58.**覆宋本：“吾不知之矣”注“言皆与常度反，我不知之”**。

甲卷、乙卷注文中“之”字作“也”。

案：正平本、义疏本亦作“也”，与甲卷、乙卷同。

59.**覆宋本：“学如不及，犹恐失之”注“学自外入，至熟乃可长久”**。

甲卷、乙卷“熟”作“孰”。

案：S.800作“孰”。P.2699、P.3534、正平本、义疏本、阮刻本皆作“熟”。孰、熟古今字[①]。

60.覆宋本：“巍巍乎！舜、禹之有天下也”注“美舜、禹也。……巍巍，高大之称”。

甲卷、乙卷二“也”字皆无，注中“巍巍”下有“者”，“称”作“指”。

案：P.3534唯“称”不作“指”，其他皆与甲卷、乙卷同。S.800、P.2699、正平本、义疏本、阮刻本皆作“称”，不作“指”。“指”盖为“称”之形误字。

61.覆宋本：“荡荡乎，民无能名焉”注“民无能识其名焉”。

甲卷、乙卷注文作“而无能识而名之”。

案：阮刻本与覆宋本同，S.800较覆宋本少一“焉”字，P.3534“焉”作“也”，正平本、义疏本无“其”字。

62.覆宋本：巍巍乎，其有成功也！

甲卷、乙卷无“也”字。

案：P.2699、P.3534、P.3783与甲卷、乙卷同。

63.覆宋本：“焕乎，其有文章”注“其立文垂制又著明”。

甲卷、乙卷“又”作“有”。

案：S.800、P.2699、P.3534、阮刻本皆作“又”。

64.覆宋本：“舜有臣五人而天下治”注“禹、稷、契、皋陶、伯益”。

甲卷、乙卷“契”作“羿”。

案：P.2699作“羿”，与甲卷、乙卷同。

65.覆宋本：“予有乱臣十人”注“谓周公旦、召公奭、大公望、毕公、荣公、大颠、闳夭、散宜生、南宫适”。

甲卷、乙卷“召公奭”作“邵公奭”，“大公望”作“太公望”，“大颠”作“太颠”。

案：S.800与甲卷、乙卷同。召、邵古通用[②]，大、太古今字[③]。

66.覆宋本：“唐、虞之际，於斯为盛”注“言尧、舜交会之間，比于周”。

甲卷、乙卷“周”前有“此”字。

案：S.800、P.2699、P.3534、正平本、义疏本同甲卷、乙卷。

67.覆宋本：周之德，其可谓至德也已矣。

甲卷、乙卷无“其”字。

案：P.3534、64TAM27：29（a）郑玄《论语注》、阮刻本皆与甲卷、乙卷同。

68.覆宋本：“禹，吾无间然矣”注“孔子推禹功德之盛美”。

甲卷、乙卷无“美”字。

案：S.800、P.3534、正平本、义疏本亦无“美”字。

---

① 洪成玉：《古今字字典》，第406页。

② 张延奂：《汉碑古字通训》，北京图书馆出版社，2003年，第6页。

③ 洪成玉：《古今字字典》，第428页。

（二）第二类　甲卷、乙卷皆误者

1. 覆宋本：子曰："暴虎冯河，死而无悔者，吾不与也。"注"暴虎，徒搏。冯河，徒涉"。

甲卷、乙卷"河"作"何"，"搏"作"愽"。

案：S.800作"河"，与覆宋本同；"搏"作"愽"，与甲卷、乙卷同。正平本、阮刻本、义疏本皆与覆宋本同。《干禄字书·入声》："愽、博，上通下正。"①

2. 覆宋本：发愤忘食，乐以忘忧。

甲卷、乙卷"忘"字皆作"忿"，形误字。

3. 覆宋本："互乡难与言，童子见，门人惑"注"互乡，乡名也。其乡人言语自专"。

甲卷、乙卷"互乡"皆作"牙乡"，"言语"作"言无"。

案：S.800"互"作"㸦"，乃"互"之俗体。甲卷、乙卷作"牙"者，即"㸦"字讹变也。S.800、P.2699、P.3534、正平本、义疏本、阮刻本皆作"言语"，与覆宋本同。此条何晏《集解》乃是引郑玄《论语注》，64TAM27：27（a），18/11（a）郑玄《论语注》即作"言语"，正相符合。甲卷、乙卷"语"作"無"者，当是误字。

4. 覆宋本："孔子退，揖巫马期而进之"注："巫马期，弟子"。

注文"巫"字，甲卷、乙卷皆作"疋"，形误。

5. 覆宋本："君取于吴，为同姓"注"鲁、吴俱姬姓……而君取之，当称吴姬"。

甲卷、乙卷"吴"作"吾"，"君"作"名"，前一"姬"作"娼"，后一"姬"作"姓"。

案："吾"为"吴"之音误字；名、娼、姓，皆形误字。

6. 覆宋本：巫马期以告。

甲卷、乙卷"巫"作"疋"，形误。

7. 覆宋本："诔曰"注"诔，祷篇名"。

甲卷、乙卷"诔"皆作"诛"，"祷"作"讳"，"篇名"作"篇也"。

案：诛、讳皆形误字。"篇名"，P.2699、P.3534同，S.800、正平本、义疏本作"篇名也"，甲卷、乙卷当是脱"名"字。

8. 覆宋本："丘之祷久矣"注"孔子素行合于神明"。

甲卷、乙卷"素"作"索"。

案：S.800、P.2699、P.3534、正平本、义疏本、阮刻本皆作"素"，"索"为形误字。

9. 覆宋本：子温而厉。

甲卷、乙卷"厉"作"属"。

案：S.800、P.2699、P.3534、P.3783、定州本、唐石经、正平本、义疏本、阮刻本皆作"厉"。"属"为"厉"之形误字。

10. 覆宋本：三以天下让，民无得而称焉。

甲卷、乙卷"以"作"分"。

案：S.800、P.2699、P.3534、P.3783、唐石经、正平本、义疏本、阮刻本皆作"以"。

① ［唐］颜元孙：《干禄字书》，第31页。

“分”为“以”之形误字。

11.覆宋本：“慎而无礼则葸”注“葸，畏惧之貌”。

甲卷、乙卷无“惧”字。

案：S.800、P.2699、P.3534、正平本、义疏本、阮刻本皆有“惧”字，甲卷、乙卷乃是脱漏。

12.覆宋本：“曾子有疾，孟敬子问之”注“孟敬子，鲁大夫仲孙捷”。

甲卷、乙卷“仲孙”作“重孙”。

案：S.800、P.2699、P.3534、正平本、义疏本、阮刻本皆作“仲孙”。中国无姓“重孙”者，“重”应是“仲”之音误字。敦煌写本中，有“仲”写作“重”者[①]。

13.覆宋本：出辞气，斯远鄙倍矣。

甲卷、乙卷皆无“倍”字。

案：S.800、P.2699、P.3534、P.3783、唐石经、正平本、义疏本、阮刻本及64TAM27：28（a）郑玄《论语注》皆有“倍”字，甲卷、乙卷乃是误脱。

14.覆宋本：“正颜色，斯近信矣”注“正颜色，能矜庄严栗”。

甲卷、乙卷“栗”作“票”。

案：P.2699、P.3534、正平本、义疏本、阮刻本皆作“栗”，“票”为“栗”之形误字。

15.覆宋本：可以託六尺之孤。

甲卷、乙卷“託”作“说”。

案：S.800、P.2699、P.3534、P.3783、唐石经、正平本、义疏本、阮刻本皆作“託”，竹简本作“托”。“说”为“託”之形误字。

16.覆宋本：笃信好学，守死善道。

甲卷、乙卷“守”作“统”。

案：S.800、P.2699、P.3534、P.3783、唐石经、正平本、义疏本、阮刻本皆作“守”，作“统”无义。

17.覆宋本：“师挚之始，《关雎》之乱”注“而首理其乱者”。

甲卷、乙卷无“理”。

案：S.800、P.2699、P.3534、正平本、义疏本、阮刻本皆有“理”，无“理”字则义反，是甲卷、乙卷必是脱漏“理”字可知。

18.覆宋本：“吾不知之矣”注“言皆与常度反”。

甲卷、乙卷“反”作“及”。

案：S.800、P.2699、P.3534、正平本、义疏本、阮刻本皆作“反”。反、及形近易误，说参王引之《经义述闻》[②]。

19.覆宋本：“予有乱臣十人”注“其一人谓文母”。

甲卷、乙卷“文”作“父”。

案：文母指周文王之妻太姒。“父”为形误字。

20.覆宋本：“唐、虞之际，于斯为盛”注“唐者，尧号。虞者，舜号。际者，尧、舜交

---

① 王继如、吴蕴慧：《敦煌文献通读字》，第552页。

② ［清］王引之：《经义述闻》，江苏古籍出版社，2000年，第779页。

会之间”。

甲卷、乙卷注中“唐者”“虞者”之“者”皆作“有”，“际”作“憏”。

案：有、憏皆形误字。

21. **覆宋本：“禹，吾无间然矣”注“言己不能复间厕其间”**。

甲卷、乙卷“无”作“兴”，“间厕”作“问侧”。

案：“兴”为“无”的形误字，“问”为“间”的形误字，“侧”为“厕”的音误字。

22. **覆宋本：“非饮食而致孝乎鬼神”注“致孝鬼神，祭祀丰洁”**。

甲卷、乙卷注文“孝”作“乎”。

案：S.800、P.3534、阮刻本皆作“孝”。“乎”为“孝”之形误字。

23. **覆宋本：恶衣服而致美乎黻冕**。

甲卷、乙卷“黻”作“蔽”，形误字。

24. **覆宋本：卑宫室而尽力乎沟洫**。

甲卷、乙卷“宫”皆作“官”，形误字。

25. **覆宋本：禹，吾无间然矣**。

甲卷、乙卷“无”皆作“兴”，形误字。

（三）第三类　甲卷不误而乙卷误者

1. **覆宋本：“子行三军，则谁与”注“至於夫子为三军将”**。

“三军将”，甲卷同，乙卷作“二军将”。

案：经文云“子行三军”，注文自然是作“三军将”。乙卷作“二”者，误字也。

2. **覆宋本：“子在齐闻《韶》”注“闻习《韶》乐之盛美”**。

“盛”，甲卷同，乙卷作“感”。

案：S.800、正平本、义疏本、阮刻本皆作“盛”。“感”为“盛”之形误字。

3. **覆宋本：不知老之将至云尔**。

“老”，甲卷同，乙卷作“危”。

案：“危”为“老”之形误字。

4. **覆宋本：“择其善者而从之，其不善者而改之”注“择善从之，不善改之”**。

甲卷与覆宋本同，乙卷经文之“择”作“释”，注文之“择”作“檡”，“改”皆作“政”。

案：“释”为“择”之形误，“檡”为“择”之形误，“政”为“改”之形误。

5. **覆宋本：“桓魋其如予何”注“桓魋，宋司马”**。

“宋司马”，甲卷与覆宋本同，乙卷作“宋可”。

案：S.800、P.2699、正平本、义疏本、阮刻本皆作“宋司马”。乙卷乃是误“司”为“可”，又脱“马”字。

6. **覆宋本：弋不射宿**。

“弋”，甲卷同，乙卷作“戈”。

案：S.800、P.2699、唐石经、正平本、义疏本、阮刻本皆作“弋”。“弋”的古写法与

“戈”形近，故“弋”常误写作“戈”[①]，64TAM27：27（a），18/11（a）郑玄《论语注》亦写作“戈”。

7.覆宋本：多闻，择其善者而从之。

“择”，甲卷同，乙卷作“怿”。

案：S.800、P.2699、P.3783、唐石经、正平本、义疏本、阮刻本皆作“择”，乙卷“怿”为形误字。

8.覆宋本：“我欲仁，斯仁至矣”注“仁道不远，行之即是”。

“远”“行”二字甲卷同，乙卷作“包”“仁”。

案：S.800、P.2699、P.3534、正平本、义疏本、阮刻本皆作“远”“行”。乙卷之“包”“仁”皆为形误字。

9.覆宋本：“孔子退，揖巫马期而进之”注：“巫马期，弟子”。

注文“马”字，甲卷同，乙卷作“与”，形误字。

10.覆宋本：“君取于吴，为同姓”注“鲁、吴俱姬姓”。

甲卷与覆宋本同，乙卷“鲁”作“者”，“俱”作“保”，“姓”作“如”，皆形误字。

11.覆宋本：“巫马期以告”注“讳国恶，禮也”。

“禮”字甲卷作“礼”，乙卷作“孔”。

案：S.800、正平本、义疏本、阮刻本作“禮”，P.2699、P.3534作“礼”。“孔”为“礼”之形误字。

12.覆宋本：“若圣与仁，则吾岂敢”注“孔曰：‘孔子谦，不敢自名仁圣’”。

“孔子”，甲卷同，乙卷作“孔曰”。

案：S.800、P.2699、P.3534、正平本、义疏本、阮刻本皆作“孔子”，乙卷作“孔曰”，乃涉前“孔曰”而误。

13.覆宋本：“丘之祷久矣”注“故曰‘丘之祷久矣’”。

注中“久”字，甲卷同，乙卷作“欠”，形误字。

14.覆宋本：“君子所贵乎道者三”注“此道谓禮也”。

注文甲卷同，乙卷作“此道譠也”。

案：正平本、义疏本、阮刻本与覆宋本同。P.2699、P.3534作“此道谓礼也”，礼、禮字同，实亦与覆宋本同。S.800作“此道禮也”，无“谓”字，句不通。乙卷之“譠”，盖误合“谓禮”二字之一半而成。

15.覆宋本：“正颜色，斯近信矣”注“正颜色，能矜庄严栗”。

“庄”字甲卷作“荘”，俗字也。乙卷作“在”。

案：S.800、P.2699、P.3534及64TAM27：28（a）郑玄《论语注》皆作“荘”，乙卷作“在”者，“荘”之形误也。

16.覆宋本：“而今而后，吾知免夫，小子”注“呼之者，欲使听识其言”。

“呼”字甲卷同，乙卷作“唴”。

案：S.800、P.3534、正平本、义疏本、阮刻本皆作“呼”。“唴”乃是乙卷摹错甲卷之

① 王贵元：《汉字演变的历史我们还很陌生》，《汉字与出土文献论集》，中国社会科学出版社，2016年，第33–34页。

“呼”字。

17.覆宋本：“临大节而不可夺也”注“定社稷”。

“稷”字甲卷作“禝”，乙卷作“禮”。

案：S.800、P.2699、P.3534皆作“禝”，“稷”之俗字也。“禮”乃“禝”之形误。

18.覆宋本：夫子为卫君乎？

“乎”字甲卷同，乙卷作“平”。

案：“平”乃是“乎”之形误字。

19.覆宋本：饭疏食饮水，曲肱而枕之

“肱”字甲卷同，乙卷作“肱”，形误字。

20.覆宋本：“不义而富且贵，於我如浮云”注“富贵而不以义者”。

注中“富”字甲卷同，乙卷作“当”，形误字。

21.覆宋本：大哉，尧之为君也！巍巍乎！唯天为大，唯尧则之。

甲卷同，乙卷“哉”作“我”，下“唯”作“为”。

案：S.800、P.2699、P.3534、P.3783、唐石经、正平本、义疏本、阮刻本皆与覆宋本同。乙卷之“我”为“哉”之形误，“为”为“唯”之音误。

22.覆宋本：“舜有臣五人而天下治”注“禹、稷、契、皋陶、伯益”。

“稷”字甲卷作“禝”，乙卷作“禮”。

案：S.800、P.3534作“禝”，P.2699、正平本、义疏本、阮刻本作“稷”。“禝”为“稷”之俗字也，“禮”乃“禝”之形误。

23.覆宋本：“唐、虞之际，于斯为盛”注“言尧、舜交会之閒，比於周，周最盛，多贤才”。

二“盛”字甲卷同，乙卷皆作“威”，形误字。“閒”字甲卷作“间”，乙卷作“问”，“问”为“间”之形误。

24.覆宋本：“恶衣服而致美乎黻冕”注“损其常服，以盛祭服”。

甲卷与覆宋本同。乙卷无“冕”字，“盛”作“感”。

案：此文前后句分别为“菲饮食而致孝乎鬼神”“卑宫室而尽力乎沟洫”，句式相同，“冕”字当有，S.800、P.2699、P.3534、P.3783、唐石经、正平本、义疏本、阮刻本皆有“冕”字，乙卷无者，抄脱也。乙卷“盛”作“感”者，形误字。

（四）第四类　甲卷有而乙卷无者

1.覆宋本：“饭疏食饮水”注“疏食，菜食”。

“菜食”，甲卷同。乙卷无“食”字。

案：S.800、P.2699、正平本、义疏本、阮刻本皆作“菜食”。乙卷无“食”者，脱漏也。

2.覆宋本：“不义而富且贵，於我如浮云”注“富贵而不以义者，於我如浮云”。

注中“於”字甲卷同，乙卷无。

案：S.800、P.2699、正平本、义疏本均有“於”字，无“於”则句子不通，乙卷乃是脱漏。

3.覆宋本：“子不语怪、力、乱、神”注“乱，谓臣弑君、子弑父”。

“臣弑君、子弑父”，甲卷作“臣煞君、子煞父”，乙卷作“臣煞父”。

案：弑、煞之别，说已见前。此处乙卷乃是抄写时因涉下一“煞”字而误脱“君子煞”三字。

4.覆宋本：“二三子以我为隐乎”注“弟子学之不能及”。

“学”，甲卷同，乙卷无。

案：S.800、P.2699、正平本、义疏本、阮刻本皆有“学”字。

5.覆宋本：得见有恒者，斯可矣。

“见”，甲卷同，乙卷无。

案：S.800、P.2699、P.3783、定州本、唐石经、正平本、义疏本、阮刻本皆有“见”字，乙卷乃是脱漏。

6.覆宋本：多闻，择其善者而从之；多见而识之，知之次也。

甲卷同，乙卷无“闻”“次”二字。

案：S.800、P.2699、P.3783、唐石经、正平本、义疏本、阮刻本皆有“闻”“次”二字，乙卷乃是脱漏。

7.覆宋本：人絜己以进，與其絜也，不保其往也。

“其往”，甲卷同，乙卷无“其”字。

案：S.800、P.2699、P.3534、P.3783、唐石经、正平本、义疏本、阮刻本皆有“其”字。

8.覆宋本：君子坦荡荡，小人长戚戚。

“戚戚”，甲卷作“慼=”，乙卷作“慼”。

案：S.800、P.2699、P.3783皆作“戚=”，唐石经、正平本、义疏本、阮刻本皆作“戚戚”。戚、慼古今字。乙卷应是脱漏重文符号。

9.覆宋本：恭而无礼则劳。

甲卷同，乙卷无“劳”字，脱漏也。

10.覆宋本：直而无礼则绞。

甲卷同，乙卷脱“无”字。

11.覆宋本：“君子笃于亲，则民兴于仁；故旧不遗，则民不偷”注：“包曰：‘兴，起也。君能厚于亲属，不遗忘其故旧，行之美者，则民皆化之，起为仁厚之行，不偷薄。’”

甲卷同，乙卷无。

案：乙卷乃是脱漏。

12.覆宋本：启予足，启予手。

甲卷同，乙卷无“启予足”三字。

案：S.800、P.2699、P.3534、P.3783、唐石经、正平本、义疏本、阮刻本皆有，乙卷乃是脱漏。

（五）第五类　甲卷无而乙卷有者

1.覆宋本：“依于仁，游于艺”注“不足据依，故曰游”。

甲卷与覆宋本同，乙卷“游”下有“也”字。

2.覆宋本：“二三子以我为隐乎”注“以为有所隐匿，故解之”。

“解之”，甲卷与覆宋本同，乙卷“之”下有“之”字。

案：乙卷乃是为双行对齐而添也。

3.覆宋本："民可使由之，不可使知之"注"百姓能日用而不能知"。

"不能知"，甲卷与覆宋本同，乙卷末有"也"字。

案：乙卷"知"下尚有三字空间，故此"也"字可以理解为为双行对齐而添。

4.覆宋本："予有乱臣十人"注"其一人谓文母"。

乙卷"母"下有"也"字，甲卷无，与覆宋本同。

案：乙卷"也"为双行对齐而添。

通过比较甲卷与乙卷的内容，将其异文分为以上五类。今就此五类异文的情况略作申述。

第一类甲乙两卷的内容相同而与覆宋本不同，虽然大多数有资料证明它们与覆宋本的相异并不是空穴来风，但确实也有一些相异处不见于本文所据以参考之版本，有可能是甲乙两卷所特有的异文，如第5条"岂得怨乎"之"得"，第8条"吾未知所以荅也"之"吾"，第18条脱漏"乡名也"之"乡"，第27条"身为"作"躬行"，第42条"政令"作"政命"。

第二类是覆宋本正确而甲乙两卷错误的异文。甲乙两卷使用了相同错误的文字，有些可能是一种普遍现象，比如第1条的"河"误作"何"，第3条的"互"误作"牙"、第8条的"素"误作"索"，第18条的"反"误作"及"。但大多数错误，反映出甲卷与乙卷之间的密切关系。如第12条将姓氏"仲孙"误作"重孙"，因"仲""重"音近而误，尚可辩说是一种巧合。但第16条"守死善道"的"守"字，甲乙两卷都误作"统"，则无论怎么都很难解释。"守"与"统"无论是音还是形或义，都没有相关性，没有致误之由，无从索解当时其中一个写卷的抄写者是如何误"守"为"统"的。那么另一个写卷也出现这样的错误，除了认为它们是具有传承关系的两个写卷以外，还有其他什么更好的解释呢？至于第5、7、20条中出现的多处错误，甲乙两卷居然完全相同，只能说它们之间的传承关系是非常紧密的。

第三类是甲卷不误而乙卷误者，从写卷的卷面情况看，乙卷的字体要劣于甲卷，而且讹误脱漏犹甚于甲卷。甲乙两写卷互相比较的话，只有甲卷不误而乙卷误者，而无甲卷误而乙卷不误者。而且第14条，乙卷之"譠"，乃误合甲卷"谓禮"二字各一半而成；第16条，乙卷之"�"乃是摹错甲卷之"呼"字而成。可见乙卷就是直接依据甲卷而抄写，抄写者不仅粗疏，而且文化水平很低。

第四类是甲卷有而乙卷无者，共有12条，皆为乙卷脱漏所致。其中第11条则脱漏了50多字，在写卷上则是近两行的内容。而第五类乙卷有而甲卷无者仅4条，两条是句末添一"也"字，两条是为双行对齐而于句末添一字，并无实质性内容。

下面我们再来看看几条可以证明甲卷与乙卷具有传写关系的例子。

1.覆宋本："与其进也，不与其退也，唯何甚"注"怪我见此童子"。

甲卷"怪"写作"忲"，"忲"为"怪"之俗字[①]。乙卷此字写作"伍"，然"怪"无有写作此形者，其形不可索解。然视甲卷"忲"字原形，写作"忲"，左边"忄"旁写作"十"旁，右边"左"的上端没有出头，其形似"五"。乙卷之形当是临摹甲卷字形而来。

2.覆宋本："人之将死，其言也善"注"言我将死，言善可用"。

注中"善"字甲卷同，乙卷作"英口"。

① 张涌泉：《敦煌俗字研究》下编，上海古籍出版社，1996年，第376页。

案：S.800、P.2699、P.3534、正平本、义疏本、阮刻本皆作“善”。甲卷“善”之上半为墨迹涂抹，下端似“女”，盖此字写作“姜”之状，后在其下用朱笔写一“口”，意为“姜”中之“女”改为“口”。乙卷抄写者把似“姜”之形认作“英”，故录作“英口”。

3.覆宋本：“动容貌，斯远暴慢矣”注“能济济跄跄”。

甲卷注文作“能礼之人”，乙卷作“能礼二人人”。

案：S.800、P.3534、正平本、义疏本、阮刻本作“能济济跄跄”，P.2699作“能跻跻跄跄”。《礼记　曲礼下》“大夫济济，士跄跄”郑玄注：“皆行容止之貌也。”[①]甲卷注文作“能礼之人”，或即由此而来。然乙卷“能礼二人人”，则不可解。查甲卷照片，“之人”二字写作“[illegible]”，“之”字的上半似“二”，下半似“人”，故乙卷抄写者依样摹写，录作“二人”。

4.覆宋本：“笾豆之事，则有司存”注“敬子忽大务小，故又戒之以此”。

“此”字甲卷同，乙卷作“且”。

案：S.800、P.2699、P.3534、正平本、义疏本、阮刻本均作“此”，作“且”于义不通。查甲卷背面，写卷上下两半原来是断开过的，断开处有贴纸。其正面“此”正位于断开处，所以该字没有伸展整齐，看上去即似“且”，此应是乙卷录作“且”之故也。

5.覆宋本：“天下有道则见，無道则隐”注“言行当常然”。

注文“言行当常然”，甲卷作“言行当然”，乙卷作“言然”。

案：S.800、P.2699、P.3534、正平本、义疏本、阮刻本皆与覆宋本同。甲卷应是误脱“常”字。乙卷作“言然”，则不可解。查甲卷“隐”下双行小注，右行为“包曰言行当”五字，左行为“然危邦不”四字。乙卷“隐”下双行小注，右行为“包曰言”三字，左行为“然危邦”三字。甲乙两卷的这些文字皆已到行末。乙卷所以会录作“言然”，尝试推论如下：乙卷录到“言”字，已到双行小注右行之行末，而甲卷右行为“包曰言行当”五字，“然”在双行小注左行之行首。乙卷抄写者录双行小注左行时，因甲卷行首是“然”字，故依样录“然”，接着照录下面“危邦”二字，于是导致前面的“行当”二字脱漏。

6.覆宋本：“师挚之始，《关雎》之乱”注“郑曰：‘师挚，鲁大师之名。始犹首也。周道衰微，郑、卫之音作，正乐废而失节。鲁大师挚识《关雎》之声，而首理其乱者，洋洋盈耳，听而美之’”。

注文“鲁大师之名”，甲卷“大”作“太”，乙卷作“大”，与覆宋本同。“始犹首也”，甲卷同，乙卷无“始”字。

案：乙卷於下一行“狂而不直”下又录有此章之双行小注“郑曰师挚鲁太师之名始犹首也周道�微郑卫之音作正乐癈”诸字，然已划去，应是发现录错而划去。但这里所录“鲁太师之名”“始犹首也”与甲卷同，可见其所据者即甲卷。其前面所录此注中之内容，脱漏“始”字，并录“太”为“大”，大、太本即古今字，古人往往混用。

7.覆宋本：“卑宫室而尽力乎沟洫”注“洫广深八尺”。

“尺”字甲卷作“[illegible]”，乙卷作“[illegible]”。从卷背看，甲卷此处有破损。疑乙卷据甲卷抄写时破损已有，甲卷“尺”字残存“[illegible]”形，乙卷抄写者据此残字描摹，遂录作“[illegible]”。

甲、乙两卷中，有些字的写法，很明显是乙卷临摹甲卷而成，如“二三子以我为隐乎”

① ［清］阮元校刻《阮刻礼记注疏》第2册，浙江大学出版社，2015年，第355页。

的“隐”，“勇而无礼则亂”的“亂”，“士不可以不弘毅”的“毅”，“祷尔于上下神祇”的“祷”，“曾子有疾，孟敬子问之”注“鲁大夫仲孙捷”的“捷”。

三、价值考探

通过对甲乙两卷文本内容的对勘，我们可以得出结论，乙卷抄写者是以甲卷为底本的，而且由于文化水平不高，对《论语》文本内容没有很好的掌握，对甲卷中残损、模糊不清或字形有变异的字，往往采用临摹的办法把字描下来，因而出现了一些难以索解的字。我们因此推测，乙卷是一位准备学习《论语》的学子，从别处借来甲卷抄录下来，准备学习的教学用书。

（一）旁注字与文本层次

甲乙两卷中均有多处旁注字，有些旁注字，很明显就是因为偶然漏抄而补的，如“叶公问孔子于子路”注“僭称公”之“公”，乙卷旁注。“发愤忘食，乐以忘忧”之“愤”，乙卷旁注。“无道则隐”之“则”，乙卷旁注。有的旁注字，则为以正字改原抄之错字，如“揖巫马期而进之”句，甲卷“巫”原写作“疋”，旁注“До”。当然甲卷写作“丕”，乃是错字，“巫”之俗写作“巠”[①]，“丕”为“巠”之俗写[②]。

但有些旁注字却比较复杂，并不是单纯的补字或改字，且看以下诸例。

1.覆宋本：学而不厌，诲人不倦。

甲卷、乙卷均在“人”字右边旁注“而”。

案：唐石经、正平本、义疏本、阮刻本皆作“人”，而72TAM184：12/7（b）郑玄《论语注》作“而”。这个“而”字应该是甲卷阅读者（可能是甲卷抄写者，也有可能是其他人，后面均以“甲卷阅读者”来称呼）据别本而旁注者，或许他认为这个“人”应该作“而”，因为前面一句“学而不厌”作“而”。乙卷抄写者依样画葫芦抄下来而已。

2.覆宋本：“子食于有丧者之侧，未尝饱也”注“丧者哀戚，饱食于其侧，是无恻隐之心”。

甲卷、乙卷无经文“也”字，甲卷于“饱”的右下角旁注“郑曰”二字，乙卷“郑曰”二字在“饱”字下，不旁注。

案：S.800、正平本、义疏本、阮刻本皆无“郑曰”二字，是不以此为郑玄注。然72TAM184：12/7（b）郑玄《论语注》经文无“也”字，注作“丧亡哀戚，饱食于其侧，是无恻隐之心”，是此注文确为郑玄之注。此“郑曰”二字应是甲卷阅读者据别本而补，乙卷抄写者将它直接录入正文。

3.覆宋本：天生德於予。

甲卷在“德於”二字右边旁注“者”字，乙卷在“德”下“於”前有“少曰”二字。

案：S.800、P.3783、唐石经、正平本、义疏本、阮刻本皆与覆宋本同，作“天生德於予”，无“者”字，亦无“少曰”二字。定州本亦与覆宋本同，而定州本为汉简，是汉时

① 张显成主编《吐鲁番出土文书字形全谱》，四川辞书出版社，2020年，第220页。

② 例见臧克和、郭瑞主编《秦汉六朝字形谱》第11卷“巠”条、第13卷“经”字条，华东师范大学出版社，2019年，第5297页、第5933页。

《论语》即如此。P.2699“德”下有“者”字，则甲卷旁注之“者”应是阅读者据别本而补。甲卷“者”字笔画粗大，字形较长，极似“少曰”二字。乙卷抄写者因而看作“少曰”二字而直接录入正文。

4.覆宋本：子疾病，子路請祷。

甲卷“疾”右下角注“病包曰疾甚曰病”七小字，而且“包曰疾甚曰病”为双行小字。乙卷亦有此七字，然非旁注字。《释文》出“子疾”条，注云：“一本云‘子疾病’，皇本同。郑本無‘病’字。案《集解》於《子罕篇》始释‘病’，则此有‘病’字非。”[①]定州本即无“病”字，是汉时《论语》无“病”字。甲卷旁注此“病”字及注文“包曰疾甚曰病”，必据他本而加。P.2699即有此“病”字及注文。乙卷直接将它录入正文。

以上四条旁注，乃是阅读者据别本校补或改正的。

1.覆宋本：“三人行，必有我师焉”注“言我三人行”。

甲卷在经文“行”的右边偏上旁注“同”，在注文“行”的右上角旁注“同”。乙卷无“同”字。

案：S.800、P.3783、竹简本、唐石经、正平本、义疏本、阮刻本皆无“同”字。甲卷旁注“同”者，其意谓“三人行”应作“三人同行”，此旁注字必是阅读者所添。P.2699在经文“行”右上角旁注“同”，在注文“行”右边旁注“同”。是甲卷旁注之“同”必有别本之依据。从乙卷没有这个“同”字看，甲卷旁注之“同”应是在乙卷抄过后加上去的。

2.覆宋本：“弋不射宿”注“钓者，一竿钓。……弋，缴射也”。

“者”字甲卷旁注，乙卷无。注文“弋”字甲卷原写作“大”，朱笔在字上改作“弋”，乙卷作“大”。

案：S.800、P.2699、正平本、义疏本、阮刻本皆有“者”字，此“者”字不可无。从乙卷无“者”与照录错字“大”看，甲卷旁注“者”与改“大”为“弋”是在乙卷抄过后的举动。

3.覆宋本：“人而不仁，疾之已甚，乱也”注“包曰疾恶大甚”。

甲卷无“也”字，“乱”与注文“疾”右边旁注“孔曰”二字。

案：S.800、P.2699、P.3534皆有“孔曰”，正平本、义疏本有“孔安国曰”四字。然乙卷无此二字，说明甲卷“孔曰”二字是在乙卷抄过以后再添的。

4.覆宋本：“予有乱臣十人”注“乱，治也。治官者十人”。

甲卷注文作“乱理也=官十人”，重文符号已涂去，旁注“治”字，其意谓“乱，理也。治官十人”。然从字形看，“理也”之“也”较小，挤在“理”字下，应是后加。那么甲卷所据底本原应是写作“乱理=官十人”。可能后阅者以为“理官”不词，故于“理”下加“也”，涂去重文符号，旁注“治”字，遂成今貌。乙卷注文作“乱理也以官十人”，“以”字不辞，应是乙卷抄写者把甲卷的重文符号看作“以”字。所以甲卷的旁注是乙卷抄过以后改的。

5.覆宋本：子之所慎：齐、战、疾。

甲卷在“之”上改“曰”[②]。

案：S.800、P.2699、P.3783、定州本、唐石经、正平本、义疏本、阮刻本皆作“之”。

① [北周] 陆德明：《经典释文》，中华书局，1983年，第348页。

② 此条是在原字上直接改，不是注于旁边。但其性质相同，故亦归入旁注。

72TAM184：12/7（b）及64TAM27：38（b）、39（b）两郑玄《论语注》写本亦作“之”。乙卷仍作“之”，可见此“曰”字是乙卷抄过后改的。作“曰”误，应是阅读者误以此为孔子之语，故臆改为“曰”。

从以上五条旁注来看，乙卷抄写者借来甲卷抄好后，甲卷阅读者又进行过一次校改，这次校改的内容没有在乙卷上体现出来。

从甲卷的卷面情况来看，第34—50行的下部，有墨笔涂抹。在涂抹的墨迹上，又有朱笔字，第45行有朱笔“矜疰”二字。在第43行下端，墨迹下有朱笔，墨迹上亦有朱笔。可见甲卷曾经被作为废卷处理。在涂抹的墨迹上又有朱笔字，应该是后来又有人把这个废卷拿来学习了。甲卷墨笔涂抹处的字已经无法辨别，但乙卷此处的字完整无误，可见涂抹写卷作为废卷是在乙卷抄写者归还以后的事。

通过以上的分析，我们发现，甲卷的使用过程比较曲折，可以把整个流程疏理如下：

甲卷抄好→第一次校改→被乙卷抄写者借走→乙卷抄写者归还→第二次校改→作废→重新启用。

二、可据乙卷校补甲卷

乙卷是据甲卷抄写的，虽然乙卷多有错误，但相对于甲卷来说，不仅保存完好，而且卷面清晰。所以甲卷残泐处、模糊不清者、墨笔涂抹处，可据乙卷复原。

1.覆宋本：是无恻隐之心子于是日哭则不歌一日之中或哭或歌是亵于礼容子谓颜渊曰。

甲卷：是無恻隐之心▭谓颜渊曰

乙卷：是▭不歌子谓顔渊曰

案：甲卷“谓颜”前残泐处，只有能容纳八九个字的位置，而覆宋本则有经文“子于是日哭，则不歌”及注文“一日之中，或哭或歌，是亵于礼容”，今乙卷“不歌”下无注文，由此可以推知，甲卷亦无注文。S.800亦无注文，可为旁证。

2.覆宋本：不知老之将至云尔。

甲卷“知”处残泐，此句存“不▨老之将”四字。依照常理，甲卷残泐之字据覆宋本可以补为“知”字。但此字乙卷作“少”。“少”字不辞，应是“之”之形误。“之”“知”敦煌写卷多通用，是甲卷残泐处应是“之”字，为“知”之同音借字。

3.覆宋本：孔子曰知礼。

甲卷在“曰”的右上角有一字，模糊难辨。乙卷“孔子”下有“对”字。

案：S.800、P.2699、正平本、义疏本“孔子”下有“对”字，据乙卷有“对”字，故知甲卷旁注之字即为“对”，乙卷已将它录入正文。

四、结论

敦煌《论语》写本中的P.2677D+？+P.2677E+Дx18932 +Дx12760+P.3194（甲卷）与P.3705（乙卷），以《天禄琳琅丛书》影印南宋廖氏世采堂本《论语集解》（覆宋本）作为标准本与两《论语》写卷的重合文本内容进行详细比勘，其异文可以分为五种类型，一是甲卷、乙卷相同而与覆宋本有别者，二是甲卷、乙卷皆误者，三是甲卷不误而乙卷误者，四是甲卷有而乙卷无者，五是甲卷无而乙卷有者。从这五类异文情况看，可知乙卷是直接依据甲卷而抄写的。而且由于乙卷抄写者文化水平不高，对《论语》文本内容没有很好的掌握，对甲卷中某些残损、模糊不清或字形有变异的字，是采用临摹字形的办法抄录下来的。就此我们推测，乙卷是一位准备学习《论语》的学子，从别处借来甲卷抄录下来以备学习的教学用书。而且通过对甲、乙两写卷中旁注字及卷面涂抹情况的研究，我们发现甲卷是一件经过数次校改的写卷，具有三层文本层次，所以对于甲卷的校勘，是不能将旁注字直接录入正文的，这样会抹杀《论语》在流传过程中的文本变化，将一个变动不居的文本变成固定的文本，从而影响对《论语》文本内容的理解。又乙卷虽然是一件前后残泐的残卷，但其卷面保存较好，可以据以复原甲卷残泐、模糊不清及墨笔涂抹之处。

关于晚唐文士张球研究的学术史梳理

杨宝玉（中国社会科学院大学）

【摘要】张球是今知唯一一位在唐五代时期的敦煌长期任职留居并创作了大量作品的外来文人。他经历见证了晚唐张氏政权兴盛衰败的几乎整个过程，深度参与了当时河西敦煌的社会生活，并以独特视角予以记录。因而其人其事其文颇具多角度深层次解读剖析的研究价值。本文着重梳理了敦煌学发展早期，特别是近四十余年来学界有关张球研究的主要成果，亦言及对相关研究前景的展望等。

【关键词】晚唐　敦煌　张球　学术史

敦煌藏经洞开启后，学者们在研究敦煌文书的同时，一般也会尽可能探究文书作者的情况，对于在敦煌文书和敦煌古碑铭中留下了十余种署名作品的张球，亦不例外。值此“庆祝中国敦煌吐鲁番学会成立四十周年国际学术研讨会”召开之际，借学界同仁共同回顾敦煌吐鲁番学发展历程的良机，笔者亦拟择要梳理学界有关晚唐文士张球研究（尤侧重于对其生平事迹的研究）的已刊论著，并就此一研究的意义影响与或可深入展开的专题略陈管见。限于学力识见，恐有未当，敬请方家教正。

一、敦煌学发展早期的相关研究成果

张球是较早进入研究者视野的文书作者。

早在敦煌学发轫之初，多位敦煌学先驱在为敦煌文书中保存的类书抄本《籯金》或张球据前书删略改编而成的《略出籯金》撰写提要时即提到过张球，如刘师培《敦煌新出唐写本提要》之《籯金一卷半》[①]、董作宾《敦煌纪年》[②]等即是，其中罗振玉的研究结论颇具代表性，取得的成就也最大。1917年，罗振玉曾就法藏敦煌文书P.2537《略出籯金》所署“宗人张球写，时年七十五”一语进行分析，认为“称宗人者殆张义潮之族也。是此书写于大中咸通之世”[③]。是知罗振玉已考出张球的生活时代为晚唐，并将其视为归义军创建者张议潮的族人。此期中国学者能看到的敦煌文书极其稀少，对张球生平与著述的认知很受限制。

1935年，有机会赴欧洲查阅敦煌文书原卷的王重民先生从法藏和英藏敦煌文书中新找到了P.4660、P.2568、P.2913V、S.5448等与张球有关的写卷，并进行了重要考证。关于P.2913V《张淮深墓志铭》的作者署名为“张景球”，王先生分析指出：“考景球官衔与张球同，则景球当是张球之字。”至于张球生平，王先生则认为：“假设咸通十二年球撰《张禄邈真赞》时为年三十五岁，则其七十五岁时，约当后梁开平四年（910）前后，谅无大误。”另外，王先生还指出张球改定P.2537《略出籯金》时“已属唐室播迁，朱梁称帝于中原，张奉自尊于西土”，《籯金》之略出本“或即为张球所删定”[④]。王先生的这些观点代表了敦煌学发展早期有关张球研究的最高成就，为学界沿用了近半个世纪[⑤]。

二、近四十余年来的相关研究成果

20世纪70年代末80年代初，随着我国内地敦煌学研究的复兴，涉及张球的研究也逐渐恢复。

1983年，荣新江先生发表《敦煌卷子札记四则·张球和张景球》[⑥]，通过比对张球和张景球的官衔，并分析张景球自署望出南阳，而张球则称出自清河，提出了张景球和张球并非同一人的观点，称P.2913V《张淮深墓志铭》“撰者张景球的属衔和《张延绶别传》张某的属衔完全相同，又都是在前后二、三年中为张淮深父子作传制铭，因此，张某即张景球，殆无疑义”，又称《索勋纪德碑》“撰人属衔和上面所引两文作者的属衔一样，所以，无疑也是张景球。如果把张景球的三个题衔和我们目前所能看到的材料上张球的属衔相比较，两者直不相侔，难于把他们勘同为一人”。荣先生此文引发了学界关于张球与张景球关系的长期争论，

① 刘师培：《敦煌新出唐写本提要》之《籯金一卷半》，原刊《国粹学报》1911年第7卷第1期；后收入《刘申叔先生遗书》第63册，台湾华世出版社1975年在1936年初版基础上重出；又收载于王重民《敦煌古籍叙录》，商务印书馆，1958年，中华书局，1979年、2010年。

② 董作宾：《敦煌纪年》，《说文月刊》1943年第3卷第10期。

③ 罗振玉：《古类书三种跋》，原刊《鸣沙石室古籍丛残》第5册（附于P.2537《略出籯金》影印本之后），1917年上虞罗氏自印本；前揭王重民《敦煌古籍叙录》收录该文；《鸣沙石室古籍丛残》一书后来又被收入《罗雪堂先生全集》第3编（文华出版公司、大通书局，1969年）、黄永武主编《敦煌丛刊初集》第8册（台湾新文丰出版公司，1985年）等。

④ 以上所引王先生文俱见前揭王重民《敦煌古籍叙录》，第211-212页。

⑤ 如［法］戴密微：《拉萨宗教会议》（*LeConciledeLhasa* Ⅰ，1952年，第35页）；［日］那波利贞：《千佛岩莫高窟与敦煌文书》（《西域文化研究》第二，1959年，第18-19页）；苏莹辉：《敦煌艺文略》与《论敦煌资料中的三位河西都僧统》（氏著《敦煌论集》修订第3版，台湾学生书局，1983年，第351-398页、第423-434页）；陈祚龙：《敦煌古抄碑铭五种》（氏著《敦煌文物随笔》，商务印书馆，1979年，第70页）等即均沿用了王先生的结论。

⑥ 荣新江：《敦煌卷子札记四则·张球和张景球》，载《敦煌吐鲁番文献研究论集》第2集，北京大学出版社，1983年。以下两条引文分见该论集第643-644页、第644页。

同时也带动了张球研究的逐步深入，其中颜廷亮、郑炳林两位先生刊发的成果较为集中和重要。

颜廷亮先生完全赞同荣先生所持张球与张景球并非同一人的观点，既在其主编的《敦煌文学概论》[①]等书的张球作品介绍中剔除署名张景球的作品，又专门撰写发表了多篇张球研究论文。《张球：著述系年与生平管窥》[②]是其中最为全面系统的重要文章，将颜先生认定的留存至今的16种张球著述进行系年排比，并对张球生平与政治态度进行了分析研究，亦提出了那位现身于十多件敦煌写经题记，于八十多岁时不断抄写《金刚经》《阎罗王受记经》等佛经的老人可能是张球的观点，并由此推测“张球的生年就当为唐穆宗长庆四年（824年），卒年就当在后梁开平二年（908年）之后”。颜先生的另一篇文章《关于张球生平和著述几个问题的辨析》[③]针对郑炳林《敦煌碑铭赞辑释》一书中与张球有关的一些注释进行了评议或辩驳，所执基本看法与前文相同。颜先生后来发表的《有关张球生平及其著作的一件新见文献——〈佛说摩利支天菩萨陀罗尼经序〉校录及其他》[④]则过录解读了S.2059《〈佛说摩利支天菩萨陀罗尼经〉序》[⑤]，将序中所书“张俅”推断为张球，并据之指出张球出生于越州山阴县。颜先生此文厥功至伟，将这件一直隐没于佛经之中而被主要关注世俗社会问题的研究者忽略的重要文书推介给了敦煌学界，堪称是为后来的张球研究开辟了新天地[⑥]。只是，该文仍认为张球郡望清河，S.2059“应是现所知所见张球作品最早之篇”，并且，刊发该文后，颜先生未再展开进一步研究。

郑炳林先生则着力论述了张景球即是张球的观点，不仅在其所著《敦煌碑铭赞辑释》[⑦]的《李端公讳明振墓志铭》等相关文书注释中多次沿用此说，还撰写了数篇论文进行专门阐释。其中《〈索勋纪德碑〉研究》[⑧]重申张球和张景球实为同一人。《论晚唐敦煌文士张球即张景球》[⑨]则对张球与张景球关系问题明确给出结论：“通过对张球与张景球考释，他们任职加官相同，都是节度判官权掌书记兼御史中丞；文散品阶前后衔接，并有相同的正六品上朝

① 颜廷亮主编《敦煌文学概论》，甘肃人民出版社，1993年，第96–97页。

② 颜廷亮：《张球：著述系年与生平管窥》，原刊《1990年敦煌学国际研讨会文集》（史地·语文编），辽宁美术出版社，1995年。后收入氏著《敦煌文学概说》，台湾新文丰出版公司，1995年，第119–150页。

③ 颜廷亮：《关于张球生平和著述几个问题的辨析》，原刊《中国敦煌吐鲁番学会研究通讯》1993年第2期，后收入前揭氏著《敦煌文学概说》，台湾新文丰出版公司，1995年，第151–163页。

④ 颜廷亮：《有关张球生平及其著作的一件新见文献——〈佛说摩利支天菩萨陀罗尼经序〉校录及其他》，《敦煌研究》2002年第5期，第101–104页。

⑤ 陈玉女：《〈佛说摩利支天经〉信仰内涵初探——从郑和施刻〈佛说摩利支天经〉谈起》（首发于2002年7月由兰州大学敦煌学研究所、麦积山石窟寺艺术研究所、陇东学院联合举办的“麦积山石窟艺术与丝绸之路佛教文化国际学术研讨会”与“北石窟佛教艺术与丝绸之路佛教文化国际学术研讨会”，后收入会议正式论文集《麦积山石窟艺术文化论文集》，兰州大学出版社，2004年）抄录了该序，但陈先生该文以研究其他问题为主旨，对S.2059仅一笔带过。

⑥ 这件文书对张球研究意义重大，因为在其被揭出之前，学界并不知道张球来自江南越州，甚至在探讨敦煌文学作者群时仅研究本地作者（张球也被视作敦煌本地人），因而对敦煌文书中存留的一些以外来文士口吻写成的文学作品的撰作者、写作背景与时间、史料价值与意义等无从判断和充分利用，而S.2059揭示的张球生平（特别是其出生地）为解决上述问题提供了突破口。

⑦ 郑炳林：《敦煌碑铭赞辑释》，甘肃教育出版社，1992年。

⑧ 郑炳林：《〈索勋纪德碑〉研究》，《敦煌学辑刊》1994年第2期，第61–76页。

⑨ 郑炳林：《论晚唐敦煌文士张球即张景球》，《文史》第43辑，第111–120页。

议郎；郡望称谓与归义军张氏一样，时称清河时称南阳，加之名字省称互通等，都证实张球即张景球，是一个人。"《敦煌写本邈真赞所见真堂及其相关问题研究》[①]针对姜亮夫《莫高窟年表》[②]在著录P.4660《唐故河西管内都僧统邈真赞并序》的撰写处所后称"真堂乃张球堂名"的说法和颜廷亮先生将未署作者姓名而仅标明写作地点为真堂的文书归入张球名下的做法，提出异议。该文通过分析几件题写有"真堂"字样的敦煌邈真赞文书的题记、张球在归义军时期的活动地点，及灵图寺有真堂之设等，论证了真堂并不是张球的堂头名号，"而是死者家族的家庙祠堂，专门用来安置供奉死者遗像之所"。郑先生的上述研究真知灼见迭出，为进一步探讨相关问题奠定了坚实基础。数年后，郑先生与李强合写的《索勋纪德碑考释复原》[③]、《晚唐敦煌张景球编撰〈略出籯金〉研究》[④]两文则是对这两种张球作品进行的专门研究。郑先生近年刊发的研究成果（如《敦煌碑铭赞辑释》增订本[⑤]等）也时或涉及张球研究并多有建树。

除颜、郑两位先生的集中研究外，郭锋、李军、陈尚君、杨富学与盖佳择、伏俊琏、何美峰等先生的文章也着意探讨过张球问题。

郭锋《补唐末沙州节度判官掌书记张球事一则》[⑥]认为《唐代墓志汇编》[⑦]所收广明003号墓志中的张周抗幼子张球很可能就是敦煌文书中的张球，并据该墓志探讨了敦煌张球的若干问题。

李军《晚唐政府对河西东部地区的经营》[⑧]、《晚唐中央政府对河陇地区的经营》[⑨]将S.2059《〈佛说摩利支天菩萨陀罗尼经〉序》应用于归义军史研究，认为咸通初年的张球任职于朔方，为灵武发运使，S.2059所记其往凉州运粮的举动是为供应唐朝以防秋名义派往凉州的郓州兵，此事可证早在归义军收复凉州时唐廷即开始与张议潮争夺该地。《敦煌本〈唐佚名诗集〉作者再议》与《敦煌本〈唐佚名诗集〉与晚唐河西历史》[⑩]则对荣新江《唐人诗集的钞本形态与作者蠡测——敦煌写本S.6234+P.5007、P.2672综考》[⑪]所持"正面书札的收受者和诗歌的创作者，即凉州都防御判官翁郜其人，他也应当就是背面诗集的作者"的观点

① 郑炳林：《敦煌写本邈真赞所见真堂及其相关问题研究——关于莫高窟供养人画像研究之一》，《敦煌研究》2006年第6期，第64-73页。

② 姜亮夫：《莫高窟年表》，上海古籍出版社，1985。

③ 郑炳林、李强：《索勋纪德碑考释复原》，载《华学》第9、10辑合刊，上海古籍出版社，2008年，第1015-1018页。

④ 郑炳林、李强：《晚唐敦煌张景球编撰〈略出籯金〉研究》，《敦煌学辑刊》2009年第1期，第1-17页。

⑤ 郑炳林、郑怡楠辑释《敦煌碑铭赞辑释》（增订本），上海古籍出版社，2019年。

⑥ 郭锋：《补唐末沙州节度判官掌书记张球事一则》，《敦煌吐鲁番研究》第二卷，北京大学出版社，1997年，第349-353页。

⑦ 周绍良主编《唐代墓志汇编》，上海古籍出版社，1992年，第2500-2501页。

⑧ 李军：《晚唐政府对河西东部地区的经营》，《历史研究》2007年第4期，第27-41页。

⑨ 李军：《晚唐中央政府对河陇地区的经营》，博士学位论文，兰州大学，2008年，第57-58、92-93页。

⑩ 李军：《敦煌本〈唐佚名诗集〉作者再议》，《敦煌学辑刊》2017年第1期，第101-107页；李军《敦煌本〈唐佚名诗集〉与晚唐河西历史》，载《魏晋南北朝隋唐史资料》第37辑，上海古籍出版社，2018年，第150-165页。

⑪ 荣新江：《唐人诗集的钞本形态与作者蠡测——敦煌写本S.6234+P.5007、P.2672综考》，载四川大学中国俗文化研究所编《项楚先生欣开八秩颂寿文集》，中华书局，2012年，第141-158页。

提出了不同看法，认为P.2672V、S.6234V+P.5007V、P.2672所抄诗集的作者“可能并非出自河西都防御使府，而是在沙州任职的官员，或即长期出任沙州军事判官及归义军节度判官的张球”。

陈尚君《唐末在敦煌的江南诗人》[①]在探讨唐末生活于敦煌的江南诗人的大致情况时，引用了部分张球诗句，并对张球作品的艺术水平进行了评议，认为：“从张球存在敦煌遗书中的大量文书来说，他把握语词驾驭文章的能力，较一般当地人士为优，但就上引诸诗的艺术水平来说，在晚唐诗人中大约处于中等偏下的程度。”

杨富学、盖佳择《敦煌写卷〈张淮深碑〉背后佚名诗文稽年》[②]力图推考《张淮深碑》抄件卷背所存张球各诗的创作时间。

伏俊琏《一部家国血泪简史——敦煌S.2607+S.9931写本研究》[③]论证了两号敦煌文书抄存的曲子词的作者为张球。

何美峰《关于敦煌文书S.2607+S.9931所涉作者及相关问题考辩》[④]则对上述伏先生观点提出异议，并进行了多角度论证。

总起来看，前辈时贤进行的张球研究取得了令人瞩目的成就，已基本厘清了张球在归义军政权中的任职情况，梳理并过录了敦煌文书和敦煌古碑铭中保留的张球署名作品，并对其中部分作品进行了比较深入的解读剖析，等等，这些均为以后的研究奠定了非常重要的基础。但是，学术研究永远难有止境，相对于张球生平事迹及其作品的研究价值而言，已刊论著的数量与研究力度尚显不足。

近年来笔者在张球研究方面投注了较多精力，并完成了国家社科基金课题“晚唐敦煌文士张球与归义军史研究”[⑤]，所做工作主要包括如下几方面：

其一，考索张球事迹，勾勒其生平的大致轮廓。以前学界对张球的了解主要是其在张氏归义军政权中担任的部分官职及其署名作品，受当时所知材料限制，其他方面的认知则相当模糊。笔者自S.2059《〈佛说摩利支天菩萨陀罗尼经〉序》出发[⑥]，勉力挖掘其他敦煌文书，细心研读整合零星相关记述，考出张球名字在敦煌文书中有4种不同写法（“张球”“张景球”“张俅”“张景俅”，以前学界主要对前两种写法进行过讨论），使4种署名方式下的作品得以汇总[⑦]；考证了张球的出生年（唐穆宗长庆四年，824年）和在敦煌文书中的最晚出现年

① 陈尚君：《唐末在敦煌的江南诗人》，原刊《文史知识》2017年第8期，后收入氏著《唐人佚诗解读》，中华书局，2021年，第116-123页。

② 杨富学、盖佳择：《敦煌写卷〈张淮深碑〉背后佚名诗文稽年》，《青海师范大学学报》（哲学社会科学版）2018年第1期，第104-112页。

③ 伏俊琏：《一部家国血泪简史——敦煌S.2607+S.9931写本研究》，《学术研究》2020年第4期，第152-161页。

④ 何美峰：《关于敦煌文书S.2607+S.9931所涉作者及相关问题考辩》，《西藏民族大学学报》（哲学社会科学版）2021年第4期，第55-61页、第110页。

⑤ 项目编号为16BZS007，2016年立项，2023年1月结项。

⑥ 拙文《〈摩利支天菩萨咒灵验记〉与张球事迹辑补》，收入拙著《敦煌本佛教灵验记校注并研究》，甘肃人民出版社，2009年，第101-139页。

⑦ 拙文《晚唐敦煌寺学名师张球名字之异写》，载金滢坤主编《童蒙文化研究》第6卷，人民出版社，2021年，第61-72页。

（88岁时，后梁太祖开平五年，911年）[①]、出生地与籍贯（越州山阴，今浙江绍兴）[②]、西赴敦煌缘由（曾参加进士科考试，落第后入幕新建立的归义军政权）[③]、在张氏归义军政权中的主要任职经历（到敦煌后颇受重视，累官至总揽藩镇文辞之责的节度判官掌书记）[④]、致仕后的主要活动（于70岁致仕，留居敦煌并兴学授徒）[⑤]、暮年境况（81岁后停止写作，专心奉佛抄经）[⑥]，等等，从而使张球的生平事迹渐趋丰满清晰。

其二，探讨张球主要著述的基本情况。梳理了张球署名作品的大致脉络[⑦]，又结合其生平事迹与敦煌史事，从作者有争议文书，尤其是佚失作者姓名的敦煌文书中查考出为数相当可观的张球著述，包括：赋1篇，即作者署名识读有争议的《贰师泉赋》[⑧]；诗70余首，包括《敦煌廿咏》所含20首诗[⑨]、《唐佚名诗集》抄存的32首[⑩]、《张淮深碑》抄件卷背诗19首[⑪]、《方角书（诗）》1首[⑫]等；文数篇，包括在敦煌学界极为著名的《张淮深碑》[⑬]、在世界蔗糖史研究领域影响非常大的记述印度制糖技法的敦煌文书[⑭]；题记近20件，例如《张淮深碑》抄件卷背所存内容深邃的杂记[⑮]、涉及张球于81岁时停止写作之事的“辍笔”记录[⑯]、于82至88岁抄写佛经后留下的写经题记等[⑰]。以上辑佚作品中，有个别文书（如《唐佚名诗集》）另有学者先发文论证了其为张球作品而笔者进行了补充论证，其他或为虽有人提出过猜想但没有论证，或系笔者提出观点并进行了较为充分的论证阐释，至于确否，敬请方家审正。

---

① 拙文《敦煌写经题记中的八旬老人身分考索》，载张国旺、雷闻主编《隋唐辽宋金元史论丛》第9辑，上海古籍出版社，2019年，第93-108页。

② 拙文《〈摩利支天菩萨咒灵验记〉与张球事迹辑补》，收入前揭拙著《敦煌本佛教灵验记校注并研究》，甘肃人民出版社，2009年，第101-139页。

③ 拙文《〈贰师泉赋〉作者考辨》，《敦煌学辑刊》2021年第4期，第14-21页。

④ 拙文《晚唐文士张球生平索隐》，《敦煌研究》2021年第6期，第71-78页。

⑤ 拙文《集后进以阐大猷：晚唐敦煌张球寺学考索》，载《亦僧亦俗、自内及外：东亚大视野下的佛教与教育国际研讨会论文集》，新加坡世界学术出版社，2020年。

⑥ 拙文《晚唐敦煌著名文士张球崇佛活动考索》，《河北师范大学学报》（哲学社会科学版）2020年第3期，第39-43页。

⑦ 拙文《晚唐敦煌文士张球及其署名作品研究平议》，载陕西师范大学历史文化学院、陕西历史博物馆编《丝绸之路研究集刊》第3辑，商务印书馆，2019年，第122-131页。

⑧ 前揭拙文《〈贰师泉赋〉作者考辨》。

⑨ 拙文《〈敦煌廿咏〉作者与撰写时间考证》，金滢坤主编《童蒙文化研究》第4卷，人民出版社，2019年，第131-141页。

⑩ 拙文《敦煌文书P.2672V、P.5007V+S.6234V所存晚唐书状整理与研究》，载《中国社会科学院古代史研究所学刊》第13集，中国社会科学出版社，2024年，第70-78页。

⑪ 拙文《〈张淮深碑〉抄件卷背诗文作者考辨》，《敦煌学辑刊》2016年第2期，第31-38页。

⑫ 拙文《敦煌写本〈方角书一首〉创作时间与撰作者推考》，载王晓平主编《国际中国文学研究丛刊》第8集，上海古籍出版社，2020年，第86-92页。

⑬ 拙文《〈张淮深碑〉作者再议》，《敦煌学辑刊》2015年第3期，第74-79页。

⑭ 拙文《印度制糖法文书重校及其独存敦煌原因新探》，《敦煌研究》2019年第4期，第19-25页。

⑮ 拙文《〈张淮深碑〉抄件卷背诗文作者考辨》，《敦煌学辑刊》2016年第2期，第31-38页。

⑯ 拙文《〈摩利支天菩萨咒灵验记〉与张球事迹辑补》，收入前揭拙著《敦煌本佛教灵验记校注并研究》，甘肃人民出版社，2009年，第101-139页。

⑰ 拙文《敦煌写经题记中的八旬老人身分考索》，前揭《隋唐辽宋金元史论丛》第9辑，第93-108页。

其三，对已可确定或推考出的张球全部著述进行了认真细致的文献学整理。既包括留有张球署名的作品，也包括从作者有争议文书和佚失作者姓名的敦煌文书中新考证出的大量张球著述，从而勾勒出了张球写作活动的基本样貌。至于张球改编的他人作品，如《略出籯金》，则因既非张球原创，篇幅又过长，已基本完成的整理稿将另行出版而没有收入上述结项成果。

其四，对张球著述尤其是相关归义军史事进行探索研究。张球在归义军政权中执掌文辞之责数十年，其著述自然属于研究归义军史的无可替代的重要史料，笔者遂对之进行深挖详究，所论涉及：张氏归义军政权与晚唐中央政权关系的演变过程；张氏归义军史上最为动荡混乱的张淮深、张淮鼎、索勋、李氏、张承奉渐次执政时期敦煌各政治集团之间的争斗内幕；刚刚经历了与中原阻隔近百年，尤其是六七十年吐蕃统治后的敦煌汉文化的复兴历程；张球带入的江南文化对彼时敦煌的影响及留下的印迹，等等。

三、对张球研究前景的展望与期待

以上笔者勉力梳理了百余年来，尤其是近四十余年来学界有关张球研究的基本情况。

在今日需主要依据敦煌文书才可了解的历史人物中，张球是今知唯一一位在唐五代时期的敦煌长期任职留居并创作了大量作品的外来文人。他饱受江南与中原文化熏陶，恰于敦煌历经被吐蕃占领六七十年、汉文化遭受严重破坏而亟需重建复兴的关键期西来，自然成了将日新月异的中原与江南文化传播至敦煌的重要使者，故当时无论在归义军政权内部，还是敦煌社会中，都受到了高度重视①。而他又相当长寿，至少活到了八十八岁，得以经历见证了张氏政权兴盛衰败的几乎整个过程，并深度参与了河西敦煌的社会生活。诚然，张球的才华和文学成就无法与彪炳史册的贤达文宗硕儒巨匠相比，但是，肯于和敢于在艰危变乱的晚唐亲身奔赴异域绝地②，并将自己的一生都贡献给了敦煌的外来文士，今知仅此一人。

张球一生睿智敏感兴趣广泛，并乐于和长于著述。若就藏经洞保存的撰作于敦煌本地的文书而言，今知出自张球之手的著述数量最巨品类最夥。张球著述仅见于敦煌，不仅是可补传世文献之缺的晚唐文学遗存，更是可供后人探究敦煌地区某些重大历史事件的过程影响与细节缘由的珍稀史料。这些著述，特别是其中内涵丰富关涉颇广的名人名僧邈真赞、墓志铭、别传、书状、诗赋、随笔、杂记、题记等，既有直书，又含曲笔，或系翔实真切的原始记录，或属抉微发隐的宝贵线索，往往涉及自张淮深执政后期起至金山国建立这一敦煌政局大动荡时期的诸多极其隐秘却影响深远的重大政治事件，不仅可为解决某些悬而未决的问题增添可信可用的资料，更能指引研究方向，文献价值和史料价值均非常高。

关于张球研究，笔者认为还有不少工作需要做。例如，根据已有研究成果从已佚失作者姓名的敦煌文书中查考张球著述的工作即有待继续和深入。再如，利用张球作品进行相关归义军史研究的努力还比较少，部分文书的史料价值尚未得到充分发掘与研究利用，相关归义

---

① 早在其西来之初，其作品即备受时人重视，被反复传抄，敦煌文书中保留的其初来时所写《贰师泉赋》的多个复本等即是明证。

② 法藏敦煌文书P.2672V抄存了一件在凉州任职的何某写给正在归义军政权中担任军事判官的张球的书状，即直言“道途迢递，艰阻是常。判官绝地当官，请俸甚鲜”。可见就连凉州的官员都视敦煌为“绝地”，对身处其中的张球不得不应对的困苦深表同情。

军史诸问题的探讨亟需深入。又如，关于张球引入敦煌的中原特别是江南文化因素，所知亦少，相关研究，如晚唐敦煌文化组成与来源、江南文化对西北地区的辐射等，均有待展开。

总之，张球的生命轨迹关乎的不仅仅是其个人传奇，更是一个时代多个地区的历史。纷乱动荡交通阻隔的艰难时代、自江南至西北的跨界任职徙居、文士高官佛教信徒的多重身份、独存于敦煌的题材与体裁多样的大量作品……诸多因素交互作用，使张球其人其事其文兀然卓立，具有了多角度深层次解读剖析的意义。相信相关成果必将有助于科学合理地解析归义军史研究中的某些疑难问题，推进敦煌学，特别是归义军政治史、敦煌地区史、敦煌文学史、晚唐文学史、敦煌文化史、江南文化史、江南等地与西北地区文化交流史、丝绸之路国内支线发展演进史等相关学科研究向纵深发展。

写本学视野下的敦煌诗歌写本群研究

郝雪丽（上海书画出版社）

【摘要】本文回顾敦煌写本学的建立与发展、考察敦煌诗歌研究现状。从写本学角度，讨论敦煌诗歌写本研究的研究热点，探索诗歌写本群研究方法。期望通过敦煌诗歌写本群构建与研究，为敦煌学研究提供一种新研究视角和方法。

【关键词】写本学　敦煌诗歌　诗歌写本　写本群

敦煌学是在各种思潮相互激荡的上世纪初期兴起的一门国际性显学，历史、地理、地理、考古、宗教、文学、科技等十几个学科都可以从敦煌文献中汲取文化养分。敦煌学经过近一百二十年的发展，各学科文献材料整理日益完备。二十一世纪开始，随着“挖宝式”研究浪潮的退去①，学者们开始思考敦煌学研究方法的转型②。敦煌写本学研究现在已经发展成为引人注目的新范式，成为敦煌学新的领域③。

敦煌学的本质就是一门交叉学科，它不仅与其他学科部分地重叠交叉，而且敦煌学各部类之间也存在重叠交叉关系④。外部的重叠交叉启示我们，开放的敦煌学应该与其他学科相互联系，利用其他学科理论和方法来进行跨学科的研究⑤。内部的重叠交叉，具体体现在每件写

① 荣新江在《敦煌学学术史与方法论》提出过去敦煌学是“‘挖宝式’研究”。见荣新江《三升斋续笔》，浙江古籍出版社，2021年，第102页。原载郝春文主编《学术的理性回归：方法、资料与规范》，高等教育出版社，2018年，第54–75页。

② “转型”一词取自2006年南京师范大学召开的“转型期的敦煌学——继承与发展”国际学术讨论会论题。

③ 郝春文、宋雪春、武绍卫：《当代中国敦煌学研究·前言》，中国社会科学出版社，2020年，第5页。

④ 林家平、宁强、罗华庆：《中国敦煌学史》，北京语言学院出版社，1992年，第2–7页。原刊《试论敦煌学的概念、范围及特点》，载《兰州学刊》1984年第1期。

⑤ 荣新江：《新时代·新问题·新进展》，载《三升斋随笔》，凤凰出版社，2020年，第135–136页。原刊黄正建主编《中国社会科学院敦煌学研究回顾与前瞻学术研讨会论文集》，上海古籍出版社，2012年，第43–45页。

本正背面抄写内容的多元性与流动性，需注重写本抄写内容的关联性、写本与写本之间内容的关联性。敦煌诗歌写本之间可以由诗歌作品、抄写行款、创作时间等内容建立起各种关联，通过这些关联可以构建一个个诗歌写本群，从而由点及面，让我们站在更加宽广的视角对敦煌写本研究进行新的审视。

一、敦煌写本学建立与发展

日本学者藤枝晃（1911—1998）《敦煌写本概述》是敦煌写本学研究理论基础。该书对敦煌写本的各国馆藏情况、写本的外部特征、写本的抄写年代及其抄写机构进行了全面的介绍。此外，他还发表了《敦煌写经的字体》《北朝写经的字体》《敦煌写本编年研究》《敦煌历日谱》等系列论文[①]。1999年，荣新江在《藤枝晃教授与敦煌学研究》回忆文中说藤枝先生进行的写本学研究是有别于版本学研究的一门全新的学问，写本学研究包括恢复制作古代写本的技术，比如各种写卷的纸张大小、如何缀合纸片成卷、如何标识界栏和行栏、如何制作帙皮和引首、如何把长的文献分成卷、怎样在藏书室中保存图书等等[②]。

法国学者戴仁（Jean-Pierre Drège，1934-？）则以利用敦煌写本研究“书籍考古学”而著称。他发表了《敦煌写本中的册子装》《敦煌的经折装写本》《敦煌文献研究的方法因素》《敦煌纸张的纤维分析和写本的断代》等有关写本时代、敦煌写本学的研究论文[③]。其研究细化到中国古代书籍的具体制作的所有细节，包括纸张的纤维分析、装帧、文字分析、印刷术、写本和刻本的断代与辨伪等[④]。

1991年，林聪明《敦煌文书学》问世，这是第一部系统讨论敦煌写本特点的专著[⑤]。此书从十章讨论敦煌文书的形态、用纸、装潢与印信、抄写、符号、题记、割裂、来源、年代，并配以丰富敦煌写本图版，细化了敦煌写本学的知识体系、理论框架。

2001年，荣新江《敦煌学十八讲》出版，此书第十七讲分从纸张和形制、字体和年代、写本的正背面关系讨论了“敦煌写本学”的建立依据。此外，荣新江在《敦煌学学术史与方法论》一文中，也多次提到敦煌写本学研究，呼吁学者要认识到敦煌写本区别于印本古籍的独特性，他强调“校勘印本的古籍和校勘写本的古籍不一样，在写本时代，每一个人就是一个版本”[⑥]。

2013年，张涌泉《敦煌写本文献学》出版[⑦]。此书第一章开篇名义——写本文献学：一门亟待创立的新学问，认为很有必要从“版本学”分化出一门独立的“写本文献学”进行专

① 藤枝先生敦煌相关研究论着，转引自荣新江《藤枝晃教授与敦煌学研究》，荣新江《从学与追念》，中华书局，2020年，第40页。

② 荣新江：《从学与追念》，中华书局，2020年，第46页。

③［法］戴仁（Jean-Pierre Drège）：《法国的敦煌学研究》，载［法］戴仁编，耿昇译《法国中国学的历史与现状》，上海辞书出版社，2010年，第411页。

④ 余欣：《法国敦煌学的新进展》，《敦煌学辑刊》2001年1期，第104页。

⑤ 林聪明：《敦煌文书学》，台湾新文丰出版公司，1991年。

⑥ 荣新江：《敦煌学术史与方法论》，荣新江《三升斋续笔》，浙江古籍出版社，2021年，第78-79页。原载国家善本特藏部敦煌吐鲁番学资料研究中心编《敦煌与丝路文化学术讲座》第1辑，北京国家图书馆出版社，2003年，第64-88页。

⑦ 张涌泉：《敦煌写本文献学》，甘肃省教育出版社，2013；张涌泉：《敦煌写本文献学》（增订本），商务印书馆，2024年。

门研究。《敦煌写本文献学》主要从语言文字学角度切入，分从字词编、抄例编、校理编介绍敦煌文献特征。其中“抄例编”第十四章“标识符号”讨论了句读号、层次号、勘验号、画押号等敦煌写本文献的独有特点，让人耳目一新，这也是写本文献区别于刻本文献最显著的特征。

郑阿财、郝春文、伏俊琏、徐俊、余欣、窦怀永[①]等学者也发表了多篇学术论文讨论敦煌写本学的研究方法，学者们对敦煌写本学的讨论大致包括下面两点：

其一，敦煌写本学知识体系、理论框架的探索。2006年，郑阿财《论敦煌俗字与写本学之关系》一文指出写本与版本的差异，强调构建写本学的必要性，他认为写本学既是研究敦煌文献的基础，也是研究日本古写经，乃至于汉字文化圈中的韩国、越南汉文写本之重要基础[②]。郝春文《敦煌写本学与中国古代写本学》指出敦煌写本学属于中国古代写本学的一部分，讨论了中国古代写本学的研究范围[③]。他认为根据写本的材质，可以将写本学划分为简牍写本和纸质写本两个时期进行讨论，并列举了十九项中国古代写本学的主要研究内容。此外，郝春文领衔撰写的《当代中国敦煌学研究》第八章专设《新兴的敦煌写本学》一节，对敦煌写本学的发展脉络进行了梳理[④]。伏俊琏近年来致力于写本学研究，创办了《写本学研究》集刊。与此同时，他发表了《5—11世纪中国文学写本整理研究概论》《写本学对中国早期文献研究的意义》《写本和写本学》《写本时期的“一题多篇”》等写本学系列论文[⑤]。他认为题记、杂写、涂画、修改、训读，以及写本的性质用途、装帧形式、递藏信息，包括纸质和书写工具等问题，都应该纳入写本学研究的视野。这些细节往往能够反映文本的编辑者和抄录者的个人身份、情趣爱好、思想情感、知识信仰，通过写本中的各个组成部分可以呈现抄者的思想和心理。

其二，重新审视写本时代的知识创造、文化传播。2000年，徐俊《敦煌诗集残卷辑考》出版，此书首次从写本学角度整理敦煌诗歌，提出“刻本时代”与“写本时代”这两种文献学不同的发展阶段，启发读者跳出传统文献学研究思路，去思考写本时代与刻本时代诗歌结集、传播与接受。2011-2013年，余欣《中古异相：写本时代的学术、信仰与社会》《博望鸣沙：中古写本研究与现代中国学术史之会通》《中古时代的礼仪、宗教与制度》《敦煌的博物学世界》四部专著陆续出版[⑥]，搭建了一个瑰丽、庞大的中古写本学知识网络，被读者誉为“写本学四部曲”。余欣在《中古异相：写本时代的学术、信仰与社会》一书导论中进一步讨论了“写本时代”，并总结了写本时代的书籍在书写和传播上的特色，他认为：

① 此处按学者年龄排序。

② 郑阿财：《论敦煌俗字与写本学之关系》，《敦煌研究》2006年6期，第162-167页。

③ 郝春文：《敦煌写本学与中国古代写本学》，《中国高校社会科学》2015年2期，第67-74页。

④ 郝春文、宋雪春、武绍卫：《当代中国敦煌学研究（1949—2019）》，中国社会科学出版社，2020年，第304-314页。

⑤ 伏俊琏：《5—11世纪中国文学写本整理研究概论》，《云南师范大学学报》2017年5期，第127-132页。《写本学对中国早期文献研究的意义》，《先秦文学与文化》2020年2期，第331-348页；《写本和写本学》，《古典文学知识》2020年5期，第108-114页；《写本时期的“一题多篇”》，《古典文学知识》2021年4期，第132-138页。

⑥ 余欣：《中古异相：写本时代的学术、信仰与社会》，上海古籍出版社，2015年；《博望鸣沙：中古写本研究与现代中国学术史之会通》，上海古籍出版社，2012年；《中古时代的礼仪、宗教与制度》，上海古籍出版社，2012年；《敦煌的博物学世界》，甘肃教育出版社，2013年。

“写本时代”，确切地说是“纸写本时代”，用以指称中国书写史上的以纸质写本为主要信息传递媒介的时期，大致相当于王朝断代史的魏晋南北朝隋唐五代时期①。

此时期的写本文化不仅应该包括写本学与书籍史研究，更应注重以写本为书写载体的知识传统的成立诸相的探究。写本学表面上是以物质形态的写本为核心，真正的文本创制、知识传播、信仰实践的中心环节，却是书写者与阅读者②。窦怀永《写本视角的版本思想观察——以敦煌写本为中心》一文讨论刻本时代与写本时代古籍整理研究的不同知识传播模式③。从版本外在的传播特点来看，写本时代在总体上表现为相对扩散化趋向，而刻本时代则表现为先扩散、后集中的趋向。从版本内在的继承特点来看，写本时代难以在文本传抄系统上建立有序性的问题，在刻本时代被加倍放大。敦煌写本为代表的写本类文献的不断发现，写本文献传抄系统的相关问题就有了客观思考与谨慎处理的必要性和现实性。

随着敦煌写本学理论体系的不断完善，敦煌写本学的研究方向分化也越趋精细，总的来讲，对敦煌写本的考察有“向内”和“向外”两种研究视野。近年来，学界对敦煌写本内部考察的研究热点主要有④：

第一，敦煌写本物质形态的考察。敦煌写本物质形态既包括写本装帧方式、行款界栏、字迹优劣等抄写特征的考察，也包括同时期书写工具、纸张利用、纸张修补的社会物质文化研究。冷江山《敦煌文学写本的装帧形式》讨论敦煌文学写本、卷轴装、册页装和单页装三类装帧形式，他认为敦煌文学写本中由一页或半页纸抄写的单页装与敦煌文学的仪式应用有着较为密切的关系⑤。陈明珠《敦煌写本包首研究》收集并整理了敦煌写本中有包首的写本，分析包首题与敦煌写本内文中的首题、尾题的关系，讨论了包首题的藏经帙号定名法，包括经名标志法、经名帙号法、千字文帙号法或者偈颂帙号法⑥。刘利娜《敦煌写本兑废稿研究》讨论在敦煌地区严格的纸张管理制度下，产生的兑废稿的特征，发现兑废稿中存在整纸重文的现象⑦。武绍卫《页码的诞生：中国古籍上的页码及其使用》，以大量的敦煌写本实例讨论了页码对书籍的阅读和利用产生的影响⑧。朱利华《试论吐蕃统治对敦煌地区书写工具、纸张及书籍形式的影响》指出在吐蕃统治时期，敦煌地区的书写工具、纸张尺寸、书籍形式都

---

① 余欣：《中古异相：写本时代的学术、信仰与社会》，上海古籍出版社，2015年，第4页。

② 余欣：《写本文化的综合研究》，《文汇报》2015年1月9日。

③ 窦怀永：《写本视角的版本思想观察——以敦煌写本为中心》，《敦煌写本研究年报》2019年第13号，第181-197页。

④ 限于篇幅，主要介绍近五年的相关成果。往年的研究情况可参考樊锦诗、李国、杨富学：《中国敦煌学论著总目》，甘肃人民出版社，2010年；《敦煌学国际联络委员会通讯》2014—2021；郝春文、宋雪春、武绍卫：《当代中国敦煌学研究》等。恕不一一。

⑤ 冷江山：《敦煌文学写本的装帧形式》，载伏俊琏主编《写本学研究》第2辑，商务印书馆，2022年，第57-71页。相关研究还可参考李致忠：《敦煌遗书中的装帧形式与书史研究中的装帧形制》，《文献》2004年第2期，第75-97页；方广锠：《从敦煌遗书谈中国纸质写本的装帧》，《文献》2018年1期，第14-22页。

⑥ 陈明珠：《敦煌写本包首研究》，西南大学硕士论文，2018年。包首研究还可参考黄威：《敦煌写卷“包首题”符号的研究及其方法论价值》，《敦煌学》2021年第37期，101-126页。

⑦ 刘利娜：《敦煌写本兑废稿研究》，硕士学位论文，西南大学，2017。还可参见赵青山：《敦煌写经道场纸张的管理》，《敦煌学辑刊》2013年4期，36-47页。

⑧ 武绍卫：《页码的诞生：中国古籍上的页码及其使用》，《图书馆杂志》2022年6期，第116-125页。

在不同程度上受到吐蕃影响①。刘郝霞《古人对敦煌俗文献的修补、修复与再利用》②。高亦睿（Imre Galambos）关注敦煌写本物质形态，他曾讨论过敦煌写本中的重文符号“ㄋ”在语境中是标记“联合字符”还是“重复字符”的问题③。2020年，其书《敦煌写本文化》（Dunhuang Manuscript Culture）出版，讨论了归义军时期敦煌写本的抄写者身份、写本内容、写本行款等内容④。黄威《古籍书名考》上编“书名题写研究”共五章，分别讨论了简帛、卷轴、册页时期书名的题写特征，运用大量实例研究敦煌写本的“大题”“小题”书写格式、包首题符号等书名特征。

第二，敦煌写本叙录、录文与综合研究。系统性的敦煌写本按号整理工作，滥觞于王重民《敦煌古籍叙录》⑤。值得关注的是，郝春文主编的《英藏敦煌社会历史文献释录》，此书已出版二十卷，对英藏的汉文非佛教文献按号进行录文与校勘，考订所涉写本的定性、定名、定年问题⑥。伏俊琏等《敦煌文学写本研究》选录了51件敦煌文学写本，为每件写本撰写叙录，并考察写本的抄者身份、写本性质及写本年代⑦。

第三，敦煌写本缀合研究。由于敦煌写本散藏世界各地，有许多写本迫不得已分置两地。早年王重民、刘铭恕等学者编写《索引》，《英藏》《法藏》等黑白图版丛书在拍摄写本照片时，已陆续将馆藏可缀合的写本予以缀合。后《孟目》《荣目》编撰又缀合了一大批残片。郑炳林、张涌泉、黄正建、许建平、赵鑫晔、张新朋、刘郝霞、刘丹、沈秋之等学者缀合成果颇丰。张涌泉、罗慕君《敦煌佛经残卷缀合释例》从理论上总结了敦煌写本缀合的方法⑧，张涌泉及其研究团队在敦煌疑伪经缀合方面收获了丰硕成果⑨。刘郝霞《敦煌汉文文献（佛经以外部分）残断与缀合研究》是第一部系统整理敦煌缀合写本的专著，此书分为两部分：“理论篇”介绍敦煌写本残损的原因及缀合所需的技术手段；“实证篇”梳理、考证了140种敦煌写本的缀合情况，并提供了缀合图片。张新朋十余年皆致力于敦煌写本残片的考释，比对出包括《千字文》《太公家教》《开蒙要训》《孟姜女变文》在内的缀合残片，发表相关论文20余篇。

第四，敦煌写本正背面的抄写关系。敦煌写本中，有不少写本正背面抄写多种内容，常常出现宗教、历史、天文、文学等不同内容的杂糅抄写，从这种现象中可以解析该写本的抄写目的、应用场景等信息。翁彪博士论文《敦煌汉文写本合卷考论》主要考察敦煌禅宗典籍的合卷情况，指出合卷是多卷（幅）的文献归并与一件卷轴装或册子装写本，附录整理了敦

① 朱利华：《试论吐蕃统治对敦煌地区书写工具、纸张及书籍形式的影响》，《写本学研究》，第72–85页。

② 刘郝霞：《古人对敦煌俗文献的修补、修复与再利用》，《图书与情报》2014年4期，第136–141页。

③ Imre Galambos, *Scribal Notation in Medieval Chinese Manuscripts: the hewen（ligature）and the chongwen（Duplication）Marks*, 2010年, pp.5–9.

④ Imre Galambos, *Dunhuang Manuscript Culture: End of the First Millennium*（*Studies in Manuscript Cultures*）.De Gruyter, 2020；冯婧, Imre Galambos, *Dunhuang Manuscript Culture: End of the First Millennium*. 载《敦煌吐鲁番研究》第21卷，上海古籍出版社，2022年，第446–449页。

⑤ 王重民：《敦煌古籍叙录》，商务印书馆，1958年。

⑥ 郝春文主编《英藏敦煌社会历史文献释录》1–20卷，社会科学文献出版社，2001—2024年。

⑦ 伏俊琏等：《敦煌文学写本研究》，上海古籍出版社，2021年。

⑧ 张涌泉、罗慕君：《敦煌佛经残卷缀合释例》，《浙江大学学报》（人文社会科学版）2016年第3期，第5–19页。

⑨ 郝春文、宋雪春、武绍卫《当代中国敦煌学研究》，中国社会科学出版社，2020年，第313页。

煌写本所见88种部内合卷、39件复写合卷、752件多部合卷[①]。冷江山《敦煌写卷S.2702〈净名经集解〉卷背诸内容之关联性分析》通过分析S.2702《净名经集解》卷背习抄中的"三嘱歌"等内容，指出抄卷是一个典型的讲经和俗讲活动所用的底本[②]。其《敦煌文学文献同卷内容的相互关联》一文则讨论一些涉及佛教或世俗仪式的写本，如P.3697、P.3107，从而理解敦煌文学文献是如何在民众生活中被具体应用[③]。

近年来，学者们开始探寻敦煌写本的外沿，将目光投向了世界范围内的书籍史、阅读史、文化交流史。荣新江《丝绸之路也是一条"写本之路"》利用敦煌、吐鲁番、和田乃至高加索地区出土各种文字的写本文献论证了丝绸之路的运营离不开写本，纸质文书是丝绸之路的商贸、旅人行囊的必备之物[④]。冯婧致力于西方写本学研究及敦煌册子本的考察，《欧洲实物写本学简论》《西方写本研究对敦煌写本研究的启发——以实物写本学、比较写本为例》二文介绍了西方实物写本学的发展脉络及价值，她认为实物写本学易书籍制作的技术细节为出发点，能揭示写本生成与社会、经济、文化、政治背景之间的互动，从而对历史研究，尤其是书籍史研究做出贡献。在册子本研究方面，她成果颇丰，发表了《敦煌册子本的缀合与复原——以佛经册子为例》《敦煌册子本所见丝绸之路上的写本流动——以写本纸张特征为线索》等系列文章[⑤]。此外，陈静《书籍史研究中的传播视角——以抄本研究为例》《"抄本""写本"与汉唐出版史研究》是从书籍史角度讨论抄本与写本的系列论文[⑥]。赵青山《6–10世纪敦煌地区抄经史》[⑦]、周侃《唐代书手研究》[⑧]、吴夏平《唐代书籍活动与文学秩序》[⑨]、赵益《中国古代文献：历史、社会与文化》[⑩]等专著在讨论古代书籍形制与阅读形态时，亦论及不少敦煌写本材料，及方法论，需要重视。

二、敦煌诗歌研究现状

敦煌诗歌的校录和研究，大致可以以1913年罗振玉将法藏P.2567卷题作"敦煌本唐人选唐诗"影印收入《鸣沙石室佚书》为起点。本文根据敦煌学研究论著目录以及前贤的诗歌

---

① 翁彪：《敦煌汉文写本合卷考论》，博士学位论文，北京大学，2011年。

② 冷江山：《敦煌写卷S.2702〈净名经集解〉卷背诸内容之关联性分析》，《敦煌研究》2015年第2期，第59–64页。

③ 冷江山：《敦煌文学文献同卷内容的相互关联》，《甘肃社会科学》2018年第1期，108–113页；冷江山：《敦煌文学写卷同抄文献关联之纸张因素》，载伏俊琏、徐正英主编《古代文学特色文献研究》，上海古籍出版社，2016。

④ 荣新江：《丝绸之路也是一条"写本之路"》，《文史》2017年2期，第75–103页。

⑤ 冯婧：《欧洲实物写本学简论》，载伏俊琏主编《写本学研究》第1辑，商务印书馆，2021年；《西方写本研究对敦煌写本研究的启发——以实物写本学、比较写本为例》，载郝春文主编《敦煌吐鲁番研究》第21卷，上海古籍出版社，2022年；冯婧：《敦煌册子本的缀合与复原——以佛经册子为例》，载《文献》2024年第6期；冯婧：《敦煌写本所见的丝绸之路上的写本流动——从写本纸张特征为线索》，载《中国典籍与文化》2024年第4期。

⑥ 陈静：《书籍史研究中的传播视角——以抄本研究为例》，《济南大学学报》2011年第5期，第45–49页；《"抄本""写本"与汉唐出版史研究》，《中国出版史研究》2015年1期，第98–112页。

⑦ 赵青山：《6—10世纪敦煌地区抄经史》，民族出版社，2019年。

⑧ 周侃：《唐代书手研究》，社会科学文献出版社，2020年。

⑨ 吴夏平：《唐代书籍活动与文学秩序》，上海古籍出版社，2021年。

⑩ 赵益：《中国古代文献：历史、社会与文化》，南京大学出版社，2022年。

研究综述，收集整理了敦煌诗歌研究论著584篇（部），根据论文关键词绘制“1921—2021敦煌诗歌研究热点折线图”（图1）如下[①]。

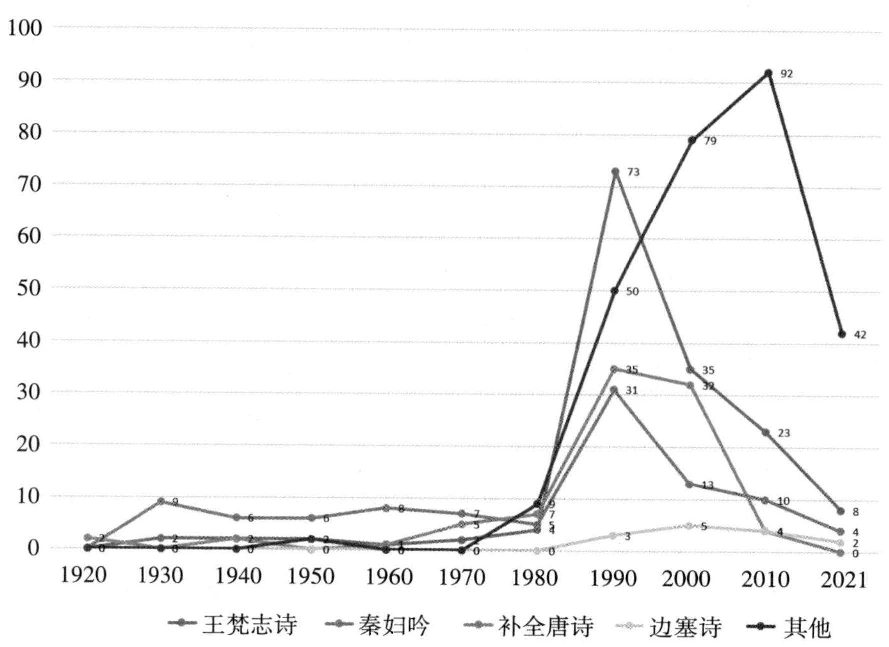

图1 1921—2021敦煌诗歌研究热点折线图[②]

① 本文参考的诗歌研究论著目录主要有：卢善焕、师勤编《中国敦煌吐鲁番学著述资料目录索引（1909—1984）》，中国敦煌吐鲁番学会主编中国敦煌吐鲁番学资料丛书，1985年，第98-129页，第238-247页；刘进宝编《1909—1983敦煌学论著目录》，甘肃人民出版社，1985年，第43-44页，第54-59页，第95页；邝士元编《敦煌学研究论著目录》，台湾新文丰出版公司，1987年，363-379页。目前，学界已考知敦煌藏经洞发现时间是1900年5月26日，邝先生所编目录起始时间疑为是时敦煌藏经洞发现时间不确定而致误。该书在《敦煌学研究论著编年索引》“1897—1906”年论著索引中将罗振玉《敦煌石室真迹录》五卷附一卷列于卷首，亦是由于对该书成书年代不清楚而致误。李德范、方久忠：《敦煌吐鲁番学论著目录初编》（日文部分），1999年，北京图书馆出版社，第357-361页，第536页。此目录和卢善焕、师勤编《中国敦煌吐鲁番学著述资料目录索引（1909—1984）》皆属中国敦煌吐鲁番学会主编的《中国敦煌吐鲁番学资料丛书》，除这两种中文、日文目录，另有《敦煌吐鲁番学论著目录初编》（欧文部分），敦煌吐鲁番学北京资料中心，1988年。“欧文部分”收录的研究论著目录中以西域考古、禅宗文献、吐火罗文为主，这也反应了1900—1980年期间欧美学者的关注点重在考古、宗教与语言，诗歌研究寥若晨星，且研究论文贡献者主要是戴密微（Paul Demiéville）。郑阿财、朱凤玉主编《敦煌学研究论著目录（1908—1997）》，汉学研究中心，2000年，第218-230页。郑阿财、朱凤玉主编《敦煌学研究论著目录（1998—2005）》，乐学书局，2006年，第128-134页。郑阿财和蔡忠霖在2005年发表过《敦煌学研究论著目录2001—2005》一文，该文将2001—2005年的敦煌论著按专著、专刊论集、期刊论文排列，仅收录13则敦煌诗歌论著。由于不是按类别排列敦煌论著目录，读者不容易检索专题论著。其中成果已被其书《敦煌学研究论著目录（1998—2005）》收录，参考价值不大。郑阿财、蔡忠霖：《敦煌学研究论著目录2001—2005》，《敦煌学》第26辑，2005年，第227-331页；郝春文主编《敦煌学国际联络委员会通讯》第1-12册，上海古籍出版社，2005—2021；朱凤玉：《百年来敦煌文学研究之考察》，民族出版社，2012年，第43-53页；朱凤玉：《敦煌诗歌研究的反思与展望》，原载《华学》第9、10辑，上海古籍出版社，2008年，第818-831页；朱凤玉编《百年来敦煌文学研究之考察》，民族出版社，2012，第18-53页；侯成成：《敦煌诗歌百年综述》，载郝春文主编《2017敦煌学国际联络委员会通讯》，上海古籍出版社，2017年，第74-95页；郝春文、宋雪春、武绍卫《当代中国敦煌学研究》，中国社会科学出版社，2020年，第69、82-83、102-103、210-215、281-283、396-398页。

② 图中折线节点的数字代表十年间的论著数量。

1980年之前，学者们对于敦煌诗歌的研究是辑录式的研究，主要包括王梵志诗研究、秦妇吟研究、补《全唐诗》研究、边塞诗研究四大主题。1983年，敦煌吐鲁番学会成立，其后十年间迎来了敦煌学发展的高峰。1980—2000年，开始出现诗歌写本研究的单篇论文。2000年，第一部以写本为中心考察敦煌诗歌的专著——徐俊纂辑《敦煌诗集残卷辑考》出版[①]，此时，过去四大敦煌诗歌研究主题的发文数量逐年减少，敦煌诗歌辑录研究的浪潮逐渐退去，迎来的是敦煌诗歌写本的研究热潮。值得注意的是2010年至今的十余年间，敦煌诗歌研究热度俱减，出现了逐年衰落的趋势。

二十世纪伊始，学者们开始思考敦煌学转型，对敦煌写本学知识体系、理论框架进行积极探索，重新审视写本时代的知识创造、文化传播。敦煌诗歌写本从辑录整理为主的研究，逐渐转变为对敦煌诗歌写本的写本学研究。

三、敦煌诗歌写本研究

最先用写本学视野考察敦煌诗歌的学者首推徐俊，其书《敦煌诗集残卷辑考》乃敦煌诗歌写本研究的开山之作，此书前言四万余字，深刻论述了敦煌诗歌写本的特征、敦煌诗歌写本的研究方法[②]。他提出的“写本时代”与“刻本时代”两个文献学的发展阶段的不同研究范式，对学界有着深远影响。

其一，此书首次全面总结了敦煌诗歌写本的特征。从敦煌诗歌写本的实际形态着眼，他将敦煌诗集写本分为诗集诗抄写本和零散诗篇。他提出敦煌诗集写本与传统意义上的“诗集”存在很大差别，敦煌写本中更多的是规模相对短小的诗歌丛抄、诗文丛抄和诗词丛抄，即“杂写本”。

其二，此书对敦煌诗歌进行了分类。从时段上，分为先唐诗歌、唐五代诗歌、宋初诗歌；以现存文献分为存、佚两类；从诗歌产生地域，分为敦煌本土诗歌及流传到敦煌的中原诗歌；从作者身份和作品流传的场所，可分为僧俗之诗；从文学源流看，诗歌有传统文学和民间文学的雅俗之别之分；此外，还有一类特殊的敦煌学郎诗。

其三，此书讨论了敦煌文学作品的整理方式。一是以写本为单位的提要叙录式；一是以作品为单位的分类辑录式。提要叙录式，如以罗振玉《唐人选唐诗》、王重民《巴黎敦煌残

---

① 《敦煌诗集残卷辑考》出版后的第二年，徐俊发表了《敦煌写本诗歌续考》一文，是对《辑考》有关诗卷和诗作的续考重订和新见零散诗歌的辑补（《鸣沙习学集》，第274-295页。原载《敦煌研究》2002年第5期。另有多篇其他学者的校补文章，兹列于此。刘瑞明：《集遗珠以汇诗海，复原貌而观万象——评〈敦煌诗集残卷辑考〉》，《敦煌研究》2001年第4期，第169-173页；张锡厚补遗五篇：《〈敦煌诗集残卷辑考·缺题二首〉补正》，《甘肃社会科学》2004年第6期，第39-40页；《读诗随笔》，《河北师范大学学报》，2005年第1期，第84-87页；《读〈敦煌诗集残卷辑考〉札记》，《文学遗产》2005年2期；《整理敦煌文集与文字录校——重读〈敦煌诗集残卷辑考〉及其相关评论》，《中国韵文学刊》2005年第2期，第15-20页；龚泽军：《〈敦煌诗集残卷辑考〉校补》，《图书馆杂志》2008年第3期，第74-76页；周丽英：《〈敦煌诗集残卷辑考〉校补》，南京师范大学硕士论文，2008；段观宋校补四篇：《〈敦煌诗集残卷辑考〉校读札记》，《中国韵文学刊》2010年第2期，第44-47页；《〈敦煌诗集残卷辑考〉校订补正》，《敦煌研究》2011年第2期，第117-120页；《〈敦煌诗集残卷辑考〉校议》，《东莞理工学院学报》2012年4期，第51-56页；贺伟：《〈敦煌诗集残卷辑考〉补正一则》，《读书》2019年8期，第145页。

② 该前言后收入其论文集《鸣沙习学集》下册，题为《身临其境的诗坛——关于敦煌诗歌写本特征、内容及整理方式的考察》，为新修订的节录本。中华书局，2016年，第313-368页。

卷叙录》为代表[①]，提要叙录式有对写本特征的总体描述和相关问题的考证，但缺少对写卷所收全部作品的科学整理。分类辑录式，如任半塘《敦煌曲校录》和《敦煌歌辞总编》、饶宗颐《敦煌曲》以及张锡厚主编《全敦煌诗》等[②]。分类辑录中对写本中异类文献的忽略，将与写本形态相关的重要信息丢失殆尽。在这些书中，形态各异的写本仅仅是作品出处的标识，而看不到写本的整体面貌和作品之间原有的关联。

其四，此书以写本为单位的叙录加全卷校录的整理敦煌诗歌，创新了敦煌文学作品的整理研究方式。《辑考》的设想是保持敦煌诗歌写本的原有形态，最大限度地显示敦煌诗歌写本所含有的信息，上编厘定诗集诗抄63种，诗1401首（包含重出互见诗71首），下编辑录诗歌524首（句），全书对1925首诗进行了录文与校勘。上编每种诗集诗抄写本的录文前面皆有解题，介绍诗集诗抄写本的定名始末、缀合情况、相关研究成果、写本抄者、写本性质、写本断代等内容，史料翔实，考据扎实。

1993至2012年，徐俊陆续发表了近30篇有关敦煌诗歌、歌辞的研究论文及札记，均已收入《鸣沙习学集》[③]。他在敦煌诗歌写本缀合、校录、考释方面颇有建树，文中许多开创性的观点指引了一批学者加入到敦煌诗歌写本研究的队伍中。其中一些论文与札记已被《辑考》解题吸收，本文在此主要介绍徐俊在《辑考》出版后发表的敦煌诗歌写本研究论文。荣新江、徐俊合撰的《新见俄藏敦煌唐诗写本三种考证及校录》缀合了Дx.3861+Дx.3872+Дx.3874、P.2492+Дx.3865、Дx.3871+P.2555三件极重要的诗歌写本，详细考释了新获诗歌内容[④]。其后二人又发表了《唐蔡省风〈瑶池新咏〉重研》一文，新缀合Дx.6722+Дx.6654+Дx.3861+Дx.3872+Дx.3874+Дx.3927A+Дx.11050这一失而复得唐代女冠诗人诗集[⑤]。P.2492+Дx.3865两件写本的缀合证明了原先的P.2492非白居易诗集，提示敦煌学人需谨慎看待写本时代诗集的编辑与传抄特征。Дx.3871+P.2555是著名的唐诗文丛抄长卷，备受学者关注，两件写本缀合后，又掀起新一轮的研究热潮。徐俊、荣新江合撰《德藏吐鲁番本“晋史毛伯成”诗卷校录考证》缀合了Ch.3693v+Ch.3699v+Ch.2400v+Ch.3865v，推断毛伯成最晚的生活年代为东晋哀帝隆和年间（362–363），推测“晋史毛伯成”为作者题署。并对所有残诗进行了校录[⑥]。其后许云和在二位研究基础上，进一步推断此“晋史毛伯成”诗卷正是《隋书·经籍志》著录的“毛伯成诗一卷”[⑦]。徐俊《俄藏Дx.11414+Дx.2947前秦拟古诗残本研

① 罗振玉：《唐人选唐诗》，见其《鸣沙石室遗书》，此书出版为影印本，1913年9月于日本印行；再版为摹写石印本，1928年于天津印行。《敦煌丛刊初集》第六册影印本为1928年摹写石印本（此注转自《鸣沙习学集》，第315页）。王重民：《巴黎敦煌残卷叙录》，载《敦煌古籍叙录》，中华书局，1979年。

② 任二北：《敦煌曲校录》，上海文艺联合出版社，1955年；任半塘：《敦煌歌辞总编》，上海古籍出版社，1987年；饶宗颐：《敦煌曲》，1971年于巴黎出版，收入《饶宗颐二十世纪学术文集》卷8《敦煌学》，中国人民大学出版社，2009年；张锡厚主编《全敦煌诗》，作家出版社，2006年。

③ 徐俊：《鸣沙习学集》，中华书局，2016年。

④ 荣新江、徐俊：《新见俄藏敦煌唐诗写本三种考证及校录》，徐俊《鸣沙习学集》，中华书局，2016年，第230–250页；原载《唐研究》第5卷，北京大学出版社，1999年，第59–79页。

⑤ 缀合图见荣新江、徐俊：《唐蔡省风〈瑶池新咏〉重研》，载徐俊《鸣沙习学集》上册，中华书局，2016年，第253页。原载荣新江主编《唐研究》第7卷，北京大学出版社，2001年，第125–144页。

⑥ 徐俊、荣新江：《德藏吐鲁番本“晋史毛伯成”诗卷校录考证》，《鸣沙习学集》，中华书局，2016年，第49–65页。

⑦ 许和云：《德藏吐鲁番本“晋史毛伯成”诗卷再考》，《西域研究》2008年1期，第99–107页。

究——兼论背面券契文书的地域和时代》，缀合了《俄藏》未定名的两件残片Дx.11414+Дx.2947，他通过残片抄写的诗人年代及卷背买田券的立契时间推断Дx.11414+Дx.2947为前秦拟古诗残本，抄写时间大致在前秦建元八、九年至十三年之间（372、373+377年）。Дx.11414+Дx.2947正面依次抄写魏文帝《五言诗》、秘书监朱彤《五言诗》、中书侍郎韦谭《五言诗》、秘书郎□□□《五言诗》，保留了前秦时期知名作家朱彤的佚诗，乃千古遗珍[①]。

倪健（Christopher M. B. Nugent）《有诗自唐来：唐代诗集及其有形世界》是敦煌诗歌写本研究的他山之石[②]。此书通过8件敦煌《秦妇吟》写本抄写内容的对比，探讨了唐诗在口头传播、记忆承载、抄本复制过程中所产生的文本不确定性，有助于我们理解唐诗的早期形态及其形成的动态过程。宇文所安（Stephen Owen）领衔的哈佛大学东亚系唐诗学研究，在诗学方法论上极为重视写本和抄本流动的物质性，敦煌诗歌写本研究应当借鉴。朱凤玉《敦煌诗歌写本原生态及文本功能析论》，也关注到敦煌诗歌口头传播方式导致异文突出的现象，她指出，在民间文学视野下，诗歌的传诵以口头文本传播，进而辗转相传，或转录为书面文本，不同的文本在不同的语境下每每呈现出不同的文本异文[③]。

冷江山、陈静、张利亚等学者关注诗歌写本的关联性与唐五代诗歌的传播与接受。冷江山《敦煌文学写本文献研究》重点讨论了文学写本同抄内容之间的关联性和文学写本的应用性[④]。是文在为敦煌66件诗歌写本做叙录的基础上，讨论了诗歌写本在日常生活中的实际应用，认为敦煌诗歌写本大致可以分为“书籍”和“杂抄”两类。该文附录《唐诗在敦煌的传播研究》精辟地指出政治时局的变动、敦煌人士的选择、诗人的生活地域、诗人的身份地位是影响唐诗在敦煌传播的四个重要因素。陈静《敦煌诗歌写本的传播特征及其形成原因》指出敦煌诗歌写本具有诗集名称、作者、编者信息缺失严重；无明确的编集思想；异文现象突出的传播特征。并分析了形成此特征的三种原因：以自抄自用为目的的读者传写；抄本传播中“定本”观念的差异；敦煌地理位置与敦煌文献的特殊性[⑤]。张利亚《唐五代敦煌诗歌写本及其传播、接受》[⑥]，从写本学视野下的敦煌诗歌写本，敦煌诗歌写本中的诗选抄和唐人别集，敦煌诗歌写本传播的载体、场所，敦煌诗歌写本的主要传播者，敦煌地区对唐诗的接受五方面对写本时代诗歌的传播方式进行了深入研究。

四、敦煌诗歌写本群研究

敦煌学是一门综合性很强的学科，这个特点在宏观层面体现为敦煌学是集石窟、艺术、考古、历史、地理、文献于一体的世界显学；在微观层面，可以从每一件抄有不同学科内容的写本中体现。每一件敦煌写本是写本群中的一个节点，可以通过其物质形态、内部文本向

① 徐俊：《俄藏Дx.11414+Дx.2947前秦拟古诗残本研究——兼论背面券契文书的地域和时代》，《鸣沙习学集》，中华书局，2016年，第66-87页。原载《敦煌吐鲁番研究》第6卷，北京大学出版社，2002年。

②［美］倪健（Nugent，C. M. B.）：《有诗自唐来：唐代诗集及其有形世界》，上海人民出版社，2021。此书为倪健的博士论文，2010年由哈佛大学亚洲研究中心出版。Nugent, C. M. B. *Manifest in Words, Written on Paper: Producing and Circulating Poetry in Tang Dynasty China*，Harvard University Asia Center，2010.

③ 朱凤玉：《敦煌诗歌写本原生态及文本功能析论》，《敦煌研究》2018年1期，第9-16页。

④ 冷江山：《敦煌文学写本文献研究》，博士学位论文，西北师范大学，2012年。

⑤ 陈静：《敦煌诗歌写本的传播特征及其形成原因》，《首都师范大学学报》2013年3期，第111-116页。

⑥ 张利亚：《唐五代敦煌诗歌写本及其传播、接受》，博士学位论文，兰州大学，2017年。

着其他写本延伸，“书的边缘从不清楚明了，也未被严格地划分：在它的题目、开篇数行文字与句号之外，在书的内部布局与其自律的形式之外，书还被置于一个参照其他书、其他文本、其他句子的系统中——是网络中的一个节点”[①]。1969年，日本学者藤枝晃在《敦煌写本概述》中首先提出“写本群”的概念，他说：

> 本世纪前半叶，对敦煌写本残卷的传统研究方法是“觅宝”式的。现在，随着敦煌写本的陆续公布，必须让位于一种新的研究方法，即将写本残卷重建为一个整体，并找出个别写本或写本群在全部敦煌遗书中的位置[②]。

张涌泉《敦煌写本文献学》是构建写本文献学完整理论体系的重要基石，此书前言延伸了藤枝晃提出的“写本群”理念，张涌泉认为“在研究某一专题之前，第一步工作就是要在充分利用现有的各种索引的基础上，全面普查敦煌文献，把相关的写本汇聚在一起。”[③]

其后，戴仁指出敦煌写本研究应当“以数量更大、更能正确反映整体状况的写本群为基础来进行更细致的数据分析”[④]。国内王重民、饶宗颐注意到敦煌《文选》写本之间的关联。王重民《敦煌古籍叙录》提出P.2707、P.2643、P.3778、P.3345的笔迹相同，判断此四件写本可缀合，饶宗颐更注意到《文选》与其他敦煌文献间的关系。徐俊在书评中对他们的研究思路给予肯定，他在文末写道“当一个个零散的写本被还原成一组组写本群的时候，对这些写本的认识无疑会更加丰富和准确”[⑤]。

二十一世纪开始，将相关写本聚集到一起来进行研究的写本群意识，逐渐受到学界重视，“写本群”这一概念在敦煌学论著出现频次变高了。荣新江曾谈论到敦煌藏经洞的序列，他认为，“我们最重要的工作应是，第一，根据斯坦因留下的科学记录，复原敦煌藏经洞原来文献的构成状态”[⑥]。“现在我们没有办法复原斯坦因拿去的那些包裹和卷子的关系，如果我们能复原，很多东西我们就会研究出来。比如很多卷子后的世俗文书，现在看似没有关系，可是将来把这些卷子原来的号码放在一起，我们就有可能把这个关系找到”[⑦]。此外，荣新江、余欣在谈到写本辨伪时谈到：

> 敦煌写本中有不少写本群是有相互关联的次序的，我们可以逐渐地建立起这些

---

① ［法］福柯（Michel Foucault）著，董树宝译《知识考古学》，生活·读书·新知三联书店，2021年，第27页。

② ［日］藤枝晃著，徐庆全、李树清译，荣新江校《敦煌写本概述》，《敦煌研究》1996年2期，第96页。

③ 张涌泉：《敦煌文献整理：百年行与思》（代前言）第4节《敦煌文献整理之前瞻》，见《敦煌写本文献学》，甘肃教育出版社，2012年，第13页。

④ ［法］戴仁：《敦煌写本中的赝品》，载《法国汉学》丛书编辑委员会编《法国汉学第五辑》（敦煌学专号），中华书局，2000年，第7页。

⑤ 徐俊书评：评饶宗颐《敦煌吐鲁番本文选》、罗国威《敦煌本〈昭明文选〉研究》、罗国威《敦煌本〈文选注〉笺证》、傅刚《文选版本研究》，季羡林、饶宗颐、周一良主编《敦煌吐鲁番研究》第5卷，北京大学出版社，2001年，第381页。

⑥ 荣新江：《敦煌学学术史与方法论》，《三升斋续笔》，浙江古籍出版社，2021年，第89页。原载国家图书馆善本特藏部敦煌吐鲁番学资料研究中心编《敦煌与丝路文化学术讲座》第1辑，北京图书馆出版社，2003年，第64-88页。

⑦ 荣新江：《三升斋续笔》，浙江古籍出版社，2021年，第95页。

序列[①]。

本文认为荣新江、余欣所说的写本群序列，包含两方面内容：在物理形态方面，藏经洞内的所有文献材料原本都是有包裹分装好的，自王道士第一次触碰时，其序列开始被打乱。后来各国“探险家”将敦煌写本收藏于自家机构，烙上各国的“专属”编号，敦煌写本的顺序彻底乱套，学者们艰难在地在各国写本残卷、碎片中爬梳整理，想重新还原藏经洞内的写本秩序几乎不可能[②]。在抄写内容方面，或许可以将相互关联的写本群为中心，剖析文本之间深层次的关系，通过写本年代、抄写笔迹、作者笔记来还原写本群的序列，这或许是当前敦煌写本学研究应该致力发展的研究方向。此外，郑阿财在讨论敦煌高僧因缘记写本时也谈到“对同一写本存在或同时或先后抄写的各个文本（文本群）的整体考察，必将对此写本运用与功能的厘清有所助益”[③]。

有关写本群研究具体方法的探讨，在李正宇《敦煌学导论》一书中已初显萌芽，此书十二章讨论敦煌学通常使用的研究方法时提到“系列研究法”，其实和本文所谈的写本群研究方法非常相似，他认为：

通过此种研究，可以从系列的高度来理解一连串的相关客体，打破各个客体分割孤立的状态，弄清某一局部和相关局部的相互关系及发展变化，从而把支离破碎的概念提炼成体系性的理解。敦煌学有关专题经过这样系统的梳理，才会条绪分明，脉络清楚[④]。

杨宝玉近年来致力于敦煌写本所见张球生平事迹及作品的考察，其《写本群意识与敦煌文书整理琐议——以张球及其作品研究为例》亦是写本群研究方法的一次实践，阐释了写本群意识的内涵：

所谓写本群意识，个人认为，即是在对一两件重要文书进行文本细读并取得具有坐标意义的研究成果之后，以此为突破口，发掘与这一两件文书有密切关系的若干其他文书并探究其各方面价值，然后再围绕这些已进行过深度整理的文书进一步扩大研究范围，搜寻相关文书并深入剖析，以此类推。这样，我们的研究对象便会从一两件核心文书拓展至多层级写本群，在对群组文书进行系统成规模的全面辨析的基础上，进一步解析某些写本群之间的关系，并展开视野更加宏阔的综合研究[⑤]。

综上所述，敦煌写本群研究方法为敦煌学研究提供了一个更为广阔的视野。当一个个写本串联成群，我们可以找到单个写本在全部敦煌文献中的位置，从而敦煌写本重建为一个整体，还原敦煌文献的原来面貌。这应当是当代敦煌学“一个崭新的却更为重要的切入点”[⑥]。

① 荣新江、余欣：《敦煌写本辨伪示例——以法成讲〈瑜伽师地论〉学生笔记为中心》，见荣新江《辨伪与存真：敦煌学论集》，上海古籍出版社，2010年，第100页。

② 关于此物理秩序的梳理，或可从英藏敦煌写本卷背蒋孝琬所书“苏州码子”及蒋孝琬目录进行突破。可参考斯坦因《1908年6月19日至7月18日间包装的古物箱子内容清单》，（1908年7月21日），斯坦因手稿第202号，第118-118v张。此注转引自王冀青：《斯坦因敦煌考古档案研究》，敦煌文艺出版社，2020年，第262页。

③ 郑阿财：《敦煌写本高僧因缘记及相关文献校注与研究》，四川大学出版社，2020年，第235页。

④ 李正宇：《敦煌学导论》，甘肃人民出版社，2008年，第230页。

⑤ 杨宝玉：《写本群意识与敦煌文书整理琐议——以张球及其作品研究为例》，载伏俊琏主编《写本学研究》第1辑，商务印书馆，2022年。

⑥ 王立群：《现代〈文选〉学史》，大象出版社，2014年，第252页。王立群在评徐俊《书评》时，说“徐俊为现代《文选》学研究者正确利用敦煌写本提出了一个崭新的却更为重要的切入点，即将敦煌写本还原为一个个写本群进行整体研究”。

敦煌诗歌写本群研究的关键步骤，就是从敦煌诗歌写本中诗歌诗人的互见情况、抄写字迹与抄写行款、写本题记与抄者身份等方面去寻找各种各样的联系，以其中的某一种联系来串联起相关的写本。徐俊是第一位系统梳理敦煌诗歌写本关联情况的学者，《敦煌写本唐人诗歌存佚互见综考》一文考证了敦煌诗歌作品的存佚互见情况，详细罗列了同一诗人在不同写本出现的情况[①]。冷江山《敦煌的唐诗》在徐俊的基础上，整理了《见于传世本的唐代文人诗作》《敦煌遗书保存的唐代文人佚诗》两个表格[②]。两位学者将有联系的诗歌写本分类辑录制作成表，已经实践了敦煌写本群研究的首要步骤。

田卫卫硕士论文《从中原到敦煌——韦庄〈秦妇吟〉写本流传之研究》厘定敦煌《秦妇吟》写本十一件，对每件写本进行了详细的叙录，分析说明《秦妇吟》从中原流传到敦煌的路径及方式，讨论《秦妇吟》在敦地区流传的范围和深度[③]。该文由单一写本的文本细读到作品的创作、传播、接受、影响多个环节的总体考察的研究方法，已经具备了敦煌诗歌写本群研究意识。

笔者曾在硕士论文集中讨论了写本群研究方法，并运用该方法对以P.3812为中心的诗歌写本群进行了综合研究。讨论了P.3812、P.2845、P.3328等12件写本的抄写时间和抄写者，考证写本中涉及的人名和作品内容背景、同一写本中各篇作品之间的关系，是写本群研究从理论到实践的一次尝试[④]。笔者博士论文延续了硕士论文的课题，进一步探究敦煌诗歌写本的内容互见关系。拙文通过敦煌诗歌写本文本细读，发现敦煌不少诗歌写本之间抄有重复或相同的内容。对这些内容进行系联，可以构建出规模不一的诗歌写本群，这些写本群亦相互关联，并聚合为写本群网络。这种写本之间的内容互见关系与科学计量领域的文献共被引和耦合分析非常相似，在数字人文的研究视角下，可以进一步通过可视化软件构建敦煌写本群知识图谱，并对其进行文献计量分析。在借鉴学界古文献学知识图谱相关成果基础上，构建了敦煌诗歌写本群知识图谱，呈现敦煌诗歌写本群之间的各种复杂关系。最后，选取诗歌写本群知识图谱中两个疏离的写本群——诗抄写本群与王梵志诗写本群进行了综合研究[⑤]。

五、结语

潘重规先生1977年曾说："我们应该联合国际学术界的力量来编纂一部完善的敦煌遗书总目录。我们应该编纂一部《敦煌论文著述总目录》。我们需要把全世界保存的敦煌卷子、

① 徐俊：《敦煌写本唐人诗歌存佚互见综考》，《鸣沙习学集》，中华书局，2016年，第146-190页。原载《敦煌吐鲁番研究》第1卷，北京大学出版社，1995年。

② 冷江山：《敦煌的唐诗》，伏俊琏等：《敦煌文学总论》，上海古籍出版社，2019年，第112-124页、第119-123页。

③ 田卫卫：《从中原到敦煌——韦庄〈秦妇吟〉写本流传之研究》，硕士学位论文，北京大学，2014。可参看田卫卫《秦妇吟》研究系列论文：《〈秦妇吟〉敦煌写本研究综述》，《敦煌学辑刊》2014年4期，第153-161页；《〈秦妇吟〉敦煌写本新探——文本概观与分析》，《敦煌研究》2015年5期，第81-91页；《〈秦妇吟〉之敦煌传播新探——学仕郎、学校与诗学教育》，《文献》2015年5期，第90-100页。

④ 郝雪丽：《敦煌石室诗歌写本群研究——以P.3812及其相关作品为中心》，硕士学位论文，西华师范大学，2019年。

⑤ 郝雪丽：《敦煌诗歌写本群研究》，博士学位论文，中国科学院，2022年。

全部摄影，集中起来，成立研究中心。我们需要把敦煌卷子的文字全部加以整理。”[①]经过几代敦煌学人的奋斗，如今潘先生的宏愿已经基本实现。

近年来，数字人文研究方兴未艾，敦煌学在上世纪初乃学术之新潮流，数字人文则是当今学术新潮流。大数据将以往被分裂和隔绝的事物重新连接，改变了我们对文献、文本、知识的认识路径和把握尺度。伴随着万物互联，“一切皆文本”的趋势越来越明显[②]。一代人有一代人的使命，随着信息技术的不断发展，年轻一代的学者站在前辈肩膀上，可借助数字人文的东风，构建一个个敦煌写本群，在更宏观的视野中把握和考察敦煌的文化生态，使敦煌学在新的时代焕发新的生机。

---

① 潘重规：《敦煌学的瞻望与创新》，《岭南大学开校三十周年纪念国际会议发表论文》，1977年5月。见郑炳林、郑阿财主编《港台敦煌学文库》，第61册，第32-37页。

② 刘石、李飞跃《大数据技术与传统文献学的现代转型》，《中国社会科学》2021年2期，第81页。

百年敦煌文学研究回眸

钟书林（上海师范大学人文学院）

从敦煌学的产生与发展来看，敦煌文学研究是最早受到中国学者重视的学科之一，曾有敦煌学领域的“带头学科”之誉，足见它曾经有过的辉煌与影响。今回顾其百余年研究历程，为当下敦煌文学研究者提供一些借鉴和参考。挂一漏万，祈请谅解。

一、敦煌文学文体分类的逐步丰富和发展

敦煌文学的每次飞跃性发展，几乎都离不开敦煌文学文体研究的推动。纵观百年来敦煌文学的发展，敦煌文学文体研究是敦煌文学研究中起步最早、著述丰富但争议分歧也最为突出的一个重要领域。

当敦煌文学研究刚刚起步时，以20世纪初期罗振玉、王国维等先生为代表的早期敦煌文学的整理与研究者，即已经开始重视对敦煌文学的文体归类研究。1909年蒋斧辑录的《沙州文录》，目标很明确，只收“文”类作品，是最早的一次敦煌文整理。罗振玉辑录的《敦煌零拾》，收录韦庄《秦妇吟》、《云谣集杂曲》、《季布歌》、佛曲三种、俚曲三种，小曲三种、搜神记一卷。他特别提到的佛曲、俚曲、小曲等文体，成为后世敦煌文学研究中争议、分歧的焦点。1920年，王国维《敦煌发见唐朝之通俗诗及通俗小说》将伦敦所收藏的7件文学作品，粗加区别，分通俗诗、劝善诗、通俗小说、通俗书、词等5个类别。王国维先生的这篇论文，拉开了敦煌文学研究的序幕，提出了通俗诗、通俗小说、词等文体概念并加以专门研究，是最早的敦煌文学文体研究之作。沿着罗、王的整理研究思路，刘复辑录的《敦煌掇琐》基本上也是文学作品，分为小说、杂文、小唱、诗歌、经典演绎5个类别。以上可以称为敦煌文学文体研究的草创阶段。

1929年，郑振铎《敦煌的俗文学》（后来修改为《唐代的俗文学》）的发表，标志着敦煌文学的文体研究步入新的阶段。当时，还没有敦煌文学的概念，郑先生结合他对敦煌文学作品的体会，提出了

“敦煌俗文学”的文体及学科概念，同时在胡适先生的基础上还创造性地提出了“变文”这一崭新的文体名称。他将所见的敦煌文学作品按照文体分为诗歌、讲唱文学、游戏文章3个大类，其中诗歌又细分为诗、曲子词、联章曲词赞、词文4个小类，讲唱文学细分为变文、讲经文、押座文、缘起4个小类，游戏文章细分为故事赋、俗文、俗论3个小类，共计3大类11种。郑先生的这一文体划分，既借鉴了罗振玉、王国维已有的敦煌文学文体分类经验，又创造性地提出了不少新的文体名称，如变文以及俗文学、俗论、俗文、故事赋、曲子词、联章曲词赞等，更加贴合敦煌文学作品实际。其中一些文体名称，直接源自敦煌文学作品自身，如词文、讲经文、押座文、缘起等，均为敦煌文学作品中的原始题名，郑先生尊重这些原始题名，将其作为一种独立的文体。这一做法，为后世所遵从。郑先生所提出的“敦煌俗文学”“变文”等文体名称和概念，对中华人民共和国成立后的敦煌文学研究产生了直接影响。如中华人民共和国成立后，王重民先生的《敦煌曲子词集》，任半塘先生的《敦煌曲初探》《敦煌曲校录》，周绍良先生的《敦煌变文汇录》，王重民先生等合编的《敦煌变文集》，以及相关“敦煌俗文学”的研究论著，都在很大程度上受到了郑振铎先生上述研究的影响。

稍后，向达、傅芸子等先生也对敦煌文学的文体分类加以进一步探讨，但与郑先生的上述文体分类大体相近。向达《记伦敦所藏的敦煌俗文学》将其所见的敦煌文学作品，细分为变文、唱文或讲经文、词文、小说、白话诗、赋、通俗书8类，在郑先生的基础上，对敦煌文学的文体分类略作调整，将“故事赋”改称为“赋”，新增了小说、白话诗、通俗书等文体。在向先生新增的3类文体中，其中“小说”类，源自刘复《敦煌掇琐》的文体划分；“白话诗”类，源自胡适《白话文学史》；“通俗书”类，是向达先生在王国维先生“通俗诗”“通俗小说”基础上的一种新的分类。不过，“通俗书”这一新的文体划分，似乎并没有得到后来研究者的认同。

傅芸子《敦煌俗文学之发见及其展开》将敦煌文学作品分为变文、诗歌、杂文、小说4个大类。傅先生将“变文”细分为唱经、佛经故事、非佛经故事3个小类；“诗歌”细分为佛曲、民间杂曲、白话诗、杂曲子、民间之赋5个小类；“杂文”细分为童蒙读物、滑稽文章、契约、疏文牒状、社司转帖、民间书札等6个小类；“小说”类收录《入冥记》《秋胡戏妻》《天地开辟以来帝王纪》3篇作品，总计4大类15小类。傅先生在前人的基础上，提出了杂曲子、民间书札、杂文等新的文体分类。其“民间之赋”的说法对后来“俗赋”文体的提出具有启发性影响。

傅先生所关注的童蒙读物、契约、疏文牒状、社司转帖等文类，是他的首次发现，为以往学者所忽略。傅先生的这些发现，为后来敦煌文（敦煌散文）的整理提供了学理依据，但也由此引发了后世有关敦煌文书作品的文学性与非文学性的讨论。傅芸子先生对“杂文”文类的关注，是对郑振铎先生文体分类的一个突破，为后世敦煌文学文体的深广探讨开拓了新的思路。

敦煌文学文体研究的第三个发展阶段，是以20世纪80年代《敦煌文学概论》的集体编撰为契机，逐步深入展开的。80年代初，张锡厚先生《敦煌文学》一书作为一部最早的系统研究敦煌文学的著作，将敦煌文学作品划分为歌辞、诗歌、变文、话本小说、俗赋、词文、杂文、押座文、讲经文、佛赞、偈颂等11种文体，其中话本小说、佛赞、偈颂等文体，是以往不曾受重视或关注的。稍后，颜廷亮先生等谋划集体编撰《敦煌文学概论》，邀请周绍

良先生担任编撰组顾问。周绍良先生有鉴于以往敦煌文学的文体研究“重在民间文学方面”，大胆地提出参照萧统《文选》的文体分类法，先是将敦煌文学的文体分类扩大到二十几类，继而扩大到三十几类。他在《敦煌文学·序》中说：

> 一九八六年，我参加甘肃省社会科学院文学研究所同志主持的《敦煌文学概论》编写会议，当时提出一个编写规划细目。看了以后，首先使我感到，它的内容基本是偏重在民间文学方面。因之不由使人想到：难道敦煌文学就只是这些吗？它究竟都应该有些什么东西？假如不把这个问题搞清楚，《敦煌文学概论》是没法写的。经过深入的探讨，再仔细检阅了一些敦煌遗书材料，觉得还是参照《文选》的分类法来观察敦煌文学比较科学。因为只有这样，才可以全面认识敦煌文学。于是归纳了一下，大致分为二十几类，草成了在香港国际敦煌吐鲁番学术会议上提出的那篇《敦煌文学刍议》论文。我自己相信这是一个大胆的尝试。虽然会有很多疏漏，分类也未必准确，但是突破了过去只以变文、俗讲文、诗、曲子词等仅仅几样被认为是敦煌文学的概念。

周绍良先生认为敦煌文学的文体分类，不宜局限在民间文学方面，应该参照《文选》的文体分类方法来研究敦煌文学，才是比较科学的一种文体分类方法。这一思路，大为拓宽了以往敦煌文学研究的研究路径，将敦煌文学的研究视野从敦煌俗文学的狭小天地中带了出来，无论是在学科视野上，还是在学术方法上，都得以完成了从敦煌俗文学到敦煌文学的蜕变。

周绍良先生说：

> 讲到“敦煌文学”，常提到的不外曲子词、诗歌、变文、话本小说、俗赋等几类而已。实际上，用这些来概括整个敦煌文学，远远是不够的。

有鉴于此，周绍良先生参照《文选》的分类法，在检点敦煌遗书之后，把其中的文学作品按文体归纳为30类，即：1.表、疏，2.书、启，3.状、牒，4.帖，5.书仪，6.契约，7.传记，8.题跋，9.论、说，10.文、录，11.颂、箴，12.碑、铭，13.祭文，14.赋，15.诗歌，16.偈、赞，17.邈真赞，18.歌谣，19.曲子词，20.佛曲，21.儿郎伟，22.民间曲词，23.变文，24.讲经文，25.因缘（缘起），26.押座文、解座文，27.小说，28.话本，29.诗话，30.词文。

这是自郑振铎先生以降对敦煌文学文体研究的又一次大的推进。实事求是地讲，这一次推进，更加契合莫高窟藏经洞文书中的敦煌文学作品的原貌。

这些文体分类是在全面盘查莫高窟藏经洞所遗存的数万件敦煌遗书家底之后得出的较为客观公允的结论，不夹杂个人好恶的甄选、扬弃，比较客观真实地反映了现存敦煌文书中丰富而复杂的文学文体分类情况。

颜廷亮先生等在周绍良先生的这一意见指导下，在具体的操作中，将上述文体分类略加合并，合并为27种，成为他们集体编撰《敦煌文学》《敦煌文学概论》两书的纲领性分类。

1.表、疏，2.书、启，3.状、牒、帖，4.书仪，5.契约，6.传记、附行状，7.杂记，8.题跋，9.论、说，10.文、录，11.偈、颂，12.赞、箴，13.碑、铭，14.祭文，15.赋，16诗歌，17.邈真赞，18.词（曲子词），19.佛曲，20.俚曲小调（民间曲词）附儿郎伟，21.变文，22.讲经文　附押座文、解座文，23.因缘（缘起）　附因缘记，24.小说，25.话本，26.诗话，27.词文。

颜廷亮先生等编撰组成员根据实际情况，对周绍良先生的指导性意见略有调整变化，其表现如下：(1) 将“帖”并入“状、牒”类；(2) 将押座文、解座文并入讲经文；(3) 删去“歌谣”类；(4) 增加“词”类，并与“曲子词”合为一类；(5) 将“儿郎伟”与“民间曲词”合并为一类，并增加“俚曲小调”的说法，以求更契合敦煌遗书原貌；(6) 因缘（缘起）类，增加“因缘记”；(7) 增加“杂记”类；(8)“传记”类附“行状”，以期更吻合于唐代传记实况，唐人传记多以“行状”名之。

对于上述变化，颜廷亮先生解释说：

> “行状”虽自有特点，而大体上与“传记”相类，故附于“传记”类后。“儿郎伟”虽自有特点，却大体上类似于“俚曲小调”，故附于“俚曲小调”之后。“押座文”和“解座文”虽自有特点，但具体应用时与“讲经文”难以分开独自应用，故附于“讲经文”之后；“因缘记”虽与“因缘（缘起）”有所不同，但基本上也还是属于“因缘（缘起）”，故附于“因缘（缘起）”之后。总的说，归纳为27类。

但该书在具体论述中，又将“论、说”和“文、录”两类合并，将“佛曲”附于“词（曲子词）”之后，实际分类最终为25种。

周、颜诸先生的上述文体分类，在傅芸子先生重视“杂文”文类的基础上，参照《文选》分类法，将敦煌文作为一种重要的文类范畴予以高度重视。在周绍良先生上述30个文体类目中，敦煌文共计有14大类，21小类：表、疏，书、启，状，帖、牒，书仪，契约，传、记，题跋，论说，文、录，颂、箴，碑、铭，祭文、邈真赞。这是首次全面系统地对“敦煌文”所做的分类，虽然周先生在文中还没有提出“敦煌文”的概念，但为后来“敦煌文”概念的确立指明了方向。稍后，颜廷亮先生在《敦煌文学》的基础上，发表《敦煌文学概说》一文，首次提出了“敦煌文类”的说法，并且列举了论、说、文、录、书、启、碑、铭、表、疏、状、牒、帖、传记、杂记、题跋、祭文等17种文体。除帖、题跋、箴、书仪4种文体外，几与周先生所述相吻合。

在《敦煌文学概论》如此繁富的文学文体基础上，还有学者不断在丰富完善。例如，黄征、吴伟先生在此基础上提出了“愿文”一体，他们认为“一般文学研究者根本不知‘愿文’为何物”，而事实上，“愿文的数量之多，题材之广，形式之众（有骈、韵、散等），恐怕都是变文、诗词等类所难以并提的”，虽然多是应用文，“但大多带有文学性的描写”，具有文学研究价值。他们还认为，愿文是从《文心雕龙》的“祝盟”类发展而来的，“祝”在本质上可视为愿文的一个小类。

由此可见，任何文体划分都很难尽善尽美。上述周、颜的敦煌文学的文体分类也不例外。在他们的上述文体划分中，也还有一些文体并没有被包含在内，而这些在敦煌遗书中也是早有的原始题名，譬如释家文范、亡文、灵验记等文体。当然，其中必然涉及文学作品与非文学作品的争议与分歧。所以，在20世纪90年代中期以后，在敦煌文学的文体研究领域，虽然没有学者再增添新的文体，但是对于一些文体的性质、作品的文学性与非文学性，仍然存有一定的争议和分歧。

在百年来的敦煌文学研究中，先后有敦煌变文、敦煌曲子词、敦煌诗歌、敦煌赋、敦煌小说等文体受到学人的关注，并且作为敦煌文学的一个分支被认可、确定下来。遗憾的是，“敦煌文”这一概念，虽经周绍良、颜廷亮、李明伟先生的几番努力，但一直没有得到广泛

的接受。散文在古代文学中，一直蔚为大观，因此，仅从这个意义而言，敦煌文（敦煌散文）在敦煌文学中理应得到重视，并享有一席之地。

二、新文体命名的渐趋成熟：从敦煌佛曲到敦煌变文再到讲唱文学

纵观百余年来敦煌文学的文体研究，最富有建设性的研究领域，无疑是敦煌“变文”文体概念的提出及其相关阐释。

敦煌藏经洞文书的发现，涌现了一批此前传世文献所未见的作品，其中变文作品尤为耀眼。这些作品公诸于世，立即引起中外学者的关注，从撰写题跋，到校录研究。因此，敦煌变文的整理与研究，是敦煌文学研究中起步最早、成果最为丰硕的重要领域。

变文作品，并非一开始就被称为“变文”。学人对“变文”文体的认识，经历了一个较长的历史过程。早期敦煌学家，由于当时能看到的原卷不多，对这类作品只能根据个人的理解拟名，不免臆断的成分。如罗振玉先生称之为“佛曲”，王国维先生称之为“七字唱本”“唐人小说”，陈寅恪先生称之为“因缘曲”“演义”，等等。

罗振玉辑录《敦煌零拾》，收录《韦庄秦妇吟》、《云谣集杂曲》、《季布歌》、佛曲三种、俚曲三种，小曲三种、《搜神记》一卷。其小序：

> 予往者既影印敦煌古卷轴，返国以后，见残书小说凡十余种，中有七言通俗韵语，类后世唱本，或有白有唱，又有俚语俚曲，皆小说之最古者。

其跋语交代“佛曲三种”云：

> 佛曲三种，皆中唐以后写本。其第二种演《维摩诘经》，他二种不知何经。考《古杭梦游录》，载说话有四家。一者小说，谓之银字儿。如烟粉、灵怪、传奇、公案，皆是搏拳、提刀、赶棒，及发迹、恋态之事。说经谓演说佛书，说参谓参禅，说史谓说前代兴废战争之事。《武林旧事》载诸技艺，亦有说经。今观此残卷，是此风肇于唐而盛于宋两京。元、明以后，始不复见矣。

又，俚曲三种为《叹五更》《天下传孝十二时》《禅门十二时》，小曲三种为《鱼歌子》《长相思》《雀踏枝》。对于这些新出现的文体作品，罗振玉先生一时无法弄清它们的真面目，便采用元代以后流行的“曲”体来统称，分别命以杂曲、佛曲、俚曲、小曲，都不出“曲”的范畴，同时又敏锐地指出它们与后世小说之间的密切关系。王国维先生根据它们的七言韵语体制和形式特征，称之为“七字唱本”“唐人小说”。

稍后，陈寅恪先生对罗振玉所称的不知名的佛曲加以考订，据此写成《有相夫人生天因缘曲跋》《敦煌本维摩诘经文殊师利问疾品演义跋》《敦煌本维摩诘经问疾品演义书后》，《须达起精舍因缘曲跋》等。在这些跋文中，陈先生对此类作品以“演义”“因缘曲”称之。其《敦煌本维摩诘经文殊师利问疾品演义跋》曰：

> 佛典制裁长行与偈颂相间，演说经义自然仿效之，故为散文与诗歌互用之体。后世衍变既久，其散文体中偶杂以诗歌者，遂成今日章回体小说。其保存原式，仍用散文诗歌合体者，则为今日之弹词。

又《有相夫人生天因缘曲跋》说：“今观佛曲体裁，殆童受喻鬘论，即所谓马鸣大庄严经论之支流，近世弹词一体，或由是演译而成。此亦治文化史者，所不可不知者也。”

陈先生在后来的《元白诗笺证稿》中指出，这种“长行与偈颂相间”的诗歌与散文的混

合结构对后世元稹、白居易诗歌体裁的影响，他在论述“新乐府”体裁时说：“后见敦煌发见之变文俗曲殊多三三七句之体，始得其解。”此处陈先生抛弃了“演义”“因缘曲”的说法，而改用“变文俗曲”，体现了他对“变文”这一文体命名的认可。

最早提出“变文”名称的，是胡适先生。他在1928年出版的《白话文学史》第十章“佛教的翻译文学（下）”中指出，佛教宣传于译经外，又自印度输入的“唱叹”分化出“转读”与“梵叹”两项。他说：“宣读不能叫人懂得，于是有‘俗文’‘变文’之作，把经文敷演成通俗的唱本，使多数人容易了解。这便是更进一步了。后来唐五代的《维摩变文》等，便是这样起来的。”到1929年，郑振铎发表《敦煌的俗文学》，他从敦煌遗书的首尾完整的原题作品中拈出“变文”一名，并解释说：敦煌遗书中那些“采取古来相传的一则故事，拿时人所闻见的新式文体——诗与散文合组而成的文体——而重加以敷演，使之变为通俗易解，故谓之曰：‘变文’”。

郑振铎先生高度评价“变文”在中国文学史上的地位和价值。他说：

> 在“变文”没有发现以前，我们简直不知道：“平话”怎么会突然在宋代产生出来？“诸宫调”的来历是怎样的？盛行于明、清二代的宝卷、弹词及鼓词，到底是近代的产物呢？还是“古已有之”的?许多文学史上的重要问题，都成为疑案而难于有确定的回答。但自从三十年前史坦因把敦煌宝库打开了而发现了变文一种文体之后，一切的疑问，我们才渐渐的可以得到解决了。我们才在古代文学与近代文学之间得到了一个连锁。我们才知道宋、元话本和六朝小说及唐代传奇之间并没有什么因果关系。我们才明白许多千余年来支配着民间思想的宝卷、鼓词、弹词一类的读物，其来历原来是这样的。这个发现使我们对于中国文学史的探讨，面目为之一新。

从此，“变文”作为一种崭新的文体名称为中外多数学者所接受，并长期沿用下来。

郑振铎先生曾经在《中国俗文学史》中也自述他对俗文、变文的认识是一个渐进的变化过程，并非一开始即认识到位。他说：

> 我在《中国文学史》中世卷上册里，曾比较详细地讨论到“变文”的问题。但那个时候，所见材料甚少，《敦煌掇琐》也还不曾出版。将那些零零落落的资料作为研究的资料，实在有些嫌不够。我在那里，把“变文”分为“俗文”和“变文”两种，以演述佛经者为“俗文”，以演述“非佛教”的故事者为“变文”，这也是错误的。总缘所见太少，便不能没有臆测之处。（那时，北平图书馆目录上，是有“俗文”的这个名称的，故我便沿其误了。）
>
> 在我的《插图本中国文学史》（第二册）里，对于“变文”的叙述便比较地近于真确，我现在的见解，还不曾变动。但所得的材料，比那个时候却又多了不少。

与此同时，郑振铎先生指出罗振玉先生等之前命名为“佛曲”的“毫无根据”。他指出：罗振玉《佛曲三种》“这三种都是首尾残阙的，所以罗氏找不到原名，只好称之为‘佛曲’。但在他的跋里，他已经知道，这样的‘佛曲’与宋代的‘说话人’的著作有关系了。……罗氏把‘佛曲’作为宋代‘说经’的先驱，这是很对的。可惜他并没有发现其他‘非说经’的‘变文’，所以，不知道‘变文’并也是‘小说’和‘说史’的先驱”。又说：“《佛曲三种》今已知其原名者为：（一）《降魔变文》；（二）《维摩诘经变文》。其他一种，演有相夫人升天事，不知其原名为何。陈寅恪先生名之为‘有相夫人升天曲’。但实非曲也。”有鉴于此，郑先生将陈寅恪命名的《有相夫人升天曲》拟定为《有相夫人升天变文》。郑先生认可罗振玉先生将“‘佛曲’作为宋代‘说经’的先驱”，但认为罗振玉先生“可惜并没有发现其他‘非说经’的‘变文’，所以，不知道‘变文’并也是‘小说’和‘说史’的先驱”。由此见出，郑振铎先生似乎认可“佛曲”“变文”是两种并行的文体，他将罗振玉先生未发现的其他“非说经”归入“变文”，而对于罗振玉先生提出的“佛曲”文体并没有从概念上进一步加以框定和厘清。因此，他在谈及后世的佛曲、宝卷与变文的关系表述时，似乎有些混淆不清了。

在宋代以后，变文消亡。郑先生认为：“宝卷”实即“变文”的嫡派子孙。也当即谈经等的别名。……“宝卷”的结构，和“变文”无殊。且所讲唱的，也以因果报应及佛道的故事为主。

按照这一阐述，郑先生认为宋代以后的宝卷，实即唐代变文，二者结构“无殊”。与此相关联的是，郑振铎先生在《佛曲叙录》中，也收录宋元以后的诸多宝卷，其中他又将“宝卷”与“佛曲”相提并论。这样的相互关联，实质上也体现了“变文”与“佛曲”之间的相似性。郑先生一方面指出“宝卷”即“变文”的嫡派子孙，另一方面又将“宝卷”收入“佛曲叙录”中。如此一来，容易形成彼此的逻辑关联：即佛曲即宝卷，佛曲也即变文。那么，佛曲与变文究竟是一种怎样的关系？变文是否能够涵盖“诗与散文合组而成的，而重加以敷演，使之变为通俗易解”的所有作品？这成为后世关注和讨论的焦点问题。

稍后，向达先生的《论唐代佛曲》，意在纠正郑先生将“唐代佛曲与敦煌发见的俗文变文之类，混为一谈”的错误。1934年，向达又发表《唐代俗讲考》，对当时陆续发现的押座文、变文、敷演佛经经文等之类俗讲话本，统称为变文的做法，提出了质疑。向先生说：

> 说者亦有谓俗讲话本应一律称为变文者，试加复按，可以知其不然。《目连变》、《降魔变》、《王陵变》、《舜子至孝变文》等多以变文名，固矣。然《季布骂阵词文》固明明以词文或传文标题矣。而所谓押座文、缘起，以及敷衍全经诸篇，非自有名目，即体裁与变文迥殊。今统以变文名之，以偏概全，其不合理可知也。

到20世纪50—60年代，国内掀起敦煌变文整理与研究的热潮。但争议与分歧，依然存在。如周绍良先生认为：“对这一材料如果漫无区别地都称之为‘变文’是很不妥当的，这样就贬低了唐代丰富多彩的民间文学。”因此，他主张将整个敦煌讲唱文学分为变文、俗讲文、词文、诗话、话本、赋等六类，后来又增加讲经文、缘起两类（《唐代变文及其他》）。

周绍良先生的大作发表后，引起较大反响。次年（1964年）出版的供高等院校中文系使用的教材《中国文学史》，便将敦煌讲唱作品分为变文、俗赋、话本、词文4类，改变以往统称之“变文”的做法。稍后，刘大杰《中国文学发展史》在其修订本中，也改变了其初版仅“唐代的变文”一节的做法，而将唐代民间说唱及作品分为“转变与变文”“说话与话本”“俗讲与讲经文”“合生”4种类别，并用“唐代说唱文学”作为总称。由此也带来了敦煌讲唱文学研究的繁荣。其中以张鸿勋先生的研究成果最具代表性。他指出：敦煌讲唱作品类型多种多样，虽同属讲唱文艺范畴，却又各具自己的特点，“俗讲”和“变文”的称名并不能涵括它们。过去把敦煌讲唱作品只笼统地说成“变文”一种，既有以偏概全之弊，又掩盖了类与类间差异，从而影响对丰富多彩的唐五代讲唱文学的深入研究，是应予纠正的。

张鸿勋先生将过去笼统的"变文"类又细分为词文、故事赋、话本、变文、因缘、讲经6类。但讲唱文学与变文到底是一种什么的关系？之间的文体类别划分，到底如何细化？学界仁者见仁、智者见智，也很难形成一定的共识。其有关争议与分歧的历史，之言《七十年来的敦煌变文研究》、杜晓勤《敦煌变文的整理与研究》、谢海平、朱文光《近百年来敦煌讲史变文研究之回顾与展望》、李小荣《敦煌变文》等论著，均有不同程度的探究，可以作为参考。

三、从模糊到清晰："敦煌文学"概念的发展、确立

1988年，姜伯勤先生撰文说："在目前的国际敦煌学中，敦煌文学研究是海峡两岸及香港地区的中国学人在国际上处于领先地位的一个研究部门。这与王国维、陈寅恪诸先生的开创之功分不开。"1920年，王国维先生发表《敦煌发见唐朝之通俗诗及通俗小说》，开启敦煌文学研究的序幕。1930年，陈寅恪先生《陈垣〈敦煌劫余录〉序》：

> 《佛本行集经演义》《维摩诘经菩萨品演义》《八相成道变》《地狱变》等，有关于小说文学史者也。《佛说孝顺子修行成佛经》《首罗比丘见月光童子经》等，有关于佛教故事者也。《维摩诘经颂》《唐睿宗玄宗赞文》等，有关于唐代诗歌之佚文者也。（《金明馆丛稿二编》）

在上述的序跋中，陈先生谈及了敦煌文书的多种文体：演义、变（文）、故事、颂、赞，虽然他还没有明确提出"变文"的概念，但是他将"演义""变"归入小说文学史，将佛经归入佛教故事，将"颂""赞"视为唐代诗歌之佚文等明确的文体观念，推动了后来敦煌小说、敦煌变文、敦煌诗歌的发展。

"敦煌文学"的学科概念，并不是一开始就有的。早期敦煌文学研究的开创者们，即便像王国维、陈寅恪先生等这样的大师级学者，也并未给予他们的研究对象冠以一个"敦煌文学"的总名。早期的敦煌文学研究，主要是侧重于敦煌文学的文体形态研究，并没有形成"敦煌文学"的学科意识。他们研究敦煌文学主要通过对应的文学文体形态展开研究，从通俗诗、通俗小说，以及像颂、赞等唐代诗歌之佚文的形式，进入敦煌文学研究。通过文体的研究，他们逐步建构起敦煌文学的全景状貌，促使敦煌文学从模糊逐步走向清晰，最终促使敦煌文学的学科概念呼之欲出。

因此，在敦煌文学的学科概念出现之前，老一辈敦煌文学研究的大家，他们主要通过对敦煌文学文体的建构，逐步构筑出敦煌文学的全景图。从早期王国维先生的通俗诗、通俗小说，罗振玉先生的佛曲、俚曲、小曲，陈寅恪先生的"演义""因缘曲"，到郑振铎先生的"变文"，王重民先生的《敦煌曲子词集》及其参编的《敦煌变文集》，以及任半塘先生的《敦煌曲初探》《敦煌曲校录》，周绍良先生的《敦煌变文汇录》，等等，他们都是通过对敦煌文学文体的整理与研究，推动敦煌文学的向前发展。正是他们的这些努力，使敦煌文学发展成为一个"带头学科"，成为敦煌学领域诸多学科中开始最早且最有成绩的少数几个学科之一。正是几代学人在这一领域的深厚积淀，到20世纪80年代，敦煌文学逐渐发展成为一门新兴的学科，"敦煌文学"学科应运而生。

早在20世纪20—30年代，"敦煌俗文学"观念比较流行。这一称呼大约缘起于王国维先生《敦煌发见唐朝之通俗诗及通俗小说》一文。虽然他采用了通俗诗、通俗小说，没有采用

敦煌俗文学的概念。“敦煌俗文学”，最早出现于郑振铎先生1929年发表的《敦煌的俗文学》。伴随“变文”的文体概念的流行，“敦煌俗文学”也为多数学者所接受。向达1937年发表的《记伦敦所藏的敦煌俗文学》、傅芸子1942年发表的《敦煌俗文学之发现及其展开》等，都采用了“敦煌俗文学”的说法。在中华人民共和国成立后，伴随《敦煌曲子集》《敦煌变文汇录》《敦煌变文集》《敦煌曲校录》《敦煌曲初探》《敦煌歌辞总编》等文体的相继整理与研究，敦煌俗文学的观念更加深入人心。与此相应的，还有“敦煌民间文学”等说法。正如一些学者所感慨的，“敦煌民间文学”“敦煌俗文学”等概念，无形中成了整个敦煌文学的总名。再加上一些颇具影响力的中国文学史教材，如游国恩先生等主编的《中国文学史》等，谈及敦煌文学时只介绍敦煌的俗文学而不及其他，更让人们加深了这种错觉。事实上，藏经洞文书中那些具有文学色彩的文字，已非原有的敦煌俗文学概念所能囊括。

20世纪50—60年代，伴随敦煌学研究的逐步深入，“敦煌文学”的概念呼之欲出。1955年，王利器先生发表《敦煌文学中的〈韩朋赋〉》（《文学遗产增刊》第一辑），首次采用了“敦煌文学”的说法，并在文章标题中体现。1963年，周绍良先生发表《谈唐代民间文学——读〈中国文学史〉中“变文”节书后》（《新建设》1963年1月），他在文中说：“我对于敦煌文学是很感兴趣的。”也采用了“敦煌文学”的说法。但在当时，这两次“敦煌文学”的使用，并未引起广泛注意。1980年，张锡厚先生《敦煌文学》一书（上海古籍出版社1980年5月）出版，开始引起人们的关注。这是第一部以“敦煌文学”命名的出版物。1982年7—8月，甘肃省社会科学院文学研究所召开了“敦煌文学研究座谈会”，这是第一次以“敦煌文学”命名的会议名称。随后，周绍良先生的《敦煌文学刍议》《敦煌文学刍议及其他》、颜廷亮先生主编的《敦煌文学》《敦煌文学概论》等系列论著的出版，更进一步地丰富了“敦煌文学”的理论体系和学科建设。从敦煌文学的概念、研究对象、渊源特征、艺术成就、表现手法、后世影响等方面，均有较为系统的探究。

尽管此后学界还有不同的看法，但在概念上，“敦煌文学”逐步取代了“敦煌俗文学”，已是为大多数学者所接受的事实。

纵观百余年敦煌文学的发展历程，无论是“敦煌俗文学”，还是“敦煌文学”，其学科理论体系的发展壮大，归根结底，其实质都是围绕着文体为基础建构起来的。敦煌俗文学的学科体系建构，其核心基础是敦煌“变文”。郑振铎先生在胡适先生的基础上创造性地提出了“变文”文体，并加以理论阐释，以“变文”为基础，由此提出了“敦煌俗文学”“唐代俗文学”等观念，后来为学界所接受，影响深远。

与此相应的，敦煌文学的学科体系建构，其核心基础是敦煌“文”。诗、文，是古代文学的两类主要文体。但由于历史的原因，在敦煌文学研究中，一直以来，敦煌文没有得到应有的重视。20世纪20—40年代，罗振玉、王国维、陈寅恪先生等早期的敦煌文学大家，一开始关注的是佛曲、曲子词、通俗诗、通俗小说等文体，郑振铎先生等在罗振玉先生等“佛曲”研究的基础上创造性地提出了“变文”文体。无论佛曲、变文，还是通俗诗、通俗小说，关注的主要是通俗文学领域。20世纪50—60年代，《敦煌曲子集》《敦煌变文汇录》《敦煌变文集》《敦煌曲校录》《敦煌曲初探》，关注的仍然是民间文学、通俗文学领域的变文、曲子词等文体。到了20世纪80年代，周绍良、张锡厚、颜廷亮先生等开始重视敦煌文学的理论体系建构。如前文所述，周绍良先生参照《文选》的分类法，在检点敦煌遗书之后，把敦煌文书的文学作品按文体归纳为30类，在原来以“变文”为核心讲唱文学的诸文体（变文、讲经文、因缘（缘起）、押座文、解座文、话本、诗话、词文、曲子词、佛曲）基础上，增加诗歌、偈赞、赋，以及敦煌文类。周绍良先生提出的敦煌文学所囊括文体门类之广，基本上概括了敦煌文书的全貌，突破了以往研究的局限，更加接近莫高窟藏经洞文书的实况。

周绍良先生这30类文体划分，除了重视诗、赋外，获得最大突破的应属敦煌文。敦煌文作为一种重要的文体种类，在周先生所划分的30个文体类目中占了很大的比重，共计有14大类，21小类：表、疏，书、启，状，帖、牒，书仪，契约，传、记，题跋，论说，文、录，颂、箴，碑、铭，祭文、邈真赞。虽然周先生没有提及“敦煌文”的概念，但按照古代的文体类别，上述21种文体大致都可以归入“文”的范畴。这21种文体，有些属于民间文书，如契约；有些是官方、民间通用的文体，如祭文、书、状等；有些完全是官方的文书，如表、牒等。有些文体文学性强一些，有些文体文学性弱一些。但总体而言，相较于过去所重视的变文、曲子词等俗文学文体，上述这21类文体应该多属于雅文学文体，很难再归入俗文学的范畴。

因而，周绍良先生这30类文体划分，突破了过去俗文学的羁绊，为敦煌文学取代敦煌俗文学奠定了理论基础。而这个基础的奠定，是基于这30类文体划分的，尤其是在“敦煌文”文体划分的基础上的。因此，正是从这个意义上说，“敦煌文学”有别于“敦煌俗文学”的学科体系建构，其核心基础是敦煌“文”。上述21种敦煌文类，是敦煌文学区别于敦煌俗文学的显著标识。因此，敦煌文学的深入纵深发展，离不开古代文体正宗、文体大类——文——的发展。

20世纪80年代以来，周绍良先生这30类文体划分之后，敦煌诗歌、辞赋的整理与研究获得了长足发展，成果丰硕。先后出版有项楚先生的《敦煌诗歌导论》、徐俊先生的《敦煌诗集残卷辑考》，张锡厚的《敦煌赋汇》《全敦煌诗》，伏俊琏的《俗赋研究》《敦煌赋校注》等力作。相较之下，敦煌文的整理与研究，一直颇为滞缓。笔者曾一度致力于此，出版有《敦煌文研究与校注》，但该领域的研究还有待进一步加强，期待有更多的成果。

1989年，周绍良先生为颜廷亮先生主编的《敦煌文学》作序时说：“（我）觉得还是参照《文选》的分类法来观察敦煌文学比较科学。因为只有这样，才可以全面认识敦煌文学。”1999年，周先生为张锡厚先生《敦煌文学源流》作序时再次呼吁说，“敦煌文学的概念和范围的研究，或视作民间文学，或称为通俗文学，或将其纳入清唱韵诵文学，或无限扩张敦煌文学的研究范围，或模糊敦煌文学的界限，或否定敦煌文学的存在，众说纷纭，莫衷其是”，但从敦煌遗书保存的文学作品的实际出发，“重新厘定敦煌文学的概念、性质和范围，既不可厚此薄彼，亦不能以偏概全，只有全面论述客观存在的敦煌文学作品的实际情况，才能为敦煌文学正名，才能开拓出敦煌文学研究的新领域”。

时隔二三十年后，重温这段指导性意见，仍然并不过时。周绍良先生这30种文体的划分，推动了敦煌文学的深入发展。时至今日，如何进一步加强敦煌文学的理论建构，如何进一步打开敦煌文学研究的新局面，依然是一个值得深思的未尽话题。

四、若干作品与文体归类的争议与分歧

敦煌文学百余年的历程中，不乏争议与分歧，集中体现在敦煌遗书作品的文体归类及相

关研究方面。

（1）变文。百余年敦煌文学文体的研究中，以“变文”文体的争议和分歧最大，成果也最丰硕。首先是变文含义及其文体来源的争议。

变文的含义，历来有广义、狭义之分；变文的来源，也有本土说、外来说、折中说。由于各家对“变文”的含义理解不一，各家对“变文”作品的统计数字也各有差异。持狭义说者，将讲经文、押座文等排除在外，但统计数字也不能达成一致。如陆永峰统计为18篇变文，王伟琴统计为25篇。持广义说者，如郑振铎、王重民、项楚先生等。李小荣先生在王重民等《敦煌变文集》，黄征、张涌泉《敦煌变文校注》等基础上，做了一些调整，增加至64种。李小荣先生根据自己的研究，新增了3篇变文《兄常劝弟奉修三宝，弟不敬信，兄得生天缘》《盂兰盆经押座文》《阿鼻地狱变文》，同时根据王卡《敦煌道教文献研究》，新增了2篇道教体裁的变文《道教中元金箓斋会讲经文》《道教布施发愿讲经文》。李小荣先生还根据伏俊琏先生《俗赋研究》，将以往学者认为的5篇敦煌变文作品《韩朋赋》《孔子项讬相问书》《燕子赋》《茶酒论》《齖䶗新妇文》，视作俗赋体，从原有的变文作品中筛除。李小荣先生将这64篇变文作品，按照类别细分为历史故事、民间故事、现实生活故事、佛教故事、佛教讲经文、佛教俗讲行仪用文、道教讲经文等7类。从这64篇变文的收录情况来看，李小荣先生《敦煌变文》一书对敦煌变文的含义采用的是广义与狭义之间的折中含义。

据统计，1954年，周绍良先生的《敦煌变文汇录》，收录变文作品38篇；1957年，王重民等六位先生合编的《敦煌变文集》，整理出变文作品78篇；1984年，潘重规先生《敦煌变文集新书》，在《敦煌变文集》基础上增加了变文作品8篇；1997年，黄征、张涌泉两位先生的《敦煌变文校注》，收录变文作品86篇。2014年，项楚先生主持国家社科重大项目“敦煌变文全集”，根据该项目组发布的消息，据初步统计，《敦煌变文全集》“可望增加的变文写本已有近百号之多，达《敦煌变文集》等书的二分之一强”（“敦煌变文全集”工作简报第一期）。

综上所述，仅在敦煌变文含义及其作品的认定上，从持狭义含义者的18篇作品，到持广义含义者的100多篇，这些敦煌变文作品的统计数据相距之大，足见其中的争议和分歧之大，也必然会对敦煌变文研究及其相关结论产生一定的影响。而国内外学者对“变文”的含义，都是认真地予以研究。按照美国汉学家梅维恒先生的观点，人们在定义变文时，最为关注的是“变文”之“变”。他说：“差不多每一位研究此课题的学者都有自己独到的理解。”李小荣先生通过自己的研究，证明梅氏所言不虚，“情况确实如此”。总体而言，上述分歧的出现，恰恰也表明了敦煌变文作品自身的丰富性和复杂性。

（2）敦煌文。周绍良先生按照《文选》文体分类方法，将敦煌文学作品划分为30种文体，其中敦煌文类作品21种。颜廷亮先生等按照周先生的这一指导意见，相继出版《敦煌文学》《敦煌文学概论》等，并在这21种丰富的敦煌文类的基础上提出了“敦煌文”概念。但《敦煌文学概论》出版后，一些学者对“敦煌文”概念的提出及其文体分类存在一定的异议，所以从周绍良先生开始，到颜廷亮等先生，一直在不断努力完善“敦煌文”的概念及其分类。关于敦煌文的分类，虽然从周绍良先生到颜廷亮等先生没有形成完全一致的看法，但大体的分类相同。从总体上讲，周绍良先生根据《文选》的文体分类方法，将敦煌文分为14大类，21小类，较为客观地揭示了“敦煌文”作品的全貌。

早期敦煌文献整理者蒋斧，其《沙州文录》就提出了“文”类的概念。20世纪40年代，傅芸子《敦煌俗文学之发见及其展开》也已提出了“杂文”的概念，他将敦煌文学作品分为变文、诗歌、杂文、小说4个大类。其中“杂文”细分为童蒙读物、滑稽文章、契约、疏文牒状、社司转帖、民间书札等6个小类。除童蒙读物外，其他文体基本上都被囊括在周绍良先生划分的“文”类之中。

还值得一提的是，由于在萧统所生活的时代，“小说”文体还没有真正发展成熟起来，所以《文选》中没有“小说”一体。有些学者将“小说”也归入散文的范畴。如陈尚君先生在整理《全唐文》作品时，将“小说”也作了收录，如《全唐文补编》卷六五收入白行简《李娃传》。陈先生在该书《前言》“文的体认”中指出：“今人一般所称的唐人小说……《全唐文》已收李公佐《谢小娥传》、沈亚之《异梦录》《冯燕传》，《全唐文拾遗》已收沈既济《枕中记》，其他十余篇不收，是否能有恰当的标准呢？没有。……为划一体例计，本书均予收录。”陈先生《全唐文补编》中所收录的“小说”一体，可以进一步扩大我们对“敦煌文”文体分类的认识。按照陈先生的划分，敦煌遗书中的“小说”文类，似亦可以归入广义的“敦煌文”之中。而李明伟先生《敦煌文学中“敦煌文”的研究和分类评价》在《敦煌文学概论》第十三章《敦煌文》分类的基础上，提出了“敦煌遗书里带有故事性的小说等”也属于敦煌文的新看法。

（3）曲子词、歌辞。罗振玉《敦煌零拾》最早收录佛曲3种、俚曲3种、曲子词3种开始，将佛曲、曲子词、俚曲分别单列。但后世由于对曲子词、歌辞含义的理解分歧，各家整理与研究时，对于其作品数量的统计也互不相同。王重民先生《敦煌曲子词集》全书收入161首，他从传统词的观念加以辑录，取其狭义含义，不收录佛曲歌赞。而任半塘先生《敦煌曲校录》《敦煌歌辞总编》，戴密微、饶宗颐先生《敦煌曲》，则均取广义概念，其收录作品数量遽增。如任半塘《敦煌曲校录》扩大范畴，将佛曲歌赞纳入，计收取545首，其数量是王重民先生《敦煌曲子词集》的三倍多。任半塘先生《敦煌歌辞总编》收录的数量更是多达1300多首。任先生将有关宗教仪式使用的文学作品纳入歌辞的范畴，大大丰富了敦煌文学的内涵，但也引来了一定的争议和分歧。

（4）五更转、十二时。《叹五更》《十二时》为敦煌文书原始题名，但对于它们的文体性质，学界历来意见不一。罗振玉《敦煌零拾》最早收录，计《叹五更》一首，《十二时》二首，归入“俚曲三种”，将其文体称为“俚曲”类。刘复《敦煌掇琐》收录《五更转》四首，直接采用原始题名。任半塘先生《敦煌歌辞总编》将“五更转”视为诗歌作品，作为“定格联章体”歌词。在后世的研究中，“五更转”被归入“宝卷”文学，并由此提出“五更”曲体的说法。

（5）儿郎伟。敦煌“儿郎伟”自发现以来，引起了中外学者的广泛关注，研究的论文较多，也形成了不尽相同的意见。周绍良先生划分的30种文体中，“儿郎伟”单独为一类。颜廷亮先生等将“儿郎伟”与“民间曲词”合并为一类，他认为“儿郎伟”虽自有特点，却大体上类似于“俚曲小调”，故附于“俚曲小调”之后。儿郎伟的文体研究，意见分歧较大。有的认为是歌辞，有的归入诗体作品，有的归入愿文，有的甚至认为“不存在儿郎伟文体和儿郎伟曲调”，有的认为儿郎伟“半诗半文”的特殊形式，正与辞赋相一致，它是北宋之前辞赋的一种变体。

（6）赋（俗赋）与变文。自郑振铎先生以降，敦煌文学作品的赋（俗赋）被视为广义的“变文”范畴。郑振铎先生通过研究，认为《茶酒论》“也是‘赋’之一体”，故王重民等六先生《敦煌变文集》收录《茶酒论》《韩朋赋》《燕子赋》《晏子赋》等。后世潘重规先生《敦煌变文集新书》，黄征、张涌泉《敦煌变文校注》等沿袭了这一说法。但也有学者主张“赋”“俗赋”不属于变文的范畴。例如，伏俊琏先生认为《韩朋赋》《孔子项讬相问书》《燕子赋》《茶酒论》《齖䶗新妇文》，当为俗赋。李小荣先生也非常认同这一说法，他的《敦煌变文作品一览表》统计时，将上述作品从“变文”中筛除。

张锡厚先生也曾提出《晏子赋》不宜视为“变文”。他说：

> 《瑜伽师地论手记》（P.3716）卷背所抄《晏子赋》一首，与赵洽《丑妇赋》同载。可见我们现在视为俗赋的作品，是和一般的赋作并列，而不与一些讲唱文学作品相掺杂。由此可以看出，赋在唐代民间文学中是独立的一种体裁。

他同时提出“我们现在视为俗赋的作品，是和一般的赋作并列”，不作赋、俗赋的区分。由此可见，敦煌赋、敦煌俗赋、敦煌变文三者之间，如何更好地梳理彼此的关系，归入合适的文体，学界存在不同的看法。

（7）《茶酒论》。敦煌文献中《茶酒论》的写本较多，有P.2718、P.2875、P.2972、P.3910、S.406、S.5774六个卷子。《茶酒论》最早为刘复先生编入《敦煌掇琐》，在目录中，它与《韩朋赋》《燕子赋》等，同被归入小说类。至于原因，刘先生并没有作进一步的说明。这是对《茶酒论》文体最早的说法。

稍后，郑振铎先生在《中国俗文学史》中首次对《茶酒论》作了粗略研究，他认为《茶酒论》是从战国时期宋玉的大言赋、小言赋发展来的“争奇”一类的游戏文章。大、小言赋的结构主要采用问答对话的方式，《茶酒论》的结构模式与之大体相同。由于郑先生是在俗文学史中说这番话，后世将《茶酒论》称为俗赋或由此而来。

到了20世纪50年代，王重民等六位先生编撰的《敦煌变文集》中收录了《茶酒论》，王先生将它归类为敦煌变文中的对话体。80年代初，张锡厚先生率先突破成见，指出《茶酒论》应是受诽谐文影响的论议文体，短小精悍，论战性强。随后，周绍良先生进一步肯定了《茶酒论》受前代诽谐文体的影响，并将它归入论说体。受周先生的影响，颜廷亮先生主编的《敦煌文学概论》等书中将《茶酒论》归入敦煌文的论说体进行了深入论述。到了90年代初，赵逵夫先生又从戏剧的角度提出新的看法。他认为，《茶酒论》应是唐代的一个俳优戏脚本。稍后，或受赵先生说法的启发，王小盾先生提出了一种“论议”的新文体：“指一种由表演双方围绕特定命题往复话难、以问答形式进行的伎艺及其文学记录。”并将《茶酒论》、《孔子项论相问书》、《晏子赋》和五言体的《燕子赋》等归入了此类文体。尽管众说纷纭，新见迭出，但在90年代末，张鸿勋先生编撰《敦煌学大辞典》“茶酒论”词条时，遵从一般性的说法，将《茶酒论》归入俗赋一类。不过针对这一分类，谭家健先生提出了异议。他说：“据我所见，似乎可以算作白话散文。”

以上从刘复到谭家健先生，纵观《茶酒论》文体研究近百年的历史，围绕《茶酒论》的文体分类先后形成了八种不同的说法，虽然有些说法较为近似，但总体分歧仍然较大。可见《茶酒论》文体的复杂性。

其复杂的程度，还表现为对《茶酒论》文体的认识，有时甚至在同一位研究者那里也会出现前后不一致的看法。如对敦煌文学研究做出重要贡献的颜廷亮先生等在《敦煌文学概论》（1993年）中将《茶酒论》归入“论”体，但到了他们编写《西陲文学遗珍——敦煌文学通俗谈》（2000年）一书时，却转而同意王小盾归入“讲唱”体的说法。这些前后不一致看法的出现，正证明了颜廷亮等先生仍然还在孜孜不倦地思考、探索，以求找到关于《茶酒论》文体的最佳答案。

（8）其他文体归类的争议与分歧。《敦煌变文集》《敦煌变文校注》收录有《捉季布传文》（《季布骂阵词文》），通篇用七言韵语，长达4500多字，有人称为“唐代第一长诗”。再如《燕子赋》，通篇基本上为五言韵语，也有人视为“五言诗”。又如署名江州刺史刘长卿创作的《高兴歌》，《敦煌歌辞总编》收入“补遗”编，视为“歌辞”。由于《高兴歌》又题名《酒赋》，故也被收入《敦煌赋集》，又如P.3916刘希夷《死马赋》，也被收入《敦煌赋集》。但项楚先生认为，以上这些其实是属于标题上的“误认”，“本属诗歌作品”。又，佛教、道教的偈颂，采用了齐句形式，和诗歌有颇多相似之处。但项楚先生认为，偈颂在内容上宣传宗教义理，通常都不押韵，而且语言缺乏形象性，文学的意味极其淡薄，甚至完全没有文学性。既然这类偈颂连文学都算不上，自然不能看作是诗歌。

一些敦煌文学作品，不仅对其文体进行分类较难，而且对于它的定名也难，分歧较大。典型的如S.6973、S.3329、S.6161、S.11564、P.2762等写卷记载的一份文书，早期学者均视作《张义潮传》或《张义潮别传》，罗振玉先生《补唐书张义潮传》、姜亮夫先生《罗振玉唐书张义潮传订补》、向达先生《补唐书张义潮传补正》等，均据此补载史传之不足而加以研究。而同时代的刘铭恕先生《斯坦因劫经录》中则定名为《张义潮勋德记》。到20世纪90年代，李明伟先生在《敦煌文学概论》中仍然沿用《张义潮别传》的定名。日本学者藤枝晃曾经将S.6973、S.3329、S.6161、P.2762缀合整理，题名《张淮深碑》。20世纪90年代初唐耕耦、陆宏基先生《敦煌社会经济文献真迹释录》中也定名为《张淮深碑》。而同时期出版的郑炳林先生《敦煌碑铭赞辑释》定名为《张氏修功德记》，与上述诸家定名不尽相同。同一时期，荣新江先生发表《敦煌写本〈敕河西节度兵部尚书张公德政之碑〉校考》鸿文，将S.11564补缀在S.3329的漏洞之中，使上下文义贯通，并且考证出本篇的题名。直到《敦煌学大辞典》收录诸贤看法，数说并存，仍没有达成一致看法。又如P.3882文书，王重民先生《伯希和劫经录》最早定名《□元清传》，后来李明伟先生在《敦煌文学概论》从其定名，而学界后来大多将其定名《邈真赞》。类似种种，均可见敦煌文学作品在深入研究过程中的复杂与困难。

五、余论

荣新江先生曾经说：“到了八十年代，敦煌学一跃而成为世界学林中的一门显学。敦煌只是唐朝边疆的一个小州，但有关敦煌的著作远远多于唐朝的都城长安的著作。……目前的敦煌学研究，有一种就敦煌而说敦煌的倾向，把自己完全封闭在敦煌学的范围里，使敦煌学的路子越走越窄。……我们切不可把敦煌学孤立起来，而应当利用各个不同学科的方法来研究敦煌吐鲁番材料，用开放的眼光来看待敦煌的问题，这样往往可以在自己所研治的对象之外获得更多的知识。”荣先生所提到的“就敦煌而说敦煌的倾向”，在敦煌学研究的不少领域确实有这样的现象。敦煌文学研究领域的一些争议和分歧，尤其是上节所提到的一些敦煌文

学作品、文体的争议和分歧，与这种“就敦煌而说敦煌”的局限性密切相关。

敦煌，从来就不是一个孤立的存在。在中国的任何历史时期，敦煌都是与时代脉搏共同跳跃着的。它不可能脱离任何历史时代。所以，敦煌文学的研究、敦煌文学的文体研究，都需要回归到它们的历史语境之中，结合当时的时代背景和文学背景，才能得出恰如其分地尽量忠实于历史原貌的答案。

老一辈敦煌学家也给我们提供了不少成功的经验。胡适、郑振铎先生等从敦煌文书的原卷中发现了经变、变文，从而“变文”这一被历史尘埃所掩埋的文体为世人所熟知。周绍良先生参照萧统《文选》的文体分类方法，重新回归到敦煌文书成书的历史语境中，尊重历史原貌，尊重敦煌文书原貌，根据敦煌文书作品的实际情况，划分出30类文体，推动了敦煌文学的长足发展。

敦煌文学作品涉及面广，内容驳杂，需要不同学科专家集思广益，才能使整理与研究成果达到最优。文献资料是研究的基础，而敦煌文学作品的整理校录之难，诚如张涌泉先生总结所说：“一、校录敦煌文书必须具备比较扎实的小学根柢，尤其要熟悉唐代前后的俗字、俗语词以及敦煌写本的书写特例；二、要具备史学、佛学和文献学方面的比较广博的学养，尤其是要熟唐史，通佛典；三、一个人的知识毕竟是有限的，或长于此，或短于彼，要注意发挥群体的力量。”也诚如郝春文先生所指出的，敦煌文献整理工作不同于一般古籍整理。“整理工作的必备条件从理论上说，整理、释录、研究敦煌文献需要两个方面的知识，一是整理敦煌文献所必需的知识，二是被整理的敦煌文献所属学科的专门知识。”因此，敦煌文学作品的整理与研究，离不开敦煌文学作品的历史语境考察，离不开中原文学与敦煌文学的互动与交流，离不开多学科的通力合作。

敦煌文学作品不可能凭空产生，敦煌文学作品源头的探索，敦煌文学作品的同时代探索，就显得格外重要。这是就敦煌文学发展的内部规律而言。就外部规律而言，敦煌文学作品的产生不可能脱离时代。所以，敦煌文学的探索，必须与当时的政治、历史、文化、语言、艺术等多学科结合起来，而不是仅停留于文学作品本身（不是说文学作品的本身探讨不重要），才能推动敦煌文学研究的纵深发展。

总体而言，在百余年发展中，敦煌文学研究中的争议与分歧，有些逐步达成共识，有些仍然有待进一步探讨。而走出“就敦煌而说敦煌”的狭小天地，用开放的眼光，开展多学科合作，也逐步成为当下敦煌学界的共识。

敦煌本《光赞经》残卷缀合研究*

罗慕君（浙江工业大学人文学院）
陈悠悠（浙江工业大学人文学院）

【摘要】《光赞经》由竺法护译出于西晋太康七年（286），是大乘佛教《大品般若经》最早的汉译本。本文汇集敦煌文献中《光赞经》写本87号。这些写本皆不完整，邰惠莉已指出其中2号残卷可缀。本文在此基础上，通过分析残卷内容、裂痕、书风字迹、行款格式等信息，重缀1组残卷缀合图，并新缀8组，共计将23号残卷缀合为9组。本次缀合，提升了敦煌本《光赞经》残卷的完整度，增加了残卷信息，也纠正了已有研究成果的疏误。

【关键词】敦煌文献　《光赞经》　残卷缀合

《光赞般若波罗蜜经》，又称《光赞般若经》《光赞摩诃般若经》《般若波罗蜜光赞经》，简称《光赞经》。经文十万余字，共二十七品，分十卷，亦有十五卷本和十二卷本①。该经是大乘佛教《大品般若经》最早的汉译本，由竺法护于西晋太康七年（286）十一月二十五日译出。《光赞经》与西晋竺叔兰所译《放光般若波罗蜜经》、后秦鸠摩罗什所译《摩诃般若波罗蜜经》为同本异译，而《光赞经》最先译出。释道安评其译文“言准天竺，事不加饰，悉则悉矣，而辞质胜文也，每至事首，辄多不便，诸反复相明，又不显灼也，考其所出，事事周密耳”②。该译本文辞周密，这与《放光般若波罗蜜经》简约的译文恰可互相补益。

普查敦煌文献，共计汇集可确定的《光赞经》写本87号，包括国

*本文系国家社科基金冷门绝学研究专项团队项目“敦煌残卷缀合总集”（项目编号20VJXT012）基金项目。

① Zacchetti，Stefano. *In Praise of the Light: A Critical Synoptic Edition with an Annotated Translation of Chapters 1–3 of Dharmaraksa's Guang zan jing, Being the Earliest Chinese Translation of the Larger Prajñaparamita*. IRIAB，Soka University，2005. pp.79–120.

② ［前秦］释道安：《合放光光赞略解序》，《大正藏》，第55册，第47–48页。

图藏6号、英藏7号、法藏4号、俄藏61号、散藏9号。87号敦煌本《光赞经》皆不完整。已有缀合成果仅见邰惠莉在《〈俄藏敦煌文献〉第17册部分写经残片的定名与缀合》（以下简称《邰文》）中缀合的俄敦17439号与俄敦17437号二号[①]，可惜缀合图版不甚清晰[②]。本文补充该组缀合的清晰缀合图，并新缀8组，共计将23号残卷缀合为9组。

一、俄敦17439号+俄敦17437号[③]

俄敦17439号，见《俄藏》17/120A[④]。卷轴装残片。如图1右部所示，前后皆缺，存26行，行约17字。隶楷。有乌丝栏。写卷中上部与下部呈现有规则破损。原卷无题，《邰文》拟题"《光赞经摩诃般若波罗蜜光赞品》第一"，《俄录》拟题"光赞经卷第一摩诃般若波罗蜜光赞品第一"[⑤]。

俄敦17437号，见《俄藏》17/119A。卷轴装残片。如图1左部所示，存17行（第3—17行上残，末行仅存末字1残笔），行约17字。隶楷。有乌丝栏。写卷中上部与下部呈现有规则破损。原卷无题，《邰文》拟题"《光赞经摩诃般若波罗蜜光赞品》第一"，《俄录》拟题"光赞经卷第一摩诃般若波罗蜜光赞品第一"[⑥]。

按：上揭二号皆为《光赞经》残卷。《邰文》已指出二号可直接缀合，俄敦17439号在前，且附缀合图版，甚是。但惜缀合图不甚清晰，故本文重缀图版如图1所示，二号内容于"其▨▨（有众）/生，蒙值光明"句前后相接，中无缺字[⑦]。比较二号共有的"千""放""光""明""亿""三"等字，如表1所示，字迹书风似同。二号卷面中上部与下部皆有长条形破损，形状

① 本文涉及的图书简称和敦煌文献编号："《俄藏》"指［俄］俄罗斯科学院东方研究所圣彼得堡分所、俄罗斯科学出版社东方文学部、上海古籍出版社编，［俄］孟列夫、钱伯城主编《俄藏敦煌文献》（全17册），上海古籍出版社，1992—2001年；"《国图》"指中国国家图书馆编，任继愈主编《国家图书馆藏敦煌遗书》（全146册），北京图书馆出版社，2005—2012年；"《津艺》"指上海古籍出版社、天津市艺术博物馆编《天津市艺术博物馆藏敦煌文献》（全7册），上海古籍出版社，1996—1997年；"《俄录》"指邰惠莉主编《俄藏敦煌文献叙录》，甘肃教育出版社，2019年；"《大正藏》"指［日］高楠顺次郎等编《大正新修大藏经》，大正一切经刊行会，1922—1934年；"北敦"指中国国家图书馆藏敦煌文献统编号；"斯"指英国国家图书馆藏敦煌文献斯坦因编号；"伯"指法国国家图书馆藏敦煌文献伯希和编号；"俄敦"指俄罗斯科学院东方文献研究所藏敦煌文献编号；"津艺"指《天津市艺术博物馆藏敦煌文献》编号；"中国书店"指《中国书店藏敦煌文献》编号；"浙敦"指《浙藏敦煌文献》编号（《浙藏敦煌文献》编委会编《浙藏敦煌文献》，浙江教育出版社，2000年）；"台图"指《"国立中央图书馆"所藏敦煌卷子》编号（潘重规编《"国立中央图书馆"藏敦煌卷子》（全6册），石门图书公司，1976年）；"故宫新"指《故宫博物院藏敦煌吐鲁番文献目录》编号（王素、任昉、孟嗣徽：《故宫博物院藏敦煌吐鲁番文献目录》，《敦煌研究》2006年第6期，第173-182页）；"羽"指《敦煌秘笈》影印日本杏雨书屋藏敦煌文献羽田亨编号（［日］武田科学振兴财团编集《敦煌秘笈》全9册，武田科学振兴财团，2009—2013年）；"首博"指《首都博物馆藏敦煌文献》编号（首都博物馆编，荣新江主编《首都博物馆藏敦煌文献》全10册，北京燕山出版社，2018年）；"青博"指《青岛市博物馆藏敦煌遗书》编号（青岛市博物馆编《青岛市博物馆藏敦煌遗书》，北京大学出版社，2019年）。

② 邰惠莉：《〈俄藏敦煌文献〉第17册部分写经残片的定名与缀合》，《敦煌研究》2007年第2期，第103页。

③ 本文缀合残卷的卷号间用"+"连接表示二号相接，用"…"连接表示二号间有缺行。

④ "《俄藏》17/120A"指图版出自《俄藏》第17册第120页上栏。其中A、B分别代表上、下栏。下同。

⑤ 邰惠莉主编《俄藏敦煌文献叙录》，甘肃教育出版社，2019年，第941页。

⑥ 邰惠莉主编《俄藏敦煌文献叙录》，甘肃教育出版社，2019年，第940页。

⑦ 本文引文以"/"表示两号边缘，"▨"表示残字，"□"表示缺字，"▨""□"后跟"（）"表示补入残字或缺字，"⎴⎴"表示上部残缺，"⎵⎵"表示下部残缺。

雷同，循环出现。又二号行款格式相同（皆有乌丝栏，满行皆约17字，行距、字距、字体大小相近），可资参证。二号缀合后，所存内容参见《大正藏》T8/147B01—147C15[①]。

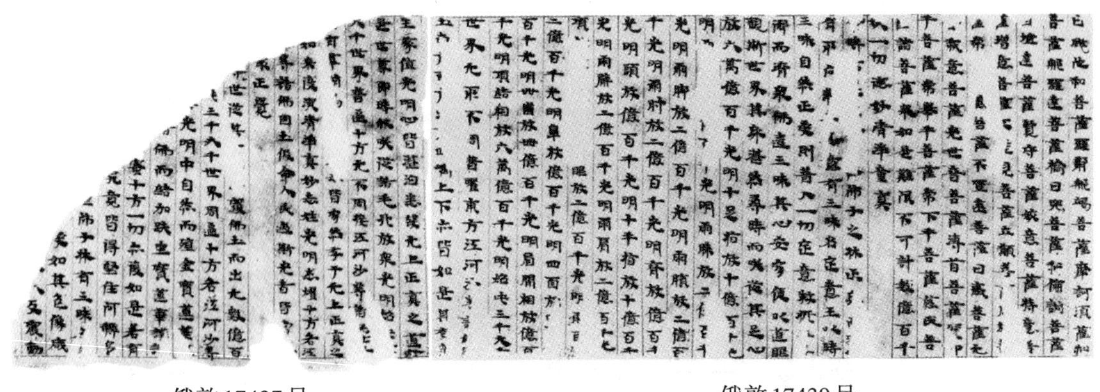

俄敦17437号　　　　俄敦17439号

图1　俄敦17439号+俄敦17437号缀合图

表1　俄敦17439号、俄敦17437号字迹比较表

例字	千	放	光	明	亿	三
俄敦17439号	千	放	光	明	億	三
俄敦17437号	千	放	光	明	億	三

二、俄敦7474号（右片…左片）+俄敦9265号

（1）俄敦7474号，见《俄藏》13/308A。存二残片。《俄藏》将二残片图版前后拼接如图2-1所示：右片，存6行（首行仅存中部1字左侧残笔），行存中部1—3字；左片，存3残行（末行仅存中部2字右侧残笔），行存中部2—4字。楷书。有乌丝栏。原卷无题，《俄录》拟题“光赞经卷第一摩诃般若波罗蜜光赞品第一”[②]。

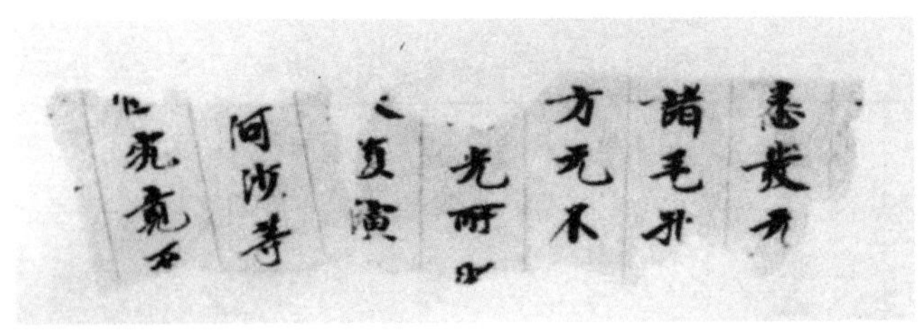

图2-1　俄敦7474号《俄藏》图版

① “T8/147B01-147C15”指存文对应《大正藏》，第8册，第147页中栏第1行至147页下栏第15行。“A、B、C”分别表示“上、中、下”栏。下同。

② 邰惠莉主编《俄藏敦煌文献叙录》，甘肃教育出版社，2019年，第528页。

（2）俄敦9265号，见《俄藏》14/144B。残片。如图2-2左部所示，存8残行，行存中上部4—12字。楷书。有乌丝栏。原卷无题，《俄录》拟题“光赞经卷第一摩诃般若波罗蜜光赞品第一”①。

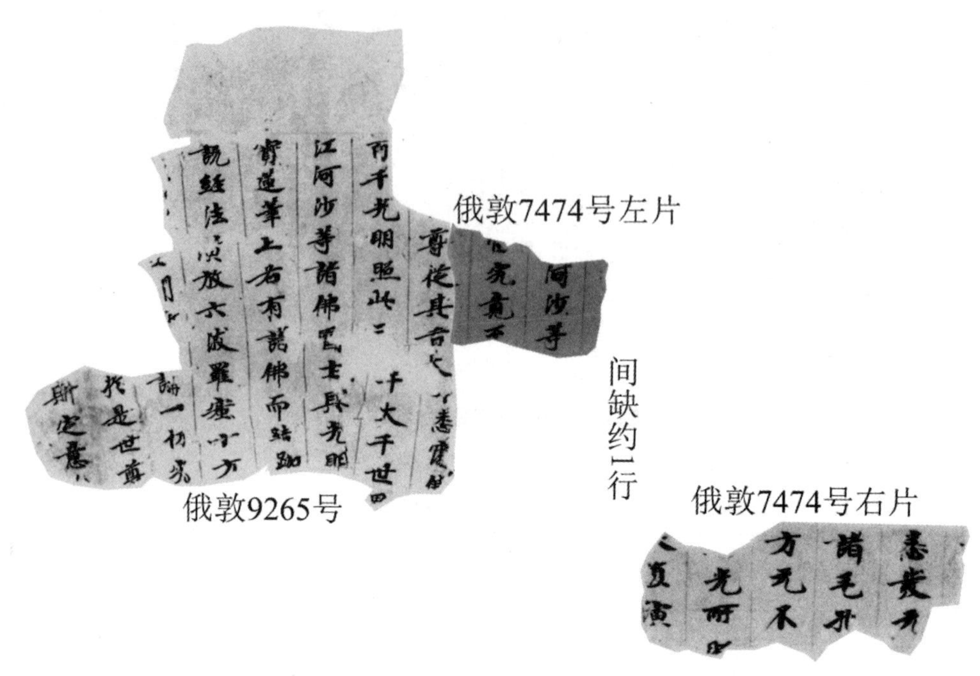

图2-2　俄敦7474号（右片…左片）+俄敦9265号缀合示意图

按：上揭二号皆为《光赞经》残片。据完整文本推算，二号满行皆约17字。《俄藏》将俄敦7474号二残片前后相连，非也。二残片经文不直接相连，比对完整文本，其相对位置当如图2-2右部所示，二者间缺约1行。另有俄敦9265号与俄敦7474号内容前后相承，可以直接缀合。缀合后如图2-2所示，二者接缝处边缘吻合，原本分属二片的“尊从”二字皆得复合为一。比较三片间交互出现的“悉”“诸”“方”“光”“河”“沙”“等”等字，如表2所示，书风字迹相同。又三片行款格式相同（满行皆约17字，皆有乌丝栏，行距、字距、字体大小相近），可资参证。三片缀合后，所存内容参见《大正藏》T8/147B27—147C13。

表2　俄敦7474号右片、俄敦7474号左片、俄敦9265号字迹比较表

例字	悉	诸	方	光	河	沙	等
俄敦7474号右片						/	
俄敦7474号左片	/	/	/	/			
俄敦9265号							

① 郃惠莉主编《俄藏敦煌文献叙录》，甘肃教育出版社，2019年，第631页。

三、俄敦18567号+俄敦18539号

（1）俄敦18567号，见《俄藏》17/225A。卷轴装残片。如图3上部所示，存17残行，行存上部4—11字。楷书。原卷无题，《俄录》拟题“光赞经卷第一摩诃般若波罗蜜光赞品第一”①。

（2）俄敦18539号，见《俄藏》17/217B。卷轴装残片。如图3下部所示，存8残行，行存下部1—4字。楷书。原卷无题，《俄录》拟题“光赞经卷第一摩诃般若波罗蜜光赞品第一”②。

按：上揭二号皆为《光赞经》残片。据完整文本推算，二号满行皆约17字。二号内容前后相承，可以缀合。缀合后如图3所示，二号上下相接，接缝处边缘吻合。缀合后第8行内容于“住阿惟越致者/▨（当）学般/□□□□（若波罗蜜）”句前后相接，中无缺字；缀合后第9—15行原本分属二号的“知”“闻”“萨”“辟”“摩”“于”“▨（脱）”八字皆得复合为一。比较二号共有的“诃”“萨”“一”“切”“欲”等字，如表3所示，书风字迹相似。又二号行款格式相同（满行皆约17字，行距、字距、字体大小相近），可资参证。二号缀合后，所存内容参见《大正藏》T8/149B10—149B29。

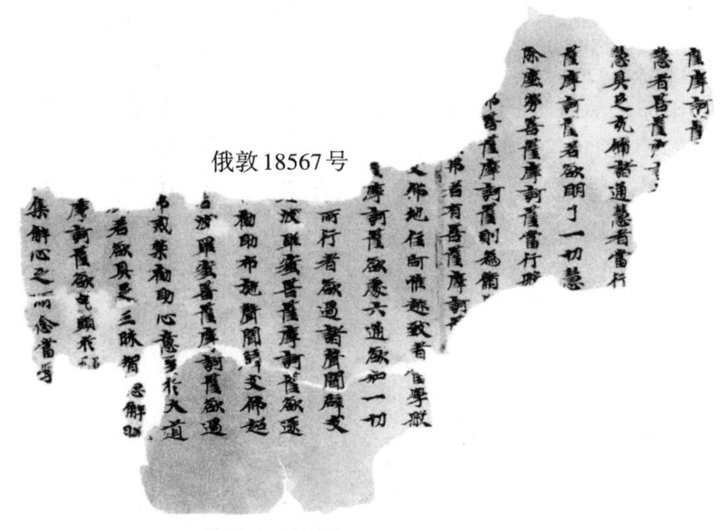

图3　俄敦18567号+俄敦18539号缀合图

表3　俄18567号、俄敦18539号字迹比较表

例字	诃	萨	一	切	欲
俄敦18567号					
俄敦18539号					

① 邰惠莉主编《俄藏敦煌文献叙录》，甘肃教育出版社，2019年，第966页。
② 邰惠莉主编《俄藏敦煌文献叙录》，甘肃教育出版社，2019年，第965页。

四、俄敦7565号+俄敦9386号+俄敦7381号

（1）俄敦7565号，见《俄藏》13/316A。残片。如图4右下部所示，存4残行，行存下部2—5字。楷书。有乌丝栏。原卷无题，《俄录》拟题“光赞经卷第三摩诃般若波罗蜜假号品第八”①。

（2）俄敦9386号，见《俄藏》14/157A。残片。如图4上部所示，存5残行，行存中部3—8字。楷书。有乌丝栏。原卷无题，《俄录》拟题“光赞经卷第三摩诃般若波罗蜜假号品第八”②。

（3）俄敦7381号，见《俄藏》13/300A。残片。如图4左下部所示，存3残行，行存下部3—5字。楷书。有乌丝栏。原卷无题，《俄录》拟题“光赞经卷第三摩诃般若波罗蜜假号品第八”③。

按：上揭三号皆为《光赞经》残片。据完整文本推算，上揭三号满行皆约17字。三号内容前后相承，可以缀合。缀合后如图4所示，诸相邻二号接缝处边缘大体吻合（缀后中间仍稍有残损），纵向乌丝栏亦可对接。缀合后俄敦7565号与俄敦9386号接缝处的“但”“所”二字，俄敦9386号与俄敦7381号接缝处的“佛”字，俄敦7565号与俄敦7381号接缝处的“谓菩萨及”四字，皆得复合为一。又三号行款格式相同（皆有乌丝栏，行距、字距、字体大小相近），书风字迹相同（比较三号间交互出现的“有”“佛”等字），可资参证。三号缀合后，所存内容参见《大正藏》T8/168B01—168B07。

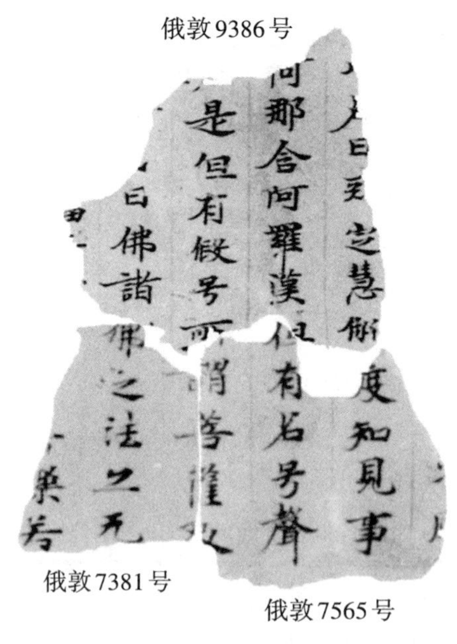

图4 俄敦7565号+俄敦9386号+俄敦7381号缀合图

① 邰惠莉主编《俄藏敦煌文献叙录》，甘肃教育出版社，2019年，第533页。
② 邰惠莉主编《俄藏敦煌文献叙录》，甘肃教育出版社，2019年，第638页。
③ 邰惠莉主编《俄藏敦煌文献叙录》，甘肃教育出版社，2019年，第523页。

五、俄敦3288号+俄敦4490A号

（1）俄敦3288号，见《俄藏》10/254A。残片。如图5下部所示，存6残行，行存下部2—4字。楷书。原卷无题，《俄藏》泛题“佛经”，《俄录》拟题“光赞经卷第四摩诃般若波罗蜜行品第九”①。

（2）俄敦4490A号，见《俄藏》11/247A。残片。如图5上部所示，存6残行，行存中部2—5字。楷书。原卷无题，《俄录》拟题“光赞经卷第四摩诃般若波罗蜜行品第九”②。

按：上揭二号皆为《光赞经》残片。二号内容前后相承，可以缀合。缀合后如图5所示，二号上下相接，接缝处边缘吻合。缀合后第2、4、5行原本分属二号的“蜜”“得”“竟”三字皆得复合为一，第3、6行内容依次于“□□▨（蜜）得无所得/舍利弗□□”“□□诸入本末究/竟如□□”句前后相接，中无缺字。又二号行款格式相同（行距、字距、字体大小相近），字迹书风相同（比较二号共有的“究”“竟”“本”等字）。二号缀合后，所存内容参见《大正藏》T8/173B15—173B21。

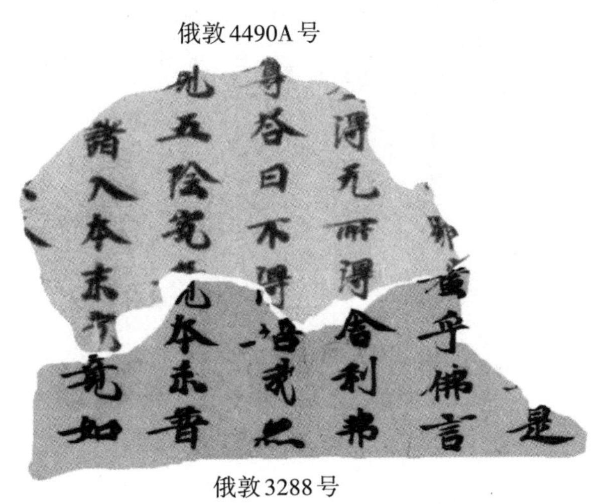

图5　俄敦3288号+俄敦4490A号缀合图

六、俄敦18359号+俄敦16124号

（1）俄敦18359号，见《俄藏》17/190B。残片。如图6右部所示，存3残行，行存中部4—6字。楷书。有乌丝栏。原卷无题，《俄录》拟题“小品般若波罗蜜经卷第一摩诃般若波罗蜜初品第一”③。

（2）俄敦16124号，见《俄藏》16/282B。残片。如图6左部所示，存4残行，行存中部5—8字。楷书。有乌丝栏。原卷无题，《俄录》拟题“光赞经卷第六摩诃般若波罗蜜三昧品

① 邰惠莉主编《俄藏敦煌文献叙录》，甘肃教育出版社，2019年，第260页。

② 邰惠莉主编《俄藏敦煌文献叙录》，甘肃教育出版社，2019年，第336页。

③ 邰惠莉主编《俄藏敦煌文献叙录》，甘肃教育出版社，2019年，第959页。

第十六”①。

按：上揭二号皆为《光赞经》残片。据完整文本推算，二号满行皆约17字。二号内容前后相承，可以缀合。缀合后如图6所示，二号左右相接，接缝处边缘吻合，原本分属二号的“于五波”三字皆得完璧。又二号行款格式相同（皆有乌丝栏，行距、字距、字体大小相近），书风字迹相同（比较二号共有的“须”“波”等字），可资参证。二号缀合后，所存内容参见《大正藏》T8/189A14—189A19。

又，《俄录》将俄敦18359号拟题为“小品般若波罗蜜经卷第一摩诃般若波罗蜜初品第一”，该号存文“唯/佛告须菩/波罗”等字确实也出现在《小品般若波罗蜜经》卷第一中。但俄敦18359号可与俄敦16124号缀合，且二号缀合后存文仅见于《光赞经》。由此可以判定《俄录》对俄敦18359号的拟题有误，当改题为“光赞经卷第六摩诃般若波罗蜜三昧品第十六”。

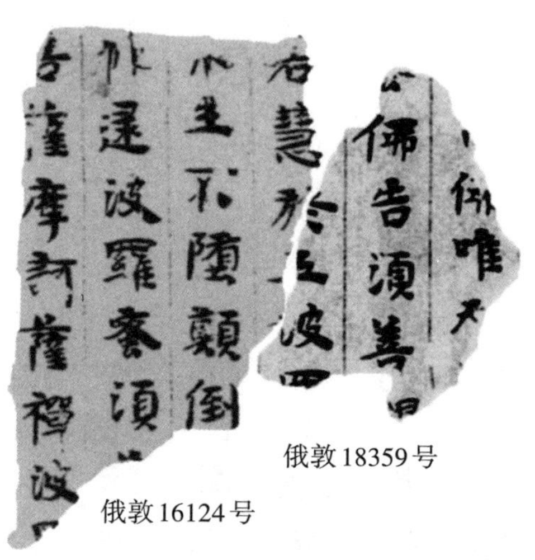

图6 俄敦18359号+俄敦16124号缀合图

七、俄敦7161号+俄敦7163号+俄敦8526号

（1）俄敦7161号，见《俄藏》13/264B。卷轴装残片。如图7右部所示，存3残行，行存中部7—10字。楷书。有乌丝栏。原卷无题，《俄录》拟题“光赞经卷第七摩诃般若波罗蜜观品第十七”，并称与俄敦7163号“同经同品，不可缀合”②。

（2）俄敦7163号，见《俄藏》13/265A。卷轴装残片。如图7中部所示，存4残行（第4行仅存4字右侧残笔），行存中部4—10字。楷书。有乌丝栏。原卷无题，《俄录》拟题“光赞经卷第七摩诃般若波罗蜜观品第十七”，并称与俄敦7161号“同经同品，经文不可缀合”③。

（3）俄敦8526号，见《俄藏》14/61A。卷轴装残片。如图7左部所示，存5残行，行存

① 邰惠莉主编《俄藏敦煌文献叙录》，甘肃教育出版社，2019年，第875页。

② 邰惠莉主编《俄藏敦煌文献叙录》，甘肃教育出版社，2019年，第510-511页。

③ 邰惠莉主编《俄藏敦煌文献叙录》，甘肃教育出版社，2019年，第511页。

中部5—9字。楷书。有乌丝栏。原卷无题，《俄录》拟题“光赞经卷第七摩诃般若波罗蜜观品第十七”①。

按：上揭三号皆为《光赞经》残片。据完整文本推算，上揭三号满行皆约17字。《俄录》称俄敦7161号与俄敦7163号二号“同经同品，不可缀合”，然笔者认为此二号内容前后相承，字迹似同，极可能可以缀合，且后接俄敦8526号。三号缀合后如图7所示，诸相邻二号左右相接，接缝处边缘吻合。前二号接缝处存文为前后行残句，可据完整文本补全为“谓不然者，诸漏/□□□□□□□□□（未尽。都了不见发心）/求短者”。后二号接缝处原本分属二号的“法计▨（有）”三字皆得复合为一。比较三号间交互出现的“梵”“无”“有”“安”“隐”“不”“世”“间”“恐”等字，如表4所示，书风字迹近同。又三号行款格式相同（皆有乌丝栏，行距、字距、字体大小相近），可资参证。三号缀合后，所存内容参见《大正藏》T8/195B16—195B27。

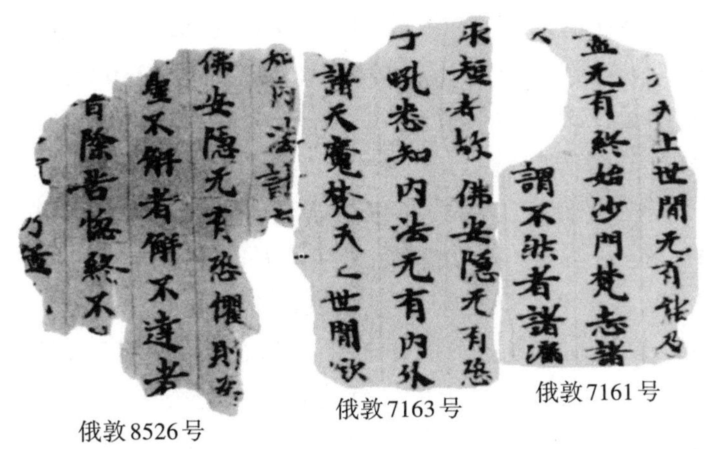

图7　俄敦7161号+俄敦7163号+俄敦8526号缀合图

表4：俄敦7161号、俄敦7163号、俄敦8526号字迹比较表

例字	梵	无	有	安	隐	不	世	间	恐
俄敦7161号	梵	无	有	/	/	不	世	間	/
俄敦7163号	梵	无	有	安	隱	/	世	間	恐
俄敦8526号	/	无	有	安	隱	不	/	/	恐

八、俄敦3581号+俄敦15167号+俄敦3362号+俄敦15616号…俄敦4106号

（1）俄敦3581号，见《俄藏》10/339B。残片。如图8右上部所示，存9残行，行存中上部1—16字。楷书。原卷无题，《俄录》拟题“光赞经卷第七摩诃般若波罗蜜十住品第

① 邰惠莉主编《俄藏敦煌文献叙录》，甘肃教育出版社，2019年，第589页。

十八”[①]。

（2）俄敦15167号，见《俄藏》16/223B。残片。如图8右下部所示，存2残行，行存中部2—5字。楷书。原卷无题，《俄录》拟题“光赞经卷第七摩诃般若波罗蜜十住品第十八”[②]。

（3）俄敦3362号，见《俄藏》10/271A。残片。如图8中上部所示，存6残行，行存上部2—10字。楷书。原卷无题，《俄录》拟题“光赞经卷第七摩诃般若波罗蜜十住品第十八”[③]。

（4）俄敦15616号，见《俄藏》16/246B。残片。如图8左上部所示，存3残行，行存中部4—7字。楷书。原卷无题，《俄录》拟题“光赞经卷第七摩诃般若波罗蜜十住品第十八”[④]。

（5）俄敦4106号，见《俄藏》11/143A。残片。如图8左下部所示，存3残行，行存下部3—4字。楷书。原卷无题，《俄录》拟题“光赞经卷第七摩诃般若波罗蜜十住品第十八”[⑤]。

按：上揭五号皆为《光赞经》残片。据完整文本推算，满行皆约17字。五号内容前后相承，可按俄敦3581号+俄敦15167号+俄敦3362号+俄敦15616号…俄敦4106号的顺序依次缀合。缀合后如图8所示。俄敦3581号、俄敦15167号、俄敦3362号、俄敦15616号可以直接缀合，诸相邻二号接缝处边吻合。缀合后，俄敦3581号与俄敦15167号接缝处的“愍”字，俄敦3581号与俄敦3362号接缝处的“萨”“地”“摩”“净”四字，俄敦3362号与俄敦15616号接缝处的“忍”“力”“常”“慕”四字皆得复合为一。俄敦4106号与俄敦15616号之间每行约缺6—10字，据完整文本，此三行文字可补全如下：“恩作（住）于忍力；常▨（行）/□□□□□□（欢喜；不舍众生）/勤于大哀；｜受尊长教；其出家者▨（视）/□□□□□（如世尊；行般）/▨（若）波罗｜蜜慕求善▨（权）。/□□□□□□□□□□□（是为八事复次须菩提菩）/▨（萨）摩诃。”补全后，行约17字，皆合于满行约17字的抄写规范。比较五号间交互出现的“谓”“菩”“于”“行”“摩”“诃”“何”“众”“者”“事”“哀”等，如表5所示，字迹书风似同。又此五号行款格式相同（满行皆约17字，行距、字距、字体大小相近），可资参证。六号缀合后，所存内容参见《大正藏》T8/196B11—196C01。

① 邰惠莉主编《俄藏敦煌文献叙录》，甘肃教育出版社，2019年，第279页。

② 邰惠莉主编《俄藏敦煌文献叙录》，甘肃教育出版社，2019年，第848页。

③ 邰惠莉主编《俄藏敦煌文献叙录》，甘肃教育出版社，2019年，第265页。

④ 邰惠莉主编《俄藏敦煌文献叙录》，甘肃教育出版社，2019年，第858页。

⑤ 邰惠莉主编《俄藏敦煌文献叙录》，甘肃教育出版社，2019年，第311页。

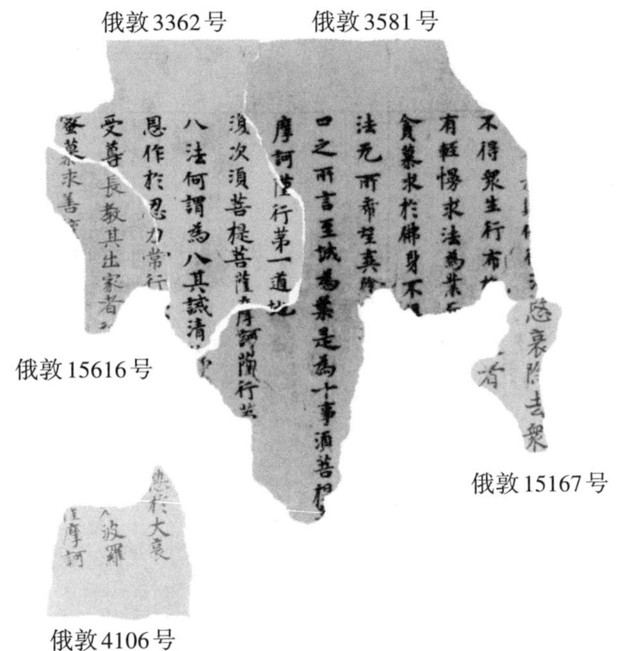

图8：俄敦3581号+俄敦15167号+俄敦3362号+俄敦15616号…俄敦4106号缀合图

表5　俄敦3581号、俄敦15167号、俄敦3362号、俄敦15616号、俄敦4106号字迹比较表

例字	谓	菩	于	行	摩	诃	何	众	者	事	哀
俄敦3581号	/	菩	於	行	摩	訶	/	衆	/	事	/
俄敦15167号	/	/	/	/	/	/	/	衆	者	/	哀
俄敦3362号	謂	菩	於	行	摩	/	何	/	/	/	/
俄敦15616号	/	/	/	行	/	/	/	/	者	/	/
俄敦4106号	/	/	於	/	摩	訶	/	/	/	/	哀

九、北敦14907号…津艺299号

（1）北敦14907号（新1107），见《国图》135/169A。卷轴装残片。后部如图9右部所示，前后皆缺，存21行，行约17字。楷书。有乌丝栏。原卷无题，《国图》拟题“光赞般若波罗蜜经卷八”，《国图》条记目录称此卷为经黄打纸，卷面多水渍，纸高26厘米，为7—8世纪唐写本。

（2）津艺299号（77·5·4638），见《津艺》6/238B—257B。卷轴装，19纸。前部如图9左部所示，前缺尾全，存379行，行约17字。尾题“光赞经卷第八”。楷书。有乌丝栏。《天津市艺术博物馆藏敦煌遗书目录——附传世本写经》拟题《光赞经》，并称此卷纸高26.2厘米，为唐写本①。

按：上揭二号皆为《光赞经》残卷。二号内容前后相承，存有缀合的可能性。比较二号共有的“无”“所”“相”“法”“空”“令”“为”“生”等字，如表6所示，书风字迹相似同。又二号行款格式相同（纸高皆约26厘米，满行皆约17字，天头、地脚等高，皆有乌丝栏，行距、字距、字体大小相近）。由此判定二号确可缀合。缀合后如图9所示，二号不直接相连，据完整文本推算，间缺约38行。二号缀合后，所存内容参见《大正藏》T8/199A17—199B09，199C19—204A26。

上揭二号既原属同卷，而《国图》条记目录称前号为7—8世纪唐写本，若《国图》条记目录断代无误，则可推知后号亦为同一时期写本。

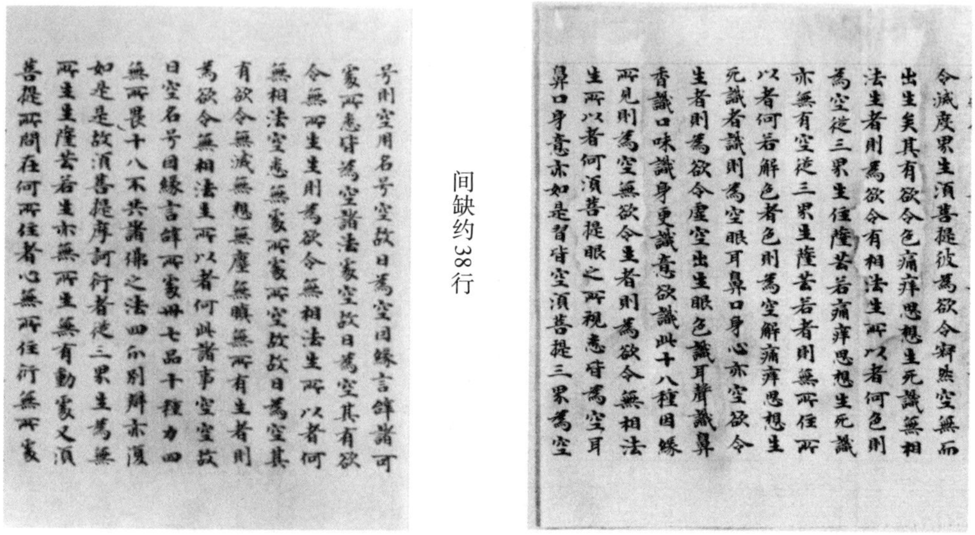

间缺约38行

津艺299号（前部）　　北敦14907号（后部）

图9　北敦14907号（后部）…津艺299号（前部）缀合示意图

表6　北敦14907号、津艺299号字迹比较表

卷号＼例字	无	所	相	法	空	令	为	生
北敦14907号	無	所	相	法	空	令	爲	生
津艺299号	無	所	相	法	空	令	爲	生

以上，我们通过比对残卷的内容、裂痕、书风字迹、行款格式等信息，把23号《光赞经》残卷缀合为9组。虽然缀合后的敦煌本《光赞经》仍以残卷或残片为主，但以上残卷缀合的成果具有多方面的意义。一是提升了敦煌本《光赞经》残卷的完整度，如第九组北敦14907号与津艺299号缀后存文几近完整复原了《光赞经》第八卷的内容；二是增加了残卷

① 刘国展、李桂英：《天津市艺术博物馆藏敦煌遗书目录——附传世本写经》，《敦煌研究》1987年第2期，第74-95页。

信息，如第六组通过缀合增加了存文的篇幅，从而明确了俄敦18359号残片的定名；三是纠正了已有研究成果的疏误，如第二组缀合纠正了《俄藏》图版对俄敦7474号二残片相对位置的误置，第七组缀合纠正了《俄录》对俄敦7161号与俄敦7163号“不可缀合”的误判。

缀合后，这87号敦煌本《光赞经》按内容先后及完整度排序如下：俄敦17439号＋俄敦17437号、俄敦7474号（右片…左片）+俄敦9265号、俄敦16669号、俄敦7427号、俄敦18567号+俄敦18539号、中国书店13号、斯5608号、俄敦8405号、北敦16146号、俄敦7483号、俄敦8669号、俄敦4978号、俄敦9137号、俄敦2337号、伯2318号、俄敦8980号、俄敦4644号、台图45号、俄敦8339号、浙敦89号、俄敦17555号、俄敦87491号、故宫新139949号、俄敦6415号、俄敦7565号+俄敦9386号+俄敦7381号、俄敦14789号、斯8612号、北敦14840AA号、俄敦15765号、俄敦9072号、俄敦12143号、俄敦3288号+俄敦4490A号、北敦7205号、俄敦6976号、俄敦9287号、俄敦6995号、俄敦9100号、斯4429号背、俄敦8037号、伯2060号、斯8441号、俄敦6954号、俄敦17598号、俄敦8736号、俄敦8821号、俄敦3459号、斯2134号、羽132号、俄敦12305号、俄敦9236号、俄敦12555号、俄敦18359号+俄敦16124号、斯3288号、俄敦7161号+俄敦7163号+俄敦8526号、俄敦12880号、俄敦3581号+俄敦15167号+俄敦3362号+俄敦15616号…俄敦4106号、俄敦17484号、伯4580号、俄敦12459号、俄敦17519号、北敦14907号…津艺299号、斯4402号、首博32·520号、北敦4016号、俄敦12504号、俄敦2062号、北敦3806号背、俄敦4773号、俄敦9121号、俄敦12500号、青博5号、故宫新121249号、伯5027（6）号（题笺）。

敦煌册子本所见丝绸之路上的写本流动

——以写本纸张特征为线索*

冯　婧（浙江大学文学院）

【摘要】论文以敦煌藏经洞发现的册子本为研究对象，对其进行实物调查与纸张类型学分析。根据纸张帘纹、厚薄等特征，论文尝试确定一批在外地制作后携至敦煌的册子。这些册子反映了丝绸之路上人与物的流动，为我们复现9、10世纪丝路网络上的写本流动与文化、政治交往提供了更多线索。

【关键词】丝绸之路　册子本　写本学　敦煌纸张　帘纹

引　言

写本的流动是文化交往的体现，是中西文化交流、丝绸之路研究的重要议题。在敦煌写本中，有来自西域、中原、四川、东南地区等地的文献，展现了敦煌与各地的文化交往与政治交流。对此，学界已有丰富的研究成果①。而在具体研究中，似应区别两种情况：一、文献的编纂、创作或翻译完成于外地，而文献的抄写、写本的制作在敦煌

---

*本文系国家社会科学基金青年项目“敦煌册子本所见丝绸之路中古书籍史研究”（项目编号24CZS026）阶段性成果。刊于《中国典籍与文化》2024年第4期，收入此论文集时有所订正。

① 例如，张广达：《唐代禅宗的传入吐蕃及其有关的敦煌文书》，载《学林漫录》第3集，1981年，第36–58页；荣新江：《从敦煌的五台山绘画和文献看五代宋初中原与河西、于阗间的文化交往》，《文博》1987年第4期，第68–75页；荣新江：《敦煌文献所见晚唐五代宋初中印文化交往》，载李铮等编《季羡林教授八十华诞纪念论文集》，江西人民出版社，1991年，第955–968页；林聪明：《敦煌文书学》第九章“敦煌文书的出处”，台湾新文丰出版公司，1991年，第370–412页；王书庆、杨富学：《唐代长安与敦煌佛教文化之关系》，载王书庆、杨富学编《敦煌佛教与禅宗研究论集》，香港天马出版有限公司，2006年，第120–138页；郝春文、武绍卫：《敦煌遗书中所见敦煌与外地之文本流通》，《华林国际佛学学刊》2019年第2卷第2期，第92–116页。

本地；二、文献的抄写、写本的制作在外地，后被商旅使节携至敦煌。第一种写本的物质形态（例如纸张、墨水）反映的是敦煌当地的技术工艺；第二种写本的物质形态生成于外地，反映的是外地的物质文化。

关于第二种写本，目前判断一份写本是否制作、抄写于外地最为可靠的依据是写本题记中关于抄写地点的记载。而缺失题记的情况在敦煌写本中极其常见，题记中有明确抄写地点的题记的写本数量有限。依据写本本身的内容，例如往来官私信函、地理行记中提供的信息，我们也可判断一些写本是否来自外地。写本的外观也是判定写本来源的重要证据之一。例如，品相甚佳的写经、书卷多来自中原。受到藤枝晃、戴仁（Jean-Pierre Drège）等学者对写本物质形态研究的启发，本文以藏经洞发现的册子本的纸张为研究对象，尝试通过纸张类型学的方法区分敦煌本地纸张与外地纸张，以定位一批在外地制作后携至敦煌的册子，并探讨其背后的人的流动与物的交往。

对于敦煌写本纸张的研究，前贤已有诸多贡献。早在20世纪30年代，英国学者克拉珀顿（R. H. Clapperton）已对斯坦因收集品中15份有明确纪年的敦煌写本的纸张进行了研究，记录其外观、厚度、帘纹，并取样进行纤维检测[①]。20世纪70年代，柯林斯（T. J. Collings）及米尔纳（W. D. Milner）重新检测了这15份写本，因为技术上的进步，他们对纸张纤维、涂料化学构成的检测更为细致、全面[②]。中国学者潘吉星、杜伟生，日本学者藤枝晃、赤尾荣庆等，法国学者戴仁，德国学者哈德斯-施泰因象泽（Harders-Steinhâuser Marianne）[③]同样也对敦煌写本的纸张开展研究，为学界提供了一批珍贵的古纸数据。其中，潘吉星考察了23份敦煌写经的尺寸、原料、帘纹、纸色、质地，并将这些数据与新疆出土的写经纸、传世的纸本进行对比[④]。戴仁在《敦煌的纸：有纪年的汉文写本的形态初步分析》一文中，以有明确纪年的写本纸张为研究样本，分析了不同文本类型所使用的纸张长时段上的变迁。文后附多页表格，提供了438份写本纸张的尺寸、厚度、质地、颜色、帘纹密度、织纹之间的距离等信息[⑤]。赤尾荣庆等日本学者的研究则涵盖了英藏120余件、法藏约90件、中国国家图

① R. H. Clapperton, *Paper: An Historical Account of its Making by Hand from the Earliest Times down to the Present Day*, Oxford: Shakespeare Head Press, 1934, pp. 25-26. 这15份写本是：S.81、S.86、S.88、S.116、S.227、S.312、S.717、S.797、S.912、S.2082、S.2424、S.3985、S.4012、S.4476、S.4632。值得一提的是，著名的纸史专家美国学者亨特（Dard Hunter）在20世纪30年代同样检测了一部分斯坦因和斯文赫定带回的楼兰和尼雅的古纸，见Dark Hunter, *Papermaking: The History and Technique of an Ancient Craft*, New York: A.A. Knopf, 1978, p. 466. 对中亚古纸研究的中外学术史回顾，见Agnieszka Helman-Ważny, *Notes on the Early History of Paper in Central Asia Based on Material Evidence*, The Studies into the History of the Book and Book Collections 14.3（2020）, pp. 341-366.

② T. J. Collings and W. D. Milner, *The Identification of Oriental Paper-Making Fibres*, Journal of the Institute of Paper Conservation 3 (1978), pp. 51-79; T. J. Collings and W. D. Milner, *An Examination of Early Chinese Papers*, Restaurator 3 (1979), pp. 129-151.

③ Harders-Steinhâuser Marianne, "*Mikroskopische Untersu-chung einiger früher, ostasiatischer Tun-huang Papiere*", Das Papier 4 (1969), pp. 210-212, pp. 272-276.

④ 潘吉星：《敦煌石室写经纸的研究》，《文物》1966年第3期，第39-48页。

⑤ Jean-Pierre Drège, *Papiers de Dunhuang: essai d'analyse morphologique des manuscrits chinois datés*, T'oung Pao 67.3-5(1981), pp. 305-360. 英译本见*Dunhuang Papers: Preliminary Morphological Analysis of Dated Chinese Manuscripts*, in Susan Whitfield (ed.), *Dunhuang Manuscript Forgeries*, London: The British Library, 2002, pp. 115-179.

书馆藏约40件、三井文库藏112件写本，展现了5至10世纪纸张的变化[①]。杜伟生以中国国家图书馆敦煌遗书修复数据为基础，考察了敦煌写本用纸的尺寸、厚度、帘纹、加工工艺、纤维等方面[②]。目前，日本及德国的学术团队正对更多西域古纸进行科学检测，为学界提供最新的研究数据[③]。

过去的研究表明，敦煌写本纸张自吐蕃时期开始，质量有明显变化：纸张厚度增加，纸表变得粗糙，纤维分布不均，帘纹变粗，帘纹之间的距离变宽。根据戴仁收集的数据，吐蕃统治时期及归义军时期的写本纸张20条帘纹所占纸面宽度有4.0cm以上，一些写本甚至达到6.0cm[④]。绝大多数册子本的纸张帘纹宽度及密度符合这个范围，纸质厚实且粗糙，可以推测这种形制的写本的制作年代大致集中在9—10世纪。然而，少数册子呈现了不同寻常的纸张特征，其很可能来自外地。这些册子被商旅使节携至敦煌，反映了丝绸之路上写本的流动与人员的交往。

---

① ［日］赤尾栄慶等《敦煌写本の書法と料紙に関する調査研究》，研究成果报告书，1999年；［日］笠嶋聖、西口義仁、江南和幸、河野益近等《大谷コレクション敦煌・トルファンコレクション教典紙片の繊維組織観察》，载实行委员会编《日本文化財科學会第16回大会研究発表要旨集》，奈良：奈良教育大学，1999年，第60–61页；Akao Eikei，"*On Changes in Paper Type and Number of Lines of Text per Panel as Seen in the Dunhuang Manuscripts*"，in Susan Whitfield (ed.)，*Dunhuang Manuscript Forgeries*，pp. 180–183；［日］赤尾栄慶等《敦煌写本の書誌に関する調査研究：三井文庫所蔵本を中心として》，研究成果报告书，2003年；［日］赤尾栄慶：《敦煌写本的书志学研究——基于近年的动向》，载《敦煌学日本学——石塚晴通教授退职纪念论文集》，上海辞书出版社，2005年，第52–64页。

② 杜伟生：《敦煌遗书用纸概况及浅析》，载林世田、［美］蒙安泰主编《融摄与创新：国际敦煌项目第六次会议论文集》，北京图书馆出版社，2005年，第67–77页；杜伟生：《敦煌遗书与中国古代手工造纸》，载国家图书馆善本特藏部敦煌吐鲁番学资料研究中心编《敦煌学国际研讨会论文集》，北京图书馆出版社，2005年，第337–341页。

③ 相关研究成果，见［日］江南和幸、加藤雅人等《大英图书馆斯坦因收集品纸张样品的成分和形态分析》，载林世田、［美］蒙安泰主编《融摄与创新：国际敦煌项目第六次会议论文集》，第37–51页；Kazuyuki Enami，Shoji Sakamoto and Yoshihiro Okada，"*Origin of the Difference in Papermaking Technologies between those Transferred to the East and the West from the Motherland China*"，*IPH Paper History: Journal of the International Association of Paper Historians* 14.2 （2010），pp. 12–22; Kazuyuki Enami，Shoji Sakamoto，Yoshihiro Okada，Masakazu Mori and Katsuhiko Masuda，"*Paper Made from Millet and Grass Fibre Found in the Secular Documents of Pre-Tang and Tang Dynasty*"，Papers of the XXXIst International Congress of Paper Historians: Basel and the Upper Rhine Region，2012，Malmedy: IPH Office，pp. 145–156; 庆昭蓉、［日］江南和幸：《唐代安西大都护府时期之龟兹当地用纸——日本龙谷大学所藏库车出土汉文书案例研究之一》，载朱玉麒主编《西域文史》第12辑，科学出版社，2018年，第159–178页；Ching Chao-jung，Enami Kazuyuki and Okada Yoshihiro，"*Paper in Eighth-Century Kucha: Discovery of Cotton Fibres within Chinese and Kuchean Documents*"，*Central Asiatic Journal* 63.1–2 （2020），pp. 71–104; Agnieszka Helman-Ważny，"*A Preliminary Study of the Paper of the Diamond Sutra* (*Or.8210/P.2*)"，*IDP News Issue* 38 （2011–2012），pp. 6–7; Agnieszka Helman-Ważny and Sam van Schaik，"*Witnesses for Tibetan Craftsmanship: Bringing together Paper Analysis, Palaeography and Codicology in the Examination of the Earliest Tibetan Manuscripts*"，Archaeometry 55.4 （2013），pp. 707–741; Agnieszka Helman–Ważny，"*More than Meets the Eye: Fibre and Paper Analysis of the Chinese Manuscripts from the Silk Roads*"，*STAR: Science & Technology of Archaeological Research* 2.2 （2016），pp. 127–140; Agnieszka Helman-Ważny，"*A Tale of Papermaking along the Silk Road*"，in Jörg B. Quenzer （ed.），*Exploring Written Artefacts: Objects, Methods, and Concepts*，Berlin: De Gruyter，2021年，pp. 423–440.

④ Jean-Pievre Drège，"Dunhuang Papers: Preliminary Morphological Analysis of Dated Chinese Manuscripts"，*Dunhuang Manuscript Forgeries*, London: The British Library, 2002, pp. 147–175.

一、敦煌藏经洞册子本的纸张特征[①]

在讨论纸张特殊的册子前，我们有必要了解藏经洞发现的册子纸张的一般状况。戴仁在1979年发表的《敦煌写本中的册子本》一文中，已介绍了敦煌册子纸张的基本特征[②]。本文在其基础上，结合对英藏、法藏、俄藏写本的实物调查，对戴仁的研究进行补充。

藏经洞发现的册子本，纸张往往较厚，帘纹较粗，帘纹之间的距离较宽，20条帘纹的纸面宽度一般在4.0cm以上；帘纹常呈现弯曲的样态（图1），表明其使用的纸帘是由较软的草类制成，在纸浆的重量下容易变形。纸张上弯曲的帘纹反映的是敦煌当地可用的制帘材料，在干燥的环境中，草类植物比竹子更易获取。由此我们也可推测大多数册子本使用的是敦煌本地或邻近地区制作的纸张。

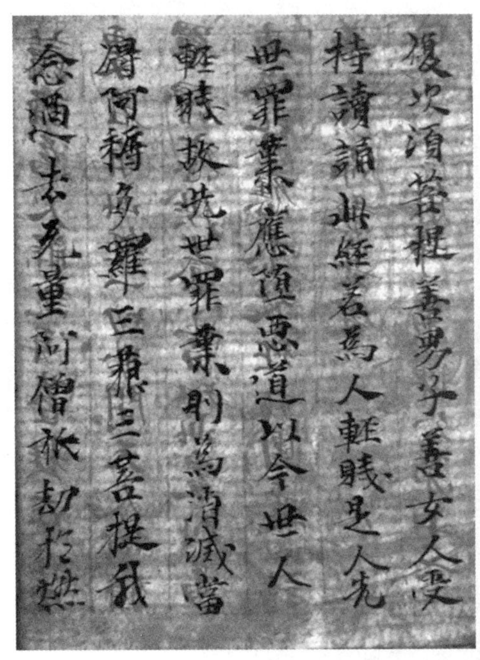
復次須菩提善男子善女人受
持讀誦此經若為人輕賤是人先
世罪業應墮惡道以今世人
輕賤故先世罪業則為消滅當
得阿耨多羅三藐三菩提我
念過去无量阿僧祇劫於然

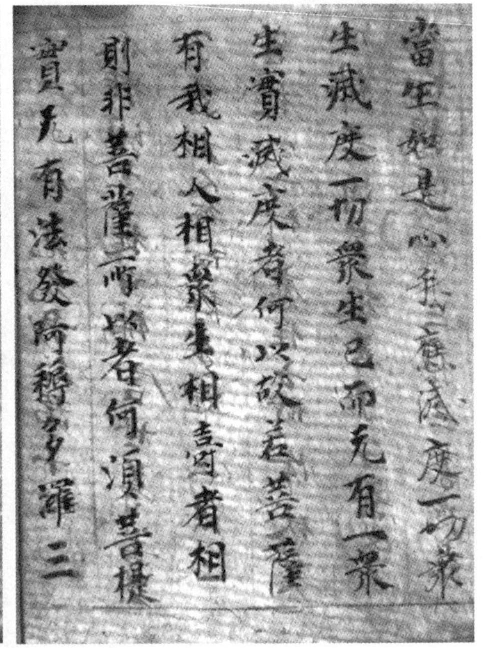
當生如是心我應滅度一切衆
生滅度一切衆生已而无有一衆
生實滅度者何以故若菩薩
有我相人相衆生相壽者相
則非菩薩所以者何須菩提
實无有法發阿耨多羅三

图1　P.3824第40叶、第42叶

（光盒透光拍摄）

藏经洞册子本的纸张大体可分为两类：第一类纸张质地、厚度不均匀，制作工艺较差；第二类，正如戴仁已指出的，纸张厚实、硬朗，品相较美观。第一类纸张厚度不均，这是造纸过程中纸浆在帘上铺展不均匀的结果。这类纸张还偶有内部损伤，如图2所示P.3910的第3叶及第5叶。在透光照射下，这两叶有明显较薄的区域（透光后偏亮的区域），这是纸张从帘面揭起时造成的撕裂。第3叶（见图2，左）损伤处上方有与损伤区域形状相同、镜面对

① 本文所言“册子本”，指的是从中对折的纸张逐一嵌套或摞叠，然后通过粘贴或缝缀中折处形成一册的书籍形式。不涵盖经折本、贝叶本，亦不包含S.6349+P.4924《易三备》、P.2490《步水畦解》等由多张近似卷子尺寸的纸张单边装订而成的写本。

② Jean-Pierre Drège, “Les cahiers des manuscrits de Touen-houang”, in Michel Soymié (ed.), *Contributions aux études sur Touen-houang*, Genéve: Librairie Droz, 1979, pp. 17–28.

称的一块纤维，透光后形成较暗的区域。这是由于在揭纸过程中，这块纤维从纸面剥离却未完全脱落，重新附着至纸面，造成纸张局部凸起、纸张厚度不均。在第一种类型的纸张中，也常能观察到纤维分布不均（见图3）。

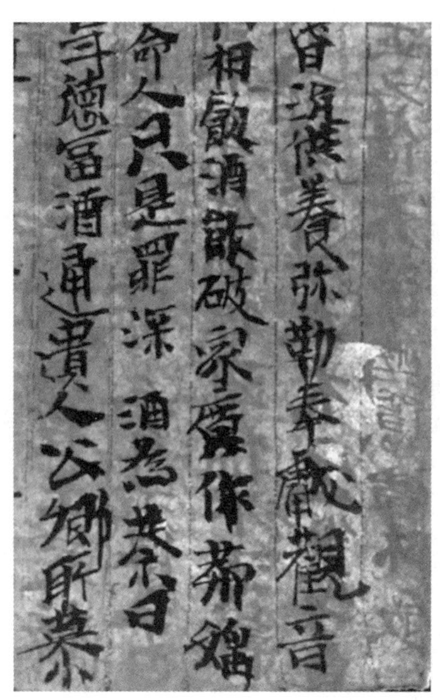
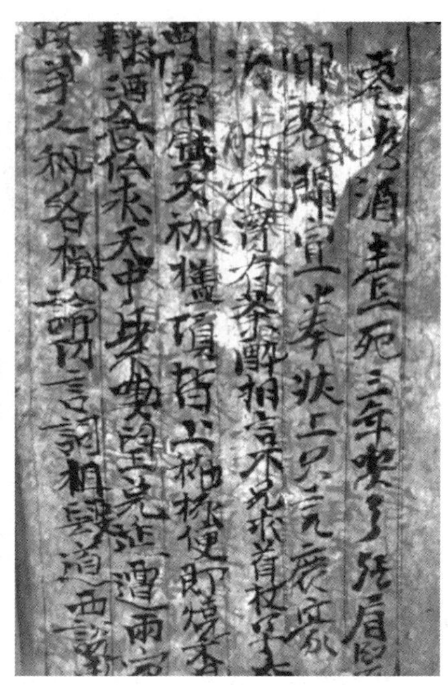

图2　P.3910的第3叶、第5叶

（光盒透光拍摄）

图3　P.4044第2叶

（光盒透光拍摄）

使用第二类纸张制成的册子往往具有较好的外观，例如P.3913《壇法仪则》[①]。册中有“永平十年教至此，迄今大唐光化二年（899）已未岁，凡八百三十八年矣”一句，说明此册的制作、抄写时间晚于光化二年，是归义军时期的写本。册背有“此是愿受册子，不得乱人犯者”一句，表明了这件册子的物主[②]。册子高28.5cm，宽10cm，共87叶，8叶一帖，共11帖。最后一帖仅含7叶，原第6叶被裁去。册子纸张厚实硬朗，呈均匀的米黄色，纸表簾纹清晰可见（图4，左）。帘纹弯曲，20条帘纹所占宽度为5.6～6.6cm（见图4，右）[③]。此写本的其他方面显示出制作者用心的设计：一、8个缝缀孔彼此等距，间隔约3.4cm。第一孔距册子上缘2.7cm，最后一孔距册子下缘亦是2.7cm。需要制作者预先测量，8个缝缀孔才能如此整齐地排布。二、文本始于册子第4页，至第171页结束，前后恰好分别留有三页空白。此册8叶一帖，不存在抄毕文献后前后补纸的情况。若没有事先估算，书手不会在开始抄写时便在第一帖的起首预留3页空白，也不会抄写完毕后最后一帖恰好余留3页空白。此册最后一贴原先的第6叶被裁去，仅余7叶，还暗示了另一种可能：文本写完后，原本仍有5页空白，书手为了维持前后空白页数相同，裁去了原第6叶（即两页空白页），余3页空白。

第二个例子为P.3921，册中有《佛说菩萨本业经》与《大乘顶王经》。册子纸张厚实硬朗，同样为米黄色。帘纹弯曲，清晰可见（见图5），20条帘纹所占宽度为5.2～6.0cm。此册的尺寸为26×9.6cm，与前文P.3913相近，且同样为8叶一帖，有8个缝缀孔。P.3921的缝缀孔也是均匀排布，间隔亦与P.3913相近，约3.4cm。P.3921的抄手在册前预留了6页空白，册末有9页空白，留白创造了更为整洁疏朗的视觉外观。P.3921和P.3913在物质形态上极为相似，或许是在类似的寺院环境中制作的。

---

① 全名《金刚峻经金刚顶一切如来深妙秘密金刚界大三昧耶修行四十二种坛法经作用威仪法则 大毗庐遮那佛金刚心地法门密法戒坛法仪则》。相关研究见侯冲的校录本及解题，见方广锠主编《藏外佛教文献》第11辑，中国人民大学出版社，第17-144页；Amanda Goodman，*The Ritual Instructions for Altar Methods*（*Tanfa yize*）*: Prolegomenon to the Study of a Chinese Esoteric Buddhist Ritual Compendium from Late-Medieval Dunhuang*，Ph.D. Dissertation，University of California，Berkeley，2013.

② 愿受一名，见于P.3423《后唐丙戌年（926）五月七日沙州乾元寺新登戒僧次第历》、P.3431《后唐丙戌年（926）五月七日沙州乾元寺新登戒僧次第历》、P.2250v《后唐清泰三年（936）六月河西都僧统司状》。对P.3423及P.2250背的年代的考证，见郝春文《唐后期五代宋初敦煌僧尼的社会生活》（中国社会科学出版社，1998年），第30-32、299-308页。愿受在P.3423及P.3431中刚刚登戒，在P.2250背已是金光明寺的正式僧人。若上述文书中的“愿受”与P.3913册背的“愿受”为同一人，P.3913的制作年代也应在926年以后，制作地点也应是敦煌当地的寺院。

另，写本BD00876、P.3835、S.5631中有“杨愿受”一名。BD00876正面为《大目犍连冥间救母变文》，后有显德寺学仕郎杨愿受太平兴国二年（977）题记。P.3835为经折本，其中含有多种真言、仪轨，起首为《观世音菩萨秘蜜藏无障碍如意心轮陀罗尼经》，此文后有“清信弟子杨愿受”戊寅年题记。S.5631为《庚辰年正月十四日少事商量转帖抄》，转帖中有“社官杨愿受”。若以上三件中的“杨愿受”为同一人，则S.5631中的庚辰年为980年（参宁可、郝春文：《敦煌社邑文书辑校》，江苏古籍出版社，1997年，第298-300页）。从年代看来，此杨愿受与P.3423、P.3431、P.2250中的愿受非同一人。多伦多大学佛教史学者阿曼达·古德曼（Amanda Goodman）在其关于敦煌写本《坛法仪则》的学位论文中，根据P.3431中《金刚藏菩萨三字观》与P.3913《坛法仪则》内容上的重合，推测P.3913册背的“愿受”更可能是BD00876、P.3835题记中的“杨愿受”。详见*The Ritual Instructions for Altar Methods*，p. 18。

③ 帘纹的弯曲导致纸面上不同位置测量出的数据之间有差异。此种情况下，本人会在纸面多处测量，记录多个数值及数值浮动范围。

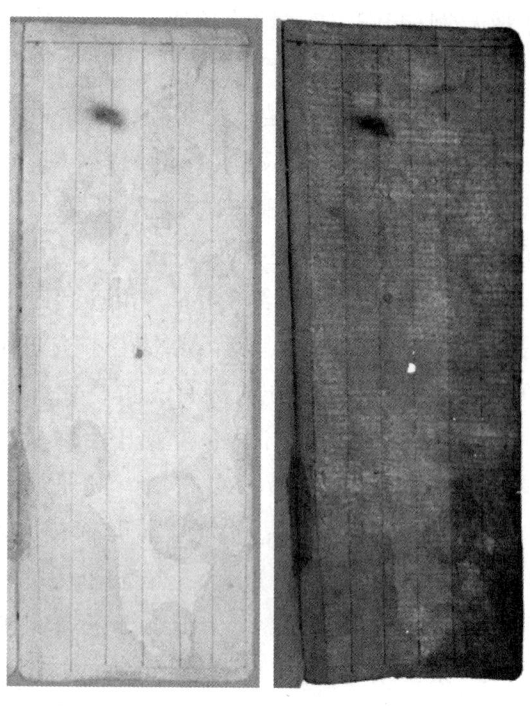

图4　P.3913第86叶
（右图光盒透光拍摄）

图5　P.3921第2—3叶

值得注意的是，册子P.3904、S.5458与P.3913、P.3921的物质形态也较为相似。P.3904含《注般若波罗蜜多心经》及《注观世音经》，S.5458则含《观音经》《佛说善恶因果经》《般若波罗蜜多心经》《佛说地藏菩萨经》《天请问经》。P.3904、S.5458、P.3921、P.3913皆使用第二类纸张制成，为8叶一帖，有8个缝缀孔。尺寸方面，虽然P.3904、S.5458略小（23.1 cm×7.7 cm；23.5 cm×7 cm），四本册子的长宽比皆为3∶1，属于藏经洞发现的册子本中较为瘦高的一批写本。这些册子形成了一个相互关联的写本集合，它们或许是在类似寺院环境中制作、抄写的。

这些品相较好的册子本提供了关于敦煌当地造纸工艺的新的认识。过去纸史研究者往往将9—10世纪敦煌当地的纸张描述为“粗糙”“质量低”，但实际上，如前文P.3913、P.3921所示，这一时期也有外观颇佳的本地纸张，只不过这些纸张厚重硬朗，帘纹粗而疏朗，与中原轻薄、帘纹细密的纸张大不相同，不符合我们对优质纸张的一般印象。而以中原纸张为基准来评判西北地区的纸张质量的做法是值得商榷的，两地纸张的不同特征应理解为不同地区的造纸工艺与文化特色。

二、在外地制作、抄写的册子

在藏经洞发现的册子本中，还有极少一部分册子纸张的帘纹细窄规整，或是纸张较薄；不同于一般册子本的纸张，它们很可能是在外地抄写后携至敦煌的。藤枝晃在《敦煌历日谱》中，曾指出S.5613《吉凶书仪》“以毛笔写成，书写美观”。纸张方面，他引翟目的描述：“柔软，浅米色”，认为其与同时代写本相比大不相同。根据以上两点，藤枝晃判断这份册子是在中原制作、抄写的[①]。S.5613首尾俱残，与P.4050属同册。经本人的实物调查，S.5613和P.4050均使用质地均匀的浅米色纸张，20条帘纹的宽度约为3.1～3.2 cm，这个数据远低于敦煌藏经洞发现的同时期的写本。册子的文本内容也展现了与中原的联系。赵和平的研究表明，此书仪的作者应在河北某节度使幕府内任职[②]，而写本本身应是沙州归义军人士从内地抄写后携回敦煌的[③]。这份册子较小的尺寸（18.5 cm×14.5 cm），无疑也适合使节携带，在旅途中可为书信写作提供参考。

在纸张特征上，类似的情况还有P.3912。此册包含《佛说摩利支天陀罗尼咒经》《千手千眼观世音菩萨广大圆满无碍大悲心陀罗尼》等多个文本，共32叶，分为4帖，每帖8叶，丝线通过4个缝缀孔将各帖装订在一起。敦煌藏经洞发现的册子，绝大多数都是双面书写，而这份册子的书手仅在前10叶双面连续书写，从第11叶开始，书手每抄写两页便跳过两页，仅使用纸张其中一面书写。其原因应与纸张的质地有关。如图6所示，墨水已渗透至纸张的另一面。显然纸张较薄，不适合双面书写。藏经洞发现的册子本大多使用厚纸，P.3912这种薄纸的册子极其罕见，其纸张20条帘纹的宽度也仅为2.9～3.0 cm（图6，右），颇为细密。与其不同寻常的纸张特征相呼应的是册末题记："太平兴国七年（982）七月七日抄于朔方。"这表明其制作、抄写地点是灵州而非敦煌。册子尺寸仅15.4 cm×10 cm，内含辟邪守护的陀罗尼，或是作为行旅的护身符被携至敦煌，其小巧的形态也便于在旅途中念诵。

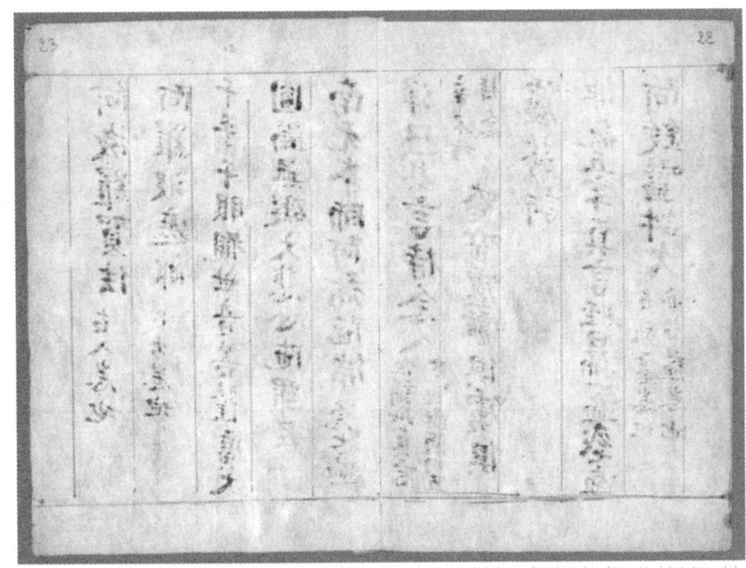
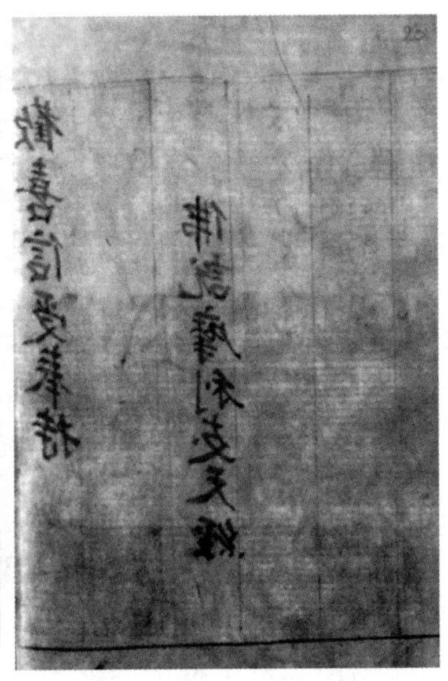

图6　P.3912第11—12叶、第10叶

（右图光盒透光拍摄）

① ［日］藤枝晃：《敦煌历日谱》，《东方学报》1973年第45册，第408页。

② 赵和平：《晚唐时河北地区的一种吉凶书仪》，载周一良、赵和平《唐五代书仪研究》，中国社会科学文献出版社，1996年，第193-194页。

③ 赵和平：《〈新集杂别纸〉的初步研究》，载周一良、赵和平《唐五代书仪研究》，中国社会科学文献出版社，1996年，第262-264页。作者还指出，P.3449、P.3864、P.3931等册页形制的书仪写本也应是从中原携至敦煌。关于更多来自中原的书仪文献，见吴丽娱：《关于唐五代书仪传播的一些思考——以中原书仪的西行及传播为中心》，《敦煌学辑刊》2018年第2期，第1-14页。

另一册子P.4071也与灵州相关。P.4071内含命课一份、《大佛顶如來顶髻白盖陀罗尼神咒经》及藏文数行，命课后有题记："开宝七年（975）十二月十一日灵州大都督府白衣术士人康遵课。"①单从题记来看，尚不能确定此册具体的抄写地点是灵州还是敦煌。而册子纸张帘纹整齐，20条帘纹的宽度约为4.0 cm，数据略低于同时代敦煌本地的纸张。这本册子有可能书写于灵州，后携至敦煌。

上文提及的S.5613、P.4050及P.3912，其共同特征是纸张20条帘纹的宽度均低于4.0cm。以此为线索，本人在实物调查过程中寻得了更多符合此数据的册子，在表1中举出数例。这些册子很有可能于外地制作后流至敦煌，或许来自中原或四川地区。

表1　20条帘纹纸面宽度低于4.0cm的册子本举例

馆藏号	内容	尺寸（高×宽cm）	20条簾纹的宽度（cm）
S.5586	观世音菩萨秘密藏无障碍如意心转心轮陀罗尼、一切佛心陀罗尼、金刚般若心中真言	16.5×15.5	1.8
P.4038	医方	17.7×14.5	2.4～2.6
P.4837	兵书、辟兵杂方	28.0×17.0	2.5
P.4878	张祜诗集	21.7×15.0	2.5
P.3912	佛说摩利支天陀罗尼咒经、净口真言、佛说五字真言、千手千眼观世音菩萨广大圆满无碍大悲心陀罗尼、观音菩萨最胜妙香丸法	15.4×10.0	2.9～3.0
P.2967	丧礼服制度	18.6×14.5	3.0
P.4050、S.5613	吉凶书仪	18.5×14.4	3.1～3.2
P.3761	佛说阎罗王授记四众预修生七往生净土经	5.2×4.8	3.3
P.3759	佛说八阳神咒经、佛说摩利支天菩萨陀罗尼经、佛说解百生怨家陀罗尼经咒	5.1×4.7	3.8

表1中的P.3761，类似于P.3912，存在单面书写的情况。此册纸张较薄，墨水渗至纸叶另一侧，20条帘纹的宽度约3.3 cm（见图7）。其中，P.3761尺寸仅5×5 cm，较手掌还小。内容为《佛说阎罗王授记四众预修生七往生净土经》，前后有加厚的双层纸作为封皮，书脊又以双层的纸片覆盖加固，是一本装帧较为结实的小册子，经得起反复翻动、念诵。册中经文有赞无图，册子尺寸又颇小，太史文认为，这本册子可能是某位僧人为演练仪式而自备的练习手册②。从纸张特征看来，这份册子很可能不是在敦煌本地制作、抄写的，册子的主人或

① 对此件命课的学术史回顾与最新研究，见钮卫星：《敦煌遗书开宝七年星命书（P.4071）中的十一曜行度及相关问题研究》，载《自然科学史研究》2015年第4期，第411-424页。原卷康遵题记日期为"开宝七年十二月十一日"，为公元975年1月25日，已进行975年。

② ［美］太史文：《〈十王经〉与中国中世纪佛教冥界的形成》，张煜译，上海古籍出版社，2016年，第97-99页、第146-147页。

许是一位出行的僧侣，其小巧的形制亦适宜行旅携带。

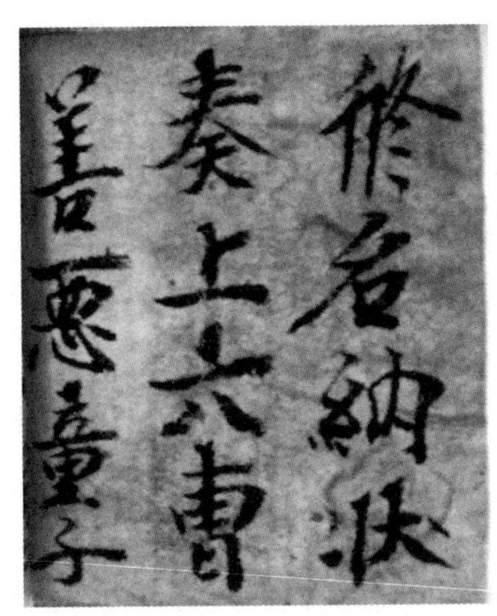

图7 P.3761（光盒透光拍摄）

同样小巧便携的是P.3759，其尺寸仅5.1 cm×4.7 cm。册子前后封皮为双层纸，并用蓝色绸缎包裹封皮与书脊。册中纸张轻薄，墨水渗至纸背，20条帘纹的宽度为3.8cm。这是本多经文合抄的小册，包含《佛说八阳神咒经》《佛说摩利支天菩萨陀罗尼经》及《佛说解百生怨家陀罗尼经咒》，后有诵经题记："戊子年润（闰）五月十六日，于弟子某甲持诵，《八阳经》，书写《摩利支天经》。日诵三遍，日日持经，念戒依（衣）食，字（自）然日日家兴。"[1]册中经文有辟邪解怨的功用，其装帧亦颇为精巧，可能是用作护身符在旅途中随身携带。

除了宗教相关的文献，表1中还有礼书、诗集、兵书、医方，尺寸从17.7 cm×14.5 cm至28.5 cm×17 cm不等，相比P.3761、P.3759这些小册子，是较大的尺寸。P.2967的内容是《丧礼服制度》，其上有绖冠衽裳之图，配有文字详解[2]。册首残文言此《丧礼服制度》来自杜佑的《新制唐礼图》。册中朱书服名，墨书正文。其纸张质地均匀、帘纹细密规整。从内容与外观综合考量，这本册子很可能是在中原抄成后携至敦煌的。P.4878残留张祜诗三首[3]。P.4837原为书脊处相黏成册的两张残叶，一叶上是八阵相关的兵书，另一叶上是辟兵杂方。如今法国国家图书馆已将其拆解为分离的两叶[4]。P.4038（与日本杏雨书屋羽43属同册）也是医方，值得注意的是，其书口叶缘粘有小签标"四""五"，或是为便于检索内容而标。P.4878、P.4837、P.4038纸张质地均匀，帘纹较P.2967更为细密。从纸张特征考虑，以上这些册子都有可能是从外地，尤其是从中原携入敦煌的。

① 题记中的"戊子"年为988而非868、928年。见《敦煌历日谱》，《东方学报》1973年第45册，第431页。

② 吴丽娱：《唐礼摭遗：中古书仪研究》，商务印书馆，2002年，第417-441页。

③ 徐俊：《敦煌诗集残卷辑考》，中华书局，2000年，第456页。

④ 此写本原先的样态，见上海古籍出版社、法国国家图书馆编《法国国家图书馆藏敦煌西域文献》第33册（上海古籍出版社，2005），第210-211页。此写本现状，见Gallica彩色照片：https://gallica.bnf.fr/ark:/12148/btv1b8300208t.r=Pelliot%20chinois%204837?rk=21459;2.

三、结语

本文以敦煌藏经洞发现的册子本为研究对象，通过对其纸张的实物调查与类型学分析，在前人研究的基础上，推进了对于9—10世纪写本用纸的研究。根据纸张帘纹、厚薄等特征，本文尝试确定一批在外地制作后携至敦煌的册子。这些册子反映的不仅仅是外地的造纸技术，还有丝绸之路上人与物的流动：携带书仪手册的使节、将册子作为护身符的商旅、寻访圣迹的僧人。正如荣新江所言："丝绸之路也是一条'写本之路'。"[①]丝路上的旅行者离不开写本，丝绸之路的中西交通史也是一部写本文化史。

关于本文涉及的材料与结论，还需补充以下两点：第一，敦煌是9—10世纪丝绸之路上重要的交通枢纽，使节商旅往来频繁，必然带来外地的写本。在没有明确纪年的情况下，对于纸张轻薄、质地均匀、帘纹细密的写本，我们或许不能轻易将其制作年代断至吐蕃统治时期以前。这些写本的制作、抄写年代仍有可能是9—10世纪，是从外地携至敦煌，因此呈现与敦煌本地写本不同的样态。第二，本文的研究仅限于册子形制的写本，而纸张类型学的研究方法或可应用于其他的书籍形式，例如卷子、经折本、贝叶本。实际上，只有尽可能地扩大样本数量，乃至将研究范围扩展至更多西域出土的写本，例如吐鲁番出土的写本，才能更全面、准确地复原丝路网络上的写本用纸与写本流动。本文的研究仅是这一课题有限的一个侧面。

致谢：高奕睿（Imre Galambos）教授，荣新江教授曾对本文提出宝贵意见，英国图书馆Mélodie Doumy、Han-Lin Hsieh、Asied，法国国家图书馆Nathalie Monnet，俄罗斯科学院东方文献研究所（圣彼得堡）Irina Popeva、Alla Sizova为我查看写本实物提供帮助，谨此致谢。

① 荣新江：《丝绸之路也是一条"写本之路"》，《文史》2017年第2期，第75-103页。

也谈敦煌写本中的“包首题符号”*

赵鑫晔（兴义民族师范学院文学与传媒学院）

【摘要】敦煌写本中的“包首题符号”即传世佛典中的“以字”。该符号从南北朝时期一直沿用至今，并随汉传佛教传入日韩等周边国家。以传世文献、出土文献和域外古写本古文物为考察资料，并结合中外学者的研究，从形体、语言和使用场景三个方面分析可知，“包首题符号”实为古印度吉祥符号唵（Oṃ）的汉化形式。

【关键词】敦煌写本　包首题符号　以字　吉祥符号　唵（Oṃ）

敦煌写本的装帧方式以卷轴装为主。此种装帧的重要组成部分之一是包首，即正文前特地增加的一张白纸。在收卷后，包首能将整个卷轴包裹起来，起到保护的作用。为了在收卷后也能清楚地知道卷轴的内容，包首的背面又会写上文献的标题。该标题一般称为“包首题”或“外题”。我们在敦煌写本的很多包首题上，都会看到一个符号。此符号标在包首题首字的上方，形态多样，最繁者类似“以”字，最简者类似“一”字。

学术界对该符号的意义和功能，一直未有太多的探究。就笔者所及，目前最重要的成果有两篇论文：其一为黄威先生的《敦煌写卷“包首题”符号的研究及其方法论价值》①（以下简称为“黄文”）；其二为白化文先生的《“以”字点》②（以下简称为“白文”）。由于二文的考察重点分别是出土文献和传世文献，因此虽然讨论的是同一对象，但彼此并未能互相参考整合。此外还有方广锠先生《关于“经首

---

*本文系兴义民族师范学院博士基金项目“俄藏敦煌文献简目”（项目编号：20XYBS05）基金项目阶段性成果。

① 黄威：《敦煌写卷“包首题”符号的研究及其方法论价值》，《敦煌学》2021年第35期，第101–126页。

② 白化文：《“以”字点》，《中国典籍与文化》2014年第1期，第143–145页。后又收入氏著《汉化佛教法器与服饰》之《附录》部分，中华书局，2015年，第241–248页。

讴阿”的通讯》[①]（以下简称为“方信”），此邮件主要答复对该符号来源和意义的问询，篇幅虽然简短，但极具启发意义。笔者拟在三位先生的研究基础上，对敦煌文献中的“包首题符号”再做一些探讨。

一、“包首题符号”、“经名号”和“以字点”的关系

对于敦煌写本包首题上的这些符号，方信中称之为“经名号”[②]，而黄文则根据其出现的位置，朴素地称之为“包首题符号”。所以，“经名号”和“包首题符号”指的是同一个对象。笔者认为，相较于“经名号”，“包首题符号”能够很好地体现该符号在敦煌写本中使用的大部分场景，故为了叙述方便，本文沿用黄文的名称。

接下来我们则要讨论“包首题符号”与白文“以字点”的关系。白文“以字点”称谓，来自传世佛典文献。厘清二者的关系，将有助于扩大我们的研究材料范围。

我们可以通过“包首题符号”和“以字点”的形态比对来确定二者之间的关系。图1至图4皆为从黄文“英、法藏敦煌写卷包首题符号样式图例”一表中所挑出的写本，黄文根据形态将其分别称为“双勾式”“八字式”“以字式”和“一字式”。从这四个实例，我们也可窥见敦煌写本“包首题符号”形态的多变。图5扫描自白文，文中未交代出处。图中皆为佛经题签，有甲、乙、丙三种“以字点”：甲、乙皆为刻本[③]，唯有丙为手写。通过五图的比对，我们可以发现：图5之丙与图4中的符号形态构成完全相同，皆是以四点的构形居于标题的最上方，即黄文所划分的“以字式”。

因此，“包首题符号”和“以字点”，其实是同一种符号。从敦煌写本来看，该符号在写本中不仅有“以字式”，还有“双勾式”、“八字式”和“一字式”等形态；从传世佛典文献来看，该符号在刻本中也有所保留并进一步演变。

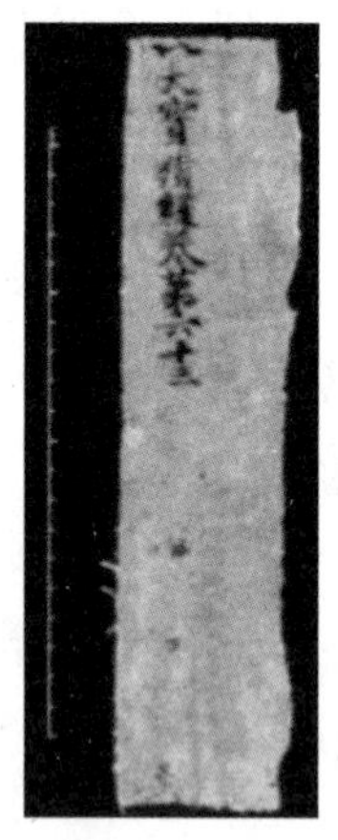

图1　S.11001“双勾式”

图2　S.11248“八字式”

图3　S.11203“以字式”

① 详细内容见：https://www.douban.com/group/topic/30869235/。

② 由方先生领衔整理的《国家图书馆藏敦煌遗书》和《开宝遗珍》中亦使用了这个称呼。

③ 此二种“以字点”亦见于《佛光大辞典》“以字点”条。慈怡编著《佛光大辞典》，北京图书馆出版社，2004年，第1536页；慈怡、永本法师编《佛光大辞典（增订版）》，台湾佛光文化事业有限公司，2014年，第2010页。

图4　S.11008“一字式”

图5　“以字点”

二、“以字点”称谓的由来

在宋代的禅宗公案中，“包首题符号”就被称为“以字”，并衍生出“以字不成，八字不是”的话头。遗憾的是，此前的研究囿于传世文献与考古文物的分离，一直未能将两者对应起来。由于白文对这些公案仅一笔带过，未及展开，为了更好地论述这一问题，我们还是有必要将相关文献加以梳理。

从目前能检索到的禅宗文献来看，该话头首出于晚唐五代时云门宗始祖文偃禅师。宋守坚《云门匡真禅师广录》卷上：

问：“以字不成，八字不是，未审是什么字？”师云：“九九八十一。”进云：“学人不会，乞师指示。”师云：“我又辜尔什么处？”①

后在禅门中推广开来，成为一个典型的话头。该话头的相关文献可以分为三类。第一类是禅门中师徒问答的公案。举例如下：

1.宋普济《五灯会元》卷四《睦州陈尊宿》：

问：“以字不成，八字不是，是何章句？”师弹指一声，曰：“会么？”曰：“不会。”师曰：“上来讲赞无限胜因。虾蟆跡跳上天，蚯蚓蓦过东海。”②

2.宋普济《五灯会元》卷八《罗汉桂琛禅师》：

问：“以字不成，八字不是，未审是甚么字？”师曰：“汝实不会那！”曰：“学人实不会。”师曰：“看取下头注脚。”③

3.宋普济《五灯会元》卷九《五观顺支禅师》：

问：“以字不成，八字不是，是甚么字？”师作圆相示之。有僧于师前作五花圆相，师画破作一圆相。④

4.宋普济《五灯会元》卷十二《金山昙颖禅师》：

僧问：“经文最初两字是甚么字？”师曰：“以字。”曰：“有甚么交涉？”师曰：

① ［宋］守坚：《云门匡真禅师广录》卷上，《大正藏》第47册，第548页。

② ［宋］普济著，苏渊雷点校《五灯会元》上册，中华书局，1984年，第233–234页。

③ ［宋］普济著，苏渊雷点校《五灯会元》中册，中华书局，1984年，第448页。

④ ［宋］普济著，苏渊雷点校《五灯会元》中册，中华书局，1984年，第546页。

“八字。”曰：“好赚人。”师曰：“谤此经，故获罪如是。”①

第二类是对既有公案的进一步阐释，主要以上举罗汉桂琛禅师的公案为对象，阐释方式主要以偈颂为主。举例如下：

1.宋楚圆《汾阳无德禅师语录》卷二：

僧问地藏：“以字不成，八字不是，未审是什么字？”藏云：“看取下头注脚。”以八不成只目前，经中未识注中看。垂慈不为多知解，切要参玄达本源。②

2.宋蕴闻《大慧普觉禅师语录》卷九：

（熊伯庄）复举“僧问睦州：‘经头以字不成，八字不是，未审是甚么字？’州弹指一下云：‘会么？’僧云：‘不会。’州云：‘上来讲赞无限胜因。虾蟆跨跳上天，蚯蚓蓦过东海。’”师云：“这僧只问经头一字，睦州尽将善知众艺差别字轮，以《龙龛手鉴》《唐韵》《玉篇》从头批注，撒在这僧怀里。这僧也不妨奇特，直下便肯承当。且道甚么处是他承当处？听取个注脚：以字不成，八字不是。弹指未终，普天匝地。击开四十二般若波罗蜜门，参透华严会中善知众艺。教内教外一时收，世出世间皆周备。无边罪咎如火销冰，无量胜义如恒沙聚。更有个末后句，坚牢库藏永收藏。”③

3.南宋法应、元普会《禅宗颂古联珠通集》卷二：

以字不成八不是，拈起经题皆拟议。下头脚注任君看，却是入门先问讳。（佛印元）拈起题摸不着，却看下头注脚，了知字义炳然，大藏潜通广略。（地藏恩）问你地藏知不知，下头注脚万千千。算沙入海徒疲倦，不若教他了目前。（横川珙）④

第三类是以该符号为主题的偈颂。举例如下：

1.宋惟盖竺等《明觉禅师语录》卷二：

上堂云：“以字不成，八字不是。优昙华正开，嗅着无香气。翻笑钓鱼船上客，不爱南山爱鳖鼻。”⑤

2.宋蕴闻《大慧普觉禅师语录》卷八：

示众：“以字不成八字非，烁迦罗眼不能窥。一毛头上重拈出，忿怒那咤失却威。”⑥

3.清性音《禅宗杂毒海》卷四载宋云巢岩法师《写经》偈：

“以字不成八字非，当阳拈出大家知。释迦老子舌无骨，黄叶拈来吓小儿。”⑦

以上所列举的禅宗文献中，基本上都是围绕“以字不成，八字不是”这一话头而展开。位于“经头”和“经文最初”的“以字”和“八字”，其实就是“以字式”和“八字式”的“包首题符号”。由于禅宗的广泛使用，后来佛教就形成了将其称为“以字”的成规。《佛学

①［宋］普济著，苏渊雷点校《五灯会元》中册，中华书局，1984年，第719页。

②［宋］楚圆：《汾阳无德禅师语录》卷2，《大正藏》第47册，第610页。

③［宋］蕴闻：《大慧普觉禅师语录》卷9，《大正藏》第47册，第847页。

④［南宋］法应、［元］普会《禅宗颂古联珠通集》卷2，《中华大藏经选录》第78册，第63页。

⑤［宋］惟盖竺等：《明觉禅师语录》卷2，《大正藏》第47册，第679页。

⑥［宋］蕴闻：《大慧普觉禅师语录》卷8，《大正藏》第47册，第841页。

⑦［宋］性音：《禅宗杂毒海》卷4，《卍新纂续藏经选录》第65册，第73页。

大辞典》中就收入了“以字”条：

> 【以字】（术语）经题或守札之头书“✕”之形，是为古来“以”字，异义甚多。《宋高僧传》三曰：“音字俱不译，如经题上‘へ乙’二字是。”依此说，则本为“へ乙”之形，讹为“✕”也。然《祖庭事苑》一举古来之三说：“一是‘呕啊’二字（又曰‘阿伛’），二是音字俱不译，三是梵书之‘心’字。”而三说皆不取，自决为“盖当时佣书者，运笔以覆经题，固无疑矣。”《谷响集》二、《修验故事便览》二详译之。①

而后出的《佛光大辞典》中，又收入了“以字点”“以字不成八字非”条：

> 【以字点】略称“以字”。指“∵”符号。通常用于经之题签，或护符之上端。此乃悉昙字𑖂（i，伊）字之变形，或谓系表水字或四天王。《祖庭事苑》卷一举古来有三说：“一是‘呕啊’二字，二是音字俱不译，三是梵书之‘心’字。”而“以字”始出自《云门禅师语录》，虽见于宋版经卷之题签，然至今于其由来及典据仍未有定说。（《宋高僧传》卷三《译经篇》、《谷响集》卷二、《修验故事便览》卷二）②
>
> 【以字不成八字非】禅林用语。又作“以字不成八字不是”。“以字”，指写在护符上端之“∵”字，系悉昙字𑖂（i，伊）字之变形，然若以中文字观之，则既非“以”字，亦非“八”字。禅林乃据此转指以任何方式皆难以表达其本来面目之情形③。

《佛光大辞典》之所以将“以字”称为“以字点”，是由于佛典文献中常出现的“伊字三点”④习语。“伊”即悉昙字母𑖂（i）在佛典中的音译字，因编纂者认为“以”也是悉昙字母𑖂（i）的音译字，故除了“伊字三点”条外，另又列出“以字三点”⑤条，并由此派生出“以字点”的称谓。白文“以字点”的称谓和对“以字不成，八字不是”的解释，与《佛光大辞典》相同。

综上，传世禅宗文献中的“以字”，即是《佛光大辞典》和白文“以字点”称谓的来源，亦是“包首题符号”的别称。

三、“包首题符号”出现的场景、时代及构形

在确定敦煌写本中的“包首题符号”即白文所举的“以字点”后，我们接着再讨论该符号出现的场景和时代。下文将综合黄文、白文及笔者所发现的材料，按照时间先后进行梳理。

---

① 丁福保：《佛学大辞典》，文物出版社，1984年，第459页。笔者对标点略有改动，下文《佛光大辞典》亦同。

② 原文包含示例图片，与图5甲、乙两种相同，此处不再赘引。又，此条与《佛学大辞典》“以字”条对“以字”的来源皆有所提及，其中的观点我们将在后文中详细讨论。

③ 慈怡编著《佛光大辞典》，第1535页；慈怡、永本法师《佛光大辞典（增订版）》，第2009页。

④ 详见《佛学大辞典》，第531页；慈怡编著《佛光大辞典》，第2153页；慈怡、永本法师《佛光大辞典（增订版）》，第2720页。

⑤ 慈怡编著《佛光大辞典》，第1535页；慈怡、永本法师《佛光大辞典（增订版）》，第2009页。

（一）南北朝时期

目前所见到的“包首题符号”的最早使用例证，是在南北朝时期。黄文中所提到的该类写本有两个来源：一是抄于公元500年前后的敦煌佛典写本：即S.116、S.1437、S.4010、P.2078和P.2110①。二是大谷探险队在库车、吐峪沟等地所获的六朝佛典写本，分别为收录于《西域考古图谱》下卷《佛典及佛典附录》中的第9号《六朝写正法华经（哈拉和卓）》、第18号《六朝写优婆塞戒经卷七（吐峪沟）》、第8号《六朝写妙法莲会经卷七普贤菩萨劝发品（克孜尔石窟）》、第12号《六朝写摩诃般若波罗蜜学品（克孜尔石窟）》、第20号《六朝写优婆塞戒经卷七（吐峪沟）和第21号《六朝写摩诃般若波罗蜜优波提舍中赞租期波罗密相品第廿八（库车）》。此外笔者还发现1例，即BD04925《大般涅盘经卷第三十二》。该卷的包首和尾题上方都能看到“包首题符号”，但两个符号属于不同时代。正文部分为南北朝写本，其尾部的符号为“双勾式”（见图6）；包首为唐五代时期所补，其上的符号为“八字式”。

这一时期“包首题符号”的构形特点是：以“顿点式”（见图7）或“单勾式”（见图8）为主要样式，偶有“双勾式”（见图6）②；其使用的场景主要是首尾题、品题以及段首上方。

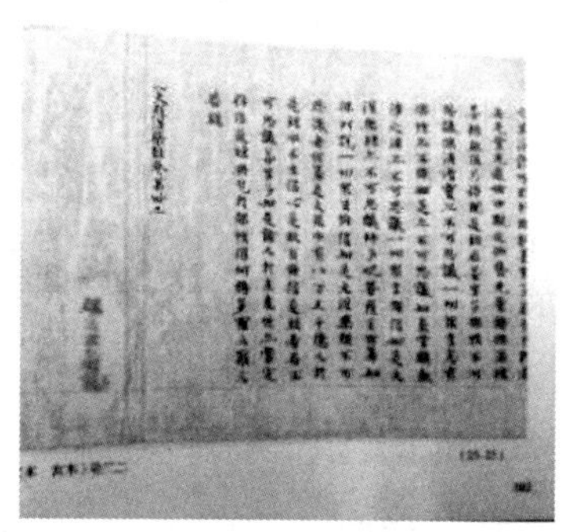

图6　BD04925“双勾式”

图7　《西域考古图谱》第21号“顿点式”

① 黄文还将S.490、BD01737、BD13101和BD13850归为这一时期的写本，并将其作为统计“包首题符号”样式的资料。笔者对此持有疑议，认为这些写本皆属于唐五代时期。S.490《毗尼心一卷》笔迹与六朝写本有很大的差别，并非黄文所认为的“属于六朝书风”。其尾题上方的空格，亦非黄文所解读的“模仿简册编绳而留出的位置”，而是书手偶然为之。且唐五代距离简册时代已相当遥远，此时的书手对简册的编绳制度当无记忆，更无理由模仿。BD01737装帧形制首尾完整，包首与正文的纸张一致。从正文的笔迹看，其笔画带有北朝的书风，故整理者将其年代定为5—6世纪。但值得注意的是，包首题的笔迹与正文完全不同，当为后人所加，所以该卷包首题及符号的时代应该晚于正文，属于唐五代时期。BD13101和BD13850的包首与正文的纸张都不相同。BD13101的包首题与正文并非同一人所写，且包首题中的“四”字经过修改，笔者推测可能是另找的现成包首稍加修改后粘贴在正文之前。而BD13850的包首题与正文在同一面，并不符合常规，所以该卷的包首及包首题亦是后加。按正文的笔迹，将BD13101和BD13850定为5—6世纪应无疑义，但其包首及包首题当属晚于正文的唐五代时期。又，关于敦煌写本包首与正文关系的论述，最早见于笔者“2015敦煌论坛：敦煌与中外关系国际学术研讨会”会议论文《说“包首”》，后在指导陈明珠撰写《敦煌写本包首研究》（西南大学硕士学位论文，2017年）时，被吸收进第五章第一节《包首与写卷的关系》。

② 由于黄文将BD01737、BD13101和BD13850的包首误归为南北朝时期，故得出此时“包首题符号”已呈多样化趋势的结论。笔者不同意此观点。

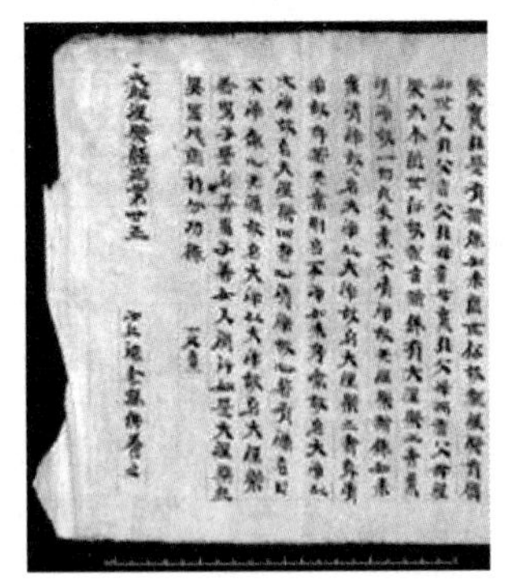

图8　S.116“单勾式”

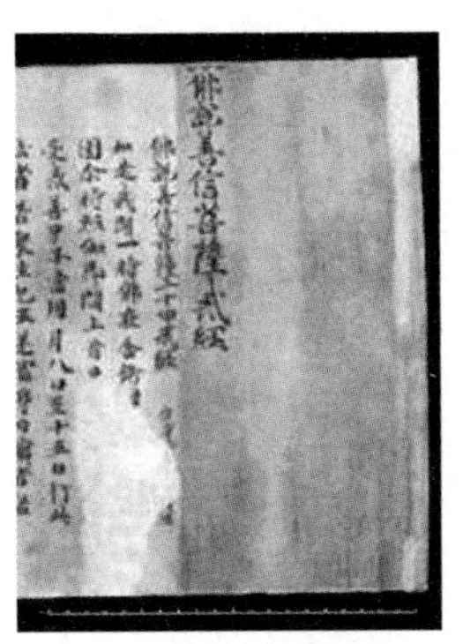

图9　BD01048“三勾式”

（二）唐五代时期

到了唐五代时期，“包首题符号”常见于敦煌写本的包首题和经帙题签的上方，偶尔会出现在译者名字之前，如BD03725。此时出现“包首题符号”的写本绝大多数是佛典，也有极少量的非佛典写本。笔者以陈明珠的《敦煌写本包首录》[①]为基础，整理出16件有“包首题符号”的非佛典写本[②]，如表1所示。表中的非佛典写本的类型，主要有道经、变文、愿文、历日和社会文书，并不限于宗教典籍。在1100余件有“包首题符号”的写本中，这些非佛典写本的占比相当微小。据此，笔者同意黄文的观点，包首题符号在敦煌写本中“不仅被用于佛经写本，也存在于其他类型的典籍中”。

这一时期的“包首题符号”样式，除了黄文中所总结的“双勾式”、“八字式”、“以字式”和“一字式”，另外还有“三勾式”，如图9所示。

表1　唐五代时期有“包首题符号”的非佛典写本

序号	卷号	包首题	备注
1	BD12612	三洞道科诫卷第二	无内文
2	BD12872	太上说济苦经一卷	无内文
3	P.2004	老子化胡经卷第十	
4	P.2193	大目连缘起	
5	P.2337	三洞奉道科诫仪范卷第五	
6	P.2508A	南华真经卷第十五	
7	P.3107	大目干连变文一卷　宝护	
8	P.4730	太上洞玄灵宝净土生神经一卷	无内文

① 陈明珠：《敦煌写本包首研究》附录，硕士学位论文，西南大学，2017年。

② 此处所谓的“佛典写本”，是指可以归入佛教经、律、论的写本，所以与佛教相关的变文、愿文等则不属此类。

续表1

序号	卷号	包首题	备注
9	Дx.01382	应管壹拾陆寺僧尼籍	无内文
10	Дx.08847	天王文一本 禅师保德念	无内文
11	S.425	太极真人问功德行业经	
12	S.1351	太上洞玄灵宝经卷第□	《太极左仙公请问经上》
13	S.5494	干德三年具注曆日	无内文
14	S.10918	太上业报因缘经卷第八 真	无内文，“真”与标题字迹不一
15	S.10915	合班籍	无内文
16	津艺176	太上灵宝升玄经卷第七	

（三）宋代至今

至宋以后，“包首题符号”主要用在佛教用品上，最常见的就是历代大藏经。图10为《开宝遗珍》①所收的北宋《开宝藏》高仿刻本卷轴装图，外题上皆标有“包首题符号”。根据方广锠、李际宁所撰写的《说明》，在《开宝遗珍》所收的十二个《开宝藏》残本中，唯有《大方等大集经卷第四十三》最为完整。该刻本“原叶恭绰藏品，上海图书馆收藏。全卷原为二十九版，现首尾完整，保存完好，且存有护首及尾轴，长一四〇三厘米。护首有墨书经名‘大集经卷第四十三，有三’，经名上有经名号”②。由此可见，北宋《开宝藏》原本就有“包首题符号”。图11为南宋《思溪藏》中的《十诵律毗尼序卷中》，刻本经折装，外题直接印于封面之上，与正文字迹一致，外题上方有“包首题符号”。图12为元《普宁藏》中的《根本说一切有部毘柰耶卷第三十九》，刻本经折装，外题印于题签，然后粘贴于封面之上，外题上方有“包首题符号”。图13为明《永乐北藏》中的《大般若波罗蜜多经卷第二百十》，刻本经折装，外题上方有“包首题符号”。图14为故宫博物院所藏清代《乾隆大藏》，刻本经折装，书函及单册的外题上方皆有“包首题符号”。

随着佛教的传播，韩国和日本也开始使用该符号。见于韩国古代佛经者，兹举两例。图15为14世纪（韩国高丽时代）所抄的《妙法莲华经》，现藏于京畿道博物馆（Gyeonggi Provincial Museum）。该写本为经折装，封面与卷首图所抄的经题上方皆有“包首题符号”。图16为12—13世纪（韩国高丽时代）的《大方广佛华严经疏》刻本，现藏于湖林博物馆（Horim Museum）。该刻本为经折装，底本是作者净源寄送给高丽文宗第四子大觉国师的宋代木刻本，封面标题上方亦有“包首题符号”。当代日本寺庙所制的御守和神札③上也常见该符

① 方广锠、李际宁主编《开宝遗珍》，文物出版社，2010年。

② 方广锠、李际宁主编《开宝遗珍·说明》，文物出版社，2010年。

③ 御守，即护符；神札，类似于牌位。上文所引《佛学大辞典》“以字”条中之“守札”，即是“御守”和“神札”的合称。日本寺庙常常制作守札供信众使用，形式非常多样。

号，如图17至19分别所展示的理性山三泽寺、小凑山诞生寺和临济宗妙心寺派地持院所制御守。

从宋代至今的"包首题符号"样式，主要以"以字式"为主，尤其以四点最为常见。手写时构形与唐五代无差异，刻印时则将笔画拉直以更加规范化，如图5甲种所示。

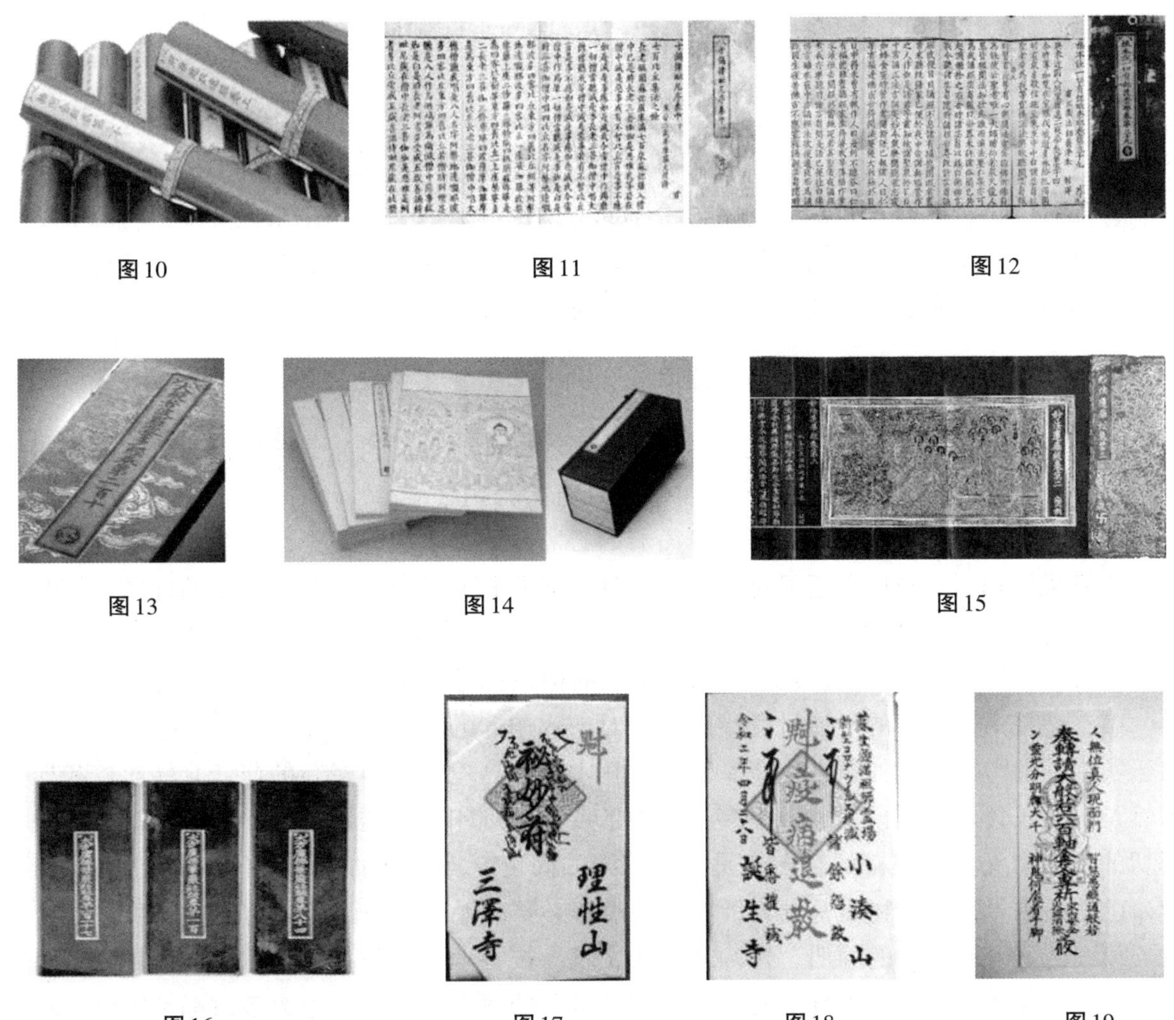

图10 图11 图12

图13 图14 图15

图16 图17 图18 图19

（图10 北宋《开宝藏》；图11 南宋《思溪藏》，该刻本为康有为旧藏，"北京弘艺二〇一九年春季拍卖会"拍卖品，编号为Lot.148，其详细介绍见https://www.sohu.com/a/307780772_523187；图12 元《普宁藏》，"江苏真德2020秋季文物艺术品拍卖会"拍卖品，编号为Lot.0614，图片采自https://www.artfoxlive.com/product/4573274.html#prettyPhoto；图13 明《永乐北藏》，该刻本亦为康有为旧藏，北京荣宝斋20春拍"释家宝椠 宋版留香——敦煌写经专场"拍卖品，编号为Lot.821，图片采自荣宝斋网站：https://rb139.com/BJRB/contents/5/4881.html；图14 清《乾隆藏》，图片采自故宫博物院网站：https://www.dpm.org.cn/ancient/special/148432.html；图15 韩国高丽时代《妙法莲华经》，图片采自"谷歌艺术与文化"网站：https://artsandculture.google.com/；图16 韩国高丽时代《大方广佛华严经疏》，图片采自"谷歌艺术与文化"网站：https://artsandculture.google.com/；图17 图片采自https://temple.nichiren.or.jp/6011004-myosyoji/2020/05/id739/；图18 图片采自https://temple.nichiren.or.jp/6011004-myosyoji/2020/05/id739/；图19 图片采自http://jijiin.blog46.fc2.com/blog-entry-128.html）

通过上文的梳理我们可知："包首题符号"最早出现于南北朝，历经唐五代一直沿用至今；其使用的场景以佛典的封面为主，也可用于佛典的首尾题、卷中品题、首起段落之上和守札的开端，间或使用在非佛典文献的包首；其构形最初为简单的"单勾式"和"顿点式"，至唐五代发展为"双勾式"、"三勾式"、"以字式"、"八字式"和"一字式"等，宋以后则主要以"以字式"为主。

四、关于"包首题符号"来源的既有观点

上文我们已经对"包首题符号"的称谓、使用场景和样式等问题作了陈述，接下来我们将进入更深层次的探讨，即"包首题符号"的来源。由于考察时所用资料的不同，黄文和白文、方信对"包首题符号"的来源得出了不同方向的结论。黄文基于出土文献，将源头上溯到简册制度；白文和方信则沿着佛典中给出的线索，将源头指向佛教的传统。为了更好地解决这一问题，我们有必要先整理出既有结论并对其进行初步判断。

（一）"包首题符号"来源于简册契口

我们先来看黄文的观点。黄文认为"敦煌写卷中的包首题符号，源于对简册古书契口的模仿，是简册契口在纸卷上的符号化"。笔者对黄文的观点存疑，理由如下：

第一，从简册制度来说，契口并非简册的必需要素，多数写有标题的简册都未刻契口①。黄文所举将标题写在契口附近只是小概率事件，而非普遍现象。此外，简册的标题和篇章本就有一套标识符号，如提示标题的圆墨点、竖墨线，提示篇章层次的墨块和圆点等②。按常理，后人更应当模仿的，应该是这些清楚易见的标识符号，而非不常用不显眼的契口。

第二，在书籍制度的发展过程中，后代对前代制度的继承，不仅仅是为了仿古，更多是出于实用性的考虑。比如黄文中所举证的"竹木简—乌丝栏—界栏"的演变，乌丝栏和界栏固然是对狭长竹木简的模仿，但更多的是为了抄写或刻印的整洁美观。保留栏线，主要是有真切的实用意义。而契口的存在本是为了编绳的固定，当书籍的载体由竹木简变成纸张后，契口已然失去了存在的物质基础，纸本书籍没有必要来保留这一已经不具备实用性的传统。

第三，现有有契口的简册，皆为非佛典文献。按常理，对契口的继承应该也是以非佛典文献为主。但我们现在所见到的有"包首题符号"的写本和刻本，绝大多数都是佛典。对于使用"包首题符号"的写本基本上都是佛典，我们也许可以归因于考古发现的幸存者偏差，但传世的非佛典刻本数量并不少于刻本佛典，为什么也很少见到使用"包首题符号"呢？更何况，目前所能见到对"包首题符号"的记载，也都是来自佛典。所以，从使用和记录"包首题符号"的主要文献性质来说，"包首题符号"源于简册契口的可能性也不是很大。

综合以上三点，笔者认为黄文的观点无法成立，"包首题符号"的来源与简册的契口应无关系。

① 程鹏万《简牍帛书格式研究》中收了30幅写有标题的简册的图版，这些简册基本上都无契口。详见程鹏万：《简牍帛书格式研究》，上海古籍出版社，2017年，第169-174页。

② 程鹏万：《简牍帛书格式研究》，上海古籍出版社，2017年，第197-201页。

（二）佛典中关于“包首题符号”的诸种观点

如上所述，黄文的探索路径和结论并不能解释与“包首题符号”相关的诸多问题。根据使用“包首题符号”的文献性质以及佛典中对“以字”的诸多记载，笔者认为白文和方信的探索方向更为合理。由于白文、方信和笔者都梳理了佛典中有关“以字”的一些记载，我们先对古人的观点加以介绍分析，然后再讨论白文和方信的观点。

在禅宗文献大量结集的宋代，时人对“以字”的来源就已产生疑问。白文中所引的［宋］善卿《祖庭事苑》卷一“以字”条集中了当时流行的几种观点，可供我们参考：

“以字不成”，其说有三：一谓是“呕啊”二字；二谓是音字不译；三谓是梵书“心”字。并指经签题上“以”字也。

“呕啊”者，清凉疏主云：“经首立‘如是’，谓异外道故。外道经首皆立“呕啊”，或云“阿优”，以为吉。“阿”之言“无”，“优”之言有。万法虽众，不出有无。此则断常之计。今‘如’即真如，‘是’即妙有。对破邪宗，以彰中道。一代时教，不出‘如是’二字。”

《高僧传》有译经新意六例。一、译字译音例。内分四：（一）译字不译音，谓“陀罗尼”；（二）译音不译字，谓佛前“卍”字；（三）音字俱译，谓经律论；（四）音字俱不译，谓经题“以”字。

所谓“呕啊”，经首“如是我闻”即不在经外签题之上。所谓“音字俱不译”，未详起自于谁。考其二说，似乎无稽。或者妄指为梵书“心”字，梵本且无，此说尤谬。

愚尝过兴国之传法院，窃取西竺贝叶真书考之：其未译之书，经题尚且未立，何有“以”字之文？盖自古习谬，妄为其说。先圣法门不在斯焉！或问：“经首以形自何而得？”盖当时佣书者运笔以覆经题，固无疑矣！然宗匠假此以接来学，岂知识拟议哉！①

善卿在文中将当时流行的三种解释都作了介绍和评价：其一为对外道经典开端“呕啊”（或译为“阿优”）字母的借鉴。“讴”（“优”）为“有”义，“啊”（“阿”）为“无”义。这两个字母的意义代表了外道的根本观念，即佛教所说的“断常见”。但这样一来，不仅显得佛经与外道经典没什么区别，也解释不了佛经为什么要用自己也不认可的外道经典符号，

① 郑莉娟：《〈祖庭事苑〉校释》，四川大学出版社，2021年，第11–12页。笔者根据文义，对原标点和分段略有调整。

所以佛教徒只能又把经文首端的“如是”拿来，作为破除“呕啊”和“阿优”的手段①。其二是未加翻译的梵文原文，音义不详，此说出自《宋高僧传》②。其三是梵文“心”字。善卿对这三种说法均持否定态度，反对的理由分别是：“如是”二字并没有写在经题签上、“音字俱不译”之说源头不详和梵文并没有“心”字。他自述亲见的梵文佛经既无经题亦无“以”字，进而认为“以”字与梵本无关，而是唐宋时期的书手随意添加的符号而已。

善卿之文，后被日本江户时代的僧人运敞（1614—1693）《寂照堂谷响集》卷第二“经外题‘以字’”条③及日荣（生卒年不详）《修验故事便览》卷二“守并∵字之辨”条④全文引用。运敞对善卿所批评的三种观点亦持否定态度，但未提及善卿本人的观点；日荣除了否定善卿所批评的三种观点外，还认为善卿所述的梵本“经题尚且未立”之论不可偏信；白文对善卿所提到的诸种观点虽未作评价，但亦未采用；方信所持态度同运敞。笔者认为善卿本人的观点亦难以成立，因为从该符号使用的时间跨度和流传的广泛度来看，绝非书手群体的能力和意愿所能及。

除了上述白文和方信都提到的宋人的观点，佛教文献中还有一些其他看法：

其一是将“包首题符号”解为“水”字或“四天王”。“水”字之说见前《修验故事便览》卷二“守并∵字之辨”条。此说将“包首题符号”认作禳除火灾的咒语，已被日荣斥为牵强附会。“四天王”之说见前《佛光大辞典》“以字点”条，具体来源不详。据笔者推测，其说当是将“∵”四点与“四天王”之“四”相对应。笔者认为，此两说皆建立在“以字式”四点形体之上，但从南北朝至五代的写本来看，“以字式”的“包首题符号”只是其中的一部分，且出现得较晚。以后出之形音来追溯该符号产生的源头，并不合理。

其二是“包首题符号”即“陀罗”。见于清人寂震《金刚三昧经通宗记》卷一：

又经首“[illegible]”相，教中云此“陀罗”二字。右为“执持”义，左为“流布”

---

① 这种解释很是曲折费解，容易让人误认为“以字”的意思就是“如是”，所以方信就产生了这样的误解。但从善卿下文“经首‘如是我闻’即不在经外签题之上”句，可以看出“如是”并不是“以字”的另一种解释，而是“如是我闻”的“如是”。这种牵强的解释并非宋人凭空捏造，而是继承自唐人的说法。善卿所引的“清凉疏主”，即唐代高僧澄观。澄观之语的来源已不可考，但我们能在唐代经疏中找到类似的说法。唐湛然《法华文句记》卷一：“‘阿沤’者，‘阿’无、‘沤’有，一切外经以二字为首。以其所计此二为本，部内所明不出所计，故立‘如是’对破外人不如不是。”（《大正藏》第34册，第159页。）湛然便是用“如是”来破除“阿无沤有”的观念。唐人的这种观念又可以上溯到南北朝时期。北魏菩提流支译《金刚仙论》卷一：“经初五句，众经通序：一、如是；二、我闻；三、一时；四、婆伽婆；五、住处也。所以一切经初置斯五句者，有三种义：一、为证成经理不虚，末代生信。二、为表异外道以‘阿忧’为吉。三、为息于诤论，表己推宗有在也。等证生信，所以先明。”（《大正藏》第25册，第800页。）这段话中就已表明，“如是”等经首语的意义之一就是“为表异外道以‘阿忧’为吉”，把佛经与外道经首的“阿忧”区别开来。由此可见，这个问题从南北朝时期就已经开始困惑佛教徒了。笔者推测，之所以用“如是”来破除“讴啊”，大概是因为前者是经文之首、后者是装帧之首，两者都可以笼统地称为“经首”的缘故。

② ［宋］赞宁撰《宋高僧传》卷三的原文是：“初则四句，一译字不译音，即陀罗尼是。二译音不译字，如佛胸前卍字是。三音字俱译，即诸经律中纯华言是。四音字俱不译，如经题上[illegible]、[illegible]二字是。”见［宋］赞宁撰《宋高僧传》上册，中华书局，1987年，第53页。

③ ［日］运敞：《寂照堂谷响集》前川茂右卫门，1689年，第17–18页。

④ ［日］日荣：《修验故事便览》江东宽政三年（1791）补订版，第4–7页。又，该书用古日语写成，相关内容的解读得到了海野洋平先生的帮助，在此谨致谢忱！

义。或又作“丷”相。昔人曾以“沤和”[①]二字释之[②]。

在这段话中，寂震给出了另一种解释，即“陀罗”，并仿“阿无沤有”之例，将符号的左右两部分分别解读为“流布”和“执持”。笔者认为，此观点亦缺乏可靠的来源和论证，不足为信。

（三）“包首题符号”即悉昙字母“i”

此观点出于《佛光大辞典》和白文。白文进一步认为，“以”即悉昙字母“i”的音近字，二者在形体上也互相关联。

笔者以为该观点也有待商榷。首先，佛典中悉昙字母“i”的固定音译字为“伊”，未见到有译为“以”字的记载。其次，该字母的构形特点是呈三角形的“伊字三点”，如图20所示，与“包首题符号”的诸种样式并无共同之处。再次，该观点与“水”字及“四天王”的观点一样，将溯源之依据建立在后出形音之上，有失偏颇。因此，该观点也不可信。

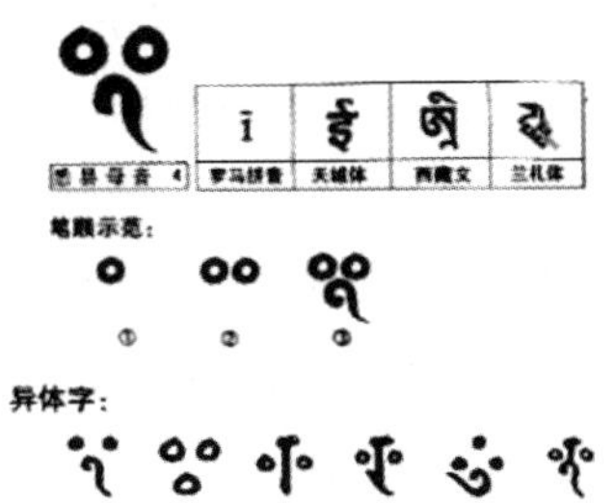

图20　白文中悉昙字母“i”的写法

（四）“包首题符号”即吉祥符号

尽管白文未能找到合理的答案，但其视角颇具启发意义。方信和白文一样，亦把源头追溯到域外，认为包首题符号是“印度传统标示在经名前面，表示吉祥的字符”，“现存梵文贝叶经经题前面、藏文经题均有”。要对方信的观点进行判断，我们还需要把关注的范围扩大到非汉文佛经领域。

19世纪末，研究梵文手稿的西方学者们就开始注意到梵文佛经写本中存在着形态各异的符号。随着考古的进一步发现，学者们在吉尔吉特写本、印度古碑铭和古藏文写本等新材料上都发现了类似符号的使用。这些符号通常带有祝福和吉祥的喻意，故被称为“吉祥符号”（Mañgala-symbols）。吉祥符号（Mañgala-symbols）可以用在文章的开头、中间和结尾，具有极强的装饰性。在这些吉祥符号中，有比较具象的如莲花（Padma）、金刚杵（Vajra）和窣堵坡（Stūpa）[③]，也有一些抽象的如“卍（Svastika）”、“唵（Oṃ）”和“悉昙（Siddham）”。

① “和”当为“阿”字之误。

② [清] 寂震：《金刚三昧经通宗记》卷1，《卍新纂续藏经选录》第35册，第259页。

③ [瑞士] 安·克丽丝蒂娜·谢勒-肖布著，王启龙译《敦煌与塔波古藏文写本研究的方法论问题》，收入《法国汉学》丛书编辑委员会编《法国汉学》第5辑《敦煌学专号》，中华书局，2000年，第257页。

古印度的这种书写传统，在汉译佛典中也有所提及。

1.隋吉藏《金刚般若疏》卷一：

《大智论》云："说时、方、人，令人生信故。"复次，一切外道皆以吉法贯在经初，故《百论》云："诸师作经简，初皆说吉。"①

2.唐良贲《仁王护国般若波罗蜜多经疏》卷一：

三简邪者。诸外道辈于自教初皆悉置于"阿沤"二字，云"梵王训世有七十二字，众生转薄，梵王嗔怒，吞啖诸字，唯此二字在口两角，'阿'表于无、'沤'表于有，置彼教首'。今佛世尊教阿难置'如是'等言，简异彼故。"②

3.隋吉藏《净名玄论》卷二：

天竺经题在后，而初皆云"悉昙"。"悉昙"云"成就"，亦云"吉法"。而回后置初，道安名之也。③

以上第1、2段中所说的外道经首的"吉法"和"吉"，就是吉祥符号。而"梵王训世有七十二字，众生转薄，梵王嗔怒，吞啖诸字，唯此二字在口两角"之语，表面上看似不经，其实暗藏了"阿沤"之类的吉祥符号的来源，即梵天所创的神圣音节。第3段中所说置于印度佛典经首的"悉昙"，"成就"是其常规义，之所以又能作"吉法"解，也是因为它在写本中可以作为吉祥符号使用。

行文至此，我们已能验证方信观点的正确性：敦煌写本的"包首题符号"与上述非汉文佛经中所使用的种种符号一样，都属于吉祥符号，继承自古印度的书写传统。

五、对"包首题符号"来源和意义的进一步思考

经过前文的梳理，我们已知"包首题符号"确如方信所说，属于吉祥符号。但该问题的讨论至此尚未结束，"吉祥符号"只是对"包首题符号"性质的解答，还不足以解释其真正含义。笔者认为，"包首题符号"即是唵（Oṃ）符号的汉化形式。下文将从形体、语言和使用场景三个角度来阐述这一观点。

（一）形体角度的分析

如前文所述，从19世纪开始，西方学者就开始对印度、中亚和古藏文写本中的吉祥符号产生浓烈兴趣。由于这些符号的抽象性，学界对它们的解读就产生了分歧，其中最具有代表性的就是对"唵（Oṃ）"和"悉昙（Siddham）"的辨认。

图21是Gustav Roth所整理的佛教梵文写本吉祥符号表，他将表中的1—4、8—13、15、16、18、19、31—34、37—41、49—52都解读为"悉昙（Siddham）"，而从Ahmad Dani和J. J.Boeles④的研究来看，这些符号其实都是唵（Oṃ）的速写。据Ahmad Dani所整理的《唵（Oṃ）符号表》（图22）⑤，唵（Oṃ）一般都是卷曲的形式，或向右旋，或向左旋。因此，

① ［隋］吉藏：《金刚般若疏》卷1，《大正藏》第33册，第92页。

② ［唐］良贲：《仁王护国般若波罗蜜多经疏》卷1，《大正藏》第33册，第436页。

③ ［隋］吉藏：《净名玄论》卷2，《大正藏》第38册，第863页。

④ J. J. Boeles，"The migration of the magic syllable Oṃ"，*India Antiqua*，1947，pp. 40-56。

⑤ 图21至23中的符号表及图像转引自S.Shomakhmadov，"The features of the interpretation of mañgala-symbols in Buddhist sankrit mauscripts from Central Asia"，*Manuscripta Orientalia*，18，2012，pp.9-23。

唵（Oṃ）又可以成对出现，图23中的唵（Oṃ），皆为对向旋转之形。随着佛教的传播，藏文也吸收了印度的书写习惯，在唵（Oṃ）的基础上发展出使用在文首或篇章开端的云头符（Yig mgo）①，用以标示记有意义的文本段。云头符既可以是单个“༄”②，也可以繁化成“༄༅།”和“༄༅༅།”，在敦煌文献中还有“༆ཿ།”和“༇ཿ།”等变体③。云头符的变体即来源于左旋和右旋的唵（Oṃ），而且由云头符（Yig mgo）的繁化方式推测，唵（Oṃ）应该也可以繁化成两个或三个同向旋转的构形。

将唵（Oṃ）作为写本上的吉祥符号，并非佛教的首创，而是来自婆罗门教的古老传统。在文本的开端加上吉祥符号，不仅仅昭示该文本的神圣性，也可以帮助学习者进入沉思冥想的状态，从而更好地修习实践④。唵（Oṃ）作为婆罗门教最崇拜的音节，将其置于文本的开端，不仅仅是对文本神圣性的肯定和保护，也有助于学习者理解经典的含义。

如图22所显示，唵（Oṃ）的梵文形体虽有多种样式，但都保持着卷曲的基本形态。J.J. Boeles认为，这些五花八门的卷曲形态都来自元音字母“O”的变化。那么，这些佶屈的符号是如何演变成汉文文献上的“点”“勾”“以”“八”等形体的呢？笔者认为这与近代汉字的构形特点直接相关。

图21　Gustav Roth的吉祥符号表

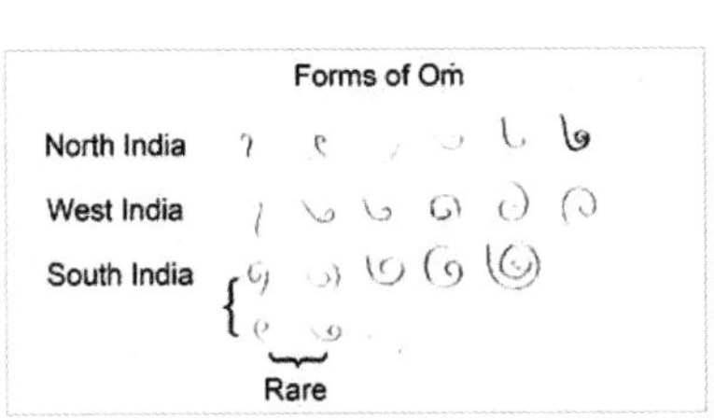

图22　Ahmad Dani的唵（Oṃ）符号表

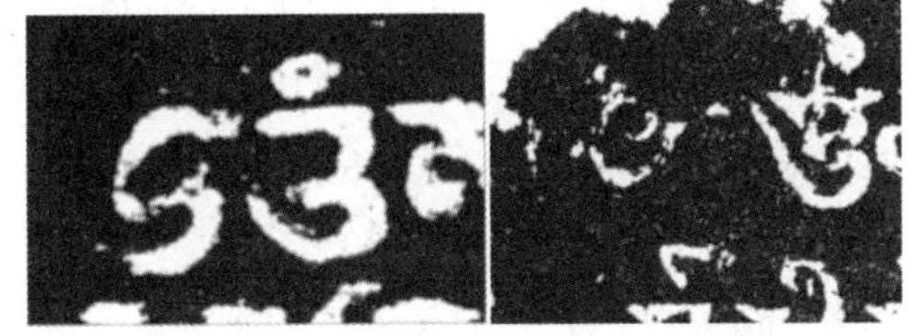

图23　对向旋转的唵（Oṃ）

在古文字阶段，汉字也曾有大量曲折的笔画，但在进入隶书阶段后，“古文字‘随体诘诎’的线条分解成平直的笔画，以便书写”⑤。从此，曲折的笔画在汉字中消失，取而代之的是各种平直易写的笔画。在唵（Oṃ）符号进入中国写本的南北朝时期，汉字早已完成了隶变，时人不再习惯书写诘屈的笔画，所以原本卷曲形的样式被中国的书写者楷化，变成了“点”“勾”等更易书写的构形。

再者，唵（Oṃ）的书写朝向既可以左旋也可以右旋，也可以对向或同向繁化。这亦与“包首题符号”的各种变体一致：“顿点式”和“单勾式”由唵（Oṃ）单个符号变化而来；

① 此说来自S.Shomakhmadov所引用的藏传佛教宁玛派的观点。

② 单个云头符在使用时，后面也要加双垂符。

③ 江荻、燕海雄：《藏文字符的分类与功能描述》，载《西藏研究》2010年第5期，第75-85页。

④ 此段观点的依据是17世纪印度思想家Annabhaa所著*Tarka-samgraha*中的论述。

⑤ 裘锡圭：《文字学概要》，商务印书馆，1988年，第82页。

“双勾式”“八字式”是唵（Oṃ）符号繁化成对后的演变，“双勾式”源于同方向旋转之形，“八字式”源于对向旋转之形；“三勾式”是唵（Oṃ）符号繁化成三个同向旋转之形的演变；“以字式”和“一字式”则是在“双勾式”和“三勾式”基础上的进一步变化。

此外，我们在宋人记载的“包首题符号”形体中，依然能看到唵（Oṃ）原形的影子。宋宗晓《金光明经照解》卷一：

> ɕↄ　案：《大宋高僧传》立“翻译四例”：一译字不译音，即诸经神咒是；二译音不译字，即佛胸中“卍”字是；三音字俱译，即经文纯是华言言；四音字俱不译，即经题上“ɕↄ”是。然此传文为成四句，第四且云“音字不翻”，毕竟“ɕↄ”古今已作“有”“无”字释义。故《王荆公说文》曰：“制字之妙，不独此方。如佛国‘ɕↄ’是‘讴阿’二字，‘讴’为‘有’，故向左，‘阿’为‘无’，故向右是也。”①

这一段中的“包首题符号”形体为“ɕↄ”，与前引《宋高僧传》中的“ρ～”一样，皆为对向旋转之形，“向左”和“向右”即是对其旋转方向的描述。其笔画之卷曲还存有唵（Oṃ）的原形，但整体构形又与“八字式”相同。段中引用的王安石《字说》将其拆为两字②，向左旋者为“讴”，向右旋者为“阿”。此举虽强行割裂了构形的整体性，却也无意中保留了“包首题符号”的语音信息，即“包首题符号”之音为“讴阿”。详见下文论述。

（二）语言角度的分析

“唵”字，《玉篇》：“唵，含也。”《广韵》音“乌感切”，释为“手进食也”。本义是口含或以手抓食入口。吴支谦译《菩萨本缘经》卷二：“犹如田夫愚痴无智，远至妻家。道路饥渴，既入其舍，复值无人，即盗粳米，满口而唵。”③在唐玄应《一切经音义》中，“唵”字有两个反切：一为乌感反，出于卷一释《大集日藏分经》“唵句”、卷四释《五千五百佛名经》“唵妇”及《大方便报恩经》“飡唵”、卷七释《阿阇世王经》“唵嗒”、卷八释《大云请雨经》“唵婆”和卷二十释《百喻集》“唵米”；一为乌答反，出于卷七释《伅真陀罗所问经》“唵鞞”。《玄应音义》成书于贞观末年（公元649年左右），从乌感和乌答两反切来看，此时的“唵”字还没有与Oṃ产生关联。

到了慧琳编撰《一切经音义》时，除了上述的音义外，“唵”字的读音又增加了一个“乌固反（引声便合口）”，出于卷十释《般若实相经》“唵”。《般若实相经》即《实相般若波罗蜜经》，由武周时期来华的菩提流志所译，原文为：“尔时如来复说呪曰：‘唵（长呼）。’”④“引”有长义，《慧琳音义》中的“引声”即经文中的“长呼”。笔者认为此乌固反且发音须拉长之“唵”即为Oṃ的音译字。在菩提流志所译的密宗经典中，我们也能看到“唵（Oṃ）”的使用。《不空羂索神变真言经》卷十八：“一字真言曰：唵（喉中抬声引呼。

① ［宋］宗晓：《金光明经照解》卷1，载《卍新纂续藏经选录》第20册，第488页。

② 前引之《宋高僧传》亦是如此认为。又据前文脚注所引，这个观点的发展有一个过程：南北朝时只将“阿优”作为整体，到唐朝时将其拆分两字并分别赋予“有”“无”之义，然后宋人又将两字与“八字式”符号的左右两边进行对应。

③ ［吴］支谦译《菩萨本缘经》卷2，《大正藏》，第3册，第61页。

④ ［唐］菩提流志译《实相般若波罗蜜经》卷1，《大正藏》第8册，第776页。

此字上下同音)。”①“引呼”亦即上文的“引声”和“长呼”。“喉中抬声引呼”，与Oṃ的发音部位、方法和时长皆相符合。菩提流志并非如此使用“唵”的唯一译者，在时代相仿的地婆诃罗和阿地瞿多所译的佛典中②，我们亦能经常发现“唵（Oṃ）”的存在。因此，“唵”成为Oṃ的音译字大约始于唐高宗时期。由于这一时期的密宗经典翻译量增大，且密宗又重陀罗尼，Oṃ作为陀罗尼中至关重要的一个字母，亟须用汉字将其译出，因此“唵”字便成为了译师的选择。到了玄宗时期，随着密宗的影响越来越大和密宗经典的汉译本越来越多，唵（Oṃ）出现的频率也越来越高。中晚唐时期译出的《守护国界主陀罗尼经》，将“唵（Oṃ）”字的音义又做了进一步的发展：

唐般若共牟尼室利译《守护国界主陀罗尼经》卷九：

> “唵”字所以者何？三字和合为“唵”字故。谓“𑖀婀”“𑖄乌”“𑖦莽”。③

至此，“唵（Oṃ）”的发音就固定成“婀乌莽”（AUM）④三字，取代了慧琳所使用的“乌固反”。

由上文可知，Oṃ这个音节在唐高宗之前，并没有固定的音译字。那么，唐之前的译经者遇到这个音节时，使用的便是其他字或方法。笔者认为，善卿所批评的“讴啊”和“阿优”之说，就是Oṃ的反切。该反切最早的是“阿忧”，见于北魏菩提流支译《金刚仙论》卷一“为表异外道以‘阿忧’为吉”⑤，之后的佛典中又演变成“阿优”、“阿沤”和“阿呕”⑥。《祖庭事苑》等文献中的“讴啊”、“讴阿”和“沤和”，当是“阿（啊）讴（沤）”之倒文和讹变。根据表2，反切上字“阿”、“啊”、“乌”和“婀”皆为零声母。反切下字拟音皆属合口音，分别为/əu/、/ĭəu/和/u/，符合慧琳“引声便合口”的描述。在汉译梵文词汇中，此三音有互替的情况。如“和尚”一词，据《佛光大辞典》，其梵语为upādhyāya，巴利语为upajjhāya，音译词有“邬波驮耶”、“优婆陀诃”和“郁波第耶夜”⑦。这三个音译词，分别以“邬（/u/）”、“优（/ĭəu/）”和“郁（/ĭu/）”来译首音节U，其中“邬”与“优”的互替，恰如“固”与“优（忧）”的互替。

因此，“阿忧（优）”、“阿（啊）讴（沤）”、“乌固”和“婀乌莽”一样，都是Oṃ的反切，从语音上是可以成立的。被唐宋时人拆成“讴”“阿（啊）”二字的“包首题符号”，其读音就是唵（Oṃ）。

---

① ［唐］菩提流志译《不空羂索神变真言经》卷18，《大正藏》第20册，第319页。

② 地婆诃罗和阿地瞿多皆于唐高宗时期来华，前者所译的《方广大庄严经》和后者所译的《陀罗尼集经》，皆使用了“唵（Oṃ）”字。此外，玄奘在高宗时期译出的《大般若波罗蜜多经》，在《大正藏》本第六百卷的卷末附有《般若佛姆心咒》和《般若佛姆亲心咒》，两咒亦使用了“唵（Oṃ）”字。但吐蕃时期的敦煌抄本BD06390却无此两咒。故笔者对此两咒的来源存疑，暂时不作为语料。

③ ［唐］般若共牟尼室利译《守护国界主陀罗尼经》卷9，《大正藏》第19册，第565页。

④ “AUM”是“Oṃ”发音的加长和细化。

⑤ ［北魏］菩提流支译《金刚仙论》卷1，《大正藏》第25册，第1512页。

⑥ “阿优”见于上文所引《祖庭事苑》卷一；“阿沤”见于上文所引［唐］良贲《仁王护国般若波罗蜜多经疏》卷一；“阿呕”见于［唐］澄观《大方广佛华严经随疏演义钞》卷十七“是其‘阿优’，亦云‘阿呕’，梵语轻重耳，余可知”。

⑦ 慈怡编《佛光大辞典》，书目文献出版社，1989年，第3124页。

表2　Oṃ反切对比表

反切	反切上字	反切下字及拟音	附加韵尾
阿(啊)讴(沤)	阿、啊(零声母)	讴(沤)/əu/	
阿优(忧)	阿(零声母)	优(忧)/ĭəu/	
乌固	乌(零声母)	固/u/	
婀乌莽	婀(零声母)	乌/u/	莽(/m/)

（三）使用场景的分析

对神圣音节唵（Oṃ）的崇拜来源于印度古老的婆罗门传统，后被佛教吸收并发扬光大。如此悠久的历史，决定了唵（Oṃ）的多样化使用场景。除了佛经经首之外，唵（Oṃ）还会出现在其他很多地方。

我们首先来看一个非佛典文献使用唵（Oṃ）的例子。1890年，英国中尉哈密尔顿·鲍威尔（Hamilton Bower，1858—1940）在新疆库车购买了一批桦树皮梵文写本。这批笈多王朝时期（公元4—6世纪）的写本出土于新疆库车库木吐喇（Qumtura）千佛洞的佛塔，后被称为“鲍威尔写本（Bower Manuscript）”①。鲍威尔写本以古印度阿育吠陀医学为主，虽然与佛教有密切关系，但严格来说，并不能算作佛典。这批医学写本也使用了多个吉祥符号唵（Oṃ），其构形有左旋也有右旋，如图24所示。因此，鲍威尔写本为我们提供了Oṃ使用于非佛典文献的例证。

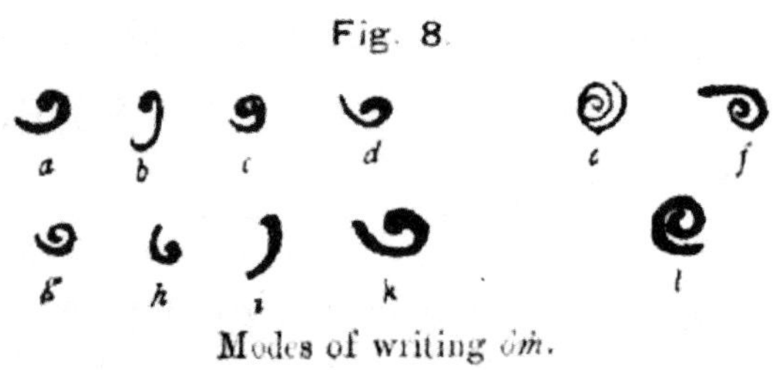

图24　Hoernle整理的鲍威尔写本Oṃ构形表

（图片采自A.F.Rudolf Hoernle, *The Bower Manuscript: facsimile leaves, Nagari transcript, romanised transliteration, and English translation with notes*, Calcutta，1893，p.xxii）

其次，唵（Oṃ）在文献中的位置，也不仅限于全文的开端。图25为东京国立博物馆所藏梵文贝叶《心经》，由遣隋使小野妹子带回日本，因旧藏于日本法隆寺，故又称“法隆寺贝叶”。此贝叶经有三部分内容：第1叶至第2叶的第1行为《心经》，第2叶第2行至第6行为《佛顶尊胜陀罗尼》，第2叶第7行为《悉昙字母表》②。由于每部分的开端都使用了Oṃ符号，所以我们在两张贝叶上共能看到3个唵（Oṃ）符号。由此可知，唵（Oṃ）在文献中的使用，并非固守于文首，亦可以用于提示新章节、新内容的起始。而且，即使是《悉昙字母

① 范振宇、段逸山、王兴伊：《〈鲍威尔写本〉文献考述》，《图书馆杂志》2022年第11期，第132-140页。

② 贝叶的内容参考了东京国立博物馆网站对此文物的介绍。

表》这样的非佛经内容，也可以加上唵（Oṃ）符号。

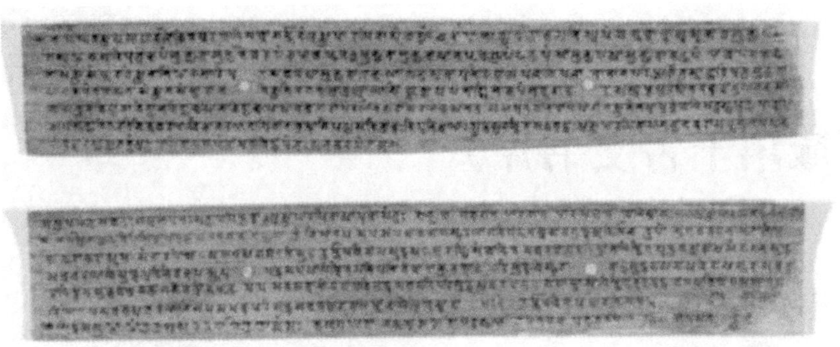

图25　日本法隆寺贝叶（采自https://bunka.nii.ac.jp/heritages/detail/211679）

最后，据J.J.Boeles的研究，唵（Oṃ）符号也使用于书面文献之外的众多场景，比如佛像、钱币、碑刻、戒指和瓷器等等，而其使用的地域也从印度扩展到了中亚、东亚和东南亚的众多国家。因此，唵（Oṃ）符号的使用范围大大超出了书面文献。

至此，我们对唵（Oṃ）的使用场景有了更多的了解。结合前文对“包首题符号”的考察，唵（Oṃ）和“包首题符号”在使用场景方面也具有高度一致性。

上文分别从形体、语言和使用场景三个角度论证了唵（Oṃ）与“包首题符号”的关系，通过这些论证，我们可以进一步确认：“包首题符号”即唵（Oṃ）的汉化形式。

六、总结

“包首题符号”首见于六朝时期的写经，后广泛运用于唐五代时期的敦煌写本包首，并被宋以后的佛典刻本封面所继承。在这个过程中，其形体也由最初的“单勾式”“顿点式”发展出“双勾式”、“三勾式”、“以字式”和“一字式”。宋人称其为“以字”，并形成“以字不成，八字不是”的禅宗话头。随着汉传佛教的传播，日韩等国的佛教物品上也可见其身影。因形体抽象、意义不明，宋人已开始对“包首题符号”产生好奇并提出多种猜测。国内学者由于所依据资料的差异，也得出了不同的看法。

在传世文献、出土文献和域外古写本古文物的基础上，再结合中外学者的研究，我们可以得出以下结论：“包首题符号”既非对简册契口的模仿，也非“水字”、“四天王”、“陀罗”和悉昙字母“i”，而是古印度吉祥符号唵（Oṃ）的汉化形式。其形体来自卷曲形唵（Oṃ）的楷化和繁化；其反切“阿忧（优）”“阿（啊）讴（沤）”所代表的读音就是唵（Oṃ）；其使用场景与唵（Oṃ）也高度一致。当我们明确“包首题符号”即唵（Oṃ）后，传世文献中的诸多难解之处也迎刃而解。

重识《西域出土古文书片》*

陈丽萍（中国社会科学院古代史研究所、敦煌学研究中心）

【摘要】国内拍卖市场上辗转所见的《西域出土古文书片》为9件敦煌文书残片，是日本书法家中村素堂的旧藏品，此前一直不为人知。这9件文书包括寺名、人名杂写，以及点勘、书仪和契约片段，内容较为丰富，但因为缺少其他背景，目前不清楚它们被收藏和流散的过程，而近年来拍卖市场上较多出现的日本散藏敦煌文书，是值得我们关注的敦煌文书“回流”现象。

【关键词】文书　中村素堂　散藏　敦煌

保利香港拍卖有限公司2014年（10月6日）秋季拍卖会“‘东渡，西来’——禅林名僧墨迹与中、日、韩佛教美术”专场中，有一件编号LOT.2801的拍品，题为“敦煌龙兴寺 西域出土古文书片”。据保利拍卖品图册，该拍品为册页装，封面以隶书题“西域出土古文书片”，下有“素堂”朱印一枚，另还展示有一方“素堂书笈”朱印图，但未标注具体钤印处。册页内有9件大小不一的残片，因皆托裱于衬纸上，背面信息不详，而所标注尺寸27×23cm，当是册子的高、宽（图1）。此拍品的时代被判定为公元7—8世纪，估价22～28万港币。

*本文由中国历史研究院“兰台青年学者计划”项目资助。

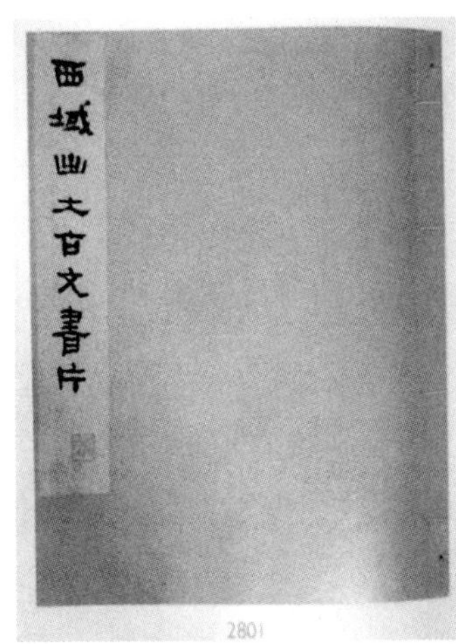

图1　保利香港拍卖有限公司LDT.2801拍品

又，中国嘉德国际拍卖有限公司2018年（6月20日）春季拍卖会“古籍善本·金石碑帖”专场中，有一件编号LOT.2255的拍品，题为“西域出土古文书片”，估价5～8万元人民币，已成交。据嘉德拍卖品图册比对，可知LOT.2255与LOT.2801号为同一件，合理的情形是该件拍品在保利流拍后的4年又辗转至嘉德拍出，但最终成交金额不详。嘉德拍卖公司提供该拍品的信息略多一些，如还有一个配套的木盒子，隶书题签“西域出土古文书片 贞香卢架藏”。拍品尺寸标注为20.7×20cm，当为托裱文书内衬的长、高（见图2）。

更为珍贵的是，嘉德图册中还备注了该件为中村树堂藏品，并有藏者的简单介绍：

> 中村树堂（1901—1982），日本著名学者，曾任日本大正大学教授等职，致力于丝绸之路研究，曾经实地走访伊拉克、叙利亚、阿富汗等地。

不过，名为“中村树堂”的日本学者似难查对，而参比拍卖品上的“素堂”印以及“贞香”题签，可判定收藏者当为中村素堂，嘉德图册上的原藏者名略有误。进一步对照中村素堂年谱，可多知其生平细节：1901年5月2日出生于日本静冈县，本名仪雄，字完白，雅号素堂，别号空外子、鹊巢山民、祭墨洞主人、中尊草堂、陶咏室主人等。其馆名有：空外庵、易安堂、贞香山房、小天台室、不二波可万乃舍等。1923年创立贞香会。1943年曾到中国考察。1950年任职于大正大学，之后还在武藏大学、东海学园女子短期大学等大学任教，1973年成为大正大学名誉教授，1982年7月14日去世。

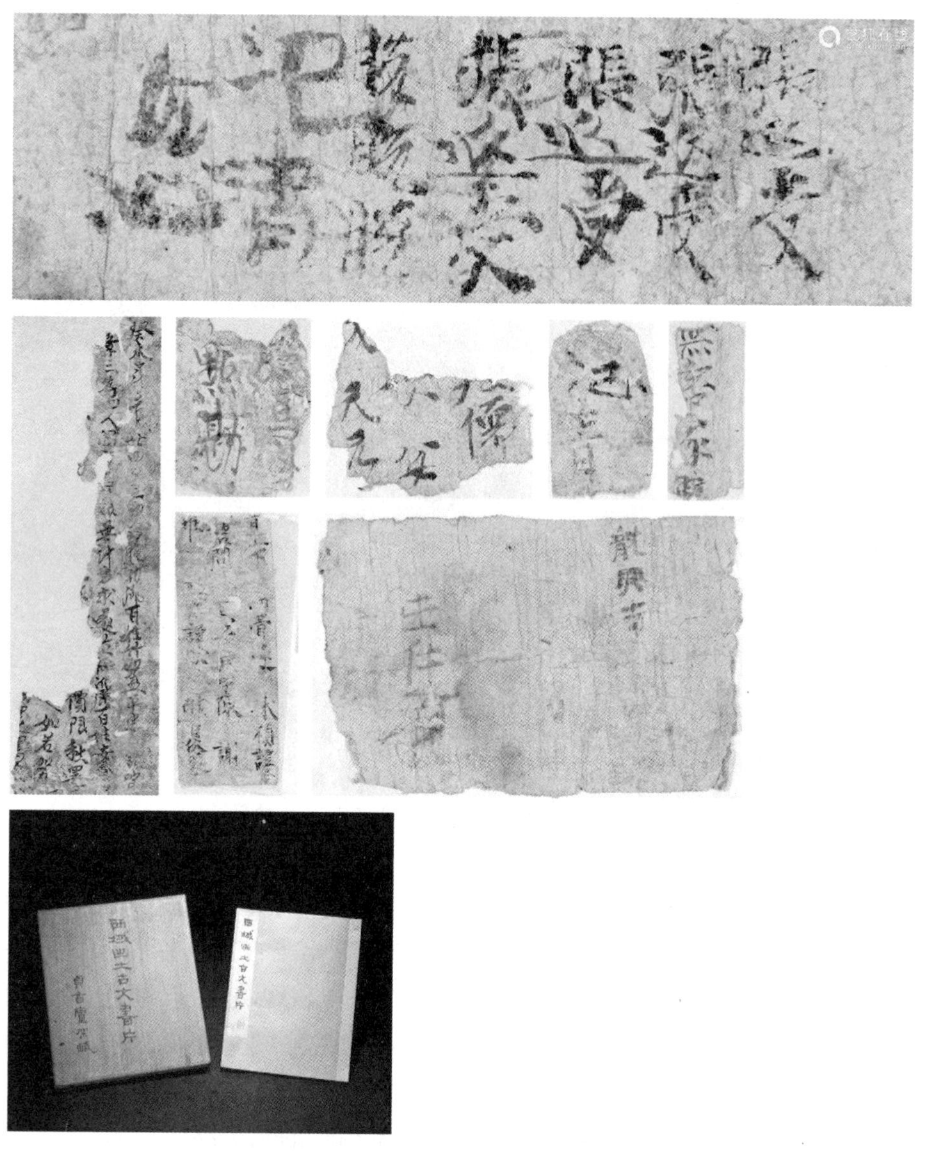

图2　中国嘉德国际拍卖有限公司LDT.2255拍品

中村素堂先生是中日知名的书法家，在其去世后的1984年1月，后人就在银座和光举办了其遗墨展。1995年2月，在文京区小石川佛通院建立了其纪念碑，约定以后每年5月2日进行洗碑会。1999年8月，中国书协中央国家机关分会与《中国艺术报》社在中国美术馆联合举办了“纪念中村素堂诞辰一百周年：贞香会书法展览”（见图3）。2001年1月，江户东京博物馆举办了“书家　中村素堂の遗品”展。2005年，中国书法家协会和贞香会在中国美术馆联合主办了“日本贞香会书法展”。2020年11月，江户东京博物馆举办了“読み、味わう昭和の书”展，也展出了中村素堂所收集的诗笺。中村先生一生书法作品和著述甚多，其中以《中村素堂遗墨集》（1984）（见图4）与《笔尖杂记：中村素堂随想集》（1988）等最为知名。

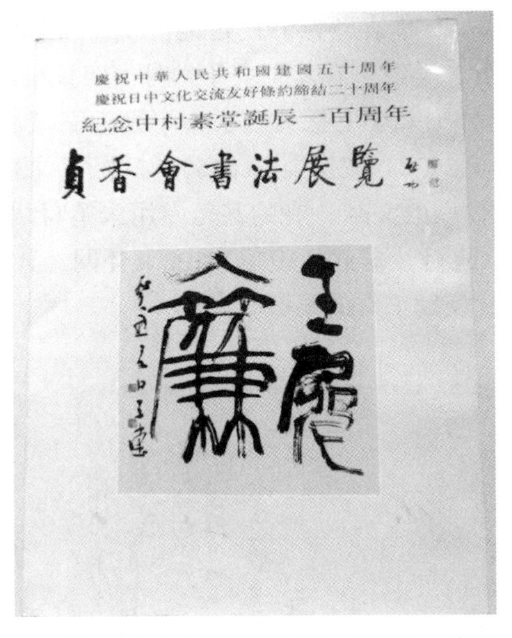

图3 纪念中村素堂诞辰一百周年：贞香会书法展览

图4 《中村素堂遗墨集》书影

中村素堂先生收藏敦煌文书之事，以前似未见诸报道，不过作为海外散藏敦煌文献最多的国家，日本收藏机构或个人的信息多较为隐秘，如之前确未公布过信息，也算合乎情理。但参照同为日本著名书法家的中村不折先生，其所藏敦煌文献多以遴选书法精品为准①，中村素堂所藏的这9件文书，无论尺寸、品相和书法等方面都有所欠缺，而且也不知何时、何地、以何种机缘得以收藏，以及它们是否源自一处或同时被收藏。中村素堂先生有专著《贞香庐清赏印谱》（1961），从拍品木盒上的题签“贞香卢架藏”，猜测《西域出土古文书片》所用为先生的另一别号“贞香庐”，在其去世后再次流散。至于中村先生是否还有其他敦煌文书收藏，也只能俟来日探寻了。

《西域出土古文书片》中的9块残片具体尺寸不详，但从衬纸长、高仅20cm左右可推知，每块都较小。按照保利图册中的顺序将他们分别标识为素堂-1—-9，粗略释读如下。

素堂-1。存2行文字，依次为“龙兴寺”“王仁百”。“王仁百”似为人名，“龙兴寺”在敦煌文书中多有出现。据《唐会要》载，长安宁仁坊有贞观七年（632）所立之众香寺，神龙元年（705）二月改名中兴寺，时天下诸州皆有中兴寺观，后因右补阙张景源上疏建议，又皆改名龙兴寺观②。沙州的龙兴寺当也改名于中宗时，“龙兴寺”名或相关僧事在敦煌文献S.2436、S.2729、S.476、S.2614v、P.2712、P.2250、S.3565、P.3150、S.1946等中皆有所见，时代从唐宝应二年（763）（S.2436《大乘起信论略述卷上》）一直延续至宋淳化二年（991）（S.1946《韩愿定卖妮子契》），故此处似为杂写的“龙兴寺”三字，无法确定文书的确切年代。

素堂-2。存2行文字，第1行为“□写□”，第2行为“点勘”。抄本时代的校勘工作极

① 中村不折藏品主体部分的图版，可参见［日］矶部章编《台东区立书道博物馆所藏中村不折旧藏禹域墨书集成》，二玄社，2005年。

② ［宋］王溥：《唐会要》卷48《寺》，上海古籍出版社，2006年，第992-993页。

为重要，敦煌文献中多见各校勘题记，如S.4153《维摩诘经卷下》题记："申年四月五日，比丘洪济共福胜，点勘了。"P.2715《孝经》题记："孝经一卷。丁亥年六月十四日写毕。点勘一无脱错，传之后学，计不疑虑。记也。此是鲁国孔李七探讨之书，不勤□□。"（图5）此外，还有更多写有"勘校"（S.102）、"校勘"（P.2732）、"勘"（S.676）、"勘了"（S.726）、"勘记"（S.1144）、"勘定"（S.6568）等表示经过校勘的文献，有的甚至专用朱笔写"勘校"（P.3342，图6）、"勘定"（BD08679）等字，以示醒目。据武绍卫以S.102《梵网经》为例，列举诸种校勘形式，说明从抄本到定本过程中多次校勘工作的艰辛。[①]

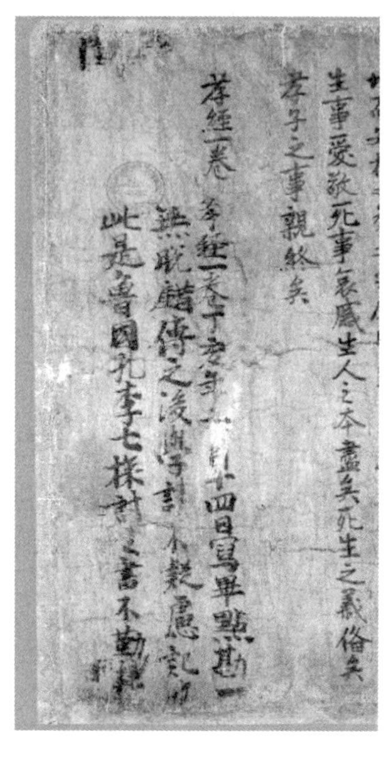

图5　P.2715《孝经》题记

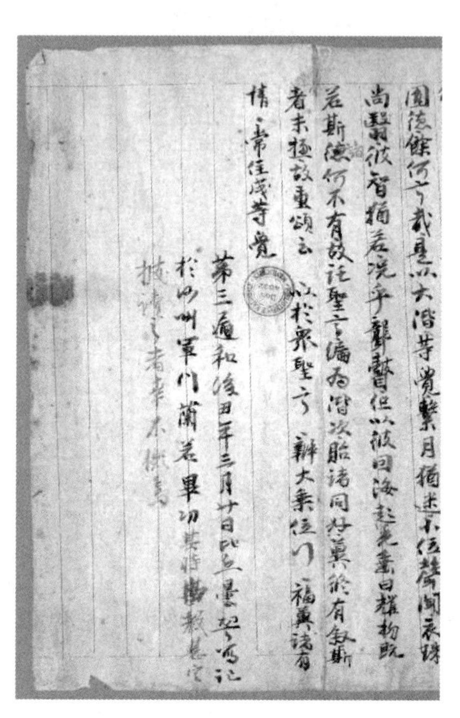

图6　P.3342

素堂-3。存7行。第1—4行皆写"张延受"，第6—7行为"氾清忽"，皆为人名；第5行存3字，似皆为"脱"字。张延受又见于羽30《王梵志诗一卷》题记："辛巳年十月六日，金光明寺学郎氾员宗写记之耳。张延受书卷"（见图7）[②]。不知是否与素堂-3之"张延受"为同一人。鉴于敦煌文献中的人名多有简字、换偏旁或省略偏旁的现象，写于唐光启三年（887）闰十二月十五日的P.2568《张延绶别传》中，有"河西节度金紫光禄大夫检校尚书左仆射河西万户侯南阳公（字伯禄）之第三子也，名延绶，字撍绅"（见图8），或可以参考。又，敦煌文献中所见"辛巳年"学郎题记，还有如S. 2614《大目干连冥间救母变文并图一卷》题记"贞明七年（921）辛巳岁四月十六日，净土寺学郎薛安俊写，张保达又书"也可参考。

① 武绍卫：《无名僧人的名山事业：中古时期僧人的日常抄经与校勘活动》，《中国史研究》2021年第2期，第123-140页。

② 公益财团法人、武田科学振兴财团、吉川忠夫编《敦煌秘籍影片册》第1册，杏雨书屋，2009年，第215-218页。

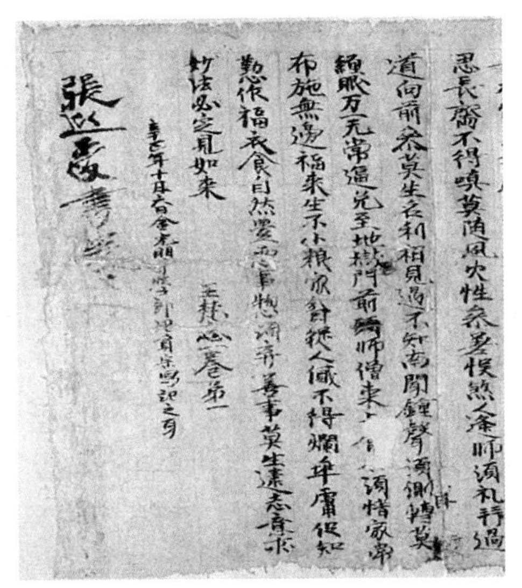

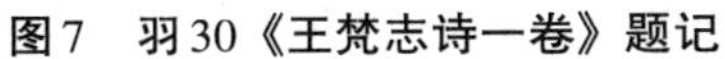

图7　羽30《王梵志诗一卷》题记

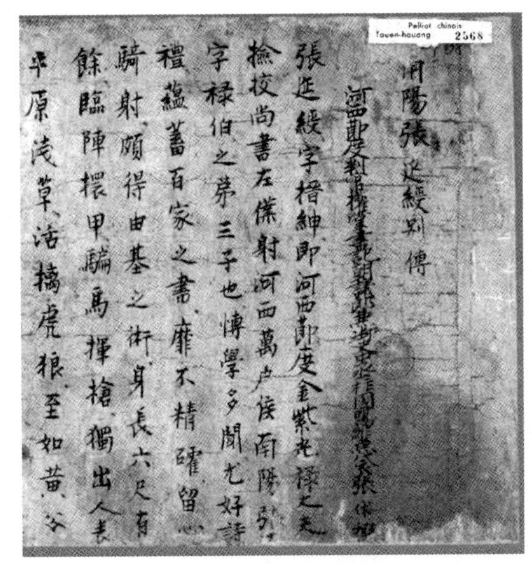

图8　P.2568《张延绶别传》

素堂-4。存3行，依次可识“儒”“尺元”“八丈”，无法衔接通读。

素堂-5。存3行，应为书信或书仪，可识读如下：

（前残）

1首？次？下　功？贵？遂　休祯谨答▭

2咨问　□□尺？中陈　谢▭

3惟　照察谨状　昨日伏蒙▭

（后残）

据敦煌本书仪以及现存S.76V5《潘琼上秀才十三兄启》、S.5778《师弟咨师兄》、S.5866《某年十二月廿二日归真咨师兄》、S.10288《沙州报恩寺沙弥咨孔法律》等书信，可推测这应该是一件身份地位差别不大的平辈之间所写书信或书仪①。

素堂-6。素纸。

素堂-7。存1行，“氾三日”，当为杂写或人名。

素堂-8。存1行，“无客家□”，难以通读。

素堂-9。存4行，应为契约。过录如下：

1癸未年三月廿四日立契。龙勒乡百姓竹加盈、平定子、谈啰▭

2□章三等四人，□无粮，无计方求，遂于神沙乡百姓安义□▭

3 ▭　价，限秋还▭

4 ▭　如若加盈▭

（后残）

素堂-9残损严重，幸赖第1行即有“癸未年三月廿四日立契”语，可确定这是一件契约。该件中出现的人名较难辨识，尤其“竹”姓很少见到，所见有S.1403《某年十二月十六日队头程住儿雇驴契》中的“竹加进”。章三，又见于P. 3365《甲戌年五月十日为府主大王

① 王使璋、王使璋、王惠月：《敦煌所出唐宋书牍整理与研究》，西南交通大学出版社，2016年，第37-41页、第263、第282页。

小患施经历》、BD215《廿六日见在僧名》[①]等。

敦煌契约中所见之“癸未年”，有羽27-1《癸未年十一月廿日百姓史喜苏买马契》[②]、P.4803《癸未年正月廿二日张幸德卖褐契》、S.6452V《癸未年正月一日龙勒乡百姓樊再升雇工契稿》、P.45143AV《癸未年二月十九日常住百姓张骨子便麦契》、BD09520V4《癸未年四月十五日平康乡百姓沈延庆贷绁契稿》、BD09520V6《癸未年四月十五日张修造雇驼契稿》等，这些契约中的“癸未年”既可能是公元923年，也可能为公元983年，因此也难以确定素堂-9中“癸未年”的具体时限，但当为10世纪时期所写无疑。而与“龙勒乡”“神沙乡”有关的契约也不少，如P4093-1《庚寅年四月五日龙勒乡百姓曹元昌贷绢契稿》、P.3277V《乙丑年二月廿四日龙勒乡百姓祝骨子合种地契稿》、P.3443《壬戌年三月三日龙勒乡百姓胡再成养男契》、P.3155V《唐天复四年八月十七日神沙乡百姓僧令狐法性出租地契》等。素堂-9中出现了“无粮”字眼，再结合目前所见敦煌契约中的常见用语，粮食借贷契中常有“限至秋八月内填还”之约定，推测素堂-9当为一件粮食借贷契，大致是龙勒乡百姓竹加盈等四人向神沙乡百姓安义某借贷粮食若干，约定秋天偿还，但不知是否为原件或抄本。

总之，中村素堂所藏9件敦煌文书残片的来源不详，主题也并不统一，故无法确定是否出自一处。从笔者粗略的考证判断，这批残片至少应晚于7—8世纪，当是10世纪时期的抄本。

笔者关注中国拍卖市场中所见的敦煌文献（因为还包括图画，更确切当为敦煌藏经洞所出文物）[③]，发现近年来日本机构或个人藏品有不少“回流”，如保利香港与《西域出土古文书片》同期的拍卖品LOT.2805《三国志·蜀志·诸葛亮传》，为日本奈良赤井南明堂藏品[④]。还如鸿信国际拍卖有限公司20周年庆典“般若——传承千年佛教艺术”拍卖会（2017年）中的LOT.0415《佛说天皇梵摩经卷第五》，为日本京都藤井有邻馆藏品，被南京金陵博物馆所购[⑤]。近年来最大一次的敦煌文献回流，当属北京伍伦国际拍卖有限公司2016年秋季文物艺术品拍卖会“滨田德海旧藏敦煌遗书”专场，一次性出售36件滨田德海旧藏敦煌文献，并有《滨田德海搜藏敦煌遗书》图录正式配套出版[⑥]。在2017年中秋季文物艺术品“写经 书画外国手迹”拍卖会中，还有一件LOT.0004《维摩诘所说经卷下》，也为滨田德海旧藏品[⑦]。北京荣宝拍卖有限公司2018春季“一念莲花开·敦煌写经及佛教艺术”拍卖会中编号LOT.1251《金刚经》，亦为滨田德海旧藏品。因此，关于海外尤其日本散藏敦煌文献的“回流”现象，也同样值得我们持续关注。

本文已发表于《殷都学刊》2023年第3期，103-106页。

---

① 北京大学图书馆、上海古籍出版社编《北京大学藏敦煌文献》，上海古籍出版社，1995年，第241页。

② 公益财团法人、武田科学振兴财团、吉川忠夫编《敦煌秘籍影片册》第1册，杏雨书屋，2009年，第200-204页。

③ 陈丽萍、刘婷：《国内拍卖场所见散藏敦煌文献目录》，载郝春文主编《2022敦煌学国际联络委员会通讯》，上海古籍出版社，2022年，第232-274页。

④ 陈国灿：《对赤井南明堂藏二敦煌写卷的鉴定》，《敦煌学辑刊》1994年第2期，第1-4页，改名《两件西晋敦煌写卷疑伪考》，收入《敦煌学史事新证》，甘肃教育出版社，2002年，第44-55页。

⑤ 黄征、黄卫：《敦煌唐写本〈佛说天皇梵摩经〉卷第五内容与墨书考证》，《书法研究》2021年第1期，第5-26页。

⑥ 方广锠编著《滨田德海搜藏敦煌遗书》，国家图书馆出版社，2016年。

⑦ 日外アソシエツ株式会社编集《“重要美术品”认定作品总览》，2016年，第229页。

藏经洞写经流散再考

——以中国国家博物馆藏两卷敦煌写经为例*

意 如（中国国家博物馆）

【摘要】 中国国家博物馆藏有的两件敦煌写卷，其后的题跋与敦煌卷子进京及流散问题相关，本文分别对其进行辑录并笺释，以期为学界进一步研究提供背景资料。

【关键词】 敦煌写经　流散　中国国家博物馆

公元1900年，敦煌莫高窟"藏经洞"被意外发现，这是近代中国文化史上的一个重大事件。自藏经洞被发现之初起，藏经洞文物便开始四处流散。1909年10月，北京学界于六国饭店公宴伯希和，直接促成了清学部电告陕甘总督购买并解送劫余敦煌卷子进京这一重要事件。1910年，敦煌卷子抵达北京，有关人员上下其手，监守自盗，导致卷子再次流散。由于相关档案的缺失，甘肃地方政府如何将劫余敦煌卷子起运北京，卷子抵达北京后如何再次流散，都不十分明确。中国国家博物馆藏有两件敦煌写卷，写卷后的题跋内容与敦煌卷子进京及流散问题有关。本文分别辑录并笺释，以期为学界进一步研究提供背景资料。

一、C14.701号文物

本卷文物号为C14.701。1962年中国历史博物馆（国博前身）从宝古斋购买。卷轴外签"唐李北海写经墨迹　宣统元年　段永彬题"。本叶写经纵24.4厘米，横27.8厘米，存16行。其抄写内容为《金光明最胜王经》卷六，相当于今电子佛典CBETA, T16, no. 665, p. 430, b14–c2。引首有杜文頫1955年跋文一段，现转引如下：

清季庚子后，敦煌鸣沙山麓发现石室，其中四壁多佛像

*本文为国家社会科学基金重点项目"中国国家博物馆藏敦煌吐鲁番文献整理与研究"（项目编号21AZD126）阶段性成果。

且藏书甚富而佛经尤多，皆唐及五代人所手写。此残本墨迹亦石室宝藏之遗也。字为李北海手书，墨色黝泽，笔画隽逸遒拔，神韵渊冲，颇得右军之秘。武子向晨于石室所藏纷散中得之，视为珍宝。珍护倍至。武君乃当时奉命解经之专使也。凡是处所藏片纸只字，尽数解京，故于兹事之源委洞悉靡遗。尝谓藏书中有古佚书，多种皆前所未见之秘笈，诚为历史上文物之珍品，国人极应重视爱护，乃竟玩忽不知自保，遂为英人史太英法人伯西和先后载去，陈于彼邦博物院中，实堪痛惜。然此类痛惜之事，岂独鸣沙宝藏一事为然哉，斯亦足慨叹也已。又谓解经之役，颇有类玄奘取经之故事，想见当年长途运载，车尘马足，驰驱跋涉之劳，综其珍视佛典，爱护古物之挚诚，令人敬佩。又可于保存北海墨迹一端见之矣。噫，茫茫禹域大地，蕴无尽之藏，将来继续出见之文物典章不知凡几，安得尽如武君其人者，珍重护持不使流入异域耶。公元一九五五年夏日范阳杜文频题于燕都寓庐。钤“杜文频印”（朱）

卷后有武向晨、成多禄二人题跋，现将二人题跋转引如下：

敦煌鸣沙山，庚子年崩洞如蜂窝，内藏唐人写经不计数。法人博西和游历至此，出四千金买去岳一具，柳公权写经一卷，播扬都门。学部因奏准，饬令甘督派员将经卷片纸只字悉数解京，余解经委员也。所有经卷统计十八箱，箱四百二十卷，每卷两丈长。中有权公柳公权、李北海、褚遂良墨迹。柳字为法国人得，褚字为肃州镇柴松亭得，余仅得李字一卷，落款处又为友人梁素文扯去,只此片纸，留念他年。而字画古秀，去晋未远，希世奇珍也，唐经生不能比。宣统元年真斋主人武向晨识。钤印“求退”（朱）。

敦煌洞中所藏大半皆经生书，士大夫书绝少，况北海、诚悬如凤毛麟角，尤为难得。此写虽为残本而神采奕奕，古翠照人，洵北海手笔无疑，希世宝也。向晨先生将有关东之行，出此索题，自惭谫陋，聊记数语以归之。己未六月，吉林成多禄识于京师。钤“吉林成氏多禄”（白）

【按】：武向晨的这段自跋涉及宣统年间敦煌卷子进京一事，补充了相关细节。一直以来，关于何人解送敦煌卷子进京，仅见民国年间甘肃官员、敦煌写本收藏家周廷元[①]的记载，解送敦煌卷子进京的两位甘肃委员为傅宝书和武相臣[②]，由于没有其他相关资料，学界一直沿用其说，现据此题跋，可知“武相臣”为“武向晨”的异称。

武向晨，光绪二十八年（1902）开始长期担任长庚的幕僚，宣统元年（1909）随长庚任职甘肃[③]。1922年，任职北洋政府陆军部“蒙疆善后委员会”秘书。1949年北平解放时，受好友潘龄皋等九位北平名儒之托拟劝和书，呼吁北平守将傅作义走和平解放道路，受到了傅

①周廷元（1886—1956），字定轩，湖北咸宁县人，毕业于甘肃法政学堂，历任甘肃都督府秘书、静宁县知事等官职。中华人民共和国成立后，曾任甘肃省文史研究馆副馆长。其收藏敦煌文献一事见于荣新江：《甘藏敦煌文献知多少?》，《档案》2000年03期，第16–19页。

②周廷元：《编目赘言》，中国社会科学院历史研究所藏稿本，转引自荣新江：《李盛铎藏敦煌写卷的真与伪》，载《辨伪与存真：敦煌学论集》，上海古籍出版社，2010年，第49页。

③ 武向晨：《清末陕甘总督长庚事略》，收录于《文史资料选辑 第20辑》，中国文史出版社，1990年，第108页。

作义的接见，为北平和平解放作出了贡献[①]。

藏经洞被发现后，藏经洞文物首先在甘肃地方官员中流散。武向晨跋文中提到“褚字为肃州镇柴松亭得”，即说明肃州镇总兵柴洪山藏有藏经洞出土的唐代书法家褚遂良的墨迹或书法拓片。柴洪山，字松亭，安徽省六安人，光绪二十七年（1901）署甘肃肃州镇总兵[②]。曾任甘肃按察使的赵惟熙（1863—1917）也记录了柴洪山收藏有藏经洞文物一事。宣统二年（1910）七月，新疆布政使王树枏遭弹劾，清政府命陕甘总督长庚办理此事，长庚派赵惟熙出使新疆核查此事[③]。赵惟熙自兰州出发，经肃州前往乌鲁木齐，柴洪山送给赵惟熙四卷敦煌卷子，赵惟熙在获赠的《大般涅槃经》卷十四上写的题跋详细记录了此事，现转引如下：

“右大般涅槃经弟十四。余顷以奉使出关，小住肃州。镇军柴松亭洪山招饮，席间偶谈及，愧此慨出四卷见遗，亦得之寺中者。内独此卷首尾完备，纸墨如新，其字体光圆秀劲，结构紧严，足以伯仲虞欧。”[④]

随着时间推移，藏经洞文物逐渐向外省流散。武向晨在题跋中说此卷尾题被宣统元年（1909）刚刚上任的新疆监理财政官梁素文扯去，说明武氏是在新疆任职期间得到这件敦煌写经的。是时，敦煌卷子已经在新疆官员间流传，武向晨的上级伊犁将军长庚，曾获赠多个敦煌卷子[⑤]。伯希和之所以获知藏经洞的存在，也是因为长庚等新疆官员的告知[⑥]。

1909年秋天，伯希和带着他从敦煌翻检的写经卷子来到北京，引起了京师学界的极大震动。在罗振玉等学者的推动下，10月5日清学部电令甘肃方面将藏经洞劫余之物解送进京。此时是甘肃布政使毛庆蕃护理陕甘总督之职，直至陕甘总督长庚到任。据罗振玉记载，电讯发出后，“逾月，大学及学部同得复电，言已购得八千卷，价三千”。当年12月8日，长庚即抵达兰州正式任职陕甘总督[⑦]，所以学部发出的电报虽为护理陕甘总督毛庆蕃接收[⑧]，但解送卷子进京一事还是由长庚负责，因而长庚派出长期任其幕僚的武向晨解送敦煌卷子进京，以示对此事的重视。

武向晨的题跋中，明确记录解送的“所有经卷统计十八箱，箱四百二十卷，每卷两丈长”。武氏“十八箱”的记录与宣统二年（1910）《学部为续送敦煌唐人写经致京师图书馆片》中“前据陕甘总督委解敦煌经卷18箱，业由贵馆派员取运在案”所说一致。根据武向晨的统计，“十八箱，箱四百二十卷”，则解送入京的敦煌卷子总数为7560卷左右，这与罗振玉在《集蓼编》中记载伯希和“石室尚有卷轴约八千轴”的判断以及甘肃当地回复“言已购得八千卷，价三千元”也较为接近。此外，武向晨明确运往京师的都是“每卷两丈长”的

①武向晨：《北平九位名儒联名上书傅作义请其走和平之路》，全国政协文史资料委员会编《文史资料存稿选编10 中国内战》，中国文史出版社，2002年，第825页。

② 叶志如等总主编、中国第一历史档案馆编《光绪朝上谕档第27册光绪27年》，广西师范大学出版社，1996年，第230页。

③ 赵国强主编《近代甘肃政要施政文献选编》，甘肃文化出版社，2016年，第160页。

④ 北大D031号。见于北京大学图书馆、上海古籍出版社编《北京大学图书馆藏敦煌文献1》，上海古籍出版社，1995年，第124页。

⑤ 谢稚柳：《鉴余杂稿中国古代书画品鉴增订本》，上海人民出版社，2016年，第5页。

⑥ 罗振玉：《莫高窟石室秘录》，《东方杂志》1909年第六卷第十一期，第56页。

⑦“台北故宫博物院”，军机处档折件，故机184078号，宣统01年10月26日长庚奏《奏报到任接印事》条。

⑧“台北故宫博物院”，军机处档折件，故机184098/183209号，宣统01年11月09日毛庆蕃《奏报交卸兼护督篆事》条。

完整经卷，这一说法也与罗振玉从毛庆蕃幕僚刘某那里听闻的“敦煌藏卷，泛闻运京者，皆完好之卷”[①]的情况符合。

本卷卷末还有成多禄题跋一则。成多禄（1864—1928），字竹山，晚号澹堪，室名榆庐、澹园。今吉林市人。光绪二十五年（1899）赴盛京将军伊克唐阿幕府。辛亥革命后，成多禄辞职北还，乔寓北京多年，后由北京返回吉林。民国八年（1919），武向晨将有关东之行，出此卷请成多禄题跋，成氏有此跋。

二、C14.1129号文物

本卷文物号为C14.1129。卷轴外签“敦皇石室残经　六朝人书耐园嘱　寿金题”。本叶写经纵24.8厘米，横172.5厘米，现存104行。其抄写内容为《妙法莲华经》卷七，相当于今电子佛典CBETA, T09, no. 262, p. 59, c6-p. 61, a4。写经残卷上钤有“叔言尹”（朱）、“耐园姚诗志珍秘印”（朱）两方印。

卷后有姚鹏图题跋，现转引如下：

> 去年敦煌石室发现中藏古物至夥，尽为法兰西人之东方学家捆载而去。钜公某从之假印数种，中有化度寺邕禅师铭，一叶柳书西明寺金刚经全文拓本（此经见唐书本传，当时评为柳书诸碑刻之最），殆五代时人所藏。其中写经至夥，学部闻而罗跋之尚得八百余卷，元魏高齐无所不有。转运至京，道中为人窃取，割裂零乱，转徙求售，其至山东者，凡七纸，吾友邹孝廉（允中）收其六，吾宗耐园先生新从孝廉购得此纸，不惜重直，询能耆古者矣。夏日来济南，余亦得白麻一卷云。辛亥岁冬十月廿四日，灯下书于珠泉，弇山学子姚鹏图。钤“朋图小印”（白）、“姚氏古凤”（朱）印

【按】：姚鹏图，字古凤，号柳屏，江苏镇洋（今江苏太仓）人。光绪十七年举人，官山东知县。宣统年间为山东提学使兼图书馆提调罗正钧幕宾，协助筹建山东图书馆及金石保存所。民国后，曾任内务部礼俗司司长（1918—1919）。姚鹏图在此题跋中说到该卷文物原是邹允中的藏品，后邹氏转手姚诗志收藏。

邹允中（1882—1945），字心一，湖北武昌人，清末举人，以名孝廉宦游山东。曾任牟平、临朐、诸城等县知事。“好搜考金石，凡断碑残碣、古钟废鼎，注目必嘱为善存。”[②]正因如此，“收藏碑帖书画书籍甚富”[③]，身后藏品流散。

姚诗志，字叔言，号耐园。广东番禺人，光绪八年举人，曾任山东商河县、平原县等县知县。擅书法，工篆书铁笔。

姚鹏图的题跋明显是受到了宣统元年罗振玉在《东方杂志》第六卷第十一期和第十二期上发表的《敦煌石室秘录》的影响。此题跋不仅提到了罗振玉影印数件伯希和所携带的文物一事，且其对柳书西明寺《金刚经》拓本的评价“此经见唐书本传，当时评为柳书诸碑刻之最”也与罗振玉的说法近似。罗氏在《秘录》一文中，将已经影印的十件文物如化度寺邕禅师铭和柳公权楷书金刚经等专门标出，并附有考证。“柳公权楷书金刚经（已影印）。《唐书

---

① ［日］佐久间桢、阎崇璩《匋斋（端方）存稿》，“中研院”近代史研究所，1996年，第227页。

② 政协临朐县委员会编《临朐县旧志汇编》，潍坊市新闻出版局，2002年，第575页。

③ 秋禾编《旧时书坊》，生活·读书·新知三联书店，2012年，第155页。

柳公权传》附《柳公绰传》尝书京兆西明寺《金刚经》，有锺、虞、褚、陆诸家之法，自为得意（《旧传》略同）。又《金石录》及《宝刻类编》载柳书《金刚经》。会昌四年《宝刻丛编》引《金石录》，京兆府安国寺模西明寺《金刚经》柳公权书，大中十六年六月。据诸书，知此碑在当时有盛名。"①

自敦煌卷子进京后，零散的敦煌卷子便在"厂肆出售不绝也"②，且流向外地文物市场。根据本卷题跋，1911年夏天，姚鹏图就从济南购得一卷写经卷子，而邹允中等山东收藏家更是竞相收藏。敦煌卷子流散在厂肆一事，远在上海的沈曾植亦有耳闻并有意购入。1911年9月，沈曾植致函缪荃孙，言"敦煌写经，闻有流在厂肆者，公能为我购置数卷，书迹不佳，存以识江西文物耳"③。敦煌卷子不时出现在文物市场上，刺激着收藏者不断猜测其来源，这或许是卷子进京"道中为人窃取，割裂零乱转徙求售"这一社会传闻流行的主要原因。

根据上文C14.701号写经的题跋可知，陕甘总督长庚特派其亲信武向晨负责解送敦煌卷子进京。甘肃方面如此重视此事，很难想象卷子会因看管不严而在道中遭人窃取。而武向晨在解送完毕后继续回到兰州担任长庚的折奏总理，这也可以成为解送途中并无差错的佐证。如若解送途中并没有出现问题，那么姚鹏图、姚诗志等人买到的零散敦煌卷子从何而来？罗振玉写给端方的信件，或许可以部分解答这个疑问。"敦煌藏卷，泛闻运京者皆完好之卷，其零片断帙尚无数。此说得之毛实翁（毛庆蕃）之文案刘某，所言必不误，前托士可转陈，不知已达否。或早日电购，或可得也。"④毛庆蕃的文案刘某与武向晨所说一致，解送入京的都是"每卷两丈长"较为完整的经卷，而大量的"零片断帙"留在了当地，很可能以此为契机，流向全国文物市场，成为敦煌卷子"厂肆出售不绝也"的一个来源。

在甘肃方面抵达北京将敦煌卷子点交学部后，敦煌卷子反遭窃取。1913年，任职教育部的鲁迅在琉璃厂见到了正在出售的敦煌卷子，"午后往留黎厂书肆，见寄售敦煌石室所出唐人写经四卷，墨色如新，纸亦不甚渝敝，殆是罗叔蕴辈从学部窃出者。每卷索五十金，看毕还之。"⑤鲁迅说这四卷敦煌写经是"从学部窃出者"，这与《民立报》的说法近似。

据1910年10月20日的《民立报》新闻版，在敦煌卷子运抵北京后不久，就发生了学部官员偷盗写经、转手牟利的事件。"甘肃敦煌县石室真迹，自经某法人发现，搜罗数百种捆载而去。政府恐丧失国粹，檄饬该处地方官辇京收存。此项古迹，向藏在国子监内，后改藏学部书库中。以千年珍物，世间仅有，视同拱壁，故即堂官查看，亦须约集司员一同往观，其尊重如此，平日之严密慎守可知。讵上月杪，学部某司员到琉璃厂书肆，见有写经一大卷，诧为奇遇，谛视之，乃石室之物，即学部所藏之一，出重价购归，密告唐尚书不敢声张，恐失部中体统，秘派司员多人到处缉访。盖部中所藏者检点后知已失去甚夥，幸旬日间陆续查得原物多件，据闻已将盗物之人捕获，连日正在诘讯，惟关防严密，外人难得其详，但知盗物者即该部中人耳。"⑥

---

①《东方杂志》第六卷第二十期，第83页。

②［清］徐珂：《清稗类钞选》，书目文献出版社，1984年，第78页。

③许全胜：《沈曾植年谱长编》，博士学位论文，华东师范大学，2004年，第349页。

④［日］佐久间桢、阎崇璩：《匋斋（端方）存稿》，"中研院"近代史研究所，1996年，第227页。

⑤鲁迅著，陈漱渝、王锡荣、肖振鸣编《日记全编上》，广东人民出版社，2019年，第34页。

⑥《民立报》新闻版，1910年10月20日。

在1910年敦煌经卷从甘肃抵达北京后不久，日本京都大学派遣了内藤虎次郎等五名教员，前往北京调查敦煌文书，在清学部看到约七百卷写经。他们回国后将写经全部或部分照片提供给松本文三郎研究。荣新江通过分析1911年松本文三郎发表的《敦煌石室古写经之研究》一文中列举的写经与后来李盛铎藏品的异同，也得出敦煌卷子是先解送入学部，后遭到在学部任职的李氏等人监守自盗的结论[①]。

中国国家博物馆所藏的这两件写经，补充了百年前敦煌卷子进京及流散的细节，有助于学界厘清相关问题，文献与文物双重价值并重，是不可多得的珍贵文物。

① 荣新江：《李盛铎藏敦煌写卷的真与伪》，载《辨伪与存真：敦煌学论集》，上海古籍出版社，2010年，第49页。

俄藏黑水城汉文佛教文献褙纸内容考析*

崔红芬（上海师范大学历史系）

【摘要】 俄藏黑水城汉文佛教文献裱补纸主要指粘贴在其背面开裂折缝、残破处的裱补纸的内容，其中有佛教文献也有世俗文献，裱补褙纸的形态各异，涉及汉文、西夏文等不同文字。裱补褙纸是维系和支撑文献完整性的重要纽带，成为文献的重要组成部分。裱补褙纸的内容与原文献构成了新的有机体，对文献学研究的价值重大。自俄藏黑水城汉文文献刊布以来，学者们对未定名或定名错误的汉文文献进行了重新考证，对混入俄藏敦煌文献中的黑水城文献进行辨别，而汉文佛教文献修复裱补纸内容学界鲜有关注。本文仅对俄藏黑水城汉文佛教文献所涉汉文、西夏文裱补内容等进行考察，对裱补纸与原文献内容所反映的问题进行初步探讨。

【关键词】 黑水城　汉文文献　褙纸内容

俄藏黑水城汉文佛教文献裱补纸主要指粘贴在开裂折缝、残破处的裱补褙纸内容，裱补褙纸形态各异，其内容涉及汉文、西夏文等不同文字，他们是维系和支撑文献完整性的重要纽带，成为文献的重要组成部分。裱补褙纸的内容与原文献构成了新的有机体，对文献学研究有一定意义。自《黑城出土汉文遗书叙录》①和《俄藏黑水城文献》（1—6册，汉文部分）②出版以来，学者们对未定名或定名错误的汉文文献重新作了考证③，对混入俄藏敦煌文献中的黑水城文献进行了辨

*本论文系2019年国家社科基金重大招标项目《西夏文文献中遗存唐译经整理与综合研究》（项目编号19ZDA240）基金项目阶段性成果。

①［俄］孟列夫编著，王克孝译《黑城出土汉文遗书叙录》，宁夏人民出版社，1994年。

②俄罗斯科学院东方研究所圣彼得堡分所、中国社科院民族所等：《俄藏黑水城文献》（1—6册，汉文部分），上海古籍出版社，1996—2000年。

③宗舜：《〈俄藏黑水城文献〉汉文佛教文献拟题考辨》，《敦煌研究》2001年第1期，第82-92页；《〈俄藏黑水城文献〉之汉文佛教文献续考》，《敦煌研究》2004年第5期，第90-93页。

别[①]，而对汉文文献裱褙纸所涉丰富内容则鲜有关注。目前仅有《黑水城出土〈佛果圆悟禅师碧岩录〉考》一文对西夏文刻本经折装《大般若波罗蜜多经》卷第八十八封套裱纸进行了考证，封套裱纸是出自废旧的汉文写本《佛果圆悟禅师碧岩录》（Инв.1044）[②]。在黑水城文献中，经古人不同程度修复过的汉文文献有百余件，其中汉文佛教文献占一半余，其裱补褙纸有写本也有刻本，层数多寡不同，内容丰富，有汉文也有西夏文等，有些内容尚未考证。但限于篇幅，本文只对俄藏黑水城汉文佛教文献所涉汉文和西夏文裱补褙纸内容进行考察。

一、汉文裱补褙纸的内容

佛经裱补是古人为了维持佛经外观的完好，利用废旧纸张对开裂折缝、残破受损处所进行的粘补修复等。黑水城文献中有些裱补纸还粘在原处，与正面文献一起刊布，以V、P等表示；有些裱补纸已经脱落为单片，以A、B、C等单独编号，常与原文献放在一起等；另有些裱补纸仅有介绍而没有刊布实物。

（一）经折装佛经汉文裱补纸

因为出土文献的局限性，此类裱补纸主要存在于皇室或官宦刊印经折装佛经的折缝处。黑水城汉文佛经有西夏皇室或官宦刊印散施的，也有平民百姓、寺院等抄写、刊印散施的。而皇室、官宦因财力雄厚和资源优越，刊印佛经都是单面的，属于标准的刻经，一般包括首题、撰者或译者、尾题（题记、年代、雕刻者、供养人姓名、发愿文）等。

在长期传播和使用过程中，经折装佛经的折缝开裂破损，时人对其进行维持性修补，使其外观恢复完美，以便能继续诵读使用和保存。黑水城文献中，被裱褙补的文献多为西夏经折装刻本。例如：

1.《金刚经》（TK17）背面折缝处有裱纸，已脱落，TK17P1为汉文写本，单片，内容为“最初名拘留孙，最后楼至。有此娇陈、迦叶、大目捷连、舍利弗、天、龙”，这些内容摘抄自《弥勒上生兜率天经》[③]。

2.《华严经普贤行愿品》（TK64）背面折缝处粘贴3条裱补纸，1、2为《金刚经》，3为《真州长芦了和尚劫外录》。

从右往左内容依次为：

右1　“尔时，须菩提白佛言：世尊，善男子、善女人，发阿耨多罗三藐三菩提心。”

中2　“云何应住？云何降伏其心？佛告。”

比对残存内容，确定右1、中2内容为《金刚经》。

左3　“三寸舌头，明如百千日月，便能截纹彩，断”，比对残存内容，左3应为《真州

---

① 吴其昱：《列宁格勒所藏敦煌写本概况》，《汉学研究》第4卷第2期，1986年，第74页；府宪展：《敦煌文献辨疑录》，《敦煌研究》1996年第2期，第84、95页；荣新江：《〈俄藏敦煌文献〉中的黑水城文献》，载沈卫荣主编《黑水城人文与环境研究》，中国人民大学出版社，2007年，第534–548页。

② 崔红芬：《黑水城出土〈佛果圆悟禅师碧岩录〉考》，《西夏研究》2019年第1期，第41–46页。

③ 宗舜定名为《弥勒上生兜率天经》残字。

长芦了和尚劫外录》[①]。

3.《华严经普贤行愿品》（TK161）背面存8页，刊布时未给出定名，褙补纸遗存内容复杂，有的无法识别，因为同一行褙补纸由不同内容拼接褙补，不同内容交错在一起。下面把不同内容以不同字体表示：

（8-1）从右往左存5行褙补纸："我当庄严佛土，是不名菩萨，何以"；"实无有法名阿罗汉……世……来说庄严佛"；"*作是、寻我不*"；"净三昧人中最为第一、汉作是念"；"我、人、众生寿者、阿那含果不须"；

（8-2）从右往左存3行褙补纸："故如"；"大地铺祥，长空布瑞，正恁么时，借位、庄严须菩提"；"是菩萨"；

（8-3）从右往左存3行褙补纸，有的无法识别，"我法者如来说名真"，"灵花古洞春，回途赓雪韵"；

（8-4）从右往左，有的无法识别，仅识"于法应住"；

（8-5）存"一体同观分第十八"；

（8-6）存"宋三十一人，陆探□、子□、以□、□宝光"；

（8-7）存"妙露堂堂，祇么如今无能无伎俩。若猛"；（8-8）从右往左存4行褙纸，1行脱落，"须菩提，于意云何？如来有肉眼不？"；"如是，世尊如来有肉眼，须菩提，于"；"来，有慧眼不？如是，世尊，如来有慧、便出"。

TK161V褙补纸内容复杂，宋体为《金刚经》，斜体黑字为《大方等大集经》，黑体字为《真州长芦了和尚劫外录》和发愿文等，褙补纸是由不同文献裁剪，且不规则地粘贴在纸背折缝处。

4.《大随求陀罗尼》（TK107）背面折缝存写本医方褙补纸，有"酸枣仁、人参、茯苓、麻黄及服法剂量"，褙补纸粘贴反了。

此外，TK144汉文《般若波罗蜜多心经》[②]（见图1），TK144V有汉文、西夏文的褙纸，已脱落（图1），西夏文为半边，无法识别，汉文在字的旁边有"五十九"至"六十三"大写。褙补纸是从《般若波罗蜜多心经》脱落，还是从其他文献脱落并不好确定。《金刚经》（TK27）背面原粘有褙补纸条，已脱落，内容有"半三条各长捌尺五寸""已顶礼"等。刊布者介绍《金刚经》（TK20）背面褙补纸字条，未刊布。

---

① 真州长芦了和尚是北宋末年南宋初年的曹洞宗高僧，今四川人，俗姓雍，名清了，字真歇，后主要在东南一带住寺弘法，有两语录行世，即《劫外录》《一掌录》。现仅存《劫外录》，即《真州长芦了和尚劫外录》。不仅在黑水城文献中保存了《真州长芦了和尚劫外录》（TK133），而且废弃的《劫外录》还被裁成不同形状，成了黑水城其他汉文佛经的褙补纸，说明它在西夏时期有不同版式流传，之前曾被认为其在中国失传。

② 刊布者将TK144仅定为《般若波罗蜜多心经》有误，实际上，它由三部分组成，除了《般若波罗蜜多心经》外，还有当时比较流行的偈颂文和回向文，内容出自《瑜伽集要焰口施食仪》或义净译《佛说无常经》《佛说大孔雀咒王经》《根本说一切有部毗奈耶杂事》或唐不空译《佛母大孔雀明王经》《大云轮请雨经》《普遍光明清净炽盛如意宝印心无能胜大明王大随求陀罗尼经》等。

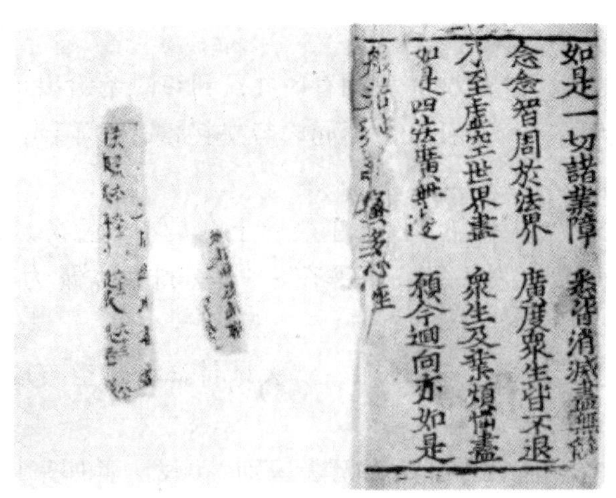
如是一切諸業障　悉皆消滅盡無餘
念念智周於法界　廣度衆生皆不退
乃至虛空世界盡　衆生及業煩惱盡
如是四法廣無邊　願今迴向亦如是

图1　TK144

汉文佛经折缝裱补纸内容涉及《弥勒上生经》、《大方等大集经》、《金刚经》、《真州长芦了和尚劫外录》、发愿文、回鹘文文献、医方等。裱补纸粘贴不规则，大小不同，反粘或不同文献裁剪拼接现象较多。

（二）卷轴装佛经汉文裱补纸

此类裱补纸为单层或多层，不规则。例如：

1.宋刻本卷轴装《长阿含经》（TK274）的背面多层粘贴裱纸，上层，见图中（见图2）标2、3为汉文《长阿含经》卷第二十　薄”“长文恶为受也”；4为回鹘文一行。下层见图中标1处内容为“三菩提”“一切勇菩提”“会众生得阿”，这些残存内容应为元魏月婆首那译《僧伽咤经》卷第一相应内容。

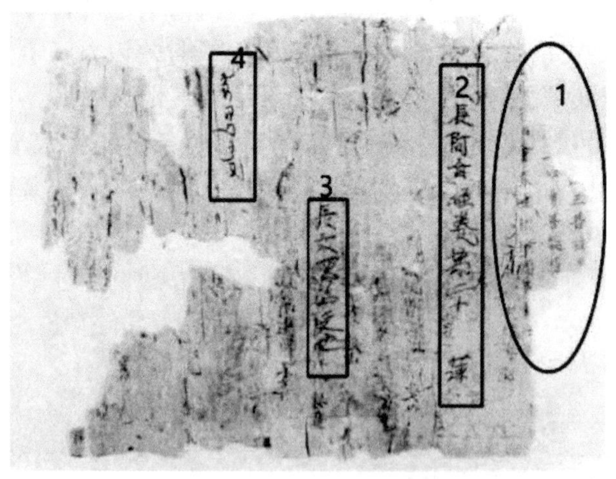

图2　TK274V

《僧伽咤经》首次在黑水城文献中被发现，作为裱补纸存在，补充丰富了黑水城所出佛经种类。

2.TK278为佛经版画，刊布者定名为宋刻本卷轴装，背面粘贴两层裱补纸，刊布者认为上层楷书“中阿含经卷第一十五 兴，为千字文藏书号”[①]，下层中有［摩诃僧祇律第］十五，下方写“登”字，为千字文藏书号。

另有横向粘贴内容，刊布者没有涉及，其残存有“智清净”“□□”“清净故”“清净”“二无”，比对残存内容，可确定为玄奘译《大般若波罗蜜多经》的相应内容。

3.TK296为刻本《慈悲道场忏法》《发菩提心》[②]，TK296V属于多部文献残片粘贴在同一文献背面，粘贴也不规则，为了方便描述，图中标号1、2、3、4、5、6（见图3）介绍：

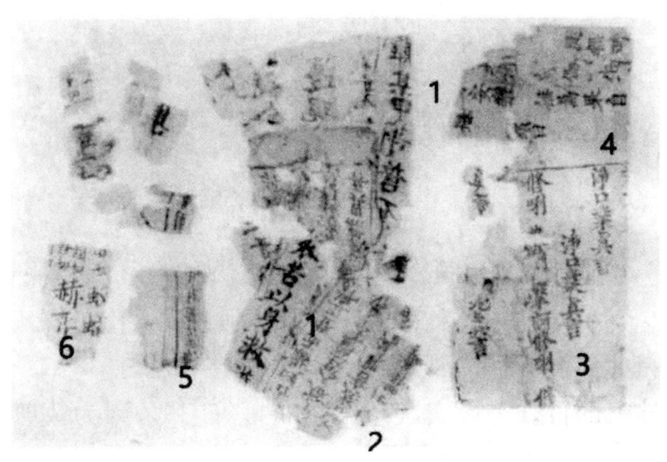

图3　TK296V

第1与正面内容相同，为《慈悲道场罪忏法》卷第二“发菩提心第四”，可与正面内容相连。

第2是《佛说延寿命经》[③]的相应内容。

第3为《金刚经》前仪或《夹颂心经》前仪。

第4为《小室六门》，或称《少室六门》（一卷）[④]。

第5为般若译《大方广佛华严经》卷第40“入不思议解脱境界普贤行愿品”。

第6为杂写。

《少室六门》宋代有刻本，传入日本后存有多个版本，以日本镰仓时代的版本最早，是宋代覆刻本。《少室六门》也传入西夏，在黑水城文献中首次被发现，弥补了汉地《少室六门》不存的缺憾。

4.TK300西夏刻本卷轴装“西方极乐净土念佛赞”，TK300V粘贴内容见1、2、3标号（见图4）：

---

① 黑水城汉文文献裱补纸有“《长阿含经》（TK274）卷第二十薄”，佛经版画（TK278）裱补纸“《中阿含经》卷第一十五兴”，比对佛经帙号，它们与北方藏经体系《辽藏》是一致的，而与宋以后藏经帙号体系不同。

② 刊布者定名为《佛说佛名经》，错误。

③《佛说延寿命经》（1卷），第85册，第2888号，第1404页中栏06。

④《小室六门》，或称《少室六门》（一卷），或标注梁菩提达摩撰，或未编著译者，疑为后人伪托菩提达摩之名。《小室六门》的六门指“心经颂”、“破相论”（《观心论》）、“二种入”（又称二入四行观、四行观，与《景德传灯录》卷30收入《菩提达摩略辨大乘入道四行》相似）、“安心法门”（收入《宗镜录》《正法眼藏》）、“悟性论”、“血脉论”等。

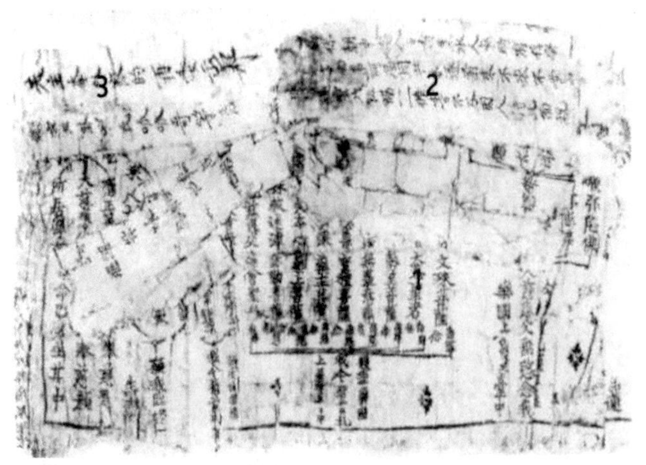

图4 TK300V

第1为主体内容，与正面内容相同，只是比正面残破。

第2为“你朝拾？今？有黑水人来府有信实……阿屈同共□逐来不来不当山……云水阻隔……修书不及因人持此面视”。

第3为“夫主李外家的再委……实卧□氏呱呱哥等□”。因为裁剪内容非常残缺，将它们定为“书信”“文书”。

5.TK275为护法神画，刊布者定为宋刻本，因残缺严重，装帧不好确定，背面粘贴写经《华严经》（八十卷本）。

6.A20元刻本[①]《大随求陀罗尼》《一切如来心陀罗尼》《唐梵般若心经》，A20V存35页，存十余种写本，除有四种佛教文献《华严经》“梵行品第十六”、《梁傅大士颂金刚经》、《佛果圆悟禅师碧岩录》之“夹山无碍禅师降魔表”、《首楞严经》（卷第十）外，还有“满庭芳”“词章”“大圣乐”“山亭柳”“声声慢”“醉蓬莱”“亡牛偈”“医方”“杂写”等内容。

卷轴装裱补纸内容涉及《金刚经》或《夹颂心经》前仪、《僧伽吒经》、《延寿经》、《慈悲道场罪忏法》、《小室六门》、《长阿含经》、《中阿含经》、《大般若波罗蜜多经》、《华严经》、《华严经普贤行愿品》、《首楞严经》、《梁傅大士颂金刚经》、《西方极乐净土念佛赞》、《碧岩录》、“夹山无碍禅师降魔表”等。

（三）佛经封套裱补纸

佛经封套主要用于分类佛经，而封套裱纸需要结实耐用，往往由多层裱纸粘贴而成。西夏佛教兴盛，随着新刊印佛经的不断出现，人们将原来破损或废旧纸张裁剪粘贴成佛经封套。

黑水城汉文文献中，最典型的是西夏文刻本经折装《大般若波罗蜜多经》的封套裱纸。其封套裱纸因年代久远胶性失效而散开，故显露了裱纸文献的年代和内容，它们分别是Инв.1042西夏写本“习字”、Инв.1158A西夏写本“账目”、Инв.1366A西夏写本“五更转”、《释摩诃衍论》科文、《释摩诃衍论》、Инв.1381西夏写本“乾祐五年验伤单”“书信”“马家奴文书”、Инв.1867西夏写本“天庆年间推官文书”、Инв.2150西夏写本“三司设立法度文

① 是否元刻本需另行探讨，在此不论。

书”“违约恒制文书”、Инв.2208西夏写本“乾祐十四年安推官文书”、Инв.5949唐写本“建中六年书信”[①]，仅有Инв.2010西夏刻本《中华传心地禅门师资承袭图》等为刻本。

这些废弃文献被再次利用，裁剪粘贴为西夏文《大般若波罗蜜多经》卷第八十七、十七、二百三十六、二百三十二、二百一十七、二十四、一百〇九、一等封套裱纸。这类裱纸除了刻本《中华传心地禅门师资承袭图》、《释摩诃衍论》及科文等佛教文献外，其他都是废弃官府文书、军事文书、账目等。

此类裱补纸所涉时间有建中六年即唐贞元元年（785）、乾祐五年（1174）、乾祐十一年（1180）、乾祐十四年（1183）、天庆元年（1194）和天庆年间（1194—1205）等。它们的来源地不同，时间跨度较大，最早为唐代德宗贞元元年（785），最晚是西夏纯祐皇帝天庆年间（1194—1205）。裱补纸内容或为寺院与外界交往的文书、放贷账目，过时不用的文书、书信等，最终它们成了西夏新刻经折装佛经的封套裱纸，在黑水城文献中保存了下来。

除了西夏文《大般若波罗蜜多经》封套裱纸外，还有西夏刻本经折装《种咒孔雀明王经》的封套裱纸，裱纸涉及多件天盛十五年（1163）西夏写本借贷契约文书，即Инв.7779A“天盛十五年王受贷钱契等”、Инв.7779B“天盛十五年令胡阿典借钱帐”、Инв.7779C“典田地文书”、Инв.7779D“卖地书信”、Инв.7779E“贷钱契”等。废弃的文书虽裁剪粘贴成了《种咒孔雀明王经》封套裱纸，但也反映了西夏天盛年间寺院的经济活动的活跃发达。

总之，黑水城汉文佛教文献裱补纸内容丰富却比较零散，内容年代跨度较大，有西夏时期，也有唐、五代、宋、金、元等，有显密经、论、仪轨、陀罗尼、禅宗文献，也有赞颂、礼佛、忏悔文、占卜、医方、习字、杂写等。同时还发现了新的佛教文献，如《僧伽吒经》《小室六门》等，补充了西夏佛教文献的种类。

二、西夏文裱补褙纸的内容

（一）折缝处西夏文裱补纸

黑水城汉文佛教文献裱补纸除了所涉汉文裱补纸外，还存有西夏文裱补内容，包括TK16V、TK17P2、TK63BV、TK63C、TK39V、TK45V、TK138V、TK178V、TK189V、TK310AV、TK310B、A22V（A24V）、Инв.4270V等，刊布时多未定名，之后学界也鲜有关注，裱纸内容有汉文也有西夏文。例如：

1. TK138《妙法莲华经观世音普门品》，刊布者对TK138V仅有“背以西夏文佛教刻本纸裱补折缝处”的描述。TK138V存3页折缝裱纸，即（3-1）（3-2）（3-3）（见图5）为西夏文，刻本，还粘在折缝处。

TK138V（3-1）存1页3行，上下双栏，行16字，内容为义净译《金光明最胜王经》卷

---

① 唐德宗建中凡四年（780—783），文献中出现建中六年应该为785年，此唐写本书信或从敦煌得到。敦煌地处边疆，因交通不便或交通受阻而不知朝廷改年。实际上，德宗由建中改兴元，又由兴元改为贞元，建中六年应该是贞元元年（785）。这种情况在敦煌文献中多有记载，安史之乱以后，敦煌先由吐蕃统治七八十年，之后又有归义军政权，由于诸多原因，中原王朝改元的消息未能及时传到边远地区，其他仍旧使用原来的年号。具体内容可以参见荣新江《归义军史研究》（上海古籍出版社，1996年，第43-59页）第一章第二节《敦煌地区的改元与纪年》的相关内容。

第四“最净地陀罗尼品第六”的内容①。

TK138V（3-2）存1页3行，上下双栏，行16字，内容为义净译《金光明最胜王经》卷第四“最净地陀罗尼品第六”的内容②。

TK138V（3-3）存1页3行，上下双栏，行16字，（3-3）与（3-2）内容相同，只是（3-3）内容比（3-2）要少一行，亦为义净译《金光明最胜王经》卷第四“最净地陀罗尼品第六”。

TK138V裱补纸皆为唐义净译《金光明最胜王经》卷第四“最净地陀罗尼品第六”，应是从同部废弃的《金光明最胜王经》上裁剪下来的，有佚文，不能缀合。残存裱补纸的顺序为（3-1）在前，（3-2）（3-3）在后。

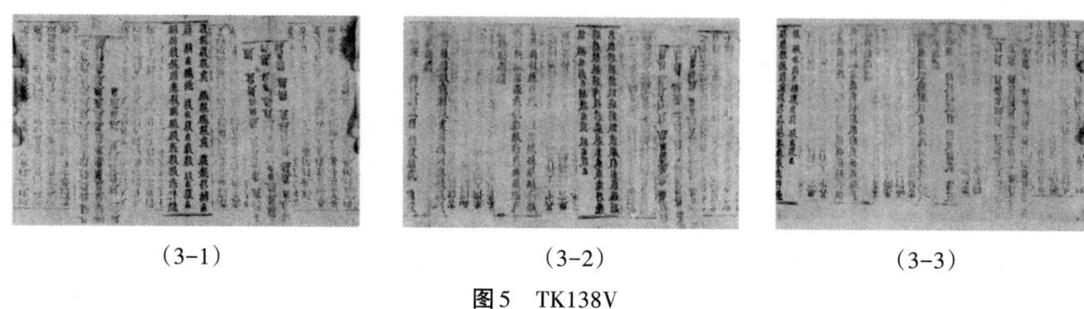

（3-1）　（3-2）　（3-3）

图5　TK138V

2.TK178《金刚经》，刊布者对TK178V有“背以汉文、西夏文佛经字条裱补折缝处”③的描述。TK178V裱纸由2个汉文和3个西夏文的残片组成，依然粘在原处。（5-1）（5-2）残片为汉文，（5-1）仅存“来者善是”和“肯重未得十”④；（5-2）存“妙行何”⑤。（5-3）（5-4）（5-5）（见图6）则为西夏文，写本经折装。

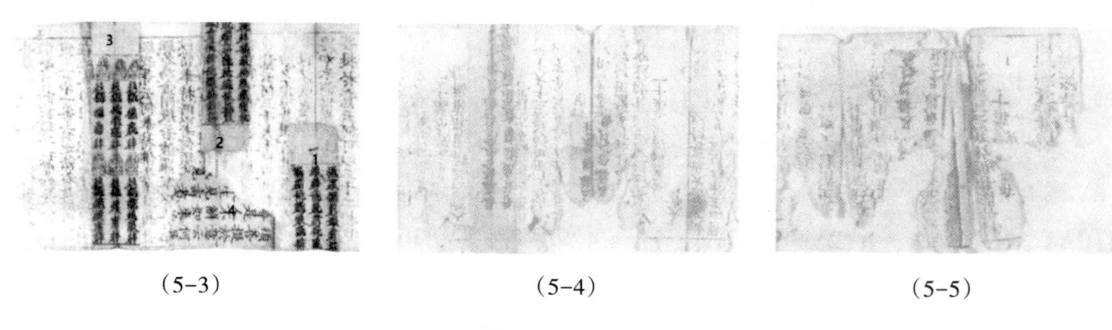

（5-3）　（5-4）　（5-5）

图6　TK-178V

① ［唐］义净译《金光明最胜王经》卷4，《大正藏》第16册，第420页。

② ［唐］义净译《金光明最胜王经》卷4，《大正藏》第16册，第420-421页。

③ ［俄］孟列夫等编“附录·叙录”，见中国社科院民族所等编《俄藏黑水城文献》第6册，上海古籍出版社，2000年，第23页。

④ “肯重未得十”出自《真州长芦了和尚劫外录》（《大正藏》第71册，第1426号，第774页中栏22）“犹恐落在肯重，未得十成，更须转取旧时光彩”一句。

⑤ “妙行何”涉及的经律论很多，如东晋佛陀跋陀罗《大方广佛华严经》卷25，姚秦鸠摩罗什译《十住经》卷3，唐玄奘译《大宝积经》卷42，刘宋功德直、玄畅译《无量门破魔陀罗尼经》等论，僧人文集等都出现过此句，故属于哪部，尚难确定。

TK178V（5-3）又存3个残片西夏文，见（5-3）图中1、2、3标号，上下栏线单栏，还有一残片汉文，裱补纸粘贴不规则。右1存片3行，上栏线单栏，下栏线无存。中2存片3行，下栏线单栏，上栏线无存，1、2可上下缀合为一整片，为了裱补从中间剪开。左3存片3行，上下栏线单栏，每行2个佛名，最上方先是一排坐佛，每行2个佛名间也是一排坐佛。翻译残经确定其为《现在贤劫千佛名经》。除了西夏文外，标号4为汉文，上栏线单栏，比对内容，为姚秦鸠摩罗什译《金刚经》的相应内容①。

TK178V（5-4）存2个佛名，（5-5）存1个佛名，比对（5-3）（5-4）（5-5）的佛名内容，亦为《现在贤劫千佛名经》②，其顺序为TK178V（5-3）左面在前，（5-3）右面、中间可上下缀合，内容在后，接下来是（5-4）左面、（5-5）的佛名，因被裁剪，有佚文，不能缀合，黑水城本与《大正藏》本仅个别用词不相同③。

TK178V（5-4）左面为西夏文草书，内容为"□□尼□六月五日四□□，作者讹拉金刚宝等□□"。"讹拉金刚宝"或为施写《现在贤劫千佛名经》发愿者，具体施写时间无法辨认。

3.TK16《金刚经》，TK16V存3页为汉文、西夏文裱补纸，（3-1）（3-2）（见图7）为汉文，存"胡僧的""其斛""胡□身"等。（3-3）为西夏文，应为正面《金刚经》"一合理相分第三十"和"知见不生分第三十一"折缝裱补纸，西夏文应有3行，写本，应裁剪和粘贴缘故，仅有个别西夏文可辨识。

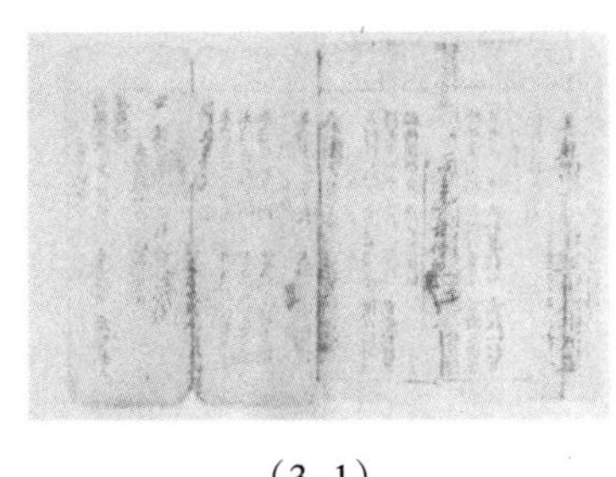
（3-1）

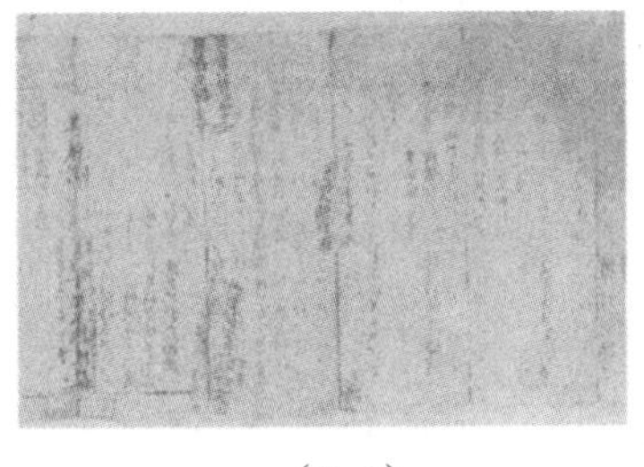
（3-2）

（3-3）

图7 TK16V

4.TK39汉文《金刚经》，TK39V（2-1）（见图8）为西夏文刻本裱补纸，裱补纸分为上下两部分，上部分是一个完整的折页，上下单栏，刻本；下部分又裁了一部分补粘上去，仅存上栏线单栏，可辨分题"无断"，依据佛经的形制，确定裱补纸为西夏文《金刚经》，上部分分题不好辨识，下部分为"无断无灭分第二十七"。西夏文《金刚经》作为裱纸，用来裱补汉文《金刚经》。（2-2）为汉文，存"为□检义道？吃哆栗村叁驴"内容。

5.TK168汉文《妙法莲华经观世音普门品》，TK168V折缝处裱补纸为2页（见图9），西夏文草书，裱补纸粘贴或正或反，无识读。

① ［姚秦］鸠摩罗什译《金刚般若波罗蜜经》，《大正藏》第8册，第752页。

② 《现在贤劫千佛名经》，《大正藏》第14册，第382页。

③ 黑水城本为"大众"而《大正藏》本为"众僧"；黑水城文本"我等"而《大正藏》本为"而今相"。

图8 TK39V（2-1）

（2-1）

（2-2）

图9 TK168V

（二）汉文佛经背面西夏文裱补纸

这类裱补纸一般出现在佛教文献背面，属于大面积裱补，有的还粘贴在原处，有的已经脱落或散落，为散开的佛经。例如：

1.TK189《佛说般若波罗蜜多心经》，TK189V为西夏文佛经，刊布者仅有“背为西夏文楷书佛经”（见图10），未定名，写本经折装，存2折10行，上下栏线单栏，存2折，每折5行，行14～15字，褙纸为整块补纸，西夏文裱补纸内容为唐不空译《仁王护国般若波罗蜜多经》卷下“奉持品第七”。

图10 TK-189V

2. TK63B、TK63C

（1）TK63B刊布者定名“佛经”，存上下两部分，下部分为汉文，宗舜重新定名《金刚经》，无误。上部分为西夏文，背为西夏文草书文书（粘反，无法辨识），仅存一个西夏字正字“三”①。TK63B西夏文（见图11）粘在《金刚经》正面上方②，存3行，每行仅存4个西夏字，刻本，下栏线单栏，上部分残缺，残存内容为刘宋沮渠京声译《观弥勒菩萨上生兜率天经》。

① ［俄］孟列夫等编“附录·叙录”，见《俄藏黑水城文献》第6册，上海古籍出版社，2000年，第8页。

② 此处西夏文裱纸也可理解为与TK63B下方汉文《金刚经》是一个整体，作为折缝裱补纸的内容，因为脱落有了单独编号。

（2）TK63C刊布者定名“佛经”（西夏文），几种佛经纵横粘贴，由三部分组成，中间西夏文为刻本[①]，存8行，上下皆残，每行存6～7字；上、下亦为西夏文，写本，上面存6行，每行存2字，西夏文不清楚。下面存6行，行存3字，西夏文不清楚，无法辨识。可将写本视为裱补纸。背有西夏文杂写[②]。TK63CV是西夏字的反字，仅有2个字可识，其他无法识别。TK63C（见图12）粘在中间，西夏文为宗密述《圆觉道场修证礼忏文》卷第十八“七善根发”。

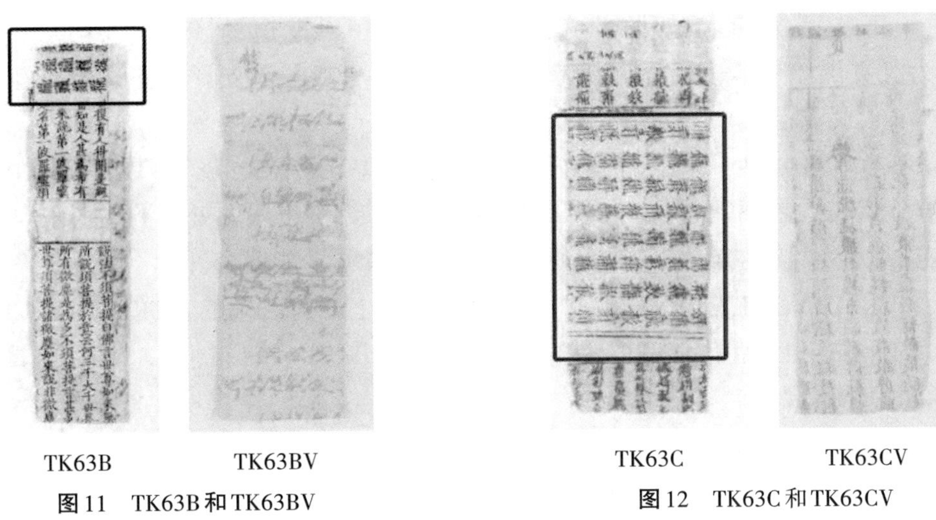

TK63B　TK63BV

图11　TK63B和TK63BV

TK63C　TK63CV

图12　TK63C和TK63CV

3. TK17P2，TK17为西夏刻本经折装《金刚经》，TK17P2西夏文，刻本蝴蝶装，4组成残存，在折缝处裂开，上下单栏，左右双栏，从残存形制看，背面内容也是粘贴上去的，已脱落。因底色太深，有些西夏文无法辨识，据翻译内容，TK17P2（见图13）为佛经发愿文，因最后出现的“善男子、善女人等，是《圣大……》”，我们推断裱补纸内容为《圣大乘三归依经》或《圣大乘胜意菩萨经》发愿文，废弃后成为汉文《金刚经》裱补纸。

图13　TK17P2发愿文

① 中间处西夏文粘补纸也可理解为TK63C上层粘纸，底层原来粘贴过西夏文裱补纸，上面又粘贴一层西夏文裱补纸，下层无法识别，上层为宗密述《圆觉道场修证礼忏文》。

② ［俄］孟列夫等编“附录·叙录”，见《俄藏黑水城文献》第6册，上海古籍出版社，2000年，第8页。

4.TK310为“佛经”，西夏文粘纸题签“出生般若第八”，内有双层衬纸：A“佛经”（见图14），唐写本，原卷轴叠为经折装，宗舜重新定为元魏瞿昙般若流支译《正法念处经》卷第43“观天品之二十二”，无误。背面粘西夏文，写本，存11行，上下栏线单栏，中间有竖格，拟题《千佛名经》，重新考证残存内容，原拟题不准确，应为《慈悲道场忏法》卷第六“解怨结之余”。

B佛经（西夏文）（见图15），西夏写本，原卷轴装，叠成经折装，存10行，行13～14字，写本，上下单栏，中间有竖格，考证西夏文亦为《慈悲道场忏法》卷第六“解怨结之余”。背面为汉文佛经写本，宗舜重新考证其为元魏瞿昙般若流支译《正法念处经》卷第43“观天品之二十二”，无误。

TK310AV、TK310B为《慈悲道场忏法》卷第六“解怨结之余”，TK310AV内容在前，TK310B内容在后，二者不能缀合。TK310A、TK310BV为《正法念处经》卷第43“观天品之二十二”，TK310BV内容在前，TK310A内容在后，二者亦不能缀合。

实际上，TK310A、TK310BV是从《正法念处经》上裁剪下来的，TK310AV、TK310B是从《慈悲道场忏法》上裁剪下来的。它们作为废弃的佛经，裁成衬纸，作为衬纸时相互粘贴，出现了互为正反现象。

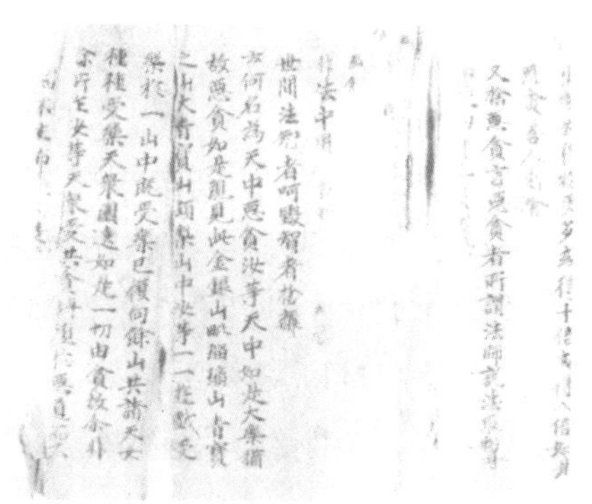
TK310A《正法念处经》

TK310AV《慈悲道场忏法》

图14　TK310 A佛经

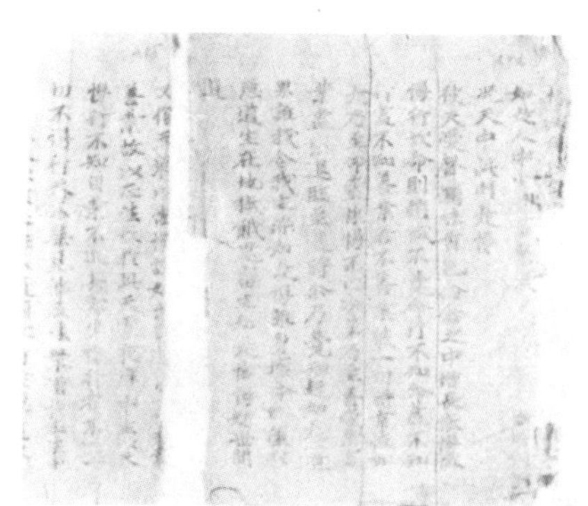
TK310BV《正法念处经》

TK310B《慈悲道场忏法》

图15　TK310B佛经

此外，TK45《金刚经》，而TK45 V“背粘补西夏文草书文书字条，已脱落”。Инв.4270汉文《大随求陀罗尼》，Инв.4270V在《俄藏黑水城文献》图版中没有刊布，只在“附录·叙录”中提及“背以西夏文写本佛经纸裱粘”。

总之，俄藏黑水城汉文文献的西夏文裱补纸，或佛经衬纸，内容有《弥勒上生经》、《圆觉道场修证礼忏文》、《金光明最胜王经》、《现在贤劫千佛名经》、《仁王护国般若波罗蜜多经》、《慈悲道场忏法》、《金刚经》、《圣大乘三归依经》或《圣大乘胜意菩萨经》等，也分为折缝裱纸或原文献背面裱纸两种，裱补纸有刻本也有写本。个别裱补也用布条，为了结实耐用，在粘贴基础上，对裱补布条还进行了缝缀。西夏写本经折装《高王观世音经》（TK70）除了有回鹘文外，折缝处有裱补纸、布条，并有缝缀痕迹。

三、汉文佛教文献裱补内容的价值

黑水城汉文佛教文献的裱补纸内容不论是汉文还是西夏文，皆为废弃纸张，用糨糊等胶性物质[①]将裱补纸粘贴在修复原文献破损或折缝开裂处。黑水城汉文佛教文献裱补纸内容丰富，形态各异。有些裱补纸是从同部文献上裁剪下来的，内容前后大致相连；有些裱补纸内容与所裱补文献属于同部佛经；有些不同内容的文献又成为同一文献的裱补纸等。它们被裁剪粘贴，成为当时流行佛经的修复裱纸，西夏文献裱补基本延续了汉地的传统，也展现了西夏佛经流行等状况。

（一）揭示了西夏经典流行种类

西夏对汉传和藏传经典都有翻译，但译自汉文经典的数量远远胜于译自藏文经典的数量。孟列夫对黑水城出土汉文佛经进行统计，认为《金刚经》《华严经普贤菩萨行愿品》《法华经观世音菩萨普门品》《观弥勒菩萨上生兜率天经》《阿弥陀经》《三十五佛名经》《佛说转女身经》《般若波罗密多心经》等是西夏比较流行的汉文佛经[②]。而黑水城文献中，被裱补佛经以汉文刻本《金刚经》《华严经普贤行愿品》《法华经观音普门品》《弥勒上生兜率天经》《阿弥陀经》《观弥勒菩萨上生兜率天经》等为主。西夏佛经流行的种类与黑水城汉文佛教文献裱纸内容反映的现象是一致。被裱补的佛经多集中在人庆三年（1146）《妙法莲华经》[③]，乾祐二十年（1189）三月、九月仁孝皇帝和其罗皇后所施《金刚经》（TK14、39）、《华严经普贤行愿品》（TK61、69）、《弥勒上生兜率天经》（TK58）[④]等，以及天庆二年（1195）、天庆三年（1196）罗皇太后为纪念去世的仁孝皇帝散施《华严经普贤行愿品》（TK98、100）、《转女身经》、《仁王经》、《行愿品》等。可以说，被裱补的佛经是仁孝皇帝在位和仁孝皇帝去世后刊印的。此外，黑水城被裱补文献还有天盛十九年（1167）太师上公总领军国重事秦晋国王任得敬因久病不愈而雕印散施的《金刚经》（TK124、125、126、127）。

这些皇室和权臣所施佛经都是西夏比较流行的，不仅是每次法会刊印散施的，还是西夏剃度僧人所诵读的经典，《法华经》《仁王护国经》是西夏剃度在家僧必须诵读的经典。而剃

---

① 西夏文字典《文海》中介绍了西夏黏合剂是用“皮革、鹿角和鱼”熬制而成的。

② ［俄］孟列夫著，王克孝译《黑城出土汉文遗书叙录》，宁夏人民出版社，1994年，第4-8页。

③ 《妙法莲华经》卷7，刻本经折装，每折8行，行16字，上下单栏。

④ 刻本经折装，每折6行，行18字，上下双栏。

度出家僧所诵佛经更为丰富，“番羌所诵经颂：《仁王护国》《文殊真实名》《普贤行愿品》《三十五佛》《圣佛母》《守护国吉祥颂》《观世音普门品》《竭陀般若》《佛顶尊胜总持》《无垢净光》《金刚般若与颂全》。汉之所诵经颂：《仁王护国》《普贤行愿品》《三十五佛》《守护国吉祥颂》《佛顶尊胜总持》《圣佛母》《大□□》《观世音普门品》《孔雀经》《广大行愿颂》《释迦赞》”[①]。

流行的经典需求量大，使用频率也高，一段时间过后，佛经开裂损坏，影响使用，为了继续使用经典，做适当修复裱补是非常必要的。时人将之前废旧的《金刚经》《华严经普贤行愿品》《大般若》《慈悲道场罪忏法》《弥勒上生兜率天经》《金光明最胜王经》《现在贤劫千佛名经》《仁王护国经》《慈悲道场忏法》等裁成修补纸，用于裱补正在使用的佛经。从裱补纸和原文献内容看，既展现了西夏流行经典的情况，也体现了西夏僧众的信仰。

（二）展示了西夏佛教文献及其裱补纸来源的多元化

西夏虽偏居西北，却与宋、辽、金对峙存在，又占据着丝绸之路要道河西走廊和黑水城，地理位置非常重要，交通便利，且与周边佛教文化交流频繁。西夏推崇佛教，在广为吸收周边政权佛教经典的同时，也建立译场，翻译佛经，至乾顺初期，西夏利用五十三年已翻译完成佛经三百六十二帙，八百十二部，三千五百七十九卷，说明了西夏佛教发展的盛况。从黑水城出土文献看，佛教文献占绝大多数，可以说西夏的主题文化应是佛教文化。裱补纸文献和原文献来源渠道不同，以西夏时期佛教文献最为丰富，其次是继承自河西地区的佛教文献，出自敦煌的有唐代书信、唐写本《妙法莲华经》（TK157）、唐写本《正法念处经》（TK310A、310BV）、唐写本《大般若经》（TK317）、五代刻本《大圣文殊师利菩萨供养文》（TK283、289）、五代刻本《四十八愿阿弥陀佛像供养文》（TK288）等；也有从周边政权传入的佛教经典，来自宋、金的有金刻本经折装《金刚经》（TK30）[②]、《华严经》（TK261）和宋刻卷轴装《长阿含经》（TK274）、宋刻护法神画（TK275）、宋刻卷轴装佛画（TK278）、宋刻本经折装《法华经观音普门品》（TK168V）、宋写本《真州长芦了和尚劫外录》（TK64V）等。

裱补纸较早的是唐德宗贞元元年（785），较晚的是西夏纯祐天庆年间（1194—1205）。黑水城汉文佛教文献及其裱补文献年代跨度较长，来源地不同，它们或为被裱补佛经，或为修复裱补纸，也说明西夏人对来源渠道不同的佛经一视同仁。

（三）体现了西夏对纸张的爱惜

西夏佛教兴盛，抄写或刊印佛经需要大量纸张，与吐蕃、归义军时期的敦煌一样，西夏纸张紧缺，废旧纸张不能丢弃而要改作他用。荣新江先生对吐蕃、归义军时期的用纸有介绍，“吐蕃统治时期的敦煌，纸也是缺乏的，所以佛寺往往把废弃的唐朝官文书收集起来，用背面抄经。到了归义军时期，好纸是由官府控制使用的，归义军的军资库司负责额纸的管理和支用，一般佛寺和民众所用的纸，往往是十分粗糙的纸或者背面已经写了字的纸”[③]。

① 史金波等译注《天盛改旧新定律令》，法律出版社，2000年，第404-405页。

② TK30背面有藏家铅笔编号Дx.3125.1957或以敦煌文献收藏。

③ 荣新江：《敦煌学十八讲》，北京大学出版社，2002年，第341页。

西夏也存在类似的情况，俄已故学者克恰诺夫介绍西夏佛经刊印和抄写佛经数量巨大，本地生产的纸张远远不能满足需要，需要从宋、辽、金进口大量的纸张[①]。黑水城遗存西夏文佛经用纸分八大类，类型不同，品质不同，来源亦不同，或为本地生产，或从宋、金进口。俄孟列夫推测，当时西夏所用的抄写、刊印汉文佛经的纸张，不是本国生产的，而是使用贩运过来的金国产的“进口纸”[②]。

为了保证有纸张可用，西夏人对纸张非常珍惜，有的开裂破损佛经得到了褙补，纸张的正反面得到了充分利用。克恰诺夫在《俄藏黑水城西夏文佛经叙录》中还提道：“经书破损了，要对其进行修复。有些经文的修复工作在西夏时期就完成了，修补的痕迹看上去很明显，佛经中也附带进行了说明，有的还提及佛经修复者的名字。如《大般涅槃经》(馆册第8014号)。”[③]利用废旧纸张对文献褙补修复，也是西夏人对缺纸现状的一种补充。西夏佛经使用频率比较高，佛经损耗也快，因而要对残损不严重的佛经进行修补，延续佛经寿命，保证佛经正常使用。

不论是作为经折装佛经折缝褙纸、卷轴装背面褙补纸，还是作为佛经封套褙纸，时人都要将废弃纸张依据所要修补文献残破形状、大小进行裁剪。在修补文献时，人们只关注将要褙补文献，而对被裁剪的纸张内容已不再用心，裁剪粘贴也比较随意，故有的褙补纸上下被剪断，有的字被裁去一半等。

当然黑水城文献中也存在用白纸褙补文献的现象，使得文献结实耐用。这类情况很少见，TK301V是黑水城文献唯一一件被定名为褙纸的文献，TK301V文字是正面文字的反字(见图16)。

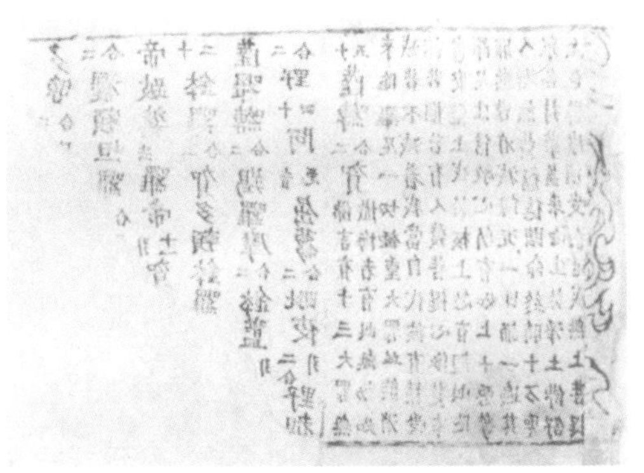

TK301V

TK301

图16　TK301V和TK301

(四) 对汉文佛经帙号体系的补充

俄藏黑水城汉文佛经文献内容丰富，版式多样，我们考证，西夏从德明到秉常时期，先

① [俄] 克恰诺夫著，崔红芬、文志勇译《俄藏黑水城西夏文佛经叙录》“绪论”，甘肃文化出版社，2021年，第13-15页。

② [俄] 孟列夫著，王克孝译《黑城出土汉文遗书叙录》，宁夏人民出版社，1994年，第60页。

③ [俄] 克恰诺夫著，崔红芬、文志勇译《俄藏黑水城西夏文佛经叙录》，第28-29页。

后六次向宋献马请赐藏经，宋朝为了彰显大国气度，还其马，听其请。遗憾的是，如此多的宋刻汉文藏经传入西夏，但有帙号的宋刻藏经未见保存下来。黑水城汉文文献中所存西夏皇室和官宦出资刊印散施的汉文佛经，也基本上没有帙号。我们介绍的黑水城汉文文献裱补纸《长阿含经》（TK274）卷第二十，存“薄”帙，佛经版画（TK278）裱补纸《中阿含经》卷第一十五，存“兴”帙。比对《长阿含经》《中阿含经》的帙号，与宋及其以后的藏经帙号体系不同，而与北方藏经体系《辽藏》是一致的。

那《辽藏》何时传入西夏，具体传入了哪些经典，又是哪种版式？我们皆不可考，但黑水城汉文佛经帙号和国图藏元刊西夏文《过去庄严劫千佛名经》序文“后护城帝诏依南、北经重校”等向我们透露出，北方藏经体系《辽藏》曾传入西夏，其帙号对西夏产生了较大影响。

综上所述，本文主要对俄藏黑水城汉文佛教文献所涉汉文、西夏文裱补纸的内容进行了探讨，裱补纸或存于汉文经折装佛经折缝、卷轴装破损处，或作为新刻佛经封套等。裱补纸内容有刻本也有写本，有汉文也有西夏文，皆是对废旧纸张的再次利用。本文还首次从裱补纸内容辑录出了《僧伽咤经》《小室六门》《大方等大集经》等，丰富了黑水城佛教文献种类。然而，黑水城汉文佛教文献所涉裱补类型多属于维护文献完整的技术性修复，而缺少对于原文献残缺内容的修复和错误内容的修正等，对这部分内容的考证见另文，在此不再赘述。

写本学研究方法对敦煌文献研究的意义

——以施萍婷的研究方法为例

伏俊琏（西华师范大学文学院）

一

写本学研究在近二三十年来越来越被学者关注。就敦煌写本来说，日本学者藤枝晃先生的《文字的文化史》、法国学者戴仁先生的《写本时代（十世纪之前）的中国藏书》都是这方面有影响的著作。中国学者林聪明先生的《敦煌文书学》是我国第一部系统研究敦煌写本特点的著作。书中细致地描述了敦煌写本的形态、装潢与印信、抄写符号、题记、文书的割裂、写本的来源等。十年后，林聪明先生又出版了《敦煌吐鲁番文书解诂指例》，对敦煌文书的形态、抄校、错乱、装潢、抄写符号、题记、文书的割裂等外部特征进行功能分析和例证讨论。

方广锠先生是目验敦煌写本最多的学者之一。他认为，要把研究“写本学”和“写本时代的文献”区分开来。研究写本时代的文献，是建设“写本学”的基础。但如果瞩目点依然是“文献”，而不是“写本”，则与此前的敦煌文献研究没有太大的差别，只是换了一个说法而已。我们要研究的是“写本”这种形态本身的特征，以及如何由于它本身的特点而影响了写本上的“文献”。近年来，方先生在敦煌同一写本上的多主题文献之间的相互关系、敦煌写本的装帧专题等方面进行了较为集中的研究。他曾感慨地说：“写本研究的缺失，起码使700年学术文化之依托难明！”这是在摩挲研究了数十年敦煌写本后的肺腑之言。

从1996年开始，郝春文先生就开始了《英藏敦煌社会历史文献释录》的编纂工作，截至2022年，已经完成了18卷，从S.10号到S.3927号，约420万字。本书开创了按流水号依次对每件敦煌汉文社会历史文献进行释录的体例。《释录》的每件文书一般包括“标题”、“释文”、“说明”、“校记”和“参考文献”等几个部分。《释文》以写本为底本，并对原件的错误加以校理。“说明”在学术界已有的研究基础上，对每

件文书的性质、名称、年代等问题都作了考证。“校记”吸收已有的研究成果，明异同，断是非。“参考文献”胪列百年来学术界有关该写本文书的重要研究文献。本成果提供了英藏敦煌汉文社会历史文献最新的校录本，全面提供了学术界的研究信息，而且在“写本学”和“古文书学”学科理论的建立上做了诸多探讨。郝先生的《敦煌写本学与中国古代写本学》《中国古代写本学与古代文学研究》等论文对中国古代写本学的由来、定义、研究对象、分期及研究内容，以及古代写本学与古代文学写本的整理与研究等理论问题进行了探讨。

张涌泉先生的《敦煌写本文献学》把敦煌写本文献的诸多语言特点和书写特例作为重点考察的对象，进行了系统全面的归纳和总结，为敦煌写本乃至所有古代手写纸本文献的整理研究提供了较为系统的理论指导和可以具体操作的校读范例。本书在写本文献学的建构方面发凡起例，具有开创之功，它在敦煌学界和中国古典文献学的重要性和影响力，应当得到充分的肯定。

从写本学的角度研究敦煌文学，徐俊先生《敦煌诗集残卷辑考》的成绩最为突出。本书以写本为单元校录诗歌，把与诗歌抄写在同一写本上的其他内容，不论正面背面，全部著录清楚，重视写本的整体信息和抄写情境，更加明确地与整理刻本文献的方式相区别，以体现写本的全貌和当时的文学面貌。而这一面貌正是作者所说的有别于“经典文献”的“民间写本”，是纸写本时期社会上流行的大量文学写本的真实面貌。在此之前，徐先生曾撰有《〈敦煌本唐集研究〉书评》，这是他文学写本学理论的发轫之作，在敦煌文学研究的方法论上有重大突破。而他的《敦煌诗集残卷辑考・前言》，更是一篇闪烁着理论思辨色彩的文学写本学力作。这篇论文强调敦煌诗歌写本的性质和特质，一是区别于“刻本时代”的典型“写本时代”文献的特征，二是区别于“经典文献”的以“民间文本”为主的特征。后来他以《身临其境的诗坛——关于敦煌诗歌写本特征、内容及整理方法的考察》为题收入其论文集《鸣沙习学集》。“身临其境的诗坛”正是对这一研究方法的形象概括。

荣新江先生长期研究中西文化交流与敦煌学。1998年初版的《敦煌学十八讲》专列《敦煌写本学》一讲，从“纸张与形制”“字体和年代”“写本的正背面关系”三个方面介绍敦煌写本学的基本内容。他提出“丝绸之路也是一条写本之路”，并对丝绸之路上各种书籍、文书的流传途径做了深入细致的梳理和研究。荣新江还通过具体文学写本的研究，揭示了诸多饶有兴味的学术问题，比如《唐人诗集的抄本形态与作者蠡测——敦煌写本S.6234+P.5007、P.2672综考》一文，发现这是一位官吏用一份可能废弃的官文书写的诗稿，从凉州一直到焉耆的纪行诗。这个写本不是简单的诗集，而是一位官员在考察过程中的行程、感受、情感起伏的生命体呈现。

郑阿财先生《论敦煌俗字与写本学之关系》主要讲敦煌写本中俗字与写本时代之关系，与写本真伪的关系，与写本性质来源的关系。郑先生还提出了“写本原生态”的概念，并结合具体写本进行了论述，如《写本原生态及文本视野下的敦煌高僧赞》《从敦煌吐鲁番文献看唐代学童的诗学教育》《〈刘萨诃和尚因缘记〉性质与功能》等。朱凤玉先生在敦煌文学写本的原生态研究方面也进行了有价值的探索，有《敦煌诗歌写本原生态及文本功能析论》《敦煌变文写本原生态及其文本讲唱特征析论——以今存写本原题有“变”为中心》《从原生态论敦煌变文之抄写与阅听问题》《敦煌曲子词写本原生态及文本功能析论》等论文。

日本学者荒见泰史的《敦煌变文写本的研究》，在细读敦煌变文、通俗讲经写本的基础上，细致考察讲唱体与韵文体变文的文体形成过程，挖掘敦煌写本中的故事略要本，据此探讨了散韵相间的讲唱体变文演变的过程及其特征与功能。其姊妹篇《敦煌讲唱文学写本研究》，通过敦煌讲唱文学作品的不同写本的比较，对相关变文作品的演变问题等进行了具体的研究。

综合前贤的研究成果，加上自己的一些思考，我曾对“写本学”作过这样的概括：把一件写本当作一个整体，当作一个文学单位。通过考察这件写本的形制和物质形态，通过考察写本上抄录的不同作品和这些作品之间的关联性，探讨写本的制作者和使用者的思想与情感，他们和受众之间的互动，探讨动态的立体的文学场景。同时，这件写本因为某些要素，如作品、作者、题材、创作时间、抄写时间、抄写者、字体等，与其他写本存在联系，这些联系使不同的写本可以构成一个文学写本群；对文学写本群的探讨，对于研究一个时间段、一定范围内文学的传播和方式等，也是很有意义的。所以，“写本文学”是一种表达思想、抒发情感的文学形式，同时也具有方法论的学术意义，而“文学写本”则主要强调的是文学作品用写本的形式呈现。

写本学的研究对象是：一件写本可以分为内容和物质形态两个方面。写本的内容，主要包括写本上的各种文本或杂抄，不同文本间的关系，写本正面和背面的关系，写本的二次或多次加工情况，写本的书写状况、抄写格式、抄写体例、各种标识符号、字体、印记、签押、款缝、题记等，还有对抄写时间、抄写者和写本来源的探讨，即写本为何人何时所抄、抄于何地，使用或发出者属于何地、何人或何机构等。写本内容最重要的是写本上各种文本内容的挖掘、校勘以及名称、年代和性质的考证，俗语词、俗字、异文的研究等。写本的物质形态，指写本的发现、出土地、出土时的摆放情况，以及写本的装帧形制、规格，写本的断裂与缀合，包括对简牍以及纸的制作、加工过程、材料来源的研究，毛笔、硬笔和墨等书写工具的研究。所以，写本学主要研究写本的材料、书写工具、书写者、写本的制作、写本的形态和文本的内容等方面具有普遍性的问题，还有解决以上问题的方法（《写本学研究》第二辑卷首语，商务印书馆，2022年）。

把一个写本上的多篇作品作为一个整体研究，这种方法与西方的绘画史研究有关。西方绘画史研究，一方面强调原始场景，另一方面讲究“图像序列”（Image sequence）。我国传统的绘画史研究，一般来说只关注绘画本身。宋代以来对汉画像石的研究，也以单独的画像为主，如对武梁祠多层画像，也很少考虑各个独立图像之间的关联，墓室中各个方位间图画的关系。我国传统的金石学，也偏重于著录和考证金石之上的文字铭刻资料，以达到证经补史的目的。写本学源于西方，所以它强调写本原产地和出土地、写本的形制和物质形态，如果是考古发掘的写本，它们出土时的现场情况、摆放位置、与其相关联的陪葬品或其他物品，都是研究者要关注的。而书写载体的质地和制作，也是要研究的对象之一。

二

2022年，是著名敦煌学家施萍婷先生九十华诞，为了写纪念文章，我重新拜读了她的论文集《敦煌习学集》和相关论著，施老师学问的博大精深，我深感敬佩。敦煌学以地名学，研究范围很宽泛，主要包括敦煌石窟和敦煌文献。敦煌石窟主要指莫高窟南区北区七百多个石窟、45000多平方米的壁画、近3000尊雕塑等，敦煌文献主要指藏经洞出土的七万多件

4—11世纪的写本文献（少数刻本）。所以敦煌学家几乎都是在某一领域有比较精深的研究，比如敦煌石窟考古、壁画雕塑、历史、宗教、文学、语言等。而施萍婷老师对敦煌石窟和敦煌文献都有精深的研究，而在敦煌写本研究方面，她是不自觉地运用写本学的研究方法，在方法论上给我们诸多启示。

施老师研究敦煌写本的基本方法是：把一件写本当作一个整体，从写卷的整体入手全面考察；同时，又以此写本为核心，广泛联系相关写本文献，从缀合、关联性入手发现一组写本，这实际上就是日本学者藤枝晃所说的"写本群"。20世纪70年代初，日本学者藤枝晃就描述过敦煌写本研究方式的变化："本世纪前半叶，对敦煌写本残卷的传统研究方法是'觅宝'式的。现在随着敦煌遗书的陆续公布，必须让位于一种新研究方法，即将写本残卷重建为一个整体，并且找出个别写本或写本群在全部敦煌遗书中的位置。"（《敦煌写本概述》，《敦煌研究》1996年2期）施老师也许没有自觉想到建立写本群的观念，但由于她对敦煌遗书有全面的掌握，在具体研究过程中践行着写本群的研究方法。

比如，她研究S.2926《佛说校量数珠功德经》，又联想到S.4243的《念珠歌》，联系到莫高窟第148窟、第205窟的念珠壁画，从佛经到佛教文学唱诵，再到壁画上生动的念珠场景，把写本与壁画联系了起来，实际上是佛教世俗化的动态展示。她对三界寺与道真写本群的研究，更是具有启发性。有关三界寺的写经计有91件，构成"三界寺写经群"，在这个群里，又可分出"学郎写经群""三界寺藏经群""受戒牒写本群""道真写经群"等子写本群。其中最值得关注的是"道真写经群"，计有51件写本，全面展示了敦煌著名僧人道真在三界寺半个多世纪兢兢业业的工作。在这个写本群中，我们看到道真作为授戒师，为众多的信徒授戒并颁发戒牒；而33件由他亲笔签发署名的戒牒，生动地展示了九百多年前，道真为各路信众，尤其是为在家的善男信女授牒的情景。S.5448写本是著名的《敦煌录》，我们从第一页道真"敦煌录一本，道真，道真"的亲笔签名，可以感到，他是十分喜欢这本记录敦煌历史文化的《敦煌录》的，所以特意抄成小册子的形式，便于随身携带。我们由道真签发的《辛亥年腊八燃灯分配窟龛名数》，仿佛看到辛亥年腊八节莫高窟的盛况。而写本群的题记，生动地展示了道真从"长兴五年"（934）以来，"寻访古坏经文，收入寺中，修补头尾，流传于世"，兢兢业业，废寝忘食的情景。

P.2971写本，王重民先生《伯希和劫经录》著录正面内容为"禅宗世系表"，施老师经过仔细研究，从四个方面论证"禅宗世系表"说法的不可信，然后又从三个方面论证它实际上是"壁画榜题底稿"。该写本背面的人名排列，学者长期不解，其实也是壁画榜题。而另一个写本P.4966，《伯希和劫经录》著录为"残佛经十三行"。施老师经过考证，认为它也是"壁画榜书底稿，确切说是弥勒经变的榜书底稿"。在多种译本的弥勒经中，义净的译本与此榜题相符合者最多。通过莫高窟壁画中弥勒经变的考察，施老师把这件榜题的时代确定在五代。榜题类写本是敦煌写本中很有意义的一类，施老师对这类写本的研究独具慧眼。S.192，刘铭恕《斯坦因劫经录》著录为"佛经"，施老师认为是"贤愚经变"的榜书底稿。写本行文的"杂乱无章"，正是根据壁画画面而确定的。由于故事曲折，画家在构图时就得考虑不同情节如何布置在同一空间而疏密有致、繁简得当，甚至得考虑榜书如何参差错落，使书画相得益彰。对照莫高窟第108窟的屏风画贤愚经变，合若符契。第108窟为五代时修建，窟主为张怀庆，可见S.192为五代时的遗物。

由于施老师对莫高窟壁画很熟悉，所以面对敦煌写本中的这类榜题画稿，就能与相关的壁画联系起来。如P.3352写本，王重民《伯希和劫经录》著录为“阿阇世王故事及十六观佛因缘诸佛像记之节目”，说得比较模糊。施老师对这个写本作了全面考察，认为写本所抄应当分为三部分内容，其中第一部分为“观无量寿佛经变”说法图之榜书底稿，可以对应第217窟、第171窟；第二部分是千手千眼观世音经变构图的文字稿，可以和敦煌出土的今藏于大英博物馆千手千眼观世音经变、巴黎吉美博物馆太平兴国六年（981）千手千眼观世音经变、德里中亚博物馆千手千眼观世音经变相对应；第三部分是24种瑞像图的榜书底稿，与莫高窟五代时期开凿的第100、第108窟中24幅瑞像图相吻合。而这24幅壁画中，有6幅与于阗有关，可以确定P.3352是曹氏归义军以后的写本。据此榜文底稿，不仅可以考证内容，还可以考证对应具体的洞窟，并为石窟开凿年代的确定提供佐证。

对于写本的个案研究，施老师的方法也值得我们学习。比如我读得较早而印象最深的《本所藏〈酒账〉研究》，就是一篇在研究方法和论文写作方面可供年轻学者模仿的范文。《酒账》写本首尾皆残，Dy001+P.2629+Dy369三件写本缀合后保存了100笔酒账（见图1），时间从某年四月九日到六月二十四日，写本上有“归义军节度使新铸印”，《甘肃藏敦煌文献》拟题《归义军衙府酒破历》。

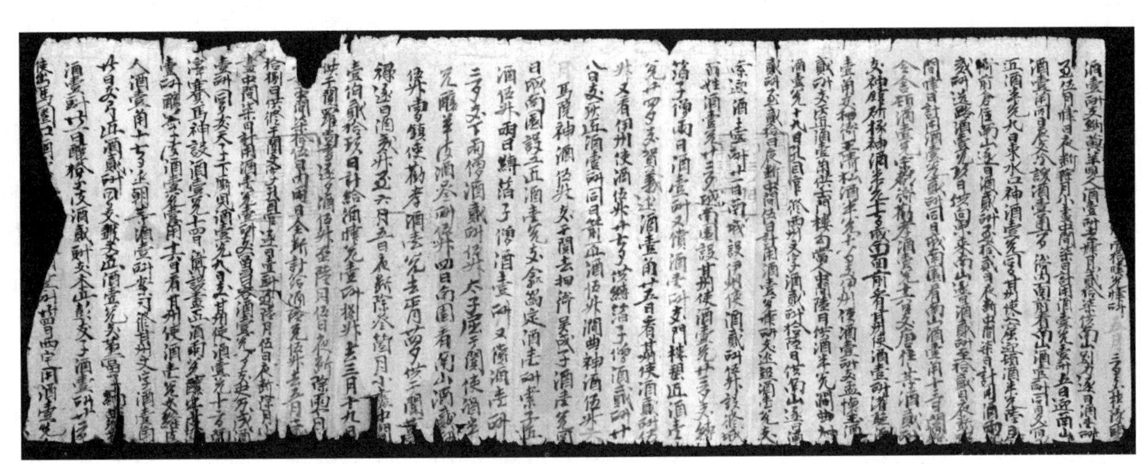

图1　《酒账》局部

施文第一步是把写本内容列表，分“时间”“事由”“用酒量”三栏。

第二步是《酒账》年代的推断，开门见山公布文章的结论：立账年代的上限为后周显德二年（955），下限为宋真宗咸平五年（1002），而以乾德二年（964）的可能性最大。然后陈述根据，一是考证“归义军节度使新铸印”的启用情况，确定上限。二是考证“用酒事由”中四条与于阗相关者，而咸平五年（1002）归义军发生重大变故，与于阗关系中断，就不会有于阗使者到敦煌受到归义军节度府款待之事了。这是酒账的下限。三是从相关条款记载的月份大小入手，再以有关历史事件为佐证，确定乾德二年（964）的最大可能性。而对一些历史事件的考证，极见功力。如对从于阗、西州到内地，五代宋初有三次使节往来，这三次出使，都经过敦煌，与《酒账》招待记录相吻合。《酒账》中出现了四次“太子”的记载，施文认为指“于阗太子”，对敦煌遗书中于阗太子来敦煌的相关史料进行了考证。

第三步是从《酒账》看当时敦煌的社会文化民俗：如从《酒账》34条关于甘州、伊州、西州、于阗的记载中，可以看出当时的敦煌是联结西北各地的重要通道；《酒账》反映当时东西来往各阶层官员的情况；《酒账》反映当时民间除了佛教活动外，还有大量的其他宗教活动、民俗活动；《酒账》反映当时敦煌酒业经营盛况；《酒账》反映当时的敦煌有专门给归义军衙门提供生活用品的“专户”；《酒账》反映归义军衙门设有画院；《酒账》反映当时敦煌还有分工明细的手工业作坊；《酒账》反映当时归义军衙门有通晓翻译各种民族语言文字的专家，且有专门的管理机构。

本来文章至此，可以说《酒账》的主要问题已经说清。但作者咬住青山，一个字一个字地排查，对《酒账》涉及的种种问题穷追不舍，一一进行探讨。如历代很难见到的容量计算单位“瓮”“角”“斗”“升”“合”，根据《酒账》推算一瓮等于六斗，一斗等于十升，一升等于十合，一角等于十五升。还有供酒的专用名词：使节来到敦煌，先设酒接风，谓之“迎”；紧接着设宴洗尘，谓之“设”；如果使节住的时间较长，要定期问候，谓之“看”；使节住敦煌期间，要每日供酒，谓之“供”。《酒账》中出现了14次“南山”，作者通过大量敦煌遗书的材料，证明“南山”指“南山部族”的使者；“南山部族”是当时活动在党河南山一带的吐蕃人。

这样一来，一篇枯燥无味的《酒账》就鲜活了起来，它的每一个细胞，都被施老师激活了。我们仿佛看到一千年前的沙州城，归义军节度使的“宴设司”“柴场司”中的官员们忙碌不停，他们挥舞着笔墨，登记着账簿，指挥着衙役搬着酒翁。节度使专用招待宾馆里，东来西往的外交使者、朝廷贵宾、大德高僧，络绎入住，宾馆的宴会厅更是觥筹交错、乐舞不断。如果有一位画家，可以根据这部《酒账》和施老师的研究成果，画一幅《沙州宴饮图》或《敦煌宴宾图》长卷。一件枯燥无味的“酒账”，在施老师手中变成一件鲜活的趣味横生的东西，充满了生活的动态场景，真是我以前想不到的。伦敦大学历史系罗维前（Vivienne Lo）教授在讨论战国秦汉墓葬出土的医学和法律文书时也指出：“每部写本同时也是一座文化记忆的贮藏库。”敦煌写本也是如此。

施老师治学的一大特点，是从目录文献学入手，用文物学家的敏锐眼光审视研究对象，是文献学家与文物学家的完美统一。中国传统的目录学和金石学重视文献内容的考释，但往往忽视对其生成背景和生存情境的细致观察，所以研究问题的平面化是其局限性之一。读施老师的著作，有一种明显的感觉，她不仅仅重视文本，对作为文本载体的文物，对这些文物的来龙去脉，都极为关注。她早年摩挲翻检敦煌文物研究所（今敦煌研究院）珍藏的敦煌遗书，尤其是土地庙出土的那批遗书，已经是这样一种眼光了。后来调查天津艺术博物馆、上海图书馆、甘肃省博物馆珍藏的敦煌遗书，无不是这种眼光。当她的学术眼光投在日本、俄罗斯等珍藏的敦煌遗书时，这种眼光就更为自觉和敏锐。我们读她的《日本公私藏敦煌遗书叙录》《俄藏敦煌文献经眼录》，用字极为节约，所下断语皆确切沉稳。就像《庄子》所写的庖丁解牛，既是“所见无非牛者”，又“未尝见全牛也”，“依乎天理，批大郤，导大窾，因其固然”。比如有关于敦煌遗书题记隋董孝缵写经的考察，康有为与敦煌写经的考察，三界寺与道真及敦煌藏经的考证，土地庙遗书源于藏经洞的考察等，无不体现出对遗书的来源、存放情状、形制特征等的追根溯源、考镜流变。因此，“目录学家的缜密”，“文物学家的慧眼”，是我对施老师治学特点的概括。

敦煌写本书籍史研究路径的探索

史 睿（北京大学中国古代史研究中心）

【摘要】书籍史以书籍为研究对象，研究书籍的形态、体式、生命史，研究人类的阅读与习得、作者与读者的关系，是研究书籍所体现的人与书、人与人、人与社会关系的总体史。书籍史研究是从传统学术领域中孕育出来的，前辈学者利用敦煌文献在文字学、语言学、文献学和历史学的各个领域都作出了卓越的成就，这些成就都是书籍史研究的基础。本文结合笔者的研究经历，从写本书籍史的物质文化史基础、写本学方法的视角、学术史的脉络、社会史的观照等方面探索书籍史的研究路径，希望由此再现写本书籍时代的学术史、文化史、社会史和思想史，乃至中古时代的总体史，为敦煌文献的研究追寻更为广阔的学术前景。

【关键词】写本 文献学 书籍史 总体史

导言：写本书籍史研究的范畴

文献研究自古有之，但文献学则是现代学术体系中的一个分支。拙见以为文献学是以研究文本在不同载体上如何生产、使用、管理、流变为主要内容，兼及文本与载体之间在时间、地域、组织、权利、学术等几个维度之间的张力及其变化的通用学科；文献学会帮助我们厘清有关人类记录信息、知识、经验、智慧的基本类型与方法，研究跨载体文本转移与人类文化、文明延续之间的关系，进一步延伸到文献的文化史意义和文明史意义①。如果说研究文本与载体关系及其规律的学科是文献学，而以文献的具体表现形式（之一）——书籍为研究对象，研究书籍的形态、体式、生命史，研究人类的阅读与习得、作者与读者的关系，即通过书籍研究人与人、人与社会各种关系的学问，

① 详参拙文《从传统文献研究到现代文献学的转型》，《文献》2019年3期，第186–189页；又《〈嘤其鸣矣〉序》，载南江涛主编《嘤其鸣矣：青年学者说文献学》，国家图书馆出版社，2022年，第1–8页。

则属于书籍史。两者有局部的交叉，需要互相支撑，但是研究方法和目标各有不同。

书籍史是一门新兴的学科，是法国新文化史中的重要主题。台湾大学历史学系秦曼仪曾指出，书籍史或书写文化史的研究与人文学术的很多学科都有密切的关联，例如社会学、文学批评、哲学等。书籍史和思想史、宗教史、社会史、经济史的交叉研究，吕西安·费弗尔（Lucien Febvre）的目标是总体史体系之下书籍反映的心态史，亨利-让·马尔坦（Henri-Jean Martin）的研究旨趣是提供书籍与社会关系的总体性诠释，罗杰·夏蒂埃（Roger Chartier）和丹尔尼·罗什（Daniel Roche）的书籍史研究采取社会经济史的路径，以探求认识社会普遍的、集体的心态观念和文化史①。

书籍史深深根植于文献学，从研究对象上看，它的核心资料是书籍本身以及关于书籍的文献记录，最新研究开始关注非书文献和电子文献；从内容上看是研究书籍的生产、发行和接受，以及由此映射出的作者、编者、印制发行者、读者之间的关系；从学理上看，是文献学与历史学的紧密结合，其最终关怀是较长时段的人类社会的变迁。落实到中国古代书籍史研究，则必须基于传统的文献研究、社会研究和历史研究，而且应当结合多种研究维度，突破静态的平面的单维度的文献研究，进入活的书籍史研究。既要研究书籍体式变迁与知识分类体系、学术流变、社会需求之间的复杂关系，也要像关注个体生命一样研究书籍的生命史，包括全体书籍生成直至消亡的一般历史，也包括社会变迁中经典书籍的复杂面相及其兴衰的历史，还要关注作为书籍主体的“人”的尺度——从利用书籍的文字习得、文化习得到文化生产的全周期，以及不同社会阶层、文化阶层和不同时代的变迁曲线。总而言之，书籍史是研究书籍所体现的人与书、人与人、人与社会关系的总体史。

正如前辈学者所说，敦煌研究从二十世纪发现之初的挖宝式研究，到战后勃然兴起的分类辑录的精细研究，再到当下的整体综合研究，不同时代有不同的学术条件和学术趣向②。为了能够走出狭义敦煌学的范围，发掘敦煌文献作为一般史料的价值，必须将敦煌文献与传世文献更为紧密地结合，用于解决普遍的历史问题；而利用敦煌文献研究写本书籍史则是其中一个重要的领域。如果认为出土文献未见要书，即使有重要典籍的片段或遗文，也是未经经典化的畸零之物而不加重视，就未免浪费了这些千年后“失而复得”的宝物。足够数量的敦煌吐鲁番写本书籍的出土，已为我们准备了通过研究写本书籍实物，广泛结合传世史料，再现写本书籍时代的学术史、文化史、社会史、思想史乃至中古时代总体史的文献基础，具有非常广阔而光明的学术前景。

一、从传统学术出发的书籍史

书籍史研究是从传统学术领域中孕育出来的，前辈学者利用敦煌文献在文字学、语言学、文献学和历史学的各个领域都作出了卓越的成就，这些成就都是书籍史研究的基础。中国古代史的史学研究，尤其是中古时期的政治史、地域史、学术史、文化史、社会史、教育史、书法史、中外交通史等领域的成果是构建敦煌写本书籍史的重要基石。

敦煌文字学、语言学方面，从罗、王向伯希和索求敦煌出土写本韵书照片开始，经罗常

① 秦曼仪：《书籍史方法论的反省与实践——马尔坦和夏提埃对于书籍、阅读及书写文化史的研究》，《台大历史学报》2008年总第41期，第257-314页。

② 郝春文等：《当代中国敦煌学研究（1949—2019）》，中国社会科学出版社，2020年，第2-5页。

培、姜亮夫、蒋礼鸿、郭在贻、项楚、董志翘、张涌泉、黄征、张金泉、许建平、张小艳、郜同麟等数代学者的努力，已经呈现出非常清晰的学术体系。尤其是以张涌泉《敦煌俗字研究》（上海教育出版社，2015年，第二版）、张涌泉主编《敦煌经部文献合集》（中华书局，2008年）、黄征《敦煌俗字典》（上海教育出版社，2019年，第二版）、张涌泉等主编《敦煌文献语言大词典》（四川辞书出版社，2022年）最为重要。这些成果不仅是敦煌文字和语词的研究，也是中古文字和语言研究的重要里程碑，同时也为书籍史提供最为重要的资料。郑阿财云，“不同时期的写本，使用俗字既有继承沿用，又有创新与罢用，是写本俗字每具有其时代特色”，可据以确定写本年代及真伪；又云：“不同性质的文献，来源不同的写本，其抄写时使用文字，‘正、俗、通、讹’的严谨、宽松程度亦有所不同。换句话说，写本俗字的使用，有其阶层性与正式性的差别，且与文献内容性质息息相关。”①蔡忠霖的《敦煌汉文写卷俗字及其现象》（文津出版社，2002年）已经开始着手研究俗字的写本学问题。今天我们已有数字人文的知识图谱方法，如果依据传世的正字学著作和敦煌出土的俗字字书为基本样本，以《敦煌俗字典》《吐鲁番俗字典》等字典建立起来的俗字与对应写本关系为基础知识图谱，则能自动分析全部写本中出现的俗字，且将写本的俗字与其年代、内容、性质、功能、文化位阶相关联，实现郑阿财提出的“俗字写本学”研究目标。同理，词汇与写本内容、性质、功能等要素亦有密切关联，如果将《敦煌文献语言大词典》与其所出文献关联起来，也可以研究相关的写本书籍史问题。

传统四部典籍研究始于沙畹、伯希和、罗振玉、刘师培、董康、王国维、内藤湖南等学者，日本学者的《讲座敦煌》书系、中国学者的《敦煌文献分类录校丛刊》《敦煌学大辞典》与重要敦煌典籍的整理，以及《敦煌讲座书系》的出版大幅度推进了文献研究②。张弓带领中国社会科学院团队完成的《敦煌典籍与唐五代历史文化》（中国社会科学出版社，2006年）在文献研究基础上凸显社会史和学术史视角，已经具有敦煌写本书籍史的基本特征，非常重要。徐俊《敦煌诗集残卷辑考》（中华书局，2000年），尤其是此书前言《身临其境的诗坛》③，是敦煌文学写本书籍史开山之作，提出新范式与新路径④，影响远及海外汉学界，田晓菲、倪健的研究都受其启发⑤。佛教书籍史资源和问题最为丰富，敦煌典籍当中佛教内容比例最高，从佛教典籍翻译、抄写、典藏到撰著、传播、注释等各个环节都极为完整，也有重要研究成果可资凭借。中日学者关于写本佛教大藏经的研究成果卓著，上山大峻《增补敦煌佛教の研究》（法藏馆，2012年）尤其具有书籍史眼光，对敦煌高僧法成的著述、翻译、集成及其弟子听课笔记作了群体传记、佛教史、地域史、文本学的研究，尤其是多件法成弟

① 郑阿财：《论敦煌俗字与写本学之关系》，《敦煌研究》2006年第6期，第162-167页。

② 金冈照光、池田温、福井文雅等编著《講座敦煌》，大東出版社，1980—1992年；周绍良主编《敦煌文献分类录校丛刊》，江苏古籍出版社、凤凰出版社，1996—2007年；季羡林主编《敦煌学大辞典》，上海辞书出版社，1998年；《敦煌讲座书系》，甘肃教育出版社，2013年。

③ 又收入徐俊：《鸣沙习学集——敦煌吐鲁番文学文献丛考》，中华书局，2016年。

④ 吴真：《敦煌孟姜女曲子的写本情境》（《民俗研究》2011年2期，第179-194页）实践了敦煌写本的情景研究。

⑤ 田晓菲：《尘几录：陶渊明与手抄本文化研究》，中华书局，2007年；Christopher M. B. *Nugent: Manifest in Words, Written on Paper*, Harvard University Asia Center, 2011。中译本见倪健著，冯乃希译《有诗自唐来——唐代诗歌及其有形世界》，上海人民出版社，2021年。

子听课笔记的排比研究，堪称佛教写本书籍史的典范。郑阿财（《郑阿财敦煌佛教文献与文学研究》，上海古籍出版社，2011年）、朱凤玉（《朱凤玉敦煌俗文学与俗文化研究》，上海古籍出版社，2011年）有关佛教写本与文学关联的研究重视写本书籍的特质，琳琅满目，胜意迭出。林世田、杨学勇、刘波《敦煌佛典的流通与改造》（甘肃教育出版社，2013年），加入佛教典籍写本流通、改造、修复等的视角，从写本物质文化史和写本内容与功能相关联的角度着手①，丰富了佛经写本书籍史的研究维度。池丽梅、定源针对日本古写本所作的佛教写本书籍史研究②，开发新材料，深掘双方学界的模糊地带，推进中日两方的写本书籍史互证，成果焕然一新，启人耳目。

新近青年学者，尤其是以历史文献学、古典文献学的学者为主，纷纷深入写本时代书籍史的领域，童岭《六朝隋唐汉籍旧钞本研究》（中华书局，2017年）、聂溦萌《中古官修史体制的运作与演进》（上海古籍出版社，2021年）、曲柄睿《整齐世传——前四史人物列传编纂研究》（中华书局，2022年）都是优秀成果，南京大学文学院《中国古代文献文化史》丛书系列中于溯的《中古时期的历史文献与知识传播》（南京大学出版社，待出版）特别值得期待。陈志远、苏芃、李成晴、蔡丹君、曲柄睿、于溯、石静、张宗品、田卫卫、武绍卫等青年学者的书籍史论文③也展现了写本书籍史研究的前景，格外令人振奋。

未来学者们如能继续沉潜于写本实物与文献相结合的研究，尤其是推进文化史与社会史的研究，必将再上层楼。

---

① 相关论文集还有刘波、林世田：《守藏集》，国家图书馆出版社，2021年。

② 池丽梅：《敦煌出土の『维摩経』僧肇单注本について》，《仏教文化研究论集》2005年9号，第62–85页；池丽梅：《道宣の前半生と『続高僧伝』初稿本の成立》，《日本古写経研究所研究紀要》2016年1号，第65–95页；池丽梅：《伝最澄編『天台霊応図本伝集』の研究(1)現存最古の李善单注本「遊天台山賦」》，《鶴見大学仏教文化研究所紀要》2012年17号，第177–205页；定源：《佛教文献论稿》，广西师范大学出版社，2017年。

③ 陈志远：《合本子注再检讨：早期佛典翻译史的独特方法》，载《汉语佛学评论》第六辑，上海古籍出版社，2018年；苏芃：《原本〈玉篇〉引〈史记〉及相关古注材料考论——裴骃〈史记集解〉南朝梁代传本之发现》，《文史哲》2011年第6期，第81–89页；苏芃：《日本宫内厅藏旧抄本〈史记·高祖本纪〉年代新证》，《文学遗产》2019年第1期，第182–186页；李成晴：《中古"家集讳其名"考》，载荣新江主编：《唐研究》第二十三卷，北京大学出版社，第163页；李成晴：《中古别集篇序、并载之体例及其副文本功能——以〈文选〉李善注引"文帝集序"释证为中心》，《文学遗产》2019年第3期，第40–54页；李成晴：《元白集诗题的"应然"与"例校"》，《文献》2023年第4期，第128–157页；蔡丹君：《南北朝"抄撰学士"考》，载《中国典籍与文化论丛》第16辑，凤凰出版社，2014年，第177–198页；曲柄睿：《佣书成学：中古知识的结集、生产与传播》，《北京师范大学学报》2023年第1期，第142–151页；于溯：《行走的书簏：中古时期的文献记忆与文献传播》，《文史哲》2020年第1期，第154–164页、第168页；于溯：《万卷，一个中古时代的收藏欲望》，《上海书评》2020年6月24日，https://m.thepaper.cn/newsDetail_forward_7941012?from=timeline&isappinstalled=0；石静：《抄本时代的文本复制研究——基于魏晋南北朝士人自主抄写的考察》，《现代出版》2019年第2期，第68–71页；张宗品：《俄藏敦煌文献所见存世最早的〈史记〉写本残片及其缀合》，《敦煌研究》2011年第5期，第73–76页；田卫卫：《敦煌写本北宋〈重修开元寺行廊功德碑并序〉习书考》，《文史》2016年第1辑，第117–133页；田卫卫：《唐长安书写文化的日本流布——以王羲之书迹为中心》，《文史》2020年第2辑，第173–196页；武绍卫：《页码的诞生：中国古籍上的页码及其使用》，《图书馆杂志》2022年第6期，第116–125页；武绍卫：《晚唐五代宋初敦煌佛教僧团识字率研究》，《华林国际佛学学刊》2022年第5卷第2期，第45–94页。

二、物质文化史为基础的写本书籍史

与写本书籍有关的物质文化史研究包括书籍生产、流传与消费相关的物质文化研究，即书写载体与工具，书写、装帧、保存、流传的工艺过程，以及屋宇形式、家具陈设、采光条件等环境因素。涉及毛笔、纸张等文具、书籍配补、装帧、装具、典藏、起居环境等等方面，关切的是书籍物质条件与书籍形态、内容密切关联的部分。其研究主旨是通过对写本书籍的物质载体和留存痕迹的分析，研究书籍生成的物质材料、工艺过程及其背后的文化因素，从而更深入地了解写本书籍的生成年代与地域、经济成本、社会属性、文化位阶、学术价值和社会功能。

欧洲学者从写本学角度考察敦煌写本书籍的物质文化史，成绩卓著。高罗佩（Robert H. Van Gulik）《中国书画鉴赏》（万笑石译，湖南美术出版社，2021年），虽然关注的是书画文物，实际上已经开写本物质文化史研究之先声。戴仁（Jean-pierreDrège）为主的法国学者系统关注敦煌写本的物质属性，而且将物质材料、工艺过程与写本的年代、地域、性质等内容相关问题相结合[①]，切实推动了写本书籍的物质文化史研究。方广锠、李际宁、林世田对于敦煌出土佛教写经装帧和古代修复的研究为写本物质文化史重要成果[②]，于溯有关写本书籍史形态与身体史结合的最新研究令人耳目一新[③]。现有各类注记目录已经开始关注写本的物质属性，但是相关著录还需要大数据检验或者经过缀合的检验，同一写本不同残片的书法著录和年代著录的误差就显而易见。对于写本物质特征的研究还有丰富的必要，例如写本所用纸张的材料和制成加工工艺，从写本痕迹推考写本用笔的类型，墨的成分与制备工艺，文具材质、工艺与组合使用方法对于写本书籍制作的影响，装潢技术对于写本内容与顺序的关联，等等问题。

毛笔制作工艺对书体演变的影响，是此前书法史研究上被忽视的重要因素。战国至西汉毛笔，将笔毛插入木质或竹质笔管，工艺至为简单，聚锋效果差，笔毫腰力弱，书写者的力量不容易传达到笔尖，造型功能不足。东汉使用捆扎笔头的毛笔，使得毛笔腰力增强，聚锋效果明显。缠纸笔的出现，笔者以为可以提前至汉魏时期。东汉末曹魏初韦诞《笔墨方》述及制笔工艺过程[④]，已有多种笔毫分层缠束的特征；稍晚的王羲之（传）《笔经》有“以麻纸裹柱根”[⑤]，即麻纸缠裹笔柱的明确记载。此外，东汉蔡邕《笔赋》云“加漆系之缠束”[⑥]，与西晋傅玄《笔赋》“缠以素枲，纳以玄漆”及西晋成公绥《笔赋》“加胶漆之绸缪，结三束

---

① Jean-Pierre Drège (ed.), Moretti Costantino (ed.), *La fabrique du lisible: La mise entexte des manuscrits de la Chine ancienne et médiévale*, Collège de France, Institut des hautes études chinoises, 2015.

② 方广锠、许培铃：《敦煌经帙》，《敦煌学辑刊》1995年第1期，第1-8页；后收入《方广锠敦煌遗书散论》，上海古籍出版社，2010年，第58-76页；秦思源、林世田：《敦煌文献所反映的中国古代装帧形制之演变——以英藏敦煌文献为中心》，载《文津学志》第2辑，国家图书馆出版社，2007年，第118-135页；林世田：《国家图书馆藏敦煌遗书古代修复简述》，载《文津学志》第16辑，国家图书馆出版社，2021年，第237-250页。

③ 于溯：《卷子装与中古书籍史》，载叶炜主编《唐研究》第28卷，北京大学出版社，2023年，第3-28页。

④ 贾思勰撰，缪启瑜校释：《齐民要术校释》卷九“笔墨”，中国农业出版社，1998年，第683-688页；苏易简：《文房四谱》卷一，上海书店出版社，2015年，第9页；又参张学雷：《韦诞笔方校议》，载《古笔考——汉唐古笔文献与文物》，苏州大学出版社，2013年，第101-108页。

⑤ 苏易简：《文房四谱》卷1，上海书店出版社，2015年，第9页。

⑥ 蔡邕：《笔赋》，载《艺文类聚》卷58，上海古籍出版社，1965年，第1055页。

而五重”[①]意义相近，均有缠束这一工艺，所指即缠束笔头。甘肃武威松树乡下畦村旱滩坡十九号前凉（317—376）墓出土狼毫笔即用上述缠束工艺，不过只是一种笔毫，用丝线缠束于外，并非韦诞《笔墨方》或传王羲之《笔经》所记的缠纸笔。今天所见缠裹笔实物，最早为江苏省江宁县下坊村东晋晚期砖室墓出土的束帛笔头[②]。东晋是非缠纸笔与缠纸笔交替的时期，南北朝隋唐时代则普遍使用缠纸笔，实物在新疆多有发现[③]。书写工具从非缠纸笔到缠纸笔的变化与隶书向楷书过渡基本同期，除了书写方便、动作简化的原因之外，我们必须关注书写工具和书法形态之间的密切关联。至唐代中期，逐渐根据书写和字体需求，分化出不同的笔形。唐德宗贞元二十年（804）至宪宗元和元年（806）入唐求法的日本僧人空海曾将当时流行的唐笔及其制作工艺带回日本，据此制成狸毛笔，并进奉给嵯峨天皇。我们可以从空海《奉献狸毛笔表》中看到笔分为四种类型，即真书笔、行书笔、草书笔和写书笔，另外还有八分笔、小书笔、蹓书笔、临书笔四种，尚未仿制[④]。空海记载以上多种毛笔类型，尤其是将不同笔形与不同书体对应起来，表明唐代书家和笔工都已对笔形与书体之间的关系有了深入认知。此外，写书笔（即用于抄写典籍所用之笔）、小书笔（即用于抄写细字写本之笔）在诸体书法笔之外，更说明写书（包括写经）之笔与一般临创之笔不同。这种分类表明笔的形态、锋颖的强弱、缠裹层次的多寡，这些因素都与书法形态密切相关。

西晋是纸的生产使用新阶段，此时已经有大量洁白平滑方正耐折的纸，成为占支配地位的书写载体，而简牍则很少使用。西川宁对于楼兰、吐鲁番出土魏晋墨迹的定量分析指出，在西北地区从西晋怀帝永嘉年间（307—312）开始纸已经在书写材料中占有压倒优势[⑤]。潘吉星的研究同样支持这个结论[⑥]，他还做过敦煌吐鲁番出土写本纸张的科学检测和分析，推测施胶技术至迟起源于魏晋之际，今存年代最早的施胶纸是黄文弼所得后秦白雀元年（384）《衣物疏》[⑦]。施胶工艺使得纸面光洁不洇墨，从此纸上墨迹的边缘较之无施胶工艺的纸张更为清晰。此后捶打、施胶、涂布、入潢、研光等工艺逐渐普及，纸变得更为光滑适用，故笔毫的任何细微动作都能原样保留在纸上。新疆出土西晋纸质文书中往往有洇墨现象，迨至吐鲁番出土高昌郡时期（327—460）的写本，则不见洇墨现象，可知当时书写用纸已经普遍使

---

① 傅玄：《笔赋》，载《艺文类聚》卷58，上海古籍出版社，1965年，第1055页；成公绥：《笔赋》，《艺文类聚》卷58，第1055页。

② 南京市博物馆、江宁县文管会：《江苏江宁县下坊村东晋墓的清理》，载《考古》1998年第8期，第48-52页。

③ 王学雷：《韦诞笔方校议》，载《古笔考——汉唐古笔文献与文物》，苏州大学出版社，2013年，第101-108页；李小平：《古代毛笔“缠纸法”浅议》，载《紫禁城》2014年第12期，第60-65页。

④ 空海：《遍照发挥性灵集》卷四，载祖风宣扬会编《弘法大师全集》卷一〇，吉川弘文馆，1966年，第54-55页。

⑤ 西川宁：《西域出土晋代墨蹟の書道史的研究》，二玄社，1991年；此据姚宇亮中译本《西域出土晋代墨迹的书法史研究》，人民美术出版社，2015年，第11-191页。

⑥ 潘吉星：《中国科学技术史·造纸与印刷卷》，科学出版社，1998年，第105页。

⑦ 潘吉星：《新疆出土古纸的研究》，《文物》1973年第10期，第50-60页；潘吉星：《中国造纸技术史稿》，文物出版社，1979年，第61-62页。又，北朝唐代纸张测试资料见潘吉星：《敦煌石室写经纸研究》，载《文物》1966年第3期，第39-47页。最新研究还有庆昭蓉、江南和幸：《唐代安西大都护府时期之龟兹当地用纸——日本龙谷大学所藏库车出土汉文书案例研究之一》，载《西域文史》第12辑，科学出版社，2018年，第159-178页。

用上述加工工艺[①]。

写本书籍物质文化史综合研究的实例之一为朱墨兼书写本，这是一种特殊的书写样式，主要应用于经传注疏、音义、韵书、字书、本草等类书籍。常见的朱墨兼书书籍分为两种类型，一种是朱色字迹浓厚清晰，但朱字与墨字之间留有字数不等的空格，另一种是朱色字迹暗淡，而朱墨文字之间有固定的空格或紧密相连。从这两类写本的特征上分析，我们大致可以推断，第一种朱色字迹清晰的写本是分为两步书写而成，先写全部墨字，留下朱字字数相同的空白，第二步再于预留空白处写朱字；而第二种朱色暗淡的写本则显然是朱墨连续书写而成。之所以出现这样两种书写工艺，必须综合考察中古时期的毛笔、砚石、墨、笔架等书写工具的物质形态、制作工艺和使用方法。首先，朱砂是较为珍贵的书写材料，制作过程和工艺较一般墨块更为复杂，不是穷苦民众能购买使用的，多为官府书手、寺院写经机构、中产以上人家所用[②]。另外，朱墨硬度比一般碳墨更高，唐代常见普通石砚、陶砚都无法研磨朱砂，必须使用高硬度的瓷砚或端砚中的白端，这样的砚台多见于皇室、高官的墓葬，如昭陵陪葬墓长乐公主墓出土的白瓷辟雍砚，也非一般之家可以拥有的。以上两个条件决定了朱墨兼书必定是高级写本，出自官府、寺院或富裕人家。此外，如上所述，中古时期毛笔主要为缠纸笔，少则一层纸张缠束笔毫，多则至四五重缠束，这样的毛笔在使用时存在一个重要缺陷，就是不易清洗，墨在缠束的纸张和笔毫上长期附着，其中胶质部分容易造成笔毫的黏结，再次使用则极为不便，为了延续毛笔的使用寿命，便于使用，必须经常长时间浸泡、深入清洗笔毫。与此密切相关，无论普通书写墨还是朱砂墨，其中必须加入动物胶才能保证碳粉在纸张上的附着力，尤其是书写于经过捶打、研光、上蜡、涂胶处理的光洁纸张上。同时，中古时期为了保证笔毫保持湿润的笔帽还不常用，即使高端缠纸笔，为了不伤笔毫，所用的笔帽也是镂空的，并不具备保湿功能。在书写之时，如果临时搁笔，宋代以来常见的笔山也是极少的，唐代常见笔架，如吐鲁番唐墓出土笔架，唐代真子飞霜镜图案中所见笔架，都是如兵器架一般的样式，毛笔插入时笔毫在上，笔跗在下。偶见出土唐砚留有插笔之孔，也是如此使用。倒插毛笔最容易造成含有胶质的墨汁在缠纸笔的笔柱部分凝结，难以清洗，不易再用。总之，墨中含有胶质与缠纸笔毫清洗不便这组矛盾经常困扰着中古时代的书手。我们看到的朱墨兼书之所采取分步书写的方式，多是由于以上物质形态和条件综合造成的。书手先研磨碳墨，倒插毛笔墨字，为朱字部分预留空格，待墨字写完，浸泡清洗墨笔，放置留待下次使用，另外用高级石砚或瓷砚研磨朱墨，另换毛笔书写朱字。这样能够有效避免书写中途换笔造成墨胶在笔毫上凝结，无法书写的弊端。如果想连续书写朱墨两种颜色，则往往不是研磨朱墨，而是用水调制朱砂，由于这样的朱砂不含胶质，没有凝结笔毫的问题，书手自然不必再分为两步书写，但是带来的严重问题是不含胶质的朱砂在光洁纸张上附着力很低，时间一久朱色字迹就自然暗淡了。

---

① 以以上关于毛笔和纸的物质文化史研究，详参拙稿《旅顺博物馆藏新疆出土写经的书法断代》，载王振芬、孟宪实、荣新江主编《旅顺博物馆藏新疆出土汉文文献》，中华书局，2021年，第42-55页；详本见王振芬、荣新江主编《丝绸之路与新疆出土文献：旅顺博物馆百年纪念国际学术研讨会论文集》，中华书局，2019年，第63-87页。

② 墨与朱砂的研究，详参钱存训撰，高禩憙译《中国墨的起源和发展》，载《文献》1989年第2期，第233-249页。

书写工具之外，书写技能也特具研究的意义，譬如章草书体章疏之于宗教书籍史的意义。章草出现于汉代，是隶书的草体，二十世纪以来出土的简牍上常常可见，儿童习字的《急就章》也有用章草书写的。西域出土的十六国简纸文书中也偶有所见。至唐代，隶书早已不再是常用书体，故作为隶书草体的章草书体也少有人用，仅有书家用以临摹或创作。最为著名的传世隋唐章草作品有托名索靖的《出师颂》（大约是隋唐间摹本，今藏北京故宫博物院）和《唐人月仪帖》（又名《十二月友朋相闻书》，今藏“台北故宫博物院”）以及唐孙过庭《书谱》（今藏“台北故宫博物院”），敦煌藏经洞出土的唐人摹本索靖《月仪帖》（Дx.5748、Дx.4760、Дx.6009、Дx.6025、Дx.6048，今藏俄罗斯科学院东方文献研究所）。其特征是每字各自草写，而字与字之间并无连属，与牵连书写的今草不同。这种书体在日本被称为“独草”，倒也名副其实。王家葵指出，唯识宗的章疏多用章草书体（或是章草书体发展而来的速记字体），如玄奘弟子窥基《法华玄赞》（P.2176）、净眼《因明入正理论后疏》《因明入正理论略抄》（P.2063）、昙旷《大乘起信论略述》（P.2141）、法成《瑜伽论手记》（P.2037），甚至形成唯识宗经疏的一个文本特征[①]。笔者可以补充的是，在译场中，玄奘常常向协助翻译的诸弟子传授印度所闻的经义教理，诸弟子记录口义，再编纂成注疏。《宋高僧传·普光传》云：“躬得〔《俱舍论》〕梵本，再译真文，乃密授光，多是记忆西印萨婆多师口义，光因著疏解判。”[②]故知最初普光所撰《俱舍论疏》就是在译场中记录玄奘法师口述经义而成，而唐代初期最适用于速记的书体正是章草。又法盈注贾曾《俱舍论颂疏论本序》云：“‘亲承密诲’者，三藏西方大乘诸师立破口授基法师，小乘义授光法师。”[③]从中可以看出玄奘在译场中口授大小乘佛典经义，再由窥基、普光等人笔录为经论注疏，乃是普遍情形，并非仅在《俱舍论》译场方有此事。经过十余年译场的记录，唯识宗诸弟子及再传弟子逐渐形成用章草书写本宗经论注疏的传统，并传之后世，播之四裔。抄写唯识宗章疏的写经生，同样需要具有识读和书写章草的能力。日本正仓院保存的经师书样中有一组经师练习或考试的写本，各类特殊书体均备，其中就有一段连续书写的章草字体，旁注楷书[④]。这表明为日本皇室和东大寺写经的经生需要熟练掌握识读和书写章草的技能，以备抄写唯识宗章疏之用。东大寺经师的地位大致与长安慈恩寺、西明寺等大寺经生相似，大致可以推测长安大寺的经生也需具备同样的技能。章草书体记录口传文献的个案，还为有关口传系统到书写系统转化的研究提供了一个新的方向。

三、写本学：写本书籍史不可或缺的视角

写本（manuscript），顾名思义，由手写而非印刷制成。我们熟悉的简牍帛书、敦煌写本，以及埃及的莎草纸手稿、欧洲中世纪的手抄书籍等，都可被称为写本。作为一种历史遗存，写本受到历史学、文学、文献学、语言学等领域学者的重视，是许多人文学科的研究材料。从这个意义上说，对于写本的研究并非新现象。而“写本研究”（manuscript studies）这

---

① 王家葵：《玉叩斋石墨谈屑》，上海书画出版社，2022年，第95-98页。

② 赞宁：《宋高僧传》卷四《唐京兆大慈恩寺普光传》，中华书局，1987年，第68页。

③ 法盈：《俱舍论颂疏序记》，CBETA, X53, no. 838, p. 120, a24.

④《正仓院文书续修别集》第四八卷，载宫内厅正仓院事务所编《正仓院古文书影印集成》第13册，八木书店，2000年，第267页。

个领域，目前学界对其范围有不同的界定。宽泛地说，写本研究涵盖了对写本文本、内容、书迹、形态等各方面的研究。与过去以文本考证、内容分析为主体的研究不同的是，这个领域更关注写本的非文本因素，更关注写本的物质形态及生产与使用，更注重对于写本的整体理解[①]。荣新江《敦煌学十八讲》系统论述“敦煌写本学”[②]，郝春文师继加论证[③]，伏俊琏对于敦煌文学写本学研究有系列成果[④]，并主编辑刊《写本学研究》[⑤]。此外，林聪明的《敦煌文书学》（台湾新文丰出版公司，1991年）、张涌泉《敦煌写本文献学》（甘肃教育出版社，2013年）都有部分内容与敦煌写本学内涵重合[⑥]。张涌泉团队在写本缀合方面的实践获得了重要进展[⑦]。高奕睿的系列写本学和比较写本学研究令我们开阔眼界[⑧]。近年来国际学界有关东亚写本学的会议亦不少见[⑨]。

写本的格式与版面布局是写本学研究的重要领域，通过研究书写格式可以透视书手的书写技能，分析其身份，进一步确定写本的生成年代、地点和文化层级。官方写经、写书多有译场列位、写经列位或编纂列位题记，这类题记的书写样式与官方籍帐相同，原因在于写经和制作籍帐的书手都出自官府，他们有书写官文书的严格训练，能够在规定版面高度内按照籍帐样式整齐书写，字数少者拉开字距，字数多者缩小字径且密集书写，能使不同字数的题名都写在一行之内，而且各行高度相同。若非经过训练的书手则难以做到，或者各行高度不齐，或者字数多的题名要分作多行书写。若将这类看似大略整齐的题记与标准的官府写本对比，不难发现有着明显的差别。据此差别，可以明确区分官府原写本和民间的转抄本。转抄本的纪年虽与原本一致，但必然晚于原写本，这对于我们确切断定写本纪年有着重要意义。以有纪年写经为基准，将无纪年写经与有纪年相比较，如果书法样式相似，则断定无纪年写经的抄写年代与之相近。这是写经书法断代的基本方法，而且从近代以来已经成为写经书法

① 冯婧：《西方写本研究对敦煌写本研究的启发——以实物写本学、比较写本学为例》，载《敦煌吐鲁番研究》第二十一卷，上海古籍出版社，2022年，第313–325页。

② 荣新江：《敦煌学十八讲》第十七讲“敦煌写本学”、第十八讲“敦煌写本的真伪辨别”，北京大学出版社，2001年，第340–364页。

③ 郝春文：《敦煌写本学与中国古代写本学》，载《中国高校社会科学》2015年第2期，第67–74页；郝春文：《中国古代写本学的特点》，载《光明日报》2019年4月8日，第13版。

④ 伏俊琏：《写本时期文学作品的结集——以敦煌写本Дx3871+P.2555为例》，载《文学评论》2018年第6期，第193–201页；伏俊琏：《通过写本学，解码中国早期文献》，载《光明日报》2019年10月12日，第10版；伏俊琏：《敦煌文学写本研究的回顾与展望》，载《西华师范大学学报》2020年第1期，第1–8页；伏俊琏、胡圆圆：《写本学与中国古人的读书生活》，载《中国语言文学研究》2022年春之卷，第214–223页；伏俊琏：《敦煌文学写本研究》，上海古籍出版社，2021年。

⑤ 伏俊琏主编之《写本学研究》目前已经出版三辑（商务印书馆，2021—2024）。

⑥ 郝春文等：《当代中国敦煌学研究（1949—2019）》，中国社会科学出版社，2020年，第304–314页。

⑦ 张涌泉、罗慕君：《敦煌佛经残卷缀合释例》，载《浙江大学学报》2016年第3期，第5–20页；徐浩、张涌泉：《从缀合看古代写经的制作——以敦煌本汉文〈大般若经〉为例》，载《人文杂志》2017年第10期，第70–83页；张涌泉：《缀合与敦煌残卷的定名——敦煌残卷缀合的意义之一》，载《文献》2021年第1期，第103–115页；张涌泉：《拼接丝路文明：敦煌残卷缀合的意义》，载《中国社会科学报》2023年1月3日，第6版；沈秋之、张涌泉：《敦煌社会经济文献裱补纸缀合示例》，载《文献》2023年第1期，第57–75页。

⑧ Imre Galambos, *Dunhuang Manuscript Culture: End of the First Millennium*, De Gruyter, 2020.

⑨ 详参冯婧：《佛教写本文化：中亚、东亚佛教写本的制作与保存》，“澎湃新闻”2018年9月9日，https://www.thepaper.cn/newsDetail_forward_2420914（2023年7月30日检索）。

断代的理论共识。但是当写经纪年并非抄写年代，则其作为断代基准的意义不复存在。前辈学者当中，池田温重视写本题记，所编《中国古代写本识语集录》（东京大学东洋文化研究所，1990年）一书已经搜集了传世文献所载写本题记、中国出土写本和日本古写本所见的题记，为写本题记研究奠定了基础。池田温重视题记行款，对于原卷单行书写和多行书写的题记作了标注，可惜此书分栏排版，没能如《中国古代籍帐研究》（东京大学东洋文化研究所，1979年）那样完全保持写本的行款。笔者根据北京故宫博物院藏传世的国诠书《善见律》卷一二、国家图书馆藏BD14560《大菩萨藏经》卷三、法国国家图书馆藏P.3709《佛地经》题记的案例，考察有纪年写经当中纪年与实际抄写年代不同的现象，尝试总结出通例[①]。最初的玄奘新译佛典的官方抄本皆有译场列位，其后或有译经题记，如《佛地经》、《大菩萨藏经》或《大毗婆沙论》；若为某个事项发愿写经的官方写经，则仅有写经列位和愿文，不会同时保存译场列位；民间以官方写经为底本所写的愿经，也包括日本的官方愿经，则原原本本依照所据底本抄写，底本若有译场列位或写经列位者则依样书写，不过因为不懂其样式的意义，或者书写技术上难以仿制相同的样式，往往出现格式上的差异，主要是文字较短者占格较少，而文字较长者占格较多，以致题记参差不齐，甚至文字特多者需转行书写。凡是有以上一种特征的写经，我们就能判断是官方写经的转抄本，至如上举法藏P.3907《佛地经》题记，则同时存有写经列位和译场列位，而且写经列位在前，译场列位在后，这是一种非常特殊的组合，已知写经并无此种形式，笔者推测这是写手根据至少两种分别带有译场列位和写经列位的官方写经题记拼凑而成，其所据底本可能已经是官方写经转抄本，故其题记样式也与官方写经不同。如果分析不误，那么这件写经既非如其题记所云为郗元爽所书，亦非贞观二十二年所书，其时间应晚于贞观二十二年，或至高宗初年。因其书法带有明显的北朝特征[②]，其书者或为河西地区学习旧法的经生，虽然新样在前，仍然不改旧法。这种地区差异实际上是时代差异的表现。总之，现存写经题记所写纪年与实际抄写年代的关系较为复杂，必须根据相同年代的官方写经、民间愿经的题记样式、组合关系加以比较分析，方能作出准确的定年。

四、学术史脉络中的写本书籍史

中古时期学术史的总体形态与书籍样式之间的关系需要深入研究，追问学术的新旧更替、南北差异均如何呈现在写本书籍上，讲学形式与书籍样式之间有何关系，不同学术门类之间共用怎样的写本抄写、写本编纂和知识管理的技术，从写本时代到印本时代书籍体式发生了何种变化？写本时代的书籍义例与体式，分类与学术流变，与传统文献研究的同类研究无缝对接，在原有成果上充分考虑写本要素则进阶于写本书籍史之境。牟润孙、饶宗颐、易

① 本节关于这几件写经的分析，详参拙稿《〈佛地经〉题记纪年再考》，载童岭主编《域外汉籍研究集刊》第二十三辑，中华书局，2022年，第75–82页。

② 刘涛：《评〈法藏敦煌书苑精华〉》，载《书法研究》1998年第3期，第94–99页。

平从学术史角度，尤其是从写本时代书籍义例和体式角度作了深入的研究[①]，堪称典范。雷德侯《万物：中国艺术中的模件化和规模化生产》（张总等译，党晟校，生活·读书·新知三联书店，2012年）提出中国人善于利用模件化思路创造艺术品，受此启发，我觉得中国古代书籍也同样具有模件化特征。

中古学术风尚、士族社会生活与吉凶书仪的相关研究，前辈学者已取得许多非常卓越的成就。唐长孺《读〈抱朴子〉推论南北学风的异同》一文建立了中古学术史研究的标尺[②]，笔者借以对地域文化史的基本方法有了初步了解。周一良《书仪源流考》《敦煌写本书仪中所见的唐代婚丧礼俗》等系列论述是敦煌书仪研究中难以逾越的里程碑[③]，在方法论上启示我们：对书仪的研究必须突破思想史、学术史和社会史的界限，必须联系敦煌文书和传世文献。周先生《魏晋南北朝史札记》（中华书局，1985年）、《颜氏家训札记》等着力于语词的文化史解释[④]，兼顾文献与文书，使笔者受益匪浅。王利器为《颜氏家训》所作详明的笺注为笔者追寻书仪渊源提供了许多启示[⑤]。赵和平对敦煌写本书仪系统而完整的释录和整理是笔者展开相关论题的基础[⑥]，对书仪的概观和个案研究则是笔者学习的范例。姜伯勤《唐礼与敦煌发见的书仪——〈大唐开元礼〉与开元间书仪》对敦煌书仪历史文化因素的分析[⑦]引人入胜。那波利贞《唐代社会文化史研究》（创文社，1974年）相关章节激发笔者思考中古礼学的文化性格和历史价值。

敦煌所出唐代书仪无疑是魏晋南北朝以来士大夫家族礼法积累和发展的结果，但它对南北方礼法、风俗的继承并不是均衡的，这与魏晋南北朝时期南北地域文化发展的社会机制、路向和水平相关。首先，敦煌吉凶书仪的渊源深植于东晋南朝士族的家法门风之中，由无形的礼教发展为成文的家礼、家训，由家族内部的礼法规范转化为社会的共同知识和道德准则，它与南朝礼学相伴而生，是其表现形式之一。其次，敦煌书仪对亲属称谓轻重的严格区分是东晋南朝礼学新趋向的具体表现，衡量得失也以东晋南朝礼学大家为准的，“旧仪”亲

---

① 牟润孙：《论儒释两家之讲经与义疏》，载《新亚学报》第四卷第二期，此据同作者《注史斋丛稿（增订本）》，中华书局，2009年，第88–155页；饶宗颐：《华梵经疏体例同异析疑》，载《饶宗颐史学论著选》，上海古籍出版社，1993年，第331–376页；易平、易宁：《六朝后期〈史记〉版本的一次重大变化——六朝写本〈史记〉“散注入篇”考》，载《南昌大学学报》2006年第5期，第56–62页；易平：《法藏敦煌卷子本裴注〈史记·管蔡世家〉残卷重文研究——敦煌本与〈索隐〉本、景祐本〈史记〉传承关系考略》，载《敦煌学辑刊》2007年第3期，第34–42页；易平：《日藏唐写本裴注〈史记·河渠书〉残卷末〈集解〉来历新证》，载《华中科技大学学报》2007年第3期，第100–105页；易平：《日本高山寺藏裴注〈史记·殷本纪〉文本源流考》，载《史学史研究》2007年第3期，第95–103页；易平：《法藏敦煌〈汉书〉节钞本残卷研究》，载《北京师范大学学报》2009年第6期，第16–23页。

② 唐长孺：《魏晋南北朝史论丛》，生活·读书·新知三联书店，1955年，第351–381页。

③ 周一良：《书仪源流考》，载《历史研究》1990年第5期，此据《魏晋南北朝论集续编》，北京大学出版社，1991年，第261–274页；周一良：《敦煌写本书仪中所见的唐代婚丧礼俗》，载《文物》1985年第7期；此据《魏晋南北朝史论集续编》，第245–260页。

④ 周一良：《〈颜氏家训〉札记》，《魏晋南北朝史论集》，中华书局，1963年，第402–405页。

⑤ 王利器：《颜氏家训集解》（增补本），中华书局，1993年。

⑥ 赵和平：《敦煌写本书仪研究》，台湾新文丰出版公司，1993年。《敦煌写本书仪略论》等论文均收入周一良、赵和平主编《唐五代书仪研究》（中国社会科学出版社，1995年）。

⑦ 姜伯勤：《唐礼与敦煌发现的书仪——〈大唐开元礼〉与开元间书仪》，34届亚洲北非人文科学国际会议论文，1993年8月。此据《敦煌艺术宗教与礼乐文明》，中国社会科学出版社，1996年，第425–441页。

友称谓适用的场合和亲等范围亦与东晋南朝吻合。复次，书仪所定的名物制度之数和揖让周旋之节亦可与东晋南朝仪制一一勘合。经过以上具体的分析和比较，我们发现敦煌吉凶书仪继承了东晋南朝礼学和书仪、家训发展的成果①。

五、社会史观照下的写本书籍史

六朝隋唐士族居于重要的社会地位，在政治、经济方面享有特权。文化是塑造士族的重要因素，同时又是士族身分的标志。士族具有共同的文化传统和素养，而共同的文化素养来自相同的学习内容和过程，阅读、背诵相同的典籍，遵循相同的行为规范，有着相近的价值观和文化观，同时又以编纂诗文集、家传、碑志、谱牒、家训、书仪等形式表达共同的文化，强化士族群体内部的文化认同。总之，士族有一套文化符号以彰显士庶之别，而其中最为重要的部分就是代表士族文化的典籍。

门第、人身和姻缘是士族的三个支柱，与之相关的书籍大致有如下类别：

①言语，与之相关的书籍是韵书、音义、字书；

②礼仪，与之相关的书籍是家仪、书仪、祭仪、家训；

③门第，与之相关的书籍是记载祖先功烈与官爵的书籍，包括谱牒、邈真赞、史传、图经；

④人身，与之相关的书籍是文集、书目；

⑤婚姻，与之相关的书籍是谱牒、史传、郡望表。

魏晋南北朝时期，语音作为士族的外在标志，十分重要，陈寅恪、缪钺均有精要论述②。魏晋以降，士族中形成以洛阳语音为基础语音的雅言。永嘉之乱以后，洛阳语音随士族南渡。东晋、南朝定都建康，士族仍以洛阳语音为雅言，但稍稍掺杂江南方音，形成金陵之音。在没有士族雅音（即洛阳旧音）的南方社会语言环境中，南渡士族非常注重保持自己独特的雅言传统，并将其作为士族文化身分的重要标志。士族家庭的语音教育十分严格，颜之推曰："吾家儿女，虽在孩稚，便渐督正之；一言讹替，以为己罪矣。"③同时，江南士族也要努力学习雅言，放弃吴语，以认同士族身分。如果语音不正，掺有傒语、楚音之类，则不能与士族联姻，更无从获得士族身分。南齐傒人胡谐之受齐武帝任用，武帝欲使谐之与士族联姻，但谐之家人操傒语，语音不正，于是武帝派四五宫人到谐之家中教其子女改正语音，孰知两年之后，胡谐之家人不但没有学会正音，反而令雅言宫人改操傒语，联姻士族之事只得作罢④。相反，北方士族的雅言与当地方言较为相似，反而较少坚守洛阳旧音的文化意识。与颜之推同时的杨愔每每称叹河东裴让之、诹之、谳之兄弟，云"河东士族，京官不少，唯

① 详参拙稿《敦煌吉凶书仪与东晋南朝礼俗》，载郝春文主编：《敦煌文献研究——纪念敦煌藏经洞发现一百年国际学术研讨会论文集》，辽宁人民出版社，2001年，第394–421页。

② 陈寅恪：《东晋南朝之吴语》，《"中央研究院"历史语言研究所集刊》1936年第七本第一分，第1–4页；陈寅恪：《从史实论〈切韵〉》，《岭南学报》1949年第九卷第二期，第1–18页；陈寅恪：《述东晋王导之功业》，载《中山大学学报》1956年第1期，此据《金明馆丛稿初编》，上海古籍出版社，1980年，第54–55页；缪钺：《六朝人之言谈》，载《思想与时代》1944年第34期，此据《缪钺全集》第一卷（下），河北教育出版社，2002年，第331–337页。

③ 颜之推撰、王利器集解《颜氏家训集解》（增补本）卷七《音辞》，中华书局，1993年，第530页。

④《南史》卷47《胡谐之传》，中华书局，1975年，第1176页。参考缪钺：《六朝人之言谈》，河北教育出版社，2002年，第333页。

此家兄弟，全无乡音”[①]，故知河东士族任职京师（邺城）者，除裴氏兄弟之外，往往杂有乡音，不够纯正[②]。又经过多年的战乱和反复的胡语入侵，前朝典籍久经散佚，耆宿亦已物故，洛阳旧音难以保存。陈寅恪于此早有确论：

> 江左二百余年来，乃侨人统治之世局，当初侨人以操洛阳正音标异于南人，洛生咏遂得见重于江表；此后北语、吴语成为士庶阶级之表征，洛阳旧音之保守自必因此而愈固矣。若中原旧壤，则迭经大乱，永嘉纷扰，伊洛丘墟。贵戚重臣，骈颈受戮于胡羯；文儒名士，接踵寄命于江东，衣冠礼乐，流散既多，太学音辞，保存匪易。迨北魏孝文帝迁洛，禁断胡语，一从正音，然其时洛阳之音辞，经二百年自然之嬗蜕讹变，当已非永嘉时之旧矣。况六镇乱后，洛阳又为秀容契胡所摧残，复受北镇鲜卑之统治乎？是知颜黄门（颜之推）以南方士族之语音更胜于北方朝野者，乃以洛阳旧音为标准而比较言之。明乎此，然后于陆法言《切韵》之语音系统，始可得一正确之了解。[③]

职此之故，语音在士族文化认同上具有非常重要的地位，而其标准仍以洛阳旧音为定。相较而言，南方士族反而在洛阳旧音方面有其优势。但就本地的文化环境而言，北方士族的语音问题并不凸显，但是在南北士族交往之中，语音是否雅正，就变得十分重要。当时南北交聘皆以士族出使，旨在展现各自政权的文化软实力。使者的言谈举止都是社会关注的焦点，所有精彩对话或者错漏都会广泛流传。史云：“既南北通好，务以俊乂相矜，衔命接客，必尽一时之选，无才地者不得与焉。梁使每入，邺下为之倾动，贵胜子弟盛饰聚观，礼赠优渥，馆门成市。宴日，齐文襄使左右觇之，宾司一言制胜，文襄为之拊掌。魏使至梁，亦如梁使至魏，梁武亲与谈说，甚相爱重。”[④]因此派遣聘使首重语音，南朝士族保持洛阳旧音，全无顾虑，而北朝士族若非讲求音切之族，必然杂有方言，难以胜任。经过查考曾任聘使的北朝士族，笔者发现他们大多出自颜之推所云语音切正之家，不妨称之为正音士族。颜之推在邺下所见有清河崔氏、顿丘李氏、赵郡李氏等家族，与之类似的且有密切交往的家族还有巨鹿魏氏、范阳卢氏、河东薛氏、河东裴氏、陇西辛氏、河南陆氏。他们学养丰厚，颇重言辞，并有音韵著作，不仅共享音韵典籍，而且往往以南朝士人为音韵之师，考究洛阳正音，传江南音韵。至隋代开皇之初，南北士族聚集长安，共编《切韵》，而其中北朝学士亦多出自上述正音士族，且多有出任聘使的经历。由此可见，南北交聘对于北朝学士重新恢复洛阳旧音具有重要影响，推动南北音韵典籍和音韵之学的交流，也为当时北朝士族的文化认同提出新的标准，从中反映出南北朝士族文化的一个重要侧面[⑤]。

读书语音的问题，是中国古代书籍史的重要研究领域。中国古人尤其重视书籍的朗读和背诵，这既是国人文化习得的必经之途，也是显示文化修养的重要形式：学童自幼借由诵读经典，学习文字的正音、基本的文句和文法，乃至深刻的义理；文人学士则以诵读典籍或自己作品，标榜风雅，显示经典文化内化的功力，以至求得文化身分的认同。此问题虽然重

① 《北史》卷38《裴谳之传》，中华书局，1974年，第1386页。

② 陈寅恪：《从史实论〈切韵〉》，载《岭南学报》1949年第九卷第二期，第5页。

③ 陈寅恪：《从史实论〈切韵〉》，载《岭南学报》1949年第九卷第2期，第8页。

④ 《北史》卷四三《李崇附李谐传》，中华书局，1974年，第1604页。

⑤ 详参拙稿《北朝士族的音韵之学与南北交聘》，载《文史》2016年第4期，第53-68页；《南北朝交聘记的基础研究——以〈酉阳杂俎〉为中心》，载《中国典籍与文化》2016年第1期，第143-153页。

要，但要研究中古时代的读书音及其文化史却往往苦无资料。传世文献对于读书音的概况有所描述，但主要限于某些规则和个案，而敦煌吐鲁番写本和日本所藏唐写本中所见各类读书音的痕迹恰好为我们提供了丰富的案例和细节，如果将两者结合考察，则中古读书及其文化分层问题的研究或可有所推进。

经笔者初步观察，敦煌写本书籍中保存了四种文化层级的读书音。首先，最为高级的是读者不凭借任何写本上的注解或符号，即可达到“知音真赏”水平，发出完全符合诗文声律的读音。这必然是由熟知诗文音韵规则的士人之间达成的默契，他们全力追求文学的声韵之美，故能自如地驾驭诗文最美妙和谐的读法。其次，则是在文本的异读文字上加朱点标志读音，这种方法也须对南朝以来各种异读凡例了如指掌方能运用。朱笔标音之法，创自南朝，在唐代高级写本中普遍应用，在文献记载和出土写本中均有其痕迹。主要应用于经籍写本，以及六朝以来形成的《汉书》学和《文选》学写本，较之不需标注的“知音真赏”略逊一筹，但是也需要具备丰富的音读、训解和校勘知识方可运用。再其次，则为直接标注反切的音义书（亦可称为书音），陆德明明确指出此类注音书籍的功能是为了某部具体的典籍而作，方便童蒙诵读此部经典时能够正确发音。这种简便易用的注音方法不需读者有丰厚的知识储备，只需掌握反切规则即可使用。较之朱笔注音，这种方法使用的范围更为广泛，主要是庶民教养所读的各类典籍，其边界可由历代书目中著录的或文献中引用的音义书所规定。最为低级的一层，是不顾及正音的读书法，这种方法当然不需任何的注解和符号，任由读者按照自己的方言诵读典籍。这类方法往往普遍存在于各地百姓的日常阅读之中，他们不像士族文士那样追求文学作品的声韵之美，或严守洛阳咏为基础发音的雅言读音，不需要以正读的雅言作为自己身份认同或文化内化的外在标识。这种读书音在文本上是以方言借字的形式留下痕迹，今天学者通过外族语言与汉语的对音关系，可以推导出唐五代时期西北方音的特征，从而确定敦煌吐鲁番出土典籍中方音借字的规律。我们可以借由这种规律，发现一批以方音诵读的典籍，既包括通常意义的正经正典，也有通俗文学作品、宗教劝导作品等类①。

六、写本书籍史：新史学的交响曲

欧美学者从事中国书籍史的研究，以物质史、写本学、社会史的角度为主，总是将书籍视为物的研究；而中国学者应该立足本国传统，发挥自身专长，在以上研究路径之外，关注书籍史与知识史、学术史、文化史、思想史的结合。从书籍史入手研究学术史、文化史、思想史的方法，与中国传统学术中以研究目录、版本实现“辨章学术、考镜源流”的思路非常相似。

书籍史与文学批评的结合，中古中国也有丰富的材料可资利用，从南朝梁刘勰《文心雕龙》，到唐刘知几《史通》，分别从不同角度提供了模仿、删节、摘选、评论等等要素在书籍编纂和阅读中的作用。这个时代的类书和总集、选集的编纂，更加突出了同时作为作者和读者操作同一文献的具体案例，非常适合作为书籍史与文学批评相结合的研究课题。

书籍史研究同样重视物质性与文本性的结合，内容与形式的关系，在传统研究维度上叠加社会史、经济史、思想史维度，会使研究成果的价值激增。例如书籍版式、插图、副文本的研究，尤其是出版商的策略，是中国学术界较少涉及的领域。以写本书籍而言，现藏东京

① 参拙稿《从雅言到方音——中古写本读书音的文化分层》，载叶炜主编《唐研究》第28卷，北京大学出版社，2023年，第47-66页。

国立博物馆的最早经注疏合一的《毛诗传笺及正义》产生于唐代，最早使用分栏方式，在不同区域并以不同字径、不同颜色的文字书写经文、传笺、正义和音义。这个时代，同类的版式，在书仪、历日等写本中同样存在，文本的构成与阅读的顺序及其意义权重显得格外分明。直到明清时代各种批点评注印本的书籍，仍然延续了分栏、分区、分字号、分颜色的版式，为阅读者提供了重要提示和最大便利。

在写本背面书写注音、注释文字的音隐、义隐类书籍，自藏经洞写本出土以来，有了实物证据，对于此类写本的研究如果加上阅读史的维度，局面会大为不同。书籍的副文本是显露在文本表现层上的框架因素，或者附加的个性文本，如标题、分节符号、作者名、题词、注解、校记等，对正文的接受起重要作用。在简帛时代、写本时代，副文本是书籍不同副本间的差异，刻本时代则是书籍不同品种间的差异。当写本时代过渡到刻本时代时，正文底本共性的延续，副文本差别的增加，为文本变形提供了丰富的可能，探究这些丰富性也是书籍史的全新领域。如果加入身体史的维度，我们还能发现困扰白居易读书的飞蚊症是如何糟糕，而中亚传入治疗白内障的金篦术又是如何造福唐代读者。当夜间照明是一种经济负担时，自然光时段的书写和阅读时光也变得十分宝贵；用雅正洛生咏或金陵音诵读经典所产生的力量能令乱臣贼子敛手，而域外僧人用本族语言记录的音译中古汉字佛经，俨然就是一位敦煌地区小沙弥所说的河西方言。以上案例说明，如果借鉴那些西方书籍史的取径，回顾中国的书籍史，我们可以发掘出很多重要而有趣的话题。

计算文献学是新兴的文献学路径，使用统计与建模的方法整理文献，迫使我们回答文献学的本质和基础问题，也让我们以新鲜的角度重新审视我们的研究对象、研究方法、研究理论和学科意义，也是一面非常重要的镜子。以往我们往往将传统文献研究与计算文献学视为两个截然不同的领域，但是最近的人工智能研究发现，仅仅建立在统计基础上的信息管理是难以突破的，而基于人类认识基本规则的人工智能才是重要方向。这提醒我们传统文献学方法和理论能为计算文献学的突破提供支撑，计算文献学不向传统文献学求教，则无前途。在今天，最古老的文献学方法和理论恰好与最前沿的计算文献合辙同轨。北京大学信息管理系王军、智能科学院袁晓如，浙江大学文学院徐永明，中南民族大学王兆鹏，清华大学刘石及其团队都有重要的计算文献学研究成果，尤其是可视化的项目。郝雪丽的博士论文《敦煌诗歌写本群研究》，是以徐俊《敦煌写本诗集残卷》为基础对于敦煌诗歌写本文献群的计量研究和关系研究，充分利用可视化软件，发现了隐藏在写本群中的书籍史规律[①]。计算文献学将来能为敦煌写本书籍史带来新的希望。

新史学的范围，既包括各种新的史学领域，也包括各种新的史学方法。未来敦煌写本书籍史研究的路径，必将与新史学的各种新领域相结合，广泛吸收新方法（也包括计算文献学方法），突破原有限于单一文本研究或外观研究的思路，突破静态的平面的单维度的文献研究，进入活的写本书籍史研究，并进一步将写本书籍尽量还原到它生成、流传、阅读、再生的历史原境。从写本物质文化史、知识社会史、宗教社会史、学术文化史、政治史等角度综合研究敦煌写本，既能解决书籍内容、形式与社会功能的关联问题，也是理解这个时代的重要路径，从而实现从写本书籍史这一专门史的角度出发，包含与各种新史学路径的交叉，进而研究总体史的目标。

① 郝雪丽：《敦煌诗歌写本群研究》，博士学位论文，中国科学院文献情报中心，2022年。

纪念与总结
——敦煌学史、总结主题发言与闭幕式

奥登堡档案里的中国人名片

——第二次中亚考察

朱玉麒（北京大学中国古代史研究中心）

【摘要】俄罗斯科学院档案馆圣彼得堡分馆收藏了奥登堡院士的大量档案，其中有部分中文文献，包括28位中国人的名片。这些中国人，都是他在1909—1910年和1914—1915年间，率领俄国中亚考察队赴中国新疆和敦煌考察期间结识的中国地方官员和军人。根据中国所存档案和相关资料，本文考证出奥登堡第二次中亚考察中接触的中国人的名片，对这些人物当时的任职情况，以及与奥登堡接触的时间和地点作出分析，从而反映出那个时代中国西北边疆在对外交流方面的实际形态，其中如王圆箓的名片也为敦煌学史提供了新的信息。

【关键词】奥登堡　第二次中亚考察　中国人名片　新疆　敦煌　王圆箓

引言

俄国科学院院士奥登堡（S. F. Oldenburg，1863—1934）于1909—1910年和1914—1915年间，曾经两度以游历的名义，率领俄国中亚考察队赴中国新疆和敦煌地区考察。在俄罗斯科学院档案馆收藏的奥登堡档案里，收藏有他在中国考察时期与中国西北地区的官员和军人交往而留下的名片。这些名片分别收藏在被称为“208/1/130（不同语言文献副本）”“208/1/187［中国西部探险材料，东方语言文献（维吾尔语手稿、奥斯曼土耳其语信件）］”的卷宗里，并列的三个数字依次是档案馆的全宗号、目录号、存储单元，括注的内容是档案馆拟定的卷宗大概内容。档案中的编号其实只是一个流水号，并不存在前后关系。

本研究将根据中国所存档案和相关资料，考证出这些名片的主人在奥登堡考察期间的任职情况，并对与奥登堡接触的时间和地点作出分析，从而反映出那个时代中国西北边疆在对外交流方面的实际形态。此项研究首先以表格的形式，按照档案中的流水号，登记其中的中国人名片（一人有多张名片者，按最早的一张编号排列），这一工作参见笔者《奥登堡档案里的中国人名片——第一次中亚考察》，此不赘述①。

由于篇幅的关系，本研究将以奥登堡两次考察为不同的单元，分篇汇报。本文是对奥登堡第二次中亚考察期间结识的中国地方官员和军人的名片的初步考证。

一、第二次中亚考察中的中国人名片

据此前统计，奥登堡档案218-130、218-187卷宗中的名片凡59张，均用单面大红或洋红纸，多为楷体印刷，间有临时手书，去除重复，得28人。今据检索所得资料，对第二次中亚考察中的中国人名片13种略作考证如下。名片先后，按奥登堡经行的地点顺序（奇台—哈密—安西—敦煌—吐鲁番）排列（人名后括注名片在奥登堡档案中的存储单元及流水号）。

（一）奇台

1.张键（130-36）

张键是民国初期新疆省的重要军政官员。其重要履历依次为：民国二年（1913），任陆军少将、镇迪道观察使；民国三年至九年（1914—1920），任迪化道尹；民国九年（1920），任塔城道尹②。

中国第二历史档案馆存《内务部等关于新疆巡按使电请任命张键为镇迪道尹道署移驻古城事项的来往文件（1914年7月—1915年1月）》卷宗，有其早年较为详细的履历：

> 道尹现年三十九岁，系甘肃导河县人。于前清光绪二十四年（1898）在甘肃宁夏练军左旗步队办理文案。……（三十年）六月，请假回籍，投效新疆。三十四年，在江苏赈捐案内报捐，由三班巡检指分新疆试用。宣统元年（1909）闰二月，到省候补，二年正月，考入法政学堂肄业，三年闰六月，蒙新疆巡抚袁考试毕业，取列最优等。七月，委充陆军步队第六十九标书记官。……民国元年六月，蒙新疆都督杨委陆军步队六十九团团长兼带陆军步队第一营。……二年，蒙新疆都督杨咨准补授绥来县知事，当奉大总统袁发给委任状。是年七月，与蒙匪两次战事均获胜仗，蒙新疆都督杨电请大总统袁任命为新疆镇迪道观察使，复蒙大总统袁任命为陆军少将，奉到部令在案。民国三年三月十日，奉到补授新疆镇迪道观察使任命状一件，遵即祇领。六月，奉新疆都督兼民政长杨令委饬赴镇迪观察使本任，即暂驻古城接印，仍兼充陆军团长，遵即于七月一日接印任事。旋奉电令，观察使改为道尹。亦即遵照镇迪道改为迪化道，于十一月七日奉发道尹任命状一张，遵即祇领，

① 朱玉麒：《奥登堡档案里的中国人名片——第一次中亚考察》，第六届吐鲁番学国际学术研讨会会议论文，2023年。

② 胡正华主编《新疆职官志（1762—1949）》，新疆维吾尔自治区人民政府办公厅内部刊印，1992年，第100、182页。

造赍履历备案。[①]

从这一份早期履历可知，张键出生于光绪元年（1875）[②]，从宣统元年（1909）起，开始了他在新疆的仕途。由于在与外蒙古独立后争夺科布多的战争中屡立战功，他在1914年被任命为镇迪道观察使，后改称“镇迪道尹”。由于外蒙古的边防形势严峻，张键仍需兼任陆军团长之职，镇迪道署因此由迪化移驻古城（今奇台县政府所在地奇台镇），使得“吏治、边防均有裨益”[③]。对照奥登堡在新疆的经行线路，张键正是他在第二次中亚考察的1914年7月途经奇台时得以见面的地方军政长官。奥登堡从奇台到达哈密的行程，应该是由张键安排了护卫。

张键与俄罗斯的更多接触，是在民国九年（1920）被杨增新委派至塔城任道尹，在大批白俄军队被苏联红军追赶而逃入新疆境内时，他在边境地区指挥、安排，立下了重要的功绩。不过这已经是奥登堡返回俄罗斯之后的事了[④]。

2.郑有叙（130-60、62、64）

郑有叙的名片也没有更多的信息，但其重要履历是晚清至民国期间曾经在新疆担任过南北疆的几任县级长官，依次为：光绪二十八年（1902），任拜城县知县；宣统三年至民国八年（1911—1919），任奇台知县/县知事；民国五年（1916），任吐鲁番县知事[⑤]。

奥登堡与郑有叙的交集，也应该是在第二次中亚考察的1914年由乌鲁木齐前往敦煌之际，在郑有叙担任奇台县知事任上。

作为中亚探险在新疆的重要考察与经行地点，郑有叙在几任县官中，与外国探险家也多有接触。据新疆档案馆公布的资料，他曾在拜城知县、奇台县知事任上，向镇迪道、交涉署汇报过大谷探险队与斯坦因（M. A. Stein，1862—1943）出入县境的文件[⑥]。《新西域记》中甚至还留下了可能是渡边哲信为他拍摄的担任拜城知县时候的照片[⑦]。

3.多凌（187-84）

多凌的名片右侧印“署理古城城守尉特授陆军步兵中校”，左下印“云峰，新疆奇台”。其与奥登堡见面时，是在奇台的古城城守尉任上，他与镇迪道尹张键、奇台县知事郑有叙一起在古城接待了奥登堡，并承担了护卫奥登堡一行前往巴里坤的职责。

多凌详细的履历，第二历史档案馆档案存《新疆省长兼督军杨增新为巴里坤协副将刘

①《内务部收新疆巡按使咨（1915年1月12日）》，载《民国时期新疆档案汇编（1912—1927）》第7册，凤凰出版社，2015年，第305-312页。该履历又见《新疆巡按使杨增新为送镇迪道尹张键履历事致陆军部咨（1914年8月8日）》，载《民国时期新疆档案汇编（1912—1927）》第7册，凤凰出版社，2015年，第479-485页。

②若“现年三十九岁”为虚岁，则生当光绪二年（1876年）。

③《内务部收政事堂抄交文电（1914年7月7日）》，载《民国时期新疆档案汇编（1912—1927）》第7册，凤凰出版社，2015年，第284页。

④包尔汉：《新疆五十年：包尔汉回忆录》，中国文史出版社，1994年，第44-46页。

⑤胡正华主编《新疆职官志（1762—1949）》，新疆维吾尔自治区人民政府办公厅内部刊印，1992年，第290、124、139页。

⑥《郑有叙为报渡边哲信、堀贤雄入出拜城县日期事给庆秀的申文》（1903年4月9日）、《郑有叙为报斯坦因入出奇台县日期事给张绍伯的详文》（1914年10月21日），载新疆维吾尔自治区档案馆等编《近代外国探险家新疆考古档案史料》，新疆美术摄影出版社，2001年，第199-200、125页。

⑦［日］渡边哲信：《西域旅行日记》，载［日］上原芳太郎编《新西域记》，有光社，1937年，第310页。

荣昇调查查办遗缺由多凌接署并送多凌履历事致陆军部咨（1917年7月6日）》卷宗有所收录：

多凌现年四十一岁，系京城正红旗纳清佐领下人。由文童笔帖式出身，于前清光绪十九年附入新疆武备学堂肄业。二十四年十二月十五日，蒙前护城守尉德克吉本补放额外委笔帖式，办理文牍事件。二十六年五月十九日，复蒙补放领催。十年六月十九日，又蒙呈请补放兵司委笔帖式。三十年五月十五日，蒙前城守尉双林呈请，奏补印房部缺笔帖式。三十一年三月初八日，复蒙呈请奏补左翼蒙古旗骁骑校。三十三年十月十五日，蒙前城守尉魁联呈请，奏补厢白旗防御。三十四年，蒙前任新疆巡抚联 调省，充当抚辕武巡捕差，帮带亲兵卫队。宣统二年正月，接奉行知奏加佐领升衔。宣统三年十月，蒙前新疆巡抚袁 委充中路巡防马队第三营营长。民国元年十月二十日，奉新疆都督杨 委充古城马队第一营营长。二年三月，蒙委兼带定远步兵第一营。二年六月八日，接奉部补授巴里坤城守营都司。以上均奉行知并领札付各在案。三年一月二十四日，案奉新疆都督杨 令开：以查拿土匪在事出力，奉大总统令：营长多凌授为陆军步兵中校，并接奉部令在案。是年二月四日，奉都督杨令开：奉大总统令：古城城守尉遗缺，即以多凌暂署。四年六月十九号，接奉新疆将军杨 饬开：以筹办生机成绩，奉大总统传令嘉奖。后因旗民生计告竣，又蒙新疆将军杨 呈请政府保荐，以县知事留新任用。四年八月，奉准部令。六年二月一号，蒙省长杨 委充总务科员。是年三月十九号，蒙新疆督军杨 委署巴里坤协副将，于四月二十八日接任视事。现供今职。合并声明，须至履历者。①

据此年龄记录，多凌出生于光绪二年（1876）②。该卷宗记录的事件，是因为巴里坤协副将刘荣昇“虚兵冒饷、调省查办”，因此，在已经裁缺的古城城守尉任上的多凌得以接署。多凌在民国三年（1914）被授为陆军步兵中并署理古城城守尉缺，直到民国六年（1917）接任巴里坤协副将，大概一直是名片上的“署理古城城守尉特授陆军步兵中校”职衔。

多凌此后在巴里坤协副将任上，直到去世。相关信息，可从中国第二历史档案馆存《新疆省长兼督军杨增新为报巴里坤副将杨应森接印视事日期事致陆军部咨（1920年2月2日）》得到推演：

新疆省长兼督军为咨请事。查新疆巴里坤副将多凌病故，遗缺经本督军委令陆军步兵少校杨应森署理在案。兹据该员呈报，遵于中华民国九年一月十四日接印视事。等情，前来。除饬取履历另案咨送并分咨外，相应咨请钧部查照备案施行。此咨陆军部。杨增新。③

据此咨文，多凌病故前的身份仍旧是“巴里坤副将”未变。又据杨应森在民国九年（1920）1月14日接印视事，则前任多凌应在不久前的民国八年（1919）去世，方合其时任

① 《新疆省长兼督军杨增新为巴里坤协副将刘荣昇调查查办遗缺由多凌接署并送多凌履历事致陆军部咨（1917年7月6日）》，载《民国时期新疆档案汇编（1912—1927）》第16册，凤凰出版社，2015年，第166-169页。

② 履历中的“四十一岁”为虚岁，则生当光绪三年（1877）。

③ 《新疆省长兼督军杨增新为报巴里坤副将杨应森接印视事日期事致陆军部咨（1920年2月2日）》，载《民国时期新疆档案汇编（1912—1927）》第25册，凤凰出版社，2015年，第378页。

免程式。结合两处档案，可知多凌生卒年为1876—1919年，享年43岁。

在今巴里坤境内，多有多凌制作的石刻留存，如民国七年（1918）的《保安碑》《黑沟告示碑》《冰沟告示碑》等，均文雅意美[①]。这种对于纪念物的爱好，与其笔帖式出身的文化才情，应该有一定的联系。

（二）哈密

1.李寿福（130-39）

李寿福（1873—1934），民国时期新疆地方的回族军事长官。寿福字耀南，祖籍宁夏固原，随父迁居米泉，早年担任本地西工村的乡约，因喀什提督马福兴的举荐[②]，成为新军五营营长，又被任命为哈密协台，曾参与平定哈密“回乱”、抵御外蒙古独立的科布多之战、处置白俄军队入境等军事行动。后提升为混成团团长，派驻孚远（今吉木萨尔）任城防司令。1933年向进攻吉木萨尔的马仲英投降，前往鄯善、托克逊驻防。1934年归顺盛世才，被委任为哈密、镇西警备司令，同年病逝于哈密[③]。

中国第二历史档案馆存《新疆都督杨增新与陆军部等关于张文林接署哈密协营都司事的来往文件》卷宗，其中提及李寿福担任哈密协营副将事：

> 勋三位将军衔督理军务新疆巡按使为咨陈事。三年八月五日，按据哈密营副将李寿福转：据左旗都司张文林呈称：三年五月六日，案奉令委，内开：照得都司牛玉峰委充陆军十九团第三营营长，遗缺查有驻防乌什克马队管带张文林年力尚强，办事勤劳，堪以接署。除呈咨外，合亟饬知该都司遵即前往任事，仍将到任日期并履历赍府，以凭转咨。[④]

哈密协营是清乾隆二十六年（1761）在哈密设立的绿营驻军，归巴里坤总兵管辖，有马队二旗、步兵二营。民国初年（1912），哈密仍沿袭前清军制，设副将一员为协营长官（从二品），设都司为左右二旗长官（正四品）。此外，又有陆军第十九团马队三个营驻防哈密[⑤]。根据上引咨文，李寿福是哈密协营的最高首领（协台），牛玉峰正是由其属下的左旗都司调任骑兵第十九团第三营的营长。

奥登堡第二次中亚考察的1914年8月经行哈密时，李寿福作为哈密协营的首领，成为负责其护卫前往敦煌的地方军队长官，而其时牛玉峰应已在骑兵第十九团第三营营长的职位上，可能承担了具体安排护卫的职责（参见下“牛玉峰”条）。

2.牛玉峰（130-47）

牛玉峰，字嵩亭，籍贯云南。该信息来自名片。

---

① 戴良佐：《西域碑铭录》，新疆人民出版社，2013年，第535-538页。

② 杨金贵口述、邓菁整理《马福兴轶事》，载姚仲远主编《米泉文史》第2辑，米泉县政协文史资料委员会内部印刷，1990年，第136-137页。

③ 牛天龙：《统领李寿福》，载米泉县政协文史资料编辑室编《米泉回族》，内部印刷，1999年，第130-137页。

④《新疆将军致陆军部咨（1914年8月13日）》，载《民国时期新疆档案汇编（1912—1927）》第7册，凤凰出版社，2015年，第112-113页。

⑤ 哈密地区地方志编纂委员会编《哈密地区志》第25编“军事”第二章“驻军”，新疆大学出版社，1997年，第1032-1033页。

中国第二历史档案馆存《新疆都督杨增新与陆军部等关于张文林接署哈密协营都司事的来往文件》卷宗，其中提及牛玉峰由哈密协营都司委充陆军骑兵营营长事，可为其与奥登堡见面的时间、地点定谳：

为咨明事。照得哈密协营都司牛玉峰委充陆军骑兵十九团第三营营长，递遗都司缺，亟宜拣员接署，以重职守。查有驻扎乌什克亲军马队管带张文林年富力强，通晓军事，堪以接署。除呈明大总统并令委外，相应咨请贵部，烦为查照注册。此咨陆军部。杨增新。中华民国三年五月六日。[①]

如前李寿福条所引，都司为协营左右旗长官（正四品），牛玉峰于5月间由左旗都司调任骑兵第十九团第三营的营长。他也应该是在奥登堡第二次中亚探险经过哈密时结识对方。奥登堡8月经行其地，牛玉峰已担任骑兵营长，成为负责护送其前往敦煌的实际安排者。

牛玉峰的名片显示了他的云南籍贯，这也是杨增新提拔他的重要原因。虽然在1916年新疆的云南籍军官"谋变"风波后，杨增新不再信任云南人[②]，但从实际的情形来看，此前新疆省的地方、军事长官中，因为杨增新的裙带关系，云南籍官员不在少数，牛玉峰正是其例。

3.**甘毓霖**（130-35、40、44、48、55、65、66；187-55）

甘毓霖的履历，在中国第二历史档案馆的民国档案中有记录。其最为详细的生平，见诸《新疆巡按使造送新疆现任各知事姓名籍贯出身履历等总册》（1914年11月）：

署哈密县知事甘毓霖，现年五十七岁，湖南湘阴县人。于前清光绪九年（1883）出关投效军营，由文童递保知县，并奖同知升衔。二十八年十一月，奉委代理奇台县典史员缺。三十一年五月，奉委藩署历办薪饷所核对文案各差。宣统二年（1910），改科委办军需第一股科员。三年四月，改委会计科第一股科员。六月，调升审核科科长。民国元年（1912）二月，请补沙雅县知县。七月，奉令委藩署清理财政所帮办。二年一月，调委财政司编制科科长。旋于四月八日奉都督兼民政长杨 令，准国务院电开三月二十九日奉大总统令，据国务院总理内务总长赵秉钧呈据新疆都督兼民政长杨增新呈请，任命甘毓霖为财政司科长，应照准，此令。六月四日，奉到三月二十九日颁发荐字三百四号任命状一纸，遵即祗领就职。三年二月，调委财政司总务科科长。三月二日，奉令委赴哈密查案。旋奉电令，委署哈密县知事员缺，遵于四月二日接印任事。现供今职。须至履历者。[③]

这份民国三年（1914）11月报送中央的新疆现任县知事履历清册，详细记载了甘毓霖从光绪九年（1883）由湖南来新疆军营谋生的仕进之途。湖南人投效新疆，与左宗棠收复新疆有关。他由童生获得晋升，历任奇台县典史、布政使署科员；入民国，又由财政司属科长委署哈密县知事。

虽然在这份履历中，奥登堡于1909年第一次考察经行迪化时与甘毓霖有产生交集的可能，但此期的甘毓霖担任布政使衙门（藩署）的薪饷所核对文案各差，应无与外事业务往来

①《新疆都督杨增新致陆军部咨（1914年5月6日）》，载《民国时期新疆档案汇编（1912—1927）》第7册，凤凰出版社，2015年，第94页。

②包尔汉：《新疆五十年：包尔汉回忆录》，中国文史出版社，1994年，第34-37页。

③《民国时期新疆档案汇编（1912—1927）》第8册，凤凰出版社，2015年，第140-141页。

的必要。恰恰是其在民国三年（1914）3月赴哈密查案、旋即被任命为哈密县知事的时间，正好是奥登堡第二次中亚考察前往敦煌之际，后者在1914年8月15日抵达哈密，并由该县护送出境①，这正是甘毓霖在哈密县知事任上的职责所在。奥登堡档案里不止一张甘毓霖的名片存在，大概都是为了确保奥登堡由新入甘或者由甘入新途中能够随时应付各级盘查所准备。

作为新疆的东大门，甘毓霖在哈密县知事任上遇到外国人经行其地而往返甘新，除了担任接待、护卫的工作外，还及时将这些信息报送新疆省政府。在目前留下的档案里，就有甘毓霖就斯坦因出入哈密向新疆外交署特派交涉司司长张绍伯汇报的详文②。

甘毓霖担任哈密县知事的时间直到民国四年（1915）9月4日由向拥光接任而调任省府为止③。因此，奥登堡在完成敦煌的考察后，于1915年1月28日（此处使用儒略历，对应公历为2月10日）从敦煌启程，于4月23日（公历5月6日）返回圣彼得堡的路程中，也必然再次经过哈密，并与甘毓霖见面。

在奥登堡档案中还留下了他返程途中在哈密电报局拍发到迪化的电报费收据（187-92），标明的时间是民国四年（1915）2月21日，这也是他返程途中在哈密逗留比较准确的记录。

甘毓霖的名字也多次出现在中华民国《政府公报》中，最后一次出现在民国九年（1920）4月23日的《政府公报》《国务总理呈大总统汇案核给新疆等省故员甘毓霖等一次恤金文》中：

> 为汇案合议给予新疆等省故员甘毓霖等一次恤金恭呈仰祈钧鉴事。据铨叙局呈称：奉院交财政部呈称：新疆财政厅科员甘毓霖于上年九月在职病故。……请核给恤金各等因。查《文官恤金令》第二十三条载：……兹甘毓霖等均属在职病故，核与本条之规定相符。甘毓霖应给其一月俸额一百二十两、折合银元一百六十七元之一次恤金；该员在职将及八年，依同条二项事例作增七年计算，应加给恤金二百三十三元八角。④

由此，我们知道甘毓霖卒于民国八年（1919）9月，结合之前的履历册，可知甘毓霖的生卒年是1857—1919年，享年62岁⑤。

4.沙木胡索特（130-41、42、46、49-53、67）

沙木胡索特（1857—1930）是哈密第九世回王。康熙三十六年（1697），哈密维吾尔族

① 新疆维吾尔自治区档案馆等编《近代外国探险家新疆考古档案史料》，图版与录文分见第3、301页。李梅景、郑丽颖、波波娃等据奥登堡档案考证其8月经过哈密的时间，略有误差，但并不影响其在甘毓霖任职期间的该事实。参见李梅景：《奥登堡新疆与敦煌考察研究》，《敦煌学辑刊》2018年第4期，第154-166页；郑丽颖：《奥登堡敦煌考察队路线细节探析——以主要队员杜丁书信为中心》，《敦煌研究》2020年第2期，第107-113页；波波娃撰，杨军涛译《奥登堡第二次俄罗斯新疆探险考察（1914—1915年）》，载《敦煌吐鲁番研究》第20卷，上海古籍出版社，2021年，第307-321页。

②《甘毓霖为报斯坦因入出哈密日期事给张绍伯的详文》（1914年10月16日），载《近代外国探险家新疆考古档案史料》，新疆美术摄影出版社，2001年，第125页。

③《新疆巡按使杨增新呈委向拥光署哈密县知事以资治理文并批令》，《政府公报》1915年9月8日第1199号，第21-22页。又参见《新疆职官志（1762—1949）》，第227页。

④《国务总理呈大总统汇案核给新疆等省故员甘毓霖等一次恤金文》，《政府公报》1920年4月23日第1505号，第23-24页。

⑤ 如履历中的年龄为虚岁的话，则其生年当作1858年，享年61岁，按虚岁则是62岁。

首领额贝都拉在对准噶尔的战争中支持清政府，被授为一等札萨克（世袭领主），保持原有的“塔尔汗”称号，管理哈密维吾尔族事务，成为哈密第一代回王。传至第八世回王迈哈默特，因其绝嗣，其母第七世回王伯锡尔的妻子迈里巴纽，选取塔尔台吉之子沙木胡索特与迈哈默特的妹妹成亲，沙木胡索特成为王府的掌印伯克。光绪八年（1882），迈哈默特去世，清政府批准沙木胡索特承袭札萨克和硕亲王爵位，成为哈密第九世回王。

沙亲王历经晚清、民初，忠于中央政权，前后多次到北京朝觐，并起汉名“沙西屏”，以示为国家在西边屏障之意。但其也因在哈密盘剥维吾尔族百姓，屡屡引起民变。其于民国十九年（1930）病逝[①]。

沙木胡索特在位期间，多次接待经行哈密的中外探险队，给考察人员留下了深刻印象，伯希和、斯文赫定和中国西北科学考察团成员均记载了被他在哈密绿洲接待的事。

《伯希和西域探险日记1906—1908》：

> 1908年1月25日……哈密王沙木胡索特为我们送来了礼品及其名帖、一小车柴薪燃料、煤炭、麦秸和大米。……中午到达了王府。……他还记得那些俄罗斯旅行家以及近期经过这里的斯坦因。[②]

斯文·赫定《戈壁沙漠之路》：

> 徐炳昶和我出去拜客。由六名穿羊皮衣的兵士陪同。我们在墙壁、树木和沟渠中间碾过灰尘满布的街道和大路，最后到了哈密王的王宫。……沙木胡索特是活泼、畅达、喜谈的人。我们彼此了解，不用翻译。我们用他自己的语言——维吾尔语谈话。他第一件事就问到柏林的冯·勒柯克教授，他以率领在吐鲁番和中亚地方的考古队驰名。沙王问我是否认识他。[③]

徐炳昶《徐旭生西游日记》：

> 回城在新城外二三里，入城向左，即为回王住宅。客厅颇大，陈设美丽，但光线不明。墙上中堂对联完全汉式。回王年七十一，白须苍颜，精神矍铄，身材不高而丰满，衣饰皆汉式，汉话亦极流利，不知者恐难断定为他族也。人极和蔼，说他曾进京，蒙袁大总统的优礼，袁大总统人好，那时候太平；现在终天自己一家人打架，对外国人很不好看；杨督办人好，视五族如一家云云。我亦唯唯应之，且以福寿康健、世笃忠贞、为国藩辅等类话恭维他，他很高兴。辞归后，才听说今天回人节气，刚才尧营长来，即为挡今天的驾，我们不晓得，竟冒昧地跑去，他接待我们，实为破例。[④]

奥登堡也是在1914年8月或者1915年1月往返哈密的途中得到了他的接待。在奥登堡档案中，留下的沙木胡索特名片最多（9张），应是沙木胡索特热情地抓了许多张给他，用于他在哈密地区及其周边活动之便。

---

① 哈密回王及沙木胡索特相关资料，可参聂一鸣《哈密回王兴衰》，载哈密市政协文史资料工作委员会编《哈密市文史资料》第2辑，哈密市内部印刷，1988年，第133-163页。

② 伯希和：《伯希和西域探险日记1906—1908》，耿昇译，中国藏学出版社，2014年，第403-404页。

③ 斯文·赫定：《戈壁沙漠之路》，载斯文·赫定、沃尔克·贝克曼著，李述礼、张鸣译《横渡戈壁沙漠》，新疆人民出版社，2013年，第111-112页。

④ 徐炳昶：《徐旭生西游日记》第3卷，中国学术团体协会西北科学考察团理事会内部资料，1930年，第1-2页。

（三）安西

1.杨成栋（130-43）

杨成栋，字干城，顺天大兴人，安西邮政局局长。他的生平未见相关文献记载。以上信息均由名片提供。

所印职衔“安西邮政局局长”，说明他也是奥登堡第二次中亚考察前往敦煌途经安西县时所结识。安西即今瓜州县，乾隆二十四年（1759）置安西府，三十九年（1774）改为安西直隶州。民国二年（1913）改为安西县，隶属安肃道。1949年，复改为安西县。2006年，更名为瓜州县。

晚清邮政改革，新疆于宣统元年（1909）在迪化设立邮务总局，由邮传部派英国雇员毕德森襄办邮政，在东西干线的主要州县设立9处邮务分局，东路是吐鲁番、鄯善、七角井、哈密、安西几处，其邮路辖区直达嘉峪关，与甘肃相连属，因此，安西邮局也在新疆邮务管区内。光绪末年即行开通的迪化总局电报系统，也在安西建立了（电）报房，覆盖了东到肃州的电信系统[①]。民国二年（1913），“裁驿归邮”，新疆邮务总局改成新疆邮务管理局，改归交通部管辖，嘉峪关外的邮局、电信系统均由新疆省统辖[②]。因此，奥登堡第二次来华期间，其往返邮件得到了这一适逢其时的邮政改革便利。

按照当时的约定，新疆邮政初建之始，由新疆本地筹款，邮务章程虽然由邮传部颁布，邮务员及以上人员由部派遣，但与北京总部之间不存在上下级关系。杨成栋名片另一行“干城，顺天大兴”的文字，是说明他的字是“干城”，与其名互相呼应；而“顺天大兴”即籍贯顺天府大兴县，为今北京市辖区，这是与其为北京邮务部派遣的身份可以互相印证的。

奥登堡到达敦煌的年代，敦煌并无邮局，只是在宣统元年（1909）创办了邮寄代办所，仅出售邮票、信封、信纸，并收寄信件、明信片，每七日向安西邮局发班一次。这种状况一直到民国二十年（1931）创设乙级局才有所改观；而电报系统则始终没有开启，需要转到安西拍发（“电报局住［驻］安西，规定由邮局转达安西拍发”）[③]。因此，奥登堡在敦煌期间，他最近的对外联络点就是安西邮局了。

在奥登堡档案里，保留有给安西邮局局长的信封和信笺，信封（档案号130-56）上写“寄交安西邮局启”，信笺（档案号130-54）内容为：

> 径启者：本公使将由敦煌之行，如有外来信件，希即寄交敦邑寓所。遇有本公使应发电报，并请送交尊处电局，以便拍发。所需电费，本公使业有款项寄存该局。或有外来电报，一经电局交到，尚祈寄敦。实敦至谊。此致安西邮局长照。名另具。

这应该是从新疆迪化省城出发时，按照奥登堡的要求，可能经由俄罗斯领事馆或委托新疆交涉署请中国人代为书写，并请沿途邮局尽快转达邮件、电报的文字。按理应该交由当地

---

① 王树枏、朱玉麒等整理《新疆图志（附索引）》卷86《道路志》，上海古籍出版社，2017年，第1621-1623页。

② 新疆通志编纂委员会编《新疆通志·邮电志》第1篇第2章“邮电机构”，新疆人民出版社，1998年，第91-95页。

③ 吕钟修编纂《重修敦煌县志》卷5《建置志》，甘肃人民出版社，2001年，第133页。

邮局收取，大概当地邮局留下了交付人的名片，知悉其情，就退回了信函而由奥登堡保留了。现在从奥登堡保留有安西邮政局局长杨本栋的名片来看，他们确实曾经见过面。而据信中的内容来看，不仅邮件，甚至电报局收发电报的工作也一并请邮局局长代劳了。

今奥登堡档案中，还保留钤有“安西电政局图记”椭圆章的收费单多份，如档案号187-86的收费单，虽然原本格式化的印刷文字已经褪色难辨，但“民国三、八、廿九　安西”等毛笔字填空的内容仍然清晰可见，是奥登堡在1914年8月29日到达安西之后拍发电报或寄出邮件的最好证明。这个日期，也正好证明了奥登堡记录的8月16日到达安西并在此住宿使用的儒略历，换算为公历正是8月29日。

关于外国探险队与近代西北邮政的关系研究，也应该是新疆探险史值得关注的视角，容当另文展开。

（四）敦煌

1.冉长龄（130-33）

冉长龄名片书有“署理沙州营守备”的职衔，可知他是奥登堡1914年第二次中亚探险时，在敦煌负责护卫其团队的地方军队长官。

沙州营是清代驻守敦煌的常备绿营兵，由肃州镇总兵管辖[①]，参将（正三品）、守备（正五品）等为其长官，守备的职责是“掌营务粮饷，充参、游中军官”。营下设汛，为绿营的基层分防单位，千总（正六品）、把总（正七品）等为其长官[②]。道光《敦煌县志》载清代沙州营参将、守备、千总、把总等公署在敦煌县城地址甚详[③]。民国《重修敦煌县志》承袭前载，并说明民国改制以来，这些公署均废作他用[④]。

冉长龄在《重修敦煌县志》中也有记载：冉长龄，籍贯肃州（今甘肃酒泉），光绪二十六年（1900）先后任沙州营左、右哨千总[⑤]，民国四年（1915）任沙州营守备[⑥]。

此处名片称为“署理守备”，也即临时代理或使用守备，在品级上或较实授的守备官略低。

2.王伟（130-34）

王伟名片书有“辛卯科武举署沙州营把总”的职衔，可知他是敦煌沙州营属下的分防官员（参上条），是奥登堡第二次探险在敦煌具体负责其护卫的军队下级长官。

“辛卯科武举”是指王伟经由光绪十七年（1891）的武举科考试而入职，是通过乡试而

---

①《清史稿》卷131《兵志二》：“肃州镇总兵统辖镇标三营，兼辖金塔、安西二协，肃州城守等营。镇标中营、左营、右营，金塔协，镇彝营，清水营，高台营，抚彝营，红厓堡，安西协，布隆吉尔营，桥湾营，肃州城守营，嘉峪关营，沙州营，靖逆营，赤金营。”中华书局，1977年，第3918页。

②《清史稿》卷117《职官四》，中华书局，1977年，第3389页。

③苏履吉修，曾诚纂《敦煌县志》卷3《建置志》，载《中国地方志集成·甘肃府县志辑》第49册，凤凰出版社，2008年，第71页。

④吕钟修纂《重修敦煌县志》卷5《建置志》，甘肃人民出版社，2001年，143-144页。

⑤吕钟修纂《重修敦煌县志》卷9《官司志》“职官表·清代历任沙州营左哨千总表、清代历任沙州营右哨千总表”，甘肃人民出版社，2001年，第241、245页。

⑥吕钟修纂《重修敦煌县志》卷9《官司志》“职官表·清代历任沙州营守备表”，甘肃人民出版社，2001年，第241页。

获得武举人身份并授予武职，是正途出身。民国《重修敦煌县志》的《敦煌县清代武举一览表》也有其武举出身的记录[①]，由此我们知道他是敦煌本地人。只是由于资料收集不全，县志没有记录王伟武举的年份，反倒是名片上的“辛卯科”帮助我们补足了这一缺漏。

《重修敦煌县志》有《敦煌县清代武职仕进一览表》[②]，却失载王伟担任把总一事。该表末有说明栏，云：“自张伯龙后新辑。沙州营及县吏房档卷早失，采访不易，失误恐多。”[③]张伯龙是道光十年（1830）前的安西营把总，他与之前的仕进者名录，在道光《敦煌县志》中已有记录[④]；此后，《敦煌县志》未曾再修，故张伯龙之后的名单，均由民国年间吕钟在《重修敦煌县志》之际而“沙州营及县吏房档卷”均缺失的情况下拼凑而成，所以漏载较多。通过这张名片，可以为民国《重修敦煌县志》中的王伟增补两项记录。

从名片来看，把总官职前的“署”字，说明王伟的这一任职也属于临时代理或试用性质，较之实授，品级要略低一些。

3. 王圆箓（130-45）

王圆箓（约1850—1931），湖北麻城人。光绪初年，入肃州巡防营为兵勇。后离军，受戒为道士，道号法真。曾远游新疆，约光绪二十三年（1897）至敦煌莫高窟供奉香火，终老于此。他是敦煌藏经洞的发现者和造成敦煌文书流散的关键人物，关于其生平记录，已经非常详细[⑤]。但是这张名片却在之前未曾被关注到。

确切地说，这不是一张个人的名片，在印制个人姓名的地方，印制了“千佛洞”字样，而作为个人职衔的注记，却印下了王圆箓的相关身份——“古郡皇庆寺住持王圆箓楚北”。

古郡自指敦煌县所在，以汉武帝元鼎六年（前111）初设敦煌郡之故。皇庆寺是莫高窟唐宋以来即存在的寺院，元代重修[⑥]，清代则另有今敦煌中寺后院被称为“皇庆寺”[⑦]。王圆箓既自称为“皇庆寺住持”，则其在此中寺后院居住应是不争的事实。但是过去的研究以为上寺、中寺为西藏的喇嘛居住的寺院，王圆箓到敦煌后，只是在下寺居住。据斯坦因1907年的记录：“敦煌人在千佛堂只知道‘上寺’‘中寺’‘下寺’的名称。道士的庙属于‘下寺’。”提到这是王圆箓亲口告诉他的[⑧]。1925年，陈万里到敦煌，据当地人的说法，也是如此：“千佛洞分上、中、下三院，下院为盗卖古物已十余年之王道士所居。二十日在月牙泉

---

①吕钟修纂《重修敦煌县志》卷10《人物志》下“敦煌县清代武举一览表”，甘肃人民出版社，2001年，第336页。

②吕钟修纂《重修敦煌县志》卷10《人物志》下“敦煌县清代武职仕进一览表”，甘肃人民出版社，2001年，第352-354页。

③吕钟修纂《重修敦煌县志》卷10《人物志》下“敦煌县清代武职仕进一览表”，甘肃人民出版社，2001年，第354页。

④苏履吉修，曾诚纂《敦煌县志》卷5《人物志》，凤凰出版社，2008年，第102页。

⑤季羡林主编《敦煌学大辞典》“王道士”条，上海辞书出版社，1998年，第887-888页；荣新江《王道士——敦煌藏经洞的发现者》，《敦煌学研究》2000年第2期，第23-28页；王冀青：《国宝流散：藏经洞纪事》，甘肃教育出版社，2007年。

⑥季羡林主编《敦煌学大辞典》，上海辞书出版社，1998年，第633页。相关讨论参见王慧慧、刘永增《敦煌莫高窟皇庆寺碑原址考——兼谈皇庆寺与莫高窟第61窟、94窟之关系》，《故宫博物院院刊》2018年第1期，第43-54页。

⑦季羡林主编《敦煌学大辞典》，上海辞书出版社，1998年，第633页。

⑧王冀青：《国宝流散：藏经洞纪事》，甘肃教育出版社，2007年，第17页。

席上，据说王已得精神病，此次往游千佛洞时，闻余等至，即趋避他往。询之庙祝，亦谓精神尚好。则前日之传言有精神病者，或冀免官厅之惩办欤？”[①]即使到了1944年皇庆寺中的土地庙塑像里发现敦煌文书，并且确认土地庙塑像也是王道士所造，这些文书来自王道士发现的藏经洞，人们也依旧觉得“中寺是喇嘛的庙产，王道士自不能染指”[②]。

王圆箓初到敦煌时可能是屈居下寺，现在，这张名片明确以王圆箓为“皇庆寺住持”，说明了之后的一些改变。可能是随着藏经洞的发现，他用卖出文书及四处化缘所得巨资修缮莫高窟，在当地成为具有影响力的道士，皇庆寺庙产转手成为王道士的产业。王圆箓在这张印制名片的中间大字印上了“千佛洞”三字，也标示着他作为千佛洞代言人的勃勃野心。

王道士以皇庆寺为自己的基地而服务于莫高窟的修缮，在之前曾经公布的敦煌博物馆藏《敦煌千佛山皇庆寺缘簿》中已然呈现[③]，只是论者囿于庙产的最初归属为西藏喇嘛，便以为一成不变，而未作申论；或者认为这个皇庆寺就是指称的下寺太清宫，所惜未达一间。现在有了王圆箓名片的印证，将中寺（至少是其后院）即皇庆寺作为王圆箓晚年在莫高窟的产业，其中土地庙塑像为王道士所造，都应该得到确认。

此外，名片上王圆箓名字后面的“楚北”二字，应该是指其籍贯湖北麻城所在的一种古雅称谓。今湖南、湖北两省属于当时楚国的地域，清代湖广行省南北分治，湖北独立建省，别称“楚北”，湖南则别称“楚南”。

王圆箓的这张名片上“恭叩俄国大皇帝万安”的手书，标明了是王圆箓会见奥登堡时专门题写。此前，通过与很多外国探险家和旅行家的接触，王圆箓已经成为敦煌“见多识广”的知名人士。以此来表达对外国皇帝的致敬从而赢得对方的好感，可能是王圆箓出售文书的先行手段。

奥登堡档案中王圆箓名片的存在，也证明了二人在敦煌有直接接触。虽然1914年之后的敦煌，大批的文书已经流散，最后的大宗也在1910年由学部运往北京，而王圆箓仍然在此前想方设法转存了相当数量的精品，至少斯坦因就告诉了我们这样的秘密：

> 受了这次官府骚扰（引者按：指1910年清廷命将敦煌遗书运至北京）之后，他怕极了，于是将他所视为特别有价值的中文写本另外藏在一所安全的地方。这一定还有不少，我第二次巡礼此地的结果，许我带去的还足足装满五大箱，有六百多卷佛经——自然，又得布施相当的数目。[④]

奥登堡此后运回圣彼得堡的一万多件写本文书，很显然有相当多是来自王圆箓的倒卖。

4. 刘遵矩（130–59）

刘遵矩的名片没有更多的信息，《重修敦煌县志》有其记载：

> 刘遵矩，字子方，陕西富平人，民国4年8月署任。举人出身。[⑤]

在刘遵矩之后的县知事是尤声宾，于民国五年（1916）12月9日到任，这也是其前任刘

---

①陈万里著，杨晓斌点校《西行日记》，甘肃人民出版社，2002年，第85页。

②施萍婷：《敦煌研究院藏土地庙写本源自藏经洞》，《敦煌研究》1999年第2期，第39–46页。中寺为喇嘛庙产的说法见该文第40页。

③相关研究可参见王慧慧等：《〈敦煌千佛洞千相塔记〉〈敦煌千佛山皇庆寺缘簿〉录文及相关问题》，《敦煌研究》2014年第5期，第64–70页。

④斯坦因著，向达译《斯坦因西域考古记》，新疆人民出版社，2013年，第188页。

⑤吕钟修纂《重修敦煌县志》卷9《官司志》，甘肃人民出版社，2001年，第225页。

遵矩卸任的时间。因此，奥登堡第二次中亚考察在敦煌期间的县知事，一直是刘遵矩署任。

从县志的记载看，刘遵矩是一位博学好古的地方长官。《重修敦煌县志》的《艺文志》中，刊载了他吟咏敦煌风土人情的诗歌9题14首[①]。现存莫高窟第146窟甬道南壁的民国五年（1916）《重修千佛洞宝贝佛殿功德碑记》木质碑刻，还提及“给予六等嘉禾章、佩带（戴）一等金色奖章、署理敦煌县事刘遵矩观”[②]，可见其对千佛洞古迹的爱好。

（五）吐鲁番

1.虎文炳（130-67）

虎文炳，字耀卿，甘肃皋兰县人。这些也是名片提供的信息。

中国第二历史档案馆存《内务部核办新疆省博乐县知事虎文炳任命事项的有关文书（1924年3月3—24日）》卷宗，其中收有虎文炳履历：

> 知事现年五十三岁，系甘肃兰州府皋兰县人。由前清拣选举人报捐知县，分发新疆任用。于前清光绪三十四年委充通志局总校，宣统二年，充宪政调查局统计科科长。四年，充抚署统计处科长。民国元年，蒙新疆都督杨委署昌吉县知事，历办选举、词讼、命盗各案。依限妥捷，蒙记大功一次。二年十二月，交卸。三年，委充吐鲁番行营营务处办理艾犯事宜。是年八月，蒙新疆巡按使杨呈、奉大总统批准奖给七等嘉禾章，用昭激劝。旋蒙新疆巡按使杨委署吐鲁番县知事。嗣因造报三年分收入总册首先详赍，依知事奖励，准予记功一次。四年三月，蒙新疆将军兼巡按使杨保免试验知事、奉大总统批准，分发新疆任用，等因。六月，内奉内务部颁发各凭照在案。七月，交卸吐鲁番篆务进省。五年三月，委赴甘肃调查桥工事宜，九月，委赴北京领陆军部拨发新疆军械并教育部购发新疆各学校教科书籍又内务部颁发新疆全省县知事印信各差，回省呈缴无遗。嗣因来往内地致受风寒，退归养病。迨至十二年完全治愈，蒙新疆省长兼督军杨委署博乐县员缺。现供斯职。须至履历者。[③]

从以上履历可知，虎文炳出生于同治十年（1871）[④]，于光绪三十四年（1908）以举人出身来疆，从“通志局总校”开始其新疆仕途，“通志局”即由布政使王树枏负责的《新疆通志》编纂机构，此书于宣统三年（1911）印行，更名《新疆图志》，今本“新疆图志纂校衔名”的“详校”栏下，即有“新疆候补知县臣虎文炳”的记录[⑤]。

虎文炳在新疆履历中与奥登堡中亚考察时有所交集的任职，是民国三年（1914）委充吐鲁番行营营务处办理当地案件，并于稍后委署吐鲁番县知事，直到民国四年（1915）7月“交卸吐鲁番篆务进省”。奥登堡在第二次中亚考察的1915年初，从敦煌返回俄罗斯途中，再度访问了第一次中亚考察曾经前往的吐鲁番，正是在这第二次吐鲁番之行中，其与虎文炳

①吕钟修纂《重修敦煌县志》卷11《艺文志》，甘肃人民出版社，2001年，第442-445页。

②敦煌市志编纂委员会编《敦煌市志》“金石”，中华书局，2007年，第659-660页。

③《内务部核办新疆省博乐县知事虎文炳任命事项的有关文书（1924年3月3—24日）》，载《民国时期新疆档案汇编（1912—1927）》第36册，第540-543页。

④履历中的“五十三岁”为虚岁，则生当同治十二年（1873）。

⑤王树枏、朱玉麒等整理《新疆图志（附索引）》卷前“新疆图志纂校衔名”，上海古籍出版社，2017年，第2页。

见面①。

在奥登堡档案中还留下了他返程途中在吐鲁番电报局拍发到迪化（档案号187-82）、塔城（档案号187-89）的电报费收据，标明的时间均为民国四年（1915）3月13日，这也是他返程途中在吐鲁番逗留比较准确的记录。

虎文炳担任吐鲁番县知事期间，也正好是斯坦因第三次中亚探险（1913—1916）而于1914—1915年间重点在吐鲁番考古挖掘之际，所以在新疆档案馆留下了多件虎文炳向新疆外交署长张绍伯报告斯坦因在吐鲁番情形的详文②。在斯坦因的档案中，也保留有虎文炳赠送他的名片，与奥登堡档案中的不一样，斯坦因所存虎文炳名片的右上方，有“七等嘉禾章署理吐鲁番县知事”的字样，这可能是后来加印的新名片。

小结

以上我们通过保存的名片，考证了奥登堡在第二次中亚考察中与新疆、甘肃地方官员人等的接触，可以从清末官场的习俗中了解到外国人在新疆游历经行的交往情形③。此外，这些名片对于复原奥登堡往返新疆的行程也具有较大的价值；而揭示其在甘肃的行程与交往、通过王圆箓名片了解莫高窟清末的管理信息，更是敦煌学研究不可多得的文献。相信随着奥登堡档案中其他文献的公布，他在新疆、敦煌考察的细节会得到更多印证。

附记

虽然这只是初步的探索成果，在将近10年的研究过程中，我们要感谢诸多促成此项成果的支持者和帮助者，特别是：首先，要感谢波波娃教授的慷慨帮助；感谢俄罗斯科学院东方文献研究所邀请我们参加2018年建所200周年的纪念活动，安排我们报告对于这一文献的阶段研究成果，并予以鼓励。其次，还要感谢荣新江教授一直以来的关注；感谢柳若梅、史睿、党宝海三位同事在我们赴俄罗斯科学院档案馆查阅档案时予以的协助。

---

① 研究者以为奥登堡第二次中亚探险在前往敦煌途中即曾经过吐鲁番，即1914年7月至8月间从乌鲁木齐经奇台前往哈密途中，到过吐鲁番，参见李梅景《奥登堡新疆与敦煌考察研究》，《敦煌学辑刊》2018年第4期，第160页。其时，吐鲁番县知事为张华龄，但未见相关资料证明。

② 《虎文炳为报斯坦因入出吐鲁番县日期及拨兑其银两事给张绍伯的详文》（1914年10月31日）、《虎文炳为报李灼华随斯坦因入赴鄯善日期事给张绍伯的详文》（1914年11月7日）、《虎文炳为报斯坦因动用银两及其随员往胜金口考查古迹事给张绍伯的详文》（1914年11月10日）、《虎文炳为报斯坦因由吐鲁番赴迪化县日期事给张绍伯的详文》（1914年12月15日）、《虎文炳为报斯坦因由迪化县回吐鲁番日期事给张绍伯的详文》（1915年1月14日），载新疆维吾尔自治区档案馆等编《近代外国探险家新疆考古档案史料》，新疆美术摄影出版社，2001年，第126-130页。

③ 奥登堡档案中的名片所体现的中国近代西北社会生态，容当另文展开。

兰州十里店远古文化遗址的考古调查*

刘再聪（西北师范大学敦煌学研究所、河西走廊研究院）

【摘要】20世纪40年代，今兰州市安宁区十里店一带发现三处史前人类遗址：分别在“十里店西北师院大礼堂左侧的台地上”、“十里店油矿局西约半公里的山沟西侧”、上徐家湾。三处遗址均由国立西北师范学院（今西北师范大学）考古学者何乐夫发现并做了初步调查及发掘，后受到夏鼐、裴文中的关注。本文根据何乐夫、夏鼐、裴文中在十里店的考察，对三处遗址做简单介绍。

【关键词】十里店　远古文化　考古调查

一、何乐夫在十里店的考古调查

何乐夫（1898—1984），名士骥，浙江诸暨人。1925年，何乐夫考入清华研究院，成为该院首届新生。师从王国维、梁启超、陈寅恪、李济等，颇受王、梁器重，与陈寅恪、李济也交往甚密。毕业后，何乐夫先后在北平研究院史学研究所从事考古研究工作，在北平师范大学、北平女子师范大学、中法大学等校任教。1937年抗日战争全面爆发后，北平各大专院校纷纷南下或者西迁。何乐夫应聘于在西安组建的西北联合大学之师范学院（原北平师范大学），师范学院独立建制为西北师范学院后，其继续任教。1943年秋，西北师范学院迁至兰州市十里店，何乐夫遂同来兰任教。1945年秋，抗日战争胜利，西北师范学院部分师生复回北平师范大学。何乐夫认为西北历史悠久，考古工作方兴未艾，遂坚留兰州，继续在西北师范学院任教并从事考古工作。

来兰州之前，何乐夫在考古理论及考古实践方面就已很有成就。何乐夫曾经参加过多次考古发掘活动，调查并发掘了宝鸡斗鸡台周秦墓地遗址及长安鱼化寨新石器时代遗址等，主持陕西城固张骞墓的发

* 本文系国家社科基金重点项目“唐朝‘村’制度与中国古代基层行政制度‘西进化’历程研究”（项目编号21AZD129）的研究成果。

掘整理工作等。完成《南北响堂寺及其附近石刻目录》《唐大明兴庆及太极宫图残石发掘报告》《石刻唐太极宫暨府寺坊市残图大明宫残图兴庆宫图之研究》《西北考古记略》等论著。这些考古活动及论著的研究范围包含石刻、石窟寺、古城址、古墓葬、古遗址等，涉及面广。来到兰州之后，借地利之便，何乐夫以十里店为中心，对周围蒋家坪、崔家崖、孔家崖、达家庄、水挂庄、安宁堡、徐家湾、盐场堡、华林山、四墩坪、太平沟以及西固城、西果园等地做过多次考古调查。其中，在十里店周围发现三处远古文化遗址。1947年，何乐夫在《甘肃民国日报》上发表《兰州附近古物调查》一文，介绍在兰州的考古调查情况。同年，在《西北论坛》上发表《十里店新发现的屈肢葬与交肢葬》，着重介绍其研究成果。其中屈肢葬发现于"十里店油矿局西约半公里的山沟西侧"，交肢葬发现于"十里店西北师院大礼堂左侧的台地上"。由于交肢葬在国内属首次发现，因此，何乐夫讲道：

"惟交肢葬则在各地尚未见过。我们十里店这次的发现，可以说是第一次的新发现，实在是一种文化史上、宗教史上很有研究价值的珍异史料。……

至交肢葬之姿势，虽较直肢葬为人为，但较屈肢葬为自然，或即为直肢葬与屈肢葬中间之一种过渡葬仪欤？若然，则今日得此以补直肢葬与屈肢葬中间之缺，诚不可谓非极有价值之新发现也。至于世人所推测之屈肢葬理由有"返回胎儿之原状""捆住死人之安坐""表示要生之姿态""合乎睡眠之休息""节省埋葬之地方"以及其他种种宗教上之说法。窃思交肢葬殆即"捆缚死人""表示安坐"，与含有若干宗教上之意义者也，若谓此外而尚有其他独特之含义，则其价值尚且更大。吾深望考古学界之同志有所研究之而教益之，幸甚![①]

二、夏鼐在十里店的考古调查

夏鼐（1910—1985），原名作铭，浙江温州人。1934年毕业于清华大学历史系，后留学英国伦敦大学学习考古学。来兰州之前，其先后供职于中央博物院筹备处、中央研究院历史语言研究所；参加了四川彭山豆芽房、寨子山汉代崖墓的发掘；后随西北科学考察团来西北，在甘肃敦煌、武威、兰州及青海等地开展遗址和墓葬的调查发掘。1945年，其参与了甘肃省宁定县阳洼湾齐家文化墓葬的发掘，确认仰韶文化的年代比齐家文化为早，发表了《齐家期墓葬的新发现及其年代的改订》一文，纠正了瑞典学者安特生关于甘肃新石器时代文化的分期，为建立黄河流域有关新石器时代文化的正确年代序列打下了基础。在《兰州附近的史前遗存》一文中，其对十里店古人类遗址的考古调查内容如下：

十里店在黄河北岸，即西北师范学院的所在地。遗址系何乐夫所发现。何氏曾率学生加以挖掘，所获颇多。1944年4月13日，鼐前往调查，承何氏引导，指示发现古物地点，计有两处：一为师院礼堂旁沟西的土岗（旧墩台）的旁边，一为中国石油公司存车厂的北边。后者因无人介绍，不能进去踏查；只在前一处捡拾得陶片十余片。1945年3月1日，鼐又赴十里店，承何氏见示去冬新获的完整陶罐及人骨等。据云也是在礼堂旁边发现的。由十里店返兰州城，经过上徐家湾，据何氏说，

① 《兰州附近古物调查》《十里店新发现的屈肢葬与交肢葬》两文可参见刘再聪编选《陇上学人文存·何士骥卷》，甘肃人民出版社，2022年。

其地也有史前遗址，鼐前往调查，无所获。[①]

对十里店遗址的遗存，夏鼐讲道：

十里店师院礼堂旁土岗上的遗址，是在第一台地上。这遗址曾由何乐夫氏加以开掘，所获甚多，但尚未有详细报告发表。承何氏以所采标本见示，并承引导调查，当于遗址地面上又捡拾得陶片11片。当时未曾见有灰层。因为已经开掘过，所以残留的遗物已很少。这11片都是小碎片，最大的也不过35毫米×55毫米大小，所以器形无法复原。陶片可分为细泥红陶及夹砂粗陶二种，陶色都是砖红色。第一种是半山马厂式的彩陶，9片中仅有1片平素无彩，大概也是彩陶的无彩部分。（有一片）是罐类的颈部，在颈和肩部相交处有一道紫红色横线，上下夹以黑线。据巴尔姆格伦的研究，在半山期中，这种花纹的黑线旁缘大多作锯齿纹，尖端朝向红线。到了马厂时，这种黑线是平滑无锯齿，初期黑红两线尚稍隔离，后期的花纹，红黑两线紧挨着，不留空隙。我们这标本是属于马厂期的。（有）三片的红黑彩花纹也是这样的。又各片外表面抹平而不磨光，也近于马厂期。因为碎片过小，加以有几片暴露于地面日久，外表皮蚀剥，花纹已不清楚。除了红黑彩的粗带外，只有一片为细条平行线，较为清楚。至于夹砂的两片粗陶，其中一片有波浪状凸饰，一片外表有细绳纹，并有烟炱熏黑的痕迹。这些夹砂粗陶，也是半山马厂期所常见的。

师院修盖礼堂时，曾于土中发现墓葬，得有完整彩陶罐数件及人骨等，现由何乐夫保管研究，尚未发表。陶面有红色陶衣，上绘黑彩，和我们在高坪上所得的相似。这种带红陶衣的陶片，也是马厂期的特征。可见这遗址是属马厂期。[②]

三、裴文中在十里店的考古调查

裴文中（1904—1982），字明华，河北丰南人。1927年毕业于北京大学，次年参加周口店发掘工作，1933年调查河南渑池仰韶村遗址，1935年留学法国，1937年回国。回国后，其任职于实业部地质调查所。1947年，其调查渭河上游的天水、甘谷、武山、陇西诸县，西汉水流域的成县、西和、礼县、盐官诸县，洮河流域的洮沙、临洮以及兰州市附近的新石器时代遗址。1948年，其又调查河西走廊的永登、武威、民勤、永昌、张掖各县以及兰州市附近，接着又沿湟水调查享堂、乐都、西宁和青海湖附近的诸遗址。在《甘肃史前考古报告》第四章《兰州市附近史前人类遗址之调查》中，其关于十里店的考古调查内容如下：

十里店之史前人类遗址，为何乐夫氏所发现，曾由何氏及其学友发掘之，所获甚多。吾人对此遗址，尚待何氏有更详细之研究报告。吾人调查之结果，计于西北师范学院礼堂之旁及其东之沟旁，采得红色绳纹陶及彩陶陶片。沟西之土岗（旧墩台）之旁有甚薄之灰层，内有少许之红色绳纹及彩陶陶片。此一带似为第一台地，高出现河面仅有30余米，但由于侵蚀及人工破坏，台地之形状已不清晰。西北师范学院礼堂之旁为墓葬，曾由何乐夫氏发掘，得彩陶陶罐完整者数件及人骨等。著者之印象，此种彩陶或近于安特生所谓之“仰韶期”者。惟陶面已有红色陶衣，上

① 夏鼐：《考古学论文集》，科学出版社，1961年，第51页。

② 夏鼐：《考古学论文集》，科学出版社，1961年，第63页。

有黑色纹饰，纹饰之中，有紫色，其附近所采之陶片亦同。

至公路之北，近山之处，有第二及第三台地，上覆黄土，已大半侵蚀而去，吾人曾于中国石油公司存车厂之北，残余之第二台地上，采得陶片甚多，内有彩陶及红色绳纹及光面陶，并有汉式之灰色绳纹陶。彩陶与师范学院礼堂旁者同，当为同期同文化之物。

吾人更于沟旁及防御工事之沟中，见有甚薄之灰层，内有红色罐片及巨大之打击石器。此种石器为最特殊之产物，约皆为黑绿色石英岩砾石所制，多由一边或两边打击之，可为敲砸之用，与我国各旧石器时代所发现者，无任何区别。至打下之石片，则多无第二步工作，不能谓之为石器，但有薄刃者，古代人类自可使用之。此外，灰层之中及灰层之旁，亦常有扁平大砾石，上有烟炭附着，似与烧火有关系。按此种打击之砾石石器，吾人曾于渭河上游天水三阳川之吴家庄采得之。吾人初于吴家庄发现之时，因一部与鹿角化石共生，且在似红色土之中，黄土之中亦时有发现，且其形状，有似欧洲之两面器者，故吾人认其为旧石器时代之产物。至吾人由十里店发现相似之砾石石器，确与陶片共生，因之，吾人觉得吴家庄者亦不无可疑之点。然石器形状之制法相同，亦可发见于不同之时期，约皆当以地层及共生之物而确定之，是以考古学家非只限于器形学之研究即可完成其任务也。将来吾人若于十里店及吴家庄大规模发掘，或可能得较多之知识，或亦可判别二种石器不同之处，现吾人则无法作更进一步之结论也。

至徐家湾附近，何乐夫氏亦采有陶片，十里店之西北，第二及第三台地上，何氏亦发现有墓葬，采有完整之彩陶陶罐，其形制亦与师范学院礼堂旁者相同，无特异之处①。

何乐夫、夏鼐、裴文中在十里店的调查，以何乐夫为最早，且也是他最早发现的，论述也最为翔实。裴文中曾经说过：

安特生氏在甘肃作史前考古之时，虽在兰州附近从事调查，但未发现任何遗物及遗址。抗战期间，学者聚集兰州，考古学家夏鼐、黄文弼、吴良才及何乐夫诸氏曾屡有发现，何氏更有短文发表，叙述各史前人类遗址及遗物颇详。著者等在兰州由何氏及其他热心人士引导，亦曾调查各遗址。②

应该说，夏鼐、裴文中在兰州地区的考古都是在何乐夫开展工作的基础上进行的。但由于时间紧张，夏鼐、裴文中在十里店的考古仅仅属于调查，并没有进行正式挖掘。因此，两位均表现出要继续挖掘的想法。但时过境迁，兰州市十里店一带面貌大变。除“十里店西北师院大礼堂左侧的台地上”的位置尚能定其方位外，“十里店油矿局西约半公里的山沟西侧”及上徐家湾两处遗址的具体地点已经难以确认。看来，夏鼐、裴文中之夙愿至今依然为期望而已。再者，除去何乐夫、夏鼐、裴文中的研究成果外，学术界对十里店三处古人类遗址几乎无人关注。看来，何乐夫之“深望”至今也仍为期望而已！

①《裴文中史前考古学论文集》，文物出版社，1987年，第252页。

②《裴文中史前考古学论文集》，文物出版社，1987年，第250页。

印度汉学家师觉月1948年敦煌考察钩沉*

陈　明（北京大学东方文学研究中心）

【摘要】自晚清以来，敦煌石窟艺术蜚声中外，外籍学者赴莫高窟考察者渐多。1948年9月，时任北京大学客座教授的印度汉学家师觉月一行三人，亦赴敦煌考察。本文利用师觉月当年的报告等史料，对师觉月敦煌之行的历史场景略加探讨，或可为敦煌学术史以及现代中印人文交流画卷补上一笔。

【关键词】师觉月　敦煌考察　中印人文交流　学术史

20世纪初，自斯坦因、伯希和分别从敦煌骗购大量古代文献并运至欧洲之后，敦煌逐渐引起了国内外人士的多方关注。到了抗战胜利的前夕，随着国立敦煌艺术研究所的筹备与正式成立，以及西北艺术文物考察团、西北科学考察团所带来的“西域考古热”的高涨，一些在华的外籍人士也奔赴敦煌考察，为现代敦煌的艺术文化交流留下鲜明的印记。这些考察活动有的扬名后世，更多的则逐渐消散在历史的风沙之中。1948年秋，时任北京大学客座教授的师觉月（P. C. Bagchi）三人的敦煌之行，迄今少见学界论及[①]。本文基于印度国家档案馆（National Archives of India）所藏师觉月当年的报告以及当时中国媒体的报道，对师觉月敦煌之行的历史场景略加探讨，或可为敦煌学术史以及现代中印人文交流画卷补上一笔。

一、师觉月三人抵达兰州

1947年3月18日，印度国际大学研究院院长师觉月受印度政府选

*本文系国家社科基金重大项目“中国‘东方学’学术史研究”（项目编号14ZDB084）的研究成果。另，本文原刊《敦煌研究》（2021年第2期，第140-149页），此为增订稿。

① 车守同：《国立敦煌艺术研究所的时代背景与史事日志》（上、下册），擎松出版社，2013年。在详尽梳理国立敦煌艺术研究所的历史时，该书仅列举了师觉月一行的敦煌考察之事，未展开论述。

派，抵达北平，出任由印度政府出资在北京大学设立的“印度历史与文化”讲席客座教授。他除在北京大学开设学术讲座之外，还与在北平的中外学者多方联络，积极参与学术活动，成为“北平汉学”的一分子①。师觉月是印度当时较有名望的汉学与佛教学（也可称为“中印学”）的研究专家②，在北京大学的任期为两年。在次年的九月，出于对敦煌艺术的热爱，以及渴望探讨印度艺术在中国的影响，师觉月率领由印度政府选派的第二批留华研究生中的泰无量（Amitendra Nath Tagore）、苏可拉（Y.K.Shukla）两人奔赴敦煌考察。

就笔者目前所见，《申报》1948年9月11日第七版《印学人赴敦煌考察壁画艺术》最早报道了此事：“［本报兰州十日电］印度国际大学研究院院长师觉月，率印籍研究生二名，由平飞兰。定十一日西上敦煌千佛洞，考察壁画艺术。”《大公晚报》1948年9月12日第一版《印学人赴敦煌　考察壁画艺术》的消息与此相同，但二文均未披露两位印籍研究生的姓名。《东南日报》1948年9月11日第八版《印籍研究生赴敦煌考察》一文虽大体相同，但列出了这两人的名字，其内容如下：

> ［本报兰州电十日］印度国际大学研究院院长兼北京大学客座教授师觉月，昨日携印籍北大、北平艺专研究生泰无量、苏可拉，由平飞兰，定十一日转敦煌莫高窟考察，约有一周之逗留。

师觉月三人9月9日到达兰州，第二天去参观了成立刚两年的兰州大学。时任兰州大学历史系主任顾颉刚教授接待了师觉月一行。《顾颉刚日记》记载当天（九月十日星期五，八月初八）下午的相关活动如下：

> 印度人师觉月等来，伴游图书馆。六时，与乔树民伴之同出，到民众教育馆参观壁画。
>
> 到凯士林应宴。与树帜等同步归。
>
> 今晚同席：师觉月，印度国际大学研究院院长，兼北京大学“印度哲学”客座教授；泰无量（泰戈尔之孙），北大研究生；苏可拉，北平艺专研究生；水天同、乔树民、段之美、董爽秋、刘仲阮（以上客）；树帜（主）。③

由此可知，师觉月一行由顾颉刚陪同，在兰州大学参观过图书馆、民众教育馆的壁画，并接受了时任兰州大学校长辛树帜的晚宴之约，与兰大的水天同（英语系）、乔树民（医学院）、段之美（数学系）、董爽秋（植物学系）、刘仲阮（校办）等多位学者进行了交流。师觉月之前与顾颉刚、辛树帜并无交往，他为何要专程去兰大拜访呢？兰州《和平日报》1948年9月16日第三版《印度三学者赴敦煌考古》对此行有所说明：

> ［本报兰州通讯］印度国际大学研究院院长兼北京大学客座教授师觉月、国立北京大学研究生泰无量、国立北平艺专研究生苏可拉等三人，昨天下午搭平兰班机由北平飞兰。他们都是印度人（以上人名均系译音），此次是到敦煌考察壁画，经过兰州，下榻于西北大厦。记者昨天晚上前去会晤他们，泰无量的中国话说得很好，他已学得一口北平腔调。他告诉我，他们三人留居北平都有一年多的时间，他

① 陈明：《师觉月在北大——印度师生与现代中印人文交流》（待刊书稿）。

② 尹锡南：《印度学者师觉月的汉学研究》，《国际汉学》2018年第2期，第66-73页。徐化庸：《中外佛学家事迹杂考》，《中西文化交流学报》第8卷第1期，2017年，第63-97页。

③ 顾颉刚：《顾颉刚日记Ⅵ上：1947—1948》，台湾联经出版公司，2007年，第340-341页。

在北平，是随从胡适之先生研习白话文学史，苏可拉则是随从徐悲鸿先生研习中国画，师觉月是一半做客座教授一半也研究中国哲学。我问师觉月氏对于北平的印象怎样，他说："那里很好，很安静，最适于研究学术。"苏可拉说："敦煌壁画是中国古代美术，在世界艺坛上都是驰名的，所以我们决心要到敦煌去实地考察。"他们在兰州只留一天，今天中午前往省府拜会郭主席，明天就搭车西行，在敦煌大约有一周的逗留，然后返平。泰无量还告诉我，今天下午要到兰大访晤顾颉刚教授，因为胡适之先生对他们说过，顾是北大的老同学……。(九月十日寄自兰)

《中央日报》1948年9月19日第七版《西北考古热　敦煌艺术吸引印度客》一文，也作为"兰州通讯"，在其开篇描述数月来"西北考古热"带来的两批考古专家的情况之后，介绍了师觉月等三位印度学者要去敦煌考古的消息，其小标题为"他们想在千佛洞里找出中印悠久关系"，相关的报道如下：

九月九日，此间来了三位要到敦煌去访古的邻邦远客，那就是印度国际大学研究院院长兼北京大学客座教授师觉月（译音）、北京大学研究生泰无量（译音）、国立北平艺专研究生苏可拉（译音），他们三位都是邻邦印度的学者。九日上午由北平出发，下午飞达兰州，下榻在西北大厦。他们三人都在北平住了一年多光景，都可以说颇流利的国语。泰无量是随从胡适之研习中国白话文学史，苏可拉是师从徐悲鸿研习中国画，师觉月是一半做客座教授，一半研究中国哲学。与记者交谈中，师觉月说他对北平的印象很好，"那地方很安静，最适于研究学术"。苏可拉极赞敦煌壁画之历史价值与神圣意义，他说："敦煌千佛洞是古中国艺术之宫，敦煌壁画是中国古代美术的精华，在世界艺坛上居着很重要的地位。不到敦煌去实地考察是最遗憾的。"他又说他们此去在敦煌佛洞里，最少要住上一周，他还说他企图在那千佛洞里，能发现中印两古国文化上之悠久关系的轨迹。

十日，这三位访古的远客，忙于拜访，上午访郭寄峤主席，下午访兰州大学历史系主任顾颉刚。他们说访顾颉刚是遵胡适之之嘱，因为胡适之对他们说过，顾是北大的老同学，也即是说是他们的同学。

这三位访古的远客，十一日就搭车溯河西走廊西上了。他们说他们除了访古，还很想看看大沙漠的面目。①

比较可见，此则通讯的一部分内容与《和平日报》上的《印度三学者赴敦煌考古》一文颇多相同，应该视为稍微改动之作。其中的不同之处，比如，三人"都可以说得很流利的国语"与"泰无量的中国话说得很好"不同，目前尚未发现师觉月能说很流利的国语的证据。苏可拉"他还说他企图在那千佛洞里，能发现中印两古国文化上之悠久关系的轨迹"等，明确说明了他们去敦煌访古的学术意图。

《中央日报》（昆明）1948年9月20日第六版《印度三学人赴敦煌考古》只是将《和平日报》的上述通讯的时间做了调整，其他文字基本保持原样。结尾也有省略号，似乎表明还有未尽之言。此后，《中央日报》（贵阳）1948年10月18日第四版又刊发了一篇《西北考古热高涨　三位印度学者由兰赴敦煌　寻找中印文化历史轨迹》。但实际上，这篇"兰州通讯"

①《中央日报》（昆明）1948年9月27日第6版《三位印度学者到敦煌去考古　找寻中印悠久关系》与此文完全相同。

只是一段旧闻的综述，与前述的两则报导基本相同。

上述报道都是对师觉月三人在兰州活动的描述，主要提及了他们接受记者的采访，以及去拜会甘肃省主席郭寄峤和兰州大学顾颉刚教授之事。这些报道还重点说明了三位印度学者要去考察敦煌的原因有两点，一则敦煌是中国古代美术的精华之地和世界艺术的精品之地，二则希望能“在千佛洞里发现中印两古国文化上之悠久关系的轨迹”。这些记者以及顾颉刚的笔下，实则都有一些小误。比如，三人的中文名字并非都是音译，因为“师觉月”和“无量”是意译，只有“泰”和“苏可拉”才算是音译；泰无量也不是印度诗圣泰戈尔的孙子，而是侄曾孙①。

考虑到西北之行之不易，胡适之预先就为师觉月准备好了给顾颉刚等人的介绍信。除了在日记中记载之外，顾颉刚在1948年9月13日给胡适之的信中，也汇报了师觉月来访的情况：

> “日前印度师觉月、泰无量三位先生到兰，接读先生介绍信，敬悉一切。兰州有一唐壁画，曾同往参观，惜太暗旧，等于未观。师先生等已赴敦煌，俟其归来当请其兰大讲演也。”②

所谓的唐壁画，就是日记中所指“到民众教育馆参观壁画”。师觉月由于后期旅途中滞留时间过长，返程匆匆，没能在兰州大学进行讲演。

二、师觉月三人在兰州和敦煌的往返旅程

师觉月一行实际离开兰州去敦煌的时间并非《和平日报》和《中央日报》上所说的1948年9月11日。虽然目前在汉文资料中，笔者尚未发现有关师觉月在敦煌考察活动的具体记载，但印度国家档案馆中保留的一份外交部档案为我们提供了比较准确的信息。

印度国家档案馆所保留的这份档案，名为《师觉月与苏可拉在中国的一次旅行：师觉月关于兰州大学和敦煌石窟的报告》（*A tour in China of Dr. Bagchi, Mr. Shukla and report by Dr. Bagchi on the Lanchow University and Tunhuang Caves*，编号为Progs., Nos. 728-CJK/1950），是师觉月1948年10月12日在北平住所“使馆街”（41-M. Legation Street，即东交民巷41号）给在南京的印度驻华大使馆参事依士麦（Mr. Ismail）的一份打字报告，此档案比较详细地记载了师觉月和苏可拉的兰州和敦煌之行。该文件归属当时的印度外交部东亚司（CJK Branch），于1950年入档。据其封面上的标注，该档案本拟于1971年销毁，但非常幸运的是它保存了下来。该档案没有前后的相关文献，属于单独归档类型。根据档案封面的记录，师觉月在北大任教期间，很可能另向印度教育部提交了一份比较全面的关于中印文化交流活动的报告，但教育部并未向外交部转交。目前那份报告暂未找到，无法知晓其具体内容。

师觉月的这份报告分为三个部分，其内容梳理如下：

第一部分，共4页，是师觉月给依士麦的一封信。主要陈述从北平往返敦煌的行程及其途中所遇到的困难。师觉月此行的具体行程为：

> 9月9日，上午，师觉月一行从北平乘坐中国航空公司（CNAC）的航班，下午抵达兰州，入住中国旅行社（China Travel Service）下属的西北大厦（North West

① 吴晓铃：《关于泰戈尔的侄曾孙泰无量》，《新文学史料》1980年第2期，第186页。

② 顾颉刚：《顾颉刚书信集》卷1，载《顾颉刚全集》，中华书局，2011年，第498页。

House)。

9月10日，上午，师觉月一行拜访“甘肃省省长”(Governor of Kansu)，实时任甘肃省政府主席郭寄峤（1946年11月—1949年6月在职），受到善意的接待。郭氏指示下属为他们的敦煌之行提供帮助，并在下午送给师觉月一沓写给沿途官府的信函。下午，师觉月一行访问兰州大学。

9月11日，中午，师觉月一行应邀赴郭寄峤的招待午宴。

9月12日，郭寄峤的下属元先生（Mr. Yuan，也可能是源先生）安排师觉月等购长途车票。

9月13日，师觉月一行乘坐大巴从兰州出发。一路花了六天的时间。

9月18日，师觉月一行才到达酒泉，并拜访了当地公署。公署秘书告诉他们，暂时无车去敦煌，或者要花费800金圆券租卡车去敦煌。

9月19日至23日，一直滞留酒泉。其间，师觉月给南京的印度驻华使馆发了两封电报，但迟迟未得到回应，23日才得到了使馆的回复。当天，师觉月拿出胡适之给张治中将军的介绍信，去拜会时任西北军政长官公署长官的张治中将军。张将军刚回到酒泉，热情接待他们，并让秘书安排一辆军车第二天送他们去敦煌。这辆车还要留在敦煌，以便接他们返程。

9月24日，师觉月一行从酒泉出发，当晚抵达敦煌。

9月25日至10月1日，师觉月一行考察敦煌莫高窟，并得到了当时的国立敦煌艺术研究所（the National Art Institute of Tunhuang）成员的大力帮助。

10月2日，师觉月一行离开敦煌，开始返程。

10月3日，师觉月一行到达酒泉。张将军长官公署的秘书安排了他们返回兰州的旅程。

10月5日，师觉月一行乘坐政府通讯部门的服务车离开酒泉。

10月7日，晚上，师觉月一行返回兰州。

10月8日，师觉月在经历了许多困难之后，乘坐中国航空公司的航班返回北平，结束了这次敦煌访古之旅。

第二部分，共1页2行，题名“兰州大学”(Lanchow University)，师觉月不仅谈到了去参访兰州大学一事，也详细记录了兰州大学当时的学科和学术情况，以及计划与兰州大学开展学术交流的一些想法。但他未具体描述在兰州大学与顾颉刚会面以及与兰大学者们共进晚餐的情节。

第三部分，约共1页半，题名“敦煌”(Tunhuang)，主要介绍了他在敦煌石窟一周的参观印象，以及对敦煌艺术的感想。

三、师觉月报告的简要分析

师觉月的这份报告内容较为丰富，结合上述媒体的报道以及顾颉刚日记中的记载，我们觉得有以下三点值得分析。

第一点：如师觉月所描述的那样，敦煌之行确实旅途艰难。与当时的一般游客相比，师觉月的境遇无疑是令人羡慕的。来之前，胡适之就给师觉月准备好了联系顾颉刚、张治中的

信函。到了甘肃之后，他分别得到了西北军政长官张治中上将、甘肃省政府主席郭寄峤以及酒泉等地方官署的关照和帮助。尤其幸运的是，9月23日，师觉月滞留酒泉的时候，他所拜访的张治中在此前的数日，巡行河西，分别视察了玉门老君庙油矿、敦煌莫高窟等地，22日下午刚从安西回到酒泉，第二天准备返回兰州①。张治中特地到莫高窟参观壁画两天，对此有特别的兴趣②。因此，张治中见到师觉月之后，热心地帮助其解决交通问题。张治中受胡适之托帮助师觉月一事，有其电报为证。当年9月26日（即“申寝”），张治中从兰州给在南京出席第一次中央研究院院士会议的胡适之拍发了一封电报，其内容如下：

> 特急京处。密徐处长面致中央研究院胡适之先生：寄迪之函早转到，承介绍印度师觉月教授等三人赴敦煌参观，已抵酒泉，遇见并派车妥送来回，请释念。惟久欲晤教，而弟一时尚不能来京，倘先生能会后来兰一游，实所欢迎。由兰至平班机可通，亦甚便利。如何？盼复。弟张治中。申寝。兰。秘印。③

张治中与胡适之的书信往来并不多，从此电报来看，胡适之对师觉月的敦煌考察是极为支持和关注的，所以张治中才以特急电报汇报相关的安排。胡适之的朋友多，所托请的都是高官，故能解决师觉月旅途中的车辆问题。

即便如此，师觉月对敦煌之行还是颇为不满的。一方面，由于旅途车辆的安排不如人意，他在旅途中多耽误了两个星期，所滞留的时间远远超过了他的预先安排。另一方面，他认为郭寄峤的下属没能尽力，对他提供的实际帮助未能满足其要求；而且，他对中国旅行社的服务极为不满。再加上所携带的旅行支票不能及时兑付，以及随身常用的钢笔被偷之后也没有人帮助追回，师觉月对诸事颇感愤慨。他甚至认为，甘肃当地的一些人因为他是印度人而对他有意怠慢或者歧视。因此，师觉月在对行程的抱怨中充满了不少负面的情绪。师觉月之所以认为因为他是印度人士而受到了中国人的歧视和怠慢，这与他当时的心态有关。一来，师觉月认为自己在印度是一个有名的教授，而且又是印度政府选派到北大的客座教授，地位颇高，理应受到比较高级或妥善的款待。二来，师觉月在来华之前，考虑到在华旅行的便利，曾要求印度外事部门为他提供外交护照，但因不合惯例而遭到当局的拒绝④。可以说，师觉月因出自法国著名东方学家列维、伯希和的门下，自己也是一名出色的汉学家，故他内心不无自傲的情绪。

其实，师觉月身上的这一点早就隐约可见了。1947年4月5日，师觉月在北京大学的第一次学术讲座，题为“印度文化之基础”。季羡林的日记《此心安处是吾乡：季羡林归国日记（1946—1947）》记载当时的情况：“不久，胡校长、汤先生同Bagchi去，三点Bagchi开始讲，题目是‘The Foundation of Indian Civilization’。胡校长用英文作了一个介绍，四点讲

---

① 参见《甘肃民国日报》1948年9月23日第3版《酒泉欢迎张长官》。另见《甘肃民国日报》1948年9月24日第2版《张长官启程东返》。

②《新闻报》1948年9月19日第1版《张治中赴敦煌参观莫高窟壁画》：“［本报兰州十八日电］张治中今自玉门，经风城安西赴敦煌。明日赴千佛洞参观莫高窟壁画。二十一日自敦煌返兰，约二十六日抵兰。”又，胡宝镜：《张长官巡视敦煌纪要》，《兰州和平日报周刊》第11-15期，1948年，第46-47页。

③ 耿云志主编《胡适遗稿及秘藏日记》，第34册，黄山书社，1994年，第210页。此电文是9月26日拟发，其收到是9月28日。其中的“徐处长”之名，亦见于张治中早前给胡适的一封电报中。参见中国社会科学院近代史研究所中华民国史研究室编《胡适来往书信选》（下），社会科学文献出版社，2013年，第1102页。

④ 陈明：《师觉月在北大——印度师生与现代中印人文交流》（待刊书稿）。

完。”[①] 出于尊重，胡适之在介绍性发言中涉及“中印历史上的友好关系”，并对师觉月的学术成就有所美言。师觉月对此坦然受之。吴晓铃《印度的汉学研究》一文中透露了此事：

> 他们（指印度学者——引者注）以为中国没有文化，他们以为中国有的文化也都不过只是由印度传播过去的。举个例子来讲，师觉月博士有一次很得意地告诉我，说胡适之先生在介绍他与北京大学学生第一次见面的时候承认了中国是印度文化的殖民地。有了这种心理活动，汉学在印度的长成便永远不会修直而蓬勃。[②]

正是因为有了些许的文化自豪感与骄傲感，师觉月才会在报告中向印度外交官倾吐心中的不满和郁闷。当时体验了从兰州赴敦煌之行艰难的，并非师觉月一行。至少有三位外籍人士体验了同样的赴敦煌之旅，他们的经历可以与师觉月进行比较。

第一位是比师觉月要早五年（1943年9月30日至10月30日）去敦煌的英国学者李约瑟博士（Joseph Needham，尼德汉）。李约瑟是与黄兴宗、艾黎（Rewi Alley）、吴作人等人一起去敦煌石窟考察的，原计划只考察数日。因为汽车发动机损坏，李约瑟一行被迫滞留莫高窟将近一个月，他的游记（即《西北旅行日记摘录》）及其所留下的档案反映了西北之行的艰难[③]。英国外交档案中，保留了1944年1月李约瑟撰写的一份赴中国西北的考察报告，名为《关于1943年8—11月中国西北之旅的报告》（*Report on a Journey in the North—West, occupying Aug., Sept., Oct., Nov. 1943*）。该档案的编号为F.O.676/645，档案封面上写着李约瑟的名字及其工作单位：Sino-British Science Co-operation，Dr. Joseph Needham（见图1）。当时的报刊也报道了李约瑟的敦煌考察。《西北日报》1943年10月22日第2版《尼德汉等参观敦煌壁画》云：

> ［中央社敦煌二十一日电］英剑桥大学教授尼德汉，偕其秘书黄同（兴宗）、中国工业合作协会顾问艾黎及中国名画家吴作人等，乘中英科学合作馆特备汽车于日前到达千佛洞。现驻敦煌从事摄影工作之中央社记者罗寄梅，招待该氏等，参观各洞窟之壁画与塑像，并对中国艺术之画风与技术，予以详尽之介绍与解释，尼等拟在此小住，藉作详细研究，约一月以后，回经兰州转回重庆。[④]

第二位是1948年9月赴敦煌的美国学者艾琳·文森特（Irene Vongehr Vincent）。她的著作《神圣的绿洲》（*The Sacred Oasis*）中对乘坐破旧的卡车（见图2）一路颠簸、风尘仆仆的情况有明确的记载[⑤]。可见，当时甘肃的交通条件较差，确实是不尽如人意。但李约瑟和艾琳·文森特的笔下并没有强烈的抱怨情绪。在师觉月离开敦煌不久，艾琳·文森特的丈夫约翰·文森特（John Vincent）10月份也不惧旅途艰难赶赴莫高窟，拍摄了大量的彩色照片，日后在英国出版了《敦煌佛经石窟壁画》一书[⑥]。

---

① 季羡林：《此心安处是吾乡：季羡林归国日记（1946—1947）》，重庆出版社，2015年，第189页。另见《经世日报》1947年4月6日第4版《印学者师觉月昨作系统讲演》。

② 吴晓铃：《印度的汉学研究》，《现代知识》第2卷第2、3期合刊，1947年，第39-41页。

③ 李约瑟、李大斐：《李约瑟游记》，贵州人民出版社，1999年；李绍先、罗华庆：《李约瑟与敦煌》，《敦煌研究》2011年第1期，第121-124页。

④ 《英教授参观敦煌石室》，《教育通讯》（汉口）第6卷第29期，1943年，第15页；《英剑桥大学名教授李约瑟氏参观敦煌千佛洞》，《出版界》（重庆）创刊号，1943年，第22页。两文内容完全相同。

⑤ ［美］艾琳·文森特著，刘勤译《神圣的绿洲——1948艾琳·文森特的敦煌之旅》，甘肃教育出版社，2018年。

⑥ B.Gray & John B.Vincent, *Buddhist Cave Paintings at Tun-huang*, London: Faber & Faber, 1959.

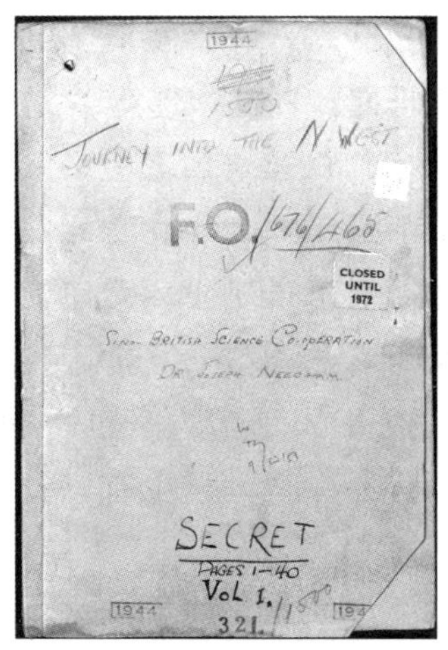

图1 李约瑟考察中国西北报告封面

图2 艾琳·文森特去敦煌所乘的大卡车

第三位是比师觉月稍微晚一点到莫高窟的美国斯坦福大学教授乐及士（Millard Buxton Rogers）夫妇，陪同者是清华大学教授陈梦家，他们也去会晤了顾颉刚。《顾颉刚日记》1948年10月21日载："陈梦家偕乐及士夫妇自北平来，谈。……美国斯坦福大学中国艺术教授乐及士（Millard Buxton Rogers）来中国研究半年，已游泉州、北平，兹来游敦煌，梦家伴之来。"22日载："到西北大厦，与梦家及乐及士夫妇同出，到图书馆访刘衡如，同到省府，访郭主席及丁宜中，商车事。"25日载："听乐及士与陈梦家演讲。讲毕，与同参观各院及图书馆。……刘寿嵩来，与同到辛先生处，商乐及士汽油事。"可见，他们也是去省政府找郭寄峤商量去敦煌的车辆，以及找兰州大学校长解决汽油的事情①。11月15日，在结束考察返回兰州之后，陈梦家对记者大赞甘肃和敦煌，称"甘肃这个地方真朴素得可爱"，但他也吐槽"交通工具太缺乏"②。因此，当时甘肃的交通状况不佳是有目共睹的。乐及士因为有诗人陈梦家相陪，故能比师觉月一行稍微顺利，解决了旅途中的一些困难。

第二点：师觉月的这份报告简要叙述了兰州大学的学科情况。师觉月的来访不仅是兰州大学校史上的一个花絮，他的报告也是一份外籍学者如何看待中国在民国时期高等教育的好资料。师觉月走马观花之际，也算是比较详细地记录了兰州大学的学科情况。

他提议印方与兰大开展相关的合作，其建议到兰大研究的人选沈明（Satiranjan Sen），正是与泰无量、苏可拉同批来华的印度留学生。沈明是加尔各答大学的梵文硕士，有很好的梵语基础，又愿意学习和研究中国医学，因此，非常适合到兰大。沈明可一边教梵语，一边学中医。1944年末，印度国际大学获得中国教育部设置的中国文化奖学金时，沈明被该校特别委员会遴选为丁级研究生（共四名），次年一月入校③。同时，沈明还在《国际大

① 《顾颉刚日记VI上：1947—1948》，第361-363页。又，《甘肃民国日报》1948年10月25日第2版《诗人陈梦家将往敦煌去》的报道："［本报讯］诗人陈梦家定明晨偕美国马歇尔·包瑞士乘汽车前往敦煌考察中国古代艺术。陈等一行，预定在敦煌考察一周，然后返兰。昨晚六时特借兰州广播电台招待陈梦家诗人与兰州文艺工作者举行座谈会。今日下午陈氏并应兰大之请，前往作学术讲演。"

② 《西北日报》1948年11月16日第2版《敦煌考古事毕陈梦家等返兰》。又，《顾颉刚日记》，1948年11月15日载："陈梦家自敦煌归，辞别。"（《顾颉刚日记VI上：1947—1948》，第374页。）

③ 《加城小简》，载《大公报》（重庆版）1945年3月22日第2版。

学年报》（*Visvabharati Annals*）第1卷上发表了一篇论文《汉译佛经中的两部医书》（“Two Medical Texts in Chinese Translation”），把《佛说佛医经》（《大正藏》T.793）和《千手千眼观世音菩萨广大圆满无碍大悲心陀罗尼经》（《大正藏》T.1060）译成了英文，表明他在这方面的研究兴趣和不凡的潜力①。不过很可惜的是，师觉月提出的这个“双赢”的建议后来未能实施。

第三点：师觉月的敦煌石窟考察及其感想。师觉月三人在敦煌石窟考察了七天，似乎达到了“重温”印度古代佛教艺术在异域“再现”的目的。他们留下了一张合影（见图3）。

李约瑟在敦煌考察时，留下了一个笔记本（见图4），上面写满了他对所见壁画的铅笔素描以及对洞窟画面内容的一些简要记录②。李约瑟结束西北考察返回重庆之后，1944年1月3日，他分别致函陈立夫、傅斯年，描述了自己在敦煌的见闻，并提出了由中央研究院掌管敦煌石窟保护等建议③。我国台湾地区“国史馆”所藏“教育部”档案中有关敦煌艺术研究所的部分，收录了一份《笺函尼德汉建议各点已悉》，大小共6页，主要包括李约瑟给陈立夫的英文建议信、陈立夫给李约瑟的中英文回函④。比如，1944年1月27日，由下属草拟的陈立夫的中文回函：

> 尼德汉先生鉴：元月三日来书敬悉，台端建议各点当由部转令敦煌艺术研究所计划进行，并转告盛意，专此复谢。
>
> 顺颂时绥！
>
> 陈立夫　谨启

艾琳·文森特与国民政府官员们没有什么关联，她完全是出于对敦煌艺术的无限向往，才不畏艰难来到敦煌“朝圣”的。她不仅拍摄了大量的敦煌石窟照片，而且在《神圣的绿洲》中对莫高窟内所见进行详细的描述。与艾琳·文森特不同的是，师觉月的报告中并未详细描述石窟内的所见所闻，也没有留下与当时在敦煌石窟进行考察或写生的其他人员（如兰州培黎学校的学生），以及国立敦煌艺术研究所工作人员具体往来的记录。或许是因为文本的性质不同，师觉月报告中对敦煌的描写无法同《神圣的绿洲》相提并论。

师觉月此行最感兴趣的是北魏时期的石窟，他认为该时期壁画所保留的印度艺术色彩最浓厚。他们从中找到了印度古代佛教艺术影响中国的“典型证据”，这无疑也满足了他们“发现中印两古国文化上之悠久关系的轨迹”的心愿。为了将这种图像“轨迹”让更多的印度民众知晓，师觉月建议印方派遣画家来敦煌考察和临摹，他还计划将自己和苏可拉临摹及拍摄的敦煌资料带回印度，与印度的中亚古代博物馆和印度国家博物馆联系，举办展览。

---

① Satiranjan Sen，“Two Medical Texts in Chinese Translation”，*Visvabharati Annals*，vol.1，Calcutta: Cheena Bhavana，Visvabharati，1945，pp.70–75.

② 参见剑桥李约瑟研究所网站公布的资料：“Joseph Needham in Wartime China，1943–1946”部分之下的“Notes and sketches at Qianfodong 千佛洞，October 1943”，编号为NRI2/5/12/4，其网址为：http://cudl.lib.cam.ac.uk/view/MS-NRI-00002-00005-00012-00004/1［2020-04-16查阅］。

③ 台北南港“中央研究院”历史语言研究所藏“傅斯年档”，参见王钱国忠、钟守华编著《李约瑟大典·传记·学术年谱长编·事典》上册，中国科学技术出版社，2012年，第112–113页。

④《笺函尼德汉建议各点已悉》，收录于《敦煌艺术研究所经费等（二）》，教育部“国史馆”藏，入藏登录号0190-00001388A，数位典藏号019-030509-0057，第6–11页。

图3　师觉月（中）、苏可拉（右）、泰无量（左）在莫高窟

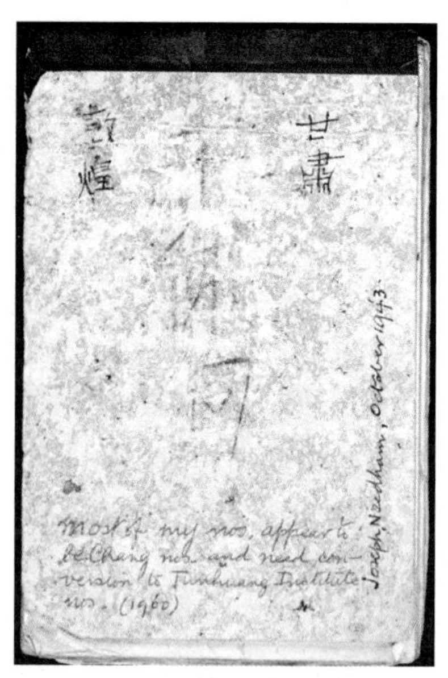

图4　李约瑟敦煌笔记的封面

苏可拉当时已经是印度较有名气的画家，来北平留学时受教于徐悲鸿、王青芳。在到敦煌之前，苏可拉和同时来北平留学的另一位画家周德立（N.R.Chowdhur /Choudhary）曾两度在北平举行画展，包括1948年6月4日在北京大学举办的中印画家联合画展①。8月中下旬，因徐悲鸿、叶浅予的举荐，苏可拉获得中印学会及中央大学艺术系多位师友的帮助，他在南京社会服务处、国际联欢社分别举办画展，得到各界的好评。报纸上对苏可拉的介绍是："苏克（可）拉是孟买人。第二次欧战时（一九三八年）曾赴意大利研究美术，毕业于意大利罗马皇家美术院。苏氏精通意大利语，对西洋美术史的古典研究与建筑抱莫大兴趣。苏氏对艺术的观念，第一是构图，其次是素描色彩等技巧上的问题，这在他的作品里已十足显露出来了。因为他在意时精心研究名作的壁画，归国后在印度是构图的权威者。这次到中国研究中国各种艺术，我们可由他的速写里看出他对中国建筑的关心。"②"（苏可拉）曾在北平国立艺专求教于徐悲鸿教授，历时一年。其作品曾两度公开展览，颇受好评。胡适之博士并谓氏于'短暂之时间内，以中国之画笔及颜料，获得惊人之成就'。"③在徐悲鸿等人的指导下，苏可拉在促进近代"中印两国新艺术之沟通"方面做出了贡献④。同时，作为一名颇有资历的专业画家，苏可拉在莫高窟的一周，可谓如鱼得水，他不仅临摹了一个洞窟的全部壁画，同时也拍摄了为数不少的石窟照片，不虚此行，收获满满。

除以上三点之外，还有一点令人困惑的是，师觉月在报告中对泰无量只字未提。泰无量在留学之前，就已经在国际大学向吴晓铃学习汉语，其汉语口语的流利程度应该比师觉月和苏可拉都好得多。在甘肃地区，能用英语交流的中国人远不如在北平的多，再从上述

① 陈明：《北平学艺：重构三位印度青年画家被遗忘的经历》，《美术研究》2023年第3期，第64-82页。

② 《苏克拉与周德立：介绍来中国留学的两位印度艺术家》，《北平小报》1948年8月19日第2版。

③ 《印度名画家苏克拉抵京》，《南京日报》1948年8月12日第2版。

④ 陈明：《印度留学生苏可拉与"中印两国新艺术之沟通"——以香港佳士得所拍苏可拉家族旧藏为中心》，《美术研究》2024年第5期，第20-32、41-45页。

的中国报纸上来看，泰无量的作用主要就是负责敦煌之行旅途中的沟通和联系，相当于翻译的角色。但师觉月的报告好像完全忽略了他，以至于泰无量成了一个“不在场”的“在场者”。

师觉月一行从敦煌返回之后的情况，北京的《世界日报》于1948年10月14日发表了记者对师觉月的访谈，《师觉月敦煌归来 对记者谈千佛洞》一文的报道如下：

［本报讯］北大印度客座教授师觉月、印度研究生泰无量、艺专印度研究生苏可拉一行三人，于上月去敦煌考察千佛洞壁画雕刻，已于八日返平。记者昨访师氏，承谈考察经过。他们于九月九日由平飞兰州，由西北行辕协助，乘汽车到酒泉；于二十四日到达敦煌。在敦煌只留一星期，十月二日离敦煌，八日返抵北平。他们专考察隋朝以前的壁画雕刻，苏可拉描绘了十五张画，泰无量照了五十多张相片，师氏把壁画上的梵文都抄下。师氏说，有不少学者认为隋以前的，特别是北魏时代的画像，不但受印度影响，而且是印度人画的。他说，他这次考察，对于这点完全得到了证明，因为这些壁画雕刻同印度海德拉巴邦的阿姜塔山洞里的壁画雕刻完全一样，后者也是纪元第一到第六世纪的作品。他准备在今年底同苏可拉回国后，把这次照的相片和临摹的画，在新德里博物馆公开展览，并准备建议印度政府，派学者再去考察，并把所有隋以前的壁画都描绘下来。师氏说，他个人希望将来有机会到新疆吐鲁番一带去考察，因为那里也有不少佛洞，也有不少隋以前的壁画。另外，最近玉门也发现了六十个佛洞，他也希望有机会去看看。师氏现在北大清华讲学。他说，他觉得北方动荡不定，不适于作学术研究，他不想回到华北。[①]

此外，北京大学历史系学生罗荣渠的日记也为我们提供了少量的信息。1948年11月15日，罗荣渠的日记：

昨天下午在日本书店碰见Mr. Sokola，才知道他已自敦煌回来了。他要我约一个时间去看李桦先生。今天晚饭后去东厂胡同，先去叩胡适校长的门，他又不在家。……接着去看Mr. Sokala，本想看看他从敦煌带回来些什么珍贵东西，不巧他的临摹作品正在付裱，所以只看到几张千佛洞的照片。我趁机请他送我一张他的作品以为纪念，他说可惜说得太迟了，现在手中作品全已寄出。但如在回印前有空，他愿意画一张来送我，不过他下周就要飞印，不知还来得及否？[②]

此处的Sokola，就是指苏可拉。可见，苏可拉在敦煌时确实临摹了不少壁画，并且拍摄了不少照片。他的临摹作品付裱之后，全部寄回了印度。这些临摹作品及其照片为师觉月设想中的展览提供了素材。师觉月和苏可拉是1948年11月28日返回印度的。在回国之后，1949年2月23日，师觉月在印度国际大学至少举行过一次讲座，介绍在敦煌的考察情况。《国际大学新闻》(*Visva-Bharati News*)的记载如下：

On February 23rd, Dr. P. C. Bagchi delivered a highly interesting lecture at Vinaya Bhavana on Sino-Indian Cultural Relations and his impressions of a visit to the Caves of the Thousand Buddhas in Central Asia[③].

① 《师觉月敦煌归来对记者谈千佛洞》，《世界日报》1948年10月14日第3版。

② 罗荣渠：《北大岁月》，商务印书馆，2006年，第396页。

③ “News and Notes”, *Visva-Bharati News*, Volume XVII, No.10(April 1949) p.111.

至于师觉月和苏可拉在印度新德里是否举办过有关敦煌艺术展览的问题，若举行过，该展览是何时何地举办的？目前尚未发现相关的资料，罗家伦的日记《出使印度》中也没有类似的记载①。这些问题目前无法回答，还有待发现新的资料进行探讨。

余论

1948年12月17日，北京大学五十周年校庆时，举办了敦煌考古工作展览②。此时，师觉月和苏可拉已经离开北大，无缘参与了。为了搞好校庆，9月25日至27日，汤用彤先生在南京出席第一次中央研究院院士会议期间，通过夏鼐联系罗寄梅，希望借用其所拍的敦煌石窟照片用于展览③，而师觉月三人这时正在观摩莫高窟的壁画和塑像。时逢乱局，或许师觉月参观敦煌之事，也未成为北大同事之间的谈资。

当师觉月一行赶赴莫高窟参观的时候，时任敦煌艺术研究所所长常书鸿因为赴南京④、上海举办敦煌艺术展⑤，并没有在敦煌。常书鸿的《九十春秋：敦煌五十年》以及在该所其他人员的回忆中，也没有提及师觉月此行。此事似乎就像一块石头掉进水中，当时有点浪花，但很快就无迹可寻一样。师觉月的这份报告被幸运地保存下来，为我们揭开了往昔的一角。此报告虽然只是单就敦煌之行而写，但也不乏重要的意义。小而言之，它对我们了解师觉月在中国的活动及其旅行的心态有所帮助，有助于完善其行动轨迹的勾勒。大而言之，它也为我们提供了一份印度学者对敦煌艺术的独特看法。作为北京大学的客座教授与留学生，师觉月三人的敦煌之行，也算得上是北京大学与敦煌学交流互动这片“园地”中绽放的一朵“小花”。

在敦煌学学术史走向综合研究方向的当下⑥，有关近现代敦煌的探险、考察和对外交流史的书写中，印度学者的形象及其事迹似乎仍是缺席的。师觉月这份报告的发现也进一步提

---

① 罗家伦：《出使印度》，刊于《罗家伦先生文存》第8册，国史馆出版，1976年。

② 向达、王重民编写《北京大学五十周年纪念敦煌考古工作展览概要》，北京大学出版部，1948年。

③ 参见《夏鼐日记》中的记载。9月25日载：“汤锡予先生约谈，知为北大五十周年纪念，欲向罗寄梅君借用千佛洞的幻灯及电影，以及打听陈万里君现下住址。”27日载：“下午为汤先生打听陈万里之现在通讯处，又约罗寄梅君来谈。”29日载：“下午罗寄梅君来，介绍之见汤锡予先生。”参见夏鼐：《夏鼐日记》卷4（1946—1952），华东师范大学出版社，2011年，第205-206页。罗寄梅所摄敦煌石窟照片，常向学者展示欣赏。比如，1948年3月5日，郑振铎的日记提及在南京时，“六时许，偕觉民、作铭至曲园晚餐，有昌群、曾小姐及罗寄梅夫妇。八时许，至罗宅看敦煌壁画之放大照片及电影，甚佳。十时许，昌群、作铭送至车站。”参见郑振铎：《郑振铎日记》下册，商务印书馆，2018年，第413页。又，当天夏鼐的日记：“上午郑振铎先生来所，接洽借摄古物事。下午向觉明先生来谈，晚间向先生请客，在座除郑先生外，尚有贺昌群等人。饭后至罗寄梅先生家中，观敦煌电影。送郑先生上火车返沪。”参见夏鼐：《夏鼐日记》卷4（1946—1952），华东师范大学出版社，2011年，第175页。

④ 1948年8月21日，敦煌艺术展在南京中央研究院举行预展。“今日敦煌艺展开预展，要人如于右任、孙科、邵力子、朱家骅等都来参观，颇为热闹。”参见夏鼐：《夏鼐日记》卷4（1946—1952），华东师范大学出版社，2011年，第199页。

⑤《敦煌艺展在沪开》，《甘肃民国日报》1948年9月15日第4版。叶圣陶《沪上三年》记载1948年“九月十八日”：“午后，偕伯祥、予同至大新公司，观敦煌画展。此系教部所主办，画皆由敦煌研究所诸人临摹。分类分时代陈列，较之以前所见诸画展有系统。最感兴趣者为‘飞天’，全属曲线，飞舞生动。观者甚挤，不及细看。”参叶圣陶著、叶至善整理《叶圣陶日记》中册，商务印书馆，2018年，第1049页。

⑥ 刘波：《敦煌学学术史迈入综合性研究阶段》，《中国社会科学报》2020年4月20日第1901期。

示我们，敦煌学学术史的深化也有待于全面挖掘域外的档案资料。除师觉月三人之外，其他印度知名学者——如印度考古学家查克拉瓦蒂博士（Dr. Niranjan Prasad Chakravarti，1893—1956）[①]——也曾到访敦煌；包括担任过印度驻新中国首任大使的潘尼迦（K.M.Panikkar），也曾蒙周恩来总理的安排，赴敦煌和麦积山考察，圆了自己的艺术之梦[②]。这些考察活动对他们的学术研究乃至人生所起的作用也是不可抹杀的。再者，师觉月一行所拍的照片与临摹的壁画，也属于敦煌摄影事业和图像流散史的组成部分[③]，其去向仍然值得努力追溯，期待有朝一日能发现这些作品的踪迹。

附录

为了给国内学界提供一份资料，特抄录师觉月此档案如下：

41-M. Legation Street,

Peipeng

12th October 1948

Dear Mr. Ismail,

Following your instructions as contained in your telegram no.2481 dated the 7th September last, I along with Mr. Shukla started for Lanchow on the 9th September by CNAC plane and reached Lanchow the same evening. We went straight to the North - West House a hotel run by the China Travel Service. The next morning, we had an interview with the Governor of Kansu who was kind enough to promise to order for immediate supply of conveyance for our onward travel to Tunhuang. The Governor was kind enough to invite to lunch on the 11th when he told us that we would start for Tunhuang on the 13th September and that we would be able to come back by the end of the month. The same afternoon the Governor sent us a dozen letters asking all district officials to look after us and to give us all facilities on the way. What instructions the Governor had issued we did not know but we had the impression in course of our conversation with him that a special conveyance would be given to us. On the 12th September one Mr. Yuan (a liaison officer?) who had been ordered by the Governor to arrange for our conveyance asked us to buy tickets for a bus going to Kiuchuan (Suchow) on the 15th morning. We were told that we would reach Kiuchuan in three days and would get conveyance for our onward travel to Tunhuang from the District officer at Kiuchuan.

We started for Kiuchuan on the 13th and took six days instead of three to reach Kiuchuan. The

---

① 《人民日报》1956年9月7日第5版《全印美术工艺协会展出我国古今艺术品》："据新华社新德里5日电：中国古代石窟、庙宇、墓穴艺术图片和其他复制品的展览会9月4日下午在印度不管部长梅农主持下在全印美术工艺协会大厅揭幕。这些图片和复制品是由印度考古学家、全印美术工艺协会副主席查克拉瓦蒂博士在中国旅行期间收集的，其中有敦煌和麦积山石窟的造型艺术样品，还有炳灵寺和中国其他佛教庙宇的艺术品复制品。此外，还有古代的和现代的绘画和其他美术品。"

② 赵明一：《四到玉门》一文回忆了接待潘尼迦的简况（玉门油田回忆录编辑委员会编《往事萦怀话玉门》，1989年，第465-466页），但文中所言"1951年10月，印度驻华大使潘尼迦离任回国前"有小误。潘尼迦离任时间是1952年6月。

③ 孙志军：《1907—1949年的莫高窟摄影》，《敦煌研究》2017年第2期，第35-47页。

bus was one of the worst buses and had at least a dozen breakdowns on the way. Thanks to the letters of the Governor the district officers wherever we stopped for the night tried to give us a comfortable shelter.

We reached Kiuchuan on the 18th and immediately went to see the District Officer. We were received by the Secretary who told us that he had no instructions to provide with conveyance and that he was under the impression that we were travelling in a special truck which would take us to Tunhuang. We requested him to see if any arrangement could be made. He told us later in the day that he could get a truck for us if we paid for all the seats. This amounted to about 800 Gold yuan. The distance between Kiuchuan and Tunhuang was about 260 miles. A small car would have been less expensive but it was not available.

It was at this stage that I sent you two telegrams but received no reply. I do not know as yet if you ever received the telegrams. We were thus hold up at Kiuchuan for a week till the 23rd September awaiting your instructions. We could not look forward to any other relief. When we were thus hold up we got the information that General Chang Chi - Chuang, the Director General of President' s Headquarters in the North - West was soon coming back to Kiuchuan after an inspection tour in Sinkiang. We had a letter from Dr. Hu Shih to General Chang and that was the last ray of our hope. We met General Chang on the 23rd. He was extremely amiable and kind to us and expressed his surprise that we had been sent from Lanchow like that. He immediately asked his Secretary to give us a military car to take us to Tunhuang the next day and to wait there to bring us back. He was so kind as to enquire even if we had enough money with us.

Thus we started for Tunhuang on the 24th and reached there the same evening. We remained at Tunhuang till the 1st October and received all necessary help form the members of the National Art Institute of Tunhuang for our work. We left Tunhuang on the 2nd October and reached Kiuchuan on the 3rd. The Secretary in charge of General Chang's headquarters at Kiuchuan arranged for our return journey to Lanchow. We started from Lanchow on the 5th by a service bus of the Govt. Communications Department reaching Lanchow on the 7th evening.

On our return to Lanchow we were confronted by another difficulty. We had asked the China Travel Service to book our passage by the CNAC plane leaving for Peiping the next morning. The passages were in fact booked but they had been cancelled on an information given by the same Mr. Yuan (liaison officer?) that he had a telegram from us that on account of a breakdown of the bus we would not reach Lanchow in time to take the plane. We had sent no telegrams to him and it was a trick to get the passages for some of his own people.

We could not take it lying down as it would have meant detention at Lanchow for another week. Ultimately the CNAC manager agreed to give us passage even on the point of incurring the displeasure of some Government officials. So we were enabled to reach Peiping on the 8th October.

The distance from Lanchow to Tunhuang is nearly 800 miles. Due to the lack of proper arrangement by the Government officials at Lanchow for our onward journey to Lanchow we lost considerable time (nearly two weeks) on the way and had to undergo extreme hardship and fatigue. I have the impression that the Governor' s instructions were not followed by the officials in charge because they did not attach much importance to us as were Indians, I should request to ventilate our grievance in proper quarters.

The Governor himself was extremely nice to us and so also all the District Officers on the way.

I should place on record our feeling of gratitude to General Chang Chi - Chung without whose kind help it would not have been possible to go to Tunhuang from Kiuchuan and to return to Lanchow in time to catch the plane on the 8th October. H. E. the Ambassador may be requested to send a letter to General Chang formally thanking him for the kindness he had shown to us.

Last of all, I have to make a serious complaint against China Travel Service at Lanchow. We were short of money when we returned to Lanchow from Tunhuang and had difficulty in buying our air tickets. I offered a cheque on the HongKong - Shanghai Banking Corporation to the China Travel Service but the manager refused to oblige. Next I offered Thomas Cooks Traveler' s cheques in Sterling but this also he refused to accept on the pretext that the Central Bank had issued instructions not to accept "Sterling notes". He would not distinguish between "Sterling notes" and Traveler' s cheques. Ultimately I induced the Manager of the CNAC Lanchow office to accept my Traveler' s cheques. Another serious complaint against the China Travel Service is that a very expensive fountain pen of mine (life-time Sheaffer which cost me about Rs.70/-)was stolen from my room in the North-West House, a hotel run by the China Travel Service at Lanchow. It was stolen when the key of the room was with the room boy. I reported the matter to the Manager but no action was taken. Moreover, I was told by the Manager that such things never happened in that hotel. I should request you to inform the Nanking office of the China Travel Service about it.

Yours Sincerely,

Lanchow University

I had the opportunity to pass a whole day in the Lanchow University with the President and the Heads of practically all the Departments. The Lanchow University was founded only two years ago. It has now four faculties, Arts, Science, Law and Medicine. There was previously a Medical School there which was incorporated into the Medical Faculty when the University was started. The University although only two years old has made rapid studies and has at present about 1000 students. The authorities are keenly aware of the educational problems or the border regions. They know well that with adequate state help they can develop the University so as to be able to serve not only Kansu but also Chinghai and Sinkiang and also some portions of Inner Mongolia. In the Department of Literature, they have already introduced Tibetan and Turkish and Russian languages and intend to make provisions for the teaching of Mongolian soon. In the Tibetan class they have about 20 students coming from Chinghai and in the Russian class about 40. I visited the Tibetan seminary. It has a small collection of Buddhist texts published by the Kumbum Monastery of Chinghai which is now the seat of the Panchen Lama.

The Dean of the Faculty of Arts as well as the Head of the Western Literature Department would very much like to introduce the study of some Indian language, if possible of Sanskrit. This purpose may be well served by sending one of our Research Students, Satiranjan Sen to Lanchow. He is making a special study here of Chinese medical system and there is a Professor in Lanchow who can help much in his studies. Besides Lanchow is a storehouse of indigenous medical herbs and plants. Apart from carrying on his own studies, Sen can take classes in Sanskrit as he is a very good Sanskritist. I consulted Sen and he does not seem to be quite unwilling to go to Lanchow.

Tunhuang

We passed seven days in the Caves of Thousand Buddhas which is at distance of about 6 miles from the Tunhuang city. The caves are in a foothill of the Nanshan, about 300 feet high from ground level. The entire hill over a distance of nearly a mile is honeycombed with ancient caves nearly a thousand in number. Of these, 466 caves contain Buddhist sculpture, wall paintings and paintings on ceilings of different periods from the 4th to the 13th century. There are some additions even of the Tsing period. The art treasures of the caves were more or less known through the works of Stein and Pelliot. But their importance in the history of Indian art had not been fully brought out. I had a suspicion that the caves of the Wei period (4th–5th centuries) contained art treasures which are of Indian origin. My suspicion has now been fully confirmed.

There are about 20 caves of Wei period, 12 of them are large and intact, containing frescoes and sculptures which fully represent the art tradition of Ajanta and Bagh. Mr. Shukla, who had worked in Ajanta and Bagh tells me that whereas the original colour scheme in Ajanta and Bagh has completely disappeared, the Tunhuang caves have the advantage of having fully preserved the original colours. During a week stay, Mr. Shukla has fully copies one complete panel and taken colour sketches of about a dozen figures out of the frescoes. These copies and sketches as well as the photographs we have taken will clearly show what interest we have in the caves of the Wei period. The interest of the Chinese artists who are working at Tunhuang centers round the art of the T'ang and Suei periods. They do not care so much about the art of the Wei period which is largely unintelligible to them.

The condition of the caves is bad. Many caves have fallen down since Pelliot and Stein visited them in 1910. As an Indian National Cultural Trust has a direct interest in keeping records of them I should request you to kindly suggest to the Government of India that they might send a batch of Indian artists (4 or 5 painters) to Tunhuang for about six months and to copy the frescoes of the Wei period caves. These copies may be done for preservation in the proposed National Museum. The National Art Institute of Tunhuang is prepared to give all help to our artists if they come.

On our return to India both Shukla and I propose to go to Delhi to hold an exhibition of copies and photographs under the auspices of the Central Asian Antiquities Museum to draw the attention of the authorities to the importance of these art relics. Mr. Shukla will present the large panel copied by him for the National Museum.

黄文弼《高昌砖集》与《高昌陶集》的编纂及其价值

刘子凡（中国社会科学院古代史研究所）

【摘要】《高昌砖集》与《高昌陶集》是黄文弼对1930年吐鲁番考古工作所获墓志与陶器的整理研究报告。此“两集”所载文物大多出自交河故城周边墓群，但也有一些墓志出自高昌城附近或吐峪沟。“两集”是中国西北科学考察团刊布的第一批中方考古成果，也是中国学者第一次撰写关于新疆的考古报告，具有重要的时代意义。对于今日的学术研究来说，“两集”也依然具有重要的参考价值。

【关键词】黄文弼 《高昌砖集》《高昌陶集》 西北科学考察团

黄文弼（1893—1966）是中国新疆考古的先驱。《高昌砖集》与《高昌陶集》是黄文弼对吐鲁番考古工作所获墓志与陶器的整理研究报告[①]，这两部著作与黄文弼的其他三部考古报告《罗布淖尔考古记》《吐鲁番考古记》《塔里木盆地考古记》合称“三记两集”，是中国新疆考古划时代的重要成果。时值黄文弼诞辰130周年之际，广西师范大学出版社与朱玉麒教授领衔的“中国西北科学考察团文献资料整理与研究”课题组、新疆师范大学黄文弼研究中心合作，再版“两集”[②]。为此，特总结黄文弼《高昌砖集》与《高昌陶集》的编纂过程，并阐述其时代意义与研究价值。

一、黄文弼的吐鲁番考察及“两集”编纂

《高昌砖集》与《高昌陶集》的编纂，直接来自黄文弼1930年在吐鲁番进行的考古调查与发掘。《高昌砖集》所载《吐鲁番发现墓砖记》以及《高昌陶集》所载《雅尔崖古坟茔发掘报告》，记载了黄文弼在雅

① 黄文弼：《高昌砖集》曾经两次出版，前次用“専”，第二次作“塼”，均为“磚（砖）”字古体、异体，本文除非必要，统称“砖”。

② 黄文弼：《高昌砖集》《高昌陶集》，广西师范大学出版社，2023。

尔湖古城（即交河故城遗址）发掘的详细经过。然而，黄文弼实际上又在高昌故城、吐峪沟等地获得部分墓志等文物，亦收录于《高昌砖集》中。仅读“两集”，无法确知交河故城以外的文物来历。故先据《黄文弼蒙新考察日记（1927—1930）》（以下简称《考察日记》）记载，略述其吐鲁番考察经过[①]。

1927年5月8日，黄文弼随中瑞西北科学考察团自北京出发，途经内蒙古到达新疆，开启了中国学者首次在新疆进行考古调查的时代之旅。他在1928年2月底、3月初，即途经吐鲁番，调查吐峪沟等处文物点。但这仅是前往迪化（今乌鲁木齐）的旅途中间站，并没有开展工作。4月，黄文弼离开迪化，正式开始新疆的考古工作。他再次经过吐鲁番时，便开始留意当地古物。4月24日，黄文弼在崔县长陪同下访问杨重熙，得知其藏有三堡旧城（即高昌故城遗址）出土墓砖一方，当地当铺又有墓砖两方。黄文弼随即请杨重熙帮忙代购，这两方墓志分别为《□□妻马氏墓志》（即《高昌砖集》所载《史建洛妻马氏墓志》）和《范法子墓志》。杨重熙私藏的1方也赠予黄文弼，即唐垂拱二年（686）所作《氾建墓志》。此为黄文弼最初搜集到的三方墓志。

1930年2月，黄文弼结束塔里木盆地的考古调查后，再次来到吐鲁番，主要在雅尔湖古城（即交河故城遗址）周边进行发掘工作。据《考察日记》所载，黄文弼2月24日到达雅尔湖，26日开工，至3月18日停工。在不到一个月的时间内，用款“一千五六”，每日均二三十人参与发掘，获得大量采集品，以陶器及墓砖最多，然而“工作之地，不过十之二三耳”[②]。具体工作情况详见于“两集”，不再赘述。黄文弼将采集品打包后，即赴吐鲁番东部考察。4月1日，黄文弼派人在吐峪沟路北发掘古坟院，出土墓砖两方，《日记》云：“一为章和七年平远府参军，一为河西王通事舍人。”[③]前者为《高昌砖集》中的章和七年（537）《张归宗夫人索氏墓表》，后者为《张季宗及夫人宋氏墓表》。不过在1931年版《高昌专集》中，记录了《张季宗及夫人宋氏墓表》“出吐鲁番哈拉和卓古坟”[④]，而1951年增订本《高昌砖集》载其“出吐鲁番阿斯塔拉［那］古坟茔”[⑤]，未知孰是。白须净真将两方墓志都列为吐鲁番哈拉和卓墓群出土[⑥]。具体如表1所示。

表1　黄文弼在交河故城以外所获墓志表

题名	年代	出土地	来历	出处
张季宗及夫人宋氏墓表	且渠氏高昌时期（442—460）	吐峪沟路北古坟院	发掘	《蒙新考察日记》
		哈拉和卓墓群		《高昌专集》(1931年版)
		阿斯塔那墓群		《高昌砖集》(1951年增订本)

①黄文弼著，黄烈整理《黄文弼蒙新考察日记（1927—1930）》，文物出版社，1990年。以下叙述黄文弼考察经过者，皆出自此书，除直接引文外，不再一一出注。

②黄文弼：《蒙新考察日记》，文物出版社，1990年，第523页。

③黄文弼：《蒙新考察日记》，文物出版社，1990年，第528页。

④黄文弼：《高昌专集》，西北科学考察团丛刊，1931年，专文第8页。

⑤黄文弼：《高昌砖集》（增订本），中国科学院，1951年，第80页。

⑥［日］白须淨眞：《高昌门阀社会の研究：张氏を通じてみたその构造の一端》，《史学雑志》第88卷，1979年，第26页。

续表1

题名	年代	出土地	来历	出处
张归宗夫人索氏墓表	高昌章和七年(537)	吐峪沟路北古坟院	发掘	《蒙新考察日记》
		交河故城沟西墓群		《高昌砖集·图版》(1951年增订本)
巩氏妻杨氏墓表	延和元年(602)	阿斯塔那墓群		《高昌砖集》
范法子墓志	重光三年(622)	阿斯塔那墓群	于当铺购买	《蒙新考察日记》
翟那宁昏母康波蜜提墓志	麟德元年(664)	阿斯塔那墓群		《高昌砖集》
《□海悦墓志铭》	乾封二年(667)	阿斯塔那墓群		《高昌砖集》
氾建墓志	垂拱二年(686)	阿斯塔那墓群	杨重熙赠送	《蒙新考察日记》
史建洛妻马氏墓志	武周时期(684—704)*	阿斯塔那墓群	于当铺购买	《蒙新考察日记》
康富多夫人墓志铭	神龙元年(705)	阿斯塔那墓群		《高昌砖集》

注：*此时期为武则天实际掌权时期。

1930年秋，黄文弼返回北平，任北平女子师范大学教授并开始整理西北考察所获文物。据《高昌专集赘言》，黄文弼拟按照高昌、蒲昌、焉耆、龟兹、佉沙、于阗的地域顺序进行考古报告整理，其中高昌是第一辑[①]。1931年2月，“中国学术团体协会西北科学考察团理事会”出版了黄文弼的《高昌第一分本》，作为“西北科学考察团丛刊之二·考古学第一辑”。该书收录《吐鲁番发现墓专记》《墓专目录》《高昌麹氏纪年》《高昌官制表》四篇内容，并附《新疆发现古物概要》，介绍了发现概要和初步研究情况。同年5月，又出版了《高昌专集》，作为“高昌第二分本”，内容是墓志图版和释文。1951年，中国科学院重新刊行《高昌砖集》，始将《高昌第一分本》与《高昌专集》(高昌第二分本）合印，形成增订本。

黄文弼在完成墓志工作后，随即开始整理吐鲁番出土的陶器，于1933年出版《高昌陶集》。该书分上、下两篇。上篇包括《雅尔崖古坟茔发掘报告》《雅尔崖古冢中遗物图说》《雅尔崖陶器之研究》，详细交代在交河故城周边发掘的经过及对陶器的初步研究；下篇则是陶器照片及相关线图等，主要刊载黄文弼自八百余件陶器中挑选的百余件具有代表性者，同时附有若干铜器和泥塑。按《高昌专集赘言》，高昌部分原计划完成四个分本，《高昌陶集》再加上工艺用品部分便可组成“高昌第三分本”，胡语文书则为“第四分本”。但由于种种原因，出版第三、四分本的计划并未完成。1954年，黄文弼出版《吐鲁番考古记》，才将《高昌砖集》《高昌陶集》中未整理的文书、艺术品等内容整理刊布。

二、“两集”的时代意义

《高昌砖集》与《高昌陶集》是中国西北科学考察团刊布的第一批中方考古成果，也是中国学者第一次撰写关于新疆的考古报告，具有重要的时代意义。

① 黄文弼：《高昌专集赘言》，附于1931年版《高昌专集》书后，西北科学考察团丛刊，1931年，第5页。

19世纪末20世纪初，中国新疆成为外国探险家的乐园，英、法、德、俄、日等国探险队纷至沓来，获得了大量珍贵文物，使新疆考古和历史语言研究等成为国际性显学。然而中国学者却一直未能涉足新疆的科学考古调查工作。1927年，瑞典探险家斯文·赫定筹划的中国西部考察，出乎其本人意料地成为历史转折点。在中国学术界的反对与交涉下，中、瑞双方最终签订协议，共同组成了“中国西北科学考察团”（又称“中瑞西北科学考察团”），黄文弼则是作为中方考古学者参与了此次考察。当时正值中国考古学诞生的关键时刻，1926年，李济、袁复礼刚刚在山西西阴村遗址完成了第一次由中国学者主持的田野考古工作，社会和学界也具有了更加明确的文物主权意识。故而，中国西北科学考察团成立之后便受到了广泛关注，1927年至1930年间，考察团在蒙新的调查成果屡屡见诸报刊。考察团成员返回北平后，学界也十分关心考察成果。1930年10月，燕京大学教授顾颉刚便邀请返平不久的黄文弼来校演讲，随后又曾专门观摩黄文弼在新疆所获木简[①]。

20世纪30年代，中国西北科学考察团中方团员仅出版了《高昌第一分本》《高昌专集》与《高昌陶集》这三种考古报告。如前所述，《高昌第一分本》为“西北科学考察团丛刊之二”，而考察团丛刊最早的一本是1930年出版的《徐旭生西游日记》，由此也可以说，《高昌第一分本》是整个考察团刊布的第一份涉及学术研究的考察报告。加之《高昌专集》《高昌陶集》很快出版，使渴望了解考察团考古成果的学界人士得以一睹高昌墓砖、陶器之真容，并受到社会很大关注。《燕京学报》《辅仁学志》纷纷介绍《高昌专集》《高昌陶集》的出版情况[②]。当时有不少学者为几种高昌报告撰写书评。向达《评黄文弼近著高昌三种》，主评黄文弼的《高昌第一分本》《高昌专集》以及单篇论文《高昌疆域郡城考》，高度评价了黄文弼新疆考古及文献整理研究的价值。向达提出：“至于西渡流沙，穷年兀兀，用科学方法以追随西洋先进之后，与之协力合作，为各方面之探讨者，以前尚未之有也。”论及黄文弼的著述时，则言“西北科学考察团之成绩在中文著述方面，目前不能不以黄君之收获为最大焉”。至于《高昌第一分本》的成果，“黄君此次所获高昌墓砖至124方之多，即就数量而言，便已为自来所未有，而其对于高昌史之最大贡献尚有二焉。一曰重光元年墓表之发现也。……二曰章和、永平、和平、建昌、义和诸年号墓表之发现也”。关于《高昌专集》影印墓志图片，又说“西陲专文，前惟《考古图谱》及斯坦因书中选影若干，若此集之84方，蔚为大观，尚属创见，其足以见西陲文化之概，盖不仅如黄君所云有益于俗字土语之研究而已也”。当然，向达也指出了黄文弼在具体考证中的诸多问题，但他对黄文弼成果的总体评价是：“黄君在高昌史上之贡献，实驾罗振玉氏而上之，此盖学术界之公论，非余一个人之阿私。”[③]这大致可以代表当时学界对于黄文弼获得大量考古新资料的赞叹，以及对他在此基础上进行的新研究的认可。

郑师许《评黄文弼〈高昌陶集〉》，一方面是肯定其考古学上的意义，认为“我国考古

---

①《顾颉刚日记》卷2，《顾颉刚全集》第45册，中华书局，2011年，第450、451、466页。

②《出版界消息：高昌专集（第二分本）》，《燕京学报》第10期，1931年，第227页；《出版界消息：高昌陶集》，《燕京学报》第15期，1934年，第275-276页。《出版界消息：高昌陶集》，《辅仁学志》第4卷第1期，1933年，第208页。

③ 向达：《评黄文弼近著高昌三种》，《国立北平图书馆馆刊》第6卷第5期，1932年，第124-136页。又见朱玉麒、王新春编《黄文弼研究论集》，科学出版社，2013年，第215-224页。

学发生极迟”，此前学者著录的大多是状态不明或真伪难辨的文物，而黄文弼著录的都是亲手发掘的“第一等遗物”，“以这一点而论，已应压倒前人”。同时他提到，《高昌陶集》对“所发掘的冢墓及墓中遗物存置的情形，均加以实测，绘图精细而详明”，“又于照片制版外，凡遇花纹精美，照相不容易显示的，每用摹写方法附一写形或剖析图，深合吾人向所主张的三位一体法”①。另一方面是肯定其在中西交通史研究上的意义，郑师许特别指出黄文弼在陶器研究过程中能够注意到“我国中古初期东西交通的路线与文化交流的情形”，“既不盲从汉人种西来陋说，又不误信中国文化高于一切的怪论”。戴家祥《评〈高昌陶集〉》也同样是在两方面给予肯定的评价，认为“其搜罗之勤如彼，方法之严如此，是诚晚近考古界有价值之著述也”；同时提出有些外国学者“不承认中国文明在新疆有何影响”，而黄文弼此书“适足以证其谬而补其缺略也”②。当时中国考古正经历从传统金石学向近代考古学的过渡，随着学术视野的开阔，东西方交流也成为热点问题，上述《高昌陶集》的撰述特点正可体现这一时期的学术潮流。

除了学界的关注，“两集”也在社会层面产生了一定影响。顾颉刚收藏有一册《高昌第一分本》，其上有顾颉刚及其父顾柏年的题记：

> 民国二十年（1931）二月十七日，儿子诵坤由北平以新出版之《高昌》一册邮寄到杭，翌日展读一过。时大雪初霁，颇似置身沙漠，令人发思古之幽情也。虬记。③

> 此书为吾友黄仲良君实地勘探所著，出版后即寄吾父。其时先君方深研金石之学，而西陲文物著记不多，得此狂喜，因加朱墨。一九三七年倭寇侮扰，予父子遂相失，翌年冬，吾父怀忧弃养。及至一九六六年，仲良亦长逝矣。今日翻展此册，不禁黯然。一九七二年，颉刚记于京寓。④

顾柏年，字子虬，当时正在杭州任职。据题记，顾柏年收到顾颉刚寄来的《高昌第一分本》是在1931年2月17日。而《高昌第一分本》在当月才正式出版，可知顾颉刚在好友黄文弼处拿到书后，便立即呈送其父。当时正研究金石学的顾柏年，在得到《高昌第一分本》后欣喜若狂。1972年，当顾颉刚再次翻看这本书时，他的父亲与老友黄文弼均已逝去，心情倍感沉痛，这也是顾颉刚对黄文弼最后的追思。这册凝聚着顾氏父子情怀的《高昌第一分本》，也可以展现当时社会对于黄文弼考古成果的关注。

三、“两集”的学术价值

《高昌砖集》与《高昌陶集》对于今日的学术研究来说，依然具有重要的价值，主要体现在如下几方面。

（一）“两集”刊布了大量吐鲁番出土墓志、陶器，仍是相关研究参考的原始资料

《高昌砖集》总共收录有墓志122方，其中刊布图版的有70方。这是一个相当大的数量，

① 郑师许：《评黄文弼〈高昌陶集〉》，《教授与作家》第1卷第2期，1934，第7-8页。又见朱玉麒、王新春编《黄文弼研究论集》，科学出版社，2013年，第230-232页。

② 戴家祥：《评〈高昌陶集〉》，《大公报·图书副刊》1934年2月17日。

③《顾颉刚文库古籍书目》卷2，《顾颉刚全集》第62册，中华书局，2011年，第784页。

④《顾颉刚文库古籍书目》卷2，《顾颉刚全集》第62册，中华书局，2011年，第830页。

据张铭心的最新统计，目前已知的全部吐鲁番出土墓志，大致也只有373方[①]。也就是说，黄文弼所获墓志占目前所知吐鲁番出土墓志的约1/3。《高昌陶集》共刊布各式陶器120件，并附有少量铜器和泥塑，总体数量也非常大。黄文弼所获吐鲁番出土墓志，据说主体收藏于故宫博物院，少量藏于国家博物馆与国家图书馆[②]。陶器的具体去处则不详。就目前来看，在“两集”之后似未见有针对黄文弼所获吐鲁番出土墓志、陶器的全面整理的新成果，故而“两集”仍然是相关研究必备的原始参考资料。

（二）《高昌砖集》刊载了墓砖文字的初始记录

吐鲁番地区似无较好的石材，故当地古人大多烧砖作为墓志，习称“墓砖”或“砖志”。受限于材料，很多墓砖都是用朱笔或墨笔书写志文，而非镌刻，出土后如保存不好便容易褪色或被涂抹。黄文弼在《高昌砖集》中就提到，很多墓志在刚出土时很多字尚能辨认，但在整理时已略感模糊。幸好黄文弼在墓志出土时便作了初步的文字记录，对于这些已经模糊但有出土记录的字，黄文弼一律加点表示。如《高昌砖集》所见之《画承及夫人张氏墓表》《曹怀明妻索氏墓志铭》等，便有不少加点的字。故宫收藏的部分黄文弼墓志彩图曾刊于《晋唐五代书法》图录，其中有《画承及夫人张氏墓表》（见图1）[③]，细审图版，其最后3行朱笔书写文字确实较难辨认。更值得注意的是，图片中该墓志左上角缺失，较黄文弼释文又残缺数字，可知黄氏释文仍是重要参考。此外，还有很多墓志目前仍然未刊布清晰彩图，不少墓志上尚能辨认的字，在黑白图版上较为模糊，这些也都需要参考《高昌砖集》的释文。

图1　《画承及夫人张氏墓表》

（图片采自《晋唐五代书法》，商务印书馆，2001年，第34页）

① 张铭心编著《吐鲁番出土墓志汇考》，广西师范大学出版社，2020年。

② 侯灿、吴美琳：《吐鲁番出土砖志集注》，巴蜀书社，2003年，第24页。

③ 王连起主编《晋唐五代书法》，故宫博物院藏文物珍品全集，商务印书馆，2001年，第34页。

（三）“两集”记录了黄文弼在交河故城周边墓群的发掘细节，是后续考古工作和学术研究的重要参考

特别是《高昌陶集》有详细的《雅尔崖古坟茔发掘报告》，《高昌砖集》和《高昌陶集》均附有《吐鲁番城西雅尔崖形势图》和《雅尔崖沟西古坟茔分布图》。数十年来，中国考古工作者追寻黄文弼的足迹，在交河故城进行了大量考古工作，成果斐然。其中很多工作都是在黄文弼的基础上进行的，如1994年新疆文物考古研究所准备在交河沟西进行考古发掘时，就曾以黄文弼《高昌砖集》中的“简单测图”为依据，对沟西墓地进行了详细踏查，证明黄文弼的测图“对沟西台地偏北段高昌至唐代墓茔、墓冢，记录比较准确，有关墓茔之墓冢，已经发掘还是未曾发掘，也做了相应图示；但台地南半段，墓冢记录稍粗”①。目前所见各种关于交河的考古研究中，也多见引用《高昌砖集》与《高昌陶集》。

黄文弼的科学记录，在当时也得到了国际学界的普遍赞扬。如在《高昌陶集》出版之初，日本的考古学家水野清一就曾对黄文弼突破中国古器物学研究模式的这一标志性成果，对中国考古学的进步表示庆贺，认为“这个报告书中虽然也多少有些古器物学的正名，但是主题中心被做成形式完整的处理报告，令人欣快之至”，而“随着发掘的进行，考古学渐渐采用了其本来应有的面目形式”②。

《高昌砖集》与《高昌陶集》作为黄文弼最早刊布的考古成果，体现了西北科学考察团的高尚精神与学术追求，具有划时代的意义。“两集”对大量珍贵的吐鲁番出土墓志、陶器的整理刊布，在今天看来仍然具有学术参考价值。“两集”的再版对于吐鲁番学研究来说无疑又是一项盛举。

① 王炳华主编《交河沟西：1994—1996年度考古发掘报告》，新疆人民出版社，2001年，前言第3页。

② 水野清一关于《高昌陶集》的短书评，原刊《史林》第19卷第2号，1934年；此据田卫卫中译本《日本关于黄文弼著作三种书讯》，朱玉麒、王新春编《黄文弼研究论集》，科学出版社，2013年，第245页。

玛丽·博伊斯教授与敦煌吐鲁番研究

张小贵（暨南大学历史学系）

玛丽·博伊斯（Mary Boyce，1920—2006）教授是当代世界著名的伊朗学家，是二战之后国际学界古典伊朗学研究的杰出代表。玛丽·博伊斯早年在剑桥大学读书时曾师从口传文学权威查得韦克（H. M. Chadwick，1891—1972），学习古伊朗口传文学。1943年，博伊斯取得学士学位后，继续师从米诺斯基（V. Minorsky，1877—1966）研究波斯历史与文化。1944年，博伊斯任伦敦大学皇家霍勒威学院（Royal Holloway College）盎格鲁撒克逊文学与考古学助理讲师，并在伦敦大学亚非学院（SOAS）从事波斯研究。1946年，博伊斯重返剑桥，在著名伊朗学家亨宁（W. B. Henning，1908—1967）和贝利（H. W. Bailey，1899—1996）指导下攻读博士学位，研究古伊朗语言、历史与文化。1947年，博伊斯转任伦敦大学亚非学院（SOAS）的伊朗学讲师。1963年，她接替迁往美国加州大学伯克利分校的亨宁，升任伦敦大学亚非学院伊朗学教授。博伊斯在古代伊朗宗教尤其是摩尼教和琐罗亚斯德教研究领域贡献卓著，广受学界赞誉。她的研究领域涉及古伊朗语言写本、宗教历史、礼仪习俗等多个方面，本文仅从敦煌吐鲁番学研究的角度，略谈博伊斯相关研究所带来的启发，不当之处，祈请方家指正。

一、中古摩尼教：写本与语文学研究

博伊斯早期的研究领域主要集中于历史比较语言学，重点是整理、释读吐鲁番所出中古伊朗语摩尼教写本。1946年，博伊斯重返剑桥大学东方学院攻读博士学位，在亨宁和贝利的指导下，研究吐鲁番所出摩尼教帕提亚文赞美诗。她所依据的原始资料是普鲁士科学院（the Preussische Akademie der Wissenschaften）授权亨宁教授带到英国的写本残片照片。这些写本是德国中亚探险队在吐鲁番发现的，现收藏在柏林。它们不仅为摩尼教研究提供了宝贵资料，而且由于写本并非使用专书琐罗亚斯德教写本的帕拉维文（Pahlavi）书写体，而多采用帕提亚语（Parthian）和萨珊时代的中古波斯语（Middle Persian），书写清晰，故有助于认识整个古代伊朗帝国的语言发展。早在1932—1934年，年轻的亨宁接替乃师安德烈斯（K. F. Andreas，1846—1930）的工作，连续发表了三篇长文，对吐鲁番所出的中古波斯文、帕提亚文、粟特文写本进行释读、德译，并附有详细的语言学与宗教学评论，是为该领域的奠基之作①。博伊斯在此基础上，对吐鲁番发现的两首最古老的帕提亚文赞美诗进行了整理和释读，卷首有长篇导言加以评述，卷末附有词汇表，为学界所称道。1952年，博伊斯完成博士学位论文，并于1954年出版②。此后，博伊斯及其他各国学者继续从吐鲁番出土的写本残片中，检索甄别并研释出这两首赞美诗的另一些残片。直到1990年，德国著名粟特文专家宗德曼（W. Sundermann，1935—2012）教授在前人研究基础上，重新综合整理了这两首赞美诗的残片③。

完成博士论文之后，在亨宁教授的建议下，博伊斯着手编写《德国收藏的吐鲁番伊朗文摩尼教手抄文献目录》④，该书记录了德国吐鲁番摩尼教文献的收藏概况。这项研究也是以亨宁教授收集的大量照片为基础，然而为了完成工作，博伊斯连续几年往返于汉堡和柏林核对原件，对这些残片进行辨认和重新归类。博伊斯教授有关摩尼教的另一重要著作是《摩尼教中古波斯文和帕提亚文读物》⑤，该书选辑了一批中古波斯文和帕提亚文的摩尼教残片，加以详尽的注释，是研习吐鲁番摩尼教文献的重要参考书；在导言中，她还结合书中所辑录的文献，对摩尼教的历史、教义、经典、文字等做了系统梳理；为帮助读者研习这本书，她还编撰了《摩尼教中古波斯文和帕提亚文词目》⑥。后来摩尼教研究专家阿斯姆森（Jes P. Asmussen，1928—2002）和克里姆凯特（Hans Joachim Klimkeit，1939—1999）编译的摩尼教文献资料就是在博伊斯工作的基础上进行的⑦。有关中国摩尼教的研究，20世纪初敦煌所发现的三篇汉文摩尼教经典为极重要的原始文献，然而由于各种原因，直到世纪之交，中国学者对该等经典的语言学研究方有较大进展。中国学者若要进一步解读此类经典的内涵，特别是将其与其他文本的摩尼教内典进行比对，进而揭示摩尼教东传过程中的变异情况，则上引博伊斯教授诸著作都是不可或缺的重要参考书⑧。

---

① F. C. Andreas and W. Henning, "Mitteliranische Manichaica aus Chinesisch-Turkestan Ⅰ," *SPAW*, *Phil.-hist. Kl.*, Berlin, 1932, pp. 175-222 (*Henning's Selected Papers*, Leiden, 1977, I, pp. 1-48); "Mitteliranische Manichaica aus Chinesisch-Turkestan Ⅱ," *SPAW*, *Phil.-hist. Kl.*, Berlin, 1933b, pp. 294-363 (*Papers* I, pp. 191-260); "Mitteliranische Manichaica aus Chinesisch-Turkestan Ⅲ," *SPAW*, *Phil.-hist. Kl.*, Berlin, 1934a, pp. 848-912 (*Papers* Ⅰ, pp. 275-339).

② Mary Boyce, *The Manichaean Hymn-Cycles in Parthian*, London: Oxford University Press, 1954.

③ W. Sundermann, *The Manichaean Hymn Cycles Huyadagmān and Angad Rōšnān in Parthian and Sogdian*, London: SOAS, 1990.

④ Mary Boyce, *A Catalogue of the Iranian manuscripts in Manichaean Script in the German Turfan Collection*, Berlin: Akademie-Verlag, 1960.

⑤ Mary Boyce, *A Reader in Manichaean Middle Persian Parthian*, Leiden: E. J. Brill, 1975.

⑥ Mary Boyce, *A Word-List of Manichaean Middle Persian and Parthian*, Leiden: E. J. Brill, 1977.

⑦ Jes P. Asmussen, *Manichaean Literature: Representative Texts. Chiefly from Middle Persia and Parthian Writings*, New York, 1975; Hans Joachim Klimkeit, *Gnosis on the Silk Road: Gnostic Parables, Hymns & Prayers from Central Asia*, HarperCollins, 1993.

⑧ 中国学者最新的研究成果参见胡晓丹：《摩尼教离合诗研究》，上海古籍出版社，2023年。

1964年，博伊斯接连发表了两篇论文《一些中古波斯语和帕提亚语的受控代词结构》① 和《西部中古伊朗语中关系助词的用法》②，对中古伊朗语语法研究做出了重要贡献，影响至今。前者确定了代词后缀与某些介词结合的方式，而后者则详细分析了将名词性短语相互连接的帕提亚语（čē，kē）和中古波斯语（ī）兼性关系助词。博伊斯认为，在屈折语词尾逐渐消失的时代，助词最初是为了消除此类短语之间句法关系的歧义而提供的语法便利。然而，它逐渐发展成为语法上的必然性，这种发展的结论可以在新波斯语Idafat结构中看到。1968年，她发表《中古伊朗语摩尼教文献》③一文，与1958年《东方学手册》所刊文章相比，可谓宣告了中古伊朗语摩尼教文献研究新时代的到来。不过此后博伊斯的研究重点并未停留在历史语言学领域，她投入更多精力，取得巨大成就的另一领域是古伊朗琐罗亚斯德教历史的研究。

二、历史学转向：3500年的琐罗亚斯德教史

波斯琐罗亚斯德教，是人类文明史上最古老的宗教之一，该教系因教主琐罗亚斯德（Zoroaster）而得名。琐罗亚斯德，陈垣先生音译为“苏鲁阿士德”，宋僧赞宁的《僧史略》、南宋姚宽的《西溪丛语》则写作“苏鲁支”④。其实，根据古伊朗语文献，教主名字应读为查拉图斯特拉（Zarathustra），却由于古希腊人讹音而沿袭为琐罗亚斯德。传统观点认为，该教创始人琐罗亚斯德生活于公元前660—公元前583年（或前628—前551）⑤，随着学界对该教经典的深入研究，从其所使用的语言及所描述的内容看⑥，越来越多的学者认为其应早于公元前6世纪，甚至将琐罗亚斯德的生卒年代推至公元前1000年之前。如博伊斯就提出过不同观点，包括公元前1200年、前1700年等说法⑦。这一结论也日益为中亚考古发现所证实⑧。

语言学的研究表明，琐罗亚斯德教圣经《阿维斯陀经》（*Avesta*）所使用的语言是东伊朗

---

① Mary Boyce, “Some Middle Persian and Parthian constructions with governed pronouns,” in *Dr. J.M. Unvala Memorial Volume*, Bombay, 1964, pp. 49-56.

② Mary Boyce, “The use of relative particles in Western Middle Iranian,” in *Mélanges présentés à Georg Morgenstierne*, Wiesbaden: Harrassowitz, 1964, pp. 28-47.

③ Mary Boyce, “The Manichaean literature in Middle Iranian,” in B. Spuler (ed.), *Handbuch der Orientalistik* I 4, 2 Lieferung 1. MitBeiträgen von I. Gershevitch, M. Boyce, O. Hansen, B. Spuler, M. J. Dresden, Leiden and Cologne: Brill, pp. 67-76.

④ “苏鲁支”一名，应源自粟特语对该教教主的称呼，详见张小贵《祆教“苏鲁支”语源考》，刊荣新江、罗丰主编《粟特人在中国：考古发现与出土文献的新印证》，科学出版社，2016年，第653-660页。

⑤ 代表性论著有：A. V. Williams Jackson, *Zoroaster, the Prophet of Ancient Iran*, New York: Columbia University Press, 1899; W. B. Henning, *Zoroaster: Politician or Witchdoctor*? London: Oxford University Press, 1951, p. 212; R. C. Zaehner, *The Dawn and Twilight of Zoroastrianism*, London: Weidenfeld and Nicolson, 1961, p. 33; Gh. Gnoli, “Zoroaster in History”, *Biennial Yarshater Lecture Series* 2; New York: Bibliotheca Persica Press, 2000, p. 164.

⑥ 林悟殊：《〈伽萨〉——琐罗亚斯德教的原始经典》，收入其著《波斯拜火教与古代中国》，新文丰出版公司，1995年，第31-42页。有关《伽萨》最新的德译和英译本，见Helmut Humbach and Klaus Faiss, *Zarathushtra and His Antagonists*, Wiesbaden: Dr. Ludwig Reichert Verlag, 2010.

⑦ Mary Boyce, *Zoroastrians, Their Religious Beliefs and Practices*, London: Routledge, 2001, p. xiii.

⑧ Frantz Grenet, “An Archaeologist's Approach to Avestan Geography,” Vesta Sarkhosh Curtis and Sarah Stewart ed., *Birth of the Persian Empire, The Idea of Iran Vol.1*, London. New York: I. B. Tauris, 2010, pp. 29-51.

语，内容也主要关乎东伊朗地区，而与西伊朗语无涉①。至迟在公元前1000年前，《阿维斯陀经》中已出现东伊朗的巴克特里亚语方言 bāxδī—②。更有学者指出，琐罗亚斯德教创始人查拉图斯特拉的母语不是阿维斯陀语，而是和粟特语接近的早期古代伊朗语的某种形式③。《新阿维斯陀经》——《诸神颂》（*Yašt*）中的《密特拉颂》即产生于中亚巴米扬地区④，有助于证明《阿维斯陀经》和琐罗亚斯德教应起源于中亚南部和东伊朗地区。到了波斯阿契美尼（Achaemenian）王朝时期（约前550—前330），该教已作为国教在波斯帝国境内风靡流行。

至马其顿的亚历山大征服伊朗并实行希腊化时期（前330—前141），琐罗亚斯德教渐趋湮灭。在帕提亚（Parthian）王朝（前141—224）末叶，它又重新兴起。到了萨珊（Sasanian）王朝（224—651），它重被奉为国教，臻于全盛。严格地说，萨珊王朝并非简单恢复阿契美尼王朝的宗教，而是在新的时期对古宗教体系化、规范化。现存的琐罗亚斯德教经典，绝大部分就是在这个时期通过国家的力量，按统治者的旨意整理形成的。事见公元9世纪编订的帕拉维文献《宗教行事》（*Denkard*）第四卷17—18节的记载⑤。可以说，萨珊版的琐罗亚斯德教才是严格意义上的宗教⑥。到了公元7世纪中叶，阿拉伯人征服萨珊波斯，该教日益式微。大概在公元8世纪至10世纪间，波斯本土不愿改宗伊斯兰教的虔诚琐罗亚斯德教徒，成批离开家乡，远涉重洋，移民到印度西部海岸地区定居，继续其祖先的信仰，逐渐发展成为当地一个新的少数民族，印度人取波斯的谐音谓之"帕尔西人"（Parsis），称其所奉的宗教为"帕尔西教"（Parsism），事见帕尔西人用波斯文撰作的编年史诗《基萨桑赞》（*Qesse-Ye Sanjān*）⑦。而清代中国人则根据粤音，名其为"巴斯"⑧。同时，琐罗亚斯德教在波斯本土并未完全湮灭，一小部分虔诚的教徒仍然固守着本教的传统与习俗，历经千年，殆无大的变化。将现存印度的帕尔西人和伊朗琐罗亚斯德教徒的风俗习惯进行比较，无疑有助

① Mary Boyce ed. and transl., *Textual Sources for the Study of Zoroastrianism*, Manchester University Press, 1984, p. 7.

② Almut Hintze, "Zarathustra's Time and Homeland," in Michael Stausberg ed., *The Wiely Blackwell Companion to Zoroastrianism*, West Sussex: John Wiley & Sons. Ltd., 2015, p. 34.

③ Helmut Humbach, "The Gāthās," in Michael Stausberg ed., *The Wiely Blackwell Companion to Zoroastrianism*, p. 40.

④ Gh. Gnoli, *Zoroaster's Time and Homeland: A Study on the Origins of Mazdeism and Related Problems*, Istituto Universitario Orientale. Seminario di Studi Asiatici, Series Minor 7, Naples, 1980, pp. 84-87; Frantz Grenet, "Bāmiyān and the Mihr Yašt,""BAI. Iranian Studies in Honor of A. D. H. Bivar", *New Series/Volume* 7, 1993, pp.87-94; "Zarathustra's Time and Homeland: Geographical Perspectives," in Michael Stausberg ed., *The Wiely Blackwell Companion to Zoroastrianism*, pp. 21-29.

⑤ Prods Oktor Skjaervo, *The Spirit of Zoroastrianism*, Yale University Press, 2011, p. 41; Mansour Shaki, "The Dēnkard Account of the History of the Zoroastrian Scriptures," *Archīv Orientālnī*, 49, 1981, pp. 116, 118-119.

⑥ Mary Boyce, *Zoroastrians: Their Religious Beliefs and Practices*, pp. 101-144; 林悟殊:《〈伊朗琐罗亚斯德教村落〉中译本序》，收入［英］玛丽·博伊斯原著，张小贵、殷小平译《伊朗琐罗亚斯德教村落》，中华书局，2005年，第3-10页。

⑦ Alan Williams, *The Zoroastrian Myth of Migration from Iran and Settlement in the Indian Diaspora: Text, Translation and Analysis of the 16th Century Qesse-Ye Sanjān, "The Story of Sanjan"*, Leiden·Boston: Brill, 2009; J. J. Modi, *The Religious Ceremonies and Customs of the Parsees*, 2nd, Bombay: Jehangir B. Karani's Sons, 1937; 林悟殊《印度的琐罗亚斯德教徒》，载《波斯拜火教与古代中国》，新文丰出版公司，1995，第11-22页。

⑧ 郭德焱:《清代广州的巴斯商人》，中华书局，2005年。

于我们了解萨珊波斯时期琐罗亚斯德教的真面目①。

由于琐罗亚斯德教的文献记载缺略，且多为残简断篇，人们难窥该教完整清晰的面貌。以往的学者不得不回避诸多问题，多从语言学、文书学及宗教哲学的角度着手。在这方面，博伊斯教授迎难而上，更重视从整体上考察该教产生、发展、传播与演变的历史。1979年，她出版了《琐罗亚斯德教徒：他们的信仰与习俗》一书②，从宏观上对琐罗亚斯德教的长期历史进行全面考察，该书涵盖内容从远古直至现代社会，既包括伊朗本土的教徒，也包括印度的帕尔西社团，如此宏观而又简明扼要地描述该教的历史发展及其巨大的成就与影响，无疑超越了前人，为人们从总体上认识该教的发展史并进一步深入研究提供了重要基础。该书多次再版重印，日本学者山本由美子也将该书日译刊行③。时至今日，学界仍认为这是了解琐罗亚斯德教整体发展历史的最佳读本④。

多卷本《琐罗亚斯德教史》⑤，堪称博伊斯有关琐罗亚斯德教研究的代表作。本书现已出版三卷，被誉为近百年来琐罗亚斯德教研究的集大成之作。本书第一、二卷为作者独立完成，第三卷《马其顿及罗马统治时期的琐罗亚斯德教》则与法国著名中亚考古专家葛乐耐（F. Grenet）教授合作完成。葛氏长期从事阿富汗和乌兹别克斯坦地区的考古及研究，熟悉苏联学界的研究成果，他参与撰写希腊化时期的巴克特里亚部分，充分吸收苏联学者的中亚考古成果，以使该书更臻全面系统。历来学界对琐罗亚斯德教教义与教史聚讼纷纭，但博伊斯教授在广泛占有文字和文物材料的基础上，做出合理公允、令人折服的评论；加上其文笔优美，条理清楚，更使该书增色不少。《琐罗亚斯德教史》为以后学者的进一步研究提供了一个不可多得的范本。可惜的是，本书第四卷《帕提亚时期的琐罗亚斯德教》尚未出版（据说同第三卷一样，博伊斯教授亦邀请葛乐耐教授参与合作，由葛氏撰写贵霜时期的琐罗亚斯德教专章），博伊斯教授却辞世，余下的工作将由荷兰莱顿大学的德勇（Albert de Jong ）教授继续完成。不过，1992年博伊斯教授出版了《古老而又持续活力的琐罗亚斯德教》一书⑥，该书是作者1988年应雅沙特教授 （Eh Yarshater，1920—2018）之邀所作的哥伦比亚大学伊朗学研究系列讲座的成果，继续从宏观上探讨琐罗亚斯德教发展的历史。该书描述了自公元前一千多年前先知传教直到20世纪该教发展的历史，特别强调了西亚伊斯兰化后该教顽强的生命力。该书于1998年在德黑兰出版了波斯文本⑦。

博伊斯教授早期研究吐鲁番出土的古伊朗语摩尼教写本，注重写本整理、释读与历史语言学考察，后来又投入研究古波斯琐罗亚斯德教的发展史，除了个人研究兴趣使然之外，其

① Mary Boyce, *A Persian Stronghold of Zoroastrianism*, Oxford: Oxford University Press, 1977, repr. University Press of America, 1989. 中译本见［英］玛丽·博伊斯原著，张小贵、殷小平译《伊朗琐罗亚斯德教村落》。

② Mary Boyce, *Zoroastrians, Their Religious Beliefs and Practices.*

③［日］山本由美子译《ゾロアスタ-教：三五〇〇年の历史》，筑摩书房，1983年。该书另有俄文译本，惜未寓目。

④ Almut Hintze, "Obituary: Nora Elizabeth Mary Boyce," *BSOAS*, 70.1, 2007, pp. 143-149.

⑤ Mary Boyce, *A History of Zoroastrianism*, Vol. I, Leiden: E. J. Brill, 1975, 3nd ed. 1996; Vol. II, Leiden: E. J. Brill, 1982; Vol. III, Leiden: E. J. Brill, 1991.

⑥ Mary Boyce, "Zoroastrianism: Its Antiquity and Constant Vigour", Columbia Lectures on Iranian Studies, No. 7, Costa Mesa, California and New York: Mazda Publishers in association with Bibliotheca Persica, 1992.

⑦ John Hinnells, "Mary Boyce,"*Encyclopædia Iranica*, online edition, 2012, available at http://www.iranicaonline.org/articles/boyce-mary (accessed on 15 October 2012).

中所蕴含的学术道路的转向亦值得重视与思考。

三、从田野看历史：礼仪与习俗

早期的西方学者因基督教背景，多关注琐罗亚斯德教形而上的哲学层面，从而将信仰的宗教（religion of faith）和文献记载的宗教（religion of work）对立起来，常把仪式与迷信等同视之。博伊斯教授的研究则更关注琐罗亚斯德教的仪式层面。1963年，她不顾刚刚出现的背痛，甘冒伤痛加剧的危险，前往伊朗，与当地的琐罗亚斯德教村民生活在一起，进行深入的田野调查。此前，学者对现代琐罗亚斯德教徒的研究，主要依赖于印度孟买和古吉拉特（Gujarat）的帕尔西人社群。由于迁移之后生活环境的改变以及其他多种原因，印度琐罗亚斯德教徒的生活发生了不少变化。与之相反，依旧生活在伊朗克尔曼和亚兹德地区的琐罗亚斯德教徒们，则靠耕种干旱的土地艰难为生，并在严峻的生活条件和外部压力下，长期虔诚地保持本教古老的传统。不过，随着现代社会的发展，乡村教徒的数量日益减少，德黑兰和其他大城市吸引了许多年轻人搬往城市。面对这种压力，伊朗琐罗亚斯德教社区已很难继续维持正统了，他们对节日、传统和仪式的记忆也在逐渐淡忘。幸好1963—1964年博伊斯教授前往调查时，尚不见伊朗的经济发展及反复革命对琐罗亚斯德教产生多大影响。博伊斯近一年的调查记录，为我们保存了这份宝贵的文化遗产。在这次调查以后，博伊斯教授又发表了有关琐罗亚斯德教研究的系列论著。1975年，她应邀在牛津大学的卡特拉克（Ratanbai Katrak）系列讲座上做了六次报告，后将这些报告扩充刊行为《伊朗琐罗亚斯德教村落》①，即此次田野工作的主要成果。她是卡特拉克系列讲座的第五位演讲人，表明她当时已经成为英语世界古典伊朗学的代表学者②。该书明显表达了博伊斯教授在伊朗生活期间对当地人们的情感，既描述了琐罗亚斯德教徒日常生活的点点滴滴，也包含了她以历史学家的眼光对这些重要仪式所进行的深入考察与解读。这些论著为后世研究琐罗亚斯德教提供了丰富的素材。

博伊斯从伊朗返回后陆续发表论文，专论琐罗亚斯德教的各种礼仪，针对琐罗亚斯德教日历及其改革、火的宗教含义、历经数代的仪式传播等问题展开深入研究③。这些文章不仅大大加深了琐罗亚斯德教的专题研究，而且奠定了该领域研究的基本框架和理论。宗教研究通常强调仪式的保守性，在许多宗教中，仪式比信条保留了更多的虔诚成分。强迫改变或改革仪式，均比改变各种信条更易激起反抗。博伊斯教授认识到琐罗亚斯德教祭司的保守性，从而强调宗教信条体现在仪式之中，唯此才能被感知和学习，其主要内容也借此代代相传而不曾改变。唯有如此，宗教才可能保持正统，才可能尽量排除外部影响。基于此种认识，她力主用当代伊朗琐罗亚斯德教村落悠长而古老的正统——当然还包括其他教内外文献——去

---

① Mary Boyce, *A Persian Stronghold of Zoroastrianism*, Oxford: Oxford University Press, 1977, repr. University Press of America, 1989.

②该讲座由牛津大学于1923年设立，1925年首讲，大约每10年举行一次，每次6讲。博伊斯之前的4位演讲人分别是：Louis H. Gray（Columbia University），Sir Harold W. Bailey（Cambridge University），Walter B. Henning（SOAS，UC Berkeley），Ilya Gershevitch（Cambridge University）。她之后的演讲人是John Hinnells（University of Manchester）和Philippe Gignoux（EPHE，Paris）。第8次演讲突破常规，于2009年邀请了6位著名学者针对博伊斯的卓越贡献开讲。第9次演讲则是2023年由柏林自由大学Prof. Dr. Alberto Cantera主讲。

③ Gh. Gnoli, "Mary Boyce," *East and West* 56/4, 2006, pp. 447-459.

重建该教古老的信仰与仪式。

礼俗作为一种习惯势力，其固有的保守性和连续性对于认识宗教的原始面目无疑大有裨益。早期西方学者多将琐罗亚斯德视为道德上的一神论者，认为他是醉心于形而上层面的哲学家。在伊朗虔诚的琐罗亚斯德教徒家中生活一段时间后，博伊斯教授比诸多前辈学者更为关注宗教生活中的仪式层面。她强调了《伽萨》（*Gāthās*）所记的祭司和祭祀的特质：

> 琐罗亚斯德，作为一名专业祭司，一定从孩提时代就熟悉这种不断重复的礼拜仪式，似乎主要通过与仪式的接触，通过对造物的神奇与目的的了解，他获得了灵感。①

在许多场合，博伊斯教授都强调印欧社会的祭司传统对于正确理解先知的本质至关重要②。大体上，她认为先知的信仰与其祖先及追随者之间的信仰存在着实质性的联系：

> 人们可以看见，事实上琐罗亚斯德的追随者在所有主要方面，都忠诚地遵守先知的信仰，从远古直到今天（一些内容仍然是传统的核心），都保持着连续不断的正统。这种连续性和虔诚，而非热情减退和困惑，正是人们可以从一个伟大而生命力旺盛的宗教中能够看到的。③

博伊斯教授坚持认为，琐罗亚斯德已规定了以他命名的宗教的主要仪式和神圣信条。她提出，是琐罗亚斯德本人把印欧人的祭司标志——圣带——作为所有信徒的标志，并确立了七大圣节的模式：

> 据说，就仪式而言，一味聆听意味着遗忘，观看意味着记住，而参与意味着理解。琐罗亚斯德作为一个睿智的祭司，建立了许多简单而重复的仪式，使每个社区成员都能积极参与其中，这些仪式把他的信条生动地印在了信徒的脑海中。其中之一便是每年集体庆祝的七大圣节。④

正如诺伊斯纳（Jacob Neusner，1932—2016）教授评论博伊斯教授的一个中心观点时所提到的，她确信必须把琐罗亚斯德教看作一个整体，其信仰与仪式、宗教和礼拜之间是和谐的⑤。

博伊斯教授强调信仰与仪式完整性的观点显然已得到国际琐罗亚斯德教学界的呼应，近年来有关这方面的研究已大有改观⑥。传统上，一般将中古中国流行的火祆教比定为源于波斯的琐罗亚斯德教，但近年来学界的研究已日益证明两者之间并不能简单等同，而是存在着较大差异。由于火祆教没有汉译经典出土，又缺乏明确的遗址遗物的发现，所以国人研究不乏模糊之处。敦煌吐鲁番文书中不乏入华祆教拜火、祀祆、赛神等礼俗的记录，如何认识这

① Mary Boyce, "The continuity of the Zoroastrian Quest," in W. Foy (ed.): *Man's religious quest: a reader*, London: Croom Helm in association with the Open University Press, 1978, p. 611。

② Mary Boyce, "Haoma, priest of the sacrifice," *W.B.Henning Memorial Volume*, ed. M. Boyce and I.Gershevitch, London: Lund Humphries Publishers Limited, 1970, pp. 62-80.

③ Mary Boyce, "The continuity of the Zoroastrian Quest," p. 609.

④ Mary Boyce, "The continuity of the Zoroastrian Quest," p. 616.

⑤ Jacob Neusner, "Zoroastrianism in the comparison of religious," *Papers in Honour of Professor Mary Boyce*, Leiden: E. J. Brill, 1985, pp. 435-36.

⑥ Michael Stausberg ed., *Zoroastrian rituals in context*, Leiden·Boston: Brill, 2004.

些祆教习俗与波斯琐罗亚斯德教之间的渊源与异同？以祆教礼俗为研究对象，无疑有助于我们的立足点落到实处，从而全面和深入地认识祆教“辗转间接”传入中国后，其发生变异的过程及最终命运。近年来，随着中国西北考古的重大发现，祆教研究逐渐成为学界热潮。博伊斯教授的有关调查研究，恰为我们提供了琐罗亚斯德教的现代伊朗版本，为进一步考察祆教与琐罗亚斯德教的渊源、异同提供了重要参照。

四、祆神崇拜：变异的琐罗亚斯德教

一般认为，正统琐罗亚斯德教徒除了教主查拉图斯特拉的圣像外，并无其他偶像崇拜，然而中古粟特人的祆教崇拜，包括诸多祆神形象，已不断被文字记载和考古发现所证明。此类图像资料与古波斯文献的记载能否一一对应，已成为学界日益关注的课题[①]。

希罗多德时代的古波斯琐罗亚斯德教徒，是不实行偶像崇拜的。到公元前5世纪末至4世纪初，琐罗亚斯德教已明显实行偶像崇拜了。大流士二世（Darius II，423—404 B.C.）统治时，在王室保护下，至少有两座祭祀阿娜希塔神的神庙存在。阿娜希塔的礼拜仪式受到王室支持，经费充足，其富丽堂皇的圣庙和装饰精美的雕像，吸引了大批教徒前来朝拜，其庙宇在琐罗亚斯德教徒的宗教生活中日益有重要地位。但是与此同时，也有一些正统的教徒对此不满，他们通过营建没有偶像的庙宇来反对偶像崇拜。他们只在这些庙宇里面供奉火，认为火才是琐罗亚斯德教徒唯一允许礼拜的对象。一般认为，琐罗亚斯德教徒于公元前4世纪时接受了庙火仪式，它与需要使用圣像的阿娜希塔仪式不同，乃为反对圣像崇拜而确立，并逐渐发展成为该教的正统仪式[②]。如此，火逐渐成为琐罗亚斯德教徒唯一的崇拜对象，其地位越发重要。

真正意义上的破坏圣像运动，到帕提亚晚期逐渐开展起来，至萨珊王朝时赢得完全胜利。在帕提亚晚期，随着希腊化影响的减退，反对圣像崇拜、支持火坛的情绪日益高涨。帕提亚国王伏洛吉斯一世（Vologases I，51—78年在位）统治时，在其发行的钱币反面印上火坛，代替了希腊风格的神像。而波斯地方大族，如伊斯塔克尔阿娜希塔神庙的保卫者，他们来自古波斯的萨珊家族，把神像从圣祠移出，代之以圣火。到了萨珊王朝时期，统治者进一步以法律形式禁止圣像崇拜。阿达希尔一世（Ardashir I，224—240年在位）从掌权之日起就是积极的破坏圣像者。他通过法律，明确反对把圣像作为礼拜对象，认为那是不合法的。萨珊时期的国王们，连同祭司与贵族，都积极设立圣火，用来代替圣像，并为其建造祠庙。当圣像从圣祠移走后，要在圣祠里安置一处火坛，以驱逐潜藏在圣像中的邪恶。一份中古波斯语文献详细记录了琐罗亚斯德教徒在神庙中移走圣像、放置火坛的情况：

> 在库思老·卡瓦丹（Khusrau ī kawādān）统治时，有两个人，名叫卡卡（Kakā）和阿杜尔陀姆（Ādurtōhm），他们在某地拥有一座神庙。他们按照祭司的命令，把神像移出神庙，而代之以火坛。当被要求把火带回迪瓦·卡达甘（Dīwān ī kardagān）时，他们并不赞同。他们及其后代接到命令，应该负责照管那座庙及里面的火坛。他们成功地把火坛安置在正确的地方；只要还活着，就可以在那里看

① Michael Shenkar, *Intangible Spirits and Graven Images: The Iconography of Deities in the Pre-Islamic Iranian World*, Leiden·Boston: Brill, 2014.

② Mary Boyce, “On the Zoroastrian Temple Cult of Fire,” *JAOS*, 95.3, 1975, pp. 455–456.

护火。[①]

就是从此时起，有关火庙的文献记载与考古资料日益丰富起来。考古学家们在萨珊本土及邻近地区的发掘中，发现了大量萨珊时期的火庙遗址。拜火的仪式非常复杂，花费往往十分昂贵[②]，因此，许多圣祠是空置的，只留有一个基座，在个人祭祀或节日的特定时刻才放上火。尽管圣像被移出，但琐罗亚斯德教徒允许原来祭祀神的神庙继续存在，说明萨珊时期的破坏圣像运动不是直接反对献给神的圣所，而只是反对里面的神像。成书于9世纪的中古帕拉维语文献《创世纪》（*Bundahishn*）记载，琐罗亚斯德教供奉神像的庙宇里有恶魔，当神像被移除后，恶魔就随之消失，然后要在偶像的神庙里安置圣火[③]。

有关古波斯琐罗亚斯德教反偶像崇拜的历史，博伊斯（Mary Boyce）1975年发表的文章《琐罗亚斯德教徒的反偶像崇拜》可谓经典之作[④]。尽管近年来学界对萨珊波斯是否如后世拜占庭帝国那样掀起“破坏圣像运动”尚持有不同意见[⑤]，但萨珊波斯的琐罗亚斯德教禁止神像崇拜应是毋庸置疑的。然而，我们考察同时期有关粟特祆教信仰的记载，发现其既有偶像崇拜的形式，也有与其时萨珊波斯本土的反圣像崇拜相一致的情况，表明粟特祆教崇拜模式的多样化。

粟特祆教东传过程中，不乏崇祀祆神的记录。如敦煌文书S.367号关于唐代伊吾祆庙供祀“素书”的记载，该文书写于光启元年（885），现存英国国家图书馆[⑥]。文书述及贞观十四年（640）高昌未破以前敦煌北面伊州伊吾县祆庙的宗教仪式活动：

> 伊吾县……火祆庙中有素书，形像无数。有祆主翟槃陁者，高昌未破以前，槃陁因入朝至京，即下祆神，因以利刀刺腹，左右通过，出腹外，截弃其馀，以发系其本，手执刀两头，高下绞转，说国家所举百事，皆顺天心，神灵助，无不征验。神没之后，僵仆而倒，气息奄，七日即平复如旧。有司奏闻，制授游击将军。[⑦]

1940年，神田喜一郎发表文章，根据唐代金石文字中常见的素画，而怀疑此处素书或为素画之误，认为此座祆庙供奉的乃该教神祇的彩绘塑像[⑧]。虽然直到今日，学界关于此

① Mary Boyce, “On the Sacred Fires of the Zoroastrians,” *BSOAS*, Vol.XXXI, 1968, pp. 63–64.

② 林悟殊：《波斯拜火教与古代中国》，第51–60页。J. J. Modi, *The Religious Ceremonies and Customs of the Parsees*, 2nd, Bombay: Jehangir B. Karani's Sons, 1937, pp. 199–230.

③ Mary Boyce, “On the Sacred Fires of the Zoroastrians,” p. 63 n.89.

④ Mary Boyce, “Iconoclasm among the Zoroastrians,” *Christianity, Judaism and Other Greco-Roman Cults: Studies presented to Morton Smith at Sixty*, ed. by J. Neusner, Vol. 4, Leiden: Brill, 1975, pp. 93–111.

⑤ Michael Shenkar, “Rethinking Sasanian Iconoclasm,” *Journal of the American Oriental Society* 135.3, 2015, pp. 471–498.

⑥ 李锦绣：《敦煌吐鲁番地理文书与唐五代地理学》，《吐鲁番学研究》2005年第1期，第60–62页。

⑦ 中国社会科学院历史研究所、中国敦煌吐鲁番学会敦煌古文献编辑委员会、英国国家图书馆、伦敦大学亚非学院编《英藏敦煌文献》第1卷，四川人民出版社，1990年，第158页；录文参考唐耕耦、陆宏基编《敦煌社会经济文献真迹释录》第1辑，书目文献出版社，1986年，第40–41页。

⑧［日］神田喜一郎：《素画に就いて》，《东洋史研究》第5卷第3号，1940年；后收入其著《东洋学说林》，弘文堂刊，1948年12月，此据《神田喜一郎全集》第1卷，株式会社同朋社出版，1986年，第85–88页。

处祆庙素书究竟为塑像还是画像，仍未有定论[①]，但东传的祆教显然尚存神像崇拜。将敦煌吐鲁番文书所记的祆教习俗与波斯萨珊朝琐罗亚斯德教的习俗比较，可发现两者存在着明显的区别。而只有追溯古波斯琐罗亚斯德教的本源，才有助于客观认识这一外来宗教经过"间接传播"所发生的变异。这方面，我们必须求助于博伊斯有关琐罗亚斯德教神祇崇拜的研究[②]。

博伊斯早期有关摩尼教写本的整理、释读是敦煌吐鲁番研究的有机组成部分，而她有关古伊朗琐罗亚斯德教研究的丰硕成果，也无疑对敦煌吐鲁番学的相关研究起到重要的推动作用。

① 张小贵：《唐伊吾祆庙"素书"非塑像辨》，载《中华文史论丛》2008年第2辑，第321-338页；其著《中古华化祆教考述》，文物出版社，2010年，第69-77、91-94页。姚崇新：《"素画"与"塑画"——再论唐代伊吾祆庙的"素书"》，载中国人民大学国学院编《国学的传承与创新——冯其庸先生从事教学与科研六十周年庆贺学术文集》，上海古籍出版社，2013年，第972-989页。

② Frantz Grenet, "Mary Boyce's Legacy for the Archaeologists," *BAI*, 22, 2008/2010, pp. 29-46.

周林与中国敦煌吐鲁番学会

刘进宝（浙江大学历史学院）

【摘要】1983年8月18日，中国敦煌吐鲁番学会成立大会通过了学会章程，决定聘请27位著名专家学者和领导同志担任学会顾问，其中就有教育部顾问周林。周林同志是中国敦煌吐鲁番学会成立的关键人物，甚至可以说，如果没有周林同志积极努力的奔走联络，学会的成立是很困难的。

【关键词】周林　敦煌吐鲁番学会　创建

周林（1912—1997），贵州省仁怀县（今仁怀市）人。1931年秋，就读于北平燕京大学；1932年10月，加入中国共产主义青年团；1933年，任共青团天津市委书记；1936年，加入中国共产党；1938年，参加新四军，在陈毅手下任江南指挥部军法处处长；1948—1949年，任中共徐州市委书记兼市长；1949年5月，任上海市政府秘书长；1950—1953年，任贵州省委常委、省政府副主席、贵州省委副书记；1954—1964年，任中共中央西南局书记处书记、贵州省委第一书记兼省长；1965—1967年，任西南局书记处书记；1967—1975年，被关在“牛棚”中；1975年，邓小平主持工作后，周林恢复工作，担任南京大学党委书记兼校长①。

一、周林与邓小平

由于周林早年的工作经历，尤其是21岁时就加入共青团，22岁时任共青团天津市委书记，24岁时加入中国共产党，1950年在上海时，他是陈毅的部下，1954年后在贵州和西南局时，他是邓小平的部下，并得到他们的赏识。“周林于1975年12月至1977年10月，担任中共南京大学党委书记兼校革委会主任期间，以大无畏的革命精神，抵制

① 芳草后：《打开尘封的记忆：忆我的父亲周林》，南京大学出版社，2012年，第293-294页。

‘四人帮’的‘批邓反击右倾翻案风’，保护了一大批干部师生免遭迫害”[①]。

周林上任南京大学党委书记兼校长是有一番波折的。“1975年，周林和胡耀邦、程子华等老同志在中央高级党校学习结束后，同年冬，中央领导找周林谈话时，明确他去江苏任省委副书记。当时，在北京开会的江苏省委副书记许家屯曾到周林家中，约他一道去江苏。不料到时许家屯却先回去了。之后，当周林到江苏省委上任时，突然变为南京大学党委书记兼校长了。当时邓小平虽然出来主持工作，但仍受到‘四人帮’的干扰，出现这样的变化是不足为奇的。”[②]江苏“省委于1975年12月28日，任命周林同志为南京大学党委书记……中央本来委任周林同志为江苏省委副书记，但当周林同志到江苏省委报到时，突然改变了，要他到南京大学任党委书记兼校长”[③]。

据周勋初先生回忆：“1975年底，周老奉命来南大。此前邓小平同志复出，主持中央工作，大力整顿各方面的秩序，周老即在此时复出。但在1976年初，‘四人帮’掀起了所谓‘批邓’和‘反击右倾翻案风’的逆流，周老过去担任过贵州省委第一书记，邓小平在西南局又工作过一段时间，因此有人就放风，说周老的复出，就是邓小平派来搞右倾翻案风的。”[④]

周林同志到南大上任后，“全国正在开展所谓‘批邓反击右倾翻案风’的运动。1975年11月，毛泽东同志提出要‘反击右倾翻案风’。1976年2月，中央点名批判邓小平修正主义路线。3月，又发出毛主席‘批邓’的指示，把‘批邓反击右倾翻案风’推向全国……周林同志是反对‘批邓反击右倾翻案风’的，因为1975年邓小平同志主持工作期间，使一些老干部复出工作，这是完全正确的，怎么能说是‘翻案风’呢?”[⑤]周林采取各种灵活的办法，如顶和拖等，使“南大反击1975年的所谓‘右倾翻案风’的问题，也就不了了之”[⑥]。

正是由于周林在贵州和西南局工作时是邓小平的部下，再加上他在南京大学顶住了“批邓反击右倾翻案风”，1976年初，他在复杂形势下又积极保护学生。这时，南大“收到一封由贵州寄来的所谓人民来信，说：‘周林是邓小平安插在江苏的钉子。’于是他们如获至宝，向中央‘文革’领导小组告周林的状”[⑦]。“他们要求周林书记召开南大党委和校革委会，讨论解决南大‘批邓反击右倾翻案风’‘两追一查’，如何深入开展问题。”“1976年9月6日，周林主持召开校党委和校革委会。他们按照阴谋计划向周林开炮，有人说：‘在批邓中，是

---

① 箴元：《周林传略》，载中共仁怀市委员会、仁怀市人民政府编《周林纪念文集》，贵州人民出版社，1999年，第75页。

② 箴元：《周林传略》，载中共仁怀市委员会、仁怀市人民政府编《周林纪念文集》，贵州人民出版社，1999年，第69页。

③ 中共南京大学委员会编《南大人怀念周林同志》，载中共仁怀市委员会、仁怀市人民政府编《周林纪念文集》，贵州人民出版社，1999年，第104页。

④ 周勋初：《周老在南京大学的高风亮节》，载中共仁怀市委员会、仁怀市人民政府编《周林纪念文集》，贵州人民出版社，1999年，第114页。

⑤ 中共南京大学委员会编《南大人怀念周林同志》，载中共仁怀市委员会、仁怀市人民政府编《周林纪念文集》，贵州人民出版社，1999年，第104页。

⑥ 中共南京大学委员会编《南大人怀念周林同志》，载中共仁怀市委员会、仁怀市人民政府编《周林纪念文集》，贵州人民出版社，1999年，第105页。

⑦ 箴元：《周林传略》，载中共仁怀市委员会、仁怀市人民政府编《周林纪念文集》，贵州人民出版社，1999年，第73页。

假批邓，领导人不转弯子，不反击右倾翻案风，犯了路线错误’……还有人说：‘党委领导处于瘫痪状态，不解决领导人的问题，南大“批邓反击右倾翻案风”是搞不下去的。’……非要他（周林）承认在‘批邓’中犯了路线错误，周林当然不同意。”[①]

由于周林在南京大学的工作成绩突出，尤其是顶住了“批邓反击右倾翻案风”的压力，其实事求是的工作作风得到了邓小平的肯定。邓小平正式复出前，就考虑让周林到北京大学主持工作。1977年5月31日，邓小平在北京接见周林，“对周林来北大工作寄予厚望”[②]。周林的孩子记述：“在父亲调入北京大学的正式调令下达之前，即将复出的邓小平便于5月31日召见了周林与后来担任北京大学校长的周培源教授。”在谈话中，邓小平要求周林“做好进校前期的准备工作。经过一段时间的酝酿与筹备，1977年9月28日，中央正式下达调令，任命周林担任教育部副部长兼北京大学党委书记”[③]。据周林本人回忆：“我很幸运，时逢邓小平同志已出来工作。刚到北京，他就接见我，给我们许多指示，不仅指导我们如何开展工作，还给我们力量和信心。”[④]

周林虽然被任命为北京大学党委书记，但他“知道北京大学的情况复杂，不能打无准备之仗，因而在接到中央任命后，并没有马上进校，而是首先进行了深入细致的调查研究”[⑤]。

1977年7月，邓小平重新出来主持中央工作后，自告奋勇抓教育，首先关注的就是北京大学。据《邓小平年谱》载，当中央批准由教育部副部长周林兼任北京大学党委书记后，邓小平于10月20日上午约见周林和教育部部长刘西尧、北大党委副书记高铁。邓小平指出：“重点大学要实行双重领导，以教育部领导为主。北京大学、清华大学是重点的重点。要利用北大、清华的经验。最近有人说我们只重视自然科学，文科没人研究。北大是综合大学，理科要抓，文科也不要丢掉。自然科学固然重要，要搞好，社会科学也很重要。文科，光有人民大学还不够，北大文科是有基础的，搞好文科是很必要的。”[⑥]邓小平对周林的信任和重视，“体现了中央对他的支持和信任，使他增添了信心”[⑦]。

“此后，邓小平又几次接见了周林和北京大学的主要领导，对批判和肃清‘四人帮’流毒、拨乱反正、教学科研、重新招生、管理体制改革等事宜有着具体和明确的指示。”[⑧]

“1977年11月7日，中央任命的北大党委书记周林、副书记高铁、韦明进校工作。”“周林进校不久，于1977年11月30日，首先决定为‘反右倾回潮’中受到打击、撤职的所有受害者全部平反。接着做出了……《为邵华、邓朴方、贺晓明及其他受林彪、‘四人帮’打击

---

① 箴元：《周林传略》，载中共仁怀市委员会、仁怀市人民政府编《周林纪念文集》，贵州人民出版社，1999年，第73页。

② 箴元：《周林传略》，载中共仁怀市委员会、仁怀市人民政府编《周林纪念文集》，贵州人民出版社，1999年，第75页。

③ 芳草后：《打开尘封的记忆：忆我的父亲周林》，南京大学出版社，2012年，第259页。

④ 周林：《北京大学两年回顾》，载中共仁怀市委员会、仁怀市人民政府编《周林纪念文集》，贵州人民出版社，1999年，第209页。

⑤ 芳草后：《打开尘封的记忆：忆我的父亲周林》，南京大学出版社，2012年，第260页。

⑥ 中共中央文献研究室编《邓小平年谱》第4卷（1975—1980），中央文献出版社，2020年，第225页。

⑦ 箴元：《周林传略》，载中共仁怀市委员会、仁怀市人民政府编《周林纪念文集》，贵州人民出版社，1999年，第76页。

⑧ 芳草后：《打开尘封的记忆：忆我的父亲周林》，南京大学出版社，2012年，第260页。

迫害的干部子女平反的决定》"[①]等，在国内外产生了很大的影响。

周林说，他在北大工作的"两年时间里，幸得邓小平同志的直接领导"[②]。"周林在北大工作的两年中，遵照邓小平的指示，一手抓揭批'四人帮'，拨乱反正，平反冤假错案；一手抓整顿和建立学校的各级领导班子，实行党委领导下的校长负责制，使北大的管理工作、教学和科研工作很快走上了正轨。"[③]

作为老一辈革命家的周林，他胸怀宽广，考虑个人少，考虑事业多，尤其是在1977、1978年"拨乱反正"的那个特殊时代，更是有一种使命感。邓小平在接见周林时曾指示，"三个月清查后，要抓教学"[④]。为了抓业务，搞好教学工作，周林就要想办法发挥专家教授的作用，"1978年1月，北大党委正式向教育部、国务院和邓小平副总理写了报告，请求先在北大实行党委领导下的校长负责制，并建议任命周培源任校长"。报告送上去不久，北大党委又在同年2月5日"以周林名义将《北京大学两个半月工作报告》上报教育部部长刘西尧，转呈邓小平副主席，再次请求中央尽早批准北大实行党委领导下的校长负责制"[⑤]。"4月，又向北京市委报送《关于提请任命正副校长的报告》。"[⑥]正是在周林的一再请求和坚持下，"1978年7月4日，中央正式批准北大实行党委领导下的校长负责制，任命周培源为校长，高铁、汪小川、冯定、王竹溪、季羡林等为副校长"[⑦]。据周林回忆，为了抢时间，抓教学，"我们果断地提出取消革委会，建议设校长……组成校委会，成立办公室，与党委分开办公。教育行政由校长负责，抓好教学科研。党委集中精力，抓好拨乱反正，加强政治思想工作"[⑧]。

当北大的工作步入正轨后，周林就不再兼任北京大学党委书记，于1979年底离开北京大学，回教育部任党组副书记、副部长（正部长级），"负责主管高等教育方面的工作"[⑨]。周林在教育部工作期间，"主持建立了高校的社会学专业和高校出版机构，成立了高校图书工作委员会、敦煌吐鲁番学会"[⑩]。

1981年，中央提出了干部年轻化的要求后，周林"第一个在教育部主动提出了辞呈"，

---

① 箴元：《周林传略》，载中共仁怀市委员会、仁怀市人民政府编《周林纪念文集》，贵州人民出版社，1999年，第76、77–78页。

② 周林：《北京大学两年回顾》，载中共仁怀市委员会、仁怀市人民政府编《周林纪念文集》，贵州人民出版社，1999年，第209页。

③ 箴元：《周林传略》，载中共仁怀市委员会、仁怀市人民政府编《周林纪念文集》，贵州人民出版社，1999年，第79页。

④ 箴元：《周林传略》，载中共仁怀市委员会、仁怀市人民政府编《周林纪念文集》，贵州人民出版社，1999年，第78页。

⑤ 箴元：《周林传略》，载中共仁怀市委员会、仁怀市人民政府编《周林纪念文集》，贵州人民出版社，1999年，第79页。

⑥ 芳草后：《打开尘封的记忆：忆我的父亲周林》，南京大学出版社，2012年，第267页。

⑦ 箴元：《周林传略》，载中共仁怀市委员会、仁怀市人民政府编《周林纪念文集》，贵州人民出版社，1999年，第79页。

⑧ 周林：《北京大学两年回顾》，载中共仁怀市委员会、仁怀市人民政府编《周林纪念文集》，贵州人民出版社，1999年，第210页。

⑨ 周林：《北京大学两年回顾》，载中共仁怀市委员会、仁怀市人民政府编《周林纪念文集》，贵州人民出版社，1999年，第272页。

⑩ 芳草后：《打开尘封的记忆：忆我的父亲周林》，南京大学出版社，2012年，第273页。

甘愿退居二线①，任教育部顾问。随后又兼任国务院古籍整理出版规划领导小组副组长。1982年，当选为中央顾问委员会委员。

二、周林与中国敦煌吐鲁番学会的成立

1981年4月8日至5月23日，日本学者藤枝晃教授在南开大学做了“敦煌学导论”的讲座。南开讲座后赴敦煌参观途中，他又在兰州的西北师范学院做了“现阶段敦煌学”的讲座，从此就传出了所谓藤枝晃“敦煌在中国，敦煌学在日本”的传言。

“敦煌在中国，敦煌学在日本”的误说一经流传，在20世纪80年代初爱国主义和民族主义的感召下，从官方到民间，从政界到学者，都感到的是愤怒，而没有人去探究它的真实性和客观性。但不可否认，“敦煌在中国，敦煌学在日本”的出现，客观上推动了中国敦煌学的发展，促使我们更快地加强敦煌学的学科建设和学术研究②。

1981年8月5日傍晚，邓小平“乘专列离开北戴河赴新疆视察”。“在赴新疆视察途中路经甘肃，参观了敦煌千佛洞。听取敦煌研究所介绍千佛洞维修情况，指示随同参观的王任重帮助解决千佛洞保护维修资金不足的问题。”③从《邓小平年谱》可知，邓小平是去新疆视察途中，临时停留、考察敦煌的。在敦煌听取报告、参观千佛洞后即赴乌鲁木齐。从8月10日到20日一直在新疆视察。20日下午离开吐鲁番前往甘肃天水市、兰州市视察。22日“乘专机离开兰州回到北京”④。

据时任敦煌文物研究所副所长樊锦诗记述，1981年8月7日，邓小平是在“时任中共中央政治局委员王震同志和中共中央宣传部部长王任重同志的陪同下来到敦煌”。“上午九时左右，邓小平同志一行从柳园火车站下了专列，乘面包车驶往敦煌，下榻在敦煌宾馆。”8月8日上午到莫高窟视察。“邓小平同志首先听取了当时主持工作的第一副所长段文杰先生关于敦煌文物保护和敦煌学研究的情况汇报。在听汇报的过程中，邓小平同志一再叮嘱，敦煌文物天下闻名，是我国文化的宝贵遗产，一定要想方设法保护好。”⑤

据段文杰先生记述，他简要地向邓小平等同志介绍了敦煌的历史和莫高窟文物的内容和价值，特别是藏经洞文物的发现、帝国主义的掠夺、敦煌学在国际学坛上的兴起，所谓“敦煌在中国，研究在外国”的说法，省委指示一定要把敦煌学搞上去，研究所研究人员正憋着一股劲开展工作等情况。小平同志说：“敦煌是件事，还是件大事。”⑥

姜亮夫先生在1983年说：“两年前听人说，某领导去敦煌视察，听人说起日本谣传‘敦煌材料在敦煌，敦煌学在日本’，便立即电告北京筹备，使敦煌学有所发展。”⑦姜先生的听

---

① 芳草后：《打开尘封的记忆：忆我的父亲周林》，南京大学出版社，2012年，第276页。

② 刘进宝：《敦煌学史上的一段学术公案》，《历史研究》2007年第3期，第186-188页；刘进宝：《吴廷璆先生与敦煌学》，《文史知识》2023年第4期，第109-117页。

③ 中共中央文献研究室编《邓小平年谱》第5卷（1981—1997），中央文献出版社，2020年，第59页。

④ 中共中央文献研究室编《邓小平年谱》第5卷（1981—1997），中央文献出版社，2020年，第59-61页。

⑤ 樊锦诗口述，顾春芳撰写《我心归处是敦煌：樊锦诗自述》，译林出版社，2019年，第357页。

⑥ 段文杰：《敦煌之梦》，江苏美术出版社，2007年，第59页。

⑦ 姜亮夫：《敦煌学规划私议》，这是姜亮夫先生在1983年8月中国敦煌吐鲁番学会成立大会的书面发言稿，姜先生由于身体原因未能与会。收录于《中国敦煌吐鲁番学会成立大会、1983年全国敦煌学术讨论会会刊》（1983年8月兰州）。后发表于《社会科学》1985年第1期，第99-104页。

说，可能并非空穴来风，从事情的发展来看，应该是有一定根据的。

正确的路线确定后，人就成了最重要的因素。邓小平要求一定要将莫高窟保护好、将敦煌作为一件大事来抓的指示传到北京后，首先响应的就是教育部副部长周林。作为邓小平信任和赏识的老部下，他在北京工作的单位只有教育部和北京大学，他在教育部分管高等教育，高教一司及下属的科研处就成了落实小平指示的办事机构，而担当大任的就是他提名的北京大学副校长季羡林教授。

周林筹划成立敦煌学会的设想，得到了时任教育部部长蒋南翔的大力支持。邓小平出来工作后，首先是抓科技和教育，1977年10月，蒋南翔被任命为国家科委副主任、党组副书记（国务院副总理方毅是主任）。1978年全国科学大会的秘书长就是蒋南翔。1979年1月31日，“经邓小平同志提名，中共中央决定任命蒋南翔为教育部党组书记”。“2月23日五届人大常委会第六次会议决定任命蒋南翔为教育部部长。”①

在邓小平视察敦煌不久，教育部就派人于1981年10月到甘肃调查了解敦煌学的研究状况。季羡林在《筹备工作报告》中说，1981年，教育部部长蒋南翔视察了敦煌文物研究所。据兰州大学齐陈骏教授记述：“教育部部长蒋南翔率领部里的一批同志来西部考察。在兰大调研以后，率部去敦煌莫高窟参观。我作为讲授魏晋南北朝课程的教师，陪同教育部的同志一起前去。在火车上，蒋部长及部里的同志询及莫高窟的情况，并要求介绍一下敦煌学研究的现状。部里的同志曾说道，日本对敦煌学的研究很有成绩，我们近年的研究进展怎样？能不能组织起来进行研究？我只能根据自己的一点了解做了汇报。在敦煌参观以后，部里留下一位章学新处长在兰州做更深入的调研。章处长回到北京后又访问了北京大学、北京师范学院、中国科学院历史所的许多专家、学者，形成了一个共识，即准备成立中国敦煌吐鲁番学会。”②在随后编制的“六五计划（1981—1985年）”中，也将敦煌学研究列入哲学社会科学研究的重点项目。1982年3月，国务院在京西宾馆召开古籍整理规划会议，会议期间的3月23日上午，教育部顾问周林就以国务院古籍整理出版规划领导小组副组长的身份邀请相关专家座谈，谈及加强敦煌学研究和建立学会的设想。受邀参加此次座谈的杨廷福教授当晚给吴泽先生的信中说：“今日上午周林副部长特邀晚及唐长孺、王仲荦、张政烺、常任侠、夏鼐、冀淑英、周绍良诸同志座（谈）敦煌学与教学改革等问题。”③由于杨廷福教授不研究敦煌学，他只是在写信向吴泽先生汇报其他工作时，顺便将受邀参加了这样一个重要的活动告知，所以没有具体的内容。

时任教育部高教一司司长夏自强先生回忆说：“敦煌学是一门受到举世瞩目的显学。‘敦煌在中国，而敦煌学却不在中国’，这是一些外国学者咄咄逼人的话语。周老有鉴于此，花费很大力气，协调各种关系，成立敦煌学会这个全国性组织，又组织各方面力量，分工协作，开展研究，并增加科研经费，改善工作条件。由此，敦煌学研究进入了蓬勃发展的时期，取得了令人称许的成果，证实了敦煌不仅在中国，而且敦煌学也在中国这个无可置疑的

① 方惠坚等编著《蒋南翔传》（第2版），清华大学出版社，2013年，第327、329页。

② 齐陈骏：《枳人自传》第91页，2010年作者自印稿。

③《杨廷福致吴泽一通》，见华东师范大学历史系《吴泽先生百年诞辰纪念》相关文章资料，2013年。

现实，大长了中国人的志气。”①时任教育部科研处处长的章学新回忆说：“就在这次国务院古籍出版规划会上，周林同志以国务院古籍出版规划组副组长名义（组长是李一氓同志），召集有关专家共同磋商，公推北京大学季羡林教授主持筹备，具体工作由教育部高教一司协助落实。”②周林的子女也有相同的记述：“在国务院古籍整理出版规划会议上，学者们提出了有关敦煌学研究的问题。周林有鉴于此，花费了大力气，协调多方关系，大力支持成立了一个全国性的组织——中国敦煌吐鲁番学会。”③

由此可知，在邓小平视察敦煌不久，教育部就敦煌学的研究现状开始调研，半年后的1982年3月，周林就开始筹划成立学会。周林积极主动地调研、筹备成立敦煌学会的活动，得到了中央相关部门的支持。“中共中央宣传部委托教育部筹备组织敦煌吐鲁番学会。作为教育部的领导，周林认为这是义不容辞的任务。”④紧接着，教育部高教一司于1982年4月15日向教育部党组提交了《关于发展敦煌学的建议》⑤，建议成立敦煌学会、普查搜集资料、组织学术考察、进行人才培养和开展国际学术交流等。该《建议》最后指出：“以上各端，如认真执行，五年之内，我国的敦煌学就可建立起来，随着研究工作的深入，成果的积累，新生力量的成长，将使我国的历史学、宗教学、文学、艺术、民族学、民俗学、中西交通史等多种学科的研究工作和教学工作更加丰富，使国际学者刮目相看，那时，我们将以事实宣告：敦煌在中国，敦煌学的中心也在中国，敦煌是新中国社会科学领域的一颗灿烂明珠。”

同年6月，教育部在南京又邀请了部分学者进行酝酿。“许多专家学者一致表示了组织起来促进研究工作的愿望，认为国内国际形势迫切要求我们聚集力量，改变研究力量和资料分散的现状，并强烈表示要为加速人才的培养、多出快出科研成果、进一步提高我国敦煌吐鲁番学在国际学术界中的地位而贡献力量。”⑥

前已述及，周林在北京除了任职教育部外，还在北京大学担任书记两年，季羡林教授又是周林提名和推荐担任北大副校长的，季先生虽然不专门研究敦煌学，但其主攻方向是以印度学为主的东方学，与敦煌学有着非常密切的联系，所以筹备学会的学术任务就由季羡林教授来唱主角了。

1982年7月2—3日，由教育部顾问周林和北京大学副校长季羡林教授主持，在北京大学举行了中国敦煌吐鲁番学会第一次筹备会议。会议商定：学会“成立大会初步定于今年十月上旬在兰州召开，参加人数包括新闻界在内约一百五十人，会期一周左右，会后去敦煌考察”⑦。这次筹备会议之后，教育部就于7月19日向中宣部提交了《关于成立敦煌吐鲁番学

① 夏自强：《弘扬传统文化功不可没——怀念周林同志》，载中共仁怀市委员会、仁怀市人民政府编《周林纪念文集》，贵州人民出版社，1999年，第136页。

② 章学新：《伏枥老骥志千里——缅怀周林同志》，载中共仁怀市委员会、仁怀市人民政府编《周林纪念文集》，贵州人民出版社，1999年，第124页。

③ 芳草后：《打开尘封的记忆：忆我的父亲周林》，南京大学出版社，2012年，第274页。

④ 箴元：《周林传略》，载中共仁怀市委员会、仁怀市人民政府编《周林纪念文集》，贵州人民出版社，1999年，第84页。

⑤ 参见《中国敦煌吐鲁番学会成立大会　一九八三年全国敦煌学术讨论会会刊》，1983年，第184-187页。

⑥《中国敦煌吐鲁番学会筹备会议纪要》，载《中国敦煌吐鲁番学会成立大会　一九八三年全国敦煌学术讨论会会刊》，1983年，第191页。

⑦《中国敦煌吐鲁番学会筹备会议纪要》，载《中国敦煌吐鲁番学会成立大会　一九八三年全国敦煌学术讨论会会刊》，1983年，第191-192页。

会的请示报告》[①]。

《请示报告》说："今年三月，国务院古籍整理规划会期间，我们邀请到会学者座谈。大家一致希望聚集国内的学术力量成立敦煌吐鲁番学会，促进研究工作。这不仅是发扬民族文化的需要，而且是抢救老专家学术成果，为国争光的急务。"

由于我国研究敦煌吐鲁番的力量比较分散，隶属国务院各部门和许多地区，"因此，需要有关行政部门出面协调，促进联合"。"教育部作为行政部门，一般不主管群众性学术团体，考虑到学科建设、人才培养的需要及学者们的要求，认为应协同社科院、文物局，本着促进团结、促进联合、推动科学研究的目的，积极予以赞助，多做一些工作。"[②]

教育部关于成立敦煌吐鲁番学会的请示报告，中宣部于1983年1月15日批示同意，"并经中宣部批准，商定由教育部负责协调组织有关单位和专家学者，筹备成立中国敦煌吐鲁番学会"[③]。同时，教育部副部长彭珮云在北京大学强调文理科要"比翼齐飞"时指出："对敦煌学、蒙古学等我国所特有的学科也要注意扶持。"[④]就在此时，在国际东方学界享有盛誉的第31届亚洲北非人文科学大会已决定于1983年8月31日在日本举行，我国著名的敦煌吐鲁番文书研究专家、武汉大学历史系主任唐长孺教授等已收到邀请，将赴日本宣读论文，这是改革开放后我国哲学社会科学研究者首次得到重要国际学术会议的邀请。对我国学术界而言，这也是展示自己能力的大好机会。

在此之前，敦煌文物研究所也积极筹备，计划于1983年9月召开全国敦煌学术讨论会。由于有了唐长孺先生受邀赴日本参加第31届亚洲北非人文科学大会之事，为了展示我国的学术力量，有利于提高我国在国际学术界的声誉和地位，经文化部文物局和甘肃省委建议，筹备中的全国敦煌学术讨论会与中国敦煌吐鲁番学会成立大会合并举行。因此，1983年5月举行的中国敦煌吐鲁番学会第二次筹备会议决定：中国敦煌吐鲁番学会成立大会暨1983年全国敦煌学术讨论会"定于八月十五到二十日之间在兰州举行，会期十天，以便在八月三十一日日本召开的第31届亚洲、北非人文科学大会之前闭幕"[⑤]。

三、周林参加学会成立大会

中国敦煌吐鲁番学会成立大会是由教育部负责协调组织的，学会又挂靠在教育部，周林作为筹备学会的主要领导，自然是成立大会的主心骨及核心。如参加8月14日下午预备会议的成员共16人，教育部就占4人，即教育部顾问周林、高教一司司长黄天祥、高教一司处长章学新、《高教战线》记者雷克啸[⑥]。在15日上午的大会开幕式上，选举了由各方面代表组成的大会主席团，其中就有教育部的章学新处长。周林在开幕式上做了《团结起来，促进我

---

①《中国敦煌吐鲁番学会成立大会　一九八三年全国敦煌学术讨论会会刊》，1983年，第182-183页。

②《中国敦煌吐鲁番学会成立大会　一九八三年全国敦煌学术讨论会会刊》，1983年，第182页。

③ 季羡林：《筹备工作报告》，载大会报道组编《中国敦煌吐鲁番学会成立大会　一九八三年全国敦煌学术讨论会简报》第5期。

④《文理科要"比翼齐飞"》，载新华通讯社编《内部参考》第11期（1983年2月7日）。此据甘肃省社会科学院文学研究室编《敦煌文学研究通讯》第2期，第5页（1983年3月5日）。

⑤《中国敦煌吐鲁番学会第二次筹备会议纪要》，见《中国敦煌吐鲁番学会成立大会　一九八三年全国敦煌学术讨论会会刊》，1983年，第193-194页。

⑥ 大会报道组编《中国敦煌吐鲁番学会成立大会　一九八三年全国敦煌学术讨论会简报》第1期。

国敦煌吐鲁番学的更大发展》的报告，他在报告中说：

> 最近几年，我国学者在敦煌、吐鲁番研究方面，有很大进展。①
>
> 但是，正如有的同志指出，“我们还没有有领导、有组织地制订出开掘研究的长远规划……有计划地组织多学科考察研究的工作还没有充分展开，当然，迄今也还没有建立一个通盘考虑这项工作的组织机构”。这充分表达了我国的学术界对于组织起来，促进敦煌吐鲁番学进一步发展的强烈愿望。②

讲了成立学会的原因外，周林还对教育部协调组织和季羡林教授主持筹备的原因做了阐述，实际上也回答了将学会秘书处设在北京的原因。

当然，全面的组织和规划，特别是重要遗址的发掘，要由国家统一安排。现在，中宣部批准由教育部协调组织中国敦煌吐鲁番学会，请北京大学副校长季羡林教授主持筹备，其目的在于团结和聚集国内的学术力量，互相协作，共同来推动我国敦煌吐鲁番学的进一步发展，使敦煌吐鲁番学的研究工作能够适应社会主义精神文明建设的新形势，进入一个新的发展阶段③。

在报告中，周林虽然没有明确说出“敦煌在中国，敦煌学在日本”的传言，但字里行间还是能感觉到他对这一传言的回应：

> 现在，世界上有许多国家的学者在研究敦煌吐鲁番文物，敦煌吐鲁番学已成为一门国际性的显学。敦煌在中国，吐鲁番在中国，新中国的学者理应对自己民族的遗产作更深入的研究，这是我们的历史责任，也是全世界学者对我们的期望。敦煌吐鲁番学会的成立，标志着我国的研究工作进入了一个新的发展阶段。④

最初筹划成立的是敦煌学会，后由于各方面的原因，将吐鲁番纳入其中，变为敦煌吐鲁番学会。这就涉及各单位、各地区的团结和协调，尤其是与敦煌吐鲁番密切相关的甘肃、新疆、西藏的协调。在中宣部的批示中已经明确指出：“在筹备成立学会的工作中，请与甘肃、新疆、西藏的党（政）领导部门联系协商。”⑤得到中宣部的指示后，会议筹备组“又和甘肃、新疆、西藏三个省、区党委宣传部的负责同志进行了商量”⑥。为此，在1983年5月的

---

① 周林：《团结起来，促进我国敦煌吐鲁番学的更大发展》，载周林《周林传统文化论集》，中国书籍出版社，1993年，第149页。这是周林同志在1983年中国敦煌吐鲁番学会成立大会暨学术讨论会上的讲话。编入《中国敦煌吐鲁番学会成立大会　一九八三年全国敦煌学术讨论会会刊》（第28–32页）的讲话文字与此略有出入。除了个别的文字外，会刊在前面加了一段话：“同志们：中国敦煌吐鲁番学会经过一年多时间的酝酿准备，在季羡林先生的主持下，现在成立了。这是许多领导部门的大力支持和广大学者共同努力的结果。在这里，我们要感谢会议的东道主甘肃的同志们包括兰州大学和敦煌文物研究所的同志们，他们不但为大会提供了良好的物质条件，而且主动提出，把敦煌文物研究所筹备的学术讨论会和敦煌吐鲁番学会的成立大会合并举行。这就丰富了我们会议的内容，使会议能够开成一个既是团结的大会，展示近年来我国敦煌吐鲁番学研究成果的大会，又是促进我国敦煌吐鲁番学进一步发展的大会。”在最后加了一句：“祝大会圆满成功！”

② 周林：《团结起来，促进我国敦煌吐鲁番学的更大发展》，载周林《周林传统文化论集》，中国书籍出版社，1993年，第150页。

③ 周林：《团结起来，促进我国敦煌吐鲁番学的更大发展》，载周林《周林传统文化论集》，中国书籍出版社，1993年，第150页。

④ 周林：《团结起来，促进我国敦煌吐鲁番学的更大发展》，载周林《周林传统文化论集》，中国书籍出版社，1993年，第153页。

⑤《中国敦煌吐鲁番学会成立大会　一九八三年全国敦煌学术讨论会会刊》，第181页。

⑥ 季羡林：《筹备工作报告》，载大会报道组编《中国敦煌吐鲁番学会成立大会　一九八三年全国敦煌学术讨论会会刊》，1983年，第35页。

筹备会议上专门说："与会同志一致认为，此次筹备会议在中宣部、教育部、社会科学院、文化部、文物局及甘肃、新疆、西藏三省区党（政）领导部门的共同关怀下，大家顾全大局，民主协商，取得了一致意见，体现了团结协作、互相谅解的精神，为开好大会及今后学者之间的团结，奠定了良好的基础。"[①]正因为如此，成立大会的主席团中有新疆文化厅的沙比提和西藏社科院的黄文焕，选举的学会5位副会长中，有甘肃的段文杰、新疆的沙比提和西藏的黄文焕。正因为有这样的背景，周林在大会报告中专门说：

> 敦煌吐鲁番的石窟、墓葬和千佛洞等，代表一种历史文化，地理位置上跨几个省区，参加研究的学者，包括许多民族，因此，省与省之间，各民族的学者之间，应当顾全大局，开展协作；互相分割，孤军奋斗，抱残守缺，只能延缓学术进展的速度。我们的学者，既然有发扬我国民族文化的共同愿望，我相信一定能够紧密地团结，认真地协作。[②]

由于敦煌吐鲁番是多民族地区，敦煌吐鲁番文书文物涉及的民族语言也很多，在中宣部的指示中特别指出，成立大会要"邀请中央民族学院和地方的民族研究所等单位的有关专家学者（特别是兄弟民族学者）参加，共同开创我国敦煌、吐鲁番学研究的新局面"[③]。有鉴于此，周林在报告中特别强调：

> 在敦煌吐鲁番的文书卷子中，有许多古藏文、回鹘文、于阗文、粟特文的文书，有的至今没有人系统研究过。可是我们的学者中，懂这些古民族文字的人才越来越少了。这些民族古文字，有的在现实生活中已经不用了，被认为是"死文字"，但是我们不能因此而不注重培养能掌握这些民族古文字的人才，不然，大批的民族古籍也将成为无人研究的"死材料"，这对民族文化是很大的损失。中央民族学院、新疆大学、西藏的高等院校，以及有关的民族学院，应当有所安排，切不可使学术中断。[④]

1983年8月18日，中国敦煌吐鲁番学会成立大会通过了学会章程，决定聘请27位著名专家学者和领导同志担任学会顾问，其中就有教育部顾问周林。同时选举了理事会，理事会推选季羡林先生为会长，唐长孺、段文杰、沙比提、黄文焕、宁可先生为副会长。

从以上所述可知，周林同志是中国敦煌吐鲁番学会成立的关键人物，甚至可以说，如果没有周林同志积极努力的奔走联络，学会的成立是很困难的。正如季羡林教授所说："周林同志对中国敦煌吐鲁番学会的成立给予了全力的支持。我们甚至可以说：没有他的倡导和支持，这个前所未有的相当重要的学会是成立不起来的。"学会成立后所做的一切工作，"周林同志所起的作用，我们大家都绝不会忘记"[⑤]。

---

①《中国敦煌吐鲁番学会第二次筹备会议纪要》，载《中国敦煌吐鲁番学会成立大会　一九八三年全国敦煌学术讨论会会刊》，1983年，第194页。

② 周林：《团结起来，促进我国敦煌吐鲁番学的更大发展》，载周林《周林传统文化论集》，中国书籍出版社，1993年，第155页。

③《中国敦煌吐鲁番学会成立大会　一九八三年全国敦煌学术讨论会会刊》，1983年，第181页。

④ 周林：《团结起来，促进我国敦煌吐鲁番学的更大发展》，载周林《周林传统文化论集》，中国书籍出版社，1993年，第155-156页。

⑤ 季羡林：《〈周林文集〉序》，载季羡林著，王树英编《季羡林序跋集》，新世界出版社，2008年，第459-460页。

从“敦煌组”到“敦煌学研究中心”

——中国社会科学院历史研究所[①]的敦煌学研究

黄正建（中国社会科学院古代史研究所、中国社会科学院敦煌学研究中心）

【摘要】本文分四个方面回顾了历史所的敦煌学研究。一是《敦煌资料》的编辑，指出向达也指导了这项工作。二是历史所积极参与中国敦煌吐鲁番学会成立的筹备工作，指出社科院是赞助单位，历史所是发起单位。三是回顾了历史所内从“敦煌组”到“敦煌学研究中心”的发展过程，特别指出了其在编辑出版《中国敦煌吐鲁番学著述资料目录》和《英藏敦煌文献》中所起的作用。四是介绍了历史所学者建立“中国古文书学”的努力，指出这也是对敦煌吐鲁番文书研究的一个贡献。

【关键词】历史所　敦煌学　社科院　中国敦煌吐鲁番学会　中国古文书学

今年是中国敦煌吐鲁番学会成立40周年，是一个值得庆祝的日子。敦煌学、吐鲁番学在这40年间取得了长足进步，中国在世界范围内的敦煌吐鲁番学研究方面，从参与者变成了引领者。

在敦煌吐鲁番学会成立之前，中国社会科学院实际承担了组织协调各地敦煌吐鲁番学研究的职责，其中历史所也起到了很大作用。

历史所从20世纪50年代开始就有敦煌学研究的传统。中国社会科学院的敦煌学研究虽然后来分布在文学所、宗教所、语言所、边疆所、经济所等研究所，但无论从研究历史、研究人员，还是从研究成果以及在敦煌学领域的贡献看，都以历史所为中心。由于笔者工作在历史所，对历史所情况比较了解，因此，本文拟从几个相关方面入手，结合与敦

① 历史研究所从2019年改名为“古代史研究所”。由于本文涉及很多过去的事情和人物，因此，仍称其为“历史研究所”，简称“历史所”。又，为节省篇幅，以下叙述凡涉及人名时均省略敬称，还请谅解。

煌吐鲁番学会成立的关系，介绍历史所敦煌学研究的一些侧面情况。

2011年4月，为总结中国社会科学院的敦煌学研究，我们[①]召开了“中国社会科学院国学研究论坛暨中国社会科学院敦煌学研究回顾与前瞻学术研讨会”，承蒙敦煌学界在北京的各位专家学者捧场[②]，会议开得很成功。会后出版了《中国社会科学院敦煌学回顾与前瞻学术研讨会论文集》[③]。论文集中收入了几篇总结回忆社科院和历史所敦煌学研究的文章，分别为：武寅（黄正建起草）《2011年中国社会科学院国学研究论坛开幕式讲话》，内容涉及中国社会科学院在中国敦煌吐鲁番学会成立前后所起的作用；黄正建《中国社会科学院敦煌学研究的回顾与前瞻》，涉及学者在社科院各研究所的分布、敦煌资料的整理和目录索引，以及各所的研究成果；陶罗生《中国社会科学院与敦煌学研究》，分20世纪五六十年代、七八十年代、九十年代到21世纪的前十年，详细论述了社科院的敦煌学研究，并指出这些研究具有“起点高、多学科结合、阵容强大，从整理资料开始、学风扎实”等特点；杨宝玉《建院三十余年来历史研究所的敦煌学研究》，宏观介绍了1978年以来历史所的敦煌学研究[④]。此后，杨宝玉在2014年又撰写了《历史研究所的敦煌学研究》，分“建所伊始即着手展开的敦煌学研究”“中国社会科学院建院至80年代后期”“《英藏敦煌文献》项目启动后至90年代后期”“院敦煌学研究中心成立并挂靠历史所后至今”等几方面，详细回顾了历史所建所60年来的敦煌学研究状况[⑤]。这些文章比较全面地总结了2014年以前中国社会科学院（含历史所）的敦煌学研究从组织建设到学术成果等各方面状况，可供大家阅读参考。

本文打算在以上文章的基础上，对中国社会科学院历史所敦煌学研究的若干问题再做进一步梳理，以纪念中国敦煌吐鲁番学会成立40周年。

一、《敦煌资料》的编辑

1961年，中国科学院历史研究所资料室选编的《敦煌资料》（第一辑）由中华书局出版，出版后产生了较大影响。宋家钰在回忆此事时写道：

> 1954年，历史研究所前身——历史一所、二所成立，陈垣任二所所长，侯外庐、向达任副所长，阴法鲁任学术秘书。同年，大英博物馆图书馆在日本学者榎一雄教授的协助下，首先采用先进的缩微技术，将馆藏6000余号敦煌文献拍成缩微胶卷，在全世界公布、发行……随后中国科学院图书馆购到这批缩微胶卷，历史所从该馆获得拷贝片，成为国内最早拥有这批缩微胶卷的研究单位。以后在向达、王

① 虽标明是“中国社会科学院文史哲学部主办，学部工作局、历史研究所、敦煌学研究中心承办”，但实际会务工作均由历史所研究人员承担。

② 除80余岁的唐耕耦、王尧亲自与会外，时任中国敦煌吐鲁番学会会长的郝春文，副会长荣新江，秘书长柴剑虹，常务理事邓文宽、方广锠、贺燕云、刘屹、王素、赵和平均拨冗与会，理事与会员参会者更多，就连已经淡出敦煌学界的徐庆全、郭锋等也前来参会。

③ 黄正建主编《中国社会科学院敦煌学回顾与前瞻学术研讨会论文集》，上海古籍出版社，2012年。

④ 杨宝玉：《建院三十余年来历史研究所的敦煌学研究》，载《中国社会科学院敦煌学回顾与前瞻学术研讨会论文集》，第1–27页。

⑤ 中国社会科学院历史研究所编《求真务实六十载：历史研究所同仁述往》，中国社会科学出版社，2014年，第170–178页。

重民、贺昌群等先生的策划、支持下，决定利用这批胶卷和解放前北京图书馆在巴黎、伦敦拍摄的部分照片，以及向、王等先生昔年在英法所作的录文，编辑一套以敦煌社会文书为主的《敦煌资料》。当年负责主管这个项目的是阴法鲁先生，负责文书校录的是那向芹、虞明英。《敦煌资料》第一、二辑是以社会经济文书为主，第一辑于1961年由中华书局出版，第二辑完成初编工作。《敦煌资料》第一辑出版后，立即引起日本学者的极大重视。1963年3月，日本大安出版社迅即出版了《敦煌资料》第一辑的影印本；次月，日本著名学者仁井田陞发表了评价文章《关于〈敦煌资料〉第一辑及其具有的意义》。1965年，池田温更在《东洋学报》上发表了长达20页的书评《〈敦煌资料〉第一辑》。他们在肯定本书的重要意义的同时，也指出录文存在的诸多错误。非常可惜的是，这项当时在国际敦煌学中充分表现了中国学者的远见卓识和极具开创性的工作，却因国内搞各种“运动”，尤其是“文化大革命”而完全中断。池田温教授就是在《敦煌资料》第一辑的启迪下，于1979年出版了他精细校勘、影响很大的《中国古代籍帐[①]研究》一书。他在该书《序章》中说：“笔者的籍帐录文，就是继承了《敦煌资料》的意图，以提供在现阶段足以凭信的原文作为目标的。”[②]

宋家钰在文中所说编辑出版《敦煌资料》第一辑是一项“当时在国际敦煌学中充分表现了中国学者的远见卓识和极具开创性的工作”，是对历史所20世纪60年代为敦煌学研究所做出贡献的高度评价。笔者在前述《中国社会科学院敦煌学研究的回顾和前瞻》中也指出了《敦煌资料》第一辑的历史贡献：

《敦煌资料》（第一辑）所辑资料分户籍、名籍、地亩、僧尼名牒、契约共五大类，资料出处13种，不仅包括国图藏、英藏、法藏敦煌文献，还包括吐鲁番文书、大谷文书等，内容在当时来说十分丰富。郝春文在《二十世纪敦煌文献与历史研究的回顾与展望》中说：“在池田温《中国古代籍帐研究》传入我国之前，它一直是许多史学工作者利用敦煌文献的重要史料来源。”[③]实际上，由于池田温《中国古代籍帐研究》只收籍帐，因此直到20世纪90年代，《敦煌资料》（第一辑）依然是学者利用敦煌文献的重要史料来源，如刘俊文《敦煌吐鲁番法制文书考释》（1989年）、李伯重《唐代江南农业的发展》（1990年）均引用了《敦煌资料》中的文书。甚至直到1999年，有学者撰写《敦煌七十四件买卖、借贷契约考述》还以《敦煌资料》（第一辑）中的契约文书为全部研究对象[④]。《敦煌资料》（第一辑）虽然有许多不足，但对中国敦煌学研究的贡献还是很大的。[⑤]

《敦煌资料》第一辑的选编校录者是谁？前述宋家钰文章，明确说“当年主管这个项目的是阴法鲁先生，负责文书校录的是那向芹、虞明英”。实际校录者是那向芹、虞明英，这

① “帐”原作“账”，当为排版时的笔误。下同。

② 宋家钰：《〈英藏敦煌文献〉编辑、出版始末》，载中国社会科学院历史研究所编《求真务实五十载：历史研究所同仁述往》，中国社会科学出版社，2004年，第464–465页。

③ 郝春文：《二十世纪的敦煌学》，上海古籍出版社，2006年，第86页。

④ 刘斌：《敦煌七十四件买卖、借贷契约考述》，载《中国古代法律文献研究》第1辑，巴蜀书社，1999年。

⑤ 黄正建：《中国社会科学院敦煌学研究的回顾与前瞻》，载《中国社会科学院敦煌学研究回顾与前瞻学术研讨会论文集》，第5–6页。

没有问题，但是主持和指导是阴法鲁吗？

历史所研究员何龄修在回忆向达时写道：

> 历史研究所年轻研究人员那向芹、虞明英编辑《敦煌资料》第一辑，于1961年9月出版……向先生是敦煌学权威。据那向芹女士回忆，书中使用了向先生、王重民先生在欧洲考察期间抄录和拍摄回来的资料，向先生和贺昌群先生具体指导过这次整理、编辑。出版时这些情况无疑都应有所交代、说明。历史研究所曾有信给向先生，可能是就署名、写说明等问题征求意见。我手头保存一封向先生写于1月26日的复信，年份不明。信中说：“廿四日函奉悉。关于‘敦煌资料’，我没有出过什么力。请将我除去不论，是为至感。此致历史研究所。向达一月廿六。”历史所建议什么，就什么问题征求意见，不见原信，不能确知。向先生复函不同意提到他的名字，“请将我除去不论”。我分析，向先生虽做过指导，但不是始终参加的，没有深入全书内容。他对这本书的质量没有认可的把握，于是不署名，编得好时不沾其光，编得不好时不任其咎，体现了科学家实事求是的态度。[①]

由何龄修保存的这封向达复函，可知向达确实参与了对《敦煌资料》第一辑的指导，至于“除去不论”中“除去”的是什么，就不清楚了。查《敦煌资料》第一辑，在“前言”中写道：

> 这第一辑《敦煌资料》，是在全国“大跃进”期间，历史研究所的一部分青年史学工作者研究这部分资料的开端，还是一个尝试，由于对于中国中世纪史以及对于敦煌资料的知识都是不够的，虽然已经尽了力量，查对原件，翻阅有关参考书籍，并且向一些过去研究过这项资料的老专家请教，但错误一定难免。希望读者多提意见，多加批评，使它可以得到改正的机会。
>
> 中国科学院历史研究所资料室
>
> 一九六〇年二月二十七日[②]

从这个前言看，向达的复函应该写于1960年1月26日，除去的应该是前言中所言“老专家”的名字。大概除了向达外，贺昌群的名字也除去了。

关于《敦煌资料》第一辑究竟是阴法鲁还是贺昌群指导的问题，我请教过曾任历史所所长的林甘泉。他的回答是：主持选编工作的是阴法鲁，业务指导是贺昌群。所以杨宝玉在前述文章中就直接写作“在贺昌群、阴法鲁等先生的具体指导下”[③]，这个“等先生”中应该还包括向达先生。

二、积极参与中国敦煌吐鲁番学会成立的筹备工作

中国社会科学院特别是历史所，是中国敦煌吐鲁番学会成立的发起单位之一。关于中国社会科学院在中国敦煌吐鲁番学会成立前后的参与情况，我在前述给武寅副院长起草的开幕

① 何龄修：《有关向觉明（达）师二三事》，载沙知编《向达学记》，生活·读书·新知三联书店，2010年，第227页。

② 中国科学院历史研究所资料室编《敦煌资料》第1辑《前言》，中华书局，1961年，第4-5页。

③ 杨宝玉：《历史研究所的敦煌学研究》，载中国社会科学院历史研究所编《求真务实六十载：历史研究所同仁述往》，中国社会科学出版社，2014年，第170页。

词中写道：

> 早在1978年、1979年，国内的敦煌学家们就看重中国社会科学院的全国性组织、领导学术的地位，希望中国社会科学院能在这方面发挥作用。1978年9月，敦煌吐鲁番学专家、武汉大学教授唐长孺等8人建议成立敦煌吐鲁番文书研究中心，由中国社会科学院历史研究所、文物局来领导。同年9月，敦煌文物研究所的萧默、马世长建议将敦煌文物研究所改为石窟研究所，或纳入中国社会科学院宗教研究所。1979年7月，全国人大五届二次会议上，敦煌文物研究所所长常书鸿提案，由中国社会科学院组建石窟艺术研究中心，培养敦煌学接班人。这些建议或提案都反映了当时的学者急迫希望建立全国性的敦煌吐鲁番学研究机构，并希望中国社会科学院在其中发挥组织和领导作用。

1982年，中国敦煌吐鲁番学会开始筹备。1982年6月，教育部派人与时任中国社会科学院副院长、党组第一书记的梅益，以及历史研究所副所长、分党组书记的梁寒冰等同志联系，商谈此事，得到社科院和历史所的积极支持与赞助。同年7月，在北京大学召开了中国敦煌吐鲁番学会第一次筹备会议，参加者19人，中国社会科学院的刘忠、王笑同志出席会议。会议确定了发起单位11个，历史研究所是其中之一；确定了赞助单位3个，中国社会科学院是其中之一。会议还成立了秘书组，历史所派专人参加。成立大会的经费，决定由中国社会科学院和教育部等赞助单位解决。

1983年5月，中国敦煌吐鲁番学会第二次筹备会议召开，发起单位代表共21人参加，中国社会科学院历史研究所的卢善焕同志参加了会议。会议再次落实了成立大会期间的会务费由中国社会科学院及教育部筹集，其中大部分由中国社会科学院拨付，小部分由教育部承担。

1983年8月，中国敦煌吐鲁番学会在兰州隆重成立。中国社会科学院参加会议的有历史所唐耕耦、吴焯、耿昇、那向芹、袁行云5人①，宗教所任继愈、张新鹰2人，文学所张锡厚，南亚所方广锠，民族所白滨，院科研办公室刘金印等，共11人，是参会机构中人数最多的。历史所马雍、唐耕耦，文学所张锡厚在这次大会上被选为学会理事②。

这里提到社科院在中国敦煌吐鲁番学会成立前的作用主要有三点：一是院领导大力支持；二是参加了筹备工作；三是拿出了经费赞助。学会成立后，1983年10月③，常书鸿等22位专家（包括社科院的任继愈、唐耕耦、张锡厚）给中央领导写信，申请基金，其中提到“在全国‘社联’没有成立前，这笔基金建议由中国社会科学院或教育部代管”④。关于学会挂靠问题，1983年11月4日，教育部请示报告称“社会科学的学会，一般应由中国社会科学院或‘社联’归口管理。我们建议在‘社联’未成立之前，敦煌吐鲁番学会可挂靠中国社会科学院或教育部”，即当时有两种挂靠方案，结果“学会领导人表示……希望挂靠于教育

① 参加人员，均据《中国敦煌吐鲁番学会成立大会1983年全国敦煌学术讨论会会刊》所附“会议代表名单”。

② 武寅：《2011年中国社会科学院国学研究论坛开幕式讲话》，载《中国社会科学院敦煌学回顾与前瞻学术研讨会论文集》，第2-3页。

③ 据刘进宝所说，10月是修改后上呈的时间，信的初稿和签名时间应该是在8月。

④ 以下所引文件内容，均见《中国敦煌吐鲁番学会成立大会 一九八三年全国敦煌学术讨论会会刊》。

部”。11月11日，中宣部下文“同意中国敦煌吐鲁番学会挂靠于教育部”。自此，中国社会科学院与学会在组织或行政上就不再有直接关系了。但在学术上，社科院的学者仍积极参与了学会成立初期的工作。例如，在1984年6月21—22日召开的学会常务理事会（扩大）会议上，参会的学会在京顾问共10人，其中4人为社科院学者，即夏鼐（考古所）、王静如（民族所）、任继愈（宗教所）、张政烺（历史所）。会议聘请的24位学术委员中，也有4位社科院专家，即张政烺（文献目录组）、徐苹芳（考古组）、张锡厚（语言文学组）、任继愈（宗教组）[①]。

以上是从整个社科院的角度进行的阐述，而就学会的筹备来说，实际上真正参与筹备工作的主要是历史所。前述“敦煌吐鲁番学专家、武汉大学教授唐长孺等8人建议成立敦煌吐鲁番文书研究中心，由中国社会科学院历史研究所、文物局来领导”，就是直接说希望历史所等单位来领导这个中心。1982年4月15日，高教一司在给教育部党组所写《关于发展敦煌学的建议》中列举国内现有学术力量分布情况时，提到“中国社会科学院系统，有历史所的张政烺[②]、唐耕耦等学者”。社科院学者只提了历史所，可见对历史所敦煌学研究的重视。当然，这个“学术力量分布情况”的列举是不完全的。

1982年6月，教育部组织并筹备学会成立事宜，在与部分学者座谈酝酿的同时，还派人与中国社会科学院梅益同志，国家文物局孙轶青同志、历史研究所梁寒冰同志及中国艺术研究院苏一萍同志联系，取得了他们的赞助。这里将社科院和历史所分开，特别强调联系了历史所的副所长、分党组书记梁寒冰，可能说明社科院主要是经费支持，历史所主要是学术支持。文中同样没有涉及其他研究所。

1982年7月2—3日，学会筹备会议在北京大学召开，参加者19人，包括中国社会科学院刘忠、王笑。王笑是院部机关成员[③]，而刘忠则时任历史所科研处处长，其本人也是敦煌藏文文书研究专家。可见参加第一次筹备会议的除院部人员外，只有历史所学者。《筹备会议纪要》还说：“参加筹备会议的北京大学、社会科学院历史研究所、国家文物局古文献研究室、文化部艺术研究院、敦煌文物研究所、中国佛教协会、中国人民大学、北京师范学院、武汉大学、兰州大学、西北师范学院为发起单位，由北京大学牵头。”这里明确说历史所是发起单位而不涉及社科院其他所。该《纪要》又说，“教育部、中国社会科学院、文化部文物局为赞助单位”，将社科院列为赞助单位；“由北京大学中国古史[④]研究中心、社会科学院历史研究所、文物局古文献研究室、中国人民大学历史系、北京师范大学历史系、西北师范学院历史系指定专人成立秘书组，负责成立大会的具体筹备工作”，明确了历史所应参与具体的筹备工作。

1982年7月19日，教育部在向中宣部所写的《关于成立敦煌吐鲁番学会的请示报告》中说：“我国研究敦煌、吐鲁番的力量比较分散，隶属于各个部门，除文物局所属敦煌文物研

① 参见中国敦煌吐鲁番学会秘书处编《中国敦煌吐鲁番学会研究通讯》1984年第2期，第14、16页。

② 这里之所以提到张政烺，不仅因为张政烺从1980年前后就在历史所承担了敦煌文书的研究课题（详后），而且可能还因为“1982年，由国家文物局古文献研究室发起，组织一批敦煌学者编辑、校勘《敦煌古文献》，次年它被批准正式列入‘六五’期间国家哲学社会科学重点研究项目”，张政烺、马雍和宋家钰“应邀参加编委会”的缘故。参见宋家钰：《〈英藏敦煌文献〉编辑、出版始末》，第465页。

③ 其具体在哪个部门工作，尚未查证。

④ “古史”或当为“古代史”。

究所和社会科学院历史所外，文书研究方面主要在高等学校。”报告提到社科院研究敦煌学的力量，只提了历史所。报告还说：“我们约请了北大、人大、北师院、历史研究所、文物局文献研究室、文学艺术研究院、兰州大学、西北师院等单位的同志，商讨发起成立敦煌、吐鲁番学会筹备事宜。”其中社科院也只约请了历史所的学者。

1983年5月18—20日，学会第二次筹备会在北大召开，参加者21人，包括中国社会科学院历史研究所卢善焕。卢善焕当时在历史所敦煌组，是研究敦煌文学及杂文书的专家，特别在编辑敦煌吐鲁番研究论著目录方面有重要贡献（详后）。由此可见，参加第二次筹备会的也只有历史所的学者。

由此我们说，中国敦煌吐鲁番学会成立前后，中国社会科学院在前期的协调组织和会议经费上有所参与，而实际参与者主要是历史所的领导、科研处以及专家学者。所以学会第一次筹备会议将中国社会科学院定义为“赞助单位”，而将历史所定义为“发起单位”。

近日，我在历史所保存的档案中查到一些信息，也可以作为社科院特别是历史所曾组织统筹全国敦煌吐鲁番研究，以及自身从事相关课题的证据：

第一，1978年11月，历史所牵头制定了《1978—1985年历史学（中国古代史部分）发展规划》（初稿是5月）。其中提到“为加强对新发现的重要史料的整理和研究，建议1979年内成立下列出土文物的研究中心：秦汉简牍整理和研究中心、古文字研究中心、敦煌吐鲁番文书整理和研究中心。”可见历史所在1978年5月就已经提出了要建立一个全国性①的敦煌吐鲁番文书整理和研究中心，并在1979年内建成。这一规划或与1978年9月唐长孺等8位专家呼吁成立敦煌吐鲁番研究中心有一定关系。该《规划》中又提出“三至八年内，组织全国有关单位协作，陆续整理出版如下重要资料和工具书（有的项目是正着手准备整理和出版）”。这些项目其中包括《敦煌吐鲁番古代文书汇编》与《吐鲁番出土文书》。可见1978年历史所还发挥着组织全国各单位协作整理研究敦煌吐鲁番文书的作用。

第二，在《历史研究所1980年科研计划项目表》中，“古文字古文献室”所列项目有“《敦煌资料整理和研究》”，作者是“室内部分同志”；“编译室、资料室”所列项目中有“《敦煌学译文集》第二辑”，作者是“编译室与外单位合作”。可知在1980年，对敦煌资料的整理和研究以及译介国外研究成果已经被历史所提上日程并付诸实施了。

第三，同样在1980年5月，历史所编制了《五年研究计划和十年研究设想》，其中“文献室”所列计划有“敦煌文书研究”，成果形式是“论文集、专著”，负责人是张政烺。

第四，到1981年历史所制定的《1981年科研计划项目表》，在“所重点项目”一栏中列有“敦煌学”，计划1981—1985年完成，负责部门是古文献室，负责人应该还是张政烺，参加人有“黄振华等”；还有一项是“《敦煌资料契约》”，计划1981年完成，负责人是唐长孺，参加人是唐耕耦。这个项目可能是想作为《敦煌资料》的一个续集编辑出版的。

第五，再到1983年7月，由全国哲学社会科学规划领导小组公布的《哲学社会科学“六五”期间国家重点项目》“中国古代史·思想文化史研究”部分，列有：②敦煌文书整理研究（汉文部分、大型资料），负责人是张政烺、周绍良，承担单位是中国社会科学院历史所、中国佛教协会图书文物馆、北京大学历史系及中文系、北京师院历史系、中国人民大学历史

①在5月份的草稿中写道“由国家文物局文献研究室、新疆博物馆、武汉大学、历史研究所等单位协作”，后被删除。

系、北京图书馆、敦煌文物研究所，完成日期写明“1983—1985年底编十本图版本，其中一部分包括录文与校释”“1990年全部完成”；③吐鲁番文书整理研究（大型资料），负责人是唐长孺，承担单位是武汉大学历史系、国家文物局文献研究室、新疆维吾尔自治区博物馆，“1985年十册全部定稿出版”“1990年前完成补编即索引等项工作”。

由这些档案资料可知，在敦煌吐鲁番学会成立之前，历史所不仅一直在进行敦煌吐鲁番文书的整理和研究，而且参与了自1978年以来多种发展规划的制定，其中就有要建立研究中心、要出版大型文书资料、要编辑《敦煌资料》专辑、要编译敦煌学译文集等。这些工作为敦煌吐鲁番学会的成立奠定了一定基础。

以上就是社科院特别是历史所的敦煌学者积极参与学会成立前后所做工作的概况。

三、从“敦煌组”到“敦煌学研究中心”

如上所述，历史所有研究敦煌学的传统，但并没有建立相关组织机构。前述何龄修的回忆文章，其在提到编辑《敦煌资料》的背景时写道：“据说，此前历史研究所兼职研究员唐长孺先生，曾建议历史研究所设立敦煌学研究室或研究中心，没有得到响应、采纳，只搞起一个编辑资料的项目，其结果就是编成此书。”①如前所述，1978年，唐长孺等8位先生曾建议成立敦煌吐鲁番文书研究中心，由中国社会科学院历史研究所、文物局来领导，但时间晚于何龄修所言此事的时间段，研究中心也是全国性的。因此，到底20世纪五六十年代（即《敦煌资料》编辑之前），唐长孺是否有在历史所设立敦煌学研究室的建议，现在不能确定。

1977年，中国社会科学院成立，随后不久，历史所就成立了一个敦煌小组。前述宋家钰在回忆文章中写道：“1982年，由国家文物局古文献研究室发起，组织一批敦煌学者编辑、校勘《敦煌古文献》，次年它被批准正式列入‘六五’期间国家哲学社会科学重点研究项目……与此同时，在我院、所领导的支持下，历史所也组建了敦煌研究组。”②似乎历史所的敦煌组是1982或1983年成立的。其实不然。历史所的敦煌组成立于1981年。

中国敦煌吐鲁番学会成立后，学会秘书处开始编辑发行《中国敦煌吐鲁番学会研究通讯》。该《通讯》的一个栏目是“国内敦煌吐鲁番学研究机构及其工作情况简介”③，其中1984年第3期（1984年12月）刊登了我撰写的《中国社会科学院历史所敦煌小组》的介绍文章，全文如下：

> 历史所敦煌小组成立于1981年，最初设在古文字古文献研究室，后转归隋唐室领导，现有成员七人，均为兼职。小组负责人唐耕耦。几年来做了如下一些工作：
>
> （一）收集资料。敦煌小组成立后，接受本院科研办委托，为院图书资料中心（即后来的院图书馆——笔者按）陆续购买了法国巴黎国立图书馆和北京图书馆藏

①何龄修：《有关向觉明（达）师二三事》，载沙知编《向达学记》，第227页。

②宋家钰：《〈英藏敦煌文献〉编辑、出版始末》，载中国社会科学院历史研究所编《求真务实五十载：历史研究所同仁述往》，中国社会科学出版社，2004年，第465页。

③这个栏目前几期介绍的研究机构顺序如下：北京图书馆、北京大学中国中古史研究中心敦煌吐鲁番文献研究室（第1期），文化部文物局古文献研究室、中央民族学院（第2期），中国社会科学院历史所敦煌小组、西北师范学院敦煌学研究所（第3期）。

敦煌文献的全部缩微胶卷，加上原有的英国不列颠博物馆藏敦煌文献胶卷，现共有缩微胶卷四百八十余盒。与此同时，敦煌小组打算将所存的全部缩微胶卷洗印放大为照片。现在，英国藏敦煌文献胶卷已洗放完毕，法国藏敦煌文献胶卷正在洗印中。

（二）编辑资料。敦煌小组成立后即开始修订历史所1960年编辑（1961年出版）的《敦煌资料》第一辑。修订工作已于1983年6月完毕，不久将出版。现在，由那向芹负责，正继续编辑《敦煌资料》第二辑。

（三）编写目录。敦煌小组成立后，即开始编写敦煌学研究论著目录和敦煌卷子解说目录。前一目录已完成了《国内解放以前的敦煌学研究论著目录》、《建国至1981年目录》（此系简称，下同）、《1982年目录》、《1983年目录》、《港台目录》共五部分，并将继续编写1984年目录。后一目录是关于敦煌小组现有的敦煌文献照片，也就是敦煌卷子的详细目录，拟分五卷发表，内容包括盒号、分号、卷子名称、照片张数、卷子内容（起始句和结尾句）等项，力求详尽实用。

（四）介绍动态和进行研究。敦煌小组成立后，对国内外研究敦煌学的情况做了些介绍，其成果集中发表于1981年第9期《中国史研究动态》上。关于研究情况，敦煌小组成员研究敦煌学的成果散见于国内外一些杂志，其研究范围主要是社会经济、敦煌历史、少数民族文字历史等方面。目前，这一工作进行得很不够。

（五）今后打算。敦煌小组打算在今后，一方面继续收集资料、介绍动态、编写目录、编辑（译）专题研究的资料和论文集；另一方面继续进行敦煌学方面的研究，并逐步把重点转移到研究上来。

对以上介绍，做一点补充说明。成立敦煌组时，历史所设有古文字古文献研究室，主任张政烺、副主任李学勤，其中含有两个非实体的组：“《图谱》组”①和“敦煌组”。两个组的成员多是兼职。以敦煌组为例，当时的成员有七人，除卢善焕、那向芹、师勤②和笔者在文献室外，唐耕耦在魏晋南北朝隋唐史研究室、黄振华在元史研究室、耿昇在编译室③。古文字古文献室撤销后，敦煌组就挂靠在魏晋南北朝隋唐史研究室，主任为黄烈。

敦煌组的负责人是唐耕耦。师勤在回忆她被召入敦煌组的文章里说“敦煌组的负责人唐耕耦、黄振华先生邀我参加敦煌资料的整理工作”④，则黄振华可能也负有一定责任。

我1981年研究生毕业分配到历史所古文献室，同时参加了《图谱》组和敦煌组。由于当时我在前者没有具体任务，所以工作重点在敦煌组。当时敦煌组的主要工作之一就是前面介绍中所说的将全部缩微胶卷洗印放大为照片。这种照片大约25厘米×15厘米大小，按号洗印放大排序，若干号放在一个牛皮纸袋中，再将牛皮纸袋有序排列，放置在特制的书架上。学者只要按号检索，就能查阅到相应的敦煌文书，省去了在阅读器下摇胶卷的艰辛。这是缩微胶卷时代非常有实用价值的一项工作，社科院对这项工作十分支持，据宋家钰说：“院部

① 《图谱》组系为编撰出版《中国古代历史文物图谱》而成立。我后来主编其中的《隋唐五代卷》。全套书历经沧桑，终于35年后的2016年12月出版。

② 师勤同时在《图谱》组和敦煌组承担资料整理工作。

③ 耿昇是否为敦煌组正式成员，不能确定。当时编译室还有姜镇庆也从事敦煌学文献的翻译工作，但他不是敦煌组成员。

④ 师勤：《回忆整理敦煌文献的几项工作》，《中国社会科学院敦煌学回顾与前瞻学术研讨会论文集》，第29页。

特拨近20万元巨款，用于购置法国、北图缩微胶卷和洗印几十万张照片。”[①]宋家钰的说法不知根据何在，不过在历史所档案中，倒是有一个院部拨款的文件，即1983年7月25日社科院文件“历史研究所：七月十二日函悉。同意从重点项目经费中拨款三万二千元用以复制敦煌文献。凭此通知向院财务处领取”。

当时古文献研究室有两间办公室。一间是张政烺、李学勤、袁行云、卢善焕等的办公室。另一间办公室只有我和那向芹[②]，房间的大部分空间都被书架和上面的照片纸袋占据了。我在敦煌组的最初几年，主要就是协助唐耕耦从事这项工作，包括联系照片洗印事宜，收取洗印好的照片，将照片分装上架等。例如，我当年日记中就有这样的记载：

> 1983年8月9日：“被唐耕耦派了趟差，到北图拉照片，回来已近12点。”1984年5月11日：“中午和唐耕耦一起去北图送胶卷。”7月13日：“上午与国防科委复印情报公司的尹同志谈北京（图）藏敦煌胶卷的翻印问题。”7月20日：“复印公司尹同志来，送他走后，接收P（指法藏文书）照片十几盒，到中午。”7月24日：“联系到北图去（取）胶卷的车，打了一个小时电话也没要成……北京的出租车实在太糟糕。”7月31日：“上午忙着接收北京照相机厂送来的P负片和照片。”9月4日：“北照送片子的孙科长又来了，连收片子带聊天过了一上午。”9月18日：“北照孙科长又来送片子。”12月21日：“上午就敦煌胶片事折腾一通。唐（耕耦）拉着我，实际是在经济上拉一个保证人……于是和他一起到九爷府情报复制公司去取负片，然后去和平里交款，再回来提货（只提了正片）。司机搞核算[③]，这一趟花了19元3角。唐本想请司机吃饭，一看这样也就算了。”1985年10月4日：“敦煌组开会讨论整理照片之事。”10月18日：“去所里整理照片。”10月25日：“去所里继续清查照片。”

这批洗印放大出来的照片，后来成为唐耕耦编撰《敦煌社会经济文献真迹释录》的基本资料来源之一[④]，也算没有白费力气，为敦煌资料的刊布间接做了一点贡献。

由于种种原因，到1985年，唐耕耦不再负责敦煌组，1985年6月21日，所里任命宋家钰为敦煌组组长，当时的正式名称是“敦煌文书研究课题组”（出自档案）。唐耕耦、黄振华在1986年先后离开敦煌组并离开历史所，吴丽娱则于1985年北大毕业后进入敦煌组。宋家钰担任敦煌组组长后，敦煌组虽然挂靠在魏晋南北朝隋唐史研究室，但独立性相对较强。宋家钰不希望敦煌组成员兼职，希望专一，考虑再三，我和吴丽娱于1988年1月退出敦煌组，回归魏晋南北朝隋唐史研究室。刘忠从科研处处长离任后进入敦煌组，杨宝玉1989年自北大毕业进入敦煌组，张弓1991年从副所长离任后进入敦煌组，到1989年刘忠退休、1995年宋家钰退休、1998年张弓退休后，敦煌组唯一的成员杨宝玉回到隋唐宋辽金元史研究室[⑤]，敦煌组实际已名存实亡。同年，张弓联合宗教所方广锠向院里申请成立社科院敦煌学研究中

① 宋家钰：《〈英藏敦煌文献〉编辑、出版始末》，载中国社会科学院历史研究所编《求真务实五十载：历史研究所同仁述往》，中国社会科学出版社，2004年，第465页。

② 师勤与其他人另有一间办公室，处理有关《图谱》的资料。

③ 这次是向院部申请要的车，而院部的车也是要收钱的。

④ 所以唐耕耦在《敦煌社会经济文献真迹释录》第1辑《前言》中所写的致谢名单，首先感谢的就是“中国社会科学院历史研究所”。

⑤ 1991年，魏晋南北朝隋唐史研究室一分为二，魏晋南北朝与秦汉合为一室，隋唐与宋辽金元合为一室。

心，6月25日院部下文批复同意（出自档案），于是，“中国社会科学院敦煌学研究中心”就于1998年成立。院敦煌学研究中心的成立，不仅是历史所敦煌组的延续，也是扩大；不仅包括历史所以前不在敦煌组但从事敦煌学研究的同事，也包括其他各所从事敦煌学研究的同仁。从此，社科院各所的敦煌学学者有了一个统一的组织（成立当初，院内有研究人员25人，还有特约研究员7人，即马继兴、王尧、王素、邓文宽、赵和平、郝春文、荣新江）。中心首任主任是张弓，副主任方广锠、李锦绣。第二任主任是黄正建、副主任杨宝玉。第三任主任是雷闻，副主任杨宝玉、刘子凡。现在因为雷闻调离，敦煌学研究中心日常事务具体由刘子凡负责。

从历史所敦煌组到社科院敦煌学研究中心，社科院特别是历史所的敦煌学者在资料整理以及相关研究方面取得了很大成绩。2011年以前社科院敦煌学的研究状况和2014年以前历史所敦煌学的研究状况，可参看前述黄正建《中国社会科学院敦煌学研究的回顾与前瞻》、陶罗生《中国社会科学院与敦煌学研究》、杨宝玉《建院三十余年来历史研究所的敦煌学研究》和《历史研究所的敦煌学研究》。在这些文章介绍的成果中，本文想特别提出历史所敦煌学者在资料整理方面所做的两大贡献。

其一，20世纪80年代初，历史所敦煌组的师勤（与卢善焕合作）就开始编辑敦煌学论著研究目录[①]，在学会《通讯》出版之前已经编辑刊发了两期，《通讯》出版后，每期目录就在《通讯》上连续发表。这项工作是开创性的，给当时的敦煌学者查找研究论著和了解敦煌学学术史创造了极大便利，也为以后此类目录的编纂提供了借鉴。后来，这些分期发表的目录结集为《中国敦煌吐鲁番学著述资料目录索引（1909—1984）》及其《续编（1985—1990）》，分别于1985年和1990年印刷，发行后广受好评[②]。对于编辑目录索引的辛苦，师勤在回忆文章中写道：

> 现在想起最苦的事，莫过于抄稿子。《目录索引》《续编》两书合起来，有几十万字，尤其《续编》的稿子是我一人抄写的，最后手指肿痛得不能拿笔。因我不要稿费，也不能请人帮忙，必须靠自己的双手来完成。《续编》最后的“编目引用书刊报纸一览表”的整理也费了很大周折，近三千张卡片的整理工作几乎都是在家中完成的，老伴、女儿、儿子齐上阵，给我帮了大忙[③]。

在纪念敦煌学研究几十年的发展历程时，不能忘记那些敦煌学发展初期付出辛勤劳动的开拓者以及他们所做的贡献。

其二，《英藏敦煌文献》的编辑出版，毋庸置疑是各相关单位和学者通力合作的结果，而历史所以及所内敦煌学者在其中做出了重要贡献[④]。这种贡献体现在以下几个方面：

一是项目的设立启动，始于历史所敦煌学者宋家钰和张弓1987年秋对英法的出访。正

---

① 以下论述，参见师勤《回忆整理敦煌文献的几项工作》，《中国社会科学院敦煌学回顾与前瞻学术研讨会论文集》，第31-32页。

② 师勤在回忆文章中写道：“有一次在社科院的大院中碰见了杨宝玉先生，她对我说，你们出的目录很有用，我天天都在使用，书已经用旧了。《目录索引》出版后，很多学者都来信要书。台湾一个单位，一次要买五十册。”载《回忆整理敦煌文献的几项工作》，第32页。

③ 师勤：《回忆整理敦煌文献的几项工作》，第32页。

④ 宋家钰：《〈英藏敦煌文献〉编辑、出版始末》，载中国社会科学院历史研究所编《求真务实五十载：历史研究所同仁述往》，中国社会科学出版社，2004年，第466-486页。

是二位学者得知有可能将英藏敦煌文献缩微胶卷中的社会文书全部重拍后，"感到无比兴奋，认为这是难得的机遇，绝对不能错过"（469页），从而改变原计划，克服了种种困难，带回来了"几代敦煌学人企盼的将全部重拍《英藏敦煌文献》中英合作项目"（467页）。

二是这个项目一直得到历史所的大力支持。1987年，宋家钰、张弓出访英法，利用的就是社科院与英法的学术交流协议，而正式批准则是1986年由历史所做出的（466页）。宋家钰、张弓在英法期间，提出改变原来计划，但担心"历史所领导是否同意参加这项事前未曾申报的国际合作项目"，结果是"所领导积极支持并同意参加这个项目"（469页）。项目开展后，一些事情也需要得到历史所的同意。例如，宋家钰在回忆文章中引用宁可1988年11月20日信中有言："几经商议，决定只拍一套黑白120片。这与在京商议的拍两套方案不同，请向所领导汇报。"（473页）1989年1月26日来信说："关于出版问题……大体定了下来。现将复印件寄去，请向绍良先生和历史所领导汇报。"（474页）在出版遇到困难时，"林甘泉所长也曾亲自出面帮助联系出版社"（476页），1988年3月1日，还"以历史所、编委会名义，正式向'古籍整理出版规划小组'组长李一氓同志呈送了一份报告，希望能拨款40万元"（477页）。最后，四川人民出版社愿意出版此书，也是历史所研究员周远廉介绍的结果（477页）。由此可见，历史所在这个项目中所起的作用。

三是除去在《英藏敦煌文献》的编辑定名等学术研究方面，历史所敦煌学者付出了相应努力外，在照片拍摄、整理、出版的过程中，历史所也付出了很大努力。宋家钰在回忆文章中说："赴英拍摄工作人员，经历史所领导与编委会磋商后，决定选派宁可教授和历史所的王㐨同志……以后又增派王亚蓉协助拍摄工作。"（472页）王㐨和王亚蓉曾是沈从文研究服饰史时的助手，有丰富的文物考古、文物拍摄、文物保护经验。他们的辛勤工作保证了敦煌文献照片拍摄的顺利。出版方面，为放大、清理、核对照片，1989年9月9日，宋家钰和杨宝玉、师勤携带胶片到达成都，后来宋家钰"于11月初返京参加编委会会议，杨、师二位则一直辛勤地工作到12月初……一共完成了7162张照片、8000张负片、6063张反转片的清理、登记工作"（480–481页）。

由于历史所付出了巨大的人力物力，所以英图方面规定，这套约一万张胶片由历史所保管①。胶片与英藏原卷有同等文物价值②。

关于王㐨、王亚蓉在英图的拍摄工作，宋家钰和张弓回忆道：

> 他们在英图的工作非常紧张和辛苦。英图一周只开馆五天，他们每天上午9时入馆，下午5时离馆，中午休息一小时用午餐，晚上冲洗胶卷。宁可需要查阅上万件文书，从中选出需要拍摄的非佛经文书，并做详细记录、登记，每10号为一组，交给王㐨他们拍摄……由于晚上冲洗胶卷太劳累，后改请英图摄影部代冲，才稍减他们的辛劳。英图中文部提供的拍摄场地是在书库内，为了安全，他们进去后就锁上门，要到中午或是下午闭馆时才能出来。③

---

① 宋家钰：《〈英藏敦煌文献〉编辑、出版始末》，载中国社会科学院历史研究所编《求真务实五十载：历史研究所同仁述往》，中国社会科学出版社，2004年，第479–480页。

② 张弓：《泪眼亲瞻怜落寞　暂接倩影慰故园——关于〈英藏敦煌文献〉的回忆》，《求真务实五十载：历史研究所同仁述往》，中国社会科学出版社，2004年，第497页。

③ 宋家钰：《〈英藏敦煌文献〉编辑、出版始末》，载中国社会科学院历史研究所编《求真务实五十载：历史研究所同仁述往》，中国社会科学出版社，2004年，第472–473页。

王抒是拍摄英藏最多的人。他白天在英图铺放宝卷、调机配光、精心拍摄，晚上在公寓连夜调制药液，把胶卷冲洗出来；效果不佳者，次日及时重拍。半年之内，拍黑白片7000张，彩照400多张。①

关于杨宝玉、师勤二位在成都的工作，师勤回忆道：

资料整理的工作地点在四川人民出版社内。出版社给我们在二楼安排了一间10平方米大的办公室，房间内放着一张桌子和一张床，供我们检查校对照片使用，从此开始了我们紧张繁忙的工作。每天桌上、床上放满了一沓一沓照片，为了互相查对，每天在这个小屋内要走好多圈。每天早上先去出版社的保险柜中取出照片，拎到我们的办公处，下午下班前再放回保险柜。我们天天似搬家一样，拎着沉甸甸的资料箱子上楼和下楼……在成都工作时，最让我们不安心的是住宿问题。那时各方面都不富裕，宋先生为了省钱，一直住在他妹妹家，我俩只好找最便宜的招待所……当时不知为什么，成都的招待所很紧张，只许住两天，第三天就得退房。我们在成都的三个月，经常像打游击一样，在出版社的周围换了好几个招待所。②

《英藏敦煌文献》出版后，广受好评，"国内外学术界普遍认为，本书编印精良，是最接近原件的图集，超过以往出版的敦煌文献图版"③。《英藏敦煌文献》的出版为敦煌文献大型图录的出版开了个好头，而历史所以及所内敦煌学者在此书编辑出版过程中所做的贡献是不能忽略的。

四、"中国古文书学"的提出

历史所的敦煌学者近年来还做了一项工作，就是联合所内其他学者提出并建立了"中国古文书学"学科。历史所有研究出土文献的传统，现有院级"甲骨文殷商史研究中心""简帛研究中心""敦煌学研究中心""徽学研究中心"四大中心。2010年，这些中心的一些年轻学者建议创建"古文书研究班"，采用定期聘请学者讲座和研读文书的方式，开展古文书学研究。古文书研究班的骨干学者除敦煌研究中心的陈丽萍、黄正建外，还有"简帛中心"的邬文玲、"徽学中心"的阿风，以及徐义华（甲骨文、金文）、张国旺（宋元文书特别是黑水城文书）。2012年6月，以古文书研究班成员为主，以三大中心（敦煌学研究中心、简帛中心、徽学中心）的名义，在历史所召开了第一届中国古文书学研讨会，正式提出建立"中国古文书学"。此后，从2013年到2019年每年一届连续召开了八届古文书学研讨会，其中三届是国际研讨会。这些会议吸引了中日韩众多古文书研究者参加，由此推动了中国古文书学的发展，扩大了古文书学的影响。

古文书学的宗旨有以下几点：第一，重视文书的原始资料性质、一次性使用性质，以及留存至今的文物和史料价值。第二，区别典籍和文书，研究重点是由双方或多方互相传递信息的文书，而不包括单方面阐述个人思想观点的著作、日记等。第三，重视文书格式，认为

① 张弓：《泪眼亲瞻怜落寞　暂接倩影慰故园——关于〈英藏敦煌文献〉的回忆》，《求真务实五十载：历史研究所同仁述往》，中国社会科学出版社，2004年，第496页。

② 师勤：《回忆整理敦煌文献的几项工作》，载《中国社会科学院敦煌学回顾与前瞻学术研讨会论文集》，第30页。

③ 宋家钰：《〈英藏敦煌文献〉编辑、出版始末》，载中国社会科学院历史研究所编《求真务实五十载：历史研究所同仁述往》，中国社会科学出版社，2004年，第486页。

格式是古文书学的灵魂，没有了格式，文书就成了一般文献，丧失了文书行用的方向，即注重在处理公务或私务时的现实作用。第四，研究古文书，就要重视文书的纸张、字迹、印章、画押、套语等附加信息，而这些信息往往是以往研究文书时有所欠缺的。

敦煌学的发达，是中国古文书学得以成立的基础。日本所谓的“中国古文书学”主要就建立在敦煌吐鲁番文书研究的基础上。不过我们要特别指出，也正因为日本古文书学很发达，因此，日本学者甫一见到敦煌文书，就能迅速区别文献和文书，并从古文书学的角度进行研究。藤枝晃、竺沙雅章、仁井田陞、大庭修、池田温等都是如此①。中村裕一更是有意识地从古文书学的角度研究唐代公文书（制敕和官文书），取得了很大成就。实践证明，有了古文书学的视角，使用古文书学的方法，就能在文书研究上取得更大成就。以往中国学者在研究文书中实际也采取了文书学的方法，但是不自觉的。如果能自觉学习并运用古文书学的视角和方法，一定会在包括敦煌吐鲁番文书在内的古文书研究中取得更大成果。

历史所的敦煌学者不仅在提出古文书学方面发挥了重要作用，而且在实践中也自觉或不自觉地采用古文书学方法，关注文书格式以及附加信息，取得了一定成果，例如，对状、帖、关、牓、辩、辞、牒、契约等文书格式及其作用，署名画指画押，用印缄封，包括语类套话等的研究就是如此。在今后的研究中，我们还会更自觉地运用古文书学的视角和方法研究敦煌吐鲁番文书，争取取得更多更大的成果。

历史所从敦煌组到敦煌学研究中心，已经走过了40多年的道路。这几年，又有年轻学者如刘子凡、赵洋新加入进来。这些年轻学者既有文书整理的经验，又有研究实践，一定能和敦煌学研究中心的其他学者一道，将历史所的敦煌吐鲁番学研究发扬光大。

截至目前，历史所的敦煌学者仍有5人是中国敦煌吐鲁番学会的理事②，即杨宝玉、李锦绣、陈丽萍、刘子凡、黄正建。因此，无论从历史还是从现实看，历史所的敦煌学研究团队都是并将继续是中国敦煌吐鲁番学会中的一支重要力量。

行文至此，更加怀念历史所已经故去的敦煌组成员：

唐耕耦（1927年生，1986年离开历史所，2017年去世，享年90岁）

刘忠（1929年生，1989年退休，2020年7月13日去世，享年91岁）

黄振华（1930年生，1986年离开历史所，2003年去世，享年73岁）

那向芹（1930年生，1987年退休，2021年2月28日去世，享年91岁）

师勤（1933年生，1988年退休，2018年10月4日去世，享年85岁）

宋家钰（1934年生，1995年退休，2009年去世，享年75岁）

耿昇（1944年生，2004年退休，2018年去世，享年74岁）

同时也要祝健在的敦煌组成员98岁的卢善焕（1925年生，1987年退休）③、85岁的张弓（1938年生，1998年退休）健康长寿。

同时还要衷心祝贺中国敦煌吐鲁番学会成立40周年，祝愿学会越办越好！

---

① 黄正建：《中国古文书学的历史与现状》，《史学理论研究》2015年第3期；黄正建：《敦煌文书与中国古文书学》，载《隋唐辽宋金元史论丛》第7辑，上海古籍出版社，2017年。

② 雷闻其实刚刚调走，他本来也是历史所敦煌学研究的骨干。

③ 文章在会议宣读时，卢善焕先生还健在。但不幸的是，在会议结束3个月后的2023年11月6日，他因病去世。

武汉大学与中国吐鲁番学

刘安志（武汉大学历史学院暨中国三至九世纪研究所）

武汉大学的中国敦煌吐鲁番学研究，是史学大家唐长孺先生开创的学术事业。在唐先生的长期引领下，几代武大学人围绕敦煌吐鲁番文书整理与研究，坚守初心使命，守正创新，求真务实，开拓进取，不懈探索，在学科建设、科学研究、人才培养、学术交流等方面都取得了显著成绩，为中国敦煌吐鲁番学的发展繁荣做出了重要贡献。特别是唐长孺先生主持整理出版的《吐鲁番出土文书》释文本10册、图文本4册，不仅为学界提供了前所未见的新资料，还总结出一套科学的文书整理规范和方法，并促成了中国吐鲁番学科的创建。与此同时，武大学人围绕文书整理而展开的相关学术研究，亦在中日学界产生了重要影响，有力推进了中国中古史研究向纵深方向发展。

回顾过去是为了更好地展望未来，总结成绩是为了更好地坚定信心，梳理既往业绩，明确目标方向，推进学术发展。本文主要介绍武汉大学历史学科在吐鲁番出土文书整理与研究方面的情况，以期展现武大几代学人对中国敦煌吐鲁番学的实质性贡献。不妥之处，请各位专家学者批评指正！

1983年，中国敦煌吐鲁番学会在兰州正式成立，“吐鲁番学”与“敦煌学”首次并称，且体现在国家一级学会的名称上，表明吐鲁番学已得到权威认定。对此，中国敦煌吐鲁番学会会长、北京大学博雅讲席教授荣新江先生回忆说，20世纪80年代初，“北京的学者在酝酿全国性的敦煌学会，敦煌文物研究所也在积极筹备全国性的敦煌学术研讨会。当时在北京的国家文物局古文献研究室主持吐鲁番文书整理工作的唐长孺先生，积极努力推动，使得最后在1983年成立的学会，以‘中国敦煌吐鲁番学会’的名字出现，我想把吐鲁番包含在内，是唐先生的贡献。而这一点并不仅仅是一个名称问题，而是对中国敦煌吐鲁番学的学科建设的巨大贡献。从此之后，吐鲁番的研究与敦煌学“比翼齐飞”，任何敦煌学的研究中都离不开吐鲁番的资料和成果了”[①]。实事求是说，中国吐鲁番学科的创建与发展，与以唐长孺先生为首的武大几代学人长期致力于吐鲁番文书整理与研究，在人才培养与科学研究等方面所做出的贡献是分不开的。

作为一代史学大家，唐长孺先生对新材料十分敏感，他高度重视出土文物、文献资料的整理与研究。早在1948年，唐先生即发表《敦煌所出郡姓残叶题记》《白衣天子试释》二文[②]，对新兴的敦煌学表现出浓厚的兴趣。1957年4月至9月，他在北京参加中国科学院历史研究所学术活动期间，于科学院图书馆通过缩微胶卷阅读并抄录大量敦煌文书，以之运用于魏晋隋唐史研究，先后撰写并发表多篇重要学术论文。据朱雷先生介绍，唐先生对新疆吐鲁番出土文书的关注，早年是通过王树枏《新疆访古录》、金祖同《流沙遗珍》等著作。中华人民共和国成立后，除黄文弼《吐鲁番考古记》外，就是《文物》杂志20世纪60年代后所刊载的少量发掘简报，还有沙知先生利用出土文书研究有关契券制度的文章，以及当时所能见到的日本学者的一些研究成果。特别是日本西域文化研究会所编的《敦煌吐鲁番社会经济资料》上、下两卷，相继于1959年、1960年出版后，唐先生即于1962年嘱人由香港购回。因为日本学者的这两卷重要研究成果，除大量引用敦煌文书外，还比较完整地引用了吐鲁番出土的“大谷文书”[③]。正是这种长期的学术积累和对新材料的高度敏感，唐先生在《历史研究》1961年第6期发表《关于武则天统治末年的浮逃户》一文，利用黄文弼《吐鲁番考古记》《敦煌吐鲁番社会经济资料》（下）二书中的吐鲁番文书资料，对武则天统治末年的浮逃户进行了开拓性研究。这篇论文充分反映了唐先生对吐鲁番文书的高度重视，同时说明其后由他主持吐鲁番出土文书的整理工作，绝非偶然。

1959年至1975年，新疆文物考古工作者对吐鲁番四百余座晋唐古墓葬进行十三次大规模发掘清理，出土大量古代官私文书。但由于“左”的干扰与影响，这些珍贵的资料一直藏在深闺，尚不为广大学人所知。1973年，武汉大学历史系彭神保、朱雷等老师为编写中国古代史教材，外出搜集考古材料，在新疆乌鲁木齐见到了这些珍贵文书材料，随即写信向尚在北京点校“二十四史”的唐长孺先生汇报。唐先生以其深厚的学术积累与敏锐的学术眼光，充分意识到这批文书的重要学术价值，回信明确指出，对这批文书加以整理研究，“将使唐史研究为之改观”[④]。唐先生于1974年建议国家组织专门力量对之进行系统整理，得到国家文物局领导王冶秋、刘仰峤二位先生的同意；1975年，唐先生与王冶秋局长、复旦大学谭其骧教授一道亲赴新疆考察。在库车古道上，因路途颠簸，导致唐先生右眼视网膜脱落，因此失明。同年，经国务院批准，唐先生受命主持成立“吐鲁番出土文书整理组”，并担任组长。他不顾年高眼疾，全身心投入文书的整理与研究工作，带领一批中青年学者，以惊人的毅力和在历史学及古文献学、书法等方面的渊博学识，对近万枚文书残片逐一识读，进行录文，并通过纸质、书体加以缀合、拼接，又在悉心考订的基础上予以“断代”和“定名”，十易

① 荣新江：《谈谈唐长孺先生对敦煌吐鲁番研究的贡献》。此据作者2021年7月18日在武汉大学举办的纪念唐长孺先生诞辰110周年学术座谈会上的发言稿。

② 唐长孺先生所撰《敦煌所出郡姓残叶题记》《白衣天子试释》二文，均收入《唐长孺文集》第7卷《山居存稿三编》，中华书局，2011年。

③ 以上叙述，参见朱雷《唐长孺师与吐鲁番文书》，《河北学刊》2005年第5期。又收入刘安志主编《吐鲁番出土文书新探》第2编，武汉大学出版社，2021年。

④ 参见朱雷《唐长孺师与吐鲁番文书》。

寒暑，终将吐鲁番古墓葬所出的这批十六国至唐代的官私文书、古籍残卷、佛道文献等整理完毕，成功复原出1800件较为完整的文书，并总结出一套科学的文书整理规范和方法。他所主编的《吐鲁番出土文书》释文本1至10册、图文本1至4册，由文物出版社先后于1981年至1996年出版，受到海内外学术界高度评价，先后获得全国首届古籍整理图书奖一等奖、首届国家社科基金项目优秀成果奖一等奖等。

为整理好这批古人遗留下来的珍贵文化遗产，唐长孺先生做了大量充分的准备工作。在唐先生故宅保存的遗稿中，仅读《吐鲁番出土文书》笔记就有3册，近400页①。此外，还有与整理文书相关的读《流沙坠简》笔记、读散见吐鲁番文书卡片，以及陈国灿、朱雷、程喜霖、王素等整理小组成员写给唐先生谈整理工作的大量信件②。这些严谨扎实、准备充分的前期工作，是《吐鲁番出土文书》整理质量得到保证的重要原因。在文书整理过程中，唐先生亲力亲为，认真负责，严格把关，甚至不顾年高眼疾，直接接触这些出土自千余年古尸身上带有血污的文书，他说："我不看原件，怎么知道对与不对？"③不仅如此，他还以自身的学术威望与人格魅力，坚持"求同存异"原则，尊重不同意见，妥善协调文书整理组内外各种关系，使整个整理工作能够较快、较好地顺利完成。

在文书整理的基础上，唐长孺先生还率领同仁，将出土文书与传世文献有机结合，潜心探研，取得一批高质量的研究成果。他所主编的《敦煌吐鲁番文书初探》（一、二编），1995年获得国家教委首届全国高等学校人文社会科学研究优秀成果奖一等奖。在整理与研究同步进行的过程中，唐先生培养了一批优秀的吐鲁番文书整理与研究人才，如陈国灿、朱雷、程喜霖、王素、黄正建、孙继民、孙晓林等，他们后来都成为吐鲁番文书整理与研究的中坚力量。

《吐鲁番出土文书》的整理出版，在文本复原、学术推进、文化传承诸方面均有突出贡献，是中华人民共和国成立以来出土文献整理研究的重大标志性成果，不仅直接促成了中国吐鲁番学科的创建，而且还成功总结出一套科学的文书整理规范和方法，成为其后吐鲁番文书及相关出土文献整理的遵循。如陈国灿《斯坦因所获吐鲁番文书研究》④，柳洪亮著《新出吐鲁番文书及其研究》⑤，陈国灿、刘永增编《日本宁乐美术馆藏吐鲁番文书》⑥，陈国灿主编《吐鲁番柏孜克里克石窟出土汉文佛教典籍》⑦，荣新江、李肖、孟宪实主编《新获吐鲁番出土文献》⑧，朱雷《吐鲁番出土文书补编》⑨等。对《吐鲁番出土文书》以外的吐鲁番文书进行整理，其规范和体例均遵照《吐鲁番出土文书》的整理模式进行。荣新江教授即明

---

①刘莹：《新发现唐长孺先生整理吐鲁番文书笔记概述》，《文物》2021年第5期。又收入刘安志主编《吐鲁番出土文书新探》第2编。

②王素：《陈国灿先生与〈吐鲁番出土文书〉》，《敦煌学辑刊》2019年第1期。又收入刘安志主编《吐鲁番出土文书新探》第2编。

③朱雷：《唐长孺师与吐鲁番文书》，《河北学刊》2005年第5期。

④陈国灿：《斯坦因所获吐鲁番文书研究》，武汉大学出版社，1994年。

⑤柳洪亮：《新出吐鲁番文书及其研究》，新疆人民出版社，1997年。

⑥陈国灿、刘永增：《日本宁乐美术馆藏吐鲁番文书》，文物出版社，1997年。

⑦陈国灿主编《吐鲁番柏孜克里克石窟出土汉文佛教典籍》，文物出版社，2007年。

⑧荣新江、李肖、孟宪实主编《新获吐鲁番出土文献》，中华书局，2008年。

⑨朱雷主编《吐鲁番出土文书补编》，巴蜀书社，2022年。

确指出："唐先生主编的《吐鲁番出土文书》四巨册，可以说是吐鲁番文书整理史上的里程碑，影响极其深远。我后来主持《新获吐鲁番出土文献》的整理工作，完全是严格遵循唐先生订立的规范来做，如果没有唐先生确立的整理文书的规范，我们就难以完成新出文书的整理工作。这一规范大大推动了此后敦煌吐鲁番文书的整理工作，也给后人的工作提出了严格的要求，确定了标尺。"①

唐长孺先生不仅是一代史学大家，而且具有非凡的学术战略眼光与杰出的组织领导才能。他创建武汉大学中国三至九世纪研究所，高度重视人才培养与梯队建设，积极倡导团结协作，大力扶持年轻学者，把研究所建成人才济济、名家辈出、梯队完整的中国中古史研究重镇，使其开创的学术事业能够生生不息、代代相传。吐鲁番文书整理与研究事业在武大传承发展至今，就是一个明显的例证。

陈国灿教授、朱雷教授都是唐先生的亲传弟子，且作为主要成员直接参与了《吐鲁番出土文书》的整理工作，故能很好地传承唐先生的学术事业，并发扬光大。从1992年开始，他们主持国家社会科学"八五"规划重点项目"海内外吐鲁番文书的整理与研究"，致力于海内外所藏吐鲁番文书总目的编纂出版工作。这项工作历时十数年，最终于2005年出版《吐鲁番文书总目（日本收藏卷）》②，2007年出版《吐鲁番文书总目（欧美收藏卷）》③，首次为学界提供了一份较为详细的海外所藏吐鲁番文书清单，受到广泛关注与好评，对中国吐鲁番学的发展是一个有力的推动。与此同时，陈国灿教授还致力于英国、日本等国所藏吐鲁番文书的搜集与整理，相继出版《斯坦因所获吐鲁番文书研究》《日本宁乐美术馆藏吐鲁番文书》等著作，亦在学界产生过较大影响。此外，对国内散藏或新出的吐鲁番文书，陈、朱二位先生亦积极主持或参与整理。如陈国灿教授主编《吐鲁番柏孜克里克石窟出土汉文佛教典籍》、参编《新疆博物馆新获文书研究》④，并指导柳洪亮整理出版《新出吐鲁番文书及其研究》、朱雷教授撰著出版《吐鲁番出土文书补编》等。这些吐鲁番文书整理与研究成果，与上揭《斯坦因所获吐鲁番文书研究》《日本宁乐美术馆藏吐鲁番文书》一样，都是《吐鲁番出土文书》之后的新成果，既是武大对中国吐鲁番学的持续贡献，也反映了武大吐鲁番学术事业的传承与发展。其中，《斯坦因所获吐鲁番文书研究》获教育部第二届高等学校人文社科优秀成果奖二等奖（1998），《吐鲁番出土文书补编》获全国古籍出版社百佳图书一等奖（2022），受到学界肯定与好评。围绕文书整理与研究，陈国灿教授撰著出版《唐代的经济社会》《敦煌学史事新证》《论吐鲁番学》《陈国灿吐鲁番敦煌出土文献史事论集》等学术专著，朱雷教授撰著出版《敦煌吐鲁番文书论丛》《朱雷敦煌吐鲁番文书论丛》《敦煌吐鲁番文书研究》等学术专著，均在学界产生了重要影响。此外，冻国栋教授撰著出版《唐代的商品经济与经营管理》⑤、《唐代人口问题研究》⑥、《中国人口史》第2卷（隋唐五代时期）⑦、《中国

① 荣新江：《谈谈唐长孺先生对敦煌吐鲁番研究的贡献》。

② 陈国灿、刘安志主编《吐鲁番文书总目（日本收藏卷）》，武汉大学出版社，2005年。

③ 荣新江主编《吐鲁番文书总目（欧美收藏卷）》，武汉大学出版社，2007年。

④ 刘绍刚、侯世新主编《新疆博物馆新获文书研究》，中华书局，2013年。

⑤ 冻国栋：《唐代的商品经济与经营管理》，武汉大学出版社，1990年。

⑥ 冻国栋：《唐代人口问题研究》，武汉大学出版社，1993年。

⑦ 冻国栋：《中国人口史》第2卷（隋唐五代时期），复旦大学出版社，2002年。

中古经济与社会史论稿》①等学术著作，亦是充分利用敦煌吐鲁番文书，紧密结合传世文献，对中古经济与社会展开深入探讨的重要成果，相关研究对中国吐鲁番学的发展亦有积极推动作用。

《吐鲁番出土文书》出版以来，随着信息化、数字化时代的到来，以及相关学术研究的不断深入，该书存在的问题与不足也慢慢显现。尤其是书中所附图版均为黑白照片，且限于当时的水平和条件，拍摄质量总体较差，少数图版系据黑白照片翻拍，文字模糊，无法与下方的释文直接对照。不仅如此，原有的重要标记和信息，如钤印、朱书、押署、纸背签署等，也都无法清晰呈现。这些问题与不足，一定程度上影响了文书的使用价值，无法满足当今社会各界的需要。因此，对《吐鲁番出土文书》进行再整理与研究，就显得很有必要了。2017年，武汉大学历史学院暨中国三至九世纪研究所联合故宫博物院古文献研究所、新疆维吾尔自治区博物馆、新疆吐鲁番博物馆四家单位，由笔者担任首席专家主持的“吐鲁番出土文书再整理与研究”项目，成功获批国家社科基金重大招标项目（项目编号17ZDA183）。该项目旨在依据新拍的吐鲁番文书彩色照片，参考中外学界数十年来已有的研究成果，对《吐鲁番出土文书》及柳洪亮所著《新出吐鲁番文书及其研究》二书进行再整理与研究。预计将在文书的重新缀合、录文、标点、断代、定名等方面取得新的突破和重要进展，并附上高清彩色图版，可为中外学界提供图版更为清晰、录文更为精准、缀合更为科学、断代更为合理、定名更为准确的第一手吐鲁番出土文书新资料，在致力于文本复原、保护珍贵遗产、传承中华文化、推进学术研究等方面继续贡献武大力量。

近年来，笔者率领项目组成员，围绕吐鲁番出土文书再整理与研究这一主题，展开团队攻关与有组织的科研，取得了系列阶段性成果，主要体现在如下几个方面：第一，加强文书行政研究，致力文本复原，推进文书整理迈向新阶段。如笔者对唐代“解文”及相关问题的研究②，有助于深化对吐鲁番所出唐代官文书的认识，推进相关文书的再整理与新研究工作。第二，注重团队建设与人才培养，推动学术传承与创新。发挥“传帮带”作用，助力青年学者成长，如项目组骨干成员黄楼、吕博二位青年教师，现都为中国敦煌吐鲁番学会、中国唐史学会理事，其中黄楼出版专著《吐鲁番出土官府帐簿文书研究》③，吕博发表多篇有影响力的吐鲁番文书研究论文④，受到学界关注与好评。同时，以项目带动人才培养，指导研究生围绕吐鲁番文书整理与研究撰写相关学位论文，如肖龙祥《吐鲁番所出〈唐西州高昌县处分田亩案卷〉复原研究》（2015年硕士学位论文）、达锁《吐鲁番所出武周天山府文书的再整理与研究》（2020年硕士学位论文）、李兆宇《吐鲁番所出唐代过所文书及相关制度研究》（2020年硕士学位论文）、李森炜《吐鲁番文书所见唐代官员摄判研究》（2021年硕士学位论文）、孙丽萍《文书行政视域下的唐代西州治理研究》（2024年博士学位论文）、李兆宇《唐

① 冻国栋：《中国中古经济与社会史论稿》，湖北教育出版社，2005年。

② 刘安志：《唐代解文初探——以敦煌吐鲁番出土文书为中心》《吐鲁番出土文书所见唐代解文杂考》《唐代解文续探——以折冲府申州解为中心》 等，载《吐鲁番出土文书新探讨》第1编（武汉大学出版社，2019年）、第2编（武汉大学出版社，2021年）。

③ 黄楼：《吐鲁番出土官府帐簿文书研究》，社会科学文献出版社，2020年。

④ 吕博所撰《丧礼背后的身体史——汉唐间发须爪埋葬的礼与俗》《践更之卒，俱授官名——“唐天宝十载制授张无价游击将军告身”出现的历史背景》《唐西州前庭府卫士左憧憙的一生》诸文均收入刘安志编《吐鲁番出土文书新探讨》第1编、第2编。

代交通管理制度研究——以驿政和通行凭证为中心》（2024年博士学位论文）等，多名研究生已在专业刊物上发表学术论文①。第三，加强学术交流与成果宣传，切实推进中国吐鲁番学的发展。一是与《西域研究》编辑部密切合作，由笔者担任“吐鲁番学研究”栏目主持人，刊发项目组师生的最新研究成果。二是创办“吐鲁番文书研究”公众号，定期推送中日学者有关吐鲁番学研究的重要成果，扩大吐鲁番学的社会影响。三是举办学术会议，加强同行交流，推进学术发展。2023年3月25日至26日，由中国敦煌吐鲁番学会、武汉大学历史学院暨中国三至九世纪研究所联合主办、“吐鲁番出土文书再整理与研究”项目组具体承办的“吐鲁番学的回顾与展望”学术研讨会在武汉大学召开。这是第一次在吐鲁番地区之外召开的吐鲁番学研讨会，来自全国各地的近百位专家学者齐聚珞珈，共襄盛会，在总结百余年来中国吐鲁番学学术历程的同时，共同展望新时期吐鲁番学的发展前景。本次会议取得圆满成功，在学界产生了较大影响，对中国吐鲁番学的发展是一个有力的推动。

吐鲁番学作为国家“冷门绝学”，具有重要文化价值和传承意义。吐鲁番出土文书是中国先民遗留下来的珍贵文化遗产，对其进行系统整理与研究，不仅可以抢救和保护我国珍贵的文化遗产，而且对推进学术研究、弘扬民族精神、传承中华文脉亦具有重大理论价值与现实意义。从20世纪七八十年代的吐鲁番出土文书整理研究，到今天的吐鲁番出土文书再整理与研究，武大吐鲁番学研究团队四十余年坚守初心使命，数代学人传承学术志业，积极服务国家战略，在学术研究与人才培养等方面取得显著业绩，为中国吐鲁番学的创建与发展做出了重要贡献。

① 如达锬：《关于吐鲁番所出〈武周天山府下张父团帖为出军合请饭米人事〉及其相关文书的缀合问题》、李兆宇《吐鲁番所出〈唐开元二十一年（733）唐益谦、薛光泚、康大之请过所案卷〉残文书考释》、李红扬《吐鲁番所见“〈孔子庙堂碑〉习字”残片考释》、李森炜《关于吐鲁番所出〈唐开元某年西州蒲昌县上西州户曹状为录申刈得苜蓿秋茭数事〉及其相关文书的缀合编连问题》、毕康健《读〈新获吐鲁番出土文献〉札记二则》等文，均发表于《吐鲁番学研究》2019年第2期。又，李兆宇《吐鲁番所出〈唐果毅高运达等请过所（?）残文书〉初探》，载《西域研究》2021年第4期。

敦煌学教学“课程思政”的探索与实践

——以近40年来西北师范大学敦煌学教学为中心

李并成（西北师范大学历史文化学院）

【摘要】所谓“课程思政”，即深入挖掘和运用除思想政治理论课之外，其他课程和教学方式中蕴含的思想政治教育资源，把思政工作贯穿于教育教学全过程，以服务于学校“立德树人”的中心环节。敦煌学中浸透着十分丰富的爱国主义内涵和中华优秀传统文化资源。改革开放40多年来，西北师范大学的敦煌学教学十分重视“课程思政”，充分挖掘和运用这笔宝贵财富，并且贴近学生的思想、心理和生活实际，采用“寓德于教”的多种行之有效的方法，将思想政治教育有机地融入敦煌学课程讲授中，渗透到学生学习的各个环节，做到教学全过程育人、全方位育人，以期实现思想政治教育与敦煌学知识体系学习的有机统一，为此做出了有益的探索和实践。

【关键词】敦煌学教学　课程思政　探索与实践

一、问题的提起

习近平总书记在“学校思想政治理论课教师座谈会”上的讲话中指出，要坚持把“立德树人”作为中心环节，把思想政治工作贯穿教育教学全过程，实现全员全程全方位育人，并且强调要解决好各类课程和思政课相互配合的问题，挖掘其他课程和教学方式中蕴含的思想政治教育资源。这即是“课程思政”。习近平总书记的讲话不仅对于新时代改进和加强思政课的建设具有重大意义，而且为学校其他课程的改革创新指明了方向和路径。

改革开放以来，特别是1983年中国敦煌吐鲁番学会成立以来，我国的敦煌学事业高歌猛进，硕果累累，令人十分振奋。然而相对于“研究”方面的成果来说，对于敦煌学“教学”方面的探讨还显得较为薄弱，有待进一步提升。西北师范大学作为一所师范院校，教学无疑是其最重要的职能和“主业”之一。长期以来，我校的敦煌学在从事研究工作的同时，一直将教学研究、教学改革以及人才培养作为主攻方向之一，咬定青山，锲而不舍，取得了一些成绩。值此中国敦煌吐鲁番学会成立40周年之际，拟将我们在敦煌学教学方面的一些做法和体会，特别是将我们在深入挖掘敦煌资料、发挥课程思政作用的做法方面，做一简要汇报，以求教于大家。

西北师范大学（前身为北京师范大学）是我国最早从事敦煌学研究、教学的高校之一。早在1930年，我校史学系教授、著名学者陈垣就出版专著《敦煌劫余录》，并在学校讲授敦煌学知识。抗日战争爆发后，冒着敌人的炮火，我校迁入兰州，更名为“西北师范学院”，身处敦煌学的“故里”，更是将敦煌学列为文、史、艺术等系的重要教学内容，著名敦煌学家、历史学家常书鸿、阎文儒、向达、顾颉刚、黄文弼、冯国瑞等均曾在我校任教或讲学。中华人民共和国成立后，我校敦煌学的研究和教学更是获得长足发展，先后有金宝祥、吕斯百、李鼎文、洪毅然、陈守忠、赵逵夫、胡大浚、马化龙等教授在史、文、艺术等系开授敦煌学课程或讲授敦煌学有关内容。20世纪80年代初，我校又集中一批学者，成立敦煌学研究所，专门从事敦煌学研究和人才培养，并在古代文学和中国古代史两个硕士学位点，培养敦煌学方向研究生。1996年，我校获得历史文献学（敦煌学）硕士学位点；2006年，获得历史文献学（敦煌学）博士学位点；2013年，又获得中国古代史一级学科博士点和中国古代文学一级学科博士点，从而使敦煌学课程有了更为雄厚的学术背景，获得更加坚实的学术支撑；2014年，我校又在敦煌专门设立敦煌学院，贴近敦煌，依托学校的优质学科资源和敦煌文化艺术宝藏，开展具有敦煌文化、“一带一路”特色的教学、创作和研究活动，专门培养从事敦煌美术、动漫、舞蹈以及文化旅游方面的人才。为此，敦煌学课程的重要性得到进一步凸显，普及率也更为提高。

在长期的教学实践中，特别是近40年来的本科教学中，我们深深体会到，敦煌学作为中国古代史及人文社会学科体系中的重要组成部分之一，其本身即浸透着极为丰富的爱国主义内涵，一部敦煌学的百年发展史就是一部中华学人顽强奋起、踔厉奋发、不断开拓拼搏的奋斗史；同时，敦煌资料本身就蕴含着十分浓厚的中华优秀传统文化的精华和营养。充分挖掘和运用这笔宝贵财富，仔细梳理敦煌学资料中蕴含的思想政治教育元素和所承载的思想政治教育功能，并且贴近学生的思想、心理和生活实际，采用“寓德于教”的多种行之有效的方法，将思想政治教育有机地融入课堂讲授的内容中，渗透到学生学习的各个环节，做到教学全过程育人、全方位育人，实现思想政治教育与敦煌学知识体系教育的有机统一，引导大学生在深入学习专业知识的同时，树立正确的政治方向，提高思想道德修养和精神境界，以求使知识传授、能力培养与素质教育有机地融为一体。

二、树立“主渠道”意识，打造良好的师德风范，培育可持续发展的教学团队

我们要求，敦煌学任课教师要牢固树立“主渠道”意识，明确不仅政治理论课是大学生思想政治教育的主渠道，敦煌学课程还应作为引导大学生树立正确的世界观、人生观、价值观的主渠道之一，这就需要我们首先高度重视任课教师师德风范的塑造和教学能力的提高。

学高为师，德高为范，育人之道，树德为先。教师不仅是专业知识的传授者，也是人类灵魂的工程师，是学生成长的引路人。毋庸置疑，师德是教师最重要的素质，师德建设是教

师队伍建设的永恒主题。高尚的师德本身就是一部活的教科书，是一股强大的精神力量。任课教师必须自觉加强师德修养，模范遵守职业道德规范，以良好的思想政治素质和行为表现影响学生，以高尚的情操和品行引导学生健康成长。教师要有强烈的责任感、使命感，饱满的精神状态，深厚的学术造诣，对学生充满爱心，运用娴熟而有特色的教学艺术，富有激情与神采的讲授，以自己高尚的品德和深厚的学养教育学生，感染学生，引导学生，教师应将教书育人行为自觉地贯穿于教学活动的一切方面。

与此同时，还应高度重视教学团队的建设与团队协作精神的培育，不断增强团队凝聚力、向心力和可持续发展能力。我们的体会是，教学团队只有在年龄结构、学缘结构、学历结构、职称结构等方面合理配置、科学发展，才能保证教学活动的顺利运行和教学质量的不断提高。多年来，西北师大十分重视师资队伍建设，不仅中国古代史团队被授予“国家级教学团队”称号，而且在这支团队中还形成了一支实力雄厚、充满活力、发展势头良好的敦煌学教学团队。该团队形成了较鲜明的特色：一是年龄结构合理，其成员大多为中青年教师，且老中青搭配，团结一致，精力旺盛。二是职称、学历结构良好，现6名成员中，有教授4人、副教授2人、博士5人。三是学缘结构良好，6名教师分别从北京大学、厦门大学、四川大学、陕西师范大学、西北师范大学、西北民族大学等6所不同的高校取得硕士、博士学位，6名教师的专业方向基本涵盖了敦煌学的所有方面。四是这些教师均为历史文献学（敦煌学）硕士生导师，其中3人为博士生导师，他们本身就具有较高的学术造诣，对于学生素质的培养和影响自然非同一般。五是团队协作精神强，团队带动作用突出。不仅每名团队成员积极向上，奋发努力，而且整体上密切配合、交流切磋、融为一体。六是与敦煌学相关专业的其他教学队伍配合良好，本校历史、考古、中文、艺术等相关专业的教师队伍实力也较为雄厚，能够较好地配合敦煌学课程教学。七是聘请并建立了一支很有实力、精干的兼职教师队伍。

三、寓德于教，将思想政治教育有机地融入教学内容中

寓德于教，春风化雨。敦煌学课程本身具有鲜明的意识形态属性，如何充分挖掘这门课程中蕴含的丰富的思想道德和爱国主义教育内容，使其与专业知识的传授有机结合、水乳交融？我们从以下几个方面着手进行了有益探索。

一是高度重视“寓德于教”的优秀教材的研究和编写。教材建设是课程基础性建设的重要内容。一部好的教材除了必须依据学科的教学任务、反映学科发展的最新成果和前沿问题，并考虑学生的特点和水平编写外，还应“寓德于教”，体现时代精神，将思想政治教育有机地融入知识的传授中。为此，我们始终把敦煌学教材的编写、充实、完善作为一项重要的科研和教改任务认真实施。我们在20世纪80年代初编写的《敦煌学讲义》的基础上，经多年来在教学中的使用，不断对其充实改进，著成《敦煌学教程》一书，2007年由商务印书馆出版。书中对传统敦煌学知识模块实施重组与优化。在课程设置与编排中强调对中华优秀传统文化和思想品德内涵的挖掘，强调爱国主义精神的弘扬；强调西北边疆文明与中原文化的统一性及自身特色，使学生们充分认识中华文明的多姿多彩与博大精深；强调西北各民族与汉族人民共同开发与建设西北的历程，使学生们深刻感受中华民族的强大生命力，以及与各民族血肉相连的深厚情感。这是目前国内最新、使用人数最多的

一部本科生敦煌学教材，它亦可供研究生学习参考，受到学生们和有关方面的普遍欢迎和好评。此外，我们还参考选用了姜亮夫《敦煌——伟大的文化宝藏》、颜廷亮等《敦煌文学概论》、宁可与郝春文合著《敦煌的历史与文化》、荣新江《敦煌学十八讲》等作为教学参考用书。最近，我们又遵循习近平总书记于2019年8月19日视察敦煌研究院时的重要讲话精神，拟对这本教材进行相应修订，以更加深入地挖掘敦煌文化和历史遗存蕴含的哲学思想、人文精神、价值理念、道德规范等，以更好地揭示蕴含其中的中华民族文化精神、文化胸怀，更加坚定文化自信，并纳入敦煌学研究和教学的新成果、新探索和新体验，以适应新时代人才培养的需要。

二是充分运用敦煌文物的流散以及敦煌学百年发展史生动例证的讲授，激发学生们热爱祖国、爱乡爱校、为中华民族伟大复兴而奋发读书的激情。众所周知，1900年，敦煌文书被发现后，遭到一些外国“探险家”的劫夺，大量流散国外，当年陈寅恪先生发出“敦煌者，吾国学术之伤心史也”之叹。当时我国学者的敦煌学研究是在极其艰难的境况中起步的，我校陈垣教授于1930年出版的《敦煌劫余录》颇有影响。中华人民共和国成立后，为敦煌学的发展提供了良好的环境，特别是改革开放以来，敦煌学更是突飞猛进，呈现出一派欣欣向荣、蔚为壮观的景象。著名学者饶宗颐先生为之感慨，敦煌学已由伤心史变为开心史。国运兴，学运兴，百余年来，我国敦煌学人顽强拼搏、勇攀高峰的壮举和精神值得今天青年学子继承和发扬。我们在彰显我国学者奋发进取、为国争光的学术业绩的同时，还强调敦煌学领域的国内外学术交流与合作，突出该学科的国际性。

三是充分运用敦煌精美的壁画、塑像等形象资料，对学生进行我国古代伟大艺术成就的教育及审美意识的培养。

四是充分运用敦煌学中丰富的国学、史学、文学、哲学、社会学、艺术学、教育学、科技学、政治学、经济学、体育学等方面的史料，对学生进行生动的中国优秀传统文化教育，增强学生对祖国历史文化的认同感和自豪感。

五是充分运用敦煌学中大量的民族、民俗等史料，对学生进行生动的民族认同、民族团结、民族文化交融的教育，并灌输“中华民族自古是一家，谁也离不开谁”的爱国思想。

六是充分运用敦煌学中丰富的孝亲敬老、文明礼仪、勤学尊师、仁爱行善等史料，对学生进行文明修身、文明生活、摒除生活陋习、健康成长的教育，帮助学生树立正确的荣辱观，引导学生明是非、辨善恶、辨美丑，树立正确的价值导向，并积极鼓励与引导学生从事志愿服务、爱心奉献等活动。

七是充分运用敦煌学中丰富的岁时、节庆等史料，并结合每年的春节、清明、端午、中秋、重阳等传统节日，对学生进行中国节日文化的传统教育。

四、教学全过程育人、全方位育人

我们深深体会到，除教学内容上应充分挖掘和讲授敦煌学本身蕴含的思想道德和爱国主义内涵外，还应把思想政治教育融入学生学习的各个环节，渗透到课堂讲授、提问、课后作业、课外辅导、考试答卷、社会实践、教学实习、班主任工作、主题班会、从师技能训练以及校园文化建设等各个方面和一切过程。

例如，有些班级将敦煌学教学与班主任工作、学生党支部工作、召开主题班会等结合起

来。秦丙坤所带的中文系2006级1班、潘春辉所带的2009级历史学2班、僧海霞所带的2011级文化遗产班等，就多次组织班上同学进行小型演讲，感受敦煌魅力是其中的一个固定主题，并结合敦煌学课程学习，讨论如何在新时代里弘扬中华优秀传统文化，以培养学生的人文素养，效果良好。以上班级以及刘再聪所带的2005级历史与社会学班等，均先后被授予"校级优秀班集体"称号。

将敦煌学教学与校园文化创建结合起来。近年来，西北师大在校园文化建设上实施"大学精神培养与弘扬计划"，挖掘我校百余年办学历史上的崇高精神品质，吸收现代大学的办学理念与思想精华，丰富校园文化内涵。我们以此为契机，挖掘、总结我校百年来敦煌学发展的历程及其思想资源，开展校园文化活动。一些班级还利用敦煌资料，举办诸如中华传统礼仪演讲、"孝"文化讲座、中国传统节日纪念、经典文献朗诵等一系列生动的校园文化活动。

将敦煌学教学与培养学生的"从师技能"结合起来。有的班级举行以敦煌为主题的书法、摄影、绘画比赛，以形象化的方式认识敦煌、感知敦煌。

采用多种方式，及时掌握学生的思想动态，有针对性地做好思想教育工作。如2008年的国际金融危机，对在校学生的思想状况影响较大，我曾采用课后匿名问卷调查并辅以面谈等方式，在大学生、研究生中进行了金融危机形势下青年学子的思想动态调研，了解到有关问题40余条。针对这些思想动态和问题，在课堂上，我以我国敦煌学人的崛起拼搏等事例，讲解如何面对危机，如何规划好自己的人生道路、努力成才，使学生们很受教益。

强化多媒体等现代教学手段的运用，我们不仅专门制作了敦煌学国家级精品课程的网页，而且全部课程内容都已制成课件，熟练地运用于教学中，并不断更新，使爱国主义教育更为直观和形象，受到学生们的喜爱，调动了学生们学习的主动性和积极性。

召开学术研讨会专题研讨敦煌学本科教学及课程建设问题，这在国内外尚属首次。2007年5月18日，西北师范大学文史学院、甘肃敦煌学学会与安宁区人民政府一道，联合举办了"敦煌文化研讨会"，省内外110余位专家、学者与会。会议的主题之一，就是研讨敦煌学精品课程的培育和建设，其中，思想政治教育如何与敦煌学知识的学习有机融合成为重要议题。通过研讨扩大了敦煌学精品课程的影响，与会学者对于如何进一步促进敦煌学教学和人才培养，达成多方面共识。

高度重视教研、教改活动，在提高本课程教学质量上狠下功夫。通过教改，我们进一步重视教师与学生的沟通和交流，注意倾听同学们对于教学的意见和建议，以改进教学，实现教学相长。在学生中倡导研究性学习、探索性学习，充分体现以学生为主体的教育理念，根据课程内容和学生特点不断改进教学设计，通过课堂提问、释疑解惑、布置作业、推荐课外读物、加强教学实践和撰写小论文等方式，培养学生的创新思维和独立发现问题、分析问题、解决问题的能力，强化学生的人文素养。

根据人才培养目标及国内外敦煌学发展状况，及时将最新学术研究成果、教改教研成果和思想教育成果融入教学中。在教学内容上，我们除主要讲授敦煌学的基础知识外，还将敦煌学教学与西北历史研究、丝绸之路研究、简帛学研究、西北旅游资源开发研究等内容和成果紧密结合起来，深入浅出地讲授给学生，并注重知识的不断更新。这样不仅使学生学到了必要的知识，及时了解了有关的学术前沿动态及热点议题，而且开阔了学生的学术视野，启迪了学生思维，培养了学生的钻研进取精神和创新意识。

将敦煌学教学与学生的社会实践活动、与社会大课堂紧密结合起来。本课程实践性教学主要包括组织学生赴校内外、省内外博物馆和重要历史遗迹地点参观、考察。我校博物馆本身就藏有一批敦煌文书等重要文物，方便学生参观实习。学院每年组织学生赴西安实习，有些同学还赴莫高窟、榆林窟等处学习考察，我们还鼓励和指导学生利用寒暑假返乡休假、参加新疆支教等机会考察历史遗迹，以加深对教学内容的理解和认识；同时要求学生撰写有关小论文、心得体会等，从而使学生们不仅可以掌握敦煌学的有关理论和基础知识，而且理论联系实际，具备一定的科研实践能力。此外，我们还积极鼓励并组织学生参加在兰州举行的敦煌学、石窟艺术、丝绸之路、简牍学等学术会议，使学生们近距离接触国内外知名学者，有机会亲身感受国际敦煌学发展的盛况。同时，经常聘请国内外敦煌学等方面的著名专家（如陈国灿、朱雷、郝春文、邓文宽、郑阿财、赵和平、柴剑虹、张涌泉、张锡厚、彭金章、郑炳林、杨富学、葛承雍、王子今、李大龙、张先堂、杨秀清、张元林、池田温、高田时雄、波波娃等）来校做学术报告或开设专题讲座，受到同学们普遍欢迎。

五、敦煌学"课程思政"取得的一些成效和影响

经我们多年来的不断探索，敦煌学"课程思政"取得了较好的效果，产生了积极影响，受到同学们的普遍欢迎，也得到社会有关方面的好评。

由于教学成效突出，影响广泛，早在2006年，我校本科教学的"敦煌学"课程就荣获国家级首批精品课程。这一荣誉不仅在西北师范大学是首次，在我国敦煌学界也属首次。2012年，本课程被列入"国家级精品视频公开课"建设计划课程；2014年，本课程获得全国大学素质教育精品通选课；2015年，本课程列入省级精品资源共享课；2019年，本课程被评为省级一流本科课程；2020年，本课程被评为"国家级一流本科课程"；2021年，"敦煌文化与敦煌学"被列入省级高校课程思政示范课程；2012年，本课程教学成果"思想政治教育与专业知识传授的有机融合：敦煌学本科教学的探索与实践"，荣获甘肃省教育厅教学成果奖；2014年，本课程教学成果"敦煌学课程与华夏文明传承创新教育有机融合的探索与实践"，荣获甘肃省教学成果一等奖。

我校选修敦煌学课程的同学每个学期都爆满，仅上学期全校报名选修敦煌学课程的本科生就超过2000人。不仅历史、中文、新闻、美术、音乐等专业的同学踊跃报名，而且许多理科、体育、思政、经管等专业的同学也纷纷报名选修。由于本校敦煌学师资、教室等资源的不足，每学期只能满足约300人选修。同学们要求增加敦煌学课时、班次的呼声强烈。

本成果以"敦煌学"为核心，又衍生、形成了"丝绸之路文化""西北出土历史文献""西北历史地理"等课程群，并在全校范围内讲授，效果良好。

本课程受到同学们的普遍欢迎和一致好评。有的同学说，敦煌学课程的学习，对于我们学习历史、研究史料有巨大帮助，不但在学科上有帮助，而且在我们以后的为人师表、生活成长过程中都会有大帮助。有的同学说，通过敦煌学的学习，我们深深感受到中国传统文化的博大精深和作为一个中国人的自豪。有的同学说，通过敦煌学的学习，爱国主义不再是我们心中一个抽象概念，而是一种实实在在的具体行动，这就是发奋读书，振兴中华。有的同学说，敦煌学课程能紧抓学术动态，站在该学科的最前沿，使同学们零距离接近本学科的发

展脉络，可脱离应试教育之弊，充分调动学生自主学习的积极性。有的同学说，敦煌学课程是全校很受欢迎的公选课，内容丰富，特色鲜明，使我们不仅学到一门知识，还认识到了一门学科的兴衰与国家民族兴衰之间的密切关系，认识到了人文科学在思想政治教育方面的重要性，我们应该努力学习，避免重走“伤心史”的老路。有的同学说，敦煌学课程使我们认识到民族团结、和睦相处的重要性，也认识到灿烂辉煌的中华文明是各族人民共同创造的这一历史事实。有的同学说，敦煌学课程拓宽了我们的视野，强化了我们的专业知识基础，引发了我们的史学思考，提高了我们的人文素养。有的同学说，作为西北师大的一名学子，能系统地接受一次来自家乡的文化——敦煌学的知识，是非常必要的，并且授课者是令我们折服的老师，这更显得难得。有的同学说，敦煌学课程内容丰富，体系完整，特色鲜明，注重教学互动，注重理论联系实际，有利于学生掌握。民族班的同学说，通过敦煌学课程的学习，使我们知道，藏传佛教的形成是与汉地佛教的影响分不开的，绚烂多彩的藏文化与源远流长的汉文化的关系也是密不可分的，两者都是构成中华文明的重要组成部分，敦煌文书即是藏汉文化交流的象征；大量的历史记载表明，青藏高原与内地的交往悠久而密切，西藏是中国不可分割的一部分。有的同学说，敦煌学课程的讲授十分认真负责，在教学上旁征博引，深入浅出，给学生们留有较为广阔的思考空间，还不断给我们讲一些做学问的方法，让我们觉得能学到真正的知识。还有的同学说，透过敦煌学这一视角认识到中华文化在世界的传播、影响及其独特魅力，促进了民族自豪感的形成。

本课程也受到校内外专家的好评。一些专家认为，西北师大敦煌学课程是一门放眼国际显学大背景，又立足于地域优势，将传统学术优势与教学科研创新有机结合的课程，形成了以本科教学为基础，以硕士生和博士生培养为重点的全方位教学体系和培养模式；或认为该课程开设历史悠久，学术积淀深厚，师资阵容精良，学术基础扎实而富有特色，课程内容自成体系又具有前沿性，教学方法、教学手段灵活有效，并将学术研究、课程建设、思想教育、学科发展和地域优势有机结合起来，形成了颇具特色的课程体系和人才培养模式；或认为该课程不断将新的研究成果注入教学中，使教学质量不断提高，对于培养敦煌学人才起到了重要作用。

自2006年起，本课程先后制作了5个专门网页，有关资料（含课程概况、特色、敦煌学讲义、课堂讲授录像等）都已全部上网，讲授内容通过网络向全社会开放，从而使本课程不仅受益本校学生，而且社会开放度大大增强，通过留言互动等形式，还可以与社会人员充分交流。2012年，我们还录制了敦煌学精品视频公开课程，从拍摄场地、录制设备到后期制作，均按教育部“精品视频公开课”选题建设计划标准完成，内容全面，图像清晰，配有字幕，无杂音，是在高标准要求下录制的教学视频，通过网络使敦煌学视频课程进一步面向社会开放，增加了课程的受益面。同年，本团队也被评为甘肃省省级教学团队，2013年又被授予“校级研究生精品课程”称号及校级教学研究重大项目，2014年被中国高等教育学会评为“全国大学素质教育精品通选课”（A类），2015年被评为甘肃省省级精品资源共享课。

本教学的精品视频公开课在社会上引起自学者和文化爱好者的广泛共鸣。网络观众非常热心，纷纷对本视频课程反馈留言，给我们以积极评价。人民网、新华网、中国新闻网、中国日报网、中国教师人才网、中国广播网、网易、新民网、甘肃新闻网、北京广播网等30

余家网站，在新闻中心或教育栏目，以《中国敦煌学教学与科研开始“比翼双飞”》《甘肃高校开设敦煌学视频课》《甘肃高校开设敦煌学视频课 授课形式备受学生欢迎》为题目，对本课程予以报道。认为“过去很长时间内，在中国，有关敦煌学的教学只限于开展敦煌学研究的部分高校”，西北师范大学率先拍摄敦煌学公开课程，“是以大学生为服务主体，同时面向社会大众免费开放的科学、文化素质网络视频课程”，国内“敦煌学教学与科研开始‘比翼双飞’”，产生了积极而广泛的社会影响。

我们的探索虽然取得了一些成绩，但所做工作还很不够，有待于继续深入研究的问题仍然不少，需要虚心向兄弟院校和其他课程学习，不断进取。

中国敦煌吐鲁番学会成立大会亲历记

——兼忆我在兰州大学学习敦煌吐鲁番学的岁月*

王冀青（兰州大学敦煌学研究所）

中国敦煌吐鲁番学会成立大会于1983年8月16—23日在兰州召开，由兰州大学、西北师范学院（今西北师范大学）、敦煌文物研究所（今敦煌研究院）等单位承办，办会人员主要来自兰州大学。我当时正在兰大历史系读历史文献学专业敦煌学方向硕士研究生二年级，在导师齐陈骏副教授的安排下，为学会成立大会的准备工作做过一些跑腿的小事，也有机会旁听了一部分学术讨论，参加了会后在兰大举办的敦煌学讲习班（见图1）。

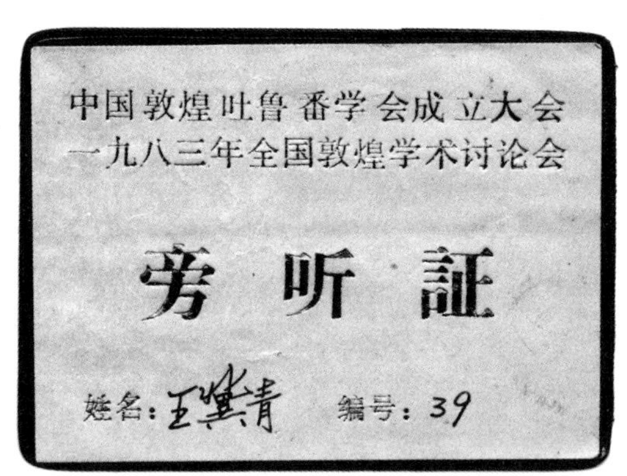

图1　我持用过的中国敦煌吐鲁番学会成立大会旁听证第39号

2023年8月，是中国敦煌吐鲁番学会成立40周年纪念，学会理事会决定在兰大举办纪念会议，实为必要之举。我有幸受邀参加这场纪念会议，本想写一篇关于学会成立大会缘起的文章，以换取入场券。但开笔后便思绪放飞，不禁回想起学会成立前后我在兰大学习敦煌吐鲁

* 本文系国家社科基金冷门绝学研究专项“印度国家博物馆藏吐鲁番石窟寺壁画溯源与数字化复原”（项目编号23VJXG063）子课题。

番学的经过，结果是文章里插入了太多的个人故事，冲淡了主题。但已无暇删改，只能斗胆提交组委会，聊博一哂。40多年前发生的故事，当事人回忆时难免出现偏差，文中定有主观片面之处，容以后改正。

一

1977年10月，已中断10年的高考恢复，当时我正在青海省西宁市第一中学读高中二年级。感谢学校的推荐，我和班长张小宁等10名在校生，于1977年12月1—3日参加了第一次考试，我主考美术。当年国家的录取政策是，照顾应届毕业生，在校生除非特别优秀，只考不上。结果，仅张小宁以青海省少年排球队队长身份被保送北京体育学院，我们9人只是“练兵”而已。半年后的1978年7月20—23日，我以应届毕业生身份正式参加第一次全国统一命题的高考，仍主考美术。因有过一次“练兵”的经验，我的高考成绩还算可以，美术成绩全省第一名，文科成绩全省应届毕业生第一名。可惜运气太不好了，1978年竟无一所内地美术院校来青海招生，让我上美院的梦想彻底破灭。

不过，我还有文科考试成绩托底。1978年，全国重点大学中只有5所高校在青海省招收文科生，共投放了6个名额。其中，兰大招收2名历史学专业的学生。因我的历史成绩考得最好，于是几位招生老师商量后，将我的档案投入我的第四志愿——兰州大学。当年兰大派赴青海省的招生老师，是地质地理系的张志良老师，他对工作认真负责，竟根据我档案里填写的联系地址找到我，名义上是面试，看我有没有缺胳膊少腿，实际上是登门动员我到兰大读历史。张老师告诉我说，我的美术特长在兰大历史系不会浪费，因为兰大历史系已计划重点发展敦煌学，而敦煌学与美术有关。就这样，我这个美术考生歪打正着，于1978年9月撞入兰大历史系读书。当我进入兰大读书时，已有比较明确的目标——学习敦煌学。

我进入兰大历史系学习后，最初两年仍不忘初心，寻找一切机会画画（见图2）。1979年9—10月，我们文、史、哲三系二年级学生赴景泰县条山农场学农一个月。我不好好干农活，整天提着画箱满山遍野乱跑，给牧羊人、放驼人画像。大二期间，校党委宣传部的卢向铂老师看好我，在他的画室里给我腾出一张画桌，让我和他一起画画。卢老师有一本《张大千临摹敦煌壁画》活页画册，我据此临摹了几幅敦煌壁画，比较满意的一幅《萨埵太子舍身饲虎图》，参加学校师生画展后不翼而飞，让我心痛不已。1980年，校团委书记唐伟让我和中文系1978级张民华、经济系1978级王志刚等同学创办一份《心声报》，我任美术编辑，主要工作是画漫画、写打油诗，讽刺校内不良现象。1980年暑假，我创作了最后一幅油画《朝别阳关》（135厘米×85厘米），表现古代往来丝绸之路的西域胡商在离开敦煌时依依不舍的场景。这幅油画先刊登于《兰州大学报》，后发表于1980年12月7日的《青海日报》文艺版，还于1981年11月参加了甘肃省大学生绘画展览，获油画二等奖。1980年以后，为了集中精力学习专业知识、考研究生，我决定暂时封笔。

我们读大一、大二期间，主要上“中国通史”“世界通史”两门基础课，还有外语、政治两门公共课。大三、大四期间，主要上选修课。敦煌学方面的选修课，有敦煌研究院段文杰老师开设的“敦煌艺术概论”，以及甘肃省图书馆西北文献部周丕显老师开设的“敦煌遗书概论”。这两门课程，让我系统地掌握了敦煌学基础知识。大四时，兰大把美国密歇根大学搞成了“姊妹学校”，密歇根大学派华裔教授张春树、骆雪伦夫妇来兰大历史系讲学一年

(见图3)。张先生为我们讲授了“居延汉简研究”等课程，骆先生为我们讲授了“专业英语”，对我也大有帮助。

图2　上大学后的第一个寒假，我没有回家，在宿舍里画画

（摄于1979年2月）

图3　兰州大学历史系1978级毕业照（局部）

（后排左1是我。前排是我的师长，右起：马曼丽、汤季芳、刘众语、赵俪生、李天祜、聂大江、辛安亭、张春树、骆雪伦、陆润林。摄于1982年7月6日）

兰大最早建议重点发展敦煌学的人，是历史系著名教授赵俪生先生（见图3）。1978年3月，赵先生率杨建新、卢苇两位老师，专程赴敦煌莫高窟考察，以确定兰大将敦煌学列为重点研究领域的可行性。三位老师在莫高窟住了一个月，返校后给校领导呈交了一份《关于在兰州大学开展敦煌学的建议书》，油印多份。到1979年，兰大历史系的两大科研平台逐渐形成。杨建新老师、马曼丽老师成立了西北史地研究室（原中俄关系史研究室，后来的西北民族学研究中心），创办《西北史地》杂志。齐陈骏老师成功夺得敦煌学的招牌，成立了敦煌学研究组，创办《敦煌学辑刊》。除了这两大平台之外，卢苇老师的中亚史和中外关系史，也是兰大重点发展的学科。西北史地和敦煌学形成了学术竞争局面，我则“脚踩两只船”，从1979年后想方设法参与敦煌学研究组、西北史地研究室的杂务工作。

先说说我为敦煌学研究组打杂的事情。我入学后，自然对敦煌学最感兴趣。1978年底，我开始在图书馆里寻找敦煌学方面的书籍，并翻译奥莱尔·斯坦因（Aurel Stein）的名著《契丹沙漠废墟》①。大一下半年，齐陈骏老师给我们班上“中国通史”的魏晋南北朝段，我逐渐和他接近，寻求他的指导。后来，齐老师编《敦煌学辑刊》杂志，我帮助他做校对工作。《敦煌学辑刊》的第1期，实即1980年2月出版的《兰州大学学报（敦煌学专辑）》。从第2期开始，改名《敦煌学辑刊》，于1981年上半年出版。彼时齐老师还没有招收自己的研究生，于是从该《辑刊》第2期开始，将一部分校对工作交给我们几个与他亲近的本科生做。也许是因为齐老师对我的工作比较满意，在编辑1982年下半年出版的《辑刊》第3期时，收入了我的一篇习作，题为《有关金山国史的几个问题》②。这是我发表的第一篇论文，使我初次体验到发表文章的乐趣。从此以后，为该《辑刊》看校样成了我的家常便饭，已不记得具体期数了。

再说说我为西北史地研究室打杂的事情。从1979年开始，我在马曼丽老师的指导下，翻译近代瑞典探险家斯文·赫定（Sven Hedin）的游记。我草译的赫定著作，一本是《“大马”之败逃——中亚战迹》③，一本是《游移湖》④。我当时不懂拟发表文稿的书写规矩，竟直接将译文写在草稿纸上，交给马老师，估计她也没时间细看。最后，马老师只选中拙译《“大马”之败逃》的前言部分，以《中亚战迹》为题，连载发表于《西北史地》1981年第1期、2期上⑤。至于译稿的其余部分，后来下落不明，我也没有再过问。此外，我还协助杨老师、马老师编印《西北史地》。《西北史地》从1981年第2期开始，使用我设计的封面，封底署明“封面题字：刘天怡教授；封面设计：王冀青”⑥。

在兰大读本科期间，对我影响最大的老师，当属历史系主任汤季芳老师。汤老师于1945年毕业于中央大学历史系，后留学美国明尼苏达大学，1955年来兰大历史系任教。改革开放之初，兰大计划重点发展敦煌学、中亚史、民族学等学科，汤老师的专业虽是战后国际关系史，但为了兰大的学科建设，他博览群书，对敦煌学、中亚史等学科了如指掌。我上大学期间，特喜欢去老师家串门，最喜欢去汤老师家，因为他家有许多从北京图书馆、中国科学院图书馆复印回来的英文书籍。我每隔一两周必去他家一次，每次都可借回几本书看。汤老师家很简朴，我们往往坐在小板凳上促膝而谈。我喜欢聆听汤老师用他嘶哑的湖北口音高谈阔论，他会不厌其烦地给我讲解近代中亚探险史、犍陀罗佛教艺术等方面的知识。汤老师经常

① M. Aurel Stein, *Ruins of Desert Cathay: Personal Narrative of Explorations in Central Asia and Westernmost China*, Vols. I-II, London: Macmillan and Co., Limited, 1912.

② 王冀青：《有关金山国史的几个问题》，《敦煌学辑刊》第3期，1982年8月，第44–50页。

③ Sven Hedin, *Big Horse's Flight: The Trail of War in Central Asia*, London, 1936.

④ Sven Hedin, *The Wandering Lake*, London, 1940.

⑤［瑞典］斯文海定著，王冀青译，马曼丽校《中亚战迹（一）》，《西北史地》1981年第1期，第72–76页；［瑞典］斯文海定著，王冀青译，马曼丽校《中亚战迹（二）》，《西北史地》1981年第2期，第95–99页。

⑥ 参见《西北史地》1981年第2期，封底。

鼓励我，要我树立爱国主义思想，好好学习敦煌学，以后为国争光。我记得有好几次，当我离开汤老师家时，都会听到他在已关闭的铁门内大声高呼："小王，要为国争光，把中国的敦煌学搞上去！"我一边下楼梯，一边举手高呼"好好学习"之类的口号。此刻我脑海里又浮现这一画面，衷心感谢汤老师在端正"三观"层面对我的教育和鼓励。

二

我对敦煌吐鲁番学的较深入了解，主要基于我入校后对外国探险家游记的翻译工作。我一进入兰大，便于1978年初冬在兰大图书馆阅读姜亮夫先生于1956年出版的敦煌学入门书《敦煌：伟大的文化宝藏》，从而对敦煌学有了初步的了解。姜著第三节"敦煌学"第二部分"经卷的盗劫与清政府的拾遗"中，介绍了流失海外的敦煌学研究资料。其中详细叙述了英国考古学家斯坦因于1907年第一次将敦煌文物劫往伦敦、法国汉学家保罗·伯希和（Paul Pelliot）于1908年第二次将敦煌文物劫往巴黎之事[①]。我当时萌生了一个想法：既然敦煌学的主要资料都藏于国外，那么，研究敦煌学的首要课题，肯定是调查海外藏敦煌文物。

为了将斯坦因劫掠敦煌文物的经过搞清楚，我于1978年底在兰大图书馆翻检到斯坦因第二次中亚考察游记《契丹沙漠废墟》英文两卷本，这是我第一次接触斯坦因著作。为了解敦煌考古与敦煌文物的外流，也为了练习专业英语，我从1978年底开始翻译《契丹沙漠废墟》的敦煌考古部分。大三时，美国政府于1981年5月在甘肃省博物馆举办大规模图书展，号称"1981年5月在中华人民共和国举办的美国国家图书展览"（United States National Book Exhibition in the People's Republic of China，May 1981），共展出14466册美国新版英文图书[②]。其中第5812号展品，系由美国纽约哈克艺术图书出版公司（Hacker Art Books）于1975年重印的斯坦因第一次中亚考察详尽报告书《古代和阗——在中国新疆进行的考古学探险详尽报告书》[③]（以下简称《古代和阗》）。这部巨著红色封面，立即吸引了我的眼球，令我爱不释手，我抄录了3天。展览会结束后，展品捐赠给甘肃省图书馆，我于1981年暑假利用关系将《古代和阗》借回宿舍，陆续翻译了其中历史、艺术部分约15万字。大半年的时间里，我留着披肩长发，穿着咖啡色喇叭裤，胳膊下夹着《古代和阗》，经常在校园里显摆。这本书在我手中保存了16年时间，直到1997年才归还给甘肃省图书馆。本科期间对斯坦因著作的翻译，使我逐渐将斯坦因当作了自己的主要研究对象。

我在翻译斯坦因著作的过程中，已熟知古代新疆、敦煌佛教雕塑中常见的犍陀罗艺术风格，也掌握了佛教美术中涉及的大量梵语术语。大四时，为深入了解犍陀罗艺术的内容，熟悉佛教梵语术语，我翻译了英国考古学家约翰·马歇尔爵士（Sir John Marshall）于1960年出版的名著《犍陀罗佛教艺术》[④]，并第一次有了要出版这本译著的愿望。我手头有汤季芳老师从北京图书馆复印回来的《犍陀罗佛教艺术》，从1980年底开始翻译。1982年4月，我考

---

① 姜亮夫：《敦煌：伟大的文化宝藏》，上海古典文学出版社，1956年，第19-25页。

② The Association of American Publishers, *United States National Book Exhibition in the People's Republic of China*, May 1981.

③ M. Aurel. Stein, *Ancient Khotan: Detailed Report of Archaeological Explorations in Chinese Turkestan*, Vols. Ⅰ-Ⅱ, Oxford: Clarendon Press, 1907; New York: Hacker Art Books, 1975.

④ Sir John Marshall, *The Buddhist Art of Gandhāra*, London: The Cambridge University Press, 1960.

完研究生后，花了一个月时间，最终完成了译稿。为了能争取出版，我这次将译稿认真地誊写在稿纸上，一格一字，然后装订成12册。1982年秋，我将译稿交给齐老师，齐老师又转请精通艺术的马明达老师、牛龙菲老师等人把关。马老师认真地看过译稿，并用红笔改了一些错别字。马明达老师曾跟随常书鸿先生学习绘画，两人私交甚好，于是他找了个机会，把我的译稿交由常先生过目。《犍陀罗佛教艺术》译稿在常先生家里放了一两年时间，直到1984年才归还给我。马老师后来告诉我，常书鸿日记里对此事有记载，可惜我还没有时间去翻检。

我在读本科末期，为公家做的最后一件事，是帮助兰大图书馆和历史系资料室购买敦煌学、中亚史方面的西文图书。1982年夏，兰大计划利用世界银行贷款，大规模购买西文图书，文科以敦煌学、中亚史为主。汤季芳先生知道我外文比较好，将开列外文购书目录的任务交给了我。为保险起见，汤先生又让马曼丽老师、历史系资料室王叔凯老师、甘肃省外办费亚夫先生等人从旁边帮助我。我花了整整一个月时间，主要从甘肃省图书馆、兰大图书馆寻觅欧美各大出版社寄来的西文书籍征订目录，凡是涉及中亚、印度、伊朗、中国的书籍，我都将作者、书名、国际标准书号（ISBN）抄录下来。几位老师也给我提供了一堆卡片，由我从中遴选。为方便我的工作，汤老师将他位于旧文科楼三楼的系主任办公室交给我使用，将历史系唯一一台英文打字机借给我。这一个月我超负荷工作，每天在系主任办公室里工作到公鸡打鸣时才回宿舍睡一会儿觉。我最后用打字机将英文购书目录打印出来，打印时垫上复写纸，共打印了两份。我临毕业时，将打印出的英文购书目录正本交给汤老师指定的系副主任安守仁老师，由他上报校图书馆。我手中的一份副本，当我于1982年暑假乘火车回西宁时，放入挂在车窗边的书包里，竟被风吹到西宁东站的路基上，不复完整。我开列书单的这批图书，是改革开放后兰大大规模购买的第一批敦煌学、中亚史外文书籍，为兰大今后的敦煌吐鲁番学研究工作打下了基础。其中有一本书，即美国芝加哥大学出版社于1977年出版的珍妮特·米尔斯基著《考古学探险家奥莱尔·斯坦因爵士》①，成为我读研究生期间的案头必备之书，也是我研究斯坦因生平事迹的基本参考书之一。

1981年，兰大历史系党支部书记张代经老师和齐陈骏老师决定，派几个即将毕业的本科生去北京大学旁听王永兴等老师的敦煌学课程。选定的进修生包括1977级本科生郭锋、郑炳林等人，条件是5年内不得考研究生，进修后留校任教。我本来也在这个名单里，后因同班同学以我的总成绩排名靠后为由，给刘冰校长写了封匿名告状信，最后我没能随郭、郑等同学一起去。不过，我此时已决心在兰大继续深造，一心要考研究生，对此事并不在意。我选择研究生方向时，曾考虑过卢苇老师指导的中亚史或中外关系史方向、汤季芳老师指导的战后国际关系方向、杨建新老师指导的西北少数民族史方向，但出于对敦煌学的兴趣，我最终还是选择报考齐陈骏老师指导的历史文献学专业敦煌学方向的研究生。我于1982年4月3—5日参加了研究生考试，是全校200名文、理研究生考生中唯一全科及格的文科考生。齐老师当年秋季招收了3名研究生，除我外，还有李天石师兄（当时叫李军）、张宪华师兄，我们于1982年9月入学。

时至1982年，兰大历史系敦煌学研究组的力量得到显著加强，名称也升格为敦煌学研

① Jeannette Mirsky, *Sir Aurel Stein: Archaeological Explorer*, Chicago and London: The University of Chicago Press, 1977.

究室。齐老师指导的研究生班学员陆庆夫师兄已于1981年留校，马明达、牛龙菲、杜斗成等多位老师于当年加盟研究组，1977级本科生郭锋、郑炳林去北大进修后，于1982年春季留校任教。1982年秋，马明达老师又将西北师范大学美术系1978级本科毕业生由旭声、甘肃省京剧团编剧韩建瓴调入敦煌学研究室，负责《敦煌学辑刊》的编印工作。

三

从1982年开始，全国学术界要求加强敦煌吐鲁番学研究的呼声日益高涨。1982年3月，在国务院召开的古籍整理出版规划会上，教育部高教一司邀请有关学者召开座谈会，讨论如何发展敦煌学的问题。与会学者一致认为，应该成立一个研究敦煌、吐鲁番的学术组织，促进和规划相关研究工作。高教一司随后写成《关于发展敦煌学的建议》，于4月15日上报给教育部党组。该《建议》第四方面“国内敦煌研究情况”的第四点中，介绍兰大的敦煌学状况如下：“兰州大学于1979年成立的敦煌研究组，有专兼职研究人员十多人，并与敦煌文物研究所的学者合作，开了‘敦煌艺术’‘敦煌遗书’两门课，招了数名研究生，出版了两期《敦煌学辑刊》。”[①]所谓“两期《敦煌学辑刊》”，应指1980年2月出版的《兰州大学学报（敦煌学专辑）》和1981年上半年出版的《敦煌学辑刊》第2期。该《建议》随后罗列“国内现有学术力量分布情况”，列举的兰大敦煌学代表是“赵俪生教授，齐陈骏、水天明副教授等”[②]。赵先生和水先生并不专门研究敦煌学，齐老师实际上是兰大敦煌学的唯一代表。

该《建议》第五方面的第一条建议是：“成立敦煌学会或研究会。……会议可在兰州举行，由兰州大学、西北师院、敦煌文物研究所负责会务，规模百人左右。”[③]教育部收到该《建议》后，非常重视，于1982年7月2—3日在北京大学召开中国敦煌吐鲁番学会第一次筹备会，商定中国敦煌吐鲁番学会于1982年10月初在兰州召开成立大会[④]。后因种种原因，中国敦煌吐鲁番学会实际上未能于1982年10月在兰州举行成立大会。1983年5月18—20日，中国敦煌吐鲁番学会第二次筹备会议在北京举办，会议决定，学会成立大会于1983年8月在兰州举行，“兰州方面的会务以兰州大学为主组织安排，敦煌方面的会务由敦煌文物研究所承担，请甘肃省委宣传部大力支持”[⑤]。此后，学会成立大会的准备工作便紧锣密鼓地展开。

齐陈骏老师在筹备学会成立大会的百忙之中，并未放松对我们几位研究生的培养工作。1983年3—6月，应齐老师邀请，武汉大学陈国灿老师、陕西省博物馆孙浮生老师为我们1982级秋季班研究生上课。陈老师为我们讲授“吐鲁番文书概论”，孙老师为我们讲授“中国佛教史”。为了方便专家讲学，齐老师还安排春季班研究生雷学华师兄接待陈老师，安排郑炳林先生接待孙老师。两位助教引领两位老师从宿舍到教室，也旁听课程（见图4）。“吐鲁番文书概论”和“中国佛教史”这两门课程于1983年6月结束后，齐老师便按照研究生培

---

①教育部高教一司《关于发展敦煌学的建议》，《中国敦煌吐鲁番学会成立大会　一九八三年全国敦煌学术讨论会会刊》，兰州大学编印，1983年，第186页。

②教育部高教一司《关于发展敦煌学的建议》，《中国敦煌吐鲁番学会成立大会　一九八三年全国敦煌学术讨论会会刊》，兰州大学编印，1983年，第186页。

③教育部高教一司《关于发展敦煌学的建议》，《中国敦煌吐鲁番学会成立大会　一九八三年全国敦煌学术讨论会会刊》，兰州大学编印，1983年，第187页。

④《中国敦煌吐鲁番学会筹备会议纪要》，《会刊》，第191-192页。

⑤《中国敦煌吐鲁番学会第二次筹备会议纪要》，《会刊》，第194页。

养计划，派李天石、张宪华两位师兄和我赴敦煌、新疆考察实习。行前，齐老师给敦煌文物研究所的贺世哲老师、新疆社会科学院考古研究所的穆舜英老师、蒋其祥老师写了介绍信，请他们安排我们的实习。

图4　陈国灿、孙浮生老师和兰州大学听课者合影

（从左至右：雷学华、陈国灿、王冀青、孙浮生、张宪华、李天石、郑炳林。摄于1983年5月）

我们外出考察时，与地质地理系魏晋贤教授及其指导的硕士生韩敏、杜芳兰等人结伴而行。韩敏是我在西宁市七一路小学读书时的同班同学，又是我在西宁一中读书时的同级同学，1978年和我一起被兰大录取。魏老师和齐老师都觉得，我们两拨研究生若一起外出考察，可以互相帮助。实际上，我们只是在敦煌一带结伴考察。随后，魏老师他们从星星峡入疆考察，我们三人乘火车入疆考察。

1983年夏季是中国敦煌吐鲁番学的热季，中国中亚文化研究协会的研讨会定于7月22日在乌鲁木齐开幕，中国敦煌吐鲁番学会成立大会定于8月15日在兰州开幕。我们于7月初离开兰州，先到敦煌考察了一个星期，然后前往新疆。我们先在吐鲁番考察了一段时间，然后又在乌鲁木齐逗留了一段时间。在乌鲁木齐逗留期间，我们拿着齐老师的介绍信，拜访了穆舜英老师和蒋其祥老师。穆老师和蒋老师让我们给拜城县文物管理所所长兼县文教局副局长姚士宏先生捎去一封中亚会议的邀请函，并给姚先生写了介绍信，让姚先生在拜城县接待我们，并安排我们考察克孜尔千佛洞。

1983年7月15日，我们乘长途汽车，从乌鲁木齐汽车站出发，经达坂城、托克逊县、库尔勒、轮台县、库车县，于7月19日从库车县到达拜城县城。当晚，我们拜访了姚士宏先生，把穆老师、蒋老师写给他的介绍信以及中亚会议的邀请信都交给了他。姚先生说，他定于7月22日去乌市开中亚会议，之后再去兰州参加敦煌吐鲁番学会成立大会。在和姚先生的交谈中，我提到拙译《犍陀罗佛教艺术》一书，他自然感兴趣，说他与新疆人民出版社很熟，这次去乌鲁木齐开会时，可帮我联系一下出版事宜。我在7月19日的日记中记录说：

"姚士宏先生说，他可以给我联系出版《犍陀罗佛教艺术》一书。他说，他这次去乌市，马上就可以联系出版事宜。我说，书稿在常书鸿先生处。他犹豫地说，东西落在常书鸿手中，就不好办了。我说，回校后再问问。他说，北京历史所有一位搞美术出身的人（指吴焯），也和我一样，正在搞中亚佛教艺术。"这段话的背景是，当时学术界对常书鸿先生有非议，认为他不鼓励他人学术著作的出版。但后来的事实证明，常先生并没有阻拦拙译《犍陀罗佛教艺术》的出版。

1983年7月20日下午，姚士宏先生安排了一辆吉普车，把我们送到克孜尔千佛洞，住进空无一人的招待所。随后几天，我们对克孜尔千佛洞逐窟进行了调查，做了详细的笔记（见图5）。按照原定计划，我们离开克孜尔千佛洞后，还要继续西进，经阿克苏，先去喀什，再去和阗（现称"和田"）。但我们在克孜尔逗留期间，突然收到齐陈骏老师写来的一封信，是通过穆舜英老师、姚士宏先生转交给我们的。齐老师在信中说，中国敦煌吐鲁番学会成立大会开幕在即，学校人手不够，让我们速速放弃去喀什、和阗的考察计划，尽快回兰州帮忙。我们只好在考察了克孜尔千佛洞后，终止西进计划，原路返回。但我们折回库车县后，还是考察了库木吐喇千佛洞、色姆塞姆千佛洞、克孜尔尕哈千佛洞等遗址。随后，我们途经乌鲁木齐，于8月初返回兰大。

图5　我在克孜尔千佛洞考察

（摄于1983年7月21日）

我们返回兰州后，立即奉齐陈骏老师之命，投入学会成立大会的筹备工作中。我忘记了李天石、张宪华两位师兄的任务是什么，而齐老师给我分配的任务是苦差事，让我和由旭声一起，去天水的第二新华印刷厂，赶印《敦煌学辑刊》第4期。据该《辑刊》第4期"发刊词"中说："《敦煌学辑刊》自1980年创刊以来，已出了三期，从这一期起，本刊正式公开发行。"[①]因为这一期《辑刊》要在1983年8月学会成立大会上发给每位代表，故特意选定天水的新华印刷厂以胶印方式印刷。

① 《发刊词》，《敦煌学辑刊》第4期，1983年8月，卷首页。

我和由旭声于1983年8月初从兰州坐火车到天水，住在印刷厂安排的宿舍里，每日盯着《辑刊》的排版、校对、装订等工作。我俩都带着碗勺，每天在街上饭馆里吃饭。中国敦煌吐鲁番学会成立大会于8月15日在兰州开幕，我们于8月16日带着赶印出来的大约200册杂志，回到兰州。凌晨1时从天水北道车站上车时，我背着100册《辑刊》上蹿下跳，扭伤了腰，此后多年落下了腰疼病。我们回到兰州后，将《辑刊》第4期分发给每一位代表，完成了任务。听说，兰大敦煌所计划于2023年内举办一场“纪念《敦煌学辑刊》创刊40周年座谈会”，应该是从我和由旭声负责印刷的《辑刊》第4期算起。这令我不禁想起阔别已久的旭声兄（见图6），又回忆起我们两个“秦人”在秦州天水一起艰苦工作的那段日子。

图6　我（右）和由旭声（左）在炳灵寺石窟前合影

（摄于1983年9月7日）

学会成立大会的代表多住在兰大斜对面的兰州饭店，我们于1983年8月16日返回兰州后，便参加会议的活动，和代表们一起吃饭。记得有一次，姚士宏老师招手让我们去他们桌就餐，我对面坐的是史树青先生。姚老师在饭桌上向史先生介绍我，说我翻译了《犍陀罗佛教艺术》。史先生主动提出，可在北京帮我找出版社。当然，史先生的提议后来没有什么结果。学会成立大会结束后，在姚先生的联系下，我将《犍陀罗佛教艺术》的译稿寄给新疆人民出版社，出版社很快就将其列入出版计划。但因经费、图版等问题，译稿一放就是五六年。

学会成立大会于1983年8月22日闭幕后，在兰州大学举办了一期敦煌学研习班，授课者多为参加学会成立大会的老师，学员多为旁听会议的青年学生。研习班结束后，于9月7日组织学员去炳灵寺石窟参观实习，好几个非研习班成员也一同前往（见图7）。

图7 敦煌学研习班部分学员在刘家峡水库的渡船顶上

（从左至右：宁强、［不可辨识者］、李炜、刘戈［女］、李天石［侧身站立者］、张克非［最远侧面者］、王冀青、高伟。摄于1983年9月7日）

四

中国敦煌吐鲁番学会于1983年8月在兰州成立，是中国敦煌吐鲁番学史上具有里程碑意义的大事。从此以后，敦煌吐鲁番学的两大领域，即对海外藏敦煌、新疆文物的调查、整理、编目、刊布等工作，以及对敦煌、新疆文物内容的研究工作，都具备了坚实的研究平台，敦煌吐鲁番学进入了全新的发展阶段。我本人因为自1978年底开始搜集、翻译斯坦因著作，对海外藏敦煌、新疆文物的外流途径及所有权归属问题日益感兴趣，1985年7月留兰大敦煌学研究所工作以后，决定将自己的研究重点转向海外藏敦煌文物的调查与研究方面，将英藏敦煌文物及斯坦因敦煌考古档案确定为我的科研突破口。在这方面，北京大学的荣新江先生是我的引路人。

荣新江先生是我国内地第一位赴欧洲系统调查敦煌、新疆文物的学者，于1984年9月至1985年7月以访问学者身份，到荷兰莱顿大学汉学院从事了为期10个月的研究工作。荣先生回国前夕，于1985年3—6月间走访了欧洲十余座博物馆和图书馆，系统访查了馆藏新疆、敦煌文物。荣先生回国后，写成《欧洲所藏西域出土文献闻见录》一文（以下简称《闻见录》），以英国、法国、西德、东德、丹麦、瑞典、芬兰为序，介绍了15座图书馆、博物馆的藏品。荣先生《闻见录》首发于《敦煌学辑刊》1986年第1期（总第9期，“一九八五年全国敦煌吐鲁番学术讨论会论文专辑”）①，经我手排印，直接对我产生了巨大影响。

我留校不久，受该《辑刊》专职编辑韩建瓴先生之邀，帮他编印杂志，处理与外文有关的事情，包括目录英译等。中国敦煌吐鲁番学会于1985年8月在乌鲁木齐召开了一场学术讨

① 荣新江：《欧洲所藏西域出土文献闻见录》，《敦煌学辑刊》1986年第1期（“一九八五年全国敦煌吐鲁番学术讨论会论文专辑”），第119-133页。

论会，学会从参会论文中选取28篇，编成两个专辑，其中16篇编入《中国史研究》1986年第1期，12篇编入《敦煌学辑刊》1986年第1期。该《辑刊》1986年第1期在兰大印刷厂基本排版完毕后，学会副会长兼秘书长宁可先生到访兰州，带来荣先生《闻见录》手稿，交给齐陈骏老师，要求补排在这期《辑刊》专辑上。齐先生将《闻见录》交给我，让我速速送去印刷厂补排。我记得，荣先生《闻见录》的手稿写在很薄的稿纸上，并不是整齐誊录的清稿，字里行间穿插着补文，显得比较潦草。手稿中出现很多外文，15座收藏机构后都附有英语、法语、德语、丹麦语、瑞典语、芬兰语等外语的名称，文后53个注释中也出现大量外文书名。那时的兰大印刷厂条件简陋，尚处于“刀耕火种”阶段，需要在车间拣排铅字。排字工董师傅年事已高，拣拾汉文铅字尚可，遇到外文字母则一筹莫展，所以《闻见录》的外文排版工作，不得不由我协助董师傅完成。刚好，我在这期《辑刊》上也穿插发表有一篇译文①，其中出现很多外文，也得由我拣排铅字。兰大印刷厂的外文铅字只有宋体、黑体两种，荣先生《闻见录》中的小标题和正文，我只能在黑体、宋体中切换，尽量确保字母正确。《闻见录》从排版到校对，都由我一人完成，当然就给我留下了极深刻的印象。我后来出国调查敦煌、新疆文物时，将这篇文章撕下来随身携带，成为我的行动指南（见图8）。

图8　我（右）向荣新江先生（左）请教时的合影

（摄于1988年9月23日）

中国敦煌吐鲁番学会成立后，加紧了对海外藏敦煌、新疆文物的调查步伐。1987年，中、英两国政府文化部门签订合作协议，共同对英藏敦煌文献进行整理、摄影，最终目标是由四川人民出版社出版《英藏敦煌文献》影印本。“英藏敦煌文献”项目的中方参与机构是中国敦煌吐鲁番学会、中国社科院历史研究所，英方参与机构是伦敦大学亚非学院、大英博物馆和英国国家图书馆。此后，中国学者分批前往伦敦，对英藏敦煌文献进行整理、摄影工作。齐陈骏老师希望兰州大学也能参与到该国际合作项目中，从1987年开始谋划派人赴伦敦工作之事。

恰好在1987年，由国家教育委员会（教育部）推荐，位于美国纽约市的一个美、加教

① ［匈牙利］葛萨·乌瑞原著，王冀青、李超编译《有关怛逻斯战役前中亚史地的古藏文文书和文献资料》，《敦煌学辑刊》1986年第1期（“一九八五年全国敦煌吐鲁番学术讨论会论文专辑”），第156–169页。

育基金会，即亚洲基督教高等教育联合董事会（United Board for Christian Higher Education in Asia），决定资助中国三所大学的特色学科，即兰州大学的敦煌学、内蒙古大学的蒙古学和延边大学的朝鲜学。当年，联合董事会派员来兰大实地考察，齐老师让我参与双方谈判的全过程，负责双方英文书信的翻译工作。联合董事会要求资助款用于三方面的工作，即派员赴海外研究敦煌文物、出版敦煌学著作、购买敦煌学外文书籍。兰大于1988年得到第一笔资助款项后，齐老师便做出规划，决定派我和郭锋两人利用这笔款项，赴英国参加“英藏敦煌文献”项目。

当年，齐老师还规划了一套5种敦煌学丛书，由甘肃教育出版社出版，将我翻译的《犍陀罗佛教艺术》也收入其中。自常书鸿先生归还《犍陀罗佛教艺术》译稿后，它一直放在新疆人民出版社。甘肃教育出版社决定出版该书后，我托乌鲁木齐的兰大校友党中远将书稿要了回来，然后交给齐老师。1982年翻译《犍陀罗佛教艺术》时，依据的是复印件，图版不清晰。为了解决图版问题，我于1988年去了一趟北京，本想从北京图书馆借出原版书，但馆方说原版已外借多年。我最后只得在北京大学图书馆找到该书的印度影印本，请图书馆工作人员对模糊的照片进行翻拍，最终使《犍陀罗佛教艺术》得以于1989年由甘肃教育出版社出版①。

出国经费得到保证后，齐老师于1988年给在伦敦主持“英藏敦煌文献”项目的宁可先生写信，请宁先生为我和郭锋赴英国工作事宜提供帮助。我本人随后向兰大敦煌所提交了一份个人的研究计划书，主要目标是英藏斯坦因考古档案。在宁先生的帮助下，英国国家图书馆东方收藏品部于1988年12月19日分别给我和郭锋发来邀请函。我们于1989年新年过后起程赴英。从1989年开始，我踏上了满世界寻找斯坦因敦煌、新疆考古档案的漫漫长路，这项工作占据了我的后半生。

① ［英］约翰·马歇儿著，王冀青译《犍陀罗佛教艺术》，甘肃教育出版社，1989年。

湖南敦煌学研究四十年述略

聂志军（湖南科技大学、湖南省语言资源研究基地）
李锦新（湖南科技大学、湖南省语言资源研究基地）

【摘要】 湖南敦煌学研究起步较早，研究领域以语言文字研究见长，敦煌文献整理、汉文佛典研究成果丰硕，具备鲜明的特色；学缘结构多元化，研究团队以湖南师范大学为核心，薪火相传，有完备的人才体系；在敦煌历史学、中外交流史方面存在研究人员不足、研究成果薄弱的问题。

【关键词】 湖南　敦煌学　汉文佛典

自1909年罗振玉发表《敦煌石室书目及其发现之原始》至今，国内敦煌学研究已经走过了114年[①]。经过百年来学者们前赴后继的整理与研究，敦煌学有了极大进步，一方面在于敦煌学研究成果日益丰硕；另一方面体现在敦煌学研究队伍逐渐壮大，人才辈出，并且在一些院校和地区形成了自己的特色，出现了甘肃、北京和浙江等一批敦煌学研究中心。许多学者对地区敦煌学研究进行了阶段性的梳理、总结及展望，如崔富章、黄征（1991）从浙江学者对敦煌学的奠基与开拓、敦煌语言文字学研究、敦煌文学、敦煌石窟、艺术、考古等方面介绍了1909—1990年浙江敦煌学研究的特色[②]。陈友冰（2002）介绍了从20世纪50年代敦煌学起步至21世纪初我国台湾地区50余年敦煌学研究历程及其与大陆相比一些不同的特征[③]。

湖南敦煌学研究是指研究者在湖南工作或学习期间进行的敦煌学研究，离开湖南以后产生的研究成果不再计算在内。湖南敦煌学研究

① 罗振玉：《敦煌石室书目及发现之原始》，《东方杂志》1909年第10期，第42-46页。

② 崔富章、黄征：《浙江敦煌学研究概述（1909—1990）》，《浙江社会科学》1991年第1期，第27-30页。

③ 陈友冰：《台湾五十年来敦煌学研究历程及其特征》，《中国文化研究》2002年第1期，第158-165页。

起步较早，湖南师范学院（现湖南师范大学）的袁庆述作为湖南的代表学员，参加了1983年教育部委托杭州大学古籍研究所所长姜亮夫教授主持举办的我国首届敦煌学讲习班。来自甘肃、新疆、吉林、辽宁、四川、湖北、湖南和浙江八个省（自治区）的高等院校、有关研究机构的讲师和助理研究员们通过一个学期的学习，完成了原定的学习计划，蒋礼鸿等参与了授课，樊锦诗、施萍婷等做了学术报告①。四十年来，湖南敦煌学研究人才辈出，形成了富有地方特色的人才体系和影响力，产生了一系列学术成果，然而尚未有人对湖南敦煌学研究做出全面的梳理总结。

湖南敦煌学研究以湖南师范大学为中心，研究者主要分布在湖南科技大学、湖南大学，研究内容以语言文字研究为主，尤以汉文佛经的词语训诂和考释见长，同时在历史、经济、艺术等领域均有涉及，研究者学缘主要涉及浙江大学、兰州大学、首都师范大学、四川大学、西南大学、南京师范大学等国内敦煌学研究重镇，传承脉络清晰。

一、湖南敦煌学研究的主要领域：语言文字研究

湖南敦煌学研究，首先要介绍的是湖南师范大学的李维琦先生。他研究领域极广，在文字、音韵、训诂、词汇、语法、修辞、文献校勘、词典编纂等领域均有建树。虽未直接研究敦煌文献，但是其学术成果、学术思想和研究方法对后来的敦煌学者有重要影响。李维琦重视佛经材料，自1990年起致力于佛经语词研究，大量使用东汉至隋的汉文佛经做词语考释，“可以说填补了中古汉语词汇研究的空白，为汉语词汇史的断代研究、大型词典的编撰与修订做出了重要贡献”②。在语音研究上，李维琦利用梵汉对音材料研究中古汉语语音，著有《从〈大唐西域记〉汉译梵音看作者的语音（声母部分）》一文③。在词汇研究上，其自建佛经语料库，选取了56部280万字的隋以前佛经进行汉语词汇研究，著成《佛经释词》一书，此后又出版了《佛经续释词》一书④。这两本书共考释佛经词语360余条，且多为新义、新用、新发现，是佛经词语研究绕不过的巨著，为敦煌学研究奠定了基石。

此后，李维琦还先后发表了《隋以前佛经释词》《〈六度集经〉词语例释》《“经行”“应时”与“前却”》《佛经释词再续（六则）》《佛经释词三续》《汉文佛典中的“著”》《考释佛经中疑难词语例说》等一系列与佛经词语相关的论文，出版了《李维琦语言学论集》等著作⑤。李维琦晚年笔耕不辍，2020年发表论文《协通论视佛经一例》，对佛经中“枝掖”一词的释义进行勘误⑥。可以说，李维琦在佛经释词研究上奉献到了生命的最后。

真正对敦煌文书进行研究的湖南学者当属蒋冀骋。蒋冀骋师从敦煌学大家蒋礼鸿教授和郭在贻教授，现任教于湖南师范大学，他在近代汉语和敦煌学研究方面取得了杰出成就。其所著《敦煌文书校读研究》获中国社会科学院青年语言学家奖二等奖，书中不仅纠正了以往

①林加力：《在我校举办的全国首届敦煌学讲习班结业》，《杭州大学学报》1984年第1期，第120页。

②郑贤章：《试论李维琦先生的学术成就、学术思想与治学精神》，《古汉语研究》2021年第4期，第5-21页。

③李维琦：《从〈大唐西域记〉汉译梵音看作者的语音》（声母部分），《古汉语研究》1988年第1期，第20-29页。

④李维琦：《佛经释词》，岳麓书社，1993年；李维琦：《佛经续释词》，岳麓书社，1999年。

⑤李维琦：《李维琦语言学论集》，语文出版社，2011年。

⑥李维琦：《协通论视佛经一例》，《汉字汉语研究》2020年第3期，第112-115页。

校勘中的诸多错误，还提出了识俗字、知俗语、悉音韵、明书写习惯、明当时习俗以及尊重原文六条原则，提出了自己关于校勘理论的见解，在《敦煌变文集》和《敦煌歌辞总编》的校勘方面取得了较大突破[①]。此外，他还发表了《〈敦煌变文集〉校注拾遗》《〈敦煌变文集〉校注拾零》《敦煌释词》《魏晋南北朝汉译佛经语法笺识》《〈敦煌歌辞总编〉校读记》《隋以前汉译佛经虚词笺识》等与敦煌学相关的论文十余篇。2005年，他著成《敦煌文献研究》，汇集了《〈敦煌变文集〉校读记》《〈敦煌变文集新书〉笺识》《读〈敦煌变文集校议〉札记》《论敦煌文书的校理》《王梵志诗用韵考》《敦煌释词》等文章[②]。

蒋冀骋对湖南敦煌学的贡献不仅在于其自身的研究成果，还在于其培养了一批敦煌学研究和佛经语言文字研究方面的学者。他指导郑贤章完成博士论文《〈龙龛手镜〉研究》（2002），指导龙国富完成博士论文《姚秦汉译佛经助词研究》（2003），指导徐朝红完成硕士论文《求那跋陀罗汉译佛经介词研究》（2005）、博士论文《中古汉译佛经连词研究——以本缘部连词为例》（2008），指导张幼军完成博士论文《佛教汉语训释方法探索——以〈小品般若波罗蜜经〉为例》（2007），指导谭翠完成硕士论文《〈唐五代韵书集存〉俗字研究》（2007）[③]。这些学者在日后对敦煌学和佛经研究方面均做出了杰出贡献。

郑贤章一直致力于敦煌学和汉文佛典研究，主要从事汉文佛典疑难俗字考辨与训诂，深耕文字领域。郑贤章主持过“汉文佛典疑难俗字汇释与研究”“汉文佛典与历代字韵书疑难字研究”“历代汉文佛典文字汇编、考释及研究”等多个科研项目。发表有《敦煌音义写卷若干俗字重考》《〈龙龛手镜〉阙失略论》《〈龙龛手镜〉俗字丛考（一）》《疑难字考释》《汉文佛典译音用字考释略例》《汉文佛典疑难字考辨》等与敦煌学和汉文佛典相关的论文50余篇。此外，郑贤章还著有《〈新集藏经音义随函录〉研究》《〈龙龛手镜〉研究》《〈郭迻经音〉研究》《汉文佛典疑难俗字汇释与研究》等多部论著[④]。郑贤章在汉文佛典疑难俗字研究领域取得了累累硕果。

最能体现郑贤章研究成果的《汉文佛典疑难俗字汇释与研究》，是国内首部全面系统研究汉文佛典疑难俗字的论著，书中收集了历代大型字典未收录的、已收录但形音义不详的，且具有研究价值的汉文佛典疑难俗字1429条，遵循“在前人基础上力求每一条考释有一点新发现，或有些新的证据，或有某种新的证明方法”的原则[⑤]。因此，该成果创新性高，内容详尽，具有很高的实用价值。除了收录字条进行汇释，书中还详细论述了汉文佛典疑难俗字的产生原因、产生途径和传承过程，用具体的例子展示了疑难俗字在写本、刻本、佛经音

① 蒋冀骋：《敦煌文书校读研究》，文津出版社，1993年。

② 蒋冀骋：《敦煌文献研究》，湖南师范大学出版社，2005年。

③ 郑贤章：《〈龙龛手镜〉研究》，博士学位论文，湖南师范大学，2002年；龙国富：《姚秦汉译佛经助词研究》，博士学位论文，湖南师范大学，2003年；徐朝红：《求那跋陀罗汉译佛经介词研究》，硕士学位论文，湖南师范大学，2005年；徐朝红：《中古汉译佛经连词研究——以本缘部连词为例》，博士学位论文，湖南师范大学，2008年；张幼军：《佛教汉语训释方法探索——以〈小品般若波罗蜜经〉为例》，博士学位论文，湖南师范大学，2007年；谭翠：《〈唐五代韵书集存〉俗字研究》，硕士学位论文，湖南师范大学，2007年。

④ 郑贤章：《〈龙龛手镜〉研究》，湖南师范大学出版社，2004年；郑贤章：《〈新集藏经音义随函录〉研究》，湖南师范大学出版社，2007年；郑贤章：《〈郭迻经音〉研究》，湖南师范大学出版社，2010年；郑贤章：《汉文佛典疑难俗字汇释与研究》，巴蜀书社，2016年。

⑤ 郑贤章：《汉文佛典疑难俗字汇释与研究》，巴蜀书社，2016年。

义类书以及字韵书中产生、保存、流传的过程，揭示了汉文佛典疑难俗字的传承轨迹，具有很高的理论价值。

在佛经语言文字研究之外，湖南敦煌学也涉猎景教文献、居延汉简，代表人物有聂志军、赵家栋、秦凤鹤、李洪财。聂志军发表有《景教碑书写者吕秀岩官衔中的“前行”辨正》《唐代景教写经中的讹误字例释》《唐代景教写经中的疑难俗字例释》等有关景教语言文字的论文9篇，著有《唐代景教文献研究》。在景教研究上回归文本，从语言学角度对景教文献中的疑难俗字、讹误字进行考证，纠正了以往历史学者、宗教学者的错误解读①。秦凤鹤发表有《敦煌马圈湾汉简释文校读记》《〈居延新简集释（一）（二）〉校读》《〈居延新简集释（四）（五）（六）〉校读》②。以汉简为研究对象，吸收敦煌学、古文字学与文献学的最新研究成果，发掘现有图版漏收文字，准确、全面释录文献，力求补充更多甘肃河西、敦煌史地信息，纠正前人研究的一些不准确结论。李洪财自2014年进入湖南大学中国史博士后流动站，参加整理岳麓书院藏秦简，2016年出站并受聘为岳麓书院助理教授，主要从事敦煌汉简和长沙走马楼汉简的整理与研究，其间发表《谈谈汉简草字的考释方法》《敦煌马圈湾汉简草书释正》《汉简中与重文号相关的几个问题》《肩水金关汉简中的书信简校释》等论文20余篇。在这些论文中，李洪财对汉简中的误释字词进行补证勘误，并通过案例归纳总结考释方法，为识读、考释秦汉简中的疑难字提供了便利③。

除了这些一直扎根于湖南本土的学者，还有许多研究者在湖南工作期间为敦煌学研究做出了贡献。赵家栋于2005年至2010年间任教于湖南科技大学，其间在《中国语文》等刊物上发表《〈敦煌变文校注〉识读语词散记》《〈燕子赋（二）〉中“诸问”考辨》《敦煌本〈文选注〉字词考辨》等论文④。赵家栋主要从事敦煌文书语词的训诂考辨，也涉足景教研究，与聂志军合著的《浅论唐代景教文献的整理与研究》一文对唐代景教文献的研究现状进行了梳理，总结了传统训诂法、定量统计法、经文互证法等研究唐代景教文献的方法，指出中国的语言学工作者必须重视对唐代景教文献的整理，特别是抓住《大秦景教宣元至本经》经幢新近出土的契机，取得景教研究的中心地位⑤。陈秀兰2000年至2008年任教于湖南师范大学，其间在《中国语文》《古汉语研究》等期刊发表论文7篇，包括《敦煌变文词语札记》《〈六度集经〉词语札记》《魏晋南北朝文词语札记》《从常用词看魏晋南北朝文与汉文佛典语言的差异》《敦煌变文校读札记》等，出版专著《敦煌变文词汇研究》《魏晋南北朝文与汉

① 聂志军：《唐代景教文献研究》，中国社会科学出版社，2016年。

② 秦凤鹤：《敦煌马圈湾汉简释文校读记》，《中国文字研究》2018年第1期，第94-97页；秦凤鹤：《〈居延新简集释（一）（二）〉校读》，《湖南科技大学学报》2019年第5期，第139-142页；秦凤鹤：《〈居延新简集释（四）（五）（六）〉校读》，《敦煌研究》2019年第4期，第117-120页。

③ 李洪财：《谈谈汉简草字的考释方法》，参见复旦大学出土文献与古文字研究中心网站，网址为http://www.fdgwz.org.cn/Web/Show/4786；李洪财：《汉简中与重文号相关的几个问题》，《文献》2023第1期，第30-43页；李洪财：《谈谈肩水金关汉简过所文书中的释字问题》，《汉字汉语研究》2023第1期，第44-54页、第126页。

④ 赵家栋、付义琴：《〈敦煌变文校注〉识读语词散记》，《中国语文》2008年第3期，第273-275页；赵家栋：《〈燕子赋（二）〉中“诸问”考辨》，《中国语文》2010年第1期，第88-89页；赵家栋：《敦煌本〈文选注〉字词考辨》，《宁夏大学学报》2010年第3期，第13-17页。

⑤ 赵家栋、聂志军：《浅论唐代景教文献的整理与研究》，《古籍整理研究学刊》2011年第6期，第8-13页。

文佛典语言比较研究》①。陈秀兰的主要领域为汉语史和佛教经典的梵汉对勘研究，擅用数理统计法研究语言现象。

二、与敦煌语言文字学相辅相成的佛经语言文字研究

目前公布的敦煌遗书总数约六万卷，其中佛经约占90%，因此，对佛经的研究，尤其是佛经文字、语词和语法的研究对于推进敦煌语言文字学具有不可忽视的作用。以《汉文佛典疑难俗字汇释与研究》为例，不仅以敦煌写本为研究材料，还大量援引《中华大藏经》《高丽大藏经》等佛经和《玄应音义》《可洪音义》《龙龛手镜》等佛经音义类书。由此可见，敦煌语言文字学研究不是孤立进行的，而是汉文佛典语言文字研究的一部分，要同其他佛教典籍和佛经音义类书相互印证、相互补充才能获得长足发展。

汉文佛典语言文字研究也是湖南的特色领域，湖南的土地上培养了一批优秀学者。他们或继续扎根湖南，或走向全国，为汉文佛典研究贡献力量。龙国富在硕士研究生和博士研究生期间师从李维琦、蒋冀骋，在汉语历时语法、方言语法比较研究等方面均有建树，尤以佛经语言接触与翻译研究、汉文佛经语法研究见长。龙国富曾主持过“佛经语言研究”“魏晋南北朝东晋佛经语法研究”“妙法莲华经虚词语法研究”等多个项目。在湖南工作学习期间发表《姚秦汉译佛经助词研究》《略论汉译佛经的思想文化——兼论佛教伦理与湖湘伦理的融合》《〈阿含经〉“V+（O）+CV”格式中的“已”》《姚秦译经中疑问句尾的“为”》等多篇论文，著有论著《姚秦译经助词研究》，与曹广顺、梁银峰合著《〈祖堂集〉语法研究》②。龙国富不是从训诂角度，而是从语法角度研究佛经语言，发现并研究了中古佛经和译经中一系列新的虚词和语法现象。

唐贤清在佛经语言文字研究领域的研究方向为佛教文献副词研究，发表论文《佛教文献三音节副词特点及产生、衰落的原因》，出版论著《东汉三国佛教文献副词研究》，以东汉至三国时期佛教文献中的副词为切入点，旨在通过对特殊现象的描写与解释展示副词研究的复杂性，从而对汉语副词形成全面认识③。唐贤清的研究特色在于注重构建“古方普民外”的立体研究范式，善于利用方言、民族语言、境外语言等研究材料。张幼军的研究领域为《道行般若经》和《小品经》，对经文中的语词进行考释训诂，从中总结佛教汉语训释方法，著有论文《用对勘法考释〈小品经〉中的一些词语》《鸠摩罗什译〈小品经〉之三“不失本”》《〈道行般若经〉中“枝掖”“形”义考》等，出版著作《佛教汉语训释方法探索：以〈小品般若波罗蜜经〉为例》《道行般若经训诂研究》④。徐朝红在佛经语言文字方面的研究成果有《汉译佛经中并列连词“亦”的历时考察及来源再探》《汉译佛经本缘部特殊连词研究》《中古汉译佛经连词研究——以本缘部连词为例》⑤。徐朝红的研究领域为汉语连词，总结了中古本缘部特殊连词的特征和类型，归纳出了连词的构词形式并

① 陈秀兰：《敦煌变文词汇研究》，四川民族出版社，2002年；陈秀兰：《魏晋南北朝文与汉文佛典语言比较研究》，中华书局，2008年。

② 龙国富：《姚秦译经助词研究》，湖南师范大学出版社，2004年。

③ 唐贤清：《东汉三国佛教文献副词研究》，商务印书馆，2021年。

④ 张幼军：《佛教汉语训释方法探索：以〈小品般若波罗蜜经〉为例》，湖南师范大学出版社，2008年；张幼军：《道行般若经训诂研究》，知识产权出版社，2019年。

⑤ 徐朝红：《中古汉译佛经连词研究——以本缘部连词为例》，博士学位论文，湖南师范大学，2008年。

分析其形成原因和发展规律。

三、敦煌学其他领域研究

除了语言文字研究，湖南敦煌学研究者也在历史、美术、哲学、宗教学、经济学等方面取得了诸多成就。历史学方面，湖南科技大学金身佳立足敦煌写本葬书，研究古代敦煌民间丧葬的民风民俗，并探究古人的思想文化，取得了一系列成果。发表论文有《敦煌写本葬书中的六甲八卦冢法》《敦煌写本P.2831〈卜葬书〉中的麒麟、凤凰、章光、玉堂》《敦煌写本葬书中的古代敦煌丧葬风俗》《敦煌写本宅经葬书与古人的天人合一理念》等。出版论著《敦煌写本宅经葬书校注》《敦煌写本宅经葬书研究》，给敦煌风水文献分类定名，全面梳理敦煌写本宅经葬书中的房屋修造风俗与丧葬风俗史料，解读其中蕴含的哲学理念①。湖南师范大学伍成泉、段晓娥发表论文《敦煌本〈老子说法食禁诫经〉研究》（2008）②。该文以敦煌本《老子说法食禁诫经》为研究对象，分析文本内容，考据思想来源，推断其产生年代，探究魏晋时期道教徒服饵行气的风尚。

经济学方面，湖南大学陈敏着眼于敦煌寺院的会计文书，发表论文《敦煌会计文书的史料价值研究》（2009）、《敦煌会计文书中的非营利组织财务管理思想探析》（2011），著有《唐五代宋初敦煌寺院会计制度研究》（2012）③。这些研究梳理了敦煌会计文书在经济、社会关系、契约制度、户籍制度、佛寺关系、会计研究等领域的史料价值，系统研究了敦煌寺院会计的记账要素、记账方法和账务系统，为敦煌学研究提供了新的视角和领域。

艺术方面，湖南敦煌学研究包括壁画、纹样和音乐等。苏丰的《武则天时期意识形态关照下的云纹纹饰——以敦煌329窟“夜半逾城”为例》（2017）一文围绕敦煌武则天时期开凿的代表性石窟第329窟中的壁画“夜半逾城”展开讨论，深入探究这一特殊历史时段中意识形态对中国传统云纹文化的深刻影响④。湖南师范大学吴卫和向静雯的《南北朝时期敦煌壁画忍冬纹样探析》（2020）一文以敦煌壁画中的忍冬纹造型为研究对象，探究敦煌壁画装饰纹样的来源与发展，总结其美学规律⑤。该文采用文献研究法、计算机绘图法和比较研究法，从具体的忍冬纹样题材入手，对南北朝时期敦煌壁画上两种类型的忍冬纹单独纹样和连续纹样进行梳理，从忍冬纹的造型特征探析其美学规律，以及探索敦煌壁画装饰纹样的创作手法与构成规律，以期对现代设计具有实际的借鉴和指导作用。

由此可见，湖南敦煌学研究不仅局限于单一院校、单一领域、单一视角，而且呈现出百花齐放、百家争鸣的特点，深耕于语言文字学的同时，在历史、美术、哲学、宗教学、民俗学、经济学等领域均有诸多成果。

---

① 金身佳：《敦煌写本宅经葬书校注》，民族出版社，2007年；金身佳：《敦煌写本宅经葬书研究》，甘肃文化出版社，2021年。

② 伍成泉、段晓娥：《敦煌本〈老子说法食禁诫经〉研究》，《敦煌学辑刊》2008年第3期，第107-118页。

③ 陈敏：《唐五代宋初敦煌寺院会计制度研究》，博士学位论文，湖南大学，2012。

④ 苏丰：《武则天时期意识形态关照下的云纹纹饰——以敦煌329窟“夜半逾城”为例》，《装饰》2017年第7期，第130-131页。

⑤ 吴卫、向静雯：《南北朝时期敦煌壁画忍冬纹样探析》，《装饰》2020年第6期，第124-125页。

结语

湖南敦煌学发展态势良好，一方面在于历代研究者砥砺前行，笔耕不辍；另一方面在于国家社科基金项目的资助。近十五年来立项的项目有“汉文佛典疑难俗字汇释与研究”“汉文佛典与历代字韵书疑难字研究”“历代汉文佛典文字汇编、考释与研究”“日本杏雨书屋藏《敦煌秘笈》社会历史文献整理与研究”等八项，前文所述的许多研究成果都是出自这些项目。

从特点上看，湖南敦煌学研究的第一个特点是主次分明，有自己的优势学科，研究成果不是分散的、随机的，而是密集的、相关的。第二点在于研究内容以佛经语言文字，尤其是以疑难俗字的训诂考证为主，充分发挥朴学的优良传统，立足文本、注重实证。第三点在于发展脉络清晰，有良好的学术传承。尽管如此，湖南敦煌学研究仍有不足之处，有关历史学、哲学、社会风俗研究方面的成果增长较少，近十年来少有突破性进展和重大项目立项。

习近平总书记曾在敦煌研究院的讲话中指出，“研究和弘扬敦煌文化，既要深入挖掘敦煌文化和历史遗存背后蕴含的哲学思想、人文精神、价值理念、道德规范等，推动中华优秀传统文化创造性转化、创新性发展，更要揭示蕴含其中的中华民族的文化精神、文化胸怀和文化自信”[①]。近年来，敦煌学受到越来越多的关注，逐渐由“冷门”转向“热门”，相信湖南敦煌学研究这条涓涓细流也将逐渐壮大，为全国敦煌学乃至世界敦煌学的发展注入活力。

---

① 樊锦诗：《保护传承敦煌文化　增强中华文化自信》，《求是》2020年第4期，第60-69页。

《甘肃藏敦煌藏文文献》出版纪要

曾晓红（上海古籍出版社）

【摘要】 敦煌古藏文文献是研究吐蕃历史文化的第一手文献资料，其中甘肃省为敦煌古藏文文献三大主要收藏地之一。继《法藏敦煌藏文文献》《英藏敦煌西域藏文文献》之后，《甘肃藏敦煌藏文文献》（总31册）陆续出版，首次披露了甘肃省公私收藏的敦煌莫高窟藏经洞出土的6669号藏文文献的高清全彩图版，其出版意义重大。本文简要梳理《甘肃藏敦煌藏文文献》的出版背景及研究概况，简述丛书的出版过程、主要内容及价值意义，以期为学界研究提供相关资讯。

【关键词】《甘肃藏敦煌藏文文献》《法藏敦煌藏文文献》《英藏敦煌西域藏文文献》 上海古籍出版社 出版

一、背景概述

吐蕃王朝是中国历史上由藏族先民雅隆部落建立起来的一个横跨青藏高原、地域辽阔的奴隶制国家。通过历代赞普连年武力扩张，松赞干布时期，吞并了青藏高原上的大多部落邦国，建立起强大的吐蕃王朝。

据新、旧《唐书》之《吐蕃传》记载，唐太宗贞观八年（634），松赞干布遣使到唐朝朝贡，之后复遣使求婚。贞观十五年（641），太宗以文成公主嫁予松赞干布。文成公主入藏是汉藏关系史中的一件大事，对吐蕃社会产生了巨大影响。

据藏文史书记载，文成公主入藏，带有大批佛教经典和医学、工艺方面的书籍，随行还有不少工艺人员，以此为契机，吐蕃社会开始学习儒家经典，引进中原文化，加强与唐王朝的交流，有力地推动了吐蕃文明的进步。

公元650年，松赞干布去世，其孙芒松芒赞时期，禄东赞及其诸子专权，继续扩张，与唐王朝在河湟地区及安西四镇等处时有争战，各有胜负。7世纪末期，地处丝绸之路重镇的敦煌，因其连接西域和中原的河西走廊战略要地的重要地位，多次遭到吐蕃的侵袭。《沙州刺史李无亏墓志》即记载了羽林禁军军将李无亏于载初元年（689）和延载元年（694）两度抗击吐蕃进犯的军事行动。此时，吐蕃与唐朝在争夺西域及河湟谷地的战争中未占上风，河西走廊地区为唐朝所牢牢掌握。

唐中宗时期，年仅七岁的赤德祖赞（704—754年在位）即位，吐蕃再度遣使请婚，中宗以邠王李守礼之女金城公主嫁之。唐蕃再度联姻，加速了吐蕃经济文化的发展，又得河西九曲之地为公主汤沐之所，为吐蕃与唐朝争夺河西陇右地区提供了极大便利。

公元755年，安史之乱爆发，驻守河陇西域的唐军东调平叛，吐蕃对此地觊觎已久，乘机大举入侵。凉州、甘州、肃州、瓜州先后陷蕃。沙州（敦煌）为丝路重镇、佛教圣地，吐蕃志在必得，但遭到敦煌军民的英勇抗击，在攻打敦煌11年之久后，即公元786年，敦煌被吐蕃占领①。

从公元756年到9世纪初，吐蕃王朝占领了唐朝以及西域的大片领土，将地处中西交通要道上的敦煌纳入管辖和治理范围，此地一度成为吐蕃王朝的文化中心和军事重镇。吐蕃以此为基地，派驻军队，设置官吏，推行一系列军政改革，代替唐朝担负起保护和管理中西经济文化交流的通道——丝绸之路的任务。吐蕃大兴佛教，高级僧侣获准参与政事，吐蕃官员及世家大族热衷于建窟造寺，布施财物，寺院、僧尼数量大增，完备的僧官体系有效管理着各地僧团。译经、写经、讲经大盛，昙旷、摩诃衍、法成等汉藏高僧大德人才辈出，吐蕃太子、僧相钵阐布、王妃等都曾到敦煌等佛教圣地礼佛并处理政务，并在敦煌组织和主持了佛经的翻译、抄写和传播事业。这一时期，汉藏文化交流全面展开，一些汉文儒学典籍和历史、文学、占卜、宗教经典被译为吐蕃文广为流传。

公元836年，赞普朗达玛即位，推行限制和打击佛教的一系列措施，激化了社会矛盾，于842年被射杀。此后，吐蕃内乱，敦煌大族张议潮乘机率众起义，于848年收复瓜、沙二州，建立起归义军政权，并陆续收复伊、西、甘、凉等州。869年，吐蕃爆发奴隶大起义，吐蕃王朝最终灭亡。吐蕃对河陇西域的统治虽然最终瓦解，但其统治对这一地区的政治、经济、文化、宗教的发展影响深远。在吐蕃统治敦煌结束后的很长一段时间里，吐蕃的各项制度部分得以承袭，吐蕃文仍然是官私文书的使用语言之一，吐蕃语也成为晚唐五代直至北宋时期河陇西域地区的通用语言。

由于朗达玛灭佛对文献的毁灭性打击，加之传世史籍对吐蕃统治河陇西域的历史甚少记载，这段历史一直湮没无闻。1900年，敦煌莫高窟藏经洞被发现，其中出土了大量这一时期的汉、藏文书，为我们一窥吐蕃王朝的历史提供了契机。敦煌藏经洞发现的古藏文文献主要属于吐蕃统治敦煌时期，这一时期大致涵盖了藏传佛教“前弘期”和西藏历史“前弘期”的范畴，这些文献种类有佛教经典、历史著作、契约文书、政事文书、法律条文、占卜、传说故事、苯教仪轨、文学著作、翻译著作、书信等，涉及吐蕃的历史、政治、经济、文化、宗

① 吐蕃占领敦煌的确切时间，学界有代宗大历十二年（777）、德宗建中二年（781）、贞元元年（785）、贞元二年（786）、贞元三年（787）、贞元四年（788）的争论，但目前多以贞元二年（786）为学界所接受。相关学术史可参见金滢坤：《敦煌陷蕃年代研究综述》，《丝绸之路》1997年第1期，第47-48页；陆离：《敦煌的吐蕃时代》，甘肃教育出版社，2010年，第17-18页；郑炳林、郑怡楠辑释《敦煌碑铭赞辑释》（增订本）之“敕河西节度使兵部尚书张公德政之碑”注释2，上海古籍出版社，2019年，第167-171页。

教、文字等诸多方面。作为已知现存的最古老的纸质藏文文献，这批文献是解读吐蕃历史、文化、宗教、社会等方面最权威的资料，被称为“破解吐蕃历史之谜的一把钥匙”，对于研究中古时期汉藏文化交流、研究丝绸之路沿线中亚文明的交流和融合也具有重要价值。遗憾的是，藏经洞开启之日，中国正积贫积弱，敦煌古藏文文献和其他敦煌文书一样，在出土之后先后遭到各国探险家的劫掠，分藏于世界各地。据学者们统计，英国国家图书馆藏1400余号、法国国家图书馆藏约3174号、中国甘肃收藏6672余号，是敦煌古藏文文献的三大收藏主体。

甘肃藏敦煌藏文文献主要来源于各国探险家的劫余部分。1907年、1908年，斯坦因、伯希和盗取敦煌遗书后，莫高窟藏经洞为世人所知，引起了我国学者的广泛关注并开始研究。当时的甘肃省学台、金石学家叶昌炽建议甘肃省当局将藏经洞全部文物运送兰州保管。1920年，甘肃省教育厅指令敦煌知县，“将该项番字经卷，悉数运送来省，交由省图书馆保存”，并派人会同敦煌县地方政府对剩余的藏文写经进行了全面清理。

据记载，当时从莫高窟藏经洞内清理出藏文经卷94捆，重440余斤；带夹板经书11打，重1744斤。当时运往兰州移交甘肃省公立图书馆（今甘肃省图书馆）保管的仅一小部分，即卷式写经“一捆四斤”（约10卷），梵夹写经“一打六十六斤”（1000多页），剩余的藏文经卷则交由莫高窟寺院和敦煌民众教育馆分别保存。1950年，这批文献移交敦煌县文化馆（今敦煌市博物馆）保存。至于前文提及之94捆重440余斤的藏文经卷，除运至兰州的“一捆四斤”外，其余未见相关记载。

二、研究简况

法藏、英藏、甘藏三大宗敦煌古藏文文献，其中英藏斯坦因收集的藏文文献，1962年由瓦雷·普散编为《印度事务部图书馆藏敦煌藏文写本目录》出版。此后，日本东洋文库1977—1988年出版了《斯坦因搜集藏语文献解题目录》1—12册[①]。法藏伯希和收集的藏语文献，拉露分别于1939年、1950年、1961年出版了三卷本《国立图书馆所藏敦煌藏文写本注记目录》；其后，王尧先生在拉露目录基础上编成《法藏敦煌藏文文献解题目录》，出版于1999年；王龙主编《法国国家图书馆藏敦煌藏文文献目录题解全编》并于2021年出版[②]。甘肃藏敦煌藏文文献，则直到2011年9月，才由敦煌研究院敦煌文献研究所所长马德研究员主编出版了《甘肃藏敦煌藏文文献叙录》[③]。

对甘肃省内各地所藏敦煌藏文文献的研究编目，早期成果较少。自1978年以来，国内专家学者先后进行了调查和整理。如黄文焕先生曾对敦煌、酒泉、张掖、武威以及兰州等地所藏吐蕃文书进行调查与整理[④]。张广达、陈庆英先生关注到敦煌市博物馆所藏的一份编号

① L.de la Vallee Poussin, *Catalogue of the Tibetan Manuscripts from Tun-huang in the India Office Library*, London: Oxford University Press, 1962.《斯坦因搜集藏语文献解题目录》(1-12册)，东洋文库，1977—1988年。

② Marcelle Lalou, *Inuentaite des manusctitas de Touen-houang consetés a la Bibliothèque Nationale*, 3 tomes, Paris, 1939, 1950, 1961；王尧、陈践：《法藏敦煌藏文文献解题目录》，民族出版社，1999年；王启龙主编《法国国家图书馆藏敦煌藏文文献目录解题全编》，广西师范大学出版社，2021年。

③ 马德主编《甘肃藏敦煌藏文文献叙录》，甘肃民族出版社，2011年。

④ 黄文焕：《河西吐蕃文书简述》，《文物》1978年第12期；黄文焕：《河西吐蕃经卷目录跋》，《世界宗教研究》1980年第2期；黄文焕：《河西吐蕃卷式写经目录并后记》，《世界宗教研究》1982年第1期。

为033610-336/10074/74的吐蕃驿递文书[①]。黄颢对敦煌莫高窟北区石窟出土的藏文文献加以译释研究[②]。黄维忠对甘博10565号等8—9世纪藏文发愿文曾有专题研究，并对国内藏敦煌藏文文献的整理与研究情况撰文回顾[③]。张延清先利用甘藏等敦煌藏文文献探讨了藏文写经活动的起止时间、写经生结构、法成及其校经目录、吐蕃王妃贝吉昂楚及其敦煌校经题记、佛经中的报废经页等问题[④]。

对甘肃藏敦煌藏文文献的研究编目，最主要的是敦煌研究院马德的团队成果。

2004年以来，敦煌研究院组建由敦煌文献研究所所长马德研究员担任负责人的“甘肃各地藏敦煌藏文文献整理研究”课题组，对甘肃省内各地所藏敦煌莫高窟藏经洞所出的藏文文献进行全面调查与整理。

2006年，“甘肃藏敦煌藏文文献整理研究”（项目编号06JJD870004）被批准为兰州大学敦煌学研究所教育部人文社会科学重点研究基地重大项目，进一步推进了项目的深入开展。这一时期，得益于上述课题的逐步开展，研究人员有机会全面检索甘藏敦煌藏文文献，发表了甘肃各收藏单位收藏的藏文文献的一些重要的编目定名成果[⑤]。2006年，马德发表《甘肃藏敦煌藏文文献概述》[⑥]一文，分“入藏情况略述”“基本内容”“主要收获”和“文献价值”四个部分，对甘肃各地收藏的敦煌藏文文献加以介绍。文中对甘肃藏敦煌藏文文献的入藏来源情况加以追溯，介绍了新见的兰山范氏收藏品钤有汪宗翰藏书印的重大收获，为敦煌文献的早期流散历史提供了宝贵的史料。最丰富的敦煌市博物馆藏梵夹式经页《十万般若颂》，文中将其分为“报废经叶”“原标明部类和页码之经叶”“无部类和有页码经叶”三类加以叙

① 陈庆英、端智嘉：《一份敦煌吐蕃驿递文书》，《社会科学》1981年第3期，第77-81页；张广达：《吐蕃飞鸟使与吐蕃驿传制度——兼论敦煌行人部落》，《敦煌吐鲁番文献研究论集》，中华书局，1982年，第167-178页；收入《西域史地丛考初编》，上海古籍出版社，1995年，第175-187页；《张广达文集文书典籍与西域史地》，广西师范大学出版社，2008年，第215-225页。

② 黄颢：《敦煌莫高窟北区石窟出土藏文文献译释研究》（1-3），载《敦煌莫高窟北区石窟》第1-3卷，文物出版社，2000—2004年。

③ 黄维忠：《8—9世纪藏文发愿文研究——以敦煌藏文发愿文为中心》，民族出版社，2007年；黄维忠：《国内藏敦煌藏文文献的整理与研究回顾》，《敦煌学辑刊》2021年第3期。

④ 张延清：《张议潮与吐蕃文化》，《敦煌研究》2005年第3期；张延清：《简析敦煌古藏文经卷的抄写年代》，《敦煌研究》2007年第2期；张延清、谢尔萨：《敦煌藏文写经生结构分析》，《丝绸之路民族古文字与文化学术讨论会文集》（上），三秦出版社，2017年；张延清：《翻译家校阅大师法成及其校经目录》，《敦煌学辑刊》2008年第3期；张延清：《敦煌古藏文佛经中的报废经页》，《西藏研究》2009年第1期；张延清：《吐蕃王妃贝吉昂楚及其敦煌校经题记》，《西藏民族学院学报》2009年第5期。

⑤李淑萍、黄维忠：《敦煌市档案局所藏藏文写经定名》，《敦煌学辑刊》2002年第2期；王南南、黄维忠：《甘肃省博物馆所藏敦煌藏文文献叙录》（上），《中国藏学》2003年第4期；俄军：《甘肃省博物馆藏敦煌藏文文献补录》，《敦煌研究》2006年第3期；张延清、梁旭澍、勘措吉、郭俊叶：《敦煌研究院藏敦煌古藏文写经叙录》，《敦煌研究》2006年第3期；孙宏武、寇克红：《张掖甘州区、高台县两博物馆藏敦煌藏文〈大乘无量寿经〉简介》，《敦煌研究》2006年第3期；张耀忠：《酒泉博物馆古藏文〈大乘无量寿经〉叙录》，《敦煌研究》2006年第3期；邰惠莉、范军澍：《兰山范氏藏敦煌写经目录》，《敦煌研究》2006年第3期；勘措吉、黎大祥：《武威市博物馆藏敦煌藏文写本》，《敦煌研究》2006年第3期；曾雪梅、张延清：《甘肃省图书馆藏敦煌梵夹装藏文写经考录》，《中国藏学》2008年第3-4期；张延清、李晓红：《麦积山石窟艺术研究所藏古藏文经卷考录》，《敦煌研究》2009年第5期。

⑥ 马德：《甘肃藏敦煌藏文文献概述》，《敦煌研究》2006年第3期。

述，指出甘肃藏敦煌藏文文献的价值、意义，着重于“敦煌吐蕃时期的写经情况及写经校经制度问题”“重要的人物活动”“社会文书”“一些重要的历史人物的写经、校经题记及相关记载”的珍贵史料价值和对文献定年的重要价值。

2010年，马德在“百年敦煌文献整理研究国际学术讨论会”上提交了题为《敦煌藏文文献的研究的几个问题》[①]的论文。

2011年9月，马德主编《甘肃藏敦煌藏文文献叙录》出版，至此，甘肃藏敦煌藏文文献才有了完整、系统的编目。全书按收藏单位分篇，每篇开头简单介绍收藏单位和收藏情况，以目录形式记录了甘肃省内19家单位和一家私人所藏的6672号敦煌藏文文书。正文部分列文献编号、现状描述、首题、中间品题、尾题、题记、杂写等，部分藏文文书并著录录文、汉文译文、来源记录、其他等各项。

2012年7月，《甘肃藏敦煌藏文文献》[②]大型图录由上海古籍出版社申报，经全国古籍整理出版规划领导小组批准列入“2010—2020国家古籍整理出版重点项目（第294号）”“国家‘十三五’重点图书出版规划”。2012年10月，以马德研究员为首的敦煌文献研究所在多年工作的基础上，竞标“敦煌遗书数据库建设”，作为国家社会科学基金重大招标项目被批准立项，甘肃藏敦煌藏文文献的数字化工作与图录编辑的前期部分工作同步进行。2015年5月，敦煌研究院和上海古籍出版社正式启动图录的编纂出版工作，并于2016年4月获批国家出版基金资助项目。自2016年12月起至2022年7月，《甘肃藏敦煌藏文文献》图录31册陆续出版。

从2004年算起，经历了十几年连续不断地编辑、整理和研究，在各方面的共同努力和支持下，《甘肃藏敦煌藏文文献》图录终于问世了。《甘肃藏敦煌藏文文献》首次披露了甘肃省12家单位收藏的敦煌莫高窟藏经洞出土的6669号藏文文献图版。本图录收入图版总量25000余幅，采用全彩高清图版，双语定名，体例完备，查阅方便，为研究吐蕃历史文化等相关课题提供了重要的文献支撑。

三、出版过程

敦煌莫高窟出土的藏文文献，是公元7—9世纪时吐蕃治理下的敦煌和陇右地区的政治、经济、军事、文化、宗教、民族关系等方面的详细记录，是藏族早期历史最丰富、最系统的文献资料。甘肃各地收藏了这批文献中的大部分。敦煌藏经洞藏文文献出土已经120年，但甘肃各地所藏这批文献，直到2011年才以《甘肃藏敦煌藏文文献叙录》出版，以目录的形式介绍了这批文献的收藏情况。学界亟须公布甘藏敦煌藏文文献的图版，以进一步推动研究的深入。在此背景下，《甘肃藏敦煌藏文文献》图录的出版工作被提上了议事日程。

2016年，《甘肃藏敦煌藏文文献》大型图录出版项目获得国家出版基金资助后，正式启动编辑出版工作。该图录由敦煌研究院、甘肃省文物局及各收藏单位联合编纂。由编纂方和出版方联合组成的项目组经过多轮磋商、详细论证，制定了完备的出版方案。在制定体例时，要求每张图版均用汉、藏双语编写定名说明，因此，需对全部文献进行双语定名。学术

① 马德：《敦煌藏文文献的研究的几个问题》，载《百年敦煌文献整理研究国际学术讨论会论文集》，2010年。

② 敦煌研究院、甘肃省文物局等编《甘肃藏敦煌藏文文献》（全31册），上海古籍出版社，2016—2022年。

团队既要熟悉敦煌文献，又要精通藏文，同时对佛学也要深入了解，这一专业要求非常高。为此，担任丛书主编的敦煌研究院文献研究所马德研究员、勘措吉研究员，组建了一支包括马德、勘措吉、万玛项杰、盛岩海、万玛才让、索南达杰、隆英忠、才项多杰、斗本加、昂却本、扎西拉杰、叶旦才让等在内的科学合理的科研编纂队伍。团队成员各有所长，既具有丰厚的学术积淀，又具有丰硕的研究成果；既有汉族学者，也有藏学专家；既有经验丰富的文献研究专家，也有数字图片专业拍摄的高级摄影师；除了敦煌研究院的专业研究人员外，还有收藏单位的相关专家参与。编纂团队对甘藏敦煌藏文文献进行编辑、整理、研究，定名工作精益求精，考订工作慎之又慎。专家们还充分利用藏学、文献学、数据库检索等学科成果，充分发挥现代高科技的优势，在较短时间内保质保量完成文献拍摄及吐蕃文献定名等整理研究工作。

文献的定名在马德主编《甘肃藏敦煌藏文文献叙录》（2013年12月获中国藏学研究“珠峰奖”）的基础上进行。依托敦煌研究院强大的数字化团队，项目全程采用高清数字拍摄，成果全彩印刷。因牵涉收藏单位众多，文献拍摄需要沟通诸多环节。正式拍摄时还需跟收藏单位预约协调，做好搬运各种专业设备等准备工作。数字图片的专业拍摄技师们带着笨重的摄影器材，辗转奔走在各收藏单位，完成了25000余幅文献图版的数字化全彩影像采集及后续图版的补拍工作，为项目高质量出版提供了保障。编纂团队历经十数年，他们的认真、热忱、辛勤工作，对于古代藏文文献的解读和学术研究质量的提升，具有十分重要的意义，也为项目打造成精品奠定了基础。

为更好地还原文献，编者团队和出版方联合制定了严格的编纂体例。图录所收内容为各收藏单位收藏的所有敦煌藏文写本，按各收藏单位的现行编号编排。收藏地及编号一般采用收藏单位的汉字简称与汉语缩写表示，如“敦研Dy.t.001”，即敦煌研究院藏藏文写本第1号；t表示藏文写本。也有采用收藏单位的英文首字母缩写与汉语缩写表示，如“甘图GL.t.001”，即甘肃省图书馆藏藏文写本第1号；t表示藏文写本。文献双面书写的，正面用R（Recto）表示，背面用V（Vetso）表示；背面无字者省略。卷轴装写本分切裁剪，以横栏分栏编排。在标题后括注的数字如“（3-1）”“（3-2）”等分别表示本号共有3幅图，本图为第1幅和第2幅。全书文献采用汉-藏双语定名。文献的定名，如原卷有标题者（包括各种不同写法），为保持原貌，依原文照录；如无标题者，依照内容拟题。文书定题参考吸收了最新的研究成果。图版排版尽量原大还原，一般不超过写本的原始尺寸。

作为《甘肃藏敦煌藏文文献》的出版方，上海古籍出版社在敦煌西域文献文物出版方面成果卓著。从1989年开始，上海古籍出版社即与俄罗斯、法国联系，开始运作“敦煌吐鲁番文献集成”项目，陆续出版《俄藏敦煌文献》《俄藏敦煌艺术品》以及《法藏敦煌西域文献》等。2006年以来，又和西北民族大学等高校合作，出版《英藏黑水城文献》《法藏西夏文文献》《法藏敦煌藏文文献》《英藏敦煌西域藏文文献》等珍贵民族古文献。目前关于敦煌、西域、西藏和西夏文献出版的总量达到200余册，总共发表文献、文物图版十余万幅，

为学术研究提供了坚实的文献支撑[①]。《甘肃藏敦煌藏文文献》作为上海古籍出版社"敦煌古藏文文献出版工程"之一，自立项以来即以打造精品为目标。出版社由总编辑亲自挂帅，抽调了精干的编、印、发整合团队，并以本社上海历史文献出版中心的精兵强将为班底，组建了经验丰富的编校团队投入这一项目的审校工作。国家出版基金项目对项目质量及结项时间等有严格的要求，为保障质量，推进进度，《甘肃藏敦煌藏文文献》立项后，上海古籍出版社针对相关要求，制定了严格的廉政制度、财务管理细则、质量管理办法等，从制度上为项目顺利运行提供保障。出版社与敦煌研究院以马德研究员为首的编纂团队精诚合作，在兰州、上海两地多次召开会议，磋商出版具体细节，协调交稿时间。在项目实施中，从前期与编纂团队的沟通，到总体的架构、版式、规模、分册，到编辑过程中的修图调色、排版、审读，以及印制环节的用纸、装订、工艺等，都在出版过程中逐步得以解决。初审期间，社里每周由总编主持《甘肃藏敦煌藏文文献》审读会议，全体编校人员参加，提出并解决编纂出版过程中出现的问题，核对进度，总结经验。从装帧设计到纸张选择，从文字书写到定名调整，从图文对应到藏文字体等，在编辑过程中，项目严格执行"三审三校一核红"的编校标准，从各个细节对质量加以把关。责任编辑多次奔赴印厂调色，现场用各种纸样打样，与印厂专业人员反复调试，从颜色确认到工艺试验，直到满意为止。在编辑过程中，编辑对发现的问题及时提出，通过与编纂方及时有效沟通，解决稿件中补图、定名不一致等各种问题，为项目高效、高质量运转提供了保障。在装帧印制方面，为最大限度还原文献原貌，精心选择用料，正文采用180克双胶纸，环衬采用日本进口艺术纸，全彩精印，布面精装，并制作了精美函套。

四、各卷内容

从2016年至2022年，《甘肃藏敦煌藏文文献》大型图录全31册历时7年终于完成出版。图录首次披露甘肃省收藏的敦煌莫高窟藏经洞出土的6669件藏文文献的高清全彩图版。这些文献分别收藏于甘肃省内12家单位。其中，敦煌市博物馆6062件，甘肃省图书馆351件，

①上海古籍出版社出版的敦煌西域文献文物图录，主要有：俄罗斯科学院东方学研究所、上海古籍出版社编《俄藏敦煌文献》（全17册），1992—2001年；法国国家图书馆、上海古籍出版社编《法藏敦煌西域文献》（全34册），1995—2005年；上海博物馆、上海古籍出版社编《上海博物馆藏敦煌吐鲁番文献》（全2册），1993年；上海图书馆、上海古籍出版社编《上海图书馆藏敦煌吐鲁番文献》（全4册），1999年；天津市艺术博物馆、上海古籍出版社编《天津市艺术博物馆藏敦煌文献》（全7册），1996—1998年；北京大学图书馆、上海古籍出版社编《北京大学图书馆藏敦煌文献》（全2册），1995年；中国社会科学院民族研究所、俄罗斯科学院东方研究所圣彼得堡分所、上海古籍出版社编《俄藏黑水城文献》（汉文部分，全6册），1996—2000年；《俄藏黑水城文献》（西夏文部分，2001年至今已出31册，待续）；法国国家图书馆、西北第二民族学院、上海古籍出版社编《法藏敦煌西夏文文献》（全1册），2007年；英国国家图书馆、西北第二民族学院、上海古籍出版社编《英藏黑水城文献》（全5册），2005—2010年；宁夏社会科学院、中国国家图书馆、上海古籍出版社编《中国国家图书馆藏西夏文文献》（全4册），2005—2006年；法国国家图书馆、西北民族大学、上海古籍出版社编《法藏敦煌藏文文献》（全35册），2006—2020年；英国国家图书馆、西北民族大学、上海古籍出版社编《英藏敦煌西域藏文文献》（2012年至今已出版17册，待续）。俄罗斯国立艾尔米塔什博物馆、上海古籍出版社编《俄藏敦煌艺术品》（6册），1997—2005年；俄罗斯国立艾尔米塔什博物馆、西北民族大学、上海古籍出版社编《俄藏黑水城艺术品》（全2册），2008年；俄罗斯艾尔米塔什博物馆、西北民族大学、上海古籍出版社编《俄藏锡克沁艺术品》（全1册），2011年；俄罗斯艾尔米塔什博物馆、西北民族大学、上海古籍出版社编《俄藏龟兹艺术品》（全2册），2018年。

敦煌研究院175件，甘肃省博物馆34件，酒泉市博物馆19件，敦煌市档案馆12件，张掖市博物馆2件，高台县博物馆2件，武威市博物馆2件，麦积山石窟艺术研究所1件，西北师范大学博物馆5件，西北民族大学图书馆3件，甘肃省中医药大学1件。以下对各分卷做简要介绍。

（一）敦煌研究院卷（第1册）

《甘肃藏敦煌藏文文献·敦煌研究院卷》为丛书第1册。收录了敦煌研究院收藏的出自莫高窟藏经洞的175件藏文写经，其中卷式84件，贝叶式91件计92叶。这些文献现保存于敦煌文物保护研究陈列中心。其内容较单一，除1件《般若波罗蜜多心经》、1件《二万五千颂般若波罗蜜多经》外，其余均为《十万颂般若波罗蜜多经》残页和《大乘无量寿宗要经》。敦煌研究院的收藏基本来自民间捐赠与征集。敦煌研究院副研究员霍熙亮先生于1964年曾从敦煌民间征集了一部分《大乘无量寿宗要经》。20世纪50年代以来，敦煌本地群众也积极捐赠了一部分，如敦煌名士任子宜先生旧藏的Dy.t.026、Dy.t.027、Dy.t.075 3件，敦煌三危乡农民李永德捐献的Dy.t.134、Dy.t.137、Dy.t.138、Dy.t.141、Dy.t.154《大乘无量寿宗要经》5件等，不一而足。敦煌研究院藏藏文写经保存了一批抄经生和校经师的题记，学术价值极高。

（二）敦煌市博物馆卷（第2—27册）

《甘肃藏敦煌藏文文献·敦煌市博物馆卷》为丛书第2册至第27册，是甘藏敦煌藏文文献中的最大宗。收录了敦煌市博物馆收藏的出自莫高窟藏经洞的6062件藏文写经，收藏编号为Db.t.080—Db.t.6141。其中卷式藏文写经236件，多为《大乘无量寿宗要经》；梵夹式藏文写经5826件，计8576叶，多为《十万颂般若波罗蜜多经》。

敦煌市博物馆藏敦煌藏文文献皆流传有序，均为1900年自莫高窟藏经洞（今编第17窟）所出。1920年，甘肃省教育厅令敦煌知县将藏文文献移交甘肃省公立图书馆（今甘肃省图书馆）保管，除移交的少部分，剩余大部分由莫高窟寺院、敦煌民众教育馆保存。敦煌市博物馆所藏将近6000件梵夹式藏文经叶即原敦煌民众教育馆所藏。1950年以来，敦煌市博物馆接受私人捐赠，也陆续征集到一部分汉、藏文经卷和经叶。其中有200多卷《大乘无量寿宗要经》，是1949年9月、10月间由一个不知国籍和姓名的外国人匆匆离开敦煌时扔在房东殷登铭家，殷登铭发现后交给人民政府的；另有10余件为敦煌市博物馆征集、收购所藏。

敦煌市博物馆藏敦煌藏文经卷具有很高的学术价值，特别是题记极丰富，不仅署有抄经人、校对人、再校人，还有一些杂抄和吐蕃王妃、宰相校经题记及张议潮抄经题记，史料价值很高。如最引人注目的《大乘无量寿宗要经》署有校经题记的校经师云丹，据学者研究可能是吐蕃时期的名僧宰相，即公元822年唐蕃会盟时蕃方首席官员钵阐布贝吉云丹。写经中还发现有王妃贝吉昂楚的题记。据载，当年他们一起在敦煌住了很长时间，组织并主持了吐蕃在敦煌以佛经翻译、抄写为主要内容的佛教文化事业。众多的校经题记，或可还原当时敦煌作为佛教传播中心，集中了一批来自各民族的文人在此从事佛经翻译和抄写的盛况。从所抄经典甚至从一些报废经叶等细节，均可窥见吐蕃抄经、校经制度之一斑。

敦煌市博物馆藏敦煌藏文经卷中还有一部分社会文书。如备受关注的编号为033610—

336/10074/74的吐蕃驿递文书反映了当时吐蕃驿传制度的运行。另外，吐蕃上层统治者之间书信往来的记录，以及佛教发愿文、佛教仪轨、诗文等，都是研究吐蕃历史的珍贵资料。

（三）甘肃省图书馆卷（第28—30册）

《甘肃藏敦煌藏文文献·甘肃省图书馆卷》为丛书第28—30册。甘肃省图书馆藏敦煌卷式藏文写经32件，梵夹式藏文写经1128页，编号为GL.t.0001—GL.t.0351。甘肃省图书馆收藏的敦煌藏文写经来源，一是前文所述1920年甘肃省教育厅令敦煌知县将藏经洞劫余藏文文献移交甘肃省公立图书馆保管的一部分，即卷式写经"1捆四斤"，梵筴式写经"1打六十六斤"。如钤有"敦煌县政府印"的甘图008号、甘图029号、甘图030号。二是来自私人捐赠或馆方征集。如邓隆先生捐赠给原国立兰州图书馆的甘图006号、甘图032号，冯国瑞先生捐赠的甘图003号、甘图004号、甘图009号。这些经卷内容相同，均为《大乘无量寿宗要经》，还有一些杂抄，均为公元781—848年吐蕃统治敦煌时期抄本。写经品相较好，楷体手抄，字迹工整，尾题多见抄经人、校对人和复校人的题名，是研究吐蕃历史和藏传佛教信仰的重要史料。

（四）散藏卷（第31册）

《甘肃藏敦煌藏文文献·散藏卷》为丛书第31册，收录了散藏于甘肃省博物馆及省内各地博物馆、图书馆、档案馆、研究所等处的敦煌藏经洞所出藏文写本共计81件。甘肃省博物馆藏敦煌藏文经卷（GM.t.）36件，主要由各界人士捐赠或征集而来。其中GM.t.10556《发愿文》，黄维忠教授曾有专文研究，GM.t.10558《佛教仪轨》等写本也具有一定的史料价值。西北师范大学博物馆藏藏文经卷（NNUM.t.）5件、西北民族大学图书馆古籍文献特藏部藏藏文经卷（NUNL.t.）3件、酒泉市肃州区博物馆藏敦煌藏文经卷（Jb.t.）19件，均为《大乘无量寿宗要经》。甘肃省敦煌市档案馆藏藏文文献（Dd.t.）存12件，其中贝叶式9件，计9叶；卷式3件，均为《大乘无量寿宗要经》。武威市博物馆藏敦煌藏文文献（Wb.t.）2件，为当地民主人士段永新捐赠。张掖市甘州区博物馆藏敦煌藏文文献（Zhb.t.）2件，为卷轴装《大乘无量寿宗要经》。高台县博物馆藏敦煌藏文写经（Gb.t.）2件，系从民间征集而来的《大乘无量寿宗要经》。甘肃中医药大学藏敦煌藏文文献（NNUM.t.）2件，系卷轴装《大乘无量寿宗要经》。

这些藏文写经中不乏抄经人、校对人、再校人的题名，并有一些后代杂写、收藏题记等，具有一定的史料价值。

五、价值及意义

敦煌古藏文文献，涉及佛教经典、历史著作、占卜、传说故事、苯教仪轨、文学著作、翻译著作、书信、题记等丰富内容，是吐蕃历史文化、密宗传播史、藏文佛典形成史、西域史、社会史、汉藏交流、中古丝绸之路等研究必备文献，学术价值重大。具体到甘肃藏敦煌藏文文献的价值，正如马德研究员所言，主要体现在三个方面：一是对敦煌吐蕃时期的写经情况及写经校经制度问题有突出展示；二是有一批内容包括吐蕃上层统治者之间的书信往来、佛教活动的发愿文和契约、诗文等重要社会文书；三是吐蕃时期的部分重要历史人物抄经校经题记涉及有关的社会活动记载。《甘肃藏敦煌藏文文献》的出版，无疑对研究敦煌和吐蕃的历史文化，以及唐代民族交往、早期汉藏关系等都将产生重大意义。

《甘肃藏敦煌藏文文献》首次完整披露了甘肃各地收藏的敦煌藏文文献，并采用最先进的高清摄影技术，在敦煌文献的刊布中首次采用全彩印刷。该出版项目在敦煌文献出版领域开创了多个第一：第一个获得国家出版基金资助的敦煌文献出版项目，第一个获批国家“十三五”重点图书出版规划的大型敦煌文献出版项目，迄今为止唯一入选国家重点出版规划的敦煌藏文文献出版项目，第一个全彩印刷的敦煌藏文文献出版项目。项目完成后，得到了国家各级部委领导的充分肯定。2019年10月17日至21日，敦煌研究院与普利兹克艺术合作基金会联合举办的“敦煌论坛：6—9世纪丝绸之路上的文化交流”国际学术研讨会，编纂、出版团队与众多国内外专家学者一起在现场进行了项目出版情况交流和出版成果展示，获得与会专家的一致好评。

《甘肃藏敦煌藏文文献》等敦煌古藏文文献的出版，是藏学文献资料刊布和藏学研究的里程碑事件。敦煌古藏文文献是已知现存最古老的纸质藏文文献，这些珍贵文献在20世纪初期，因敦煌莫高窟藏经洞文献的流失，现主要分藏在英国国家图书馆、法国国家图书馆和甘肃省各博物馆、图书馆等地。甘藏、法藏和英藏藏文文献作为敦煌藏经洞古藏文文献的三大收藏主体，形成“三位一体”的关系，几乎囊括了藏经洞大部分的藏文文献，基本可重构吐蕃时期敦煌历史的诸方面。《甘肃藏敦煌藏文文献》等敦煌古藏文文献的出版意义，正如藏学泰斗、中央民族大学教授王尧先生在《法藏敦煌藏文文献》第一册出版后所说：“对这项成果，怎么估计都不会过高。”而著名敦煌学家今枝由郎则说：“这对于藏学研究具有里程碑的意义。”《甘肃藏敦煌藏文文献》的出版，完成了继《法国国家图书馆藏敦煌藏文文献》《英国国家图书馆藏敦煌西域藏文文献》后的又一大宗藏文文献刊布，至此，三大收藏地的文献主体相继完成出版，这是上海古籍出版社自2004年启动“敦煌古藏文文献出版工程”以来的又一里程碑事件。

《甘肃藏敦煌藏文文献》等敦煌古藏文文献的出版，是一项重大的文化工程，具有重要的现实意义。习近平总书记指出，我国是统一的多民族国家，各族人民同呼吸、共命运、心连心，各民族多姿多彩的文化是中华文明的重要组成部分，是中华民族强大凝聚力和非凡创造力的重要源泉。敦煌古藏文文献，是公元8—9世纪吐蕃治理下的敦煌和陇右地区政治、经济、军事、文化、宗教、民族关系等方面的详细记录，是中华民族命运共同体的历史见证。《甘肃藏敦煌藏文文献》等敦煌古藏文文献的大规模、全面性抢救出版，是藏学资料刊布研究领域中的标志性成果，丰富了中国特色哲学社会科学体系的文化资源，为夯实中华民族共同体意识的文化内涵，铸牢中华民族共有精神家园，提供了具有当代价值的文化精品。敦煌古藏文文献的全面出版，对于我们多民族多元文化的自身认识和团结协作，具有重要而深远的意义。

敦煌古藏文文献研究一直是国际藏学研究最前沿的领域，也基本反映了藏学研究的最高学术水平。引领中国藏学研究真正能与国际学术接轨，并走向世界前列，《甘肃藏敦煌藏文文献》《法藏敦煌藏文文献》《英藏敦煌藏文文献》等基础性第一手文献的整理刊布无疑是重中之重。《甘肃藏敦煌藏文文献》等敦煌古藏文文献的公布出版，是传承、保护、弘扬中华优秀传统文化和民族文化、凝聚民族精神、铸牢中华民族共同体意识的重要举措，充分展示了我国对中华优秀传统文化的有效保护和传承，有着非常重要的现实意义和深远的历史意义，其出版将推动藏学研究的进一步国际性交流。

值得一提的是，据学者们统计，中国各地散藏的敦煌藏文文献写本，另有国家图书馆藏291卷（件）、北京大学图书馆藏6件、成贤斋藏3件、故宫博物院藏4件、中国书店藏4件、上海博物馆藏2件、上海图书馆藏8件、重庆宝林博物馆藏10件、重庆中国三峡博物馆藏10件、天津市博物馆藏6件、浙江博物馆藏6件、湖南省图书馆藏2件、南京图书馆藏1件、山东博物馆藏1件、中国台湾“中研院”傅斯年图书馆藏9卷等①。这些古藏文写卷零星分散在各地，获得不易。但厘清国内藏敦煌古藏文文献的数量以及对这些文献的研究，对完整复原吐蕃时期的历史文化等同样具有重大价值。期待以《甘肃藏敦煌藏文文献》的出版为契机，有机会将中国散藏的敦煌古藏文文献全集出齐，为学界研究提供更多的第一手文献。

---

①关于国内各地散藏的敦煌古藏文文献数据，主要参见黄维忠《国内藏敦煌藏文文献的整理与研究回顾》，《敦煌学辑刊》2021年第3期及陈丽萍、刘婷《中国散藏敦煌文献寻踪》（未刊稿），在此谨表谢忱。

清末藏经洞文物外流中的敦煌县令群相

陈双印（兰州大学敦煌学研究所）

【摘要】 自清末藏经洞文物被发现，直至被运往北京学部保存的近十年时间里，因为先后担任敦煌知县的八位官员的失职渎职，听任藏经洞文物外流，最终使斯坦因、伯希和等西方探险者将大量藏经洞文物攫往国外。甚至有的知县不但不尽责，还趁机中饱私囊，大肆攫取藏经洞文物。因此，作为守土之吏的八位敦煌县令，无一例外都应该受到谴责，并被列入所谓的“俗吏”之列。

【关键词】 藏经洞文物　外流　敦煌县令　俗吏

因为内藏大量佛经、佛画以及其他宗教、社会类文书，藏文、于阗文、梵文、回鹘文、粟特文、突厥文、龟兹文等语言写本和若干铜佛、法器、幡、幢、绢纸画、壁画小样、画具等物的缘故，1900年6月22日（光绪二十六年五月二十六日）[①]偶然被发现的石室，被称为“藏经洞”（又名“鸣沙石室”“敦煌石室”），其内藏品也被冠以“藏经洞文物”或“敦煌文物”之名。

藏经洞开启后的第一时间，发现并负责看管藏经洞文物的莫高窟下寺住持王道士，延请敦煌城中士绅来观看他的发现，“是希望有人会喜欢而买一些或是以随意布施的方式捐一些钱以充实建寺经费”[②]，但绅士们让王道士失望了，他们不但没有购买或布施钱财，反倒劝他应该将佛经放回原处保存。据传，王道士又携带了一些自认为书法精美的写经和绢画，送给了时任敦煌知县的严泽（择）。但是，“严大老爷似乎不好此道，留下两个卷子以表示接受赠送的好意后，就再也不提

① 荣新江：《王道士——敦煌藏经洞的发现者》，《敦煌研究》2000年第2期，第24页。有关藏经洞的发现时间，还有1885年、1895年、1899年、1900年、1902年、1905年说等；王冀青：《国宝流散——藏经洞纪事》，甘肃教育出版社，2007年，第25-29页。

② 文章原载于《第二届敦煌学国际研讨会论文集》，后收入金荣华《敦煌文物外流关键人物探微》，新文丰出版公司，1993年，第110页。

此事"[①]。1901年3月，接任敦煌知县的邬绪棣，在任仅一年时间，目前找不到任何与他有关的查看藏经洞或是收藏藏经洞文物的记录，但这并不能说明邬知县不知道藏经洞被发现的信息，也不能说明王道士没有赠送经卷给这位知县大人。

后来发生的一系列事件表明，王道士赠送藏经洞写经和绢画给敦煌县令的目的，一方面是报告官府莫高窟发现藏经洞文物的信息，得到官府金钱方面的赏赐；另一方面，就是希望官府接手将藏经洞文物保管起来。令王道士颇感失望的是，前后两任知县都没有满足他的这个愿望。传言心有不甘的王道士，"私载经卷一箱至酒泉，献于安肃道道台满人廷栋。廷栋不省，以为此经卷其书法乃出己下，无足重。王道士颇丧沮，弃之而去"[②]。而据王冀青考证，如果这件民间流传的有关王道士赴肃州献经一事属实，"那这位道台必定是和尔赓额，而不是廷栋"[③]。

1902年农历四月，湖北通山县人汪宗翰接任敦煌知县。进士出身的汪县令，来敦煌上任前，就接受了时任甘肃学政叶昌炽的请托，在敦煌县境内搜集碑拓简牍等古物。王道士肯定也是第一时间向这位湖北同乡送上了藏经洞出土的写经和画卷，并将发现藏经洞的信息告诉了汪宗翰，和前两任知县一样，此后也没有了下文。壬寅年（1902），时任陕甘总督幕僚许伯阮游敦煌，亲眼见"县令某携佛炉而去，又取经二百余卷"[④]。王冀青指出许伯阮"提到的'某县令'，应指汪宗翰"[⑤]。1904年，甘肃省府檄文至敦煌，要求检点藏经洞内所藏经卷，"时县令汪宗翰率同文武官绅，大致翻阅一过，约数佛经二万余卷"[⑥]。

汪宗翰两次藏经洞之行，对藏经洞内文物情况应该是了解的。并且为了达到尽快调离敦煌这个偏僻之地的目的，汪宗翰不仅托人替自己在甘肃学政叶昌炽处多次说项，还数次附赠敦煌各地所出碑铭拓片数件（其中分两次赠送给叶昌炽藏经洞出土的《水陆道场图》《水月观音像》各1幅，《大般涅槃经》4卷，梵文写经31叶等[⑦]）。据王庆卫推测，从1902年汪宗翰出任敦煌知县到1906年卸任，其间他赠送过藏经洞经卷的上司和同年，除了叶昌炽、徐锡祺以外，应该还有在徐锡祺之前任安肃道道台的和尔赓额、崇俊两人[⑧]。

不知出于何种目的，1902年陪许伯阮游敦煌，就从藏经洞内"取经二百余卷"的汪宗翰，却在信中告诉叶昌炽藏经洞内仅"榻上供藏经数百卷"[⑨]，对石室内所藏佛画、社会类

---

① 黄征：《敦煌文献的发现》，《嘉兴高等专科学校学报》1999年第1期，第8页。

② 谢稚柳：《敦煌石室记》，载谢稚柳著《鉴余杂稿》，上海美术出版社，1996年，第3页；又载谢稚柳：《中国古代书画研究十论》，复旦大学出版社，2004年，第64页。

③ 王冀青：《廷栋旧藏敦煌写经入藏时间辨正》，《学习与探索》2008年第3期，第213页；王冀青：《关于敦煌写本廷栋收藏品》，《敦煌学辑刊》2008年第2期，第1-9页。

④ 徐珂编撰《清稗类钞》第9册《鉴赏类·伯希和得敦煌石室古物》，中华书局，1986年，第4197-4198页。

⑤ 王冀青：《藏经洞文物的发现与流散》，《文史知识》2016年第16期，第16页。

⑥ 吕钟修纂《重修敦煌县志》卷2《方舆志·千佛洞建始年代考·附千佛洞古佛经发现记》，甘肃人民出版社，2002年，第40页。

⑦ 汪宗翰所赠叶昌炽敦煌文物种类和数量，依据蔡副全《叶昌炽与敦煌文物补说》，《敦煌研究》2011年第2期，第97-98页，由附表统计得出。

⑧ 王庆卫：《徐锡祺旧藏敦煌写经简述——以西安地区藏品为中心》，《敦煌研究》2019年第5期，第134-142页。

⑨ 叶昌炽：《缘督庐日记》第7册，光绪二十九年十一月十二日（1903年12月30日）条，广陵书社，2014年，第4285页。

文书、铜佛、法器、幡、幢、绢纸画等，只字未提。1904年，汪宗翰奉檄检点后，所得藏经洞经卷“二万余卷”的数量，更未透露半字。始终被蒙在鼓里的叶昌炽，直到斯坦因、伯希和将藏经洞内大批文物捆载西去之后的1909年11月，还错误地以为伯希和是从敦煌新开的另一石室中获得的唐宋写经画像，“午后张訚如来言，敦煌又新开一石室，唐宋写经画象（像）甚多，为一法人以二百元捆载去”[①]。

1906年3月，黄万春接替汪宗翰出任敦煌知县，并在1906年向学部提交了一份题署“光绪丙午六月（1906年7月21日至8月19日），知县黄万春报”的《敦煌县乡土志》，第一次向朝廷披露了敦煌莫高窟发现藏经洞的事：“县治南四十里千佛洞，光绪庚子孟夏，新开沙压佛龛，乃掘得复洞，内藏蕃汉释典、铜铸佛像、纱绢绘造佛像。侧立碑云：‘大唐大中五年沙门洪辩立。’”[②]《敦煌县乡土志》既是以敦煌知县黄万春之名题署并呈报的，里面也有对藏经洞发现文物的描述，说明黄万春对发现藏经洞之事是知晓的。黄万春却对此似乎视而不见，不闻不问，没有采取任何措施，正如黄征所言，黄万春的所作所为，“在保护敦煌文物文献上无所作为”[③]。1907年3月，因为处理采买粮事件[④]不力，黄万春被免去了敦煌知县之职。

王家彦在1907年3月接过敦煌知县大印后，正好此时斯坦因也来到了敦煌探险攫宝。王家彦和负责敦煌县治安的当地驻军长官、沙州营参将林太清，热情接待了斯坦因。王家彦和斯坦因“谈论古代城墙和千佛洞。千佛洞的泥塑古代闻名，潘大人和唐僧、王氏知道《西域记》！他答应要用‘陛下专用（H.M.S）’码给制台（Tsi-tai，总督）拍发电报”[⑤]。王家彦和林太清不但为斯坦因提供了本地的向导，为斯坦因的运输驼队找到了水草肥美的牧场，还派了几名士兵随从保护斯坦因一行，替其雇用了挖掘古物的人夫和运输的牲口[⑥]。王家彦还十分热心地帮助斯坦因解读从敦煌以北长城一带发掘出来的汉朝木简，并谈论说《汉书》中不曾提到过千佛洞[⑦]，说明王家彦至少知道千佛洞发现古代文物的事。王家彦还赠送了一套雕版印刷的《敦煌县乡土志》给斯坦因，斯坦因正是通过这套志书，“在蒋师爷的帮助下，收集了大量千佛洞在唐朝时的各种情况信息”[⑧]。王家彦不仅和斯坦因谈论了千佛洞，还赠县志给斯坦因，但对藏经洞文物却视若无睹。

虽然斯坦因在敦煌考古发掘期间，陕甘总督升允曾三令五申，督促敦煌县知县王家彦等地方官阻止斯坦因从事考古挖掘工作。1907年4月，肃州镇总兵柴洪山根据王家彦的报告，

①叶昌炽：《缘督庐日记》第10册，宣统元年十月十六日（1909年11月28日）条，第6284页。

②甘肃省图书馆藏，佚名编纂《敦煌县乡土志》卷2。

③黄征：《敦煌文献的发现》，《嘉兴高等专科学校学报》1999年第1期，第8页。

④王冀青：《1907年斯坦因与王圆禄及敦煌官员之间的交往》，《敦煌学辑刊》2007年第3期，第60-76页；郭胜利：《敦煌抗粮事件与清末西北边政之探讨》，《中国边疆学》2020年第2期，第163-186页。

⑤转引自王冀青《陕甘总督升允阻止斯坦因敦煌考古始末》，《敦煌学辑刊》2020年第4期，第126页注释“斯坦因1907年3月13日日记，斯坦因手稿第198号，第104张”及“斯坦因手稿第204号，第165张”。

⑥［英］奥里尔·斯坦因著，裴新华、伏霄汉译《斯坦因中国探险手记》卷3，春风文艺出版社，2004年，第541-545页。

⑦［英］奥里尔·斯坦因著，裴新华、伏霄汉译《斯坦因中国探险手记》卷3，春风文艺出版社，2004年，第585-605页。

⑧［英］奥里尔·斯坦因著，裴新华、伏霄汉译《斯坦因中国探险手记》卷3，春风文艺出版社，2004年，第505页。

也向升允电禀斯坦因在敦煌擅自挖掘文物的事情。升允接电后，除致电要求王家彦等阻止斯坦因考古外，还致电清外务部，要求“照会英使，转电止挖，以符条约，而免别生枝节”①。而事实情况却是，王家彦对上级官府电令置若罔闻，在莫高窟，“蒋孝琬在和王圆箓打交道的过程中，还拐弯抹角地打听到有关甘肃省地方政府和安肃道衙门对于藏经洞的态度，打听到官府还没有过深地干涉藏经洞文物的保存事宜”②。据伯希和描述，斯坦因和王道士的秘密交易完成后，“斯坦因已经在洞子中工作了3天，冠冕堂皇地购买了相当数量的写本，此事已为地方官所闻”③。王家彦却不闻不问，更没有采取任何必要手段，最终使斯坦因成功地将大批藏经洞文物盗卖去了英国。王冀青指出，正是“由于王家彦的疏忽和渎职，斯坦因于1907年6月将大批敦煌文物劫掠而去，构成近代中国文化史上的重大悲剧性事件”④。

1907年6月12日，斯坦因离开敦煌后不久，王家彦因采买粮事件激起敦煌民变，“愤怒的百姓在不能泄愤的情况下，将县署衙门内的器物全部打砸抢烧一光，并打死了14名巡勇”⑤。7月下旬，甘肃省府将王家彦撤职并押往肃州，并以安西直隶州吏目章乃诚代理敦煌知县，直至两年多后的宣统二年三月（公历1910年4月10日至5月8日），陈泽潘署任敦煌知县⑥。

章乃诚代理敦煌知县两年有余，时间不可谓不长，因为史料缺载，我们无从得知章乃诚在敦煌其他方面的所作所为。但是，伯希和来敦煌攫宝之时，正是章乃诚代理敦煌知县时期。谈到对章乃诚的印象和在敦煌的考古活动时，伯希和说，在首次参观千佛洞后，利用在敦煌滞留的两三天时间，让人印刷了一套曾在莫斯科鲁曼佐夫（Roumaintsov）博物馆，后来又在乌鲁木齐看到过的1831年同一版的《敦煌县志》，“所以才知道该县志的存在，其雕版收藏于衙门中，但那个温和的本地知县甚至不知道存在有关其辖区的一部志书”“旅行全程是平安无恙地度过的”⑦。很显然，在伯希和眼里，一个连放在衙门里的有关自己辖区的志书都不知道的一县百姓父母官，是很不称职的，并指出在敦煌的考古活动并没有受到地方官府任何干涉。由此可见，章乃诚在代理敦煌知县期间，对伯希和盗卖藏经洞文物的行为，完全采取的是听之任之的态度。

1909年，法国汉学家伯希和的北京之行，向罗振玉等一批晚清中国文人学者展示了其随身携带的部分藏经洞文物实物和目录，“使中国主流学界第一次确悉藏经洞被发现之事”⑧。藏经洞文物被罗振玉等识为国宝。罗振玉等听伯希和说尚有八千余卷的藏经洞文物依然躺在石室之内，于是便多方奔走斡旋，最终促成学部给甘肃布政使毛庆蕃拍发了《行陕甘总督请

---

① 王冀青：《陕甘总督升允阻止斯坦因敦煌考古始末》，《敦煌学辑刊》2020年第4期，第122页。

② 王冀青：《英国牛津大学藏斯坦因1907年敦煌莫高窟考古日记整理研究报告》，《敦煌吐鲁番研究》第14卷，2015年，第23页。

③［法］伯希和著，耿昇译《伯希和敦煌石窟笔记》，甘肃人民出版社，2007年，第413页。

④ 王冀青：《甘肃法政学堂（兰州大学）首位教师王家彦生平事迹考》，《敦煌学辑刊》2022年第2期，第182页。

⑤ 王冀青：《1907年斯坦因与王圆禄及敦煌官员之间的交往》，《敦煌学辑刊》2007年第3期，第73页。

⑥ 吕钟修纂《重修敦煌县志》，第224页续表3。

⑦ 伯希和：《伯希和敦煌石窟笔记》附录《敦煌藏经洞访书记》，第409、453页。

⑧ 王冀青：《清宣统元年（1909年）北京学界公宴伯希和事件再探讨》，《敦煌学辑刊》2014年第2期，第130页。

饬查验齐千佛洞书籍解部并造像古碑勿令外人购买电》的电报。与此同时，京师大学堂也给毛庆蕃发去表示要出资购买藏经洞剩余文物的电报。

1910年，刚刚署任敦煌知县的陈泽藩，接到陕甘总督关于验齐藏经洞文物的电令，便奉命前往查点。不过，两件事证明，陈泽藩的调查行为，完全是为了应付上级交代的差事，只是做做官样文章，根本没有把藏经洞文物当回事。第一件事，陈泽藩只清点出藏经洞内相对完好的写经8000余卷，而对无数的“零片断帙”完全弃置不顾。这可以在藏经洞文物运抵北京后，罗振玉从毛庆蕃师爷刘某处闻知此事后写给端方的书信内容中得到证实：“敦煌藏卷，泛闻运京者，皆完好之卷，其零片断帙尚无数。此说得之毛实翁之文案刘君，所言必不误。”[①]并且，陈泽藩对待这些完好之卷的粗暴行为，甚至连王道士也颇有微词。斯坦因描述王道士对其抱怨文物装车时的情景说：“写本被漫不经心地、乱七八糟地塞进6辆大车中，然后被运往敦煌县衙门。”[②]第二件事，早在1907年，斯坦因成功盗卖藏经洞文物后，认为奇货可居，担心有朝一日被官府收了去，断了自己财源的王道士，便以做功德的名义，建了两个内藏很多卷藏经洞经书的转经筒。陈泽藩发现了转经筒，却没有拆封检查，也没有将内藏经卷查点收缴，只是呈文向上司做了汇报，在转经筒上加贴了官府封条予以封存。1910年10月，陈泽藩卸任敦煌知县时，为撇清责任，给新任知县申瑞元写了一份移文，“案奉督宪函谕：‘清查千佛洞经卷’各等因，敝县覆查千佛洞唐人写本经卷，光绪三十四年（1908）曾经该庙住持汉中王道人装成两木桶（筒），油漆彩画，封订坚固，其桶（筒）空，其中心套立木柱，可以推动旋转，安于佛殿，名曰转经桶（筒），其余仍堆集于洞中。敝县去岁（1909）到任时，禀报地方情形，业已禀明在案”[③]，以敷衍塞责。

藏经洞经卷被运到敦煌县衙保管期间，恰好学部下拨6000两白银用来购买藏经洞文物的款项到账。《甘宁青史略》记载：“及书差至，笑而言曰：‘多年无人过问之唐经，北京城不知如何访闻？一经品题，声价十倍矣。’于是敦煌士大夫始恍然于佛经之有用，乘间窃取，书差亦不之禁。运至县署，其精者为陈泽藩留存，其余沥犹将万轴，派差赍至兰州。又久之，总督派员辇至京。”[④]

《重修敦煌县志》记载更加详细，甚至对敦煌官绅窃取经卷数量也有记录，“事为中国北京学部所知，命甘肃当局将剩余残卷，尽数运至北京。自是敦煌官绅，上下惊诧异常，知经卷之珍重，争相捡取，各人期得数卷以为快。除当时敦煌官绅拿过二千余卷，运到北京者六千卷，现在京师图书馆中”[⑤]。因为学部出高价购买，敦煌卷子一时身价倍增，见收藏敦煌卷子有利可图，作为负责查验藏经洞经卷的官员，陈泽藩不但放任敦煌士大夫“乘间窃取”达二千余卷，自己更是将其中自认为精好的经卷悉数留存，其私藏的数目一定不少。这使得藏经洞文物的数量与之前查验时登记的数目不相一致，陈泽藩便命手下将佛经长卷一撕为二，甚至一卷有被撕成好几卷者，使斯坦因、伯希和劫掠后剩余的藏经洞文物又遭受了一次

---

① 罗继祖：《雪堂类稿附：永丰乡人行年录》（卷上），辽宁教育出版社，2003年，第38页。

② 转引自王冀青《关于敦煌写本廷栋收藏品》，《敦煌学辑刊》2008年第2期，第5页注释。

③ 卫聚贤：《敦煌石室附录十二》，《说文月刊》1943年第3卷第10期，第54页。

④ 慕寿祺：《甘宁青史略正编》卷26《开办学堂清理财政时代》，兰州俊华印书馆，1936年，第18页。

⑤ 吕钟修纂，敦煌市人民政府文献领导小组整理《重修敦煌县志》卷2《千佛洞建始年代考附：千佛洞古佛经发现记》，甘肃人民出版社，2002年，第40页。

大劫难。

1910年10月，陈泽藩卸任敦煌知县，继任的申瑞元可能是接到甘肃藩司“新任遵照并责成王道人将此项经卷妥为保守，毋再遗失私买”的札饬以及陈泽藩有关转经筒移文的缘故，只是程式化地“谕饬王道人及会首小心看守”，却并未将转经筒内藏经移往县衙保管，而负责看管转经筒内经卷的王道士，“不知爱惜，任意毁灭，或为酬赠之品，或为渔利之资”[①]，依然故我，视县令札饬如废纸空文，致使被王道士偷偷转移至转经筒内的藏经洞文物，依然避免不了四处流散的悲惨结局。

纵观藏经洞文物早期流散史，“因为非法向斯坦因、伯希和、华尔纳等外人盗卖藏经洞文物，而遭到各方唾骂”的敦煌石窟的罪人——王圆箓，“到20世纪20年代时精神失常（或是装疯卖傻），晚年过着悲惨的生活，于1931年6月3日死于莫高窟，终年80余岁”[②]，王道士已成为千夫所指的千古罪人，遭到了国人的唾弃。而且，“长期以来，他作为敦煌藏经洞宝藏流失的责任者，被钉在中国历史的耻辱柱上，普通人骂他是‘卖国贼’，文人指他是‘敦煌石窟的罪人’，学者也斥责他的‘无知’和‘愚昧’。近年来，人们眼界渐宽，看到的资料也多了起来，有的人开始为王道士‘平反昭雪’，或则把更多的不满发泄在斯坦因、伯希和等王道士的对手身上”[③]。不过，即使有人已经替王道士“平反昭雪”，但他头上“卖国贼”“敦煌石窟罪人”的“帽子”恐怕一时也很难摘去，王道士已经为他的无知和愚昧，为倒卖藏经洞文物的行为付出了代价。

反倒是藏经洞被发现后，最应该尽“守土之责”，对藏经洞文物负有直接监管责任且多年来对那些国宝视若无睹的八任敦煌知县，却没有受到任何公开的贬斥，而仅仅在不被外人所知的当时文人学者之间的书信或日记里，无关痛痒地被指斥为“地方俗吏”[④]，抑或是安知爱古的“俗吏边氓”[⑤]，这显然是有失公允的。

近年来，有学人尝试用不同以往的方式方法，采用“分类排列”的方式，将清末涉及敦煌遗书流失和抢救的相关人员，分为失职官员、无为学者和有功人员三个群体，给予功过评价，把严泽、黄万春、王家彦三个敦煌知县列入“在遗书遭流失上难辞其咎”的“地方俗吏”一类官员，并且特别指出“虽然陈泽藩在民国有‘筹资兴学’的政绩，但在敦煌宝藏劫余运京的前后和途中”，因“争先恐后地大肆监守自盗”，仍被归入俗吏中的恶劣一类。

对于上述四位县令在敦煌藏经洞文物流失中的评价，不但中肯，也很公允。但是对于“汪宗翰在其任内有小功无大过，表现好于一般‘俗吏’”[⑥]的评价，笔者却不能苟同。

任文依据吕钟《重修敦煌县志》记载，说王道士发现藏经洞后“即时报知地方官。时县令汪宗翰率同文武官绅，大致翻阅一过，约数佛经二万余卷。……汪令即吩示王道人善为保

① 卫聚贤：《敦煌石室附录十二》，《说文月刊》1943年第3卷第10期，第55–56页。

② 王冀青：《1907年斯坦因与王圆禄及敦煌官员之间的交往》，《敦煌学辑刊》2007年第3期，第75页。

③ 荣新江：《王道士——敦煌藏经洞的发现者》，《敦煌研究》2000年第2期，第24页。

④ 嘉兴博物馆编《函绵尺素——嘉兴博物馆藏文物·沈曾植往来信札》，中华书局，2012年，第179页。

⑤ 叶昌炽：《缘督庐日记》第10册，宣统元年十月十六日（1909年11月28日）条，第6285页。

⑥ 任光宇：《敦煌学术史所涉早期人物整理与评议——兼论敦煌遗书发现人暨敦煌学的起始》，《唐都学刊》2021年第4期，第7–11页。

存”，并强调说，“这说明汪宗翰相当重视这个发现”①。王冀青早就指出了《重修敦煌县志》的错误，“严泽于光绪二十五年六月（1899年7月8日至8月5日）第二次担任敦煌县知县，直至光绪二十六年十月十六日（1900年12月7日死在任上）。莫高窟藏经洞的发现，发生在严泽的第二任内”②。要说藏经洞发现的第一时间率同文武官绅检视藏经洞文物，并吩示王道士妥为保管的敦煌县令，那只能是严泽。

1902年，汪宗翰出任敦煌知县，他陪同许伯阮游览莫高窟，拿走二百余卷经卷，却在写给叶昌炽的信中说“榻上供藏经数百卷”，难道这不算是对藏经洞内文物数量的刻意隐瞒？1904年，汪宗翰奉檄点检藏经洞文物，“大致翻阅一过，约数佛经二万余卷”③。“大致翻阅一过”，足见汪宗翰点检藏经洞文物时的敷衍，并且在检点完藏经洞文物后，汪宗翰始终没有向叶昌炽透露过检点藏经洞文物所得“约数佛经二万余卷”的数量。

不知就里的叶昌炽，在1909年10月16日（公历1909年11月28日）这一天的日记中写道：“午后张訚如来言，敦煌又新开一石室，唐宋写经画象（像）甚多，为一法人以二百元捆载去，可惜也。俗吏边氓，安知爱古，令人思汪栗庵。”④蒙在鼓里的叶昌炽，在其日记里，将汪宗翰以外的其他相关官员一律贬斥为不知爱古的“俗吏边氓”，却误以为只有汪宗翰才是保护唐宋写经的爱古官员，真是莫大的讽刺！叶昌炽日记中的訚如，指的是他的弟子张郁文，字訚如。直至1909年12月9日（公历1910年1月23日），叶昌炽在其日记中又写道：“午后张訚如来，携赠《鸣沙山石室秘录》一册，即敦煌之千佛山莫高窟也。唐宋之间所藏经籍碑版释氏经典文字，无所不有。其精者大半为法人伯希和所得，置巴黎图书馆，英人亦得其畸零。中国守土之吏，熟视无睹。鄙人行部至酒泉，虽未出嘉峪关，相距不过千里，已闻石室发见（现）事，亦得画象（像）两轴，写经五卷，而竟不能罄其宝藏，輶轩奉使之为何？愧疚不暇，而敢责人哉！”⑤

《鸣沙山石室秘录》是罗振玉于1909年在北京见到伯希和随身携带的盗卖自敦煌藏经洞的古代书卷、雕本、石刻、经像等，就其内容编写而成的文章。文中也有对斯坦因、伯希和盗卖藏经洞文物的简单介绍。受了汪宗翰蒙蔽的叶昌炽，通过《鸣沙山石室秘录》，得知了藏经洞文物大概的数量以及斯坦因、伯希和盗卖藏经洞文物的真相后，在责备熟视无睹的“中国守土之吏”的同时，也表达了对自己“輶轩奉使”却未能尽责的深深自责。而叶昌炽此刻所说的熟视无睹的“中国守土之吏”当中，其中没有提到“令人思汪栗庵”，想必也包含了没有尽职的汪宗翰。

早期流散在外，后归江西蔡氏收藏的一件出自藏经洞的《唐画大士像》上，有汪宗翰的亲笔题识：“甘肃敦煌县千佛洞宋初石室所匿唐画大士像光绪卅年四月朔奉檄检点经卷画像毕迎归署中供养信士敦煌知县汪宗翰谨记”⑥（见图1）。光绪卅年即1904年，正好是汪宗翰

① 任光宇：《敦煌学术史所涉早期人物整理与评议——兼论敦煌遗书发现人暨敦煌学的起始》，《唐都学刊》2021年第4期，第8页。

② 王冀青：《敦煌文物早期收藏者张元潹事迹考》，《敦煌学辑刊》2008年第1期，第81页。

③ 吕钟修纂《重修敦煌县志》卷2《方舆志·千佛洞建始年代考·附千佛洞古佛经发现记》，第40页。

④ 叶昌炽：《缘督庐日记》第10册，宣统元年十月十六日（1909年11月28日）条，第6284-6285页。

⑤ 叶昌炽：《缘督庐日记》第10册，宣统元年十二月九日（1910年1月23日）条，第6326-6327页。

⑥ 邹安主编《艺术丛编》第1期至第4期，载《民国书画金石报刊集成·上海卷1》，上海书画出版社，2015年，第345页。

奉檄检点藏经洞的时间，说明汪宗翰第二次到莫高窟也没有空手而归！

唐畫大士像紙本 甘肅燉煌縣千佛洞舊藏近歸江西蔡氏

图1 唐画大士像

（图片采自《艺术丛编》）

汪宗翰第一次到莫高窟，究竟有没有尽职地叮嘱王道士有关看守藏经洞文物之事，徐珂《清稗类钞》没有记载，我们不得而知。但第二次对藏经洞文物的点检，明显是为了应付上级官府，借着检点的机会，以“迎归署中供养”为名，只为顺手牵羊，得到更多数量的藏经洞藏品。因此，抛开汪宗翰学识和治民理政方面的问题不谈，如果单就他在敦煌遗书流失和抢救中的功过评议，汪宗翰完全可以被列入任光宇所归类的多年失察、难辞其咎的“俗吏”中的恶劣一类。

从藏经洞发现的1900年被发现到1907年3月斯坦因到来的七年时间里，本来国人有足够的时间去认识、保护并初步研究藏经洞遗书的，却如李伟国所说：“如果要说王道士有多么愚昧，他毕竟还是及时向官府报告了此事（当然报告此事的目的一定是为了获得奖赏）；如果说官府有多么腐败，他们还是下达了加以保护的命令（尽管这种保护是非常不到位的）；

如果要说这项重大的学术信息没有及时通向那些中国大学者，则既是事实，也不是事实。”①因此，在保护藏经洞文物的事情上，一误再误，“其中原因，除了清廷的腐败无能以外，有幸率先接触藏经洞遗书的官吏和读书人的陈腐、守旧也是一个重要的方面”②，这是很有见地的观点。

就拿清末担任过敦煌知县的八人来说，即便是学问最好的汪宗翰，对藏经洞出土佛经的认识，也只是古物而已，其看重的不过是古物收藏和书法方面的意义罢了。至于对藏经洞出土佛画的认知，从《唐画大士像》上汪宗翰的题识看出，也不过是作为“信士”的供养物而已。汪宗翰虽然“对学术略有所知，但观念陈旧，根本无法认识敦煌文献的价值所在，他赠送叶昌炽藏经洞文物，实际上是另有所图（为早日脱离敦煌这个穷地方），他撰写藏经洞楹联，只是附庸风雅，对于藏经洞遗书的清理保护，竟毫无意义”③。汪宗翰是如此，其他七位敦煌知县对藏经洞文物的认知，应该更不如他。陈泽藩、申瑞元之所以中饱私囊，大量收藏藏经洞文物，无非是因为清廷学部的购买，使得昔日眼中如敝帚的藏经洞写经，“一经品题，声价十倍”，可以囤积居奇，待价而沽。

因此，从藏经洞被发现直至清朝灭亡，曾经担任过敦煌知县的八人当中，没有一人能意识到这些稀世瑰宝的伟大意义。若稍稍尽一些监管者的责任，将藏经洞文物运往敦煌县衙保存，或者在检点藏经洞文物后，在门口安装上相对结实的木门，锁上锁子，再用道宪朱标印封贴，也许藏经洞文物就不会被轻易地一次一次盗卖。正因为数年来数任“地方官吏绅衿，曾无一人过问”④，有的甚至只为一己私欲，借机中饱私囊（如汪宗翰、陈泽藩、申瑞元），“前车已失，后来不知戒”⑤，从第一个得到藏经洞文物发现信息的敦煌知县严泽，到清末最后一任敦煌知县申瑞元，清末时期的八任敦煌知县，这些在叶昌炽眼中的所谓 “守土之吏”，也许是因为对这批文物的价值“一无所知”⑥，更无能力“嗅出其中所蕴含的重大学术价值”⑦，故都在藏经洞文物流散中犯下了失职渎职之罪，最终造成了无数藏经洞文物流落海外和国内各地的结局，从而成为国人永远的“伤心史”，他们都应该受到强烈谴责，并且一个个毫无例外地被列入“俗吏边氓”之列。

---

① 李伟国：《敦煌遗书之厄与学术观点之窒（1900—1915）》，郭长刚主编《传统中国研究集刊》第6辑，上海人民出版社，2009年，第345页。

② 李伟国：《敦煌遗书之厄与学术观点之窒（1900—1915）》，《传统中国研究集刊》第6辑，345页。

③ 李伟国：《敦煌遗书之厄与学术观点之窒（1900—1915）》，《传统中国研究集刊》第6辑，348页。

④ 恽毓鼎1909年10月4日（宣统元年八月廿一日）日记，恽毓鼎著，史晓风整理《恽毓鼎澄斋日记》，载《国家清史编纂委员会·文献丛刊》第2册，浙江古籍出版社，2004年，第454页。

⑤ 1909年10月2日（宣统元年八月十九日），罗振玉致汪康年信，上海图书馆编《汪康年师友书札》第3册，罗振玉来函23，上海古籍出版社，1987年，第3169页。

⑥［英］斯坦因著，向达译《斯坦因西域考古记》（修订第三版），中华书局，1983年，第142页。

⑦ 李伟国：《敦煌遗书之厄与学术观点之窒（1900—1915）》，《传统中国研究集刊》第6辑，第345页。

无锡名人与敦煌经卷

沈晓萍（江苏省锡山高级中学）

【摘要】敦煌经卷和绢画极为珍贵，其地与无锡相距甚远，然仍有严金清、廉泉、吴芝瑛等无锡名士凭借诗书金石的独到品鉴，慧眼识得，很早即动手收集宝藏，对敦煌文物和文献直接或间接起到了保存的作用。

【关键词】无锡　敦煌经卷　绢画

无锡，古称梁溪、金匮，自古以来就有布码头、钱码头、窑码头、丝都、米市之称，是中国国家历史文化名城。无锡人讲吴语，属吴越文化。

三千多年前的商朝末年，无锡已有文字记载。无锡梅里的泰伯殿堂就是纪念泰伯为让王位东奔江南的典故。无锡曾属越国，后属楚国。秦汉时，无锡属会稽郡，王莽始建国元年（公元9年）改名为有锡县，东汉复置无锡县。三国时，分无锡县以西为屯田，置毗陵典农校尉。西晋复置无锡县，属毗陵郡（常州府）。六朝时始治湖筑圩。唐代无锡属江南道的江南东道，农业、养蚕业发达。宋代无锡属于两浙路常州，南宋时两浙路分为东西两路，无锡隶属于两浙西路常州。元朝升无锡为州，明朝又降州为县，属中书省常州府。清雍正时期，分无锡为无锡、金匮两县，同城而治，均属常州府。后又合并，复称无锡县，属苏常道。民国时期，无锡县直属江苏省。无锡县属先后多次变化，曾属常州专区、无锡市、苏州专区管辖。

无锡历来名人辈出，大多擅诗词，喜金石。有些名人也为敦煌文献的鉴赏与保存做出过贡献。本文择取数例，以见无锡名流在保护、研究敦煌文物和敦煌文献方面的贡献。

一、严金清旧藏《敦煌灵修寺尼戒净画观音菩萨像》

此图为绢本着色，高88厘米、宽58.5厘米（见图1），为严金清（见图2）所藏。

图1　严金清旧藏敦煌绢本观音像

图2　严金清像

上方绘六臂观音，上面两手托举日月，胸前两手各执莲花，下面两手仰掌向上。观音坐于莲台座上，下方宝池两侧各立一童子，怀抱卷宗，榜题分别为“善童子”“恶童子”。观音像两侧绘《观音经变》，有简要榜题提示画面内容。图的下方中间是一篇发愿文，文曰：

观音大圣，神验无边，慈悲至尊，威灵罕测。有求必应，净福满于大千；所愿皆从，梵祉周于百亿。厥斯阇梨尼者，门承朱紫，族继珪璋，百媚严身，千娇备体。而又菩萨花之岁，厌五苦而割爱辞亲；受具之年，揽三乘而该通经律。四依密护，八敬寘遵。播爱道之贞风，扇莲花之雅则。故得缁伦仰重，荣迁秉义之高科；俗吏佥提，恩奖临坛之贵宠。匡持梵□，百种丰饶；殿刹修崇，万般胜古。念无后嗣，营涅槃之路途；邈写真容，结当来之胜福。于时开宝八年七月乙亥七月六日题记。

左侧绘一比丘尼执香炉跪于床上，前面有两行题记：

灵修寺法律尼临坛秉义大德香号戒净俗姓李氏敬绘观音菩萨憓供养

后有尼、俗二侍者。右侧一体型略小的比丘尼跪于地毯上，前有题记：

灵修寺法律尼临坛大德香号明戒俗姓李氏一心供养

后绘一近事女，可知这是北宋开宝八年（975）沙州灵修寺两位法律大德比丘尼绘制的观音像，两人皆出自敦煌大姓李氏，应当来自同一家族。

此图最早由无锡人严金清所得，后转赠两江总督端方。图画的右侧有题记：

宋灵修寺开宝八年观音画像，光绪二十五年（1899）出敦煌千佛洞，严金清自兰州

寄赠。

图画左侧题记：

匋斋尚书永充供养，光绪三十三年（1907）元旦清信士王瓘敬书。

从书法来看，两侧题记都出自著名篆书家王瓘（字孝玉）之手，他当时正参端方幕府。据题记可知，这幅出自敦煌千佛洞的宋灵修寺开宝八年（975）观音画像，在光绪三十三年（1907）元旦之前，就从兰州的严金清处寄赠到了两江总督府（在南京）的端方手中。

1918年，此图最早刊载于上海有正书局出版的《中国名画》第九集第1页，称“此画像曩藏敦煌千佛洞，今归宝华菴”。图像两旁的王瓘题记也影印出来。宝华菴，即端方斋号。

1924年，罗福苌编《沙州文录补》收录有丰润端氏（端方）宝华庵藏《敦煌灵修寺尼戒净画观音菩萨像记》[①]。其带有王瓘题记的图版又载于1929年8月11日出版的《艺林旬刊》第59期。1937年出版的松本荣一《敦煌画研究》，提到这幅端方旧藏绢画，此时已为波士顿艺术博物馆收藏[②]。更清晰的图版曾收入1978年日本国立西洋美术馆编《波士顿美术馆展》[③]、1991年日本放送出版协会编《波士顿美术馆东洋美术名品集》[④]。马德先生曾重录题记并略加研究[⑤]。

1996年，荣新江教授在《海外敦煌吐鲁番文献知见录》第三章讨论德国慕尼黑巴伐利亚州立图书馆（Bayerische Staatsbibliothek）藏《金刚般若波罗蜜经》时，据其为端方旧藏而又有今人题记“光绪二十五年（1899）敦煌千佛洞塌出唐时写经”，用语与端方旧藏观音绢画上的题记用语相类，怀疑这卷《金刚经》也是严金清寄给端方的[⑥]。

2001年，荣新江教授在《敦煌学十八讲》第三讲《敦煌藏经洞的发现及文物的早期流散》中记端方旧藏，认为：“严金清（1837—1907），字紫卿，曾随魏光焘镇压甘肃回民起义，任职兰州，因此，有机会得到敦煌新出绢画。这幅绢画至迟在光绪三十二年（1906）年底就从兰州寄出，所谓‘光绪二十五年（1899）出敦煌千佛洞’的说法，应当是传自兰州的严金清。根据有关藏经洞发现年份的其他记载，这一说法应当是兰州地方的误传。”[⑦]故这里有些说法不够确切。

严金清（1837—1909），号闲闲堂老人，江苏金匮（今无锡）人。

咸丰十年（1860），太平军攻陷常州、苏州后，为避乱前往新收复的杭州，依浙江巡抚王有龄，以通判衔办事。

同治元年（1862），入闽浙总督左宗棠幕，办理温州盐厘助饷。同治五年（1866），署台湾府淡水（辖今基隆至新竹）抚民同知。时值戴潮春民变后，严金清竭力整顿政务，敷张文教，募设明善堂，倡建义仓、义塾、义渡，重整义冢。同治九年（1870），赴陕甘总督左宗棠平凉大营，办理营务。

光绪元年（1875），抵甘肃省城，谒左宗棠，派办督辕文案。光绪二年（1876），左宗棠于肃州大营委派严金清办理湘军行营营务，总统刘锦棠委其兼统亲军步队，从征天山南北两路。光绪三年（1877），署迪化直隶州知州。光绪五年（1879），因与镇迪道周崇傅不和，请

① 罗福苌编《沙州文录补》，甲子中冬上虞罗氏印行，叶21a-b。

② ［日］松本荣一《敦煌画の研究》，国华社，1937年，第136页；《敦煌画の研究·附图》第43图。林保尧、赵声良、李梅译《敦煌画研究》上册，浙江大学出版社，2019年，第84页；下册，第79页，图43a。

③ 日本国立西洋美术馆编《ボストン美术馆展》，日本美术出版计划中心，1978年。

④ 日本放送出版协会编《ボストン美术馆东洋美术名品集》，日本放送出版协会，1991年，第151图。

⑤ 文载《敦煌研究》1999年第2期，第172-173页。

⑥ 荣新江：《海外敦煌吐鲁番文献知见录》，江西人民出版社，1996年，第107-108页。

⑦ 荣新江：《敦煌学十八讲》，北京大学出版社，2007年，第58-59页。

假回籍。光绪七年（1881），受刘锦棠委托，由上海押运军装再至新疆。后在刘锦棠幕府办理营务。光绪八年（1882），赴南疆开办蚕桑矿务等事。光绪九年（1883），受钦差分界大臣、时任哈密帮办大臣长顺委派，办理中俄分界事宜。次年（1884），分界事竣，回乌鲁木齐，仍办营务。甲午战争（1894）爆发后，随甘肃新疆布政使魏光焘援剿关东，重创日军。光绪二十一年至二十二年（1895—1896），又随魏光焘镇压甘肃河湟回民起义。光绪二十三年（1897），回陕西总理全省防练。八国联军占领北京（1900），慈禧太后挟光绪帝西逃，严金清因随山西布政使升允护驾有功。光绪二十九年（1903），署陕西按察使[①]。光绪三十年（1904），以其臬司办理不善，得降调处分，十月携眷回籍。光绪三十一年（1905）八月，严金清奉甘督升允奏调赴甘，督练新军，任甘肃督练处参谋总办。光绪三十二年（1906），督练洋操，新军进境甚速，程度可观。光绪三十三年（1907），平定洮州番变及宁夏劫案，但因旧病复发，请假扶疾而归；十二月，道出金陵，谒两江总督端方，逗留数日。次年，在家修家乘，著年谱，以诗文自娱（见图3）。

宣统元年（1909）十月，以病卒于陈家桥新第，享年七十三[②]。

图3 严祠堂

从上述严金清传记、年谱中可见，自光绪元年（1875）起，他常年在甘肃、新疆任职，其间征战天山南北，赴南疆开办蚕桑矿务，镇压回民起义，为清政府立下赫赫战功。光绪二十六年（1900），他并不在甘肃，所以所谓“光绪二十五年（1899）出敦煌千佛洞”的说法应当出自传闻。光绪三十一年（1905）八月，严金清赴甘督练新军，直到光绪三十三年（1907）十二月离开兰州，他获得这幅观音菩萨像，应当就在光绪三十一年（1905）八月到兰州以后。因为这幅画在光绪三十三年（1907）元旦就寄送到南京的两江总督府，所以其寄出的时间应当在光绪三十二年（1906）下半年。到光绪三十三年（1907）下半年，他离开兰州回无锡老家，十二月途经南京时，特意去拜访了江督端方（端制军）。

严金清获得这幅敦煌绢画时，斯坦因还没有到达敦煌，德国慕尼黑巴伐利亚州立图

① 以上叙述系据星汉先生《中俄划界途中严金清与易寿崧唱和诗论》而略有补充，《新疆大学学报》2010年第1期，第113页。

② 以上事迹叙述参看《严廉访遗稿》卷首钱基博《严金清传》、金祖泽《清授资政大夫延榆绥兵备道署陕西按察使无锡严公墓阙铭》，卷10《自订年谱》，收入《无锡文库》第4辑。

书馆藏《金刚般若波罗蜜经》有咸亨四年（673年）三月十一日弘文馆写经题记，为唐长安宫廷写经[1]，也很可能是严金清的收藏。不论写经还是绢画，都是藏经洞中最佳的文献与文物，和斯坦因到来之前廷栋、叶昌炽、苏子培等人所得写卷、绢画一样，应当都来自敦煌县官员或文人的馈赠。从某种意义上说，严金清是中国官僚士大夫中第一批留意收集、保护敦煌文物与文献的人，值得在敦煌学史上特别写上一笔。一幅《敦煌灵修寺尼戒净画观音菩萨像》，从侧面可以见证这位江南将军不仅善战，而且对诗词金石有深厚的研究。

事实上，看传记，严金清一生戎马，其实他是一个饱读诗书的文人，而且诗写得很有水准。严金清在新疆地区待了十几个年头，留下诗词近百首，其中有对自然风光的描写，亦有对战事的担心，如《库尔勒道中二首　其一》：

何必封侯拥旌旄，遨游万里亦称豪。
道逢博望应相讶，身比苏卿分外劳。
雪水满肥渠苜蓿，熏风四月长葡萄。
边庭无事三军静，铁笛横吹寒月高。[2]

这首诗不仅描写了西域的美景、美食，也涉及当时的战事情况。

严金清的诗有一些是他经过吐鲁番时所写，对于了解晚清时期的吐鲁番山川风俗多有参考价值，也可以当作吐鲁番学的史料来读，当然更多的是反映诗人的心情与胸怀。如《连木沁口占二首　其一》：

万山濯濯色苍凉，满目风沙道路长。
半郭田庐环活水，一丛林树带斜阳。
火州城近春方暖，玉塞人来鬓易霜。
块垒填胸何处吐，侧身天地两茫茫。[3]

这是严金清路过吐鲁番连木沁时所作，诗中充满了沧桑之感。

严金清戎马一生，忧国忧民，难得有描写江南的诗，如《忆江南》：

咫尺画，画里似吾家。蟹舍鱼庄烟树外，片帆风送去天涯。江树酒旗斜。[4]

这首诗描绘的正是其家乡无锡的自然景色，清新可爱。

二、廉泉、吴芝瑛旧藏七卷敦煌写经

在日本大阪杏雨书屋公布的敦煌藏卷中，有五件写经原为无锡人廉泉及妻子吴芝瑛（见图4）所藏，每种写经原卷前接裱引首，上面有廉泉夫妇请名流题签，题签之人也多为无锡名士，今考述如下。

① 罗振玉：《唐馆本金刚经跋》，载罗振玉著《永丰乡人甲稿》，1920年。此据《罗雪堂先生全集》初编第1册，第44-46页。

②《严廉访遗稿》卷8。

③《严廉访遗稿》卷8。

④《严廉访遗稿》卷9。

图4　廉泉、吴芝瑛夫妇像

（一）《大般若波罗蜜多经》卷287，今藏杏雨书屋，编为羽474号，引首上有王廷桢题签（见图5）

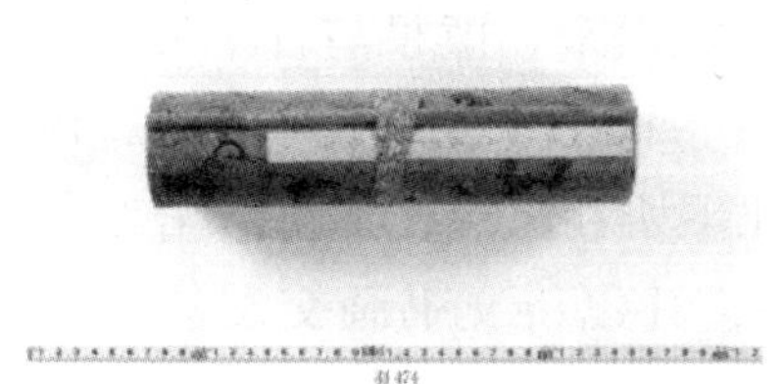
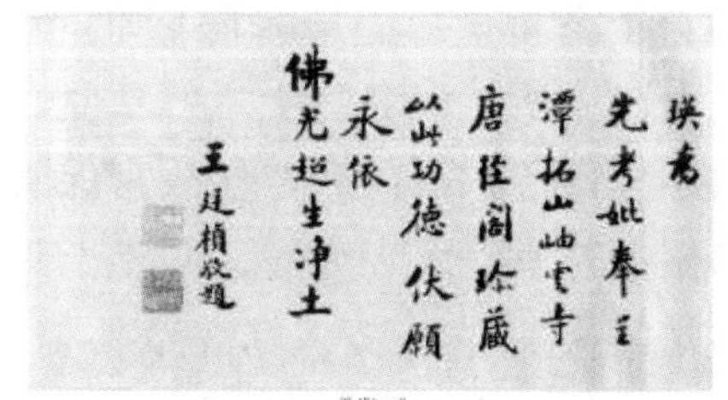

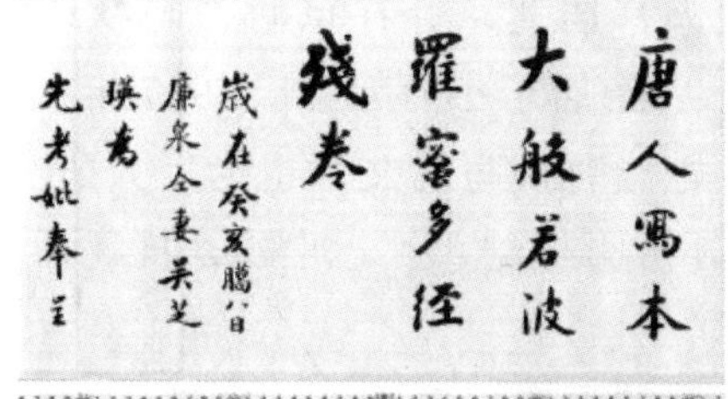

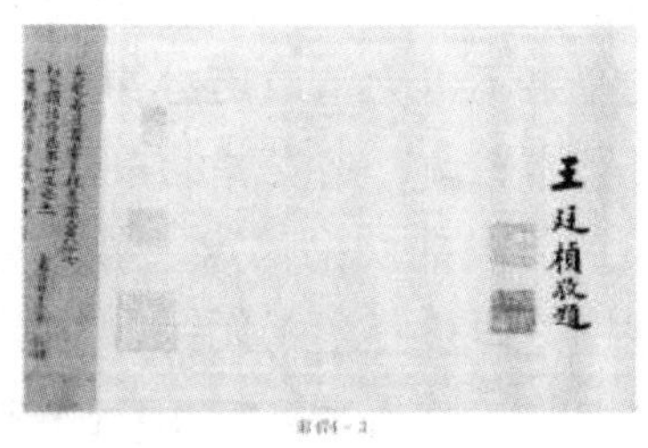

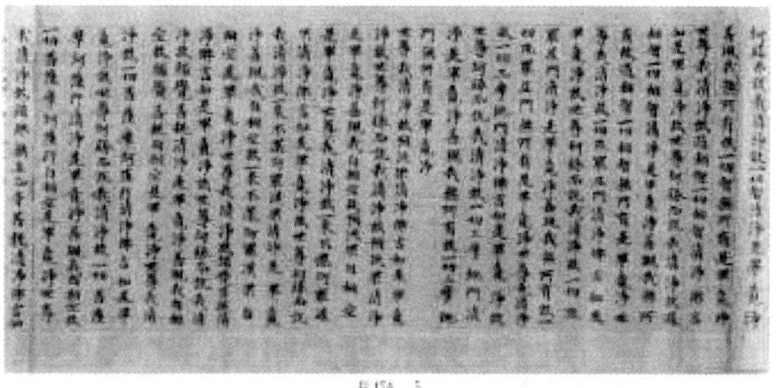

图5　廉泉、吴芝瑛旧藏敦煌写本《大般若波罗蜜多经》卷287

唐人写本《大般若波罗蜜多经》残卷。

岁在癸亥腊八日，廉泉仝妻吴芝瑛为先考妣奉呈潭柘山岫云寺唐经阁珍藏，以此功德，伏愿永依佛光，超生净土。

王廷桢敬题。（钤“王廷桢印”“桢威将军”印）[①]

引首外题“唐人写本《大般若波罗蜜多经》残卷”，下有“小万柳堂”印。写卷前钤“暂止便去”“南湖鉴藏”“唐经阁”印；尾钤“吴芝瑛印”“写经室”“唐经阁”“小万柳堂收藏金石书画印记”印，均为廉氏夫妇所用印章。写卷首尾俱全，存16纸，长742.7厘米，并非题款所说“残卷”[②]。

廉泉（1868—1931），字惠卿，号南湖、岫云、小万柳居士，斋号小万柳堂、三十六峰草堂等，江苏金匮（今无锡）人。5岁入学，后在江阴南菁书院学习。

光绪十年（1884），中秀才。光绪十三年（1887），与安徽桐城吴芝瑛喜结连理。光绪二十年（1894），中举人，次年在京会试时参与“公交车上书”。光绪二十二年（1896），得尚书怀塔布赏识，任户部主事，翌年荐升为户部郎中。光绪二十四年（1898），入京。光绪三十年（1904）冬，辞职南归，移居沪上，后营造小万柳堂。光绪三十二年（1906），创办上海文明书局。辛亥革命后，廉泉隐居北平潭柘寺。民国三年至六年（1914—1917）赴日本，在神户椰取山造住所，取名三十六峰草堂，该斋名由此而来，廉泉与日本文化界名流交往甚密。民国六年（1917）回国后曾任故宫保管委员等职。北伐后，其不再任职。1931年，廉泉独赴北平潭柘寺养病并入寺为僧，同年十月病逝于北平协和医院，葬于潭柘寺旁。

廉泉性情豪爽，精诗文，好辞章，擅金石书画，并以诗文书画交友甚广，著有《南湖集》《潭柘集》《梦还集》《梦还遗集》等。

其夫人吴芝瑛（1867—1933），字紫英，别号万柳夫人，安徽桐城县高甸人，幼承家学，工诗、文、书法。光绪二十四年（1898），芝瑛随夫移居北京。在京时，与秋瑾结为至交。后芝瑛劝丈夫廉泉不再为清政府办事，一起南归，后隐居于小万柳堂。1907年，秋瑾被害，芝瑛冒死将其尸体“偷”走安葬的事迹广为人知，她当时撰写的文章也为后人研究秋瑾留下史料。吴芝瑛是著名的女书法家、教育家，著有《帆影楼纪事》《帆影楼旧藏画目》，辑有《小万柳堂丛刻》。1933年卒于无锡，享年66岁。

（二）《金光明最胜王经》卷10（甲本），今藏杏雨书屋，编为羽475号，引首上有侯毅题签（见图6）

唐人写本《金光明最胜王经》残卷。（钤“藐女史”印）

岁在癸亥腊八日，廉泉仝妻吴芝瑛为先考妣奉呈潭柘山岫云寺唐经阁珍藏，以此功德，伏愿永依佛光，超生净土。

侯朱藐承命敬题于京都籀云室。（钤“朱藐”“疑始堂”印）[③]

引首外题签“唐人写本《金光明最胜王经》残卷”，下钤“小万柳堂”印。卷首钤“南湖鉴藏”“唐经阁”印，拖尾钤“吴芝瑛印”“写经室”印。写卷首全尾残，存7纸，长271.2

① ［日］吉田忠夫编《敦煌秘籍：杏雨书屋藏》影片册6，武田科学振兴财团，2012年，第201页。

② ［日］吉田忠夫编《敦煌秘籍：杏雨书屋藏》影片册6，武田科学振兴财团，2012年，第202-203页。

③ ［日］吉田忠夫编《敦煌秘籍：杏雨书屋藏》影片册6，武田科学振兴财团，2012年，第212页。

厘米[1]。因为下卷也是《金光明最胜王经》卷一〇，所以分别作“甲本”“乙本”。

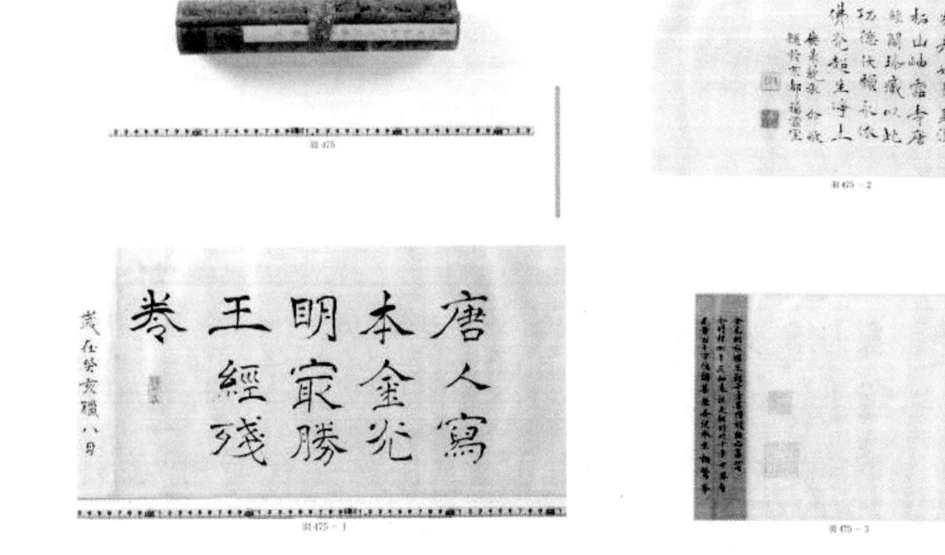

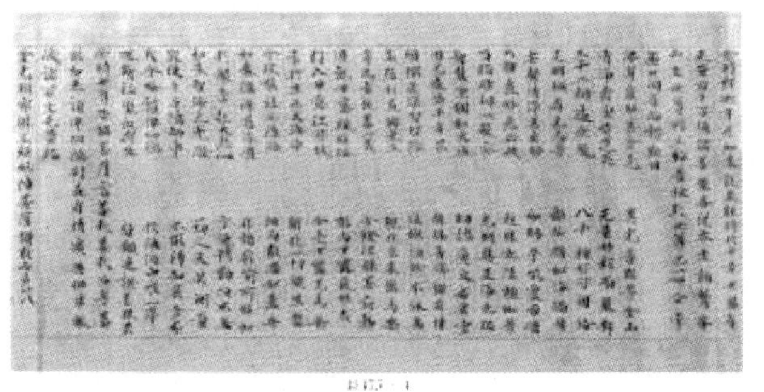

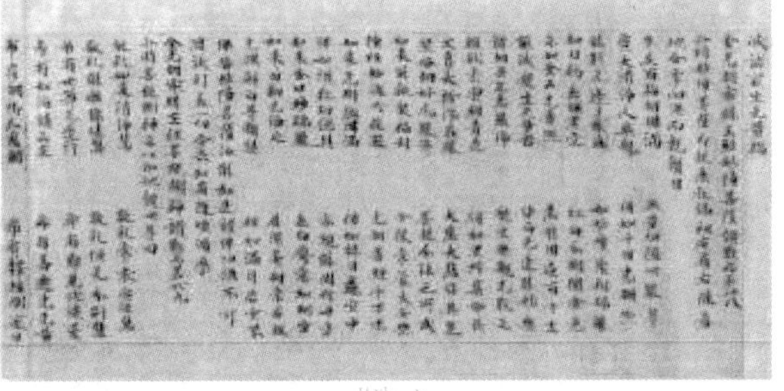

图6　廉泉、吴芝瑛旧藏敦煌写本《金光明最胜王经》卷10（甲本）

侯朱藐，即侯毅（1885—1951），字雪农，号疑始（一作凝始），江苏无锡人。从无锡老一辈人所述得知，侯毅是廉泉的侄女婿。侯毅曾拜严复为师，后赴日本留学，严复有《侯生行》一诗相送。侯毅好诗文，擅长篆刻，“雕镌谁似侯凝始，刀笔中无一点尘”，就是其师对其篆刻的评价。中华人民共和国成立后，侯毅曾任海军司令部秘书、河北省人民政府秘书等职。师生情深，侯毅曾撰写《筹安盗名记》，记录了严复加入筹安会为人所骗的经过，以此为老师正名。

① ［日］吉田忠夫编《敦煌秘籍：杏雨书屋藏》影片册6，武田科学振兴财团，2012年，第213-214页。

（三）《金光明最胜王经》卷10（乙本），今藏杏雨书屋，编为羽476号，引首上有侯毅题签（见图7）

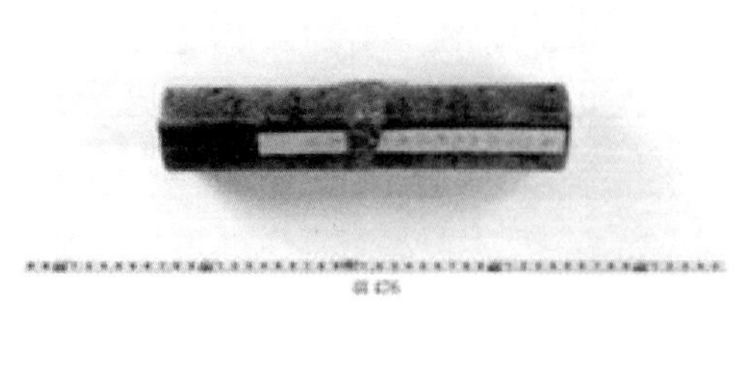

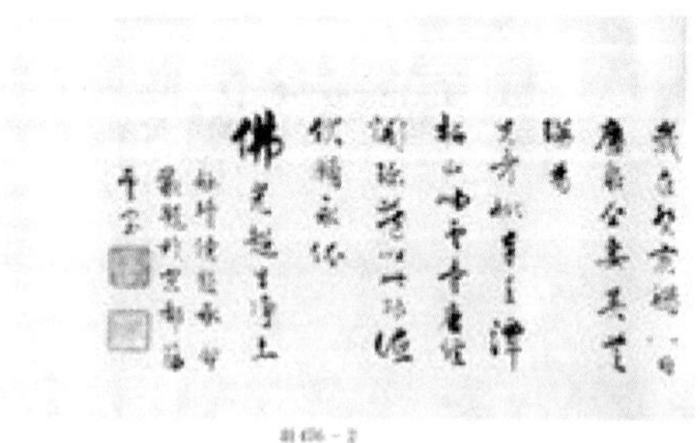

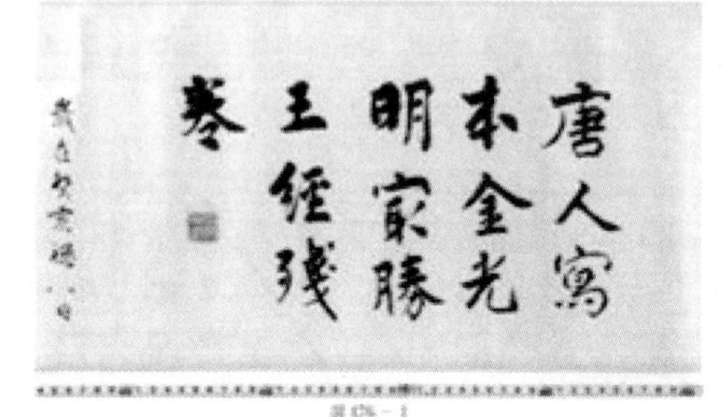

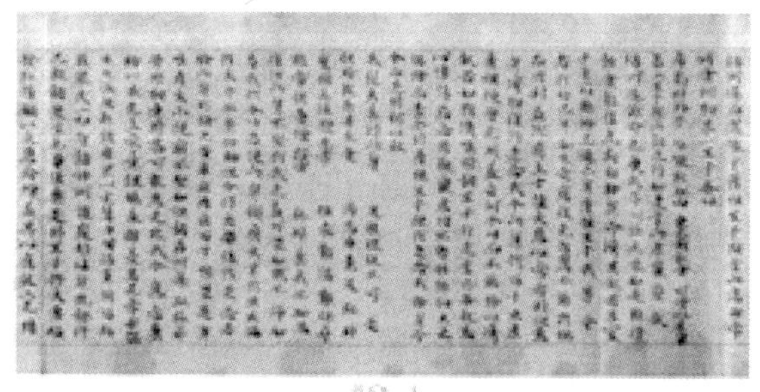

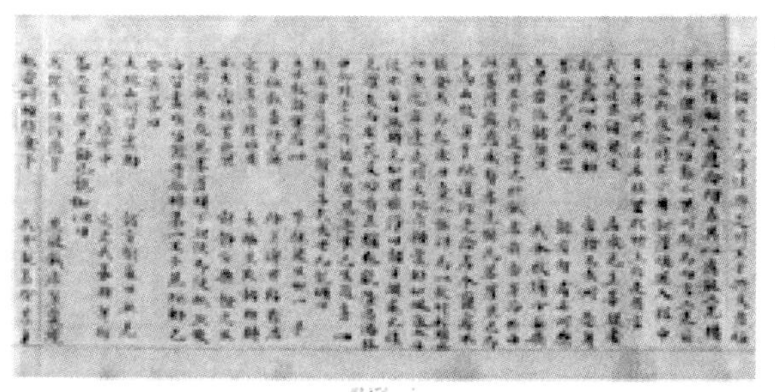

图7　廉泉、吴芝瑛旧藏敦煌写本《金光明最胜王经》卷10（乙本）

唐人写本《金光明最胜王经》残卷。（钤“无锡侯毅”印）

岁在癸亥腊八日，廉泉仝妻吴芝瑛为先考妣奉呈潭柘山岫云寺唐经阁珍藏，以此功德，伏愿永依佛光，超生净土。

侄壻侯毅承命敬题于京都籀云室。（钤“东里侯氏”“疑始”印）①

引首外题“唐人写本《金光明最胜王经》残卷”，下钤“小万柳堂”印。卷首钤“小万柳堂”“南湖鉴藏”“唐经阁”印，拖尾钤“吴芝瑛印”“写经室”“墨林星凤”印。写卷首全尾残，存9纸，长334.5厘米②。

此件亦为侯毅所题。

① ［日］吉田忠夫编《敦煌秘籍：杏雨书屋藏》影片册6，武田科学振兴财团，2012年，第218页。

② ［日］吉田忠夫编《敦煌秘籍：杏雨书屋藏》影片册6，武田科学振兴财团，2012年，第219-220页。

（四）《大般若波罗蜜多经》卷406，今藏杏雨书屋，编为羽477号，引首上有孙揆均题签（见图8）

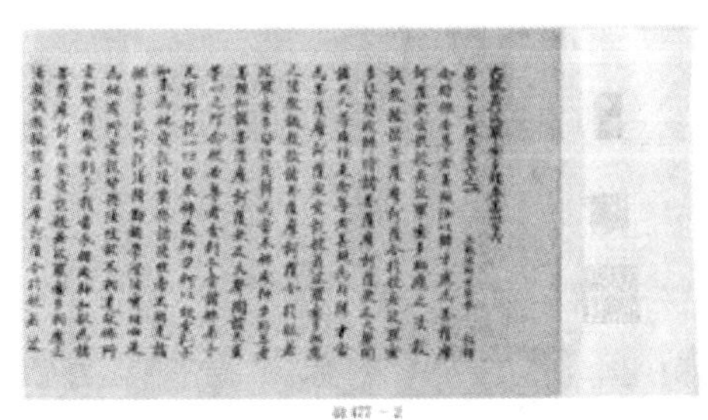

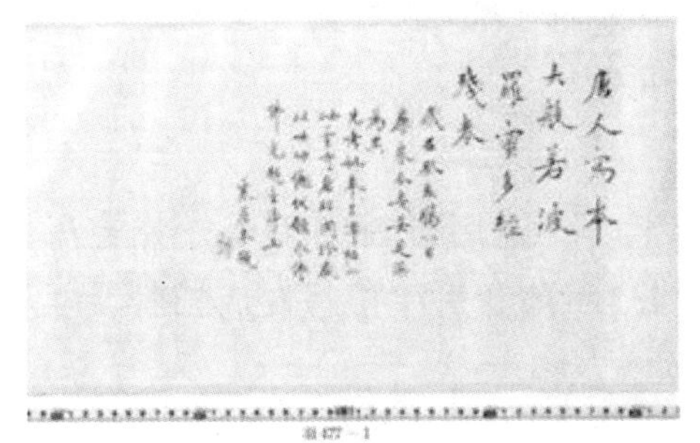

图8　廉泉、吴芝瑛旧藏敦煌写本《大般若波罗蜜多经》卷406

唐人写本《大般若波罗蜜多经》残卷。

岁在癸亥腊八日，廉泉仝妻吴芝瑛为其先考妣奉呈潭柘山岫云寺唐经阁珍藏，以此功德，伏愿永依佛光，超生净土。

寒厓奉题。（钤“孙”朱文印）①

引首外题“唐人写本《大般若波罗蜜多经》残卷”，下钤“小万柳堂”印。卷首钤“小万柳堂”“南湖鉴藏”“唐经阁”印，卷尾钤“唐经阁”朱文方印、“南湖鉴藏”朱文方印、“写经室”白文方印、“吴芝瑛印”白文方印。此卷首尾俱全，存18纸，长842.3厘米，是一完整的卷子，而非“残卷”②。

寒厓，即孙揆均（1866—1941），字叔方，又名道毅，号寒厓、鹤主（来鹤楼主人）等，江苏无锡人。孙揆均是明代无锡状元孙继皋第九世裔孙，于光绪二十年（1894）中举，清末曾任内阁中书、军机章京、甘肃兰州道台衙门文案。民国时期任江阴县县长、教育部秘书等职。他工诗善书，世人皆说他的书法清俊苍秀，所题的匾额楹联流传甚广。

无锡太湖之畔有间“万顷堂”，临湖依山。登万顷堂眺望，太湖三万六千顷烟波无际，山水湖光，令人心旷神怡（见图9）。孙揆均为万顷堂题了众多楹联，《太湖万顷堂联》云：“天浮一鼋出，山挟万龙趋。”寥寥数语，气势磅礴。鼋头渚是无锡南犊山麓向太湖伸展的

① ［日］吉田忠夫编《敦煌秘籍：杏雨书屋藏》影片册6，武田科学振兴财团，2012年，第225页。

② ［日］吉田忠夫编《敦煌秘籍：杏雨书屋藏》影片册6，武田科学振兴财团，2012年，第226页。

长渚，像大鼋昂着头吞吐波涛云烟。还题有“满地干戈，故老伤春作寒食；重湖风月，有人招隐结茆庵”。与“箫鼓迎神，百道风帆来管社；咏觞修禊，几人墨妙写兰亭”的妙联。万顷堂北是梅园，南面隔水相望的是中犊（独）山，再南就是鼋头渚，西靠小箕山，东连秀丽的内湖——蠡湖。孙揆均的联句把在万顷堂看到的太湖景色之美恰如其分地表现了出来。

图9　鼋头渚万顷堂见景

孙揆均能诗，诗意苍朴，有诗集《寒厓集》传世。年老后以鬻字为生，荣宝斋代为收件。当时写一副对联是银洋八圆，一幅扇面银洋二圆，而孙老一律拒写商店招牌及娱乐场所广告。

在无锡梅园的招鹤亭还有孙揆均的题联：“七十二峰青未断，八万千株芳不孤。”梅园由著名民族工业家荣宗敬、荣德生兄弟所建。他们秉承“为天下布芳香”的宗旨，选址遥临太湖烟波，背倚龙山翠屏，以梅饰山。孙揆均题联中所写“青未断”对“芳不孤”，一色一香，颇为生动，不禁让人想到那片香气馥郁、沁人心脾的“香雪海”。

（五）《佛顶尊胜陀罗尼经》，今藏杏雨书屋，编为羽480号，引首上有董玉书题签（见图10）

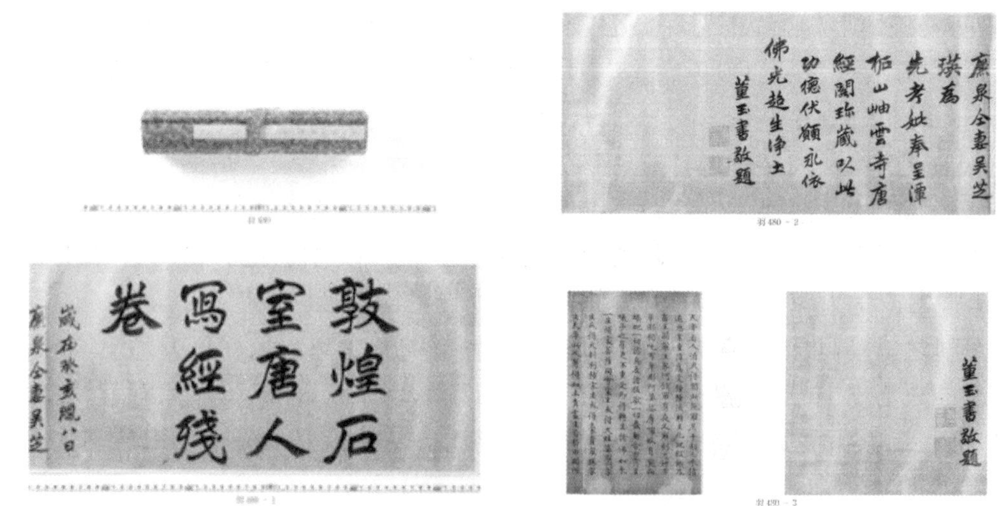

图10　廉泉、吴芝瑛旧藏敦煌写本《佛顶尊胜陀罗尼经》

敦煌石室唐人写经残卷。

岁在癸亥腊八日，廉泉仝妻吴芝瑛为先考妣奉呈潭柘山岫云寺唐经阁珍藏，以此功德，伏愿永依佛光，超生净土。

董玉书敬题。（钤“董氏玉书”“逸沧印信”印）①

此卷引首外题“唐人写本写经残卷”，下钤“小万柳堂”印。首部钤“小万柳堂”“墨林星凤”“唐经阁”三印，拖尾钤“吴印芝瑛”“写经室”二印。写卷首尾俱残，存4纸，长167.7厘米，楷书精写②。

董玉书（1869—1952），字逸沧，晚号拙修老人，斋名拙修草堂、寒松庵。江苏江都（今扬州）人。

除了现存杏雨书屋的上述五件廉泉、吴芝瑛旧藏卷外，南京大学博物馆也收藏有两件其二人旧藏的敦煌写本。其一是朱书《大方便佛报恩经》卷三，引首有段祺瑞题签：

大方便佛报恩经残卷

岁在癸亥腊八日，廉泉同妻吴芝瑛为先考妣奉呈潭柘山岫云寺唐经阁珍藏，以此功德，伏愿永依佛光，超生净土。

合肥段祺瑞。（钤印）

此卷引首外题“唐人写本大方便佛报恩经残卷”，下钤“小万柳堂”印，与上述五卷装裱形式完全一样。据《南京大学古籍善本图录》所见，写卷首全尾残，存4纸，长290.7厘米，朱书，楷书精写。写卷前后钤有“紫英”“小万柳堂”“吴芝瑛”“鞠翁之女”“暂止便去”“墨林星凤”“唐经阁”“廉泉长寿印信”等印，拖尾钤“吴印芝瑛”“写经室”二印。据介绍，此卷有吴芝瑛题记，说卷子系其表兄孙寒厓（揆均）于清末赴甘肃、新疆任职途中所得。题签的段祺瑞，安徽合肥人，著名的北洋军阀皖系首领，1924年11月出任中华民国临时执政。卷后还有1925年清朝遗老郑孝胥拜观于京师“蕉岭会馆”的题记。后来此件转归金陵大学创始人、美籍传教士福开森，福开森于1934年与其他古物一起捐赠金陵大学，故此件现藏于南京大学③（见图11）。

另一件是血书《大方便佛报恩经》卷三，高25.2厘米，长311.8厘米。存七纸，行十六至十八字，偶见墨笔补脱漏字句。上有吴芝瑛、王揖唐、郑孝胥等人的题签、题端、题跋。有“逸盦”“孝胥”“吴芝瑛”“写经室”“小万柳堂”等印（见图12）。

廉泉、吴芝瑛夫妇有一枚双面印，由王大炘于1909年、1910年用寿山石所刻，文曰“小万柳堂”“唐经阁”④。与写卷上的印文对比，前者为方印，与写卷上的长方形印不同；后者则应当是同一个印，此唐经阁就是题记中所说的这些敦煌卷子所贮存的地点——潭柘山岫云寺唐经阁。

为廉泉、吴芝瑛夫妇写题记的侯疑始、孙揆均都是廉泉的无锡同乡，兼为好友或亲戚，

① ［日］吉田忠夫编《敦煌秘籍：杏雨书屋藏》影片册6，武田科学振兴财团，2012年，第247页。

② ［日］吉田忠夫编《敦煌秘籍：杏雨书屋藏》影片册6，武田科学振兴财团，2012年，第248-251页。

③ 南京大学图书馆编，程章灿、史梅主编《南京大学古籍善本图录》，南京大学出版社，2022年；南京大学博物馆编《一眼千年——寻着总书记的足迹，探访南大博物馆的敦煌宝藏》，南京大学博物馆微信公众号，2019年9月4日。

④ 王大炘篆刻《王大炘印谱》，上海书画出版社，2001年，第53页“小万柳堂”、第74页“唐经阁”。

孙、侯均曾留学日本。笔者找到一幅画，可以证明他们之间的密切关系。

图11　朱书《大方便佛报恩经》卷三

图12　血书《大方便佛报恩经》卷三

诚轩拍卖行在2017年曾拍出过一幅金城所画《西城寒食图》（见图13），有廉泉、侯疑始题跋，尺寸为128厘米×51.5厘米，约5.9平尺，立轴设色纸本。题识有：

1. 西城寒食图。壬戌（1923）十二月上旬，天寒欲雪，呵冻作此，石梅花盦主人金城。

2.（侯疑始题，文略）

3. 廉泉题：一掬寒泉荐晚尊，西风去国忆王孙。林花著雨疑含泪，病叶辞柯总到根。往事书空犹咄咄，疏狂成性自存存。红罗石版依然在，不敢驱车过柳门。录往年和寒厘均。癸亥（1923）人日，南湖。

（钤印：拱北、金城、石梅华盦、侯毅、廉泉长寿印信）

据题跋，《西城寒食图》是1923年金城所绘。金城（1878—1926），字巩北，一字拱北，又名绍城，号北楼，又号藕湖，祖籍浙江省吴兴县，生于北京，1926年9月6日卒于上海。金城是中国近现代著名画家，传统功力极为深厚，擅长山水、花鸟，师法宋元，笔墨谨严，以工带写。1910年，他创立中国画学研究会，担任会长。1920年，金城发起成立湖社画会。1922年，金城赴日本参加第二届中日绘画联合展览会[①]。我们前面提到的《艺林旬刊》和《艺林月刊》，金城作为这些中国画学研究会主办刊物的负责人，刊载了很多当时社会上流散的敦煌绘画和写卷。此外，金城本人也收藏有敦煌卷子。

图13　金城《西城寒食图》

《西城寒食图》的作画背景是1923年初，廉泉建良弼祠于翊教寺东院，孙揆均书联："抵掌数人才，风雪连床南苑；怆怀作寒食，莺花三月西城。"下联所述即画中情景：画下方屋宇环抱，小池畔，六角亭，数人相聚，园门处还有一人迟至，有童子相随。此作以艺事胜，具有极高的历史文献价值。画幅中，由侯疑始、廉泉两段题跋可知，所绘乃是清末民初的一段往事。祠堂落成后，廉、孙二人请金城作画，侯疑始题诗，怀念亡友和过去那段珍贵的时光。本幅为金城应邀绘制的切题画作，画中高轩水亭，人物俱着长袍马褂，好一方清雅之地。如今，石板房胡同的寓所、翊教寺东院的祠堂均已难觅其踪，唯在画中可见一二。

就在这幅《西城寒食图》绘制之后不久，廉泉、吴芝瑛夫妇于癸亥腊八日（1924年1月13日），将自己收藏的至少七件敦煌佛经，为其先考、先妣奉呈于潭柘山岫云寺唐经阁珍藏，并邀好友题跋。廉氏夫妇所藏敦煌写卷，多为上品，其中两件《大般若波罗蜜多经》，都是首尾完整的卷子，十分珍贵。其他几件，也都不短，文物价值较高。可惜廉泉晚年生活窘困，房屋、藏卷相继售出。不知何时，其中五卷敦煌写经被羽田亨购买而去[②]。

总之，敦煌经卷和绢画极为珍贵，其地与无锡相距甚远，然仍有严金清、廉泉、吴芝瑛等无锡名士因为诗书金石的独到品鉴，慧眼识得，很早即动手收集宝藏，对敦煌文物和文献直接或间接起到了保存的作用。史海拾遗，每一件文物、经卷都在诉说着不同或相同的历史故事，无锡名人也在敦煌学史上留下了他们的故事。

① 丛涛：《从民国北京画坛的一次事件，看金城、陈师曾不同画学主张》，载《澎湃新闻》2020年7月26日《艺术评论》。

② 郑阿财：《杏雨书屋〈敦煌秘笈〉来源、价值与研究现况》（《敦煌研究》2013年第3期，第118-120页）一文专列"廉泉、吴芝瑛夫妇旧藏"一小节，有归纳探讨，可供参看。

为了敦煌

——《俄藏敦煌文献》《俄藏敦煌艺术品》的现场工作实录

府宪展（上海古籍出版社）

今年是敦煌吐鲁番学会成立40周年，也是上海古籍出版社以大型敦煌文献总集现身学术界的第34年（1989年至今）。在这样漫长的年月中，得到学会领导和各路群英热烈的关注和支持，应该也算是上海古籍出版社在学会引领下取得的一小部分成就，值得回顾总结，继往开来。

上海古籍出版社的“俄藏敦煌文献”项目，启动于1989年8月组团赴苏联科学院列宁格勒分院的实质性谈判。此后，以俄藏敦煌文献为先锋，开启了《敦煌吐鲁番文献集成》的工作，继而拓展至《俄藏黑水城文献》全部汉文、西夏文本的宏大项目，以及法国、英国收藏的敦煌藏文写本，还有法国伯希和探险队在北区石窟（不是“藏经洞”）收集的西夏文写本。在长时间准备后，我们于1993年实质性开始了《俄藏敦煌艺术品》的编纂出版工作。至今30多年中，已经出版了《法藏敦煌西域文献》，上海博物馆、上海图书馆、北京大学图书馆、天津艺术博物馆的敦煌汉文文献，以及《法藏敦煌藏文文献》《英藏敦煌西域藏文文献》等，共有205册。

今天追溯34年以来的敦煌学选题出版工作，虽显过时，但无论从学术、技术层面，还是从读者层面来说，都已经有了巨大变化。但是有一点无法改变，那就是，这是我们的创业史，也是敦煌学术史的重要环节。现在看来，已经是天方夜谭式的老故事，随着时间的推移，越发远离我们。我们也十分眷恋与学术前辈的高效率合作，不仅是追怀我们这一群人做了什么，而且重新汇聚到共同的起点和航道。今非昔比，然而历史，尤其是文献学范畴内的版本学、书志学资料，将和书本相伴，长久地见证历史。即使是当时琐碎的记载，也是那个时代出版史的重要证明。

以下是我枚举的琐碎行迹，但也应该是无可替代的、艰难跋涉的足迹。

1990年 《俄藏敦煌文献》的开始

1990年9月17日 北京

李伟国、府宪展、朱天锡同行。

继昨天艰难进站之后，今天又花了两小时，在列车员的帮助下，才将约400斤重的10件行李，自“上海—北京”的21次列车弄出了北京站，旋即前往新闻出版署。然后买器材，不料北京缺少相关器材，还好在上海准备得比较充分。

9月18日

奔走了一天，买了一个不锈钢冲片罐。

9月19日

早上6点到北京站，将10件行李塞进车厢，人仿若被异化为货物。路经大同，见山峦坳谷，继而是内蒙古的沙碛草原。至二连浩特时已是晚上，接受了两个半小时的检查，手续很烦琐。而后进入蒙古，再经检查，抵达时已凌晨2点，一路尽是草原风光。

9月29日

已经有十来天没记日记了，一是因旅途奔波，二是有录音可以替代记录，三是实在忙得很。

10月1日 星期一

列宁格勒（不久后将更名为圣彼得堡），很少露出晴朗无云的天空。昨日至今，却逢晴朗好天气。

今日正式拍摄，下午2点后，我在米列翁（“百万富翁”）大街的东方招待所（据传是沙皇枢密官私邸，房间高大得吓人，三个人分住原大厅的三个角落）冲洗胶卷，直到晚上11点左右冲完，又忙到约2点。今日总共拍了390张，废品率10%，虽需返工，但成绩巨大，质量基本达到了高标准。

10月2日 星期二

上午补拍，下午用反转片拍了《文选》《赞述》《音义》等文献。

10月3日 星期三

今天中秋，在工作地拍了些阅卷照片。晚上赏明月星空，之后又到冬宫广场和涅瓦河边走了一圈。

10月5日

考证弗鲁格12、15、24号文献情况：弗12前5纸与后面各纸、字迹均不同。弗12与弗15卷轴相同，后半纸相同。弗12与弗24抄经手相同，弗24有“三界寺”印，证明弗12前后均为同寺抄本。如果弗24非补抄入藏，应与弗12同时入藏，且同为三界寺藏经。

10月7日 星期日

由东方所萨满学青年专家雅洪诺夫·科西嘉带领我们参观俄罗斯博物馆。中午于涅瓦大街亚美尼亚餐厅进餐，餐厅环境典雅高贵，品尝到中亚地区阿塞拜疆、格鲁吉亚等地的奶油栗子、肉末烤肉串、羊肉土豆汤等名菜。我们借此领略了俄国民族菜系特色与进餐氛围。结账时，每人花费30卢布，价格远高于平时3卢布一餐（味道甚佳）的水平。科西嘉说好久没

吃到格鲁吉亚羊肉汤，非常满意，深表感谢。

下午参观喀山大教堂，该教堂为罗马式立柱大教堂，外观古老且气度宏伟。展品介绍萨满教、东正教历史，史前展品含法国出土、形似维纳斯的人体雕塑，与之并列的打制石器，应属旧石器时代；另有太平洋岛上的图腾柱等，颇为精彩。据说彼得雕像广场附近有世界民族宗教博物馆，可惜没机会去找。

晚间冲洗胶片至凌晨1点多。

10月8日

弗26号文献，纸张经砑光处理，墨色黑亮，字迹见功力。数次重拍，因墨色反光等问题，效果欠佳。推测此卷或出自宫廷。

10月9日　星期二

重拍部分问题，今日解决。退还此前提取的20来号文献，商借至70号。明晚丘古耶夫斯基将赴新西伯利亚（全苏对华友好协会驻地，丘古为副主席），一周后返回，需预留这段时间周转的拍摄文本。

10月10日　星期三

考证出弗某号《维摩诘经疏》缺名者，为胡吉藏之《义疏》，载于《大正藏》卷三十八。考《经律异相》卷，发现不当列六种子目名。下午完成搬迁，晚间至孟列夫家（在陀思妥耶夫斯基大街附近，是其夫人“阿香”的祖产）做客。

10月11日　星期四

考证《妙法莲华经第二十九、三十》伪品问题，暂未找到充足依据。考证《八重施重罪堕》长卷，其中“大乘秘密启发”或被称“马鸣传”“马鸣立像”，均有误，疑为密宗西天祖师传略资料。

10月15日　星期五

《杂佛事》《布施文》卷前有两段文字，约二纸，孟目未录，似与《华严经》卷二十六问答辩相关。查《华严问答》未见，或在《梵网经》注疏、问答中。

艾尔米塔什博物馆西夏事务负责人（或为Kira，当时刚接触了解）提及，西夏藏品已与日本相关机构和我国江苏签约。

10月16日　星期二

近日考证，西夏文版《华严经》为伪本，是否存有活字版尚未确证。

10月17日　星期三

查出《法华三昧》（与《杂法事》同卷）为唐法藏之《华严经菩提义章》。

10月20日　星期六　凌晨3：30气温7～14℃

雨如鼓点，击打在铁皮屋顶或其他物件上。初到此时，满树满地皆是金色秋景，而此刻，树木渐显铁骨铮铮之态，仅余几片残黄的枯叶挂于树梢。

刚通完电话，得知《禅宗的创造性思维形式》已排出校样，又知晓些了些其他事，竟难以入睡。虽仅十来个工作日，加上行程，竟还有二十多天。

很想写信，无奈邮路不畅。若今日寄出圣诞贺卡，庆贺两个月后的圣诞，或许时机刚好。

10月21日　星期日　气温0℃

中午前，由雅昂托夫带领，前往列宁格勒市郊的藏传喇嘛庙，可惜仅遇守门人，庙宇未开放，无法进入。中午在克雷洛夫鱼店用餐。

下午参观瓦西里岛河边码头旁的动物博物馆（疑为彼得大帝世界生物博物馆），其绿色塔形建筑颇具特色。按彼得大帝诏令，所有巡游世界的海军与探险队，均需采集动物标本上缴，汇集于此。馆藏标本达30万件，大至鲸鱼、猛犸骨骼，小至跳蚤、蚜虫，无奇不有。其中最具意义的，是在西伯利亚冻土层发掘的年轻猛犸，伏于冷冻玻璃柜内，栩栩如生。真盼着有DNA还原技术，若能用猛犸毛发还原出活猛犸该多好，不过谁知道会有什么后果，或是世界灾难。

馆内不少展品，由科兹洛夫、阿列克谢耶夫等取自黑水城（哈拉浩特）和居延海。偶遇内蒙古大学生物系教授，他告知我们，俄国探险队收获的昆虫（主要是蚊子）曾有200多种，现当地存活的不超过20种。

晚上到克平家做客，结识李国章社长的同学张静娴、费锦昌夫妇，二人在列宁格勒大学教授中文语法，任期两年。

10月22日　星期一　雨、雪、晴　0℃

本周是最后一周工作。上午到所里查看部分卷子，随后在宿舍冲洗，共完成49卷，创最高纪录。

讨论空白页体例：

1.为直观呈现，凡两段文字间空白页，无法用一幅画面反映的，在字后与字前各留空白。

2.末行字和首行字均标出行数，末行字后空白页前，在行数栏标注白纸间距，符号示例：15→35cm←35cm→Ⅱ 10 5

10月23日　星期二　5℃　阴

天气明显转暖，无大风，只是昨日起，涅瓦河水更黄，连自来水都泛黄。加紧赶工收尾，总拍摄数达4470拍。

10月24日

参观艾尔米塔什博物馆，由萨玛秀克·Kira（黑水城藏品负责人）接待，孟列夫陪同。我们通常不从对外接待通道进入，而是跟保安说明后，从通往地下室的小木门进入。穿行于头顶纵横交错的下水管间，转过诸多弯道，停在隐蔽小门处，搭乘内部工程用的极小电梯，升至一层乌克兰展厅，再堂皇地乘坐内部电梯到三楼中国部展厅。最先见到的是玛丽娅·缅什科娃（孟列夫的女儿），她主要研究和保护清代宫廷的工艺品，包括大型雕漆屏风、景泰蓝冰箱及乾隆时期的国家礼品。萨玛秀克和缅什科娃（玛莎）的研究室就在旁边小门内，墙上挂满黑水城出土的丝绸与壁画文物，从窗口望内庭花园，游客队伍长长一列，见首不见尾。

看黑水城文物，拍了些照片，含杜金当时拍的老照片。在地下贮存室，萨玛秀克准备了午餐。作为部门负责人，她热情极了，主动帮着解决闪光灯等事，介绍文物、回答问题都笃定。她的中文挺好，却总弄不清“不好意思”是“难为情”还是“不怀好意”！

有件西夏缂丝的多罗菩萨像，总高约二尺半，宽一尺多，两头饰藤蔓、法华，还有童子。菩萨以自在坐坐在莲花上，非常精致，是西夏时期的杰作，属中国乃至世界上传世最早、最精美的缂丝（通经回纬）完整实物，令人震撼。

买了本美国约翰逊原版《艺术史》(History of Art，Janson著)，花了110卢布，满意极了！可惜就一本，让孟列夫好一阵嫉妒。

10月25日　星期四　阴

最后一天常规生产，共拍40余卷，所摄号到ф149，总计约5100张。晚上冲片到三点，小有损失。今日拍了手稿部等处照片。

10月26日　星期五

完成最后一些反转片、黑白片补拍，所有工作将在晚餐后结束。晚餐是彼得罗相所长在中苏友谊协会餐厅办的招待会，协会建筑极豪华。

10月27日　星期六

一清早到涅瓦大街，去喀山大教堂（宗教博物馆）等处拍风景照，随后急急赶回，赶往芬兰车站。因不熟交通，最后花3卢布叫了小车，扔下5卢布直奔站台，总算在最后一分钟赶上。

车行约70公里到高尔基站（“63公里”下一站)，再步行约1公里，到孟列夫乡间别墅(严格说，是孟太太阿拉的医生父亲的遗产)。这是“工程师村”木结构小楼房，家家藏在森林与自留地深处（妇女不避讳，躺在长椅上裸晒，还跟老孟打招呼。后知她们可能是从家家都有的桑拿浴棚中逃出来降温的，在雪地打滚也是常事)。两层小楼，五六个房间，内饰是典型俄式风格。家园约一亩半，我们用粗桦树干烧暖房间。喝过午茶，在孟列夫、外孙女娜丝嘉，还有两个叫娜嘉的女孩、一个小男孩，以及老孟的大狗陪同下，我们从铁路旁进森林(穿越池塘、白桦林、草地，踩着松软苔藓与泥泞沼泽，在被大风吹倒的大树根和半人高的蚁巢之间穿过，我们放声地唱歌并大声地“喊山”)。我又回到了自然——这是我在这个国家、这个城市，被这些亲人环拥的环境中最愉快的日子，这种似乎有点像狼嚎一样的野性呼唤，或许会招来冥冥中的萨满神明，我也盼着白胡子老头出现，能聊聊心事。

晚上孟夫人办纯正俄式家宴，之后乘火车回城，到张静贤、费锦昌老师家，克平陪同再吃晚餐。(因克平误传，把李伟国说成李国章，李国章的老同学费锦昌就急忙赶来拜访，一见之下，新朋友秒变老朋友。)

10月28日　星期日　阴

最后一个星期日，整理行装。下午原定去克平家，我和朱天锡厂长在研究所门口拍了些做环衬用的外景照，之后分头行动。我沿涅瓦河边，从艾尔米塔什博物馆到海军部（门口有普尔热瓦尔斯基与骆驼的铜像，我在李伟国“强逼”学俄文的高压下，仅认得的几个俄文字母，倒在这儿派上用场，而许多中国朋友来过也都不知道）的伊萨科夫大教堂，其金顶位于城市中心，曾是彼得大帝的庇护神坛。登200级台阶，在圆穹回廊俯瞰涅瓦河与市容，竟觉涅瓦河的宏阔叙事与黄浦江有相似气韵，却又和塞纳河“悲惨世界”的深沉、泰晤士河“魂断蓝桥”的哀愁，形成巨大反差。

10月29日　星期一

早上投递出最后一张明信片，是寄给自己的，想实测从列宁格勒到上海的邮程——或许两个月后的圣诞节便能收到。

随后上街，花尽剩余卢布。旋即到研究所整理物品、打包，寄存在顶层丘古耶夫斯基的内部图书馆的隔板上。除翻拍支架、杂物外，存显影、定影药粉，合计54000cc容量。下午告别后，拍摄了最后的涅瓦河日落，方向朝着波罗的海。晚间9：30乘车，丘古耶夫斯基、孟列夫和斯科斯佳来送行，就此告别这座承载着英雄史诗的城市。

1992年　主战场在东方所

1991年　12月25日晚，苏联国旗自克里姆林宫缓缓降下，苏联宣告解体。

1992年　1月26日，赴俄工作小组搭乘　21次列车，自上海经北京转道前往列宁格勒。此行共4人，编辑府宪展、蒋维崧、刘景云，摄影师严克勤。

1992　年赴俄正式工作小组取得实质进展，拍摄了第一至第五册全部“Φ”编号照片，完整著录卡片，进而在当年出版了具有决定性意义的《俄藏敦煌文献》第一册。

赴俄工作小组计划：抵达次日上午架设拍摄支架与灯具，下午启动拍摄，晚间冲洗、检查。因无法再耗费时间采购胶卷、冲洗药粉，在“北京—乌兰巴托—莫斯科”的列车上，我们的车厢堆满了近半吨重的胶卷、冲洗药粉、相机、拍摄支架、灯具等物资；六天旅途中，其他车厢的“倒爷”每站售卖鞋子、衣物、化妆品，唯有我们的物资岿然不动。终于有“倒爷”忍不住问：“快到莫斯科了，你们咋还不出货？到莫斯科卖，价钱得跌！”我们都哈哈大笑。

当年分工：我任编辑室主任、工作小组组长，全面统筹；美编严克勤任摄影师；蒋维崧、刘景云负责文案，即在专用卡片上完成每份文件的要素记录。

编辑工作：此前在上海博物馆、上海图书馆实验性著录与拍摄中，已关注所有应著录要素，含学术内容（佛教道教经典、解经撰述、抄经记录、捐经供养题记，朝代年代记录；官文书、民间契约、社司转帖）；物理形态（卷装、册装、散叶，纸质、纸幅高宽、总长，抄经纸及染潢、素色、砑光类型，残损情况、纸色厚薄、帘格宽度，宫廷或民间制作来源）；附件（包背、卷轴材料、丝绢描述，印章属款、骑缝押、释文等）。经我建议，选取摄影彩色图版。除纪实描述外，所有项目按表格填写，统一语言，方便查漏；32开表格下沿印制标准公制尺度，便于直接比画原件尺寸、铅笔画痕记录数据；以表格引导替代簿记统计，减少缺漏。

拍摄与冲洗：玛米亚120卷片规格相机，6 cm×4.5 cm、6 cm×6 cm、6 cm×9 cm挡板效果可在取景时于玻璃屏上显影。试拍数日后，发现底片四边曝光过度，疑为金属镜筒漏光，将其置于灯下，原因却怎么也找不着。忽然留意到，光线穿过镜筒时，镜筒壁存在反射光，顺着镜筒叠加在底片四边，最终致使底片四边发黑、照片四边泛白。最终的处理办法是，不用6 cm×9 cm大规格的后背，改用缩小的6 cm×4.5 cm小规格挡板，如此便避开了图片边缘的曝光过度问题。更关键的是，还避开了一般镜头常见的边缘解像力畸变、下降的缺陷。玛米亚相机最大的优势，在于能够顺利卷过120胶片和底纸粘连所用的厚橡皮膏，当年知名的国产上海、海鸥、厦门胶卷尚且粗笨；可一旦用在德国、美国的相机上，就必须全部采用进口底片，用超薄胶纸粘连，用国产片马上就会卡住。

总计18911号（当时编号的总数）。

有一天，丘古耶夫斯基揭下背面一块带字的修复补丁，说：“又增加了一个编号！”难怪苏联的写本编号不断增长，全世界都不清楚这些编号从何而来。而法国的做法是，在修补时或者自然脱落的修复补丁，都编作该长卷编号的附属号（biers No.），清晰标志出与主体的依

附及证明关系，这对于探究从 4世纪北凉到 11世纪初写本书写和修复的年代走向、纸张材料源流等，都是重要内证。

我们不能在古代写本上做任何记号，也不便拍一张换一张计数牌，或者像剧组拍摄那样先拍一张序数牌。美编室主任、摄影师严克勤采用小方块纸写上单个数字，再拼缀成可自由组合的编号；再用当年还算时髦的液晶显示计算器给照片排序，每拍一张就按一下“+1”。编号和图号都以简便又可靠的土办法被拍摄在每一幅图版的下沿。多亏宁可先生的提示和警告，才未出现遗漏、返工严重的拍摄失误。

原本我们已配置测量闪光灯在纸面反射的测光表，现在更强调拍摄流程的标准化。开拍前都会严格测试灯光强度，严格避免第一次试验时小组严重感光不足的教训。

每晚回到招待所或民居，一边准备晚餐，一边准备冲洗胶卷。首先在多层黑布的暗袋里，把几乎没有刚性的120中片幅胶片装进冲洗罐芯子。芯子上下两边是螺旋形的钢丝凹槽，得靠敏锐的手感，把近一米长的胶片嵌入。稍有翘曲，就会阻隔显影液流动，造成报废，所以只能由熟练工来操作。

最关键的技术突破在于如何保持冲洗的恒温。放弃上万元的进口装备，最可靠的是用宽大的浴缸，十几分钟内把水温维持在20～22℃之间，并不困难。

看似全手工业的这些细节，都是关乎成败的关键。等全部底片挂在中国绳子和夹子上晾干，往往已至下半夜。睁开惺忪的睡眼，逐一做好记录和收纳，挑出不合格的底片，记录编号，为天亮后的第一波补拍做准备。

东方所的丘古耶夫斯基帮我们搬来铁柜，放在工作室。这保障了小规模循环的良好流程。只有补拍完全部底片后，才和书库交换下一轮拍摄的写卷。没错，每天的第一件事，就是补拍、重拍昨天的遗漏和缺陷。

每天早晨八点多，我们从门房拿到钥匙，打开房门开工；下午四点以后，收拾工作场地，放好写本，由丘古耶夫斯基锁门，拿出用橡皮泥封押的绳扣，再用印章压铸我们熟悉的“封泥”（橡皮泥使用日期超限，硬化后难留印痕，老丘就“呸呸呸”地表演形体魔术，不无遗憾又略微满意地离开）。此时，研究所除了老学究和勤务保卫人员，已没什么人上班了。

步行到涅瓦大街，坐上开往北方的地铁，在轰隆隆催人昏睡的摇晃中，停过举世闻名的“小黑河”站，这是普希金决斗殒命的森林小站（本想去凭吊，却未能成行）。再下一站，往黑暗中走去，便是我们继续工作、自制晚餐与洗漱的老式民居。

1993年 《俄藏敦煌艺术品》的开始

1993年9月28日

实际上，在东方所开展数次《俄藏敦煌文献》拍摄、著录工作期间，我们与艾尔米塔什博物馆的联络交流已悄然启动，只是需耐心等候。直至1993年，原先距东方所仅百步之遥的书记彼奥特洛夫斯基，因与东方所所长、孟列夫、丘古耶夫斯基等科研人员天然熟络，在调任艾尔米塔什博物馆副馆长数年后，他获任博物馆馆长。

然而，彼时传来消息，日本等实体也有意涉足该项目。社长魏同贤临时指令在法国国家图书馆工作的副社长李伟国，即刻赶赴圣彼得堡商定最终协议。李伟国与俄方商洽成功，签订了意向书，社长旋即命令作为项目倡议者与执行者的我，于法国访问结束后，直赴艾尔米塔什博物馆，开启《俄藏敦煌艺术品》的实质性拍摄、著录与编纂工作。进程就此以“迅雷不及掩耳”之势迅速铺展。

1993年9月30日

驻法大使馆一等秘书邹启山驾车接我前往戴高乐机场。一路上，他愤慨地讲述，某个曾用“鲜血凝成友谊”的朋友，最终投票时未赞成中国申办奥运会，背信弃义，一路声讨间，忽然说道：“糟了，错过了高速路口，得多走40公里！”

苏航因我无苏联签证，拒绝放行。幸得邹秘书以外交身份担保，终获默许，但苏航要求我写保证书、签字认错。

Su252飞机13：25自巴黎起飞，约18:00降落于莫斯科。旅俄留学生张惠明与塔斯社记者安德烈已等候多时。大雨倾盆。听闻当晚叶利钦将与议会发生军事冲突，形势紧张。我们穿过冲突区，竟少有的平静。23：15乘火车，次日早7：00抵达列宁格勒。

9月30日　星期四

中午抵达艾尔米塔什博物馆，鲁多娃似刚从库房出来，浑身蒙灰。

老专家萨玛秀克与孟列夫的女儿玛莎在办公室，三年未见，倍感亲切。谈及黑水城，记忆鲜活。约好次日11：30与玛莎、萨玛秀克、陆柏（列斯尼坚科）商谈黑水城事宜，萨玛秀克称：“我们谈妥了操作方案，馆长签字即可。”翻看意大利米兰印刷的俄文-汉文双语本《黑水城文物》样本，含约83件文物及萨玛秀克撰写的全部说明，可见《俄藏黑水城艺术品》合作已至成熟阶段。晚间前往孟列夫家。

10月1日　星期五

在东方文物部，我与鲁多娃、孟列夫、丘古耶夫斯基、张惠明共商《俄藏敦煌艺术品》的工作计划。依不久前签约的李伟国副总编要求，阐述三项工作：1.彩照拍摄；2.黑白历史图片翻拍；3.文字材料复印。基本一日内看完敦煌美术材料，晚间与摄影师交流。按苏联民间的讨价还价惯例，双方仅能出价一次。

成交！此次拍摄依冬宫严格规定，由冬宫职业摄影家承揽，需封闭游客通道、架设摄影机与灯光，甚至移出防弹玻璃柜或玻璃框，开展高标准拍摄。将展品稳妥置于平台，衬以背景纸，用专业相机、灯光与点测光仪表测试，所用均为进口6寸及个别10寸干片　。

游客与外来人员，仅能隔着玻璃柜拍摄，甚至会被执勤的退休老太太阻拦。这些老太太皆为“有自觉性的党员”，即便我们每日向这些资深看护者问安，有时还送“万金油”之类小物以表谢意，可一旦出现企图拍摄重点文物的动作，或偶然触发警示灯铃，严厉呵斥便会传来，令人由衷钦佩这些忠于职守的“红色”前辈。

10月2日　星期六

中午到馆，与敦煌艺术品主管鲁多娃清点材料，分为拍摄、复印等类别。

此前先同陆柏谈了敦煌丝织品的50条解题目录及总介绍、年表等内容，答应两周后交稿。

下周先同馆长彼奥特洛夫斯基商谈，取出部分材料供拍摄，鲁多娃、孟列夫、丘古、陆柏和我会向馆长说明已启动的合作。

10月3日　星期日

中午抵达芬兰车站，时间匆忙，搭车人阔绰地给出租车司机5卢布（本只需3卢布），便

奔跑进站，跳上开往维堡的列车。买了到高尔基站的车票，途经“63 km”站就到了。找到工程师路24号那明黄色全木别墅，正是孟列夫的乡村之家。老孟身着宽大肥厚的工作服在刷地板，我们帮着干些活，喝茶歇脚，而后入森林转了一圈，采蘑菇，众人收获颇丰。回到别墅，在树林里的老木圆桌上摊开分拣，老孟笑言：“没毒的咱吃，有毒的喂狗！”狗跑过来，老刘叫它“坐下”，它不听，老孟纠正：“它只懂俄语，得说‘萨基杰斯’！”狗仍凑上来想亲热，老刘吓得把手藏到背后，问其缘由，他说：“最危险的就是怕手被咬掉！”

10月4日　星期一

今日博物馆多数人休息，鲁多娃也未上班，无法开展工作。李伟国到此一周，已邀请旅俄留学生张惠明任我社特约编辑，协助执行、监管后期拍摄工作。

我边看边画示意图，确定每幅敦煌艺术品全本、局部、细节的拍摄要点。李伟国已安排张惠明在住处装了传真机，随时与上海联系。

说实话，到这里后，真佩服伟国兄“调理风雨”的本事，一周内达成协议，还做了详尽调查；也庆幸魏同贤社长勇于开拓的决策——李伟国副总编的契约商谈、聘请中国美术专业的张惠明、我现场组织实施，让敦煌项目“梯队”成形。我能在未充分沟通时接手工作，实乃天意。(6日补记)

10月5日　星期二　大雨

收到关于俄国初步工作情况、三项准备的传真稿，得知早上李伟国来电时，工作已启动。应当说，实际进展并不明显，这里的工作难以明确界定“已完成”与“未完成”的界限。

中午如约到博物馆，鲁多娃重新确定复印项目，核对马里维奇的线描图照片，确定明日孟列夫、丘古来馆共商，同副馆长商谈。

萨玛秀克打开抽屉，让我看部分黑水城出土的元代瓷片等，她认为这些文物价值不高、图纹平常，没必要出版。我说若有篇专论，配合精选图版附收出版，或许有意义。黑水城文物还需和研究纺织品的专家陆柏先生再谈。有位叫达妮雅（丹娘）的女士，在东方部研究瓷器与珐琅镶嵌，其父亲是天津艺术学院音乐教授，20世纪50年代（1955年）曾居中国，与上海音乐学院的谭冰若很熟络　。

我们一道在隐秘的办公室，于上午十点和下午三点聚会喝茶。在三楼伊朗展厅，有一扇与墙壁同色的旧木门，门后还有一道隔音门，门内是间约20平方米的房间，左侧是满墙厚达近一米的壁橱。壁橱上方，立着被称为“英雄探险家”的科兹洛夫铜像。这里原是沙皇的更衣室。无水源时如何煮茶？打开壁橱，竟还有一道厚重的外门，再开启，是漆黑无底的空间，开灯一瞧，是带石阶钢栏的楼梯，下行至二楼，是内部盥洗室。灌好净水瓶回来煮水，好似经历了一场探险。据传沙皇能从三楼经地下通道逃走。

鲁多娃收到台湾清华大学校长来信，对方要求1994年春节在台湾举办以杨柳青为主的年画展（阿列克谢耶夫1912年在天津、华北逢摊必买一式两份，还请艺人口述说明年画的图像学含义，由画商孟嗣按自拟编号记录补写成《粗画解说》稿本四册，后阿列克谢耶夫用俄文、中文做了修订补充）。参展的除杨柳青年画外，还有1955年中国代表团赠送的桃花坞年画。

昨夜，莫斯科装甲车、坦克包围了议会所在的白宫，开炮射击，听闻半夜已占领了白宫，议会领袖全被叶利钦俘虏。这场力量悬殊的冲突，未蔓延便已结束。

10月6日　星期四　阴　11℃

到冬宫时已11点，鲁多娃年老行动迟缓，路途远，稍晚才到。她称今日副馆长维林巴赫很忙，商谈改至明日下午2：00，已同孟列夫、丘古约好。其间看了奥登堡、科兹洛夫考察队的小照片，记录着他们在库车、吐鲁番、敦煌等地的活动及“捆扎而去”的场景，令人感慨，且这些行动均经当时政府批准，有护照为证。想从丘古房间取翻拍架，翻拍些资料。

明日会议发言提纲：

希望尽快进入实质性工作，到现在为止，已经可以解决的有：

①六册打印稿，含考察队洞窟叙录。

②马特维耶夫临摹作品的线描图照片。

③叙录（鲁多娃所需）随文照片，盼明确并尽快移交我方。

④鲁多娃的敦煌艺术品《叙录》，已交张惠明翻译、校订。

⑤陆柏丝织品叙录、总说明，两周内交付我方。

尚未开始的主要工作有：

1.复印类

（1）用作翻译底稿与说明材料（含62000张照片及旁注文字，日记原文如此，数量似过多），已检出。

⑥奥登堡手稿30页。

⑦杜金千佛洞日记60页。

⑧洞窟著录笔记9本。

（2）用作直接制版

⑨壁上汉文题记8本；

⑩账目；

⑪碑文资料、报告117页；

⑫书信。

2.照片类

需处理2000张照片　。

总数约3000张，后半部分需保证高质量，盼有优良设备即刻启动。

⑬目前部分工作已重做，但质量欠佳无法使用，烦请馆内考虑安排技术骨干尽快推进。期望马上启动，方便我在俄期间协同商讨；若暂难推进，能否借用现有照片，制版后归还。

3.彩色拍摄

⑭此为出版物的核心，已与冬宫摄影师沟通，盼尽快着手。半月内先完成大件作品，促进双方交流拍摄意图，后续由摄影师接力完成。

涉及数量：350件文物作品（约500幅）、120件临摹水彩画、262张黑白线描图，以及巨幅平面图、护照、书影等。

张惠明系考古学家谭树桐的弟子，后师从叶浅予，兼具考古、绘画、摄影专业技能。其以小卡片标注每幅图的版面局部取景位置与细节，专业素养突出。

10月7日　星期四

按馆长要求，与鲁多娃确定了复印资料，拟出清单，移交复制部。

10月12日

到东方所，同丘古耶夫斯基商谈资料收集、编录、撰文事宜，东方所、科学院等处尚有奥登堡资料。丘古耶夫斯基提及编委工作，目前仅能先同意其作为资料、总序的撰稿人。

10月13日　星期三

到博物馆，鲁多娃已整理出黑白照片附说明，莫高窟壁画题记交付复印。

同摄影部瓦洛佳查看原件，对方要求撰写拍摄指令；复查黑白片，同意再做试验。离开前完成10号资料签取，填写取走资料清单。

收到5类材料：1.洞窟叙录6包；2.马特维耶夫线描图；3.奥登堡材料30页（缺2页）；4.杜金日记61页；5.叙录插图黑白片295张。

10月14日　星期四　第一场大雪

丘古耶夫斯基原定今日到冬宫整理资料，因病未赴。

得知金波一行晚上到莫斯科，后又获悉莫斯科23点后宵禁！

下班后买彩色水笔，绘制示意图备用。

下午与陆柏、萨玛秀克、鲁多娃商谈黑水城出版事宜，含文物、美术品、资料三部分，拟1994年3—6月签约后启动，请陆柏先梳理情况；萨玛秀克将综述西夏历史、黑水城环境、文物文献等内容。

10月15日　星期五　阴

先同鲁多娃拟定拍摄指令，午后到陆柏处查看黑水城瓷器、纺织品研究材料。法国集美博物馆的丝织品研究偏技术化，普及性不足（冬宫有整套书一册，在法国见过其他分册）；瓷器相关照片（青花瓷）已有，可补拍部分照片，研究文章已具雏形。陆柏认同以研究论文串联主要作品的思路。陆柏今年11月赴美半年，望保持联络，23日前提交叙录及黑水城介绍。（次年陆柏返俄，露面一次后住院抢救，据传因在美国感染病毒性感冒离世。）

科兹洛夫夫人赠陆柏约20张考察队照片、瓷器复原图（器型）、丝织品织纹还原素描、文物农具素描等，拍摄均已完成。

晚间观看东方歌舞团的演出，首个舞蹈风格近似敦煌舞，搭配飞天舞，大唐韵味浓郁。还有远征、成方圆演唱的《在那遥远的地方》，以及二胡曲《二泉映月》。

10月16日　星期六　晴

天空格外晴朗！

针对展厅陈列的敦煌文物，编制了拍摄指令。考虑图片规格：单面（全面）用12×16规格①，双面用14×18规格，碎片用9×12规格。推进速度尚可，文物中雕塑占比较多。

晚间前往“小黑河”宿舍（地铁终点站，偏远似外省），探望史金波及我社从事《俄藏黑水城文献》工作的蒋维崧、严克勤，谈及明年工作计划。因社里请求派出敦煌小组，史金波也提议建立黑水城小组，若可行自然最佳，然当前首要问题是敦煌摄影材料已用尽。

李伟国已与张惠明通电话，通过新安装的传真机发来书面文件。

① 此处单位应为英寸（inch），因作者日记中简略表述，故未完整标注。

10月17日　星期日　阴　3℃　雨雪

这几乎是在俄最后一个周日，下周起筹备返程。

下周需要完成的任务：

①拟定明年3月的邀请函。

②撰写黑水城编纂设想，提交陆柏。

③明确敦煌遗书撰稿任务，编总目交孟列夫。

④收齐稿件。

⑤安排摄影、复印劳务费。

⑥推进丘古耶夫斯基材料搜集汇总工作。

⑦查阅东方所藏历史照片与材料。

⑧拍摄考察队小照片及彩色摹本。

10月19日　星期二　雨雪

持续编制拍摄指令，完成展开长卷全部内容。

到复印部，部分照片文字复印已完成；试验莫高窟题记抄本复印，因铅字笔锋问题，难全面清晰呈现，同意支付劳务费。

张惠明与摄影师商谈，查看试拍片，灰度、色标表现良好，系冬宫暗房自行冲洗，请鲁多娃办理明年3月的工作邀请。

同张惠明研讨工作，确定孟、鲁、丘、陆及我本人的工作任务，明晰张惠明的工作范围；到东方所探望黑水城小组，他们在过道办公，条件艰苦，闲暇时读《文酒清话》等书。

10月20日　星期三　雨

到东方所，恰逢彼得罗相所长接见黑水城小组，一同参与。所长曾做过手术，身体已康复，对我方赠送的一些药物深表感谢，称："藏品源自中国，要向中国文化学习；作为现代人，也要向中国改革开放取经。"同意明年邀请敦煌小组（4—5月）、黑水城小组（6—7月）及魏同贤等三人（5月期间选一周）赴俄，将尽力解决这些人员生活与工作的难题。

依丘古提议，工作场地从阅览室过道迁至库尔特办公室，由丘古接管提卷事务，工作自此顺遂。

带小架子到冬宫，抓拍考察队的野外照片（拍摄者自然是我）。

喝茶时，再次与萨玛秀克探讨撰写西夏历史、黑水城地理及文物介绍序文，看来需各自推进分卷主编相关事宜，与孟列夫商谈总序、奥登堡传、译名对照表等内容，冬宫中国文物编委会需有丘古参与，孟列夫评价丘古"研究很深"，还提议下午让玛莎任翻译，因陆柏身体欠佳，无法正常上班，需维林巴赫副馆长确认。

同丘古交流，孟列夫已同意其任编委，工作可推进，需在3月完成资料介绍。

10月21日　星期四　阴

到东方所取翻拍接环，资料部主任爵姆金正与社科院外事处杨建国商谈，称西夏文献拍摄需等克恰诺夫所长下周二上班方能获批，对现有拍摄做法不满，认为房间不适宜保管文物，应每日归还库房等。

到冬宫开始翻拍探险队野外活动照片，从复制部取得首批复印件，买好去莫斯科的车票。

孟列夫、鲁多娃、张惠明需在未来三日内整理复印件，提出重印、返工等需求，完成编号梳理。

近日拿到冬宫摄影师瓦洛佳试拍的Dx244-245约15张反转片，质量尚可。

10月22日　星期五

翻拍考察队野外活动照片，内容涵盖奥登堡考察队从俄境内车站出发、抵达敦煌等地的场景，虽有剥落但极具价值，“骆驼队捆载而去”的画面历历在目。拍摄10卷，约350张，另翻拍手记，小架子留存鲁多娃处，工作至下午5：30，闭馆半小时后离场。

可取走的复制材料已全部提取，新增几种。

至此，俄罗斯圣彼得堡现场工作宣告结束。

1991年　呼唤《六祖坛经》敦煌第五本

按理说，旅顺博物馆藏敦煌写本，与我文章正标题相关，也关联副标题“《俄藏敦煌文献》《俄藏敦煌艺术品》的现场工作实录”。

旅顺博物馆旧藏后周写本《惠能韶州大梵寺施法坛经》，有我和吕瑞锋撰写的专题文章《苦觅坛经作么生——旅顺博物馆藏敦煌本〈六祖坛经〉发现记》（《中华读书报》2011年06月22日第14版）。文中讲到了在法国与吴其昱先生的讨论，转道圣彼得堡时与孟列夫教授的商谈，还从孟列夫处看到这个“第五本”《坛经》的三张照片，以及与伊尔库兹克民族博物馆馆长伊琳娜的咨询。这本经典流传扑朔迷离，有种种猜测，也有跨国调查的具体路径。最终，是由方广锠协助收集其他4种敦煌《坛经》及法国、俄国的两种《大辩邪正经》，由其终极发现者王振芬馆长整理、标点出版《旅顺博物馆藏敦煌本六祖坛经》（上海古籍出版社，2011年5月），圆满、包容地汇聚了主要的五种传世本。以下依据日记摘编主要脉络，部分内容在《苦觅坛经作么生》中有更完整的叙述。

1991年10月，我随上海古籍出版社魏同贤社长到旅顺博物馆调查敦煌吐鲁番文献，顺带了解馆藏古籍档案。19日，在馆藏普通古籍目录中发现一本“六祖坛经，五代抄本”，要求取出翻看，当时本子记录：

馆藏编号519、登记号15519，馆藏登录为“后周线装本写经”“显德五年（958）法海集惠能韶州大梵寺施法坛经”。

因需查看的新疆材料多，馆方已有定论，便放下此事。

此书装帧比较特殊，与一般蝴蝶装不同，纸张也非明清常用，所以我总是心存狐疑。尤其是《坛经》流行以刻本居多，有这么一个写本，无论如何，十分珍贵。

1993年，当我见到法国汉学中心敦煌小组的吴其昱先生之后，说出了我的怀疑。吴先生十分敏锐，让我详细描述这个抄本的情况。他说：“如果就是大家所讲的已经失佚的那一本，那太重要了。那就是存世《坛经》的第五本！”

此后转道俄罗斯，与学者孟列夫畅聊《坛经》，还向伊尔库兹克艺术博物馆馆长伊琳娜探问旅顺本《坛经》是否存于该馆，伊琳娜称曾有此可能，然馆内早年大火，藏品无迹可寻，叫人绝望。

1995年，我从孟列夫藏书中见潘重规《坛经新书》，附录大谷探险队拍摄的旅顺博物馆藏《坛经》照片，我忽然意识到：所谓“遗失”的旅顺博物馆藏本应该没有被苏军带到伊尔库兹克，会不会就是我曾经在旅顺博物馆库房亲手摩挲的那本呢？但是此后我一直没有机会再去旅顺。

我还和敦煌学界的一些老朋友说起此事，并且提供了馆藏号，希望他们有机会查实一下。有一次，听说社领导要去大连，我赶紧复印了大谷探险队的三张《坛经》照片，并抄录了当时查到的藏书编号交给他们，希望他们无论如何到旅顺博物馆核对一下。我怀着可以一锤定音的期待等候了一个星期，但是，由于事务繁忙，他们改变了行程，最终没有去旅顺博物馆。此时我几乎心灰意冷，也许，这本根本就不是大谷探险队的那一本，也许，只是我疑神疑鬼的猜测？

直到2010年的夏天，同事吕瑞锋在网络上搜索到旅顺博物馆藏《六祖坛经》发布的消息，我二十年的疑虑终于一扫而光。没过几天，我接到了旅顺博物馆王振芬副馆长打来的电话，询问我们对出版馆藏《六祖坛经》是否有兴趣。我几乎没有听完王馆长的话，就迫不及待地抢着把1991年曾亲眼看到这个抄本直到和吴其昱先生谈话的这些过程都说了。王馆长也十分振奋，没有想到居然会有这么长期的关注，居然会有这样深的了解，居然其中有那么多的曲折。王振芬说，请方广锠（任继愈先生的博士，也是中国改革开放后的第一个博士）来馆鉴定，方先生一见此书，泣不成声，激动得说不出话来，静坐了很长时间。王馆长问他，谁最合适出版此书？老方毫不犹豫地举荐上海古籍出版社，找府宪展联系。

这并非我个人的求索，而是当年国际敦煌学的共同期待。时间表是这样的：

早在1911年秋至1912年春，日本大谷探险队的吉川小一郎、橘瑞超在敦煌掠取了七百多号敦煌写本，其中就包括《六祖坛经》。

1916年，部分写本被运到旅顺。

1920年，最早被著录在《关东厅博物馆一览·古经类目录》中。

1935年后形成的《大谷光瑞氏寄托经卷目录》，其后又发表了《六祖坛经》的三张照片。

1937年出版的《新西域记》所附《关东厅博物馆大谷家出品目录》中进一步说明了其叶数为“四十五枚”。

1945年至1951年，苏联红军接管旅顺。

1951年，中国政府收回旅顺。在1951年《敦煌写经缺目》中首次记录“未能找到的敦煌遗书”中包括“南宗顿教最上大乘摩诃般若波罗蜜经”，由此引起中外学者的高度关注，期望能够找到这个本子。

1976年，日本柳田圣山主编《六祖坛经诸本集成》，汇集各种版本《坛经》十一种，自然未能收录旅博本。

1989年，日本龙谷大学公布了《坛经》的三张照片，进一步引起了学界的关注。

1991年，方广锠、尚林、荣新江撰写了《中国藏“大谷收集品”概况》，也搜寻过旅博本《坛经》，可惜没能找到。而此后，杨曾文、潘重规、周绍良、郭朋、荣新江、邓文宽以及佛教界的丁福保、星云、净空等都整理、标点或讲述过《六祖坛经》，都未能亲睹旅博本，可见旅博本《坛经》是学术界共同的期待。

1991年10月19日，我随上海古籍出版社魏同贤社长到旅顺博物馆调查敦煌吐鲁番文献。我读到了普通书库的《六祖坛经》，记录了馆藏编号519和登记号15519，馆藏著录为“后周线装本写经”“显德五年（958）法海集惠能韶州大梵寺施法坛经”。接待者是当时的副馆长

苏小幸。我们的历史编辑室主任陈稼禾和苏副馆长是北京大学的同学。

1993年，和吴其昱先生在巴黎街头一家咖啡馆，我介绍了曾经是日本关东厅博物馆的日军遗留写本《坛经》。吴先生非常敏感，马上联想到从日本人处获取“失踪”的历史谜案，让我进一步核实，他说之后要制订一个国际合作的出版项目。

也是1993年刚告别巴黎，我到了俄罗斯艾尔米塔什博物馆即冬宫博物馆。在孟列夫乡村别墅，看到了1989年龙谷大学公布的旅博藏《坛经》的三张照片。

1994年，潘重规先生在《坛经新书》中刊登了这三张照片用以校勘，而更加被认为原书已经亡佚，这三张照片成为唯一留存的版本。

然后，就是2010年王振芬馆长的电话。她的发现，那种激动、热切的心情，令我至今难忘。

2011年5月30日，以《旅顺博物馆藏敦煌本六祖坛经》为书名，并以原大原色形式，由王振芬以页边录文、标点的形式，在上海古籍出版社列入出版计划。其附录中收集了包括敦煌市博物馆、英国图书馆、北京图书馆、法国图书馆、俄罗斯科学院东方研究所圣彼得堡分所的全部敦煌本《坛经》的黑白照片。这本书成为研读禅宗和《坛经》的必读原著。

从1911年被大谷探险队劫掠，到2010年旅顺重新发现，这本文献正好过了100周年。而到了第101年，它终于以古雅的本色和崭新的设计重回历史舞台。

小结

以上是俄藏敦煌文献和相关艺术品以出版形式回归祖国的简单纪实。在前无先例的合作形式上，基本体现了双方的融合深度，已不是商业行为，而是为了“敦煌”“西域”的共同科研目标，竭尽各自所能，包括俄方专家几乎也付出了毕生能力与精力。

到现在为止，上海古籍出版社已经完成出版的高品质大开本原始图录达到205本。其中俄罗斯的收藏内容有《俄藏敦煌文献》《俄藏黑水城文献》《俄藏敦煌艺术品》《俄藏黑水城艺术品》《俄藏锡克沁艺术品》《俄藏龟兹艺术品》。而同样重要的《法藏敦煌西域文献》《法藏敦煌藏文文献》《俄藏黑水城文献》《英藏西夏文文献》，以及国内上海图书馆、上海博物馆、北京大学图书馆、天津艺术博物馆的收藏也尽数出版。其间得到了相关领导、机构、科研团体和专家个人的有力支持，其成功的意义远超过单纯的文化链建设。

但是，限于30多年前的研究和制作的平均水平，还有很多不尽如人意的地方，需要现代出版人在新的平台上提高和发展。当下，我们正在联合以荣新江先生为主编的北京大学师生团队进行《法藏敦煌文献》的研究与编纂工作，正在努力做到全彩、原大、仿真的重新出版。随着时间的推移，黑白版可能尚且保留了比较完整的数据，而实物不断受到人为和自然的损耗。为此，我们将抓住新的历史机遇，继续以高质量出版可以传世的敦煌巨著，为了时代赋予我们的责任，为了我们永远倾注热情的敦煌！

感谢敦煌吐鲁番学会的关心和支持，感谢老前辈、老朋友、新朋友们的指导和帮助！

敦煌吐鲁番愿文研究概述

黄　征（浙江大学文学院、杭州佛学院）
黄　卫（南京传媒学院）

【摘要】敦煌愿文数量十分可观，研究价值也非常高，迄今却未受到人们的重视。关于敦煌愿文的定义、外延、体裁等，还需进一步厘清，同时应该把吐鲁番出土文献中的愿文纳入研究范畴。

【关键词】敦煌　吐鲁番　愿文

在敦煌文献中，除了佛经之外，其他类别大多比较零散，数量有限。例如，变文类，《敦煌变文集》一共只有一百八十七个卷子，学者们经过多年搜剔，仍然增补不到这个卷数的一半。但是有一类文种，其数量十分可观，其研究价值也非常之高，迄今却未受到人们重视。这就是愿文。

我与吴伟先生在1992年到1995年间，经过三年多对当时已公布的敦煌文献的全面搜寻，已校录到约六百个含有愿文的卷号。由于当时出版条件的困难，根据出版社的要求，我们的《敦煌愿文集》①只选用了二百七十一个卷号。这些愿文估计有百分之九十是从未有人校录过的，即使校录过的，也因录文往往不够准确而亟须重录。因此，辑校出一部《敦煌愿文集》在当时是十分适时和急迫的，这在季羡林先生的序言中得到了充分肯定，业师蒋礼鸿先生也做了评介。然而，毕竟当时的校录整理工作属于开创性的，很多不明白的地方都是在一路摸索的过程中逐渐明朗的，疏误自不在少数。同时，学术界的朋友对于什么是愿文，这类文献到底应该归为哪一类，也都提出了不同见解。为了对读者负责，也为了敦煌学的进步，我之后做了许多订补工作，还写了多篇辩驳论文。由于《敦煌愿文集》在书店早已售罄，不断有

① 黄征、吴伟：《敦煌愿文集》，岳麓书社，1995年。文集署名“黄徵”，即“黄征”，同一人也。当时因出版社总编兼责编梅季坤先生建议而用“征”字，梅先生说，你是做考证的，当然是要用“信而有征”的“征”。

朋友催促我重版，所以我把目前已经完成的部分先予以出版，书名改为《敦煌吐鲁番愿文集》，一则是好与前者区别，二则是确实也应该把吐鲁番出土文献中的愿文纳入。

一、愿文的定义与外延

什么是愿文呢？刘勰的《文心雕龙》和昭明太子的《文选》都未有愿文之名，但《文心雕龙》“祝盟”类的“祝”在本质上可视为愿文的一个小类[①]。较早确立愿文术语并做定义的，已知的有丁福保《佛学大辞典》：“愿文：为法事时述施主愿意之表白文也。”[②]“表白文”的名称，在中国古典文献中似乎很难看到，但在日本的文体中有此一类，也许丁福保借鉴了日本的文体学名称。日本勉诚社出版的《仏教文学讲座》第八卷《倡导の文学》一书中，分别列有“因缘”“愿文”“表白”“倡导”等名目，其中《愿文》篇为渡辺秀夫先生作，《表白》篇为小峰和明先生作，小峰先生解释“表白”为“表启告白”之略[③]。《佛学大辞典》的这个定义，是专就僧徒为人祈愿所用之文而言的，实际上愿文的用途要广得多，并不局限于和尚做法事这个单一场合。和尚可作愿文，道士也可作愿文，世俗之人同样可作愿文；做法事时可读愿文，做俗事时也可读愿文，做亦法亦俗之事同样可读愿文，《呪愿新郎文》《呪愿新妇文》《障车文》《上梁文》就是做俗事时宣读的愿文，《行军转经文》《镇宅文》《社斋文》则是做亦法亦俗之事时宣读的愿文。总之，用于表达祈福禳灾及兼表颂赞的各种文章都是愿文。敦煌吐鲁番愿文则是特指敦煌吐鲁番文献、石窟题记和绢画、幡缯中所发现的愿文，这些愿文曾广泛流行于两晋南北朝至宋初的敦煌吐鲁番地区，对当时当地的文化有重要影响。

愿文的产生，可一直追溯到上古时期，因为许愿这种行为与人类文明相伴而生，不仅汉民族如此，全球各民族也都如此。既然能赌呪发愿，那么，只要会作文便离产生愿文的时期不远了。这就是为何《文心雕龙·祝盟》中说：“天地定位，祀遍群神。……昔伊耆始蜡，以祭八神，其辞云：‘土反其宅，水归其壑。昆虫毋作，草木归其泽。’则上皇祝文，爰在兹矣！舜之祠田云：‘荷此长耜，耕彼南亩，四海俱有。’利民之志，颇形于言矣！”早在伊耆、舜的时代就有这样的传世愿文了。

到了东汉，佛教从印度经西域传入中原。敦煌吐鲁番地区恰是这条丝绸之路的枢纽，因此，佛教便自然先从敦煌吐鲁番等地区炽兴起来。随着佛教的炽兴，愿文也因而盛行，敦煌吐鲁番愿文可以说百分之九十五以上都是佛教文化的产物。较早的，我们可以见到西魏抄经后的题记愿文，篇制大抵短小。梁武帝的《东都发愿文》则是久佚的长篇愿文，幸因敦煌写

① 周绍良先生在1995年主编《敦煌文献分类录校丛刊》时曾征稿拙编，建议书名改为《敦煌祝愿文集》，可能就是依据《文心雕龙》的《祝盟》篇。由于该丛刊是手抄影印，出版周期过长，加上分类上与主编及其编委会的分歧，所以我抽回书稿，交给了岳麓书社。

② 丁福保《佛学大辞典》是在翻译、参考日本真宗大谷派学僧织田得能的著作《织田佛学大辞典》的基础上而成。在编纂的过程中，他还参考了日本望月信亨等人编的多种佛教辞典，1919年完成编纂工作，1922年由上海医学书局正式出版。《佛学大辞典》从1922年正式出版到1939年先后印过四次。1984年文物出版社重新影印出版了《佛学大辞典》。2011年中国书店出版社又出版，共收3万余条目，包括佛教各种专门名词、术语、典故、典籍、专著、名僧、史迹等。辞典中对每条词目首先注明其词性，然后解释其词义，征引其出处。“愿文”条目的编辑，最早来自日本学者的辞典。

③［日］伊藤博之、今成元昭、山田昭全编集《倡导の文学》，勉诚社，1995年。本书由蒙池田温先生惠赠，特此致谢。

本得以基本保全（首略残）。梁武帝崇信佛教，曾多次亲入寺庙讲经说法，《全梁文》收入了好些这方面的文章。以他名号编著的《梁皇宝忏》，历来学者大多认为是后人假托梁武帝之名而编成，今以《东都发愿文》做比勘，可证《梁皇宝忏》实即梁武帝诸文的改编本。隋释智顗，号智者，是天台宗的开山祖师，其《天台智者大师发愿文》不见于《全隋文》，但在敦煌写本中却保留了全文①。帝王高官、名僧大德都以佛教为宗旨而作愿文，愿文之兴乃是必然之事。再从众多的愿文范本都以佛教为旨归来看，以这些范本为参照写成的愿文当然也都是佛教文化的产物。受佛教愿文的影响，道教也出现一些愿文，但其篇章结构几乎与佛教愿文如出一辙。一些世俗创作的愿文，其内容则往往释道兼糅，而尤以佛教内容最为突出。

我们认为以祈愿禳灾为主要内容的文章都是愿文，但真正用“愿文”二字做篇名的文章却并不多。我们见到的，如斯三四三《愿文范本等》第二、六、十五篇原题即为《愿文》，斯一四四一《二月八日文等范本》第三类（类名残）一篇原题亦为《愿文》，又斯四五三六《愿文等》第一篇、斯六四一七《社邑文等》第五篇、伯二二二六《社文等》第四篇、伯二二五五《愿文等》第六篇、北八三六三《愿文等》第三篇，也都有《愿文》原题。这些篇《愿文》都未做多篇的总题，而是与《亡文》《燃灯文》等并列。不过带有“愿”字的篇名倒是不少：斯三四三《呪愿小儿子意》，斯五二二《消灭交念往生发愿文》②，斯一九二四、伯二八五五、伯三三三二《回向发愿》，斯二一四四《结坛散食回向发愿文》，斯三四二七、台湾一三六《结坛散食回向发愿文》，斯四三一八《尸陁林发愿文》，斯四五〇七《愿斋文》，斯五五四六《呪愿一本》，斯六四一七《愿斋》，伯二〇五八、斯五五九三、伯三五六六《愿斋文》，伯二一八九《东都发愿文》，伯二二三七《愿斋文》，伯二三一三《愿男子》《愿女》《愿亡人》，伯二九七六《呪愿新女壻》，伯三一八三《天台智者大师发愿文》，伯三三五〇《呪愿新郎文》《呪愿新妇文》，伯三八九三《呪愿女壻文》，伯三九〇九、斯六二〇七《呪愿新郎文》，北六七七《结坛散食回向发愿文》。这些《发愿文》《呪愿……》当然毫无疑问地可以简称为“愿文”，值得注意的是《愿斋文》《愿斋》，由这样的篇名我们当然也就可以把一切斋文都归入愿文之中③。还有许多《结坛文》《散食文》等，虽无“愿”字，但我们根据《结坛散食回向发愿文》的名称可知其为简称，当然也就可以划归愿文类。这些篇名的文章是我们确立“愿文”名称的基本依据，以此作为参照系，我们从形式与内容两方面加以推比，那么，《印佛文》《燃灯文》《行城文》《布萨文》《二月八日文》《难月文》《临圹文》《患文》及《儿郎伟》等，也就都可以归入愿文类。这种情况与变文是完全一样的，变文有狭义变文和广义变文之分，真正题名为“变文”的篇数很少，也从无一篇是以“变文”做总名统摄讲经文、缘起、押座文之类的，研究者们只是根据题有“变文”名称的文章加以形式、内容的推比，觉得“变文”这一名称比较有特色，容易统称其他类似文章，所以确立了“变文”的类名。现在我们把“愿文”确立为类名，同时主张有狭义愿文和广义愿文之分。这部《敦煌吐鲁番愿文集》就是以广义愿文为准则辑校的。还有值得注意的是《斋琬文》，法国学者梅弘理（Pau Magnin）先生曾做过系统研究。何谓“斋琬文”?“斋文”好理解，我们已由

①《卍字续臧经》收录的《天台智者大师发愿文》，即录自敦煌本。

② 题中“消灭”谓消灭罪障烦恼，“交念”谓教使念佛，“往生”谓往生净土。

③ 有的学者认为“愿文”应该归属于“斋文”，这是不对的。不是所有的愿文都同时是斋文，而斋文几乎毫无例外都有发愿内容。

《愿斋文》之名归之于愿文；“琬文”则迄无确解，我起初在《敦煌愿文集》前言中说，似为“哀惋之文”的意思。后来我做了细心考证，得出结论，“琬”通“惋”，意义却是“叹”，而“叹”并非叹息，“叹”是“赞叹”的“叹”，因为“斋琬文”又名“叹佛文”，“琬（惋）”“叹”为同义词。撇开名称不管，从收入《斋琬文》中的文章名目来看，则“斋琬文”乃愿文之类的总名。如伯二九四〇《斋琬文一卷并序》，其《序》略云：“辄以课兹螺累，偶木成［□］，狂简斐然，裁成《叹佛文》一部。爰自和宣圣德，终乎庇佑群灵。……应有所祈者，并此详载。总有八十余条，撮一十等类。所删旧例，献替前规。分上、中、下目，用传末叶。其所类号，勒之于左：……”卷名称作“斋琬文”，而《序》中却云裁成《叹佛文》一部，可见作者“斋琬文”“叹佛文”互称，“斋琬文”之名并非确然不可改称。其类目为：“一、叹佛德王宫诞质 踰城出家 传（转）妙法轮 示归寂灭 二、庆皇猷……三、序临官……四、隅受职……五、酬庆愿……六、报行道……七、悼亡灵……八、述功德……九、赛祈赞……十、佑诸畜……”从这个类目看，“斋琬文”几乎包括了各种愿文类别，以此与其他十几个《斋琬文》卷号和各种愿文范本合校，便可能得到一部较为完整的《愿文范本》。那么，我们为何不以“斋琬文”为类名，却以“愿文”为类名呢？这主要是因为“斋琬文”的名称不如“愿文”来得直白易懂、凝练概括，而且魏晋南北朝以来的传刻文献中也或多或少能找到一些《发愿文》之类名称的文章，现当代敦煌学家（如王重民、李永宁等）也已多次使用过“愿文”之称（虽然称呼还不固定），所以我们觉得采用“愿文”做类名最为合适。

历史上其实是存在着“愿文”一体的文章分类。例如，我在偶然的阅读过程中读到清代彭绍升的《一行居集》①，翻开目录，赫然标着一个类别：愿文。在“愿文”类别下面，作者列出了十一篇文章，篇名却不一定有“愿文”字样。这很好地说明，“愿文”这个类别的文章，并非只有打着“愿文”二字的文章才能算，是否归为愿文类，主要看内容，而不是简单地根据篇名来确定。我们看看《一行居集》“愿文”类下的十二篇都是怎样的篇名：

1. 自誓文
2. 受菩萨戒发愿文
3. 恤嫠会回向文
4. 放生会回向文
5. 为亡友陆九龄忏悔文
7. 为家君八十初度建道场文
8. 为井铸忏悔文
9. 为先府君建念佛道场文
10. 文星阁祷雨文
11. 文星阁闭关发愿偈

① ［清］彭绍升：《一行居集》，道光五年（1825）刻印。彭绍升（1740—1796），字允初，号尺木，别号知归子，法名际清，江苏长洲人。因刘遗民、高忠宪二公往来修学之地皆名“东林”，故题其居曰“二林”，自号“二林居士”。居士治古文，言有物而文有则，熟于本朝掌故。所述事状信而有征，卓然可传于后世。论学之文，精心密意，纪律森然，汇为二十有四卷，名《二林居集》。居士谈内典之作，亦择言尔雅，不涉语录陋习，字字从性海中流出，发挥净土之精义最多，为佛门之大著作，名《一行居集》。另有《测海诗集》《观林诗集》。《一行居集》共八卷，卷一《愿文》《书后》，卷二《读古》《杂著》，卷三《叙》，卷四《书问》，卷五《跋引》《记》，卷六《铭传》，卷七《书事》，卷八《祭文》《题偈》。

12.安居回向偈

在这十二篇愿文中，名称五花八门，分别为“自誓文”“发愿文”“回向文”“忏悔文”“道场文”“祷雨文”“发愿偈”“回向偈”，至少有八种。根据该书的跋，我们知道作者的四种著作都是生前自己编定的，所以我们从这八种名目来判断，作者编次书稿时，心中的“愿文”是个涵盖很宽的文章类别，把最主要的几种佛教应用文“发愿文”“回向文”“忏悔文”“道场文”“偈”都包括进去了。《一行居集》的编次（见图1、图2），卷一为《愿文》《书后》，卷二为《读古》《杂著》，卷三为《叙》，卷四为《书问》，卷五为《跋引》《记》，卷六为《铭传》，卷七为《书事》，卷八为《祭文》《题偈》，把“愿文”列在首卷，可见他对愿文类的重视。在彭绍升之前，虽然早就存在名为“愿文”“发愿文”之类标题的文章，但是似乎还没有人以“愿文”为类别名称来编集文章，因此，这个例证很重要，它说明至少到了清代，“愿文类”是已经被确认了的。

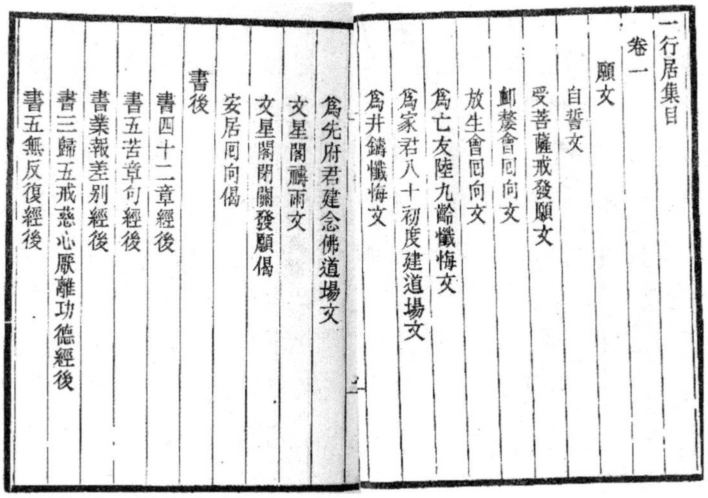

一行居集目
卷一
願文
自誓文
受菩薩戒發願文
卹嫠會回向文
放生會回向文
爲亡友陸九齡懺悔文
爲家君八十初度建道場文
爲井鑄懺悔文
爲先府君建念佛道場文
文星閣禱雨文
文星閣閉關發願偈
安居回向偈
書後
書四十二章經後
書五苦章句經後
書業報差別經後
書三歸五戒慈心厭離功德經後
書五無反復經後

图1　彭绍升《一行居集》目录

一行居集卷第一
長洲彭紹升允初著
自誓文
娑婆世界南贍部洲大清國男子彭紹升。一心歸命西方極樂世界阿彌陀佛。觀世音菩薩。大勢至菩薩。竊念紹升。自從無始以訖今生。幻有六根。妄纏三業。眞原既昧。欲海長埋。以是因緣受諸苦惱。輪回胎獄。蹢躅昏衢。似火燒林。如風捲葉。遠[illegible]千聖。近負四恩。不覺不知。可悲可痛。幸及今日得遇遺經。乍入願門。兼聞觀法。遂堅正信。獨矢誠心。蕩子思家。嬰兒戀母。曲求加被。敢懈熏修。念念歸依。時時回向。遠離煩惱。疾證菩提。盡此報身。終生淨剎。祇承遺誓。不捨善功。爰請良工。敬雕聖像。莊嚴已畢。供養斯伸。茲與比邱某某清信士某某等。宣揚梵唄。諷誦鴻名。普與含靈同生淨信。伏願道成之日。果滿之期。回入娑婆。轉同極樂。高原深谷。盡現蓮華。幽鳥茂林。咸宣寶藏。俯陳志向。仰冀證明。縱歷辛勤。永無退失。謹誓。
受菩薩戒發願文
弟子際清爲求生淨土故。敬於佛法僧前稟受菩薩三聚淨戒。願從今日始盡未來際。永斷一切不淨業。

29　30

图2　彭绍升《一行居集》卷一“愿文”类第一篇、第二篇

为了彻底搞清楚中国历代对于愿文类文章的称呼，我近年来一直在搜集明清以来民间的应用文，颇有收获，发现在敦煌文献的下限北宋之后，实际上民间一直还在流行这样不见于《文心雕龙》《昭明文选》类目的文章。其中最重要的可能是“疏”。疏者，布也，敷陈表白心中之愿望也。因此，古人所谓“疏”，就是“发愿”“表白”，而发愿、表白之文也就是愿文、表白文。这使我想起了敦煌文献中著名的P.2704《曹议金四疏》，又称《曹议金回向疏四件》《长兴五年（934）曹议金施舍回向疏》，其中有“长兴五年五月十四日河西归义等军节度使检校令公大王曹议金谨疏”之语，早年学者据此为之定名为“疏”是很有道理的，这与明清以来流行的佛教、道教常见应用文文体的“疏”完全一致，说明“疏”这种文体古今长期沿用未断。

中国古代的文体论，最早有晋代李充《翰林论》和挚虞《文章流别志论》，可惜没有流传下来；南朝梁刘勰《文心雕龙》吸收了李充、挚虞的著作内容而拓展为上篇二十五篇，成为中国文体论的代表作。到了明代，又有吴讷编著《文章辨体》一书，以及之后徐师曾的《文章明辨》①。这两部书，前者收录五十九类，基本上沿袭传统分类；后者拓展到一百二十七类，并且包含了佛教、道教的常用应用文体，例如“道场榜”“道场疏”“青词”“募缘疏”“法堂疏”等。其中对于“道场疏”的序说是：“按：‘道场疏’者，释、老二家庆、祷之词也。庆词曰‘生辰疏’，祷词曰‘功德疏’，二者皆道场之所用也。又按：陈绎曾《文筌》云：‘功德疏者，释氏祷佛之词。’及考诸集与《事文类聚》，并有二家疏语，则知‘疏’者不特用于释氏明矣。故今错而列之，以俟博闻者。其曰‘斋文’，则‘疏’之别名也。”“疏”即“斋文”，而《曹议金回向疏》又将“回向”与“疏”会同，《一行居集》又将“回向文”归为“愿文”类。因此，看上去五花八门的文章名称，实际上都可能是同一类的文章，“异名同实”的现象极为普遍。当我们综合了这些证据材料之后，就可以看出郝春文教授把“愿文”与“斋文”对立起来或套叠起来是不合适的。判断文章的类型，光看名称与形式往往是不够的，还要根据内容来综合分析。

二、愿文的体裁特点

我在1997年时曾作《敦煌愿文杂考》一文，主要考证了我与吴伟《敦煌愿文集》一书出版后所引发思考的疑难问题，后刊于《文史》第四十六辑②。后来，我拜读了饶宗颐先生《谈佛教的发愿文》③大作，始知愿文问题的研究又向深处、广处推进了一大步。此前，日本著名学者池田温先生曾两次来中国参加敦煌学研讨会，都以愿文为研究对象，揭示了敦煌吐鲁番愿文与日本愿文的源流关系，中日古代愿文的异同④，充分肯定了“愿文”研究的巨大意义。饶宗颐先生在早年研究敦煌愿文的基础上，又将研究范围拓展到传世佛教发愿文方面，使之与敦煌愿文互相证发，无疑使我们对敦煌愿文有了更深、更广的认识⑤。此外，张

① 参阅人民文学出版社1982年出版的《文章辨体序说》《文体明辨序说》合印本。

② 中华书局编辑部编《文史》第46辑，中华书局，1998年。

③ 季羡林、饶宗颐等主编《敦煌吐鲁番研究》第4卷，北京大学出版社，1999年，第477-488页。

④ 详见池田温先生1994年8月敦煌莫高窟“敦煌学国际研讨会”论文《吐鲁番、敦煌功德录和有关文书——日本古代愿文的源流》，以及1997年9月杭州“中国敦煌学研讨会”论文《敦煌愿文与日本古代愿文》。

⑤ 饶宗颐：《〈东都发愿文〉研究》，载《敦煌学论文集》，1984年巴黎法文版；《谈佛教的发愿文》，载《敦煌吐鲁番研究》第四卷，北京大学出版社，1999年。

广达、梅弘理、郝春文、方广锠、王书庆等先生也都曾著文论及愿文[①]，不乏独到见解。相信以后会有更多、更好的愿文研究论著问世。

在拜读各家大作并深获教益之余，我也再做一些考辨，以期得到海内外方家的不吝赐教；同时，也期望能消除一些对拙著的误会。

饶宗颐先生在《谈佛教的发愿文》一文的开端就说："法京藏敦煌写卷中有一篇梁武帝的《东都发愿文》（P.2189），……文中称'愿诸罪恶……鄣皆得清静……'[②]，'令忆本愿，终不忘失'。以下历称'仰愿十方……诸天……一切大众，同共证明'，后称'又愿以今日一切会功德……'五次，再称'又愿'者六次，无非要仰愿十方一切共同证明佛弟子萧衍的大庄敬、大誓愿。这种叮咛再四、啰唆不已的措词，正是愿文的体裁。"按：《东都发愿文》诚如饶先生所说的"啰唆不已"，但我们并不能据此就得出结论这"正是愿文的体裁"。因为少数篇愿文的"啰唆不已"并不能说明一切愿文都是如此。我说是"少数篇"，这是根据事实的，除了敦煌愿文的绝大多数我已见过、录校过，历代传世愿文我也在留意搜寻，所知真正"啰唆不已"如《东都发愿文》者不多，因此，"啰唆不已"绝非愿文的典型特征。例如，饶先生论文中已经提到的《天台智者大师发愿文》，全文仅169字，根本不可能"啰唆"；梁简文帝萧纲的《千佛愿文》，全文仅151字，也称不上"啰唆"。当然判断文章是否啰唆，主要根据它的内容是否复沓枝蔓而非字数多寡，而这两篇愿文字既不多，意亦精赅，应可免于"啰唆"之讥。

事实上，"啰唆不已"的文体特点不应归之于愿文，而应归之于佛经、道经甚至《圣经》。宗教经典之所以会如此"啰唆"，是因为它要劝人为善，而这不是一句命令就行的，必须千遍万遍、反反复复，以感化、渗透的方式进行，这就是我们常说的"苦口婆心"。当然，不同民族的思维模式、语言特点也各有差异，梵文中的排比、反复，在汉语中就显得"啰唆"些了。梁武帝的《东都发愿文》之所以"啰唆不已"，就因为梁武帝所处的时代离佛经传入中原地区的时间不长，佛经文本的语言修辞特点对那时的佛教徒影响太大，所以在写《东都发愿文》以及《梁皇宝忏》[③]等类愿文、忏悔文时也都带上了佛经的这种特点。

那么，什么是愿文的体裁特点？我觉得愿文的体裁，既不全是散文，也不全是韵文，当然也不全是韵、散结合的说唱文，而是各种情况都有。例如，《东都发愿文》《天台智者大师发愿文》《消灭交念往生发愿文》《尸陀林发愿文》等敦煌愿文[④]皆为散文体；《呪愿一本》（含《呪愿新郎》《呪愿新妇》两篇）、《呪愿新女壻》、《呪愿新郎文》、《呪愿新妇文》等敦煌

---

① 详见张广达先生《"叹佛"与"叹斋"》，载《庆祝邓广铭教授九十华诞论文集》，河北教育出版社，1997年；［法］梅弘理：《〈天台智者大师发愿文〉研究》，《敦煌学论文集》（一）法文版，巴黎：1979年；［法］梅弘理著，耿昇译《根据P.2547号写本对〈斋琬文〉的复原和断代》，《敦煌研究》1990年第2期；郝春文《关于敦煌写本斋文的几个问题》，《首都师范大学学报》1996年第2期；方广锠：《敦煌愿文集》书评，载《敦煌吐鲁番研究》第二卷；王书庆：《敦煌文献中的〈斋琬文〉》，《敦煌研究》1997年第1期。

② 引文未确，原卷实作"愿诸罪恶□□□□□□□□鄣，皆得清净"，末字作"净"而非"静"。

③《梁皇宝忏》，又称《梁皇忏》《慈悲梁皇宝忏》，共十卷，梁武帝为皇后郗氏所集，其中有不少发愿的内容与《东都发愿文》极其相似，如卷7《发愿第五》《发回向心第六》中的《赞佛咒愿》、卷7《总发大愿第十三》、卷10《发愿第三十九》《嘱累第四十》中的《赞佛咒愿》等，都与《东都发愿文》内容相近。

④ 黄征、吴伟：《敦煌愿文集》，岳麓书社，1995年，第283、291、293、299页。

愿文[①]皆为韵文体；《散食文一本》在散文中夹杂了韵文："归命十方正觉尊，最胜妙法菩萨众，以身口意清净业，因（殷）勤合掌恭敬礼。无时轮回诸有中，身口意业所生罪，诸佛菩萨所忏悔，我今勤忏亦如是。诸佛菩萨行愿中，金刚三业所生罪，缘觉声闻及有情，所及善根尽随喜。……"[②]显然，引文中，"礼""罪""是""罪""喜"是韵脚，而此前此后相连贯的段落、文句则是散文，因此，这篇愿文是亦散亦韵、散韵结合的说唱文。此外，还有偈赞体的愿文，其特点是齐言而无韵，是"无韵诗"。例如，《敦煌变文校注》第1160页："此下唱经。以此开赞修多罗藏所生功德，唯愿光明普照三千界，佛刹微尘国土中。蒙光总得证菩提，齐出爱河生死苦。吟：'二十八天闻妙法，天男天女散天花。龙吟凤舞彩云中，琴瑟鼓吹和雅韵。帝释前行持宝盖，梵王后行捧金炉。'……"（《佛说阿弥陀经押座文》）[③]所引部分及其后面省略的五十二句，都是无韵的唱词，毫无疑问是偈赞体。又如我们习见的佛经《大乘金刚般若波罗蜜经》，经文前有这样一篇《发愿文》（原题）："稽首三界尊，皈依十方佛。我今发宏愿：持此《金刚经》，上报四重恩，下济三途苦。若有见闻者，悉发菩提心。尽此一报身，同生极乐国。"更是标准的偈赞体。由上引例证可知，愿文的体裁原无定式，或韵或散，或散韵结合，创作者可以自由择用。当然，从现存的愿文总体来看，散文居多，韵文次之，散韵结合者最少。文章的体裁是指它的样式，而它的样式又可以按照作品的体制长短大小划分、按照作品的内容划分和按照作品的性质划分。按照作品的体制长短大小、有韵无韵来划分，愿文类作品不具有独特统一的样式，它所具有的某些样式可能是别类文章也有的。按照内容来划分，则愿文有其完全一致的类别特点：表白愿望。判断一篇文章是否是愿文，首要的标准是看它有无发愿内容。不管它是何种体制的文章，只有在具有发愿内容的前提下才可能是愿文，才可能进一步考虑它其他方面是否符合愿文的标准；相反，如果一篇文章毫无发愿内容，那它就绝对不是愿文。再从性质上来看，愿文也有其完全一致的类别特点，即应用性。所有的愿文都是应用文，不管它的体制如何，只有在具有应用性的前提下才可能是愿文，才可能进一步考虑它其他方面是否符合愿文的标准；相反，如果一篇文章毫无应用性，那它就绝对不是愿文。当然，说愿文必须具有应用性，这并不是说它只有应用性，有的作品文采绚烂，也是极有价值的文学作品。由于愿文的应用文性质，它就很自然地具有一定程度的程序化特点，尤其是某一确定时期的同一地域，作者们互相仿习，对已有的愿文进行优化选择以作为模板，甚至切割头尾身段以便在具体应用场合进行拼装组合。然而，这并不是说所有的愿文都必须具有这样的形式特点，有的学者据此来判断愿文和区别愿文与斋文、社邑文等类文章[④]，显然就难以令人信服。事实上，斋文、社邑文等类文章也都是应用文，也都有程序化倾向，仅凭其中的某些常见用语是无法区分它们的。

根据文章的内容、性质，我们就比较容易判断某篇文章是否是愿文，从而为辑校、汇编

① 黄征、吴伟：《敦煌愿文集》，岳麓书社，1995年，第396、398、400、401页。

② 黄征、吴伟：《敦煌愿文集》，岳麓书社，1995年，第580页。

③ 黄征、张涌泉：《敦煌变文校注》，中华书局，1997年。

④ 如郝春文：《敦煌写本斋文及其样式的分类与定名》，《北京师范学院学报》1990年第3期；郝春文：《关于敦煌写本斋文的几个问题》，《首都师范大学学报（社会科学版）》1996年第2期。方广锠先生对《敦煌愿文集》的书评也引用郝文并表示基本赞同："斋文有其特定的文体结构，愿文只是斋文的一种，不能作为通称。至于'发愿文'，是与斋文的文体结构不同的另一种文献，不应混淆。……总的来说，郝春文先生的基本观点是正确的，有些论点则可以商榷。"（载《敦煌吐鲁番研究》第2卷）。

这些愿文奠定了基础。例如，我们在编校《敦煌愿文集》时，除了对有原题标明“愿文”“发愿文”字样的文章尽行收录外，也对各种其他名目的文章做了鉴别，尤其是失题诸篇，都有赖于此才能判断是否为愿文类作品。例如，《敦煌愿文集》第580页所收《散食文一本》，从名称上我们无法判断它为愿文，但从内容、性质上认真分析，可以确定它为愿文类作品。因为该文在反复启请三界各路佛、神、龙、鬼之后，将表达的中心内容渐渐转移到发愿上来，因而发愿是其内容重心，我们有理由将它收入《敦煌愿文集》中；尤其是我们拿它与第562页、567页、572页的《结坛散食回向发愿文》诸篇进行比勘，发现它们大同小异。《散食文一本》的名称实际上就是《结坛散食回向发愿文》的简称，只是一个有“发愿文”字样而另一个省去了而已。又如，该书第609页的《天王文一卷》，已知有甲、乙、丙、丁、戊、已共六个抄本：甲卷《敦煌遗书总目索引》拟题为《佛经》，《敦煌宝藏》拟题为《礼忏文》；乙卷《敦煌遗书总目索引》拟题为《佛经》，《敦煌宝藏》拟题为《祈安文》；丙卷《敦煌遗书总目索引》《敦煌宝藏》皆拟题为《愿文》；丁卷《敦煌遗书总目索引》《敦煌宝藏》皆拟题为《礼佛文》；戊卷《敦煌遗书总目索引》《敦煌宝藏》皆拟题为《祈安文》；已卷有原题《天王文一本》，各书皆依原题著录。从上面详列的各卷情况来看，同一项内容的六个不同的抄本，由于其中五个抄本皆失原题，于是就被分别拟成六个不同的名称，其中《佛经》《礼佛文》的拟名显然不妥（所礼不限于佛），其他四个拟名也未切合原题。我们通过对不同抄本的比勘，证明那五个抄本都应是《天王文一本》，因为已卷的原题十分清楚。那么，《天王文一本》是否为愿文类作品？我们无法从名称上判断，只能从内容、性质上判断。由于文中有“受佛付嘱，发大誓愿”等发愿内容，而且是全文的主要内容，因此，我们判断它应是一篇愿文类作品。又如，第338页的《结坛发愿文》（拟），由于该篇原卷P.2058虽未残损但无题，所以我们根据文中有“厥今置净坛于八表，……”等说明文字和“伏愿威光炽盛，神力弥增；……”等发愿内容而拟题为《结坛发愿文》。当然，限于见闻和水平，我们的拟题不一定都确切，只是供读者参考而已。至于方广锠先生说：“仅从《愿文集》目录看，定名有‘某某模板’与‘某某模板等’之区别，可见编校者心目中是严格区分这两类文献的。亦即定名为‘某某模板’的仅指标准文本；而定名为‘某某模板等’的，指既有标准文本，又包括实际使用文本。但《愿文集》中某些文献的定名使人又有名实不符、全书体例不一之感。……”这实在是个不小的误解。我们之所以使用了“某某模板等”的拟名，“等”字是为了表示该卷原卷除了被校录的愿文类文章外，还有其他非愿文类作品，我们一般在题解中略加说明就略去了。因此，这个“等”字的作用是区分纯愿文类抄本与愿文、忏悔文等文章混合抄本的标志，而不是如方先生所说的“严格区分”“标准文本”与“实际使用文本”的标志。起点既然出错，以下的推断自然就不可靠了，因此，所谓“某些文献的定名使人有名实不符、全书体例不一之感”的评论只能是一种郢书燕说。

三、“愿”与“祝”“呪”“咒”的异同

“愿”的古本义是“头大貌”，这与我们所讨论的对象“愿文”毫无关系，我们就没有必要去深究它了。我们讨论的“愿文”之“愿”，直白地说就是“心愿”“愿望”的意思，它是人们发自内心的最为虔诚善良的渴求。在这个意义上，古人实际上还有个相关的字“愿”，如《书经·皋陶谟》：“柔而立，愿而恭。”《后汉书》卷七十六《循吏传·刘宠传》：“山民愿

朴，乃有白首不入市井者，颇为官吏所扰。”这个“愿”是忠厚、谨慎的意思。只不过后来，“願”字归并到了“愿”中，很少单独使用，直到1956年我国实行简化字方案，又把“願”“愿”再归并到“愿”字。这里有两个关键：一是“发自内心的渴求”，而不是口是心非的随便意念；一是“最为虔诚善良的渴求”，而不是充满恶意的诅咒。《广韵·愿韵》：“愿，欲也。”所谓的“欲”就是上文说的“渴求”。“愿”的这种意义是汉语中所固有的最早的意义之一。例如，《诗·郑风·野有蔓草》：“邂逅相遇，适我愿兮！”“适我愿”就是符合我的心愿，“愿”字正是我们要讨论的“愿文”之“愿”。“愿”字还有“情愿”“希望”“倾慕”等义，则是同一本义的引申义，仅有细微差别[①]。“愿”字在佛教中则成为专用术语，主要是“心愿”“誓愿”之义，其对应的梵文是Pranidhāna。丁福宝《佛学大辞典》[②]“愿”字条有解说，引《法界次第》“自制其心，名之曰誓；志求满足，故云愿也”之语而释为“志求满足”。所谓“志求满足”实质上就是“一心渴求的愿望”之意。因此，佛教典籍中的“愿”与汉语固有的“愿”并无本质上的不同，汉语的“愿”也绝非梵文汉译时才突然具有“心愿”“愿望”之义。《佛学大辞典》“愿”字条后列有“愿人”“愿力”“愿土”“愿心”“愿行”等词条，其中“愿”字的意义都是相同的。而我们所说的“发愿”就是将心愿发露出来、表白出来，可以是自己发露表白，也可以请僧侣、道人等代为发露表白。这种发愿应是全世界各种宗教仪式、民俗仪式中都会存在的，当然也就会存在于汉民族的原始宗教之中。从这一点来推论，表白心愿的发愿文，在中国的源头一定很远，绝不会等到东汉佛教传入中国之后才出现。

与“愿”相近的还有“祝”。饶宗颐先生在《谈佛教的发愿文》中说：“发愿是佛教信徒一项重要的宗教手续，愿和祝完全不同。”又：“愿有本愿、大愿、报愿、大誓愿等不同名目，又有呪愿。……形形色色，自受食、施粥、布施、作舍、远行以至生子、娶妇、亡人都可以呪愿，有呪愿文一体。呪有密、白、总持三种。常有呪语，呪不同于广泛之祝。”又：“……他把祝辞和愿文合为一体，我觉得未甚妥当。祝与愿原是二回事。”又：“祝的目的在求福祥，……今人仍称曰‘祝福’，祝的责任是代为撰写祷告求福文字。求福和下愿全不一样。”如上所引，饶先生断然否定“愿”与“祝”是有共同之处的。果真如此吗？否也。“愿”与“祝”当然不会完全一样，但也不是毫无共同之处。“愿”本是个名词，“心愿”之意，转而为动词，“发愿”“祝愿”之意；“祝”原是个动词，“求福”之意，转而为名词，指祷祝仪式或祷祝文辞。这是字面上的异同。“祝的目的在求福祥，……”，那么，“愿”的目的在求什么呢？难道不是福祥吗？我们且看几篇愿文中“愿”的具体内容，然后再来定是非。《东都发愿文》：“仰愿以今日一切会无量旷大清净功德上福皇考太祖文皇帝、皇妣献皇太后，……仰福亡大兄长沙宣武王、亡弟二兄永阳照（昭）王，愿元始以来，至乎今日，一切罪障，皆得消灭；一切众苦，皆得解脱。……”其中用了“上福”“仰福”等字眼，显然不免“求福”之意；《天台智者大师发愿文》：“愿福惠资粮，悉得圆满，速证菩提。”《尸陀林发愿文》：“……愿令一切众生临命终时，心无错乱，身无颠倒，□□□（正念成）就，如入禅定，皆悉往生无量寿国。”速证菩提、往生无量寿国，这也是福的一种。再如《敦煌愿

① 汉语大字典编辑委员会编《汉语大字典》，“愿”字条，四川辞书出版社、湖北辞书出版社，1990年，第4385页。

② 丁福保编《佛学大辞典》，文物出版社，1984年，第1435页。

文集》第302页《比丘法坚发愿文》（拟）："伏愿南山比寿，北极齐尊；长欢得事（士）之朝，永保在天之寿。（为皇帝）""伏愿真珠帘下，常披金缕之衣；大昧（玳瑁）窗前，永挂绣罗之服。（为夫人）""伏愿灵椿比寿，仙桂齐坚；常为日月之明，永照昏迷之暗。（为大王）""伏愿常居内合（阁），永奏鱼乐之歌；凤髻如云，时换绮罗之服。（为公主）""伏愿麻仙比寿，王母齐坚；万善来集，千殃弥远。（为诸娘子）""伏愿冬月无亏，常谈吼石之功；夏满殷懃，永赞边（鞭）尸之德。（为太子）""伏愿千灾千障，似猛风［扫］于细尘；万福万祥，似众星攒于庭月。（为诸都头）""伏愿命如长江水，清清一戴（代）流；福若松柏山，嵯峨万万载。（为贤者、□□、三学）""伏愿命同鹤算，福比毗沙；玉颜永奉于轮王，究竟归（俱）登于大果。（公主）""伏愿命同松柏，福比丘山；常持文武之能，永助明王之德。（僧统）"在这些选摘的愿辞中，不论尊卑僧俗，都免不了"求福"（"万福万祥""福若松柏山""福比毗沙"）的内容，不管它是否标明"福"字。再如第307页《愿文》："……三为施主己躬，合家保愿平安之福会也。……总用庄严梵释四王、龙天八部：伏愿威光转盛，福力弥增，……。施主己躬□（若）为合家保愿平安之者：惟愿门来善瑞，宅纳吉祥；……"第310页《愿文》："惟愿百神□（助）卫，无福善而不臻；千圣加威，有灾殃而并遣。……"第312页《愿文》："伏愿威光盛运，千秋无虫泠之灾；福力弥增，万性（姓）有丰盈之喜。……伏愿福同海岳，无竭无倾；命等松筠，长光大业。……同心荣（营）造，各获福田；随喜见闻，亦（一）沾小分。"将所举行的斋会称作"福会"（求福之会），要大家同心营造，各获福田，宅纳吉祥，无福而不臻，等等，可以充分证明愿文的实际内容就是以"求福"为主，与"祝"的"求福"大同小异。既然"祝"是"求福"，而"愿"也是"求福"，那么饶先生如何便说"愿和祝完全不同""祝与愿原是二回事""求福和下愿全不一样"呢？实在令人百思不得其解。尤其是饶先生以"今人仍称曰'祝福'"来说明"祝"只与"福"有密切联系而与"愿""全不一样"，更是奇怪。今人仍称"祝福"，难道就不称"祝愿"了吗？"祝"与"愿"连文可能比与"福"连用更为习见。论今还须说古，终究是在谈论古人的文章。也不须远求，只到《汉语大词典》"愿"字下一翻便得：

《晋书·艺术传·佛图澄》："乃唱云：'众僧祝愿！'澄又自祝愿。"又"祝"字下的"祝愿"条："汉焦赣《易林·小过之涣》：'求玉获石，非心所欲，祝愿不得。'晋葛洪《抱朴子·勤求》：'况于匹夫，德之不备，体之不养，而欲以三牲酒肴祝愿鬼神，以索延年，惑亦甚矣。'唐白居易《五八自嘲》诗：'持杯祝愿无他语，慎勿顽愚似汝耶。'……""祝愿"二字同义连文，足以说明"祝"亦"愿"也。然而，在敦煌文献中，我们很难找到"祝愿"一词，这是否说明在敦煌文献中"祝"与"愿"就没有关系了呢？不是。敦煌文献中虽乏"祝愿"之例，却有大量的"呪愿"存在。那么，"呪"与"祝"是何种关系？又与"咒"是何种关系？饶先生说"常有呪语，呪不同于广泛之祝"，没有点明"呪""祝""咒"三字的关系。但既说"呪语"，则是将"呪"认同于"咒"了；又说"呪不同于广泛之祝"，则是表示"祝"的意义比"呪"广，"呪"是"祝"的一个分叉。按："咒"与"呪"同，移易部件而已，今用"咒"而古行"呪"；"呪"又是"祝"的后起俗字，原本意义相同，后来渐渐有所分工，"呪"字经常用以表示诅咒义而"祝"字经常用以表示祝福义。《唐律疏议》[①]卷第十八《贼盗》第264条："诸有所憎恶，而造厌魅及造符书呪诅，欲以杀人者，各以谋杀论减

①《唐律疏议》卷18《贼盗》，中华书局，1983年，第340-341页。

二等；……即于祖父母、父母及主，直求爱媚而厌呪者，流二千里。若涉乘舆者，皆斩。”对于引文中的两处“呪”字，宋代的孙奭在《律音义》的《贼盗第七》中有所解释：“厌魅：于琰切。下茫备切。下‘厌祝’同。祝：之救切。作‘呪’者，俗。下同。诅：侧虑切。”这是说，“祝”字音“之救切（zhòu）”，《唐律疏议》不写“祝”而写“呪”，是由于“呪”是“祝”的俗字。俗字是不规范的异体字，流行于社会的各阶层，就如官府文书也未能免俗。既如此说，“祝”“呪”关系便豁然明朗了。可惜的是，《汉语大字典》在“祝”“呪”“咒”三字下都没有说明正俗关系，以至于许多查用的研究者都陷入了泥潭之中而不能自拔。既然“祝”同“呪”，“祝”就应既有“祝愿”义，又有“诅咒”义。《说文》：“祝，祭主赞词者。”《玉篇》：“祝，祭词也。”《篇海直音》：“祝，飨神之词也。”《尚书·洛诰》：“王命作册，逸祝册。”孔颖达疏：“读册告神谓之祝。”《史记·滑稽列传》：“见道旁有禳田者，操一豚蹄，酒一盂，而祝曰：‘瓯窭满篝，污邪满车，五穀蕃熟，穰穰满家。’”这些记载和用例都说明“祝”有祝愿、祝愿文之义。“祝”同时还有诅咒义。玄应《一切经音义》卷六：“祝，《说文》作詶。詶，诅也。今皆作呪。”《论衡·言毒》：“南郡极热之地，其人祝树树枯，唾鸟鸟坠。”《文选·张衡〈西京赋〉》：“东海黄公，赤刀粤祝。”李善引薛综说注曰：“祝，音呪。”这些都是明显的证据。刘勰《文心雕龙·祝盟第十》：“天地定位，祀遍群神。六宗既禋，三望咸秩。甘雨和风，是生黍稷。兆民所仰，美报兴焉。牺盛惟馨，本于明德。祝史陈信，资乎文辞。昔伊耆始蜡，以祭八神，其辞云：‘土反其宅，水归其壑，昆虫毋作，草木归其泽。’[①]则上皇祝文，爰在兹矣！舜之祠田云：‘荷此长耜，耕彼南亩，四海俱有。’利民之志，颇形于言矣！至于商履，圣敬日跻，玄牡告天，以万方罪己，即郊禋之词也；素车祷旱，以六事责躬，则雩禜之文也。及周之太祝，掌六祝之辞，是以庶物咸生，陈于天地之郊；旁作穆穆，唱于迎日之拜；夙兴夜处，言于祔庙之祝；多福无疆，布于少牢之馈；宜社类禡，莫不有文。所以寅虔于神祇，严恭于宗庙也。自春秋以下，黩祀谄祭，祝币史辞，靡神不至。至于张老成室，致美于歌哭之祷；蒯聩临战，获佑于筋骨之请；虽造次颠沛，必于祝矣！若夫《楚辞·招魂》，可谓祝辞之组丽也。汉之群祀，肃其旨礼，既总硕儒之义，亦参方士之术。所以秘祝移过，异于成汤之心；侲子殴（驱）疫，同乎越巫之祝。礼失之渐也。至如黄帝有《祝邪》之文，东方朔有《骂鬼》之书，于是后之谴呪，务于善骂。唯陈思之《诰咎》，裁以正义矣！若乃礼之祭祝，事止告飨；而中代祭文，兼赞言行。祭而兼赞，盖引神而作也。又汉代山陵，哀策流文；周丧盛姬，内史执策。然则策本书赠，因哀而为文也。是以义同于诔，而文实告神，诔首而哀末，颂体而祝仪，太史所读之赞，固周之祝文也。凡群言务华，而降神务实，修辞立诚，在于无愧。祈祷之式，必诚以敬；祭奠之楷，宜恭且哀；此其大较也。班固之《祀涿山》，祈祷之诚敬也；潘岳之《祭庾妇》，祭奠之恭哀也；举彙而求，昭然可鉴矣！”这是对“祝”的意义、功能、祝文源流的一个精密论述，不仅指出祷祝的特点，还指出《骂鬼》一类的“务于善骂”的“谴呪”的特点，以及祭祝发展到后世“兼赞言行”的特点。“祝”既如此，“呪”也是如此。“呪”除了有诅咒之意外，它

---

① 饶宗颐先生指出这篇祝文出自《礼记·郊特牲》，甚是。然谓“不必引《文心雕龙》”，则是以拙文未能考竟源流也。实则拙文《敦煌愿文集·前言》意在说明文体而非出典，不引《文心雕龙》这部最早的文体论专著还引什么？其中显然有所误会。又饶先生论文中“伊耆氏以祭八神的蜡辞”之“蜡”，当为“蜡（zhà）”字之误，盖计算机排版繁简切换之误也。

还有祷祝之意。如《后汉书·谅辅传》:“时夏大旱,太守自出祈祷山川,连日而无所降。辅乃自暴庭中,慷慨呪曰:‘辅为股肱,不能进谏纳忠,荐贤退恶,和调阴阳,承顺天意,至令天地否隔,万物焦枯,百姓喁喁,无所诉告,咎尽在辅。今郡太守改服责己,为民祈福,精诚恳到,未有感彻。辅今敢自祈请,若至[日]中不雨,乞以身塞无状。’……”这个“呪”字就是祷祝、祈请之意。又如敦煌本《呪愿新郎文》《呪愿新妇文》等,以及饶先生论文所列举的僧佑《法苑杂缘原始集目录》收录的呪愿文篇名:《常行道赞叹呪愿》《受食呪愿缘起》《受食粥呪愿缘起》《布施呪愿缘》《为亡人设福呪愿文》《生子设福呪愿文》《作新舍呪愿文》《远行设福呪愿文》《取妇设福呪愿文》《无常呪愿》。这些呪愿文的曾经存在,充分证明了《敦煌愿文集》所收《斋琬文一卷并序》和多种愿文模板中的许多不同名品的文章,其实都是呪愿文之类,有人认为是斋文而不是愿文,把斋文与愿文对立起来,显然是不妥的。饶先生在列举上述呪愿文之后说:“……都可以呪愿,有呪愿文一体。呪有密、白、总持三种。常有呪语,呪不同于广泛之呪。”这似乎是表明“呪愿文”的“呪”是“呪语”之“呪”,而不是“祝愿”之“祝”。如果是这样,那就错了。从我们现在所见的全部愿文来分析,文中都是表示祝愿的,没有“务于善骂”的“谴呪”,也没有佛经中常见的呪语(又称“真言”,如《陀罗尼呪》),因此,所谓的“呪不同于广泛之祝”的观点是不够正确的。

试举一例以证之:“夫妻之道,天地齐生。承家继嗣,守节怀贞。伏愿母(某)郎:夫妻和睦,兰桂同荣;子孙昌盛,进士明经;衣朱拖紫,三公九卿;保宜上下,敬重亲情;仓储山积,金帛丰盈;奴仆罗烈(列),申(车)马纵横;吉庆千年万岁,覆荫六亲宗盟;荣盛与王凤并贵,富饶等石崇齐名。所求皆得,所愿必成。今日结亲已后,恒愿鸾风(凤)同鸣。愿某郎:忠孝两全,文武双美;花萼芬芳,金章益贵;一门宠南国之荣,二亲庆北堂之喜;家积珠珍,庭饶侍义(仪);敦煌播礼乐之风,墨沼揖清真之志;室娉吴姬,同荣桃李;琴[瑟]克谐,子孙盛矣;福禄穰穰,功名不坠;藉甚洋洋,保其终始。”(P.2976《呪愿新女壻》)这篇文章首尾完整,从头到尾只有祝愿,没有诅咒,也没有所谓的密呪、白呪、总持呪之类的呪语。其他呪愿文也都如此,不烦一一举证。

愿文与祝文既然有许多共同点,那为何“愿文”的名称不是与“祝文”的名称同时出现呢?这个问题看似深奥,其实说穿了很简单。“愿”的本义是“头大貌”,从“页”(头面的象形)、“原”声,因此,在造字之初是绝对与祷祝祈愿的意义不相干的,上古的人们也就不会用它来命名表达愿望的文章。等到“愿”字被假借为“心愿”“愿望”义的时候,由于“祝文”这个名称行之已久,因此,在很长的历史时期内仍然沿用“祝文”之名而未新造“愿文”“发愿文”“呪愿文”之类的名称,这就是“祝文”为何与“愿文”内容近似的原因。由于我们今日所见的愿文主要是佛教性质的作品,而佛教内容与中国本土文化差别很大,这就造成了愿文与祝文在内容上的种种不同。至于“愿文”之名是否是佛教的产物,尚有待考证。不管怎么说,祝文是愿文的源头,有不少祝文与愿文内容相近,这是不可否认的历史事实。记得《敦煌愿文集》初稿完成时,我曾寄给周绍良先生审阅。当初该稿曾作为周先生主编的《敦煌文献分类录校丛刊》之一。周先生看过全稿之后,建议我将书名改为《敦煌祝愿文集》,我因“愿文”的称呼用惯了,所以就未遵从。就从这个书名来看,“祝”与“愿”就绝不是“二回事”,至少有学者同意我的这个观点。

对于愿文的定性标准问题,我将另文讨论。至于《斋琬文》名义、斋文与愿文的关系、发愿文与呪愿文的异同，我已在《敦煌愿文杂考》一文中做了考证，此处就不重复了。

四、敦煌愿文“庄严”“资熏”“资庄”考辨

“庄严”“资熏”“资庄”及“庄”“严”“资”“校”“饰”“严丽”等字、词都是近义的动词，在愿文类作品中意为“装饰”“打扮”，表示将种种功德、善愿、胜因等奉献给生者、亡灵或天神，以助其早生佛国，因而有时也就有了“奉献”“赞美”之类的引申义。但这类词语却常常被人误解，以致造成对文献内容把握上的偏差。例如，郝春文先生《关于敦煌写本斋文的几个问题》①一文说：“表达对佛的种种祈求，称‘庄严’。”又：“（斋文）第五部分也就是最后一部分称‘庄严’，表达对佛的种种祈求。”尤其是文内所录二例文献皆在“庄严”一词下错误地逗开了：“如上功德，奉用庄严，亡灵愿腾神妙境，生上品之莲台；宝殿楼前，闻真净之正法（原注：庄严）。”“又持胜福，次用庄严，施主即体，惟愿……。”按照郝文前后的说法，“奉用庄严”意为“用来表达对佛的种种祈求”，“次用庄严”则是“再一次用来表达对佛的种种祈求”，这实在不合词义和句法。正确的点读应是：“如上功德，奉用庄严亡灵：愿腾神妙境，生上品之莲台；宝殿楼前，闻真净之正法（原注：庄严）。”“又持胜福，次用庄严施主即体：惟愿……”这前一例是说，用如上所说的种种功德来装饰亡灵，以便亡灵能凭借这些功德比较顺利地上达天国；后一例是说，又用这些胜福来装饰施主本身，但愿施主如何如何。当然，所说的“功德”“胜福”都是虚的，精神上的，并不能让亡灵或施主“吃不了兜着走”，故其“庄严”有时也就有了“赞美”“称颂”之类的引申义。“庄严”在任何条件下都不会产生“表达对佛的种种祈求”这样的意义，因为“祈求”与“装饰”实在沾不了边。同样标点错误又见于王书庆《敦煌佛学·佛事篇》②一书：“又持是福，即用庄严，施主合门居眷等，惟愿……”（页2，P.2854《亡母文》）“又持胜善，资用庄严，执炉及营供合门居眷等，惟愿……”（页3，S.6417《为亡阇黎追七文》，“资”字原卷实作“次”。）

“庄严”一词作为敦煌愿文、斋文等作品结构上的一个关键词，它已成为专门术语，代表全文的某一段落，因而频频出现，相对固定。在《敦煌愿文集》第1页至第187页之中，我做了检索，共得以下例证（原文校录错误已做修订）：

（一）篇（段）名

1.庄严僧（页19）
2.女庄严（页214）
3.女庄严（页215）
4.武庄严（页215）
5.亡庄严（页215）
6.女庄严（页216）
7.庄严尚书（页216）

---

① 郝春文：《关于敦煌写本斋文的几个问题》，《首都师范大学学报（社会科学版）》1996年第2期。该文对敦煌斋文的研究提出了比较全面的看法，将大多数的斋文名目做了梳理。

② 王书庆：《敦煌佛学·佛事篇》，甘肃人民出版社，1995年。

8.庄严孩子（页249）

（二）文句（依次排列，页码从略）

1.今者良愿既备，胜福成（咸）享，尽用庄严患律师即体：……
2.又持胜善，次用庄严至孝等：……
3.以斯功德，并用庄严亡尼所生魂路：……
4.以斯功德、广大善因，先用庄严座前斋主：……
5.又持胜福，次用庄严至孝合门家眷等：……
6.总斯繁耻（祉）、无疆胜因，先用庄严合邑诸公等：……
7.又持胜福，次用庄严斋主及诸家眷等：……
8.所有设［斋］转经、种种功德，总用庄严行人即体：……
9.以斯殊胜功德，回□□□（向庄严）患者：……
10.又持是福，即用庄严。……
11.百福庄严，如满月［之映］芳林；千花晃耀，如盛日之照宝山。……
12.然后三宝覆护，众善庄严；……
13.总斯多善、莫限良缘，先用庄严梵释四王、龙天八部：……
14.伏持胜善，次用庄严我河西节度使尚书贵位：……
15.总斯多善，莫限良缘，先用庄严梵释四王、龙天八部：……
16.又持胜善，奉用庄严使主贵位：……
17.又持胜福，尽用庄严我仆射贵位：……
18.以兹舍施功德、念诵焚香，总用庄严患产即体：……
19.又持胜福，次用庄严持炉施主合门长幼等：……
20.以斯脱佛功德、启愿胜因，先用庄严梵释四王、龙天八部：……
21.又持胜福，次用庄严合邑诸公等：……
22.以斯燃灯功德、无限胜因，先用庄严上界四王、下方八部：……
23.又持胜福，次用庄严合邑诸公等即体：……
24.以斯多善，总用庄严。……
25.以斯建福之德、庆赞良缘，总用庄严上界四王、下方八部：……
26.以斯开经功德、转念胜因，总用庄严施主即体：……
27.以斯舍施功德、无限胜因，先用庄严施主即体：……
28.又持胜善，次用庄严施主即体：……
29.以斯念诵功德，总用庄严患者：……
30.又持胜福，次用庄严施主合门居眷等：……
31.又持胜福，次用庄严斋主即体：……
32.总斯多善、无限胜因，先用庄严亡者所生魂路：……
33.又持胜善，奉用庄严斋主眷属等：……
34.又持胜福，次用庄严坐前施主即体：……
35.如上功德，奉用庄严亡灵：……

36. 攒思（斯）景佑，量等太虚，先用庄严公之所履：……

37. 已（以）斯景佑，福不可量，先用庄严云［云］。……

38. 复用此家功德，庄严阇梨：……

39. 以兹无限殊胜良缘，先用庄严我长史王公：……

40. 又用功德，庄严合邑诸阇梨等：……

41. 又用功德，庄严押牙、判官诸公等：……

42. 总斯多善，无限胜因，先用庄严贤息所生魂路：……

43. 洋洋景福，翼翼揄增，并用庄严。……

44. 三宝覆护，万善庄严；……

45. 千轮耀彩，百福庄严；……

46. 又持胜福，次用庄严云云。……

现在我们对上列依序摘录出来的、未做主观选择的54例“庄严”进行一次分析，就能验证我们前面提出的观点是否正确。8例篇（段）名中的“庄严”，“庄严僧”“庄严尚书”“庄严孩子”3例都是由“庄严+名词”构成，即句法上的动宾结构，因此，“庄严”无疑是个动词；第2、3、4、5、6例，“女庄严”“武庄严”“亡庄严”看上去像是主谓结构，其实只是由于用作标题而对“庄严女”“庄严武”“庄严亡”采取的颠倒而已。第二类的46条例句中，考察“庄严”与其后文字的关系有三种情况：A.“庄严”后带宾语，例1、2、3、4、5、6、7、8、9等，共39例；B.“庄严”后用“云云”省略，可能带也可能不带宾语，有例37、46，仅2例；C.“庄严”后不带宾语，有例10、11、12、24、44、45，共6例。然而，我们再做考察，便发现所有的“庄严”前都有状语，表明“用”何物来“庄严”，因此，不管“庄严”后有无可见的宾语，它实际上都是有宾语的，只是省略而已。因此，“庄严”一词的动词性已彻底清楚了。

我们再来考察“庄严”的对象和用来“庄严”的东西。“庄严”的对象有：A.天神：梵释四王、龙天八部；B.官员：河西节度使尚书贵位、仆射贵位、使主贵位、公之所履、长史王公、押衙、判官诸公等、行人即体；C.普通俗人：至孝等、座前斋主等、合门家眷等、合邑诸公等、持炉施主合门长幼等；D.僧侣：阇梨；E.患者：患律师即体、患产即体；F.亡者：亡灵、亡者所生魂路、亡尼所生魂路、贤息所生魂路。我们所分析的虽非愿文的全部，但作为定量分析，仍然可以看出其结果有很大的代表性、概括性。这些被“庄严”的对象中，除了天神，都可归入生人、死者两类，而生人的数量比死者要多，官员的数量不亚于普通僧俗，由此可见，当时人们举办斋会、法会、福会之类活动的主要意图。上列称呼中的“贵位”“所履”“所生魂路”是敬语，不直接称对方而称对方所在的处所，也可以看作是一种借代方式。用来“庄严”的东西有：功德、胜福、景福、百福、繁祉、景祐、胜善、万善、良愿、胜因、良缘等，除了“功德”指写经、舍施、燃灯、念诵等外，其余都是虚的。舍施发愿者认为，用这些功德、景祐、胜福、胜善、胜因、良愿、良缘等可以为别人或自己增加成佛上西天的几率，这些东西可以归属、附着于所回向（奉献，回者献也）的人神灵魂，就像用鲜花来装饰点缀似的。所以“庄严”一词在愿文类作品中义为“装饰”“打扮”，表示用种种功德、善愿、胜因等奉献给生者、亡灵或天神，以助其早生佛国，因而有时也就有了“奉献”“赞美”之类的引申义。

“庄严”一词，由于人们对它的基本含义理解不清晰，常常受现代汉语的误导而把它的词性定为形容词，所以在解释时经常会不准确。这里再以《汉语大词典》（1990年版）“庄严”条为例来辨析。该词典第九册第428页“庄严”条共有8个义项：1.装饰端正。2.庄重而严肃。3.指文辞典雅庄重。4.指建筑物壮盛严整。5.佛教谓以善美之物盛饰国土。6.谓建筑寺塔，装饰佛像。7.佛教谓以福德等净化身心。8.佛教语。指宏伟精妙境界。这8个义项实际上我们完全可以合并为2项：1.动词，装饰。2.形容词，庄重。其他的都只能是这2个义项的稍稍引申。原列的第8个义项不能成立，其例句“何不策高足，竞此庄严界”，明明“庄严”下有一“界”字，“庄严”只是形容词“漂亮整齐”的意思。原列的第2义项举例为《百喻经・子死欲停置家中》：“生死道异，当速庄严致于远处而殡葬之。”编著者将“庄严”当作副词而修饰下文，所以释为“庄重而严肃”（应说“庄重而严肃地”）；殊不知“庄严”下应该逗开，所谓“速庄严”就是迅速收拾一下，把尸体入殓，以便赶快安葬。“庄严”前有一副词“速”，足以证明“庄严”为动词。原列的第5、6、7义项与本文所论辩的词义相近，但将词义局限在“佛教”之内是不正确的，词汇流通于社会，并非那么容易圈定在某一范围中。

与“庄严”词义相同或相近的词语还有很多，如“资熏”“资庄”即是。例如，《敦煌愿文集》第38页《三周》篇：“以斯多善，总用庄严……”此二句S.1441卷如此，S.2832卷作“以斯多善，总用资熏……”，“庄严”被“资熏”替换，可见二词义同。又如《敦煌愿文集》第1页《患文》：“以斯转经功力、念诵之因，总用资熏此律师：……”第97页《律》：“用斯福佑，广济群生，先以资熏我今皇帝：……”也用“资熏”一词取代通常是“庄严”的位置；字又作“资勋”，“勋”为“熏”之借音字，如第15页《亡文》：“总斯殊胜、无限良缘，并用资勋（熏）亡考神道：……”同样的意思，又可用“资庄”一词，如第127页：“庶望象筵，希夷谛听；纳无边之福善，乘莫大之清熏，并用资庄李公神道。……复用资庄斋人等即体：……”“资庄”正好是从“资熏”“庄严”二词中各取一字合成，当然其合成的前提是它们为同义词。不仅如此，“资”字单用也同有其义，如第58页《亡文弟五》：“总斯多善、无限福因，先用奉资亡灵去识：……”第65页《亡女》：“以斯设斋功德、回向福因，先用奉资亡灵去识：……”“奉资”的“资”就是“资熏”“资庄”的“资”。又如“总斯嘉贶，上资圣颜”“总此繁祉，上资帝祚”等例，皆同。

五、敦煌愿文的段落与术语

敦煌愿文有两种情况：一种是实际应用过的文本，一种是根据实际应用过的文本加以删略而成的范本。这两种情况在阅读的时候可以明显感觉到它们的区别。实际应用过的文本，往往有头有尾，有明确的施主、缘起、场合、年月等项内容，中间不留空位。愿文模板，凡是遇到可选择的项目，都要标明可选内容，通常还是双行小注，有的还标明“号”“意”“叹”“愿”等术语，以表示所处的是某段内容的位置。愿文范本来自应用文本，而文本的应用又参考愿文范本，二者是互补互动的关系。撰写者根据愿文模板选择适合的段落加以拼装组合，就可以形成一篇完整的愿文来诵读。

一篇完整的愿文应包括起、承、转、合四个部分，往往可以划分为五个段落，而各个段落在敦煌写本中又往往有以下独特的术语：

1.“号”，或称“号头”“都头”“都号”等（注意：“号”不同于“号”）；
2.“意”，或称“斋意”“所申意”等；
3.“叹”，或称“赞”“赞叹”等；
4.“愿”，或称“庄严”；
5.“尾”，又称“号尾”“都尾”。

为了便于理解，我随便挑选一篇比较完整的作品来说明：

【愿文】〔一〕

1.法身凝寂，非色明（相）之可观；实智圆明，岂人、天之所闻！不□（生）〔二〕不灭，越三界已（以）居尊；无去无来，运六通而自在。归依者，□□（咸出）〔三〕苦海；回向者，唯离盖缠。大圣魏魏（巍巍），名言罕测者矣！

2.厥今□□〔四〕佛日，虔敬福门，割其珍财〔五〕。造银翻（幡）而满会、度□□□□□〔六〕者，为谁施作？时则有圣天公主先奉为龙天八部，雍（拥）护疆场；梵释四王，安边静塞。当今帝主，圣寿克昌；将相百寮，尽邦刑国。司空鸿寿，同五岳而治河煌（湟）；内外宗亲，比麻姑而受荫；天公主已躬吉庆，叶慈范以利苍生；合家小娘子安和，百病不侵［于］玉体。道路开泰，五谷丰盈；更无不顺之声，行路有歌遥（谣）之乐之福会也。

3.伏惟圣天公主驰声兰蕙，洽懿德〔七〕于坤仪；闱逾温柔，夹（浃）嘉声于异秀。故德（得）母仪腾曜，溢理播于七州；女范肃宫，芳名传于帝族。加以倾心三宝，摄念无生；凭福力以安邦家，建神翻（幡）荡除灾励（疠）。倾心数日，今已毕功。悬宝殿以焚香，就金田而启告。其翻（幡）乃龙驹高曳，直至于梵宫；宝刹悬垂，似飞鹅（鹤）而持彩。游丝扬于霞外，连翻（幡）散于云天。一转，龙王之位自生；再转，福超尘界。

4.以斯造翻（幡）功德、庆赞回向福因，先用奉资梵释四王、龙天八部：伏愿威光盛运，千秋无虫冷之灾；福力弥增，万性（姓）有丰盈之喜。又持胜福，次用庄严我府主贵位：伏愿福同海岳，无竭无倾；命等松筠，长光大业。四路伏首，八表倾心；万理（里）来孺（归），城煌（隍）泰乐。又持胜福，次用庄严天公主贵位：伏愿福禄之道□（益）〔八〕增益峻，寿命之海为（唯）广为（唯）深。长为社稷之深慈，永□（作）〔九〕苍生之父母。诸郎君等出将入相，长为人主之股公（肱）；万□千使〔一〇〕，来作河西之柱石。又持胜福，次用庄严□□□诸小娘〔一一〕子贵位：伏愿闺颜转茂，四德含彰；四大伏（休）宜，六根调浪（朗）。病消疾散，长闻欢喜之声；贵体安和，日有歌遥（谣）之乐。故得东西路泰，使人不滞于关山；夏顺秋调，浓（农）夫贺两岐（歧）之乐。同心荣（营）造，各获福田；随喜见闻，亦（一）沾小分。然后上通三界，旁括十方；俱沐胜因，齐登佛果。

5.摩诃！

【题解】

本卷原编号为斯四五三六，存文三篇，行书，正、反面抄写，书手相同。第一篇的篇主“天公主”，此人即曹议金的夫人——回鹘可汗之女，则同文中称“司空”者，即指曹议金。第二篇的篇主为“厶公”，具体指何人尚不清楚。第三篇乃斯四二四五卷《河西节度使司空造佛窟发愿文》的同文异本。详见该文后的题解。本卷系后人辑集抄写，其时间最早也当在公元938年以后的某一时期。《索引》拟题为《愿文等》，似未涉及背面内容。

【校记】

〔一〕原文共三十一行，行约二十字，正、反面抄写，首句本作“□文法身凝寂”，“文”字下无空格，兹据内容补“文”上方的残字为“愿”，并据以做标题。

〔二〕生，原文残缺，此据斯六四一七卷《社邑文》中的“不生不灭，越三界以居尊”句补入。

〔三〕原文于此残缺二字，兹补作“咸出”。

〔四〕此二残字似可补作“翘情”“崇信”。

〔五〕疑原文于“割其珍财”的上或下脱一四字句。

〔六〕“度”下据上句句义似可补入“众生于”三字。最后二字俟考。

〔七〕“德”字原在“洽懿”二字之上，兹径乙正。

〔八〕益，原文残缺，此据下句“唯广唯深”之句式补入。

〔九〕作，原文残缺，此据下文“出将入相，长为人主之股肱；万□千使，来作河西之柱石”句补入。

〔一〇〕原文自“千使”以下内容皆写于背面。

〔一一〕原文于此残缺三字，兹据同文中“合家小娘子安和”句补入。

在这一篇《敦煌愿文集》的修订稿中，我现在把段落都分别做了换行处理，并且标上了序号，大家可以一目了然。第一段是：“法身凝寂，非色明（相）之可观；实智圆明，岂人、天之所闻！不□（生）不灭，越三界已（以）居尊；无去无来，运六通而自在。归依者，□□（咸出）苦海；回向者，唯离盖缠。大圣魏魏（巍巍），名言罕测者矣!”这就是“起承转合”中的“起”，也就是“开头”，敦煌写本中经常称之为“号”“号头”之类。每一篇文章都需要有个好的开头，而开头的时候一般不直接说事情原委，先说些大而无当的溢美之词，以便能够罩住全篇。作为佛教性质的愿文，惯用的方法就是先来一段称赞佛德的套语，大多叫作“号”“号头”。所谓“号”，应该就是“称号”的“号”，字就这么写，不能写成繁体“號”。“号”音同“浩（去声）”，而“號”音同“豪”，是“號啕大哭”的“號”（平声），二者音与义都不相同。明清以来的刻印本中，二字已经混为一谈，以至于我们现在的学者往往分不清楚了。“号”在佛教愿文中特指佛号，就是释迦牟尼的十个别号；由于文章开头总是称美佛号，因此，就习惯把称美佛号的这开头一段也叫作“号”。“法身凝寂”云云，都是对佛的称美赞叹。“号”的来历，大约可以追溯到《周礼·春官·宗伯》：“丧祝掌大丧劝防之事……及葬，御匶出宫，乃代。及圹，说载除饰。小丧亦如之。掌丧祭祝号。”“小祝掌小祭祀。将事侯禳祷祠之祝号，以祈福祥、顺丰年、逆时雨、宁风旱、弥烖兵、遠辠疾。”又《周礼·春官·大祝》：“凡大禋祀肆享祭示，则执明水火以号祝。”郑玄注《礼记·礼运》曰：“《周礼》祝号有六：一曰神号；二曰鬼号；三曰祇号；四曰牲号；五曰齍号；六曰币号。号者，所以尊神显物也。”①

第二段是：“厥今□□佛日，虔敬福门，割其珍财。造银翻（幡）而满会、度□□□□□者，为谁施作？时则有圣天公主先奉为龙天八部，雍（拥）护疆场；梵释四王，安边静

① 参阅赵鑫晔《敦煌愿文段落及术语考辨》引述，《东亚文献研究》（韩国）2007年创刊号，第99-113页。

塞。当今帝主，圣寿克昌；将相百寮，尽邦刑国。司空鸿寿，同五岳而治河煌（湟）；内外宗亲，比麻姑而受荫；天公主已躬吉庆，叶慈范以利苍生；合家小娘子安和，百病不侵［于］玉体。道路开泰，五谷丰盈；更无不顺之声，行路有歌遥（谣）之乐之福会也。”这一段叫作“意”，或者叫作“所申意”，有时属于斋文的就叫作“斋意”，属于小儿的就叫作“小儿子意”，以此类推。这就是“起承转合”中的“承”。此所谓“意”，我考察了敦煌愿文的例证，也收集了明清以来同类范本的例证，得出结论就是“目的”的意思，是专门用于回答斋会之类仪式是“为谁施作”的，也就是谁在何时何地为何出资举办这样一场活动。本段落中，“时则有圣天公主先奉为龙天八部，……”句以下就是揭示“圣天公主”为施主，为仪式举办的出资人，其下数句都是表白她出资举办斋会的目的。这一段是全文的真正核心，人物、时间、地点、目的、仪式内容，都在这一段里交代了。如果这一段的内容是不确定的，那么，即使看上去文章很完整，也只能是范本而不是实际应用过的。敦煌愿文范本中，有的段落就叫作“……意”，说明“意”的表述十分重要，也有一定套语可用。

第三段是：“伏惟圣天公主驰声兰蕙，洽懿德于坤仪；闹逾温柔，夹（浃）嘉声于异秀。故德（得）母仪腾曜，溢理播于七州；女范肃宫，芳名传于帝族。加以倾心三宝，摄念无生；凭福力以安邦家，建神翻（幡）荡除灾励（疠）。倾心数日，今已毕功。悬宝殿以焚香，就金田而启告。其翻（幡）乃龙驹高曳，直至于梵宫；宝刹悬垂，似飞鹅（鹤）而持彩。游丝扬于霞外，连翻（幡）散于云天。一转，龙王之位自生；再转，福超尘界。”这就是“起承转合”中的“转”，转而称赞施主的优秀品行、功劳功德甚至容貌形象。因此，这一段叫作“叹”，或称“赞”“赞叹”等，是专门用来赞美施主的。在一篇愿文中，例如，佛教愿文，需要赞叹的主要有佛、菩萨与施主及其施主家属。这里的“叹”，不是“叹惜”“哀叹”之“叹”，而是“赞叹”“叹美”之“叹”（字又写作“叹”“口叹”），这是毋庸置疑的。

第四段是：“以斯造翻（幡）功德、庆赞回向福因，先用奉资梵释四王、龙天八部：伏愿威光盛运，千秋无虫冷之灾；福力弥增，万性（姓）有丰盈之喜。又持胜福，次用庄严我府主贵位：伏愿福同海岳，无竭无倾；命等松筠，长光大业。四路伏首，八表倾心；万理（里）来孺（归），城煌（隍）泰乐。又持胜福，次用庄严天公主贵位：伏愿福禄之道□（益）增益峻，寿命之海为（唯）广为（唯）深。长为社稷之深慈，永□（作）苍生之父母。诸郎君等出将入相，长为人主之股公（肱）；万□千使，来作河西之柱石。又持胜福，次用庄严□□□诸小娘子贵位：伏愿闺颜转茂，四德含彰；四大伏（休）宜，六根调浪（朗）。病消疾散，长闻欢喜之声；贵体安和，日有歌遥（谣）之乐。故得东西路泰，使人不滞于关山；夏顺秋调，浓（农）夫贺两岐（歧）之乐。同心荣（营）造，各获福田；随喜见闻，亦（一）沾小分。然后上通三界，旁括十方；俱沐胜因，齐登佛果。”这一段也是“起承转合”中的“转”，是集中发愿部分，所以可以称之为“愿”，或称“奉资”“庄严”之类，同样是全篇愿文的核心部分。一篇愿文之所以能够被叫作“愿文”，就在于这一段的内容都是表达祝愿的，通常都有一个或多个“愿”字领句，形成愿文的特征性句子。如果一篇愿文没有一处表示发愿、祝愿的，那么，这篇文章恐怕就比较难划归愿文类。

第五段的文字很少，就两个字：“摩诃！”“摩诃”是个音译词，意译为“大”，由于这里有所省略，所以我们可能在理解上有点困难。根据其他篇章的完整形式来补足，本段应该是：“摩诃般若，利乐无边；大众虔诚，一切普诵！”也就是“大般若经利乐无边”，是对于佛法的赞叹。这个段落虽然极其简短，但是意义已经赅备，所谓“言简意赅”者是也。这个段落叫作“尾”，敦煌愿文范本中有时又称“号尾”“都尾”。

由于愿文模板很多，而这些范本并非出自一人之手，因而所用术语也就难以统一，很容易造成今天的读者在理解上的偏差。例如，“庄严”一词，中国学者往往把它当作形容词来理解，即现代汉语中“庄严肃穆”意，这是很严重的失误。

六、敦煌愿文与日本愿文

敦煌愿文是中国古代愿文遗存最为珍贵的部分，这是由于敦煌愿文不仅数量惊人，而且时代跨度特别大。从我们辑录整理的《敦煌愿文集》及其新编所获篇目来看，可以肯定地说，在数量上应该占到中国愿文遗存的百分之九十五以上。时代跨度上，敦煌愿文有梁武帝的《东都发愿文》写本，抄写时间离梁武帝的写作时间也就几十年，因此极为珍贵。如果说零篇短制，敦煌文献中西晋作品就有愿文了。由此而下，约七百年间，敦煌文献中的愿文内容绵延不断，如果我们细心排比，足以构建一部中国愿文发展史。有鉴于此，说敦煌愿文是中国愿文的杰出代表，应该不会有什么问题。因为我们在历代传世文献中查获的愿文，大多只有篇目而无全文，即使存在全文的也都是零篇短制或片段。

日本愿文现存数量较多，其中不少已成国宝。自从池田温先生将日本愿文与中国的敦煌吐鲁番愿文相提并论之后，日本愿文也逐渐成为中国学者研究的热点。我本人曾于2004年9月1日至12日在日本出席学术会议期间，到京都的古旧书店收集资料，购得二玄社影印的《日本名迹丛刊》两册，其一为平安时代藤原朝隆《中尊寺建立供养愿文》、南北朝北畠显家《中尊寺建立供养愿文》合刊①，其一为镰仓时代世尊寺经尹《西园寺实氏夫人愿文》、世尊寺定成《平行政愿文》合刊②。此外，又购得二玄社刊《书迹名品丛刊》中的《伊都内亲王愿文》(与《光定戒牒》《哭澄上人》《李峤诗》合刊)③。这三册中的五篇愿文，都是毛笔书写的行草书，有摹本，有真迹，都是书法的佳作（见图3）。为了便于比较与研究而不至于篇幅太长，我把其中的一篇全文校录如下：

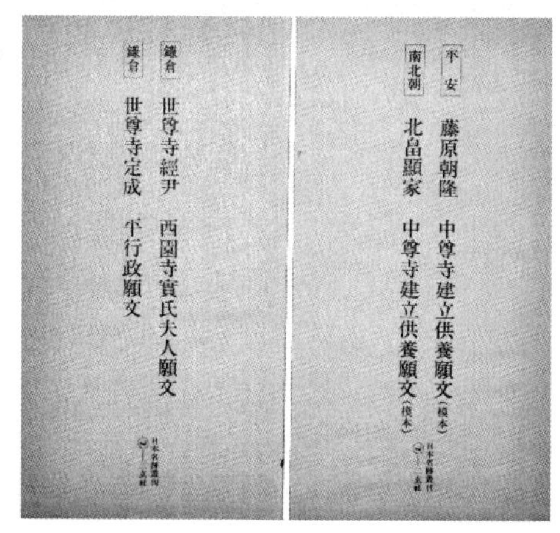

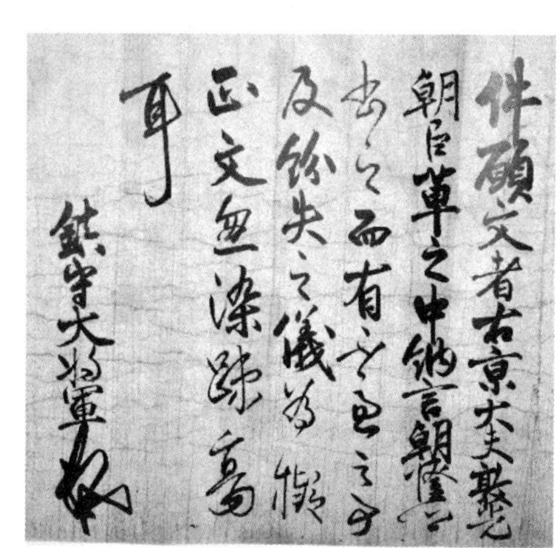

图3　日本二玄社刊印的三册愿文写本

① 二玄社1978年12月出版。

② 1980年7月出版。

③ 1965年7月出版。

平安　藤原朝隆　中尊寺建立供养愿文（摹本）

敬白：

奉建立供养镇护国家大伽蓝一区事，三间四面桧皮葺堂一宇。在左右廊廿二间

庄严

五彩切幡卅二旒、三丈村浓大幡二旒。

奉安置丈六皆金色释迦三尊像各一体。

右堂宇则芝栭藻井，天盖宝网，严饰协意，丹雘悦目。佛像则莲眼果唇，紫磨金色，胁士侍者次第围绕三重塔婆三基。

庄严

金铜宝幢卅六旒。基别十二旒

奉安置摩诃毗卢遮那如来三尊像各一体，释迦牟尼如来三尊像各一体，药师瑠璃光如来三尊像各一体，弥勒慈尊三尊像各一体。

右本尊座前瑜伽坛上置八供养之铃杵，立八方色之幡幢，仪轨次第，莫不兼备。

二阶瓦葺经藏一宇。

奉纳金银泥《一切经》一部。

奉安置等身皆金色文殊师利尊像一体。

右经卷者，金书银字，挟一行而交光；绀纸玉轴，合众宝而成卷。漆匣以安部帙，琢螺钿以镂题目。文殊像者，凭三世觉母之名，为《一切经》藏之主。回惠眼［而］照见，运智力以护持矣。

二阶钟楼一宇。

悬廿钧洪钟一口。

右一音所覃，千界不限；拔苦与乐，普皆平等。官军夷虏之死事，古来几多；毛羽鳞介之受屠，过现无量。精魂皆去他方之界，朽骨犹为此土之尘。每钟声之动地，令冤灵导净刹矣。

大门三宇

筑垣三面

反桥一道。廿一间

斜桥一道。十间

龙头鷁首画船二只。

左右乐器、大鼓、舞装束卅八具。

右筑山以增地形，穿池以贮水脉；草木树林之成行，宫殿楼阁之中度。广乐之奏歌舞，大众之赞佛乘。虽为徼外之蛮陬，可谓界内之佛土矣。

千部《法华经》。

千口持经者。

右弟子运志多年书写之，僧侣同音一日转读之。一口充一部，千口尽千部。聚蚊之响尚成雷，千僧之声定达天矣。

五百卅口题名僧。

右扬口别十轴之题名，画五千余卷之部帙。每手捧持，开纽无烦。以前善根旨趣，偏奉为镇护国家也。所以者何？弟子者东夷之远酋也，生逢圣代之无征战，长属明时之多仁恩。蛮陬夷落，为之少事；虏阵戎庭，为之不虞。当于斯时，弟子苟资祖考之余业，谬居俘囚之上头。出羽陆奥之土俗，如从风草；肃慎挹娄之海蛮，类向阳葵。垂拱宁恩，三十余年。然间时享岁贡之勤，职业无失；羽毛齿革之贽，参期无违。囚兹干怜频降，远优奉国之节。天恩无改，已过杖乡之龄。虽知运命之在天，争忘忠贞之报国。忆其报谢，不如修善。是以调贡职之羡余，抛财币之涓露。占吉土而建堂塔，冶真金而显佛经。经藏、钟楼、大门、大垣，依高筑山，就洼穿池。龙虎协宜，即是四神具足之地也。蛮夷归善，岂非诸佛摩顶之场乎！又设万灯会供十方尊，熏修定遍法界素意。盖奉悉地，捧其全分，奉祈禅定法皇蓬莱殿上。日月之影，镇迟功德林中；雾露之气，长霁金轮圣主。玉扆无动，太上天皇宝算无疆；国母仙院，麻姑比龄。林庐桂阳，松子伴影。三公九卿，文武百官，武职文官，五畿七道，万姓兆民，皆乐治世，各夸长生，为御愿寺长祈国家区区之诚；天高德卑，纶綍依请，供养遂思。宝历三年青阳月，曜宿相应，支干皆吉，延嘱一千五百余口僧，赞扬八万十二《一切经》。金银和光，照弟子之中诚；佛经合力，添法皇之上寿。弟子生涯，久浴恩德之海，身后必诣赡养之乡。乃至铁围砂界，胎卵湿化，善根所覃，胜利无量。

敬白。

天治三年三月廿四日 弟子正六位上 藤原朝臣清衡 敬白。

嘉历四年八月廿五日，信浓阿阇梨被持来，可及奥书端书之由，被命之间驰笔。以正本写云云。

前少纳言

辅方

（花押）

这是一篇文言水平很高的文章，经常采用四六文的句式，对偶、用典都颇有讲究。虽然通篇没有看到“愿文”二字，但是后人给他的命名却毫不犹豫地冠以“愿文”字眼。不过我也注意到，在同一册的另一篇，即南北朝北畠显家的《中尊寺建立供养愿文》，结尾处用了“愿文”的名称。原话是：“件愿文者，右京大夫敦光朝臣草之，中纳言朝隆卿书之。而有不虑之事，及纷失之仪，为拟正文，匆染踈毫耳。”“件愿文者”，“件”应该是“上件”之省，所以“愿文”为文章的类别名称无疑。我们由此一例也可以看出，日本自古以来就有“愿文”的文章类别，而且这个类别已经得到广泛认同。这一点与中国的情况有所不同。

七、敦煌吐鲁番愿文的价值

敦煌吐鲁番愿文对宗教学、文学、史学、民俗学、语言学、文体学以及石窟建筑、壁画艺术等多方面的研究有着不可估量的数据价值，而且对于当代佛教的应用文写作具有非常直接的借鉴作用。

（一）敦煌吐鲁番愿文的宗教学研究价值

这主要体现在佛教研究上，其次是道教，对祆教的研究也可提供零星资料。例如，佛教的讲经仪式，日僧圆仁《入唐求法巡礼行记》[①]卷二第二三四条（十一月廿二日）：“辰时，打讲经钟，打惊众钟讫。良久之会，大众上堂，方定众钟。讲师上堂，登高坐间，大众同时称叹佛名，……至‘愿佛开微密’句，大众同音唱云‘戒香定香解脱香’等颂。梵呗讫，讲师唱经题目，便开题，分别三门，释题目讫。维那师出来于高座前，读申会兴之由，及施主别名、所施物色，申讫，便以其状转与讲师。讲师把麈尾，一一申举施主名，独自誓愿。誓愿讫，论义者论端举问。……论义了，入文读经。讲讫，大众同音长音赞叹。赞叹语中有‘回向’词。……”又载新罗讲经仪式：“……礼佛了，导师独结愿回向。回向稍长。回向之后，导师云‘发心’，大众同音亦云‘发心’。次导师唱发愿，已竟，同礼三宝。次施主擎施物坐。导师与呪愿。便散去。”引文中所言“读申会兴之由”“呪愿”等，都与愿文有关。但这些记载中没有保存愿文文本，其内容难以详知。所幸敦煌吐鲁番愿文的大量发现，正好填补了这一资料空白。又如同上书卷一第九八条（正月十五日）：“……寺里燃灯，供养佛，兼奠祭［祖］师影。俗人亦尔。当寺佛殿前建灯楼。砌下、庭中及行廊侧皆燃油。其灯盏数不遑计知，街里男女不惮深夜入寺看事，……诸寺堂里并诸院皆竞燃灯，有来看者，必舍钱去。无量义寺设匙灯、竹灯，计此千灯。其匙、竹之灯树构作之貌如塔也，结络之样极是精妙，其高七八尺许。并从此夜至十七日夜，三夜为期。”这里只记载正月十五夜燃灯情景，但似乎漏略了申读《燃灯文》的重要仪式，我们从敦煌愿文中为数不少的《燃灯文》中可以了解到这点。愿文大多是在佛教活动仪式上申读的，因此，像《行城文》《布萨文》《亡文》等愿文都为我们研究这些活动的形式和内容提供了可靠的依据。再如通过对愿文中舍施写经情况的排比，我们就能获知哪些佛经在当时最为流行。关于道教，我们在愿文中也有一些研究资料。如斯三〇七一《道家为皇帝祝愿文范本二篇拟》即是。

（二）敦煌吐鲁番愿文的文学研究价值

在敦煌文学研究中，最受重视的莫过于变文和诗词，愿文则尚未引起学术界的注意，以至于《敦煌文学概论》之类的著作几乎都未曾列出愿文一类，也因此使得一般文学研究者根本不知“愿文”为何物。而事实上，愿文数量之多、题材之广、形式之众（有骈、韵、散等），恐怕都是变文、诗词等类所难以并提的。以往愿文之所以未引起文学界的注意，其主要原因就在于研究者手头缺乏一部愿文研究的基本数据集。

愿文“知名度”不高的真实原因不在于它本身是否确有文学价值。这些愿文虽皆为应用文，但大多带有文学性的描写。例如，斯三四三《都河玉女娘子文》：“天威神勇，地泰龙兴。逐三光而应节，随四序而骋申；陵高山如（而）掣电，闪霹雳如（而）岩崩。吐沧海，

① 有花山文艺出版社（北京）1992年出版的《入唐求法巡礼行记校注》可参，该书为白化文先生等据日本小野胜年校注本修订而成。

泛洪津；贺[①]云辇，衣霓裙。纤纤之玉面，赫赫之红唇。喷骊珠而水涨，引金带如（而）飞鳞；与牛头如�（而角）圣，跨白马而称尊。”将都河女神的奔放与温顺的双重性格描写得惟妙惟肖，与司马相如对巫山神女的描写有异曲同工之妙。又如同卷第十八篇《亡兄弟文》：“何图逝水洪波，漂蓬逐浪。福（祸）分金药，哀伤四鸟之悲；妖（夭）折玉芳，哽噎三荆之痛。每恨盈盈同气，一去九泉；穆穆孔怀，忽焉万古。意拟千年永别，首目顿亏；稀万（世）难逢，股肱俄断。趋庭绝训，瞻机案而缠哀；生路无踪，望空床而洒泪。”虽是写“死”，但却不直接说“死”，而是用了许多形象的描写、贴切的典故，这当然就具有很高的文学性了。其他如描写僧尼、节度使、文官武将，乃至牛马牲畜，无不带有浓厚的文学色彩。至于《儿郎伟》的写鬼，则诙谐活泼、呼之欲出，在变文中都几乎找不到可以模拟的。有的愿文还直接进入变文中，如《破魔变文》即包含着完整的愿文；有的愿文（如《儿郎伟》）与曲子（如《曲子还京洛（乐）》在形式、内容上颇为相似。这些也都具有极高的文学研究价值。

（三）敦煌吐鲁番愿文的史学研究价值

敦煌愿文现在已被引用最多的，要数史学家们的论著了。因为这一大批愿文，每一篇都是应用于确定的时间、地点和场合的，而其中涉及人物有作者、抄者、施主、发愿者等，还往往记述其生平重要事迹，因而可用来填补正史或其他史料的大量空白。这些文献尤其是研究敦煌吐鲁番中世纪史所不可忽视的珍贵资料，因为文中广泛涉及归义军历任节度使及其下属官员、官僚机构、吐蕃、于阗、嗢末、回鹘等周边国家和部族，以及它们之间政治、军事、经济等方面的相互关系，要弄清这些就必须综合包括愿文在内的所有数据。例如，荣新江先生《沙州张淮深与唐中央朝廷的关系》[②]一文，即据伯二〇四四《愿文模板》等数据考证出其中的太保相公为仆固怀恩，所述史事皆为仆固怀恩在世之事。又如姜伯勤先生《敦煌音声人略论》[③]一文，即引用了伯四九六七《儿郎伟》、斯二一四六《行城文》、伯三四〇五《安伞文》等来论证寺属音声人的活动情况。又如马德先生《曹氏三大窟营建的社会背景》[④]一文，即根据伯三二六二、伯三七八一、斯四二四五、伯三四五七等类愿文的内容来分析曹议金、曹元德、曹元深先后任归义军节度使期间的政治、历史背景。我们相信《敦煌吐鲁番愿文集》的辑校出版，一定会为敦煌吐鲁番史学提供更丰富的史料，推进敦煌吐鲁番史学的更快发展。

（四）敦煌吐鲁番愿文的民俗学研究价值

敦煌吐鲁番地区从汉代以来便形成了汉族的传统，又融合了吐蕃、突厥、回鹘、于阗及印度地区民族的风习，因而在敦煌吐鲁番文献中有着许多描述。尤其是敦煌吐鲁番愿文，可

---

① 扬雄《方言》：“贺，儋也。自关而西，陇、冀以往谓之贺。凡以驴马馲驼载物者谓之负他，亦谓之贺。”《旧唐书·郝处俊传》：“群臣皆贺戟侍。”《广韵》：“贺，庆也，担也，劳也，加也。”段玉裁《说文解字注》“贺”字下：“此谓或假贺为儋何字也。儋何，俗作担荷。”

② 荣文载于《敦煌学辑刊》1990年第2期。

③ 姜文载于《敦煌研究》1998年第4期。

④ 马文载于《敦煌研究》1991年第1期。

以说每一篇都与民俗有关，因为它们是直接要在民俗活动中申读的，必然要反映民俗活动的内容。可以说一部《敦煌吐鲁番愿文集》，就是一部敦煌吐鲁番民俗数据集。例如，名目繁多的斋戒活动，有七七斋、三长斋、周年斋、三周斋等，都是宗教性民俗活动，有许多愿文写这些内容；舍施写经、开佛窟、造佛像、彩画经变、燃灯、行城、印沙佛、脱塔，这些也都是宗教性民俗活动；又如祈雨、赛雨、赛雪、赛入宅、赛玉女娘子、放生、赎生等活动，则大多为世俗性的民俗活动；还有驱傩、上梁、障车、婚仪等喜庆活动，则更富民俗色彩。这些民俗活动，在其他文献中虽然时有记述，但要找到完整用于这些活动的文章，则十分困难。如《入唐求法巡礼行记》记载了不少民俗活动，但活动中所用愿文之类往往是作者另纸抄录，因而未能随该书保存下来。高国藩先生《敦煌古俗与民俗流变——中国民俗探微》①述及敦煌民俗颇多，但愿文只涉及《燃灯文》等少量文章，如果把这个集子中的愿文都用上，那么可述的内容就丰富得多。

（五）敦煌吐鲁番愿文的语言学研究价值

研究汉语史必须充分掌握语言数据，而敦煌吐鲁番文献是最可靠的没有传刻之讹的语言数据（指原卷数据），尤其是研究南北朝至宋初这一段语言史的，如果没有使用敦煌吐鲁番文献，就算不上有全面的研究。以往研究敦煌吐鲁番语言文字有一重大局限，即只见到了变文、诗词方面的材料，而且大多见的是校录不够准确的材料，没有亲阅原卷数据，因此，这种研究有时很容易导致错误结论。这部《敦煌吐鲁番愿文集》的校录，虽然由于大多是初录，许多残脱衍讹的文字一时还难以校清，但校录者都是专研训诂的，在录字准确方面和疑误存疑方面都比较注意，因此，录文可能相对可靠些。敦煌吐鲁番愿文中有大量语词是变文等材料中没有的，或者可与变文等材料中的疑难语词相证释。例如，伯二五六九、伯三五五二《儿郎伟》诸篇，其中“眼隔搦”“剪孽”“打桃符”“屈律”“朋僧”“笑吓吓”等语词都是俗语词，反映了唐五代宋初时期的词汇特色。又如愿文中有“智量”一词，亦见于变文，但变文中仅一例（《晏子赋》），我们用斯四四二八、斯五五七三《印沙文》《印沙佛文》“知量超群，行名绝代”例即可考知“智量”义即智慧。又如“谈量”，《捉季布传文》伯三六九七卷：“今遭国难来投仆，辄莫谈量闻四邻。”我们如果证之伯四九九五《儿郎伟》“今载初修功德，社人说好谈量”、伯三三〇二《儿郎伟》“若说和尚功业，难可谈量者矣”等例，则知“谈量”“谈扬”义近，不烦校改。其他如“长延”“延长”“略绰”“尉曲”“报塞”“枪排”等，皆当时俗语词。此外，愿文中使用了大量典故词语，它们来源于儒、释、道的各种经典，有许多用例是别处不易寻觅的。愿文有些复句长达百字左右，有时简直无法标点，这些可作为句法研究的资料。

（六）敦煌吐鲁番愿文的文体学研究价值

愿文在南北朝时期便颇盛行，但《文心雕龙》未有专论，《文选》三十七类中亦无其名。然而，梁武帝已有《东都发愿文》，《全梁文》还收有《断酒肉文》等，二书却皆未言及愿文，这或许是因为愿文“辞采”不够吧！奇怪的是，后代《文章辨体》之类的书层出不穷，似乎也都不曾给予愿文应有的地位。至于今人，则大多跳不出《文选》《文苑英华》之类的

① 河海大学出版社1990年出版。

框框，虽然建立了“文章学”，却研究不到愿文上来。愿文除狭义的以“愿文”二字为题的外，我们从这个愿文集目录中就可知还有许多特别的名称，这些都为古代文体的研究提供了翔实可靠的资料。

（七）敦煌吐鲁番愿文的石窟建筑、壁画艺术研究价值

愿文中有不少涉及建筑的，如《上梁文》《建佛堂门楼文》《开窟发愿文拟》等，往往描写了建筑物的特点。这些文章都应用于建造期内，从文中涉及的人物、事件中，研究者便可能考证出该建筑的建造时间、地点等。还有些愿文是写壁画绢画绘制的，如伯三一四九第三篇《造幡银泥画彩》写绢画、一些题记愿文写绘制某经变相等。还有的愿文直接题写在壁画的供养人题记中。这些无疑对研究绘画史有着重要的数据价值。

（八）敦煌吐鲁番愿文的佛教应用价值

目前，全国寺庙、佛学院，在举行法会、斋会等活动时，都需要念诵佛经及愿文之类，我见到他们参考的数据是上海佛学书局印行的《佛教日用文选》（内部流通数据）。翻开目录，分为八编：公文、文词、联语、幛额、尺牍、礼节、帖式、杂录。全编未列愿文类，不过第二编“文词”包含了多篇“疏”，也就是“愿文”的别称。这些“文词”，反映了清末民国时期的应用文情况，不过文词简陋，根本无法与敦煌吐鲁番愿文相提并论。有鉴于此，我为佛学院研究生开设佛教文献研究课程，为佛学院本科生开设佛教文学课程，都大量选用了敦煌吐鲁番愿文，发现其实际应用价值非常高。

以上粗列了敦煌愿文研究价值的一些方面，术业有专攻，不同专业的人必然会发现它们不同的研究价值。

这部愿文集的辑录校解，要特别提一下我与吴伟先生的合作。我们相识于1986年，由于住得很近，所以常常聚会论学。我们谈得最多的是训诂学和敦煌学。大约1989年的时候，一天，吴君说闲暇无事，想做点敦煌文献的研究，于是我提出合作编一部《敦煌愿文集》。由于吴伟的不懈努力，大约一年半的时间里，他根据杭州大学古籍所藏的敦煌文献缩微胶卷抄录出斯坦因、伯希和及北图编号卷子中被确认的愿文原文。我从杭州大学古籍所一卷一卷借来敦煌微缩卷，又购买了照相放大机代替缩微胶卷阅读器，这样，吴伟每天就在他自己家里录文。这一步我们是按原卷原款、原字形录入的。后来浙江图书馆购置了《敦煌宝藏》一至十册、一〇一至一四〇册，吴伟又拿着录文去核对了一番。由于迁馆，这部分卷子始终未能全核。接着我们开始点读录文，由于几乎都是初录本，没有别的录本参照，因此，这一步也十分困难。遇到残损严重或俗讹较多的卷子，吴君还重新核校了近一半的卷号。在这些基本工作结束后，我们便正式开始写校录稿。最初我们搞的是校注，即原文后有校有注，希望能毕其功于一役。后来，蒙邓文宽先生垂询此稿，转致《敦煌文献分类录校丛刊》编委会，给出愿收入本集的意见，因此，我们根据该《丛刊》体例改作校本而暂不注释。我们完成的全稿约百万字，因部头太大，出版社一时难以全部付梓，因此，我们先选出一半编成了《敦煌愿文集》。可惜因体例不合、字数过多等原因，此书最终未能收入《丛刊》。我在与先师蒋礼鸿、郭在贻先生及师兄张涌泉合作研究敦煌变文、敦煌俗字之后，能够遇到吴伟这样的“黄金搭档”，可谓至幸。我虽然对《敦煌愿文集》书稿辑校做了些工作，但如果没有吴伟这

样道心甚坚、精诚合作的伙伴，那也是不可能在三年多时间内完成这部著录的。例如，在审阅稿子中发现一些问题，吴君总是不遗余力地去查证，这花费的功夫则往往是无法衡量的。可惜的是，吴伟此后不得不为稻粱谋，忙于生计，再也无法投入那么多时间来继续做学术研究了。

我们从事敦煌文献研究，最初读的是别人的校录本，后来发现录文往往不准确，便注意查阅原卷数据；再后来原卷读得多了，便觉得应该自己来做校录工作，因为做语言文字工作的总应发挥自己的专长，不该老等别人校录了而专去做补校、商榷这种“二线工作”。搞敦煌吐鲁番语言文字研究的都应做些原卷校录工作，这对提高个人水平和整个敦煌吐鲁番文献的校录品质都有益处。

1995年，《敦煌愿文集》出版，国家教委曾把本书列入“敦煌文献研究”课题；董氏文史哲基金会曾给予出版资助，周绍良先生和邓文宽、荣新江、梅季坤先生分别审阅书稿并提出修订意见；季老和业师云从先生为此书分别作序和题签，赵声良先生为此书封面配上“引路菩萨”的画。现在《敦煌吐鲁番愿文集》的编纂，先后又得到曾良、赵鑫晔、周慧、黄卫等的协助，还得到国家社科基金“冷门绝学”项目的资助，在此一并表示感谢！

吐鲁番出土文书与唐代制度史研究

孟宪实（中国人民大学历史学）

【摘要】吐鲁番出土文书，自20世纪80年代以来，为唐史研究增添了巨大动力。归纳起来，吐鲁番文书的史料价值，或弥补了传世文献的不足，或填补了史料的空白。利用吐鲁番文书研究唐代制度，尚有许多未尽工作。众多的吐鲁番文书尚未被及时挖掘，如今仍然藏于深宫待人识，需要同仁继续努力。

【关键词】吐鲁番文书　唐代　制度史

吐鲁番出土文书，自20世纪80年代以来，为唐史研究增添了巨大动力，归纳起来，吐鲁番文书的史料价值，或者弥补了传世文献的不足，或者填补了史料的空白。用一件重要出土文书研究一个课题，至少写篇论文的时代正在远去。那么，今天如何继续利用吐鲁番出土文书进行学术研究呢？对已有大量研究的吐鲁番文书的未来研究工作，略抒己见，敬请批评。

一、吐鲁番出土文书概况

吐鲁番出土文书中，最早的是前凉升平十一年（367），最晚的是贞元时期。贞元六年（790），《伊西庭节度使杨袭古重修西州宁戎窟寺碑》，证明唐朝的官方管理尚存。两年之后，又一件《写劝善经》虽然有贞元八年（792）字样，但应该是个人书写。唐朝年号的使用，可能已经具有怀念的含义。这是德藏的一件文书，陈国灿先生写道："此乃吐鲁番所出唐代有纪年写本之最晚者。"[①]四百年间，唐代的文书比重最大。除纸质文书外，还有一些其他质料的文字资料，最多的就是墓表、墓志，如侯灿、吴美琳《吐鲁番出土砖志集注》（巴蜀书社2003年版）。纸文书与砖志类文字，从形态上看，是两个基本类型。高昌国之前，即贞观十四年（640）之前，墓表文字以官员身份的墓表为主，有

① 陈国灿：《吐鲁番出土唐代文献编年》，新文丰出版公司，2002年，第341页。

的百姓用土坯当作墓砖，常常仅仅画刻了名字而已。吐鲁番地区留下的石碑较少，如《且渠安周造寺碑》[①]、《麹斌造寺碑》[②]、《姜行本纪功碑》等，史学价值巨大，但毕竟数量太少。

根据文书内容继续划分，那么，纸文书以地方政府的官方文书为主。民间的纸文书，一是墓葬文书，如《随葬衣物疏》等，是葬礼的一部分，记录随葬品目录和一些祝福祈祷文字，反映相应的宗教观念。二是废弃文书，如已经作废的私人契约等。大部分纸文书属于官文书，即各级政府在执行公务过程中产生的文书，各种文案记录，包括重要的手实、户籍等[③]。敦煌吐鲁番学深具国际性，是因为敦煌吐鲁番文献很早就流散海外，而荣新江先生《海外敦煌吐鲁番文献知见录》是一部介绍海外收藏等情况的专著[④]。

本文主要讨论吐鲁番文书与唐史研究问题，而这一内容，李锦绣老师《敦煌吐鲁番文书与唐史研究》已完全涵盖。李锦绣著作，根据唐史研究的主题介绍敦煌吐鲁番文献在各个主题研究中的运用情况，举凡土地、户籍、生产、财政、交通、官制、军事，共列七章，第八章为《敦煌史部典籍研究综述》。前七章也是各个主题的研究综述，敦煌吐鲁番文书合并介绍，并不区分敦煌还是吐鲁番[⑤]。

专门总结吐鲁番出土文书研究的著作，当推饶宗颐先生主编的《补资治通鉴史料长编稿系列》、王素著《吐鲁番出土高昌文献编年》和陈国灿著《吐鲁番出土唐代文献编年》[⑥]。凡吐鲁番出土、流散于中外收藏的文书，皆被一一做了学术性介绍，涵盖时间、定名、收藏地、编号、出处和研究文献等信息，是十分完善的文书研究工具书。因为收集文书有时间限定，在此之前的文书，皆可以用作指南。

二、作为制度史资料的吐鲁番出土文书

如果把吐鲁番出土文书作为一个整体资料来归纳，怎样的归纳是恰当的呢？且以陈国灿先生的《吐鲁番出土唐代文献编年》为样本，看看能得出怎样的结论。本书以编年为线索，出土文书自然开端是贞观十四年（640），因为这一年唐朝平定高昌王国，改高昌为西州。一共有9件文书属于这一年。但另有一件《某人状自书》，标示为武德年间[⑦]，应该是带入西州的文书。

从贞观十四年（640）到贞元六年（790），文书分布并不均衡，这应该是墓葬文书出土的偶然性导致。但总体来看，唐前期文书较多，盛唐时期最多，安史之乱后文书越来越少。安史之乱发生后，西域军队回中原勤王，唐朝对西域的控制力有所弱化，在吐蕃和回鹘的双向作用下，唐朝维护伊西庭的能力逐渐削弱，最终丧失了对西域的控制权。这个背景，是理解吐鲁番出土汉文文书时间分布的关键。

---

① ［日］池田温：《高昌三碑略考》，载《三上次男博士喜寿纪念论文集·历史编》，平凡社，1985年。荣新江：《〈且渠安周碑〉与大凉政权》，燕京研究院编《燕京学报》1998年新5期。

② 黄文弼：《宁朔将军麹斌造寺碑校记》，原载《吐鲁番考古记》，收入作者《西域史地考古论集》，商务印书馆，2017年，第369-373页。

③ 敦煌吐鲁番文书概况，包括发现与收藏，参见王素：《敦煌吐鲁番文献》，文物出版社，2002年。

④ 荣新江：《海外敦煌吐鲁番文献知见录》，江西人民出版社，1886年。

⑤ 李锦绣：《敦煌吐鲁番文书与唐史研究》，福建人民出版社，2006年。

⑥ 皆为香港敦煌吐鲁番研究中心研究丛刊，新文丰出版公司，1997年、2002年。

⑦ 陈国灿：《吐鲁番出土唐代文献编年》，新文丰出版公司，2002年，第12页。

西州时期的出土文书，大体上可以分为官民两类。官府所用文书为官文书，而民间或个人所用文书则为私文书。中村裕一专门研究唐代文书制度，有《唐代官文书研究》《唐代公文书研究》，他认为官府间使用的文书为官文书，与以皇帝名义颁布的王言合称“公文书”，而在确认官文书的时候，特别强调授受双方的存在①。黄正建先生不同意这个观点，认为案卷、户籍、手实等，都在官文书的范围之内②。雷闻赞成黄先生的观点③。中村裕一在划定官文书范围时，力图找到唐代的制度依据，强调《唐六典》《公式令》的规定，所以在《唐代公文书研究》一书中，会设置公式令之外的公文书章节，探索各种公文书的名称④。

我们这里认定的官文书的概念会更加宽泛，但凡官府行使权力所产生的文书，都在官文书的范围之内。官与民相对，官府的职能在于治民，所以官府文书都与治民职能相关，都是官文书。民间也有文书产生，民间契约、个人墓志、随葬衣物疏等，与官府无关的文书，自然不能称为官文书。有的民间契约，间接与官府有关，比如为了参战需要而发生的借贷，这时契约文书有明显的战争背景，但也只能划归民间契约，不可能定性为官文书。之所以要区分官民文书，是希望通过这种划分，观察吐鲁番出土文书的整体倾向。

统计陈国灿先生《吐鲁番出土唐代文献编年》一书中的西州时期吐鲁番出土文书，全书一共介绍了762件文书。其中，私文书114件，占比14%。绝大多数吐鲁番出土文书属于官府文书。同是吐鲁番出土文书，王素《吐鲁番出土高昌文献编年》共收文书1064件，从所附《分类目录索引》可知，敕令4件、符牒21件、奏状41件、辞启50件、簿疏27件、条记56件、籍帐274件、券契123件、条刺班示文书22件、上言白事文书9件、差遣替补文书14件、责罚追捕文书11件、买卖借贷文书6件、传勘调输文书19件、随葬衣物疏53件、碑志215件等。民间文书以契约、碑志、随葬衣物疏为主，但总体上依然是官文书占主体⑤。

罗列这些资料只有一个目的，证实吐鲁番出土文书是以官府文书为主体的，不管是高昌国时期还是西州时期。所以把吐鲁番出土文书看作一个整体，那么，这个整体也只能是官府文书。早在东汉时，王充已经指出汉朝“以文书御天下”⑥这个事实，而汉唐之间，因为发生了“由简而纸”的技术革命，文书御天下的系统进一步加强，成为中国古代制度的根本特色。将吐鲁番出土文书，尤其是官府文书看作是当时制度史的资料，相信是符合历史实际的。

三、中央与地方

从制度史的角度看，西州是唐朝的一个地方州，该时期吐鲁番出土的文书资料，不再局限于地方州层面，而是全国制度的体现。

---

①［日］中村裕一：《唐代官文书研究》，中文出版社，1991年，《序言》第5-6页。

②黄正建：《唐代“官文书”辨析——以唐律疏议为基础》，载武汉大学中国三至九世纪研究所编《魏晋南北朝隋唐史资料》第32辑，上海古籍出版社，2016年，第31-39页。

③雷闻：《官文书与唐代政务运行研究》导言《官文书的概念与内涵》，上海古籍出版社，2023年，第1-5页。

④［日］中村裕一：《唐代公文书研究》，汲古书院，1996年。因为中村先生把王言与官文书合称为“公文书”，所以通常情况除了王言，便是官文书。

⑤尚有一些资料有待详查，相信总体结论皆如此。

⑥［汉］王充：《论衡·别通篇》，载《论衡校释》，中华书局，1990年，第591页。

唐代的土地制度，从基本单位测量开始，《唐六典》有记载："凡天下之田，五尺为步，二百有四十为亩，亩百为顷。"①唐代此项制度为宋代所继承，所以《天圣令·田令》宋令第一条曰："诸田广一步、长二百四十步为亩，亩百为顷。"②

阿斯塔纳103号墓出土的西州文书中，有一件《唐侯菜园子等户佃田簿》，是唐侯家的土地记录，内容如下：

1　　亩价小麦未给
2 户主侯菜薗子年五十
3　合佃常田拾捌亩半玖拾步，部田拾壹亩。壹丁合得常田肆
4　亩，部田贰亩。准折还主，外乘（剩）常田捌亩半陆拾步，上价；陆
5　亩叁拾步，中价；部田肆亩▭亩，下价。合征大麦拾贰硕肆
6　㪷（斗）柒胜（升）半，小麦伍硕伍㪷（斗）▭
7 户主令狐僧海年五十八　　男沙弥子年廿九
8　合佃常田柒亩壹百步。壹丁合得常田肆亩，部田贰亩。欠常田
9　半亩贰拾步，部田肆亩。价大小□□给。
10 户主秃发庆武年□十七　　男时麦年廿□
11　合佃常田拾□亩半壹百步。壹丁▭部田贰亩，准折
12　还主，外乘（剩）▭半壹佰▭硕（六）㪷（斗）贰
胜（升）半
13　欠部田肆亩价▭
14 户主□元海年五十七　▭年廿七
15　▭壹亩半捌拾壹步。壹丁□□常田肆亩，部田贰亩。③

吐鲁番出土文书中，这类土地资料甚多，而唐朝的制度在这里有充分表现。由步而亩，说明土地计量按朝廷规定的单位在完好地使用。其中还涉及其他度量单位，这就是量制的升斗之制。众所周知，自秦朝以来，度量衡制度就是中国统一的国家所强调的统一内容之一。西州虽然属于边州，贞观十四年（640）才进入唐朝的版图，但唐朝在军事行动之后，改高昌为西州，立刻在这里推行了唐朝的制度。从此，西州成为唐朝的一个有机组成部分，而我们通过这里出土的文书，是可以清楚地看到唐朝的统一制度的。

唐朝田令中，有关于土地分配的规则，按人口、身份等级确定授田数量与类型。"诸丁男给永业田二十亩，口分田八十亩，其中男年十八以上，亦依丁男给。老男、笃疾、废疾各给口分田四十亩，寡妻妾各给口分田三十亩。先有永业者兼（通）充口分之数。""诸黄、小、中男女及老男、笃疾、废疾、寡妻妾当户者，各给永业田二十亩、口分田三十亩。"④这件文书记述了土地分配情况，同样是根据《田令》的规定，这里郑重地写下了欠田数量。唐令规定是一般情形，而各地因为土地数量不同，有宽乡、狭乡的区别，在土地分配上自然有所区别。

---

①《唐六典》卷3，中华书局，1992年，第74页。

②《天一阁藏明抄本天圣令校证》，中华书局，2006年，第27、253、385页。

③唐长孺主编《吐鲁番出土文书》（二），文物出版社，1992年，第135页。

④《天一阁藏明抄本天圣令校证》，中华书局，2006年，第385页。

同墓出土的《唐贞观十八年（644）西州高昌县武城等乡户口帐》文书中，我们可以看到在人口统计上，使用的完全是唐朝制度。

1 合当乡新旧［　　］

2 　一千二百［　　］

3 　六 口 新 附［　　］

4 　三百卌四杂任、卫士、老、小、三疾等；

5 　二百（八）十七白丁见输

6 　二百八十六　旧

7 　□ 人 新 附

8 ［　　　　］丁妻、黄、小女

9 ［　　　　　］贱

10 ［　　　　　］奴

11 　□ 十 二　婢三新　六十九旧

12［　　］户口、新、旧、老、小、良、贱、见输、白丁，并皆依实，后若漏妄，连署之人依法罪。谨牒。

13 　　　　贞观十八年三月　日里正阴曹〻牒

14 　　　　　　　　里正李［　　］

15 　　　　　　　　里［　　］①

这是新建立的乡里组织对辖内户口进行的分类统计，使用的概念自然都是唐朝的。土地分配与人口紧密相关，在《唐令》中，我们能看到相关规定。

《唐六典》卷三“户部郎中员外郎条”：“凡男女始生为黄，四岁为小，十六为中，二十有一为丁，六十为老。”②仁井田陞认为，这条令文，武德七年（624）和开元七年（719）保持不变③。在这件文书中，黄、小、老这些概念都已经使用。

第4行，还出现了“三疾”一词。《唐六典》解释“三疾”，谓残疾、废疾、笃疾④。《户令》：“诸一目盲、两耳聋、手无二指、足无三指、手足无大拇指、秃疮无发、久漏下重、大瘿瘇，如此之类，皆为残疾。痴痖、侏儒、腰脊折、一肢废，如此之类，皆为废疾；［恶］疾、癫狂、两肢废、两目盲，如此之类皆为笃疾。”⑤

由此，我们在西州的吐鲁番出土文书中，可以看到唐朝制度的各个侧面；而与律令文字不同，它是执行层面的制度表达。将吐鲁番出土文书与《唐令》的条文进行对照，我们能够体会统一王朝在制度执行过程中的各种样态，这不仅有利于理解制度规定的统一性，也能发现制度执行的特殊性。这样，我们就发现了有关“活的制度史”研究的系统性鲜活资料。

---

① 唐长孺主编《吐鲁番出土文书》（二），文物出版社，1992年，第121页。

② 《唐六典》卷3，中华书局，1992年，第74页。

③ ［日］仁井田陞著，栗劲、霍存福、王占通、郭延德译《唐令拾遗》，长春出版社，1989年，第133页。

④ 《唐六典》卷30，中华书局，1992年，第753页。

⑤ 《白孔六帖》卷33《疾》、《宋刑统》卷12《户婚律》，中华书局，1984年，第190页。

四、规定与执行

如果单纯从制度条文的规定来理解制度，有时会发生理解偏差。此时，调取出土文书的资料会对制度史产生融通的理解效果。

《天圣令》卷三十杂令宋40："诸道士、女冠、僧尼，州县三年一造籍，具言出家年月、夏腊、学业，随处印属。按（案）留州县，帐申尚书祠部。其身死及数有增减者，母（每）年录名及增减因由，状申祠部，具入帐。"

唐龙朔二年高昌□恩寺僧籍

1.（前缺）叁岁廿一夏高昌县顺义乡敦孝里户主张延伯弟为延和十三年四月十五日度（后缺）

2.　　　诵法华五卷　　药师一卷　　佛名一卷

3.僧崇道年叁拾伍岁十五夏高昌县宁昌乡正道里户主张延相男为延寿十四年四月十五日度计至今廿五年

4.　　　诵法华五卷

5.僧显觉年柒拾壹岁五十一夏高昌县宁泰乡仁义里户绝俗姓张为延昌卌一年正月十五日度计至今六十二年①

吐鲁番巴达木新近出土一件文书，我们定名为《唐龙朔二年（662）西州高昌县思恩寺僧籍》，为我们理解僧籍的编造提供了珍贵的第一手资料。僧籍虽然不完整，首尾俱残，但正面有多达九方的"高昌县之印"均匀地钤在文书上。文书拆自纸鞋，一面整齐，三面呈圆形。所钤"高昌县之印"九方，六方完整。每一个僧人的数据各自分行书写，每条记录钤印三方。背面纸缝存半行文字，上倒书"思恩寺""龙朔二年正月"，文字上也钤有"高昌县之印"。

有关僧籍的内容，下文再讨论，这里首先可以确定的是，僧籍的编造时间是龙朔二年（662）正月。唐高宗龙朔二年（662），干支壬戌岁。《唐六典》对于户籍的造籍时间有如下记载："诸造籍起正月，毕三月，所须纸笔、装潢、轴帙皆出当户内，口别一钱。计帐所须，户别一钱。""每定户以仲年（子、卯、午、酉），造籍以季年（丑、辰、未、戌）。州、县之籍恒留五比，省籍留九比。"②因此，我们可以确定，龙朔二年（662）的高昌县僧籍，是与百姓户籍同时编造的，不仅年份符合《六典》的记载，连月份都是符合的。

根据吐鲁番出土的僧籍，我们可以更明确地理解《唐令》中关于僧籍内容的规定。我们选取《唐龙朔二年（662）西州高昌县思恩寺僧籍》中资料比较完整的崇道为例，检验《唐令》中有关僧籍内容的相关规定，列僧籍内容一览表如下（见表1）。

---

① 荣新江、李肖、孟宪实主编《新获吐鲁番出土文献》，中华书局，2007年，第60-61页。参见孟宪实：《吐鲁番新发现的〈唐龙朔二年（662）西州高昌县思恩寺僧籍〉》，《文物》2007年第2期，第50-55页。

②《唐六典》卷3，中华书局，1992年，第74页。

表1 《唐令》僧籍规定与僧崇道实际僧籍内容对比表

内容数量	僧崇道籍的具体内容	《唐令》规定的内容
1	僧崇道	
2	年叁拾五岁	
3	十五夏	夏腊
4	高昌县宁昌乡正道里户主张延相男	
5	伪延寿十四年四月十五日度	具言出家年月
6	计至今廿五年	
7	诵法华五卷	学业（德业）
8	（排印多方）	随处印署（依式印之）

用实际运用的僧籍对照《唐令》，我们很容易发现，《唐令》指出的内容在实际的僧籍中只占一部分。僧人的法号、自然年龄在令文中不存在，僧人的俗家关系也没有在令文中出现。令文规定了“具言出家年月”，而实际的僧籍不仅有年月，还有日期，甚至还有剃度至今的年份统计。总之，实际的僧籍比《唐令》规定的内容更多更丰富。有的项目，对于僧人的管理显然是重要的，比如俗家关系，这涉及僧人最重要的社会关系，对于掌握僧人行踪显然是不可或缺的项目，但是《唐令》中竟然没有言及。

从出土文献的视角再探讨令文，我们可以更恰当地理解令文。原来，令文未涵盖出土僧籍里的部分内容，不能理解为出土僧籍增添了新内容，实则是令文会列举各项规定，但并不是列出全部项目。如此，吐鲁番文书有助于正确理解原来的制度条文，这在制度史研究中，显然是重要的进步。

五、未知制度的探索

2006年，吐鲁番文物局征集文书，其中55件，整理者名之为《唐西州破除名籍》。第1行残存“破除”二字，第2行残留“身死”二字。

（前缺）

1] 破 除

2] 身 死

3]（八十九 翟屯奴十七 大女张持戒七十九

4] 十七 翟孝感五十九 牛大贞七十九 皇甫揔庆七十九

5] 七 康道德七十九 大女康宝业七十九

6]

7] 虚 存

8] 白丁 赵庭光五十九 白丁

9]

10] 僧

11　　　］康思勗十七[1]

（后缺）

这是不甚清晰的文书，尤其是功能意义所在令人难以理解。根据《唐六典》，唐朝有“五九”概念，似乎与这件文书存在关联。《唐六典》卷三十“县令条”有如此记载：

京畿及天下诸县令之职，皆掌导扬风化，抚字黎氓，敦四人之业，崇五土之利，养鳏寡，恤孤穷，审察冤屈，躬亲狱讼，务知百姓之疾苦。所管之户，量其资产，类其强弱，定为九等。其户皆三年一定，以入籍帐。若五九（谓十九、四十九、五十九、七十九、八十九）、三疾（谓残疾、废疾、笃疾）及中、丁多少，贫富强弱，虫霜旱涝，年收耗实，过貌形状及差科簿；皆亲自注定，务均齐焉。[2]

县令执掌的重要性，在于随时掌握人口的各种情况。作为国计民生的重要组成部分，人口是国情中不可或缺的内容。所谓“五九”，是指五个年龄都有“九”。其中，“十九”“五十九”比较清楚，是成丁的前一年和入老的前一年。七十九、八十九两个年龄，应该与敬老政策相关。

这件文书，因为首尾皆残，命名之时紧紧抓住了首行的“破除”二字，全篇考虑，除了破除，还有身死，而最多的部分是“五九”情况。“虚存”是一种情况，“僧”也是一种情况。从统计包括奴和大女的情况看，“五九”统计是全体成员统一进行的。前文所引《唐贞观十八年（644）西州高昌县武城等乡户口帐》，也是一乡之内的分类统计，但不见有“五九”一项，而本文书很可能是专项统计。如果是“五九”专项，那么，“破除”与“身死”又不好理解。

“五九”之内，与《唐六典》对照，“十七”是一个特殊问题，而文书中三个“十七”统计，不能以错误理解。但是，唐朝没有十八岁成丁的情况，那么，当如何理解？《唐会要》文字如下：

天宝三载十二月二十三日敕文：比者，成童之岁，即挂轻徭，既冠之年，便当正役。悯其劳苦，用轸于怀。自今已后，百姓宜以十八已上为中男，二十三已上成丁。[3]

如此可以理解，所谓“十七”是中男的前一年。因为中男服半役，所以这个时间点也成为一个焦点，列入“五九”之中。《唐六典》中的“五九”是开元二十五年（737）的概念，而“十七”列入“五九”只有天宝三载（744）这次调整比较合适[4]。

由此不难看出，利用吐鲁番文书研究唐代制度，尚有许多未尽工作。众多的吐鲁番文书背后的历史价值尚未被及时挖掘，如今仍然藏于深宫待人识，需要同仁继续努力。

陈寅恪先生曾经指出：“一时代之学术，必有其新材料与新问题。取用此材料，以研求

① 荣新江、李肖、孟宪实主编《新获吐鲁番出土文献》，中华书局，2008年。

②《唐六典》卷30，中华书局，1992年，第753页。

③《唐会要》卷85《团貌》，上海古籍出版社，1991年，第1844页。这个内容，史籍多有记载，不烦一一过录。

④ 有关丁中制度，参见徐畅：《隋唐丁中制探源——从敦煌吐鲁番出土户籍文书切入》，《中华文史论丛》2011年第2期，第255-291页。

问题，则为此时代学术之新潮流。”“敦煌学者，今日世界的学术之新潮流也。”[①]这段常被引用的语句，曾经是敦煌吐鲁番学界的金科玉律。那么如今，是否依然可以把敦煌吐鲁番学称作新的学术潮流呢？在中国敦煌吐鲁番学会成立四十周年的今天，这应该是有价值的。可能的核心问题是，我们利用敦煌吐鲁番资料，还能进行多少学术发掘？只要学术研究依然能够继续，那么，“新潮流”这个概念也许就值得继续保留。想想传世文献的研究，千百年都很平常，如今谁也不敢说《唐六典》不必研究了。或许深入学术发掘才是正道。

这是题外话，谨以此文表达对敦煌吐鲁番学未来寄予的厚望。

① 陈寅恪：《陈垣敦煌劫余录序》，原载《“中研院”历史语言研究所集刊》1930年第1本，1930年。收入作者《金明馆丛稿二编》，生活·读书·新知三联书店，2009年，第266-268页。

满世界寻找敦煌丝绸

——《敦煌丝绸艺术全集》中的国际合作

赵　丰（浙江大学艺术与考古学院）
王　乐（东华大学服装与艺术设计学院）

【摘要】敦煌莫高窟藏经洞所出丝绸现收藏在英、法、俄、日、印等国的博物馆、图书馆及相关机构。《敦煌丝绸艺术全集》通过国际合作，旨在收集这些敦煌丝绸的实物和相关信息，整理、研究并出版。从材料整理、修复保护、价值挖掘、数字还原、虚拟展示等方面，敦煌丝绸文物的工艺复原将成为引领敦煌丝绸研究的新高地，走向全链条，走向让文物“活起来”。

【关键词】敦煌　丝绸　国际合作

我们在这里借用荣新江先生在中国丝绸博物馆所做系列讲座“满世界寻找敦煌”的题目，但加了“丝绸”两个字，形成新主题。荣先生寻找的主要是敦煌文书，而我们寻找的是敦煌丝绸。这些敦煌丝绸大多在一个世纪以前出自敦煌莫高窟藏经洞，但因为历史的原因而流散到世界各地，并被收藏在英、法、俄、日、印等国的博物馆、图书馆或相关机构。

这些丝绸到达各地后，各地进行了初步整理，但一直没有真正的有关敦煌丝绸的整理和研究。而我们的使命，就是收集这些敦煌丝绸的实物和相关信息，整理、研究，最后汇编成《敦煌丝绸艺术全集》进行出版。这个项目从2006年开始，至今已经做了18年，终于有了一个相对完整的成果，故撰此文略作回顾。

一、敦煌丝绸在全世界流散与收藏情况

藏经洞被发现后，英国的斯坦因、法国的伯希和率先来到敦煌，用各种手段掠取了大量在藏经洞中发现的文物，其中包括数以千计的

丝绸文物。后来，日本的橘瑞超和俄国的奥登堡等人也来到敦煌，从莫高窟僧人手中及敦煌其他洞窟掠夺各类文物，其中也有不少珍贵的丝织品。这一系列中亚探险活动使中国西域的大批古物流散到世界各地，敦煌的丝绸也不例外。这些丝织品目前主要收藏在英国大英博物馆、维多利亚与艾尔伯特博物馆、英国国家图书馆、法国吉美博物馆、法国国家图书馆、俄罗斯艾尔米塔什博物馆、印度新德里国立博物馆以及中国的敦煌研究院、旅顺博物馆，还有一些零星散落于其他机构或私人收藏中。

（一）斯坦因所获敦煌丝绸

斯坦因共进行过四次中亚探险，并于第二次和第三次探险期间到过敦煌。1907年3月，他在进行第二次中亚考察时来到了敦煌。他骗取了看护莫高窟的道士王圆箓的信任，并于5月21日进入藏经洞。借着王道士摇曳不定的灯光，斯坦因看到“一束束经卷一层一层地堆在那里，密密麻麻，散乱无章。经卷堆积的高度约有10英尺，后来测算的结果，总计约近500立方英尺”[①]。6月13日，斯坦因以四块马蹄银的价格从王道士手中获得了七大箱的经卷和五大箱的绘画、织物等。四个月后，斯坦因又从王道士手中获取230捆手稿约300件经卷[②]。1914年4月3日，斯坦因在他的第三次中亚探险途中又到达敦煌，得到了570个卷子和一些土浮雕版[③]，所以绝大部分的敦煌丝绸都属于斯坦因第二次探险时的收集品。这就是英藏和印藏敦煌丝绸的来历。

藏经洞中发现的纺织品大部分都是丝织物，品类繁多，有平纹织物、单色提花织物（绮、绫、纱罗及其他）、彩色提花丝织物（锦、妆花和双色织物）等，其中又有很多织物用刺绣、夹缬和彩绘等方式再次装饰；形制多样，包括幡、帙、伞盖、帷幔、绣像、百衲等；颜色也十分丰富，从淡黄、鲜红到藏青，应有尽有。

斯坦因所获敦煌丝绸主要收藏在大英博物馆、英国国家图书馆、维多利亚与艾尔伯特博物馆以及印度新德里国立博物馆。斯坦因第二次探险的资金由印度政府赞助60%，大英博物馆提供40%，所以这次的收集品也按此比例分配。大英博物馆所藏敦煌织物，最初由他们发表在《西域考古图记》（*Serindia*，1921）中。后来，博物馆东方部的几位研究员又相继选择性地发表过一些藏品。分配给印度政府的藏品被分为两批：一批根据1923年12月19日维多利亚与艾尔伯特博物馆同印度政府签订的一项借用协议，而借藏于维多利亚与艾尔伯特博物馆，而另一批则保存在印度新德里国立博物馆。印度收藏的敦煌丝绸数量并不是很大，但其中的千佛刺绣、帷幔、罗地花卉纹刺绣等非常精美。

1972年，英国国家图书馆成立，斯坦因藏品中的手稿资料从大英博物馆转入英国国家图书馆；1982年，印度事务部图书馆和档案部也并入英国国家图书馆，其丝绸主要以包裹或系

---

① Aural Stein, *Serindia: Detailed Report of Explorations in Central Asia and Westernmost China*, vol. 2, Oxford at the Clarendon Press, 1921, p. 808.

② Aural Stein, *Serindia: Detailed Report of Explorations in Central Asia and Westernmost China*, vol. 2, Oxford at the Clarendon Press, 1921, p. 825.

③ Sir Aural Stein, *Innermost Asia: Detailed Report Of Explorations In Central Asia, Afghanistan, Iran, Tibet And China*, vol. 1, Oxford at the Clarendon Press, 1928, pp. 343–370.

缚经卷的丝带等形式存在，还有一些从佛幡上残留下来的丝织品残片[①]。

（二）伯希和所获敦煌丝绸

1908年2月，伯希和也跟随斯坦因的足迹来到敦煌，并于3月3日进入被其称为“至圣所”的藏经洞。他用了几个星期的时间浏览了石窟中剩下的东西，包括手卷、写本、幡、绢画和纺织品残片等，并最终带走了其中的三分之一[②]。1909年，伯希和从敦煌回到巴黎，带回的除珍贵的手稿和画卷外，还包括一批珍贵的纺织品（包括绢画、幡及幡残件、经帙、包裹经卷的包袱布、经卷封面、系带以及一些织物残片）。经卷及手稿等文献收入巴黎国家图书馆，而其余丝织品则作为艺术品最初入藏卢浮宫美术馆，后来陆续转入法国巴黎吉美博物馆[③]。虽然伯希和收集的纺织品中也有一些精美的幡和经帙，但总体不如斯坦因收集得那么精彩。这些收藏品为我们提供了更完整丰富的唐代纺织品实例，使我们对唐代纺织品的认识不再只停留在图版和说明上，而是得到了进一步的深化。

（三）大谷探险队所获敦煌丝绸

1912年1月，日本大谷探险队成员橘瑞超与吉川小一郎在敦煌会合，一同到了藏经洞。在那里，橘瑞超曾说道：“搜集斯坦因博士拿剩的东西，以及寺僧们隐藏放置的东西，先后带回国来。”[④]大谷探险队的收集品最初保存在大谷光瑞位于神户郊外六甲的别墅二乐庄。1914年，大谷光瑞破产后，橘瑞超受大谷光瑞的委托处理中亚探险的收集品，将其中部分出售给一日本商人，此人随后将这批收集品捐赠给同乡、时任朝鲜总督的寺内正毅，并移存至朝鲜总督府博物馆，即今韩国首尔的国立中央博物馆。这批收集品中的敦煌丝绸不是很多，且以平纹织物为主。

1916年，大谷开始向旅顺运送西域收集品，并存放在刚刚建立的满蒙特产陈列馆。1934年，陈列馆改称“旅顺博物馆”，名称沿用至今。1929年，由于财政原因，大谷光瑞将这部分文物作价卖给当时的满蒙特产陈列馆。其种类包括幡及残件、帷幔残件、佛教绘画、百衲、单色织物、夹缬织物、刺绣织物等，织物品种包括绢、锦、罗、绫、绮等，特别是代表盛唐时期中国染织技术最高成就的夹缬丝绸更是同类收藏中的佼佼者[⑤]。

大谷探险队的收藏品还留在日本的部分不多，分散收藏在日本的博物馆、大学和民间。收藏于东京国立博物馆的纺织品主要有幡、帷幔以及一些织物残片，其品种包括锦、绫、绢、罗等，还有一些夹缬和刺绣。

---

① 汪海岚、白海伦、吴芳思：《伦敦收藏的敦煌丝绸》，载赵丰主编《敦煌丝绸艺术全集·英藏卷》，东华大学出版社，2007年，第12–21页。

② Sir Aural Stein, *Innermost Asia: Detailed Report Of Explorations In Central Asia, Afghanistan, Iran, Tibet And China*, Vol.1, Oxford at the Clarendon Press, 1928, p.358.

③ ［法］劳合·福奇兀著，杨汉璋译《伯希和在敦煌收集的文物》，《敦煌研究》1990年第4期，第38–46页。

④ ［日］橘瑞超著，柳洪亮译《橘瑞超西行记》，新疆人民出版社，1998年，第94页。

⑤ 王振芬：《旅顺博物馆与敦煌丝绸》，载赵丰主编《敦煌丝绸艺术全集·旅顺卷》，东华大学出版社，2020年，第12–17页。

（四）奥登堡所获敦煌丝绸

1914年，奥登堡组织俄国探险队来到敦煌考察，到1915年1月底离开，也获取了不少敦煌丝绸实物。这批实物起初被安置在彼得大帝人类学和民族学博物馆附近的亚洲博物馆，直到1934年才被转移到重新成立的东方研究所和艾米尔塔什博物馆东方部，前者收藏手稿、佛经和纸质残书等文书部分，而后者收藏同期的壁画、塑像、麻质和丝质画像、纺织品残片和佛教供养幡等。从敦煌莫高窟获取的丝绸虽然数量较少，但意义重大，因为它们是艾米尔塔什博物馆仅存的中国唐代的纺织品。

（五）敦煌研究院

1965年，由当时的敦煌文物研究所在莫高窟第125窟和第126窟前发掘出一幅北魏时期的刺绣品。同年，在第130窟窟内，以及第122窟和第123窟窟前两处，分别发现了盛唐时期的丝织物60余件。1988—1995年间，敦煌研究院对莫高窟北区进行了清理和考古发掘，共在73个洞窟中出土各类织物共计231件。按质地分，有丝、棉、麻、毛等织物；按种类分，有棉布、毛布、麻布、毡、绢、绮、纱、锦、夹缬、绞缬、绫、罗、绸、缎、刺绣、捻金绣等。这些织物的年代早至北朝，但大多属于蒙元时期，它们的发现为敦煌藏经洞丝织品的研究提供了更多的依据和参考。

二、英藏卷的编辑和出版

1994年开始，大英图书馆开始酝酿成立由美国安德鲁·W.梅隆基金会支持的国际敦煌项目（IDP），由此也启动了大英博物馆斯坦因所获敦煌艺术品的数字化工作。

2000年，麦嘉乐（Carol Michaelson）接任这一项目。整个项目分成三个子项目，分别称为斯坦因1、2、3，外加纺织品项目，后者主要于2003—2005年间实施。为此，馆方邀请了索尔迪斯·巴尔杜斯多蒂尔（Thordis Baldursdottir）就敦煌丝绸开展了15个月的研究。2003年，所有的织物残片都已拍照并编入词条。2004年，博物馆也为这些纺织品购买了新的贮藏柜，有了更宽的抽屉来保存幡和幡带。2004—2005年间，大英博物馆又邀请了修复师金·图辛（Kim Thuesing），让其在莫妮克·普兰（Monique Pullan）的指导下修复了敦煌纺织品，包括改善装裱。

从此之后，大英博物馆的敦煌丝绸已经基本具备研究条件。2000年1月，我和卡罗尔（Carol）在美国大都会艺术博物馆的一次会议上重逢。此后，麦嘉乐开始向英国学术院（British Academy）申请经费开展相关研究。2003年，麦嘉乐访问杭州时与我会面，正式向我发出邀请，希望我前往大英博物馆，研究斯坦因所获的中国西域纺织品。

2006年4月28日，我首先来到大英博物馆，开展斯坦因收集的纺织品的整理、分析与研究工作。后来，经同维多利亚与艾尔伯特博物馆、大英图书馆协商，5月12日，到伦敦尚不足一个月，麦嘉乐帮我召集了敦煌丝绸项目组第一次会议，研讨《敦煌丝绸艺术全集》英藏卷项目的可行性。麦嘉乐主持会议，大英博物馆的汪海岚（Helen Wang），代表维多利亚与艾尔伯特博物馆的白海伦（Helen Persson）参会。我们基本同意共同进行这一项目，将敦煌丝绸界定为具有装饰意义的织品，除少量刺绣佛像外，丝绸上的绘画则不包括在内。全书的

基本框架分为文章、图录、附录三部分，约300件文物将收入图录。同期，我又和东华大学商议，得到了支持，邀请王乐和徐铮同来伦敦。

2006年7月28日，敦煌丝绸项目组的第二次会议在大英博物馆召开，与会者有汪海岚、白海伦、伍芳思（Francis Wood）、麦嘉乐、我，还有王乐及徐铮。会上决定了书的前5篇论文，更为重要的是，大英博物馆出版社最后决定不收取任何版权费用。这样，我的敦煌丝绸团队共研究了大英博物馆约250件较为完整的纺织品和约400件残片、维多利亚与艾尔伯特博物馆约200件纺织品，以及大英图书馆的与经卷相关的纺织品（见图1）。

这样，在东华大学服装与艺术设计学院和东华大学出版社的大力支持下，“敦煌丝绸艺术全集”渐渐成为一个中、英、法、俄等多国合作的国际项目，形成了传播敦煌丝绸与丝绸之路的一个重要载体，该项目也被列入“十一五”国家重点图书出版规划。最终，东华大学出版社于2007年出版了《敦煌丝绸艺术全集·英藏卷》（中英文版）。同年5月，在大英博物馆召开“敦煌百年：1907—2007”国际会议之际，该书在英国国家图书馆举办了首发式（见图2）。东华大学校长徐明稚教授、大英博物馆馆长尼尔·麦克奎格尔（Neil MacGregor）、维多利亚及阿尔伯特博物馆馆长马克·琼斯（Mark Jones）以及英国国家图书馆馆长林恩·布莱得利（Lynne Brindley）不仅为英藏卷作序，同时也出席了首发式。麦嘉乐给予了本书极高的评价：“赵丰和他的助手详细地分析了大英图书馆全部的织物残片，虽然他们关注的是织物本身，但我们希望他们的工作能为研究中国书籍版式演变起到抛砖引玉的作用。”

图1　团队在大英博物馆研究敦煌丝绸

图2　《敦煌丝绸艺术全集·英藏卷》（中英文版）首发式

斯坦因的另一部分收藏品在印度国立博物馆。印度和日本曾合作出版了相关收藏集，收录的藏品数量不算很多。我们于2008年和2014年两次到访印度，虽然基本看到了博物馆里的藏品，却一直没能谈成合作。到2020年，新冠疫情肆虐，馆里负责保管敦煌藏品的比诺伊·库马尔·萨哈伊（Binoy Kumar Sahay）博士不幸去世，此事还是留下了遗憾。

三、法藏卷的编辑和出版

伯希和对他带回的敦煌丝绸并不是很感兴趣，学界对于伯希和所获敦煌丝绸的研究直到1964年才迈出关键性的一步。克里希娜·里布（Krishnâ Riboud）夫人担任这批丝绸研究的负责人。到1970年，她和里昂纺织学院教授加布里埃尔·维亚尔合作出版了《吉美博物馆和法国国家图书馆藏敦煌纺织品》，这也是我们以前看到的法藏敦煌丝绸的最完整资料。但由于此书仅有法文版，不懂法文的我们只能以看图为主，故新出版一册英文版的法藏敦煌丝绸图书成为我们的工作目标。

2007年，《敦煌丝绸艺术全集·英藏卷》在英国举办首发式之后，我们就来到了法国巴黎，与吉美博物馆和法国国家图书馆的同行进行协商。在他们的支持下，王乐、王淑娟和我一起在巴黎自6月2日至13日工作了近半个月，对当时已经展开的敦煌所有丝绸文物都进行了记录和研究。后来，吉美博物馆又专门邀请了纺织品修复师，对伯希和收藏品中的最后一批丝绸进行了处理。我和王乐于2009年11月20日至12月1日再赴巴黎进行研究工作，终于完成了法藏所有敦煌丝绸的资料整理工作（见图3）。

图3　团队在吉美博物馆进行法藏卷资料的整理和撰写工作

时任吉美博物馆馆长的吉埃斯博士（Jacques Giès）和我，都是里布夫人长期以来的好朋友，所以当我提出出版《敦煌丝绸艺术全集·法藏卷》时，他们都给予了我最大支持。劳合·费日（Laure Feugère）女士实际上是这一项目的法方主持人，她还在本书中撰写了相关文章及图录说明。长期从事伯希和藏品中纺织品保护工作的克莱尔·勒费弗尔-伯尼奥（Claire Lefévre-Beugnot）特地对一些纺织品进行了保护和修复。法国国家图书馆的蒙曦（Nathalie Monnet）博士也协助我们查找资料，并撰写了文章。

四、俄藏卷的编辑和出版

第一次到俄罗斯是在2006年的夏天，当时我费了很大周折才办好了签证，从伦敦到达圣彼得堡。到达后，在鲁多娃（Rudova）和缅什科娃（Marie Menshikova）的帮助下，我第一次看到了艾尔米塔什博物馆收藏的敦煌丝绸，心中的喜悦之情溢于言表。在这里，我初步对所有的俄藏敦煌丝绸进行了拍照记录，完成了基本工作。

真正谈到敦煌丝绸俄藏卷的合作项目是在2007年秋冬之际。那年我在莫斯科举办“丝国之路”的展览，其间又找时间去了艾尔米塔什博物馆，见到了科兹洛娃（Kozlova Natalia Viktorovna）和缅什科娃，就敦煌项目的可能性与她们进行了洽谈，项目也因此正式启动。

在此之后，我们就组成了正式团队，开始敦煌丝绸俄藏卷的工作。在整个工作过程中，特别是在上海古籍出版社府宪展先生的帮助下，我们的俄藏卷工作进展较为顺利，特别是关于图版的使用问题，借助了上海古籍出版社的相关力量。但在具体的丝绸研究中，付出最多努力的还是王乐和邝杨华。记得我们最后一次为敦煌丝绸俄藏卷来到俄罗斯是在2013年春天，在缅什科娃的帮助下，我们又补看了几件敦煌织物，特别是看到了在展厅展出的一件大型绘画边上的印花织物。

五、旅顺卷的编辑和出版

由于大部分的大谷探险队所获敦煌丝绸收藏在旅顺博物馆，所以我们在2007年3月邀请时任旅顺博物馆副馆长的郭富纯来沪参加“丝绸之路：艺术与生活”论坛，并出席了《敦煌丝绸艺术全集·英藏卷》的首发式，在此期间，我们初步确定了关于《敦煌丝绸艺术全集·旅顺卷》的合作研究项目。随后，2007年7月至8月之交，我和王乐、万芳前往旅顺博物馆，对馆藏敦煌丝绸进行了拍照、记录，回来后完成了基础分析研究工作。2008年初，我与国丝修复师楼淑琦、滕开颜等再次赴旅顺，对部分敦煌藏品进行了保护修复，以便拍摄和研究。2014年11月，我又和王淑娟来到旅顺博物馆，对部分敦煌丝绸的资料进行完善与补充。最终，在王振芬馆长的大力支持与协调下，在王乐和王淑娟两位助理主编的帮助下，这本书终于在2021年出版了。

但大谷探险队所获敦煌丝绸还有一部分收藏在日本，我在2011年看到了东京国立博物馆的展览，又在2012年去东京进行了沟通，最后在2023年和东京国立博物馆协商，由小山弓弦叶补写了文章。

六、敦煌卷的编辑和出版

研究敦煌丝绸，自然不能绕开敦煌研究院。由于敦煌丝绸大部分出自藏经洞，基本已流失海外，而敦煌研究院所收藏的丝绸则基本出自1949年后的历次维修和考古发掘之中。所以自2006年我们启动《敦煌丝绸艺术全集》的出版工作后，我就开始探寻与敦煌研究院的合作。

虽然去过敦煌无数次，也在敦煌有许多朋友，但我与敦煌研究院的真正合作则始于2007年。2007年4月25日，我和扬之水同来自新加坡的袁健先生相约在敦煌莫高山庄相聚。当时我们见了樊锦诗院长，后来在罗华庆副院长的协调下，我和王乐一起把莫高窟北区出土的所有丝绸和织物看了一遍。

2013年5月开始，国丝开始对敦煌出土的纺织品实施保护修复工作。此前我又和周旸一起在库房中再次查看了所有的纺织品，在这次查看时，我们发现敦煌研究院已经对其进行了新的藏品编号。此后，国丝团队分两批与敦煌研究院共同开展保护和修复工作，不仅了解其纤维和质地，同时分析其色彩和染料；不仅进行大量的图案复原，同时对服饰及其形制进行修复和复原；不仅将其中60余件藏品整理展出，同时对这些文物进行预防性保护。

到2013年底，“千缕百衲——敦煌莫高窟出土纺织品的保护与研究”展在杭州开幕，樊锦诗、常沙娜、柴剑虹、韦驮等敦煌学界大腕一起出席开幕式。展出的62件纺织品文物，年代涵盖北朝、盛唐和元代，着重展示了我们对敦煌考古出土的纺织品开展的保护修复与研究工作成果。当樊院长看到彭先生将发掘出的一些破碎丝绸修复成完整的单件或成衣时，不禁称赞了一番。自此之后，我们的工作便得到了敦煌研究院的认可，再做《敦煌丝绸艺术全集·敦煌卷》也就比较顺利了。我们终于在2022年完成了这个项目的出版任务。

七、补遗与研究卷

自2006年起至2021年，我们的团队已整理了英、法、俄、日、印数国所藏的敦煌丝绸资料，经过15年的付出和精心编纂，《敦煌丝绸艺术全集》（英藏卷、法藏卷、俄藏卷、中国旅顺卷、敦煌卷）五卷本，终于于2021年10月由东华大学出版社全套出版（见图4）。

图4　《敦煌丝绸艺术全集》（中英文版10册）发布会

但是，因为前五卷以资料为主，《敦煌丝绸艺术全集》的最初计划是有一个研究卷，拟邀请世界各地的专家撰写研究性文章。事实上，做完这五卷之后，我们也觉得相关资料多少有漏录，需要补遗。于是，在2023年初，我们拟定了研究卷的目录，并向国内同行征稿。这样，《敦煌丝绸艺术全集》六卷本终于要出齐了。

当然，敦煌学的研究是无止境的。敦煌学目前也已引起国家领导人的关注和重视，国家领导人专门指出，要建设敦煌研究高地，同时做好敦煌文物的数字化等工作，推动流失海外文物的数字化回归。在敦煌学研究领域，我们应深入挖掘文物价值，通过有效利用，让文物“活起来”。在材料整理、修复保护、价值挖掘、数字化还原、虚拟展示等环节中，敦煌丝绸文物的工艺复原将成为新的研究高地。未来，敦煌丝绸研究将构建全链条发展模式，进一步焕发活力，实现更高水平的传播与传承。